In diesem Buch benutzte Abkürz...

AAA/CAA American/Canadian Automobile Association
CDW Collision Damage Waver (»Vollkasko«)
HI Hostelling International - Dachorganisation amerikanischer internationaler Jugendherbergen
ID Identification (Personalpapier/Führerschein)
NP/PN National Park/Parc National
PP Provincial Park
RV Recreational Vehicle (Campmobil)
SP State Park

Kurzformen bei Straßen/Adressen

Bypass Umgehung (Baustellen/Sperrungen)
mi Meilen
Zeichen für Nummer statt Nr./No.
I-84 für **I**nterstate Freeway #84
Ave Avenue
Blvd Boulevard
Dr Drive
Fwy Freeway
Pkwy Parkway
Pl Plaza
Rd Road
Sq Square
St Street

Weitere Kurzformen und unterwegs auf Reisen/ in diesem Buch häufig auftauchende Begriffe finden sich auf der Rückseite der separaten Karte »Kurzlexikon Kanadisch/Amerikanisch-Deutsch«

Internetadressen

Dieses Buch enthält über tausend Internet-adressen, die mit Sorgfalt erhoben wurden, dennoch sind Fehler nie ganz zu vermeiden. Bereits kleinste Irrtümer bei der Schreibweise laufen hier bekanntlich ins Leere. Manche Adresse ändert sich auch im Zeitablauf.
Mit Hilfe einer Suchmaschine wie z.B. www.google.de ist die korrekte Adresse aber in solchen Fällen meist schnell ermittelt.

In der Klappe links: Übersicht über die in diesem Buch beschriebenen Routen

Reise Know-How im Internet

Mehr zu unseren Titeln zu
Nordamerika/Mallorca/Teneriffa u.a.
Newsletterabonnierung, aktuelle und Sonderthemen,
Fahrzeugvermittlung USA/Canada, Buchshop,
viele Links zu nützlichen Internetseiten u.v.a.m.
finden Sie auf unserer Verlagshomepage:

Aktuelle Reisetipps und Neuigkeiten
zu fast allen Reisezielen der Erde,
Ergänzungen nach Redaktionsschluß
Büchershop und Sonderangebote:

WWW
reise-know-how.de

Dr. Hans-R. Grundmann GmbH
Verlagsgruppe Reise Know-How

Kanada Osten USA Nordosten

Reisen zwischen Atlantik und Großen Seen

Eyke Berghahn
Hans-R. Grundmann
Petrima Thomas

Canada oder Kanada?

Die kanadische Schreibweise ist »Canada«, die deutsche »Kanada«. In diesem Buch wird durchgehend »Canada« als Eigenname des Landes verwendet, im Text als Adjektiv gemäß deutscher Rechtschreibung jedoch »kanadisch«.

Der Titel dieses Buches, früher konsequenterweise auch mit »C« geschrieben, wurde mit dieser Auflage auf die deutsche Schreibweise umgestellt, weil in den deutschsprachigen Verzeichnissen, Katalogen und Internet-Bibliotheken »Kanada« üblich ist und das vormals unter »C« eingeordnete Buch daher oft nicht gefunden wurde.

Eyke Berghahn, Hans-R. Grundmann, Petrima Thomas

Kanada Osten/USA Nordosten
Reisen zwischen Atlantik und Großen Seen

7. komplett neu bearbeitete Auflage 8/2008
(mit Beileger »New York City«
und Straßenkarte der Region)

ist erschienen im

Reise Know-How Verlag

ISBN: 978-3-89662-240-2

Gestaltung:
Umschlag: Carsten Blind/Hans-R. Grundmann
Satz: Hans-R. Grundmann
Layout: Hans-R. Grundmann, Carsten C. Blind/Asperg
Fotos: siehe Nachweis auf Seite 722
Karten: map solutions/Karlsruhe

Druck:
W. Zertani KG, 28199 Bremen

Dieses Buch ist in jeder Buchhandlung
in Deutschland, Österreich und der Schweiz erhältlich.
Die Bezugsadressen für den Buchhandel sind

- Prolit Gmbh, 35463 Fernwald
- AVA Buch 2000, CH-8910 Affoltern
- Mohr & Morawa GmbH, A-1230 Wien
- Barsortimenter

Wer im lokalen Buchhandel Reise Know-How-Bücher
nicht findet, kann diesen und andere Titel der Reihe
auch im Buchshop des Verlages im Internet bestellen:

www.reisebuch.de

Zur Konzeption dieses Reiseführers

Dieses Buch wendet sich in erster Linie an Leser, die Canadas Osten und/oder den Nordosten der USA **auf eigene Faust** entdecken und erleben möchten.

Neben Informationen zu beiden Ländern wird zunächst ausführlich auf **Überlegungen** eingegangen, die noch **vor der konkreten Planung** angestellt werden sollten. Denn damit die Reise wunschgemäß verläuft und »bringt«, was man erwartet, müssen eigene Ansprüche und tatsächlich umsetzbare Reiseplanung so weit wie möglich übereinstimmen.

Alle in diesem Zusammenhang bedenkenswerten Aspekte werden im ersten Kapitel des Allgemeinen Teils behandelt. Auf diesen ersten 40 Seiten des Buches geht es vor allem um die Frage, was diese hochinteressante, historisch und geographisch zusammenhängende Region Nordamerikas dem Reisenden – **grenzübergreifend** – überhaupt zu bieten hat.

Sind Jahreszeit, Zeitraum und Art des Reisens (mit **Pkw** und **Hotel/Motel** oder **Zelt**, **Wohnmobil**, eventuell sogar Bus oder Eisenbahn) bestimmt, findet der Leser in den Kapiteln 2 und 3 alle wichtigen Informationen zur optimalen Durchführung seines nun konkreten Vorhabens und dazu zahlreiche Tips und Hinweise zur Vermeidung unnötiger Ausgaben, von Zeitverlust und Ärger.

Ein Extrakapitel gibt Auskunft zu Fragen, die sich bei Überlegungen zur Anschaffung eines eigenen Autos in Nordamerika ergeben.

Der **Reiseteil** bietet für beide Länder ein **dichtes Netz von Rundfahrten und Strecken**, die sich **im Baukastensystem** ohne weiteres auch anders als hier beschrieben zusammensetzen lassen (⇨ Karte in der vorderen Umschlagklappe und Routenvorschläge ab Seite 714). Zusätzlich erleichtert wird die Routenplanung dadurch, daß Sehenswürdigkeiten, Streckenabschnitte und Übernachtungsmöglichkeiten (Hotels, Motels, *Bed & Breakfast*-Häuser, *Country Inns* und Campingplätze) nicht nur kurz erläutert, sondern – soweit möglich – auch wertend beschrieben sind. Die genauen Details zu Konzeption und Aufbau des Reiseteils stehen auf den Seiten 198 und 199.

Nicht unmittelbar die Reisepraxis betreffende **Daten und Wissenswertes zu diesem Teil Nordamerikas**, zu seinen beiden Ländern und den Menschen finden sich in den Einleitungen zu Städten, Staaten, Provinzen und Regionen und vor allem in den zahlreichen Essays und Erläuterungen in den gelb abgesetzten Kästen. Über 1000 Hinweise im laufenden Text und ein spezieller »**Infoanhang**« (Seiten 721-735) liefern zusätzlich zu touristischen Portalen jede Menge geprüfte Adressen zu den verschiedensten Aspekten einer Reise in die hier betrachtete Region und aktuell alles zu Internet & Email unterwegs.

Griffmarken, die Streckenübersichten im Umschlag vorne und ein umfangreiches Stichwortverzeichnis unterstützen das rasche Auffinden von Textteilen. Die **Karten im Buch** und die separate **Straßenkarte** sind aufeinander und auf den Inhalt abgestimmt. Diese Auflage wurde **2008** komplett überarbeitet.

Eine gute Reise wünschen Ihnen

Eyke Berghahn, Hans-R. Grundmann, Petrima Thomas

TEIL 1 PLANUNG, VORBEREITUNG UND DURCHFÜHRUNG
einer Reise durch Canadas Osten und den Nordosten der USA

Kurzkennzeichnungen (Steckbriefe) der US-Staaten und kanadischen Provinzen

*Exkurs = Kurzbeschreibungen möglicher Routenabweichungen oder -erweiterungen, von Umwegen und Abstechern, sowie Fähren

TEIL 2 NORDOSTEN DER USA UND CANADAS OSTEN

INFORMATIVE ESSAYS

KURZTHEMEN

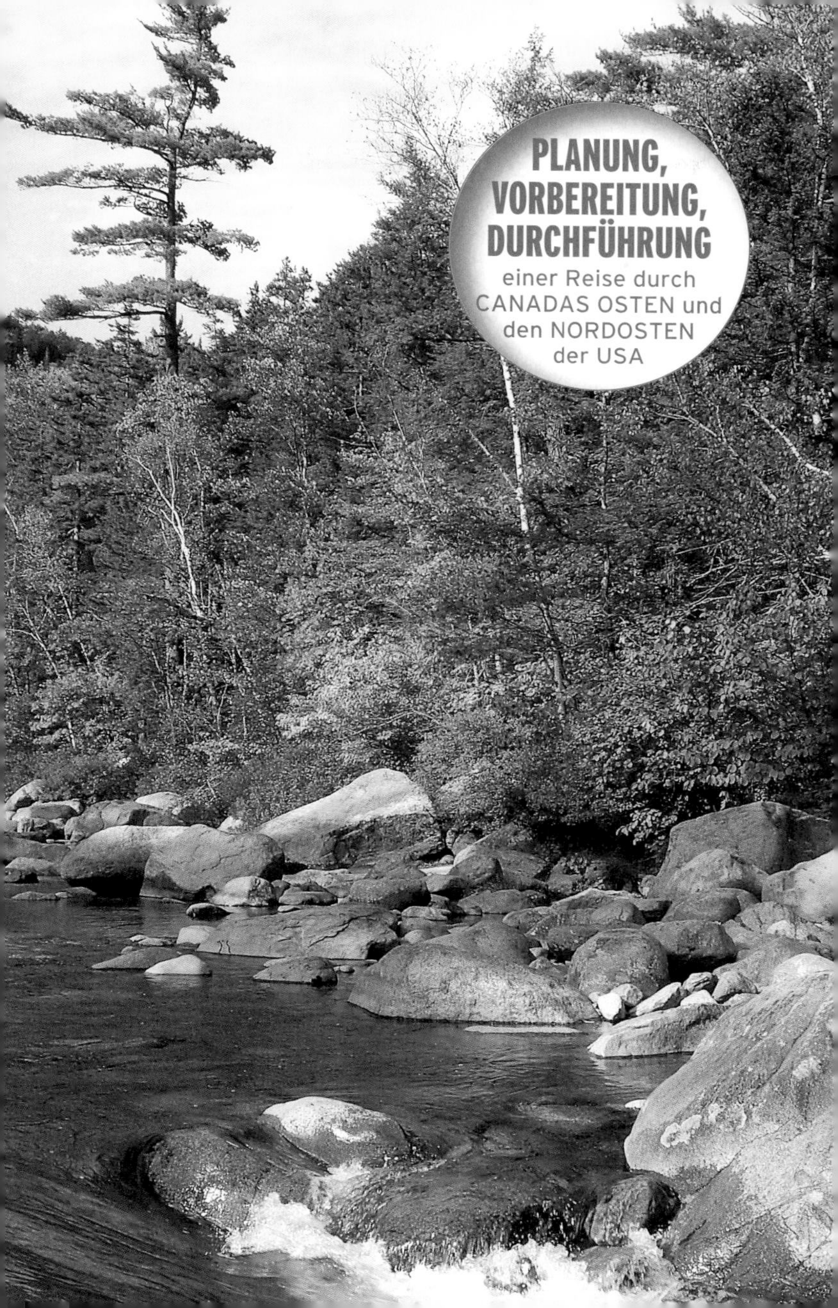
PLANUNG,
VORBEREITUNG,
DURCHFÜHRUNG
einer Reise durch
CANADAS OSTEN und
den NORDOSTEN
der USA

1. VORINFORMATION UND REISEPLANUNG

1.1 Reiseziel Amerikas Nordosten

1.1.1 Canadas Osten und der Nordosten der USA als zusammenhängende Reiseregion

Gebiet

Dieser Reiseführer macht nicht an der Grenze zwischen den USA und Canada halt. Er beschreibt die sechs Neuengland-Staaten – **Connecticut, Rhode Island, Massachusetts, Maine, New Hampshire** und **Vermont** –, große Teile des Staates **New York**, die atlantischen Provinzen Canadas – **Nova Scotia, New Brunswick, Prince Edward Island** und **Newfoundland** – und alle touristisch interessanten Gebiete in **Québec** und **Ontario**.

Die so umrissene **Region** zwischen Atlantik und den Großen Seen bildet aus drei Gründen eine **Einheit**:

Geschichte

- Der Nordosten ist die **Wiege beider Nationen** Nordamerikas. Dort siedelten die europäischen Einwanderer zuerst, und lange Zeit fand ausschließlich dort die zunächst eng verflochtene amerikanische wie kanadische Geschichtsschreibung statt.
- Erst mit der amerikanischen Unabhängigkeit 1776 und endgültig 1867 mit der Gründung des *Dominion of Canada* – als Zusammenschluß der verbliebenen britischen Kolonien in Nordamerika – wurden klare Grenzen gezogen. So unterschiedlich sich die USA und Canada seither in mancher Beziehung auch entwickelten, ihre Gemeinsamkeiten sind unübersehbar.

Landschaft

- Die landschaftlichen und geologischen **Ähnlichkeiten** beider Länder sind groß, Topographie und Vegetationszonen entsprechen sich: Die zerklüftete Küste von **Nova Scotia** unterscheidet sich kaum von Maines Gestaden. Vom St. Lorenz-Strom besitzen beide Staaten ihren Teil, ebenso wie von den Großen Seen. Auch die **Niagarafälle** sind teils kanadisch, teils amerikanisch.

Tourismus

- Auf vielen populären **Reiserouten** durch den Osten Canadas bzw. den Nordosten der USA ist man vom jeweils anderen Land oft nur wenige Meilen entfernt, so dass ein Sprung über die Grenze naheliegt. **Rundfahrten** mit gleichem Ausgangs- und Endpunkt, die einfacher und kostengünstiger zu bewerkstelligen sind als Einwegrouten, lassen sich durch die Einbeziehung von Zielen in beiden Ländern besonders reizvoll gestalten. Erleichtert wird das durch – auch nach dem 11. September 2001 – im Allgemeinen immer noch problemlose Grenzformalitäten.

Michigan

Da der US-Staat **Michigan** zwischen dem gleichnamigen und den damit und untereinader verbundenen Seen Superior, Huron und Erie im Norden und Osten an Ontario grenzt, sind schöne Rundreiserouten auch unter Einbeziehung dieses Staates – eventuell einschließlich **Chicago** – möglich.

1.1.2 Geographie und Natur des Nordostens

Fläche und Bevölkerung

Größenverhältnisse

In Nordamerika leben weit weniger Menschen als im Europa der erweiterten EU (336 Mio. versus 497 Mio.) – aber auf fünf mal so großer Fläche (fast 20 Mio. km² versus knapp 4,3 Mio km²; Stand 2008). Dabei sind allein die Provinzen Québec und Ontario mit 2,7 Mio. km² fast so groß wie die EU vor der Osterweiterung (ca. 3,15 Mio km²), aber nur im äußersten Süden erschlossen.

Ohne Neufundland/Labrador beschreibt dieses Buch ein Gebiet von 1,1 Mio. km²; das entspricht zwei 1000 km x 550 km großen Rechtecken (jedes etwas größer als Spanien), die sich von der Achse New York–Ottawa (= 550 km Luftlinie) einerseits nach Westen (bis Chicago), andererseits nach Nordosten (Halifax/Kap Gaspé) erstrecken. Dieses Gebiet nennen wir **»zwischen Atlantik und den Großen Seen«**. Eine solche Fläche würde sich – ausgehend von der 550 km langen Achse Würzburg–Triest (entspricht New York–Ottawa) – von den Pyrenäen bis an die Ostgrenze von Polen erstrecken.

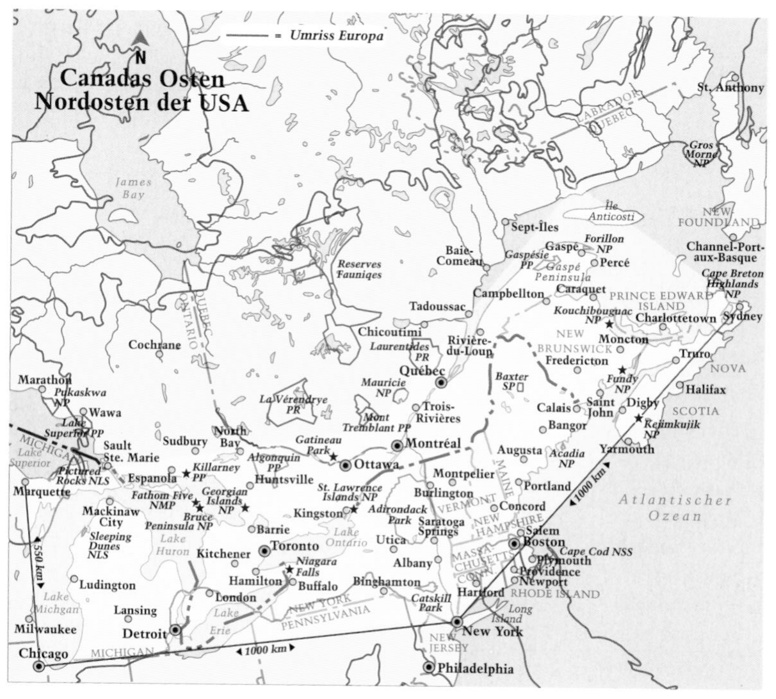

Bevölkerung

CANADA

Allein in **Ontario** und **Québec** wohnen rund 20 Mio. der 33 Mio. Kanadier; jeder dritte von ihnen lebt in Ontario und davon 90% in Südontario zwischen den Seen Huron, Ontario und Erie. Von der Bevölkerung Québecs leben etwa 80% entlang des St. Lorenz-Stroms und in südlichen Gebieten in der Nähe der US-Grenze. Die maritimen Provinzen mit knapp 2,4 Mio. Einwohnern insgesamt besitzen nur eine Handvoll Städte nennenswerter Größe.

Daten der Provinzen in Canadas Osten

Provinz	Hauptstadt	Einwohner	Bevölkerung	Fläche (km²)
Canada gesamt	**Ottawa**	**810.000***	**33 Mio.**	**9.221.000**
New Brunswick	Fredericton	50.000	750.000	73.400
Newfoundland	St. John's	102.000	517.000	406.000
(davon Labrador	–	–	30.000	295.000)
Nova Scotia	Halifax	370.000	940.000	55.500
Ontario	Toronto	2.5 Mio**	12,4 Mio.	1.069.000
Prince Edward Isl.	Charlottetown	32.000	140.000	5.650
Québec	Québec City	169.000	7,5 Mio.	1.668.000

*Großraum mit Gatineau 1,2 Mio.,**Großraum Toronto 5,6 Mio.

USA

Von mittlerweile über 300 Mio. US-Amerikanern leben nur gut 13 Mio. in den Neuengland-Staaten. Dort wie auch in den Staaten **New York** und **Michigan** konzentriert sich die Besiedelung stark auf die Küsten und entlang einiger Flußtäler. Das Hinterland in New York State (**Adirondack Mountains**), Vermont, New Hampshire und Maine ist nur dünn bevölkert, und in Norden von Maine herrscht menschenleere Wildnis.

Daten der US-Staaten im Nordosten

Staat/Provinz	Hauptstadt	Einwohner	Bevölkerung	Fläche (km²)
USA	**Washington**	**600.000**	**303 Mio.**	**7.800.000**
Connecticut	Hartford	125.000	3,4 Mio.	13.000
Maine	Augusta	19.000	1,3 Mio.	86.000
Massachussetts	Boston	600.000*)	6,4 Mio.	21.500
Michigan	Lansing	120.000	10 Mio.	151.000
New Hampshire	Concord	40.000	1,3 Mio.	24.000
New York	Albany	101.000	19 Mio.	127.000
Rhode Island	Providence	175.000	1,05 Mio.	3.150
Vermont	Montpelier	9.000	610.000	24.900

*) Großraum Boston 4,2 Mio

Die Indianer des Nordostens

Das vorherrschende Klischeebild vom Indianer ist nach wie vor das des nomadisierenden, büffeljagenden und kriegsbemalten Halbnackten – des Prärie-Indianers also aus den Zeiten der Kämpfe mit der US-Armee Mitte bis Ende des 19. Jahrhunderts. Weder in Filmen noch in der in Europa verbreiteten Literatur spielen die seßhaften Stämme des Ostens mit ihrer entwickelten Dorfstruktur und weitreichenden Handelsverbindungen eine Rolle.

Mit Ausnahme der **Irokesen,** die beim Kampf der europäischen Großmächte England und Frankreich um die Neue Welt eine gewisse Rolle spielten (➪ *James F. Coopers* Jugendbuch »Der letzte Mohikaner«), blieben die Indianer des Nordostens hierzulande daher eher unbekannt. Hauptursache dafür dürfte ihre weitgehende Ausrottung durch ihnen bis dato unbekannte Krankheiten und brutale Kriege während der ersten Jahrzehnte der europäischen Einwanderung sein. Heute leben nur etwa 1,5% der US-Indianer in Neuengland gegenüber 66% in den großen Reservaten des Westens.

Die Indianer des Nordostens gehören zu den ***Woodland Indians***. Die ***Woodland Hunters*** – *Oijbwa, Algonquin* und *Mi'kmaq* – bevölkerten einst die Waldgebiete nördlich der Großen Seen bis zum Atlantik. Sie lebten im Sommer in festen Dörfern und trieben etwas Ackerbau und gingen im Winter in kleinen Gruppen auf Jagd. Zwar gab es auch in vorkolumbischer Zeit bereits kriegerische Auseinandersetzungen zwischen einzelnen Stämmen, aber erst der »Weiße Mann« erschütterte ernsthaft das friedliche Miteinander.

Die **Puritaner** gerieten schon bald in Konflikte mit den Indianern. Schnell hatten die Engländer vergessen, dass sie ohne indianische Hilfe wohl kaum die ersten Winter überstanden hätten. Missionarischer Eifer, kulturelles Unverständnis und die schnell wachsende Zahl der Siedler führten zu bewaffneter Konfrontation und gegenseitigen Massakern. Der ***King Philip's War*** von 1675/76 entstand aus dem letzten verzweifelten Versuch der Indianer, die Siedler zu vertreiben. Dabei vernichteten die neuenglischen Truppen die *Wampanoags, Nipmucks* und *Narragansetts* fast vollständig. Ihren Sieg über die »Ungläubigen« empfanden die Puritaner als gerechtes Zeichen Gottes.

Im heutigen Kanada unterhielten die **Franzosen** überwiegend freundliche Handelsbeziehungen zu den *Mi'kmaq* und anderen Stämmen. Ihre Kenntnis der Wasserwege machte sie zu wichtigen Partnern im Pelzhandel. Daher und nicht zuletzt wegen der relativ wenigen französischen Siedler kam es in den von Frankreich beanspruchten Gebieten kaum zu originären Konflikten zwischen Weißen und Indianern. Weil aber die Franzosen bei Stammesfehden zwischen *Huronen* und *Algonquin* einerseits und *Irokesen* andererseits gegen letztere Partei ergriffen, wurden auch sie in Kämpfe verwickelt.

Huronen wie *Irokesen* gelten als ***Woodland Farmers*** und waren im heute südöstlichen Ontario und New York State ansässig. Sie lebten in palisadenbefestigten Dörfern und betrieben – die Bezeichnung sagt es – vorwiegend Landwirtschaft. Die Irokesenstämme südlich des **Lake Ontario** verbanden sich vermutlich schon im 12. Jahrhundert zu den ***Five Nations*** (*Seneca, Cajuga, Onondaga, Oneida, Mohawk*) und wurden weder von den Engländern noch von den Franzosen jemals unterworfen. Sie kämpften im ***French*** and ***Indian War*** mit den Engländern und beendeten den Krieg 1763 auf der Seite der Sieger.

Im amerikanischen Revolutionskrieg standen die Irokesen wieder auf Seiten der diesmal unterliegenden Briten und verloren damit ihr Land auf dem Territorium der USA. Mit ihrem Führer, dem *Mohawk Chief* ***Joseph Brant***, zogen sie in das jetzige **Ontario.** Bis heute ist die ***Grand River Reserve*** bei **Brantfort** (westlich Hamilton) das größte Siedlungsgebiet der *Irokesen.*

Irokesenschlacht 1609 am Lake Champlain

Die sich mit fortschreitender Besiedelung Nordamerikas immer weiter nach Westen verlagernden Kämpfe und Vertreibungen der jeweils besiegten Stämme sind bekannt. Die Überlebenden wurden in Reservate verbracht, die auf meist wertlosem Grund und Boden abgesteckt worden waren. Wo sich das Land der Indianer nachträglich doch als landwirtschaftlich oder anderweitig verwertbar erwies, kam es im Laufe der Jahre unter dem Deckmantel diskriminierender Regelungen wie dem **Dawes Act** von 1887 zu »legalen« Reduzierungen der Reservate. Als 1934 der *Dawes Act* zurückgezogen wurde, verfügte die indianische Bevölkerung nur noch über ein Drittel der ihr 1887 überschriebenen Flächen. Nicht viel besser erging es den Indianerstämmen in Canada.

Im Osten sieht man – anders als im Westen Amerikas – nur wenig von den Indianern und ihrer Kultur. Wegen der frühen Vertreibung bzw. Dezimierung gibt es nur kleine Reservate. Und doch macht sich auch dort ein wiedererstarktes Selbstbewußtsein bemerkbar. In den letzten Jahrzehnten kam es zu einer Reihe von Gesetzen, die der indianischen Selbstverwaltung schrittweise mehr Raum gab und Landrückgaben ermöglichte. Die *Pequot*-Indianer etwa erstritten sich vor dem obersten Bundesgericht der USA einen Teil ihres früheren Landes und erstellten darauf ein Spielkasino (***Foxwood***/Connecticut, ➪ Seite 223f.). Die ***Narragansett*-Indianer** in Rhode Island und die ***Oneidas*** in New York State erlangten ebenfalls die Genehmigung zum Betrieb von Kasinos.

Im östlichen **Canada** sind die Indianer präsenter als in Neuengland oder New York State. Die ***Assembly of First Nations***, die Vertretung aller anerkannten Indianerstämme, spielt bei politischen Entscheidungen eine wachsende Rolle. Schilder mit der Beschriftung »*First Nation*« kennzeichnen deutlich die von Indianern bewohnten Ortschaften. Die Siedlungen in moderner Billigbauart sind zwar nicht attraktiv, Alkohol und Arbeitslosigkeit verbreitet, aber Bildungschancen und Gesundheitsfürsorge haben sich dort erheblich verbessert. Kulturelle Zentren bieten Besuchern Einblick in traditionelle und moderne indianische Kunst.

Die meisten der 85.000 heute in der Provinz **Québec** lebenden Indianer waren traditionell mehr den Engländern als den Franzosen zugetan. In den Reservaten wird daher neben der Stammessprache überwiegend Englisch gesprochen. Daraus erklärt sich u.a. die vehemente Ablehung der Québecer Regierung und die Militanz von Auseinandersetzungen:

Die ***Mohawks*** in Oka bei Montréal etwa gingen vor einiger Zeit gewaltsam gegen die Erweiterung eines Golfplatzes auf für sie heiligem Gelände vor, und ***Cree Indians*** und ***Inuit*** kämpfen seit Jahren gegen das Vordringen der Elektrizitätsgesellschaft *Hydro-Québec*, die im hohen Norden neue Stauseen für Wasserkraftwerke baut und weitere plant.

Eine Sonderstellung besitzt ***Wendake***, ein Huronendorf bei Québec-City. Als die mit den Franzosen verbündeten Huronen von den Irokesen geschlagen worden waren (➪ Saint Marie-among-the-Hurons, Seite 418), flohen die Überlebenden nach Québec Stadt. Heute leben dort ca. 1.000 ihrer Nachkommen von der Fertigung indianischer Mokassins, Schneeschuhen, Lederjacken und Souvenirs.

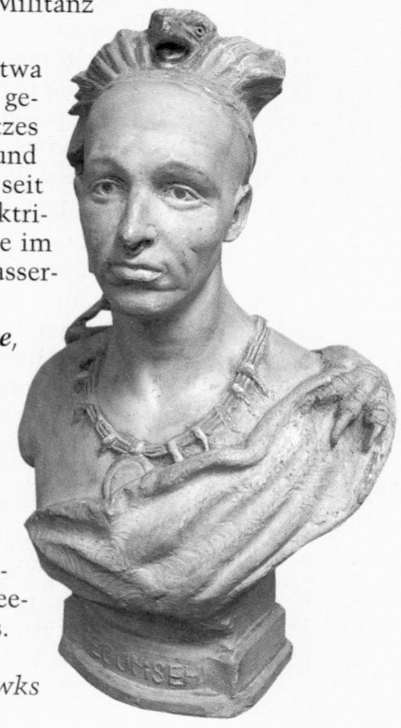

Tecumesh – War Chief of the Mohawks

Geologie des Nordostens unter touristischen Gesichtspunkten

Charakter

Im Nordosten beidseitig der Grenzen dominieren waldreiches Hügelland und Mittelgebirge, unterbrochen von Küstenebenen und breiten Flußtälern. ***Canadian Shield***, **Appalachian Mountains**, einige große Flüsse wie der **St. Lawrence** und der **Hudson River**, die **Great Lakes** und die **Atlantikküste** sind die bestimmenden Strukturen.

Canadian Shield

Der ***Canadian Shield***, ein felsiger »Schild« aus Granit- und Gneis, ist die größte zusammenhängende geologische Formation des nordamerikanischen Kontinents. Sie bedeckt fast die Hälfte der Fläche Canadas, 67% von Ontario und 84% von Québec. Der Fels ist nur von einer dünnen Erdschicht bedeckt, die sich für eine Landwirtschaft nicht eignet, dafür aber reich ist an Mineralien. Die oft rosafarbenen, durch Erosion stumpf und glatt gewordenen freien oder in Spalten nur spärlich bewachsenen Granitflächen bilden besonders im Zusammenspiel mit den Seen Ontarios eine eigene attraktive Landschaftsform. Dort findet man von Sandstränden unterbrochene Ufer und unzählige vorgelagerte Inseln und Inselchen vor allem an der Georgian Bay des Lake Huron, an den **Muskoka** und den **Kawartha Lakes** und im ***Algonquin Park***.

Zwei zum *Canadian Shield* gehörende **Bergmassive** sind

- die **Laurentides** bzw. die **Laurentian Highlands**. Dieser Höhenzug verläuft nördlich des Ottawa- und nordwestlich des St. Lawrence River. Zwischen Montréal und Québec City bilden die Laurentides einen »Wall« von 500-800 m Höhe, wirken aber wegen ihrer steil abfallenden, bewaldeten Hänge viel höher. Die zahlreichen Seen in den langen Tälern bieten – wie breite Flüsse – unendliche Strecken ursprünglicher Kanureviere.
- die **Adirondack Mountains**, ein Mittelgebirge mit Höhen bis zu 1629 m voller Seen und Flüsse im Norden von **New York State** gleich unterhalb der Grenze. Deren immense Laub- und Nadelwaldbestände sowie Eisenvorkommen wurden schon früh wirtschaftlich genutzt. Wegen ihrer Nähe zu den dicht besiedelten Tälern des Hudson River und den Ballungszentren um New York City wurden die Adirondacks bald ein Freizeitrevier. Der größte Teil steht heute als öffentlicher **Park** unter der Verwaltung des *New York State Department of Environment*.

Appalachen

Eine den gesamten Osten der USA beherrschende Gebirgsformation sind die in Nord-Süd-Richtung mehr oder weniger parallel zur Atlantikküste verlaufenden **Appalachian Mountains**. Mit fast 4.000 km sind sie einer des längsten Gebirgszüge der Welt. Beginnend im tiefen Süden der USA (Alabama) reichen sie bis hinauf in den äußersten Nordwesten Neufundlands (*Long Range*) und bestimmen weitgehend die geologische Struktur der Neuengland-Staaten, des östlichen Québec einschließlich der Gaspé-Halbinsel und der maritimen Provinzen:

Die **Green Mountains** in Vermont, die **White Mountains** in New Hampshire und die **Berkshires** in Massachusetts/Connecticut gehören als Teilformation ebenso zum Appalachenmassiv wie die **Catskills** unweit New York City westlich des Hudson River. Die höchsten Erhebungen der Appalachen in Neuengland sind der **Mount Washington** mit 1916 m (New Hampshire) und der **Mount Katahadin** mit 1729 m (Maine).

Costal Plains

Zur Küste hin werden die Berge flacher und laufen an der zerklüfteten Küste von Maine und in Nova Scotia mit zahllosen Inseln und Buchten aus. Zwischen **New York City** und **New Hampshire** erreichen sie den Atlantik nicht. Dort bestimmen überwiegend flache Küsten der *Coastal Plains* und lange **Strände** das Bild.

Große Seen und Saint Lawrence River

Die Seenkette **Great Lakes – Lake Ontario, Erie, Huron, Michigan** und **Superior –** bildeten sich erst am Ende der letzten Eiszeit vor 10.000 Jahren. Das Wasser fließt in östliche Richtung über den Lorenzstrom in den Atlantik. Das spektakulärste Gefälle sind die Niagarafälle, zu deren Umgehung man schon im frühen 18. Jahrhundert, Kanäle und Schleusen anlegte. Seit 1959 ist der ***St. Lawrence Seaway*** bis Chicago am Lake Michigan und Thunderbay am Westende des Lake Superior für ozeangängige Schiffe nutzbar, ➪ Bild Seite 418.

Forcierte Wasserentnahme und Klimawandel lassen den Spiegel dieses weltgrößten Süsswasser-Systems jährlich um bis zu 1 m sinken, was an flach auslaufenden Uferzonen die Wasserlinie schon erheblich hat zurücktreten lassen.

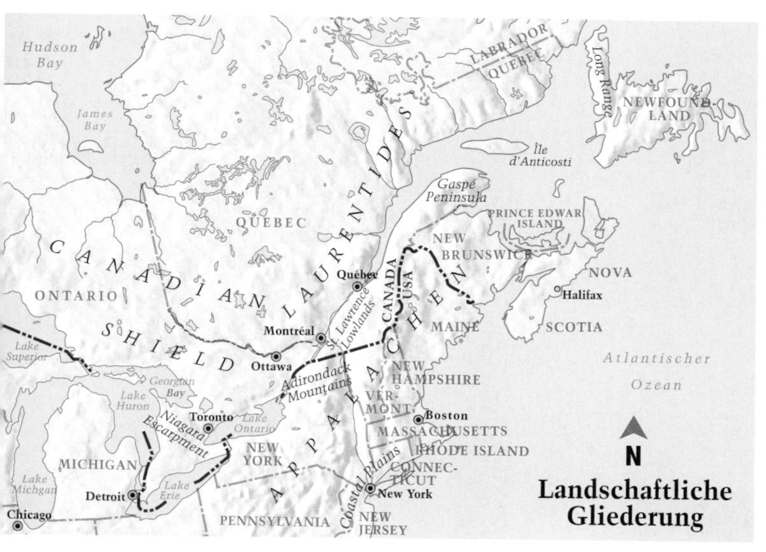

Landschaftliche Gliederung

Grenzbereich

Die Großen Seen bilden mit dem Saint Lawrence River die natürliche **Grenze** zwischen den USA und der kanadischen Provinz Ontario. Im Tal des St. Lorenz Stroms und in den Uferzonen rund um die östlichen Seen finden sich die fruchtbarsten Gebiete Ontarios, Québecs und von New York State. Daher ist dort zwar die Bevölkerungsdichte hoch, aber landschaftlich reizvoll sind diese Gebiete nicht. Wo jedoch der Fels des landwirtschaftlich unergiebigen *Canadian Shield* die Ufer erreicht – z.B. an der Georgian Bay des Lake Huron, am Lake Superior und in der *1000-Islands*-Region des St. Lorenz – leben weniger Menschen; dort sind die Großen Seen und der Strom besonders attraktiv.

Niagara Escarpment

Mitten durch das Flachland im südlichen Ontario läuft das 900 km lange und bis zu 600 m hohe ***Niagara Escarpment***, eine ungewöhnliche geologische Kalkstein-Formation, die vor 450 Mio. Jahren die Steilküste eines flachen tropischen Meeres bildete. Pflanzen und Skelette der Seelebewesen sanken ab und wurden in Steinschichten gepreßt. Diese als Fossilien erhaltene Flora und Fauna ist derart aufschlußreich, dass die UNESCO das *Niagara Escarpment* 1990 zu einer ***World Biosphere Reserve*** erklärte.

Bei Kitchener und an der Georgian Bay im Bereich Collingwood/Craigleith sorgen die Hügel des *Escarpment* für die Skigebiete (!) Ontarios und bilden auf der Ostseite der **Bruce Peninsula** zwischen Georgian Bay und dem offenen Lake Huron eine wunderschöne Felsküste. Unter Wasser – die vorgelagerten Flowerpot Islands sind sichtbare Spitzen dieses Höhenzuges – setzt sich das *Escarpment* bis Manitoulin Island fort.

Glatt geschliffener, rosafarbener Fels in Stonington/-Maine, wo Appalachenausläufer bis ans Meer reichen

Vegetation und Fauna

Nördliche Zonen

Weite Teile des amerikanischen Nordostens bzw. des Ostens von Canada sind dicht bewaldet. Die dünne Bodenschicht und das rauhe Klima im Norden Ontarios, Québecs und in Newfoundland sind dafür verantwortlich, dass fast nur Nadelbäume die Winter überstehen. Im vorigen Jahrhundert war die *White Pine* (Kiefer) die vorherrschende Baumart. Nachdem die Bestände durch extensive Nutzung – z.B. für den Schiffbau – stark reduziert wurden, überwiegen heute ***Balsam Fir, White*** und ***Black Spruce*** (Tannen und Fichten).

Black Spruce *Red Pine* *Eastern White Pine* *Balsam Fir* *Red Spruce*

Gemäßigte Zonen

In den wärmeren Gebieten Ontarios, Québecs (vor allem am St. Lawrence River) wie auch in Neuengland beherrschen ausgedehnte **Laubwälder** das Bild, soweit sie nicht der landwirtschaftlichen Nutzung des Bodens weichen mussten. Je weiter man nach Norden kommt, umso stärker sind sie mit Nadelbäumen durchmischt. In den Zonen mit vergleichsweise langen frostfreien Perioden – Südontario, New York State und Connecticut – werden **Obst- und Gemüsesorten** angebaut, wie wir sie auch in Mitteleuropa finden.

Im gesamten Nordosten, besonders aber in den Mittelgebirgen Neuenglands sorgt die Vielfalt der Baumarten für die bekannte herbstliche Farbenpracht; ➪ dazu speziell das Essay zum ***Indian Summer*** auf Seite 337.

Acadian Forest

In den atlantischen Provinzen Canadas und im nördlichen Maine findet man eine Mischung aus Laub- und Nadelwald, die dort *Acadian Forest* genannt wird. Dieser Wald ist nicht so dicht wie die Laub- und Nadelwälder anderswo, da die salzhaltige Luft das Wachstum der Bäume hemmt. Eine Vielzahl von Moosen, Farnen und Beeren ist dort heimisch.

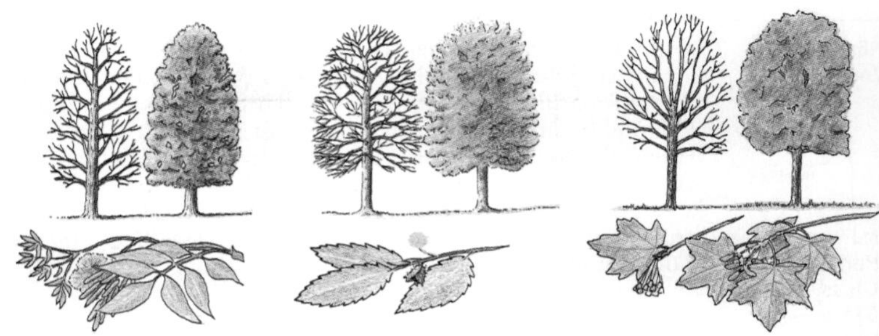

White Ash (Esche) *American Beech (Buche)* *Sugar Maple (Zuckerahorn)*

Wild

Der Nordosten ist zwar Heimat vieler Tierarten – Rotwild, Füchse, Eichhörnchen, Biber, Luchse, Ottern, Marder, Wiesel, Stachelschweine u.a.m. – aber aus unserer Sicht besonders exotische Tiere sind kaum darunter. Im unberührten Norden und im dünn besiedelten Neufundland gibt es immerhin noch große Herden von **Caribous**, einer Rentierart, und in den Hochlagen mancher Region **Schwarzbären**. Nur auf längeren Wanderungen abseits der Zivilisation kann man ihnen begegnen. Aber auch in abgelegenen Parks wird gewarnt (⇨ Essay Seite 24f), denn die Tiere wittern in Mülltonnen und Picknickresten bequemes *Fast Food*, die ihnen das mühsame Beutemachen erspart. **Elchen** (amerikanisch: *Moose*, nicht *Elk* – das heißt Hirsch) jedoch begegnet man z.B. im ***Algonquin Park***, auf Cape Breton Island und vor allem auf Neufundland durchaus. Im *Algonquin* leben sogar **Wölfe**, die man indessen nur nachts aus der Ferne heulen hört (⇨ Seite 465).

Waschbären/ Racoons

Eine rechte Plage können – wie überall in Amerika – **Waschbären** sein. Diese dachsgroßen braunen ***Racoons*** mit ihrem schwarz-gestreiftem Schweif sind völlig ungefährlich und sehen possierlich aus, fallen aber ohne irgendeine Scheu über liegengelassene oder schlecht verstaute Nahrungsmittel her.

Vögel

Am interessantesten sind im gesamten Nordosten die **Vögel**. Entlang der Migrationsrouten der Zugvögel am St. Lorenz-Strom und an der Atlantikküste gibt es zahlreiche Schutzgebiete, die für den ***Bird Watcher*** zugänglich sind, wie etwa die *Tantramar Marshes* in New Brunswick, die Ile Bonaventure vor Percé auf der Gaspé Peninsula, der *Parc Conservation de Bic* am St. Lawrence oder Cape St. Mary auf Neufundland.

Gannets und Puffins

Eine besondere Vogelart sind die ***Gannets***. Diese weißen Vögel mit hellgelbem Kopf und hellgrauem langen Schnabel haben eine Flügelspanne von bis zu 2 m. Sie brüten u.a. auf der Gaspé-Halbinsel, in Neufundland und in Nova Scotia. Den Winter verbringen sie – wie die betuchteren menschlichen Bewohner dieser Landstriche – in Florida bzw. am Golf von Mexiko. Den schönen, ziemlich exotisch wirkenden ***Puffin*** findet man auf Inseln in Maine und im Atlantischen Canada. Er hat ein knalliges schwarz-orangenes Make-up um die Augen und einen großen blau-gelb-roten Hakenschnabel.

Puffin

Murres, Heron, Canada Goose, Loon

Ebenfalls eine echte Besonderheit sind die schwarz-weißen ***Murres*** in Neufundland, die auch gejagt werden, um die Speisekarte zu bereichern.

Überall an Seen und Sümpfen ist der majestätische ***Blue Heron*** (Reiher) zu finden, ganz speziell aber im ***Kouchibouguac Park*** in New Brunswick. Verbreitet ist die ***Canada Goose***, zu erkennen an ihrem schwarzen Hals und Kopf mit abgesetzten weißen Wangen und einem weißen Kropf. Ihr Gefieder ist graubräunlich, Schwanz und Füße sind schwarz. Ihr Fleisch gilt als ausgesprochene Delikatesse.

Die ausgeprägt farbige ***Common Loon,*** eine Entenart, ist neben der *Canada Goose* so etwas wie das Symbol kanadischer Natur und Einsamkeit. Ihr klagender Ruf gehört zur Lagerfeuerromantik am stillen See, ➪ Seite 461. Andere Wildvögel wie Fischadler, Habicht und Falke sind seltener geworden, wurden aber – z.B. im ***Acadia National Park*** – wieder ausgesetzt.

Canada Goose/ Kanada Gans

Seefische

Vor der Küsten des Nordostens werden vor allem **Kabeljau**, **Hering**, **Marlin** und **Thunfisch** gefangen Die *Great Banks* südöstlich von Neufundland waren über Jahrhunderte einer der reichsten Fischgründe der Welt. Denn die flachen Schelf-Gewässer am Rande der kontinentalen Abbruchkante bieten ideale Kinderstuben für eine Vielzahl von Fischarten; dort vermischen sich der kalte Labrador- und der warme Golfstrom. Wegen der – durch Überfischen verursachten – Dezimierung der Bestände wurde die Kabeljau-Fischerei vor Neufundland 1992 von der kanadischen Regierung verboten (➪ Seite 654).

Wale

Seit der internationalen Ächtung des Walfangs sind die Wale – wie auch die Seehunde (*Seals*) – an der Atlantikküste und im Unterlauf des Saint Lawrence River endgültig zu einer der großen **Touristenattraktionen** geworden. Man sieht ***Finback, Humpback, Sperm, Blue*** und ***Killer Whales*** und – nur im St. Lorenz – den kleinen weißen ***Beluga***.

Süßwasserfische

Auch der beliebte atlantische **Lachs** (*Salmon*) darf kommerziell nicht mehr gefangen werden. Aber Angler haben immer noch eine Chance, Lachse in den Flüssen an den Haken zu bekommen. Die Gewässer im gesamten Nordosten sind voller Fische vieler Arten. **Forellen** gibt es massenhaft; sie werden außerdem von Zuchtanstalten (*Fish Hatcheries*) Jahr für Jahr zu Millionen ausgesetzt, damit die nordamerikanische Angelleidenschaft den Beständen nicht allzusehr zusetzt.

Hummer und Muscheln

Die Atlantikküste ist reich an Krustentieren, und der **Hummer** (*Lobster*) von Cape Cod über Nova Scotia bis Prince Edward Island ist ein top-kulinarisches Motiv der Tourismuswerbung (➪ Seite 306). Besonders an der neuenglischen Küste und in Nova Scotia findet man delikate **Muscheln** (*Clams*). ***Clam Digging*** (Muschelsuche) ist ein an allen Küstenstrichen nicht nur bei Urlaubern verbreitetes Hobby.

Clam Digging, im Nordosten populäre Ferienaktivität (hier bei Ebbe an der Risser's Beach, einem Provincial Park in Nova Scotia)

Bären

Einst bevölkerten Bären den gesamten nordamerikanischen Kontinent. Heute leben sie fast nur noch in den riesigen Wäldern im Norden und in Höhenlagen der Rocky Mountains, der Sierra Nevada Kaliforniens und des Kaskadengebirges im Nordwesten der USA. Den gefürchteten ***Grizzly*** trifft man im hier beschriebenen Gebiet nicht. Einen **Schwarzbären** zu Gesicht zu bekommen, ist aber immerhin möglich, etwa in den White Mountains, im Hinterland von Maine, in New Brunswick oder in der Gaspésie, in den Adirondacks, auch im *Algonquin Park* oder in den Laurentides.

Das ausgewachsene Schwarzbär-Männchen hat bei einem Gewicht von bis zu 180 kg eine Schulterhöhe von knapp 1 m. Auf der Suche nach Futter (Insekten, Knospen, Nüsse, Beeren und Honig) können Schwarzbären Bäume senkrecht hochklettern. Sie töten und fressen aber auch kleine Nagetiere oder Kitzen. Müll- und Abfallbehälter locken sie besonders an. Obwohl generell friedlich und scheu, sind sie u.U. auch gefährlich.

»*You are in Bear Country*« warnen Hinweisschilder in ***Provincial, State*** und ***National Parks*** und Merkblätter in den ***Visitor Centers*** auch im Osten Nordamerikas in entsprechenden Gebieten. Auf den *Campgrounds* besitzt dann jeder Stellplatz eine verriegelbare Box für Lebensmittel. Im Kofferraum des Autos oder am Seil zwischen zwei Bäumen (min. 4 m über dem Boden, 2 m vom Stamm) sind Lebensmittel ebenfalls sicher. Für schlafende Menschen im Zelt interessieren sich Bären nicht, es sei denn, sie witterten *Food.* Sollte Meister Petz dennoch auftauchen, vertreibt ihn ein wenig Lärm (Topfschlagen) oder eine Taschenlampe.

Vor Wanderern hat sich ein Bär normalerweise längst aus dem Staub gemacht, bevor der Mensch ihn entdeckt. Nur wenn das Tier überrascht wird, könnte es angreifen. Deswegen sollte man auf Wildniswanderungen bei Gegenwind und an unübersichtlichen Stellen laut reden oder pfeifen. Bemerkt er den Menschen trotzdem nicht als erster, heißt es, Ruhe bewahren: Nicht umdrehen und wegrennen, sondern sich bei Fixierung des Bären langsam zurückziehen.

Eine für *Back Country*-Wanderer interessante Lektüre ist das Buch von *Bill Bryson*: »Picknick mit Bären« (€15), in dem der Autor das Ablaufen des ganzen *Appalachian Trail* beschreibt.

"Bare"-proof your site!
Never leave ANY of these items unattended:
• Coolers
• Food – open/closed
• Garbage/Wrappings
• Dishes/Pots
• Pet Food/Bowls
• Bottles/Cans
• ANY item associated with the preparation of food
Anything that has odour or could be considered food may attract wildlife to your picnic site.
Attention Campers:
Store ALL FOOD and FOOD-RELATED ITEMS in a hard-sided vehicle/trailer/motor home (not in a tent or tent-trailer) when not in use, at night while you are sleeping, or when your site is unattended for any length of time.
Campers who fail to comply may be charged under the Canada National Parks Act and Regulations.
Please report all bear, cougar, wolf, and coyote sightings to park staff immediately.
A "bare" campsite
A "wildlife at risk" site

Bärenwarnung auf einem Campingplatz in Ontario

1.1.3 National, State und Provincial Parks

Die Nationalparkidee

Biber als Symbol für kanadische Nationalparks

Die Schaffung der Nationalparks basiert auf dem Gedanken, außergewöhnliche Landschaften, Naturwunder und bedeutsame historische Stätten vor Zerstörung und kommerzieller Ausbeutung zu bewahren, aber den (kontrollierten) Zugang zu ermöglichen. Die Geschichte der Nationalparks ist lang. Als erste wurden 1872 in den USA der ***Yellowstone National Park***, 1887 in Canada der ***Banff Park*** gegründet. Die Nationalparkidee wird seither in beiden Ländern vom ***National Park Service*** in vorbildlicher und weltweit nachgeahmter Weise in die Praxis umgesetzt.

Aber nicht nur Landschaft und Natur, auch viele historische Stätten sind ins Nationalparksystem einbezogen. Ihre differenzierte Bezeichnung ist **in den USA** schon fast verwirrend. Da gibt es ***National Monuments, Historic*** und ***Military Sites, Historical Parks, Memorials*** und ***Battlefields,*** während **in Canada** alle Nicht-Landschaftsparks mit einem Begriff, dem ***National Historic Park***, benannt sind.

Historische Parks

Derartige Stätten sind oft Persönlichkeiten – überwiegend Politikern und Militärs – gewidmet, oder sie dienen dem Erhalt architektonischer, industrieller oder historischer Besonderheiten. Der Nordosten ist damit reich gesegnet. Allein **in Canadas Osten** gibt es **53 *Historic Parks*** gegenüber 14 Parks im alten, »klassischen« Sinn. Als europäischer Besucher ist man erstaunt, wie intensiv auch relativ kleine, nicht sonderlich sensationelle nationale Einrichtungen dieser Art gepflegt, und wie stark sie von Besuchern aller Bevölkerungsschichten frequentiert werden.

Fort Royal National Historic Site/Bay of Fundy in Nova Scotia

Nationalparks in Canadas Osten

Die Nationalparks im Nordosten sind bei uns im allgemeinen weit weniger bekannt als die des amerikanischen bzw. kanadischen Westens. Dabei haben vor allem die **14 Nationalparks** im Osten Canadas zwischen Lake Superior und Neufundland – z.B. ***Georgian Bay Islands*** und ***Bruce Peninsula*** in Ontario, ***Mauricie*** und ***Forillon*** in Québec, ***Kouchibouguac*** und ***Fundy*** in New Brunswick, ***Kejimkujik*** und ***Cape Breton Highlands*** in Nova Scotia und ***Gros Morne*** auf Neufundland – durchaus einiges zu bieten. Doch sind sie – auf den ersten Blick – nicht so exotisch-grandios wie z.B. der Grand- oder Bryce Canyon.

Indian Head an der Felsküste des Bruce Peninsula National Park (Georgian Bay des Lake Huron in Ontario)

Nordosten der USA

Mit dem überaus populären ***Acadia National Park*** in Maine liegt nur einer von heute insgesamt 50 US-amerikanischen Nationalparks im Nordosten. Daneben findet man aber noch ***National Sea-*** bzw. ***Lakeshores***, nämlich ***Cape Cod*** in Massachusetts, ***Fire Island*** vor Long Island im Staat New York und ***Pictured Rocks*** und ***Sleeping Bear Dunes*** in Michigan.

Maritime Parks

Nicht nur auf Land – auch unter Wasser werden natürliche Lebensräume geschützt, nämlich in den ***National Marine Parks Fathom Five*** vor Ontarios *Bruce Peninsula* und ***Saguenay*** am St. Lawrence-Unterlauf in Québec.

National Forests

Landschaftliche Attraktivität und unberührte Natur findet man durchaus nicht nur in Einrichtungen des *National Park Service*. Namentlich die **Nationalforsts** stehen ihnen in beiden Ländern oft in nichts nach. Ihr Eintritt ist frei, und die meisten Straßen durch Nationalforste – speziell in den Neu-England Staaten Maine, New Hampshire und Vermont – sind meistens eine angenehm zu fahrende Route. Zudem haben sie oft sehr schön gelegene **Campingplätze**, ➪ Seite 157.

State und Provincial Parks

Ungewöhnliche geologische Formationen, historisch interessante Orte und sehenswerte Landschaften gibt es außer auf Grundbesitz der nationalen Regierungen auch auf anderen Ländereien, etwa der einzelnen US-Staaten und kanadischen Provinzen. Wie der

Bund verfügen diese ebenfalls über eine Parkverwaltung, die für regional unterhaltene ***Parks, Historic Sites*** und ***Monuments, Beaches*** und ***Recreational Areas*** zuständig ist. Mancher *State* und *Provincial Park* etc. steht den nationalen Pendants qualitativ kaum nach, z.B. der ***Algonquin Park*** in Ontario (➪ Seite 464ff), der größte Provinzpark Canadas und zugleich einer der bekanntesten, der oft fälschlich für einen Nationalpark gehalten wird.

Picknick und Camping

Obwohl der Parkgedanke in den verschiedenen Staaten und Provinzen eine unterschiedliche Auslegung erfährt, signalisieren *State* wie *Provincial Parks* immer das Vorhandensein einer gepflegten öffentlichen Anlage, mindestens mit **Picknickplatz** und in sehr vielen Fällen großzügig angelegten ***Campgrounds*** (➪ Seite 157). Oft sind Badestrände, Bootsanleger und Angelgelegenheit vorhanden wie beispielsweise im ***Adirondack Park*** in New York State.

Andere Parks und Schutzzonen

Außerdem gibt es noch zahlose ***Wildlife***- und ***Bird Sanctuaries***, (Wild- und Vogelschutzgebiete), in Québec ***Reserves Fauniques*** und ***Parcs de Conservation*** genannt (➪ auch Seite 506), die aber oft für Besucher kaum zugänglich sind, sieht man ab von Aussichtsplattformen oder *Boardwalks* (Holzplankenwege).

Ranger

In allen Einrichtungen der *National-*, *Provincial-* bzw. *State Parks* und *Historic Sites* sind uniformierte ***Park Ranger*** für Parkprogramme und Besucherbetreuung zuständig. Die *Ranger* haben auch Polizeifunktion auf den Parkstraßen, achten auf die Befolgung der Parkregeln (z.T. Alkoholverbot, Unterlassen von Lärmbelästigung usw.) und überwachen die Campingplätze. Viele sind ortskundige Experten für Natur/Geschichte und leiten Wanderungen/Veranstaltungen für die Parkbesucher.

Visitor Centers (kanadisch: Centres)

In den oft aufwendig gestalteten **Besucherzentren** (*Visitor Centers*) wird man in Ausstellungen, Vorträgen und Film-/Dia-Programmen über alles Wissenswerte informiert und mit Karten und sonstigen Unterlagen versorgt. In vielen Parks gibt es ***Interpretive Walks***, geführte Spazier-/Rundgänge durch Natur oder historische Stätten, und ***Campfire Programs***, meist Film- oder Diashows (auf englisch bzw. französisch).

Eintritt

Nationalparks, *State-* und *Provincial Parks* kosten Eintritt. In der Regel gilt ein Pauschalpreis pro Fahrzeug (Pkw/Minivan/Campmobil) mit Insassen bis zu einer unterschiedlich maximalen Personenzahl. Anders ist es bei – z.B. historischen – Stätten, die man nicht durch Einfahrt mit Auto besucht. Dort gilt Eintritt pro Person, **ermäßigt für Senioren** (Canada ab 65, USA ab 62).

Eintritt Nationalparks in Canada

So ist es auch in den kanadischen Nationalparks. Ein **Tagespass** kostet **$4-$10**, für Kinder (6-16 Jahre) und Senioren (ab 65 Jahre) $2-$8. Für einen **Jahrespass** (für 12 Monate ab Kaufdatum) für alle 27 *National Parks* und 78 *National Historic Sites* bezahlt man **$84,80/Person**, für Senioren/Kinder $72,60/$42,20. Gruppen (bis zu 7 Personen, aber dabei nur 2 Erwachsene) in einem Auto fahren preiswert mit dem **Family Ticket** zu **$169 für den Jahrespass**.

Eine etwas billigere Variante (jeweils minus 20%) bezieht sich nur auf Nationalparks. Kreditkartenzahlung ist dabei möglich. Ob sich der Kauf eines Jahrespasses lohnt, ist ein Rechenexempel – für die meisten Urlauber zumindest im Osten wohl eher nicht.

Eintritt Nationalparks USA

Fast alle Einrichtungen des **Nationalparksystems der USA** erheben zwischen $3 und $25 Eintritt/Wagenladung. Radfahrer, Wanderer oder Busreisende zahlen $1-$10/Person. Da im Nordosten nur der ***Acadia National Park*** ($10-$20/Fahrzeug je nach Saison) liegt – sieht man ab von den *National Lake-* und *Seashores* in Massachusetts, Michigan und Long Island (eintrittsfrei) und einigen *National Historic Sites* –, lohnt sich in den USA der Erwerb einer Jahreskarte, des ***America the Beautiful Pass*** für **$80**/privates Fahrzeug mit bis zu 4 Insassen ab 16 Jahren (darunter eine beliebige Zahl) ebenfalls nur bei reger Nutzung oder dann, wenn man binnen eines Jahres nach Passerwerb noch andere Teile der USA bereist. Eine Besonderheit des Passes ist, dass man mit ihm auch bei Nutzung anderer bundeseigener Areale keine Gebühren zahlt, z.B. auf einem Parkplatz im *National Forest*, der Ausgangspunkt eines Wanderweges und als sog. *Fee Area* ausgewiesen ist.

State und Provincial Parks

In regionalen Parks schwankt die **Höhe des Eintritts** in der Regel zwischen $3 und $10 *per party* (also die besagte Wagenladung), je nach **Staat/Provinz** und Bedeutung etc. der jeweiligen Anlage. Gelegentlich gilt der einmal entrichtete Eintritt für mehrere aufeinander folgende Tage. Manchmal ist der **Eintritt frei**, wenn dem Besuch ein besonderer pädagogischer oder patriotischer Wert beigemessen wird. In der Vor- oder Nachsaison, wenn ein Teil der Einrichtungen deaktiviert ist, entfällt der Eintritt auch mal ganz.

Bei den ***State*** und ***Provincial Parks*** gibt es preiswerte **Jahreskarten,** die sich aber nur für Leute lohnen, die länger innerhalb eines Staates/einer Provinz bleiben und dort mehrere Parks besuchen.

Parksaison

Die Öffnungsperioden der Parks sind außerhalb der Hochsaison – Mitte Juni bis *Labour Day* (meist 1. Montag im September) – stark abhängig von der geographischen Lage. So schließen etwa in New Brunswick alle Provinzparks nach *Labour Day* komplett, während die *State Parks* in Neuengland bis zur Laubfärbung Anfang/Mitte Oktober meist geöffnet bleiben. Manche Parks halten zumindest Teilbereiche ihrer Anlage und Einrichtungen ganzjährig offen. **Aktuelle Übersichten** mit den Details der *State-/Provincial* und *National Parks* gibt es in den Büros der ***Visitor/Tourist Information*** in den Staaten bzw. Provinzen. Im **Internet** findet man diese Angaben unter den Adressen auf Seite 160f

1.1.4 Naturerlebnis, Abenteuer und Sport

Die vorstehenden Abschnitte zu Vegetation und Fauna sowie den unterschiedlichen, zahlreich vorhandenen öffentlichen Parks unterstreichen, dass Reisen in Canadas Osten und im Nordosten der USA – führen sie nicht ausschließlich in die großen Cities – immer auch **Naturerlebnis** bedeuten. Neben dem in diesem Teil des Kontinents ebenfalls wichtigen historisch-kulturellen Reisemotiv ist die Vielfalt der Möglichkeiten für *Outdoor*-Aktivitäten ein weiterer guter Reisegrund.

Wandern/ Hiking

Die vorherrschende Mittelgebirgs-Landschaft mit ihren Seen und Flüssen eignet sich ausgezeichnet für kurze wie längere Wanderungen. Speziell in Nationalparks und -forsten und in den meisten *State* und *Provincial Parks* sind **Wanderungen** sehr beliebt. ***Hiking Trails*** gibt es jede Menge: vom komfortablen, gut ausgeschilderten Lehrpfad bis zum kaum gekennzeichneten Wildnispfad über Stock und Stein. Die Ausgangspunkte (*Trail Heads*) sind gut gekennzeichnet.

Sofern man in kostenpflichtigen Parks nicht ohnehin eine genaue Karte erhält, informieren dort Tafeln oder Handzettel in einem Kästchen über Verlauf, Dauer und Schwierigkeitsgrad der Wanderungen. In größeren Landschaftsparks existieren neben kürzeren, in ein paar Stunden, maximal einem Tag zu schaffenden Strecken immer auch ***Trails*** für **Mehrtagestrips** mit kleinen, kostenfreien Campingplätzen am Wege (***Walk-in/Wilderness Campgrounds***). Aus dem *Hiking* wird dann ein ***Backpacking***, da man für derartige Unternehmungen nicht ohne Rucksack, den *Backpack*, auskommt.

Gasthöfe und Jausenstationen, wo sich der Wanderer zwischendurch an Schinkenbrett, Handkäs und Schoppenwein laben kann, sind in Amerika leider unbekannt. Bestenfalls gibt es in unregelmäßigen Abständen offene Hütten mit Feuerstelle.

*Startpunkt für Wanderungen (**Trailhead**) in einem National Forest. Karten liegen oft gratis oder für geringe Gebühren wie hier im Kasten*

Wandererlaubnis/ Backcountry Permit

Für Übenacht-Wanderungen in Parks und *National Forests* benötigt man in der Regel ein ***Wilderness*** oder ***Backcountry-Permit***. Diee Erlaubnisscheine werden in den Büros der Parks und von Nationalforsten mit *Long-Distance Hiking Trails* kostenlos ausgestellt. Aus ökologischen Gründen wird nur eine begrenzte Zahl von Wanderern pro Tag zugelassen.

Längere Wanderungen

Besonders geeignete Gebiete für längere Wanderungen sind der ***Algonquin Park***/Ontario, die großen ***Reserves Fauniques*** in Québec, der ***Baxter State Park*** in Maine, die ***Adirondacks*** in New York State, die ***Green Mountains*** in Vermont und besonders die ***White Mountains*** in New Hampshire.

Long Distance Trails

Vollblut-*Backpacker* erwandern den bekanntesten *Long Distance Trail* im **US-Osten**, den ***Appalachian Trail*** (über 3000 mi von Georgia über Maines *Baxter State Park* bis zur Gaspé-Halbinsel am St.-Lorenzstrom-Südufer). Enthusiasten halten mit dem Tempo des voranschreitenden Frühlings (30 km/Tag) mit. Besonders beliebte Abschnitte liegen in den *White-* und *Green Mountains, wo d*er *Appalachian Trail* sich 100 mi mit dem *Long Trail* (262 mi) deckt (www.fred.net/kathy/at.html).

In **Canada** gibt es mit dem überaus reizvollen ***Bruce Trail*** einen 720 km langen Fernwanderweg, der dem *Niagara Escarpment* (➪ Seite 414) von Queenston bei Niagara Falls bis nach Tobermory an der Spitze der Bruce Peninsula folgt.

Radfahren/ Biking

Radfahren ist in Nordamerika in den 1980er-Jahren wieder zu Ehren gekommen. Keine mittlere Stadt, in der es heute nicht Fahrradverleihstationen gibt (*Rent-A-Bike/Bike Rental* in den *Yellow Pages* der Telefonbücher). Auch in manchen *National, State* und *Provincial Parks* kann man **Fahrräder mieten**. Nicht selten erkundet man Parks und Städte (dort kaum Radwege!) besser mit dem Fahrrad als per Mietwagen.

Auf wenig frequentierten, im Nordosten zahlreich existierenden kleinen ***Back Roads,*** die vor allem in Neuengland immer wieder durch hübsche kleine Orte mit *Bed & Breakfast*-Pensionen führen, kann man herrliche Radtouren machen. ***Mountain Biking*** ist z.B. in den **Adirondacks**, in den **Green** und **White Mountains** und im ***Acadia National Park*** beliebt (*Rent-A-Bike* vor Ort). Die Möglichkeiten in Canadas Osten sind begrenzter. In Frage kommen vor allem die **Laurentides** bei Montréal bzw. Québec City.

Mehr über *Mountain Biking* und Radwandern in den USA und Canada steht im Reise Know-How-Titel ***USA/CANADA Bikebuch*** von Raphaela Wiegers. Drüben gibt es Unmengen von Literatur zum Thema ***Biking*** mit1000 Routen.

Kanutrips

Die Indianer nutzten mit ihren Kanus die Wassersysteme des Nordostens als Straßen durch sonst undurchdringliche Waldgebiete. Heute ist der Kanusport in einschlägigen Regionen perfekt organisiert. Vor allem in kanadischen *National* und *Provincial Parks* gibt es unübersehbare Kanuvermieter/*Outfitter*, die

Boote plus kompletter Ausrüstung für (Mehr-) Tagestrips verleihen. Dank erheblicher Konkurrenz sind selbst in der Hochsaison meist ausreichend Kanus vorhanden.

Viele Verleihfirmen bringen die Ausrüstung sogar zu einer vereinbarten Zeit an den gewünschten Startpunkt. In den – oft kostenlosen – Karten sind Rundtouren, Tragstrecken (*Portages*) und Zeltplätze (*Primitive Camping*) verzeichnet.

Folgende Gebiete eignen sich besonders gut für ausgiebige Kanutrips: ***Algonquin Park*** (der im Sommer sehr voll wird, was zur Limitierung der *Tour Permits* führt, ➪ Seite 466), *French River*, ***Killarney Provincial Park***, ***Kawartha Lakes*** (alle Ontario), ***Mauricie National Park***/Québec, ***Sacco River***/New Hampshire, ***Baxter State Park*** und ***Allagash Waterway*** (beide Maine) und ***Adirondack Park***/New York State.

Kanu-und Kajakverleih beim Cedar Grove Resort in Ontario (in der Nähe des Algonquin Park)

Kanu für Anfänger

Wer diesen Sport nur testen möchte, kann Kanus unterwegs an kleineren Seen und Flüssen in beiden Ländern auch stunden- und tageweise mieten.

Auf vielen Gewässern – manchmal auch in den Parks – sind leider auch **Motorboote** zugelassen. Da das den Kanuspaß empfindlich stört, sollte man sich über diesen Punkt vergewissern.

Whitewater Rafting

Wildwasserfahrten im Schlauchboot sind im Westen beliebt. Mangels geeigneter Gewässer ist das Angebot im Nordosten gering (vornehmlich **Kennebec** und **Penobscot River**/Maine).

Hausboote

Prima ausgerüstete Hausboote (inklusive Wasserrutsche, Beiboot und Angelruten) stehen auf den verzweigten **Kawartha Lakes** bzw. dem ***Trent-Severn-Waterway*** in Ontario zur Verfügung. Ein weiteres schönes Hausboot-Revier ist der ***Rideau Canal*** zwischen Ottawa und Kingston, eine über Kanäle verbundene Seenplatte; ➪ Reiseteil, Seiten 471 und 489.

Boots-ausflüge

Bei soviel Wasser allerorten werden auf Flüssen, Seen und an der Atlantikküste jede Menge Bootsausflüge angeboten. Das reicht von 2-Stunden-Seeufertrips über ***Sunset Cruises*** mit *Candlelight Dinner* bis zu mehrtägigen **Hochsee-Segeltörns** auf alten oder nachgebauten Schonern. Ganze **Windjammerflotten** warten in Maine (Bar Harbor, Camden, Boothbay Harbor) auf Kunden. Besonders beliebt für solche Trips ist die zerklüftete **Penobscot Bay** mit ihren vielen Inselchen.

Attraktiv sind Fahrten auf alten Dampfschiffen. So etwas gibt's u.a. an der **Georgian Bay**, auf den **Muskoka Lakes**, in der **Thousand Islands** Region des St. Lawrence River und auf dem **Lake Winnipesaukee** in New Hampshire. Im Reiseteil wird an entsprechender Stelle darauf hingewiesen.

In allen großen Städten kann man auch an ***Sightseeing Tours*** per Boot teilnehmen. Vom Wasser aus sind vor allem die ***Skylines*** von Toronto, Chicago und New York eindrucksvoll.

Inseltrips/ Fähren

Einige den Küsten vorgelagerte **Inseln** wie Nantucket und Martha's Vineyard (beide Massachusetts), Monhegan Island/Maine, Grand Manan/New Brunswick u.a. eignen sich gut für Tages- oder sogar mehrtägige Ausflüge. Die **Fährverbindungen** sind zumindest in den Sommermonaten gut und mit oder ohne Auto durchweg preiswerter als bei uns vergleichbare Routen.

Fähren-übersicht
➪ Seiten 726 + 752f

Fährstrecken als besondere Form eines Schiffsausflugs gibt es massenhaft. Am reizvollsten sind der kurze Trip über den St.-Lorenz-Strom von St. Simeon nach Rivière du Loup, über den Lake Champlain zwischen New York State und Vermont und von Tobermory auf der Bruce Peninsula nach Manitoulin Island über die Georgian Bay des Lake Huron. Echte **Seefahrten** bieten die Hochseefähren zwischen Maine (Portland+Bar Harbor) und Nova Scotia sowie von Cape Breton Island nach Newfoundland.

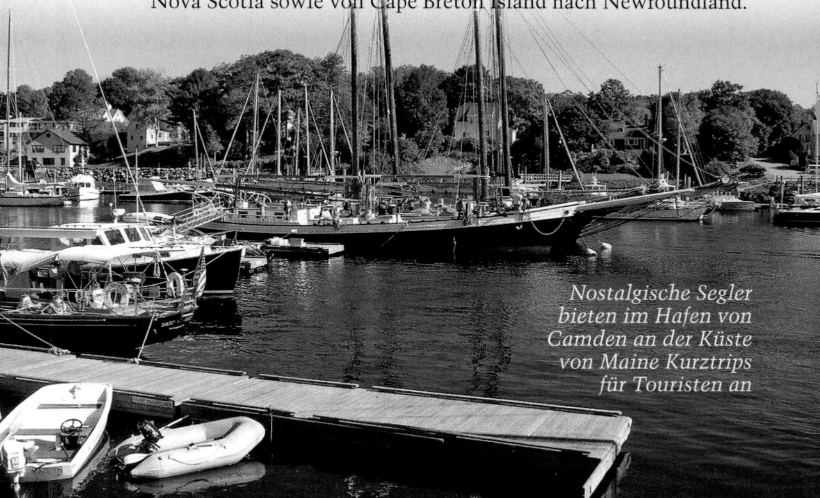

Nostalgische Segler bieten im Hafen von Camden an der Küste von Maine Kurztrips für Touristen an

Whale Watching

Eine große touristische Rolle spielen an der Atlantikküste und im Golf von St. Lawrence bis zur Mündung des Saguenay River bei Tadoussac ***Whale Watching Tours***. Die besten Trips zur Walbeobachtung starten ab **Provincetown**/Cape Cod, **Bar Harbour**/ Maine, **Tadoussac** am St. Lorenz und **Twillingate**/Neufundland.

Whale Watching Boat am Anleger in Provincetown/ Cape Cod

Vogelbeobachtung

Auch ***Bird Watching*** wird als Bootsausflug angeboten. Reizvoll sind insbesondere Trips zur ***Puffin***-Beobachtung ab Bar Harbour und ***Gannets*** ab Perce/Québec.

Segeln

Die ganze hier behandelte Region ist ein **Seglerparadies**. Wem es nicht genügt nur mitzusegeln, kann Boote jeder Größe und Preisklasse leihen. Neben beliebten Revieren am **Atlantik** (u.a. Newport/Rhode Island, Hyannis/Massachussetts, Bar Harbour und Camden/Maine) sind der **Lake Champlain**, die Georgian Bay des Lake Huron und der östliche **Lake Ontario** mit dem **St. Lawrence River** hervorragende Gebiete für Segeltörns.

Angeln

Angeln ist in Nordamerika Volkssport. Ein *Smalltalk* beginnt mit: »Wie geht`s, woher stammst Du?«, oder: »Was hast Du heute gefischt?« Wer sein Anglerglück testen will, muss indessen strenge Regeln beachten:

Fishing License oder Permit

Zunächst benötigt man einen Angelschein: **Fishing License.** Die erhält man bis ins kleinste Dorf im örtlichen ***Hardware Store*** oder im ***Bait and Tackle Shop***, der zur Angelerlaubnis auch gleich die Ausrüstung mitliefern kann. Es gibt nur Tages- oder Saisonkarten und die Kosten für wenige Tage entsprechen gewöhnlich bereits der Saisongebühr. Die *License* für eine ganze Saison lohnt sich aber nur, wenn man länger innerhalb eines Staates/einer Provinz bleibt. **Ein *Permit* auf nationaler Basis gibt es nicht**. Bei Weiterreise muss der Angler im nächsten Staat/der nächsten Provinz eine neue Lizenz erwerben. Ohne ***License*** läßt man sich mit der Angel in der Hand besser nicht erwischen.

Fishing Trips

An großen Seen und an der Atlantikküste gibt es – meistens ziemlich teure – ***Fishing Trips/ Charters***. Auf den Booten ist dann alles vorhanden, was Petrijünger für den Erfolg brauchen. Solche Angelfahrten reichen von kurzen Vor- und Nachmittagstouren bis zu Trips mit Wasserflugzeugen in die Wildnis. Der Vorteil solcher Ausflüge ist die Begleitung durch lokale Profis, die sich mit den besten Standorten und – noch wichtiger – den überall strengen Fangrestriktionen auskennen.

Jagen

Für Ausländer *(Out-of-State-Person)* unterliegt in beiden Ländern Nordamerikas die Jagd besonderen Regelungen und hohen Gebühren. Aber wer zahlen, ein Gewehr halten und abdrücken kann, ist in den **USA** dabei. Eine Jagdprüfung mit Jagdschein wie bei uns gibt es nicht. In Canada dürfen Ausländer nur in Begleitung sogenannter ***Outfitters*** auf die Jagd gehen. Diese autorisierten Jagdführer bitten kräftig zur Kasse.

Strände und Badespaß

An Stränden herrscht weder am Atlantik noch im Inland an den Großen Seen und zahllosen Gewässern Mangel: kilometerlange rosa oder weiße Sandstrände mit oder ohne Dünen, verschwiegene felsige Buchten mit sandigen Einsprengseln und Kieselstränden – alle Varianten sind vorhanden.

Der einzige Strand in ganz Canada, an dem Autos zugelassen sind: Sauble Beach am Lake Huron, ca. 150 km nordwestlich von Toronto; für $10 ist man dabei.

Angelegte Schwimmwesten *sind auf allen Booten vom Kanu bis zur Motoryacht überall* ***streng kontrollierte Pflicht***

Atlantik

Wegen der niedrigen Wassertemperaturen ist an ein **Baden im Atlantik** oft gar nicht oder nur für Abgehärtete zu denken, ganz besonders in Maine und Nova Scotia. Die Regel »je nördlicher, umso kälter das Wasser« gilt aber nur bedingt. Unerwartet warme Strömungen sorgen zum Beispiel an der Ostküste von New Brunswick und vor Prince Edward Island für Wassertemperaturen von 20°C und mehr. An den Stränden von Cape Cod und Long Island herrscht häufig hohe Brandung, die kein Baden erlaubt.

Seen

Bis auf den Lake Superior erreichen die **Binnengewässer** im Juli und August Badetemperatur. Der nächste See oder ein klarer Fluß zur Abkühlung an heißen Sommertagen ist selten weit.

Tauchen/ Windsurfen

Wer tauchen oder surfen möchte, kommt kaum ohne Neopren-Anzug aus. **Scuba Diving** findet speziell an den Great Lakes viele Anhänger, beliebt ist u.a. das Tauchen nach alten Schiffwracks, etwa im ***Fathom Five Marine Park***/Ontario und vor der ***Pictured Rock Seashore***/Michigan. **Windsurfing** wird allerorten betrieben und *Surfboard*-Verleiher finden sich an allen windigen Ecken.

Tennis

Tennisspieler sollten ihre Schläger nicht vergessen. Selbst in ziemlich kleinen Orten findet man in ganz Nordamerika öffentliche, meist in Parkanlagen integrierte **Tennisplätze,** wo man gratis oder gegen geringe Gebühren spielen darf. Stark frequentiert sind solche Plätze meist nur in Feriengebieten und ab spätem Nachmittag bis zur Dunkelheit. Ansonsten gibt es keine Wartezeiten für ein Match zwischendurch. In Hotels, in Studentenwohnheimen und auf privaten, z.T. auch in *State* bzw. *Provincial Park* ***Campgrounds*** gehören ***Tenniscourts*** häufig zur Anlage.

Golf

Golf ist im Gegensatz zu Europa ein Nationalsport (fast) ohne Klassenschranken. Öffentliche Golfplätze bieten eine gute Gelegenheit, es einmal zu probieren. Die Clubs sind ohne den hierzulande bekannten Exklusivitätsanspruch und lassen Besucher gegen eine Gebühr meist ohne weiteres spielen. Durchweg kann man Golfschläger leihen.

Die unten genannten Großstädte lassen sich relativ bis sehr gut mit öffentlichen Verkehrsmitteln erkunden. Der Mietwagen kann derweil auf dem Motel-/Hotelparkplatz bleiben, wo er weder Kosten noch Frustration bei der Parkplatzsuche verursacht. Von Orientierungsproblemen nicht zu reden. Idealerweise nimmt man in diesen Städten Quartier in der Nähe von Haltestellen (Bus, Tram, U-Bahn). Im Reiseteil werden in dieser Hinsicht besonders geeignete Unterkünfte explizit empfohlen.

1.1.5 Kultur, Kunst und Geschichte

Die großen Cities

Boston, Montréal, Québec City

Die für amerikanische Verhältnisse nicht weit auseinanderliegenden großen Städte im Nordosten faszinieren u.a. durch ihre Unterschiedlichkeit. Sie alle besitzen ihre spezifischen, historisch gewachsenen Eigenheiten. Das gilt besonders für **Boston** (1630), **Montréal** (1642) und **Québec City** (1603), die zu den ältesten Städten Nordamerikas mit gut erhaltenen bzw. restaurierten *Old Towns* gehören.

New York, Toronto

Obwohl **New York** auch eine der frühen Gründungen ist (1613), gewann die Stadt erst später Bedeutung. Seine Attraktionen sind der zentrale Stadtteil **Manhattan** mit grandioser *Skyline*, ein unübertroffenes Kulturangebot und das Flair der US-City an sich. Das viel jüngere **Toronto** (1834) ist – neben Vancouver – mit seinem energiegeladenen Völkergemisch Canadas modernste und größte City, kultureller Brennpunkt und Wirtschaftszentrum.

Chicago, Detroit

Die Hochhauskulisse **Chicagos** fasziniert wie die von New York, doch die Stadt entwickelt einen ganz anderen, weitgehend durch Lage und Entwicklung bedingten eigenen Charme. Der im Niedergang befindlichen Autometropole **Detroit** – mit ca. 1 Mio. Einwohnern im Citybereich und 4,5 Mio. im Großraum – fehlt trotz einiger sehenswerter *Highlights* die unverwechselbare Prägung.

Ottawa, Buffalo

Auf dem Sprung zur Metropole und wegen ihrer Hauptstadtfunktion und brillanter Museen bedeutend ist **Ottawa**. Trotz größerer Ausdehnung und Einwohnerzahl kann **Buffalo** am Lake Erie nur im Zusammenhang mit den Niagara Falls und als Standort einer herausragenden Kunstgalerie Interesse beanspruchen.

Chicago Skyline

Stadtrundfahrten

In den großen *Cities* ist es oft hilfreich, zunächst eine Stadtrundfahrt zu buchen; das erleichtert die spätere Orientierung. Tourbusse allerdings, die drei oder mehr Stunden benötigen und alles »abklappern«, sind dafür nicht die beste Wahl, ideal dagegen die in vielen Städten eingesetzten ***Tourist Trolleys*** oder auch offene **Doppeldecker.** Sie bedienen fahrplanmäßig und zügig eine gut durchdachte Rundstrecke, oft im *hop-on-hop-off*-System: Mit dem einmal gelösten Ticket darf man am gleichen Tag oder gar binnen 24 Stunden beliebig oft aus- und wieder zusteigen. Empfehlenswert ist dabei eine erste Runde ohne Unterbrechung, um Prioritäten für die zweite Runde im *hop-off-hop-on*-Verfahren festzulegen. In einigen Städten, sogar mitten in Manhattan, gibt es **Pferdekutschfahrten**. Die nostalgischen Vehikel wirken im brausenden Cityverkehr indessen etwas deplaziert. Nur in Québec City passen sie zum mittelalterlichen Stadtkern.

City Parks

Erholung von Museumsbesuchen, Besichtigungen und Shopping bieten in allen Großstädten ausgedehnte Grünanlagen. Gleich in drei Nordost-Metropolen war *Frederic Law Olmstead*, der Star unter Amerikas Gartenarchitekten, am Werk; er entwarf den ***Central Park*** in New York, die ***Emerald Necklace***, eine Reihe miteinander verbundener Parks in Boston, und den Park auf dem ***Mont Royal*** in Montréal. Amerikanische *City Parks* sind nicht nur zum Spazierengehen da, sondern Freiräume, in denen die Städter ihren Bewegungsdrang austoben können. Folglich verfügen die meisten Parks bis hinunter ins kleinste Dorf über alle Voraussetzungen zur Ausübung populärer Sportarten. Meistens ohne Gebühr können die Besucher Tennis, Basket- und Volleyball spielen, die immer vorhandenen Picknicktische und Grillroste nutzen, die Kinder auf Spielplätze schicken. Schilder mit der Aufschrift »Rasen betreten verboten« kennt man in Amerika nicht.

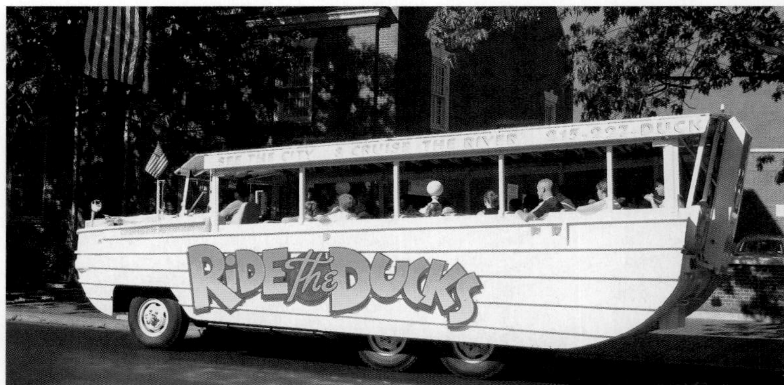

Amphibienfahrzeuge als Gag für Stadtrundfahrten einschließlich kurzer See- oder Flußtour z.B. in Boston und Chicago

Anmerkungen zur Architektur

Geschichte

Die Architektur der Regierungs- und Verwaltungsgebäude, von Museen, Banken und herrschaftlichen Wohnhäusern in der Neuen Welt folgte zunächst europäischen Vorbildern. Der ***Georgian Style*** und später der ***Federal Style*** – beide hatten ihre Blütezeit bis etwa 1825 – waren an den strengen klaren Linien der Renaissance orientiert. Das 19. Jahrhundert stand im Zeichen der ***Revivals***, des »Wiederaufgreifens« alter Stile: ***Greek***- und ***Roman Revival*** mit Kuppeln und Säulen, ***Gothic Revival*** mit den bizarren Türmchen und Spitzbögen mittelalterlicher Kirchen. Diese Epoche fand mit dem ***Romanesque*** bzw. ***Picturesque Style*** noch eine romantische Steigerung. Anfang des 20. Jahrhunderts besann man sich mit den Bauten für die Weltausstellung in Chicago wieder auf die strengeren klassischen Formen: ***Beaux Arts***, gefolgt in den 1930er-Jahren von der in Amerika besonders ausgeprägten ***Art Deco***-Stilrichtung.

Der starke **französische Einfluß** im östlichen **Canada** wird deutlich an den zahlreichen mächtigen, *Notre-Dame de Paris* nachempfundenen Kirchen und Kathedralen. Auch Paläste à la Frankreich mußten her, und so ließ etwa die *Canadian Pacific Railway Company* schloßähnliche Hotelbauten errichten. Das ***Hotel Chateau Frontenac*** in Québec City und das ***Chateau Laurier*** in Ottawa sind sehenswerte Beispiele dieses Stils (➪ Fotos auf den Seiten 514 und 472), der auch von anderen kopiert wurde.

Hochhäuser

Technisch möglich gemacht durch die Entwicklung von Stahlskelett-Bauten und die Erfindung des (*Otis-*)Fahrstuhls, traten »Wolkenkratzer« seit der Jahrhundertwende 1900 von Chicago aus ihren Siegeszug um die Welt an. Die *Skylines* von Manhattan, Chicago und anderer *Big Cities* gehören heute zum Bild Amerikas wie der *Grand Canyon* und die *Cowboys*.

In Amerikas Osten lassen sich in jeder Großstadt Stilbeispiele aus nunmehr hundert Jahren Hochhausgeschichte bewundern. Da gibt es die noch am ***Gothic Style*** orientierten überdimensionalen »Burgen« mit vielen Schnörkeln und Verzierungen (*Chicago Tribune Building*), mächtige ***Art-Deco***-Riesen (*Rockefeller Center* in Manhattan), nüchterne schwarze Glastürme eines Mies van der Rohe (***Bauhaus Style***) und die strengen geometrischen Glas-Stahl-Beton-Konstruktionen im ***International Style***, der lange als Inbegriff moderner Hochhausarchitektur galt.

In den 1970er-Jahren wandten sich viele Architekten vom *International Style* ab, weil sie ihn als unpersönlich und langweilig empfanden. Sie setzten ihrer Phantasie keine Grenzen, benutzten unterschiedliche Materialien und waren in der Formgebung innovativer und spielerischer. Zusammengefaßt wurde diese neue Richtung unter dem etwas schwammigen Begriff ***Postmoderne***.

Gemeinsam ist vielen Hochhäusern, gleich welchem Zweck sie dienen, dass den Besucher großzügige, **lichtdurchflutete Lobbies** mit oft attraktiven *Shopping*-Zonen und parkartig gestalteten Freiräumen empfangen, um die sich Snackbars und Restaurants gruppieren.

Die Wohnhaus-Architektur

In den angelsächsisch geprägten Regionen des Nordostens sind die meisten **Wohnhäuser** traditionell **aus Holz**, einem in Amerika im Überfluß vorhandenen und daher dort immer noch sehr preiswerten Rohstoff. Die zunächst schlichten Häuser (***Saltboxes***) der ersten Siedler verkleideten ihre Nachfahren mit ***Shingles***, hölzernen Schindeln, oder *Clapboard* genannten, wie bei Jalousien überlappend aufgenagelten Holzplanken. In Neuengland wie auch in den maritimen Provinzen Canadas ist diese Bauweise bis heute auch für Kirchen, Verwaltungsgebäude und große Hotels üblich. Meistens werden *Shingles* und *Clapboards* **weiß,** im hohen Nordosten auch farbig gestrichen. Holzverkleidungen ohne Anstrich bleichen zu einem hellen Grau aus, eine speziell auf Cape Cod und Nantucket in Massachusetts bevorzugte »Farbe«. Viele ältere Häuser sind um die Fenster, Türen und Giebel herum reich **verziert**, besonders zu bewundern auf der Insel Martha's Vineyard. Man bezeichnet sie als ***Gingerbread Houses***, Häuser im Lebkuchenstil.

Die zu Geld gekommen Kaufleute Neuenglands ließen sich schon bald ihre Villen aus rotem Backstein (*Brickstone*) im sog. ***Georgian***- oder ***Federal Style*** bauen. Ganze Straßenzüge voller klassisch ebenmäßiger Gebäude sind in alten Handelsstädten wie Salem, Boston, New Bedford und Providence erhalten oder wurden liebevoll rekonstruiert. Auch für Verwaltungsgebäude und Banken war roter Backstein das bevorzugte Material Ende des 19. Jahrhunderts. Typisch für den Nordosten um jene Zeit sind auch ***Victorian Villas***. Ob aus Holz – oft bunt bemalt – oder Stein, nie fehlen Erker, Türmchen, Terrassen (*Porches)* und Details fremder Stilepochen. Ganz besonders abenteuerlich in der Verwendung unterschiedlicher Stile und Materialien sind die ***Queen Anne Houses***, charakteristisch ihre runden Türme. Eine bunte Mischung all dieser Wohnhausstile findet man in **Fredericton**/New Brunswick.

Im französisch besiedelten **Québec** wurde von Anfang an mehr mit **Stein** gebaut. Entlang des St. Lorenz-Stroms, in Québec City und auf der Île d'Orleans gibt es viele Beispiele von Häusern, die man nach normannischen Vorbildern aus grauen, großen Felsquadern errichtet hat.

Im Zeitalter des Billigbaus und hoher Handwerker- (hier: Maler-) Löhne tragen viele Häuser eine dünne ***Shingle-* oder *Clapboardfassade* aus Plastik**, die nicht mehr gestrichen werden muß. Die Fassaden aus »Stein« in Québec sind oft genug Imitate aus PVC.

Waterfront

Manche am Wasser gelegene Stadt hat in den letzten Jahren verlassene und heruntergekommene Kaianlagen umfunktioniert. Aus ehemaligen Lagerhäusern wurden Veranstaltungs- und Ausstellungshallen; viele beherbergen *Shops* und Restaurants. Drumherum gibt's grüne Parks und schicke Marinas.

Aus einer aufgemöbelten ***Waterfront*** wurde hier und dort sogar ein ansehnlicher touristischer Komplex, etwa in **Boston, Montréal, Toronto, Buffalo** und **Halifax**, ganz besonders aber in **New York City** (*South Street Seaport*).

Auch in kleineren Städten wie Salem in Massachusetts, Portland in Maine, Saint John in New Brunswick, Charlottetown auf Prince Edward Island, Burlington in Vermont, Kingston in Ontario oder Baddeck auf Cape Breton Island wurde das Konzept erfolgreich angewandt.

Abends in der City

Nach der Bürozeit (= *Happy Hour:* 17-20 Uhr, Drinks in vielen Kneipen 50%) läßt sich die Frage »Wohin am Abend?« gut diskutieren. Über das Angebot an kulturellen Veranstaltungen und das pulsierende Nachtleben Manhattans braucht man kaum ein Wort zu verlieren. Aber auch in Boston, Chicago, Montréal, Ottawa, Québec und Toronto ist kulturell eine Menge los und die Kneipenszene gut bestückt. In den meisten Mittelstädten jedoch bleibt das Angebot weit hinter dem zurück, was man in Europa in vergleichbar großen Orten erwarten darf. **Veranstaltungskalender** und Szene-Hinweise gibt's gratis in allen Büros der jeweiligen städtischen *Tourist Information.*

Die typisch amerikanischen **Clapboard *Häuser*** *– so genannt wegen der sich überlappenden Holzbretter der Fassade – erfordern ständiges Nachstreichen*

Museen

Situation

Museen finden sich oft noch in erstaunlich kleinen Ortschaften; hinzu kommen die Ausstellungen in den Besucherzentren der *National* und *State* oder *Provincial Parks* zu den jeweiligen historischen oder naturkundlichen Phänomenen. Man wird unterwegs feststellen, dass in beiden Ländern der Pflege des geschichtlichen, kulturellen und natürlichen Erbes erhebliche Mühe und Aufmerksamkeit gelten. Über eine besonders große Zahl erstklassiger Museen verschiedenster Art verfügen New York, Boston, Chicago, Toronto, Ottawa und Montréal. Auch Detroit und Buffalo bietet in dieser Beziehung einiges. Nicht zu vergessen sind die beachtlichen Kunsttempel vieler Universitäten und Colleges (*Harvard, Yale, Williamstown, Dartmouth*, ➪ auch Seite 46).

Um die Leute ins Museum zu locken, hat man sich vielerorts einiges einfallen lassen, sowohl bei der Thematik als auch bei der Art der Präsentation. dass dies beim Publikum ankommt, zeigt die hohen Besucherzahlen.

Im folgenden werden alle wichtigen in Nordamerika existierenden **Museumstypen** kurz charakterisiert. Die Details findet der Leser in den Reisekapiteln.

Kunstmuseen

Es ist kaum zu glauben, was sich in Amerika im Laufe der Jahrhunderte an Schätzen aus aller Welt angesammelt hat. Vor allem die Kunst der Alten Welt von Ägypten und Rom über das Mittelalter bis zum Europa um 1900 ist quantitativ und qualitativ bestens vertreten. Natürlich sind auch die Werke kanadischer und amerikanischer Künstler in den Galerien beider Länder zu sehen.

Royal Ontario Museum, Toronto

Das enorme ***Museum of Modern Art (MOMA)*** und das ***Guggenheim Museum*** in Manhattan sind jedem ein Begriff, weniger aber das beachtliche ***Dia Beacon*** nördlich von New York City am Hudson River. Auch die ***Art Gallery*** in Toronto (größte *Henry Moore*-Sammlung der Welt), die ***National Gallery of Canada*** in Ottawa (große Abteilung kanadischer Kunst), das ***Museum of Fine Arts*** in Boston, das riesige ***Art Institute*** in Chicago und die ***Albright Knox Art Gallery*** in Buffalo gehören zur Extraklasse nordamerikanischer Kunstmuseen. Kleinodien bilden private Sammlungen, die nach dem Tod vermögender Stifter zu öffentlichen Museen umgewandelt wurden. Beste Beispiele dieser Art sind das extravagante ***Isabella Stewart Gardner Museum*** in Boston und die ***McMichael Gallery*** in Kleinburg bei Toronto.

Kunst im Freien/ Skulpturen

Zur Auflockerung der City-Landschaft setzt man auch in Amerika die schönen Künste ein. Sei es durch die Gestaltung von Vorplätzen, Hallen und Miniparks zwischen Hochhäusern, durch das Aufstellen eigens angefertigter Kunstwerke oder beides.

Chicago ist stolz auf die Plastiken weltberühmter Künstler wie *Picasso, Debuffet, Miró* und *Chagall* in den Häuserschluchten des ***Loop*** im alten Zentrum der Stadt. Bemerkenswerte Skulpturen stehen auch in der *McGill College Street* in **Montréal**.

Historische Museen

Jeder Bundesstaat der USA und die kanadischen Provinzen besitzen in den Hauptstädten ein ***Museum of History***, das die Geschichte der Region von den Anfängen der weißen Besiedelung bis heute mehr oder weniger gekonnt beleuchtet. Nicht überall, aber doch häufig wird auch den Indianern (heute in Gesamtheit als *First Nation* bezeichnet) und Eskimos (*Inuit*) angemessen Raum gewidmet. Darüber hinaus gibt es noch zahlreiche lokale Museen, die hochinteressant sein können. Historisch-kulturelle Museen sind das ausgezeichnete ***Canadian Museum of Civilisation*** in Hull (Ottawa) und das ***Musée de la Civilisation*** in Québec City, die sich einzelnen Aspekten kanadischen Lebens widmen.

Zu **Flora und Fauna Nordamerikas** erfährt man alles in den Museen für ***Natural History*** in New York, Chicago (*Field Museum*) und Cambridge auf dem *Harvard University Campus.*

Indianer

Große historische Museen unterhalten durchweg auch indianische Abteilungen wie das ***Field Museum of Natural History*** in Chicago, das ***Museum of Natural History*** in Halifax/Nova Scotia, das ***Museum of Science*** in Rochester/NY State, das ***Museum of Science*** in Buffalo und das ausgezeichnete ***Peabody Museum of Archeology and Ethnology*** in Cambridge/Massachusetts.

Auch kleinere Einrichtungen wie das ***Abbé Museum*** im ***Acadia Park*** und das ***Institute for American Indian Studies*** im Städtchen Washington/Connecticut lohnen bei Interesse den Besuch. Kleine ***Cultural Centers*** auf vielen indianischen Territorien stellen altes und neues Kunsthandwerk aus, so z.B. auf Manitoulin Island/Ontario.

Science Center

Wie kreativ und spannend Museen sein können, wird besonders in den **Science Centers** deutlich. In diesem Museumstyp werden dem Besucher Phänomene aus Wissenschaft und Technik über Experimente nähergebracht, an denen er selbst teilnimmt bzw. sie auslöst. Sehr gut sind das ***Ontario Science Centre*** in Toronto und ***Science North*** in Sudbury, ferner das ***Boston Museum of Science***.

Industriemuseen

Die Aufarbeitung der **industriellen Vergangenheit** (wissenschaftlich und soziologisch) wird an vielen Orten geleistet; hervorragend in Lowell/Massachussetts, einer der ersten Industriestädte des Kontinents, sowie in Shawinigan/Quebec, wo die Bedeutung der Elektrifizierung für die Industrie – mit einigen Show-Effekten – gezeigt wird. Akademischer, aber genauso interessant ist das ***MIT Museum*** in Cambridge/Massachussetts.

Children's Museum

Dem Prinzip »Mitmachen« und »Mitdenken« (*hands-on/ minds-on*) folgen auch die hier und dort zu findenden Museen für Kinder. Kinder werden spielerisch in viele Bereiche der Umwelt eingeführt, sei es kulturell, sozial oder technisch. Auch für Erwachsene kann der Besuch in einem *Children's Museum*, z.B. in Boston oder Chicago, ein Gewinn sein. Man staunt, was da alles zu erfahren ist.

Maritime Museum

Überall, wo Schiffahrt eine Rolle spielte und spielt – an den Großen Seen, am St. Lorenz-Strom und Kanälen und natürlich an der Atlantikküste – gibt es maritime Museen, die sich mit unterschiedlichsten Aspekten der Seefahrt, des Seehandels (***Peabody Museum*** in Salem), des Bootsbaus (Bath/Maine), des Fisch- und Hummerfangs (in Lunenburg/Nova Scotia) usw. befassen. Oft gehören nostalgische Schiffe zum Bestand.

Im Freilichtmuseum ***Mystic Seaport*** Connecticut sind Seefahrt und -handel und die damit verbundenen Gewerbe besonders authentisch und lebendig dargestellt (➪ Seite 219); dort liegt eine Reihe besonders schöner alter Schiffe am Kai.

An der Atlantikküste räumen viele maritim orientierte Museen dem **Walfang** breiten Raum ein. Die ***Whaling Museums*** in New Bedford und Nantucket (Mass.) sind die besten ihrer Art.

Viele Küstenorte haben ein **Aquarium**. Kleinere Aquarien findet man z.B. im ***Acadia Nat'l Park*** in Maine, im ***Mystic Seaport***/Connecticut und in ***Niagara Falls***/NY State. Sehenswert sind auch die Aquarien in **Boston** und **Chicago**.

Nachbau der berühmten Amistad (➪ Seite 217) auf dem Mystic River beim Mystic Seaport

Zoologische Gärten

Wie die Museen wurden in Amerika auch die Zoos in vielen Fällen nach neuen Konzepten gestaltet. Ganz ausgezeichnet sind der Zoo in **Toronto** und der ***Biodôme*** in **Montréal**, eine Mischung aus Zoo und Botanischem Garten.

Spezialmuseen

Fast jede Stadt, jeder Landstrich hat – vor allem in den USA – eine Besonderheit aufzuweisen. Wer sich z.B. für Geschichte und Herstellung des ***Maple Syrup*** interessiert, erfährt darüber alles in Pittsford/Vermont. Einige Kilometer weiter in Proctor ist **Marmor** das Thema. Und wer schon immer über die sozio-kulturelle Bedeutung von Schuhen aufgeklärt werden wollte, ist richtig im ***Bata Shoe Museum*** in Toronto. Über die ***Mennonites*** und ***Amish People*** kann man in St. Jacobs/Ontario alles in Erfahrung bringen, über die ***Acadians*** in Bonaventure/ Québec. Einige Museen sind spezialisiert auf echt Amerikanisches, seien es alte Autos, Eisenbahnwaggons, Fahnen und Waffen aus dem amerikanischen Bürgerkrieg oder Kunstwerke aus Glas (z.B. ***Heritage Plantation***, Sandwich/Massachusetts, ***Bennington Museum***/Vermont). Spitze in dieser Hinsicht ist das ***Shelburne Museum***/Vermont.

Living Museum

Im Osten Canadas und in Neuengland gibt es eine ganze Reihe »Lebender Museen«, deren – gewöhnlich nicht so aufwendige – Variante bei uns als **Museumsdorf** bezeichnet wird.

In wiederaufgebauten und/oder liebevoll restaurierten authentischen **Dörfern** oder in **Militär-** und **Handelsforts** aus dem 19. Jahrhundert wird während der Touristensaison die Rolle der früheren Bewohner von Ortsansässigen und Studenten übernommen und in zeitgenössischer Kleidung lebensecht nachgespielt.

Oft beschränkt man sich nicht nur aufs »Schauspiel«, sondern fertigt tatsächlich Fässer, Boote, Lederkleidung und manches mehr auf alte Art. Einige dieser Komplexe werden ganz normal bewohnt und alternativ bewirtschaftet. Musik- und Kriegsspektakel in alten Uniformen, bei denen manchenorts nicht nur paradiert, sondern »gemetzelt und geschossen« wird, gehören in vielen Anlagen zum Programm.

Die besten lebenden Museen

Die besten lebenden Museen sind die ***Plimoth Plantation***/ Massachusetts, die ein Dorf der ersten Siedler zeigt, das ***Old Sturbridge Village***/Massachusetts, das ***Upper Canada Village*** bei Morrisburg/Ontario und ***Kings Landing Historical Settlement*** bei Fredericton/New Brunswick. Die letzteren thematisieren das dörfliche Leben englischer Kolonisten bzw. der Amerikaner im 19. Jahrhundert. Die ***Fortress Louisbourg*** auf Cape Breton/Nova Scotia, ist eine beeindruckende Festung und Kleinstadt aus dem 18. Jahrhundert. Das Fort ***Colonial Michilimackinac*** mit Dorf bei Mackinaw City in Michigan und die Missionsstation ***St. Marie among the Hurons*** (1639) an der Georgian Bay in Ontario sind ebenfalls sehenswert.

Öko Museen

In Québec und in den maritimen Provinzen gibt es sogar eine Kette kleiner ***Economusées***, genaueres ➪ Kasten Seite 512.

1

Rock and Roll Hall of Fame und Museum, Cleveland

Halls of Fame

Sportmuseen heißen im Amerika ***Hall of Fame***, wörtlich: »Halle der Berühmtheit«. Solche Sporttempel erfreuen sich bei Fans großer Beliebtheit. Da sind z.B. die ***Tennis Hall of Fame*** in Newport/Rhode Island, die ***Hockey Hall of Fame***/Toronto, die ***Rock'n Roll Hall of Fame***/Cleveland, ***Horse Racing Hall of Fame***/Saratoga Springs und die ***Baseball Hall of Fame***/Cooperstown, letztere beiden in *Upstate* New York.

Universitäten

Auf den Uni-Campus-Komplexen der berühmten ***Ivy League Universities*** in Neuengland finden sich oft gleich mehrere museumsartige Sammlungen. Ein Besuch lohnt sich oft allein schon wegen ihrer bemerkenswerten Lage und Anlage. Die älteren, teils Oxford- und Cambridge-Vorbildern nachempfundenen Gebäude inmitten grüner Parks sind tatsächlich in vielen Fällen mit Efeu (*Ivy*) bewachsen. Einige beherbergen große Kunstsammlungen, gespendet von vermögenden *Alumni* (ehemaligen Studenten).

Auch die wissenschaftlichen **Museen** und **Bibliotheken** sind oft sehenswert. In den meisten der teuren Eliteanstalten gibt es **Führungen** durch den Universitätskomplex.

Festivals

Kennzeichnung

Stadt und Land im Nordosten sind im kurzen Sommer Schauplatz zahlreicher **Festivals** vom einfachen Stadtfest mit lokalem Hintergrund – je nach Blüte-, Reife- und Erntezeit, *Strawberry-*, *Appleblossom-*, *Pumpkin-* oder Sonstwas-Festivals – bis zu anspruchsvollen Konzert-, Theater-, Ballett- und Opern-Veranstaltungsreihen mit oft renommierten Künstlern. Auch in Europa schon bekannt sind die Sommerkonzerte und *Shakespeare*-Aufführungen im ***Central Park*** von Manhattan.

Musik

Die **Bostoner Philharmoniker** spielen zuweilen im ***Charles River Park*** ihrer Stadt auf. Ihre Auftritte im kleinen **Tanglewood** in der

Klassik Westecke von Massachusetts zählen zu den Höhepunkten der Sommersaison. Das ***Philadelphia Orchestra*** sorgt für klassische Musik in Saratoga Springs/New York State im August, und an gleicher Stelle gastiert vorher im Juli das *New York City Ballett.*

Oper Das Opernfestival in der ***Glimmerglass Opera*** bei Cooperstown lockt Jahr für Jahr enorme Zuschauermengen in den kleinen Ort am Otsega Lake in *Upstate* New York. Weit über die Grenzen des Staates hinaus berühmt ist das ***Vermont Mozart Festival***, das den Sommer über in Burlington, Shelburne, Stowe und anderswo läuft und sich nicht nur Mozart, sondern allgemein populärer Klassik verschrieben hat.

Theater Ernstzunehmende **Theaterfestivals** gibt es u.a. in Williamstown und Stockbridge/Massachusetts. Das Theaterfestival an sich findet indessen in Canada statt. Dort läuft in **Niagara-on-the-Lake** mit Riesenerfolg das ***George B. Shaw Festival*** gleich auf drei Bühnen von April bis Oktober.

Film **Filmfestivals** sind in Montreal und vor allem Toronto eine große Sache und können der **Berlinale** das Wasser reichen.

Ethnische Festivals Und damit nicht genug: **Ethnische Festivals** mit Musik, Tanz und Völlerei – weithin bekannt sind ***Caribana*** in Toronto und ***The Taste*** in Chicago – finden in allen Großstädten regelmäßig statt. Das nach dem Münchener Original größte ***Oktoberfest*** der Welt ist eine deutsch-kanadische Angelegenheit in Waterloo-Kitchener in Ontario. Auf diese und weitere ähnliche Veranstaltungen wird im Reiseteil an entsprechender Stelle eingegangen.

Teilnahme Wer nicht eigens zu bestimmten Veranstaltungen anreist, wird meist nur zufällig zu Festival-Zeitpunkten in den jeweiligen Orten sein. Zur genauen Orientierung sind die ***Calendar of Events***, die Veranstaltungskalender der Provinzen und US-Staaten hilfreich. Meist gibt es sie separat, manchmal sind sie in allgemeine Tourismusbroschüren integriert, üblicherweise sind sie gratis. Alle ***Visitor/Tourist Information Offices*** verfügen darüber.

Reservierung Festivals, zu denen man **Eintrittskarten** für Einzelveranstaltungen benötigt, sind sehr oft lange im voraus ausgebucht. Bei spezifischem Interesse sollte man sich um Tickets zeitig kümmern, ➪ ✆ für Reservierungen für die wichtigsten Festivals im Reiseteil dieses Buches und vor Ort im regionalen ***Calendar of Events***.

1.1.6 Amusementparks und Zuschauerspaß

Amusement Parks

Der Nordosten mit kalten Wintern und einer relativ kurzen Saison ist nicht die ideale Gegend für Vergnügungsparks à la *Disneyland*. Dennoch findet man im Umfeld der *Big Cities* einige der typisch amerikanischen *Amusementparks,* wiewohl weniger aufwendig als im Süden der USA. Auch in der Umgebung mittelgroßer Städte und in der Nähe touristischer Zentren gibt es – kleinere – Parks fürs *high tech*-Vergnügen. Speziell in **Niagara Falls** sorgt beidseitig der Grenze eine dichte Kommerz-Infrastruktur für Kurzweil, wenn der Programmpunkt »Fälle besichtigen« abgehakt ist.

Der traditionelle amerikanische *Amusementpark* ist im Prinzip nichts anderes als ein **fest installierter Jahrmarkt** in einer meistens parkähnlichen Anlage mit Karussells, Achterbahnen, Riesenrädern und allen möglichen Fahrgeschäften. Show-Bühnen, Restaurants, Souvenir-Shops und allerhand Unterhaltung ergänzen die Hauptattraktionen.

Theme Parks

Die altmodischeren Parks – obwohl noch vorhanden (***Upper Clements Park*** in Nova Scotia) – machen mehr und mehr den ***Theme Parks*** Platz. Wie der Name schon sagt, sind diese Parks unter ein Thema gestellt, verzichten deshalb aber nicht auf die traditionellen Elemente. Die Karussellpferde werden in ***Santa`s Village*** (in Jefferson/New Hampshire) eben durch Rentiere ersetzt und die Kinder dort auch im Sommer von Weihnachtsmännern in den Sattel gehoben. Die gewählten Themen haben dabei meist nichts mit der sie umgebenden Natur oder Gegend zu tun; so ist z.B. ***Six Guns City***, eine *Western Town* in den White Mountains/Massachusetts mit Ballereien und Verfolgungsjagden genaugenommen völlig fehl am Platz; Cowboys gab's dort nie.

Im geografischen Bereich dieses Buches sind größere *Theme Parks* ***Coney Island's Astroland*** in New York, ***Canadas Wonderland*** bei Toronto und ***Six Flags Great America*** bei Chicago.

Shopping Malls

Selbst Einkaufszentren erhalten in Amerika mehr und mehr Vergnügungsparkcharakter. Das Wort *Mall* kennzeichnet das überdachte **Shopping Center.** Die neuesten und größten Komplexe dieser Art beeindrucken oft allein schon durch ihre aufwendige Architektur; integrierte *Entertainment*-Komplexe mit Programm und Unterhaltung bis in die Abendstunden sowie zahlreiche Restaurants sorgen dort für totales ***Shopping Fun***. Eine in den letzten Jahren allerorten aus dem Boden geschossene Variante normaler Einkaufszentren sind die ***Outlet Malls*** mit ***Factory Stores***. Es handelt sich dabei um Läden, die (angeblich) Ware direkt ab Hersteller anbieten. Die Preisabschläge für Markenartikel aller Art, in erster Linie jedoch Textilien und Schuhe, sind dort durchweg erstaunlich. Werbezettel für die nächste *Outlet Mall* liegen in Hotels, Motels und natürlich in den Touristeninformationen aus.

Outlet Malls

Besonders große ***Outlet Malls/Factory Stores*** findet man in Niagara Falls/USA, Manchester/Vermont, Kittery und in Freeport/Maine. Die größte *Outlet Mall* der USA, ***Franklin Mills***, liegt keine zwei Autostunden südwestlich von Manhattan im Norden von Philadelphia an der I-95. Eine neuere Riesen-Mall derselben Firma ist ***Vaughan Mills*** an der Autobahn #400 bei Richmond Hill nördlich von Toronto. Wer sich dafür interessiert, findet Einzelheiten unter: www.vaughanmills.com.

IMAX/ Omnimax Theatre

Häufig in Verbindung mit Planetarien und Museen gibt es die *IMAX* oder *Omnimax*-Theater, die dem Publikum das Gefühl vermitteln, sich inmitten des Geschehens zu befinden. Auf der riesigen Leinwand werden keine Spielfilme, sondern dramatisch gefilmte Landschaften, Weltraumszenen, Naturereignisse und damit verbundene Abenteuer gezeigt.

Multimedia Shows

Eine besonders attraktive Verpackung für touristisch-historische Information bieten *Multimedia Shows*. Die Zuschauer sitzen dabei auf beweglichen Sesseln, die von der Technik ereigniskonform von Zeit zu Zeit in Vibration versetzt werden, wenn zig Projektoren Geschichtsszenen wieder aufleben lassen und sich gleichzeitig Kulissen beleben, Kanonen ausfahren, Nebel hochsteigt und überhaupt ein Mordsspektakel abläuft. Mehr auf Vermittlung historischer Zusammenhänge und spannend sind die Shows ***The Whites of their Eyes*** im *Bunker Hill Pavilion* in Boston, das ***Québec Experience*** in Québec City und ***Here's Chicago***.

Kasinos

In den letzten Jahren sind selbst im puritanischen Nordosten der USA und in Canada neue **Spielkasinos** entstanden; teilweise in Indianer-Reservaten, ⇨ Essay auf Seite 15. Vor allem ***Mohegan Sun/Foxwood*** in Connecticut (⇨ Seite 221f) kann sich mit den »Vorbildern« in Las Vegas und Reno durchaus messen.

Fantasy Foyer des indianischen Casino Resort Mohegan Sun

1.2 Die unabhängige Amerikareise

1.2.1 Individuell oder pauschal reisen?

Pauschalangebote

Das Angebot an Pauschalreisen ist für den amerikanischen Nordosten und Canadas Osten eher begrenzt, vergleicht man es mit den vielen Möglichkeiten im Westteil beider Länder.

Busreise

Das **Gros der Programme** bezieht sich auf **Rundreisen im Bus** mit Hotelübernachtung, wobei die Mehrheit Touren durch den gesamten Osten oder entlang der USA-Ostküste bis hinauf nach Maine betrifft. Es gibt aber auch reine Neuengland-bzw. Ontario/Québec-Rundfahrten und solche, die mit einem Sprung über die Grenze verbunden sind. Die meisten davon führen in erster Linie in die Großstädte und zu populären *Highlights* wie Niagara Falls, in den *Acadia* und *Algonquin Park* und vielleicht noch über den *1.000 Islands Parkway* am St. Lorenz.

Die Natur und schöne Ziele abseits der typischen Touristen-Rennstrecken kommen dabei leicht zu kurz, sieht man ab von besonderen Routen und Zwischenstopps während der Herbstlaubfärbung im *Indian Summer.*

Soweit aus den Prospekten ersichtlich, werden auf vielen derartigen Touren **erhebliche Strecken** zurückgelegt. Außer an Besichtigungstagen, die überwiegend für Stadt- und Parkaufenthalte vorgesehen sind, ist dann die Zahl der täglichen Fahr- und Sitzstunden im Bus höher, als manchem lieb sein dürfte. Der meist ziemlich dichte Zeitplan erlaubt dabei auch nur selten Besseres als das »Abhaken« von **Standardsehenswürdigkeiten** und führt schwerlich zu einem so intensiven Reiseerlebnis, wie es individuell möglich wäre. Nicht zuletzt wegen der mit Busreisen üblicherweise verbundenen höheren Hotelkategorie und der Reiseleiterbegleitung sind diese nichtsdestoweniger **ziemlich kostspielig**.

Pkw-Rundreise

Zu den Pauschalprogrammen gehören auch **Pkw-Rundreisen** mit reservierten Unterkünften auf einer vorgegebenen Route. Sie sind im Tagesablauf variabler als Busreisen; einmal unterwegs gibt es aber für Änderungswünsche nicht viel Spielraum.

Individuelle Reisen

Daher sollte man überlegen, ob nicht eine individuelle weitgehend flexible Reise den persönlichen Vorstellungen viel eher entspräche als ein fertig gestricktes Programm. Dafür benötigt man nicht einmal besondere **Englischkenntnisse,** denn die touristische Infrastruktur Canadas und der USA macht das unabhängige Reisen einfacher als in Europa.

Vorzüge der Individualreise

Ohne bereits hier detailliert auf Kosten einzugehen, sei angemerkt, dass eine Busreise für zwei Personen im allgemeinen teurer kommt als dieselbe unabhängig durchgeführte Reise mit einem Miet-Pkw bei Übernachtung in gleichwertigen Hotels, die man dann allerdings – nach eigener und auch mal spontaner Wahl – selbst reservieren muss. Ein nicht hoch genug zu bewertender

Vorteil der Individualreise ist, dass Route, Reisezeiten und Zwischenaufenthalte im Rahmen der Möglichkeiten des gewählten Transportmittels frei bestimmt und jederzeit nach Inspiration, Lust und Laune geändert und klimatischen Gegebenheiten angepaßt werden können.

1.2.2 Die Wahl des richtigen Transportmittels

Präferenz Auto

Auch wenn im Nordosten ein – zumindest teilweise – gutes Bahn- und Busnetz existiert (➪ Seite 105), ist mit öffentlichen Verkehrsmitteln von den Möglichkeiten der Reisegestaltung, die in diesem Buch beschrieben werden, nur ein Bruchteil und dann oft nur kosten- und zeitaufwendiger zu realisieren.

Übernachtung

Viele Sehenswürdigkeiten und vor allem Naturschönheiten liegen abseits der Städte und lassen sich ohne Auto gar nicht oder nur schwer erreichen. Ohne Auto-Mobilität wird die Lösung der **Übernachtungsfrage** oft mühsam und leicht teurer als kalkuliert, gleich, ob man Hotel, Motel, Jugendherberge oder einen Campingplatz sucht.

Kurz: Für eine individuelle Nordamerikareise gibt es zum Mietfahrzeug keine besser geeignete Alternative.

Camping

Für die Amerika-/Canada-Reise sollte **Camping auch in Betracht ziehen**, wer sonst damit wenig im Sinn hat. Denn Camping in Amerika und im dicht bevölkerten Westeuropa sind nicht miteinander vergleichbar. Die meist großzügig angelegten Campingplätze bieten in aller Regel viel mehr Platz als bei uns, und viele liegen herrlich am See, am Strand oder an einem glasklaren Fluß. Lagerfeuer-Romantik und unvergessliche *Outdoor*-Erlebnisse sind garantiert, egal ob man sich fürs Zelt oder ein komfortableres Campmobil entscheidet. Alles weitere zum Thema **Camping** und Campmobile ➪ Seite 155ff.

Ein Tisch mit Sitzbänken gehört noch zu jedem Stellplatz. Man sieht hier deutlich, wie großzügig Campingplätze angelegt sein können

Pkw- oder Campermiete?

Mietauto und Zelt

Die Kombination Mietauto und Zelt bietet ab zwei Personen mit Abstand die **billigste Form des Reisens**. Bei ungünstiger Witterung und in Städten kann man in ein Motel/Hotel ausweichen und dennoch im Schnitt die Übernachtungskosten gering halten. Wer keine Lust hat, eine ganze Campingausrüstung mit über den Atlantik zu schleppen (bei **46 kg Freigepäck/Person** auf den meisten Flügen aber an sich kein Problem), kann die nötigen Utensilien überall in den USA und Canada preiswert erstehen (Kaufhaus-Ketten *K-Mart, Target, Walmart, Canadian Tire* u.a.). Zelt und Schlafsack im Kofferraum eröffnen auch bei Präferenz fürs feste Dach über dem Kopf zusätzliche Möglichkeiten, falls 'mal alle Motels und Hotels ausgebucht sein sollten.

Campingutensilien sind vor allem in den USA billig: Schlafsack vom K-Mart $20; Gaskocher $16; Luftmatraze $17, 12V-Pumpe $9; Zelt $59 oder aus der Heimat mitbringen; die 4-5 kg extra dafür dürften kein Problem darstellen

Campmobil

Ein Wohnmobil ist natürlich die komfortablere, wenn auch nicht ganz billige Lösung. Anders als im dünn besiedelten Westen der USA und Canada wird man in Neuengland und Ost-Canada auf vielen kleinen Straßen, in Ortsdurchfahrten und während häufigerer Stadtbesichtigungen mit sehr großen Wohnmobilen nicht ganz so glücklich sein. Sie erfordern im dichten Verkehr viel Konzentration und verursachen schon mal Parkprobleme. **Ideal** gerade in diesem Teil Nordamerikas sind daher kleinere ***Van Camper***, die aber fast nur noch in Canada verfügbar sind.

Vorzüge Campmobil

In welchem Campertyp auch immer, man sitzt trocken und warm. Der für Camper typische Komfort (➪ Seite 92f.) bedarf hier keiner Aufzählung im einzelnen. Die **Handhabung** von Campmobilen erfordert auf normalen Straßen keine besondere Übung, nur eine kurze Eingewöhnungszeit, soweit man sich mit einem Modell begnügt, das nicht wesentlich über **20 Fuß** (6 m) Länge aufweist. Für zwei Personen bietet diese Größe ausreichend Platz, eine sinnvolle Innenaufteilung vorausgesetzt, auch für drei Personen oder gar Eltern mit zwei Kindern bis Teenageralter.

Vorteile Camper

Neben der eingebauten Bequemlichkeit ist ein **entscheidender Vorteil** des Campers gegenüber anderen Reisealternativen der Entfall des täglichen Kofferpackens und immer wieder neuen Verstauens der Siebensachen; gegenüber dem Zelt auch noch des Auf- und Abbaus. Da die Campingplätze mehrheitlich mit Strom, Wasser- und Abwasseranschluß optimal für die sogenannten **Recreational Vehicles** (**RV**s) hergerichtet sind und im Vergleich zu Europa eher moderate Gebühren erheben, ist es kein Wunder, wenn USA-Ferien im Camper sich großer Beliebtheit erfreuen. Und zwar trotz der von Mai bis September im allgemeinen hohen Miettarife, die in der Hochsaison zu Urlaubskosten deutlich über denen einer Reise mit Pkw und Hotelübernachtung führen können (➪ Aufstellungen Seiten 67 und 102f).

Nachteile

Nun besitzen aber Camper auch spezifische Nachteile. Obwohl oben und in Veranstalterprospekten die Handhabung der Fahrzeuge durchaus zu Recht als einfach dargestellt wird, sind die erheblichen Ausmaße der großen Modelle ab 22 Fuß nicht unproblematisch. Abgesehen davon, dass man – mit Ausnahme der 17-19 Fuß kurzen *Van Camper* – mit Campmobilen im Stadtverkehr keine große Freude hat, wird es bei den größeren *RVs* nicht nur dort, sondern auch beim Rangieren auf Campingplätzen, beim Parken vorm Supermarkt, auf kleinen, oft besonders reizvollen Straßen usw. schon mal ein bisschen eng.

Camperbedienung

Ein Reisemobil – das muss man sich ebenfalls klarmachen – ist nicht in jeder Beziehung bequem. Damit alles funktioniert, sind Schläuche und Kabel zu entrollen, festzumachen und wieder einzupacken. Frischwasser- und Abwassertanks wollen kontrolliert, aufgefüllt und abgelassen werden, denn sonst ist unterwegs oder auf minder gut versorgten Campingplätzen der eingebaute und schließlich mitbezahlte Komfort nicht zu genießen. Auch die Gas- und Stromversorgung an Bord benötigt trotz aller eingebauter Automatik ein bißchen Regulierung und Kontrolle.

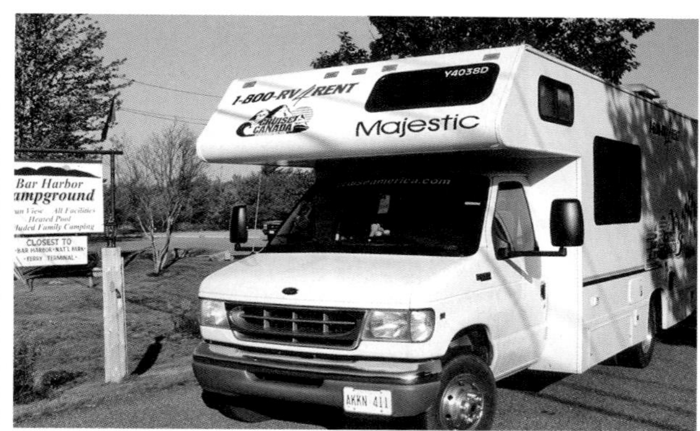

Ein 25-Fuß-Camper ist nicht nur 7,50 m lang, sondern auch 2,60 breit, was auf vielen Straßen und insbesondere vollbesetzten Autobahnspuren konzentriertes Fahren erfordert

Mietauto und Hotel/ Motel

Bei ausschließlicher **Übernachtung in Hotelzimmern** ist eine **Pkw-Rundreise** für zwei Personen in vielen Fällen billiger als eine Reise per Campmobil, es sei denn, man steigt überwiegend in teuren Unterkünften ab (➪ Seite 144f.). Generell – d.h. mit Ausnahmen wie absolute Hochsaison, Wochenende, besonderes Ereignis etc. – ist es nicht schwierig, ein Zimmer zu finden, aber natürlich immer ein bißchen mit Suche, Auswahl und Entscheidung verbunden. Die mitunter tägliche Notwendigkeit einer derartigen Disposition ist der Preis für die größerer Flexibilität und – speziell in Neuengland – auch die Chance, **Quartiere mit ganz individueller Note** zu finden.

Alte Inns

An vielen hier beschriebenen Strecken passiert man attraktive ***Bed & Breakfast Inns***, alte ***Country Inns*** (Landgasthöfe), **nostalgisch-traditionelle Hotels** am Meer und andere schon früher von der Oberschicht für die Sommerfrische bevorzugte Plätze. Sie liegen oft in oder bei kleinen **Ortschaften mit Flair** und ermöglichen den in Nordamerika sonst nicht selbstverständlichen Bummel durch Geschäftszonen und Kneipen in Fußgängerdistanz.

In Canada stehen Nostalgiehotels vor allem in Québec entlang des St.-Lorenz-Stroms, wobei dort oft nur Vollpension (meist gutes Essen!) zu buchen ist. In Ontario stößt man seltener auf diese Art altmodischer »Gemütlichkeit«, am ehesten noch in Seengebieten wie den *Muskokas*, ➪ Seite 462.

Über weite Strecken wird man in Canada aber wie im Staat New York (Ausnahme: *Hudson Valley*) in einem der üblichen ***Motels*** oder ***Motor Inns*** am Wege landen.

Situation am Abend im H/Motel

Nicht wenige Ortschaften sind am Abend wie ausgestorben; Kneipen und Restaurants finden sich dort nur am »Strip«, den Ausfallstraßen, zwischen Tankstellen und Autohändlern. Das Das Zimmer-TV liefert dann das Abendprogramm, sofern man nicht in einem besseren Hotel mit hausinternem *Entertainment*-Programm unterkommt.

Bed & Breakfast Inn in Vermont

Bessere Hotels

Wer ohnehin Hotels ab obere Mittelklasse bucht und auch die Kosten für das eine oder andere Nostalgie- und/oder Luxusquartier nicht scheut, reist in den USA und besonders im Nordosten Canadas, **preiswerter als** bei gleichem Verhalten **in Europa**. Bei richtiger Routenwahl und der **Kombination »Pkw und überdurchschnittliche Unterkunft«** läßt sich im Osten beider Länder Nordamerikas eine herrliche Zeit verleben.

Kontakte

Kontakte zu anderen Reisenden ergeben sich in Motels und Hotels kaum (zumindest bei fehlenden Service-Einrichtungen, bis zur Mittelklasse üblich), so dass der einzelne Gast relativ isoliert bleibt. Junge Leute und alle, die in **Jugendherbergen oder Universitätsunterkünften** (➪ Seite 154f) absteigen mögen, aber auch ***Bed & Breakfast***-Gäste haben es da leichter (➪ Seite 152f).

Flugzeug und Mietwagen

Wer im Osten weiter auseinanderliegende Ziele – ggf. in relativ kurzer Zeit – besuchen möchte, sollte erwägen, mehrere Cities nacheinander anzufliegen und dann von dort die Umgebung zu erkunden. In Frage kämen z.B. Ziele wie **Halifax, Toronto, Chicago** und **New York** mit Aufenthalten in Nova Scotia, Ontario, Michigan und NY-City bzw. Umgebung. Man vermeidet damit teure Einwegmieten und lange Autofahrten. Weitere Beispiele lassen sich beliebig konstruieren. Da die Automiete in Nordamerika preiswert ist, muss man bei nicht allzu weit voneinander entfernten Zielen kalkulieren, ob nicht eine **Pkw-Rundreise billiger** käme und die gesparten Transferzeiten nicht letztlich einen Gutteil zusätzlicher Fahrzeiten im Auto wieder wettmachen.

Öffentliche Verkehrsmittel

Bus

Situation

Für Alleinreisende gibt es zwar keine preiswertere Alternative als den Bus. Ein für Nordamerika vergleichsweise dichtes Netz von Überland- und Regionallinien fährt in Canada sogar in fast jedes Dorf, nicht jedoch zu Zielen außerhalb von Ortschaften wie *State-* bzw. *Provincial Parks*. Und auch in den USA sieht es mit den Verbindungen nicht sonderlich gut aus. Busreisende müssen (in beiden Ländern) neben langen Fahrzeiten, Umsteigen und Warterei auf Anschlußverbindungen oft auch Übernachtungen in Motels oder Hotels in der Nähe der Station in Kauf nehmen, die oft nicht eben zur ersten Wahl gehören und dennoch teuer sind.

Bus versus Mietwagen als Rechenexempel

Kostenbewußte Einzelreisende über 25 Jahre sollten trotz des zunächst preiswerter erscheinenden Busses (➪ Seite 67) unbedingt genau rechnen und überlegen, ob sie mit einem kleinen Pkw und Zelt bzw. Billigunterkunft nicht doch besser bedient wären. **Für junge Leute unter 25**, die bei einigen Vermietern kein Fahrzeug erhalten, bei anderen »Jugendaufschläge« bis zu $20/Tag zahlen müssen, gilt das dank der »***Under-25*-Tarife**« von ***Alamo*** (➪ Seite 87), die nur wenig über den »normalen« Mietkosten liegen, letztlich auch. **Ab zwei Personen** ist ein Mietwagen immer das ökonomisch günstigste Transportmittel.

Moderner Greyhoundbus

Fazit

Sich per Bus **durch den Nordosten Amerikas** zu bewegen, ist letztlich **nur eine gute Lösung für eingeschworene Busfahrer** und eine zweitbeste Altenative für alle anderen, wenn's mit dem Mietwagen nicht klappt, oder er zu teuer ist.

Eisenbahn

Situation

Alle größeren Städte im Nordosten einschließlich Niagara Falls sind bis hinauf nach Halifax/Nova Scotia mit der Eisenbahn zu erreichen – *Amtrak* in den USA/*ViaRail* in Canada, ➪ Seite 108. Das Netz ist indessen dünn und besteht außerhalb der Ballungsgebiete aus wenigen Schienensträngen, die mit geringer Frequenz bedient werden. *National-, State* oder *Provincial Parks* liegen kaum en route oder sind keine Haltepunkte. Zu ihnen gelangt man nur per Bus (so verfügbar), Mietwagen, Taxi oder Fahrrad.

Bahnstrecken

USA

Wer ganz bewußt mit der Eisenbahn reisen möchte und gern in Stadthotels absteigt, findet im Nordosten durchaus reizvolle Bahnrouten. Speziell folgende Züge fahren durch attraktive Landschaften und passieren (und stoppen) auch in Kleinstädten:

- ***»Adirondack«*** von NYC nach Montreal am Hudson Valley entlang und. westlich des Lake Champlain – sehr schön, nicht nur im Herbst.
- Die Strecke ***NYC-Boston*** läuft weitgehend parallel zur Küste und hat herrliche Abschnitte
- ***»Ethan Allen Express«*** von NYC nach Rutland/Vermont hält in Saratoga Springs und fährt auch durchs *Hudson Valley.*
- ***»The Vermonter«*** von NYC nach St. Albans/Vermont verbindet touristisch attraktive Orte wie Brattleboro, Montpellier, Stowe und Burlington (mit Busanschluß nach Montreal).
- ***»Maple Leaf«*** befördert Passagiere von NYC nach Niagara Falls und weiter nach Toronto.
- Der ***»Downeastern«*** von Boston nach Portland bringt die Fahrgäste an die Felsküste von Maine.

Rundfahrten durch Neu-England/New York State und – ggf. damit kombiniert – durch Onario und Québec sind möglich, ebenso wie Abstecher über New Brunswick nach Nova Scotia.

Canada Die kanadische ***ViaRail*** – grenzüberschreitend mit ***Amtrak*** kooperierend – bietet Strecken am Lake Ontario und am Saint Lawrence River entlang (mit Abstecher nach Ottawa) bis hinauf zur Gaspé-Halbinsel sowie durch das hügelige Waldland von New Brunswick und Nova Scotia bis Halifax.

Von Toronto aus kann man sowohl nach Nordwesten (Sudbury/ Sault Ste. Marie) als auch nach Südwesten (Windsor/Detroit/Chicago) fahren, ebenso zu den *Niagara Falls* und von dort weiter in Richtung New York/New England.

Fazit Ohne spezifische Vorliebe fürs Bahnfahren sind die **Eisenbahnen keine echte Transportalternative** für Ferien in Nordamerika, aber erwägenswert zur Verbindung von Teilzielen, ähnlich wie oben fürs Flugzeug beschrieben.

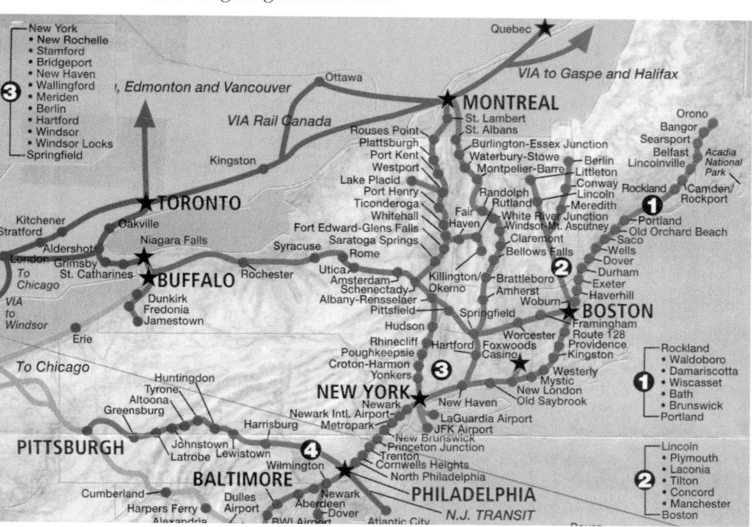

Das dünne »Netz« der Schienen von ViaRail und Amtrak (im Bereich Kanadas Osten/USA Nordosten nur auf und oberhalb der Linie New York–Buffalo–Chicago)

Auto-Transport

Das ***Auto Drive-Away***, der Transport fremder Fahrzeugen von A nach B, für die sich auch der Tourist als Gelegenheitsfahrer bewerben kann und bei Anstellung lediglich die Benzinkosten trägt, kommt nur für wenige USA- bzw. Canada-Reisende in Frage, und dann eher in Ergänzung anderer Transportmittel, ➪ Seite 130.

1.2.3 Amerikareise mit Kindern

Sollte man mit Kindern, womöglich mit ganz kleinen, eine Reise nach bzw. durch (Teile von) Nordamerika unternehmen? Die Autoren haben selbst nur positive Erfahrungen gemacht.

Flugtarife für Kinder

Zunächst zum Flug: Wer **Kleinkinder** im Alter von unter zwei Jahren mitnimmt, zahlt ohne Anspruch auf einen Sitzplatz je nach Airline 10%-15% des vollen Tarifs oder einen geringen Fixbetrag (bis €100). Empfehlenswert ist dieser Kleinkindtarif in Anbetracht der Flugdauer zu den meisten Zielen nur bei sehr kleinen Kindern, da die Eltern mit ihrem Sprößling auf dem Schoß bis zu neun Stunden Flug »an einem Stück« (Toronto/Chicago) durchhalten müssen. Mit Glück erwischt man zwar eine weniger stark besetzte Maschine und hat einen freien Platz neben sich. Aber darauf kann man sich nicht verlassen, am wenigsten zwischen Mai und September und nicht auf Wochenendflügen.

Wollen Eltern vermeiden, genervt anzukommen, bleibt nichts übrig, als den Kindertarif »2-11« mit Sitzplatzanspruch auch fürs Baby zu bezahlen. **Kinder zwischen 2 und 11 Jahren** kosten bei einigen Linien 50%, oft aber auch 67%-75%.

Kindersitz

Im Auto müssen auch in Amerika Kleinkinder einen eigenen Kindersitz haben. Leihen ist unnötig teuer, kaufen drüben ab US$40 möglich, aber man kann gut den vorhandenen Sitz mitnehmen, ➪ Seite 104. Am besten als **Handgepäck ins Flugzeug**, da sitzen die Kleinen sicher; Befestigung mit Sitzgurt.

Der Flug

Mit **Kleinkindern** sollte man darauf achten, dass die Maschine non-stop zum Ziel fliegt. Abgesehen davon, dass Umsteigen mit kleinen Kindern auf fremden Großflughäfen schon an sich kein Spaß ist, besteht vor allem im Sommer immer die Gefahr von Verspätungen. Die lassen sich vor dem Start eher wegstecken als unterwegs. **Umsteigen** hat aber mit etwas größeren Kindern auch sein Gutes: Denn die Zeit im Flugzeug ist dabei zunächst nicht so lang wie beim Non-stop-Flug, und man kann sich vor dem Anschlußflug wieder die Beine vertreten.

Reisekosten

Abgesehen von den Kosten fürs **Flugticket** und **Eintrittsgelder** für (leider von Jahr zu Jahr teurer werdende) *Amusementparks* etc. erhöhen Kinder die Amerika-Reisekosten nicht proportional, sofern die Familie per Auto unterwegs ist. Denn der **Leihwagen** bzw. **-camper** kostet einen festen Tagessatz unabhängig von der Belegung. Viele **Hotelzimmer** verfügen über zwei Doppelbetten, wobei der Übernachtungspreis nur geringfügig mit der Anzahl der Personen im Zimmer steigt (➪ Seite 146). In vielen Fällen braucht für Kinder (bis zum Jugendlichenalter, variiert im Einzelfall) im Zimmer der Eltern kein Aufschlag gezahlt zu werden.

Auch auf die **Campingkosten** haben zusätzliche Personen im Wagen nur einen unwesentlichen (Privatplätze) bis gar keinen Einfluß (staatliche Plätze). Das Eintrittsgeld in **Nationalparks** erhöht sich bei Pkw/Campern durch die Kinder nicht.

Unterwegs

Dass die Attraktion eines Großteils der Sehenswürdigkeiten und möglichen Aktivitäten in Nordamerika (siehe die vorhergehenden Abschnitte 1.1.4 bis 1.1.6) auch für Kinder groß ist, bedarf keiner besonderen Erläuterung. Auf jeder Reiseroute gibt es auch für die Kinder genug zu sehen und zu erleben, dazu sowieso die überall gleichen, bei den meisten Kindern ziemlich beliebten ***Fast Food Restaurants***, Supermärkte und ***Shopping Malls***.

Camping

Sofern gecampt wird, was bei einer Reise mit Kindern stärker zu erwägen wäre, bieten amerikanische Campingplätze von Anlage, Einrichtungen und Gelände her mehr als ihre europäschen Pendants. Viele *Campgrounds* verfügen über Kinderspielplätze, ein Teil der staatlichen Campinganlagen sind für sich schon Abenteuerspielplätze (➪ Seite 157).

Spielplätze

Möglichkeiten zum Austoben finden sich im übrigen nicht nur auf Campingplätzen. Selbst im kleinsten Ort gibt es noch **Stadtparks**, die sich zum Ballspielen etc. eignen. Oft verfügen sie auch über einen ***Playground***. Praktisch an langen Fahrtagen sind die kompakten Kinderspielplätze der *Fast Food*-Kettenlokale wie ***Burger King, McDonald's*** u.a. An ihnen führt mit Kindern bis 10 Jahren kaum ein Weg vorbei, zumal wenn sie an Autobahnen und Ausfallstraßen auch noch 5 mi im voraus mit dem *Children's Playground* werben. Ob man nun die jeweilige *Fast Food*-Palette besonders schätzt oder nicht, bei *McDonald's & Co.* lassen sich die ohnehin anliegende Zwischenmahlzeit, «Pinkelpause« und die Notwendigkeit, den Bewegungsdrang der Kinder zu kanalisieren, sinnvoll verbinden.

Krankheit

Krankwerden kann in Nordamerika Probleme machen, denn die Arztsuche ist schwieriger als bei uns. Das gilt nicht für dringende Not- und Krankenhausfälle. Aber in Arztpraxen ist ohne Empfehlung ein Termin nicht leicht zu kriegen. Ggf. helfen aber Zeltplatzbesitzer/Ranger bzw. das Hotelpersonal weiter. Sind Kinder an sich gesund, birgt eine Amerikareise keine unkalkulierbaren Risiken, zumal mit Reiseapotheke bzw. Erste-Hilfe-Kasten und – nicht zu vergessen – einer Auslandsreise-Krankenversicherung, die die ausgelegten Behandlungskosten erstattet.

In den USA und Canada gibt's tolle öffentliche Kinderspielplätze in vielen Parks, hier in Woodstock in New York State

1.3 Die konkrete Planung der eigenen Reise

Bevor man Reiseziele, -routen und -termine festlegt, sollte man die voraussichtlichen klimatischen Bedingungen kennen und wissen, wann Kanadier und Amerikaner Ferien haben, d.h. selbst im Land unterwegs sind.

Dimensionen

Wichtig ist, dass man sich nicht zuviel vornimmt. Das hier beschriebene Gebiet ist nur ein kleiner Bereich des Kontinents, dennoch kommen schnell erstaunlich viele Kilometer zusammen. Auf einer »kleinen« **Rundreise** (z.B.: New York City–Vermont–Montreal–Ottawa–Kingston–Algonquin Park–Georgian Bay–Toronto–Niagara Falls–New York) kommt man mit ein paar Abstechern locker auf 4.000 km; ➪ Seite 13 und Routen in der vorderen Umschlagklappe.

Fahrleistung

Im Pkw oder Camper sind 200 mi (320 km) pro Tag das Maximum dessen, was man sich im Schnitt zumuten sollte. Das sind bei einer 3-Wochen-Reise mit, sagen wir, 18 Unterwegstagen über 5.500 km; weniger wäre besser. Optimal ist eine **Planung,** die für 20 Tage rein rechnerisch (Kartendistanzen) 2.500 mi/4.000 km möglichst nicht überschreitet. Daraus werden leicht 20% mehr (➪ Seite 64), mit denen man als zügig Reisender noch gut leben kann. Es bleibt dann auch noch Spielraum, etwa für ungeplantes Verweilen an besonders schönen Orten, Teilnahme an erst unterwegs entdeckten Aktivitäten oder Veranstaltungen.

Fähren

Bedingt durch die zahlreichen Seen, Flüsse und (Halb-)Inseln im Reisegebiet gibt es viele (Auto-)Fähren, die die Routenplanung erschweren, aber auch Abkürzungen und Abstecher erleichtern. Es macht Sinn, schon bei der Reiseplanung die Fährverbindungen zu berücksichtigen und sich damit vertraut zu machen, ➪ Kästen für die wichtigsten Fähren und die komplett zusammengestellte **Linksammlung** für aktuelle Zeiten und Tarife auf Seite 703.

Naturgemäß entsprechen die in diesem Buch angegebenen Fährzeiten immer nur dem Stand bei Redaktionsschluß dieser Auflage. Darauf sollte man sich daher nicht verlassen, sondern die aktuellen Daten noch einmal zeitnah prüfen.

Bus und Zug

Bus- und Bahnreisen sollten nicht länger als 3-4 Stunden pro Tag dauern, da viel Zeit für die An- und Abfahrt zur Station etc. verloren gehen kann.

1.3.1 Klima und Reisezeiten

Klima und Geographie

Der Blick auf den Globus wirkt beruhigend: Montréal liegt auf der Höhe von Mailand, Manhattan gar auf dem Breitengrad von Neapel, das südliche Nova Scotia entspricht Südfrankreich, und selbst Labrador liegt nicht nördlicher als Großbritannien. Der Schein trügt indessen, denn bis auf die Sommermonate ist der Nordosten Nordamerikas kalt. Schneestürme in New York und Temperaturen von -30° Celsius in Montréal sind im Winter keine ganz große Seltenheit.

Neuengland wirbt denn auch mit ausgeprägten **Bilderbuch-Jahreszeiten**: Skilaufen in Pulverschnee, Verliebte unter blühenden Obstbäumen, Kinder am hellen Strand vor herrlicher Brandung und knallbuntes Herbstlaub im *Indian Summer*, der sich ohne weiteres im T-Shirt genießen läßt. All das unter strahlend blauem Himmel, versteht sich, ➪ Foto links.

In der Realität kann all das zutreffen, muss es aber nicht:

Wechselhafte Wetterlagen

Stabile Wetterlagen mit extremen Unterschieden zwischen Sommer und Winter – wie sie die *Great Plains* oder auch noch **Michigan** kennzeichnen – sind in Neuengland und Canadas Osten eher die Ausnahme. **Das wechselhafte Wetter** ist in allen hier beschriebenen Regionen **Gesprächsstoff**. Oft genug schmilzt die weiße Pracht in Skigebieten über Nacht, und die Schneekanonen müssen nachhelfen. An den Stränden von *Cape Cod*, Maine oder Prince Edward Island darf die Badehose selbst im Hochsommer schon mal ein- und die Regenjacke ausgepackt werden – ganz wie bei uns.

Wetterfronten

Anders als unsere Alpen sind die Gebirge im nordöstlichen Amerika sind nicht hoch und verlaufen zudem in Süd-Nord-Richtung, und versperren daher weder kalten Nordwestfronten noch tropischen Luftmassen aus dem Golf von Mexiko den Weg.

Beide Einflüsse dominieren wechselseitig das Klima im südöstlichen Canada und Neuengland. In der gesamten Region sind daher **viele Sommertag**e wegen der südlichen Warmluft **heiß** und zugleich auch schweißtreibend **feucht**.

Ebenso sind **kühle, regnerische Tage** keine Seltenheit. Generell gilt, dass dank langer Perioden mit herrlichem Wetter (bis 30° C) das Wasser vieler Seen im Juli/August Badetemperatur erreicht. Laue Sommernächte kommen dagegen so oft nicht vor. Ein Pullover für den Abend ist daher nie verkehrt.

Fall Foliage/Laubfärbung im Indian Summer

Atlantische Einflüsse

Da der Wind auch auf dem amerikanischen Kontinent meistens von West nach Ost weht, hat der Atlantik in den maritimen Provinzen nicht den gleichen starken Einfluß wie im Golfstrom-verwöhnten Europa. Dennoch wirken die **Wassermassen** wie eine große **Klimaanlage**. In den maritimen Provinzen Nova Scotia und Prince Edward Island wird es nie so kalt wie im Inland von Ontario oder Québec, und natürlich auch nie so warm. Außerdem sorgt der kalte Atlantik für Nebelbildung, auch und gerade im Sommer. Die Wassersysteme des St. Lorenz-Unterlaufs und der Großen Seen mildern ebenfalls die größte Sommerhitze wie auch extreme Winterkälte.

Weitere **Details** zu den klimatischen Besonderheiten der verschiedenen Teilregionen finden sich **in den Reisekapiteln**.

Hauptsaison

Der **Sommer** ist klimatisch die **beste Reisezeit** für den Nordosten – mit der Einschränkung, dass die vergleichsweise kurze Hauptsaison – offiziell von *Memorial Day* (letzter Montag im May) bis *Labour Day* (erster Montag im September), faktisch Ende Juni bis Ende August – auch die Hauptreisezeit der Amerikaner und Kanadier ist. Außerdem gibt es in Neuengland eine **zweite Hauptsaison** während des ***Indian Summer*** etwa von Ende September bis Mitte Oktober (je nach Region und Höhenlage).

An den Küsten

Wegen der hohen Bevölkerungsdichte zwischen Washington und Boston sind die Küsten Neuenglands in diesen Monaten besonders stark besucht, **Quartiere** und **Campingplätze** am Meer und an populären Seen früh ausgebucht. In den meisten Gebieten im Binnenland hält sich der Betrieb aber nach unseren Maßstäben sowohl in Canada als auch in den USA in durchaus noch erträglichen Grenzen. Ausweichmöglichkeiten bieten selbst in der jeweiligen Hauptsaison *Motels* und *Motor Inns* an Durchgangsstraßen, wenn die Suche nicht zu spät am Abend beginnt, bzw. weniger optimal gelegene Campingplätze.

Morgenidylle an einem Steg der Hummerfischer auf Deer Isle in Maine, *➪ Seite 314*

Zwischen-saison

Juni und September sind klimatisch wechselhafter, aber beide Monate können schon/noch sehr sommerlich sein. Probleme, unterzukommen, gibt es dann höchstens an Wochenenden (Ausnahme *Indian Summer*, ➪ oben).

Vor- und Nachsaison

Das **Frühjahr** ist selbst für *Outdoor*-Enthusiasten **keine gute Reisezeit**. Bis in den Mai hinein kann es viel regnen und immer wieder Kälteeinbrüche geben. Das Grün kommt erst im Mai richtig durch. Im vielgepriesenen Herbst sind gerade bei klarem Wetter die Nächte schon ziemlich kalt. Eine Reise im ***Indian Summer*** mit Spazierfahrten und Wanderungen durch die bunten Wälder ist (speziell wegen der frühen Dunkelheit) am schönsten als – dann leider besonders teurer – ***Indoor Trip*** in gemütlichen ***Country Inns*** mit Kamin und guter Küche.

Aber auch **Camper** werden den Herbst auf den Plätzen von *State* und *Provincial Parks* oder in *National Forests* genießen, soweit sie noch geöffnet sind (viele schließen bereits Mitte Oktober).

Absolut beste Reisezeit für den Nordosten sind die Wochen von Ende August bis Ende September.

1.3.2 Karten, Literatur und Information

Reise-literatur zur Vorbe-reitung

Für eine erste vorbereitende Planung der Reise genügen die Karten dieses Buchs, insbesondere die separate Straßenkarte. Bei mehr Informationsbedarf, auch was Nebenstrecken betrifft, ist der Jahr für Jahr neu aufgelegte ***Rand McNally Road Atlas*** **USA/Canada/Mexico** eine gute Ergänzung. Es gibt ihn bei uns in geographischen Buchhandlungen und in **Globetrott-Shops** für etwa **€20**. Als **Hallwag USA-Atlas** ist er zum selben Preis auch mit deutschsprachigen Erläuterungen in großen Buchhandlungen zu haben. In den USA kostet er ganze $15, in Canada c$18, als **Sonderauflage** in US-Kaufhäusern gibt's ihn mit Glück für $6.

Sich bereits hier für teures Geld detailliertere Karten anzuschaffen, lohnt kaum, da fast alle Staaten der USA und die kanadischen Provinzen Straßenkarten gratis ausgeben. Auf Anfrage werden sie oft sogar zugeschickt, ➪ Adressen Seite 699f.

AAA/CAA Automobil Clubs
www.aaa.com
www.caa.com

Teilweise ausführlicher als die ***Official Highway Maps*** der Einzelstaaten sind die Karten der amerikanischen und kanadischen Automobilclubs **AAA** bzw. **CAA**. Sie werden auch Mitgliedern europäischer Clubs **kostenlos** überlassen (**Mitgliedsausweis** dafür mitnehmen!). Darüber hinaus verteilen AAA und CAA gratis nach Staaten/Provinzen untergliederte ***Tourbooks***, Reiseführer mit Betonung kommerzieller Attraktionen. Sie sind unterwegs als zusätzliche Informationsquelle nützlich.

Tourbooks

Die *Tourbooks* enthalten außerdem ein **Motel- und Hotelverzeichnis** für Häuser ab unterer Mittelklasse. Für den Preisbereich über US$70 sind die Verzeichnisse für **Neuengland** und **New York State, Ontario** und **Michigan** fast komplett. Für **Québec** und die **maritimen Provinzen** bieten sie nur eine Auswahl.

Campbooks

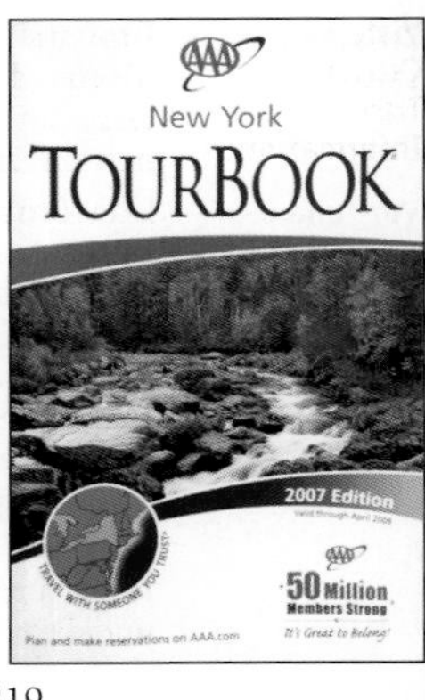

Mit identischer regionaler Systematik gibt es außerdem Campingführer, sog. ***Campbooks***. Sie enthalten zwar bei weitem nicht alle Campingplätze, leisten aber in Ergänzung zu den Campingtipps in diesem Buch ausreichende Dienste.

Kauf hier

Karten, *Tour-* und *Campbooks* kann man sich auch schon vor der Reise beim heimischen Club besorgen, muss dafür aber im Gegensatz zur Beschaffung in den USA bezahlen, und zwar €5 für die Tourbooks und €3,50 für die Campbooks plus Versandkosten. Bestellung unter www.adac.de/ReiseService, ✆ 0180-5101112 oder per Fax unter der Nummer 089-76764319.

Mitglieder europäischer Clubs

Büros des AAA/CAA gibt es in jeder Mittelstadt, in Cities mehrere davon. Ihre Adressen erfragt man leicht unter der **gebührenfreien Nummer 1-800-222-4357** (AAA-HELP). **Gegen Vorlage des heimischen Mitgliedsausweises** erhält man – wie schon gesagt – gratis alle Unterlagen. Größere Filialen unterhalten einen **Travel Shop**, in dem Bücher und Produkte rund ums Reisen preiswerter zu haben sind. Beim Korrespondenzclub (ADAC u.a.) zu Hause gibt es eine ***AAA-Card*** mit dem Eindruck ***Show Your Card & Save*** gratis. Sie sichert in ganz Nordamerika Discounts und Sondertarife in *Motels*, *Amusement Parks* etc. Auf neuen Mitgliedsausweisen ist »*Show your Card*« bereits mit eingedruckt.

AAA
Show Your Card & Save

Distanzen

In den meisten Straßenkarten gibt es **Entfernungstabellen** und oft Grafiken mit Meilen und Fahrzeitangaben zwischen den wichtigsten Städten (auch in den *Tourbooks* und im *Rand McNally*). Die dort angegebenen Meilen und Zeiten beziehen sich immer auf die kürzesten Verbindungen und hohe Durchschnittsgeschwindigkeiten. Zur Distanzberechnung und Zeitkalkulation einer Route ist ein **Zuschlag von mindestens 20%** auf die aus Karten ermittelte Gesamtentfernung und -zeit notwendig. Die Mehrkilometer für Umwege, Stadtverkehr, Abstecher, Anfahrten zu Campingplätzen, Verfahren usw. übertreffen diesen Prozentsatz leicht.

Book Shops

Darüber hinaus gibt es in Buchhandlungen (***Book Stores/Shops***) ein breit gefächertes Angebot an Reise- und Sachbüchern zu allen erdenklichen touristischen und regionalen Themen von der Geologie, Flora und Fauna über Bike- und Kanurouten bis zu lokalen Joggingpfaden. Wer eine Reise durch Neuengland plant und nicht zu sehr auf den Dollar schaut, sollte – als Ergänzung zu den Empfehlungen dieses Buches – einen der Spezialführer zu ***Country-*** und ***Bed & Breakfast Inns*** kaufen, die viele Kleinode auch etwas abseits der hier beschriebenen Routen enthalten. Eine Fundgrube für Spezialliteratur ist auch mancher ***Museum Shop***.

Visitor Center/ Travel Information

Erreicht man einen neuen US-Bundesstaat bzw. eine neue kanadische Provinz, sind an Hauptstraßen die ***Welcome, Visitor, Tourist*** oder ***Travel Information Center*** (in Canada: ***Centre***), in kleinen Orten auch ***Chamber of Commerce***, nicht zu verfehlen.

Man erhält dort neben der jeweiligen **Straßenkarte** jede Information. In **Canada** gibt es **gratis** immer ein **Unterkunftsverzeichnis**, den ***Accomodation Guide*** mit *up-to-date* Tarifen und Telefonnummern und Internetadressen (fast) aller *Hotels/Motels*, gekoppelt (oder separat) mit **Campingverzeichnis** (***Camping Guide***). Pfiffige stecken sich auch den gratis verteilten ***Room Saver*** oder ***Traveller***, Broschüre voller Coupons für Rabatte in H/Motels.

In **Ontario** druckt jedes noch so kleine *County* (Landkreis) gut aufgemachte Regionalhefte, die alle Sehenswürdigkeiten, Unterkünfte und Campingplätze auflisten. Bei der Einfahrt nach Ontario sollte man explizit nach diesen hilfreichen Unterlagen fragen.

Das Material der regionalen Tourismusindustrie liegt überwiegend zur Selbstbedienung aus. *Visitor, Travel* oder *Tourist Information Center* gibt es noch im kleinsten Ort.

Visitor Center existieren auch in den ***National*** und *State* bzw. *Provincial Parks*, ➪ Seite 29. Hier und dort verfügen sie sogar über deutschsprachige Broschüren.

Internet

Eine unerschöpfliche Informationsquelle ist das **Internet**. Die ***Tourist Information Offices*** der Staaten bzw. Provinzen sind alle dort vertreten ebenso wie die meisten Städte; die wichtigsten Adressen stehen im Anhang hinten. Eine **Übersicht** zu allen US-Staaten und kanadischen Provinzen sowie allen nennenswerten Ortschaften findet man u.a. unter www.reiseinfo-usa.de.

Unter www.reisebuch.de/nordamerika/reiseinfos/travel-websites.html kann man sich direkt auf das Gros der in diesem Buch genannten Internetadressen »durchklicken«

Manches Besucherzentrum besitzt museale Komponenten; hier das eindrucksvolle Visitor Centre der Region French River in Ontario, *➪ Seite 460*

1.3.3 Was kostet die Reise? (Wechselkurse Stand Juni 2008)

Wechselkurs

Um einen Eindruck von den ungefähren Kosten einer individuellen Amerikareise zu vermitteln, sind **auf der folgenden Seite** ein paar Beispiele zusammengestellt. Dabei wurde als Wechselkurs **€0,65 pro US$ (€1= ca. US$1,55) und ebenso pro CAD** (in diesem Buch aus praktischen Gründen oft mit c$ bezeichnet) zugrundegelegt. Denn beide Währungen werden seit einiger Zeit mehr oder weniger gleich bewertet, schwanken also gegeneinander um den Austauschwert 1:1. Das im Schnitt höhere Preisniveau Canadas wird im Gegensatz zu früheren Jahren daher nicht mehr durch einen niedriger bewerteten CAD ausgeglichen. Konkret: **Reisen in Canada ist 2008 deutlich teurer als in den USA**. In der Aufstellung rechts wurde das nicht explizit berücksichtigt. **Wer nur in Canada unterwegs sein möchte, sollte bei den Unterwegskosten (Benzin, Übernachtung,Versorgung etc.) gute 20% addieren**.

Tagessatz bei Selbstversorgung

Bei Selbstversorgung ist ein **Tagessatz von $35 für Alleinreisende** die Untergrenze, worin kleine Eintrittsgelder sowie **gelegentliche** *Fast Food* eingeschlossen sind, nicht aber Alkoholika, Kneipen- und Restaurantbesuche; auch keine Transportkosten. **2 Personen** kommen bei scharfer Kalkulation mit **ca. $60 pro Tag** aus.

Unterkunft

Die Unterkunftskosten können zwischen **$0 beim Zelten in der Wildnis** oder auf **Gratiscampgrounds** und **$250 im Cityhotel** variieren (für 1 oder 2 Personen kaum Differenzen):

(1) Beim **Campen** reichen **$25 oder weniger** im Schnitt pro Auto mit Zelt/im Camper, sofern die Platzwahl kostenorientiert erfolgt; ohnedem und im Fall höherer Komfortansprüche muss man eher $30-$40 kalkulieren, ➪ Seiten 155/159f.

(2) **Außerhalb der Saison in den preiswertesten Motels** etc. oder auch in der Hochsaison bei konsequenter Übernachtung in Billigquartieren (Jugendherberge, YMCA, internationale *Hostels*, gelegentlich Billigmotel) läßt sich ein **Durchschnittspreis für 2 Personen** um die **$50** realisieren. **Eine Person** sollte **$40** einplanen, falls sie/er nicht immer in ***Hostels*** unterkommt.

(3) Bei Reisen in der **Hauptsaison** und **Motel-/Hotelübernachtung** sollte man ohne Nutzung von Billigquartieren im Durchschnitt lieber nicht unter **$100, besser $120 pro Nacht** kalkulieren – **DZ ohne (!) Frühstück** –, denn der US-Nordosten ist ziemlich teuer und Canada auch nicht mehr billiger. Je nach Route und Zielen kann es im Einzelfall noch teurer oder auch billiger werden (so in Canadas maritimen Provinzen). **Im Schnitt über $120** gibt leicht aus, wer zur gehobenen Mittelklasse und höher neigt. **Bis Mitte Juni und ab September** (nach *Labor Day*) sollten aber ohne extreme Zugeständnisse an die Qualität der Unterbringung auch **$75 im Schnitt ausreichen** (nicht jedoch in der Zeit der Laubfärbung des *Indian Summer*, dann kostet selbst ein simples *Days Inn* an Wochenenden schon mal US$150/Nacht).

Für die Übernachtungsalternativen (1) bis (3) zeigt die Tabelle die in etwa zu erwartenden **Basis-Gesamtkosten** einer Reise. Zu den **Transportkosten** und den dabei geltenden Annahmen sei auf die entsprechenden Abschnitte im Kapitel 2 verwiesen, u.a. **Seite 102f**. Auch die **Flugkosten** inkl. Gebühren können mehr oder weniger abweichen.

Reisekostenbeispiele (Wechselkursannahme €1 = US$/CAD 1,55)

In etwa zu erwartende **Gesamtkosten eines 3-Wochen-Urlaubs** im Osten Canadas und/oder Osten der USA **für zwei Personen in €uro** während der **Hauptsaison** unter den beschriebenen Voraussetzungen und Annahmen

	Greyhound/ Billigunterkünfte[2]	**Mietwagen Eco.Compact und Zelt**
(1) Flug Europa–USA/Canada je €900 (inkl. Gebühren)	1.800	1.800
(2) Discovery-Pass (2 x 30 Tage + Zusatztransportkosten mit je $100, ➪ Seite 106)	919	
(3) 3 Wochen Mietwagen (hier minus €90) inkl. Benzin (➪ Seite 102)		943
(4) Übernachtungskosten (bei Wagenmiete/Zelt[1] inkl. 2 Tage Cityhotel)	845	552
(5) Verpflegung + Nebenk. $60/Tag	780	780
Mindestreisekosten gesamt[3] in €uro:	4.344	4.075

	Mietwagen/ Mittelklasse M/Hotel	**Camper-Miete (VanCamper)**
(1) Flug Europa–USA/Canada je €900 (inkl. Gebühren)	1.800	1.800
(2) 3 Wochen Mietwagen, bzw. 18 Tage Campermiete, Vers. und Benzin (➪ Seite 102)	1.033	3.755
(2) Übernachtungskosten (bei Campermiete inkl. 2 Nächte Hotel, ➪ Seite 103)	1.664	670
(6) Verpflegung etc. ca. $90/Tag im Motel, $60/Tag bei Campermiete	1.170	780
Mindestreisekosten gesamt[3] in €uro:	5.667	7.005

1) Camping $25/Nacht x 18 plus $400 für 2 Nächte im Cityhotel/Ankunft)
2) $50 pro Nacht plus $400 für 2 Nächte im Cityhotel nach Ankunft.
3) Die **Zahlen geben nur einen**, wenn auch im Vergleich realistischen **Anhaltspunkt**. Die effektiven Reisekosten können – abhängig von der persönlichen Reisegestaltung und Flugkosten – stark abweichen (**»Gute« Restaurants, Alkoholika und Mitbringsel fehlen in der Rechnung**).

2. REISEVORBEREITUNG UND -ORGANISATION

2.1 Formalitäten

2.1.1 Einreise in die USA

Einreise in die USA ohne Visum

Schon Ende der 1980er-Jahre wurde der Visumzwang für Deutsche und andere Westeuropäer aufgehoben. **Voraussetzung einer Einreise ohne Visum** ist, dass der Aufenthalt in den USA

- besuchsweise erfolgt,
- nicht länger als **maximal 90 Tage** dauert und
- ein **Ticket mit reserviertem Rückflug** innerhalb dieser Frist vorgelegt werden kann.

Wer diese Bedingungen erfüllt, braucht **für den Flug in die USA** nur seinen **Reisepass** einzustecken, der – im Fall westeuropäischer Staatsbürger – noch mindestens 3 Monate Restgültigkeit haben und **seit Oktober 2004 maschinenlesbar** sein muss.

Seit 26. Oktober 2005 müssen ab diesem Datum ausgestellte Reisepässe, und nur diese (!), zusätzlich biometrische Daten enthalten. Es handelt sich (noch) um **kein Erfordernis für alle**.

Die visafreie Einreise gilt auch für die **Einreise auf dem Landweg** von Mexiko und Canada aus, kostet aber beimGrenzübertritt eine Gebühr in Höhe von $7. Auch dabei muss das Rückflugticket zur Hand sein, das dem ***Immigration Officer*** beweist, dass die Absicht besteht, nicht nur die USA, sondern **Nordamerika** (inklusive Mexico!) innerhalb der vorgegebenen 90 Tage wieder zu verlassen; außerdem erfolgt oft eine Befragung über Reisepläne.

Formblatt zur Vorlage beim Einchecken

Für die **Vorabprüfung der Erfüllung der Einreisevorausetzungen** macht die amerikanische Einwanderungsbehörde die Fluggesellschaften mit verantwortlich. Diese sind verpflichtet, ggf Hilfestellung beim Ausfüllen der Vordrucke zu leisten (➤ unten).

Um das Einchecken am Airport zu beschleunigen, erhält man bereits bei der Buchung vom Reisebüro einen Vordruck, der mit allen wesentlichen Personendaten ausgefüllt und mit dem Pass am Schalter vorgelegt werden muss. Im Vordruck muss auch eine USA-Adresse angegeben sein, ggf. des ersten Hotels oder Autovermieters. Wer das Formblatt nicht erhalten hat, kann es **im Internet herunterladen** u.a. unter

www.drv.de/fileadmin/user_upload/APIS_Formblatt.pdf

Die Angaben im Formblatt werden mit dem Pass verglichen und dann an das sog. *Department of Homeland Security* in die USA gemailt. Erst nach dem o.k. dieser Behörde für alle Passagiere erhält der Flug Starterlaubnis in Richtung USA – oder auch nicht

Kontroll-Prozedur

Obwohl also jeder USA-Tourist noch vor Besteigen des Flugzeugs überprüft wird, erfolgt eine weitere Kontrolle am Immigrations-Schalter im Ankunftsairport. Und zwar werden **seit Oktober 2004 biometrische Daten erfasst** (seit 2007 Abdrücke aller 10 Finger, und Foto, dauert maximal 30 sec), um später sicherzustellen, dass der/die Ausreisende wirklich der-/dieselbe wie bei Einreise ist, bzw. die Person, die im Pass steht. Ein **Passlesegerät** gibt Auskunft über vorherige Einreisen und dabei eventuell gespeicherte negative Kontakte mit der amerikanischen Obrigkeit. Ohne vorherige Auffälligkeiten erhält der Ankömmling in der Regel den Einreisestempel für volle 90 Tage. Oft erkundigt sich der Beamte im Flughafen oder an der Grenze auch noch nach Reiseabsichten des Touristen, seiner Berufstätigkeit, nach den Geldmitteln etc.

Wirkung der Prozedur

Die Kontrolle am Airport dauert heute nicht wirklich viel länger als auch schon vor 9/11 und den danach eingeführten Bestimmungen. Sie ist auch im Ablauf nicht spürbar komplizierter.

Vorabüberprüfung ab 2009?

Aber eine weitere »Schikane« ist im Anmarsch: Die *Homeland Security* möchte das links erwähnte Formblatt erweitern und es schon 3 Tage vor Abflug haben. Bei Redaktionsschluss dieses Buches war noch nicht bekannt, ob dieser neuen Idee Taten folgen.

Visumerfordernis

Ein **Visum** benötigen deutsche, schweizerische und österreichische Staatsbürger nur bei (plausibel zu erläuternden) Reiseplänen, die 90 Tage übersteigen. **Auch für USA-Reisen unter 90 Tagen Dauer benötigen ein Visum bei uns lebende Bürger jener Staaten, die nicht ausdrücklich von der Visapflicht ausgenommen sind** (nur 27 weltweit: vor allem EU, Australien & Neuseeland).

Funktion des Visums

Beim Visum, von den Amerikanern ***Visa*** genannt, handelt es sich um eine Art »Unbedenklichkeitsbescheinigung«, welche dem Antragsteller nach einem persönlichen Interview vom zuständigen Konsulat in den Pass geklebt wird.

Antrag auf Erteilung

Die Prozedur der **Visa-Beschaffung** ist ziemlich aufwändig.

Das Visum wird gegen eine zur Zeit (2008) auf **€89** festgelegte **Gebühr** von den US-Generalkonsulaten in **Berlin** (Neue Bundesländer und Norddeutschland), **München** (Bayern) und **Frankfurt** (alle anderen Bundesländer) erteilt. Alle Details zur **Gebührenzahlung** finden sich unter der Webseite: www.roskosmeier.de.

Alle Informationen zum Visaantrag und das Visantragsformular DS 156 zum Ausfüllen/Ausdruck gibt's unter der Internetadresse

www.usvisa-germany.com

Um überhaupt am Prozess der Visaantragstellung teilnehmen zu können, muss man seit 2007 zuerst im Internet für $10 eine **PIN-Nummer** erwerben. Ohne die dadurch erfolgte Vorabregistrierung gibt's keine Unterlagen. Zahlung der Gebühr nur per Kreditkarte.

Außer dem Visa-Antrag müssen alle **Männer im Alter zwischen 16 und 45 Jahren** zusätzlich das **Formular DS 157** ausfüllen.

Telefonauskunft dazu unter **✆ 0900 1 85005** (€1,24/min).
Anruf nur möglich Mo-Fr 7-20 Uhr.

Der ausgefüllte Antrag DS 156, ggf. Formular DS 157, farbiges Passfoto, Reisepass und ggf. weitere Unterlagen sind mit frankiertem Rückumschlag (€1,44) ans zuständige Konsulat zu senden:

Konsularabteilung der US-Botschaft in Berlin
(zuständig für norddeutsche und neue Bundesländer)
Clayalle 170, 14195 Berlin (http://germany.usembassy.gov)

GeneralkonsulatMünchen
(zuständig für Bayern)
Königinstr. 5, 80539 München

Generalkonsulat Frankfurt
(zuständig für alle anderen Bundesländer)
Siesmayerstr. 21, 60323 Frankfurt

Botschaft der Vereinigten Staaten in der Schweiz
Jubiläumsstraße 95, 3005 Bern,
Info: ✆ **0900 87 8472** (2,50 SFr/min),
Internet: http://bern.usembassy.gov

Botschaft der Vereinigten Staaten in Österreich:
Visa Section: Parkring 12, 1010 Wien
Info: ✆ **0900-510300** (€2,16/min),
Internet: http://vienna.usembassy.gov

Verschärfte Regelungen nach dem 11. September

Seit den Ereignissen des 11. September erteilen die USA die Visa nicht mehr einfach nach Sichtung der Unterlagen, sondern laden **alle Antragsteller zum persönlichen Interview** ein. Verweigern wird man das Visum bei finanziell abgesicherten Plänen nur aus Gründen, die in der Person des Antragstellers liegen (Vorstrafen oder Probleme mit US-Behörden bei vorherigen Besuchen) und in Fällen, in denen der Visumantrag nicht plausibel begründet wird.

Bearbeitungsdauer

Die Bearbeitungsfrist bzw. Wartezeit bis zum Interviewtermin beträgt, so heißt es, in Deutschland bis zu 6 Wochen. Danach erhält man das Visa per Post oder gar nicht.

Aufenthaltsdauer in den USA

Das erteilte Visum berechtigt zu beliebig vielen Einreisen (*multiple entries*) in die USA innerhalb des gewährten Zeitrahmens.

Letzte Instanz bei der Einreise ist der ***US Immigration Officer*** auf amerikanischem Boden. Er vergibt bei Visainhabern die jeweils gewünschte Zeit, allen anderen 90 Tage, aber ggf. auch weniger. Er kann die Einreise im Extremfall verweigern.

Departure Record

Alle US-Touristen müssen vor der Einreise ein – für Visainhaber (weiß) und Reisende ohne Visum (grün) etwas unterschiedliches – **Einreiseformular** ausfüllen. Der untere Abschnitt des Formulars, der sog. ***Departure Record***, wird mit Ein- und spätestem Ausreisedatum versehen in den Pass gelegt. Bei Ausreise wird der *Departure Record* wieder entnommen.

Wenn im Rahmen der genehmigten USA-Aufenthaltsdauer ein vorübergehender **Grenzübertritt nach Canada** oder **Mexico** erfolgt, kann das Papier im Pass verbleiben. Man muss aber bei der Ausreise auf die Rückkehrabsicht hinweisen, um die Entnahme zu verhindern.

2.1.2 Einreise nach Canada

Reisepass und Aufenthaltsdauer

Zur Einreise benötigt man lediglich den noch mindestens sechs Monate gültigen Pass. Touristen aus Übersee mit **Rückflugticket**, ausreichend Bargeld bzw. Reiseschecks und/oder Kreditkarten erhalten problemlos den Sichtvermerk für einen **Aufenthalt bis zu maximal 6 Monaten**. Sehr häufig stellen die *Immigration Officer* keine detaillierten Fragen und geben sich mit einer Kurzauskunft zu Zweck/Dauer der Reise zufrieden.

Einreise nach Canada über die USA

Auch bei Anreise über die USA und einem bereits von den US-Behörden in den Pass gehefteten ***Departure Record*** (➪ nebenstehend), erhält man ggf. einen Einreisestempel für maximal 180 Tage. Die einmal erteilte Aufenthaltsdauer für die USA bleibt für die Wiedereinreise weiter gültig. Wenn diese Absicht besteht, sollte man den kanadischen *Officer* darauf hinweisen, sonst entnimmt er eventuell den *Departure Record*. Ohne dieses Papier muss man die Einreiseprozedur für die USA wiederholen (Formular ausfüllen plus **$7 Gebühren** in bar/$-Reisescheck für Einreise auf dem Land-/Seeweg zahlen), auch wenn aus dem Stempel im Pass hervorgeht, daß das Datum der letzten Einreise erst wenige Wochen zurückliegt.

2.1.3 Grenzübertritt/Aufenthaltsverlängerung

Aus den Ausführungen geht indirekt hervor, daß eine Grenzüberschreitung problemlos möglich ist.

Ausreise in die USA und Wiedereinreise nach Canada

Bei einer Ausreise von Canada in die USA (**Gebühr an der US-Grenze $7**, ➪ oben) verliert die einmal erteilte kanadische Genehmigung im Prinzip ihre Gültigkeit. Wer innerhalb des bereits im Pass eingetragenen Zeitraums nach Canada zurückkehrt, erhält aber keinen neuen Einreisestempel und darf folglich nicht länger im Land bleiben als ursprünglich vorgesehen. Praktische Handhabung und offizielle Regelung differieren. Für die meisten Touristen ist das bedeutungslos.

Eine **Verlängerung** des Aufenthaltes **in den USA** über die maximal 90 Tage hinaus ist **ohne Visum so gut wie unmöglich**, wenn man nicht gerade transportunfähig im Hospital liegt. Eine Verlängerung **mit Visum** dagegen machte in der Vergangenheit weniger Probleme, dürfte aber nach dem 11. September schwieriger geworden sein. Es kommt letztlich auf den Einzelfall an.

Im Prinzip ist Voraussetzung einer Verlängerung durch ein ***Immigration Office*** (in Großstädten mit internationalen Flughäfen) neben dem Visum eine glaubhafte Erläuterung der »guten« Absichten (Fortsetzung einer Langzeitreise) und »Vorzeigen« der dafür benötigten Geldmittel, außerdem die Beantragung nicht gerade am letzten Tag der laufenden Aufenthaltserlaubnis.

In **Canada**, wo man kein Visum kennt, ist eine Verlängerung des Aufenthaltes über 180 Tage hinaus nicht vorgesehen.

2.1.4 Zum Grenzübertritt mit dem Auto

Mit Auto von den USA nach Canada

In Abhängigkeit von Flugtarifen, Reiseplänen und Präferenzen sind US-Städte ggf. bedenkenswerte Ausgangspunkte auch für Reisen durch Canada. Der Grenzübertritt ins Nachbarland ist auch mit Fahrzeug problemlos. **Wagenpapiere** oder **Führerschein** werden normalerweise nicht einmal kontrolliert.

Ein Nachweis über die in Canada (im Gegensatz zu den USA) in allen Provinzen vorgeschriebene **Haftpflichtversicherung** ist erst bei Unfällen zu erbringen. Wer im **Mietwagen** nach Canada fährt, sollte die Verleihfirma auf die **Versicherung** und die Form ihres Nachweises ansprechen. Im Normalfall ist der Mietvertrag gleichzeitig der Versicherungsnachweis – zumindest gilt das für die großen Verleiher. Im **Fall einer Fahrzeugmiete vor Ort** bei einer kleineren, unbekannten Firma muss diesem Punkt größere Aufmerksamkeit geschenkt werden. Einige Mietwagenfirmen untersagen sogar den Grenzübertritt – soweit bekannt, aber nicht die international operierenden Pkw- und Campervermieter.

Mit deren Fahrzeugen darf man also von den grenznahen Ankunftsflughäfen üblicherweise ohne weiteres nach und durch Canada fahren. Allerdings sind **Einwegmieten über die Grenzen mit wenigen Ausnahmen ausgeschlossen** (im geografischen Rahmen dieses Buches gibt es diese Option u.a. zwischen Detroit und Toronto sowie Boston und Montreal gegen ziemlich hohe Gebühr). Es kann nicht schaden, grenzüberschreitende Reisepläne vor Vertragsabschluß explizit anzusprechen und sich bestätigen zu lassen, dass dem Grenzübertritt nichts entgegensteht.

Von Canada in die USA

Für den Start in Canada (Miettarife sind dort etwas höher) gilt weitgehend dasselbe, wie für die USA: Im Prinzip ist der Grenzübertritt möglich, sollte aber vor Reiseantritt explizit klar sein! Da kanadische Deckungssummen in der Haftpflichtversicherung weit über den Minimalerfordernissen der US-Staaten liegen, ergibt sich auch daraus normalerweise kein Problem.

Privat geliehenes Fahrzeug

Bei Verkehrskontrollen fragt die amerikanische/kanadische Polizei bisweilen nach einem **Besitznachweis** für den Wagen, sollte dieser nicht offiziell gemietet sein und damit ein Mietvertrag vorgelegt werden können. Als Beleg dient die ***Registration*** (Kraftfahrzeugschein). Falls das Auto von Bekannten geliehen ist, sollte man sich vor Fahrten ins jeweils benachbarte Ausland eine **notariell beglaubigte Erlaubnis des Eigentümers** für die Benutzung und Einreise in die USA bzw. nach Canada geben lassen. Die Beglaubigung nimmt gegen geringe Gebühr und jeder ***Notary Public*** vor, den man drüben »an jeder Ecke«, u.a. in Bankfilialen findet. Und außerdem muss – mit oder ohne Grenzübertritt – zweifelsfrei geklärt sein, ob die Versicherung auch für den ausländischen Freund der Familie eintritt, wenn es kracht. Im Gegensatz zu Europa ist das mitnichten klar. Speziell in den USA sind nicht die Fahrzeuge versichert, sondern Personen bzw. en bloc die Familie.

2.2 Versicherungen

Krankenversicherung

Eine Amerika-Reise ohne spezifischen Krankenversicherungsschutz anzutreten, wäre in Anbetracht der dort extremen Behandlungskosten leichtsinnig. Nur einige private Krankenversicherer bieten ihren Versicherten weltweiten Vollschutz. Wer nicht mit der Erstattung von in Übersee angefallenen Kosten rechnen kann, ist dringend der Abschluß einer zusätzlichen kurzfristigen **Auslandsreise-Krankenversicherung** anzuraten.

Die Veranstalter von Auslandsreisen legen ihren Buchungsunterlagen in der Regel **Überweisungsformulare** für den unkomplizierten Abschluß einer Reisekranken- und anderer Versicherungen bei. Man kann sie auch ganz unabhängig von einer bestimmten Buchung in jedem Reisebüro abschließen oder sich direkt an die Agentur einer privaten **Krankenversicherungsgesellschaft** wenden; die meisten bieten auch kurzfristige Auslandsverträge an. **Kreditkartenunternehmen** und **Automobilclubs** offerieren ihren Mitgliedern Vorzugstarife beim Auslandsversicherungsschutz. Im Jahresbeitrag für eine Reihe von **Kreditkarten** ist eine Krankenversicherung für Auslandsreisen bereits enthalten (aber eventuell nur in Kraft, sofern der Flug mit der Karte bezahlt wurde).

Tarif- und Leistungsvergleich

Grundsätzlich lohnt sich vor Abschluss ein Vergleich nicht nur der erstaunlich unterschiedlichen Tarife, sondern auch der mit dem Vertrag verbundenen Leistungen. Einige Unternehmen verzichten auf jegliche Eigenbeteiligung des Versicherten, bei anderen müssen kleinere Ausgaben selbst getragen werden.

Versicherter Zeitraum

Ein **wichtiger Punkt** bei Auslandsreise-Krankenversicherungsverträgen ist der **maximal versicherte Zeitraum** bei ununterbrochener Abwesenheit. Insbesondere über bestimmte Mitgliedschaften »automatisch« Versicherte (Abbuchung des Beitrages ohne Notwendigkeit eines erneuten Abschlusses) sind **oft nur bis zu sechs Wochen** je Reise geschützt (das gilt auch bei Kreditkartenversicherungen).

Bei längeren Reisen muss in derartigen Fällen ein gesonderter Vertrag über die **gesamte Reisezeit** abgeschlossen werden.

Kosten

Recht **preisgünstig** sind Verträge bis zu 2 Monaten Gültigkeit. Für kurze Fristen ist auch die Auswahl groß. Das Spektrum der Angebote beginnt bei ganzen €10 für 8 Wochen. Günstige Tarife bietet u.a. die HUK-Coburg, www.huk24.de.

Behandlung und Zahlung

Im Krankheitsfall wird in Nordamerika oft **vor** der Behandlung der **Nachweis der Zahlungsfähigkeit** verlangt. Eine ***Credit Card*** ist dabei hilfreich. Ohne ausreichende Mittel und/oder Kreditkarte muss man sich bei teuren Behandlungen ggf. per Fax oder Telefon an seine Auslandskrankenversicherung wenden und um Vorschuß bzw. Kostenübernahme bitten. Vorsorglich eine **Kopie des Vertrages** und die Telefon- und Faxnummer der Versicherung mitzuführen, kann deshalb nicht schaden.

Erstattung

Falls man Arzt- oder Rezeptgebühren vorstreckt, sind für die spätere Erstattung in der Heimat **detaillierte Aufstellungen** mit Datum, Namen des behandelnden Arztes, Behandlungsbericht etc. notwendig. Je vollständiger die Unterlagen, um so reibungsloser und schneller erfolgt daheim die Überweisung des ausgelegten Betrages.

Weitere Reiseversicherungen

Inwieweit man über die Krankenversicherung hinaus weiteren Versicherungsschutz benötigt, hängt von den bereits in der Heimat bestehenden Versicherungen und dem individuellen Risikoempfinden ab. Vor Abschluß von **Reiseunfall-** oder **Reisehaftpflichtversicherungen** sollte man prüfen, ob nicht vorhandene Versicherungsverträge ausreichen.

Gepäckversicherung

Über den Nutzen der vergleichsweise teuren **Reisegepäckversicherung** sind die Meinungen geteilt. Bei sorgfältiger Lektüre des »Kleingedruckten« erkennt man, dass die Fälle des Haftungsausschlusses zahlreich sind. **Camping** etwa gilt versicherungstechnisch als besonders riskant. Und **Wertsachen** sind im allgemeinen nur sehr begrenzt gedeckt.

Reise-Rücktrittskosten Versicherung

Eine **Reise-Rücktrittskosten-Versicherung** ist bisweilen im Reisepreis schon enthalten. Sie kann, sollte das nicht der Fall sein, aber auch separat abgeschlossen werden. Die Prämien sind relativ niedrig (Elvia, Europäische u.a.), aber ebenfalls recht unterschiedlich. Man sollte darauf zumindest bei langfristiger Vorbuchung nicht verzichten. Allerdings gilt das nicht für Flüge, bei denen die Stornogebühren bis kurz vor Reiseantritt im allgemeinen tragbar sind. Mit einer einfachen Rücktrittskostenversicherung deckt man dann ggf. nur das Risiko des Ausfalls während der letzten Tage vor Abreise ab. Nur eine erweiterte Versicherung bietet Kostenersatz auch für den Fall einer Unmöglichkeit, den (oft nicht umbuchbaren) Rückflug wahrnehmen zu können – etwa wegen Unfall oder Krankheit.

2.3 Die Finanzen

2.3.1 Kreditkarten

Situation in den USA und Canada

Auch wer keine Kreditkarte besitzt und sie vielleicht in der Heimat nicht benötigt, sollte erwägen, sich für die Reise eine zuzulegen. Im täglichen Zahlungsverkehr spielt sie in Nordamerika immer noch eine weitaus stärkere Rolle als bei uns.

Ohne Plastikgeld setzt man sich in den USA und Canada leicht dem Verdacht aus, nicht kreditwürdig zu sein. Es gibt manche Gelegenheiten, bei denen Barzahlung mit Stirnrunzeln quittiert (Motel/Hotel/Mietwagen), wenn nicht sogar abgelehnt wird. Ohne die Angabe einer Kreditkartennummer, die sofort vom Computer geprüft wird, ist z.B. eine verbindliche telefonische Reservierung von Hotelzimmern (bei Ankunft nach 18 Uhr), Fähren, Veranstaltungstickets etc. nicht möglich.

Generell gilt: Kreditkarten sind für eine Amerika-Reise nicht nur hilfreich, sondern in vielen Situationen unabdingbar. Ihr Vorhandensein sichert darüberhinaus die Zahlungsfähigkeit im Notfall.

Vorteile

In ganz Nordamerika und Mexico(!) kann mit den auch bei uns üblichen Kreditkarten einen Großteil der laufenden Ausgaben ohne Geldwechsel und Vorwegbeschaffung von Reise-schecks bestritten werden. Eine übliche Frage in Läden und Tankstellen ist *Cash or charge?*, »Bargeld oder Kreditkarte?«

Kosten

Der heute für die normalen Kreditkarten ohne »Vergoldung« und Sonderleistungen geforderte **Jahresbeitrag** (ab €29) ist so niedrig, dass er sich – unabhängig vom effektiven Einsatz unterwegs – allein schon durch die damit eingekaufte Sicherheit rentiert. Darüber hinaus bieten auch »einfache« Karten teilweise geldwerte Zusatzleistungen (vor allem Versicherungen, ⇨ vorstehenden Abschnitt), die die Kosten wieder aufwiegen können. Die meisten Organisationen werben mit einer **3-Monats-Probekarte**. Auch nicht schlecht für die Reise!

VISA/ Eurocard (Mastercard)

Unter dem Aspekt der universalen Einsatzfähigkeit (und der Höhe der Jahresgebühr) geht nichts über die mit dem weltweiten **Mastercard-System** verbundene **Eurocard** und **VISA Card**. *Mastercard*- und *VISA*-Emblem sind in den USA und Canada allgegenwärtig. Mit beiden Karten läßt sich fast bargeldlos reisen, legt man es darauf an. Jahresgebühr und Konditionen hängen von der Vertragsgesellschaft ab. Da unterschiedlichste Unternehmen diese Karten ausgeben, in erster Linie Banken und Versicherungen, aber z.B. auch der ADAC, ist **Karte nicht gleich Karte**.

Zur Frage, welche Karte man sich zulegen sollte, sind die **Kreditkartenvergleiche** der Stiftung Warentest und bekannter Wirtschaftsmagazine (Capital, EURO, Impulse u.a.) aufschlußreich, ⇨ auch Seiten 91 und 127.

Cash-Automat mitten im staatlichen Schnapsladen, der nur gegen bar verkaufen darf (gesehen in New Brunswick)

American Express Card

Relativ viele Akzeptanzstellen findet man auch für **American Express Cards (AE),** die sich früher eher in besseren Hotels, Restaurants ab Mittelklasse, bei Autovermietungen und Fluggesellschaften einsetzen ließen, außerdem in Läden gehobener Preisklassen. Die Karte fand in den letzten Jahren jedoch ihren Weg auch in bis dato weniger typische Einsatzbereiche wie Tankstellen oder Motels der unteren Preisklasse.

Wechselkurs

Wichtige Vorteile der Zahlung per Karte sind die **nachträgliche Belastung** (speziell bei relativ hohen Ausgaben), die sich bei Ausgaben in Nordamerika oft erstaunlich verzögert, und die Zugrundelegung eines Wechselkurses (meist Devisenbriefkurs – siehe Wirtschaftsteil jeder Tageszeitung – plus 1%-1,5%), der immer deutlich unter dem sog. »Sorten«-Verkaufskurs für Bardollars liegt. Der Verzögerungseffekt kann aber auch **nachteilig** ausfallen, wenn zwischen der Zahlung im Ausland und der Weiterreichung des Belegs an die Kreditkartengesellschaft der Wechselkurs für den Dollar steigt. Man bezahlt dann mehr, als wenn man die Ausgaben bar getätigt hätte. Umgekehrt nimmt man **Währungsgewinne** mit, sinkt der Dollar.

Bargeld gegen Kreditkarte

Mit allen Kreditkarten läßt sich zu recht unterschiedlichen Konditionen auch Bargeld beschaffen. Mit **Master-** und **VISA-Card** kann der Inhaber bei allen angeschlossenen Banken – die man noch bis ins letzte Dorf findet – Bargeld erhalten, vorausgesetzt, er weist sich durch seinen Reisepass aus. Ist die Geheimzahl bekannt, kann man sich auch bei den zahlreichen **Bargeldautomaten *(Automatic Teller Machines – ATM)*** bedienen. Das *Cashing* per *Credit Card* kostet aber hohe Gebühren (3%-4% der Summe), sofern kein Guthaben bei der Kartenorganisation gehalten wird. In dem Fall sind bei einigen Banken Abhebungen gebührenfrei.

Belastung

Barentnahmen werden im Gegensatz zu allgemeinen Ausgaben **umgehend** dem heimischen Konto belastet. Die häufige Entnahme kleiner Beträge ist nicht ratsam, wenn unabhängig von der Summe eine Minimum- oder fixe Basisgebühr anfällt.

Grenzen

Die Bargeldbeschaffung per Kreditkarte unterliegt recht unterschiedlichen **Höchstgrenzen** in Bezug auf die Summe und Frequenz der möglichen Abhebungen. Generell kann nicht mehr ausgegeben werden, als das heimische Konto letztlich zuläßt. Unabhängig von der Kontodeckung gelten weitere Restriktionen. Wer unterwegs stark auf Kreditkartenzahlung und Bargeldbeschaffung per Karte setzen möchte, sollte sich über die im eigenen Fall gültigen Bedingungen genau informieren, um unliebsame Überraschungen zu vermeiden, und am besten lieber die Bankkarte mitnehmen.

»Edelkarten«

Wenig schiefgehen kann mit **Goldkarten** und anderen Edelausführungen der gängigen *Credit Cards,* die den Inhabern durchweg einen größeren finanziellen Spielraum gewähren und nebenbei erweiterte Versicherungsleistungen bieten.

U.a. sind Versicherungspakete der **Goldkarte des ADAC** und der **Postbank** beachtlich. Besonders umfangreich sichert die Platinkarte der **Netbank** Automieter ab.

Verlust

Bei Verlust einer Kreditkarte ist die Haftung in allen Fällen auf €50 beschränkt, gleichgültig, welcher Schaden zwischen Verlust und Benachrichtigung der Organisation effektiv eintritt. Nach der Verlustmeldung entfällt jede Haftung.

Folgende Telefonnummern können in den USA gebührenfrei angerufen werden, sollte die Kreditkarte verlorengehen oder sonst irgendein Problem auftauchen:

American Express	1-800-554-AMEX
Mastercard	1-800-MC-ASSIST (USA) 1-800-307-7309 (Canada)
VISA	1-800-847-2911

Bargeld aus dem Automaten (ATM)

Man kann seit einigen Jahren auch mit einer einfachen **Geldkarte** aus **nordamerikanischen Bargeldautomaten** (ATM, ⇨ Bild unten) Dollars ziehen, sofern die Karte das sog. ***Maestro Logo*** trägt, und man die Geheimnummer im Kopf hat. Die Gebühren sind niedriger als bei Bargeld per Kreditkarte.

Ein kleines Problem der ATM ist das immer wieder etwas andere Menü der Benutzerführung in englischer Sprache. Unklarheiten, ob nun »yes« oder »no« zu pressen ist, tauchen da schon mal auf. Häufig wird abgefragt: *»Debit« or »Credit«*? Grundsätzlich heißt dann die Antwort *»Credit«* selbst bei der Geldkarte und damit Abhebung vom eigenen Konto. Gelegentlich fragen Automaten nach dem *Zip Code*, also der Postleitzahl des Kartenbesitzers. Man gibt dann einfach eine beliebige real existierende Codenummer ein, z.B. 97225.

Hinweis: Besorgen Sie sich Bargeld aus dem Automaten – speziell beim ersten Versuch drüben – lieber während der Öffnungszeit der Bank. Wenn etwas schiefgeht, lässt sich das dann klären. Besser nicht den ersten Versuch am Samstag-Nachmittag machen!

*ATM = »**A**utomatic **T**eller **M**achine« (Teller steht für Schalter) - hier in Québec. Enthält sie das Maestro Logo, kann man auch mit europäischer Scheckkarte Bargeld ziehen*

2.3.2 Bargeld/Cash

Cash erforderlich

Bargeld ist in Nordamerika trotz Kreditkarten durchaus noch nicht aus der Mode gekommen. Wegen der Provisionsabzüge bei Kartengeschäften gibt es in manchen Geschäften sogar Barzahlungsrabatt. In – weniger werdenden– **Supermärkten** in den **USA** kann man mit Kreditkarten nichts werden. In **Canada** nehmen auch die Supermärkte schon seit eh und je Plastik an. Überwiegend bar zahlt man indessen in **Fast Food Restaurants**. Insgesamt spielt Bargeld eine geringere Rolle als in Europa.

Wieviel?

Es macht Sinn, **Bargeld zunächst nur für die ersten Ausgaben** bereitzuhalten. Denn die Wechselkurse für Reiseschecks, die bei Einlösung keine weiteren Kosten mehr verursachen, bzw. der Kreditkartenausgaben sind günstiger als der sog. **Sortenkurse**, mit denen Banken beim Verkauf von Banknoten kalkulieren.

Umtausch in Canada/USA

Euros und andere europäische Währungen lassen sich fast ausschließlich in Großstädten und auch dort nur in ganz bestimmten Banken und an internationalen Flughäfen umtauschen, und zwar zu extrem ungünstigen Kursen.

Münzen

Münzen sind in Canada und den USA nicht nur vom Aussehen her ähnlich und in der Größe so gut wie identisch, sie tragen auch dieselben Bezeichnungen:

1 Cent:	***Penny***
5 Cents:	***Nickel***
10 Cents:	***Dime***
25 Cents:	***Quarter***

can$2-Münze aus Nickel und Messing (***Twonie***)

In **Canada** sind darüber hinaus **$1- und $2-Münzen** im Umlauf (***Loonie*** und ***Twonie***).

Die in den **USA** auch kursierenden **50-Cent-** und **$1-Münzen** bekommt man dagegen äußerst selten zu Gesicht.

Münzen, vor allem *Quarters*, benötigt man in der Telefonzelle, an Getränkeautomaten, im Waschsalon und in öffentlichen Verkehrsmitteln der meisten Großstädte. Bei Bedarf besorgt man sich in Banken **Rollen** zu je 40 *Quarters* ($10).

Banknoten

Da alle **US$-Scheine** unabhängig von ihrem Wert dieselbe Größe und Farbe aufweisen (Zahlseite grauschwarz, neuerdings mit einem leicht rosa Farbton unterlegt, Rückseite grün – sie lauten auf $1, $2, $5, $10, $20, $50, $100, $500 und $1.000), kann es leicht zu Verwechslungen und Täuschungen kommen. Beim Herausgeben ist deshalb etwas mehr Aufmerksamkeit angebracht.

Ein Dollar wird umgangssprachlich oft *Buck* genannt, aber auch *Greenback* wegen der grünen Rückseite.

Kanadische Geldscheine unterscheiden sich ebenfalls nicht in der Größe, lassen sich aber dank unterschiedlicher Farbgebung, Motive und Grafik erheblich besser auseinanderhalten.

2.3.3 Reiseschecks/Travelers Cheques

Reiseschecks

Da es kaum ratsam erscheint, größere Barbeträge mit sich herumzutragen, können ein paar **auf US$ lautende Reiseschecks** (**$20 und $50**; größere Stücke nicht sinnvoll) eine gute Reserve sein. ***Travelers Cheques*** (amerikanische Schreibweise) werden **in fast allen Geschäften** wie Bargeld akzeptiert. Unterschrift genügt. Nur bei Einreichung von Reiseschecks bei Banken ist üblicherweise der Reisepass vorzulegen. Je mehr aber Reiseschecks »aus der Mode« kommen, umso häufiger fallen Gebühren an. Einige Banken verweigern mittlerweile sogar das Reisescheck-*Cashing*.

US$-Schecks sind auch in Canada ohne weiteres einzusetzen, kosten aber faktisch eine zusätzliche Umtauschgebühr. Die spart, wer sich für die geplante Zeit in Canada **Reiseschecks in kanadischen Dollar** zulegt.

Stückelung

Bei Reiseschecks sind **$50-Stückelungen** und ggf. kleinere den höheren Nennwerten vorzuziehen, sofern man sie auch als Zahlungsmittel und nicht nur zum Umtausch in Bares nutzen möchte. Nur wer viele Schecks kauft, sollte auch die $100-Stückelung wählen. $200- und $500-Reiseschecks eignen sich praktisch nur zur Einlösung in Banken.

Verlustfall

Falls Reiseschecks verlorengehen oder gestohlen werde n, kann man für sie relativ leicht Ersatz bekommen. Dazu benötigt man die **Seriennummern** seiner Schecks, möglichst zu belegen durch Vorlage der selbst unterschriebenen Kopie der **Empfangsbestätigung**. Letztere sollte deshalb separat aufbewahrt werden. Wichtig ist es, die Nummern der Schecks zusätzlich an einem sicheren Ort zu hinterlegen (zu Hause), falls auch die Empfangsbestätigung abhanden kommt.

Die Reisescheckorganisationen besitzen eine **Notrufnummer** für den Verlustfall. *Emergency Numbers* AMEX:

© **1-800-221-7282** (USA) und © **1-866-296-5198** (Canada)

Nach wie vor ist die Queen of England kanadisches Staatsoberhaupt.Ihr Konterfei ziert daher auch Banknoten

US$5-Banknote der neueren Serie. Aber nach wie vor sind alle Scheine farblich gleich (grau und grün) und von gleicher Größe

2.3.4 Finanzielle Disposition für die Reise

Eine gute, Risiken mindernde Vorsorge für die Reise ist eine **Mischung der 3 Zahlungsmittel**, wobei es darauf ankommt, wie die Reise gestaltet werden soll. Wer das Fahrzeug für die Reise bereits hier gebucht und weitgehend bezahlt hat und überwiegend im Hotel übernachtet und bessere Restaurants besucht (d.h., per Kreditkarte zahlt), sollte sinnvollerweise zunächst nur etwa 10% der kalkulierten Ausgaben in bar, weitere 20% in Reiseschecks und den Rest per Karte abzudecken. Bei Campingreisen, auf denen tendenziell mehr Ausgaben in bar anfallen, könnten Bardollar- oder Reisescheckbestand auch höher liegen. Mit der heute überall mit **Geldkarte** zu nutzenden Geldautomaten ist es ggf. billiger und sicher komfortabler, weitgehend auf Reiseschecks verzichten.

Ein guter **Vorrat an $1-Noten** darf nie fehlen. Die braucht man manchmal schon für die Gepäckkarre am *Airport*, für Trinkgelder und weitere kleine Ausgaben vom Moment an, wo man amerikanischen Boden betritt

2.3.5 Geldbeschaffung im Notfall

Geld ist weg!

Was tun, wenn Reiseschecks und Dollars abhandengekommen sind, ein Ersatz nicht beschafft werden kann und auch Kreditkarten fehlen oder ebenfalls verloren gingen?

Mit Anruf in der Heimat bestehen folgende Möglichkeiten:

Den raschesten Geldtransfer bieten von Deutschland aus **Reisebank** und **Post** in Kooperation mit ***Western Union***, einer Unternehmung, die in fast allen Städten Nordamerikas ab mittlerer Größe ein Büro unterhält. **Filialen der Reisebank** befinden sich in Bahnhöfen deutscher Großstädte, in Flughäfen und an Grenzübergängen. Nach Einzahlung bei der Reisebank oder Post kann die Summe nach maximal 30 min in einem *Western Union Office* weltweit in Empfang genommen werden. Die Gebühren dafür sind indessen ziemlich happig.

Auskunft in Deutschland unter
✆ 01805/225822 bzw. unter www.reisebank.de

Western Union in den USA:
✆ 1-800-Call-Cash; www.westernunion.com

Zur Auslandsvertretung

Wenn alle Stricke reißen, bleibt nur der Gang zum nächsten **Konsulat**, dessen Adresse man durch Anruf bei der Botschaft in Washington oder Ottawa erfährt, ➪ Seite 183.

Die Konsulate helfen grundsätzlich nicht mit Bargeld, sondern bezahlen ggf. ein Hotel und das Flugticket in die Heimat, wo das Außenamt natürlich umgehend die vorgestreckten Auslagen wieder zurückfordert.

2.4 Der Flug nach Nordamerika

Die gängigen Transatlantiktarife gibt's in jedem Reisebüro. Für preisgünstigere Tickets muss man sich ein wenig umschauen. Flugreiseagenturen findet man in allen größeren Städten; sie inserieren auch up-to-date-Tarife in **Reisemagazinen** und Wochenendausgaben überregionaler Zeitun- gen. Die **Zeitschriften *Reise & Preise*** und ***Clever reisen*** listen die jeweils günstigsten Anbieter auf dem deutschen Markt und verfügen über gute Websites mit aktuellen Tabellen zum Flugtarifvergleich: www.fliegen-sparen.de bzw. www.reise-preise.de. In der Schweiz geht nichts über den ***Globetrotter Travel Service***.

Direktbuchungen im **Internet** sind ebenfalls möglich, ➤ Seite 101, aber oft mühsam und selten preiswerter zu arrangieren als durch eine auf Flüge spezialisierte Agentur.

Übersicht

Im folgenden erhält der Leser eine Übersicht über die generelle Situation auf dem Transatlantik-Flugmarkt. Hier zunächst die wichtigen **Flugalternativen 2008** ab Deutschland oder von einem Flughafen der Nachbarländer:

Sonderflüge

Beim Charterflug (heute in den meisten Katalogen als Sonder- oder Ferienflug bezeichnet) hat der Passagier bei den Transatlantikflügen nur eine begrenzte Auswahl von Abflughäfen und Flugterminen. Der Rückflug erfolgt normalerweise vom Zielflughafen, kann aber ggf. auch von einem anderen *Airport*, den dieselbe Gesellschaft anfliegt, gebucht werden. Diese Möglichkeiten sind für Canadas Osten bzw. den Nordosten der USA rar.

Komfortklassen der Charterer

Condor (Halifax), ***Air Berlin*** (New York) und ***Air Transat*** (Halifax, Toronto) bieten eine Komfortklasse wie *Business* beim Linienflug gegen ebenfalls hohe Zuschläge. Im Sommer kosten mehr Service und Platz bis über €1000 one-way.

Nachteil

Eine **mögliche Problematik** des Sonderfluges liegt bei der Rückreise. Vor Reiseantritt kann man den Flug gegen Zahlung der entsprechenden Gebühren noch umbuchen (variiert mit dem Veranstalter und der Fluggesellschaft). Einmal in Amerika, läßt sich am Rückflug kaum mehr rütteln. Die meisten Urlauber werden dies nicht als Nachteil betrachten.

Gepäcklimits Charter

Das sonst meistens gültige **Freigepäck von 20 kg** gilt nicht im Transatlantikverkehr. Bei ***Air Berlin***, bei ***Condor*** und der holländischen ***Martinair*** (Toronto) sind – wie bei den Linienfliegern – **zwei Gepäckteile erlaubt mit maximal je 23 kg**. ***Air Transat*** (Flüge nach Canada) befördert frei lediglich 23 kg insgesamt.

Linienflüge

Bei den Linienfluggesellschaften kann man meist aus einer Vielzahl vorhandener Verbindungen wählen, muss aber das Hin- und Rückflugdatum vorab verbindlich bestimmen. Für den Rückflug kann ohne weiteres ein anderer Flughafen als der Ankunfts-Airport gewählt werden. Trotz dieser Möglichkeit unterbietet mancher Linientarif die Preise einiger Ferienflieger.

Gepäckfreigrenzen und -kontrolle bei USA-Flügen

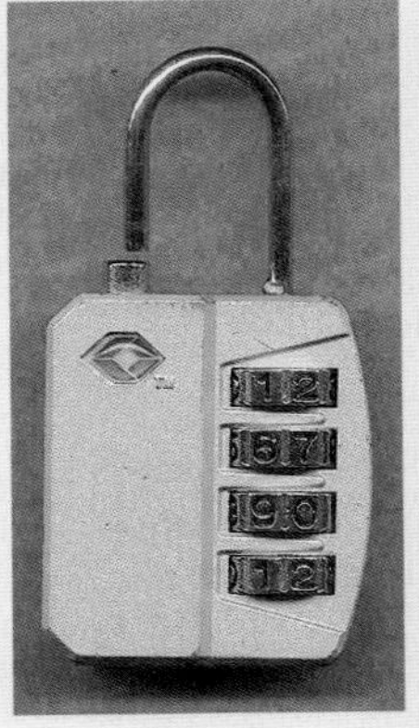

Für alle Linienflüge gilt: **2 Gepäckstücke** mit je Teil nicht über 23 kg werden frei befördert. Die Regelungen für Übergepäck variieren. **Handgepäck** darf die Größe 50x40x25 cm nicht überschreiten, Gewichtslimit 10 kg; bei einigen Airlines gilt 55x40x20 cm und 6-8 kg. Darin darf sich kein **Behälter mit Flüssigkeiten** über 100 ml befinden. Kleinere Behälter müssen sich in einer verschlossenen transparenten Plastiktüte (Volumen maximal 1 l) befinden.

Gepäckstücke werden im Transatlantikverkehr in großen Stichproben geöffnet und durchsucht. Verschlossenes Gepäck »knackt« man einfach. Also entweder alles von vornherein unverschlossen lassen oder – besser – die neuen ***Travel Safe Locks*** verwenden, kleine Zahlenschlösser, die von der amerikanischen Checkinstanz TSA (und angeblich nur von dieser) geöffnet werden können. Erhältlich ist das Spezialschloss in Ausrüstungs, Sport- und Gepäckshops für ca. €10/Stück (USA ab ca. $7), neuerdings auch bei TCM (Tchibo).

Mehr Information über das Produkt findet man auf der Website des Herstellers *Eagle Creek*: www.eaglecreek.com/accessories/security_id. Dort gibt es auch eine Liste von Läden in Europa, die *Eagle Creek*-Produkte vertreiben.

Tarifvergleich

Bei einem Tarifvergleich ist es äußerst wichtig, die »Nebenbedingungen« gebührend zu beachten. Das beginnt bei **Umbuchungs- und Stornokosten** bei Datenänderung und eventuellem Rücktritt, die veranstalterabhängig erheblich differieren können – sogar bei identischer Airline. Auch errechnen sich versteckte Preisunterschiede für alle, die nicht in der Nähe der Großflughäfen wohnen, aus den Anreisekonditionen und ggf. Abflugzeiten (Übernachtung notwendig?) sowie den Parkgebühren der verschiedenen Airports. Die Tarife etwa der **Lufthansa** (in Kooperation mit ***United*** und ***Air Canada*** in der *Star Alliance*), die sich auf jeden deutschen Flughafen beziehen, werden für manchen Kunden preiswerter und auch bequemer sein als ein nominal günstigeres Konkurrenzangebot, das nur ab Frankfurt oder München gilt. Das »richtige« Ticket hängt daher sehr stark vom persönlichen Anspruch ab.

Flugunterbrechungen

Ein wichtiger Unterschied zwischen Ferien- und Linienflug ist die Möglichkeit zu Flugunterbrechungen – auf dem Weg nach Chicago etwa in New York oder Boston. Unterbrechungen sind nur möglich bei amerikanischen oder ggf. europäischen Gesellschaften mit Kooperationspartner in Amerika, da nach einer Unterbrechung mit Amerikanern/Kanadiern weitergeflogen werden muss (z.B. Kombination *KLM/Northwest* für Flüge nach Detroit, Unterbrechung z.B. in Boston). Einige **US-Airlines** bieten **1 *Stopover*** selbst in Verbindung mit dem preiswertesten Transatlantik-Tarif ohne Aufpreis, weitere gegen moderate Zuzahlung.

Kindertarife

Für Kinder zwischen **2 und 11 Jahren** werden von den meisten Fluggesellschaften **65%-80%** des Vollzahlertarifs berechnet. Der bis vor einigen Jahren allgemein übliche 50%-Discount für diese Altersgruppe existiert nicht mehr. **Kleinkinder unter 2 Jahren** zahlen ohne Platzanspruch **zwischen €50 und 10%** des Ticketpreises der Eltern. Bei langen Flügen (z.B. Chicago ca. 9 Stunden) stellt sich die Frage, ob fürs Baby nicht ein Kinderticket mit garantiertem Sitz gelöst werden sollte.

Zubringer in Deutschland

Während ***Lufthansa-***, ***Air Canada-*** oder ***United*-Tarife** immer den Zubringerflug nach Frankfurt, München oder Düsseldorf einschließen, gilt dies nur z.T. oder gar nicht für andere Flüge ab Deutschland. Bei vielen ist ein Zuschlag fällig.

Flüge übers Ausland

Viele der günstigeren Flugangebote beziehen sich auf Flüge mit den *Airlines* einiger Nachbarländer, speziell mit **KLM, SAS, Air France** und **British Airways**. Was ist davon zu halten?

Anreise

Üblicherweise ist der **Flug** nach Amsterdam, Kopenhagen, Paris oder London im Ticketpreis eingeschlossen. Wer in der Nähe von Flughäfen lebt, von denen Zubringermaschinen starten, sollte diese Möglichkeit erwägen. Denn ob man zunächst von Bremen nach Frankfurt oder nach Amsterdam oder Kopenhagen fliegt, bleibt sich ziemlich gleich.

KLM und BA

Besonderer Beliebtheit erfreuten sich in den letzten Jahren die Flüge der **KLM** und **British Airways** wegen günstiger Tarife bei gleichzeitig akzeptablem Service und hoher Zuverlässigkeit. Das führte allerdings auch zu ungewöhnlich frühzeitig ausgebuchten Flügen, zumindest was die Spartarife angeht, zu denen immer nur eine begrenzte Anzahl von Plätzen verkauft wird.

BA World Traveler Plus Class

British Airways bietet mit der ***World Traveler Plus Class*** einen höheren Sitzkomfort (mehr Platz) bei *Economy Class Service* für einen Aufschlag von €360 pro Strecke. Die Bequemlichkeit dieser Zwischenklasse ist nicht wie *Business*, aber klar verbessert. Als weniger erfreulich gilt das Umsteigen in London Heathrow.

Tipp

Zu ähnlichen Kosten könnte man auch bei ***Air Berlin***, ***Air Transat*** oder ***Condor*** »echte« *Business Class* buchen.

Unabhängig von der Airline gilt heute auf allen Flügen und Sitzen »No Smoking«!

Martinair Oft monatelang im Voraus vergeben sind traditionell die Flüge des Charterfliegers ***Martinair***, einer Tochterunternehmung der *KLM*. *Martinair* fliegt in der Sommersaison ab Amsterdam nach Toronto mit Zubringerflügen von vielen deutschen Airports.

Icelandair Ab **Frankfurt, Berlin** und **München** fliegt **Icelandair** zu günstigen Tarifen über **Reykjavik** nach **Boston**, **New York/*John F. Kenndy*, Toronto, Halifax** und weiteren Zielen in den USA. Viel preiswerter als bei der Konkurrenz ist die Business Class (***Saga Class***).

Gebühren

Zuschläge

Zu den reinen Ticketkosten kommen mittlerweile **nicht unter €170 bis über €300 (retour) Flughafen- und Sicherheitsgebühren plus (zur Zeit steigende) Kerosinzuschläge**. Auch für **Flüge am Wochenende** werden bei manchen Tarifen Zuschläge fällig.

Buchung In der Hochsaison zwischen Mitte Juni und Ende August sind die Plätze zu Billigtarifen langfristig ausgebucht. Ein vorgegebener Termin läßt sich zu einem günstigen Tarif daher nur bei frühzeitiger Buchung sicherstellen. Außerhalb der Hochsaison gibt es aber selbst zu Sondertarifen oft noch kurzfristig freie Plätze.

Flugbuchung im Internet

Zahlreiche **Reise-*Websites*** bieten heute scheinbar die absolute Runduminformation. Man sollte meinen, es sei damit ein Leichtes, für den eigenen Flugwunsch ein passendes Angebot herauszufiltern. Tatsächlich ist die Suche nach freien Plätzen zu Niedrigpreisen leicht ein zeitaufwendiges mit Dauersurfen verbundenes Unterfangen und nicht automatisch erfolgreich. Immerhin verschafft man sich dabeit einen gewissen Marktüberblick und kann im Reisebüros besser konkrete Vorstellungen äußern.

Generell sollten *Online*-Surfer folgende Punkte beachten:

- Wer Flugdaten um einige Tage verschiebt, kann Tarife finden, die zu anderen Terminen womöglich schon ausgebucht sind bzw. nicht existieren. Dieselbe Flexibilität lohnt sich auch beim Abflugairport.

  Beispielsweise verschafft man sich zunächst einen Überblick für den Transatlantikflug ab Frankfurt, Amsterdam etc.; und erst danach überprüft man die Tarife <u>mit</u> Zubringerflügen.

- Nicht jede Internetagentur kann ein Komplettangebot aller Linien zu den jeweils in Frage kommenden nordamerikanischen Airports bzw. aller innerdeutschen Zubringerflüge und/oder aller Charterflüge liefern. Da Ziele wie Toronto und Montreal bzw. New York, Boston, Detroit oder Chicago von den meisten großen europäischen, kanadischen und US-Airlines mit eigenen Maschinen oder im *Code Sharing* angeflogen werden, findet man den passenden Flug oft nur nach Surfen durch die *Websites* mehrerer Anbieter.

- Nach der Tariferkundung muss man feststellen, ob zum gewünschten Preis noch freie Plätze existieren, weil Fluggesellschaften immer nur ein begrenztes Kontingent zu besonders günstigen Konditionen vergeben. Zudem haben einige Tickets oft nur eine limitierte Gültigkeit, etwa 1 Monat; bei längerfristigen Aufenthalten gelten ggf. andere Tarife.

- **Bei negativ verlaufener Vakanzanfrage** macht es Sinn, zunächst nur den Transatlantikflug ohne Zubringerstrecken zu prüfen. Gibt es dort noch freie Plätze, wählt man für die Anschlussflüge ab Deutschland, Österreich oder der Schweiz bzw. in den USA andere Zeiten oder Flughäfen. Sehr gute Informationsquellen für Buchungen übers Internet mit vielen Links zu Airlines, Reisebüros usw. sind die beiden vierteljährlich erscheinenden Reisemagazine, die sich auch Online erreichen lassen:

Reise und Preise: www.reise-preise.de

Clever reisen: www.fliegen-sparen.de

Hilfreich sind auch die Websites www.billiger-reisen.de und www.info-reisepreisvergleich.de, die die Suche erheblich erleichtern können.

Internetagenturen für Flugtickets:

www.airline-direct.de
www.ebookers.de
www.expedia.de
www.flug.de
www.flugticket.de
www.mcflight.de
www.skyways.de
www.opodo.de
www.ticketman.de
www.travelocity.de
www.travel-overland.de
www.usareisen.com
www.skyscanner.net/worldwide

Die Unterschiede zwischen den Agenturen liegen dabei in der Art der Aufbereitung und der Geschwindigkeit des Seitenaufbaus. Das letztgenannte Portal ist mit diversen Buchungsmaschinen verbuchen und vermeidet damit das lästige immer wieder neue Einbuchen bei Weitersuche.

Nicht selten ist das Finden und Buchen eines geeigneten, dazu noch preiswerten Fluges per Eigeninitiative im Internet selbst mit Hilfe solcher Reiseportale ein ziemlich mühsames Geschäft, das sich per Anruf in einer Reiseagentur schneller erledigen lässt und – speziell für vorinformierte Bucher – nicht teurer kommt; eher ist oft das Gegenteil der Fall.

Vielflieger-Programme

Alle großen Fluglinien bieten heute ihren Kunden Vielfliegerprogramme wie *Frequent Flyer, Miles & More* (Lufthansa) etc. Man kann sich dafür bereits vor dem ersten Flug eintragen lassen. Anruf genügt, die Unterlagen kommen ins Haus. Nach Anmeldung wird ein **Bonus-Konto** eingerichtet, auf dem die Meilen gebucht werden. Beim Einchecken weist man einfach seinen kreditkartenähnlichen Ausweis vor. Wer ihn (noch) nicht zur Hand hat, kann mit dem bei ihm verbliebenen Abschnitt des *Boarding Pass* Meilen auch nachmelden.

Oft werden schon bei Ausstellung 5.000 Meilen gutgeschrieben, für **Transatlantikflüge** zusätzliche **Prämien**. Infos für die Lufthansa im **Internet:** www.moremiles.com.

Information

Die Telefonnummern der wichtigsten **Airlines im USA- und Canada-Luftverkehr** findet man in folgender Liste, ebenso deren **Internetadressen**, über die sich auch **Sondertarife** buchen lassen:

Airline	Telefon	Internetadresse
AirBerlin	**01805/737800**	www.airberlin.de
Air Canada	**01805/0247226**	www.aircanada.ca
Air France	**01805/830830**	www.airfrance.com
Air Transat	**069/6976570**	www.airtransat.de
American	**01803/242324**	www.americanair.com
Austrian Air	**01803/000520**	www.aua.com
British	**01805/266522**	www.british-airways.com
Condor	**01805/7677570**	www.condor.de
Continental	**01803/212610**	www.flycontinental.com
Delta	**01803/337880**	www.delta-air.com
Icelandair	**069/299978**	www.icelandair.de
KLM	**01805/214201**	www.klm.com
Lufthansa	**01803/8384267**	www.lufthansa.com
Martinair/NL	**01805/100211**	www.martinair.de
SWISS	**01803/000337**	www.swiss.com
SAS	**01803/234023**	www.scandinavian.net
United	**069/50070387**	www.ual.com
USAir	**01803/000609**	www.usair.com

Rückbestätigung von Flügen

Der Rückflug sollte mindestens 72 Stunden vor dem planmäßigen Abflug rückbestätigt werden. Wer das vergisst, kommt meist auch mit, die *Airline* hat aber das Recht, nicht bestätigte Passagiere ohne Entschädigung umzubuchen. Also besser dran denken!

Die ***Reconfirmation*** erledigt man per gebührenfreiem Anruf bei der Fluggesellschaft, wobei man das Ticket zur Hand haben muss, um Abflug-/Zielort, Flugnummer etc. angeben zu können. Die wichtigsten ***toll-free numbers*** (bis auf *Martinair*) sind:

Air Berlin	1-866-266-5588
Air Canada	1-888-247-2262
Air France	1-800-237-2747
Air Transat	
American	1-800-433-7300
Austrian Air	1-888-817-4444
British	1-800-247-9297
Condor	1-800-524-6975
Continental	1-800-525-0280
Delta	1-800-221-1212
Icelandair	1-800-223-5500
KLM/Northw	1-800-225-2525
Lufthansa	1-800-645-3880
Martinair	1-416-364-3672
Northwest	1-800-225-2525
SWISS	1-877-359-7947
United	1-800-241-6522
USAir	1-800-428-4322

Toll-free numbers sind von jedem US-Telefon aus zu erfragen: ✆ **1-800-555-1212** oder im Internet unter http://inter800.com

2.5 Vorbuchung des Transportmittels

Die wichtigsten Gesichtspunkte zur Frage, welches Transportmittel sich für die eigenen Reisepläne am besten eignet, wurden bereits in Abschnitt 1.2.2 ausführlich erörtert. **Hier geht es nun um die technisch-organisatorischen Details derjenigen Alternativen, die bereits vor der Reise gebucht werden können bzw. sollten**. Auf die Automiete und anderer Transportmöglichkeiten erst nach Ankunft in den USA bezieht sich Kapitel 3.3 ab Seite 124.

2.5.1 Die Pkw-Miete

Typen, Kosten, Konditionen

Mindestalter

Voraussetzung der Fahrzeugmiete ist neben dem Führerschein allgemein ein Mindestalter der als Fahrer vorgesehenen Personen von **21 Jahren**. Jüngere Mieter haben es – **mit nur einer Ausnahme** (➪ unten) – schwer, überhaupt etwas zu finden oder zahlen exorbitant hohe Aufschläge bei riskanten Versicherungsregelungen.

Für **Fahrer unter 25 Jahren** wird in aller Regel ein **Zuschlag** von mindestens $8 (nur bei National) bis $45!/Tag (plus Steuern) berechnet, meistens $20/$25 pro Tag und in Abhängigkeit vom Ort der Anmietung höhere Tagessätze.

2008 hat aber die Firma ***Alamo*** das bisherige Mindestalter von 21 auf 19 Jahre herabgesetzt und bietet dieser Gruppe (also **19- bis 24jährigen Mietern**) pauschal ein »***Under 25*-Paket**«, das – bei Entfall des Tageszuschlags – je nach Wagentyp ganze €30 bis €40 pro Woche teurer ist als das Standardpaket für Mieter ab 25 Jahren. **Wichtig**: Es ist nur erhältlich bei Vorausbuchung im Vorwege in der Heimat, nicht direkt vor Ort.

Verleihfirmen und Buchung

Bei hiesigen Reiseveranstaltern kann man die komplette Palette gängiger amerikanischer Leihwagen vom *Subcompact/Economy* (Ford Fiesta Klasse) bis zum Minivan buchen. Überwiegend wird mit internationalen Verleihfirmen wie *National, Avis, Hertz, Budget* und (oft etwas preiswerter) *Alamo* kooperiert, aber auch mit günstigeren US-Verleihern wie *Enterprise, Dollar* u.a.

Ein Vergleich der Kataloge bzw. Internetportale großer Reiseveranstalter (*Meier's, Dertour, CRD, FTI, SK touristik* u. a.) für die **Reisesaison 2008** zeigt, dass substanzielle Unterschiede bei den Miettarifen nicht existieren. Das gilt auch für **Saisonzuschläge** (ca. €20-€40 pro Woche) bei Anmietung im **Juli und August**.

Die Buchung vor der Reise kann außer bei Reiseveranstaltern und den (speziell für Nordamerika) preisgünstigen Mietwagenvermittlern ***holiday autos*** oder ***sunny cars*** (ebenfalls in Reisebüros oder im Internet) auch bei Automobilklubs oder direkt bei den Leihwagenfirmen erfolgen, soweit sie hier vertreten sind. In Deutschland unterhalten folgende internationale Vermieter, die in den USA und Canada operieren, eigene Büros und Websites.

Tipp

Ideal für Zelturlauber sind die SUVs (*Sport Utility Vehicle*: Bezeichnung für Großraumjeeps mit/ohne 4WD). Sie bieten viel Platz, hohe Sitzposition und ideale Be- und Entladung hinten. Zur Not (unbequem) kann man in ihnen schlafen. Die Kosten liegen €70-€100/Woche über denen mittlerer Pkws.

Bei ***Alamo*** und ***National*** kann man auch die kleine Version der SUV für unter €200 mieten (»*Equinox*« oder ähnlich, z.B. »*Saturn Vue*«), sehr handliche gute Fahrzeuge mit relativ geringem Benzindurst. Bei diesen Firmen darf man sich an einigen Stationen aus dem vorhandenen Bestand vor Ort das Wunschfahrzeug aussuchen. Mitunter interessiert es niemanden, ob der »*Equinox*«-Bucher sich einen größeren »*Midsize SUV*« oder gar »*Trail Blazer*« greift.

Am besten informiert man sich zunächst im **Internet**:

Alamo	01805/462526	www.alamo.de
Avis	01805/217702	www.avis.de
Budget	01805/244388	www.budget.de
Enterprise	0800/3683777	www.enterprise.de
Hertz	01805/938814	www.hertz.de
Holiday*)	01805/179191	www.holidayautos.de
National	0800/464-7336	www.national.de
Sixt/Payless	01805/232222	www.e-sixt.de
(Kooperationspartner)		www.paylesscar.com
Sunny Cars*)	089/82993399	www.sunnycars.de
Thrifty	0203/3485555	www.thrifty.de

*) ***Holiday Autos*** und ***Sunny Cars*** sind Vermittler; über diese Firmen landet man in der Praxis bei verschiedensten Vermietern, aber zum fest vorgegebenen Holiday- bzw. Sunny-Cars-Tarif.

Eine Übersicht über die Tarife diverser Vermieter findet man z.B. unter www.usareisen.de; eine weitere kompetente Adresse für die Automiete **USA und/oder Canada** ist www.usareisen.com.

Pkw-Kategorien

Pkw und Vans können ausschließlich nach **Größenklassen** von ***Economy*** bis ***Fullsize/Premium*** und nach **Gattungskriterien** wie ***Convertible*** (Cabriolet), ***Jeep*** oder ***Minivan*** gebucht werden. **Bestimmte Fahrzeugmarken und -typen lassen sich nicht reservieren**. Jedoch ist man vor Ort in der Regel bemüht, Kundenwünschen entgegenzukommen, sollte der bereitgestellte Wagen nicht zusagen. Einige Vermieter führen mehrheitlich die Autos bestimmter Hersteller (z.B. Avis: *General Motors*, Hertz: *Ford*).

Wahl

Amerikanische Kraftfahrzeuge sind nach wie vor komfortabler als europäische Wagen vergleichbarer Größe. Leihwagen besitzen immer ein **Automatikgetriebe** und **Klimaanlage** (*Air Condition*). Nichtsdestoweniger hält sich ihr **Treibstoffverbrauch** heute wegen modernerer Motoren und der Tempobeschränkungen (➪ Seite 135) in erträglichen Grenzen.

Größe Bei der Wahl der Größe sollte man sich nicht zu sehr vom Preis leiten lassen; die Unterschiede sind bei den Pkw von Größenklasse zu Größenklasse oft kaum der Rede wert (€15-€40 pro Woche!). Ein etwas geräumigerer Wagen bietet den Vorteil, dass der Kofferraum nicht so knapp ist. Ab 4 Personen sollte man – speziell auf längeren Reisen – an einen **Minivan** denken (ab ca. €300 pro Woche inkl. Vollkasko/CDW), wenn ein Camper nicht in Frage kommt.

Vans für Behinderte **Minivans** gibt es von *Avis* auch in behindertengerechter Ausführung in vielen wichtigen Städten.

Tarifinhalt Bei **Vorausbuchung** sind mit der Zahlung normalerweise die **Basiskosten** des Mietwagens, **Haftpflicht- und Vollkaskoversicherung** und die Umsatzsteuern abgedeckt.

CDW/LDW Die – nach unserem Verständnis – **Vollkaskoversicherung**, je nach Gesellschaft *CDW/Collision Damage Waiver* oder *LDW/Loss & Damage Waiver* genannt, ist – wie gesagt – durchweg in den Tarifen enthalten. Normalerweise entfällt jede Selbstbeteiligung. In Amerika zahlt ein Mieter ohne CDW/LDW (zunächst) **alle** Schäden am Fahrzeug. Solange etwa der Unfallgegner sein Verschulden nicht anerkennt bzw. nicht rechtskräftig schuldig verurteilt ist und effektiv den Schaden trägt, bleibt man ohne CDW selbst auf fremdverursachten Schäden sitzen.

Unlimitierte Meilen/ Kilometer Bei Pkw-Mieten ist **in ganz Nordamerika** grundsätzlich ***Unlimited Mileage*** in den Tarifen enthalten. Es gibt indessen in Canada einige wenige Anmietstationen (z.B. St. John's auf Newfoundland), wo Vermieter die Tageskilometer limitieren bzw. Mehrkilometer berechnen.Die Preisunterschiede zwischen verschiedenen Anmietregionen, sei es in den USA oder in Canada, sind im Gegensatz zu früheren Jahren nicht mehr nennenswert.

Mieten in Canada oder in den USA Eine **Pkw-Miete ist in Canada** vor allem wegen der höheren Umsatzsteuer (➪ unten) **etwas teurer als in den USA**. Bei einer Ersparnis von €30-€40 pro Woche lohnt sich eine Automiete in grenznahen Städten der USA – etwa in Detroit oder Buffalo – aber nur für ganz scharfe Rechner (die Ticketpreise für Transatlantikflüge etwa nach Detroit und Toronto sind ungefähr gleich.)

Zusatzkosten Über den Basistarif hinaus entstehen weitere Kosten. Direkt beim Vermieter müssen **Aufschläge** für junge und/oder zusätzliche Fahrer, **Überführungsgebühren** bei Einwegmieten und ggf. **Zusatzversicherungen in Dollar** beglichen werden.

Steuern Canada Die lokalen **Steuern** sind bei den hier gebuchten Fahrzeugen im allgemeinen bereits im Tarif enthalten. Bei Zusatzkosten, die vor Ort entrichtet werden, kommen immer *Taxes* hinzu: In **Canada** gilt überall einheitlich die *Goods & Services Tax (GST)* von **6%**, eine **Mehrwertsteuer**, **plus** – in Ontario, Québec,Prince Edward Island – **7,5-10%** ***Provincial Sales Tax*** *(PST)* oder einen zusammengelegten einheitlichen Satz von 14% *(HST)* in New Brunswick, Nova Scotia und Newfoundland; ➪ Seite 193.

2

Steuern USA

In den **USA** beträgt die *Sales Tax* der Einzelstaaten **6%-8,75%** plus lokaler Zusatzprozentsätze und oft auch noch Sonderaufschlägen bei Wagenmiete/-rückgabe am **Airport**.

Einwegmiete

Alle Tarife gelten zunächst unter der Voraussetzung, dass das Fahrzeug am Ausgangsort zurückgegeben wird. Auch am Airport übernommene Autos können häufig nicht ohne Zusatzkosten in einer City-Filiale derselben Stadt wieder abgegeben werden und umgekehrt. Während es in den **USA** bei vielen Firmen eine ganze Reihe **Ausnahmen** von dieser Regel gibt (z.B. Rückgabe ohne Mehrkosten innerhalb eines Staates oder im Großraum Washington DC/New York City/Boston bei Übernahme/Abgabe an einer Flughafenstation), sind sie in **Canada** sehr dünn gesät.

Grenzüberschreitende Einwegmiete

Eine Einwegmiete, soweit möglich (**in Canada** und **von Canada in die USA** nur zwischen bestimmten Städten), unterliegt verschiedenen **Restriktionen**: Nicht alle Fahrzeugkategorien sind dafür zugelassen. ***One-way* muss daher ausdrücklich bestätigt werden**. Durchweg wird für die Einwegmiete eine entfernungsabhänge Pauschale berechnet, die mit dem Vermieter variiert.

Die Deckungssumme der Haftpflichtversicherung

Übliche Deckung

Es gibt (in den USA vor Ort) immer noch Tarife, die nur die gesetzliche Minimaldeckung beinhalten. Diese kann **im ungünstigsten Fall bei nur $25.000 (!)** für Personenschäden liegen und darunter bei Sach- und Vermögensschäden. Solche Summen sind schon bei einem kleineren Unfall rasch »verbraucht«. Das gilt auch in Staaten mit nominell höheren Summenkombination, etwa $300.000/$100.000, max. $300.000 je Unfall, aber höchsten $100.000 je geschädigter Person. Denn selbst harmloseste Verletzungen können in den USA zu abenteuerlichen Schadensersatzforderungen und bisweilen sogar zu ihrer gerichtlichen Durchsetzung führen. Sach- und Vermögensschäden sind bei solchen Kombinationen meist nur mit $20.000-$50.000 abgesichert.

Aufstockung der Deckung

Die geringen Deckungssummen resultieren aus den – in den USA üblichen – personenbezogenen Haftpflichtversicherungsverträgen: Die meisten amerikanischen Automieter bringen ihre persönliche (oft bessere) Versicherung mit. Sie gilt unabhängig vom Fahrzeug, das der Versicherte gerade fährt. Wer keine eigene Versicherung besitzt, etwa der ausländische Tourist, kann sich eine Aufstockung beim Vermieter kaufen. Sie heißt *Liability Insurance Supplement* oder *Additional Liability Insurance (LIS/ALI)* und kostet ab $10/ Tag (plus *tax*) für eine Erhöhung auf $1 Mio.

Die **deutschen Reiseveranstalter** bzw. internationalen Vermieter/Vermittler haben die aus der Unterversicherung bzw. den ärgerlichen Zusatzkosten für ALI/LIS resultierende Problematik lange erkannt und eine **Zusatzversicherung** abgeschlossen, die ihre Kunden mit mindestens $1 Mio. bis zu €1,6 Mio. absichert, sollte die zunächst vorhandene Deckungssumme bei Eintritt eines Haftpflichtschadens nicht ausreichen.

Leistungspakete von Reiseveranstaltern

Diese Zusatz-Haftpflichtversicherung ist in sog. **Leistungspakete** integriert, die entweder einfach »A« und »B« oder auch »Super-Inklusiv«/«Super-Spar« u.ä. heißen. Bereits die preiswertere **Fassung A** bzw. **Super-Spar** sorgt außerdem dafür, dass vor Ort keine Steuern und Sondergebühren mehr anfallen. Das erweiterte, nicht wesentlich teurere **Paket B/Super-Inklusiv** enthält zusätzliche Versicherungen, Gebührenentfall für weitere Fahrer und einen vollen Tank »gratis«.

Automiete samt Navi

Seit kurzem gibt es ein Kategorie ***Paket B+Navigerät*** für \$30-\$50/ Woche mehr. Sehr erwägenswert ist das für Fahrten in dicht besiedelten Regionen, ansonsten eher unnötig.

Aufstockung der Haftpflichtdeckung via Kreditkarte

Inhaber einiger **Goldkarten** genießen eine **Kfz-Reise-Haftpflicht-Versicherung** (Aufstockung), sofern sie die Mietkosten per Karte zahlen. Wer die Karte einsetzen möchte und Wert auf die Zusatzhaftpflicht legt, sollte »seine« **Kreditkarten-Bedingungen überprüfen**. Z.B. bietet die **ADAC Visa-Goldcard** eine Aufstockung der Haftpflichtdeckung auf €1 Mio. Bei der **Netbank** gibt es eine **Platinkarte**, die sowohl Haftpflichtaufstockung als auch Mietwagen-Vollkasko beinhaltet. Vorausgesetzt wird dabei die Zahlung der Mietkosten mit Karte. Wichtig ist auf jeden Fall, die jeweiligen Bedingungen im »Kleingedruckten« einzuhalten.

Führerschein

In Nordamerika genügt der nationale Führerschein. Noch-Inhaber der alten »grauen Lappen« und der neuen nur scheckkartengroßen Euro-Führerscheine sollten zusätzlich den **Internationalen Führerschein** dabei haben. Denn Regierungsabkommen und die Vorstellungen eines Sheriffs auf dem Land sind zweierlei. Bei Kontrollen und Unfall leuchtet dem eine ***International Driver's License*** eher ein als ein rein deutschsprachiges Dokument. Da Form und Größe der neuen Führerscheine aber genau den amerikanischen Pendants entsprechen, gibt es damit im Zweifel weniger Probleme als mit der Uraltversion.

Fazit

Vorbuchen oder Eigeninitiative vor Ort?

Vergleicht man die Möglichkeiten der Automiete vor Ort mit Angeboten in hiesigen Katalogen/Internetportalen, ist man mit Vorausbuchung besser beraten, soweit die Mietzeit ab einer Woche beträgt. Zumal der gesunkene US-Dollarkurs in die Mieten Eingang fand. Zwar gibt es drüben, speziell in großen Cities, durchaus Sondertarife und Discounter (➪ Seite 125), aber dazu muss man sich auskennen und vor Ort Zeit investieren. Nicht übersehen werden darf dabei, dass zu niedrigen Basistarifen meist hohe Versicherungsprämien kommen. Dass zum Zeitpunkt der Ankunft der Wagen vollgetankt und versichert bereitsteht und die Anmietung keinen Stress verursacht, ist so oder so ein Vorteil.

Die Empfehlung ist unabhängig von der Saison. Ein knappes Angebot wie im Fall der Campmobile zu bestimmten Zeiten gibt es nicht. In beiden Ländern stehen zu jedem beliebigen Zeitpunkt Massen an Miet-Pkw zur Verfügung.

2.5.2 Die Campmobilmiete

Grundsätzliches

Fahren

Camper, gleich welcher Größe, dürfen alle mit **Pkw-Führerschein** bewegt werden. Niemand fragt, ob der soeben eingetroffene Tourist jemals vorher hinter dem Steuer eines vergleichbaren 9 m-Ungetüms saß. Tatsächlich ist das Fahren im Campmobil (auf gut ausgebauten Straßen!) selbst in großen Fahrzeugen einfacher, als es zunächst den Anschein hat. Man gewöhnt sich schnell an die Größe, die nicht so tolle Straßenlage und leichtgängige Lenkung.

Altersgrenze

Im Gegensatz zum Pkw gibt es im allgemeinen keinen Aufschlag für Fahrer zwischen 21 und 25 Jahren. Einige Firmen setzen aber die Altersgrenze bei 24-25 Jahren an. Mieter bzw. Fahrer unter 21 Jahren werden, soweit den Autoren bekannt, heute von keinem der Campmobilvermieter mehr akzeptiert.

Campertypen

RVs

In Nordamerika gelten Camper vom kleinsten Modell bis zum Riesen-Motorhome als *Recreational Vehicles* – Kürzel *RV* (sprich: »Arwí«). *RVs* verfügen in der Regel über großvolumige 8/10-Zylinder-Motoren, automatisches Getriebe, Servolenkung und -bremsen sowie eine motorabhängige und zusätzliche netzbetriebene (110 V) Klimaanlage. Damit verbunden ist ein ausgeprägter Benzindurst, der zwar selbst bei den 2008 stark gestiegenen Spritpreisen um €0,70-€0,90/Liter für bleifreies Normal (im hier angesprochenen Gebiet, ⇨ Seite 141) die Urlaubskasse nicht so strapaziert wie bei uns, aber dennoch insgesamt ganz schön ins Geld gehen kann. **Dieselmotoren** in Campmobilen sind bei Mietfahrzeugen nur selten zu finden und dann eher in Canada und in kleineren Modellen bei zugleich erheblich höheren Tarifen.

Kategorien

Schaut man in die Kataloge/Websites der Reiseveranstalter oder direkt in die Internetseiten der amerikanischen/kanadischen Vermieter, findet man 3 grundsätzlich unterschiedliche Typen:

- ***Van Camper* (*Motorhome Class B*)**
- ***Motorhomes Class C* und *Class A***
- ***Pick-up-* bzw. *Truck-Camper*** (eher in Canada, kaum USA)

Hier ein paar grundsätzliche Hinweise zu diesen Typen:

Van Camper (auch Van Conversion; in USA: Motorhome Class B)

Van Camper

Der *Van Camper* entspricht in seinen Ausmaßen etwa den auch bei uns bekannten Kompaktcampmobilen mit Stehhöhe im Innenraum. Bei 1,90 m - 2 m Breite gibt es ihn in Längen von 17-21 Fuß (5,10-6,30 m) und diversen Ausstattungsvarianten auf Fahrgestellen amerikanischer Hersteller (*Ford/GM/Chrysler-DB*). Die preiswertesten *Van Camper* im Angebot sind die etwas älteren Fahrzeuge von *Transatlantic*: www.transatlantic-rv.com.

Beispiel für das Innendesign eines 19-Fuß-Van Campers

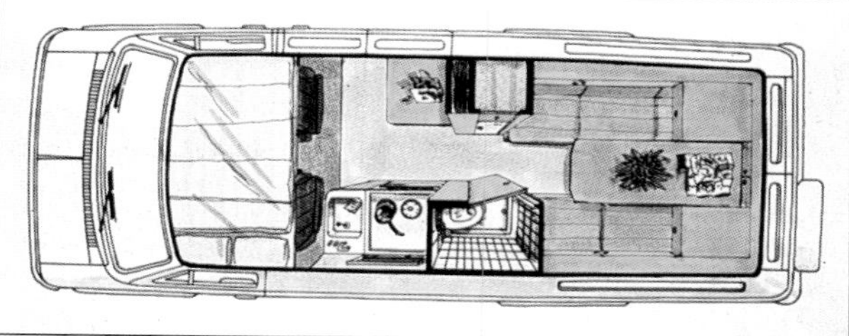

Van Camper

Größere *Vans* haben – wie auch fast alle *Motorhomes* – ein nominelles »Doppelbett« über der Fahrerkabine. Den Abstand zwischen Matraze und Dach werden dort aber viele erwachsene Schläfer als zu gering empfinden. Die zweite (häufig schmalere) Schlafgelegenheit besteht entweder aus einem langen Klappsofa oder aus der abends umzubauenden Sitzecke. Gasherd, Spüle und Kühlschrank (ab 19 Fuß in Haushaltsgröße) fehlen nie. Eine tragbare Chemietoilette gehört auch zum einfachsten *Van;* die meisten besitzen aber eine Spültoilette, ab 19 Fuß in einigen Fällen sogar Mini-Duschbad mit Warmwasserversorgung. Ein 17-Fuß-*Van* mit 6 Zylindern begnügt sich schon mal mit 15 l/100 km, größere Fahrzeuge (19-21 Fuß) schlucken leicht über 20 l/100 km.

Beurteilung

Van Camper sind für **2 Personen (ggf. + 1 Kind)** im dichter besiedelten und verkehrsreicheren Osten wegen ihrer Wendigkeit und geringeren Ausmaße – auf der Straße – eine bessere Lösung als größere Fahrzeuge. Einmal auf dem Campingplatz geht es drinnen – besonders bei mehr als 2 Personen – natürlich etwas beengt zu. Bei gutem Wetter im Sommer, wenn sich das Leben überwiegend draußen abspielen kann, macht das aber nichts.

Motorhome Class C

Kennzeichnung

Die **technische Basis** eines Class C-*Motorhome* (22-27/28 Fuß) entspricht weitgehend der der *Van Camper,* d.h., Fahrerkabine, Motoren und Fahrgestelltechnik sind identisch. Die Hinterachse ist all erdings verstärkt und mit **Zwillingsreifen** versehen, damit das breite, seitlich überstehende Campinggehäuse getragen werden kann. Über der Fahrerkabine befindet sich ein Dachüberhang, der oft sehr weit über die Windschutzscheibe hinausragt. Die **Sicht** zur Seite und nach oben ist dadurch eingeschränkt. **Nachteilig** ist vor allem die durch diese Bauweise **schlechte Sicht nach oben** (im Stadtverkehr wegen höherhängender Ampeln und im Gebirge wegen des Ausblicks).

Ab 23/25 Fuß Länge gibt es zusätzlich (zur immer auch zum Bett umzubauenden Sitzecke) ein Doppelbett im hinteren Teil des Wagens und ein geräumigeres »Badezimmer«. Ab 25 Fuß ergänzen Einzelsessel die Inneneinrichtung. Erkauft wird dieser Komfort mit langen Überständen des Aufbaus über die hintere Achse.

Bei Fahrzeugen über 25 Fuß wirken die Überhänge abenteuerlich. Neuerdings gibt es die C-Klasse bereits ab 23 Fuß in ***Slide out***-Version, die den Sitzbereich auf »Wohnzimmergröße« (3x3 m) ausdehnt, wenn der Campingplatz erreicht ist. Aber Achtung: Das *Slide out* ist schwer – man merkt's beim Fahren – und kostet (noch) mehr Benzin. Für Vielfahrer ist *Slide-out* kein Vorteil.

Sonderfall Compact RV

Rein äußerlich unterscheiden sich die ***Compact RVs*** von *Cruise America* (CT 22) auf den ersten Blick kaum von gleich großen *Class C-RVs*. Indessen gilt das nur für den Aufbau mit Alkovenüberhang etc. Die Fahrerkabine, eine in sich geschlossene engere *Pick-up Truck Cabin*, ist relativ niedrig und ohne Durchgang zum Innenraum des Campers, aber mit Fenster nach hinten, durch das sich schlanke Mieter zwängen können. Den etwas geringeren Mietkosten steht also eine gewisse Unbequemlichkeit gegenüber. Auf der Straße vorteilhaft ist die ca. 30 cm geringere Breite.

Typische Innenaufteilung eines Motorhome der Größe 22 Fuß

Motorhome Class A

Kennzeichnung

Ab 30 Fuß Länge wird aus dem typischen *Motorhome* ein **Riesen-Campingbus**, den man *Class A Camper* nennt. Die Überhänge verschwinden zugunsten eines integrierten Cockpits über die volle Breite von ca. 2,50 m mit viel besserer Rundumsicht als in den »kleinen« Modellen. Anstelle eines Alkovenbetts tritt ein Doppelbett, das nachts über den Vordersitzen abgesenkt werden kann. Das Schlafzimmer hinten ist vom Wohnbereich separiert, die Nasszelle angenehm groß. Diese Riesendinger gibt es schon lange in der oben erwähnten ***Slide out***-Version. Denn damit sind sie nach Nutzung als Mietfahrzeug besser verkäuflich.

Größenwahl Motorhome

Bei der Entscheidung für die individuell richtige Größe darf man seine eigentlichen Urlaubsabsichten nicht aus dem Auge verlieren. Je größer das *Motorhome,* umso weniger geeignet ist es für Abstecher auf kleinen Straßen zu mitunter besonders reizvollen Zielen und in verkehrshektischen Bereichen (Miami, Orlando, New Orleans, Chaleston, Atlanta etc). Wer mit einem *Super Van* nicht auskommt, sollte deshalb die Miete eines *Motorhome* kleineren Typs erwägen. Es sei denn, ruhiges Reisen mit längeren Verweilperioden und/oder sehr hoher Komfort- und Platzbedarf stehen im Vordergrund.

Truck Camper

Kennzeichnung

Pick-up oder *Truck Camper* sind **Kleinlastwagen**, auf deren Ladefläche ein **Campingaufsatz** montiert ist. Sie sind in den letzten Jahren aus dem Programm großer US-amerikanischer Vermieter genauso wie die *Van Camper* weitgehend verschwunden. Offenbar rechnen sich die *Motorhomes* unter dem Strich besser.

Canada/USA

Immerhin sind aber kompakte Campmobile (*Van Conversion* bzw. *Van Camper* wie auch ***Truck Camper*** verschiedenster Typen **bei kanadischen Vermietern** immer noch zu haben, teilweise sogar mit **Dieselmotor**, z.B. beim großen Vermieter ***Fraserway*** mit Stationen in Toronto und Halifax.

Ausstattung

Die zur Vermietung stehenden *Truck Camper* reichen von beengt bis hochkomfortabel mit ***Slide-out*** (➪ links) im Wohnbereich. Die größeren Modelle besitzen die übliche **Wohnmobil-Ausstattung** mit sämtlichen Schikanen und einem riesigen Alkoven über dem Fahrerhaus, zu dem **kein Durchgang** besteht (Eingang im Heck oder im hinteren Überhang seitlich). Ein Nachteil ist weiterhin die geringe Übersicht aus dem Innenraum heraus, denn der Blick durch die Windschutzscheibe auf Park- und Campingplatz entfällt; die Fenster sind in der Regel klein und liegen hoch.

Die **Fahrerposition** ist eher ungünstig, die Sicht auch von dort rundum ziemlich eingeschränkt. Üblich ist eine 4-türige Fahrer-Doppelkabine mit Platz für 2 Erwachsene und 2 Kinder.

Bewertung

Straßenlage und **Windempfindlichkeit** sind eher schlechter als bei anderen *RVs*. Der eigentliche **Vorteil** des *Pick-up* liegt in der möglichen Trennung von Fahrzeug und Aufsatz, die bei Mietfahrzeugen wegen fehlender dazu nötiger Ausrüstung entfällt, und der größeren **Robustheit auf schlechten Straßen** (obwohl nie 4WD). Davon hat der touristische Mieter in den meisten Fällen wenig, wird ihm doch die Nutzung unbefestigter Straßen überwiegend untersagt. Immerhin bieten *Truck Camper* **viel Platz fürs Geld** und sparen mit Dieselmotor Spritkosten.

Typisch für die C-Klasse Camper ist der weit über die Fahrerkabine gezogene Alkoven, was in der Stadt den Blick auf viele Ampeln erschwert

So und ähnlich bunt rundherum »dekoriert« sind die Motorhomes bei Cruise Canada/ America. Nicht jedem Mieter dürfte das gefallen.

Vermieter, Tarife und Konditionen

Kosten

Camper sind außer in der Nebensaison (in Canadas Osten bzw USA-Nordosten bis Mitte Mai und ab Ende September) ein **teures Vergnügen**. Ein ***20-Fuß-Van-Conversion*** kostet in der Hauptsaison (Anfang Juli bis Anfang September) inkl. 200 km/Tag und CDW zur Herabsetzung des Selbstbehalts bei Schäden am Fahrzeug, Zusatzhaftpflicht bis CAD 5 Mio., Übergabegebühren und Endreinigungskosten (*Preparation Fee*), Pauschalen für den *Convenience-Kit* (Bettwäsche, Geschirr, Bestecke) etc. bei ***Fraserway*** (Toronto/Halifax) ab €150/Tag je nach Mietdauer, Anzahl der Personen, Veranstalter- oder Direktbuchung, bei anderen Vermietern ähnlich. Wer bei solchen Preisen zu Recht erschrickt, findet preiswertere, ältere Fahrzeuge bei Spezialanbietern, ➪ Seite 101.

Wohnmobile zum **Schnäppchenpreis** gibt's allgemein ab Oktober bis Mai in Canada oder bei Moturis (New York, Boston, Chicago).

Meilen

Tagestarife mit unbegrenzten Meilen werden für Campmobile beidseitig der Grenze von den Großen der Branche nur auf USA-Seite zu sehr hohen Tarifen angeboten. Die Standardtarife beziehen sich auf 60/100 mi/Tag (USA) oder 100/160/250 km pro Tag frei (Canada). Wer mehr fährt, zahlt extra. Allerdings gibt es bei diversen Vermietern auch Tagestarife ohne Meilen bzw. Kilometer, zu denen 500-mi- oder bis zu 1000-km-Pakete gekauft werden können, die je Meile bzw. Kilometer billiger sind als Mehrmeilen-/kilometer, sofern man die Pakete voll abfährt. Zu beachten ist: Einmal gekaufte und nicht genutzte Meilenpakete verfallen.

Tarife für **unbegrenzte Meilen** gibt es auch, aber – soweit ersichtlich – sind diese exorbitant.

Einige Tarife bieten scharfen Rechnern bei halbwegs genauer Schätzung der voraussichtlichen Fahrtstrecke Chancen zur Kostenoptimierung (z.B. Frühjahrs-, Herbst- und Winterspecials, *Value und Flex Rates* für Frühbucher). **Weder Meilenpakete noch Pauschalen für unbegrenzte Meilen sind vor Ort verfügbar.**

Saisonale Abgrenzungen

USA

Obwohl **in den USA** der Zeitraum Ende Mai (*Memorial Day*) bis Anfang September (*Labor Day*) als **Hauptsaison** gilt, sind im Juni und September die Miettarife meist noch bzw. wieder geringer. Für April/Mai und Oktober liegen die Raten meist deutlich unter den Juni- bzw. Septemberkosten.

Canada

In Canada gilt bei der Campervermietung vielfach eine **Kernzeit der Hauptsaison** von Anfang Juli bis Ende August. Ab Ende August, im September und im Mai/ Juni gelten weit günstigere Vor- bzw. Nachsaison-Tarife.

Winter?

Nach Mitte Oktober bis einschließlich April ist Campingurlaub im hier beschriebenen Teil Nordamerikas nichts für klimatische Mimosen. Zudem sind **viele gerade der schönsten Campingplätze in Canada und im Norden der USA im Winterhalbjahr (teilweise Ende September bis Mitte Mai) geschlossen**.

Preisvergleich/ Anbieter von Campmobilen

Vergleicht man die heimischen Veranstalterkataloge, so fällt auf, dass die Tarifunterschiede (bei sehr ähnlichn Nebenbedingungen) nicht sehr groß sind. Das Camperangebot **für die USA** ist bei den großen Nordamerika-Reiseveranstaltern weitgehend auf 3-4 Vermieter beschränkt. **Für Canada** findet man neben dem (auch in den USA) größten Vermieter *Cruise Canada* mehrere mittelgroße Verleihfirmen und – bei Spezialveranstaltern – auch noch regionale Vermieter, zugleich eine bessere Fahrzeugauswahl.

Spezialveranstalter

Damit ist ein **wesentlicher Punkt** angesprochen: Wen das Angebot in – bei allen Reisebüros vorrätigen – Katalogen der Großveranstalter nicht befriedigt, sollte sich nach Spezialveranstaltern (etwa ***SK Touristik*** in Senden (wwwsktouristik.de), ***Fasten your Seatbelts*** in Münster-Altheim (www.kanadareisen.de), ***Trans Canada Touristik*** in Weste (www.trans-canada-touristik.de) oder ***Adventure Travel*** in Dienheim (www.usareisen.com) umsehen, die oft das haben, was man bei den Großen nicht findet.

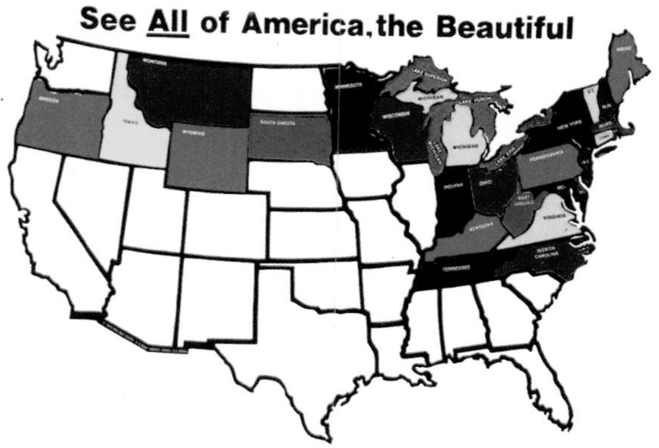
See All of America, the Beautiful

Solche Karten gibt`s bei Campmobil-Vertretungen. Man befestigt sie ohne Schaden fürs Fahrzeugblech im Adhesivverfahren und markiert die bereits »abgehakten« Staaten – ein überaus beliebtes Zubehör bei amerikanischen Campereignern

Ein weiterer positiver Aspekt der Buchung bei Nordamerika-Experten ist deren **Beratungskompetenz** und direkter Draht zum Vermieter. Oft läuft dann die Auskunft über freie Termine rascher, und Sonderwünsche können leichter geklärt werden.

Wichtige Aspekte

Folgende Punkte sind wichtig zu wissen, bevor man sich für ein bestimmtes Fahrzeug bzw. einen Vermieter entscheidet:

Saison

- Die **Saisonabgrenzungen** ändern sich von Jahr zu Jahr und sind zudem vermieterabhängig. Das heißt, wenn z.B. bei Firma X bereits ein Zwischensaison-Tarif gilt, berechnet Vermieter Y eventuell noch Hochsaisonpreise.
- Sogenannte ***Roll-over*** **Tarife** besagen, dass der vereinbarte Preis für die gesamte Mietzeit, d.h., saisonübergreifend gilt; also: keine Zuschläge ab Beginn der Hauptsaison, aber auch keine Abschläge ab Beginn der Nebensaison.

One-way

- **Unterschiedliche Ankunfts- und Abflug-Airports** erlauben u.U. attraktivere Reiserouten als die Rückkehr zum Ausgangspunkt. Anders als beim Miet-PKW ist dies aber bei Campfahrzeugen wegen der wenigen Miet-Stationen oft **gar nicht oder nur begrenzt und zu hohen Kosten möglich**. Bei den Zusatzkosten für Einwegmieten liegt besonders ***Moturis*** günstig.

USA/Canada

- Fahrten **von den USA nach/durch Canada** bilden ebensowenig ein Problem wie Abstecher **mit in Canada gemieteten Campern in die USA**. Sicherheitshalber sollte man die Absicht, auch das Nachbarland besuchen zu wollen, bereits bei Buchung ankündigen und klären, dass dem nichts entgegensteht; ➪ Seite 89f.

Haftpflichtdeckungssumme

- Die **Haftpflichtdeckungssumme** ist auch bei Campmobilen ein überaus wichtiger Punkt. Viele zur Vermietung stehende Campmobile in den USA sind nur mit der gesetzlich minimalen Summe abgesichert ($25.000-$100.000). Wie bei der Pkw-Miete erläutert, schützen große deutsche Veranstalter deshalb auch ihre Camper-Kunden automatisch mit einer **Aufstockung der Haftpflicht** auf eine Deckungssumme. Bei Unklarheit über diesen Punkt sollte man im Reisebüro explizit nachhaken! Wenn keine derartige Zusatzhaftpflicht existiert, sollte der Mieter selbst für eine bessere Absicherung sorgen, denn kleinere Campervermieter bieten **LIS/ALI** oft nicht an; ➪ Seite 90. Ein Verzicht darauf könnte fatale Folgen haben.

Moturis

- Wenig Sorgen dieser Art brauchen sich die Kunden kanadischer Firmen zu machen. Bei den großen Campervermietern sind sie in der Regel mit mehreren Millionen Dollar Deckungssumme gegen Haftpflichtschäden abgesichert.

CDW/LDW

- Die **Abkürzung CDW** steht für *Collision Damage Waiver* (bisweilen auch **LDW**, L für *Loss*) und suggeriert Freistellung von Kosten im Schadensfall. Faktisch ist sie immer inklusive, jedoch mit hoher Selbstbeteiligung ($2.000-$3.000) bei Schäden am Fahrzeug (unabhängig davon, wer der Verursacher war).

Tägliche Routine der Camperfahrer an der Dump Station (➤ Seite 187): Schmutzwasser ablassen, Frischwasser auffüllen (hier mit Hilfe eines flexiblen Arms auf dem/am roten Mast)

Bei bestimmten Schäden, die nicht auf einen Straßenunfall im weitesten Sinne zurückgehen, haftet der Mieter auch mit CDW gelegentlich unbegrenzt.

VIP/ELVIP, auch CDR (in Canada)

- Die **Zusatzversicherung** mit der schönen Bezeichnung **VIP** (*Vacation Interruption Policy)* ergänzt CDW. Sie kostet durchweg ab $20/Tag (plus Steuern) und ist bei längeren Mieten für maximal 30-40 Tage zu entrichten. Der Abschluß der VIP-Versicherung reduziert die Selbstbeteiligung bei Schäden am Fahrzeug vermieterabhängig auf $100-$200. Über CDW gar nicht abgedeckte Schäden (etwa eine Beschädigung der Dachklimaanlage) gehen bei Abschluß der VIP teilweise nur noch bis maximal $2.000/$3.000 zu Lasten des Mieters. Im Fall »grober Fahrlässigkeit«, wie immer das definiert sein mag, haftet der Mieter auch mit VIP voll. Sollte unterwegs eine Fahrtunterbrechung wegen eines technischen, von ihm nicht zu verantwortenden Defekts des Wagens unvermeidlich sein, werden dem Mieter mit VIP in gewissem Umfang Hotelkosten ersetzt und ein kleines finanzielles Trostpflaster gewährt.
- **VIP/ELVIP ist immer optional. Es stellt sich daher oft die Frage: Lohnt sich der Abschluß dieser doch relativ teuren Zusatzversicherung eigentlich?** Leider weiß man erst nach Ende der Reise, ob die Ausgabe sinnvoll war. Statistisch lohnt sich VIP nicht, weil die meisten Mieter schadenfrei bleiben. Im Einzelfall aber fährt man entspannter mit der VIP. Und es kracht oft gerade dann, wenn man unversichert ist. Also besser mitbuchen, denn im Schadensfall zahlt der Mieter – zunächst – auch bei Fremdverursachung.

Kaution

- Die **Höhe der Kaution** hängt ab von den abgeschlossenen Zusatzversicherungen. Sie wird üblicherweise durch eine Blankounterschrift auf einem Kreditkartenbeleg hinterlegt. Man sollte darauf bestehen, dass nur die maximal vorgesehene Kautionssumme eingetragen wird. Eine Hinterlegung der Kaution in bar oder Reiseschecks ist meist nicht mehr möglich.

Fazit Campermiete

Vorteile Vorbuchung

Nicht zuletzt die erläuterten, relativ komplizierten **Miet- und Haftungskonditionen sprechen für eine Buchung vor der Reise**. Denn zunächst einmal hat man Zeit zum Vergleich von Bedingungen und Preisen. Und außerdem ist dann der heimische Veranstalter Vertragspartner (wenn auch nur mittelbar). Bei individueller Buchung vor Ort kann es schwerer sein, ggf. auftretende Probleme sachgerecht zu klären oder Erstattungen zähneknirschendbeglichener oder vom Kreditkartenkonto abgebuchter ungerechtfertigter Zahlungen durchzusetzen. Bei Reiseabsichten zwischen Anfang Juni und Mitte September ist es zudem schwer, überhaupt noch vor Ort noch ein passendes Fahrzeug zu finden.

Ob die Vorausbuchung auch **kostenmäßig die beste Lösung** ist, hängt von den Dollarkursen ab. Die Preise der Veranstalter werden auf der Basis des Kurses vom Herbst des Vorjahres festgelegt und bei starker Kurschwankung noch ein wenig nachkorrigiert. Sinkt der Kurs im Laufe des Folgejahres stark, kann es zwar sein, dass die Campermiete in €uro oder sFr direkt vor Ort ein bisschen weniger kostet, steigt er aber, ist die Vorausbuchung erst recht die beste Alternative.

Empfehlung

Letztlich gilt: Wer über eine begrenzte und datenmäßig festgelegte Urlaubszeit verfügt, tut immer gut daran, hier zu buchen. Ersparter Stress und Zeitverlust drüben würden sogar gewisse Mehrkosten rechtfertigten. Aber davon kann zur Zeit trotz des günstigen Kurses für den US-Dollar keine Rede sein.

Für eine Miete direkt **in Canada** statt über einen Anbieter bei uns spricht erst recht nichts. Soweit ersichtlich, zahlt man dort eher noch mehr.

Am besten fährt, wer vor der endgültigen Buchung (für den Sommer zeitig!) fleißig Katalog-und/oder Internetangebote vergleicht.

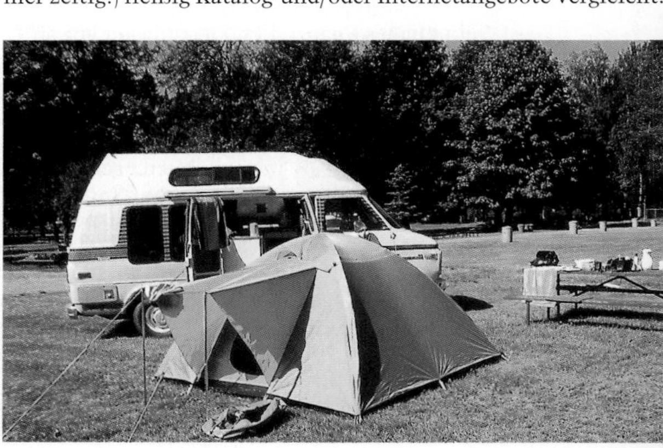

Eine gute Kombination für Familien mit (nicht mehr ganz kleinen) Kindern und für mehrere Freunde:

Van Camper oder Minivan und Zelt(e)

2.5.3 Ein Kostenvergleich: Camper versus Pkw/Zelt und Pkw/Motel

In Anbetracht der hohen Kosten, insbesondere in der **Hochsaison,** wird manch einer trotz Campmobilpriorität vielleicht die Alternativen Miet-Pkw mit Zelt und/oder Motel/Hotel in Betracht ziehen. Tatsächlich ergeben sich im Vergleich interessante, für eine Entscheidung hilfreiche Kostendifferenzen:

Hochsaison: Camper & Pkw/Zelt

Ausgangspunkt einer **Vergleichsrechnung sei ein 3-Wochen-Urlaub im Juli/August ab Toronto***). Dabei mögen 18 Tage Campermiete anfallen und 3 Wochenmieten für einen Pkw. Der Einfachheit halber sei ein fiktiver, aber der Realität ungefähr entsprechender Preis inkl. aller Nebenkosten und Meilen für einen **20-Fuß-*Van*** in Höhe von **€3.000** angenommen. Der Camper verbrauche 22 l/100 km; Literkosten ca. $1,10 in Schnitt bei Fahrt durch beide Länder. Ein **Pkw mittlerer Größe** koste inkl. Vollkasko, Saisonzuschlag, lokalen Steuern und Haftpflichtaufstockung auf €1 Mio. bei den großen Veranstaltern €230/Woche Der Verbrauch betrage in Anbetracht der Tempobegrenzungen etwa 10 l/100 km. Beide Wagen fahren 3.000 mi/4.800 km:

Camperkosten in €uro (Annahme: $1,00 = €0,65)

18 Tage Miete und Nebenkosten	3.000
Benzinkosten	755
Gesamtkosten Camper	**3.755**

Pkw-Kosten in €uro

3 Wochen x 230	690
Benzinkosten	343
Gesamtkosten Pkw	**1.033**

Hohe Differenz

Die Differenz beträgt über **€2.700**. Auch beim preiswertesten *Campmobil*-Angebot (Altfahrzeug) würde sie kaum unter **€1.500** fallen. Von dieser Summe kann man leicht die mitgebrachte Campingausrüstung ergänzen, bei schlechtem Wetter im Motel übernachten und dennoch einiges übrigbehalten.

Andere Fahrzeuge

Vergleicht man **einen größeren Camper** mit der Kombination **Minivan/Zeltübernachtung** (z.B. für eine 4-köpfige Familie), ergibt sich eine ähnliche Differenz.

Nebensaison

Der **Abstand** zwischen beiden Alternativen vermindert sich zwar **im Juni** und **September** und erst recht früher bzw. später im Jahr, aber auch dann fällt er kaum unter **€1.000**. Es sei denn, man bringt über **Frühbucherrabatt** und/oder zeitweise laufende **Sonderaktionen** die Mietkosten von *Camper-* und *Motorhomes* extrem unter den Normalstandard.

*) Toronto wurde hier als Beispiel gewählt, weil in Canada eher Van Camper zuVerfügung stehen. Die Rechnung wäre nicht stark abweichend bei Start und Mietbeginn in einer US-City.

Camper & Pkw/Motel

Aufschlußreich ist auch der Vergleich zwischen **Camper** und **Pkw/Motel**. Dabei müssen die oben nicht berücksichtigten **Übernachtungskosten** für die Campervariante mitgerechnet werden (sie sind in der ersten Rechnung höher als beim Zeltcamping, spielen aber fürs Vergleichsergebnis keine Rolle). Unterstellt man nun im Schnitt Motelkosten von US$120 pro Nacht (Sommertarife! ⇨ Seite 151), hohe $35 Campinggebühren und eine erste und letzte Nacht im Stadthotel für je $200, dann ergibt sich bei einem unterstellten Kurswert von $1,00 = €0,65**):

Camperkosten in €uro

Fahrzeugkosten	3.755
Campingkosten (18 Nächte)	410
Hotelkosten (2 Nächte)	260
Kosten inkl. Übernachtung	**4.425**

Pkw- plus Motelkosten in €uro

Fahrzeugkosten	1.033
Übernachtungen (18+2 Nächte)	1.664
Kosten inkl. Übernachtung	**2.697**

Interpretation

Der hier um rund **€1.000** geringeren Ersparnis im Pkw stehen höhere Kosten für Mahlzeiten gegenüber, da bei der Kombination PKW/Motel die Selbstverpflegung schwerer fällt. Die errechneten **€1.728** schrumpfen damit noch, aber müsste schon heftig zuschlagen, um diese Differenz »aufzufuttern«. Obwohl man im Schnitt auch billiger als zu $120 unterkommen kann, darf nicht vergessen werden, dass speziell in diesem Teil Nordamerikas die Saison die Preise erheblich treibt. Oft sind preiswerte Motels ausgebucht, und für $120 gibt`s dann mal gerade untere Mittelklasse. Wer auf gute Unterkünfte Wert legt, kann in der Saison spielend im Schnitt weit über $120/Nacht ausgeben, ohne gleich im Luxus zu schwelgen. **Dennoch**: würde man die ganze Differenz (immerhin $2.700 in 3 Wochen) für bessere Quartiere und Restaurants ausgeben, stünde dem Camper bei ähnlichen Kosten eine sicher recht komfortable Hotelreise gegenüber.

Nebensaison

In der Nebensaison liegen zwar die Motel-/Hotelpreise teilweise weiter unter ihrem Höchsttarif, aber auch die Campertarife fallen erheblich, nur die Campinggebühren bleiben mehr oder weniger konstant. Der Abstand zwischen den beiden Alternativen wird dadurch– bei Unterstellung gleicher Hotelwahl – nicht besonders stark vermindert. Aber man hat in der Nebensaison keine Probleme, angemessen unterzukommen und keinen »Suchstress«.

Fazit

Mindestens von Mai bis Oktober kostet eine Reise (für 2 Personen!) im Miet-Campmobil in Nordamerika heute mehr als andere Alternativen, ist also – rein ökonomisch gesehen – eigentlich zu teuer. Eine andere Frage ist die der Bewertung der spezifischen Vorteile des Campers samt Naturnähe gegenüber dem täglichen Ein- und Ausziehen in/aus»sterilen« Hotel- und Motelzimmern.

2.5.4 Utensilien zum Mitnehmen für Fahrzeugmieter

Da es auf der Transatlantik-Strecke kaum Probleme mit dem Gewichtslimit gibt (bei **2 freienGepäckstücken mit je 23 kg/Person** bei den meisten Linien- und Charterflügen, ➪ Seite xxx), sollte man für eine Reise im Mietfahrzeug den einen oder anderen der folgenden Gegenstände vielleicht mitnehmen. Manches läßt sich auch drüben besorgen, ist aber in einigen Fällen teurer:

- **Auto-Verbandskasten** (auch generell als Erste Hilfe unterwegs gut geeignet). In amerikanischen Mietfahrzeugen befinden sich mangels gesetzlicher Vorschrift keine oder nur dürftig ausgestattete Verbandskästen. In *Drugstores* und Kaufhäusern erhältliche *First Aid Boxes* für $10-$20 sind für ernstere Fälle ziemlich ungeeignet.
- (auch) bei Miete nagelneuer Fahrzeuge: **Basiswerkzeug** (selten gibt's in Mietfahrzeugen mehr als einen Wagenheber, und selbst den nicht immer, ➤ Seite 123) und **Basismaterial**, i.e. kleines Schraubendreherset, Flachzange, Isolierband. **Besser in den USA kaufen**: Maulschlüsselset, Sicherungen und Arbeitshandschuhe (im Supermarkt).
- **Taschenlampe** oder Kabellampe für die Autosteckdose
- ggf. **Kurzwellenradio** für Nachrichten der Deutschen Welle. Die Frequenzen für die USA wechseln in Abhängigkeit von der Tageszeit. Aktuelle Frequenz- und Programmauskünfte für Nordamerika erhält man beim Sender:

  Deutsche Welle, ✆ 0221/3890, www.dwelle.de
- **Automobilklub-Mitgliedskarte** für Straßendienst und Gratismaterial von den amerikanischen Klubs und Karte »***Show your Card and Save***« für Discounts, ➤ Seite 63f.
- **Musik-CDs**, sofern man einen Mietwagen oder -camper ab etwa Baujahr 2002 gebucht hat. Die sind durchweg mit **CD-Player-Radio** ausgerüstet (fragen!). In älteren Fahrzeugen findet man immer ein RC-Radio für Musikkassetten.
- Ein **Laptop** ermöglicht nicht nur die Nutzung von mehr und mehr verbreiteten *Hotspots* mit ***Wifi*** (***Wi****relees* ***f****ree* ***I****nternet* = WLAN) zum Abrufen und Schreiben von Emails und für Internetabfragen wie -reservierungen, sondern ist naturgemäß auch wunderbar geeignet zum Speichern, Sortieren und Bearbeiten der digitalen Reisefotos bereits unterwegs. Nebenbei hat man seinen DVD-Player dabei zur abendlichen Zerstreuung, wenn das amerikanische Fernsehprogramm wieder nur nervt. Wer vorsorgt, schaut sich unterwegs die aufgenommenen Sendungen an, für die man zu Hause keine Zeit hatte.
- Eltern sollten den eigenen bei uns Crash getesteten **Autokindersitz** mitnehmen; der ist besser als der drüben teuer dazuzumietende Sitz der Auto- und Camperverleiher. Bei Kleinkindern ist der gewohnete Sitz hervorragend im Flugsessel.

Wer auf Campingreise geht, könnte außer ohnehin selbstverständlichen Utensilien zusätzlich noch einpacken:

- eigene **Bestecke** (und vielleicht ein bisschen persönliches Geschirr + Gläser). Denn was von den meisten Camper-Verleihern im teuer extra berechneten *Convenience* oder *Camping Kit* geboten wird, weckt selten Begeisterung.
- liebgewordenen **Kleinkram** für die Küche nach individuellem Gusto, z.B. Knoblauchpresse, Schnapsgläser, Salatbesteck etc. Man verliert Geld und Zeit beim Zusammenkaufen derartiger Sachen, die nach wenigen Wochen obsolet sind und meist nur noch weggeworfen werden können.

Sonnencreme vergessen? Macht nichts, ein Automat steht hinterm Strand bereit. Aber besser noch wäre, das Zeug mitzubringen; es ist westlich des Atlantik meist unverhältnismäßig teuer

- **eigener Schlafsack und Bettwäsche**. Die im Camper vorhandenen Decken (üblicherweise im *Kit* enthalten) können ebenfalls nicht in allen Fällen befriedigen. Da mit der Ausnahme der (Schweizer!) Firma *Moturis* die Camper-Verleiher nur Laken (jeweils 2 pro Schläfer) liefern, sind außerdem eigene Bettbezüge für viele sicher eine gute Idee..
- das **Zelt** aus der Heimat, wenn »richtig« gecampt werden soll. Die preisgünstigeren US-Kaufhausqualitäten taugen oft nicht ganz viel und sind z.T. recht unpraktisch in der Handhabung, andererseits reichen einige Modelle ohne weiteres für eine Urlaubsreise und mehr. Auf Insektensicherheit achten.

2.5.5 Der Greyhound Discovery Pass

Greyhound

Busreisen in Nordamerika ist eng mit dem Namen der Firma *Greyhound* (Windhund) verbunden. *Greyhound* besitzt in weiten Teilen beider Länder das **Busmonopol** für Langstrecken und Städteverbindungen. Auch viele Regionallinien gehören zum Konzern bzw. kooperieren mit *Greyhound*.

Im Nordosten der USA bzw. in Canadas Osten ist *Greyhound* samt kooperierender Linien aber nicht so stark wie anderswo. Das liegt an den geringeren Entfernungen zwischen den großen Städten und an dort stärkeren unabhängigen Regionallinien.

Discovery Pass 2008

Über 'zig Jahre gab es den berühmtem ***Greyhound Ameripass*** und einen gesonderten ***Canadapass*** für im Ausland gekaufte Netzkarten zu besonders günstigen Tarifen. In den USA selbst war er nur in einer Handvoll Big Cities gegen Vorlage des Reisepasses zu haben. Das ist seit 2007 vorbei. Der auch in Nordamerika schon früher für jedermann erhältliche ***Discovery Pass*** ist nun das einzig verbliebene Netzticket. Der Pass gilt **für das gesamte Netz in Canada und den USA und auf einigen Strecken bis weit nach Mexiko hinein**. Das Ticket gibt es nur in folgenden vier Alternativen und Preisabstufungen:

Discovery Pass	**Preis in US$** (2008)
7 Tage	$329
15 Tage	$483
30 Tage	$607
60 Tage	$750

Diese Pässe gelten im Rahmen der Bedingungen (www.discoverypass.com unter der Schaltfläche »*Rules&Regulations*«) im Prinzip für unbegrenzte Nutzung der *Greyhound* Busse und aller kooperierenden Linien innerhalb der gebuchten Zeitspanne (Liste der Kooperationspartner ebenfalls im Internet wie angegeben).

Passkauf

Der *Discovery Pass* kann bei **Reisestart in den USA** bis 2 Stunden vor Reiseantritt **online** geordert und im gewünschten Busbahnhof im *Greyhound Terminal* abgeholt werden. In diesem Fall besteht keine Notwendigkeit, den Pass bereits vor dem Flug über den Atlantik zu erwerben. Anders ist es bei **Reisestart in Canada**: in dem Fall muss der Pass mindestens 21 Tage vorher per Kreditkarte bestellt werden. Er wird dann per Post ($4 Versandkosten) an die Adresse des Kreditkartenbesitzers gesandt.

Es ist auch möglich, den ***Discovery Pass*** zum jeweils aktuellen Eurokurs in Deutschland und der Schweiz bei STA Travel, im Internet unter www.statravel.de bzw. www.statravel.ch, oder bei SK Touristik, www.sktouristik.de, zu erwerben. Man erhält dann einen Voucher, den man an bestimmten Terminals in Canada bzw. in den USA gegen den Pass eintauscht.

Weitere Details unter www.discoverypass.com, zu Fahrplänen, Routen etc. der Greyhoundbusse unter www.greyhound.com.

Information

Telefonische Auskünfte bei Greyhound in den **USA** unter **© 1-800-231-2222**, in **Canada unter © 1-800 661-8747.**

Nachteile des Bustransports

Die Frage »Bus als Transportmittel?« wurde schon auf Seite 55 angesprochen. Autofahrer können sich besser selbst versorgen und **preiswertere Quartiere** oder **Zeltplätze** finden, die weitab der Busstation liegen; Buspassagiere sind auf **Cafeterias** und ***Fast-Food*** angewiesen und müssen häufig mit überteuerten und/oder schäbigen **Unterkünften im Umfeld der *Terminals*** vorlieb nehmen. Im Schnitt lassen sich im Auto die Übernachtungskosten der Busbenutzer ohne weiteres deutlich unterbieten oder bei besserem Standard zumindest egalisieren.

Dauer von Busfahrten

Busfahrten dauern außerdem lange, z.B.:

- New York-Chicago (878 mi) 17-20 Stunden
- New York-Boston (217 mi) 4,5-7 Stunden
- Chicago-Niagara Falls (562 mi) 13-15 Stunden;
- Detroit-Buffalo (361 mi) 8-10 Stunden
- New York-Burlington/Vermont (309 mi) 9 Stunden
- Boston-Niagara Falls (514 mi) 13-14 Stunden
- Toronto-Montreal (337 mi) 8-13 Stunden

Kostenvergleich

Ein konkreter Vergleich der Reisekosten im ***Greyhound*** und per **Mietwagen** mag die Entscheidung für alle erleichtern, die sich nicht ganz sicher sind, welche Alternative sie wählen sollten. Alleinreisende, darauf wurde oben bereits hingewiesen, fahren mit dem *Discovery Pass* konkurrenzlos preiswert, aber schon ab 2 Personen wird die Reise im Mietwagen insgesamt billiger.

Der folgende Kostenvergleich bezieht sich auf **4 Wochen Reisezeit zu zweit** außerhalb der Hauptsaison, die Miete auf einen **Pkw** der ***Economy Class*** (normales Angebot für Mieter über 25 Jahre):

Greyhound	Kosten
Discovery Pass für 2 Personen und 30 Tage:	$ 1214
4 Abstecher zu Zielen abseits der Strecke mit extra zu bezahlendem Zubringerbus; $40 pro Trip und Person, also	$ 320
Nahverkehr in Städten, angenommen an 15 Tagen zu $4 je Person (sehr leicht mehr!), also	$ 120
Gesamte Fahrtkosten	**$1.654**

Mietwagen	
Kleinwagen (*Economy/Subcompact,* z.B. *Chevy Aveo* ähnlich Opel Corsa), Leistungspaket Super (➢ Seite 107), bei ca. €160 (ca. $250) pro Woche:	$1.000
Benzin für 8.000 Kilometer bei 8 l/100 km und einem Benzinpreis von ca. $1,10 pro Liter, ca.	$ 704
Gesamte Fahrtkosten	**$1.704**

Zwar liegt das Auto bei dieser Rechnung um $60 über den Buskosten, aber die Zusatztransportkosten beim Busreisen wurden eher knapp kalkuliert, und die Automiete kann man sogar noch preiswerter realisieren. In 4 Wochen kommen zudem bei Übernachtung und Verpflegung leicht mehrere hundert Dollar Ersparnis zugunsten der Autofahrer zusammen (➢ oben), besonders, wenn noch eine Zeltausrüstung im Kofferraum liegt und dann und wann auch genutzt wird.

2.5.6 Eisenbahnfahren in Nordamerika

Eingangs wurden Bahnreisen im Nordosten der USA und – mehr noch – in Canadas Osten als nicht optimal beurteilt, ➪ Seite 56. Andererseits kommt es sehr auf persönliche Präferenzen an.

Railpässe

Etwas für Eisenbahnfans sind die Railpässe der Bahngesellschaften *AMTRAK* (USA) und *VIARail* (Canada). Sie gelten aber nur für Teile des **AMTRAK-Netzes (25.000 mi)** und des **VIA-Rail-Netzes (13.700 km**, wovon allein 7.000 km auf die Transkontinentalverbindung Halifax-Montreal-Toronto-Vancouver entfallen.

Kosten AMTRAK/USA

Der Preis für einen ***Amtrak Rail Pass East***: (inkl. Montreal und in den USA bis zur Linie El Paso, Denver/Montana) beträgt **$369/ $459 für 15/30 Tage** in der Hochsaison (2008: 23.5.-01.09.; sonst $329/$359). Der nur 15 Tage gültige ***Northeast Pass*** für das Dreieck Washington-Niagara, Portland/Maine inkl. Abstecher nach Montreal) ist für **$299** zu haben (kein Unterschied Hoch-/Nebensaison). Beide Pässe gelten aber nur für ein relativ dünnes Netz, ➪ Seite 57. Über www.amtrak.com und im direkteren Zugriff bei www.usbyrail.com kann man alle ***Amtrak***-Pässe online buchen.

Kosten ViaRail/ Canada

Der ***CANRAIL PASS* für das gesamte Netz** kostet in der Hauptsaison (01.06.-15.10.) **c$837**, in der Nebensaison bzw. den Rest des Jahres **c$549**. Junge Leute unter 24 Jahren und Senioren ab 60 Jahre erhalten 10% Ermäßigung. Trotz der nominell 30-tägigen Gültigkeit darf der Pass nur a n 12 Tagen für Fahrten genutzt werden (gegen Aufpreis von c$75 bzw. c$47 pro Tag bis zu 15 Tage nutzbar). Damit der Reiseplan funktioniert, sollten alle Teilstrekken vor Reiseantritt reserviert werden. Umbuchungen, Stornierungen kosten ab $10, Erstattungen €30; www.viarail.ca.

Wer nur im Osten Canadas unterwegs sein möchte, dem genügt vielleicht ein ***Corridor Pass* für 10 Tage** Zugfahren zwischen Niagara Falls/Toronto und Québec City für **c$314**.

Alle großen Städte des Ostens (Toronto, Ottawa, Kingston, Montréal, Québec City, Saint John, Halifax) und sogar Percé am äußersten Zipfel der Gaspé-Halbinsel lassen sich mit *VIARail* erreichen, aber – wie auf Seite 57 bereits erwähnt und ersichtlich – zahlreiche reizvolle Ziele abseits der Schienen eben nicht.

Gegenwert

Im Verhältnis zu den Kosten für Einzeltickets ergeben sich – sowohl in den USA als auch in Canada – mit Railpässen erhebliche **Ersparnisse**. Mit ihnen erwirbt man aber nur das Anrecht auf einen – immerhin bequemen – Sitz in Großraumwagen. Für **Liegewagen** auf längeren Trips sind hohe Zuschläge fällig. Wer nur im Osten unterwegs ist, kommt aber in Anbetracht der dortigen Entfernungen ohnedem aus Langstrecken sind z.B.:

- New York City–Montréal: 10 Stunden
- New York City–Toronto: 12 Stunden
- Chicago–Toronto: 11 Stunden

North America Rail Pass

Wer grenzüberschreitend und vielleicht noch etwas geografisch weiträumiger als nur im Nordosten des Kontinents unterwegs sein möchte, findet mit dem ***North America Rail Pass*** ein Netzticket für beide Systeme: **c$999 für 30 Tage**, Nebensaison c$709.

Reservierung

Wie für Flugreisen sind zeitige Reservierungen in beiden Ländern angebracht. Sofern das lange genug vor Reiseantritt geschieht, gibt es keine Probleme. Für späte oder gar spontane Entschlüsse bleibt wenig Raum. Denn einfach zum Bahnhof gehen und in den Zug springen, wie es bei uns immer noch möglich ist, funktioniert im allgemeinen nicht.

Erwerb Rail Pässe bei uns

Bei uns können die Pässe u.a. auch erworben werden bei:

- **CRD Int'l North America Travel House** Stadthausbrücke 1-3, 20355 Hamburg, © 040/300616-0, www.crd.de/bahn/amtrak.php (Adresse auch für Viarail/Canada)
- **Austria Reiseservice**, Hessgasse 7, A-1010 Wien, © 01/3107441
- **Kuoni Travel**, Neue Hard 7, CH-8037 Zürich, © 01/2774583

Wichtig zu wissen ist, dass es sich bei den ***Pässen*** **noch nicht um die Fahrausweis** handelt; die muss sich der Inhaber für die Teilstrecken gegen Vorlage von *Rail Pass* und Reservierungsnachweis einzeln ausstellen lassen.

Typische amerikanische Diesellok vor einem Amtrak-Zug

2

2.6 Vorbuchung von Hotels

Mietwagen und reservierte Unterkunft

Im Rahmen der Erörterung von Vor- und Nachteilen verschiedener Transportalternativen war bereits von Rundreisen die Rede, die sich auf die **Kombination Mietwagen und vorausgebuchte Hotels** beziehen. Kritisch beurteilt wurde die damit unumgängliche Vorweg-Festlegung der Tagesetappen, die den Großteil der mit dem Auto an sich verbundenen Flexibilität wieder zunichte macht. Indirekt entsteht durch derartige Angebote obendrein der Eindruck, es gäbe unterwegs Schwierigkeiten, ohne Reservierung überhaupt unterzukommen.

Kapazitäten und Preise

Das aber ist in Nordamerika meist nicht der Fall. Im Umfeld vieler Städte und Touristenattraktionen gibt es **außerhalb der jeweiligen absoluten Hochsaison und von Wochenenden** eher **Überkapazitäten** mit erfreulichen Auswirkungen auf die Effektivpreise; sie liegen dann häufig unter den in Hotelverzeichnissen (z.B. *AAA-Tourbooks*) veröffentlichten Tarifen.

Vorbuchen?

Für die großen City- und Airporthotels gibt es vergleichsweise günstige Übernachtungstarife heimischer Reiseveranstalter auch bei Einzelbuchung (d.h. unabhängig von als Paket gebuchten Mietwagen+Hotel-Reisen), die bei Eigeninitiative vor Ort oder auch im Internet teilweise schwer zu realisieren sind.

Außerhalb der Großstädte indessen ist die Chance groß, bei spontaner Buchung ohne Qualitätsverlust preiswerter zu übernachten als bei Vorbuchung. Außerdem finden sich häufig durchaus nicht schlechte Alternativen, die in keinem Reisekatalog stehen.

Buchungen sind vor allem in folgenden Fällen bereits vor Reisebeginn zu empfehlen:

*Bekanntes Luxushotel Equinox in Manchester Center in Vermont(**➪ Seite 355**)*

1. **Für die erste(n) Nacht/Nächte** in der Ankunftscity. Besonders Campmobil-Mieter müssen fast immer eine Übernachtung zwischen Transatlantikflug und Übernahme vorsehen.
2. für ganz bestimmte **beliebte Hotels** wie z.B. das ***Chateau Frontenac*** in Québec City und in ***Park Lodges***, in denen man im Sommer nur bei Voranmeldung unterkommt.
3. bei **saisonalen Sonderfällen** wie etwa dem ***Indian Summer*** in Kerngebieten von Vermont und New Hampshire oder im **Juli/August** entlang der Ferienküsten Neuenglands auf Long Island, in Massachsetts (**Cape Cod**) und in Maine.
4. zu Zeiten, in denen bekannte **Veranstaltungen/Festivals** stattfinden wie ***Tanglewood*** in Massachusetts (Seite 339, **Niagara-on-the-Lake** in Ontario (Seite 393), **Saratoga Springs** in NY-State im August zur Zeit der Pferderennen und **Cooperstown**/NY-State im ganzen Juli-August während des *Opera Festival*.

Mit Einschränkungen gilt dies auch noch für

5. **Wochenendübernachtungen** in oder in der Umgebung von Touristenattraktionen und beliebten Parks, speziell, wenn sie mit nationalen Feiertagen zusammenfallen.
6. für die **letzte Nacht vor dem Abflug** ggf. in Airportnähe.

City Hotels

Zu 1.: Es gibt einige Städte, wo diese Reservierung unabdingbar ist, möchte man nicht Gefahr laufen, überhaupt nicht oder nur zu Höchstpreisen unterzukommen. Im Nordosten der USA gilt dies für alle hier relevanten Cities (**New York, Boston, Chicago**, weniger für Detroit) und in Canada für **Montréal, Toronto**, **Québec** und **Halifax**. Um nach einem Transatlantikflug Stress zu vermeiden, spricht ohnehin viel für die Vorbuchung der ersten Nacht.

Populäre Hotels

Zu 2.: Populäre und persönlich favorisierte Häuser kann nicht früh genug buchen, wer Wert darauf legt, nur dort und nicht in einem Ausweichquartier zu übernachten. Im Reiseteil sind zahlreiche besonders reizvolle Hotels genannt.

Sollte das jeweilige Haus bei keinem Veranstalter zu finden sein, kann man selbst anrufen bzw. via Internet anfragen. Sofern die Übernachtung nicht innerhalb der ersten Woche der Reise erfolgen soll, reicht meist auch noch die Reservierung ein paar Tage vor Ankunft mit dem Vorteil, drüben die kostenfreie 1-800-Nummer nutzen zu können.

Saison

Zu 3.: Auch in der Hochsaison gibt es häufig noch Zimmer, wenn man nicht erst um 20 Uhr mit der Suche beginnt. Allerdings existieren einige Zielgebiete, in denen zur Kernzeit der Sommersaison, speziell an Wochenenden, kein Bett mehr findet, wer nicht zumindest ein paar Tage im voraus reserviert, außer ***Cape Cod*** z.B. rund um den ***Algonquin Park***, an der ***Wasaga Beach***/Ontario, auf der ***Gaspé Peninsula*** bei Percé und Gaspé, in Bar Harbor am ***Acadia National Park***.

Die Kernzeit des ***Indian Summer*** variiert mit Breitengrad und Höhenlage. Aber man kann davon ausgehen, dass **ab Mitte September bis Anfang Oktober** alle Orte in **Neuengland** im Einzugsbereich der Berge gut gebucht, an Wochenenden proppenvoll sind.

Veranstaltungen

Zu 4.: Von vielen Veranstaltungen, welche sämtliche Quartiere einer Region füllen, erfährt der Tourist oft erst, wenn es ihn mehr oder weniger zufällig betrifft. Das kann passieren. Gemeint ist hier die Reservierung bei gezielten Besuchen von im voraus bekannten Veranstaltungen, ➪ die o.a. Beispiele.

Wochenende

Zu 5.: Für normale Wochenenden (Freitag-/Samstag- ggf. auch noch Sonntagnacht) gilt, dass manche Airport- und City-Hotels halbleer stehen und deshalb mit reduzierten Tarifen werben, es sei denn, die **Stadt an sich ist eine Touristenattraktion** (wie New York, Boston, Québec City).

Feiertage

An langen Wochenenden sorgen in erster Linie das *Memorial Day* und *Labor Day Weekend* (letztes/erstes Wochenende im Mai/September) und ggf. noch das Wochenende um den **Nationalfeiertag des 4. Juli** herum in den USA und ***Victoria Day***, ***Canada Day*** (vorletzter Montag im Mai bzw. 1. Juli) und auch der ***Labour Day*** (wie USA) dafür, dass halb Amerika auf Achse ist. Man tut gut daran, das bei der eigenen Planung zu bedenken und sich an diesen Wochenenden besser abseits beliebter Ziele zu halten.

Saison

In den **populäreren Landschaftsparks** wird es **in der Saison an den Wochenenden** nicht nur in parkeigenen Unterkünften, sondern auch schon mal **im Umfeld voll**. Dennoch genügt meist ein Anruf ein paar Tage, maximal eine Woche vorher; Telefonnummern der wichtigen Motelketten stehen auf Seite 150, im einzelnen an passender Stelle im Reiseteil. Wenn aber nach Ankunft in Toronto am Donnerstag gleich darauf am Freitag/Samstag der ***Algonquin Park*** auf dem Programm steht, sollte man vorgesorgt haben.

Hotel Fire Island Pines auf der gleichnamigen Insel vor Long Island in New York City-Nähe. Solche Hotels gehören selten zu den Häusern der großen Ketten, sondern werden individuell geführt

Vor Abflug

Zu (6): Es beruhigt, wenn die **letzte Nacht in Amerika** von vornherein gebucht ist. Selten aber starten Flüge nach Europa am Vormittag. Nur dann wäre eines der oft besonders teuren Hotels in Airportnähe sicher die sinnvollste Lösung. Autofahrer können sich ebensogut ein preisgünstigeres Hotel in der weiteren Umgebung des *Airports*/der Verleihstation ggf. bereits am Anfang der Reise selbst suchen – zum Beispiel in der Nähe einer ***Shopping Mall*** für letzte Einkäufe, ➪ z.B. New York/Newark Seite 370.

Liegt der Rückflugtermin auf einem Samstag oder Sonntag, übernachtet man andererseits gerade in Airportnähe oft preiswert (etwa in Chicago, Detroit, Toronto) – bei Buchung vor Ort sogar in der Hochsaison.

Hotel-/ Motelketten

Zur Kenntnis der Verteilung (Standorte) und offizieller Vor-Ort-Tarife, aber auch vieler Häuser im Einzelnen macht es Sinn, sich bereits vor der Reise schon mal auf den Internet Portalen der zahlreichen Hotel- und Motelketten Nordamerikas umzusehen. Dabei tippt man ganz einfach nach dem »www« die Bezeichnung der Kette ein und fügt das übliche ».com« dahinter ein, also z.B.

Best Western: www.bestwestern.com
Hilton: www.hilton.com
Days Inn: www.daysinn.com
etc.
etc.

Die wichtigsten Ketten sind auf Seite 150 gelistet. Eine wesentliche Ausnahme bei dieser Art der »Website-Findung« bilden die Häuser des sog. *Choice*-Verbundes, zu dem zur Zeit neun Ketten gehören; sie alle erreicht man über das *Choice*-Portal:

Choice Hotels: www.choicehotels.com
(*Comfort Inn/Suites, Quality Inn, Sleep Inn, Clarion, Rodeway, Econolodges, Suburban, Main Stay* und *Cambria Suites*)

Eine weitere Besonderheit bei der Internetadresse betrifft die

Holiday Inn-Gruppe: www.ichotelsgroup.com
(*Holiday Inn* und *Holiday Inn Express, Intercontinental* und die *Crown Plaza Hotels, Candlewood Suites u.a)*

Vorausbuchung im Internet

Alle diese Hotels können u.a. auch über die Hotelbuchungsplattformen www.hrs.de oder www.hotels.de reserviert werden, teilweise sogar zu Tarifen, die günstiger als bei Direktkontakt sind. Besonders übersichtlich – mit Alternativen in allen Kategorien – öffnet sich nach Angabe beliebiger Reservierungsdaten und des Ortes eine Liste mit Details unter www.orbitz.com.

Alle weiteren Informationen zu Preisen, Buchung und Reservierung etc. von Hotels und Motels während der Reise liefert Kapitel 3.5 im Unterwegs-Teil (ab Seite 141).

Die **gebührenfreien Telefonnummern** fast aller im Nordosten der USA und in Canada vertretenen Ketten finden sich auf Seite 150.

Ob man nun im Zelt, Camper oder im H/Motel übernachtet, picknicken unterwegs ist immer angesagt. Alles dafür Notwendige lässt sich in Kaufhäusern wie »Walmart« oder »Canadian Tire« billiger beschaffen als bei uns: vom Einflammenkocher (ab $15) über die Coolbox (auch ab $15) bis zu allerhand Kleinkram

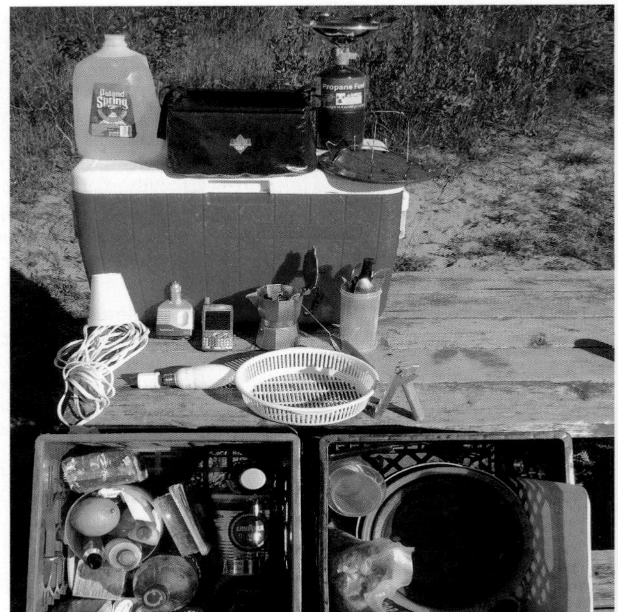

2.7 Was sonst noch wichtig ist

Vor jeder Reise fragt sich, was unbedingt eingepackt werden muss, was ggf. noch zu Hause beschafft werden sollte und was vielleicht günstiger im Ferienland zu erstehen wäre. Nur auf Fahrzeugmieter und Zelt-Urlauber bezogen waren bereits die Hinweise im Abschnitt 2.5.4. Hier geht es um Punkte, die jeden USA-Canada-Reisenden betreffen. Zunächst zum Thema

2.7.1 Foto- und Video

Fotografieren mit Digitalkameras

Speicherchips für Digitalkameras sind bei einem Kurs um €0,65 für den Dollar etwas billiger als bei uns. Man findet sie u.a. in den Fotoabteilungen der Kaufhäuser wie *Walmart*, *K-Mart*, *Target* und in den überall vorhandenen Läden der Elektronik-Kette ***Radio Shack*** (www.radioshack.com), in Canada auch bei ***Canadian Tire***. Wer digital fotografiert, sollte dennoch besser ausreichend Chips für die Reise mitnehmen oder einen externen Speicher bzw. den Laptop, um darauf das »Tagespensum« abzuladen und den Chip wieder frei zu haben. Das erspart das Suchen während der Reise. Denn im Zweifel ist gerade das gewünschte Format nicht aufzutreiben..

Verbreitet stößt man auf die Möglichkeit, für ein paar Dollar **Daten vom Speicherchip auf eine CD brennen** zu lassen und damit seine Fotos zu sichern bzw den Speicher frei machen.

Dia-Filme

Diafilme sind drüben immer schwerer aufzutreiben (insbesondere bei anderen als Standardempfindlichkeiten), seitdem mehr und mehr digital fotografiert wird. Sie sind obendrein teurer als bei uns. Wer noch Dias macht, sollte daherausreichend Filmmaterial mitnehmen. Das gilt speziell für andere Marken als Kodak.

Wenn der Vorrat an mitgebrachten Filmen ausgeht, empfiehlt sich ein Nachkauf von Filmen der ***Kodak-Ektachrome***-Serie, so auffindbar. Viele Labors entwickeln sie preisgünstig.

Negativ-Filme

Negativfilme sind im Gegensatz zu Diafilmen wie bei uns billiger geworden, aber selten so preiswert wie hierzulande. Dank Schnellservice lassen sich Filme in manchen Supermärkten und Fotoshops schon unterwegs entwickeln.

Röntgen-kontrolle und Filme

In den USA wurde nach dem 11.September 2001 die Gepäckkontrolle in den *Airports* auf Röntgengeräte umgestellt, die Plastiksprengstoff identifizieren können. Die Strahlung einiger Geräte beschädigt angeblich Filmmaterial teilweise selbst dann, wenn es in Bleibeutel verpackt ist. Da jede Auskunft dazu verweigert wird, bleibt letztlich für alle, die noch Filmmaterial dabeihaben, nur eins: **Filme im Handgepäck mitnehmen** und vor der Durchleuchtung ggf. separieren. Mit der zunehmenden Verbreitung der Digitalfotografie erledigt sich diese Problematik indessen nach und nach von selbst.

Kamera-/ Objektiv-kauf?

Kameras (konventionell und digital) und Objektive sind zwar wieder günstiger zu haben, aber nicht notwendigerweise billiger als in Fotoläden oder Elektronikmärkten bei uns. In den **Großstädten** und in manchen *Shopping Malls* gibt es überquellende ***Shops***, die alle gängigen Marken führen und preiswerten Einkauf signalisieren. Aber man darf sich nicht täuschen lassen: echte Schnäppchen bedingen, dass man sich gut auskennt. Wer sich für die Preisunterschiede interessiert, sollte sich bei www.radioshack.com einloggen oder mal bei www.ebay.com nachsehen, welche Preise dort so in etwa gelten bzw. erzielt werden.

Video-kameras

Wer seine (noch nicht digitalisierte) Videokamera mitnimmt, kann zusätzlich benötigte Kassetten (**Video-8, VHS-C** oder **Hi8**) bislang noch ohne weiteres nachkaufen.

DVDs

Achtung beim Kauf von DVDs! In vielen Nationalparks z.B. gibt es ausgezeichnete **Dokumentarfilme** zu Flora, Fauna und den spezifischen Phänomenen des Parks. Aber auf der DVD muss der *Regional* oder *Country Code* 2 stehen. Mit *Country Code* 1 laufen die Scheiben auf einem Standardplayer bei uns nicht. Nur bei neueren Computern lässt sich dieses Problem mit entsprechender Software lösen. Die alte Frage »PAL oder NTSC?« stellt sich hierbei genaugenommen auch, aber die meisten neueren DVD-Player können NTSC-Signale verarbeiten.

2.7.2 Was muss mit, was nicht?

In den Reisekoffer gehört eigentlich nichts, was man nicht auch für den gewohnten Urlaub in Europa mitnehmen würde – klimabezogen und aktivitätsabhängig. Die USA und Canada haben den Vorteil, dass sich vieles, was vielleicht vergessen wird, leicht nachbeschaffen läßt. **Bei einem Kursniveau Mitte 2008 für den US$ wie CAD um €0,65 außerdem in den USA zu Preisen, die für viele Produkte niedriger als bei uns liegen. Canada ist alles in allem auf dieser Wechselkursbasis deutlich teurer.**

Bekleidung

Bekleidung einschließlich Kindersachen ist sehr preiswert, aber vor allem, soweit es sich um markenlose Ware in Kaufhäusern handelt. In den *Factory Stores* der ***Outlet Malls*** bezahlt man aber auch für Markenware vielfach deutlich weniger als bei uns.

Namentlich Markenwäsche und -Jeans sind erstaunlich billig: *Wrangler* gibt`s ab US$18, *Levis* und *Lee* ab US$25. **Sportartikel** – Textilien, Schuhe und Ausstattung aller Art – gehören ebenfalls meist zu den sehr vorteilhaften Käufen.

Steckdosen-Adapter

Föhn und Rasierapparat lassen sich nur benutzen, wenn sie auf **110/125 V** umschaltbar sind. Aber auch dann benötigt man einen Adapter für das amerikanische Steckdosensystem. Der ist hierzulande problemlos in *Travel Shops*, in größeren Elektroläden und auch in Kaufhäusern erhältlich. Die Suche danach in den USA bzw. in Canada bereitet erhebliche Mühe und höhere Kosten.

Drogerie-Artikel

Nach wie vor ziemlich **teuer** sind erstaunlicherweise **Toilettenartikel** wie Seife, Zahnpasta, Haarshampoo, Sprays, Nivea-Creme u.ä., sofern man von – eher seltenen – Eigenmarken der Kaufhäuser und Supermarktketten absieht. Man tut gut daran, sich den Reisebedarf komplett samt Zahnbürsten und Rasierer aus der Heimat mitzubringen. Kaltwaschmittel z.B. gibt`s gar nicht.

Medikamente

Seine Reiseapotheke kann man in Amerika in *Drugstores* und Supermärkten **per Selbstbedienung** mit rezeptfreien Medikamenten zu ähnlichen, teilweise niedrigeren Preisen als bei uns komplettieren, ➪ Seite 182 (Apotheken). Wer rezeptpflichtige Medikamente benötigt, sollte dafür besser nicht auf amerikanische/kanadische Ärzte angewiesen sein, sondern einen für die Reisezeit ausreichenden Vorrat dabei haben. Außer in Notfällen ist es für durchreisende Touristen mühsam, kurzfristig einen Termin zu bekommen, ➪ Seiten 60 und 182.

Mückenspray

Da in Canada und in den USA immer irgendwelche Viecher beißen und stechen, wenn es nicht noch/schon zu kalt oder am offenen Meer ist, könnte man auf die Idee kommen, ein Mückenspray einzupacken. Unsere Essenzen wirken indessen nicht besonders gegen amerikanische Moskitos und andere Quälgeister. Anti-Insektenmittel zum Sprayen oder Einreiben kauft man also besser drüben. Das Zeug ist garantiert wirksam, wenn auch weder billig noch sonderlich haut- und umweltverträglich, ➪ Seite 187.

UNTERWEGS IN
NORDAMERIKA

3. UNTERWEGS IN NORDAMERIKA

3.1 Glückliche Ankunft

Zeitumstellung

Auf der Reise nach Westen gewinnt man je nach Ziel und Jahreszeit im Nordosten Nordamerikas zwischen vier und sechs Stunden mit der Folge, gemäß Ortszeit nur zwei bis drei Stunden nach Abflug auf amerikanischem Boden zu stehen (**Zeitzonen** ➪ Seite 195) und kann schon am Nachmittag des Ankunftstages erste Eindrücke sammeln. Die Zeitumstellung gelingt problemlos, wenn man der aufkommenden Müdigkeit nicht zu rasch nachgibt. Gelingt das, ist die Zeitumstellung kein besonderes Problem. Sonst sitzt man mitten in der Nacht (ca. 8-12 Uhr in Europa) hellwach im Bett. Nach dem Rückflug und »Verlust« der Stunden ist das schwieriger. Die Überwinduntg des sog. ***Jet Lag*** dauert bei den meisten mehrere Tage.

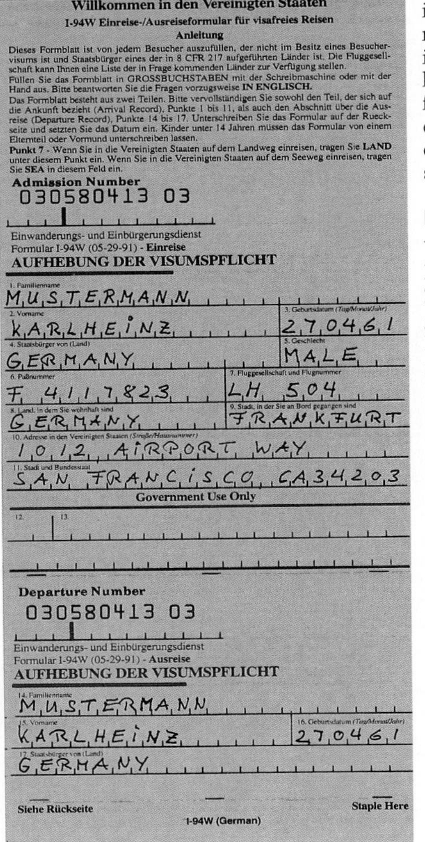

U.S. Department of Justice
Immigration and Naturalization Service
OMB No. 1115-0148

Willkommen in den Vereinigten Staaten

I-94W Einreise-/Ausreiseformular für visafreies Reisen

Anleitung

Dieses Formblatt ist von jedem Besucher auszufüllen, der nicht im Besitz eines Besuchervisums ist und Staatsbürger eines der in 8 CFR 217 aufgeführten Länder ist. Die Fluggesellschaft kann Ihnen eine Liste der in Frage kommenden Länder zur Verfügung stellen.

Füllen Sie das Formblatt in GROSSBUCHSTABEN mit der Schreibmaschine oder mit der Hand aus. Bitte beantworten Sie die Fragen vorzugsweise **IN ENGLISCH.**

Das Formblatt besteht aus zwei Teilen. Bitte vervollständigen Sie sowohl den Teil, der sich auf die Ankunft bezieht (Arrival Record), Punkte 1 bis 11, als auch den Abschnitt über die Ausreise (Departure Record), Punkte 14 bis 17. Unterschreiben Sie das Formular auf der Rueckseite und setzten Sie das Datum ein. Kinder unter 14 Jahren müssen das Formular von einem Elternteil oder Vormund unterschreiben lassen.

Punkt 7 - Wenn Sie in die Vereinigten Staaten auf dem Landweg einreisen, tragen Sie **LAND** unter diesem Punkt ein. Wenn Sie in die Vereinigten Staaten auf dem Seeweg einreisen, tragen Sie **SEA** in diesem Feld ein.

Admission Number
030580413 03

Einwanderungs- und Einbürgerungsdienst
Formular I-94W (05-29-91) - **Einreise**
AUFHEBUNG DER VISUMSPFLICHT

1. Familienname: MUSTERMANN
2. Vorname: KARLHEINZ
3. Geburtsdatum *(Tag/Monat/Jahr)*: 270461
4. Staatsbürger von (Land): GERMANY
5. Geschlecht: MALE
6. Paßnummer: F 4117823
7. Fluggesellschaft und Flugnummer: LH 504
8. Land, in dem Sie wohnhaft sind: GERMANY
9. Stadt, in der Sie an Bord gegangen sind: FRANKFURT
10. Adresse in den Vereinigten Staaten *(Straße/Hausnummer)*: 1012 AIRPORT WAY
11. Stadt und Bundesstaat: SAN FRANCISCO CA34203

Government Use Only

12. 13.

Departure Number
030580413 03

Einwanderungs- und Einbürgerungsdienst
Formular I-94W (05-29-91) - **Ausreise**
AUFHEBUNG DER VISUMSPFLICHT

14. Familienname: MUSTERMANN
15. Vorname: KARLHEINZ
16. Geburtsdatum *(Tag/Monat/Jahr)*: 270461
17. Staatsbürger von (Land): GERMANY

Siehe Rückseite **Staple Here**

I-94W (German)

Formulare USA

Vor dem Einlass in die USA stehen Einreisekontrolle *(Immigration)* und Zoll *(Customs)*. Für beide Instanzen gibt es bereits beim Einchecken in Europa, spätestens im Flugzeug Formulare, die sorgfältig in sauberer **Druckschrift und Großbuchstaben** ausgefüllt werden müssen.

Zum nebenstehenden Muster-Formblatt (*Departure Record)* ➪ auch Seiten 68/70 »Einreisebestimmungen«.

Die Fluggesellschaften werden von der amerikanischen Einwanderungsbehörde fürs ordnungsgemäße Ausfüllen der Formulare verantwortlich gemacht, und daher ist auf einigen Transatlantikflügen allgemeines Formularausfüllen angesagt: Spätestens nach der Hauptmahlzeit läuft dann auf den Monitoren ein Video mit Anweisungen, damit nichts schiefgeht! Und (fast) alle machen mit, während die Crew in den Gängen zur Klärung dennoch offenbleibender Fragen bereitsteht.

Drei Punkte sind besonders wichtig:

(Geburts-) Datum

- Amerikaner schreiben erst den Monat, dann Tag und Jahr (z.B. 02/17/49 ist der 17.Februar), es sei denn, die Reihenfolge ist im Formular nach europäischer Art vorgegeben. Amerikanische Schreibweise der Ziffern optisch: 7=1, 1 als Strich.

Immigration USA

- Die Zeilen für »**Adresse in den USA**« dürfen keineswegs leer bleiben. Touristen besitzen meist aber keine feste Anschrift. Ersatzweise können sie die des Autoverleihers (also etwa c/o *Tour USA, 4578 General Custer Ave, Westpoint, NY 78350*) oder des ersten gebuchten Hotels angeben, wenn keine Privatadresse (Freunde/Bekannte) zur Hand ist.

Zoll-vorschriften

- Bei **Mitbringseln** gibt es zwar eine **offizielle Wertbegrenzung von $100,** und mehr als eine Flasche hochprozentiger Alkoholika wird nicht toleriert, aber den Zoll interessieren diese Punkte – so scheint es – eher am Rande. Das scharfe Auge des Gesetzes schaut vor allem auf die **schriftliche Zollerklärung**: Dort darf um nichts in der Welt ein »*Yes*« angekreuzt sein bei der Frage »Ich habe Früchte, Gemüse, Fleischwaren u.a.m. dabei und war kürzlich auf einem Bauernhof.« Die kategorische Antwort heißt »*No*«! Wer wursthaltige Marschverpflegung oder Obst von daheim in der Tasche hat, muss alles spätestens jetzt essen oder vernichten.

Biometrische Daten und Passkontrolle (nur USA)

Wird man endlich aus der Schlange der ***Non-Residents*** zur Passkontrolle vorgelassen, werden in den USA zunächst einmal elektronisch die **Abdrückealler zehn Finger** erfaßt und ein **Foto** gemacht (dauert zusammen keine 30 sec); gleichzeitig folgt die Frage nach Zweck und Dauer der Reise: Ersteres ist entweder ***Travel*** oder ***Visiting Friends/Relatives***. Die meisten Reisenden erhalten die maximalen 90 oder mehr Tage (nur Visainhaber).

Der untere Abschnitt des ausgefüllten ***Departure Record***-Formulars, wird in den Pass geheftet/gelegt und bei der Ausreise wieder entnommen, ➪ auch Seite 70.

Canada

Die **Einreise nach Canada** läuft im allgemeinen entspannter ab. Zwar muss auch ein Formular für die *Immigration* ausgefüllt werden, aber das wird nicht in den Pass geheftet. Der Tourist erhält üblicherweise einen 6-Monats-Stempel, meist ohne dass er sonderlich intensiv befragt würde.

Zoll

Der Zoll macht in beiden Ländern beim grünen Schildchen (*nothing to declare*) nur **Stichproben** und stempelt (in den USA) das Zollpapier, das man am Ausgang abgibt. Ohnedem bleibt die Tür in den Kontinent der unbegrenzten Möglichkeiten verschlossen.

Gepäck-karren

Für einen der normalerweise reichlich vorhandenen Gepäckwagen (*baggage cart*) benötigt man oft Kleingeld. Erst nach dem Einschieben mehrerer $1-Noten oder der **Kreditkarte** gibt die Sperre einen Wagen frei (im Extrem kosten die Karren bis zu $5; sie sind fast nie umsonst).

Umsteigen/ Weiterflug

Bei Fortsetzung der Reise über einen **inneramerikanischen Anschlußflug** muss in vielen Fällen das Gebäude gewechselt werden. Zwischen den manchmal weit auseinanderliegenden *Terminals* der verschiedenen Gesellschaften oder z.B. zwischen dem *International* und *Domestic Terminal* verkehren regelmäßig *Airline Connection*-Busse oder Schnellbahnen wie etwa im New York-*Newark Airport, Chicago O`Hare* oder Toronto.

Hotel-/ Mietwagen Pick-up Service

Hat man die **Hotelbuchung** in Airportnähe bereits in der Tasche, genügt ein Anruf, um den **Abholservice** (*Pick-up* oder *Courtesy Bus,* ➪ unten) zu aktivieren, so der nicht ohnehin routinemäßig seine Runden dreht. Ggf. wichtig zu wissen ist, vor welchem *Terminal* genau man steht (*International Arrivals, United Airlines* etc.), damit der Fahrer entsprechend instruiert werden kann. **Hotel- und Mietwagenzubringer** stoppen durchweg im identischen Abschnitt (in Großflughäfen farbig markiert). Der Transport zu den *Rental-Car*-Stationen (sofern nicht direkt mit den Terminals verbunden) bzw. Parkplätzen außerhalb des Airportgeländes muss zu normalen Tageszeiten meist nicht angefordert werden. Die Kleinbusse (*Shuttle)* von *Avis, Hertz, Budget* etc. verkehren in kurzen Abständen und stoppen auf Handzeichen.

Zu weiter entfernten **City-Hotels** ist der Transport per Flughafen-Bus oder Taxi in der Regel selbst zu organisieren.

Buchung eines Hotels bei Ankunft

Ohne Buchung sind die in allen Ankunftshallen vorhandenen **Hotel-/Motel-Werbetafeln** hilfreich. Über ein Gratis-Telefon erreicht man die angeschlossenen Häuser direkt. Nach einer Reservierung und Angabe des *Terminals* dauert es meist nur wenige Minuten, bis der Hotel-Kleinbus vorfährt. Dabei sind Englischkenntnisse wichtig. Vom Hotel- und Mietwagenpersonal darf man keine Fremdsprachenkenntnis erwarten. Und den allergünstigsten Preis erzielt man bei dieser Art der Buchung auch nicht.

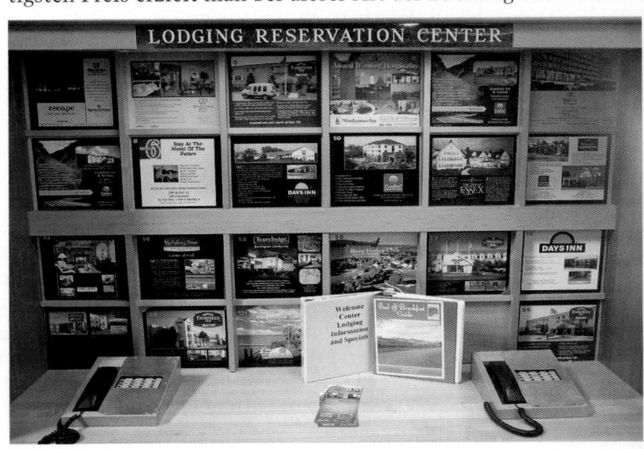

In vielen Airports gibt's eine do-it-yourself Hotelreservierung mit telefonischer Hotline direkt zu den Häusern im Umfeld

3.2 Übernahme des vorgebuchten Mietfahrzeugs

Vorausgesetzt, der **Mietwagen** wurde in der Heimat gebucht, geht es oft erst einen oder mehr Tage nach Ankunft zur Vermietstation; das ist bei Städten wie New York, Chicago, Toronto zwecks autoloser Stadtbesichtigung sinnvoll. Der Wagen kann aber ebensogut gleich bei Ankunft am Flughafen übernommen werden.

Die **Camper-Verleiher** holen ihre Kunden meist im Hotel ab; bei höherem Buchungsaufkommen deutschsprachiger Touristen verfügen sie häufig sogar über Personal mit Deutschkenntnissen.

Pkw

Prozedur

Die Übernahme eines Pkw geht normalerweise rasch über die Bühne: *Voucher* des Veranstalters, Pass und Führerschein vorlegen (**aber Achtung, gerne werden den Kunden noch zusätzliche, unnötige und teure Versicherungen aufgeschwatzt**, ➪ Seite 90!), Unterschrift und Hinterlassung einer Kaution (durchweg Kreditkartenerfordernis), Schlüssel steckt schon, Auto ist vollgetankt, fertig. **Kein Mensch wird auf die Idee kommen, irgendetwas zu erklären**. Leuchtet ein Bedienungsdetail nicht ein, muss man schon ausdrücklich fragen. Alle **Warntöne** verstummen, wenn die Türen geschlossen und Gurte angelegt sind.

Schlüssel

Der Mieter erhält in aller Regel nur **einen Schlüsselsatz**. Insbesondere bei längeren Mietzeiten macht zur Sicherheit die Beschaffung zusätzlicher Schlüssel in Eigeninitiative Sinn. Schlüsseldienste gibt es in vielen *Shopping Malls* und überall in den USA zu findenden *Hardware Stores* (Eisenwarenläden), z. B. der Kette *True Value in den USA,* und bei *Canadian Tire,* einer kanadischen Kaufhaus-Kette. Rohlinge für neuere Schlüsseltypen sind indessen nicht immer vorhanden. Für Zentralverriegelung sind Kopien in vielen Fällen gar nicht mehr ohne weiteres ziehbar.

Tankfüllung

An sich übernimmt man Mietwagen mit vollem Tank und gibt ihn auch mit vollem Tank zurück. Wer das nicht schafft oder vergisst, zahlt drauf, denn der Vermieter kalkuliert dann selbst die Menge nach Tankuhr und errechnet die Kosten mit einem exorbitanten Literpreis. Das tut er in Noramerika neuerdings in vielen Fällen schon von vornherein, d.h., er belastet den Mieter sogleich mit der gesamten Tankfüllung (bei Rückgabe dann ggf. Gutschrift nach Tankuhr), es sei denn, die erste Füllung wurde über »Super Inklusiv« (➪ Seite 91) bereits vorausbezahlt.

Rückgabe

Die Rückgabe am *Airport* ist unkompliziert: die ***Rental Car Return*** Schilder leiten einen zu den Parkplätzen der Verleihfirmen. Ein Schnelldienst tippt sogleich die Daten in ein Hand-Erfassungsgerät. Damit entfällt Papierkrieg am Schalter. Die Prozedur dauert meist keine 3 min. Abends ersetzt ggf. ein *Express-Return*-Briefkasten für die Dokumente die Computererfassung. Die Quittung kommt per Post ins Haus. Von der Station geht's wieder per *Shuttle*-Bus oder *Airport*-Bahn zum Abflug-*Terminal.*

Camper

Wohnmobil

Beim Camper sieht alles anders aus. Zunächst weitgehend identisch ist das Formale. Die Kaution bzw. Blanko-Kreditkartenunterschrift deckt hier nicht nur Risiken ab, sondern bezieht sich auf die **Extrakosten** wie Zusatzversicherungen (⇨ Seite 100), Zusatzmeilen, Kindersitze, Generatorbenutzung, Steuern und ggf. Schäden – Abrechnung nach Rückgabe.

Inspektion

Nach Klärung des Papierkriegs erfolgt eine Inspektion des Fahrzeugs verbunden mit einer mehr oder minder intensiven **Einweisung**. Besonders bei Andrang sind Erläuterungen aber in vielen Fällen nicht optimal und vollständig.

Am ersten Tag ist es deshalb ratsam, erst einmal einzukaufen und fürs Einrichten und endgültige Verstauen nicht viel weiter als bis zum nächsten Campingplatz zu fahren. Dort kann man sich Zeit für ein **gründliches Durchchecken des Fahrzeugs** und seiner Technik nehmen. Sollte sich herausstellen (auf dem Platz des Vermieters wird man das selten merken), dass etwa der Kühlschrank nicht richtig funktioniert, der Wasserschlauch fehlt oder Bedienungsdetails unklar sind, kann man zur Not noch einmal bei der Station vorbeifahren.

So nicht vorhanden, sollte man auch nach Unterleghölzern zum **Niveauausgleich** für ein ebenes Stehen fragen, die auf manchen *Campgrounds* bitter nötig sind.

Schlüssel

Wie beim Pkw gibt es im allgemeinen nur einen **Schlüsselsatz,** siehe dazu die Hinweise auf Seite 121.

Checkliste

Vor jeder morgendlichen Abfahrt muss allerhand verstaut, verzurrt und festgemacht sein, auch außen 'rum darf nichts mehr hängen oder ungewollt offenstehen. Besonders ohne bisherige Campererfahrung des Reiseteams sollte man sich eine kleine Checkliste machen, die man morgens abspult.

Wartung

Mieter von **Campfahrzeugen** sind nur bei längerfristigen Verträgen verpflichtet, **Ölwechsel** durchführen zu lassen; das Intervall beträgt üblicherweise 5.000 mi. Die Kosten dafür müssen zur späteren Verrechnung ausgelegt werden. Da es in Nordamerika jede Menge Stationen für den schnellen **Ölwechsel zum Inklusivpreis** einschließlich eines Checks anderer wichtiger Liquide gibt (Getriebe, Bremsflüssigkeit, Servolenkung etc.), macht das wenig Probleme, ⇨ auch Seite 142. (Die **Pkw-Verleiher** verlangen bei Langzeitmiete zwischendurch das Anfahren einer Station).

Reparaturen

Reparaturen dürfen – wenn sie minimale Kosten (meist \$50-\$100) übersteigen – **immer erst nach Rücksprache mit der Verleihfirma** ausgeführt werden. Dazu gehört auch der Ersatz von unterwegs verschlissenen Reifen. Die größeren Vermieter haben Verträge mit landesweit operierenden Reifenfirmen wie z.B. *Goodyear, General Tire, Canadian Tire* oder *Firestone,* die auch gängige Routinereparaturen durchführen. Deren Ableger sind auch noch in sehr kleinen Ortschaften zu finden.

Pannen

Spätestens bei der ersten Panne wird man feststellen, dass es **kaum Bordwerkzeug** gibt. Dahinter steckt Methode: Der Kunde soll gar nicht erst auf die Idee kommen, selbst herumzufummeln. Sogar Wagenheber und Radschlüssel fehlen schon mal. Er möge bei einer Panne halt den **Straßendienst** anrufen, wurde einem der Autoren in einem solchen Fall bedeutet – in vielen Situationen leichter gesagt als getan.

Rückgabe des Campers

Vor der Abreise steht die Rückgabe des Campers, bei den meisten Vermietern am Vormittag. Möchte man hohe **Endreinigungskosten vermeiden,** muss der Camper besenrein und mit entleerten Abwasser-/Toilettentanks zurückgegeben werden, oft auch mit gefülltem Frischwassertank und – falls man ihn so übernommen hat – vollem Benzintank. Die Vermieter akzeptieren im allgemeinen äußerlich normal verschmutzte Fahrzeuge. Es wird indessen erwartet, dass der Kunde groben Dreck (an einer der zahlreichen Waschanlagen mit Druckreinigern) vor der Rückgabe selbst entfernt. Andernfalls wird er (wieder) zur Kasse gebeten.

Ist nichts beschädigt, gibt es keine Probleme. Formalitäten, Inspektion des Wagens und Abrechnung von Mehrmeilen, Steuern etc. sind rasch erledigt.

Flughafen-Transfer

Der Vermieter sorgt für den Transport zum Hotel bzw. zum Airport. Bei Planung von **Rückgabe und Abflug am selben Tag** sollte auf reichlich Zeit geachtet werden: besser nicht unter 4 Stunden zwischen frühestmöglicher Ankunft in der Station und Abflug. Denn gelegentlich entstehen Wartezeiten, etwa auf weitere Kunden, die im selben Bus zu anderen Zielen transportiert werden müssen. Entspannter verläuft auf jeden Fall die Rückgabe einen oder mehrere Tage vor Abflug.

Die meisten der zahlreichen kleinen Fähren über Flüsse und schmale Meeresarme transportieren ohne Reservierung gemäß »first come, first served«.

3.3 Regelung des Transports vor Ort

Eigen-initiative

Steht am Ankunftsort kein vorgebuchtes Fahrzeug bereit, und stecken weder Rundreiseticket einer *Airline* noch *Greyhound-* oder *Amtrak/Canrail*-Netzpass in der Tasche, muss Eigeninitiative dafür sorgen, dass es weitergeht.

3.3.1 Pkw- und Camper-Miete

Pkw, SUV und Minivans

Voraus-setzungen

Sich ein Auto zu mieten, ist in ganz Nordamerika ein alltägliches und unkompliziertes Geschäft, sofern der Kunde die nötigen Voraussetzungen erfüllt. Zu beachten ist, dass

- die großen **Pkw-Verleihfirmen** vor Ort **an Fahrer unter 21 Jahren** nicht vermieten. Bisweilen wird ein Mindestalter von 23 oder sogar 25 Jahren gefordert bzw. bei Unterschreitung ein **Aufschlag ab $20/Tag** erhoben. Nur in *Big Cities* gibt es hier und dort lokale Unternehmen, die sich den Service für Kunden **ab 18/19 Jahren** mit Höchsttarifen honorieren lassen. Damit verbunden ist oft die Auflage, das Stadtgebiet bzw. einen engen Radius um die Stadt herum nicht zu verlassen. Die **Deckungssumme** der Haftpflichtversicherung ist dabei oft unzureichend.
- im Auto-Verleihgeschäft ohne **Kreditkarte** so gut wie nichts läuft. Selbst der Vorbucher, der ja bereits in der Heimat alles bezahlt hat, muss meist noch ein Blanko-Kreditkartenformulat abzeichnen. Bei Buchung eines Mietwagens vor Ort sind Firmen noch weniger bereit, anstelle der *Credit Card* Bares als Kaution zu akzeptieren. Folgerichtig sind auch verbindliche **telefonische Reservierungen ohne Angabe einer Kreditkartennummer nicht möglich**.
- durchweg alle europäischen Führerscheine (einschließlich der immer noch vorhandenen grauen »Lappen«) anerkannt werden. Aber es schadet nicht, einen Internationalen Führerschein mitzuführen. Der Reisepass ist zusätzlich vorzulegen.

Typen

Über die in den USA und Canada als Leihwagen zur Verfügung stehenden Wagentypen und -kategorien kann man sich in Reisekatalogen und im Internet ausführlich informieren. Man erhält auch bei den internationalen Vermietern direkt Unterlagen. Das Angebot anderer Firmen unterscheidet sich bei Typen und Kostenkategorien davon im allgemeinen nicht wesentlich.

Tarife am Airport

Wer nicht aufs Geld schaut, bucht seinen Mietwagen ohne Reservierungsmühe am Ankunftsflughafen. Fahrzeuge sind fast immer vorhanden, **die kleineren, etwas preisgünstigeren Fahrzeuge**, mit deren Tarifen in den Zeitschriften der *Airlines* gerne geworben wird, aber **oft ausgebucht**. Dagegen hilft nur zeitige Reservierung; Telefonnummern und Webadressen stehen auf Seite 126.

Gelegentlich erhält der Kunde auch schon mal ein größeres Fahrzeug zum Tarif des eigentlichen Wunschfahrzeugs.

Billigvermieter

Für eine **kostengünstigere Automiete** sollte man besser einen Bogen um die Schalter im *Airport* machen und das nächste Telefon suchen. Immer besitzen auch einige Billigvermieter (ohne Flughafenschalter) eine Station im Umfeld. Die lokale Telefonnummer findet sich rasch: Die gelben Seiten des örtlichen Telefonbuchs enthalten immer Anzeigen des Gewerbes unter *Automotive,* Unterrubrik *Rental/Rent-A-Car* oder direkt unter *Car Rental.* Nicht selten befindet sich ein Gratistelefon für ***Off-Airport*-Vermieter** gleich neben der *Hotel Information,* ➪ Seite 120.

Versicherung

In diesem Zusammenhang sei noch einmal auf die Problematik der Haftpflichtdeckungssumme hingewiesen, ➪ Seite 90f, die nur für Inhaber bestimmter Goldkarten ohne Zusatzkosten und Kopfzerbrechen ohne weiteres gelöst werden kann.

Abholbus der kooperierenden Vermieter Alamo und National. Bei diesen kann man sich bisweilen das am meisten zusagende Fahrzeug der gebuchten Kategorie aus dem Bestand aussuchen

Ist alles telefonisch vorgeklärt, schickt die Verleihfirma in der Regel einen Wagen, um den Kunden abzuholen.

Preisvergleich

Hat man es nicht so eilig, läßt sich mit größerer Ruhe **vom Hotel aus** vielleicht ein noch besserer Tarif finden. Die gelben Seiten des örtlichen Telefonbuchs enthalten unübersehbare Anzeigen des Gewerbes unter ***Automotive***, Unterrubrik ***Rental/Rent-A-Car*** oder direkt unter ***Car Rental***. Wer seinen **Laptop** dabei und im Hotel einen Internetanschluß oder Wireless Lan hat oder in ein **Internet Café** geht, findet die besten Angebote immer im Netz. Eine der besten Adressen in den USA mit übersichtlicher Darstellung der Möglichkeiten vor Ort ist www.orbitz.com.

Unterschiede

Die **Konditionenunterschiede für gleichartige Fahrzeuge** sind bemerkenswert. Der Vorteil der großen Firmen besteht im wesentlichen darin, dass die Wagen im Schnitt neuer und gepflegter sind und bei Problemen unterwegs die nächste Filiale der Firma nicht so weit entfernt sein wird.

3

Sprachkenntnisse wichtig

Eine **wichtige Voraussetzung** des beschriebenen Vorgehens ist die Fähigkeit, auch am Telefon sprachlich einigermaßen klarzukommen, und außerdem eine gewisse Übersicht über die Tarife. Nur dann kann man sogleich entscheiden und entweder um Abholung bitten oder dankend ablehnen.

Reservierung per Telefon und Internet

Ist man bereits in Nordamerika unterwegs, sichert die Reservierung einige Tage vor der geplanten Miete in der Regel die gewünschte Wagenklasse und gelegentlich auch einen besseren Preis als direkt vor Ort (Kreditkartennummer erforderlich, siehe oben). Die **gebührenfreien Telefonnummern** und **Internetadressen** der wichtigsten Vermieter lauten wie folgt:

Firma	Toll-free ✆	Internetadresse
Alamo	1-800-GO ALAMO	www.alamo.com
Avis	1-800-331-1212	www.avis.com
Budget	1-800-527-0700	www.budget.com
Dollar	1-800-800-4000	www.dollar.com
*Enterprise**	1-800-736-8227	www.enterprise.com
Hertz	1-800-654-3131	www.hertz.com
National	1-800-CAR RENT	www.nationalcar.com
*Payless**	1-800-PAY LESS	www.paylesscar.com
*Thrifty**	1-800-THRIFTY	www.thrifty.com

Die mit einem Sternchen versehenen Firmen bieten in der Regel geringere Tarife als die internationalen Marktführer.

Sollte eine 800-Nummer nicht mehr zutreffen, erfährt man die neue *toll-free-number* unter ✆ **1-800-555-1212.**

Reservierung unterwegs via ADAC

Auch bereits unterwegs in Nordamerika können ADAC-Mitglieder online über www.adac.de zu günstigen Tarifen und Konditionen (inkl. Haftpflichtaufstockung und Vollkasko), wie sie bei uns angeboten werden, ein Fahrzeug buchen. Problemlose persönliche Abwicklung ist auch über Telefon möglich: ADAC Hamburg, ✆ 040-23919291, Frau Sina Paulsen; Email: sina.paulsen@hsa.adac.de

Gebrauchtwagenmiete

Noch günstiger als bei »normalen« *Discountern* leiht man Gebrauchtwagen von Firmen, die sich *Rent-A-Wreck, Rent-A-Used-Car, Ugly Duckling, Rent-A-Junk* oder ähnlich nennen. Die Preise für die durchaus nicht an »Wracks« erinnernden Autos liegen um $5-$8 pro Tag unter denen der Billigkonkurrenz, schließen aber oft nur bis 100 freie Meilen ein. Ein festgelegter Aktionsradius um den Sitz der Firma darf häufig nicht überschritten werden, oder die Fahrt ist auf wenige Bundesstaaten begrenzt. Solche Wagen eignen sich eher für den Kurzfrist-City-Aufenthalt und kleine Abstecher in die Umgebung

Unter der Nummer ✆ **1-800-421-7253** erfährt man die Adressen der Stationen von *Rent-A-Wreck*; Website: www.rentawreck.com.

Campmobile

Saison-situation

Einen Camper während der Sommersaison vor Ort in den USA bzw. Canada ohne Vorausreservierung zu finden, ist ein schwieriges, im Juli/August fast unmögliches Unterfangen. Vor *Memorial Day* im Mai und nach dem *Labor Day* im September dagegen sind die Aussichten erheblich besser. Von Mitte Oktober bis Mitte Mai freuen sich im Nordosten die meisten Verleihfirmen über jeden Kunden, soweit sie ihre Camper nicht nach Florida verbracht haben.

Kosten

Wer also in der **Vor- und Nachsaison** die Mühe auf sich nimmt, einen Camper drüben zu buchen, wird kaum Probleme haben. Die Wahrscheinlichkeit aber, damit viel günstiger zu fahren als bei Buchung in der Heimat, ist selbst beim momentanen Kurs von ca. US$/CAD 1,55 für den Euro nicht sehr hoch Außerdem ist zu bedenken, dass **in Nordamerika angebotene Camper im Basistarif keine aufgestockte Haftpflicht** beinhalten. Wer so vorgeht, sollte eine Kreditkarte haben, die dies Manko kompensiert.

Die **Voraussetzungen** für eine Campermiete sind weitgehend identisch mit denen der Pkw-Miete, siehe oben.

Camper mieten, wo?

Adressen und Telefonnummern von Verleihfirmen findet man in den Gelben Telefonbüchern unter Rubriken *Automotive/RV-Rental* oder *Recreational Vehicles*, außerdem in Kleinanzeigen (*Classified Ads*) in der Tageszeitung. Da es bei der Campermiete mit dem Anruf nicht getan ist, sondern immer auch die Begutachtung der Fahrzeuge erfolgen muss, benötigt man bis zur endgültigen Klärung einen Leihwagen.

Versicherung

Ebenso wie bei der Vorbuchung sollte man sich Klarheit verschaffen über die **Haftung des Mieters** beim Eintritt von Schadensfällen und die Höhe der Zuzahlung/Tag zur Vermeidung/ Minderung der Risiken. Eine automatische Aufstockung der Haftpflichtdeckung durch Zahlung mit einer entsprechenden Kreditkarte (➪ Seite 91) – die *Netbank Platin Card* beinhaltet sogar eine Vollkasko-Deckung – ist dabei zu empfehlen.

Erst drüben mieten?

Die Frage **»Lohnt es sich, erst drüben zu mieten?«** kann wegen der Komplexität der Angelegenheit selbst für die *Off-Season* nicht eindeutig beantwortet werden. Denn erstens gibt es bei vielen Veranstaltern auch für die Vor- und Nachsaison sehr günstige Angebote, und zweitens spielen zu viele qualitative Aspekte eine Rolle. So können Suche und Auswahl stressig und nicht gerade der ideale Einstieg in die USA- bzw. Canadareise sein. Ein wenig ermunternder Gedanke ist auch, dass bei Mängeln des Fahrzeugs und eventuellen Schäden eine daraus resultierende Auseinandersetzung im fremden Land geführt werden muss.

Empfehlung

Campermiete auf eigene Faust vor Ort sollten nur Leute erwägen, die über gute Englischkenntnisse, eine gewisse individuelle Reiseroutine im Ausland verfügen und lange unterwegs sein wollen.

Kauf von Fahrzeugen mit Rückkaufgarantie bzw. Leasing

Was tun, wenn man per Auto oder Camper zwar gerne für einige Monate Nordamerika entdecken möchte, aber die Mietkosten für den langen Zeitraum zu hoch erscheinen und andererseits der mit einem denkbaren Autokauf verbundene Umstand (erhebliche bürokratische und versicherungstechnische Hürden für Ausländer ohne Wohnsitz in Kanada bzw. USA) und das Problem des Wiederverkaufs am Ende der Reise abschrecken?

Die Lösung dafür bieten z.B. Firmen wie ***Adventures on Wheels*** bei New York, © 1-800-943-3579, www.wheels9.com. *AoW* hat/beschafft Gebrauchtfahrzeuge in allen Preislagen (Pkw/Kombis ab ca. $3.000, Camper ab $7.000) und garantiert die Rücknahme (Zulassung auf den Käufer nur bei Vorliegen eines US-Führerscheins) oder macht einen Leasingvertrag.

Kontakt zu weiteren Fahrzeuganbietern bietet die deutsche Firma ***Adventure Travel*** (www.usareisen.com – Leasing und Kauf mit Rückkauf unter den Schaltflächen Fahrzeuge/Fahrzeug-Leasing).

Für den Kauf mit Rückkauf und langfristige Leasingverträge sind im Osten von **Canada** keine darauf spezialisierten Firmen bekannt, im Westen lediglich die Firma *Wildwest Campers* in Vancouver (www.wildwestcampers.ch).

Das Verkauf-/Rückkauf-Geschäft in den USA funktioniert wie folgt:

1. Der Kunde kontaktiert den Anbieter und erläutert seine Vorstellungen. Sind passende Fahrzeuge vorhanden, erhält er die Daten, Preis und Nebenkosten. Sagt ihm ein Wagen zu, reserviert er ihn durch eine Anzahlung.
2. Bei Ankunft des Kunden steht der Wagen im günstigsten Fall »abmarschfertig« bereit, d.h. technisch einwandfrei, frisch gewartet und zugelassen. Konnte die Zulassung ohne Anwesenheit des Kunden noch nicht erfolgen, wird das Auto jetzt angemeldet.
3. Nach Ende der Reise nimmt die Firma das Fahrzeug zurück und zahlt die vereinbarte Rückkaufsumme aus – sofern der Wagen sich im vertraglich vorgesehenen Zustand befindet (eine übliche »Fußangel«, die leicht Verdruss bereiten kann). Die Abschreibung ist mal meilen-, mal zeit- und saisonabhängig oder eine Mischform daraus. Der Käufer hat unter Umständen auch das Recht, den Wagen in Eigenregie selbst zu verkaufen.

Die Kosten des Ankauf-/Rückkaufgeschäfts sind alles in allem **nicht ganz niedrig**, da zunächst hohe Fixkosten der Beschaffung, Grundinspektion, Fahrzeugvorbereitung sowie Zulassung und – Kauf plus die *sales tax* anfallen. Erst ab minimal 10 Wochen (je nach Fahrzeugtyp, Saison und Alter des Käufers), oft aber erheblich später kommt es zu einem

Alte spritdurstige Straßenkreuzer (auch als Kombi) sind für $1.500-$3.000 zu haben

Modelle für Nostalgiker

Kostenvorteil gegenüber der Miete für ein gleichartiges Fahrzeug. Wobei Miet-Pkw immer neu sind, Mietcamper höchstens 2-3 Jahre alt, Kaufangebote beziehen sich dagegen überwiegend auf ältere Fahrzeuge. Je neuer und teurer ein Fahrzeug ist, umso höher fällt natürlich der Wertverlust aus mit der Folge, dass sich Vorteile gegenüber einer Miete nur bei sehr langen Reisen ergeben. Im Einzelfall muss genau gerechnet und auch überlegt werden, welchen Wert man beim Alternativenvergleich der deutlich höheren Problem- und Risikofreiheit eines Mietwagens beimisst.

Leider gibt es auf diesem Markt **problematische Geschäftspraktiken**. Mißtrauisch werden sollte man aber bei Angeboten für Fahrzeuge ohne klare Baujahr- und Meilenangabe. Auch Meilenstände unter 100.000 bei Fahrzeugen, die 12 und mehr Jahre alt sind, geben zu denken. Abgesehen davon, dass man sich auf derartig alte Wagen – die ja noch o.k. sein können – nur nach persönlicher Inspektion einlassen sollte. Die Alarmglocken läuten auch bei sehr großzügigen Garantiezusagen für Altfahrzeuge. Die damit verbundenen Risiken sind naturgemäß hoch und müssen, damit sich das Geschäft noch rechnet, anderweitig wieder hereingeholt werden. Etwa durch einen von vornherein überhöhten Verkaufspreis oder durch für den Käufer nachteilige Vertragsklauseln.

Eine **Achillesferse** dieses Geschäfts liegt bei der **Deckungssumme der Haftpflichtversicherung**. Wenn überhaupt eine Aufstockung (➪ Seite 108) möglich ist, dann wird sie teuer. Das gilt speziell bei Käufern bzw. Leasingnehmern unter 25 Jahren. Es ist möglich, dass für sie lediglich die im Bundesstaat der Zulassung gesetzliche Minimaldeckung abgeschlossen werden kann. Schon ein kleiner Unfall verursacht ggf. Kosten in Dimensionen weit über der Deckung.

Generell gilt: Das eigene, vom »Rückkaufhändler« beschaffte Auto rechnet sich unter Berücksichtigung aller Neben- und selbst zu tragenden Reparaturkosten, Reifenersatz etc. kaum unter **Reisezeiten von 3-4 Monaten**.

Die Alternative sind **Leasingverträge** mit höherem »Eigentümerrisiko« als reine Mietverträge beim typischen Autoverleiher. Sind sind billiger (bzw. sollten billiger sein) als eine längere Miete und unterliegen nicht der möglichen (Rück-)Verkaufsproblematik am Ende der Reise wie das eigene Auto.

3

3.3.2 Auto Drive-Away

Autotransport

Eine typisch amerikanische Möglichkeit, gelegentlich billig und trotzdem relativ selbständig zu reisen, ist das *Auto Drive-Away*. Firmen in jeder größeren Stadt betreiben dieses Geschäft. Es handelt sich um Fahrzeugtransport im Auftrage von Unternehmen und Privatleuten, die z.B. ihren Wohnsitz an einen anderen Ort verlegen und nicht die Zeit haben, alle in ihrem Besitz befindlichen Wagen selbst zu überführen. Dafür sucht man gerne Fahrer, die ohnehin zum vorgesehenen Zielort wollen. Die Transportfirma spart Honorare, der eingesetzte Fahrer die Ticketkosten für Flugzeug oder Bus. Die Mehrheit der Autotransporte fällt naturgemäß bei großen Entfernungen an, deren Bewältigung oft mehrere Tage dauert.

Touristen als Fahrer

Auch Touristen können Fahrzeug-Überführungen übernehmen; eine Arbeitserlaubnis benötigen sie dafür nicht. Voraussetzung ist ein Alter von **mindestens 21 Jahren** und die Vorlage des Führerscheins. Als Nicht-Amerikaner sollte man vorsichtshalber auch die internationale Version dabei haben. Meistens ist eine **Kaution** zu hinterlegen (mindestens $100). Darüber hinaus fordern viele Unternehmen **Referenzen** (Empfehlungsschreiben von Amerikanern, dass man eine vertrauenswürdige Person sei: *reliable person, no criminal record*) und einen festen Wohnsitz (oder eben die Adresse eines Freundes). Zum Glück gelten Deutsche, Schweizer und Österreicher als besonders zuverlässig, so dass es oft auch ohne Referenzen klappt.

Kosten und Bedingungen

Bei »Anstellung« gehen je nach Fahrtziel und Firma nur die Kosten fürs Benzin voll oder teilweise zu Lasten des Fahrers, und das nicht einmal in allen Fällen. Der Wagen sollte auch gegen Schäden durch **selbstverschuldete Unfälle** weitgehend versichert sein (nachfragen); die Kaution deckt dabei eine eventuelle Selbstbeteiligung. Das zeitliche Limit wird meist knapp bemessen. Man erwartet, dass der Fahrer **400 bis 500 Meilen bzw. bis zu 800 km pro Tag** schafft. Wer es nicht so eilig hat, kann nach Wagen suchen, die nur über Teilstrecken der Wunschroute transportiert werden müssen.

Beurteilung

Das *Drive-Away* ist **keine generelle Transportalternative** für eine Reise durch Amerika, sondern eine zusätzliche Variante für Leute mit viel Zeit, die lange unterwegs sind.

Adressen

Interessenten finden Adressen und Telefonnummern in den örtlichen Telefonbüchern (gelbe Seiten) unter *Drive-Away* oder *Auto Drive-Away*. Die größten Firmen mit Filialen in vielen Städten der USA und Canadas sind *AAACON Autotransport Inc.* und *Auto Drive-Away Co.* mit dem einheitlichen *toll-free* © **1-800-346-2277** bzw. www.autodriveaway.com/driversform.aspx.

Einen Gesamtüberblick über Autotransportfirmen in Canada und den USA Staat für Staat liefert die Website www.move.cars.com.

3.3.3 Bus und Bahn

Ohne **Bus-** oder **Railpass,** wie auf Seiten 106-108 beschrieben, sind Eisenbahn- und Busfahrten per **Einzelticket** wie auch bei uns in Nordamerika grundsätzlich ein relativ teurer Spaß.

Sondertickets Greyhound

Aber auch wer nicht gleich ein ganzes Netzticket kaufen möchte, findet bei *Greyhound* Möglichkeiten für preiswerte Busfahrten:

- Der ***New York State Special Pass*** gilt für Fahrten von New York City nach Buffalo, Rochester oder Syracuse bzw. umgekehrt. Einfache Fahrt kostet $46 bei Buchung mindestens 14 Tage im voraus, $61 bei Buchung 7 Tage im voraus.
- Stark verbilligt sind sog. ***e-Tickets*** oder ***e-Fares*** zwischen vielen Städten bei online-Buchung. Im geografischen Bereich dieses Buches kostet z.B. ein ***e-Ticket*** für Fahrten von New York City nach Boston $25, retour $42.
- Ferner gibt es ***Student Discounts, Companion Fares*** und ***Hot Seat Specials*** w.z.B. Schnäppchen zwischen Detroit und Chicago für $12/$24; aktuelle infos unter www.greyhound.com.

Regionalbusse

Obwohl speziell die USA, aber auch Canada, was öffentliche Verkehrsmittel betrifft, insgesamt zu Recht einen schlechten Ruf haben, trifft die Pauschalierung nicht auf alle Regionen und Cities zu. Im Bereich der dichter besiedelten Räume im Nordosten (Neuengland und NY-State), in Südontario und im Süden Québecs sind die **regionalen Busnetze relativ gut ausgebaut**. In manchen Großstädten (Toronto, Boston, Chicago, New York) steht die Qualität des Kurzstreckentransports dem in europäischen Metropolen kaum nach. Dank hoher Subventionen sind die **innerstädtischen Systeme zudem oft preiswerter als bei uns**.

In den Staaten und Provinzen mit geringer Bevölkerungsdichte und in mittelgroßen Städten ist die Versorgung mit öffentlichen Verkehrsmitteln aber eher dürftig.

Alternatives Busreisen

Was im Westen und für Kontinentquerungen die alternative Linie *Green Tortoise* ist (ab Boston/New York nach San Francisco 10-14 Tage; © 1-800-867-8647, www.greentortoise.com/adventure.travel.html), hat im Nordosten der USA zwischen Washington

und Boston gleich mehrere Namen. Diverse alternative Linien sind vor allem auf der Strecke Washington DC-Baltimore-Philadelphia-New York-Boston im Einsatz: ***Dragon Coach, Eastern, Lucky Star***. Tarife ab $15 one-way z.B. von New York nach Boston. Zusätzlich werden noch Albany, Buffalo/Niagara Falls und einige Ziele in Neuengland bedient. Die beste Übersicht im Internet liefert das Portal www.gotobus.com/bus.

Regionale Eisenbahnen

USA

Neben den großen Netzen gibt es in Nordamerika noch eine ganze Menge regionaler Gesellschaften, deren Züge mit den Railpässen (➪ Seiten 108f) nicht benutzt werden können. Im Nordosten der USA interessant sind z.B. der ***Cape Codder*** (nur Mitte Juni bis Anfang September) von New York nach Hyannis und die ***Long Island Railroad*** von NY-City/*Penn Station* nach Montauk. Für **Oldtimer Fans** ist die ***Mt. Washington Cog Railway*** in New Hampshire ein absoluter Leckerbissen, ➪ Seite 333.

Regionale Eisenbahnen

Canada

In **Québec** wird zwei Mal wöchentlich ein **Panoramawaggon** an den Güterzug von Sept-Îles (am Unterlauf des St.-Lawrence-River) nach **Labrador City**/Wabush in den hohen Norden gehängt, ➪ Seite 646. In die nördliche Wildnis Ontarios, nach Cochrane, fährt der ***Ontario Northland*** und von dort der nostalgische ***Polar Bear Express*** in das abgelegene Moosonee an der James Bay der Hudson Bay. Als besonders reizvoll gilt die Streckenführung der (heute nur noch) reinen Touristenbahn ***Algoma Central Railway*** ab Sault Ste Marie (westliches Ontario, ➪ Seite 455).

3.3.4 Fliegen in Nordamerika

Kosten

Inneramerikanische/-kanadische Flüge sind selten besonders preiswert. Vielmehr gehen sie – ganz wie bei uns – gerade bei kurzen Strecken ziemlich ins Geld, handelt es sich nicht gerade um einen vielfrequentierten Shuttle wie Boston–New York oder Toronto–Montréal. Kostspielig sind ganz besonders Anschlussflüge zu entlegenen Orten, die nur von einer einzigen Gesellschaft bedient werden. **Generell gilt**: Kauft man Tickets drüben einzeln und kurzfristig, ist es nichts mit günstigen Spezialtarifen. Wer im voraus weiß, dass er inneramerikanische Flüge buchen will und dies gleich zusammen mit dem Transatlantikticket arrangiert – ggf. auch als Couponticket – fliegt im allgemeinen preiswerter als bei kurzfristiger Buchung vor Ort.

Tarife

Wichtig zu wissen ist, dass in Nordamerika **jede Fluglinie ihr eigenes Tarifsystem** besitzt. Wenn also mehrere *Airlines* eine bestimmte Strecke bedienen, so gibt es so viele »Normaltarife« wie Gesellschaften, von Sondertarifen ganz zu schweigen.

Nachttarife

Praktisch alle Gesellschaften offerieren für Flüge am Abend oder in der Nacht sogenannte *Night Coach*-Tarife, die je nach Strecke und Luftlinie um bis zu 25% ermäßigt sind.

Buchung

Der beste Weg zum Ticket ist im Prinzip das nächste Flugreisebüro. Bei sachkundiger Bedienung des Computers sind *Airline,*

Abflugdatum und -zeit für den günstigsten Flug rasch gefunden. Wer seine Automobilklub-Mitgliedskarte dabei hat, kann sich auch an die **Reisebüros des *AAA*** bzw. ***CAA*** wenden, ➪ Seite 64.

Reservierung

Oder man ruft die Gesellschaften unter ihren *toll-free* Nummern selbst an. Für eine Buchung am Telefon muss immer eine Kreditkartennummer angegeben werden. Von den großen *Airlines* fliegen im Nordosten auch grenzüberschreitend:

American Airlines	1-800-433-7300
Air Canada	1-800-4CANADA
Continental	1-800-525-0280
Delta & Delta Connection	1-800-221-1212
Northwest	1-800-225-2525
United Airlines	1-800-241-6522
US Air	1-800-428-4322

Sollte eine 1-800-Nummer nicht mehr zutreffen, erfährt man die **neue *toll-free-number*** unter **1-800-555-1212**.

Coupontickets

Bei guter Vorausplanung können sog. ***Coupontickets*** Flüge innerhalb Nordamerikas erheblich verbilligen. Die einzelnen **Flüge werden im voraus bestimmt**, aber nur der erste Flug ist definitiv 7 Tage vor Ankunft in den USA bzw. in Canada festzulegen. Alle weiteren Flüge können gegen Gebühren wieder geändert werden.

Der Kauf von Coupontickets ist ab drei Teilstrecken (bis maximal 10 oder 12) innerhalb der USA und/oder Kanadas zu erwägen. Sie werden von allen großen Fluglinien bzw. den von ihnen gebildeten Allianzen angeboten. Voraussetzung des Erwerbs bzw. eines besonders günstigen Ticketpreises ist üblicherweise der Flug über den Atlantik mit einer Airline der jeweiligen Kooperation. Man kann Coupontickets **nur vor Abflug in Europa** erwerben.

Star Alliance North America Airpass

Im Nordosten der USA und im Osten Canadas hat insbesondere die ***Star Alliance*** um Lufthansa eine starke Position, i.e. sie fliegt dort eine Vielzahl von Städten an (***United/USAir/AirCanada***). Mit Hilfe eines **Tarifangebotsrechners** kann man sich die Kosten seines individuellen ***North America Airpass*** selbst ausrechnen (um $130 pro Flugstrecke). Den ***Fare Calculator*** findet man unter http://80.flightlookup.com. Von dort klickt man auf den North America Airpass und dann auf »*start planning*«. Die Prozedur ist kompliziert. Wer sich das nicht antun möchte, lässt eine kompetente Flugreiseagentur wie www.travel-overland.de rechnen.

Some People Just Know
How To Fly
NORTHWEST

Mural (Wandbild) als Airline Werbung in den USA

3.4 Auf Amerikas und Canadas Straßen

3.4.1 Verkehrsregeln

Situation

Autofahren ist in Amerika einfacher und im allgemeinen weit weniger stressig als in Europa. **Außerhalb der Ballungsgebiete** sind geringe Verkehrsdichte, mehrheitlich beachtete Geschwindigkeitsgrenzen, Getriebeautomatik der meisten Fahrzeuge und größere Gelassenheit der Amerikaner und Kanadier am Steuer einige Gründe dafür. **Es wird** in beiden Ländern **rechts gefahren**, und die wenigen andersartigen **Verkehrszeichen** erklären sich durch ihre Symbolik weitgehend von selbst. Ein Umdenken ist also nicht erforderlich:

Aber die folgende kurze **Liste wichtiger abweichender Regeln** sollte man sich einschärfen:

Vorfahrt

- **Stoppzeichen** mit dem Schild ***4-way*** für alle Fahrtrichtungen an Kreuzungen bedeuten »wer zuerst kommt, fährt zuerst«. Das Anhaltegebot wird strikt befolgt. Die Regel ist genauer als »rechts vor links« und besonders in Wohngebieten Standard. Dabei überqueren mehrere sich der Kreuzung nähernde Wagen diese nach kurzem Halt in der **Reihenfolge der Ankunft**. Das gilt auch bei aufgestautem Verkehr (Ankunft **am weißen Balken** auf der Fahrbahn zählt); die Überquerung läuft dann ringsum einer nach dem anderen. Bei Unklarheit darüber wird das Problem in der Regel durch Fahrerhandzeichen gelöst.

Ampeln

- Zeigt eine Ampel **rot**, darf unter Beachtung der Vorfahrt des Querverkehrs rechts abgebogen werden, es sei denn, eine Schrifttafel untersagt dies ausdrücklich (*No Turn on Red*); in **New York City und in Québec** ist dies allerdings generell verboten. Im Fall einer gesonderten Abbiegerspur **muss** sogar bei Rot abgebogen werden, solange dies der Querverkehr zuläßt. Die **Lichterfolge** an der Ampel ist **Grün-Gelb-Rot-Grün**; die Rot/Gelb-Phase vor dem Grün entfällt also.

Schulbus

- Die gelben Schulbusse dürfen weder überholt noch vom **Gegenverkehr** (!) passiert werden, wenn sie anhalten und Kinder ein-/aussteigen lassen. Ein seitlich ausgeklapptes Stoppschild und Blinkleuchten an den Bussen signalisieren das Anhalten. Nichtbeachtung gilt als schweres Delikt.

Strenge Verkehrsregeln für Schulbusse und -zonen schützen den Schulweg vorbildlich

Überholen und Spurhalten

- Auf mehrspurigen Straßen wird in Amerika legal rechts überholt. Theoretisch ist dies zwar nur erlaubt, wenn dafür nicht die Spur gewechselt wird, aber in der Praxis sind **Überholmanöver auf der rechten Seite** üblich. Daran muss man sich gewöhnen und den rechten Fahrbahnen auf *Freeways* mehr Aufmerksamkeit schenken als bei uns. Eines der obersten Gebote auf mehrspurigen Straßen ist nicht zuletzt aus diesem Grund **stures Spurhalten**. Auf voll besetzten Straßen kann ein Spurwechsel deshalb etwas schwierig sein.

Geschwindigkeitsgrenzen

- Schon 1995 fiel **in den USA** die bundesweite Höchstgeschwindigkeitsgrenze auf Autobahnen (65 mph=104 km/h). Es ist seither den Bundesstaaten überlassen, sie festzulegen. Die meisten **Oststaaten blieben bei der alten Regelung**, lediglich im Westen des Landes und in einigen Präriestaaten gelten neue Höchstgrenzen von 70 mph oder 75mph. **Auf allen anderen Straßen gilt seit eh ein generelles Limit von 55 mph, innerörtlich von 30 mph**, wenn nicht ausdrücklich anderes vorgeschrieben ist.
- In **Canada** darf nur auf wenigen Autobahnen 100 km/h überschritten werden. Auf Landstraßen gilt allgemein 80 km/h, manchmal 90 km/h, innerorts 50 km/h.

Die **Überwachung** erfolgt durch in Polizeiwagen installierte Radargeräte. Wer am Sheriff zu schnell »vorbeibrettert«, hat ihn bald im Rückspiegel und wird sogleich zur Kasse gebeten.

Bußgeld für Geschwindigkeitsüberschreitung in Canada: Bei 120 km/h statt 100 km/h: c$100, bei 140 statt 100 km/h: c$295.

Polizeikontakt

Um einen Autofahrer zu stoppen, überholt die amerikanische bzw. kanadische Polizei nicht etwa, sondern bleibt hinter ihm und betätigt kurz Sirene und rote Rundumleuchte, das unmißverständliche Zeichen zum »Rechtsranfahren«.

Nach dem Anhalten wartet man im Wagen, alles andere könnte falsch gedeutet werden. Es ist auch nicht ratsam, unbedachte Bewegungen zu machen, etwa in der Absicht, seine Papiere aus dem Handschuhfach zu holen. Am besten bleiben die Hände auf dem Lenkrad.

Ein solches Verhalten ist üblich, um der Polizei – die in Amerika mit überraschendem Schußwaffengebrauch rechnen muss – eine defensive Position zu signalisieren. Polizisten verhalten sich in Kontrollsituationen meist sachlich-korrekt; nach dem ersten "Abtasten" und kooperativer Haltung des Gestoppten auch bei Übertretungen im allgemeinen eher freundlich.

Die Eröffnung eines ernsthaften Disputs mit einem ***Sheriff*** ist in Anbetracht seiner (für uns) erstaunlichen Machtbefugnis nicht sehr ratsam. Die respektvollen Anreden lauten ***Officer*** oder ***Sir***. In Nationalparks besitzen die ***Ranger*** einen ähnlichen Status wie sonst die Polizei.

Parken und Parkverstöße

Parkvorschriften sind in den USA und Canada strenger als bei uns und tunlichst zu beachten. Die Polizei ist ständig unterwegs, verteilt ***Tickets*** an Parksünder oder läßt rigoros abschleppen (Gebühr ab $150). Auch wer auf Parkplätzen ohne Parkuhr die auf Hinweis-Schildern vermerkten Zeiten überschreitet, ist vor einem *Ticket* nicht sicher. Polizeikontrolleure verbinden mit einem Kreidestrich den untersten Punkt des Autoreifens mit dem Straßenasphalt. Ist bei der nächsten Kontrolle nach Ablauf der maximalen Parkzeit der Strich zwischen Reifen und Straße immer noch durchgängig, wurde der Wagen nicht bewegt. Folglich gibt's ein *Ticket.*

Entlang **gelber Kantsteinmarkierungen** ist Parken verboten; ebenso dürfen Hydranten – die Dinger stehen in Nordamerika alle Naselang – nicht zugeparkt werden: ca. 5 m nach rechts und links müssen freibleiben.

Oft sind **Parkvorschriften** auf Tafeln erläutert, deren genaues Studium angeraten ist. Die Ausnahmen vom Parkverbot bzw. von der Parkerlaubnis werden darauf minutiös erklärt (für Straßenreinigung, Markttage und Anwohner-Vorrechte).

Zahlung

Wer ein ***Ticket*** erhält, muss entweder im vorgefundenen Umschlag **Dollars bar** verschicken oder bei einer Bank per *Money Order* die Bußgeldsumme einzahlen. Versäumt er das, landet die Aufforderung zur Zahlung bald zu Hause auf dem Tisch, denn der Autovermieter muss die Adresse herausrücken. Nach dreimaliger erfolgloser Zahlungsaufforderung gibt der Polizeicomputer auf. Aber nur bei Bagatellbeträgen, sonst holt man sich das Geld beim Verleiher, und der wiederum kennt die Kreditkartennummer seines sündigen Kunden.

So kann es laufen, muss es aber nicht. Die Handhabung der Verfolgung kleiner Verstöße durch ausländische Touristen ist uneinheitlich und – so der Eindruck – eher zurückhaltend.

Interstate Hinweisschild in den USA

*Ontario-Autobahn **Q**ueen **E**lizabeth **W**ay und Provinzstraße #55*

County-(Kreis-) und State Roads in den USA

Alkohol am Steuer

Alkohol am Steuer wird auch und gerade in Amerika nicht toleriert. Es gilt überall die **Null-Promille-Grenze**. Es darf sich nicht einmal eine geöffnete Flasche mit einem alkoholischen Getränk auch nur im Innenraum des Fahrzeugs befinden – theoretisch auch nicht die bereits entkorkte, aber nicht geleerte Weinflasche vom Vorabend im Kühlschrank des Campers. Selbst trinkende Beifahrer rund um einen stocknüchternen Fahrer zählen bereits zum Tatbestand »Alkohol im Verkehr«.

Drogen am Steuer

Gegenüber **Drogen** (nicht nur) am Steuer gilt ebenso die *Zero Tolerance-Politik*. Wer in dieser Beziehung auffällt, wird registriert und nach Bestrafung und Heimreise nicht ein weiteres Mal ins Land gelassen – in beiden Staaten.

3.4.2 Straßensystem

Zum Verständnis der amerikanischen/kanadischen **Klassifizierung von Straßen** erscheinen folgende Hinweise nützlich:

Highways/ Freeways

Eine durchgehende Autostraße, welcher Qualität auch immer, ist grundsätzlich eine *Highway*. Ein begrifflicher Unterschied zum englischen Wort *Road* existiert nicht. Lediglich die ***Interstate Highway***, das amerikanische Pendant zur europäischen Autobahn, würde man kaum als *Road* bezeichnen. Für *Interstate*-Autobahnen und alle sonstigen autobahnartig ausgebauten Straßen existiert der Begriff ***Freeway*** *(free* im Sinne von freie Fahrt/ keine Kreuzungen). *Freeways* sind teilweise gebührenpflichtig und heißen dann ***Turnpike***, ***Thruway*** oder generalisierend ***Toll Road*** (*Toll* = Gebühr).

Exits/ Carpool Lanes/ Thru Lanes

Etwas überraschend am *Freeway*-System sind **Auf- und Ausfahrten auf der linken Seite**. In Ballungsgebieten finden sich auf den Autobahnen manchmal gleich zwei (oft miteinander verbundene) Besonderheiten: ***Carpool*-Fahrspuren**, die während der *Rush Hour* nur Wagen mit zwei oder mehr Insassen befahren dürfen und ***Express***- bzw. ***ThruLanes***, die bis zu einem – vorher angekündigten – Punkt keine Ausfahrt (*Exit*) mehr besitzen.

Interstate-Autobahnen

Wie der Name sagt, sind *Interstates* die großen Verbindungsstraßen zwischen den Staaten und faktisch die verkehrstechnischen Lebensadern der USA. Auf Ferienreisen wird man sie im allgemeinen nur abschnittsweise befahren; vor allem zur Überwindung größerer Distanzen und als City-Zubringer. Für die touristische Routenplanung sollten die *Interstates* – trotz durchaus vorhandener landschaftlich reizvoller Teilstücke – eher gemieden werden, soweit Alternativen bestehen.

Systematik

Zur Orientierung im *Interstate*-System ist die **Nummerierung in Verbindung mit der Himmelsrichtung** in beiden Ländern wichtiger als die Angabe von Ortsnamen, die sich mitunter erst nach langer Suche oder auch schon mal gar nicht auf der Karte finden lassen. Das System ist gegliedert wie folgt:

Die *Interstate Highways* mit **geraden Ziffern** laufen in Ost-West- und mit **ungeraden Ziffern** in Nord-Süd-Richtung.

Dreistellige Ziffern mit gerader Anfangszahl bezeichnen Stadtumgehungs-*Freeways,* dreistellige Ziffern mit ungerader Anfangszahl in die Zentren führende Stichautobahnen.

Andere Straßen

Auch alle anderen Straßen sind durchnummeriert. Ganz ähnlich wie bei uns gibt es *National Roads/Highways* (wie Bundesstraßen), regionale *State* bzw. *Provincial Roads* (Landesstraßen) und *County Roads* (Kreis-/Gemeindestraßen), sowie weitere Untergruppierungen, z.B. *Forest Roads* (Forststraßen).

Viele Straßen, auch *Interstate Freeways,* oder Straßenkombinationen tragen aus historischen und touristischen Gründen neben der Nummer einen hübschen Beinamen, ➪ Seite 567 unten.

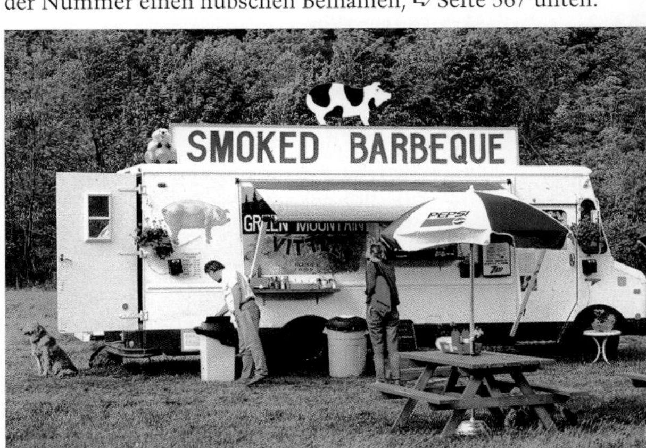

Die beliebten Tischbänke stehen nicht nur in Parks und auf Picknickplätzen, sondern überall, wo Fast Food open-air anliegt.

Picnic Areas/ Parkpläte an Interstates

An *Interstates* und Hauptstraßen gibt es zahlreiche **Rastplätze** (*Picnic/Rest Areas).* Die meisten sind ähnlich wie Campingplätze **mit Picknicktischen und Grillrosten** ausgestattet. Nachts darf dort in den meisten Staaten und Provinzen aber (im Sinne einer Übernachtung) nicht geparkt werden. Im Nordosten weicht lediglich der kleine Staat **Rhode Island** von dieser Regel ab; auf seiner einzigen ***Rest Area*** an der I-95 dürfen sich Autofahrer über Nacht (im Fahrzeug) aufs Ohr legen.

Nebenstraßen/ By-ways

Das Netz asphaltierter Straßen befindet sich im allgemeinen **in guter Verfassung**. Man kann davon ausgehen, dass sich auch noch kleinste, in den Karten als befestigt ausgewiesene Nebenstrecken ohne Vorbehalte befahren lassen.

Gravel Roads

Für uns ungewohnt sind **Schotterstraßen** (*Gravel Roads* oder *Unpaved Roads*). Schotter ist der bevorzugte Belag für wenig benutzte Nebenstrecken in dünn besiedelten Regionen. Viele **Campingplätze** in *National-, State-* und *Provincial Parks* sind nur

nur über Schotterstraßen zugänglich. Schotter tritt auch schon mal ganz unerwartet auf, nämlich **an Baustellen**. Dort geht es mangels alternativer Strecken bisweilen meilenweit auf notdürftig planierten Pisten über Stock und Stein. Bei zurückhaltender Fahrweise besteht auf *Gravel* **kein** sonderlich erhöhtes **Reifenpannen-, aber Schleuderrisiko** – besonders für Campmobile.

Dirt Roads

Der niedrigsten Stufe in der Straßenqualität entspricht die *Dirt Road*, auch – etwas feiner – *Unimproved Road* genannt. »Dreckstraßen« sind bessere Feldwege, die sich bei Trockenheit häufig angenehmer befahren lassen als *Gravel Roads*, jedoch bei Regen schnell verschlammen. Im hier beschriebenen Bereich sind *Dirt Roads* selten. Sie kommen im Hinterland von Maine und Brunswick, im Inneren der *Gaspésie* und in den *Laurentides* vor.

Der Trans Canada Highway

In Canada kam eine erste durchgehende Ost-West-Verbindung erst 1885 mit der Fertigstellung der *Canadian Pacific Railroad* zustande. Die **Schiene** blieb **über Jahrzehnte der einzige transkontinentale Verkehrsweg**. Der Ausbau eines Straßennetzes begann praktisch nicht vor Mitte der 1920er-Jahre und beschränkte sich zunächst auf die dichter besiedelten Gebiete. Während es schon seit 1942 möglich war, über den ***Canada-Alaska Highway*** auf einer durchgehenden Straße bis in den hohen Norden zu gelangen, konnte man bis in die 1960er-Jahre hinein Canada nicht per Auto durchqueren. Die Barrieren des Lake Superior und der Rocky Mountains verhinderten eine Verbindung zwischen den Straßensystemen im kanadischen Osten und Westen mit dem der Prärieprovinzen. Der Autoverkehr zwischen diesen drei Regionen war nur über die USA möglich. Ein Blick auf die Karte zeigt, dass dabei – je nach Start – und Zielpunkt – aber nicht einmal notwendigerweise größere Umwege anfielen.

Der Beschluß zur Schaffung einer Transkontinentalstraße erfolgte auch als Demonstration der Einheit Canadas und der wirtschaftlichen Unabhängigkeit des Landes (von den USA). Eine komplette Neukonstruktion war nicht erforderlich. Bereits existierende Straßen mussten »nur« nach Westen bzw. Osten verlängert und miteinander verbunden werden – vor allem zwischen Sault St. Marie und Winnipeg und im Bereich der Rocky Mountains. **Ab 1962** konnten dann erstmalig Autos **von St. John's auf Newfoundland bis nach Victoria auf Vancouver Island** quer durch Canada fahren. Aber **erst 1965** war endlich der letzte Kilometer asphaltiert und die Strecke damit ganzjährig witterungsunabhängig befahrbar.

Die aneinander anschließenden Teilstrecken wurden in ihrer Gesamtheit zum ***Trans Canada Highway***. Ausschlaggebend für die Einbeziehung einer Straße in den TCH-Verlauf waren

3

Ausbau und Zustand ebenso wie wirtschaftliche und politische Überlegungen. Touristische Aspekte bestimmten nur ganz am Rande den Verlauf, der deshalb auch durchaus nicht überall der denkbar reizvollsten Route durch Canada entspricht. Aber ohne Frage gibt es außerordentlich attraktive Abschnitte, etwa oberhalb des Lake Superior im Westen Ontarios und in British Columbia.

Im Laufe der Jahre wurden dem TCH – speziell in **Ontario** – Alternativrouten, die ebenfalls die Bezeichnung TCH tragen, hinzudefiniert, um in abgelegenen Gebieten den Tourismus zu fördern. So teilt sich westlich von Ottawa der TCH in **zwei Arme**: Einer läuft direkt in Richtung Sault Sainte Marie, der andere Arm schlägt einen südlichen Bogen bis in die Nähe von Toronto.

Ab North Bay führt eine **TCH-Nebenroute** durch die Einsamkeit des Nordens. Von Thunder Bay bis Kenora existiert eine weitere »ausgewiesene« Alternativstrecke, die ***Voyager Route***. Nur zwischen Manitoba und Ontario gibt es auf dem Festland neben dem TCH keine weitere die Provinzgrenzen überschreitende Straße.

Die Gesamtlänge des TCH hängt von der gewählten Route ab. Die kürzeste Verbindung ist **7.700 km lang** und schließt zwei Fährabschnitte ein (Newfoundland–Nova Scotia und Vancouver/Horseshoe Bay–Nanaimo). Schon kleinste Abweichungen davon bringen die Gesamtstrecke rasch auf über 8.000 km.

Im **Rahmen dieses Buches** spielt der *Trans Canada Highway* keine eigenständige Rolle, etwa als Schwerpunktstrecke. Dort wo der TCH bzw. Teilabschnitte dieser Straße die sinnvollste oder eine besonders reizvolle Route ergeben, ist der *Trans Canada Highway* in die beschriebenen Strecken integriert. Wo aber die Straße weniger bietet – so z.B. auf ihrem Verlauf durch Québec und im Osten Ontarios –, bleibt sie bei der Routenführung dieses Buches weitgehend unbeachtet.

Mile »0« auf Vancouver Island; das Pendant steht in St. John's/NFL

3.4.3 Tanken, Wartung, Pannenhilfe

Benzin

Die Benzinpreise lagen im Juni 2008 im **Nordosten der USA** um $4,00 für die Gallone (3,8 l) unverbleites Normalbenzin (*Regular Gas*; bleifrei=*unleaded)*; in **Canadas Osten** kostete der Liter zur gleichen Zeit c$1,20-c$1,50; die höchsten Preise gelten in den *Maritimes* und auf Newfoundland. Wobei die Angaben sich auf ***Self-serve Stations*** beziehen, ***Full Serve*** ist teurer.

Cash or Credit Card

Die Mehrheit der Preisschilder in den **USA** bezieht sich heute auf *Cash or Credit Card – Same Price.* Die günstigsten Benzinpreise bieten **Mini-Marts** mit einigen Tanksäulen vor der Tür. Dafür gibt`s selten Wassereimer und Schwamm fürs Scheibenwaschen, Druckluft für die Reifen schon gar nicht. Es sei denn in einem Automaten für einen *Quarter* extra.

Aktuelle Benzinpreise erfährt man im Internet unter **www.boston gasprices.com** usw., wobei der unterstrichene Teil einfach ausgetauscht werden kann durch »Toronto«, »Albany« etc.

Discount-Tankstellen (nur USA) überraschen den Kunden gelegentlich damit, dass sie keine Kreditkarte akzeptieren. Darum sollte der erste Blick des mit Karte zahlenden Kunden bei Einfahrt in die *Gas Station* immer den Master Card/VISA-Symbolen gelten. Findet der suchende Blick sie nicht, besser fragen, ob Kreditkarten angenommen werden!

Es überwiegen heute die **Kreditkarten-Tanksäulen**, die den Gang zur Kasse überflüssig machen. Nach Einschieben der Karte und elektronischer Prüfung wird der Benzinfluß freigegeben und am Ende des Vorgangs auf Knopfdruck ein Beleg ausgedruckt.

Die Oktanzahlen stehen immer deutlich neben den Zapfsäulen. Sie dürfen aber nicht mit den Werten bei uns verwechselt werden: 87 = ca. 91 ROZ

Erst zahlen, dann tanken

Vor allem in Ballungsgebieten kann an *Self-serve*-**Stationen** ohne Kreditkartenzapfsäule häufig nur nach **Vorauszahlung** getankt werden. Praktisch hinterlegt der Kunde eine Dollarnote und erhält die Freigabe des Zapfhahns. Ist der Betrag verbraucht, stoppt der Benzinfluß automatisch. Überschießende Zahlungen werden abgerechnet. Alternativ hinterlegt man vor dem Tanken die **Kreditkarte** an der Kasse in der stillen Hoffnung, dass sie nicht verwechselt wird.

Reifendruck

Viele Tankstellen haben keinen kostenlosen Druckluftservice. Wenn überhaupt, hängt irgendwo ein Schlauch, dessen Münzkompressor gegen einen *Quarter* ein paar Minuten anspringt. So gut wie nie gibt es die uns vertrauten Druck-Manometer. Statt dessen drückt eine Skala aus dem Handstück des Schlauches. Fehlt selbst das, hilft der Tankwart aus oder man kauft einen Prüfer in Kugelschreiberformat im *Mini Mart.*

(**1 atü entspricht ca. 0,07 psi; z.B. 2,1 atü = 30 psi**)

Ölwechsel

Bei gemieteten Pkw der großen Vermieter sind **Wartung und Ölwechsel** in Eigenregie des Kunden nicht vorgesehen. Im Fall einer Langzeitmiete gibt es hintereinandergeschaltete kurzfristigere Verträge (4-6 Wochen), an denen man Filialen der Firmen anfahren muss. Die eigenständige Wartung (Ölwechsel) wird vom Kunden nur bei Campern und sehr langer Mietzeit und hoher Fahrleistung erwartet. Dafür kann jede **Tankstelle** in Anspruch genommen werden. Sofort und ohne Anmeldung arbeiten spezielle **Ser- vice-Stationen**, die neben dem Öl- und Filterwechsel auch noch weitere Checkpunkte abprüfen und erledigen (Bremsflüssigkeit, Getriebeöl etc. auffüllen). Die Preise dafür liegen aus unserer Sicht niedrig ($25-$45 inklusive Öl und Filter; in c$ mehr). Sie werden von den Vermietern bei Rückgabe verrechnet.

Panne/ Unfall

Alle **Auto- und Campervermieter** geben ihren Kunden eine Telefonnummer mit auf den Weg, die bei Pannen oder Unfall angerufen werden muss. Bei den großen Firmen ist das Telefon in der Regel Tag und Nacht besetzt.

AAA Straßendienst

Ebenfalls helfen können *AAA* oder *CAA*. Einsatzwagen patroullieren auf Autobahnen und vielbefahrenen Strecken. Im Fall einer Panne wählt man **in den USA © 1-800-336-4357** (4357= *HELP*) und erfährt dort die lokale Emergency Number. **In Canada** wählt man für ***Roadside Assistance***: **© 1-800-CAA-HELP**.

In Zusammenarbeit von AAA und ADAC existiert ein kostenfreier zentraler **Notruf in deutscher Sprache** für Urlauber in ganz Nordamerika: **© 1-888-222-1373.**

Nur ein kleiner Schritt bis zur Kofferaumklappe:
Typisches Mittelklasse-Motel in Neu-England (ab $90+tax)

3.5 Hotels, Motels und andere Unterkünfte

3.5.1 Hotels und Motels

Situation

Touristen wird die Suche nach einer geeigneten Unterkunft in ganz Nordamerika leicht gemacht. Hotels und Motels konzentrieren sich **unübersehbar** an den Ausfallstraßen von Städten und Ortschaften (»*Hotel Strip*«), an typischen Ferienrouten, in Flughafennähe und manchen Stadtbereichen.

Vor allem die ***Motels*** und ***Motor Inns*** zeigen durchweg mit

Vacancy/No Vacancy oder **Welcome/Sorry** oder **Yes/No**

oft in Leuchtschrift an, ob noch freie Zimmer vorhanden sind oder alles belegt ist.

Suche

Während man in Europa im Sommer besser schon zur Mittagszeit mit der Quartiersuche beginnt, genügt es in Amerika, **ab spätem Nachmittag** Ausschau zu halten (Ausnahmen: populäre Regionen, Veranstaltungstage, Wochenendziele). Wer dennoch sicher gehen möchte, ruft vorher, spätestens am Morgen des Übernachtungstages das M/Hotel (➪ Seite 110f.) bzw. die Kette seiner Wahl an, ➪ Seite 150.

Abgrenzung der Begriffe

Die Begriffe ***Hotel***, ***Motel*** und ***Motor Inn*** werden in den USA und Canada ohne klare Abgrenzung verwendet. Für die Qualitätseinstufung spielen sie eine nachrangige Rolle:

Motels

Im **Motel** kann der Wagen meist zimmernah geparkt werden, was das Ein-und Auspacken erleichtert. Motels verfügen über ebenerdige, höchstens doppelstöckige (immer von außen unkontrolliert zugängliche!) Zimmertrakte und eine Rezeption, aber über **keine eigene Gastronomie**.

Der Gästeservice beschränkt sich auf Cola- und Snacktüten-Automaten und Eiswürfelmaschinen. Bei Buchung erhält der Gastgegen **Vorauszahlung** bzw. **Kreditkartenunterschrift** den Zimmerschlüssel bzw. eine **Plastikkarte**. Der Schlüssel wird am nächsten Morgen in der Tür steckengelassen, sofern kein **Schlüsselpfand** auszulösen ist. Die Karte funktioniert ohnehin nur für gebuchte Nächte bis zur check-out-Zeit des Folgetages.

Cabins/ Cottages

Auf dem Lande besteht manches Motel aus einer Ansammlung ***Cabins*** oder ***Cottages***, zimmergroßen Holzhäuschen, bisweilen auch in Blockhaus-Bauweise. Sie können aber auch komplett ausgestattete kleine Ferienhäuser sein, z.B. auf *Guest Ranches* oder *Lodges* in der Wildnis, wo man seine Urlaubswochen verbringt.

Motor Inns

Motor Inns unterscheiden sich in vielen Fällen durch nichts außer ihrer Bezeichnung vom Motel, sind aber vom Standard her im Schnitt höher angesiedelt. In besseren *Inns* erfolgt der Zutritt zu den Zimmern über die Rezeption oder nur Gästen zugängliche Eingänge und Korridore, nicht über außenliegende Türen. Das ist zwar unpraktischer, kommt aber dem Sicherheitsbedürfnis vieler

Parkway Cottage Resort in der Nähe des Algonquin Park/Ontario mit typischen Blockhäuschen am See

Reisenden entgegen. Parkraum steht immer reichlich zur Verfügung. *Motor Inns* der gehobenen Kategorie (über $120/Zimmer) verfügen durchweg über Restaurant und Bar.

Hotels

Eine allgemein zutreffende Kennzeichnung wie im Fall der *Inns* und Motels läßt sich für die **Hotels** nicht formulieren. Zwischen Absteigen in Randbezirken der Stadtzentren und den oft nur wenige Blocks entfernten Luxusherbergen aus Glas und Marmor liegen Welten. **Gemeinsames Merkmal** fast aller Hotels ist die zum Haus gehörende **Gastronomie** und der Verkauf/Ausschank von **Alkoholika** (nie in Motels, mal so, mal so in *Motor Inns*). Bei Stadthotels fehlt oft Parkraum. Gehören bewachte Parkgaragen zum Haus (ab obere Mittelklasse), werden dafür auch den eigenen Gästen Gebühren abverlangt.

Speziell **in Neuengland**, aber durchaus auch in *New York State* und in den kanadischen Ostprovinzen gibt es zahlreiche äußerst attraktive **Nostalgie-Hotels**, die ausnahmslos in der oberen Mittelklasse bis Luxusklasse angesiedelt sind. Diese historischen bis zu 200 Jahre alten Häuser besitzen in vielen Fällen einen besonderen Charme, der den meist hohen Übernachtungspreis halbwegs verschmerzen läßt. Manches derartige Hotel bietet lediglich ***Bed & Breakfast*** (➪ unten).

Lodges

Vor allem in landschaftlich reizvollen Gebieten und Nationalparks nennen sich Hotels gern ***Lodges*** und signalisieren damit, dass neben dem Hotelkomfort **Aktivitäten** wie Reiten, Fischen, Kanufahren, Golf etc. geboten werden oder im Umfeld möglich sind. Selten kann man *Lodges* nur für eine Nacht buchen; *Weekend* oder 2 *Nights* sind das Minimum.

Resorts

Das gilt auch für ***Resorts*** oder ***Resort Hotels***. Der Begriff ist nicht ganz eindeutig. Gewöhnlich sind *Resorts* ausgedehnte Anlagen und auf Familien- oder Sporturlaub zugeschnitten mit allen nur erdenklichen Freizeitangeboten.

Die **Innenausstattung** amerikanischer Hotel- und Motelzimmer zeichnet sich durch **weitgehende Uniformität** aus:

Komfort und Ausstattung

Je nach Größe des Raums ein Bett*) oder auch zwei davon, ein Schränkchen mit Fernseheraufsatz, ggf. eine Schreibplatte, in der Ecke Sessel/Stühle plus Tischchen. Dazu mehr und mehr auch Kühlschrank und Mikrowelle. Ab Mittelklasse ist ***Wireless LAN*** *(»**Wifi**« für **Wi**reless free **I**nternet)* schon fast Standard.

Ein eigenes Bad und Farbfernseher gehören noch zum preiswertesten Raum, in sommerheißen Gebieten überall und in besseren Hotels immer eine **Klimaanlage**. Unterschiede im Preis drücken sich weniger im grundsätzlich vorhandenen Mobiliar und der Zimmergröße als durch Qualität/Gediegenheit der Ausstattung und Grad der Abnutzung aus. Neuere Häuser der Mittelklasse bieten für $90 bis $150 einen Raumkomfort, der dem in weitaus teureren Hotels oft kaum nachsteht.

Unabhängig vom Standard schläft man in allen Quartieren **zwischen zwei Laken unter einer Wolldecke**, deren Zustand in billigen Unterkünften schon mal zu wünschen übrig läßt.

Kosten

Die Preise für die Übernachtung unterliegen erheblichen regionalen und saisonalen Schwankungen**). Sieht man von den Zentren der Cities und Brennpunkten des Tourismus zur jeweiligen Saison ab, kommt man generell – bei in etwa vergleichbarem Standard – im Nordosten Nordamerikas **zu ähnlichen Tarifen** unter wie bei uns in Mitteleuropa.

Es gibt nur noch wenige einfache Motels, die bei einer Belegung mit 2 Personen auch in der Hochsaison nur $60-$70 pro Nacht und Zimmer fordern – vor allem an Wochentagen auf dem Land und in kleinen Ortschaften. **Die Mehrheit der Unterkünfte in der durchaus akzeptablen unteren Mittelklasse (außerhalb der Großstädte und Tourismuszentren) liegt im Tarifbereich $80-$120**. *Motels* und *Motor Inns* dieser Kategorie, die ohne Sonderfaktoren wie z.B. Großstadt, Nationalparknähe, Wochenende, Sportveranstaltung etc. über US$ bzw.c$100 fürs normale DZ berechnen, befinden sich eher in der Minderheit.

---

*) ***Double***: 1,35x1,90 m, ***Queensize***: 1,50x2 m, ***Kingsize***: 1,95x2 m; Einzelbetten kleiner als *Double* gibt es so gut wie gar nicht.

) In der kurzen Sommersaison (Juli und August) kommen zu den ohnehin schon teureren Wochenend-Tarifen noch Zuschläge. Das kann auch außerhalb der Hochsaison im Fall besonderer Ereignisse (Uni-Examenssaison, Kongresse, Festspiele) passieren. Im **Internet findet man oft keine saisonalen Preisspannen, sondern nur Zimmerpreise nach halb vollzogener Buchung für eine bzw. mehrere Nächte in naher Zukunft. Selbst vor Ort tut man sich vor allem in den Kettenhäusern recht schwer mit Angaben für die nächste Vor-, Haupt- oder Nachsaison. Dennoch beschränken sich die Angaben zu Übernachtungstarifen in diesem Buch nicht auf abgestufte $-Symbole, sondern nennen im Reiseteil – soweit möglich – reale Tarife (2007/2008) überwiegend für preisgünstige, nicht an den Hotel-*Strip*s gelegene Motels oder kleine *Inns*.

3

Saisonpreise/ Wochenende

Bei schlechter Auslastung und in der *Off-Season* sinken die Preise. **Guter Komfort** ist dann nicht selten schon **um $70-$90** zu haben. Ohne besondere Ansprüche übernachtet man in der Herbst- und Frühjahrssaison (nicht im *Indian Summer*) für Preise ab $60. Allerdings kaum **freitags und samstags**, wo fast überall die Tarife weit über den Tagen So-Do liegen.

Einzel/Doppel

Gern wird in der Werbung der günstigste Preis herausgestellt, nämlich für Einzelbelegung. Dann steht ein kleines **sgl** für *single occupancy* hinter der Zahl. Tatsächlich gibt es keine echten Einzelzimmer, steht ein Bett der Größe *Double* oder *Queensize* (➪ Fußnote Seite 145) im Raum, der auch für *double occupancy* genutzt wird. Der Preis liegt dann nur wenig über dem fürs Einzel oder ist sogar identisch. In *Twin Bedrooms* (mit zwei *Queen* oder *Kingsize*-Betten) können meist bis zu vier Personen übernachten, ohne dass dafür generell ein Aufgeld verlangt wird.

Steuern, Frühstück

Alle Preisangaben sind netto; hinzu kommen immer die Umsatzsteuern (*Sales Tax*; in Canada außerdem die *GST*, ➪ Seite 193), die im Hotelgewerbe häufig höher liegen (bis zu 16%) als im Supermarkt oder bei der Autovermietung.

Ein richtiges **Frühstück** ist **normalerweise nicht im Preis** enthalten. Befindet sich kein ***Coffeeshop*** im eigenen Quartier, geht der Motelgast ins nächste ***Fast Food-Restaurant***, das selten weit ist.

Zugaben

Gerne geworben wird mit ***complimentary (= free) coffee, continental breakfast*** und ***free movies***: Der **Gratiskaffee** bezieht sich häufig auf eine Haushaltskaffeemaschine in der Rezeption oder ein kleines Heißwassergerät im Zimmer plus einige Tütchen Pulverkaffee. Das aus unerfindlichen Gründen so genannte **»kontinentale« Frühstück** (»kontinental steht für Europa außer England) ist ebensowenig ein besonderer Anreiz: Meistens handelt es sich um Kaffee oder Tee aus dem Automaten, einzunehmen aus Styroporbechern, und um ein Tablett voll übersüßten Gebäcks zur Selbstbedienung. Viele Häuser der Mittelklasse bieten ein etwas akzeptableres Schnellfrühstück mit Cereals, Waffeleisen, Apfel und Banane in einer oft ungemütlich-sterilen Cafeteria.

Movies

Die **Gratisfilme** am laufenden Band (fast) ohne die sonst allgegenwärtige werbliche Unterbrechung gibt es auf den Kabelkanälen des *Pay-TV*, das viele Motels abonniert haben. Bessere Häuser bieten eine Auswahl neuester Produktionen und spät abends ein paar Softpornos. Nach Einschalten oder nach ein paar Freiminuten werden **Gebühren** fällig (ab ca. $9 pro Film), die der Abrechnungscomputer automatisch belastet.

Internet

Das gilt auch für **Internet am Fernsehmonitor**, wofür hier und dort eine gesonderte Tastatur bereit liegt. Die bisherigen Systeme sind aber langsam und wenig befriedigend. Die Gebühren lohnen nicht. Wer unterwegs seine Email am Laptop sichten und/oder im Web surfen möchte, wird mit ***Wireless LAN*** besser bedient, das mehr und mehr als »***Wifi***« beworben wird (➪ Seite 145 oben).

Frühstück auf amerikanisch

Hungrig und verführt von Neonreklame wie *Breakfast all Day* oder *Breakfast Special $3,95* läßt man sich gerne auf das preiswerte Angebot fürs US-Frühstück ein. Speisekarte und freundliche Bedienung lassen nur Gutes erwarten. Klar und übersichtlich ist da schließlich aufgelistet: *1-Egg, 2-Egg, 3-Egg-Breakfast,* gesondert herausgestellt das *Special* und dazu – vielleicht auch als Alternative – *Pancakes.*

Okay, das *2-Egg-Breakfast* als Sonderangebot für $4,95, Tee/Kaffee inklusive plus *tax.* Den Finger auf die Karte, dann ist alles klar, oder nicht? Denn schon kommt die erste Frage: *How would you like your eggs?* Man denkt an Spiegeleier ..., wie hieß das doch gleich auf Englisch? Der unsichere Blick führt zur Hilfeleistung: *Sunny side up?* (Spiegeleier), *scrambled?* (Rührei), *over?* (beidseitig gebraten), *over easy?*, *over hard?*, *over medium?* Also die »Sonnenseite nach oben«, ein schön bildhafter Ausdruck, nix mit *over*!

Aber weiter: *With bacon, ham or sausages? Sausages* ist eigentlich nicht schlecht, aber da gibt's oft gar keine Würste, sondern einen gewürzten Fleischklops aus Wurstmasse. Also *ham* (gekochter Schinken, aber heiß) oder *bacon* – der Speck sollte gut durchgebraten sein, was aber nicht als *order* vorgesehen ist. *Bacon* kommt, wie es kommt.

Hash browns or fries? Die Bedienung lächelt immer noch. *French fries,* hat der Tourist bereits gelernt, sind *Pommes Frites.* Warum also nicht *hash browns,* eine Mischung aus Rösties und Kartoffelpuffer?

Aber damit ist noch nicht Schluß: *How would you like your toast?* Toast ist Toast bei einer Brotkonsistenz, die der von *Marshmellows* ähnelt, gleich, ob *white, wheat, whole wheat, black* oder *dutch bread* gebräunt werden. Was man jetzt auch sagt, geschmacklich kommt sowieso Pappiges. Also am besten gleich den ersten Vorschlag bestätigen.

Oder *Pancakes* ordern? Die sind weich und *fluffy* – nicht so wie Pfannkuchen bei uns – und werden immer mit *Maple Syrup* serviert (➪ Seite 353). In Kombination mit dem ersten Gang aus *eggs, bacon* und *hash browns* bilden sie eine ziemliche Kalorienbombe. Dann doch lieber *toast* und zwar mit *marmelade or jam?* Die Bedienung wird's schon richten, hat aber meist noch eine kleine Frage auf dem Herzen: *What kind of juice would you like? Orange, Tomato, Grapefruit*? Soviele Entscheidungen in rascher Folge, und das schon vorm Frühstück! Schlimm genug für den noch schläfrigen Sprachversierten und ein Martyrium bei nur geringen Englischkenntnissen.

Zum Glück ist die letzte Frage ganz einfach: *Tea or coffee*? Heißwasser und einen Teebeutel oder Kaffee eben. Dabei entfällt jede weitere Differenzierung. Kaffee ist in Amerika eben Kaffee, der mal danach schmeckt und oft auch gar nicht.

Einmal eingeweiht, weiß man ein *Egg Breakfast* zu schätzen, obwohl *boiled eggs* unbekannt sind. Dafür entfällt die Frage, ob 4, 5 oder 6 min Kochzeit. Wer kräftig zulangt, spart ohne weiteres das Mittagessen.

Hotelverzeichnisse

Wie bereits eingangs erläutert, enthalten die *Tourbooks* der **Automobilklubs AAA/CAA** für die **USA** und **Ontario** ziemlich umfassende, wenn auch nicht komplette Unterkunftsverzeichnisse mit aktuellen Preisen und Daten für Hotels und Motels ab unterer Mittelklasse mit vielen **Discount-Angeboten für Mitglieder**. Für **Québec** und die **Maritimes** ist das Verzeichnis des AAA/CAA insgeamt unvollständiger.

In **Canada** gibt es für sämtliche Provinzen bei der jeweiligen Touristinformation einen *up-to-date Accommodation Guide* (gratis; in Ontario in die *Travel Planner* integriert), der fast ausnahmslos alle Hotels und Motels auflistet – gelegentlich sogar einschließlich Jugendherbergen und Campingplätzen. Darin findet man neben Beschreibungen und Preisen auch die Telefon-/Faxnummern und Websites, so vorhanden.

In Buchläden vor Ort findet man **Spezialführer für besondere Unterkunftsarten**: Schön gelegene Landgasthäuser (***Country Inns***), historische Hotels in Neuengland (***Historical New England Inns***), Hotels und Motels unter $60 etc.

Discounts für jedermann

In den Touristen-Büros und ***Welcome Centers*** liegen fast immer sog. ***Room Saver*** oder ***Traveler Guides* voller *Discount-Coupons*** für Hotels und Motels aus. Sie beziehen sich überwiegend auf Häuser der großen Ketten entlang der *Interstate Highways* und rund um touristische Attraktionen. Mit Hilfe der Sonderangebote in diesen Heften versuchen die angeschlossenen Motels freie Kapazitäten zu füllen. Grundsätzlich besteht kein Anspruch auf Einlösung der *Coupons;* es kommt auf die täglich wechselnde Nachfrage an. Die Erfahrung lehrt aber, dass man bei Anrufen bzw. Nachfrage in der Rezeption nicht zu spät am Tage im allgemeinen gute Chancen hat, zu den annoncierten Tarifen unterzukommen (nicht an Wochenenden und in Hochsaisonzeiten).

Coupons für den ganzen Nordosten

3.5.2 Unterwegsreservierung von Hotels und Motels

Situation

Voraussetzung einer sinnvollen Reservierung sind Informationen über Qualität, Preis und andere Merkmale, darüber also, welche Unterkunft den eigenen Vorstellungen entspricht. Eine Vielzahl von **Hotel-/Motelketten** aller Kategorien, deren Häuser weitgehend identisch sind oder zumindest einen ähnlichen Standard aufweisen, macht die Lösung des Problems leicht. Auf Reisen kommt zur Not ohne Hotelverzeichnis aus, wer sich im wesentlichen an die Ketten hält. Zumindest gilt das in den **USA.** Dort dominieren die Ketten das Berherbergungsgewerbe. In **Canada** ist die Zahl unabhängiger Hotel- und Motelbetreiber größer.

1-800/866/ 877/888 = alle toll-free

Dank der gebührenfreien *(toll-free)* **1-800/888/877/866-Nummern** fallen bei einer Reservierung nicht einmal Telefonkosten an. Über ***toll-free numbers*** (➪ folgende Seite) verfügen nicht nur Hotelketten, sondern **auch viele Einzelunternehmen**. Mit den im folgenden genannten Telefonnummern erreicht man die Reservierungszentralen der bekanntesten Ketten.

Internet

Wer seinen **Laptop** dabei hat, damit z.B. in Hotels das Internet nutzen kann, oder unterwegs Zugang zu einem Computer hat (im Internetcafé), kann bei direkter Anwahl der Kettenmotels auch noch kurzfristig ein Zimmer für die nächste Nacht reservieren. Der Vorteil der Internetbuchung liegt nicht zuletzt in der detaillierten Information samt Fotos der in Frage kommenden Häuser. Totale »Fehlgriffe« lassen sich damit einigermaßen sicher vermeiden. Die **Websites der Ketten finden sich auf den Seiten 113f**.

Standard

Die Ketten sind hier nach **Ober-, Mittel-** und **Untere Preisklasse** aufgeteilt (➪ folgende Seite), wobei die Grenzen insbesondere zwischen Unter- und Mittelklasse fließend verlaufen.

Preise

Die **Preisgestaltung variiert stark**; die angegebenen Intervalle in Klammern geben nur einen Anhaltspunkt, der sich auf ganz Nordamerika bezieht; im Nordosten gilt eher der obere Preis. Die Mittelklasse bietet bei mangelnder Auslastung auch schon mal Nettopreise unter $70, liegt aber mehrheitlich im Bereich $80-$120 je nach lokalen und saisonalen Gegebenheiten. An Brennpunkten des Tourismus, in Innenstädten und Airportnähe wird die $100-Obergrenze oft deutlich überschritten. Auch ein sog. ***Budgetmotel*** kann in einigen Städten und/oder zur Hochsaison über US$70 kosten. Andererseits sind Tarife (etwas) unter $50 in der *Off-season* keine Ausnahme. In sehr vielen Fällen noch unter oder nur wenig über $50 kosten die Zimmer der ***Motel-6*-Kette**.

Standorte

Soweit nicht anders angegeben, findet man Häuser der Ketten in beiden Ländern Nordamerikas bei sehr unterschiedlicher Verteilung und Dichte. Die **Ober- und Luxusklasse** konzentriert sich dabei eher auf die **großen Städte** und deren Einzugsbereich. Auf einige Namen der Mittelklasse (*Ramada, Travelodge, Days Inn, Best Western, Holiday Inn Express, Quality Inn*) stößt man dagegen allerorten. Auch einige der preiswerteren Kettenmotels sind

Im Nordosten der USA und in Canadas Osten sind folgende Hotel-/Motelketten vertreten:

Obere Preisklasse ($150-$250 und mehr)

Bezeichnung der Kette	toll-free Number	Bemerkung
Canadian Pacific	1-800-268-9411	nur Canada
Delta	1-800-268-1133	nur Canada
Doubletree	1-800-222-8733	
Hilton	1-800-445-8667	
Hyatt	1-800-233-1234	
Renaissance/Marriott	1-800-228-9290	
Radisson	1-800-333-3333	
Residence	1-800-331-3131	
Sheraton	1-800-325-3535	
Westin	1-800-228-3000	

Mittlere Preisklasse ($90-$140)

Tarifabstände beziehen sich auf den USA-Nordosten und Canadas Osten (dort c$), nicht auf andere Regionen

Bezeichnung der Kette	toll-free Number	Bemerkung
Best Western	1-800-528-1234 oder 1-800-428-3438	
Budgetel Inn	1-800-4BUDGET	
Choice Hotels (*Comfort Inn, Quality Inn, Sleep Inn, Clarion, Main Stay Suites, Econo Lodge, Rodeway Inn*)	1-877- 424-6423	
Country Inn & Suites	1-800-456-4000	
Courtyard	1-800-321-2211	
Days Inn	1-800-325-2525 oder 1-800-329-7466	
Fairfield Inn	1-800-228-2800	
Fairmont Hotels	1-800-527-4727	nur Canada
Hampton Inn	1-800-426-7866	
Holiday Inn (mit Holiday Express)	1-888-465-4329	
Howard Johnson	1-800-446-4656	
Journey's End (in Canada mit ***Comfort Inn***)	1-800-668-4200	
Keddy's Inn	1-800-561-7666	Maritimes/NS
Ramada Inn	1-800-272-6232	
Rodd Hotels&Resorts	1-800-565-7633	nur Canada
Sandman Inn	1-800-726-3626	nur Canada
Super 8	1-800-800-8000	
Travelodge	1-800-578-7878	
Wandlyn Inn	1-800-561-0000	Québec/NB

Untere Preisklasse ($50-$80)

Bezeichnung der Kette	toll-free Number	Bemerkung
Budget Host	1-800-283-4678	
Friendship Inn	1-800-453-4511	
Master Host	1-800-251-1962	
Motel 6	1-800-466-8356	
Red Roof	1-800-843-7663	
Thriftlodge	1-800-525-9055	

Neue 1-800-✆

Sollte eine Motelkette unter der aufgeführten Nummer nicht mehr erreichbar sein, ruft man – ebenfalls gebührenfrei – die *Toll-free Information* an: **1-800-555-1212**.

weit verbreitet mit regionalen Schwerpunkten. **Spezifisch kanadische Ketten** sind ***Country Inn&Suites***, ***Sandman, Journey's End*** (mit ***Comfort Inn***), ***Keddy's*** (nur in den Maritimes, überwiegend Nova Scotia), ***Delta, Canadian Pacific*** und ***Wandlyn's***.

Unabhängige

Neben den aufgeführten Ketten gibt es jede Menge **unabhängiger Motels und Hotels**, von denen viele ebenfalls eine gebührenfreie Telefonnummer besitzen. Hinweis: Die ***Discount Guides*** enthalten kaum unabhängige Motels. Man muss sie selber suchen.

Trinkgeld

Ein kleines Problem ist für europäische Touristen die Frage der richtigen **Trinkgeldbemessung** in der Gastronomie. Da die Angestellten in Hotels und Restaurants in Amerika viel stärker vom Trinkgeld abhängig sind als ihre deutschen Kollegen (➪ Seite 180), wird auch bei allen Dienstleistungen im Hotel ein ***tip*** erwartet. Überlässt man es z.B. einem ***Attendant***, den Wagen auf dem Hotelparkplatz abzustellen (***Valet Parking***, üblich ab oberer Mittelklasse), erwartet dieser nicht unter $3.

Der ***Bellhop*** (Hotelpage) erhält fürs Koffertragen $1-$1,50 pro Gepäckstück, der ***Doorman*** (Türsteher) $2 fürs Taxiholen und die ***Room Maid*** (Zimmermädchen) $2-$3 täglich, die im Zimmer hinterlassen werden sollten (am besten gleich am ersten Tag).

Unterwegs Motels und Hotels telefonisch reservieren

Damit eine **Zimmerreservierung am Telefon** reibungslos funktioniert, benötigt man nicht nur **gute Sprachkenntnisse**, sondern sollte auch die üblichen Schritte der Abwicklung kennen:

- Bei einem **Direktanruf** im Hotel/Motel sind zunächst die Art des gewünschten Zimmers (*Single/Double Bedroom, Non-Smoker, 1 or 2 Beds etc.)* und die Daten zu nennen. Bei Anruf einer Kette nennt man **Stadt** und **Staat** bzw. **Provinz**. Sind Zimmer frei, wird ein Preis genannt, dem man zustimmt, oder man »handelt«. Die Frage etwa, ob da nicht ein günstigerer AAA- bzw. CAA-Tarif existiert, führt ggf. schon zu einer Reduzierung. Nach Einigung erhält man eine Reservierungsnummer (***Reservation Code/Number***) – so nicht, sollte man danach fragen!
- Nächster Punkt ist die **Ankunftszeit**. Wer nicht vor 18 Uhr (6 pm, bisweilen früher) eintrifft, muss das Zimmer mit der Kreditkarte »garantieren«, also auch bei Nichteintreffen zahlen.
- Fragen sollte man auch nach der genauen **Adresse** und der **Anfahrt** zum gebuchten Hotel/Motel, die manchmal kompliziert ist.

Ist ein Quartier **ausgebucht**, hat man eine zweite Chance auf Unterkommen am selben Tag **kurz nach 12 Uhr**! Denn abreisende Gäste müssen im allgemeinen spätestens bis *Noon* ihre Zimmer räumen. Oft werden dann noch unerwartet Zimmer frei, die ursprünglich länger gebucht waren.

Sagt man selber eine vorherige Kreditkarten-Buchung ab, ist es wichtig, sich dafür einen ***Cancellation Code*** geben zu lassen. Wird das Konto versehentlich belastet, hat man sonst keine Chance, die ja nur telefonisch erfolgte Absage zu untermauern.

3.5.3 Bed & Breakfast

Situation

Eine Übernachtungsmöglichkeit, die sich in Canada schon in den 1970er-, in den USA aber erst in den 1980er-Jahren durchgesetzt hat, ist *Bed & Breakfast* in ***B&B Inns*** und Privathäusern. In ländlichen Regionen wird man ***B&B*-Schilder** relativ oft entdecken, obwohl nicht alle *B&B*-Häuser ihre Funktion öffentlich machen – speziell nicht in größeren Städten. Hilfreich vor Ort ist bei Interesse an *B&B* ein ***Bed & Breakfast Guide***. In allen größeren *Bookstores* gibt es regionale *B&B*-Führer und Bücher, die besonders schön gelegene und/oder historische Anwesen beschreiben. Hier und dort sind **Listen mit allen *Bed & Breakfast Places*** einer Region oder Stadt in den Büros der *Visitor/Tourist Information* erhältlich. ***B&B*-Internetadressen** finden sich in diesem Buch bei den örtlichen und regionalen Unterkunftsempfehlungen.

Kosten

Man wird schnell feststellen, dass ***B & B* nur in Canada, selten in den USA eine preiswerte Alternative zum Motel** ist. Das Preisniveau liegt in Canada oft unter, in den USA meistens über den Kosten von Mittelklassemotels, jeweils etwa $80-$200 für 2 Personen im DZ, wobei ein üppiges amerikanisches/kanadisches Frühstück mitgeliefert wird.

Reiz des B&B

Reizvoll an *B & B-Places* kann der über den gelegentlichen »Familienanschluß« erleichterte – einige Englischkenntnisse vorausgesetzt – Kontakt zu Land und Leuten sein. Eine **reizvolle, wiewohl teure *Bed & Breakfast*-Variante** sind schön gelegene und/oder architektonisch/historisch besondere Anwesen. Vor allem in **Neuengland**, im ***Hudson Valley*** von NY-State und in einigen Bereichen Ontarios (Niagara-on-the-Lake, Kingston, am ***Loyalist und 1000 Islands Parkway***) findet man relativ viele Häuser dieser Art. Der Übergang zum hochwertigen ***Country Inn***, einem Hotel, ist dabei fließend.

Auch in einigen Großstädten wie **Montréal, Québec City** und **Boston** hat sich *B&B* zu einer beliebten Alternative zum uniformen und hochpreisigen Hotelzimmer entwickelt.

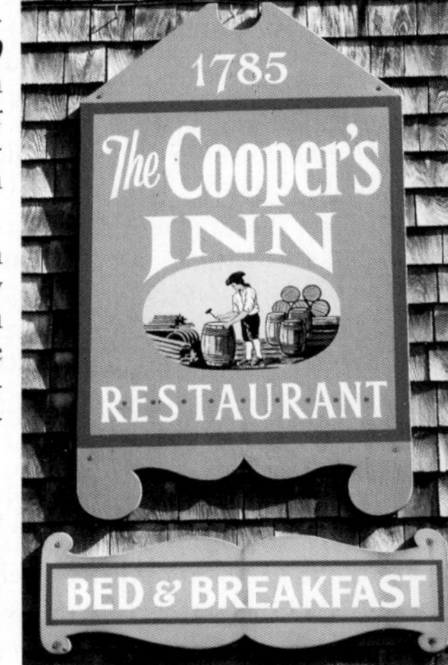

Bed & Breakfast Inn und Restaurant, eine häufig anzutreffende Kombination in Neuengland und den maritimen Provinzen

3.5.4 Quartiere für junge Leute

Jugendherbergen/ Hostelling International (HI-Hostels)

Das Jugendherbergswesen ist in Nordamerika im Vergleich zu Europa zwar unterentwickelt, aber manche der Herbergen befindet sich in günstiger Lage im Brennpunkt der Cities und in besonders schöner Umgebung in oder in der Nähe von *National-, State* und *Provincial Parks*. Die Kosten in Häusern der ***American bzw. Canadian Youth Hostel Federation*** (***HI-Hostels***) variieren Im US-Nordosten bzw. in Canadas Osten zwischen $16 und $35 pro Nacht und Bett. Damit sind sie meistens, aber durchaus nicht immer, konkurrenzlos billig, verglichen mit den jeweiligen Tarifen der lokalen Motels. Immer mehr Herbergen bieten auch EZ/DZ an, teilweise sogar mit eigenem Bad, ca. $38-70.

Reservierung

Zu den *HI-Hostels* findet man alle Informationen im Internet unter www.hiusa.org für die USA und unter www.hostels.ca für Canada Dort kann auch zentral reserviert werden.

Die einzelnen *Hostels* sind natürlich auch **telefonisch** erreichen. Für alle in diesem Buch genannten Häuser finden sich die Telefonnummern im Reiseteil. Alle weiteren Details im Internet oder im ***Hostel Handbook*** (nächste Seite), ebenso zu weiteren nicht dem HI-Verband angehörigen Häusern.

Hostels müssen insbesondere in den Cities und in der Nähe touristisch bedeutsamer Ziele (Nationalparks/Küstenorte) Wochen **im voraus reserviert werden**.

YM/WCA

Der Christliche Verein Junger Männer/Frauen – in Amerika **YMCA** bzw. **YWCA** – hat mit Ausnahme von New York City nur noch relativ wenige Wohnmöglichkeiten für Touristen.

Kontakte in den USA:

YMCA, 101 North Wacker Drive,
Chicago, Il 60606, USA; © 1-800-872-9622

www.ymca.net/about_the_ymca/rooms_for_travelers.htm

YWCA, 1015 18th Street NW, Washington DC 20036; © (001) 202-467-0801; www.ywca.org

Kontakt in Canada:

YMCA, 42 Charles Street East,
Toronto/Ontario M4Y 1T4, Canada; © (416) 967-9622

Internet: www.ymca.ca oder www.ywca.ca

Auch *Ys* sollte man lange im voraus reservieren.

Alternative Hostels

Eine **Alternative** zu den *Hostels* von *Hostelling International*, den traditionellen Jugendherbergen also, bieten zahlreiche unabhängige Unterkünfte, ebenfalls ***Hostels***, aber **unter freier Trägerschaft**. Auch im US-Nordosten und im östlichen kanadischen Städten befindet sich eine ganze Reihe. Sie verfügen durchweg über Mehrbettzimmer ab $20 bis $36 pro Bett und oft private Zimmer (DZ ab ca. $60). Bei ihnen geht es tendenziell legerer zu,

3

manchmal aber auch schlampiger als in den *Hostels* der Herbergsorganisation. Mehr noch als in *HI-Hostels* ist mittlerweile der **freie Internetzugang** dort inklusiv.

Im Internet findet man solche *Hostels* mit allen Details fast ausnahmslos unter den Reservierungsportalen

www.hostels.com und www.hostelsclub.com

Viele **Informationen und Links** zu diesen Häusern findet man auch auf der ***Website*** des *Hostel Handbook* www.hostelhandbook.com und unter www.bakpakguide.com.

Hostel Verzeichnis

Außerordentlich hilfreich und immer ***up-to-date*** ist das ***Hostel Handbook*** für die USA und Canada, das über **500 *Hostels*** und Billighotels ***for the International Traveler*** listet und **jedes Jahr im März** neu erscheint. Es enthält Adressen, Telefonnummern und Tarife sowohl der ***Hostelling International*** (*HI Hostels*) **und aller Häuser in freier Trägerschaft**. Dieses unverzichtbare Büchlein für alle jungen und junggebliebenen Leute, die ihre Übernachtungskosten niedrig halten wollen, gibt es – in jeweils neuester hier verfügbarer Auflage – exklusiv für Reise-Know-How-Leser direkt beim Verlag gegen **Voreinsendung von €5,00** in Briefmarken (inkl. Versand):

Neuauflagen etwa ab März/April jeden Jahres verfügbar

Reise-Know-How Verlagsservice
Am Hamjebusch 29

D-26655 Westerstede

Information dazu im Internet:
www.reisebuch.de//nordamerika/buecher/hostel_handbook

Studentenwohnheime

Eine Übernachtungsalternative sind in den Sommermonaten (Mai bis einschließlich August) die dann teilweise leerstehenden Studentenwohnheime, die ***University Residences*** oder ***College Dormitories***. Fast jede Mittelstadt in den USA und Canada verfügt über zumindest ein *College*.

Alternative Unterkünfte zwischen Zelt und Motel/ Hostel sind auch die **KOA-Cabins,** Blockhütten auf Campingplätzen, ➪ Seite 165

Die Bedingungen fürs Unterkommen variieren sehr. Während in manchen Fällen Einzelübernachtungen kaum weniger oder sogar mehr als in billigen Motels kosten, liegen woanders die Preise auch schon mal unter $25 pro Nacht. Es handelt sich meist um 2-4-Bett-Zimmer, die man aber auch allein oder als Paar mieten kann; sie haben indessen meist kein eigenes Bad.

Oft verstehen sich die Preise inklusive Frühstück, manchmal gibt es Gemeinschaftsküchen. Sie lohnen vor allem bei längeren Aufenthalten in Städten (Wochen-Monats-Rabatt; prima sind z.B. die Unterkünfte der *Toronto University* im Zentrum). Das DZ kann zwar bis zu $70 kosten, aber dafür darf man das Internet, die Sportanlagen und preiswerte Cafeterias nutzen.

Optimales abgeteiltes Areal fürs Zelt mit überdachtem Tisch, Strom und eigenem Wasserhahn auf einem KOA-Platz

3.6 Camping: The Great Outdoors

An Meeresküsten und Seen, in den Bergen und riesigen Wäldern genießen Amerikaner wie Kanadier ihre ***Great Outdoors***, Camping und Freizeitaktivitäten draußen in der Natur. In Europa gibt es nichts Vergleichbares.

3.6.1 Amerika hat es besser

Ausstattung der Plätze

Die USA und Canada bieten dem Camper alles, was sein Herz begehrt, sei es Komfortcamping im Wohnmobil oder Campieren unter einfachen Bedingungen. Die meisten ***Campgrounds*** sind großzügig angelegt. Ein **Stellplatz *(Site)*** fürs Campmobil oder Zelt umfaßt ein eigenes **Areal mit Picknicktisch, Feuerstelle und Grillrost**. Auf staatlichen Plätzen, ➪ Seite 157f., geraten die Nachbarn durch Büsche und Distanz mitunter sogar aus dem Blickfeld.

Campingführer

Bevor man auf Tour geht, ist die Beschaffung eines Campingführers sinnvoll, selbst wenn einem der Campervermieter schon ***KOA-Atlas*** (➪ Seite 165) und Regionalbroschüren privater *Campground*-Betreiber zugesteckt haben sollte.

Die handlichen, auch an Mitglieder europäischer Automobilklubs gratis ausgegebenen ***Campbooks* des AAA/CAA** sind recht brauchbar und zusammen mit den Hinweisen in diesem Buch für eine Urlaubsreise bis zu sechs Wochen ausreichend.

Überall zu haben ist das telefonbuchdicke ***Woodall's Campground Directory*** unterteilt nach Ost- und West-Nordamerika (***Eastern/Western Edition)*** für je ca. $20, ein überwiegend auf kommerziell betriebene Plätze ausgerichteter Führer voller Werbung. Das und sein alphabetischer Aufbau machen die Benutzung mühsam.

Canada

Kostenfreie **Campingplatz-Verzeichnisse** gibt es in Canada in den Besucherinformationen. In **Ontario** sind ***Campingplätze*** in regionalen ***Travel Planners*** integriert, ➪ Seite 148.

> **Achtung:** Viele, vor allem staatliche Campingplätze sind nur ab Ende Mai/Anfang Juni bis Mitte September (Canadas Maritimes)/Mitte Oktober geöffnet.

3

Kosten

Auf **staatlichen Plätzen** gilt eine **pauschale Einheitsgebühr** (***fee***) **pro Stellplatz** unabhängig von der Personenzahl (bis zu **4-9 Personen und oft 2 Fahrzeugen**). Die Gebühren werden oft im ***Self-Registering***-Verfahren erhoben. Das heißt, die Camper stecken nach Eintragung einiger Daten Bardollars in einen bereitliegenden Umschlag und werfen ihn in eine ***Deposit Box*** (»Tresor«, ➪ Foto unten). Auf **privaten Plätzen** überwiegt die Berechnung einer Basisgebühr für 2 Personen plus Aufschlag für jeden zusätzlichen Gast. **Preise für einen Stellplatz/Nacht** in den USA/Canada: Staatliche Plätze ab US$/c$15 bis zu $28, private je nach Standard bis zu US$/c$40 und mehr in/bei Großstädten.

Strom, Wasser, Abfluß

Besitzer von Campfahrzeugen können ihren eingebauten Komfort nur dann richtig nutzen, wenn der Campplatz entsprechend eingerichtet ist. Die meisten kommerziell betriebenen Plätze und auch viele *State* bzw. *Provincial Parks* (➪ nebenstehend) verfügen über ***Hook-ups***: Steckdosen, Wasserhahn und Abfluß an den Stellplätzen. Oft gibt es auch ***Sites,*** die nur *Electricity* und *Water* bieten. Sind alle Anschlüsse vorhanden, spricht man von einem ***Full Hook-up***. Stellplätze mit Anschlüssen sind natürlich teurer als andere. In Vermont gibt es keine *State Parks* mit *Hook up.*

Dumping und Drinking Water

Mit weitsichtiger Disposition kommen RV-Fahrer aber ganz gut ohnedem aus. Denn auf manchen Rastplätzen und *Campgrounds* ohne *Hook-up*-Einrichtung sowie in *National-* und *State/Provincial Parks* befinden sich sog. ***Dump-/Dumping-*** oder ***Sewage-Stations***, wo – häufig gegen Gebühr – Schmutzwasser abgelassen und Trinkwasser aufgefüllt werden kann. Auch **Tankstellen** und ***Tourist Information Center*** bieten vereinzelt diesen Service.

Elektrizität

Strom braucht man im Camper nur zum Betreiben der Dachklimaanlage oder für Mikrowelle, Fernseher und Haartrockner. Fürs Licht genügt die Kapazität der immer vorhandenen 2. Batterie, sofern keine längeren als 2-3tägige Standzeiten ohne Motorlauf anliegen. **Wohnmobile** bieten daher ihren Komfort ohne zeitgleiche äußere Versorgung. Mit ihnen ist also bequemes Camping abseits der Zivilisation möglich. Dennoch suchen gerade Campmobilfahrer den Vollanschluß.

Self Service Campground-Registrierung und -Zahlung. Der Umschlag mit dem Geld kommt in die ***Deposit Box*** *(ganz rechts Fee=Gebühr; Area=Gebiet).*

3.6.2 Alles über Campingplätze

Die gute Wahl der Übernachtungsplätze macht bereits den halben Erfolg einer Campingreise aus. Gängige Campingführer listen aber im wesentlichen Ausstattungsmerkmale und geben selten brauchbare Hinweise auf Qualitäten wie landschaftliche Einbettung, Größe der Stellplätze usw. Aufschlußreich ist dafür die Betreiberorganisation. Denn **staatliche *Campgrounds*** und **kommerziell geführte Plätze** unterscheiden sich erheblich.

Staatliche Plätze – Public Campgrounds

Vorweg

Für manche staatliche Campingplätze (in *State* oder *National Forests* und *County Parks*) erhält in den allgegenwärtigen Büros der *Tourist Information* Material oft nur bei gezielter Nachfrage.

National Park Camping

Die Campingplätze in Nationalparks, -monumenten und weiteren Einrichtungen unter Verwaltung des amerikanischen/kanadischen ***National Park Service*** (➪ Seite 27) liegen meist in reizvoller Umgebung und zeichnen sich durch großzügige Aufteilung aus. Die Mehrheit verfügt neben den üblichen Ausstattungsmerkmalen (➪ oben) nur über einfache sanitäre Einrichtungen; gelegentlich sind Plumpsklos und ein paar Wasserhähne der einzige Luxus. Nur Großanlagen bieten mehr Komfort, der dann auch etwas mehr kostet. Die Kosten betragen ab $15/Nacht und Stellplatz. Oft gratis sind ***Walk-in-Campgrounds*** abseits der Straßen.

National/ State Forest Camping

In den unendlichen Wäldern Nordamerikas hat der *National Forest Service* ***(NF/SF)*** beider Länder unzählige Campingplätze der sanitären Einfachstkategorie (Plumps-/Chemietoilette) angelegt. Unter ihnen befinden sich **traumhafte Anlagen** in unberührter Natur. In **Neuengland** gibt es große *National Forests* mit *Campgrounds* **nur in New Hampshire** und **Vermont**. Im **Osten Canadas** liegen nationale Forste abseits der Touristenrouten.

Lage und Gebühren

NF-Plätze sind nur sporadisch in Campingführern verzeichnet, z.T. aber in den *AAA Campbooks*. Markierungen in den Karten der Staaten bzw. Provinzen und im *Rand Mc Nally Road Atlas* zeigen oft deren ungefähre Lage. Genaue und komplette Karten erhält man in den regionalen Büros des *Forest Service*. Die Übernachtungskosten betragen zwischen $12 und $25 und sind fast immer per ***Self-Registerin**g* zu zahlen.

State und Provincial Parks

Alle US-Bundesstaaten und kanadischen Provinzen unterhalten ***State*** bzw. ***Provincial Parks***, in denen ihre Bürger die *Outdoors* genießen und/oder das historische Erbe kennenlernen können. In Québec heißen die Provinzparks *Parc National*, »echte« Nationalparks *Parc National du Canada*, ➪ Seite 505. Zu vielen *State/ Provincial Parks* gehören Campingplätze; oft stand das Campingmotiv bei deren Einrichtung sogar im Vordergrund. Die ***Campgrounds*** sind von Staat zu Staat und Provinz zu Provinz recht unterschiedlich: Manche verfügen über einen hohen sanitären

3

Internet & Reservierung Seite 160

Komfort mit Hook-ups an den Stellplätzen, andere sind eher den *NF-Campgrounds* vergleichbar. So oder so, Lage und Anlage der *State* und *Provincial Park/Parc National Campround*-Areale sorgen durchweg für **erfreuliche Campingbedingungen**.

Die **Übernachtungskosten** variieren mit dem Komfort; sie betragen **$12-$28** pro Nacht, **mehrheitlich $16-$24**. Touristen aus anderen Staaten/Provinzen zahlen vielfach einen Aufpreis. Die meisten ***State*** und ***Provincial Parks*** sind in Campingführern verzeichnet und **auf fast allen Karten** deutlich markiert. In einigen Neuengland-Staaten gibt es neben *State Park Campgrounds* auch solche in ***State Forests***. Sie entsprechen denen in *National Forests*.

Feuerholz-Verkauf bündelweise für viel Geld, auf und in der Nähe von Campingplätzen ein häufiges Bild. Selber bei Walddurchfahrten sammeln (vor Ankunft am Platz) kostet nichts.

Cities & Counties

Manche **Städte** und **Landkreise beider Länder** unterhalten in Eigenregie Parks mit Campingplätzen unterschiedlicher Qualität und Austattung. Motive sind Naherholung für die Bürger der Stadt bzw. der Region und Förderung des lokalen Fremdenverkehrs. Die Kosten liegen dort durchweg niedrig.

Kommerziell betriebene Plätze

Ausstattung/ Kosten

Über die kommerziell betriebenen Campingplätze lassen sich **allgemeingültige Aussagen** nur sehr grob machen. Alle bezüglich Komfort und Lage denkbaren Kategorien sind vorhanden. Es überwiegen Plätze mit ***Hook-ups*** und deutlich knapperem Zuschnitt des jeweils zugeteilten Areals als auf staatlichen *Campgrounds*. Die **Preisgestaltung** orientiert sich an der Ausstattung und der Nähe zu touristischen Routen und Zielen. Die **preisliche Untergrenze** für einfache und/oder abgelegene Privatplätze liegt bei etwa $**18**. Im Umfeld von Attraktionen (Nationalparks, Badeorte) und im Einzugsbereich von Großstädten wird es teurer. Für **bis zu $40 und mehr** erhält der Camper dort sein betoniertes Plätzchen, einwandfreie Sanitäranlagen, Münz-Waschmaschinen, Pool etc.

Lage

Nur wenige rein kommerziell geführte *Campgrounds* können es in puncto landschaftliche Lage und Anlage mit staatlichen Plätzen aufnehmen. Zur Sicherstellung hoher Auslastung befinden sich Privatplätze eher in **verkehrstechnisch günstiger Position**, d.h., oft in der Nähe verkehrsreicher Straßen und *Interstate*-Autobahnen. Ist der Lärmpegel auf solchen Plätzen selbst im Camper noch hoch, überschreitet er im Zelt das erträgliche Maß. Die Kunden der Privaten sind auch deshalb mehr Campmobilfahrer, für die es in erster Linie auf den Vollanschluss ankommt.

Nichts los, dann wird's schon mal billiger. Entrance Station einer kommerziellen Anlage

Qualität privater Plätze

Geht man bei der Auswahl der Plätze nach den Ausstattungskriterien der Campingführer und vor allem nach der darin reichlich enthaltenen vollmundigen Werbung, wird man sich oft wundern über die Diskrepanz zur Realität. Vor allem der **sanitäre Zustand** ist die Achillesferse manchen Platzes.

Camping-Ketten

Ähnlich wie in der Hotel- und Restaurantbranche existieren Campingplatz-Ketten (***KOA*** und ***Good Sam;*** beide in USA und Canada). Während die Betreiber von *Good Sam* Plätzen nur als loser Verbund kooperieren und die Einhaltung gewisser Ausstattungsmerkmale garantieren, sind die über **400** ***K****ampgrounds* ***o****f* ***A****merica* eine Franchise-Kette. Sie bieten einen schon äußerlich nahezu identischen Standard und verfügen alle über *toll-free* Telefonnummern für die Reservierung.

KOA

KOA lockt die Kunden der Campmobilvermieter gerne mit einer *Value Card* (gratis), die einen 10%-igen Rabatt auf die Übernachtungskosten, und ab der 4. Nacht auf bestimmten Plätzen sogar 25% garantiert, den viele gerne mitnehmen. Wer darüber mehr wissen möchte, findet KOA auch im Internet:

www.koakampgrounds.com.

Aber selbst mit *Value Card*-Discount bleibt KOA noch in der preislichen Oberklasse **ab $25** und häufig genug erheblich mehr. Dafür darf man bei KOA ziemlich sicher sein, dass **Toiletten- und Duschanlagen** sauber und intakt sind.

KOA®
KAMPGROUND

3

Reservierung von Campingplätzen

Kommerzielle Plätze

Fast alle kommerziell betriebenen Campingplätze lassen sich durch **Direktanruf**, mehr und mehr auch per **Internet** reservieren; **KOA-Plätze** z.B. lassen sich auch über www.reserveamerica.com buchen. Die Telefonnummern/Webadressen finden sich in den Campingführern und für die meisten der empfohlenen Plätze auch im Reiseteil dieses Buches. Wie bei den Hotels werden Reservierungen aber inur dann für eine Ankunft nach 18 Uhr zuverlässig festgehalten, wenn der Anrufer eine **Kreditkartennummer** nennt. Auch bei Nichterscheinen wird diese dann belastet.

Staatliche Plätze

Für staatliche Plätze gilt zunächst die Regel ***first-come-first-served***, d.h., jeder offensichtlich unbesetzte und nicht als reserviert gekennzeichnete Stellplatz in Nationalparks etc. kann als frei betrachtet und belegt werden. Mit Ausnahme mancher NF-Plätze und einer Minderheit von *State/Provincial Parks* sind auch die staatlichen Plätze zu reservieren. Die **Reservierung erfolgt heute überwiegend zentral** über *toll-free*-Telefon und zunehmend online. Teilweise muss noch direkt in den Parks angerufen werden. In vielen Fällen sind saftige **Reservierugs-** und **Stornogebühren** fällig, die Reservierungen nur bei Aufenthalten von mehrereren Tagen sinnvoll erscheinen lassen (z.B. Ontario und NY-State).

Alle Details sind **online** verfügbar; **vor Ort** findet man Adressen, Telefonnummern etc. in den in jedem(r) Staat (Provinz) gratis erhältlichen Broschüren über das jeweilige Parksystem. Es gibt sie in den Touristeninformationen und *State/Provincial Parks* selbst.

Zentrale Reservierung State und Provincial Parks

Folgende **Reservierungsregelungen** sind **2008** in Kraft:

USA	Zentrales Telefon	Online-Kontakt/Reservierung
Connecticut	✆ 1-877-668-2267	www.reserveamerica.com
Maine	✆ 1-800-332-1501	www.maine.gov/doc/parks/reservations/index.html
Massachussetts	✆ 1-877-422-6762	www.reserveamerica.com
Michigan	✆ 1-800-447-2757	www.midnrreservations.com/campgrounds/index.cfm
New Hampshire	✆ 1-877-647-2757	www.reserveamerica.com
New York State	✆ 1-800-456-2267	www.reserveamerica.com
Rhode Island	✆ 1-877-742-2675	www.reserveamerica.com
Vermont	✆ 1-888-409-7579	www.vtstateparks.com/htm/reservations.cfm, ➪ Details Seite 342.
CANADA		
Ontario	✆ 1-888-668-7275 (generell Provincial Parks) ✆ 1-800-437-2233 (St. Lawrence River Parks)	www.camis.com/op
Québec	✆ 1-800-665-6527	www.sepaq.com (➪ Seite 507)

Newfoundland	✆ 1-877-214-2267 www.nlcamping.ca
Nova Scotia	✆ 1-888-544-3434 http://parks.gov.ns.ca/reservations.htm
New Brunswick	kein zentrales ✆, unter www.tourismnewbrunswick.ca sind die Einzelparks mit Telefonnummern gelistet.
Prince Edward Island	kein zentrales ✆, unter www.gov.pe.ca/visitorsguide/explore/parks sind die Einzel parks mit Telefonnummern gelistet.

✆-Prozedur

Bevor man wählt, sollte man sich mit Zettel, Stift und Kreditkarte bewaffnen, sich auf seine Englischkenntnisse konzentrieren und tief Luft holen, denn im *Call Center* will man viel wissen: den gewünschten Campingplatz, alle persönlichen Daten, die des Autos (Nummernschild, Art, Marke, Länge), Ankunfts- und Abfahrtsdatum, wie viele Personen und Zelte, **Kreditkartennummer** und **Verfallsdatum** *(expiration)*. Die **Reservierungsnummer** reicht üblicherweise bis 21 Uhr. Erst danach verfallen Reservierungen. Storno kostet ebenfalls; wer aber nicht storniert, ist Camping- und Servicegebühren los (besonders hohe Gebühren berechnet reserveamerica.com und die Ontario-Reservierung camis.com). Genaugenommen lohnen sich Reservierungen daher nur bei 100% sicheren Daten (fester Reiseplan!) und mindestens 2 Übernachtungen hintereinander in ein und demselben Park

Internet

Die **Internetportale** zeigen für jeden Platz genaue Lagekarten und vielfach sogar die Position einzelner Stellplätze innerhalb des Geländes. In solchen Fällen kann daher nicht nur ein beliebiger Platz eines *Campground* reserviert, sondern ggf. eine spezifische Auswahl getroffen werden. Von zu Hause aus ist das bequemer als Anrufe ab Nordamerika, zumal Name, Adresse etc. nicht unbedingt bei jedem Aufruf von neuem registriert werden müssen.

National Forest

Die Mehrheit der NF-Plätze werden in Reihenfolge der Ankunft belegt. Aber schon seit Jahren lassen sich **die populärsten *Campgrounds* des *NFS*** vor allem in **New Hampshire** und **Maine**, aber auch in einigen Fällen für **Massachusetts, Vermont** und **Michigan** wie folgt reservieren

✆ 1-877-444-6777 und www.reserveamerica.com

National Parks USA

Die zentrale Campingplatzreservierung für stark frequentierte Nationalparks der **USA** vergibt im Nordosten die Plätze im ***Acadia National Park*** in Maine und einige wenige NFS-Plätze:

✆ 1-888-444-6777; www.recreation.gov

Reservierungen können ab dem jeweils 5. eines Monats bis maximal 5 Monate im voraus getätigt werden.

National Parks Canada

Erst seit wenigen Jahren können auch Campingplätze in kanadischen Nationalparks zentral reserviert werden:

✆ 1-877-737-3783 und www.pccamping.ca

Abschließende Hinweise zum Camping

Vorteile und Nachteile unterschiedlicher Plätze

Die staatlichen Plätze sind den meisten privaten Anlagen unabhängig von Kostenüberlegungen vorzuziehen, sofern der Vollanschluß nicht im Vordergrund der Bedürfnisse steht. Das Campen auf ihnen ist in aller Regel einfach erfreulicher. Andererseits ist festzuhalten, dass es gerade in diesem Teil Amerikas an Meeresküsten und Seeufern auch sehr viele großzügig angelegte Anlagen in Privathand gibt, die der staatlichen Konkurrenz wenig nachstehen. Sie bieten oft (noch) mehr für **Familien mit Kindern**.

Duschen

Wie bereits erwähnt, finden **Campmobilfahrer** genügend Möglichkeiten, die Ver- und Entsorgung ihres Fahrzeugs auch **ohne *Hook-up*** am Stellplatz zu erledigen. Der Nachteil eventuell nicht vorhandener Duschen auf sonst hervorragenden Campingplätzen läßt sich leicht verschmerzen. Hat man selbst keine Dusche an Bord, kann man gegen Gebühr unterwegs die Duschen von Privatplätzen oder *Truck Stops* nutzen.

Ein **optimaler Kompromiss** sind die ***State Parks***. Sie sind meist gut angelegt, verfügen in der Regel über ordentliche, oft bessere sanitäre Anlagen als mancher Privatplatz und kosten – sogar mit *Hook-up*, so vorhanden – weniger.

Campen in Cities/ auf Rastplätzen (Rest Areas)

In einigen Großstädten gibt es keine, sehr teure und/oder nur weit vor den Toren der Stadt gelegene Campingplätze. Von der vielleicht aufkommenden Idee, **in städtischen Parks** oder auf deren Parkplätzen stadtnah und gratis zu übernachten, muss dringend abgeraten werden, denn die Gefährdung durch **Kriminalität** ist im Zweifel erheblich. Eben deshalb gehören die Parks auch zu regelmäßig von der Polizei kontrollierten Zonen.

Das **Übernachten in Campmobilen auf innerstädtischen Plätzen und Straßen ist in den USA und in Canada ausnahmslos untersagt**. Dasselbe gilt im Nordosten der USA und in Canada auch für **Rastplätze an Autobahnen**. In einigen US-Staaten ist es erlaubt – u.a. auch in **Rhode Island**, aber in diesem Ministaat existiert nur **eine einzige *Rest Area***.

Camping ohne Campground

Wer die Augen offenhält, kann in einsamen Regionen und in *National Forests* durchaus legal auch **ohne *Campground*** mal ein Plätzchen für die Nacht finden (erlaubtes *dispersed camping*). **Abseits offizieller Campingplätze** muss man dabei aber Vorsicht und Umsicht walten lassen. Obgleich das Risiko gering erscheint, außerhalb von Ballungsgebieten Opfer eines Verbrechens zu werden, sollte der gewählte Platz nie von irgendwoher einsehbar und möglichst niemandem die erfolgreiche Platzsuche aufgefallen sein. Das Fahrzeug muss so stehen, dass man möglichst ohne Rangieren davonfahren kann.

Privatbesitz

Wichtig ist die Respektierung von ***Private Property***; es hat in Amerika einen hohen Stellenwert. Camping auf einem scheinbar verlassenen Privatgrundstück sollte man nicht riskieren.

3.7 Essen und Trinken

3.7.1 Selbstverpflegung

Lebensmittel und Getränke

Supermärkte

Die Selbstversorgung auf Reisen bereitet in USA und Canada keine Probleme. Supermärkte *(**Food Market/Mart**)* enormer Ausmaße findet man bis ins kleinste Nest. Die meisten sind Filialen nationaler oder regionaler Ketten wie ***Safeway, Albertsons, IGA, Big Value, Loblaws*** u..a.m. Deutlich preisgünstiger sind die **Supermärkte der Kaufhausketten *K-Mart, Wal Mart*** und ***Target***, die früher reine Warenhäuser für *Non-Food*-Artikel waren, aber seit einigen Jahren den Lebensmittelmärkten erfolgreich Konkurrenz machen. In größeren Ortschaften sind ***Food Marts*** häufig integriert in ***Shopping Center bzw. Plazas***, die unübersehbar die Ausfallstraßen zieren. Das Warenangebot in den Märkten korreliert mit der Finanzkraft der Anwohner im Umfeld.

Wer auf Qualität und Biowaren Wert legt, kann sich zu Hause schon mal das Angebot der teuren Kette ***»Whole Foods«*** ansehen: www.wholefoodsmarket.com.

Öffnungszeiten

Gesetzlich geregelte **Ladenschlusszeiten gibt es in beiden Ländern nicht**. In **Canada** schließen die Läden zwar früher als im Nachbarland, aber **Supermärkte** sind auch dort **werktags meist bis 21 Uhr geöffnet**, samstags und immer häufiger auch **sonntags bis 18 Uhr**. Manche Supermärkte in den **USA** bleiben **bis Mitternacht** geöffnet, bisweilen auch rund um die Uhr.

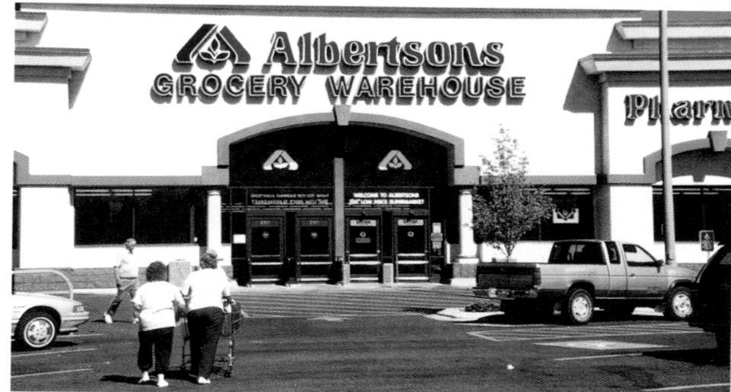

Albertsons ist eine der größten Supermarkt ketten der USA und regelmäßig von enormen Ausmaßen; hier sogar als »Lebensmittel Warenhaus« bezeichnet

Mini-Märkte

Außer in Supermärkten gibt es Lebensmittel, aber kaum Obst, Gemüse und Frischfleisch in teilweise rund um die Uhr (nur USA) betriebenen ***Mini-Marts,*** auch ***Convenient Store*** genannt (z.B. *Circle K Stores, K-Food Stores, 7 to 11 Store*s u.a.). Sie sind mehrheitlich mit Tankstellen kombiniert und fungieren außerdem mit *Cold Drinks, Coffee, Ice Cream, Popcorn, Hot Dogs* und allerhand weiteren Snacks als **Versorgungsstationen für Autofahrer**.

Lose Ware heißt »Bulk Food«; hier in Torontos Chinatown

General Store

Weitab des modernen *American Way of Life* stößt man immer noch auf ländliche ***General Stores***, die klassischen Gemischtwarenläden, die von der Milch bis zum Angelhaken so ziemlich alles führen, was die Kunden im Einzugsbereich nachfragen könnten. In manchen Gegenden wurde dieser Ladentyp sogar zu neuem Leben erweckt, oft unter Erhaltung nostalgischer Einrichtung.

Preisniveau

Im regulären **Lebensmittelsupermarkt** verbinden sich größte Auswahl und (für uns) akzeptable Preise. Nahrungsmittel sind in den USA beim aktuellen Kursniveau 2008 um ca. $1,55 je Euro insgesamt 10%-15% billiger als bei uns. Nur wenige Produkte sind nennenswert teurer. Wie bereits erwähnt, kauft man am billigsten in den Lebensmittelabteilungen von ***Wal Mart*** (***Always***) und anderen ein, die ein weitgehend identisches Sortiment bieten wie die Supermarktketten und daher auch um 22 Uhr noch voll sind.

Salat-/ Brattheken

An der **Brattheke** werden halbe Hähnchen, Lasagne, *Spare Ribs* usw. fürs häusliche *Fast Food* bereitgehalten. Grau- oder Vollkornbrot gibt's -wenn überhaupt- nur in der Deli-Ecke.

Québec

In Québec ist der französische Einfluß unverkennbar und macht das Einkaufen im Supermarkt selbst für Gourmets zum Vergnügen: Fleisch- und Fisch-Pasteten, Baguette, Croissants, vielerlei Käsesorten und manches mehr liegen bereit.

Nettopreise/ lbs-kg

Die Nettopreisauszeichnung in den **USA,** bezogen auf die englische Maßeinheit ***lb*** (= *pound*; ein Pfund entspricht etwa 450 g), lässt Preise leicht niedriger erscheinen, als sie in Wirklichkeit sind. Um den Endpreis für ein Kilo zu erhalten, müssen der *lb*-Preis verdoppelt, 10% aufgeschlagen und ggf. weitere 5%-8% für die Umsatzsteuer (*sales tax*) addiert werden. In **Canada** ist zwar lange das Dezimalsystem eingeführt, aber eigenartigerweise wird Obst und Gemüse oft noch mit lb-Preisen ausgezeichnet. **In einigen Staaten/Provinzen sind Lebensmittel umsatzsteuerbefreit.**

Fleisch/ Steak

Fleisch kauft man im Supermarkt. Schlachterläden gibt es außer in größeren Städten nicht. Für den Grillrost eignen sich vor allem *Prime Rib, Sirloin, New York und Porterhouse Steaks. Tenderloin* (Filetsteak) ist noch besser, aber extrem teuer – ebenso wie das beliebte *T-Bone Steak.* Billiger aber zäh: *Brisket, Chuck-* und *Roundsteak.* **So grillt man Steaks**: Das nicht mehr kühle Fleisch würzen und über die **weiße** *Charcoal*-Glut legen. Nur einmal wenden und vor dem Schneiden (quer zur Faser) 2 min. ruhen lassen.

Fisch und Meeresfrüchte

Regional unterschiedlich gibt es den tollsten Frischfisch wie **Lachs, Forelle, Thunfisch, *Red Snapper, Halibut,* Oktopus** etc. Im Bereich der Küsten ist das Angebot groß und fangfrisch. Auch an **Schalentieren** herrscht kein Mangel. Vor allem der **Hummer** sorgt im Nordosten für Tafelfreuden. Neben der Fischabteilung im Supermarkt wird man an der Küste für Meeresfrüchte am Hafen fündig; separate Fischläden findet man nur in den Metropolen.

Wurst

Wurstwaren, meist vakuumverpackt, schmecken nicht so recht; auch Markennamen wie *Mayer* und *Schneider* enttäuschen. Wurst darf im übrigen **mit pflanzlichen Zusatzstoffen** vermischt sein und muss nur zu einem geringen Teil aus Fleisch bestehen. Die Liste der Zusätze ist bei allen Produkten lang. Lose Ware und viele Salate findet man an der Fleisch- oder ***Deli*(*katessen*)-Theke**.

Milch und Käse

Milch gibt es von ***Non Fat*** (ohne Fett) über 1%-2% ***Low Fat*** bis zu 3,5%iger ***Homo Milk*** (Vollmilch). Sie ist immer mit Vitamin A und D angereichert. ***Deli*s** führen (teure) importierte und ausgefallene einheimische Käsesorten wie *Strawberry* (rosa!) oder *Chocolate Cheese.* Der amerikanische/kanadische ***Cheddar Cheese*** schmeckt gut, speziell die Sorten ***sharp*** und ***extra sharp***.

Obst und Gemüse

Das Angebot an Obst und Gemüse variiert mit der Region und Saison. Normalerweise ist die Auswahl sehr reichhaltig. Preiswertes ***»Produce«*** (Sammelbegriff für alle Arten) gibt's in der jeweiligen Erntesaison an Straßenverkaufsständen z.B. in den Obstanbaugebieten der Finger Lakes Region (*New York State*), Vermont und in Südontario. Ein Schild ***»You Pick«*** oder ***»U Pick«*** am Straßenrand fordert dazu auf, vom Feld selbst zu ernten.

Preiswert einkaufen mit Kundenkarte

Mit Kundenkarten können auch Touristen ihre Ausgaben im Supermarkt substanziell reduzieren und die oft beachtlichen Preisermäßigungen ebenso wie Einheimische nutzen. Viele Sonderangebote gelten nämlich nur für »gute« Kunden, die als solche durch Kundenkarten definiert sind. Die erhält jeder, der will. Man geht nur vor dem Einkauf bei *Albersons, Safeway* und anderen Ketten zum Servicedesk und läßt sich mit einer Adresse (die wird sich ja finden lassen) registrieren.

Cereals/ Müsli

Zu den Umsatzrennern in den Supermärkten zählen die sog. ***Cereals***, also *Cornflakes, Rice Crispies* usw. In Amerika gibt es unendlich viele – meist zu süße – Varianten. Qualitativ sehr hochwertig sind die müsliähnlichen *Cereals* der kanadischen Marke ***Quaker***, die sich neben den Produkten des Monopolisten *Kelloggs* in den Regalen behauptet. Lose Ware (*Bulk Food*) schaufelt man sich selbst in Tüten.

Tiefkühlkost

Gut gefüllt sind Tiefkühltruhen und -schränke. Wer im Wohnmobil über Backherd und Mikrowelle (letzteres mehr und mehr auch im Motelzimmer!) verfügt, kann sich zur Not preiswert mit tiefgefrorenen **Fertigmahlzeiten** verpflegen.

Kuchen

Kuchen und Kekse (***Cake*** bzw. ***Cookies***) erfreuen sich großer Beliebtheit, aber für den mitteleuropäischen Geschmack findet sich im Supermarkt nicht viel Genießbares. Vor allem liegt das am hohen Süßegrad und dem ausgeprägten Einsatz von Zimt und Chemie. Akzeptabel schmecken ***Donuts***, speziell, wenn sie frisch aus der ***Bakery*** kommen.

Bakeries/ Bagel

In den letzten Jahren entstanden in kleinen Orten und besonderen Vierteln der Städte ***unabhängige Bakeries*** neu, nachdem sie zuvor fast völlig von Supermarkt-Bäckereien verdrängt worden waren. Sie werden oft von jungen Leuten betrieben, die mit viel Liebe Kuchen (probierenswert der typisch amerikanische *Carrot Cake*), »richtiges« Brot, *Bagel* u.a.m. produzieren.

Bagel sind an sich eine jüdische Spezialität, aber überall zu haben. Sie sehen aus wie *Donuts,* bestehen jedoch aus einer Sauerteigart. Es gibt Knoblauch-, Käse-, Zwiebel- und viele weitere Bagelarten mit »Geschmack«. Man isst sie entweder, wie sie sind, oder belegt sie – aufgeschnitten – mit Frischkäse. *Bakeries* dieser Art verfügen meist über ein paar Tische und Stühle, wo man die Produkte des Hauses bei einer Tasse Kaffe gleich verzehren kann. Fürs Frühstück sind sie eine akzeptable Alternative zum Sortiment der *Fast Food Restaurants.*

Im Gegensatz zu den USA findet man im maritimen Canada und in Québec häufiger vom Supermarkt unabhängige Bäcker und Schlachter.

Kaffee

Der grob gemahlene und anders geröstete, zudem oft nur dünn aufgegossene US-Kaffee wird bei Freunden der braunen Bohne aus Europa gern als »Plörre« abgetan. Amerikaner trinken zudem mehr Pulverkaffee. Hier und dort gibt's ***Melitta*-Kaffee**, der fast so schmeckt wie bei uns, ➪ Kasten, und überall **Kaffeebeutel** fürs schnelle Aufbrühen.

Tee

Die **Teeauswahl** ist – außer in wenigen Fachgeschäften – dürftig und besteht vor allem aus Teebeuteln einiger großer Hersteller.

Tipp

Wer seine Kaffee- oder spezielle Teesorte auch im Urlaub nicht missen möchte, bringt seinen Bedarf von zu Hause mit und spart.

Coffee Bars und Kaffee

Die nordamerikanische ***Cup of Coffee*** spaltet die Besucher aus Europa in zwei Lager. Die einen empfinden den Kaffee als unakzeptabel, die anderen trinken ihn – ganz wie die Amerikaner – gleich literweise. Ketten wie ***Starbucks***, ***Coffee Connection*** oder neuerdings **McCafé in den McDonalds-Filialen** sind meist keine Stehcafés, sondern gemütliche Treffpunkte.

Neben vielen aromatisierten Kaffeesorten gibt es ***Espresso, Cappuccino*** oder einen ***Caffè Latte*** zum *Croissant* bzw. *Muffin*. Aber selbst der beste Edelkaffee kommt oft genug nur im Plastik- oder Pappbecher.

Auswahl einer Coffee Bar in Saint John/New Brunswick – dergleichen war noch vor wenigen Jahren kaum bekannt.

Alkoholfreie Getränke

Bei nichtalkoholischen Getränken muss man in Anbetracht der vielen farben- und chemieprächtigen Sprudel- und Brausearten erst herausfinden, was genießbar ist. Selbst *Sprite, Fanta, Coca-* und *Pepsi Cola* schmecken anders als gewohnt. **Die Amerikaner lieben es süßer**. Der natürliche Fruchtgehalt von Fruchtsäften ist bei den preiswerten Sorten extrem niedrig. 100%ige Fruchtsäfte sind erstaunlich teuer, es sei denn, man kauft sie als tiefgefrorenes Konzentrat. Mit Kohlensäure versetztes **Mineralwasser** gibt es als relativ teures ***Soda Water***; verbreiteter ist stilles Wasser.

3

Leitungswasser

Das Leitungswasser in den USA ist zum Trinken häufig ungeeignet (Schwimmbadqualität wegen hoher Chlorbeigaben zur Keimabtötung). Das gilt ganz besonders im Einzugsbereich der *Big Cities*, aber auch in mancher Kleinstadt und auf vielen Campingplätzen. Das Wasser taugt deshalb auch selten für den Kaffee- oder Teegenuß. Viele Amerikaner kaufen deshalb ***Drinking Water*** im Supermarkt in 1- bis 2-Gallonen-Behältern ($0,80-$2) oder füllen dort eine Spezialkaraffe auf und kochen selbst Kartoffeln und Spaghetti nur damit.

Märkte

Farmers Market

Märkte sind zwar nicht in jeder Kleinstadt üblich, aber buntes Markttreiben, frische Nahrungsmittel und Stände mit kleinen Snacks gibt es durchaus. Ein ***Farmers Market*** kann eine große Markthalle sein, oder eine Handvoll Buden, wo verkauft wird, was in der Umgebung gerade reif ist. Größere **Wochenmärkte** findet man eher in mittelgroßen Städten, z.B. in Saint John und Fredericton/New Brunswick oder in Kingston/Ontario. Manchmal besitzen derartige Märkte ein besonderes **Flair**, wie der von Mennoniten und deutschstämmigen Immigranten betriebene *Farmers Market* in St. Jacobs bei Kitchener/Ontario oder der ***Kensington Market*** in Toronto. Auf den meisten Märkten werden leckere Snacks angeboten.

Fish Market

Die gesamte Atlantikküste und der Golf von St. Lorenz bieten eine reichliche Auswahl an Fisch und Meeresfrüchten. In den Häfen gibt es oft kleine **Fischmärkte,** wo der frische Fang verkauft wird, sofortige Zubereitung und Verzehr inbegriffen. Nicht nur ***Lobster*** (um $10 für den Einpfünder-Hummer), auch ***Clams*** (Muscheln), ***Fish Chowders*** (Fischsuppen) und köstliche ***Fish & Chips*** (Kabeljau oder Heilbutt mit *French Fries*) sind dort oft zu haben.

Raw Bar

Als feiner gelten die ***Raw Bars*** der Fischrestaurants: Auf Barhockern am Tresen schlürft man Austern oder Muscheln; dort fehlen auch alkoholische Getränke nicht.

Faneuill Hall Marketplace mitten in Boston

Alkoholika

Alkoholverkauf USA

Alkoholika werden **in den USA in Supermärkten** und ***Liquor Stores*** verkauft. In manchen Staaten gibt es **Hochprozentiges** nur im *Liquor Store.* Die meisten untersagen den Alkoholverkauf nach einer bestimmten Zeit am Abend und/oder an Sonn- und Feiertagen. Ebenfalls **untersagt ist die Abgabe** von Alkohol an **Personen unter 21**. Auf die Einhaltung dieser Vorschriften wird streng geachtet. Das **Preisniveau** ist 2008 ähnlich dem in Deutschland.

Canada

In kanadischen Supermärkten gibt es mit der Ausnahme Québec (fast) **keine alkoholischen Getränke**. Lediglich *Light Beer* und im Alkoholgehalt reduzierte (!) Weinsorten sind dort erhältlich. Für »richtiges« Bier, Wein und Whisky muss man staatliche ***Liquor Stores*** aufsuchen, bestens sortierte, aber hochpreisige **Monopolläden**, die selbst in kleinsten Orten zu finden sind. Für sie gelten festgelegte Öffnungszeiten. Nur in größeren Städten verkaufen ***Wine Shops*** auch zu anderen Zeiten Rebensaft.

Die **Öffnungszeiten** von *Liquor Stores* variieren lokal. In Kleinstädten und Dörfern sind sie **nach 18 Uhr geschlossen**, an **Sonntagen ohnehin**. Wegen der hohen Besteuerung sind alle **Alkoholika extrem teuer** und kosten leicht doppelt soviel wie bei uns. Es gilt ein **Mindestalter von 21 Jahren** für Alkoholkauf und -verzehr.

Konsumgesetze

Besitz und Konsum von Alkoholika unterliegen erheblichen Beschränkungen. **Alkoholika dürfen nur auf privaten Grundstücken** (dazu gehören der Stellplatz auf dem *Campground* und das *Open-air*-Lokal an der Straße) **und in geschlossenen Räumen** konsumiert werden. **Öffentlicher Alkoholgenuss** gilt in ganz Nordamerika als mit Strafe belegter Regelverstoß (*Prohibited by Law*). **Verbotsschilder** wie *No Alcoholic Beverages on Beach, in the Park* etc. erinnern nachdrücklich an diese Gesetzgebung.

Bier

Nordamerikanische Biere sind vorwiegend leichte Sorten (*Lager*), wobei kanadische Marken wie *Molson* und *Labatts* mehr Würze aufweisen als die meisten US-Biere.

Unter den teureren Marken (USA: ab $1,20/Flasche) befinden sich jedoch ausgesprochen gute Biere (z.B. *Samuel Adams*). Bei den ebenfalls teuren Importbieren besitzen *Heineken* und deutsches-*Beck's Bier* hohe Marktanteile. Trotz der Originalverpackung schmecken die Importe wegen einer gesetzlich verordneten Sterilisation indessen nicht wie im Ursprungsland.

Micro Breweries

In beiden Ländern wird seit den 1980er-Jahren die einst schon totgesagte Tradition kleiner Brauereien (***Micro Breweries***) wiederbelebt. Vor allem in **Vermont** und **Québec,** aber auch in **Ontario** erzeugt man in den Kleinbetrieben qualitativ gutes Bier.

Pfand

Bier gibt es in den **USA** nur in **Einwegflaschen oder Dosen**, die mit einer Abgabe belegt sind (durchweg 10 Cents). Kinder und Obdachlose sammeln gerne die *Aluminum Cans* in Plastiksäcken. In vielen *State* und *National Parks* findet man gesonderte Abfall-Container für Getränkedosen.

Bestens sortierte Alkoholshops einerseits, reglementierte Konsumregeln andererseits auf beiden Seiten der Grenze

In **Canada** ist die Einwegverpackung für Bier seit langem abgeschafft. Man zahlt ein relativ hohes **Pfand** auf Dosen wie Flaschen. Dennoch kümmert das nicht alle Käufer.

Wein

Die Weinregale der *Liquor Stores* sind in **Canada** nach Herkunftsländern geordnet, in den **USA** zumindest nach *Domestic* (aus dem eigenen Land) und *Imported Wines*.

Wein USA

Speziell **kalifornische Weine** können es mit europäischen Produkten ohne weiteres aufnehmen, soweit es sich um bessere, relativ teure Sorten handelt – ab ca. $10 die Flasche. Das gilt auch für die Weine aus der ***Finger Lakes***-Region in New York State.

Deutsche Weine sind wenig verbreitet. Nach Auskunft der Weinhändler liegt dies an den Etikettangaben. Was soll ein Amerikaner auch mit einem »Sonnenbichler Goldstädel« anfangen? Weine wie *Liebfraumilch* oder *Blue Nun*, oft jahrgangslose Abfüllungen unbestimmter Herkunft, sind zwar allgemein bekannt und erhältlich, aber – zumindest im Nordosten – im Grunde *out*. ***Dry***, worunter *Chablis* oder *Chardonnay* verstanden wird, ist ***in***.

Sekttrinker werden mit spanischem ***Freixenet*** gut und noch halbwegs preiswert bedient.

Wein in Canada

Auch in den *Liquor Stores* Canadas ist das Weinangebot groß. Neben Weinsorten aus aller Herren Länder gibt es **kanadische Weine**. Sie stammen vorwiegend aus den Weinanbaugebieten Südontarios und Britisch Kolumbiens (*Okanagan Valley*) Die geschmacklich akzeptablen Sorten sind aber recht teuer. Importe aus Westeuropa schießen preislich den Vogel ab, ohne dass es sich dabei um erste Qualitäten handelt; das Gegenteil ist oft der Fall.

Tip

Rotwein der kalifornischen Marke *Woodbridge* (ab $11-$12) und **chilenische Weine** – auch in Canada erhältlich – sind bezahlbar und auch qualitativ empfehlenswert (➪ u.a. BYOB, Seite 179).

Zu Speisen und Gerichten im Nordosten

Gerichte, Nahrungsmittel oder Essenstraditionen, die rein nordamerikanisch sind, gibt es praktisch nicht (➪ auch Neufundland, Seite 655).

Der Büffel – einst Hauptnahrungsmittel der Indianer in den *Great Plains* – wird neuerdings manchenorts in kleinerem Wuchs gezüchtet und vermarktet. Doch noch ist **Büffelfleisch** selten auf den Speisekarten der Restaurants zu finden. Eine indianische Spezialität der maritimen Provinzen ist eine ***Fiddlehead Green*** genannte Gemüseart: Ein Farnkraut bildet im Frühjahr – vor allem in feuchteren Gebieten – ***fronds*** (Sprossen) aus, die aussehen wie die Schnecken einer Violine. Diese Sprossen werden geschält, dann gekocht oder gedünstet. Von den Indianern in Neuengland stammt das traditionelle ***Clam Bake***: Die Indianer gruben ein Loch in den Sand des Strandes und entfachten ein Holzfeuer. Die Glut wurde mit Seetang oder Seegras (*seaweed/rockweed*) bedeckt und darüber der Fang (im wesentlichen **Muscheln** und **Hummer**), aber auch Gemüse, Mais und Kartoffeln, übereinandergeschichtet, immer wieder durch eine Lage Seegras getrennt. Im kokelnden Gras garen die Meeresfrüchte und das Gemüse sehr langsam und werden dabei besonders zart. *Clam Bakes* erfreuen sich im Sommer heute wieder am Strand oder im Garten als ***All Day Picnic*** großer Beliebtheit, manchmal auch als kommerzielle Veranstaltung. Im 19. Jahrhundert galten *Clam Bakes* sogar als gesellschaftliches Ereignis.

Die **frühen Siedler** plagten andere Sorgen als die Verfeinerung des Speisezettels. Ihre Kost bestand meist aus kräftig-dicken **Bohnensuppen** (***Boston Baked Beans***, in Québec ***Pie Soup***) mit gepökeltem Fleisch, Zwiebeln, viel Melasse oder Ahornsyrup.

Die **Franzosen** achteten von Anfang an auch in der Neuen Welt auf gutes Essen (➪ Port Royal/NS, Seite 576). Fleisch, Wild, Geflügel und Fische wurden nicht einfach übers offene Feuer gehalten, sondern man nahm sich Zeit für die Zubereitung: **Pasteten** wie ***Tourtières***, ***Cipailles***, ***Six Pailles*** oder ***Râpure***, ein Kartoffelauflauf mit Hühnerfleisch, sind bis heute in Franko-Canada verbreitet.

Seafood wird auch ***Surf*** genannt, Fleischgerichte heißen ***Turf***. Viele Restaurants werben mit beidem: ***We serve surf and turf***.

Traditionelles Maisgrillen in Vermont zur Erntezeit an der Straße: Die Verkaufserlöse dienen hier einem guten Zweck.

3

Schalentiere heißen ***Shellfish***. Beliebtestes Schalentier im Nordosten ist zweifelsohne der **Hummer**. Man wirft die *Lobster* lebend in kochendes Wasser und genießt das Fleisch ohne weitere Zubereitung, ➪ Seite 310. Aber man nimmt gern ausgelassene Butter oder Mayonnaise dazu.

Clams (Muscheln) gibt es mit unterschiedlichster Bezeichnung. ***Softshell Clams*** besitzen Schalen, die leicht zu knacken sind. Sie werden gewöhnlich in Seewasser gedünstet (deswegen auch ***Steamers*** genannt) und nach Entfernung der Haut in warme Butter getunkt. ***Hardshell Clams*** wie ***Little Necks*** oder ***Cherry Stones*** haben harte, porzellanähnliche Schalen. Man serviert sie wie Austern: roh ***on the half shell*** mit Zitrone. ***Quahogs*** (sprich Kohogs) sind größer. Sie werden in Streifen geschnitten und paniert als ***fried clams*** verkauft. Auch für *Clam Chowder* nimmt man sie. ***Chowder*** (***Clam-*** oder ***Fish Chowder***) sind weiße, angedickte Suppen auf der Basis von Kartoffeln, Milch und Mais – mitunter lecker, aber auch mal eher fade. ***Mussels*** (Miesmuscheln) und ***Scallops*** (Jakobsmuscheln) werden ***baked***, ***fried*** und ***steamed*** serviert (gebacken, gebraten, gedünstet).

Bei den gängigen Fischarten wie **Kabeljau, Heilbutt** oder **Seezunge** sollte man auf *deep fried* oder *battered* verzichten, weil das Frittieren den feinen Fischgeschmack erschlägt. ***Sauteéd*** – in Butter und Zitrone – schmecken vor allem die kleinen ***Scrods*** (Kabeljau-Filets) vorzüglich.

3.7.2 Fast Food

Wer auf Amerikas Straßen unterwegs ist, kommt an – zumindest gelegentlicher – ***Fast Food*-Ernährung** kaum vorbei. Das »schnelle Essen« ist zum Glück besser und vielfältiger als sein Ruf, so gibt es z.B. *Falafel* (in allen größeren Städten), asiatische Imbisse und (insbesondere in Canada) polnische Würstchen mit Sauerkraut und Gurken.

Übersicht

Selbst im letzten Winkel der USA und auch in Canada – insbesondere in Ontario ziemlich flächendeckend – findet man die Filialen der großen ***Fast Food***-Ketten. Wo sich ein *McDonald`s* niedergelassen hat, sind *Hardee`s, Wendy`s* und der *Burger King* mit ihren Hamburger-Variationen nicht weit. Und nach Hähnchenteilen von *Kentucky Fried Chicken – KFC,* den *Donuts* von *Tim Horton* und den Eisspezialitäten der *Dairy Queen* muss man auch selten lange suchen. Um die Gunst des eiligen Kunden konkurrieren außerdem jede Menge lokale Snackbars, Cafeterias und *Coffee Shop*s.

Allen gemeinsam ist das moderate Preisniveau und der weitgehend identische Geschmack aller gängigen Gerichte. Ausnahmslos erfolgt **kein Alkoholausschank**. Eine weitere Gemeinsamkeit besteht in der tischdeckenlosen, nüchternen **Plastikeinrichtung**. **Selbstbedienung** überwiegt bei weitem.

Frühstück

Unabhängig von ihrer Spezialisierung für den Rest des Tages gibt es in vielen *Fast Food Restaurants* morgens von 6-10 oder 11 Uhr

Breakfast. Das amerikanische Standardfrühstück besteht aus zwei Eiern (***Scrambled*** = Rührei; *Fried*, ***sunny side up*** = Spiegelei), gebratenem Speck oder Bratwürstchen und ***Hash Browns*** (gebratene Reibekartoffeln). Dazu werden Toast und Marmelade serviert oder Waffeln mit **Ahornsyrup**, sowie Kaffee oder Tee nach Belieben; ➪ Glosse Seite 147.

Zu den wichtigsten in ganz Nordamerika verbreiteten Ketten ist folgendes anzumerken:

Hamburger-Lokale

- Der Marktführer ***McDonald's*** serviert bekanntlich ***Hamburger*** in verschiedenen Ausführungen. ***Burger King*** und ***Hardee's***, die #2 und #3 unter den Hamburger-Ketten, unterscheiden sich nur dem Namen nach von *McDonald's.* Sortiment, Geschmack und Preise stimmen fast überein. **Hauseigene Spielplätze** werben bei dieser Konkurrenz um die Gunst der Kunden, zumindest von Eltern. Denn Kinder lieben die Anlagen der Hamburger-Ketten mit Kunstrasen, Kletternetzen und Rutschen.

Wendy's

- ***Wendy's*** lockt die Kunden heute weniger mit dem Basisprodukt *Hamburger* als mit einer ***Salad Bar***, die in manchen Filialen um *Mexican Food* und *Pasta* erweitert ist.

Hot Dogs

Winies, Wiener, überwiegend aus Schweinefleisch, gab es schon vor 130 Jahren in den Staaten. ***Red Hots!*** war der Lockruf New Yorker Straßenverkäufer um die Jahrhundertwende für heiße Frankfurter Würstchen aus Rindfleisch. dass dann aus der Kreuzung von kleinerem Schwein und größerem Rind auf einmal ein »heißer Hund«, der populäre ***Hot Dog*** wurde, geht auf den Karikaturisten ***T.A. Dorgan*** zurück, der den fleischigen Eßstengel zu einem gestreckten Dackel zwischen zwei Brötchenhälften (*Bun*) verulkte. Prompt wurde auf der Würstchenesser-Hochburg **Coney Island** die neue Bezeichnung *Hot Dog* untersagt, weil alle Welt verwurstetes Köterfleisch in der dünnen Pelle vermutete. Das war 1914. Der nationale Schaden hielt sich aber in Grenzen: *Hot Dogs* blieben Amerikas beliebteste *Fast Food*, bis der ***Hamburger*** gut zwei Jahrzehnte später seinen Siegeszug antrat, ➪ übernächste Seite.

Donuts und Bagel

»Warum ist die Banane krumm?« beschäftigt soviele Menschen wie die Frage nach dem Loch im *Donut.* Diese (ursprünglich holländischen) Kringel missglückten einem Bäckerlehrling ehedem in der Pfanne und waren meist außen schneller gar als innen; in seiner Not kreierte er das bis heute unverkennbare Reifen-Design, das sein zuckerfreier Zwillingsbruder, der *Bagel* (jiddisch: Bügel), Ende vorigen Jahrhunderts erfolgreich kopierte. Die Bezeichnunge *Donut* (oder auch *Doghnut*) leitet sich von seinen Zutaten ab, denn neben dem Teig (*dough*) enthielt er früher auch Nüsse (*nuts*).

Wen der amerikanische *Fastfood*-Dschungel verwirrt, denke nur einmal an das Kaleidoskop der deutschen »Stulle« (www.butterbrot.de)

Kentucky Fried Chicken

- Um die Ehre, die größte amerikanische Kette zu sein, wetteiferte *McDonald's* lange mit ***KFC***, *Kentucky Fried Chicken*, deren Filialen überbackene Hähnchenteile verkaufen. Obwohl ein ***Chicken-Meal*** weder billig ist noch sonderliche Gaumenfreuden verspricht, erfreuen sich die *KFC*-Spezialitäten einer erstaunlichen Beliebtheit.

Dairy Queen

- Auch die ***Dairy Queen*** Filialen sind zahlreich. Ursprünglich spezialisiert auf **Milch-Mixgetränke**, Eis und Yoghurt, serviert man auch ***Hamburger***. Es gibt sowohl die schmuddelige Dorf-Cafeteria wie den pieksauberen, modern gestylten Plastikschuppen. Immer schmecken die **Eisvarianten**.

Donuts

- Nicht nur Süßes und Kaffee servieren Ketten wie *Dunkin' Donuts, Donut Hut* und *Tim Hortons,* hauptsächlich jedoch ***Donuts*** und ***Muffins.*** Sie alle sind auch jederzeit für ein schnelles Frühstück gut.

Mexican Food

- ***Tacos, Burritos*** und ***Tostados*** findet man heute selbst im Nordosten der USA und – vereinzelt – im Osten Canadas. Ob nun in der Filiale einer der großen Ketten wie *Taco Bell* oder beim »Dorfmexikaner«, kaum irgendwo sonst läßt sich für so wenig Geld der Magen füllen.

Sonderpreise

Alle Ketten werben nahezu kontinuierlich mit Sonderpreisen für bestimmte Gerichte oder **Kombinationen von *Items***, z.B.: ***Large Coke & Cheeseburger & French Fries*** (Pommes Frites) für $2,99. Wer auf derartige Angebote achtet und es darauf anlegt, kann mitunter billiger essen als bei Selbstverpflegung.

Drive-in

Der besonders eilige Gast verläßt zum *Fast Food*-Imbiss sein Auto nicht, sondern fährt am ***Drive-in-Counter*** vor. Dort geht es bei Andrang oft erheblich schneller als im Lokal selbst.

Bei Tim Hortons (in Canada und in einigen US-Bundesstaaten) gibt es den ganzen Tag den empfehlenswerten **Tim Horton Deal***: Suppe+Sandwich+Donut+Kaffee, wobei dort letzterer tatsächlich nach Kaffee schmeckt, ab c$5,99.*

Alkohol und Fast Food

Obwohl sich die Trinksitten gelockert haben – vor allem in Canada, wo noch bis in die 1960er-Jahre Trinken und Essen als getrennte Vorgänge galten – darf dort, wo gegessen wird, nicht unbedingt auch Alkoholisches getrunken werden. **Den *Hot Dog* oder *Hamburger* »in der Öffentlichkeit« mit einem Bier hinunterzuspülen, ist jedenfalls ziemlich undenkbar.**

Das gilt generell für *Fast Food Restaurants, Delis, Coffee Shops* und *Bakeries*. Sogar **Hummer**, an einem Imbiss direkt am Kai verzehrt, darf man in Neuengland und in den maritimen Provinzen Canadas – öffentlich – nur im ***Softdrink*** schwimmen lassen. Wenige Ausnahmen bestätigen die Regel.

Fast Food nicht nur in Ketten-Restaurants: Blue Benn Dinner in Bennington/Vermont

Hamburger

Durchgedrehtes Fleisch roh zu essen erfand man im Baltikum. Von dort (den Tartaren) kam es als »Tartar« nach Hamburg, wo es vorsichtshalber gebraten wurde – glauben die Amis und nannten die flache Bulette *Hamburger*.

Andere Ursprungs-Theorien sind genauso wenig gesichert: Erfindung aus dem Ort Hamburg in NY-State? Pökelfleisch-Nahrung der US-Immigranten unter Deck? Nur mit »Ham« (Schinken) hat er nichts zu tun. Wie auch immer, der *Hamburger* wurde zum eiligen US-Kompaktmenü: zwischen zwei sesambestäuselten Schaumgummiteilen ruht das Hauptgericht – garniert mit Salat und Zutaten aus Tuben und Konserven. Diese Veredelung vollzog sich schrittweise. Das Brötchen kam im Ersten, das Salatblatt im Zweiten Weltkrieg dazu. Beides vom *Hot Dog* abgeguckt, den der *Hamburger* bald von Platz 1 der *Fast-Food*-Liste verdrängte. Die Burger-Familie wuchs enorm und bekam Kollegen: ***Wimpeye***, den *Comic*-Kollegen von *Popeye*, der sich nicht mit Spinat, sondern mit *Hamburgers* stärkt. Die Herkunft des *Wimpey Burger* ist damit geklärt.

Die billionenfache Vermassung als *Fast Food* geht jedoch auf *McDonalds* Werbestrategie zurück: *Dad* und *Mom* essen eben da, wo die *Kids* sie hinquengeln. Seit kurzem selbst dort, wo die Story einst begann, im Baltikum.

3.7.3 Family Restaurants

Obwohl *Fast Food Places* auch als *Family Restaurants* gelten, bezieht sich der Begriff eher auf ein **Zwischending** zwischen *Fast Food* und *Full Service Restaurant* mit Alkohollizenz. Ein »Familienrestaurant« ist gekennzeichnet durch Preise, die sich auch **Familien mit Kindern** leisten können, eine große Auswahl **amerikanischer *Items*** und häufig, wiewohl nicht immer, die Abwesenheit von Alkoholika.

Denny's

Das ***Family Restaurant*** schlechthin ist *Denny's*. Dessen Filialen gibt es überall. Viele *Denny's* sind Tag und Nacht geöffnet und servieren alles vom Frühstück bis zum Nachtisch jederzeit. Bei *Denny's* gibt es eine Theke für den eiligen Gast und die beliebten Tischabteile (wie in alten Eisenbahn-Speisewagen). Es wird normal bedient, aber schneller. Eine Plazierung (➪ Seite 178) erfolgt nicht oder wird leger gehandhabt.

Bewertung

Generell gilt: Bei *Denny's* wird man satt fürs Geld, und es schmeckt! Eine mengen- und preisreduzierte Speisenfolge wird ***Seniors* ab 55** geboten. **Empfehlenswert** für unterwegs, wenn *Fast Food* nicht mehr läuft, aber »richtige« Restaurants zeitlich und finanziell zu aufwendig erscheinen.

Ponderosa/ Bonanza/ Steak n'Seafood

Die Steakhäuser ***Ponderosa*** (rustikal) und ***Bonanza*** (bürgerlich) und die (sehr gute!) Kette ***Steak n'Seafood*** gehören zu den gehobenen *Family Restaurants*. In den meisten *Ponderosa*-Steakhäusern wird *»all you can eat«* praktiziert, nur die Steaks kann man sich nur einmal holen. Aber auch an der *Salad Bar* gibt es warme Speisen; dort sind dem Hungrigen (für weniger Geld) keine Grenzen gesetzt. Für Kinder gelten Sonderpreise, dafür können sie sich sogar an der Desserttheke unbegrenzt nachholen.

In allen drei Häusern wird eine **Mischung aus Selbstbedienung und Service praktiziert**. ***Steaks, Seafood***, heiße Beilagen und Getränke werden gebracht. Dafür ist ein ***Tip*** für die Bedienung fällig.

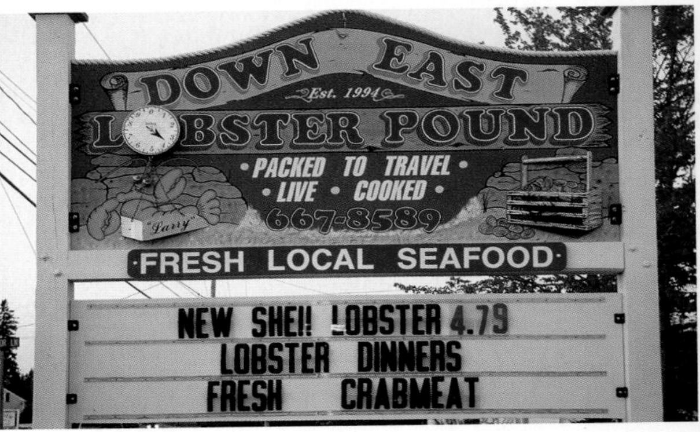

Die Küsten Neuenglands und der maritimen Provinzen Kanadas sind das Dorado der Seafood-, speziell der Hummergourmets, *➪ Seite 306*

Pizza Hut

Flächendeckend in beiden Ländern vertreten bietet die *Pizza Hut* ***Pizza*** und ***Pasta*** in großer Vielfalt zu angemessenen Preisen (gelegentlich sogar Bier und Wein!). An der Qualität gibt es nicht viel auszusetzen, aber man muss sich erst an die ungewohnten **Pizza-Größenkategorien** und das raffinierte Zuzahl-System für die Garnierung (***Toppings***) herantasten, soll die Pizza nicht unerwartet teuer werden. Zur Mittagszeit bietet *Pizza Hut* sehr günstige ***Lunch-Specials*** und meistens auch besonders preiswerte **Pasta-Gerichte für Kinder** an.

Zahlweise

Im Gegensatz zu den Fast Food-Lokalen, in denen nahezu ausschließlich bar bezahlt werden muss, akzeptieren *Family Restaurants* durchweg **Kreditkartenzahlung.**

3.7.4 Speiserestaurants

Situation

Küchen

Natürlich existieren in Amerika nicht nur *Fast Food Places* und *Family Restaurants,* sondern auch zahlreiche Speiserestaurants, die in den Vielvölker-Staaten USA und Canada **Spezialitäten aus aller Herren Länder** anbieten.

In den großen Cities ist die Auswahl unter verschiedenartigsten ethnischen Küchen oft enorm, während sich in Kleinstädten und auf dem Lande das gastronomische Angebot nicht selten auf die typischen Hamburger- (auch im Restaurant!) und Steakgerichte beschränkt. An den Küsten gibt es *Seafood Restaurants,* ➪ Bild links, auch noch in ziemlich kleinen Orten.

Bistros

Wo eine entsprechende Kundschaft vorhanden ist – also überwiegend in den Cities, auf dem Lande nur in Neuengland und auf Long Island sowie in den Naherholungsgebieten von Toronto und Montréal –, hat sich eine leichte internationale Küche durchgesetzt mit kreativen Varianten aller Küchen dieser Welt. Unter derselben Voraussetzung konnten sich auch Lokale im **Bistro-Stil** mit viel Grün verbreiten.

Wo findet man Restaurants?

Mit Ausnahme von Fußgängerzonen in touristisch geprägten Städtchen, Altstadtbereichen und bestimmten Großstadtvierteln ist ein geeignetes Restaurant nicht so einfach beim – in Amerika ohnehin selten angezeigten – abendlichen Ortsbummel zu entdecken. ***Full Service-Restaurants*** (mit Alkohollizenz) findet man ebenso wie die *Fast Food*-Konkurrenz an den Hauptverkehrsstraßen zwischen Einkaufszentren und Tankstellen. Die in Informationsbüros vorrätigen Werbebroschüren enthalten immer Hinweise zur lokalen Gastronomie.

Terrassen

Im Nordosten gibt es mehr Möglichkeiten, bei gutem Wetter draußen zu essen als in den meisten anderen Regionen Nordamerikas. So findet man etwa in Boston, Québec City, Montréal und Toronto viel mehr **Terrassenlokale** als in New York City.

Auch in den kleinen und großen Seebädern an der Atlantikküste (Long Island, Cape Cod, Maine – weniger in Canada) fehlt es nicht an Restaurants mit ***Outer Decks***.

Preisniveau

Gemessen an dem, was hinsichtlich Ausstattung, Ambiente und Küchenqualität im allgemeinen geboten wird, sind amerikanische Speiserestaurants selbst beim nun wieder gesunkenen Dollarkurs **ein eher teures Vergnügen**. Gutes Essen bei ebensolchem Service in angenehmer Umgebung muss immer hoch bezahlt werden. Aber mittags und abends gelten häufig unterschiedliche Karten: Als *Lunch serviert* sind dann alle Gerichte – oft deutlich – billiger als dasselbe zum *Dinner.*

Alkohol

Alkohol und Restaurants sind in Nordamerika ein Kapitel für sich. Wein- und Biertrinker achten bei der Wahl des Restaurants darauf, ob es *licensed* oder *unlicensed* ist, ➪ Seite 179.

Im Restaurant

Essenszeiten

Frühstücks-Restaurants öffnen – auch in Städten – schon ab 5.30 oder 6.00 Uhr. *Lunch* zieht sich gewöhnlich von 11 bis 14 Uhr hin. Für Europäer etwas befremdlich sind die Zeiten fürs *Dinner*. Nicht selten kann man das Abendmenu schon ab 16 Uhr genießen – oft zu einem Vorzugspreis als »*Early Bird Special*«. Übliche Zeiten sind 18-21.30. Selbst in Großstädten mit Theatern, Kinos etc. muss man sich oft umsehen, wo man nach Ende der Veranstaltung noch etwas »Richtiges« zu essen bekommt.

Plazierung

In ganz Amerika werden Restaurantgäste «plaziert«. Auch wenn viele freie Tische vorhanden sind, wartet man, bis sich ein ***Waiter/Host*** oder eine ***Waitress/Hostess*** seiner und der zugehörenden ***Party*** annimmt und einen Tisch zuweist.

Einzelne freie Plätze an sonst bereits besetzten Tischen werden nicht vergeben. Ist im Moment kein Tisch frei bzw. noch nicht abgeräumt, werden die **Namen** der ankommenden Gäste **notiert** und der Reihe nach aufgerufen.

Typisches Schild eines feinen ländlichen Restaurants

»Meyer, party of four!« soll heißen, für die »Gruppe« **Meyer mit 4 Personen** steht nun ein Tisch bereit. Bis das der Fall ist, dürfen sich Meyers die Zeit mit einem *Drink* an der Bar vertreiben, falls eine vorhanden ist. Wenn nicht, warten sie ggf. draußen. **Warteschlangen** vor Restaurants sind in Amerika kein ungewöhnliches Bild.

Die Karte

Endlich am Tisch, bringt die Bedienung das ***Menu*** (sprich »Männjuh«), die Speisekarte. Meist stellt sie/er sich mit einem kurzen Satz vor wie *»Hey, my name is Joan/Jim, I am serving on you tonight, how are you doing?* Auch ein wenig ***Small Talk*** ist selten Ausdruck umwerfender Freundlichkeit, sondern gehört – mit Blick auf den *Tip* – zum Ritual.

Vorspeisen heißen ***Appetizers*** oder ***Starters***, Hauptgerichte ***Entrees***. Die Beilagen zum *Entree* sind ***Side Dishes***. Getränke stehen unter der Rubrik (***Alcoholic***) ***Beverages***. Nur ausgesprochen feine Restaurants führen eine ***Vine List*** mit einer kleinen Auswahl von Flaschenweinen. Das ***Glas of Vine*** (*red, white* ohne weitere Details) ist Glücksache. Man muss aber gar nichts zum Trinken bestellen, denn das Glas **Eiswasser** gibt's sowieso und wird ungefragt serviert. Es handelt sich dabei um ganz normales Leitungswasser, das zwar bakteriologisch einwandfrei, aber geschmacklich oft indiskutabel ist, da dem Wasser in vielen Landstrichen Chlor beigefügt wird.

Alkoholkonsum

Nur in **Restaurants mit Lizenz** kann man alkoholische Getränke ordern. Manches ethnische Restaurant – speziell in Canada – verfügt über keine Alkohollizenz. Mitunter (Montréal!) ist erlaubt, seine eigene Flasche mitzubringen. Ein Schild ***B.Y.O.B – Bring Your Own Bottle*** bzw. ***Aportez votre Vin*** – weist darauf hin.

Salattheke

Vor allem ***Steak Restaurants*** verfügen über eine ***Salad Bar***, an der unbegrenzt nachgefaßt werden darf. Sehr häufig sogar, ohne ein Hauptgericht zu bestellen, obwohl das nicht immer ausdrücklich auf der Karte steht. Das kostet nur ein paar Dollar und ersetzt leicht eine ganze Mahlzeit.

Nachtisch

Nach dem Hauptgericht fragt man den Gast regelmäßig, ob er noch ***Sweets*** oder ***Dessert*** wünscht. Zur Vermeidung übersüßter Farbüberraschungen sollte man den Nachtisch mit Ausnahme von Eis und Früchten nur nach »Inspektion«, nie ausschließlich nach Karte bestellen.

Kaffee

Kaffee nach dem Essen ist in den meisten Fällen so dünn wie der Frühstückskaffee; Espresso oder Mokka sind nur den feineren Lokalen vorbehalten. Ein gern angebotener (teurer) ***Irish Coffee*** enttäuscht leicht. Die rechte Mischung aus starkem Kaffee, einem angemessenen Quantum Whisky und richtiger Schlagsahne gelingt selten.

Ende der Veranstaltung

Essengehen in Nordamerika **ist keine abendfüllende Veranstaltung**. Selbst nach einem üppigen Menü mit Vor-, Haupt- und Nachspeise hat es die Bedienung oft eilig, dem Gast nach dem letzten Bissen zu signalisieren, dass das Vergnügen nun beendet sei, indem nach einem knappen *»anythings else*?« die Rechnung präsentiert wird.

Es ist unüblich, nach dem Essen am Tisch sitzen zu bleiben und noch Getränke zu konsumieren; dazu geht man an die Bar oder in die *Lounge*, so vorhanden, in ein anderes Lokal.

Rechnung

Der ***Cheque*** weist neben den Nettopreisen des *Menu* zusätzlich die Umsatzsteuer aus (5%-12%, in Canada plus *GST*, ➪ Seite 193). Da der ***Service*** nie im Preis enthalten ist und das Personal nur ein kleines Fixum erhält, wird ein – für europäische Verhältnisse – **üppiges Trinkgeld** erwartet. Üblich sind **15%**, bei guter, freundlicher Bedienung, Einheimische bezahlen häufig etwas mehr, ca. 18%. Ein ***Tip*** von **$10** bei einer **Gesamtrechnung von $60** gilt in Restaurants der mittleren bis gehobenen Kategorie also nicht nur als normal, sondern wird ungefähr erwartet. Zu den Preisen der Karte muss man mit *Tax* also mindestens 20%, um nicht als total knauserig zu gelten, aber 25% (USA) bis 30% (Canada) addieren, um die **Gesamtkosten** zu kalkulieren.

Zahlung

Gezahlt wird selbst in besseren Restaurants oft an einer Kasse am Ausgang. In diesem Fall hinterläßt man den ***Tip*** im allgemeinen bar am Tisch. Bei persönlicher Rechnungsbegleichung per Kreditkarte kann man das Trinkgeld auch auf dem Beleg vermerken.

Rauchen

In beiden Ländern – mit Ausnahme von Québec – gelten fürs Rauchen in der Öffentlichkeit heute immer **strenger werdende Restriktionen**. **Bahnhöfe, Flughäfen, *Shopping Malls*, Museen** und ***Amusement Parks*** sind strikte ***Non-Smoking-*Zonen**, öffentliche Gebäude sowieso. Die weitaus meisten **Hotelzimmer** sind für Nichtraucher reserviert, in denen auf keinen Fall geraucht werden darf, auch wenn alle ***Smokers' Rooms*** ausgebucht sind.

Restaurants sind grundsätzlich rauchfreie Zonen. Wenn überhaupt dürfen Raucher nur an deren Bartresen qualmen – und selbst dort sind Aschenbecher nicht selbstverständlich. Wer die streng blickende Bedienung explizit nach derart obszönen Gegenständen fragt und sich damit öffentlich zu seiner Nikotinsucht bekennt, benötigt schon Mut.

Da inzwischen wir und immer mehr Europäer (auch in vormals rauchfreudigen Nationen wie Spanien, Italien oder Irland) mit ähnlich harten Verboten abgefunden haben oder es langsam lernen, uns gesetzeskonform zu verhalten, ist das Rauchverbot in USA/Canada kein Thema mehr. Nur die Preise der Glimmstengel sorgen noch für Empörung (in Ontario und NYC $9 für die Packung). Raucher decken sich besser schon vor der Abreise im ***Duty Free Shop*** ein oder bringen Zigaretten aus der Heimat mit.

SMOKING
AT
CURBSIDE
DESIGNATED
AREAS
ONLY

Kneipe in Neuengland

3.7.5 Kneipen, Bars und Pubs

USA

Das Angebot an *Bars, Pubs* und *Saloons* ist im **Osten der USA** zwar nicht so groß wie im Westen, aber doch immerhin auch in kleinen Orten vorhanden. Hotels besitzen üblicherweise eine **Bar** oder – etwas feiner – eine ***Cocktail Lounge***. Die Atmosphäre in ihnen entspricht weitgehend dem Bild, das uns Fernsehserien und Filme liefern. Eine amerikanische Besonderheit sind ***Sports Bars***, Bierkneipen, in denen überall an den Wänden Fernseher hängen, die kontinuierlich Sportereignisse zeigen, in erster Linie ***American Football, Baseball, Basketball*** und ***Eishockey***. Billardtische gehören auch dazu.

Canada

In Canada sind **Pubs** und **Bars** rarer, aber in Groß- und Mittelstädten zahlreich genug, um sich bei Bedarf mal ein Bier oder einen Drink zu genehmigen. In besseren Hotels gibt es **hauseigene Bars** auch auf dem Lande, wo es ansonsten düster aussieht mit der Kneipenszene. **Sonntags** und zu später Stunde steht man (auch in einer City) leicht vor verschlossener Tür.

Getränke

In amerikanischen Kneipen wird überwiegend **Bier** getrunken. Hochprozentiges ist im reinen Zustand – außer *Whisky* und *Rye* (kanadischer Whisky) mit viel Eis *on the rocks* (Achtung, das schmeckt dann wie das Eiswasser oft nach Chlor) – so gut wie unbekannt. Es wird überwiegend zum Mixen benutzt. Beim Bier stehen meist mehrere Sorten Flaschenbier und Zapfbier (***draft beer***) zur Auswahl. Zapfen ist in Amerika mangels Schaumbildung keine besondere Kunst. Das eiskalte Naß fließt flott ins Glas. In manchen Kneipen gibt es ***Pitcher***, offene Krüge, aus denen sich Runden nach Bedarf selbst nachschenken.

Preise

Alkoholische Getränke sind in der Gastronomie beider Staaten ein sehr teurer Spaß. Ein Bier (0,3 l) unter \$4-\$5 gibt es kaum noch, in Canada muss ab c\$5 und mehr hingelegt werden. Das gilt auch für Zapfbier in Plastikbechern.

Gaststätte

Die bei uns bekannte Kombination aus Kneipe und Restaurant, die gemütliche **Gaststätte,** in der sich angenehm ein Abend verbringen läßt, ist **in Amerika (fast) nicht existent**.

3.9 Alles Weitere von A–Z

Apotheken

Reine Apotheken (*Pharmacies*), wiewohl hier und dort vorhanden, findet man relativ selten. Meistens ist bestimmten *Drugstores* (auch Supermärkten und Kaufhäusern) eine »Apothekenabteilung« zugeordnet, wo es die nicht verschreibungspflichtigen Medikamente in Selbstbedienung gibt. Rezeptpflichtige Medikamente werden an einer Sondertheke für ***Prescriptions*** in neutralen Tütchen mit Einnahmeanweisung, aber in der Regel **ohne Beipackzettel** ausgegeben.

Ärzte und Zahnärzte (➪ Gesundheit; ➪ Notfälle)

Trotz einer insgesamt hohen Dichte bei der ärztlichen und zahnärztlichen Versorgung ist es in beiden Ländern für Touristen nicht immer einfach, einen Arzt (***Physician***) oder Zahnarzt (***Dentist***) zu finden bzw. einen Termin zu erhalten. Im Prinzip benötigt man eine persönliche Beziehung. Das kann jemand vom Hotelpersonal sein oder der Campingplatzbetreiber.

Eine Ausnahme bilden ***Walk-in Clinics*** (Ambulatorien), auf »Laufkundschaft« eingestellte Gemeinschaftspraxen, die man in Städten ab mittlerer Größe mehr und mehr findet. Mit **akuten Beschwerden** und **Verletzungen** kann man sich direkt zum ***Emergency Room*** (Notaufnahme) des nächstgelegenen Hospitals begeben. Bei Problemen hilft auch die lokale ***Visitor Information*** (*Chamber of Commerce*) eventuell weiter. In *National* und *State Parks* sind die ***Ranger*** Ansprechpartner und in aller Regel hilfsbereit, ansonsten die lokale Polizei.

Wichtig ist vorab meist die Klärung der Zahlungsfähigkeit. Bei kleineren Notfällen reicht im Allgemeinen die Kreditkarte als Pfand. Bei Krankenhaus-Aufenthalten muss man Kontakt zur Krankenkasse bzw. Reisekrankenversicherung aufnehmen, die dann mit dem Krankenhaus den Bezahlmodus vereinbart. Wie bereits weiter oben erläutert, sollte für diesen Eventualfall einer notwendigen Behandlung unbedingt vorgesorgt worden sein.

Die in Canada und den USA einheitliche Telefonnummer für Notfälle aller Art *(Emergencies)* ist 911.

Beim **ADAC** können Mitglieder unter der Münchner **Telefonnummer 089/767677 deutschsprachige Ärzte weltweit** abfragen.

Banken

Eine Bankfiliale findet sich noch im kleinsten Ort. Die meisten akzeptieren anstandslos die gängigen **Reiseschecks**. Gelegentlich gibt es eine **Summenbegrenzung** bei der Entgegennahme. Häufig muss der Pass vorgelegt werden. Das gilt ausnahmslos immer für die Auszahlung von Bardollars gegen Kreditkarte (***Cashing***). Die

Mehrheit der Banken honoriert ***Mastercard*** (***Eurocard***) und ***VISA***. Banken öffnen die Schalter üblicherweise Mo-Fr (manchmal auch samstags) um 9 Uhr und schließen bei durchgehender Geschäftszeit bisweilen bereits um 14 Uhr, selten später als 16 Uhr.

Botschaften und Konsulate

Embassies and Consulates

Die diplomatischen Vertretungen helfen nur, wenn echte **Not am Mann** ist, in erster Linie bei Verlust der Finanzen und/oder der Papiere. Soweit Reiseschecks und Kreditkarten abhandenkommen, sind aber zunächst die ausgebenden Institutionen zuständig. Ist der **Paß weg**, läßt sich der Gang zur Landesvertretung nicht vermeiden. Fotokopien der wichtigsten Dokumente sollte man in diesem Fall dabei haben. Finanzielle Aufwendungen holt sich der Staat später zurück. Hier die Adressen von Botschaften deutschsprachiger Länder:

In den USA

Deutschland: 4645, Reservoir Road NW,
Washington DC 20007
✆ (202) 298-4000; www.germany.info

Schweiz: 2900 Cathedral Ave NW
Washington DC 20007
✆ (202) 745-7900; www.swissemb.org

Österreich: 3524 International Court NW
Washington DC 20008
✆ (202) 895-6700; www.austria.org

In Canada

Deutschland: 1 Waverley Street
Ottawa, ON K2P 0T8
✆ (613) 232-1101
www.ottawa.diplo.org

Schweiz: 5 Marlborough Ave.
Ottawa, ON K1N 8E6
✆ (613) 235-1837; www.eda.admin.ch/canada

Österreich: 445 Wilbrod Street
Ottawa, ON K1N 6M7
✆ (613) 789-1444; www.austro.org

Datum

In Amerika ist die Schreibweise des Datums **Monat/Tag/Jahr.** Der **25. Juni 2006** schreibt sich demzufolge **06/25/06**.

Elektrischer Strom

Nordamerika verfügt über ein Wechselstromnetz mit einer Spannung von 110-125 Volt, Frequenz 60 Hertz. Apparaten, die sich auf 110/125 V umschalten lassen, schadet der Wechsel von 50 auf 60 Hertz nicht; Rasierapparate laufen rascher. Viele Geräte (z.B. Ladegeräte für Kamera-/Handyakkus) stellen sich bereits automatisch auf 110 V ein. Zur Adapterbeschaffung ➪ Seite 117.

Feiertage

Generelles

An den Nationalen Feiertagen, die auf Montag gelegt sind, bleiben landesweit die Banken, Postämter und öffentliche Verwaltungen geschlossen. Ganz Amerika ist dann auf den Straßen und Hotelpreise steiegen aufs Doppelte bis Dreifache. Zur Reisezeit sind dies in den USA der ***Memorial Day***, ***Independece Day*** und ***Labor Day***; in Canada ***Victoria Day*** (außer in den atlantischen Provinzen), ***Canada Day*** und ebenfalls ***Labor Day***. Auch am ***Provincial Day*** der einzelnen Provinzen kann es eng werden. Die Supermärkte bleiben geöffnet, wenn auch ggf. mit reduzierten Öffnungszeiten. Andere Feiertage werden zwar mit offiziellen Feiern begangen: der Bürger soll sich an ein Ereignis oder eine Person erinnern – er hat aber nicht frei. Andere sind auf bestimmte Regionen beschränkt. Mehr noch als in den USA spielen in Canada regionale und ethnische Besonderheiten eine Rolle.

Nur die mit einem Sternchen markierten Feiertage sind nicht nur Feiertag sondern auch ein freier Tag.

Canada

In Canada gelten überwiegend identische Daten, wenn auch z.T. unter abweichender Bezeichnung. **Es entfallen** *M.L.King, President's, Memorial, Independence* und *Columbus Day*.

Viele **Geschäfte** bleiben zwar auch an Feiertagen geöffnet, aber mit reduzierten Öffnungszeiten. **Nebenstehend oben genannten kanadischen Feiertage weichen von der folgenden US-Listung ab**:

Feiertagsbezeichnung	Datum	Bemerkungen
*New Years Day**	1. Januar	Neujahrstag wie bei uns
Martin Luther King Day	3. Montag im Januar	Gedenktag an den ermordeten Prediger
President's Day	22. Februar	Washington's Geburtstag, Feiertag zu Ehren aller ehemaligen Präsidenten
Good Friday (nur in 16 Staaten)	Freitag vor Ostern	Karfreitag
*Memorial Day**	Letzter Montag im Mai	Tag zur Ehrung aller Gefallenenen (läutet den Sommer ein)
*Independence Day**	4. Juli	Unabhängigkeitstag, wichtigster Feiertag der USA, Umzüge und Paraden, Feuerwerk
*Labor Day**	1. Montag im September	Tag der Arbeit, wie bei uns der 1. Mai. Ende der Feriensaison.
*Columbus Day**	12. Oktober	Entdeckung Amerikas
Veteran's Day	11. November	Tag der Kriegsveteranen
*Thanksgiving**	4. Do im Nov.	Erntedankfest
*Christmas Day**	25. Dezember	Nur **ein** Weihnachtstag

Abweichungen Canada

Easter Monday (nur Quebec)	Ostermontag
*Victoria Day**	Vorletzter Montag im Mai
*Canada Day**	1. Juli
Provincial Day	Erster Montag im August
Thanksgiving	2. Montag im Oktober
Remembrance Day	11. November
*Boxing Day**	26. Dezember

Fernsehen

Private Stationen

Das amerikanisch/kanadische Fernsehen wird von einer Handvoll großer kommerzieller Gesellschaften dominiert. Daneben gibt es zahlreiche Lokal-/Regionalsstationen, die Programmteile der national operierenden Sender übernehmen. Gegen die seichten, in oft sehr kurzen Abständen von Werbung unterbrochenen Programme ist das Angebot unserer öffentlich-rechtlichen Sender fast eine intellektuelle Wohltat, und auch unsere Kommerzsender schneiden im Vergleich gar nicht schlecht ab. Die gelobten, locker gemachten amerikanischen Nachrichten vermitteln noch intensiver als bei uns überwiegend Momentaufnahmen aktueller Geschehnisse. Sie sind außerdem überwiegend auf ***National News*** beschränkt. International berichtenswert ist nur, was die Politik und Interessen der USA bzw. Canadas zumindest indirekt tangiert. Über einzelne Länder Europas sieht man wenig.

Kabel

Insgesamt besitzen **anspruchsvollere Sendungen Seltenheitswert**. Für alle, die der ewigen Werbebotschaften überdrüssig sind, kommt **werbefreies Kabelfernsehen gebührenpflichtig** ins Haus. Filme am laufenden Band von jugendfrei bis Softporno ohne Unterbrechungen durch Werbespots gibt es auf speziellen ***Movie Channels***. Viele Hotels und Motels werben damit.

Gesundheit unterwegs

Situation

Jeder weiß, dass in keinem der beiden Länder Nordamerikas unkalkulierbare Gefahren oder problematische Hygienebedingungen warten. Vielmehr sind die USA und Canada überwiegend extrem sauber, sieht man von bestimmten Problemzonen in Ballungsgebieten der USA ab.

Einige mögliche, uns weitgehend unbekannte **unliebsame Überraschungen** hält aber der **Aufenthalt in freier Natur** u.U. bereit:

Beaver Fever

Wanderer und Kanuten müssen wissen, dass das Wasser der Seen und Flüsse – trotz vielenorts augenscheinlicher Trinkqualität – auf jeden Fall behandelt werden sollte. Das Problem hat einen Namen und heißt ***Giardia Lamblia*** oder ***Beaver Fever***. Es handelt sich um eine Krankheit, die von Parasiten übertragen wird, durch menschliche und tierische Ausscheidungen in die Gewässer geraten und fürs Auge unsichtbar sind. Die Symptome der Krankheit sind Magen- und Darmkrämpfe, Durchfall und Übelkeit. Den Erregern kommt man bei durch ein mindestens zehnminütiges Abkochen des Wassers oder durch chemische Keulen auf Chlor-/Jodbasis wie *Puritabs, Steritabs* oder *Portable Aqua*. Es gibt sie in *Outdoor Shops,* in *Camping* und *Sports Departments* von Kaufhäusern und auch bei den *Outfitters* (Kanuverleihern).

Borreliose/ Lyme Tick Desease

In allen Waldgebieten des Nordostens können Zecken (*Ticks*) mit **Borreliose** infiziert sein. Da die Borreliose als von Zecken übertragene Krankheit erst 1975 in Lyme/Connecticut entdeckt wurde (die Symptome waren auch vorher bekannt, aber nicht dieser Ursache zugeordnet), heißt sie in Nordamerika ***Lyme Tick Desease***. Bisse durch infizerte Zecken führen meistens zu nicht zu übersehenden Hautirritationen und Jucken um die betroffenen Stellen. Man braucht deshalb nicht vor Ort zum Arzt zu gehen, sollte sich aber innerhalb weniger Wochen bzw. gleich nach der Reise untersuchen lassen, selbst wenn einem nichts zu fehlen scheint. Borreliose ist im Anfangsstadium relativ leicht zu behandeln, zunächst unentdeckt kann sie jedoch schwerwiegende Spätfolgen zeitigen wie Arthritis, kardiologische Probleme und – im schlimmsten Fall – Meningitis.

West Nile Virus (WNV)

Aus Afrika/Nahost kommend wurde es 1999 auch in NY-City entdeckt und hat sich zwischen Ontario und Florida ausgebreitet. Überträger sind Mosquitos, die sich an Vögeln infizierten. Keine Übertragung von Mensch zu Mensch. Symptome: Fieber, Nacken-, Glieder- und Kopfschmerz, Muskelschwäche, Verwirrung. In 1 von 150 infizierten Fällen Encephalitis (Hirnentzündung/Krankenhaus). Selbsttest: Das eigene Knie muss mühelos die Nase erreichen. Schutz: kräftige Mückenschutzmittel (*Repellent*), helle Kleidung und Vitamin B2 (Einnahme schon 2 Wochen vor der Reise).

Giftiges Efeu/ Poison Ivy

Poison Ivy wächst meist als 60-90 cm hoher Busch, kann sich aber auch ebenerdig ausbreiten oder wie Efeu an Bäumen hochranken. Die Pflanze trägt weiße beerenartige Früchte. Ihre kleinen Stengel enden jeweils in **drei** 10-15 cm ovalen Blättern – ***Leaflets three, let it be!*** Die Berührung mit der unscheinbar wirkenden Pflanze, die in **Südontario** und **Québec** ziemlich verbreitet ist, kann bis zu 10 Tage lang recht unangenehm sein. Zunächst reagiert die Haut auf das toxische Öl der Pflanze mit schmerzhaftem Jucken und Rötungen, bis nach ein paar Stunden oder Tagen wässrige Bläschen auftreten.

Achtung: *Poison Ivy*-Öl hält sich an der Kleidung und kann zu erneuten Reaktionen führen, wenn man diese nicht gründlich reinigt. Je früher man alle betroffenen Hautpartien mit Wasser und Seife behandelt, desto besser. Nur in schweren Fällen tritt auch noch Fieber auf. Eine heilende Antihistamine-Salbe *(Seldane, Hismanal* oder *Chlortriplon*) oder ein Puder (*Burosol powder*) ist in ***Drugstores*** erhältlich.

Mücken/ Moskitos

Wenn man von den amerikanischen *Outdoors* spricht, dann darf ein kleines Problem, das die touristische Werbung gerne ausläßt, nicht verschwiegen werden. Vor allem in Canada, aber auch in den Nordoststaaten der USA kann die **Insektenplage** ein arges Kreuz sein. So es nicht die Mücken oder Wespen sind, dann die ***Black Flies, Horse Flies*** oder sog. ***No-See-Ems***, fast unsichtbare Kleinfliegen. Irgend etwas sticht oder beißt von Mai bis Ende August immer. Nicht umsonst sind Häuser, Wohnmobile und Zelte der Amerikaner und Kanadier mit feinmaschigen Netzen verbarrikadiert. Auf Wanderungen, im Kanu, am Lagerfeuer und in weniger insektensicheren Fahrzeugen oder Zelten hilft nur eine Behandlung mit ***Insect Repellent*** und hochgeschlossene Kleidung. Essenzen aus europäischer Produktion helfen weniger. Mit amerikanischen Mitteln wie *Johnson's* ***Off, Muskol*** oder ***Deep Woods*** hält man sich dagegen alle Biester gut vom Leib. Insektensprays und -lotions wie Antimückenspiralen gibt`s auch noch im kleinsten Laden. Am preiswertesten, wenn auch nie billig, kauft man alles in ***Discount Drugstores***.

Sonnen-intensität

Viele der in diesem Buch beschriebenen Regionen liegen auf so südlichen Breiten wie Südfrankreich und Norditalien. Auch wenn es oft nicht so scheint: die **Sonnenintensität** ist dort identisch wie in Südeuropa. Vorsicht kann daher nicht schaden – das **Ozonloch** ist auch über Nordamerika vorhanden.

Maße & Gewichte

In **Canada** gilt das **Dezimalsystem**. Die Einführung metrischer Maß- und Gewichtseinheiten ist zwar auch in den **USA** seit Jahren gesetzlich beschlossen, man findet aber bis heute nur in Broschüren und auf Wegweisern der Nationalparks so exotische Angaben wie Kilometer, Liter und °Celsius. In den USA gelten nach wie vor die alten englischen Maße und Gewichte, mit denen sich wunderbar das Kopfrechnen üben läßt:

1 inch		2,54 cm
1 foot	12 inches	0,30 cm
1 yard	3 feet	91,44 cm
1 mile	1760 yards	1,61 km
1 acre	4840 square yards	0,40 ha
1 square mile	640 acres	2,59 km²
1 fluid ounce		29,57 ml
1 pint	16 fluid ounces	0,47 l
1 quart	2 pints	0,95 l
1 gallon	4 quarts	3,79 l
1 barrel (Öl)	42 gallons	158,97 l
1 ounce		28,35 g
1 pound (lb)	16 ounces	453,59 g
1 ton	2000 pounds	907,19 kg
1 psi	**p**ound per **s**quare **i**nch	0,07 atü

Notfälle – Notfall-✆ für deutsche Urlauber: 1-888-222-1373

• Krankheit/Unfall (➪ auch unter Stichwort »Ärzte«)

Anruf

In dringenden Notfällen, gleich ob man in erster Linie einen Arzt, den Unfallwagen oder die Polizei benötigt, ruft man die **Nummer 911** an. Sollte die ***Emergency Number*** ausgefallen sein, wählt man die **»Amtsleitung« 0**.

Vor jedem Notfall-Anruf sollte man sich über den eigenen **Standort** vergewissern und für Rückrufe die Nummer des Apparates, von dem aus man telefoniert, parat haben. In Nordamerika besitzen auch Münzfernsprecher eine Nummer und können angerufen werden.

• Pass-/Geldverlust

Pass

Bei Verlust des Passes helfen die nächstgelegenen diplomatischen Vertretungen (➪ Seite 183), aber auch die Notfallzentralen der Kreditkartenunternehmen.

Reiseschecks

Falls Reiseschecks verlorengehen oder gestohlen werden, ruft man die ausgebende Institution (*Toll Free Number*) an und erhält dann vom Aufenthaltsort abhängige Direktiven für die Ausstellung von Ersatzschecks. Voraussetzung für den Ersatz ist das Vorhandensein des Kaufnachweises und eine Buchführung über ausgegebene Schecks.

Hilfe

Sind alle Unterlagen und auch Kreditkarten abhanden gekommen, hilft ***Western Union*** (Büros in vielen Städten Canadas und der USA) in Kooperation mit der **Reisebank** (Filialen in den Bahnhöfen der wichtigsten deutschen Großstädte und an einigen Grenzübergängen). Wer sich **von zu Hause Geld schicken lassen** möchte, kann wenige Minuten nach Einzahlung in einer Reisebank-Filiale oder bei der Deutschen Post in einem *Western Union Office* über den Betrag verfügen. Weitere Details dazu unter ✆ 01805/225822, www.reisebank.de. Für Amerika findet man Information unter ✆ 1-800-CALL-CASH bzw. auf dem Portal www.western union.com.

Polizei

Äußeres und Verhalten der amerikanischen Polizei entsprechen auch in der Realität weitgehend dem aus **Fernsehserien** bekannten Bild. Tatsächlich baumelt der Colt am Halfter, und auf dem Lande und in der Kleinstadt steht auf den Autos der Obrigkeit immer noch ***Sheriff***. Der amerikanische wie kanadische Arm des Gesetzes greift in der Ausübung seiner Pflichten im Bedarfsfall hart durch; in Anbetracht des im Zweifel bewaffneten Gesetzesbrechers vielleicht verständlich. Mit Polizisten, sofern man etwas angestellt hat bzw. in Verdacht gerät, ist nicht gut Kirschen essen. Das Verhalten bei **Verkehrskontrollen** und **Gestopptwerden** nach Übertretungen wurde bereits auf Seite 135 erläutert.

Post

Laufzeiten/ Postämter

Die amerikanische/kanadische Post funktioniert zuverlässig, aber nicht unbedingt besonders schnell. Brief- und Postkartengebühren bewegen sich deutlich unterhalb des deutschen Niveaus. **Post nach Übersee** geht (mit der Ausnahme von Paketen) automatisch per Luftpost, wenn die dafür vorgesehen ***Air Mail Stamps*** benutzt werden. Briefe nach Europa benötigen **rund eine Woche**. Postämter befinden sich auch noch im kleinsten Nest und sind dank der zu den Schalterstunden (Zeiten etwa wie bei uns) immer aufgezogenen **Nationalflagge** selten schwer zu finden.

Briefmarken gibt es oft auch in **Automaten** in Supermärkten, Drug Stores und Einkaufszentren. Dort jedoch mit einem Aufschlag, d.h., ein Nennwert von z.B. $0,40 muss mit $0,50 oder ähnlich bezahlt werden.

Paket

Wer drüben dem Kaufrausch verfällt und Probleme mit seinem Flugreise-Gepäck erwartet, findet mit **Postsäcken** eine billige und bequeme Versandmöglichkeit. Größere Postämter vergeben sie kostenlos, man muss sie nur vor dem Schalter vollpacken (max. 20 kg). Die Kosten für einen Sack sind erheblich geringer als im Fall von Paketen gleichen Gewichts. So ein Sack überquert den Atlantik in ca. 3-6 Wochen.

Postlagernd

Wer in Nordamerika Post empfangen möchte und im voraus keine festen Anlaufpunkte kennt, kann als *American Express*-Reisescheck- oder Kreditkarteninhaber die zahlreichen **AE-Vertretungen** als Adressen nutzen. Gut funktioniert auch das postlagernde System (**General Delivery**), vorausgesetzt, es herrscht Klarheit über das aufbewahrende Postamt. Jedes von ihnen läßt sich durch eine Postleitzahl (***Zip-Code***) eindeutig identifizieren. Alle **US-Zip Codes** findet man im Internet unter http://zip4.usps.com/zip4/citytown.jsp, die Zip-Codes für Canada unter www.canadapost. ca/tools/pcl/bin/advanced-e.asp.

Radio

Radiostationen sind überwiegend **Lokalsender** mit geringen Reichweiten. In den dünn besiedelten Regionen beider Länder ist das Radio daher 10 Autominuten außerhalb einer Ortschaft mehr oder weniger tot. Zumindest gilt das für **FM** (=UKW). Auf **AM** (Mittelwelle) findet man zur Not immer noch einen *Country & Western*-Sender und/oder Stationen mit religiösen Botschaften und Programmen erbaulichen Liedguts. Eine **faszinierende Angelegenheit** sind (nur in den USA) landesweit ausgestrahlte politische *Talk Shows*, die von konservativen bis rechtsradikalen Organisationen gesponsert werden. In die mit aktuellen Tagesereignissen verknüpften Tiraden gegen alles, was nach Liberalismus oder Einschränkung des freien Waffenbesitzes riecht, können sich die Hörer telefonisch einklinken und mitdiskutieren.

3

Senioren

Der Begriff des ***Senior*** für alle älteren Mitbürger ist eine amerikanische Erfindung, die sich auch bei uns mit und ohne Zustimmung der Betroffenen durchgesetzt hat. Wichtig ist, dass es in Amerika für alles und jedes **Seniorenermäßigung** gibt, auf die Eintrittspreise in Museen und Nationalparks, beim Camping, in *Family Restaurants* und in manchen Hotels in der ***Off-Season***. In den **USA** gilt häufig schon als Senior, wer **55 Jahre** alt ist, spätestens erreicht man diesen Vorzugsstatus dort mit 62 Jahren. In **Canada** geht es frühestens mit 60 los, meistens ist man dort aber erst mit 65 Jahren *Senior.* Für alle ab 55 lohnt es sich auf jeden Fall, nach dem ***Senior Discount*** zu fragen. Manchmal ist er nicht ausdrücklich ausgewiesen.

Telefon

System

Nordamerika inklusive Mexiko verfügt über ein einheitliches Telefonsystem. Jeder Bundesstaat besitzt eine dreistellige Vorwahl, den ***Area Code***, einige dicht besiedelte Staaten mehrere davon. Dieser ersten Vorwahl folgt eine **zweite, ebenfalls dreistellige Ziffer**, die sich auf das Dorf, einen Landkreis oder einen Stadtteil bezieht. Die **Apparatnummer ist vierstellig**. Bei Gesprächen über den regionalen *Area Code* hinaus (***long distance call***) muss eine »**1**« vorweggewählt werden. Das ist auch der Fall bei den gebührenfreien 800-/866-/877-/888-Nummern (***toll free***). Bereits Anrufe beim Nachbarn, der eine abweichende zweite Vorwahl besitzt, sind Ferngespräche. Statt des Ortsgesprächstaktes gilt für die Gebühren dann der Minutentakt.

International

Über die Vorwahl 011 öffnet man den Zugang zum internationalen Netz (gilt nicht für Kanada und Mexiko; dort reicht die ***long distance***-Vorwahl 1). Mit

49 für Deutschland **41** für die Schweiz **43** für Österreich

und die um die Null reduzierte Ortsvorwahl sind Verbindungen in die Heimat (von Privattelefonen aus) leicht hergestellt.

Münztelefone

In amerikanischen Münzfernsprechern (***Pay Phones***) ist die direkte Durchwahl, national wie international, nicht möglich, es sei denn via Telefonkarte, ➪ rechts. **Ferngespräche** einschließlich solcher im Nahbereich lassen sich bei **Münzeinwurf nur mit Hilfe eines *Operator***, häufig einer Computerstimme führen, die standardisierte Anweisungen gibt.

Telefonieren mit Münzeinwurf

Wer keine Telefonkarte zur Hand hat, muss für Ferngespräche in *Pay Phones* **jede Menge Kleingeld** bereithalten. Barzahlung in Telefonzellen kostet deutlich mehr als Telefonate von privaten Anschlüssen aus bzw. per *Phone Card*, zumal immer mindestens 3 min (!) zu bezahlen sind. Für Anrufe nach Europa benötigt man **rollenweise *Quarters***. Denn Telefonate nach Übersee gegen bar kosten ab $5 für 3 min. Mit dem *Operator* gibt es dabei selbst bei guten Englischkenntnissen schon mal Verständigungsprobleme.

Phone oder Calling Cards

Solche **Komplikationen** sind aber im Grunde **Schnee von gestern** dank überall (Supermärkte, Tankstellen, Hotels, *Mini Marts* etc.) zu kaufender ***Phone Cards***. Bei den verschiedenen **in den USA angebotenen Karten** sind dabei die **Minutenpreise** verblüffend unterschiedlich und mit Ausnahmen **ziemlich hoch**, wobei der **Schnitt 2007 bei $0,06-$0,15 für Ferngespräche in den USA** liegt (bei $10-$20-Karten von Supermärkten/Warenhäusern).

Vergleichsweise preisgünstigere Minutentarife bieten ***Phone Card*s**, die man typischerweise z.B. in Automaten in *Truck Stops* kaufen kann. Damit kostete **2007** günstigstenfalls die Minute innerhalb Nordamerikas $0,04, das Gespräch nach Westeuropa $0,10/min. Allerdings sind regelmässig **bei Einsatz am *Pay Phone* fixe Zusatzgebühren** pro Gespräch fällig.

Im **Internet** kann man sich dazu intensiv und hochaktuell vorinformieren und gleich die persönlich am meisten zusagende *Phone Card* heraussuchen. Einzelheiten und eine große Kartenauswahl findet man z.B. im ausgezeichneten Portal www.cyberscans.com unter ***Prepaid Phone-Cards*** oder ***Instant PIN Calling Cards***.

Interessant dürfte für viele auch die Seite http://buyprepaidphone time.com sein mit weltweiten Tarifübersichten.

Funktion

Die ***Calling Cards*** funktionieren in Apparaten ohne Einsteckschlitz (das ist die Mehrheit, sieht man ab von **Ontario und Québec**, wo faktisch keine *Pay Phones* ohne Kartenaufnahme mehr existieren, ⇨ Foto) wie folgt: 800-Nummer für die gewünschte Sprachansage wählen (selten deutsch) und dann nach Anweisung die Codenummer der Karte eintasten, die Nummer wählen und fertig. Noch verfügbare Restminuten werden jeweils angesagt.

Der **Haken dieser Karten** liegt in ihrer Unterschiedlichkeit; nicht nur variieren die Minutentarife, sondern auch fixe Verbindungskosten bis $0,50 pro Gespräch. Ein paar vergebliche Anrufe zu Anrufbeantwortern, und zack ist die Karte leer.

Telefonieren mit Kreditkarte

Auch möglich ist ein Anruf bei der Telefongesellschaft **AT&T**: © **1-800-CALL ATT**, dann die Ziffer »1« für Kreditkartengespräche eingeben, dann die übliche Wahl – für Deutschland z.B. 011 49 – Vorwahl ohne Null und Apparatnummer, dann Kartennummer und Verfallsdatum eintippen. Dort, wo Karten eingeschoben werden können, also z.B. in *Airports* oder *Shopping Malls*, läßt sich direkt ohne die Zahlentipperei per Kreditkarte telefonieren. Die **Gebühren** für einen *Credit Card Call* sind aber mehrfach **höher als bei Nutzung einer preisgünstigen *Phone* bzw. *Calling Card***.

Tipp

Am preiswertesten telefoniert in die Heimat, wer sich einmal für $5 oder $10 eine ***Telephone/Calling Card*** kauft und sie nur nutzt für die Mitteilung der jeweiligen Apparatnummer (auch an allen ***Pay Phones*** vorhanden). Nach dem Aufhängen ruft der Gesprächspartner aus Europa über call-by-call-Vorwahl zurück und zahlt oft nicht einmal 0,03 Euro/min.

Im Hotel

Aufschläge für Telefonate aus Hotels/Motels sind allgemein niedriger als in Europa. Bisweilen werben Motels mit Netto-Telefongebühren. **Ferngespräche** lassen sich zudem **vom Hotelzimmer aus** bequemer führen als von einem *Pay Phone*. Das gilt auch für Anrufe zum **Nulltarif** bei einer **800-Nummer**, etwa zur Reservierung eines Mietwagens oder Hotelzimmers für die nächsten Nächte oder in die Heimat per ***Calling Card***.

Für **gebührenfreie** und **Kartengespräche** vom Zimmertelefon aus berechnen Hotels und Motels manchmal nichts, meist aber einen Fixbetrag von $0,50-$1 pro Anruf.

1-800, 1-866, 1-877, 1-888

Bei der Vorwahl 1-800/866/877/888 schaltet sich auch von ***Pay Phones*** aus kein *Operator* ein; die Kosten gehen zu Lasten des Angerufenen. **Vom Ausland aus sind 800/866/888/877-Nummern ebenfalls zu erreichen – zunächst mit Vorwahl 001**. Sie kosten dann die normalen Gebühren für Nordamerika-Gespräche und sind damit durchaus billig.

1-900

Das Gegenteil der 800-Nummern sind **900-Nummern**, für die im Minutentakt eine **Honorierung für den Angerufenen** fällig wird. Sie entsprechen den 0190-Nummern bei uns.

Handy

Handy-Besitzer ohne Tri-Band können in Nordamerika nicht angerufen werden bzw. telefonieren. Wer hier jedoch D1-Kunde der **Telekom** ist, kann bei einem der Service Center der Telekom ein für Nordamerika geeignetes Gerät mieten. Die eigene Nummer wird auf das Amerika-Netz »aufgeschaltet«. Die Minutenpreise drüben sind jedoch exorbitant. Sinnvoller ist, sein altes Handy gegen ein neues Triband-Handy zu tauschen.

Alles weitere zu Handy, Email und Internet in den USA steht im Kasten »***On the Road und doch im Netz***« auf den Seiten 733ff.

In den USA sind die Shops der Kette Radio Shack die richtige Anlaufstelle für jede Art von elektronischer Fragestellung rund ums Handy, um digitale Kameras, Speicherkarten etc.

Temperaturen

In den USA gilt °Fahrenheit. Die Formel für die Umrechnung von Celsius in Fahrenheit und umgekehrt lautet:

°F = 32° + 1,8 x°C bzw. **°C = (°F – 32°) : 1,8**

Näherungsformel: °F = 30° + 2 x°C bzw. **°C = (°F – 30°) : 2**

Celsius	–15°	–10°	-5°	0°	5°	10°	15°	20°	25°	30°	35°	40°
Fahrenheit	5°	14	23°	32°	41°	50°	59°	68°	77°	86°	95°	104°

Trinkwasser

Ein Problem in vielen Städten, aber auch auf Campingplätzen weitab großer Siedlungen ist die Wasserqualität. Das amerikanische Leitungswasser wird im allgemeinen stärker als bei uns mit allerhand Chemie behandelt, um auch noch den letzten gefahrvollen Keim abzutöten. Man riecht und schmeckt es. Für Kaffee und Tee, oft auch zum Kochen empfiehlt sich daher, das Leitungswasser zu meiden und ***Drinking Water*** aus dem Supermarkt zu benutzen. Es wird überall in 1- und 2-Gallonen-Behältern ab ca. $0,80/*Gallon* verkauft, ➪ auch Seite 168.

Umsatzsteuern

Sales Tax

In fast allen US-Staaten und kanadischen Provinzen wird auf Güter und Dienstleistungen eine Umsatzsteuer unterschiedlicher Höhe erhoben. Sie schwankt **zwischen 5% und 12%** und wird immer auf die Nettopreise aufgeschlagen. Wie bei uns gibt es gespaltene Sätze in Abhängigkeit von der Art des Umsatzes. Mitunter entfällt die Steuer beim Kauf von Lebensmitteln. Außer ***State*** und ***Provincial Sales Taxes*** fallen oft zusätzliche lokale Steuern auf den Umsatz an; für Touristen relevant sind solche Steuern bei Automiete und Hotel-/Motelübernachtungen.

In Canada kommt zu den Provinz- und Lokalsteuern noch eine landesweit einheitliche ***Goods & Services Tax*** in Höhe von 6% hinzu, die wie unsere Mehrwertsteuer funktioniert.

PST, GST & HST

In den Provinzen **Newfoundland mit Labrador**, **Nova Scotia** und **New Brunswick** wird die »***harmonized sales tax***« (***HST***) erhoben. Sie ist eine kombinierte **14%ige Umsatzsteuer**, die Provinzsteuer (***PST*** 8%) und ***GST***, die 6%ige Bundesmehrwertsteuer, umfasst. Auf **Prince Edward Island** zahlt man zu den 6% *GST* noch 10% *PST*, was zu einer **Gesamtsteuer von 16,6%** führt, da die Provinz die GST gleich mitbesteuert.

Nettopreise

In der Regel sind **alle Preise ohne Steuer** ausgezeichnet. Die jeweilige Umsatzsteuer wird erst beim Bezahlen hinzugerechnet.

Erstattung

Die früher Touristen bei/nach Ausreise gewährte Rückerstattung von in Canada gezahlten Umsatzsteuern auf eine ganze Reihe von Waren und Dienstleistungen wurde 2007 abgeschafft.

Waschmaschinen und -salons

Laundromat

Wenn die Reisezeit zwei Wochen überschreitet, läßt sich gelegentliches **Wäschewaschen** kaum vermeiden. Münzwaschautomaten gibt es in vielen Motels, auf fast allen privaten Campingplätzen und bisweilen auch auf stark frequentierten staatlichen *Campgrounds*. In Dörfern und Städten sind die ***Coin-Laundries*** oder ***Laundromats*** (Münz-Waschsalons) kaum zu übersehen. In den üblicherweise installierten Maschinen bewegt sich statt der Trommel eine Art Propeller hin und her und quirlt die Wäsche durcheinander. Es gibt auch – meist teurere auch nicht bessere – Trommelwaschmaschinen. Die Einstellung »*hot*« heißt nicht etwa Kochwäsche, sondern besagt, dass mit der Temperatur des zulaufenden Heißwassers gewaschen wird (keine Nachheizung). Nach etwa 20 min ist der Vorgang beendet und das Ergebnis selten toll.

Detergent/ Bleach

Bei höheren Ansprüchen an die Sauberkeit fügen Amerikaner dem Waschmittel (***Detergent***) Bleiche (***Bleach***) hinzu.

Zeit

am/pm

In Amerika steht »**am**« (*ante meridiem*, vormittags) oder »**pm**« (*post meridiem*, nachmittags) hinter einer Zeitangabe:

9 Uhr	**9 am**
21 Uhr	**9 pm**

Besonders zu beachten ist:

12.00 Uhr	**12:00 pm oder *noon***
12.20 Uhr	**12:20 pm**
24.00 Uhr	**12:00 am oder *midnight***
0.20 Uhr	**12:20 am**

In **Fahr-/Flugplänen** werden »am-Zeiten« häufig in Normalschrift, »**pm-Zeiten**« **in Fettschrift** gekennzeichnet.

Zeitungen und Zeitschriften

Zeitungen/ Nachrichten

USA Today ist die einzige landesweit verbreitete Zeitung. Sie besitzt ein recht gutes Niveau. Bei Interesse dafür, was in den USA vorgeht, lohnt sich ihr Kauf (überwiegend im Straßenverkauf für $0,75). Wie der Name sagt, konzentriert sich *USA Today* stark auf nationale Neuigkeiten. Sehr gute Zeitungen mit internationalem Teil wie die ***New York Times***, ***Washington Post, Chicago Tribune*** und ***Boston Globe*** sind außerhalb ihres regionalen Vertriebs nicht leicht zu bekommen (Flughäfen, Hotels und weitere Großstädte). Die ***Globe and Mail*** ist eine überregionale kanadische Tageszeitung und in allen großen Städten vertreten.

Lokale Zeitungen befassen sich fast ausschließlich mit regionalen Themen und sind darüber hinaus reine Werbeträger. Schon der Nachbarstaat bzw. -provinz ist für sie weit entfernt.

Zeitschriften

Bei den Zeitschriften existieren ein breites Sortiment für alle denkbaren Spezialbereiche und jede Menge Blätter der mehr oder minder seichten Unterhaltung. Darüber hinaus gehen nur die bekannten ***Newsweek, Time*** und einige Wirtschaftsmagazine, in Canada das Magazin ***McLeans***. Insgesamt ist das Zeitungs- wie Zeitschriftenangebot mit der europäischen Vielfalt und unserem Standard im Bereich Kultur und Politik nicht vergleichbar.

Deutsche Presse

Internationale Publikationen gibt es nur in einer Handvoll spezialisierter ***News Shops*** der großen Cities (Gelbes Telefonbuch unter *News*). Für viel Geld ergattert man dort schon mal einen »**Spiegel**«, den »**Stern**«, »**Die Welt**« und eine »**Bild Zeitung« einigermaßen** aktuell. Sieht man von wenigen Ausnahmen ab, führen die ***International News Stands*** in den Flughäfen meist nur britische und spanischsprachige Zeitungen/Zeitschriften.

Zeitzonen

Der größte Teil des in diesem Buch beschriebenen Gebietes liegt in einer sehr breiten Zeitzone, die vom Atlantik bis an den Lake Michigan reicht: Die ***Eastern Time Zone*** hat gegenüber der mitteleuropäischen Zeit MEZ einen Rückstand von **6 Stunden**. Da in Nordamerika wie bei uns eine Sommerzeit eingeführt wird, die sich aber datenmäßig nicht ganz mit der europäischen Umstellung deckt, kommt es während kurzer Wochen im Frühjahr und Herbst zu **5 Stunden Differenz.**

5 Stunden beträgt auch die normale Zeitdifferenz zwischen MEZ und ***Atlantic Time***, die **in den maritimen Provinzen** Nova Scotia, New Brunswick und Prince Edward Island gilt.

Newfoundland besitzt eine ungewöhnliche eigene Zeitzone, die eine halbe Stunde Differenz zu den *Maritimes* ausmacht, also **4,5 Stunden Differenz** zu MEZ besitzt.

Reisen durch
CANADAS OSTEN
und den
NORDOSTEN
DER USA

Wichtiger Hinweis: Der Reiseteil enthält Hunderte von **Internetadressen** für alle wesentlichen Ziele. Nicht genannt sind im laufenden Text die Internetzugänge von ***State Parks*** (USA) und ***Provincial Parks*** (Canada), da die jeweilige »Basis« immer gleich ist. Sie finden sich kompakt im Kapitel 8.2 auf Seite 723.

1. ZUR KONZEPTION DES REISETEILS

Welche Reiseroute?

Wer eine individuelle Reise in die USA und/oder nach Canada plant, steht vor der Frage der optimalen Routenplanung. Selbst in einem geographisch scheinbar kleineren Bereich gibt es für Rundfahrten wie auch für *One-way*-Routen zahlreiche Möglichkeiten. Das zeigt auch ein Blick auf die Routenübersicht in der vorderen Umschlagsklappe. Der Umstand, dass viele denkbare und schöne **Reiserouten** im Nordosten **grenzübergreifend** sind, führte zur Zusammenfassung des kanadischen Ostens und der US-Neuengland Staaten sowie New York State und Michigan in nur einem Buch.

Systematik

Die Beschreibung der Teilrouten erfolgt nichtsdestoweniger staaten- bzw. provinzweise. Wo Routen durch beide Länder einander nahekommen, wird auf die mögliche Verbindungen eingegangen. Teilweise – etwa in Niagara Falls, Sault Ste. Marie (Michigan/Ontario) und Yarmouth (Nova Scotia/Maine via Fährverbindung) – gehen die Routen ineinander über bzw. schließen aneinander an.

USA-Routen

Die USA-Kapitel beginnen mit einer **Rundreise ab New York oder Boston** durch **Neuengland**, auf der alle wichtigen Sehenswürdigkeiten, Städte, Parks und Landschaften beschrieben werden. Eine Fahrt durchs **Hudson Valley** und über Albany durch den **Adirondack Park** nach **Niagara Falls** schließt sich an.

Die Niagarafälle bilden die wichtigste touristische Nahtstelle zwischen Ontario und den USA, weshalb die Beschreibung der kanadischen Provinzen dort beginnt.

Canada

In **Ontario** geht es – nach einem großen **Niagara/Toronto**-Kapitel – auf zwei Rundkursen durch den zentralen Südwesten und Osten der Provinz. Beide lassen sich auch gut zu einer einzigen Rundreise zusammenfassen. Von Ottawa führt die Route **am St. Lorenz** entlang, von **Montréal** über **Québec-City** und Abstecher zum Oberlauf des Flusses, wo man per Fähre über den Strom setzen kann, um die Fahrt auf der **Gaspé-Halbinsel** und/oder in Richtung maritime Provinzen fortzusetzen. Diese sog. ***Maritimes*** werden über eine Rundfahrt durch **Nova Scotia** mit Erweiterungen durch **Prince Edward Island und New Brunswick** und Anschluß an die Routen durch Maine/USA und Québec behandelt.

Newfoundland

Das Kapitel 6 beschäftigt sich in Kurzform mit der abgelegenen und landschaftlich wie klimatisch rauhen Insel und Provinz **Newfoundland** für alle, die nach einem Ziel suchen, das ganz abseits der üblichen touristischen Pfade liegt.

Michigan

Eine bedenkenswerte **Erweiterung der Routen** durch Ontario führt nach und durch **Michigan**, das Land der Badeseen, Strände und Dünen, außerdem nach **Chicago** und **Detroit**.

Hinweise

Weitere **Details zu den Routenverläufen** einschließlich klimatischer Bedingungen zu den verschiedenen Jahreszeiten und einer allgemeinen Bewertung der verschiedenen Regionen finden sich in einer Übersicht eingangs der einzelnen Kapitel.

Routenübersicht

Die **Karte in der vorderen Umschlagklappe** zeigt alle Teilstrecken in vereinfachter Form. Zusätzlich einbezogene Ziele und Abstecher ergeben sich aus dem Text. Darin wird auch auf **Erweiterungsmöglichkeiten** hingewiesen, ebenso auf **Verknüpfungspunkte** und -strecken mit den anderen Routen.

Karten

Die Karten wurden **in Abstimmung mit dem zugehörigen Text** angefertigt. Sie sind geographisch so korrekt wie möglich und enthalten alle wichtigen im Text angesprochenen Straßen, Orte, *National, State* und *Provincial Parks* und Gewässer, erheben aber keinen Anspruch auf Vollständigkeit.

Die **Straßenkarten** sind in erster Linie gedacht zur Orientierung bei der Lektüre dieses Buches. Darüber hinaus leisten sie in **Ergänzung zur separaten Gesamtübersicht** auch gute Dienste bei der Reiseplanung. Die rot markierten Straßen entsprechen weitgehend den beschriebenen Routen und möglichen Alternativen. Die **Stadt- und Nationalparkpläne** vermitteln einen Eindruck von der Situation vor Ort, ersetzen aber keine genaue lokale Karte.

Piktogramme

Überwiegend auf persönlicher Beurteilung der Autoren beruhen die **Piktogramm-Empfehlungen**:

- Die **Übernachtungsempfehlungen** beziehen sich auf außergewöhnliche Unterkünfte und solche mit gutem Preis-Leistungsverhältnis. Das nebenstehende Piktogramm findet sich auch am Textrand, wenn die Unterkunftssituation nur mit allgemeinen Hinweisen beschrieben wird. Ab Seite 146 ist erläutert, was von **Hotel-/Motelketten** zu halten ist.

- Die **Campingsymbole** weisen in der Mehrheit auf Campingplätze hin, welche die Autoren selbst kennen und positiv bewerten. Die Empfehlung besagt, dass ein Platz die Gebühren unbedingt wert ist oder – im Fall besonders niedriger Kosten – zumindest als akzeptabel eingestuft werden kann. Die weitaus meisten Plätze eignen sich für Campmobile und Zelte.

- Das Piktogramm der Wanderer findet sich in erster Linie bei empfehlenswerten **Tageswanderungen/Spaziergängen** von kurzer bis mehrstündiger Dauer, nur in Ausnahmefällen bei Ganztags- oder noch längeren Unternehmungen.

- Das obere Piktogramm kennzeichnet hier die Aussicht auf einen guten Snack oder ***Fast Food***, das untere auf ein »ordentliches« Restaurant im üblichen Sinn.

  Da **Essen und Trinken auf Reisen** in Amerika das geringste Problem darstellt, wenn man einmal die Gegebenheiten kennt (➪ Seiten 163ff.), verweisen die Piktogramme nicht nur auf einzelne »*Eateries*«, sondern häufig auch auf generelle Standorte.

2. Durch Neuengland und New York State

2.1 Zu den Routen

Die in den folgenden Kapiteln beschriebene Route führt von **New York City** über **Long Island** und die **Küsten von Connecticut, Rhode Island** und **Massachusetts** nach **Boston**. Dabei werden die Ferienorte und Strände auf der Halbinsel ***Cape Cod*** und den Inseln ***Nantucket*** und ***Marthas Vineyard*** ebenso behandelt wie die historischen Stätten rund um Boston.

In **Maine** geht es weiter am Wasser entlang bis hinauf zum ***Acadia National Park***, dem nordöstlichsten Punkt dieser Route. Wer von dort aus seine Reise nach **Kanada** fortsetzen möchte, findet die Anschlußroute in den Kapiteln **Maritimes** bzw. **Québec** (⇨ Seiten 560 und 533, auch RHK-Titel »Maritime Provinzen«).

Die Neuengland-Route führt von Maine durch die zentralen Touristenregionen von **New Hampshire**, das ***Cottage Country*** und die ***White Mountains*** (⇨ Seite 329f), und dann weiter nach **Vermont** (⇨ Seite 339).

Das schmale Vermont durchquert man im Norden, um **Burlington** am ***Lake Champlain*** zu erreichen. Von dort ist es nur noch ein kleiner Sprung bis nach **Montréal**. Wer sich in Vermont mehr Zeit läßt, findet eine besonders reizvolle **Nord-Süd-Route (#7)** am Westhang der *Green Mountains* und durch die ***Berkshires*** im westlichen Massachusetts. Dort stößt man auf die **Interstate #90,** die in östliche Richtung nach Boston (*Massachusets Turnpike*), oder in westliche Richtung über **Albany** zu den **Niagarafällen** und weiter bis zur Westküste läuft. Ab Albany erreicht man **New York City** rasch auf der **Interstate #87** – beschrieben ist hier die Alternativ-Strecke durch das ***Hudson Valley*** und die ***Catskills*** (⇨ Seite 372/376).

2.2 Die Neuengland-Staaten

2.2.1 Reiseziel Neuengland

Kennzeichnung

Der Begriff »Neu-England« kennzeichnet weder geographisch noch politisch ein in sich geschlossenes Gebiet. Was die sechs Neuengland-Staaten – **Connecticut, Massachusetts, Rhode Island, Maine, New Hampshire** und **Vermont**, die zusammen kleiner als Großbritannien sind – in erster Linie verbindet, ist das Bewußtsein ihrer Bewohner, dem ehemaligen Mutterland *England* in Kultur und Tradition näher zu sein als das übrige Amerika. Gleichzeitig ist das einmalige historische Verdienst Neuenglands fest in den Lehrplänen der Schulen und in den Herzen der Menschen verankert: Die Auflehnung gegen die Kolonialmacht und die Entstehung der ersten Demokratie modernen Zuschnitts nahm hier im Nordosten der heutigen USA ihren Lauf.

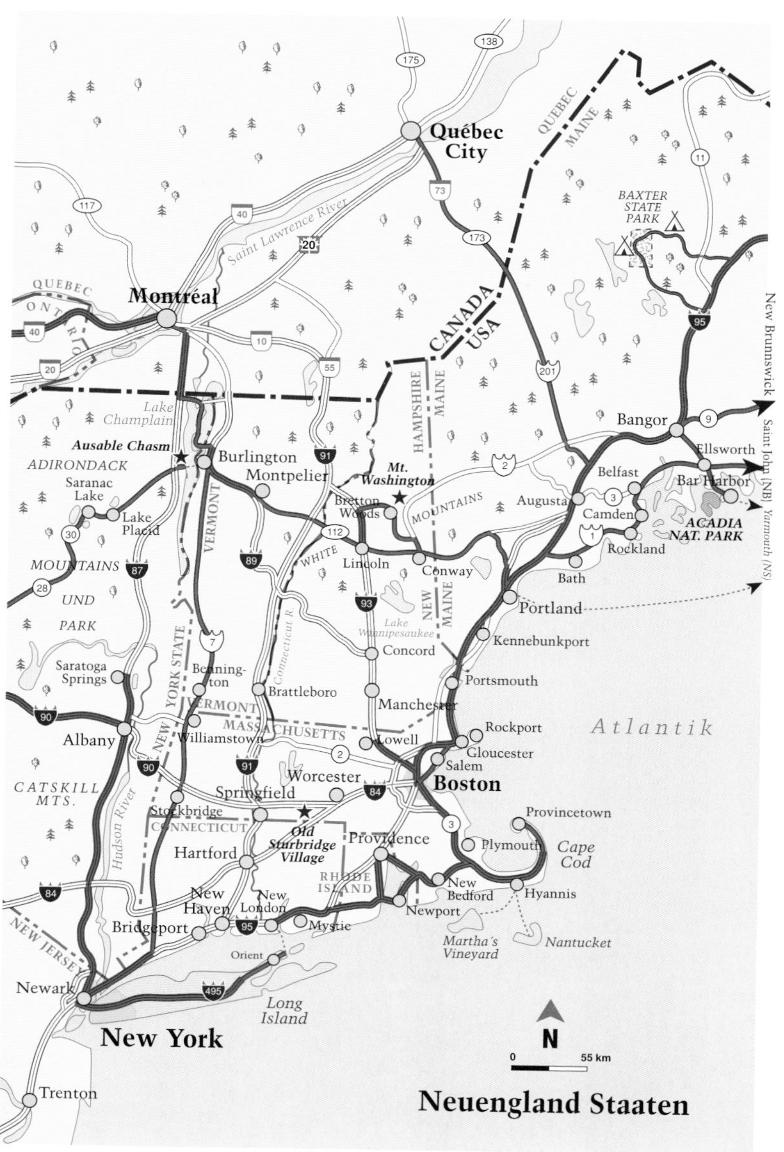
Québec City
Montréal
Saint Lawrence River
QUEBEC
ONTARIO
CANADA
USA
QUEBEC
MAINE
BAXTER STATE PARK
Lake Champlain
Ausable Chasm
ADIRONDACK MOUNTAINS UND PARK
Saranac Lake
Lake Placid
Burlington
Montpelier
Mt. Washington
Bretton Woods
WHITE MOUNTAINS
HAMPSHIRE
NEW HAMPSHIRE
MAINE
VERMONT
Lincoln
Conway
Lake Winnipesaukee
Concord
Manchester
Portsmouth
Kennebunkport
Portland
Bath
Augusta
Belfast
Camden
Rockland
Bangor
Ellsworth
Bar Harbor
ACADIA NAT. PARK
New Brunswick
Saint John (NB)
Yarmouth (NS)
Saratoga Springs
Albany
Bennington
Williamstown
Brattleboro
Connecticut R.
NEW YORK STATE
MASSACHUSETTS
Lowell
Rockport
Gloucester
Salem
Boston
Worcester
Springfield
Stockbridge
Old Sturbridge Village
CONNECTICUT
Hartford
Providence
RHODE ISLAND
Newport
New Bedford
Plymouth
Provincetown
Cape Cod
Hyannis
Martha´s Vineyard
Nantucket
Atlantik
CATSKILL MTS.
Hudson River
New Haven
New London
Mystic
Bridgeport
Orient
NEW JERSEY
Newark
New York
Long Island
Trenton
N
0
55 km
Neuengland Staaten

Natur und Kultur

Meer, Strände und rauhe Küsten, Berge und Wälder mit klaren Flüssen und Seen, weiß leuchtende Dörfer und alte Seefahrerstädte sowie nicht zuletzt die Metropole Boston prägen das Bild der Neuengland-Staaten. Elite-Universitäten, zahlreiche Museen und bemerkenswerte Beispiele alter und moderner Architektur sorgen ebenso wie die ungezählten Musik- und Theaterfestivals für ein hohes kulturelles Niveau. In diesen Rahmen passen die zahlreichen hervorragenden Restaurants und nostalgisch attraktiven *Country-Inns*. Weniger als sonstwo in den USA stehen hier das Schnellste und Höchste im Mittelpunkt; es geht eher um das Älteste und Stilvollste. Um das neuenglische »Gesamtkunstwerk« aus Natur, lebendig gehaltener Geschichte, pulsierender Gegenwart und gehobenem Lebensstil genießen zu können, benötigt man Zeit und Muße.

Einige immer wiederkehrende **Motive** sind typisch für diesen Landstrich und allesamt für sich **Touristenattraktionen**:

- farbenprächtige **Bergwälder im Herbstlaub**, aus denen spitze weiße Kirchtürme hervorragen.
- bunt beflaggte **Hummerfallen** vor zerklüfteter Felsküste mit windschiefen Kiefern und knallrote **Hummer** im kochenden Sud riesiger *Lobster Pots*
- prunkvolle Imitationen europäischer **Schlösser** und modernste **Luxusvillen** an den Gestaden des Atlantiks
- prächtige **Schiffe** aus alter und neuer Zeit in vielen Häfen und mit geblähten Segeln in Buchten oder vor den Küsten
- **Menschen** in historischen Kostümen in originalem oder restauriertem Museums-Ambiente des 17. und 18. Jahrhunderts
- ausgedehnte **Universitätsgelände** mit altehrwürdigen Gemäuern wie z.B. *Harvard* in Cambridge/Massachusetts und *Brown* in Providence/ Rhode Island mit Studenten aus aller Herren Länder auf grünem Rasen
- ein enormes Angebot von **Kunst-, Geschichts-, Wissenschafts- und Spezialmuseen**.
- viele **Wassersportmöglichkeiten** (Kanu, Kajak, Segeln, Surfen).

Typische Neuengland-Dorfidylle: »Bleistiftspitzenkirche« und Indian Summer

2.2.2 Klima

Jahreszeiten

Der auf Postkarten und in der Tourismuswerbung meist stahlblaue Himmel suggeriert paradiesische Zustände. So heißt es in einer Broschüre: »Ein Land für alle Jahreszeiten!« Tatsächlich aber ist bis Ende April und ab Oktober das Klima in Neuengland fürs Reisen ungünstig. Erst im Mai sprießen die Blätter – leider gemeinsam mit den ***Black Flies***, die vielerorts in Massen schwirren. Von **Mai bis Mitte Juni** erlebt man einen **Frühsommer** norddeutscher Prägung. Es kann – speziell in Küstennähe – auch schon mal recht frisch und regnerisch sein. Früher oder später im Juni wird es wärmer als bei uns, und dazu oft schwül. Das gilt vor allem in der südlichen Region zwischen New York und New Hampshire. Je weiter man nach Norden hinauffährt, desto moderater werden die Temperaturen.

Im **Juli und August** können *Cape Cods* Strände und die Massachusetts vorgelagerten Inseln ***Nantucket*** und ***Martha's Vineyard*** den Urlauberandrang trotz des kühlen Atlantikwassers kaum bewältigen. An den vielen glasklaren Seen im Inland ist aber auch dann nur an Wochenenden viel Betrieb.

Aber selbst im warmen Hochsommer kann ein Tief aus Nordwesten noch kühle, regenreiche Tage bringen.

Beste Reisezeit

Zum Besuch eignet sich am besten die Zeit **Ende August bis Ende September**, wenn der amerikanische Ferienverkehr insbesondere nach *Labor Day* – bis auf die Wochenenden – stark nachläßt. Für einige Gegenden Neuenglands ist danach der kurze **Herbst** die eindeutige **Hauptsaison,** wenn der berühmte ***Indian Summer*** das Laub in allen Farben leuchten läßt (➪ Seite 337).

Weitgehend unabhängig vom Wetter und von der Jahreszeit kann man Reisen planen, wenn der **Besuch historisch-kultureller Sehenswürdigkeiten** im Südosten von Connecticut, Massachusetts und Rhode Island im Vordergrund steht.

Goodspeed Opera House mitten in der Landschaft bei Haddam/ Connecticut (➪ Seite 218)

2.2.3 Geschichte

Die Anfänge

Die puritanischen *Pilgrimfathers* waren 1620 aus Europa gekommen, um in Amerika ohne Repressionen leben zu können. Sie ließen jedoch selbst nicht die kleinste Abweichung von ihren eigenen Glaubensregeln zu. Zweifler wurden ausgestoßen. Dies führte zwangsläufig zur Gründung immer neuer Siedlungen. Neben den Immigranten aus religiösen Gründen kamen Abenteurer und wagemutige Kaufleute in die Neue Welt, und gegen Ende des 17. Jahrhunderts lebten bereits über 100.000 Weiße im Gebiet des heutigen Neuengland. Bei dieser »Bevölkerungsexplosion« blieben Zusammenstöße mit den dort beheimateten *Algonquin*-Indianern, die den Ankömmlingen zunächst durchaus freundlich begegnet waren, nicht aus (➪ Seite 15). Die unbekümmerte Inbesitznahme von Indianerland rechtfertigten die Siedler mit ihrem christlichen Missionsauftrag. In mehreren blutigen Kriegen – besonders grausam war der ***King Philip's War*** (1675/76) – wurde der Wille der Indianer gebrochen und das Volk der *Narragansetts,* ein *Algonquin*-Stamm, praktisch ausgelöscht. Geblieben sind nur die indianischen Namen für Flüsse, Seen und Ortschaften.

Das 18. Jahrhundert

Die rastlos schaffenden Neusiedler drangen immer tiefer ins Land, doch gab es keine nennenswerten Bodenschätze, und die steinigen Böden des Hinterlandes ließen sich nur schwer bewirtschaften. So blieb das Meer Hauptquelle für Einkommen und Wohlstand: Ein Vermögen brachte insbesondere der ***Triangle Trade*** (➪ Seite 258), der Handel mit Rum, Melasse und Sklaven. Er wurde von angesehenen, dem puritanischen Erbe verhafteten Familien betrieben, deren Doppelmoral ihnen zwar den Sklavenhandel erlaubte, nicht aber die Sklavenhaltung. In den Häusern der ***Brahmins*** (so nannte sich der Geldadel nach dem Vorbild der indischen Kastengesellschaft) arbeiteten dennoch viele Schwarze als ***perpetual servants*** (lebenslange Dienstboten), eine delikate Umschreibung für faktische Sklaven.

In der im 18. Jahrhundert weltgrößten Walfangflotte schufteten zudem auch Seeleute aus aller Herren Länder, vor allem Portugiesen, zu oft minimaler Heuer für neuenglische Reeder. Die hochherrschaftlichen Häuser in den alten Hafenstädten zeugen bis heute von den schönen Gewinnen. Als die britische Krone daran teilhaben wollte und **1765 neue Steuergesetze** erließ, protestierten die Bürger Neuenglands, speziell der Oberschicht. Bis zum Freiheitskampf und der Proklamation der Unabhängigkeit war es dann nicht mehr weit.

Industrielle Revolution

Nach dem endgültigen Sieg über die Kolonialherren (1783, ➪ Seite 259) erlitt der Seehandel schwere Einbußen. Aber die selbstbewußten ***Yankees*** hatten schon umgedacht und für Amerika die industrielle Revolution konzipiert (➪ Seite 282). Für Webstühle gab es Wasserkraft in Hülle und Fülle, und bald klapperten Wasserräder an den Ufern der Flüsse.

Yankees und spätere Immigranten

Der Ursprung des Wortes *Yankee* als Synonym für Amerikaner ist umstritten. Eine Theorie behauptet, dafür sei der holländische *Jan Kees* verantwortlich, ein alter europäische Name für die käseproduzierenden Holländer. Eine andere Theorie sagt, das Wort *English* – von einem Indianer ausgesprochen – habe wie *Yankee* geklungen.

Im heutigen Staat New York lebende Holländer nannten die nördlich von ihnen siedelnden Engländer schon um 1650 so. Im amerikanischen Unabhängigkeitskrieg bezeichneten britische Soldaten alle Siedler englischen Ursprungs als *Yankees*, was herablassend gemeint war.

Aus dem amerikanischen Süden kam eine Veränderung der Bedeutung. Die Farmer dort hielten ihre Nordstaaten-Nachbarn für gerissen, berechnend und deswegen für erfolgreich. Das gefiel den *Yankees*, und so bezeichneten sie sich selbst als *Yankees.* Nach der Schlacht von Lexington wurde gar der ***Yankee Doodle*** zum offiziellen Marschlied der Armee. Dank *Mark Twains »A Connecticut Yankee at King Arthur's Court«* ging der Begriff *Yankee – durchaus* im positiven Sinn – ab 1889 in die Literatur ein. So kam es, daß im Ersten Weltkrieg die amerikanischen Soldaten in Europa zu *Yankees* wurden. Der bekannte Slogan *»Yankee go home«* wendete den Begriff wieder ins Negative und wird – neben *Gringo (»green go!«, was sich auf die Uniformfarbe bezog)* – vor allem in Südamerika gegen die Vormachtstellung der USA benutzt.

Der echte, alteingesessene Neuengländer jedenfalls ist stolz auf die ***Yankee Ingenuity***, den Erfindergeist, die politische und soziale Klugkeit, aber auch den Humor seiner Landsleute und ihrer Vorfahren.

Hauptsächlich zwei große Immigrantengruppen, definitiv keine *Yankees,* haben die »echten« Neuengländer, die man heute auch gerne als ***WASPs*** (*White Anglo-Saxon Protestants*) bezeichnet, erheblich »unterwandert«: Die zunächst verhaßten katholischen **Iren** – seit Mitte des 19. Jahrhunderts waren sie zu Hunderttausenden eingewandert – kämpften sich mit hemdsärmliger Burschikosität in politische und wirtschaftliche Schlüsselpositionen. Ein weiterer Schlag gegen die *WASPs* gelang den **Italienern**, die sich keineswegs darauf beschränkten, Pizza-Bäcker zu bleiben.

Obwohl sie z.B. in New Hampshire rund ein Viertel der Bevölkerung ausmachen, wird eine wichtige Immigrantengruppe oft übersehen: die **Franko-Kanadier** aus Québec. Sie kamen im 19. Jahrhundert als Holzfäller und Textilarbeiter und betrachten sich noch heute als ethnische Minderheit. Sie leben vielfach in abgeschlossenen Gemeinden und bewahren ihre Identität hauptsächlich über die französische Sprache. Im Gegensatz zu Iren und Italienern strebten sie nie höhere gesellschaftliche Positionen an. **Afro-Amerikaner** flohen bereits nach der frühen Abschaffung der Sklaverei in Massachusetts 1793 (➪ Seite 273 und 540) zahlreich in den liberaleren Norden. Ein weiterer Schub kam um 1900 in die Industriestädte des Nordens und wurde dort nicht nur freundlich aufgenommen. Außer in Boston sind in Neuengland die Afro-Amerikaner eine kleine Minderheit.

2

Die Textilindustrie brachte noch mehr Wohlstand für die alteingesessenen ohnehin schon reichen Familien und Arbeit für die Heere von Immigranten aus Italien, Polen und anderen osteuropäischen Ländern.

Die Neuzeit

Anfang des 20. Jahrhunderts kam die Krise: Viele Fabriken wurden wegen der billigeren Arbeitskräfte in die Südstaaten verlagert, und die Depression der 1930er-Jahre tat ein übriges. Der Unternehmergeist der ***Yankees*** ließ sich jedoch nicht unterkriegen. Heute besitzt Neuengland sein eigenes *Silicon Valley* und *High Tech*-Industrie in und um Boston und im südlichen New Hampshire. Einst verdreckte Flüsse und Seen sind wieder sauber, große Teile der Landschaft als *National* und *State Forests* und *State Parks* vor weiterer Ausbeutung geschützt. So wurde der Tourismus zum großen Wirtschaftszweig (➪ Seiten 200-203).

2.2.4 Kennzeichnung der Neuengland Staaten

Trotz des gemeinsamen Ursprungs betonen die Neuengland-Staaten gern ihre **kulturelle Eigenständigkeit**. Ohne Details vorzugreifen, lassen sie sich vorab grob charakterisieren.

Connecticut und Connecticut River

Ouinnehtukqut (*Long Tidal River*) nannten die Indianer diesen mächtigen Fluß und gaben so dem Land seinen Namen. Neuenglands Industrialisierung begann an seinen Ufern und machte ihn zum Abwasserkanal. Inzwischen wieder saniert, haben sich Paddler und nostalgische Ausflugsboote den Fluß zurückerobert. Connecticuts touristische Attraktionen, seine piekfeinen Städtchen, seine Strände und grünen Hügel locken heute gestreßte New Yorker. Auch wenn Connecticut in weiten Teilen wieder ländlich (*rural*) ist, regiert weiterhin das *big money* – diesmal dank sauberer *High Tech*-Industrie.

Rhode Island

Um Rhode Island, den kleinsten US-Bundesstaat, zu durchqueren, benötigt man keine halbe Tankfüllung. Das Meer und ein starker Freiheitsdrang prägten den ***Ocean State.*** *Roger Williams*, von den Puritanern der *Massachusetts Bay Company* in die Wildnis getrieben, gründete dort einst seine Kolonie auf der Grundlage von Freiheit und Toleranz. Auch viele Juden und Quäker kamen. Mit den Indianern schloß *Williams* für seine Zeit ungewohnt faire Verträge.

Für Touristen besteht Rhode Island heute hauptsächlich aus **Newport**. »Französische« Schlösser zeugen dort vom Reichtum Amerikas ab 1850. Newports zweite Attraktion sind die Yachthäfen und die **Segelregatten**.

Massachusetts

Die **Wiege des modernen Amerika** steht in Massachussetts, denn mit der Landung der *Mayflower* (1620) und der *Boston Tea Party* (1773) nahmen die weiße Besiedlung und der Unabhängigkeitskampf von dort ihren Anfang.

Massachusetts beeindruckt mit adretten historischen Städtchen, Musik- und Theaterfestivals auf höchstem Niveau, gutem Essen, endlosen weißen Sandständen und grünem Hügelland. **Boston**, die Hauptstadt des Staates und einzige City Neuenglands, verfügt über Elite-Universitäten und hochrangige Museen – sei es für moderne amerikanische Kunst oder für Sammlungen aus aller Welt.

New Hampshire

Der ***Granite State*** New Hampshire verdankt seine Charakterisierung den *White Mountains*: harter Fels, enge Schluchten und *Mount Washington*, Neuenglands höchster Berg (1917 m) Solche Naturschönheiten locken viele – aber auch die hier weitgehend unbekannte *Sales Tax* (Umsatzsteuer). Nur wer außer Haus nächtigt und ins Restaurant geht, muß 8% *Sales Tax* zahlen. Auch Einkommensteuer für Privatpersonen kennt man in New Hampshire nicht. New Hampshire gilt daher als **Einkaufsparadies** des Nordostens mit grenznahen Shoppingmeilen, wo man bis 20% weniger als den üblichen Preis zahlt. Beliebt sind riesige ***Liquor Outlets***, wo es auch Alkohol überaus günstig gibt.

Maine

Dieser größte und jüngste Neuengland-Staat wurde erst 1820 von Massachusetts abgetrennt. Seit über 100 Jahren ist er Ziel von Sommerfrischlern und zieht heute alljährlich Millionen Amerikaner und Kanadier an seine Strände, felsigen Küsten und auf die vorgelagerten Inseln. Maine steht für Aktivurlaub; ob Biking oder Rafting, ob Kanu oder Kajak, ob Segeln oder Wandern.

Maine ist ***Lobsterland***: Hochgetürmte Hummerfallen und brodelnde Riesenpötte, in denen die frischgefangenen Tiere gekocht und an Holztischen und Bänken gleich verzehrt werden, bilden eine markante Maine-Szenerie – fast immer mit Blick auf einen Bootssteg und schunkelnde Segelboote.

Das andere Maine, das der endlosen Wälder und Seen, wird über seinem Küsten-Image oft vergessen. Maine besitzt im weiten Hinterland im Norden noch viel echte **Wildnis**.

Typische Hummer-Kochbottiche - Lobster Pots - in Maine

Vermont

Land der grünen Hügel nannte *Samuel de Champlain* das Gebiet des heutigen Vermont, des einzigen Neuengland-Staates ohne Zugang zum Meer. Einst stritten sich Frankreich, New Hampshire und der Staat New York darum. Der Volksheld ***Ethan Allan***, dessen Name bis heute in Vermont allgegenwärtig ist, kämpfte mit seinen *Green Mountain Boys* 1770 gleichzeitig um die Unabhängigkeit des Staates von New York und die der englischen Kolonien vom Mutterland. Er rief 1777 die unabhängige Republik Vermont aus. Einen Stern auf der US-Flagge erhielt Vermont erst 1791 – als 14. Staat der Union.

Außer Bergen, Wäldern, Wiesen und großen dunkelroten Holzscheunen sind es altmodische ***General Stores*** und die ***Covered Bridges***, die Vermont einen besonderen Charme verleihen.

New York State

Obwohl ***New York State*** nicht zu den Neuengland-Staaten gehört, sind New York City, Long Island und zumindest der Ostteil von *Upstate* New York geographisch und aus touristischer Sicht eng mit ihnen verbunden. Die im folgenden beschriebene Neuengland-Rundreise führt – bei Anreise oder Rückflug nach/ab New York City via JFK- oder Newark-Airport - zwangsläufig auch durch Teile des Staates New York.

In diesem Zusammenhang sind **Long Island**, das ***Hudson Valley*** und die ***Adirondacks*** besonders hervorzuheben. Aber auch im landwirtschaftlich geprägtem Nordosten gibt es lohnenswerte Ziele, wie das Gebiet um die Finger Lakes und natürlich die Niagara Fälle. Die Industriegeschichte des Staates wird im Bereich zwischen Syracuse und Buffalo lebendig.

Neu England Covered Bridge im Herbst

2.3 Von New York City über Long Island nach Boston

2.3.1 Long Island (www.funonli.com; www.longisland.com)

Das **125 mi lange Long Island** gehört politisch nicht zu Neuengland, sondern zum Staat New York.

Wer von New York aus die Reise in Richtung der Küsten Neuenglands beginnt, sollte über Long Island nach Norden fahren, um einen Eindruck von den grandiosen Möglichkeiten der New Yorker zur Naherholung vor den Toren ihrer Stadt zu bekommen. (Alternative zur Long-Island-Route ➪ Seite 217.)

Kennzeichnung

Schon Ende des 19. Jahrhunderts errichteten betuchte New Yorker ihre **Sommerhäuser** auf Long Island. Dabei bevorzugten sie die buchtenreiche, ruhigere Nordküste, während heute die dem offenen Atlantik zugekehrte Seite mit ihren vorgelagerten Sand- und Dünenbarrieren Trumpf ist. Wer auf sich hält, nimmt sogar den langen Weg zu den weit im Osten auf der Südgabel liegenden ***Hamptons*** in Kauf. Dort bleiben die »Reichen und Schönen« aus *Manhattans* Park Ave oder der *Upper East Side* unter sich und in beruhigender Distanz zu den Massen an citynäheren Stränden (➪ New York City Extra, Seite 48).

Verkehrssituation und Anfahrt

Zu Long Islands langen Stränden und Edelorten gelangt man auf scheinbar endloser *Freeway-Fahrt* (I-495) durch die Stadtteile ***Brooklyn*** und ***Queens*** und ausufernde Vorstädte weiter östlich.

Für einen **Kurztrip** nach Long Island ist daher die Bahn ideal. Die ***Long Island Rail Road*** (*LIRR;* www.mta.info/lirr) unterhält ein verzweigtes Netz über die ersten ca. 45 mi, um dann mit mit zwei Strängen am Ende der Südgabel (*South Fork*) **Montauk** und auf der Nordgabel (*North Fork*) **Greenport** zu erreichen. Genaue Fahrpläne gibt es in der ***NYC Penn Station***. **Tipp**: bis *Islip-Mac Arthur Airport*/Ronkakoma fahren und dort ein Auto mieten. Bequem, aber teuer ($51) ist der *Hampton-Jitney*-Bus ab Manhattan Midtown, ✆ 613-283-4600 (von NYC: 212-362-8400) oder ✆ 1-800-936-0440; www.hamptonjitney.com.

In der nachmittäglichen ***Rush Hour*** und an **Wochenenden** sind die Ausfallstrecken sehr voll. Erst nach 40-50 mi nimmt der Verkehr ab. Am besten startet man an einem Werktag vormittags. Und zwar vorzugsweise via ***Queens Midtown Tunnel*** und die ***Interstate #495***, dem ***Long Island Expressway***.

Süd- oder Nordküste?

Zur Route

Viele der nördlich der I-495, bzw. der #25A an Buchten gelegenen kleinen Städtchen (z. B. Manhasset, Cold Spring Harbour, Stony Brook, Port Jefferson) sind mit ihren *Waterfronts*, Restaurants und Einkaufsmöglichkeiten sehr reizvoll. Den Glanz vergangener Zeiten strahlen die schloßähnlichen Sommerresidenzen aus, in denen heute oft kleine feine Museen untergebracht sind, deren

Gärten der Öffentlichkeit zugänglich gemacht wurden, so z.B. ***Theodore Roosevelts Sagamore Hill*** bei Oyster Bay und die ***Vanderbilt Villa*** bei Centerport.

Fähren

Der Süden lockt mit besseren Stränden. Und selbst bei knapper Zeit ist ***Fire Island*** immer einen Umweg wert. **2 Fährrouten** verbinden Long Island mit der Connecticut-Küste: eine von **Port Jefferson nach Bridgeport**, eine weitere von **Orient Point nach New London** (➪ Seite 216); www.longislandferry.com.

Hotelkosten Long Island

Long Island ist teuer; vor allem im Sommer und an Wochenenden, selbst in der Vor/Nachsaison. Wer jedoch wochentags (Mo-Do) in der Vor-/Nachsaison ohne Voranmeldung ein Hotel sucht, kann durchaus Schnäppchen finden zu Preisen weit günstiger als den unten genannten.

Zugangs-restrik-tionen

Zudem sind in der Hauptsaison die Zugangsbeschränkungen für Strände, die nicht zum *National Park*- oder *State Park*-Netz gehören, immens (➪ Kasten ***Long Island-Beach***-Regeln).

Im folgenden sind die bekanntesten Orte der Südroute beschrieben. Die NYC am nächsten gelegenen Strände mit *Boardwalks*, viel Fun und Sport werden im Heft *NYC-Extra* genannt.

Fire Island

http://nps.gov/fiis

Der Südküste von Long Island sind mehrere Dünen-Nehrungen vorgelagert. Am westlichen Ende der 32 mi langen ***Fire Island National Seashore*** befindet sich der ***Robert Moses State Park*** (von der I-495 nach Süden auf den *Sagticos St. Parkway*, dann *Robert Moses Pkwy*). Hier gibt es zwar große Parkplätze ($9), aber keinen lärmenden Strandbetrieb mehr; nur Dünen, Strand und Wasser, wo auch an Wochenenden jeder sein Plätzchen findet.

Ein Spaziergang führt zum Leuchtturm (*Visitor Center*); wer weiter geht, erreicht Kismet, die erste der 17 Siedlungen im Bereich der *Fire Island National Seashore.*

Bis auf West- (*Robert Moses SP*) und Ostende (*Smith Point*) ist die *National Seashore* nur per **Personenfähre** zu erreichen. Aber auch ein Tagesbesuch der autolosen Insel lohnt, denn neben den

Unendlicher Strand und Sommerhäuser auf Fire Island

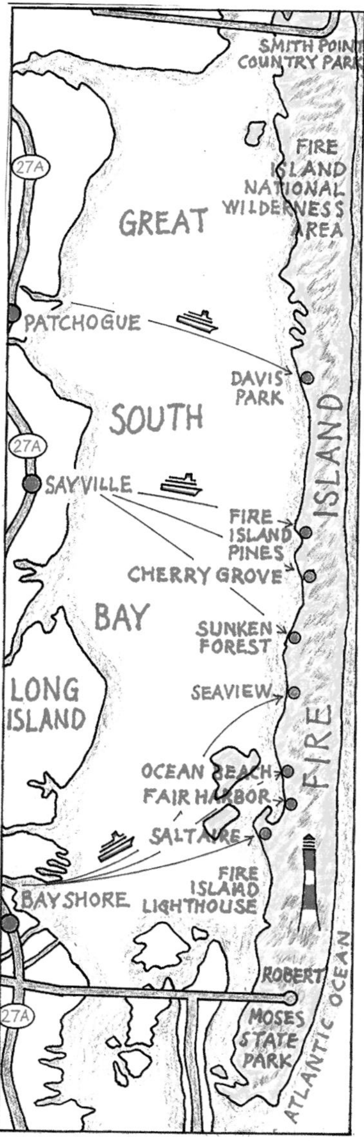

Dünen und Marschen beeindruckt eine abwechslungsreicheVegetation. Die kleinen Holzhaus-Siedlungen unterschiedlichster Prägung fügen sich gut in das Landschaftsbild ein, liegen sie dochversteckt in Kiefernwäldern.

Orte auf Fire Island

Da *Fire Island* erst 1964 zum Landschaftsschutzgebiet erklärt wurde, blieben die bereits existierenden Ortschaften bestehen, dürfen sich jedoch nicht weiter ausbreiten. Im Zentrum der meisten Orte befinden sich einige Läden, Kneipen und/oder vielleicht ein kleines Hotel. Die Häuser sind über ***Boardwalks*** (Holzplankenwege, sog. *Highways!)* verbunden. Nicht einmal das Fahrradfahren blieb dort erlaubt; aber zum Strand ist es ohnehin nie weit.

Fähren Internetinfo ➪ links

Die drei ***Fire Island-Fährhäfen*** (Bayshore, Sayville, Patchogue) erreicht man über die #27; der o.a. Zug von NYC (*LIRR*) hält an allen Stationen. Kleinbusse verbinden Bahnhof und Häfen (Vorsaison unregelmäßig). Sonst hilft nur eine kurze Taxifahrt. Parken Mo-Do $7, Fr-So $14/Tag. Die Überfahrt ins Paradies dauert 30 min, Returnticket $15/$7 (Gabelfahrten, d.h. Rückfahrt von einem anderem als bei Ankunft, sind erlaubt).

- Optimaler Fährhafen ist **Bayshore** mit den meisten Zielen und Verbindungen (im Sommer ca. 30-min-Takt). Größter Inselort ist **Ocean Beach** mit kleinen Pensionen, Kneipen und Läden.
- Vom mittleren Hafen **Sayville** verkehren im Sommer die Boote ungefähr im 2-Stundentakt nach **Fire Island Pine** (mit bestechender moderner Holzhaus-Architektur) und **Cherry Grove**, *Gay Comunities* mit Szenekneipen und ausschweifendem Nachtleben. Von **Cherry Grove** führt ein schöner **Spaziergang** (30 min) nach **Sailor's Haven** mit einem Badestrand an der Buchtseite, Marina und Anleger. Im ***Sunken Forest***

ist die Vegetation noch im Urzustand. Auch von dort ist die Rückfahrt nach Sayville (weniger Abfahrtzeiten) möglich.

- Von **Patchogue** fahren die Schiffe nach **Davis Park** und **Watch Hill**, am westlichen Rande der 7 mi langen ***Otis Pike Wilderness Area***, die nur in kleinen Bereichen öffentlich zugänglich ist. Ein schöner **Spaziergang** führt von Watch Hill (mit Marina, Restaurant und Zeltcamping) zurück zum Anleger Davis Park.

Smith Point County Park

Das westliche Ende der ***Wilderness Area*** und der ***Smith Point County Park*** sind wieder mit dem Auto zu erreichen (von der #27 und #27A über den *William Floyd Parkway*/#46). Hier liegt das ***Fire Island Wilderness Visitor Center***. Der riesige **Campingplatz** am Beginn des *County Park* ist nach so viel Natur ernüchternd.

Unterkünfte

Fast alle Unterkünfte liegen geschützt an der *Bayside*. Zum Strand am Atlantic ist es ein Katzensprung. Preiswerter sind jeweils So-Do; am Wochendende mindestens 2 Nächte; geöffnet Mai bis September/Oktober.

Ocean Beach (www.oceanbeach.com)

- ***Clegg's Hotel,*** einfaches Holzhaus, ✆ (631) 583-5399; Zimmer mit Gemeinschaftbad, Studios mit Bad, $110-(Fr-So:) $320; www.cleggshotel.com
- ***Housers Hotel,*** sehr einfach, Gemeinschaftsbad, ✆ (631) 583-8900; ab $125; www.housershotel.com

Ocean Bay Park (bester »Deal«)

- ***Fire Island Hotel&Resort;*** Pool, ✆ (631) 583-8000; Mo-Do DZ $179; www.fireislandhotel.com

Cherry Grove

- ***Grove Hotel,*** laute Feste, Gay-/Hetero-Szene, Pool, Mai und September wochentags noch ruhig; ab$75; Preise und Aktivitäten steigen mit der Saison bis $500, ✆ (631) 597-6600; www.GroveHotel.com
- ***Belvedere,*** nur für Männer, ein schneeweißes Schlösschen mit lauschigem Innenhof, ✆ (631) 597-6448, $110-$400; Vor/Nachsaison 50%; www.belvederefireisland.com

Sayville

Sayville

- **Tipp**: Kurzbesucher sind gut aufgehoben am Anleger in Sayville im ***Lands End Motel &Marina,*** ✆ (631) 589-2040, ab $100; über www.landsendweddings.com/motel.html

Camping

Der ***Heckscher State Park*** zwischen Bayshore und West Sayville, eine **Picknick-Anlage** mit mäßigen Stränden an der *Great South Bay*, besitzt einen weniger frequentierten Campingplatz, ✆ (631) 581-2100, von dem man die Fähren bequem erreicht (von der #27A über *Heckscher State Parkway).*

Zur Route

Wer sich für die Weiterfahrt per Fähre von Port Jefferson nach Bridgeport entscheidet (➪ Seite 216), nimmt ab Patchogue die Straße #83, dann #112.

15 mi östlich der Fähre (#25A, Sound Ave) kann man im ***Wildwood State Park*** am Wasser campen; www.licamping.com.

Die Hamptons

Von der ***Fire Island National Seashore*** geht es am besten auf der #27 zu den als **Hamptons** bekannten Sommerresidenzen der Reichen und Schönen: **West-, South-, Bridge- und East Hampton, sowie Hampton Bays**, www.hamptons.com.

Sie alle verfügen über *High-Class-Shopping,* Edelrestaurants mit astronomischen Preisen und Luxusvillen an den Stränden. Wer als Nicht-Resident dort auch mal (Sonnen-) baden möchte, hat einige Hindernisse zu überwinden (⇨ Kasten unten).

Im Osten macht das exklusive **Westhampton Beach** den Auftakt (von der #27 bei Eastport auf die #27A, dann in Westhampton auf die Mill Road). Nach einem Bummel sollte man die *Dune Road* auf der Nehrung nach Osten fahren. Bei ***Tiana Beach*** können aauch Nicht-Residenten in den Atlantik springen (Parken $15!).

Über die *Ponqougue Bridge* erreicht man das am Inlet gelegene **Hampton Bays** mit einigen einfacheren **Motels** an den Marinas. Weitere befinden sich an der #27A in Richtung Southhampton (⇨ auch unter Unterkünfte auf der folgenden Seite).

Beach-Regeln

An Neuenglands Küsten und vor allem auf Long Island einfach ans Meer und das Auto in irgendeine Parklücke fahren: *Don't even think of it!* Allein der Gedanke grenzt an ein Verkehrsdelikt, denn der Strandbesuch ist strikt reglementiert und teuer (das gilt auch für alle staatlichen Einrichtungen und Parks, egal ob *National-*, *State-* oder *County Park*. **Faustregel**: je beliebter das Ziel, desto tiefer muß man in die Tasche greifen – Cooper Beach auf Long Island z.B. kostet mittlerweile satte $30 Parken/Eintritt. Zwar gilt dies meist nur für die Hochsaison, aber Achtung: auch die variiert von Ort zu Ort.

Parken auf den Straßen vorm Parkplatz ist verboten oder nur Anwohnern mit einem speziellen *permit* erlaubt. Schilder wie »***Residents only***«oder »***Permit Holders only***« reservieren für die Anwohner zuweilen komplette Parkplätze. Akribische Kontrollen sind die Regel.

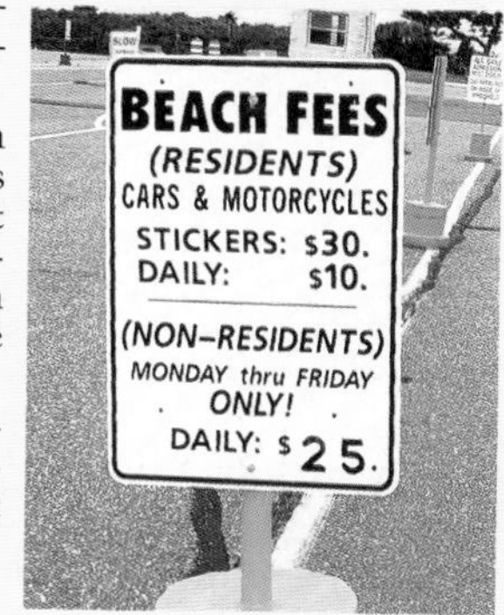

Wer länger am Ort bleibt, fragt am besten im Hotel nach einem ***Tourist Permit*** oder kauft es bei der lokalen *Chamber of Commerce* (meist Sa/So geschlossen). Da man sich auf der Durchreise kaum »eben schnell« ein *permit* besorgen kann, sind in diesem Buch nur beliebte Strände mit Tickethäuschen am Parkplatz empfohlen.

Besonders kompliziert wird die Sache an sonnigen Wochenenden – übrigens sogar auf County-Campingplätzen, auf denen nur Residenten mit *Green Key Card* (Long Island) ein Reservierungsrecht haben.

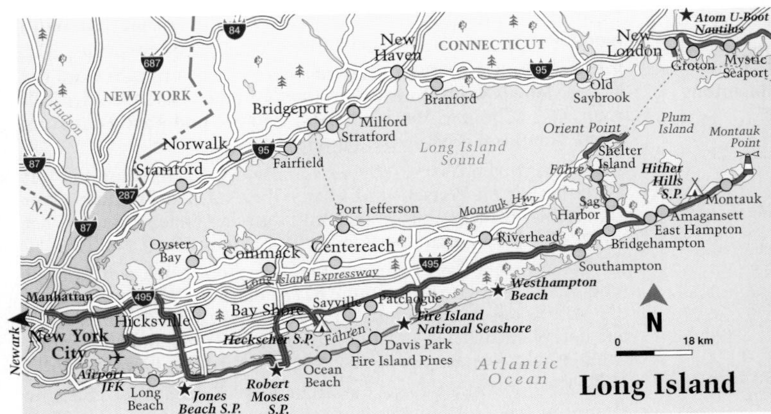

Die ***First Neck Lane*** führt von Southhampton auf die Nehrung und westlich wieder auf die Dune Road mit großen Villen und wenig Strandzugängen für Touristen.

Cooper Beach

Die Höhe der Parkgebühren zeigt die Exklusivität dieses Strandabschnitts: ***Cooper Beach*** kostet $25 wochentags, $30 Wochenende. Eine einzige Stichstraße (Road D) hat keine Parkbeschränkung, nur 20 Plätze. Viel Glück! An der #27 über East Hampton nach Montauk ist ***Atlantic Beach*** östlich des Zentrums von Amagansett (Atlantic Ave) wochentags für $15/Tag zugänglich.

Unterkünfte

- ***Bel-Aire Cove Motel;*** 20 Shinnecock Road (1. links nach der *Ponquogue Bridge*), am Wasser, einfach, relativ ruhig gelegen, So-Do $140, Wochenende (2 Nächte $400); © (631) 728-0416, www.belairecove.com.

- ***Drake Motor Inn,*** 16 Penny Lane, von Shinnecock Road links; am Wasser, ruhig, © (631) 728-1592, wochentags $125-$250, Wochenende 2 Nächte $365-$630, www.thedrakeinn.com.

Weitere Motels befinden sich gleich hinter der oben erwähnten Brücke in der Foster Ave, z. B. das preiswertere

- ***Allen's Acres,*** © (631) 728-4698, $75 während der Woche.

- ***Ocean View Terrace,*** an der #27A Richtung Southhampton, prima, mit Pool, © (631) 728-4036, $100-$305 für 2 Nächte, www.oceanviewterrace.com.

Camping

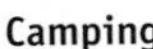

Der ***Cedar Point County Park*** liegt traumhaft an der Gardiner Bay und hat 190 meist schattige Zelt- und Trailerplätze; diverse Strände zum Tauchen und Schwimmen, sowie **Wanderwege**. Zwischen East Hampton und Amagansett von der #27 Richtung Freetown; dort Hands Creek Rd nach Norden bis Alewife Brook Road. In der Hochsaison ist dort schwer unterzukommen, weil Residenten Vorrecht haben (⇨ Kasten »Beach-Regeln«).

Im ***Hither Hills State Park***, zwischen Amagansett und Montauk kann man direkt am Meer campen, offene Plätze, oft windig, $24, aber im Sommer für Nicht-Residenten bis zu $48. Jenseits der #25 (= *Montauk Highway*) gibt es noch im im *Hither Hill SP* die ***Hither Woods*** und ***Lee Koppelman Nature Reserve*** mit 30 mi Wander- und Radwegen. Gegen $8 Parkgebühr kommen auch Nicht-Camper an den Strand oder/und auf den etwas östlicher gelegenen Picknickplatz; ✆ (631) 668-3781.

Montauk

www.eastend community.com

Die Infrastruktur in **Montauk** ist (mehr als anderswo an der Südküste) auf Touristen eingestellt: Hotels direkt in den Dünen, zahlreiche *State* (*Montauk Downs* mit Golfplatz) und *County Parks* mit Wanderwegen, sowie ein attraktiver Fischer- und Yachthafen. Wer sein Quartier am kleinen Ortskern (Plaza/Ecke Edgemere Ave) findet, ist gut bedient. Die lokale *Chamber of Commerce* hilft als ***Tourist Info***, www.montaukchamber.com.

Strände

Am leichtesten zugänglich ist die ***Kirk Beach*** mitten im Zentrum etwas westlich der Plaza beim Supermarkt **IGA** (das $8-*Permit* löst man am Parkplatz). Wer nur kurz in die Fluten taucht, nutzt die Parkuhren (max 120 min). Für alle anderen Strände, auch die ruhigeren an der Bay (z.B. die schöne *Gin Beach*) braucht man ein *Permit* (➪ auch den Kasten Seite 213).

Essen und Trinken

In und um Montauk herum gibt es eine ganze Reihe einfacher **Fischrestaurants**:

- An der #27, noch westlich des *Hither Hill SP*, erfreut sich ***Lunch*** (auch ***Lobster Roll***) großer Beliebtheit; ✆ (631) 267-3740

- Ein **Tipp** ist ***Duryea's Lobster Deck***; einfache Tischbänke am Wasser, prima *Chowder*. Anfahrt: Edgemere Ave bis zur LIRR-Bahnstation, dann links Tuthill Road; ✆ (631) 668-9500
- Feiner ist das ***Surfside Inn,*** direkt am Strand mit schöner Terrasse, Old Montauk Highway; ✆ (631) 668-5958

- Im Zentrum liegt ***Nick's***, ein Renner mit *Beach Bar*, Restaurant und *Night Club*; South Emerson/Edison; ✆ (631) 668-4800
- Am *Montauk Harbor* (Zufahrt über West Lake Drive oder Edgemere/Flamingo Ave) liegt ***Gosman's Dock Restaurant*** mit *Fish Market;* am schönsten an der Hafenausfahrt, mit Terrasse und *Clam Bar*; ✆ (631) 668-5330

Unterkünfte

- **Tipp**: ***White Sands Motel,*** westlich Amagansett bei Nepeague-am Strand, ruhig, nichts als Dünen und Meer, ✆ (631) 267-3350; $175, mit Küche $195; www.whitesands-resort.com

- ***Ocean Beach,*** 108 South Emerson, ruhige Straße direkt am Meer, Stadtzentrum, alles Studios mit Küche, Pool, ✆ 631-668-4000 und ✆ 1-800-232-2438; im Sommer Studio ab $175: www.duneresorts.com
- ***The Montauk Soundview,*** 6 Soundview Drive am Hafen; schmaler Strand, Pool, kleine ältere Anlage, sympathisch, auch Cottages mit bis zu 4 Zimmern; ✆ (631) 668-5500; $80-$100/$159-$189; www.montauksoundview.com

- ***Snug Harbor Resort* & *Marina*** am Yachthafen, großzügige Anlage mit Pool; © (631) 668-2860, \$85-\$110, mit Küche \$105-\$150; www.montauksnugharbor.com.

Weitere, meist teurere Quartiere liegen am *Old Montauk Highway* bis zum *Hither Hill State Park*.

Sag Harbour
www.sagharborchamber.com

Im hübschen Sag Harbor, einem alten **Walfangort** (kleines Museum) an der Bucht zwischen *South* und *North Fork* an der Straße #114, kann man im *Historic District* gut bummeln.

Fähren

Zwei Fähren (die erste ab Sag Harbor) – jeweils \$10 – transportieren Auto und Passagiere alle 15 min über **Shelter Island** zur Nordwestspitze von Long Island nach Orient Point.

Wer noch etwas Zeit hat, kann im ***Orient Point State Park*** (\$8, ohne Camping) baden, picknicken und spazierengehen.

Etwa 10 mi westlich des Fährhafens bei Greenport liegt das ***Sunset Motel*** direkt am Strand an der #48; © (631) 477-1776; Studio \$155, mit Küche \$175, www.sunsetgreenport.com.

Fähren von Long Island nach Connecticut

www.longislandinfo.com/travel/ferry.html

- In **Orient Poin**t legt die **Fähre nach New London/Connecticut** ab – in den Sommermonaten stündlich. Reservierung ist ratsam. Auf Long Island © (631) 323-2525; in Connecticut © (860) 443-5281, oder unter www.longislandferry.com. **Tarife**: \$46 für Auto und Fahrer, zusätzliche Person \$13, Kinder unter 12 \$6; Dauer der Überfahrt 80 min. Auch ein schneller ***Sea Jet*** (nur Personen) fährt nach New London: 8, 10, 18, 20 Uhr; 40 min, \$20/Person. Vormittags mit Bus zum Kasino nach *Foxwood* (⇨ Seite 221f).
- **Port Jefferson-Bridgeport Autofähre** (Dauer 75 Min) 11x täglich (Hochsaison 16x), letzte Fähre jeweils 21.30 Uhr, PKW plus Fahrer \$46, Person \$13; © (203) 335-2040 und 1-(888) 443-3779 (auf Long Island: 631-473-0286); www.bpjferry.com

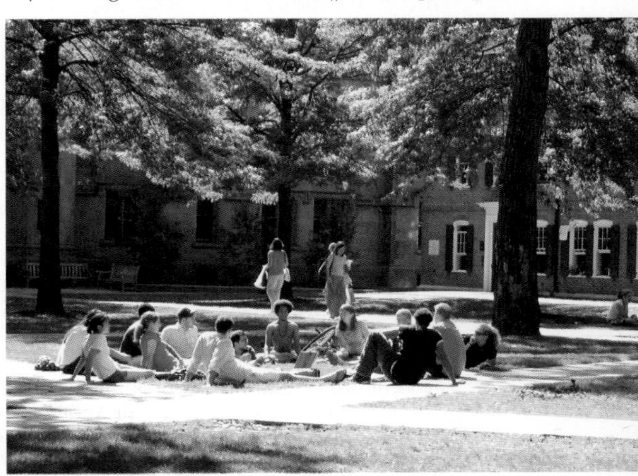

Studenten auf dem Campus der Yale University in New Haven

Steckbrief Connecticut/CT (www.tourism.state.ct.us)

3.400.000 Einwohner, 14.360 km², südlichster Neuengland-Staat, Hauptstadt ist **Hartford** mit 125.000 Einwohnern, Großraum ca. 1,2 Mio.

55% der Fläche Connecticuts sind bewaldet. Östlich des Connecticut River ist die Landschaft überwiegend flach, westlich des Flusses hügelig (*Appalachen* bis 725 m). Industrien sind Schiffbau (U-Boote), Waffen, Munition; *High-Tech* (Computer, Raketenteile). Eine abnehmende Rolle spielt die Landwirtschaft.

Wichtigste touristische Ziele sind: *Yale University, Litchfield Hills, Mystic Seaport* und der *Mohegan & Foxwood* Casinos.

2.3.2 Südöstliches Connecticut

Von New York nach New Haven

Wer unterwegs von New York in Richtung Neuengland-Staaten auf den Umweg über Long Island verzichtet, sollte nicht die I-95, sondern die parallel verlaufenden Lkw-freien ***Parkways*** *Hutchinson River/Merritt* (#15) nach Norden wählen und erst bei *Exit* 54 (Milford) auf die I-95 wechseln.

Über *Exit* 47 der I-95 und die #34 West geht es ins **Zentrum von New Haven** (Church Street); www.newhaven.com. Die **Elite-Universität *Yale*** sollte man nicht auslassen. Gratis-Führungen ab der 149 Elm Street, Mo-Fr 10.30 & 14 Uhr, So 13.30 Uhr.

Von diversen Universtätsmuseen seien in erster Linie empfohlen das ***Peabody Museum of Natural History*** (Whitney Ave, 4 Blocks östlich des *New Haven Green*; Mo-Sa 10-17, So ab 12 Uhr, $7), die ***Yale University Art Gallery*** (*Picasso, Monet, Manet, Homer)* und das ***Yale Center for British Art***; beide in der Chapel Street beim *Old Campus*; Di-Sa 10-17, So 13-17, die *Art Gallery* am Do auch bis 20 Uhr; Eintritt in beiden Fällen frei.

Amistad

Der historische Segler ***Amistad*** (ein Nachbau) hat New Haven als Heimathafen. Das Schiff ist aber oft auf großer Fahrt oder liegt in ***Mystic Seaport*** (➪ Seite 219f). Die *Amistad* gilt als eine Art Monument für den transatlantischen Sklavenhandel. Das Original wurde auf hoher See von Sklaven gekapert, die man später freisprach. Mancher hat vielleicht den eindrucksvollen gleichnamigen Film gesehen. Der dafür entstandene Nachbau dient heute als Begegnungsstätte für Jugendliche aller Rassen; **Liegeplatz** ist die ***Long Wharf*** (I-95, *Exit* 46). Ein Denkmal am Rathaus erweist dem Anführer der Revolte *Senghe Pie* (bekannt als Cinque) die Ehre. Ein eindrucksvolles Kapitel amerikanischer Demokratie.

Mark Twain

40 mi nördlich von New Haven (I-91) lebte einst **Mark Twain** in einer stilvollen viktorianischen Villa. Dort schrieb er »*Huckleberry Finn*« und »*Tom Sawyer*«. Ein **Museum** ist Leben und Werk dieses witzigen Genies gewidmet. Anfahrt: bei Hartford auf die I-84 Ost wechseln, dann *Exit* 46 und zur 351 Farmington Ave; Führungen Mai-Dezember täglich 9.30-17.30 Uhr, So ab 12 Uhr, Eintritt $12.

Kleines U-Boot im Museum der Naval Submarine Base bei Groton

Harriet Beecher-Stowe

Das Haus von *Harriet Beecher-Stowe,* Autorin von »Onkel Toms Hütte«, liegt quasi nebenan (77 Forest Street); Juni-Aug. täglich 9.30-16.30 Uhr, So 12-16 Uhr, Eintritt $8.

Abstecher

Der folgende Abstecher an den Connecticut River zeigt den einst für die industrielle Entwicklung Neuenglands bedeutenden Fluss heute von seiner beschaulichen Seite. Im schönen Essex informiert das ***Connecticut River Museum*** (Straße #9, Exit 3; Steamboat Dock, Di-So 10-16 Uhr, Eintritt $7) über die »guten« alten Zeiten (➪ Seite 206).

Gillette Castle und Goodspeed Opernhaus

In Essex startet der ***Steam Train & Riverboat Ride***, eine zweieinhalbstündige Kombitour mit einer nostalgischen Bahn (Dampflok) und Boot ($26), © 860-767-0103 oder © 1-800-*Essex-Train*. Attraktionen unterwegs sind das ***Gillette Castle*** (1914) und das viktorianische ***Goodspeed Opera House***; www.goodspeed.org.

Beides, Opernhaus und Burg kann man auch per Auto besichtigen: auf der #154 nach Norden und über die Flußbrücke nach ***East Haddam*** (*Opera House,* ➪ Foto Seite 203) und flußab (Straßen #82/ #148). Das ***Gillette Castle*** ist eine skurrile Burg aus Naturstein inmitten des herrlichen ***Gillette State Park*** (kein Camping, aber Picknick und toller Blick). Über die #82/#156 in Richtung Süden trifft man von dort bald wieder auf die I-95 nach Osten.

Old Lyme

Ob mit oder ohne Abstecher, die nächste Station ist das Künstlerdorf **Old Lyme** direkt an der I-95. Dort haben US-Impressionisten im ***Florence Griswold Museum*** (einer Villa von 1807) als Dank für mietfreies Wohnen Türen und Wänden bemalt. In der ***Krieble Gallery of American Art*** gibt es wechselnde Ausstellungen – meist zum Thema »Impressionismus«. Geöffnet Di-Sa 10-17 Uhr, So ab 13 Uht, Eintritt $7.

Straße #156

Wer hinter Old Lyme die I-95 vermeiden möchte, sollte bis New London der hübschen kleinen Straße #156 folgen.

Im weiter östlichen ***Rocky Neck State Park*** bei South Lyme (*Exit* 72) mit prima Strand campt man schöner als im gelegenen ***Hammonasset Beach State Park*** bei Clinton (Exit 62).

Im nicht sonderlich reizvollen New London trifft sich die »Festlandroute« mit der Route via Long Island (⇨ Seite 217).

Atom-U-Boot

www.ussnautilus.org

Östlich der Thames-Brücke liegt in Groton das ***Historic Ship Nautilus und Submarine Force Museum*** (*Exit* 86 der I-95, ausgeschildert). Dort kann man das erste atomgetriebene U-Boot der Welt besichtigen, die ***USS Nautilus*** (1954), das Prunkstück des informativ-anschaulichen Museums. Mitte Mai-Ende Okt. täglich 9-17, Di ab 13, sonst Mi-Mo 9-16 Uhr; Eintritt frei.

Oceanology

Folgt man von der Nautilus strikt der Uferstraße einige Kilometer Richtung Meer, erreicht man am *Avery Point* das ***Project Oceanology and Lighthouse Programm*** der University of Connecticut (1084 Shenneccosset Road). Deren Boot »***Project Enviro-Lab – Project Oceanology***« führt meeres- und fischereikundliche Touren für Besucher durch: Mitte Juni-Anfang September täglich 10 und 13 Uhr; Reservierung unter © (860) 445-9007 und © 1 800-364-8472, $19; www.oceanology.org.

Nach Mystic

Auf der I-95 Ost, *Exit* 90 gelangt man zum ***Mystic Seaport***, einem der größten Seefahrtsmuseen Nordamerikas.

Mystic, eine alte Walfängerstadt 6 mi flußaufwärts am gleichnamigen Fluss, war Mitte des 19. Jahrhunderts ein blühendes Schiffbau- und Handelszentrum. Nirgendwo wird die maritime Vergangenheit Neuenglands heute lebendiger vorgeführt.

Mystic Seaport

Das **Freilichtmuseum *Mystic Seaport*** ist ein weitläufiges Gelände mit Hafenanlagen, Häusern der Kaufleute, Banken und einer Reihe von Handwerksbetrieben. 60 historische Gebäude und noch mehr Boote und größere Schiffe warten dort auf Besucher. Hauptattraktion ist die ***Charles W. Morgan***, ein 1841 gebautes hölzernes Walfangschiff – das letzte seiner Art. 2008-2011 wird es restauriert und dann für Besichtigungen wieder periodisch geöffnet sein; www.mysticseaport.org.

Gillette Castle, ein typisch amerikanischer Fantasiebau nach Rheintal-Vorbild über dem Connecticut River

Schiffe

Auf der museumseigenen **Werft** werden Segelschiffe repariert und neue auf Kiel gelegt. Im Hafen dümpelt die *Josef Conrad*, ein Trainingsboot von 1882, das heute als Unterkunft für Segelkursteilnehmer dient. Der Schoner ***L.A. Dunton*** ist das dritte große Schiff in *Mystic Seaport*. Mit dem alten Passagierdampfer ***Sabino*** kann man Fahrten auf dem hier breiten Mystic River buchen.

Amistad

Das berühmte Sklavenschiff ***Amistad*** wurde in Mystic nachgebaut, es läuft im Sommer weltweit Häfen an und informiert über die ***Voyage to Freedom*** (Reise in die Freiheit). Mit etwas Glück trifft man sie in Mystic an (➪ Seite 217 und Foto Seite 44).

Fischerei

Die Multimedia-Ausstellung »***Voyages: Stories of America and the Sea***« legt viel Gewicht auf die Fischerei - insbesondere Walfang und Kabeljau/*Cod*. Zudem zeigt sie die menschliche Seite (Immigration) und die wirtschaftliche bzw. strategische Bedeutung des Meeres für die Entwicklung Amerikas. Mit vielen wechselnden Ausstellungen zur maritimen amerikanischen Historie wird das Museum seiner Bezeichnung ***Mystic Seaport The Museum of America and the Sea*** mehr als gerecht. Im ***Lobster Shack*** erfährt man alles über Hummer, im ***Oyster Shack*** über Geschichte und Technik der Austernfischerei. Im Planetarium demonstriert man Seenavigation nach Sternenstand.

Programm

Auch **Action** fehlt nicht: Wenn auf den Schiffen plötzlich der Teufel los ist, kann das nur eine Meuterei sein. Um wieviel Uhr gemeutert wird, wann Kurse fürs Shanty-Singen, Knoten-und Seilern oder Navigieren beginnen, verrät ein Flugblatt an der Kasse.

Geöffnet: April-Okobert 9-17 Uhr, sonst 9-16 Uhr. Eintritt $17,50, Kinder $12; die Tickets sind 2 Tage gültig.

Mystic Town

Im hübschen Städtchen **Mystic** (www.mystic.org) lassen sich ***Windjammer-Cruises*** oder ***Sunset*-Trips** auf alten Segelschiffen buchen. Anleger und Ticket-Büro findet man in der **Main Street** am Westufer des Flusses gleich hinter der Zugbrücke.

Aquarium

Im großen ***Mystic Aquarium & Institute of Exploration*** direkt an *Exit* 90 der I-95 gibt es allerhand zu sehen: Pinguin-Pavillon, *Seal Island (Robben)*, ferner (zum Anfassen!) Belugas und Rochen, sowie Seelöwen und ein **Korallenriff mit Haien** und kunterbunten Riff-Fischen. Die immer wieder erneuerten Ausstellungen machen das Aquarium zu einem der besten des Kontinents.

März-November täglich 9–18, sonst 10-17 Uhr; $22, Kinder $17.

Olde Mistic Village (nicht zu verwechseln mit Old Mystic!) ist ein nachgebautes neuenglisches Dorf voller Restaurants und Souvenirshops gleich neben dem Aquarium (Straße # 27).

Unterkunft

Motels in Mystic sind teuer und oft ausgebucht:

- ***Comfort***, ***Days Inn***, ***Howard Johnson*** u.a. am *Exit* 90 der I-95 sind in der Vorsaison günstig (ab $59), Hochsaison $120-$179
- Das ***Seaport Inn*** beim Aquarium kostet in der Vorsaison ab $95, Hauptsaison bis $220; ✆ (860) 536-2621, ✆ 1-877-523-0993

- Preiswert ist das ***Windsor Motel*** an der #184 (*Exit* 86 der I-95);© (860) 445-7474 und © 1-877-445-7474, ab $50

Kasinos Foxwoods und Mohegan Sun

Nördlich Mystic gibt es zwei von *First Nations* (Indianerstämmen) betriebene Kasinos: ***Mohegan Sun*** (von der I-95 die I-395 zum *Exit* 79A, dann #2A; www.mohegansun.com) und ***Foxwoods*** (von Mystic nach Old Mystic, dann #201 und #2 oder zunächst die I-95 *East*, *Exit* 92; ca. 30 min ab Mystic; www.foxwoods.com).

Charakteristik

Beide ***Kasinos*** sind moderne Komplexe, die einer Fata Morgana gleich aus der lieblich hügeligen Landschaft aufragen. Sie offerieren ihren Besuchern nicht nur Glücksspiel, sondern auch luxuriöse Unterkunft, Wellness, Restaurants, Kinderprogramm, Shows, Kabarett und Sportveranstaltungen in 10.000-Zuschauer-Arenen. ***Foxwoods Resort & Casino*** ist ein postmodernes Gebäude, das auch innenarchitektonisch kaum »indianisches Ambiente« hat. Im ***Mohegan Sun*** dagegen – beeindruckend die verschachtelten Glastürme – wurde das Interieur in Tiffany-Farben indianisch akzentuiert: in Tiffany-Art stilisierte Glasbäume, Fassaden aus Birkenrinde, *Cristall-Mountain*, Wasserfälle und massive Bronzeskulpturen aus dem Leben der *Mohegans*.

Kasinos

Während an endlosen Spielautomaten (in beiden Kasinos zusammen 13.600!) die Münzen klimpern, geht es an den Tischen (Roulette, Kartenspiele, Keno) oder bei den landesweiten Hunde- und Pferdewetten um hohe Einsätze .

Museum

Die *Pequots* haben große Summen in das ***Mashantucket Pequot Museum and Research Center*** gesteckt. Kultur und Geschichte des Stammes werden in realistischen Dioramen (samt Gerüchen und Geräuschen) nachgestellt. 3D-Computer zeigen die Caribou-Jagd, und die letzte Eiszeit (vor 11.000 Jahren) wird simuliert. Ein lohnender Besuch auch für Kinder. Tägl. 9-16 Uhr, letzter Einlass 15 Uhr, $15, Kinder $10 (Zufahrt ab Kasino ausgeschildert).

Im Museum der Mashantucket Pequot

Unterkunft

Die Casino-Hotels (6400 Betten) kosten je nach Wochentag $115-$375 (frühzeitig reservieren!) ***Foxwoods***: © 1-369-96637; ***Mohegan***: © 1-888-226-7711, oder im Internet (➪ oben).

Bei **New London** gibt es preiswertere Unterkünfte:

- ***New London Lodgings***, I-95, *Exit* 82 A, © (860) 443-3440, ab $54
- ***Oakdell Motel***, I-95, *Exit* 82, © 1-800-676-7378; $65-$150
- ***Red Roof***, I-95, *Exit* 82A, Colman St, © (860)-444-0001, $60-$99.

Für *Foxwoods* sind Quartiere bei **Groton** bzw. **Mystic** günstiger:

- ***Howard Johnson Express Inn***, I-95, *Exit* 87, © (860) 445-0220
- ***Super 8 Motel***, I-95, *Exit* 86, © (860) 448-2818, beide ab $60.
- Der ***Seaport Campground*** liegt an der #184 bei Old Mystic.

Von Mystic nach Newport, dem touristischen Magneten des kleinsten US-Bundesstaates, sollte man die Schnellstraße #1 der I-95 vorziehen, die man ab Foxwood über Westerly erreicht.

Klein-Las Vegas in Connecticut (www.foxwoods.com; mohegansun.com)

*S*eit 1988 ein US-Gesetz Glückspiele (***High Stake Gambling)*** in Reservaten erlaubt, haben viele Indianerstämme die Spielsucht der Amis zu ihrer Haupteinnahmequelle gemacht: 224 der 562 *First Nations* betreiben Kasinos. Dem *Mashantucket-Pequot*-Stamm (900 Mitglieder) gehört das weltgrößte Kasino. Mit den *Mohegans* (2000 Mitglieder) gleich nebenan sind sie die wichtigsten Arbeitgeber Connecticuts. Mehr als 8000 Angestellte sorgen für's Funktionieren der 5 Riesenhotels (6400 Betten), der Lokale, Geschäfte, Golfplätze, Pools, Kinderbetreuung, Shows und Konzerte.

Die Anwohner wehrten sich zunächst gegen ein Las Vegas vor ihrer Nase. Aber aller Protest half nichts, auch Bauauflagen gelten nicht für das *Indian Territory*.

Die Indianer nutzten die Chance zu finanzieller Unabhängigkeit. Die Erfolgsstory, der Mix aus Glücksspiel und *Family Fun*, ist nicht mehr aufzuhalten.

Foxwoods: Riesenkomplex mitten im Reservat

Hunderte Mioi. Dollar Profit im Jahr werden neben der Pauschale von $28.000 (*Mohegans*) für jedes Stammesmitglied in Bildung, Gesundheit und Wohnprojekte gesteckt. Damit nicht genug. Das aufwendige Museum der Pequots gibt Millionen aus für Erforschung und Bewahrung der indianischen Kultur. Daneben investiert man weiter in luxuröse Hotels und ins Showbusiness.

Pequots und *Mohegans* sehen im neuen Reichtum die späte Wiedergutmachung für früheres Leid. Sie waren 1637 von den Engländern fast ausgelöscht worden.1856 lebten nur noch 50 *Pequots* in den angestammten Gebieten. Erst seit Mitte der 1970er-Jahre hatte sich der Stamm reorganisiert. Er konnte seine Landansprüche gerichtlich durchsetzen und – zwischen 1983 und 1991 – das Reservat von 85 ha (nicht einmal 1 km^2) auf rund 7 km^2 vergrößern.

Steckbrief Rhode Island/RI (www.visitrhodeisland.com)

1,05 Mio. Einwohner, 3.144 km², damit kleinster Staat der USA. Hauptstadt ist **Providence** mit 175.000 Einwohnern. Großraum 1,6 Mio, mehr als Einwohner RI. Grund: der Einzugsbereich ragt weit nach Massachusetts hinein.

Dank der *Narragansett Bay* tiefe Einschnitte ins flache Küstenland, zahlreiche Buchten, Strände und Inseln. Die größte Insel ist die für den Staat namensgebende *Rhode Island.* Das Hinterland ist leicht hügelig. Maschinenbau, Elektro- und Textilindustrie sowie der Tourismus sind die wichtigsten Erwerbszweige; wenig Landwirtschaft.Wichtigste touristische Ziele: d ie ganze *Narragansett Bay* und mittendrin das berühmte Newport.

2.3.3 Rhode Island

Route bis Newport

In Rhode Island heißt die **#1** Old Post Road oder ***Ocean Scenic Highway***, von der sich Abstecher lohnen: Über die **#1A** gelangt man nach **Watch Hill**, einem hübschen Sommerfrische-Ort mit herrlichen Stränden. Weiter östlich warten die 10 km lange weiße ***Misquamicut Beach*** und ***Charleston Beach***. Zwischen beiden liegt ***Quonochontaug***; nur ein Feldweg (Sackgasse) führt dort an traumhafte, unbebaute Strände. Im kleinen **Galilee** gibt es im Hafen frischen Fisch. Über ***Narragansett*** gelangt man am Westufer des Rhode Island Sound (#1A) zur mächtigen ***Jamestown Bridge*** und damit zur Zufahrt nach Newport.

Unterkünfte

Im Bereich des ***Misquamicut Beach*** liegen einige Motels unmittelbar am Strand; preiswert sind das ***Tradewinds***, © (401) 596-5557, bis $120 HS, ab $60 NS, und das ***Sea Shell*** © (401) 348-8337, $60-$125. Die Campinglätze an der ***Charlestown Beach*** nehmen nur RVs (*selfcontained*, d.h. mit WC), der östliche nur 4WD.

Camping

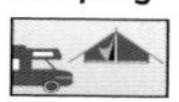

Im großen ***Burlingame State Park*** (westlich Charlestown, an der #1 ausgeschildert) und im ***Fisherman's Memorial State Park*** (östlich von Galilee) kommen alle anderen Camper/Zelter unter.

Block Island

Bis zu 10mal/Tag pendelt die Autofähre ab Galilee (Dauer 1 Std) nach Block Island. 10 km Strände, viele Dünen und Teiche, und auch teure Unterkünfte: www.blockislandchamber.com.

Newport (www.GoNewport.com)

Kennzeichnung

Newport (ca. 30.000 Einwohner) ist bekannt als **Tummelplatz der Superreichen** Ende des 19. Jahrhunderts und als wiederholter Austragungsort einer der bekanntesten **Segelregatten** der Welt, des ***America's Cup***. Viele Filmszenen aus ***High Society*** mit *Grace Kelly, Bing Crosby, Frank Sinatra* und *Louis Armstrong* fangen die Atmosphäre zur Zeit des berühmten Jazz Festivals in den 1950er-Jahren ein. Heute ist Newport an Wochenenden und generell im Sommer ein **Touristenmagnet**. Immer noch bewohnen »die Reichen« einige der riesigen Paläste, die hier bescheiden ***Cottages*** genannt werden. Sie haben ihre privaten Strände und natürlich ihre exquisiten Yacht-, Tennis-, Polo- und Golf-Clubs.

Anfahrt

Von den Stränden im Süden Rhode Islands erreicht man Newport über zwei enorme Brücken, deren erste gern mit San Franciscos *Golden Gate Bridge* verglichen wird. Von Jamestown geht es dann über die noch längere ***Newport Bridge*** ($2 *Toll*) fast bis ins Zentrum (zur Providence-Newport Ferry, ➪ Seite 229).

Visitor Center

Es empfiehlt sich, zunächst die ***Visitors Information*** im ***Gateway Center*** (gleich südlich der Brückenrampe, ausgeschildert, 23 America's Cup Ave) aufzusuchen. Dort gibt es jede Menge Informationsmaterial, Unterkunftslisten (auch für Jamestown und Middletown) und den **Ortsplan**. Ein ***Diorama*** vermittelt eine plastische Stadtübersicht. Von hier starten die ***Viking Tours*** zu Bus-Rundfahrten (1,5 bis 4 Std, $23-$48) und die ***Harbor Tours*** (75 min, $18/$13). Per Tagesticket ($5) kann man mit der gelben Linie (***RIPTA-Trolley***) die *Mansions* erkunden (*hop-on/hop-off*). Sein Auto wird man auf dem *Visitor*-Parkplatz für $3/Tag los; nur für den ***Ocean Drive*** braucht man (s)ein Fahrzeug.

Attraktionen

Highlights sind in Newportdie gut restaurierte **Altstadt** (*Colonial Newport*), eine lebendige ***Waterfront*** mit vielen Angeboten für Bootsexkursionen und Segelcharter, die Schlösser (***Mansions***) und der ***Cliff Walk*** sowie der ***Ocean Drive.***

Geschichte

Colonial Newport befindet sich wenige Blocks nördlich und östlich des Infobüros und läßt sich gut zu Fuß durchstreifen. Schon 1638 kam eine Gruppe von Siedlern, die sich nicht den strikten

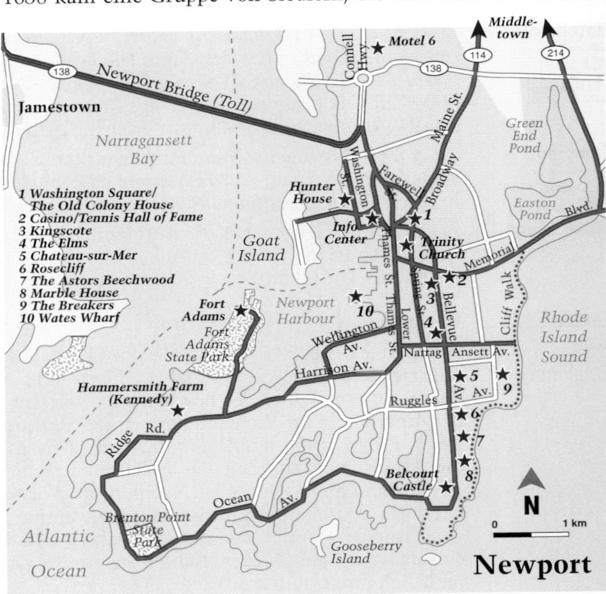

Regeln der Massachusetts-Bay-Puritaner unterordnen wollten, in das Gebiet der *Narragansett Bay*. Nach der Gründung 1639 (➪ Seite 206) entwickelte sich Newport rasch zu einer wichtigen Hafen- und Werftenstadt. Der sog. Dreieckshandel (➪ Seite 258) sorgte bereits im 18. Jahrhundert in Newport für Wohlstand.

Altstadt

In der **Washington Street** stehen besonders viele Wohnhäuser aus dem späten 17. und frühen 18. Jahrhundert, u.a. das klassisch-berühmte ***Hunter House*** von 1748 (Tour $23), ebenso die **Marlborough Street** mit dem *Quaker Meeting House* (1699) und der ***White House Tavern*** (1670), die immer noch in Betrieb ist. Erwähnt sei ferner das *Colony House* (1739) am **Washington Square**, nicht weit davon der ***Brick Marketplace*** (1762 – heute ein kleines Einkaufszentrum), mit dem informativen ***Museum of Newport History*** (täglich 10.30-18.30, Winter 10-17, Do/Fr bis 18 Uhr, Sa geschlossen $4/$2), ferner die ***Touro* Synagoge** (1763) und die ***Trinity Church*** (1729) auf dem Queen Anne's Square.

Der ***Newport Historical Society*** ist es zu verdanken, dass ganze Straßenzüge der kolonialen Epoche erhalten blieben und sogar um typische Gebäude ergänzt wurden, denen anderswo der Abriß drohte. Die *Society* veranstaltet auch ***Newport Walking Tours*** (ab *Museum of Newport History*: nur Do-Sa, $12/$8).

Waterfront

Von dort ist es nicht weit zur ***Waterfront***. Den Touristenrummel um die ***Bowen's-*** und ***Bannister's Wharf*** (mit Geschäften/Lokalen) und den Shopping-Bereich der Spring Street und Bellevue Ave, Abzweige vom Memorial Blvd (prima ***The Market*** #43 für frische Produkte und **Snacks**) läßt hinter sich, wer die Lower Thames Street nach der Abzweigung zum Memorial Blvd hinuntergeht. In den kleinen alten Holzhäusern sind viele Shops und Restaurants untergebracht, u.a. das riesige ***Christie's***. An den Kais findet sich ein quirliger Fischereihafen mit Hummerbooten und *Lobster-Tanks*. **Segel- und Motoryachten** gibt's ***for hire*** stunden- und tageweise. Ebenfalls an der Thames Street (N° 449) befindet sich die ***International Yacht Restoration School***. Hier kann man Lehrlingen zuschauen, die klassische Motor- und alte Segelboote restaurieren, und eine Sammlung nostalgischer Schiffe besichtigen (Mai-September 10-17 Uhr, frei; www.iyrs.org).

Cottages oder Mansions

An **Bellevue Ave** und **Ocean Drive** findet man Newports größte Attraktion: Dort liegen die europäischen Schlössern vergleichbaren ***Mansions*** der *Vanderbilts, Astors* und anderer reicher Eisenbahn-, Kohle- und Stahl-Magnaten aus der Zeit des unbeschränkten Kapitalismus Ende des 19. Jahrhunderts. Nach Einführung der Einkommenssteuer (1913) und der Depression der 1930er-Jahre wurden den Eigentümern die Anwesen zu kostspielig. Seit 1945 bemüht sich die ***Preservation Society*** um ihre Erhaltung und machte sie der Öffentlichkeit zugänglich.

Zusätzlich gehört der *Society* das erwähnte ***Hunter House*** und ***Green Animals***, ein Garten nördlich von Newport bei Portsmouth mit zu Tierformen zurechtgestutzten Bäumen.

Besucher-tarife/Zeiten

www.newportmansions.org

Alle Schlösser kann man einzeln besichtigen; das berühmte ***Breakers*** kostet $16, die anderen jeweils ca. $10. Tickets gibt`s in allen Gebäuden und Parkplätze jeweils vor Ort. Im Sommer (April/ Mai bis September/ Oktober) sind alle *Mansions* täglich 10-18 Uhr geöffnet (*Kingscote, Belcourt* nur 10-17 Uhr). Rest des Jahres kürzer, einige dann nur am Wochenende. Die Führungen erscheinen Europäern mit »Schlosserfahrung« leicht zu langatmig.

Empfehlung: Für die vier interessantesten *Mansions* (*Breakers, Elms, Marble House, Rosecliff* und *Green Animals Garden*) gibt es ein **$31-Kombi-Ticket** (Jugend $10). Für $23/$6 kann man das *Breakers* und eines der anderen besuchen (ohne *Hunter House*.

The Breakers

Der Palast ***The Breakers*** (1895, Bauherr *Cornelius Vanderbilt)* ist das meistbesuchte *Mansion.* Was die Konkurrenz innerhalb der Familie *Vanderbilt* vollbrachte, kann man im ***Marble House*** (1892, Bauherr *William Vanderbilt*, Bruder des *Cornelius*) bestaunen. Auch **Rosecliff,** in dem Filmszenen des ***Großen Gatsby*** (*Mia Farrow & Robert Redford)* gedreht wurden, und das ***Château sur Mer*** sind beliebt (alle an der Bellevue Ave).

Shows

Im ***Beechwood Mansion*** wird der einstige Lebensstil der Familie *Astor* (*John Jacob Astor IV*) von Schauspielern dargestellt (*guided Tours*, $20, Kind $8; www.astorsbeechwood.com); im gotischen Ballraum des ***Belcourt Castle*** begegnet man Rittern und Geistern. Bei der Führung ***Behind the Scenes* im *Elms*** erfährt man alles über den damaligen Arbeitstag der 40 Angestellten.

Stress in Newport

Wohlhabende Plantageneigner flohen schon vor über 200 Jahren aus den Südstaaten zum Entspannen an Rhode Islands kühle Küsten. Newports Geld-Aristokratie um 1900 dagegen fand keine Muße; sie stand – wie im Geschäftsleben – auch im Urlaub unter Konkurrenzdruck. Von Sozialneid geplagt, verglichen sie Häuser, Ballsäale, Marmor und Möbel. Wichtig war auch: »Stehe ich auf *Mrs. William Astor's* Einladungsliste?« und »Wessen Feste waren die rauschendsten, wessen Menüfolge am exklusivsten?« *The Gilded Age,* das vergoldete Zeitalter, nannten Zeitkritiker diese Epoche – in Abgrenzung zum *Golden Age,* der goldenen Blütezeit von Handel und Kultur um 1750.

Den gesellschaftlichen Streß der Neureichen sieht man den *Mansions* an. Es wurde soviel Unterschiedliches und Teures herangeschafft, daß der Blick für einzelne, schöne Teile verlorengeht. Der sonst eher bescheidene *Vanderbilt II* ist mit dem Renaissance-Palast *The Breakers* unbestrittener Sieger der Baukonkurrenz. Keiner hat es ihm je nachgetan, einen ganzen Salon – in Frankreich entworfen und konstruiert – wieder auseinandernehmen zu lassen, um ihn samt Arbeitern nach Newport zu verschiffen.

In Jahrzehnten, in denen Einfachheit und Funktionalität im Vordergrund standen, wurden die *Cottages* durchweg als Geschmacksverirrung belächelt. Seit die postmoderne Architektur wieder alle möglichen Stile zusammenbringt, sieht man das nicht mehr so verbissen.

The Breakers, ein italienisches Renaissance-Schloß in den USA

Kingscote

Nicht alle Sommerhäuser sehen aus wie Schlösser; ein Blick ins Innenleben lohnt dennoch, z.B. ins ***Kingscote*** von 1839, das einem reichen Pflanzer aus den Südstaaten gehörte (➪. Kasten).

Kennedy Villa

Die ***Hammersmith Farm*** am *Ocean Drive* – weit abseits der anderen Häuser ist weder für die Öffentlichkeit zugänglich noch vom *Ocean Drive* zu sehen. Das Anwesen wurde berühmt, weil dort *Jacqueline Bouvier* und *John F. Kennedy* heirateten.

Cliff Walk

Schön ist ein Spaziergang auf dem ***Cliff Walk*** (Beginn am Memorial Blvd/*Easton Beach* und *Bailey's Beach*). Der Weg läuft über ca. 6 km zwischen felsigem Ufer und den parkartigen Gärten der herrschaftlichen Anwesen. Er gewährt indessen kaum freien Blick auf die *Mansions*. Man kann aber bei der *Salve Regina University* oder hinter dem *The Breakers* die Straße wieder erreichen. Streckenweise – vor allem im südlichen Bereich des *Rough Point* – ist das kein Spaziergang, sondern eine kleine Kletterpartie.

Ocean Drive & Fort Adams

Die küstennahe Rundstrecke um die äußerste Südspitze der Newport-Halbinsel (*Ocean Drive*) gehört zum »Newport-Pflichtprogramm«; man passiert weitere riesige Anwesen, Hotels und den ***Breton Point State Park*** (nur Picknick). Ein Abstecher hinter der *Hammersmith Farm* führt zum ***Fort Adams State Park***. Die Festungsanlage bewachte einst die Einfahrt zum *Newport Harbor*.

Museum

Das ***Museum of Yachting*** gibt dort Auskunft über die Segelsport-Geschichte von Newport und zeigt, wie schön teure Schiffe sind; Mai-Oktober 10-17 Uhr, $5; www.moy.org. Die ***Picnic Area*** des Parks liegt reizvoll auf einer kleinen Anhöhe gegenüber der Stadt mit Bayblick.

Festivals

www.newportfestivals.com

Das ***Newport Jazz Festival*** (Mitte August im ***Fort Adams Park***) gehört zu den bekanntesten seiner Art. Auch im August finden ***Folk-Festivals*** mit oft großen Namen der Szene statt. Beim ***Newport Music Festival*** (1.-3. Wochenende Juli) verbinden sich in den *Mansions* Ohren- und Augenschmaus bei Kammer-Konzerten.

Tennis Hall of Fame & Museum

www.tennisfame.com

Nicht nur für Tennisfans interessant ist das ***Newport Casino*** (Memorial Blvd/Bellevue Ave). Um 1880 war das *Casino* einer der elegantesten *Country Clubs* des Landes. Dort wurden von 1881 bis 1914 die amerikanischen Tennis-Meisterschaften ausgetragen. Angeschlossen ist die ***Int'l Tennis Hall of Fame***, weltgrößtes Tennis-Museum; täglich *guided tours* 9.30–17 Uhr; $10.

Unterkunft

Die Preise schwanken erheblich zwischen Vor- und Nachsaison. Oft ist alles ausgebucht. Vor Ort hilft das *Visitor Center*.

- **B&B Newport Ltd**. reserviert unter © (401) 846-5408 und © 1-800-800-8765, Zimmer ab $85, www.bbnewport.com.
- Etwas für gefüllte Brieftaschen sind die phantastisch am Ocean Drive gelegenen Resorts, z.B. ***Oceancliff***, © (401) 846-6667.

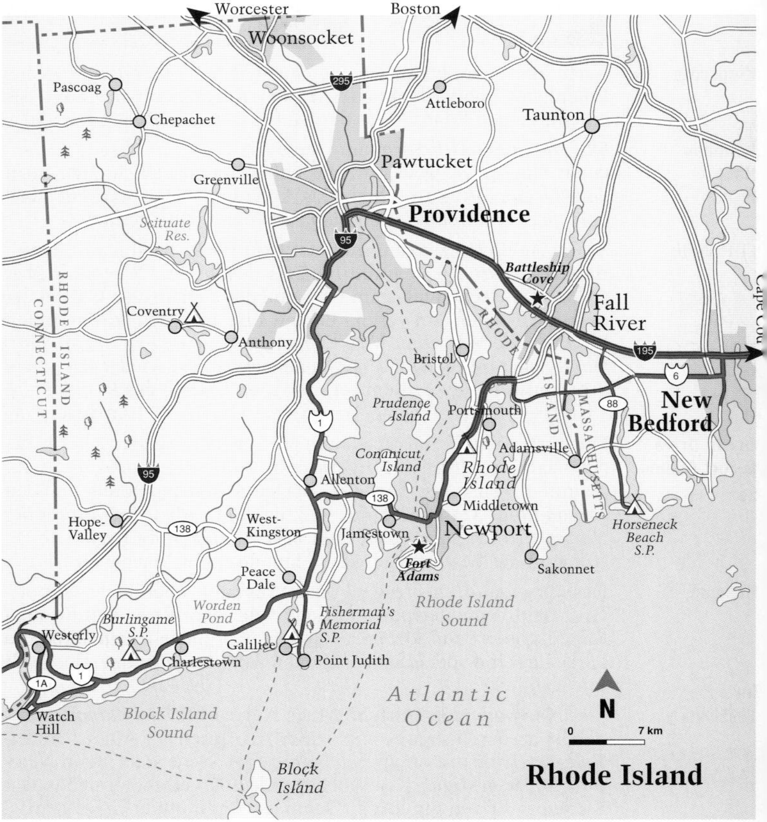

Preiswerter ($ 60-$90) sind die ***Motels*** an den Straßen #114, #138 und #138A nach Norden, in **Middletown** und **Portsmouth**, z.B.

- ***Harbor Base Pineapple Inn,*** 372 Coddington Hwy, der West-Abzweig am südlichen Beginn der #114 (W Main St, die Broadway-Verlängerung); © (401) 847-2600; $60, www.pineapple-inn.com
- ***Motel 6,*** 249, JT Connell Hwy, Verlängerung des Coddington Hwy (Zufahrt wie beim *Pineapple Inn*)
- Prima: ***The Inn at Newport Beach***, altes renoviertes Hotel, Memorial Blvd, am östlichen Ende der *Easton's Beach*; © (401) 846-0310, © 1-800-655-1778; NS ab $80; www.innatnb.com
- **Tipp**: ***Sea Whale Motel***, 150 Aquidneck Ave, die Verlängerung des Memorial Blvd (#138 Nord), Bayblick über den Garten, http://seawhale.com, © (401) 846-7071; NS $79, HS ab $120
- Auch gut das ruhige ***Seaview Inn*** (mit Meerblick), 240 Aquidneck Ave, (#138A Nord), © 1-888-534-9698, © (401) 324-6200, NS $66-$169; HS $139-$218; www.seaviewinn.org

Gut campt es sich im ***County Park Melville Ponds*** (Straße #114 Nord, 5 mi Richtung Portsmouth), aufs Schild »*Melville Marina*« achten! Beste Stellplätze #350-#361; © (401) 682-2424.

Nach Providencce

www.ripta.com/schedules/ferry.php

Providence ist kein Muss. Aber wen es reizt: über die #138 West, dann #1/I-95 anfahren. Ein **Bootstrip** dorthin liegt nahe: Die *Newport-Providence Ferry* schafft es ab *Perrotti Dock* in nur 60 min. durch die traumhafte Bay zum *RIPTA-Trolley/Point Street Landing* (Providence River Mündung); 5x täglich ab 9.50 bis 22 Uhr, Sa 01 Uhr; letzte Fähre zurück 20.30, Sa 23.30 Uhr); $16 retour.

Providence (www.pwcvb.com)

Gründung

Gegründet 1636 von ***Roger Williams***, der wegen seines religiösen Nonkonformismus die *Massachussets Bay Company* verlassen mußte, wurde Rhode Island, speziell Providence, bald Zentrum für viele, die strengen Puritaner-Regimenten entfliehen wollten.

Kennzeichnung

Seit einem ***Facelifting*** Ende der 1990er-Jahre hat Providence wieder vieles, was Neuengland ausmacht: eine vitale *Downtown* mit Gebäuden aller Stile und Epochen, zentrale Grünanlagen am Fluß, das **Kolonialviertel** mit *Clapboard*-Wohnhäusern und prächtigen Backsteinbauten aus dem 18. Jahrhundert, quirliges Leben um die renommierte *(Ivy League)* ***Brown University*** herum und ein etwas altmodisches, aber authentisches ***Little Italy***, das sich »rühmt«, mehr *Mafiosi* hervorgebracht zu haben, als jede andere Italo-Gemeinde der USA.

Info/Parken

Downtown-zentral parkt man in der *Mall* »***Providence Place***« mit *Food Court* und IMAX-Kino (Zufahrt: I-95, *Exit* 22C). Von der *Mall* gelangt man durch eine Glasbrücke über das ***Westin Hotelfoyer*** zum ***Visitor Center*** im *Convention Center/Rotunda* (#1 West Exchange/Sabin St, © (401) 751-1177 & © 1-800-233-1636, (direkte Zufahrt ohne Parkabsicht: von der I-95 *Exit* 22A).

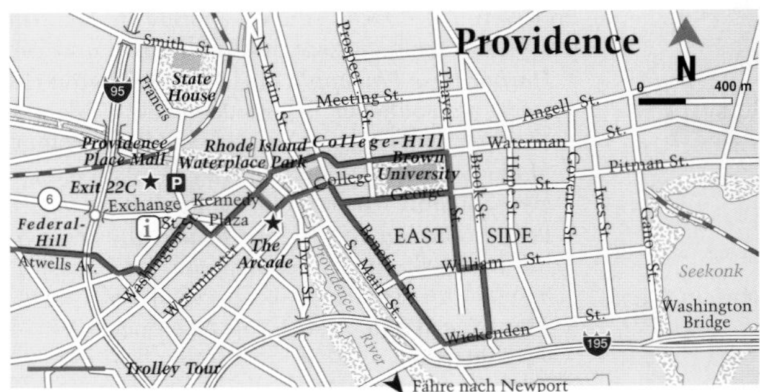

The Arcade

Nur ein paar Schritte weiter befindet sich bei der Kennedy Plaza (mit *City Hall*) und der *Westminster Mall* der *Downtown*-Kern. In ***The Arcade***, der ersten überdachten *US-Shopping Mall* (1828, *Greek Revival Style*), sind heute schicke Geschäfte untergebracht. Die Kuppel des ***State House*** mit einer ***Independent Man* Statue** von ***Roger Williams*** überragt die Stadt. Dieser weiße Marmordom liegt etwas abseits Downtown an der Francis Street.

Transport

www.ripta.com

Der *RIPTA-Trolley-Bus* (grüne Linie, Station vorm *Visitor Center*, $1.50) verbindet die beiden sehenswerten Bereiche der Stadt, den ***Federal Hill*** im Westen und das Kolonialviertel (Uni, Uferpark) gleich östlich des Providence River.

Riverwalk

Die Universität erreicht man über den Uferpark ***Waterplace Park*** vom *Visitor Center,* aber auch gut zu Fuß über eine der Brücken. Amphitheater, Cafés und der ***River Walk*** entlang des Flusses sind beliebte Treffpunkte. An Wochenenden schaffen Fackeln im Wasser ein romantisches Ambiente, durch das Gondeln gleiten.

An der ***Mile of History*** (Benefit Street) stehen viele Gebäude aus der Blütezeit der Stadt vor dem Unabhängigkeitskrieg, u.a. das Haus der Familie *Brown,* einer reichen Kaufmanns- und Gelehrtenfamilie. Sie gründete die gleichnamige Universität.

Kunstmuseum

An der Ecke Benefit/College St liegt die berühmte ***Rhode Island School of Design*** mit dem ***Museum of Art***, einem der besten kleinen Museen Neuenglands. Es zeigt ägyptische, griechische, römische und ostasiatische Kunst; dazu europäische Werke des 19. und 20. Jahrhunderts (u.a. *Manet, Monet, Rodin, Cézanne, Picasso* und viele Amerikaner). Sept-Juni Di-So 10-17, am dritten Do des Monats 12-20 Uhr, So 14-17 Uhr; Eintritt $8/$2 bis 18 Jahre.

College Hill

www.brown.edu

Über die College St. gelangt man zum Campus der ***Brown University*** auf dem College Hill. Ein Spaziergang zeigt, wie großzügig US-Elite-Universitäten angelegt sind. Die Thayer Street kreuzt die College Street am östlichen Ende des *Brown Campus*; sie ist die zentrale Achse des RI-Studentenlebens mit Kinos, Bistros und (Buch-) Läden. Besonders viel Betrieb ist im Café ***Paragon***.

East Side

Auf dem Rückweg lohnt ein Abstecher in die liebenswerte *Wickenden St*, mit kleineren Holzhäusern, in denen sich Restaurants (prima das japanische ***Sacura***, N° 231) und Cafés befinden.

Federal Hill

Little Italy

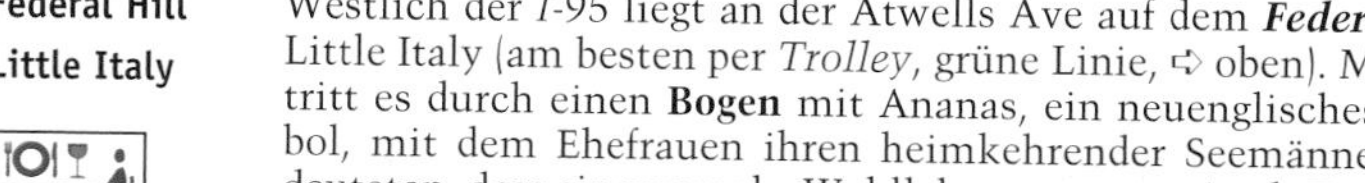

Westlich der *I-95* liegt an der Atwells Ave auf dem ***Federal Hill*** Little Italy (am besten per *Trolley*, grüne Linie, ⇨ oben). Man betritt es durch einen **Bogen** mit Ananas, ein neuenglisches Symbol, mit dem Ehefrauen ihren heimkehrender Seemännern bedeuteten, dass sie nunmehr Wohlleben erwartet. Auch Touristen können hier in vielen Restaurants auf den Geschmack kommen.

Museum

Wer sich für alte Küchengeräte und ***Diner*** interessiert, fährt mit seinem Auto zum ***Culinary Archives and Museum***; Zufahrt: I-95, *Exit* 18, dann die Allens Av. (= #1A) ca. 4 mi nach Süden zur 315 Harborside Boulevard; Di-Sa 10-17 Uhr, $7; www.culinary.org.

- Stilvoll kommt man im nostalgischen ***B&B State House Inns*** unter. Für alle 4 Häuser checkt man ein in der 11 West Park Street(I-95, *Exit* 22C, dann links und über Promenade/Holden Street), © (401) 351-6111, www.providenceinn.com; ab $109
- Inmitten von Downtown wohnt man im ***Biltmore Hotel*** wie um 1930 ; 11 Dorrance St (bei »***The Arcade***«); © (401) 421-0700 & © 1-800-294-7709; www.providencebiltmore.com, ab $139
- ***Dolce Villa***; klein aber fein, 63 DePasqualer Plaza (I-95, *Exit* 21; Little Italy/Atwells Ave am Brunnenplatz); © (401) 383-7031, www.dolcevillari.com, ab $179

Preiswerter sind die **Motels 5 mi östlich Providence in Seekonk** (*Exit* #1 der I-195), z.B. das ***Ramada*** oder ***Motel 6*** (ca. $ 60-$90).

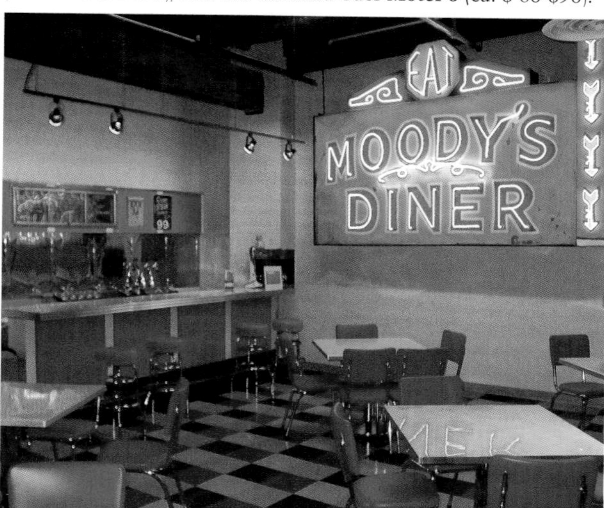

Demonstration amerikanischer Restaurantkultur im Wechsel der Jahrzehnte im Culinary Museum

2

Steckbrief Massachusetts/MA (www.massvacation.com)

6,4 Mio. Einwohner, 21.500 km^2, **Hauptstadt Boston** mit 600.000 Einwohnern im zentralen Bereich und ca. 4,2 Mio. im Großraum.

Das **Hinterland** ist hügelig mit Seen und Flüssen. Im Westen sind die ***Berkshire Hills*** bis zu 1.060 m hoch; die **Atlantikküste** ist durch lange Sandstrände gekennzeichnet. 60% der Fläche sind bewaldet.

Der Staat ist **hochindustrialisiert**: Metall-, Textil-, Druckindustrie, Elektronik und *High Tech*. Auch die Landwirtschaft spielt noch eine wichtige Rolle: Milch, Geflügel, Gemüse, Obst (*Cranberries!)*, Fischerei.

Wichtigste **touristische Ziele** sind Boston, die *Harvard-University* in Cambridge, Salem, die *Plimoth Plantation, Old Sturbridge Village,* die *Berkshires,* die Strände von Cape Cod sowie die Inseln Martha's Vineyard und Nantucket. Ferner die vielen hervorragenden Museen und kulturellen Veranstaltungen, vor allem in den *Berkshires* und im Großbereich Boston.

2.3.4 Durch den Süden von Massachusetts

Route

Die Stadtgrenzen von Providence bilden im Nordosten von Rhode Island zugleich die Grenze zu Massachusetts. Nach Boston sind es auf direktem Weg nur noch 50 mi. Die hier verfolgte **Route** führt aber zunächst nach **Cape Cod**. Einen Besuch wert sind auf dem Wege das Kriegsschiff-Museum ***Battleship Cove*** in **Fall River,** 15 mi östlich, und die alte Walfängerstadt **New Bedford**, 35 mi südöstlich von Providence und ca. 28 mi entfernt von Newport. Besonders bei einer Fahrt ab Newport, die statt über die I-195 auch über die Straßen #177 und #6 erfolgen kann, bietet sich die ***Horseneck Beach State Reservation*** **zum Campen** an. Trotz der Insellage ist *Horseneck Beach* nicht sonderlich attraktiv, dennoch im Sommer oft überlaufen.

Fall River/ Battleship Cove

www.battleshipcove.org

Wer sich für Kriegsschiffe des 2. Weltkriegs interessiert, darf den Zwischenstop in Fall River bzw. den kleinen Umweg dorthin (von Newport aus) auf keinen Fall auslassen. Eine riesige Festung der Meere, das Schlachtschiff ***USS Massachusetts*** (46.000 t), liegt zusammen mit dem Zerstörer *John P. Kennedy jr.*, einem Unterseeboot und weiteren Booten am Kai der ***Battleship Cove***. Alle Schiffe können von den Maschinenräumen bis zur Brücke besichtigt werden. Zufahrt über die I-195, *Exit* 5. Im Sommer täglich 9-17.30 Uhr; Eintritt $14; Kinder $8. Im ***Fall River Heritage State Park*** nebenan gibt ein *Visitor Center* Auskunft über die Geschichte der Seefahrt und die für die Stadt ebenso bedeutsame Textilindustrie. Täglich 10-16 Uhr, Eintritt frei.

New Bedford (www.newbedfordchamber.com/visitor-information)

Die immer stark befahrene **Interstate #195** läuft in New Bedford (100.000 Einwohner) mitten durch die Stadt. Dabei lädt der Blick von der Autobahntrasse nicht eben ein zu einem Zwischenstop in der einstigen **Welthauptstadt des Walfangs**.

Geschichte

Jedem ***Moby Dick***-Leser aber wird in New Bedford das Herz höher schlagen. Dort heuerte einst **Herman Melville** an und entwickelte auf See die Ideen für seinen Roman. New Bedford war zu jener Zeit eine der reichsten Städte des Kontinents. In ihrer Blütezeit zwischen 1820 und 1850 lag eine Flotte von 300 Walfangschiffen im Hafen. Reich wurden nicht die meist portugiesischen Matrosen, sondern die Reeder und Kaufleute, die mit dem Federkiel in ihren Kontoren saßen und rechneten. Diese klassische Arbeitsteilung schlug sich auch architektonisch nieder: Während die Portugiesen – ihr Einwohneranteil ist bis heute hoch – kleine spitzgieblige Holzhäuser bauten, errichteten sich die »Pfeffersäcke« großzügige Bürgerhäuser.

Am Hafen von New Bedford

Whaling Nat'l Park

www.nps.gov/nebe

New Bedford's Wohlstandsquelle hielt jedoch nicht lange vor. Noch 1857 war ein extrem gutes Jahr gewesen, aber nach erfolgreichen Bohrungen in Pennsylvania verdrängten fossile Öle das Walöl quasi über Nacht. Die neuen Öllampen brannten bei weitem heller als die alten Tranfunzeln. Die Walfänger wurden arbeitslos. Bis sich New Bedford von diesem Schlag erholt hatte, vergingen über 100 Jahre.

Heute liegt eine der größten Fischereiflotten Neuenglands im Hafen, und Touristen strömen in das Wal Museum im ***New Bedford Whaling National Historical Park*** (ausgeschildert), der einige kopfsteingepflasterte Blocks mit historischen Häusern und alle wichtigen Sehenswürdigkeiten umfaßt. Detailinformationen dazu gibt es reichlich im *Visitor Center*, wo auch ***Walking Tours*** angeboten werden (täglich 9-17 Uhr).

Wal Museum

Das ***New Bedford Whaling Museum*** befindet sich in der Jonny Cake Hill Street unweit der ***Visitor Information*** (33 William Street; Parkplatz beim *Customs House* gegenüber). Es läßt keinen Aspekt der Geschichte von Walfang und -verarbeitung aus. Die ***Lagoda***, die Nachbildung eines Walfangschiffes im Maßstab 1:5 und das 21 m lange Skelett eines Blauwals sind Stolz des Hauses. Eine Ausstellung ist ***Herman Melville*** und ***Moby Dick*** gewidmet.

Forts. Museum

Der **Film** (20 min)»*The City that Lit the World*« informiert über die Geschichte von New Bedford. Öffnungszeiten des Museums täglich 9-17 Uhr; Eintritt $10. ***The Seamen's Bethel***, eine kleine, auch von *Melville* beschriebene Seemannskirche aus Holz, steht dem Museum gegenüber.

Fähren nach Marthas Vineyard und Nantucket

Die Personenfähre (*New Bedford Express Ferry*) erreicht Martha's Vineyard (Vineyard Haven) in einer Stunde. Vom *State Pier Terminal*/Union Street: *Round-trip* $50/$30, täglich mehrere Abfahrten, ✆ (886) 683-3779; www.nefastferry.com.

Wale und Walfang (www.wdcs.org; www.gsm-ev.de; www.m-e-e-r.de)

80 Zahn- und Barten-Walarten tummel(te)n sich in den Meeren; darunter Stars wie **Orcas**/Killerwale (*Free Willy*), weiße Belugas (➪ Seite 557) und Delfine (*Flipper*) sowie Exoten, wie der als See-Einhorn mystifizierte **Narwal** mit seinem markant nach vorne gerichteten Spieß-Zahn. Ferner **Grönland-, Schwert-, Buckel-, Mink-, Pott-** und **Finnwale**; schließlich **Blauwale**, die Säugetiere der Superlative: lang wie eine Boeing 737 (30 m), schwer wie 25 Elefanten, das Herz wie ein Kleinwagen, die Hauptschlagader dick wie eine Wasserrutsche und das Maul voluminös wie ein 30-Personen-Aufzug. Schläge mit der 5 m breiten Schwanzflosse bringen sie mit 500 PS in Tiefen bis zu 600 m. Bis zu einer Stunde können sie unter Wasser bleiben.

Ohne Geruchssinn und mit nur schwachen Augen verständigen sie sich durch trompetenartige Gesänge mit ihren ausgezeichneten (inneren) Ohren.

Wale wandern (bei Gefahr mit 50 km/h) im Frühjahr bis zu 8.000 km in kalte Gewässer, denn die Körpertemperatur (37°C) hält eine 50 cm dicke Speckschicht konstant. Sie wurde ihnen zum Verhängnis, denn gekochter ***Blubber*** war einst wichtige Fett-Ressource für Ölfunzeln und Lebertran.

Mesonychids, der Urwal, war vor 60 Mio Jahren ein Vierfüßer mit Hufen und Fell, genetisch verwandt mit Rind und Nilpferd. Nahrungsmangel trieb ihn vom Land ins Wasser, wo er sich fortan von Plankton und Krill ernährte. Um seinen Hunger (1,5 Mio Kalorien/ Tag) zu stillen, zieht ein Blauwal täglich 4 t dieser streichholzlangen Minikrebse durch seine 600 Barten (***Baleen***), bis zu 4 m lange elastische Lamellen aus 25 cm breitem Horn. Kaum war deren Wert für Droschkenfedern, Angelruten und Korsettstangen erkannt, begann die gnadenlose Jagd erst recht, denn *Baleen* ließ sich problemlos schneiden, schleifen, drechseln und so auch zu Ziergegenständen (Kämme, Knöpfe, Tabakdosen) verarbeiten. Erst Plastik (Bakelit) stoppte den *Baleen*-Boom.

Unter ***Scrimshaw*** verstand man auf Pottwal- und Walroßzähnen eingeritzte Zeichnungen. Im weiteren Sinn ist *Scrimshaw* jedes bildliche Motiv aus Fischerei und Seefahrt, auch auf Kacheln, Gläsern und Pokalen. Oft finden sich Darstellungen, die den Walfisch sagenumwoben verklären: als Seeungeheuer, Gewitter-Bringer, Schöpfungeswunder, als *Moby Dick* oder – unter biblischem Bezug – auf »Jonas im Wal«.

Kabeljau und Wale hatten Fischern aus Europa den Weg in die Neue Welt gewiesen: allen voran den Basken, die schon 1565 in Red Bay/Südlabrador

Stützpunkte errichtet und Walverarbeitung betrieben hatten; von ihnen übernahmen die Amerikaner die Bezeichnungen der Jagdgeräte, Fangtechniken und das Trankochen.

Der **Walfang** war so lukrativ, daß der Mensch die tollkühne Jagd mit Handharpunen aus Ruderbooten wagte. Mit der Parole ***Vis vinctur arte*** (Mit List besiegen wir die tierische Urgewalt), machte man sich Mut. War der Wal gehetzt, harpuniert angeseilt, gab man ihm aus 5-10 m Entfernung den Lanzenstoß ins Herz. Über 300 Jahre lang war das ein fairer Kampf: Tod oder Leben für Mensch *oder* Tier. Erst der Einsatz von Harpunier-Kanonen um 1900 ließ dem Wal kaum Chancen: 1920 bis 1940 erlegten Walfangflotten aus Norwegen, England, Japan, Panama, Südafrika, den USA, der UdSSR – bis 1939 auch Deutschland – bis 50.000 Tiere pro Saison. Dauerte früher das »Flensen«, das Abspecken des Wales, einen Tag, brauchte man jetzt nur noch eine Stunde, um ihn an Bord des Mutterschiffs restlos zu verarbeiten.

Erste internationale **Fangrestriktionen** wurden **1937** in London vereinbart. Man legte die Abschußquote auf 16.000 Blauwaleinheiten fest (1 Blauwaleinheit = 2 Finnwale = 2,5 Buckelwale usw.). Trotz ständiger Quotenreduzierung (z.B. 1967: 3200 Einheiten, danach 1973 und 1985 Abkommen, die den kommerziellen Walfang ganz verboten) sind Buckel- und Grönlandwale heute fast ausgerottet und Blauwale bis auf 500 Tiere abgeschlachtet.

Mit knapper Mehrheit wurde auf der IWC-Tagung im Juni 2007 das Walfang-Moratorium von 1973 gegen die Stimmen von u.a. Norwegen, Japan und Island bis 2012 verlängert (Die Fangquoten für die Ureinwohner Alaskas und Russlands wurden bestätigt, die für Grönland erhöht). Doch nur 6 Monate später machten die Japaner wieder Jagd auf Buckel-, Zwerg und Finnwale, denn eine IWC-Klausel erlaubt den Fang für »wissenschaftliche Zwecke«, wobei das Walfleisch letztendlich in Gourmet-Restaurants landet.

An Neuenglands Küsten sind Bar Harbor und Cape Cod (Provincetown) gute Ausgangsorte fürs ***Whale Watching***, in Canada **Nova Scotia** (Digby Neck und Cape Breton); in **Québec** St. Lawrence (Tadoussac) für Belugas und Blauwale (Mai-Oktober) und an **Neufundlands Küsten** (Notre Dame-, Trinity-, und Witless-Bay) Buckel-, Finn- und Minkwale (nur Mitte Juni-Anfang August).

Buchtipp: Fabian Ritter »Wale erforschen«, ISBN 978-3-86686-210-4.

Cape Cod Peninsula

(Info für alle Orte: www.capecodchamber.com; www.allcapecod.com)

Kennzeichnung

Wie ein angewinkelter Arm mit einer auf Boston gerichteten Faust, so wird die **Halbinsel Cape Cod** gern charakterisiert. Das »Kap Kabeljau (= *Cod*)« lockt mit Dünen, kilometerlangen weißen Stränden der ***National Seashore***, geschützten Buchten an der Südküste, Salzmarschen und Süßwasserseen, Kiefernwald, Heidelandschaft und *Cranberry-Bogs* (➪ Seite 256). Die *Cape Cod Peninsula* ist flach und ideal für Golfer (40 Plätze!), Ausflüge per Rad, Kajak, pedes oder Boot zu den herrlichen Inseln **Martha's Vineyard** und **Nantucke**t, zum *Whale Watching* ab Provincetown. All dies macht Cape Cod jeden Sommer zum Paradies für 15 Mio.Urlauber. Bostoner zieht es an die golfstromwarme Südostküste, wo auch die Superreichen residieren (z.B. der *Kennedy* Clan in Hyannis Port). Der Oberarm ist zersiedelt, *Provincetown* hochtouristisch; der landschaftlich schönste Teil liegt um ***Wellfleet/Truro*** und in der ***National Seashore*** zwischen Eastham Provincetown; er erschliesst sich dem Besucher aber nur, wenn er die Straßen #6/6A und #28 (mit einer guten Karte!) verlässt.

Anfahrt

Erst 1913 wurde die 110 km lange Halbinsel durch den *Cape Cod Canal* vom Festland getrennt – eine Erleichterung für die Küstenschifffahrt. **Zwei Brücken** führen seitdem auf den »Oberarm«: Die Bostoner kommen von Norden (Straße/Autobahn #3) über die ***Sagamore Bridge***. Besucher aus dem Süden oder Westen reisen auf der I-195 oder I-495 an, die – vereinigt zur Autobahn #25 – den Kanal über die ***Bourne Bridge*** überqueren. Unmittelbar vor beiden stauanfälligen Brücken befinden sich große ***Visitor Center***.

Zur Route

Bei wenig Zeit sollte man bis zum Ende der Autobahn #6 fahren und sich dann auf die ***National Seashore*** (und Provincetown) konzentrieren. Bei mehr Zeit bietet sich für die Hinfahrt die baynahe #6A an. Bei Rückfahrt entlang der Südküste (zeitaufwendige #28!) sollte man auch ***Craigville Beach*** und Chatham nicht auslassen.

Wer Cape Cods Abgelegenheit und den Massentourismus im Juli/August scheut, findet an der Südostküste von Rhode Island und am Cape Ann (nördlich von Boston) vergleichbar schöne Küsten.

Fähre

Zwei schnelle Personenfähren verbinden von Juni bis Mitte Oktober **Provincetown mi**t

- **Boston**: *Bay State Cruise* täglich 10, 15, 19.30 Uhr (90 min retour $71/$50); ✆ 1-877-783-3779; www.boston-ptown.com
- **Plymouth**: ab *State Pier* täglich 10 Uhr; Rückfahrt 16.30 Uhr, ✆ 1-800-225-4000; www.captjohn.com/ProvincetownFerry

Unterkünfte

Alle Hotel-/Motel-Kategorien sind zahlreich vorhanden, aber in der Hochsaison viel teurer als in der Nebensaison. Viele *Cabins/Apartments* werden im Sommer nur wochenweise vermietet.

Am Strand/Wasser gibt es keine staatlichen **Campingplätze** und nur wenige private, von denen man das Meer zu Fuß erreicht.

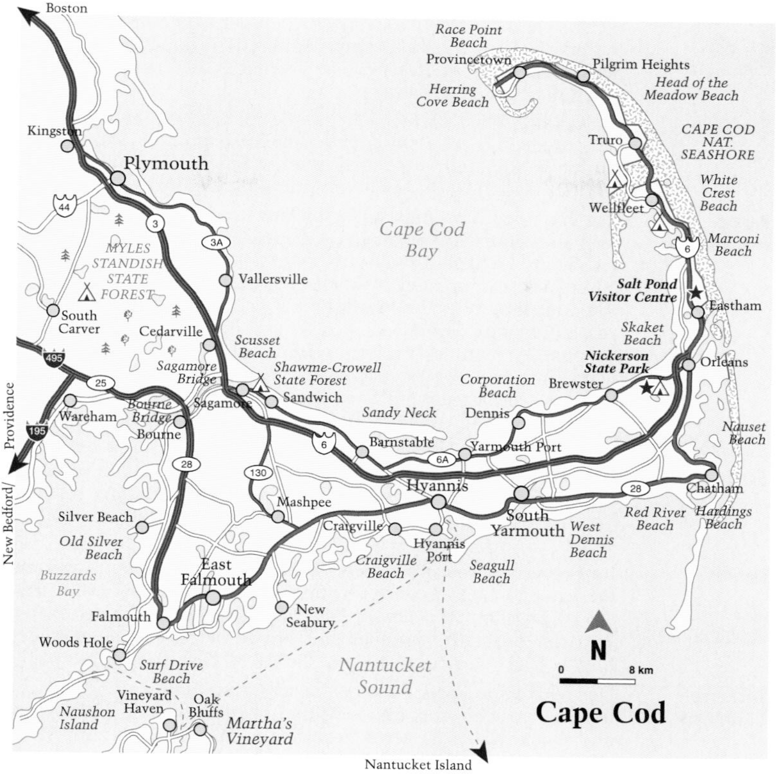

King's Highway (#6A)

Cape Cods **abwechslungsreichste Strecke** ist die Straße #6A, der ***King's Highway***, die durch hübsche Dörfer führt. Sie wird gesäumt von Villen vieler Kapitäne, die sich hier zur Ruhe setzten. Heute präsentieren sich die Häuser als – oft luxuriöse – ***Bed & Breakfasts Inns***, Antik-Läden, *General Stores* und ***First Class Restaurants***. Dabei blieb der typische ***Cape Cod Style*** erhalten: graue Holzhäuser mit weiß abgesetzten Fenstern und Türen.

- ***Country Acres Motel,*** im Bereich Sandwich, 187, #6A, ✆ (508) 888-2878, $69-$120
- ***The Earl of Sandwich Motel,*** East-Sandwich, 378 #36A, ✆ (508) 888-1415, $75-$119
- ***The Village Inn***, #6A, Yarmouthport, beim reizvollen Nauset, ✆ (508) 362-3182, ab $100-$150

Camping

Der große ***Campground*** des ***Shawme-Crowell State Forest*** (Zufahrt hinter der *Sagamore Bridge* über die #6A auf die #130) ist

nicht so stark frequentiert, aber wegen der nahen #6 sind einige Stellplätze laut. Wer hier campt, hat gratis Zugang zur kleineren ***Scusset Beach State Reservation*** (ebenfalls mit Camping) auf der gegenüberliegenden Kanalseite.

Sandwich

www.sandwich.org

In dem hübschen kleinen Ort wurde im 19. Jahrhundert feines Glas produziert. Das ***Sandwich Glas Museum***, 129 Main Street (Straße #130), stellt besonders schöne Stücke aus. Im Sommer geöffnet täglich 9.30-17.00 Uhr, sonst kürzer, Eintritt $4,75.

Park & Museum

Die ***Heritage Museums and Gardens*** (abseits der #130, hinter dem *Glass Museum* rechts in die Grove Street) ist eine der größeren Touristenattraktionen auf *Cape Cod*. Die *Plantation*, ein europäisch anmutender Park, erfreut sich vor allem während der Rhododendronblüte im Mai/Juni großer Beliebtheit. Außer Pflanzen gibt's noch einiges mehr zu sehen: In einer runden *Shaker*-Scheune (➪ Seite 361) warten ***Oldtimer*** (1899-1937) auf Bewunderer, in einem weiteren Gebäude handbemalte Zinnsoldaten, Waffen und Flaggen, ein altes Karussell, Holzschnitzereien und *Scrimshaw* (➪ Seite 234); sehenswert. Geöffnet täglich Mitte Mai bis Oktober 9-18 Uhr; $12, Kinder $6.

Sandy Neck

Bei Barnstable befindet sich der beste **Strand** an der kühlen *Cape Cod* Bay: ***Sandy Neck***, eine 10 km lange Dünennehrung. Auf die *Sandy Neck Road* achten, denn nur diskrete Schilder an der #6A weisen die Wege zu den Baystränden.

Dennis

www.dennischamber.com

Im ***Cape Playhouse*** im kleinen, aber feinen Dennis läuft im Sommer ein beliebtes Theaterprogramm; Auskunft unter © (508) 385-3911. Das ***Cape Museum of Fine Arts***, das die Werke regionaler Künstler ausstellt, befindet sich im selben Gebäudekomplex; Mo- Sa 10-17 Uhr, So 12-17 Uhr, Do -20.30 Uhr; © (508) 385-4477.

Nickerson State Park

Der ***Nickerson State Park*** bei East Brewster (#6, Exit 12); er gehört zu den schönsten im amerikanischen Nordosten. In Kiefern- und Eichenwälder liegen **5 Seen mit Stränden**. Auch zum Meer (*National Seashore*) ist es nicht weit. Schön ist die ***Nauset Beach*** an einer 8 km langen Landzunge. Zufahrt: #6A Richtung Osten nach East Orleans; nach Überquerung der #28 den kleinen braunen Schildern folgen (Main Street/Beach- und Pochet Road.).

Insbesondere mit Kindern kann man gut ein paar Tage im Park verweilen. Der Parkladen führt die wichtigsten Lebensmittel. Die besten Chancen auf einen der **400 Stellplätze** des *Campground* hat man Mo-Do früh morgens. Reservierung ➪ Seite 160.

Cape Cod National Seashore

www.nps.gov/caco

Unter Kennedy wurde 1960 ein Großteil der *Cape Cod* Küste zur geschützten ***National Seashore*** erklärt. Ihre landschaftlichen Schönheiten lassen sich so recht nur über einen Besuch in einem der *Visitor Center* erkennen. Da sich das ***Province Lands Visitor Center*** weiter nördlich bei Provincetown befindet, geht kein Weg am ***Salt Pond Visitor Center*** bei Eastham vorbei. Neben einer Ausstellung zur Meeresflora und -fauna gibt es dort einen Kurzfilm über die Geologie des Kaps und viel Material zu Freizeitaktivitäten; ganzjährig, 9-16.30 Uhr, im Sommer länger.

Fast Food Preistafel mit Wechselschildern vom Hamburger mit Pommes bis zum Krabbenteller auf Cape Cod

Strände & Parken

Im Sommer kostet das Tagesticket in der *National Seashore* $15, für Radfahrer und Fußgänger $3, ein Saisonticket $45 bzw. *America the Beautiful Pass*, ➪ Seite 29. Ab ***Salt Pond Visitor Center*** erreicht man die ***Coast Guard Beach*** nur per *Shuttle Bus*.

Sticker/ Permit

Für Strände und Seen, die nicht in der *National Seashore* liegen, erwirbt man einen ***sticker/permit*** im Hotel, Postamt o.ä., wenn die Gebühr nicht am Parkplatz selbst erhoben wird. Einige Parkplätze sind privat, nur für Anwohner (*residents*). Ohne Sondererlaubnis (*permit*) wird man dort abgeschleppt.

Wandern

Die *National Seashore* bietet eine Reihe kurzer, leichter Wanderwege, die alle an der Straße #6 ausgeschildert sind. Ab ***Salt Pond Visitor Center*** der ***Nauset Marsh Trail*** zum ***Coast Guard Beach*** (2 km); ferner der ***Salt Pond Trail*** (60 min Rundweg) und – etwas südlich – der ***Fort Hill Trail*** (2 km) durch Salzmarschen. Südlich **Wellfleet** findet sich der ***Atlantic White Cedar Swamp Trail*** (2 km), der beim ***Marconi Station Site*** beginnt, wo einst die erste drahtlose Funkverbindung mit Europa aufgebaut wurde.

Der schönste Wanderweg ist der *Great Island Trail*, ein 13 km langer Rundweg am Strand und durch Marschlandschaften (ab Wellfleet Comercial Street der Chequessett Neck Road folgen).

Vom Parkplatz ***Pilgrim Heights***, 3 mi vor Provincetown, genießt man herrliche Blicke über die Dünen. Ein *Trail* (1 km) führt zur ***Pilgrim Spring***, die den *Pilgrim Fathers* bei ihrem ersten Landgang in der Neuen Welt Quellwasser lieferte, bevor sie endgültig in Plymouth landeten. Vom gleichen Parkplatz startet auch ein **3 km-*Trail*** zum ***Head of the Meadow Beach***.

Jogger, Wanderer und Radler trifft man auf dem 23 mi langen ***Cape Cod Rail Trail***, (Teil des *Boston-Cape-Cod Bikeway*). Auf einer ehemaligen Bahntrasse führt er durch Wald und Marschen vorbei an Teichen (*ponds*) und hat kurze Abzweige zu Orten und Stränden. Super sind die 8 mi bis ins noble ***Chatham***.

Der ***Trail*** beginnt schattig bei South Dennis südlich der #6 an der #134, tangiert den *Nickerson State Park* (Parkplatz), den Parkplatz der *National Seashore* bei Eastham und endet bei Wellfleet (LeCount Hollow Road), wo man sich im ***Pleasant Lake General Store***, einem alten Bahnhof, an Picknicktischen stärken kann.

Fahrräder leihen kann man in:

- ***Barbaras Bike Shop*** am Beginn des *Rail Trail* 430 an der #134, © (508)-760-4723. *Bike*-Abgabe in 3488 Main St. 6A in Brewster, © (508)-896-723; www.barbsbikeshop.com
- ***Little Capistrano Bike Shop*** gegenüber ***Salt Pond Visitor Center*** (30 Salt Pond Rd), © (508) 255-6515; www.capecodbike.com
- ***Idle Times Bike Shop;*** 3 Stationen: 4550 #6, North Eastham © (508)-255-8281), 2616 #6, Wellfleet © (508)-255-349-9161 und 188 Bracket Road, North Eastham © (508)-255-5070, www.idletimesbikes.com, ferner bei ***Arnold's*** (➪ Seite 243)

Preise: ca. $14 für 3 Stunden, $20/Tag, $45/3Tage, $70/Woche.

Wellfleet und Truro (www.wellfleetma.org)

Kennzeichnung

www.members.aol.com/NTruroMA/beaches.html

In **Wellfleet** – früher wurden hier Austern gezüchtet – finden sich in der Main Street viele Galerien. Die ruhige Hafenbucht ist ein gutes Standquartier, wenn man dem sommerlichen Trubel Cape Cods entfliehen will. Das gilt noch mehr für die anschließende **Truro-Region** (ohne erkennbaren Ortskern).

Wellfleet hat im *National Seashore*-Bereich 3 Trümpfe: weniger frequentierte Strände, tolle Badeseen im waldigen Hinterland und prima Unterkünfte/Campingplätze, die entlang des ***Ocean View Drive*** (Zufahrt von der #6 über die LeCount Hollow, Long Pond oder Gull Pond Road Richtung Meer) liegen. Nur die *Cahoon Hollow Beach* hat mit dem ***Beachcomber*** ein uriges **Fischlokal**.

Neben ruhigen Baystränden verfügt **Truro** meerseitig über besonders **schöne Strände** und drei **prima Campingplätze**.

Im ***Wellfleet Bay Wildlife Sanctuary*** führen **8 km-*Boardwalk*** durch Salzmarschen. Noch länger (13 km) ist der ***Great Island Trail***. Zufahrt: südliches Wellfleet von der #6 (Schild: **MassAudobon** gegenüber *Wellfleet Motel*); Eintritt $7.

Restaurants

Das **leibliche Wohl** kommt hier auch nicht zu kurz:

- Freunde des Muschelschlürfens langen (bis 20 Uhr) bei ***Mac's Seafood***, *Town Pier* zu – stehend oder an Picknicktischen
- Wem der Sinn nach Hummer steht, wird gut bedient in der ***Lobster Hutt*** (auch Picknick-Tische) in der Commercial Street (eigene Bier-/Weinflasche erwünscht), im Sommer 16.30-21 Uhr

- Edel speist man (Mai-Oktober) abends Meeresfrüchte in ***Aesop's Tables***, 316 Main Street, Rathaus-Nähe, © (508) 349-6450
- gemütlich sitzt man im/am ***Bookstore & Restaurant***, direkt am Hafenstrand; © (508) 349-3154

Unterkünfte

Relativ billige Quartiere gibt's in der Hauptsaison nur in den ***Int'l Hostels***, ansonsten muß man etwas tiefer in die Tasche greifen:

- ***Captains Quarters***, noch North Eastham, 5000 #6, ruhig nach hinten; ab $60, Hauptsaison bis $140, © 1-800-327-7769 und © (508) 327-7769; www.captains-quarters.com

- ***Surf Side Colony***, 2-6 Personen-Häuser strandnah bei Wellfleet: ab der #6 ca. 0,5 mi nach Kilometer 99 in die Le Count Hollow Road bis Ocean View Drive; ab $95. In HS nur Wochen, ab $150. ✆ (508) 349-3959; www.surfsidevacation.com
- ***Inn at Duck Creeke,*** Wellfleet, 70 Main St., *B&B*, (z.T. mit Gemeinschaftsbad), sympathisch-altmodisch, nebenan die beliebte ***Duck Creek Tavern***; 70 Main Street, DZ $85-$130; ✆ (508) 349-9333; www.innatduckcreeke.com
- ***Bay-Cottages*** liegen an der Kendrick Ave/Chequessett Neck. **Wochenpreise**: ***Barefoot-by-the-Beach***, ✆ (508) 349-2359, $450-$1000; ***Bay & Beach Cottages***, ✆ (508) 349-9497, $350-$1000; ***Friendship Cottages***, tolle Lage; ✆ (508) 349-3390, NS ab $400
- ***Roseville Cottages***, an der *Cornhill Beach*/Truro; Tipp trotz der Parkplätze vor der Nase ; ✆ (508) 349-3669
- ***The Even'Tide - Resort Motel & Cottages***; South Wellfleet an der #6, km 98; 1000 m Waldweg bis *Marconi Beach*; www.eventidemotel.com, ✆ (508) 349-3410; ✆ 1-800-368-0007, $65-$155.

- ***Int'l Hostel Truro (HI)***; tolle Lage an der *Ballston Beach*; die #6 bis Truro Center, dort Palmet Road, ✆ (508) 349-3889; ab $30.
- ***International Hostel Midcap (HI)***, Eastham, 75 Goody Hallet Drive, ✆ (508) 255-2785; ab $26. Internet beide: www.hiusa.org.

Camping (im Sommer $50!)

- ***Paine's Campground***, South Wellfleet, Old Country Road, mit Auto nicht weit zu Strand und Badeseen; ✆ (508) 349-3007
- Die ***North of Highland Camping Area*** (✆ 508-487-1191) liegt kurz vor Provincetown, nahe der *Head of the Meadow Beach* an der gleichnamigen Straße.
- Kurz vorher, an der Highland Road (ab der #6) liegen ***Horton's Camping Ground***, ✆ (508) 487-1220, und ***North Truro Camping Area*** (2 Strände in 20/45 min zu Fuß); ✆ 1-877-409-2267. Der Platz nennt sich auch ***Adventure Bound Camping Resort***.

- Schattig in den Dünen: ***Dunes' Edge Campground*** in Provincetownnähe, toll für Zelte, *Sites* 59-80 mit Blick; ✆ (508) 487-9815.

Blickfang auf dem Dach der Lobster Hutt in Wellfleet

Imbiss am Strand von Provincetown; im Hintergrund der »toskanische« Turm des Pilgrim Monument

Provincetown (www.provincetowncapecod.com)

Kennzeichnung

Die Stadt erlebte – wie andere neuenglische Küstenstädte – eine kurze Blütezeit während der Walfangperiode, in der dort vor allem Portugiesen siedelten. Die abgeschiedene Lage zog Anfang des 20. Jahrhunderts Künstler und Schriftsteller an. Stücke von *O' Neill* und *Tennesee Williams* wurden hier uraufgeführt. Heute ist Provincetown ein Sommertreff für *Gay/Lesbian People* und freakige Jugend, gleichzeitig ein **Magnet des Massentourismus**. Neben *Seafood*, Kneipen, Galerien und traumhaften Stränden kommt man vor allem auch zum **Hochseefischen** und ***Whale Watching***.

Besichtigung

Am besten folgt man der Straße #6 bis zur Ortsmitte und parkt am ausgeschilderten *Tower Hill*, der *Town Hall* oder an der *MacMillan Wharf* (mit der *Chamber of Commerce* als ***InfoCenter***), wo auch alle Boot-/Trolley-Touren starten und die Personenfähren aus Boston und Plymouth anlegen (siehe dort). 40-minütige **Trolley-Rundfahrten** starten 10-16 Uhr alle halbe Stunde ab der *Town Hall*. Ein **kostenloser Shuttle-Bus** verbindet auf Handzeichen alle 20 min den Ortskern (via *»Hotelstrip«* an der #6A bis *Hortons Camping Resort* in North Truro, ➪ oben) mit der *Herring Cove Beach*; ein weiterer die *McMillan Wharf* mit der *Beach Forest Picknick Area* (im Hochsommer bis zur *Race Point Beach*).

Trubelige Lebensader der Stadt ist die 2,5 mi lange **Commercial Street**, die parallel zum schmalen Baystrand verläuf. Sie bietet für jeden etwas: gute Kunst neben Schnickschnack, *Fast Food* neben *Gourmet*-Restaurants. Viele Lokale haben eine **Terrasse**, z.B. der originelle ***Lobster Pot*** an der *Wharf*. Der Fußgängerstrom verläuft sich nach Westen (prima Picknickecke mit Meerblick: die ***Aquarium Mall*** passieren) und noch schneller nach Osten, wo sich zahlreiche Restaurants und schöne Pensionen befinden.

Pilgrim Monument

Den legendären ***Pilgrim Fathers***, die hier 1620 zwischenlandeten (➪ Seite 255 und 239 *Pilgrim Spring*), wurde auf dem ***Tower Hill*** ein weithin sichtbares Denkmal gesetzt. Der toskanische Turm bietet weite Blicke (kein Lift!) und beherbergt unten ein **Museum** zur Geschichte von *Cape Cod, Pilgrim Fathers* und Fischfang, im Sommer täglich 9-19 Uhr, sonst bis 17 Uhr; $7.

Kunstmuseum

Provincetown Art Association & Museum (460 Commercial St, ✆ 508-487-1750, www.paam.org, zeigt namhafte und lokale Werke; im Sommer Mo-Do 11-20, Fr bis 22, Sa+So bis17 Uhr; $5.

Schiffsmuseum

The Whydah Pirate Museum & Sea-Lab Learning Center auf der *MacMillan Wharf* zeigt zahlreiche Objekte aus gesunkenen und gestrandeten Schiffen. Die namensgebende ***Whydah*** zeichnet sich durch ihre ungewöhnliche Geschichte vom Sklaven- zum Piratenschiff aus. Im Sommer 10-17 Uhr, $8; www.whydah.com.

Fähren

Die **Sommerfähren** zwischen Provincetown mit Boston bzw. Plymouth starten ebenfalls ab der *McMillan Wharf*, ➪ Seite 236.

Walbeobachtung

www.whalewatch.com

Provincetown ist die US-Top-Adresse fürs ***Whale Watching***; zu empfehlen sind besonders die ***Dolphin Fleet***-Exkursionen mit wissenschaftlicher Begleitung, auf denen das Verhalten der Säuger und die Walfang-Historie erläutert werden. Sie finden zwischen Mitte April und Oktober statt und starten an der ***McMillan Wharf***. Die Boote fahren zur 6 mi vor der Küste liegenden *Stellwagen Bank*, wo man im Sommer *Finn*- und *Humpback*-Wale und Delphine sieht. Auch Schildkröten, Seehunde und jede Menge Seevögel tummeln sich dort. Dauer 4 Stunden; $33, Kinder $25. Reservierung unter ✆ 1-800-826-9300 oder ✆ (508) 240-3636, in der HS bis 9 Trips/Tag.

Die Touristenboote fahren mitunter erstaunlich nah an die Wale heran.

Strände/Trails

Die Strände um Provincetown kann man gut erradeln: der ***Province Lands Trail*** (8 mi) führt z.B. zum *Herring Cove Beach*. Er beginnt an der *Race Point Road, wo auch* der ***Beech Forest Trail*** startet (2,5 km durch Birkenwald und Dünen).

Fahrradverleih

- ***Arnold's***, 529 Commercial Street, $3/Stunde, $20/Tag, $70/Woche; Kinder kaum weniger; ✆ (508) 487-0844
- ***Galeforce Beach Market & Bike Rentals***, 144 Bradford Street Extension (*Herring Cove Beach*), ✆ (508) 487-4849; preisgleich

Cafes/Lokale

- ***Joe Coffee & Expresso Bar***, 148A, Commercial Steet
- ***Mews***, oben auch Snacks; am Wasser; 429 Commercial Street
- ***Fanizzi's***, Bayblick, *Seafood*, auch *Lunch*; 539 Commercial St

Lebensmittel

Angel Foods und ***Relish West***, 467 bzw 93 Commercial Street

Unterkünfte

An Motels, Hotels, *Cabins*, *Cottages* und Ferienapartments herrscht in Provincetown – wie erwähnt – kein Mangel, dennoch ist der Ort im Juli/August oft ausgebucht und teuer allemal.

- ***The Commons,*** beliebtes Gay-Quartier mit Garten im Innenhof und gutem Bistro; 386 Commercial St, $99-$149, Suites $129-$225, © 1-800-487-0784; www.commonsghb.com
- ***Lotus Guest House***, 296 Commercial St, mitten im Gewühl, DZ (mit Etagenbad) $105, $155 mit Bad, © (508) 487-4644 & © 1-888-508-4644; www.lotusguesthouse.com
- ***White Horse Inn***, Studios und Zimmer, 500 Commercial Street (ruhiger Teil); $110-$125 mit *shared bath*; Studios $150-$165; © (508) 487-1790 (deutschsprachig)
- ***The Dunes***, liebevolles einfaches Haus; Meerblick-Zimmer und Apartments. Südwestliches Ende der Bradford Street; $39-$135; © (508)-487-1956 und © 1-800-475-1833
- ***Inn at the Moors***, älteres Motel, Lage wie *The Dunes;* 59 Provincelands Road (Ende der #6); $70-$150; © (508) 487-1342 und © 1-800-842-6379; www.innatthemoors.com
- ***Provincetown Inn***, Motel am Wasser, ruhig; $90-$140; © (508) 487-9500 und © 1-800-942-5388; www.provincetowninn.com

Hostel

- ***The Outermost Hostel***, 28 Winslow St, zentral am *Tower Hill* (Turm), ab $28/Bett, © (508) 487-4378; unbedingt reservieren!

Die parallel zur #6 verlaufende laute #6A ist ein Motel Strip; erst am südlichen Ende in **North Truro** wird es ruhiger:

- ***Pilgrim Beach Village***, luxoriöse *Cabins* am Strand, 174 Shore Rd (#6A), nur wochenweise, ab $800-$1400; © (508) 487-3418; www.pilgrim-beach-village.com
- ***Seascape Motor Inn***, an der #6A (Shor Rd) in **North Truro** am Steilhang mit Strand; $76-$152; © (508) 487-1225 und 1-866-487-1225; www.seascapemotorinn.com

Fischerbude mit Frischhummerverkauf auf Cape Cod

Cape Cod's Süden

Im Süden der Halbinsel sind in erster Linie Chatham, die vorgelagerten Inseln und Hyannis populäre Ziele. Nur wenige (hier genannte) Strände sind gegen hohe *fees* ($) öffentlich zugänglich.

Straße #28

Wie eingangs erwähnt, ist die Straße #28 durch Cape Cod's Süden nur in Abschnitten attraktiv, aber nützlich (preiswerte Motels, Supermärkte, Ketten-Restaurants) und Zubringer für die Inselfähren nach Martha's Vineyard und Nantucket in Falmouth/Wood Hole und Hyannis; (➪ Übersicht Seite 247).

Chatham

Die #28 zwischen Orleans und Chatham ist noch ruhig (Zufahrt über #6 *Exit* 13, dann 6A). Chatham mutierte vom Fischerdorf zum elegantesten Ort auf *Cape Cod* mit großen grau-weißen Holzhäusern, teuren *Inns* und Shops in der Main Street. Romantisch sind das *Lighthouse, der Hafen* und die Shore Rd mit *Fishing Pier*. Rund ums Städtchen finden sich kleine **Strände**, auch an den Binnenseen. Hauptstrand ist die ***Hardings Beach*** (#28 in Richtung Hyannis, dann Barn Hill Road und rechts Harding Beach Road).

Unterkunft

In Chatham kommt man zwar sehr schön, aber nur teuer unter.

- Noch moderat: ***Chatham Wayside Inn***, 512 Main St, $160-$415; ✆ (508) 945-5550 & ✆ 1-800-242-8426; www.waysideinn.com
- O.k. ist das ***Motel Chatham Seafarer***, 2,8 mi westlich des Zentrums (beim Kreisel), 2079 Main St, $88-$205, ✆ (508) 432-1739 oder ✆ 1-800-786-2772; www.chathamseafarer.com

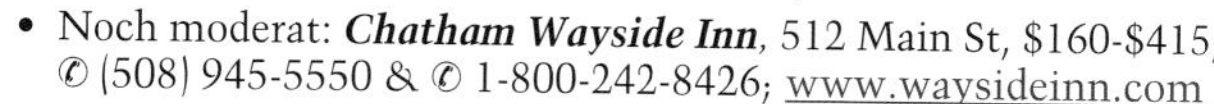

Die Tragik des Kennedy Clan

Rose und ***Joe Kennedy*** hatten 9 Kinder: neben dem berühmten ***John F.*** (Attentat 1963) ***Robert*** (Att. 1968), ***Edward*** und ***Joseph*** (gef. 1944), ***Rosemary*** (*1918 geistig behindert), ***Kathleen*** (Flugzeugabsturz 1948), ***Eunice, Patricia*** und ***Jean***. Bekannte Enkel sind ***Edward jun.*** (1973 Bein-Amputation wegen Krebs), ***David*** (1984 † Drogen), ***Michael*** (1997 † Skiunfall), ***John F. jun.*** Präsidentensohn und »Kronprinz« der Familie († - Absturz 1999 im selbstgesteuerten Flugzeug auf dem Weg nach Nantucket).

Auch zwischen Chatham und Harwich Port ist die #28 noch angenehm zu fahren, bevor sie zum verkehrsreichen Strip wird.

Hyannis

www.hyannisholiday.com

Hyannis ist Hauptsitz des ***Kennedy Clan***. Alles über den Ex-Präsidenten erfährt man im ***John F. Kennedy Museum***, Hyannis 397 Main St (abseits der #28), in der *Town Hall*, Mo-Sa 10-17 Uhr, So 12-15 Uhr, Eintritt $5. 100 m westlich wird die Main von der Ocean Street gekreuzt, an der südlich (im Park) das ***Kennedy Memorial*** steht; anschließend ein Strand, der ***Kalmus Beach Park***.

Unterkunft

- ***Hyannis Inn Motel***, 473 Main Street, $62-$160, ✆ (508) 775-0255 und ✆ 1-800-922-8993; www.hyannisinn.com
- ***Travel Inn***, Lage nur ok, aber ruhig; 18 North Street (100 m nördlich *Kennedy Museum*). ✆ 1-800-352-7190 & ✆ (508) 775-8200 $60-$130; www.hyannistravelinn.com

Strände Südwestküste

Westlich von Hyannis lohnt ein küstennaher *Bypass* zur #28: ab ***JFK Memorial*** erreicht man (über die Straßen Gosnold-Ocean-Marston-Smith-Craigville Beach) die Old Stage Road (ab dort die #28 West) und passiert dabei einige *Public Beaches*: ***Sea Street/Keyes Beach*** und die schöne ***Craigville Beach*** sowie drei empfehlenswerte Quartiere:

- ***Sea Breeze Inn B&B,*** 270 Ocean Ave, © (508) 771-7213, $70-$150; www.seabreezeinn.com
- ***Ocean View Motel***, Craigville Beach Rd, www.capecodoceanviewmotel.com, © (508) 775-1962, © 1-800-981-2313, $65-$140

Vor Falmouth reizt ein Abstecher zum abgelegenen ***South Cape Beach State Park*** (ohne Camping) in geschützer Landschaft mit Badeseen. Zufahrt: ab Kreuzung #28/#151 auf die Great Neck Road, dann auf der Great Oak Road 5 mi nach Süden.

Falmouth

Wie Chatham ist Falmouth ein Edelort mit attraktiver kleiner *Main Street* (#28) und teuren *Inns*. Vom Hafen (gegenüber dem *Falmouth Inn*) geht es mit der Personenfähre *Island Queen* nach ***Martha's Vineyard*** (⇨ Kasten; Autofähre nur ab **Woods Hole**, 4 mi westlich auf der #28); www.falmouthvisitor.com

Woods Hole

Der Ort ist ein Mekka der Ozeanologen mit mehreren Instituten. Die ***Woods Hole Oceanographic Institution*** und das ***Marine Biological Laboratory*** sind öffentlich zugänglich: www.whoi.edu und www.mbl.edu.

Als Hafen für die Autofähren nach Martha's Vineyard und Nantucket verfügt Woods Hole über etliche Hotels/Motels.

- ***Falmouth Heights Motor Lodge***, ruhig, 3 min zur *Island Queen*, 146 Falmouth Heigts Road, $59-189, Studio $79-$199; www.FalmouthHeightsMotorLodge.com, © 1-800-468-3623.
- ***Motel 7 Seas,*** 24 Scanton Ave, einfach, fast am Hafen, © (508) 548-1110, $75-$110, www.motel7seas.com
- ***The Ideal Spot Motel,*** West Falmouth, ein Tipp: sympatisch-klein, abseits der #28 an der 28A nahe *Old Silver Beach* in der Old *Dock* Road, © (508) 548-2257 und © 1-800-269-6910; www.idealspotmotel.com; $70-$140

Blick von der Fähre auf Martha's Vineyard

Nantucket und Martha's Vineyard

Transport

Beide Inseln vor der Südküste Cape Cods lohnen einen Besuch eher per Personenfähre. Die Autofähre ist teuer, ohne Reservierung zeitraubend-kompliziert und auf beiden ist man mit Bus, Miet-Moped oder -Fahrrad besser bedient. Für das teure Nantucket reicht ein Tagestrip für das doppelt so große Martha's Vineyard plant man besser eine Insel-Übernachtung ein.

Welche Insel?

Nantucket ist exklusiv-ruhig und landschaftlich Cape Cod pur; **Martha's Vineyard** ist an der Nordküste sehr touristisch, man sollte sich (bei Tagesausflügen) auf die Osthälfte beschränken.

Fähren

Zwei Personenfähren starten von Hyannis Port (➪ dort) zu beiden Inseln; von Falmouth und New Bedford (➪ Seite 233) nur nach Martha's Vineyard; **Autofähre** zu beiden Inseln nur ab Woods Hole, 4 mi südwestlich von Falmouth.

Nimmt man die jeweils erste und letzte Fähre am gleichen Tag, hat man maximal 10 Stunden Inselaufenthalt. ***Hy-Line Cruises* verbindet auch 1x täglich Martha's Vineyard mit Nantucket**; eine Strecke $25, Kinder 50%; © 1-800 492-8082.

Fähren Cape Cod – Martha's Vineyard/Nantucket 2008

Sommertarife Hin-u. Rückf.	ab Hyannis Port	ab Falmouth	ab Woods Hole
nach **Martha's Vineyard** alle Tarife retour	**Oak Bluffs** *»Lady Martha«* Dauer: 55 min 14.6.-14.9: 5x, sonst 4x tägl. retour: Erw. $63 Kind -12J $45	**Oak Bluffs** *"Island Queen"* Dauer 30 min im Sommer 9-18 Uhr bis 9x tägl. Erw. $15 Kind -12J $8	**Vineyard Haven** Dauer: 45 min bis 14x täglich Erw. $14 Kind -12 $7.50 Pkw $124
www.islandqueen.com www.steamshipauthority.com www.hy-linecruises.com www.patriotpartyboats.com		(Anzahl der Abfahrten stark saisonabhängig)	**Oak Bluffs** bis 9 x täglich Erw. $14, K.$7 Pkw $150
Reederei:	*Hy-Line Cruise "Grey Lady"*	*SteamshipAuthority* *»Flying Cloud«*	*Autofähre*
nach **Nantucket** nur ab **Hyannis Port**	Dauer: 60 min. Mitte Mai bis Mitte Okt. bis 6x täglich retour Erw. $69 Kind -12J $49	Dauer: 60 min Mitte Juni bis Mitte Sept. bis 5x täglich retour Erw. $60 Kind -12J $46	Dauer: 135 min 6 x täglich Erw. $30 Kinder $15 Pkw $420 (!)

Patriot Party Boats: Falmouth-Oak Bluffs (Marthas V), Mo-Fr 9x (sonst 1-2x) täglich; 30 min; $18 retour, Parken $15; © 508-548-2626

Fähren ab Falmouth

Für Martha's Vineyard nimmt man vorzugsweise die Boote ab **Falmouth**, die nur 30 min bis zur Insel benötigen (zu den Anlegern beim ***Falmouth Inn*** von der #28 abbiegen, Parken $15/Tag). Telefonische Auskunft zu den Abfahrtzeiten für die *Island Queen* unter ✆ 508-548-4800, für die ***Patriot Party Boats*** unter ✆ 1-800-734-008 und 508-548-2626; www.patriotpartyboats.com

Ohne Auto ab **Woods Hole** fahren, macht zumindest für Tagesausflügler wenig Sinn; man kann zwar sein Auto in Falmouth gratis parken und wird von dort per Shuttle zum Schiff gebracht, aber das Ganze dauert natürlich.

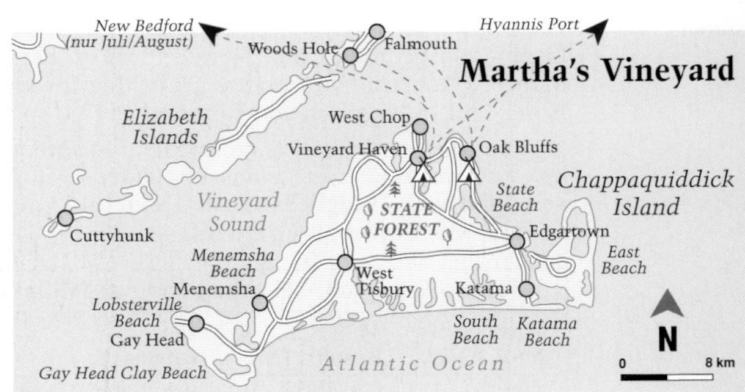

Martha's Vineyard

Martha's Vineyard, www.mvy.com, ist 30 km lang, 15 km breit und hat drei Zentren: im Norden den lebendigen Versorgungshafen **Vineyard Haven** und den trubeligen Fährhafen **Oak Bluffs** (je 4000 Einwohner), sowie im Südosten das elegante **Edgartown** mit der fast unbewohnten Insel ***Chappaquiddick*** quasi nebenan.

Oak Bluffs

Im hochtouristischen **Oak Bluffs** ist ***The Campground/Cottage City*** (im Zentrum) ein »Muss«. Dicht gedrängt stehen dort 300 viktorianische, bunte Holzhäuschen mit Verzierungen (*Gingerbread*, ⇨ auch Seite 40), die auf Methodisten-Camps vor über 120 Jahren zurückgehen.

Bessere **Strände** als Oak Bluffs Umfeld bietet die Südostküste:

Edgartown und Beaches

Im **Südosten** (Bus #13 ab Vineyard Haven über Oak Bluffs bzw. 5 mi auf der Seaview Ave/Beach Road) bietet Edgartown exklusives Inselflair. Nobelste Geschäfte und Restaurants sind an der Main Street in klassischen Holzvillen untergebracht.

Per (Auto-)Fähre (5 min, Auto $10/Fahrrad $4 retour) erreicht man das geschützte Paradies ***Chappaquiddick Island***. Der Weg zu den schönen Stränden dort (*Wasque Preservation/East Beach/Cape Poge Refuge*) ist weit und nur per Auto/Moped/Bike zu machen.

Zur ruhigen ***Katama Bay/North Point*** mit einem beliebten vorgelagerten (Surf-) Strand fährt man ab Edgartown auf der Katama Road (Shuttle-Bus #8) noch 3 mi Richtung Süden.

»Gingerbread«-Häuschen in der Cottage City in Oak Bluffs

Inselwesten

An einem einzigen Tag kann man bestenfalls eine Hälfte der Insel erkunden. Wer sich auch noch den Westteil ansehen möchte, benötigt mindestens einen weiteren Tag. Dort lohnen – vor allem bei Sonnenuntergang – die buntleuchtenden ***Gay Head Cliffs***. Den besten Blick hat man vom *Aquinnah Lighthouse* mit Buden, Picknicktischen und schönen Stränden.

Via *Moshup Trail* (*Bypass* der Hauptstraße) erreicht man die gleichnamige *Beach* und über die Lighthouse Road auf dem Weg nach **Menemsha**, einem intakten Fischerdorf, die ***Lobsterville Beach***, kein Parkplatz.

Gay Head Cliffs, Martha's Vineyard

- Für Kurzbesuche sind **Miet-Fahrrad** oder **-Moped** ideal (**Radwege** im *State Forest,* ➪ Karte; sowie zwischen *Oak Bluffs* über *Edgartown* bis *Katama,* etwa 10 mi). Die Fahrräder kosten ab $25/Tag, Mopeds $40-$60/Tag. Sie sind an beiden Häfen sowie in Edgartown verfügbar. Oak Bluffs: ***RideOn***, ✆ 508-693-2076; Vineyard Haven: ***Martha's Bike Shop***, ✆ (508) 693-6492. Aber selbst per Moped schafft man die ganze Insel nicht an einem Tag.
- Mit **öffentlichen Verkehrsmitteln** ist Martha's Vineyard gut versorgt (www.vineyardtransit.com). Die drei Hauptorte sind im Sommer durch alle 60 min verkehrende

Busse (Linie #13) verbunden; Fahrpreis eine Strecke $3 (Tagespass $6; 3 Tage $15). Nach *Gay Head* verkehrt die Linie #3.

- An beiden Fähranlegern bieten auch Busunternehmen **Inselrundfahrten** an, ab $20.

Unterkunft

Übernachtungen in Oak Bluffs und Vineyard Haven sind nicht billig, aber preiswerter als in Edgartown.

- **Tipp**: ***Vineyard Harbor Motel*** direkt am Hafenstrand von Vineyard Haven, 60 Beach Road; einige Zimmer mit Küche; $90-$195; ✆ 1-800-693-3334; www.vineyardharbormotel.com
- ***Surfside Motel***,direkt am Fähranleger, 7 Oak Bluffs Ave. $90-$235; ✆ 1-800-537-3007, www.mvsurfside.com
- ***Island House***, relativ günstig, 11 Circuit Ave im belebteren Bereich von Oak Bluffs, $95-$125, ✆ (508) 693-4516.
- ***Wesley Hotel***, groß, altmodisch am Hafen; $135-$310; ✆ (508) 693-6611 oder ✆ 1-800-638-9027; www.wesleyhotel.com
- ***Harborside Inn*** in Edgartown am Wasser, Pools; $190-$445 im Sommer, sonst $160-$385, ✆ (508) 627-4321, ✆ 1-800-627-4009, www.theharborsideinn.com.

- Die **älteste US-Jugendherberge** (1955!) steht in Flughafennähe: ***Int'l Hostel Martha's Vineyard (HI)***, schönes Haus & Gelände, Edgartown-West Tisbury Road, ✆ 1-888-901-2097 und ✆ (508) 693-2665, ab $28/Bett; reservieren!

Der einzige, dafür aber sehr schöne **Campingplatz** liegt südlich von Vineyard Haven an der Edgartown Road im Eichenwald: ***Martha's Vineyard Family Campground***, $46-$52, Cabins $120-$140; ✆ (508) 693-3772; www.campmv.com.

Nantucket

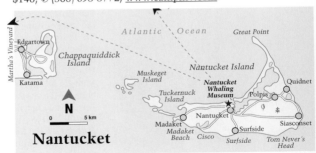

Nantucket Island, www.nantucketchamber.org, ist nur 15 km lang und 5 km breit und wird wegen seiner grauen *Shingle*-Häuser gerne ***Gray Lady*** genannt. Selbst moderne Villen, die Tankstellen und die neue Schule sind aus grauen Schindeln. Lediglich im Ort Nantucket gibt es einige größere Backsteinbauten, die sich beim Walfang reich gewordene Reeder bauen ließen, z.B. die *Three Bricks* in der Main Street, drei fast gleiche Häuser – für jeden Sohn eines, um Erbstreitigkeiten zu vermeiden.

Nantucket: Flache Marschlandschaft einerseits ...

Walfang

Einst hatten die Indianer den ersten Siedlern gezeigt, wie man vom Strand aus Wale harpuniert. Später – als sich die Tiere vom Ufer fernhielten – brauchte man Ruderboote, und als im Meer bei Nantucket die Wale weniger wurden, mußten seetüchtige Schiffe her. Schließlich war der Hafen für die immer größer werdenden Segler, die ihr Fanggebiet bis nach Alaska und in den südlichen Pazifik ausdehnten, zu flach. Das Walfangzentrum verlagerte sich nach New Bedford mit einem tieferen Hafen (⇨ Seite 233).

Entwicklung

Das Aufkommen der Eisenbahn bedeutete für die abgelegene Insel einen zusätzlichen Wettbewerbsnachteil gegenüber den Häfen mit Gleisanschluß auf dem Festland. Als ab 1858 dann das Kerosin den Markt eroberte, war dies auch in Nantucket der endgültige Todesstoß für die verbliebenen Walfänger.

Dank der betuchten Sommerfrischler ist Nantucket von Neuem reich geworden. Häuser und Grundstücke kosten astronomische Summen. Sie liegen meist hinter den Dünen. Wald gibt es kaum, dafür ausgedehnte Salzmarschen, Heide und zahlreiche *Cranberry Bogs*, die besonders im Frühherbst rot leuchten (*Windswept Cranberry Bog* rechts an der Straße nach Siasconset, ⇨ Seite 256).

... Strand und Meer andererseits

Strände

Trotz der im Vergleich zu Martha's Vineyard langen und teuren Überfahrt kommen im Sommer **zahlreiche Tagestouristen vor allem wegen der Sandstrände**. Mit dem preisgünstigen Bussystem NRTA (nur im Sommer) erreicht man sie leicht. Zudem gibt es am Fähranleger Fahrräder und Mopeds zu mieten (ab $30 bzw. $70/Tag). Nur kernige Radsportler schaffen auf den gut ausgeschilderten Radwegen alle Strände an einem Tag.

Surfer lieben die Südstrände, wie Surfside (3 mi), Cisco (4 mi) und Madaket (5mi). Ruhiger und auch für Kinder ungefährlich sind die stadtnahen Nordstrände *Children's Beach* (zu Fuß 15 min), *Jetties Beach* (10 min per Bus oder zu Fuß), und *Dionis Beach* (ca. 3 mi, ruhig, aber mit Unterströmung).

Die lange ***Siasconset Beach*** (sprich: »Sconset«) am gleichnamigen Fischerdorf mit rosenberankten Häuschen ist populär wegen ihrer mäßigen bis heftigen Brandung (7 mi, Bus).

Alle Strände sind eintrittsfrei. Busfahrpläne im *Nantucket Visitor* Center, 25 Federal Street, 9-18 Uhr.

Bei **60-90 minütigen Bustouren** (ca. $15) erfährt man viel über die Insel, hat aber meist keine Gelegenheit, die Strände zu genießen.

Zentrum

Einen Bummel durch die Stadt mit ihren Restaurants, Cafes und Geschäften an kopfsteingepflasterten Straßen (u.a. Broad/Main/Federal/India/Chestnut Streets) sollte man nicht auslassen. Die Boutiquen und Restaurants in Nantucket wenden sich indessen weniger an Tagesbesucher als an die superreichen Sommerresidenten. Die Preise sind entsprechend.

Museen

Neben vielen historischen Häusern, in denen kleine Museen untergebracht sind, lohnt das hervorragende ***Whaling Museum*** den Besuch (13 Broad Street, im Sommer täglich 10-17, Do bis 20 Uhr, $15, Kombitickets mit anderen Museen $18). Zu sehen sind u.a. das Skelett eines Spermwales, Walfänger-Modelle, viele *Scrimshaw*-Schnitzereien (➪ Kasten Seite 234) und Gallionsfiguren. In der museumseigenen Kerzenfabrik erfährt man, wie das kostbare Spermwalöl gewonnen, bearbeitet und vermarktet wurde.

Einfahrt in den Hafen von Nantucket

Klassische Nantucket-Architektur at it's best

Unterkunft

Wer über Nacht auf der Insel bleiben will, muß in der Hochsaison tief in die Tasche greifen. Hier moderate Beispiele:

- ***B&B Carriage House***, 5 Ray's Court, DZ $80-$200, © 1-888-901-2084, www.carriagehousenantucket.com
- ***The Nesbitt Inn***, zentral in der 21 Broad Street, 13 der 15 Zimmer mit *Shared Bath*, DZ $80-$200, © (508) 228-0156

Preiswerte Betten gibt's nur im ***International Hostel Nantucket (HI)*** an der Surfside Beach, sofern man langfristig im voraus reserviert hat; © (508) 228-0433, ab $27/Nacht und Bett.

Campingplätze existieren auf Nantucket nicht.

Plymouth (www.seeplymouth.com)

Anfahrt

Von *Cape Cod* kommend liegt Plymouth auf halbem Weg nach Boston. Die Entscheidung für die **Autobahn #3** fällt leicht, denn die parallele #3A an der Küste ist nach *Cape Cod* reizlos.

Cradle of America

Plymouth, ***Mayflower*** und ***Pilgrim Fathers*** stehen in den US-Geschichtsbüchern als Synonyme für die »Wiege (*cradle*) der Neuen Welt«. Von dort nahm die weiße und protestantische Besiedelung des Kontinents ihren Ausgang.

Plymouth als Standquartier

Wer die tägliche Hotelsuche satt hat und/oder gern mehrere Tage an einem festen Ort logieren möchte, kann von Plymouth aus gut Sternfahrten unternehmen: Attraktionen wie Cape Cod, Boston und Newport sind in einer Autostunde erreicht. Mit drei nahen Bahnhöfen gilt das auch für Zugfahrten nach Boston. Das angenehm ruhige und überschaubare Plymouth bietet außerdem vergleichsweise preiswerte Quartiere und hat nahebei zwei schöne Campingplätze (➪ Seite 257).

Visitor Center

An der 130 Water St bei der *Town Wharf* befindet sich die gut bestückte *Visitor Information*, die auch bei der Quartiersuche hilft (im Sommer täglich 9-17 Uhr). Hier kann man ***Kombitickets*** für die Hauptattraktionen *Plimoth Plantation* und *Mayflower* billiger erstehen. ***Ticket*** **$25** für Erwachsene, Kinder $15; es gilt für 2 Tage (Einzelpreise $21/12 und $8/6). Der ***Plymouth Rock Trolley*** *(Hop-on-Hop-off)*, hält vor der Tür und läuft alle historischen Stätten an (tägl. 9.30-16 Uhr, alle 60 min. Tagespass $15/$12).

Lokal

Rund um die ***Town Wharf*** gibt es Fischrestaurants mit *Lob*ster und *Lobster Rolls* (urig das *Wood's Seafood*) und den ***Village Landing Market Place***, restaurierte alte Fischerhäuschen mit Cafés und Shops. Die Haupteinkaufsstraße Main Street und deren Verlängerung Court Street liegen einen Block weiter landeinwärts.

Mayflower

Die Nachbildung (von 1957) der ***Mayflower*** liegt zentral (zu Fuß 10 min) südlich davon an der ***State Pier***. An Bord berichten u.a. in zeitgenössische Kostüme gekleidete Schauspieler als Seeleute und Passagiere über die Härte der Atlantiküberquerung. Ferner informiert hier eine gute Ausstellung über Seefahrt und Handel mit der Neuen Welt damals; April-Nov. täglich 9-17 Uhr.

Plymouth Rock

Von der *Mayflower* ist der ***Plymouth Rock*** (➪ Kasten) und der gegenüberliegende ***Cole's Hill*** zu Fuß schnell erreicht. Dort begruben die Neuankömmlinge im Winter 1621 nachts heimlich ihre Toten, um vor den Indianern zu verbergen, wie rasch sich ihre ohnehin kleine Schar dezimierte. Auf diesem Hügel steht eine Statue des *Wampanoag*-Häuptlings ***Massasoit***, mit dem die Siedler einen Friedensvertrag schlossen, ferner nahebei die der ***Pilgrim Mother***, ***Pilgrim Maiden*** und ***Bradfords*** (Erster *Governeur*).

Museen

Im ***Pilgrim Hall Museum*** an der Court Street befinden sich Originalstücke der *Pilgrims*. Täglich 9.30-16.30 Uhr, $6.

Zwei alte Häuser, das ***Sparrow House*** (1640) in der Summer und das ***Howland House*** (1667) in der Sandwich Street sind heute ebenfalls Museen und Zeugen dafür, dass die *Pilgrims* und ihre Nachkommen es sich schon nach relativ kurzer Zeit gemütlicher machten als auf der *Plimoth Plantation*.

Zudem gibt es alle möglichen ***Ghost Tours*** und ***Lantern Tours*** zum Burial Hill (westlich der Main Street (#3A), alle zum nächtlichen Gruseln unter Führung eines »echten« *Pilgrim*.

Plimoth Plantation
www.plimoth.org

Der Weg zur *Plimoth Plantation* ist bestens ausgeschildert; von *Downtown* Plymouth sind es auf der Main Street (#3A) 3 mi in südöstliche Richtung. Hinter dem Parkplatz wartet ein ***Visitor Center***, in dem zur Einstimmung ein Film über die *Pilgrims* und die *Mayflower* gezeigt wird. **Öffnungszeiten** wie *Mayflower*.

Der *Plantation* Komplex ist ein kleines, perfektes ***Living Museum***. In dieser palisadenumstandenen Siedlung wird das Leben der *Pilgrims* sieben Jahre nach Landung der *Mayflower* – also im Jahr 1627 – lebendig nachgespielt. In den kleinen strohgedeckten Häusern wohnen die *Shakespeare-English* sprechenden »originalen« Familien, die *Bradfords*, *Standishs*, *Oldens*, *Fullers* etc. und führen den Besuchern ihren Alltag vor. Es wird gehobelt, gemolken, gekocht und gepflanzt oder geerntet; wer mit den Akteuren ins Gespräch kommt, wird bestens informiert.

Die Pilgrim Fathers

Die ***Mayflower*** legte im heutigen Plymouth am **21.12.1620** an. Der ***Plymouth Rock***, wo die *Pilgrim Fathers* endgültig an Land gingen, ist mit seiner tempelartigen Umbauung heute eine Art Heiligenschrein. Von den 102 Passagieren der *Mayflower* gehörten nur 41 jener religiös motivierten Gruppierung an, die sich von der *Church of England* abgespalten hatte. Die anderen waren Dienstboten, See- und Kaufleute, die ihr Glück in der Neuen Welt versuchen wollten, meist Mitglieder der anglikanischen Kirche. Die Separatisten – nur sie gelten als ***Pilgrims*** – hatten viel gelitten, um den reinen Glauben im Sinne Calvins zu leben und zu lehren: zunächst die Emigration nach Leyden in Holland, dann 66 strapaziöse Tage auf hoher See und schließlich den ersten sehr harten Winter. Nur die Hälfte der Neuankömmlinge überlebte. Wer in direkter Linie von ihnen abstammt, wird heute in den USA zum **»Hochadel«** gezählt.

Der *Plymouth Rock* war keineswegs das Ziel der Emigranten. Sie standen bei der *Virginia Company* in Jamestown/Virginia unter Vertrag. Diese erste englische Niederlassung gab es schon seit 1607; sie benötigte dringend Siedler. Und daher hatte man sogar Mitglieder der geächteten *Pilgrim*-Sekte unter Vertrag genommen. Die *Mayflower* verfehlte Virginia aber um etliche hundert Meilen und dümpelte wochenlang vor *Cape Cod*, wo der Vertrag mit der *Company* nicht hinreichte. Also setzten die 41 *Pilgrims* mit den 61 anderen Emigranten des Schiffes den *Mayflower Compact* auf, in dem sich vor Verlassen der *Mayflower* jeder verpflichtete, eine zukünftige wie auch immer geartete Regierung auf der Grundlage von Gleichheit und Gerechtigkeit anzuerkennen. Dieser ***Mayflower Compact*** gilt als die erste quasi vordemokratisch soziale Vereinbarung der Neuen Welt.

Ein Nachbau der Mayflower im Hafen von Plymouth

Indianer

In der kleinen ***Hobbamock Homestead*** *(Indian Village)* einige Schritte außerhalb der Palisaden erfährt man in den ***Wampanoag Wigwams*** von indianischen Animateuren, wie die Siedler von den *Wampanoags* Wildnis-Survival lernten, und statt Dankbarkeit von den *Pilgrims* nur deren Lehren über die göttliche Vorsehung hörten. 1621 zelebrierte man hier erstmalig *Thanksgiving* (Erntedankfest), einen in den USA bis heute ungleich wichtigeren Feiertag als bei uns. Mit Glück kann auch jemand Auskunft geben über die heutige Situation der ***First Nations*** in Neuengland. Im ***Craft Center*** wird sowohl indianisches als auch »englisches« altes Kunsthandwerk gepflegt. Im ***Nye Barn*** gibt es bis ins 17. Jahrhundert zurückgezüchtete Haustiere zu sehen.

Schiffstouren

Cape Cod Cruises bietet einen ***Express Ferry Trip*** von Plymouth nach Cape Cod. Das spart viele Asphaltkilometer; Dauer 90 min. Ende Juni-Anfang Sept. täglich vom ***State Pier*** bei der *Mayflower*, um 10 Uhr, Rückfahrt ab Provincetown 16.30 Uhr, $35, Kind $25; www.provincetownferry.com.

Captain John offeriert ferner ab der *Town Wharf* 4-Std-***Whale Watching Tours*** ($37, Kinder bis12 J. $25, Senior 62+ $31) und ***Deep Sea Fishing* Trips** (ab $26). Ende Juni-Anfang September täglich mehrere Abfahrten, sonst April/Sept. meist Sa/So. Info: ✆ 1-800-242-2469 und ✆ (508) 746-2643, www.captjohn.com.

Cranberry Road

Südwestlich Plymouth lohnt (nur!) im Frühherbst eine Fahrt entlang der Cranberry Road (➪ Zufahrt unter *Myles Standish State Forest* rechts). *Cranberries* sind eine Art Preiselbeeren, die in Neuengland auf *Cranberry Bogs*, tiefliegenden Feldern, angebaut werden. Zur Ernte harkt man die Beeren maschinell ab und flutet danach die *Bogs*. Millionen roter Kügelchen schwimmen dann ihrer Verarbeitung zu fruchtigen Desserts, gelierten Torten und kremigen Soßen entgegen. Die Indianer nutzten den gepressten Beerensaft als Textil-Färbemittel und zur Wundheilung. Im *Visitor Center* in Plymouth weiß man, wann das Spektakel stattfindet.

Edaville

Dem Kinder-Vergnügungspark ***Edaville*** in South Carver (gleiche Zufahrt wie Cranberry Road) ist ein Museum angeschlossen, das über den *Cranberry*-Anbau informiert. Der hohe Eintritt ($16!)

»Ernten« der Cranberries nach dem Aufschwimmen im »Bog«

»Bewohner« und Besucher in der Plimoth Plantation

lohnt keinen Umweg, zumal es *Cranberry*-Produkte in dieser Region überall gibt. Mitte Juni-Ende August, Fr/Sa/So 9-17Uhr.

Unterkunft

Die Tarife für Plymouth' Quartiere sind (insbesondere in der Nebensaison) moderat; es gibt auch empfehlenswerte *B&B's*.

- ***Governor Bradford on the Harbor***, 98 Water Street (gegenüber *State Pier*); guter Komfort (zu Coupon-Preisen, ➪ Seiten 112/148); ✆ 1-800-332-1620; $79-$145; www.governorbradford.com
- ***Seabreeze Inn B&B***, 20 Chilton Street, ✆ 1-866-746-0280 und ✆ (508) 746-0282; $100-$150
- ***Auberge Gladstone***, B&B, 8 Vernon Street, ✆ (508) 830-1890 und ✆ 1-866-722-1890, $80-$100, www.aubergegladstone.com
- ***Blue Spruce Motel & Town Houses***, an der #3A, 4 mi südlich *Plimoth Plantation*; ansprechendes Motel, »Hausstrand« und nur 3 Autominuten zur schönen *White Horse Beach*, ✆ (508) 224-3990 & ✆ 1-800-370-7080; $82-$106, Wohnung für 8 Pers. $189-$225; www.bluespruce-motel.com

Camping

Im nahen weitläufigen ***Myles Standish State Forest*** (mit Rad- und Wanderwegen), befinden sich mehrere ***Campgrounds***, z.T. mit Badeseen. Beste Zufahrt zu den *Headquarters* (dort anmelden!) von Plymouth über die #44 (*Exit* 6 B der #3), dann #58 Richtung South Carver (dabei passiert man zahlreiche ***Cranberry Bogs***, ➪ oben), dort in die Cranberry Road. Anfahrt von Westen über I-495, *Exit* 2 zur Route 58 *North*, dann auf die Cranberry Road,

Eine Alternative ist der ***Pinewood Lodge Campground***, 190 Pinewood Road; 275 Stellplätze, schattig, Badesee, *Cabins*; Zufahrt von Plymouth über die Straße #3, *Exit* 6B, dann 3 mi auf der #44 West; ✆ (508) 746-3548.

Etwas südlicher liegt der ***Sandy Pond Campground***; Zufahrt von Plymouth: Straße #3, *Exit* 3, dann links in die Long Pond, rechts in die Halfway Pond und wieder nach links in die Bourne Road; ✆ (508)-759-9336.

2.4 Boston und Umgebung (www.bostonusa.com)

(600.000 Einwohner, Großraum: 4,2 Mio)

Kennzeichnung

Blickt man aus der Vogelperspektive, etwa von der Aussichtsplattform des *Prudential Center* auf Boston herab, sieht man ein Meer aus rotem Backstein, das von zwei- bis vierstöckigen viktorianischen Häusern dominiert wird: Boston wirkt nach wie vor *very british.* Dieser Eindruck wird kaum verwischt durch die seit den 1970er-Jahren hinzugekommenen Wolkenkratzer aus Glas, Beton und Granit.

Boston heute

Boston galt lange als die **Stadt der *WASPs***, der *White Anglo-Saxon Protestants*, die stolz darauf sind, einerseits im alten Europa zu wurzeln und andererseits die Vereinigten Staaten von Amerika »aus der Wiege« gehoben zu haben. Auch wenn die Bewohner inzwischen ein »Mix« aus aller Welt sind, wird der ***Bostonian*** noch immer – je nach Sichtweise – als gebildet und kultiviert oder arrogant und elitär angesehen. 75 Universitäten und *Colleges* mit 250.000 Studenten in und um Boston sorgen für einen überdurchschnittlich hohen Akademiker-Anteil der Bevölkerung.

Boston ist eine schöne, nordeuropäisch wirkende, lebendige Wirtschaftsmetropole, in der man gut bummeln, einkaufen und essen kann. Außerdem wird man kaum irgendwo sonst so anschaulich und detailliert über Geschichte und Entwicklung der amerikanischen Unabhängigkeit informiert. Zurückgekehrt in die Gegenwart wartet ein modernes Kultur- und Entertainmentprogramm auf die Besucher der Stadt. Wer länger bleibt, sollte sich abseits der Historie Zeit nehmen, ein wenig vom Lebensgefühl im South End und North End zu schnuppern.

Boston vom Charles River aus gesehen

2.4.1 Geschichte

Gründung

Der als Stadtgründer geltende ***John Winthrop*** und eine Gruppe von Puritanern, die der religiösen Unfreiheit Englands entflohen war, hatten 1630 beschlossen, eine Modellstadt zu errichten. Frömmigkeit und Tugend sollten als oberste Prinzipien gelten. Wessen Verhalten in dieser Hinsicht zu Tadel Anlass gab, kam – schon bei geringfügigernVerfehlungen – an den Pranger und ziemlich rasch auch an den Galgen. Arbeit galt als höchste der Tugenden. Da auch Verschwendungssucht zu den Sünden zählte, blieb den *Bostonians* nichts anderes übrig, als reich zu werden.

Handel und Wandel

Die Siedlung entwickelte sich rasch zum größten Handelshafen des Nordostens. Trotz ihres hohen moralischen Anspruchs waren die Bostoner Kaufleute in der Wahl der Mittel nicht zimperlich. Vor allem der seinerzeitige sog. **Dreieckshandel** war berüchtigt und alles andere als ehrenhaft: Man importierte Melasse (eingedickten Zuckerrohrsaft) aus der Karibik und stellte daraus Rum her, den man wiederum nach Europa und Afrika exportierte und dafür Sklaven einkaufte.

Die Plantagenbesitzer im Süden Nordamerikas und in der Karibik zahlten für sie hohe Kopfprämien, die wiederum in Melasse investiert werden konnten. Die britische Regierung ließ die Kaufleute im fernen Boston unbehelligt, solange sie Rohstoffe an das Mutterland lieferten und dafür Fertigwaren mit zurücknahmen.

Unabhängigkeits bewegung

Die Beziehung zwischen Kolonie und Mutterland änderte sich grundlegend, als *George III.* von England Geld benötigte, um ein durch den Krieg mit Frankreich (1754-63) entstandenes Loch im Finanzhaushalt zu stopfen, und versuchte deshalb, zusätzliche **Steuern** in den Kolonien einzutreiben. Doch die forderten als Gegenleistung Mitspracherecht im britischen Parlament: ***No Taxation without Representation***! Diese Protestbewegung wurde überwiegend vom gebildeten, liberalen Bürgertum Bostons getragen. Die »**Söhne der Freiheit**«, wie sich die Patrioten um *John Hancock*, *Samuel Adams* und *Sam Otis* nannten, setzten sich nicht nur mit flammenden Reden zur Wehr, sondern führten zur Umgehung der Steuern zudem Waren aus anderen Ländern ein. Dies betrachteten die Engländer als Schmuggel und ließen Bostoner Kaufmannshäuser von Militär durchsuchen. Am 5. März 1770 kam es zu einer Schießerei, dem sog. ***Boston Massacre***, bei dem 5 (!) Bostoner Bürger getötet wurden.

Boston Tea Party

1773 wurden fast alle Steuergesetze und Einschränkungen für den Handel der nordamerikanischen Kolonien mit anderen Ländern rückgängig gemacht; bis auf eine – eher symbolische – **Teesteuer**. Sie war der Grund, dass im Dezember desselben Jahres einige als Indianer verkleidete Bostoner die Fracht des mit Tee beladenen britischen Handelsschiffes *Beaver* über Bord warfen, ein Ereignis, das als ***Boston Tea Party*** in die Geschichte einging und den Unabhängigkeitskampf einläutete. Die Engländer sperrten nach dieser Aktion den Hafen und brachten die Kolonisten durch einen drastischen Strafkatalog von neuem gegen sich auf. Die nachfolgenden Ereignisse führten zum amerikanischen Unabhängigkeitskrieg (1775-1783), dessen erste Schlachten in der Nähe von Boston ausgetragen wurden (➪ Lexington, Seite 286).

Bevölkerung

Für Boston endete der Unabhängigkeitskrieg mit einem wirtschaftlichen Einbruch, von dem es sich aber durch die **Industrialisierung** schnell erholte (➪ Seite 204). Ab Mitte des 19. Jahrhunderts erfolgte ein starker Zustrom von **Immigranten**, zuerst **Iren,** dann **Italiener** und osteuropäische **Juden**. Die alteingesessenen *WASPs* hatten erhebliche Probleme vor allem mit den Iren, die arm, katholisch und ungebildet waren. Dennoch gelang es ihnen sich hochzuarbeiten. Das galt besonders in der Politik, wiewohl mitunter mit zweifelhaften Methoden. Was Vetternwirtschaft und Korruption anbelangt, lief das vornehme Boston dem als Gangsterstadt verrufenen Chicago zeitweise sogar den Rang ab.

Politik

Seit Ende des 19. Jahrhunderts kamen fast alle Bürgermeister Bostons aus der *Irish Community*. Einer der populärsten irischen Politiker, zeitweise auch Bürgermeister und zugleich erfolgreicher Geschäftsmann war *John F. Fitzgerald*, Großvater von ***John F. Kennedy***. Der Enkel versuchte (im Gegensatz zum Vorfahr), Politik mit Ehrlichkeit und Idealismus zu verbinden und wurde mit diesem Anspruch erster nicht-protestantischer US-Präsident.

Da die aufgeklärte Oberschicht sehr früh gegen die Sklaverei eintrat, war Boston damals Ziel für viele aus den Südstaaten geflohener Schwarzer (➪ Seite 273), denn dort kämpfte *William Lloyd Garrison* als einer der ersten für die 1865 erreichte Sklavenbefreiung. Als aber um 1900 der Zug der Schwarzen von den Baumwollfeldern des Südens zu den Industriestädten des Nordens einsetzte, gab es auch in Boston für sie nicht nur offene Arme. Noch 1971 kam es nach Einführung des »***Busing***« (weiße Kinder wurden zwecks Integration in schwarze Stadtteile gefahren und umgekehrt) es zu gewaltsamen Auseinandersetzungen, die an die 1950er- und 1960er-Jahre in den Südstaaten erinnerten.

Ethnische Gegensätze

Die alten Gegensätze in Boston zwischen *Wasps*, Iren und Italo-Amerikanern sind heute Historie und Spannungen zwischen Weißen, Schwarzen, Asiaten und Latinos gewichen. Wurden bis vor einigen Jahren Stadtteile mit überwiegend schwarzer oder hispanischer Bevölkerung, wie Roxbury oder Dorchester, kaum erwähnt, gibt man sich heute eher multikulturell.

In Boston kann man per Wassertaxi vom Airport in die City tuckern.

2.4.2 Transport, Verkehr und Information

Flughafen

Anfahrt/ Abfahrt per Straße

per U-Bahn

Der ***International Airport*** (www.boston bos.com) ist keine 3 mi vom Zentrum entfernt. Der *Ted-Williams*-Tunnel verbindet ihn direkt mit der I-90/*Massachussetts Turnpike* und der *Sumner*- bzw. *Callahan* Tunnel mit der I-93; auf dieser Route geht es am schnellsten in die City. Problemloser fährt man mit der **U-Bahn** (*T-Blue Line* in 20 min). Von allen *Terminals* gibt es einen Gratis-*Shuttle* zur *T-Station*. Die ***Silver Line*** verkehrt von den Terminals A-E alle 15 min (Wochenende alle 20 min) zur ***South Station***. Dort erfolgt der Übergang in's ältere T-Netz.

Diese Übersicht des U-Bahn-Netzes zeigt neben den sog. T-Lines (rot, grün, gelb, blau und silber) als lila Linien auch noch den Verlauf der Commuter Trains, der Vorort- und Umgebungsbahnen (www.mtba.com)

Taxis

Ferner gibt es einen kostenlosen *Shuttle (#66)* von den *Terminals* zum **Wasser-Taxi** (*Water Shuttle*), das werktags 7-20 Uhr im 15-min-Takt zur *Rowes Wharf/Harbor Front* verkehrt; sonntags nur alle 30 min, 10-20 Uhr $10, Kinder unter 12 frei. **Taxifahrt *Airport-Downtown*** je nach Verkehr $20.

Citybusse

Stadtbusse halten bei großen City Hotels; Busstop vor den *Terminals*. Weiter Busse fahren in die Vororte mit günstigen Hotels (➪ Seite 264), z.B. ***Logan Express*** nach Braintree und Farmington.

Bahn

South Station, Atlantic Ave/Summer Street:
für Züge von bzw. nach Süden und Westen

North Station, Causeway Street: für Züge von bzw. nach Norden, z.B. nach Salem, ➪ Seite 287.

Fernbusse

Vermont Transit, ***Greyhound u.a.*** haben ihr ***Terminal*** in der South Station, 700 Atlantic Ave, ***Peter Pan Bus*** gleich gegenüber.

U-Bahn, Bus und Trolley

Die älteste U-Bahn der USA, die ***Rapid Transit Lines*** (kurz ***T*** genannt; www.mbta.com) gilt als schnell und effizient; Fahrpreis $2 (*CharlieCard*) auf allen Strecken inkl. Umsteigen in den Bus. Als »Anhängsel« der *Green Line* verkehren **Straßenbahnen** (*Above Ground Trolleys*) ab Copley Square. **Tages- und 7-Pässe** ($9 und $15) gelten im **U-Bahn- und Bussystem**.

Zufahrt/ Orientierung im Auto

Von wo immer man per Auto anfährt, man stößt immer auf die halbringförmig Boston umschließende **Stadtumgehung**, die **I-95**. Von ihr nimmt man mit Ziel *Downtown* von Süden am besten die **I-93/#3** (***Southeast Expressway)***, von Nordosten ***#1 (Northeast Expressway)*** und von Westen die **I-90** (***Massachusetts Turnpike)***.

Binnen zehn Jahren wurde die die Stadt auf Stelzen durchschneidende Autobahn (*Fitzgerald Expressway*) unter die Erde gelegt, ein »***Big Dig***« genanntes Mammutprojekt. Nach der Fertigstellung läuft der Verkehr durch die Innenstadt erheblich besser. Auf den gewonnenen Flächen sollen jetzt nicht nur Bürotürme, sondern auch Grünflächen geschaffen werden.

Trotz dieser Entlastung ist dringend davon abzuraten, mit dem Auto, schon gar nicht dem Camper, in die Innenstadt zu fahren. Denn Bostons Stadtanlage ist unregelmäßig wie in europäischen Städten, die Orientierung daher speziell in der Altstadt schwierig. Hinzu kommt ein **undurchschaubares Einbahnstraßensystem**.

Parken

Parken im zentralen Boston ist schwierig. Die **Tiefgaragen** sind im Citybereich immer voll und teuer. Mit Glück findet man Platz in der **Garage unter dem *Boston Common*** (Einfahrt von der Charles Street), einem idealen Ausgangspunkt für eine Stadterkundung. Ebenfalls zentral liegt die **Garage im *Prudential Center***, Nähe Copley Square.

Die Parkgebühren betragen ab $8/Stunde und $35/Tag. **Parkuhren** eignen sich nur für Kurzparker (30 min); sie werden streng kontrolliert. Wer sein Quartier außerhalb der *Inner City* gebucht hat, sollte an der nächsten T-Station oder an einem Bahnhof der *Commuterrail* parken und per Bahn in die City fahren.

Information

Das ***Boston Common Information Center*** befindet sich am Common Ecke Park/Tremont St; Mo-Fr 8.30-17, So 9-17 Uhr.

Weitere Besucherinformationen gibt es im ***Prudential Center*** (Mo-Sa 10-21 Uhr, So 10-18 Uhr) und im ***Charlestown Navy Yard*** (*Bunker Hill Pavilion*, täglich 9-17 Uhr).

Die historischen Gebäude am *Freedom Trail* werden vom ***National Park Service*** verwaltet, dessen ***Visitor Center*** sich gegenüber dem *Old State House* (15 State Street) und in der *Faneuil Hall* befinden (beide täglich 9-17 Uhr).

Kombitickets für Bostons Attraktionen

Ein ***City Pass*** für sechs Topsehenswürdigkeiten kostet $39,50/ $21,50. Die ***Go-Boston-Card*** ($49 für einen Tag, drei Tage $87, 5 Tage $119) ist ein rechnerisch vorteilhaftes Angebot, lohnt aber nur für Unermüdliche. Diese Tickets sind in den Besucherinformationen erhältlich.

Das Amphicar schippert bei seinen Stadtrundfahrten auch ein Stück durchs Hafenwasser

2.4.3 Unterkunft und Camping

Motels/ Hotels

Boston ist eine der teuersten US-Cities. Das gilt speziell fürs Unterkommen in der Nähe von Downtown. Die überwiegende Zahl der Hotels im Kernbereich gehört zur höheren bis Luxuskategorie mit ebensolchen Tarifen, aber es gibt günstige *Weekend Rates*.

Citynah und für Boston preislich noch akzeptabel sind:

- ***Howard Johnson Fenway***, 1271 Boylston Street (günstige Lage nahe Kunstmuseen und Fenway Park; U-Bahn zu Fuß erreichbar), DZ ab $139-$229; ✆ (617) 267-8300 und ✆ 1-800-654-2000; www.howardjohnsonboston.com
- ***Midtown Hotel***, 220 Huntington Ave, Fax (617) 262-8739, ✆ (617) 262-1000 oder ✆ 1-800-343-1177, $129-$279; gute Lage unweit Newberry/Boylston Streets; www.midtownhotel.com

Im erweiterten Citybereich bieten teuren Standardkomfort:

- ***Holiday Inn Boston Somerville*** nördlich von Cambridge, nur zwei Blocks von der T-Station; freier Shuttle im 3-mi-Radius, 30 Washington Street, Zufahrt über I-93/*Exit* 28, $169-$219; ✆ (617) 628-1000; www.holiday-inn.com/somervillema
- ***Hampton Inn Cambridge,*** 191 Monsignor O' Brien Hwy, Zufahrt über I-93/*Exit* 26, ✆ (617) 494-5300 und ✆ 1-800-276-7415; ab $169. Öffentliche Verkehrsmittel vor der Tür.

Alle vier Hotels offerieren NS-Sondertarife und gewähren bei geringerer Auslastung Discounts bei Couponvorlage, ➪ Seite 112.

Günstiger sind:

- ***Newberry Guest House***, 261 Newberry St; gutes Haus, zentral, $110-$205, ✆ 1-800-437-7668; www.newburyguesthouse.com
- ***Anthony's Townhouse***, 1085 Beacon St, Brookline, ✆ (617) 566-3972, $70-$160 (T-Anschluss, güne Linie *C-Branch*)
- ***Beacon Inn*** (2 Häuser in Brookline, westlich Fenway) Beacon Street 1087 und 1750 (besser!), DZ $99-$200, ✆ (617) 566-0088 und ✆ 1-888-575-0088 (T-Anschluss grüne Linie *C-Branch*, unweit Station *St. Mary's*); www.beaconinn.com

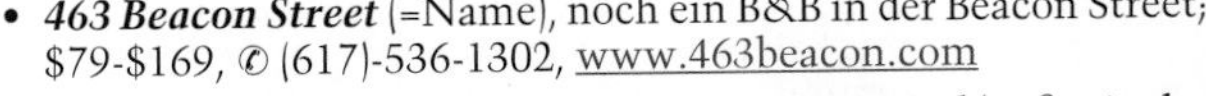

- ***463 Beacon Street*** (=Name), noch ein B&B in der Beacon Street; \$79-\$169, ✆ (617)-536-1302, www.463beacon.com

In **Cambridge** gibt es viele kleine Pensionen; sie sind (außer in der Zeit der Harvard-/MIT-Abschlussfeiern) halbwegs erschwinglich:

- ***Harding House***, 288 Harvard Street, ✆ 1-877-489-2888 oder ✆ 617-876-2888, \$80-\$290; kooperiert mit
- ***The Irving House***, B&B, 24 Irving Street nahe Harvard Square; ✆ (617) 547-4600 und ✆ 1-877-547-4600, \$80-\$250; beide Häuser: www.cambridgeinns.com
- **Tipp**: ***A Friendly Inn***, 1673 Cambridge Street, ✆ (617) 547-7851, DZ \$97-\$157; www.afinow.com/afi

Billigquartiere

Den hohen Preisen kann man nur in *Hostels* und im *YMCA/YWCA* Paroli bieten:

- ***Prescott International Hotel & Hostel,*** 36 Church St, ✆ (617) 389-1990, 3 Stationen von der City (T-Station *Sullivan Square*), angenehmer Stadtteil, DZ \$99 mit Bad, im Schlafsaal \$40; www.prescotthouse.com
- ***Abercombie's Farrington Inn***, 23 Farrington Ave, bei der Boston University, ✆ (617) 787-1860 und ✆ 1-800-767-5337; ab \$25/Bett; DZ mit Bad \$65-\$105, www.farringtoninn.com
- ***International Hostel Boston*** (***HI-Downtown)***, 12 Hemenway Street, ✆ (617) 536-9455 oder ✆ 1-888-464-4872; Bett \$36-\$45, DZ \$96-\$119; www.bostonhostel.org
- ***International Hostel Fenway (HI)***, 575 Commonwealth Ave, ✆ (617) 267-8599; ab \$36/Bett; www.bostonhostel.org
- ***Greater Boston YMCA***, 316 Huntington Ave; ✆ (617) 927-8060, DZ mF ab \$70, 4-Bett-Zi \$25/Person, www.hostelworld.com
- ***Berkeley Residence YWCA***; 40 Berkeley Street, ✆ (617) 375-2524, ab \$47/Bett. EZ ab \$60; DZ \$90, www.hostelworld.com

Hotel-/B&B-Agenturen

Neben dem bekannten Hotelportal www.hotels.com, sollte man für die USA auch unter www.orbitz.com suchen.

Für B&B-Quartiere: boston-bnbagency.com, ✆ (617) 720-3540 und ✆ 1-800-248-9262; und www.bnboston.com, ✆ (781) 449-5302.

Außerhalb

Auf dem Weg von Süden, Westen oder Norden nach Bosten finden sich viele preiswertere Motels an den Autobahn-Ausfahrten, teils mit Anschluß an das Nahverkehrssystem (*Park & Ride*).

- Günstig liegt das ***Motel 6*** in Braintrain, 13 mi südöstlich Boston an der *T-Station*, Straße #3 *Exit* 17; ✆ (781) 848-7890, \$85.
- Weitere ***Motel 6*** in **Framingham** 16 mi westlich (*Exit* 12 von der #90 (*Massachusetts Turnpike*), ✆ (508) 620-0500, schon ab \$60 und in **Danvers**, 15 mi nordöstlich in der Nähe von Salem, I-95, *Exit* 44B; ✆ (978) 774-8045, \$65.
- Ebenfalls in **Framingham** befindet sich ein ***Red Roof Inn***, ✆ (508) 872-2579, \$95, gleiche Ausfahrt wie das *Motel 6*, sowie
- die **EconoLodg**e, I-90, *Exit* 12, \$69, ✆ (508) 879-1510

Als Standorte für einen Bostonbesuch kommen auch **Lexington** und **Salem** (➪ Seite 285ff) in Frage. Zum Nahverkehr von den Vororten nach Boston ➪ Seite 261f.

Sightseeing mit Abholservice

Wer nur einen Tag für Boston hat, sollte sich ein Hotel weiter außerhalb suchen, das von ***Suburbs & Boston Sightseeing Tours*** angelaufen wird, z. B. in **Framingham** und **Braintree**. Der Ausflug zu allen Hauptsehenswürdigkeiten dauert ca. 7 Stunden, und es bleibt genug Zeit, sich noch selbst umzusehen ($44, 10-16 Jahre $10, sonst frei), © 1-800-23-8687; www.bostontours.com.

Camping

Campen in der näheren Umgebung von Boston ist ein eher frustrierendes Vorhaben. In diesem Bereich gibt es nur einen – trotz Einflugschneise für den *Int'l Airport* – empfehlenswerten Platz,

- den ***Wompatuck State Park*** ca. 25 mi südöstlich: **Autobahn #3, *Exit* #14**, dann die #228, dann rechts in die Union Street. Vom nahen ***Hingham Shipyard*** fährt wochentags etwa jede Stunde eine Passagierfähre (T) zur ***Rowes Wharf*** mitten in Boston; Parken $1,50/Tag; Ticket $12 retour; Dauer 30 min. Kurz: prima Kombination von Camping, Bootstour und Großstadt. Nächste ***T-Station*** ist **Quincy Center**, von dort 20 min bis zur Innenstadt. **Reservierung** im *State Park* ist angebracht, ➪ Seite 160.
- Eine weitere Alternative ist der unter Plymoth schon genannte ***Myles Standish State Forest*** in einer guten Autostunde Entfernung von Boston, ➪ Seite 257.

- **Nur mit Zelt** kann man (im Sommer) im ***Boston Harbor Islands NRA*** mit Blick auf die *Skyline* übernachten. Zu ihnen gelangt man ab Long Wharf in 30 min (*George Island*) plus Zubringerboot auf die »Campinginseln« 15-30 min. $14 Roundtrip, $10 Zeltplatz; www.bostonislands.org/camping_gen.html. Reservierung ➪ Seite 166. Die wenigen Plätze sind früh ausgebucht.

State House mit Goldkuppel, Sitz des Governeurs von Massachusetts

2.4.4 Stadtbesichtigung Boston

Rundfahrten

Boston läßt sich mit ***Trolleys*** innerhalb eines Tages besichtigen. Sie passieren auf einer Rundstrecke in saisonabhängiger Frequenz die meisten wichtigen Punkte. Die insgesamt 90-min-Fahrt darf beliebig oft unterbrochen werden (***Hop-on-hop-off Tours*** $32, Kinder $10; 2-Tage-Ticket $48, Kind $20). Die *Trolley Tours* starten nahe der ***Visitor Information*** am ***Common*** (Ecke Tremont/Park St) und auch gegenüber dem *State House*, Ecke Beacon/Park Street. Beliebt sind auch ***Boston Duck Tours*** mit Amphicars (➪ Foto Seite 263). Sie bieten streckenweise eine Stadtbesichtigung vom Charles River aus. Start vor dem **Supermarkt *Shaw's*** in der Huntington Ave (nahe dem *Prudential Center*) und am *Museum of Science*, stündlich, $27/18 (➪ Seite 38).

Außerdem gibt es themenspezifische ***Walking-Tours*** und **Biketrips**, aktuelle Angebote in den *Visitor Centers*.

Freedom Trail und Downtown Boston

Boston Common

Der ***Common*** (nördlich begrenzt durchs ***State House***), Amerikas ältester öffentlicher Park, ist in Verbindung mit den westlich angrenzenden ***Public Gardens*** die zentrale Grünfläche der Stadt. Ab 1634 kommunales Weideland, wurde sie später Exerzierplatz, wo auch Hinrichtungen und Prügelstrafen ausgeführt wurden.

Washington Street

Der zur östlichen Parkgrenze des ***Common*** parallel verlaufende Abschnitt der Washington Street heißt ***Downtown Crossing*** und ist Hauptgeschäftsstraße mit eher billigen Läden (die feinen Einkaufsstraßen findet man weiter östlich in der *Back Bay*, ➪ Seite 274). Dort (Hausnummer 426) befindet sich ***Filene's Basement***, ein für Dumpingpreise bekannter, riesiger Bekleidungs-Discounter. Südlich davon liegt die in Boston nur kleine, nicht sonderlich aufregende ***Chinatown*** mit der Beach Street als Hauptader.

Freedom Trail

Am Common beginnt auch der ***Freedom Trail***. Der Freiheitspfad (5 km) führt unverfehlbar entlang einer roten Linie auf dem Pflaster im Zickzack durch die **Innenstadt** und ***North End*** vorbei an 16 historischen Gebäuden und Gedenkstätten des amerikanischen Unabhängigkeitskampfes bis zum ***Bunker Hill Monument*** und dem ***Charlestown Navy Yard*** mit der ***USS Constitution*** auf der anderen Seite des Charles River. Der ***National Park Service*** (15 State St) bietet geführte ***Walking Tours*** zur Stadtgeschichte, Mo-Fr 14, Sa und So 10, 11 und 14 Uhr, **gratis**; www.thefreedomtrail.com.

Historische Anlaufpunkte

Am ***Freedom Trail*** (➪ nebenstehende Karte) reiht sich eine historische Sehenswüdigkeit an die nächste (Kernöffnungszeiten 10-17 Uhr; 3 der Gebäude kosten Eintritt; alle drei $11, einzeln $5):

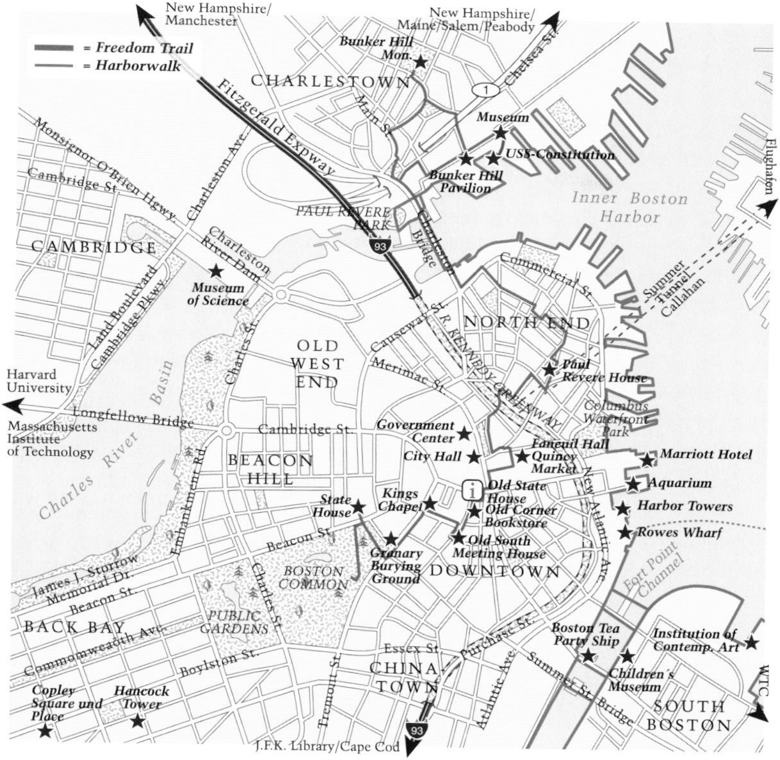

New Hampshire/
Manchester
New Hampshire/
Maine/Salem/Peabody
= Freedom Trail
= Harborwalk
Bunker Hill
Mon.
CHARLESTOWN
Chelsea St.
1
Fitzgerald Expway
Main St.
Museum
USS-Constitution
Monsignor O'Brien Hgwy.
Charleston Ave.
Cambridge St.
Bunker Hill
Pavilion
Inner Boston
Harbor
Flughafen
PAUL REVERE
PARK
Charleston Bridge
93
CAMBRIDGE
Charleston
River Dam
Commercial St.
Summer
Tunnel
Callahan
Land Boulevard
Cambridge Pkwy.
Museum
of Science
NORTH END
Causeway St.
J. F. KENNEDY GREENWAY
OLD
WEST
END
Charles St.
Harvard
University
Basin
Merimac St.
Paul
Revere House
Columbus
Waterfront
Park
Longfellow Bridge
Massachusetts
Institute
of Technology
Cambridge St.
Government
Center
Charles River
BEACON
HILL
City Hall
Faneuil Hall
Quincy
Market
Marriott Hotel
Embankment Rd.
Old State
House
Aquarium
New Atlantic Ave.
State
House
Kings
Chapel
Old Corner
Bookstore
Harbor Towers
Beacon St.
Old South
Meeting House
Rowes Wharf
Granary
Burying
Ground
Fort Point
Channel
James J. Storrow
Memorial Dr.
BOSTON
COMMON
DOWNTOWN
Beacon St.
Charles St.
BACK BAY
PUBLIC
GARDENS
Purchase St.
Boston Tea
Party Ship
Institution of
Contemp. Art
Commonwealth Ave.
Essex St.
Boylston St.
Atlantic Ave.
Summer St. Bridge
Children's
Museum
WTC
CHINA
TOWN
Copley
Square und
Place
Hancock
Tower
Tremont St.
SOUTH
BOSTON
93
J.F.K. Library/Cape Cod

Lexington/
Concord
New
Hampshire
Gloucester
95
Waltham
3
Somerville
Chelsea
Boston
und Umgebung
Harvard Univ.
93
1
Winthrop
Beach
20
Watertown
Cambridge
Logan
International
Airport
M.I.T.
Boston
Deer
Island
90
90
Hancock Tower
Newton
L.S. Gardner
Museum
Prudential
Center
nach Providence
30
Lovell Island
Old Sturbridge/
Worcester
Brookline
Museum of
Fine Arts
Spectacle I.
9
Long I.
Georges I.
Thompson I.
J.F.K.
Library and Museum
Boston Harbor I.
State Park
Arnold
Arboretum
Franklin Way
Park
Zoo
Boston
Harbor Islands
NRA
Hull
95
V.F.W. Pkwy.
Hingham
Bay
Peddocks I.
203
Quincy
Bay
93
3a
Worlds
End
Milton
Quincy
North
Weymouth
Hing-
ham
Providence
Cape Code/
Plymouth
Wompatuck
State Park
3a

2

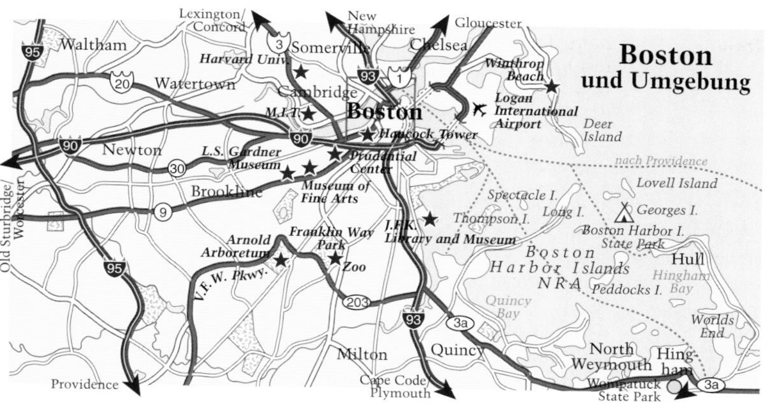

- In der klassisch neuenglischen ***Park Street Church*** (1809) hielt *William Lloyd Garrisson* erste Reden gegen die Sklaverei.
- Die Gräber der bekanntesten Führer der Revolution wie *John Hancock, Samuel Adams* und *Paul Revere* kann man etwas weiter auf dem ***Granary Burying Ground*** (Tremont St) sehen.
- Die wie ein Tempel wirkende ***King's Chapel*** (1754) war die erste anglikanische Kirche Bostons (Tremont/School St).
- Daneben das alte **Rathaus** mit *Benjamin Franklins* Statue, einem führenden Kopf im Befreiungkampf (School Street).
- Mitte des 19. Jahrhunderts, als die erste amerikanische Dichter-Generation (*Emerson, Thoreau, Hawthorne*) Boston zum ***Athens of America*** machte, wurde der ***Old Corner Book Store*** (School/Washington St) zu einem Zentrum des geistigen Lebens, heute ***The Boston Globe Store***.
- Im ***Old South Meeting House*** von 1729 (Washington/Milk St) fanden viele, oft turbulente Versammlungen statt, die schließlich zur ***Boston Tea Party*** führten (➪ Seite 259). Lebendig präsentierte Ausstellung täglich 9.30-17 Uhr, $5. Gegenüber (Ecke School St) steht ein etwas theatralisches Denkmal, das an die erste große irische Einwanderungswelle 1850 erinnert.
- Das ***Old State House*** von 1713 (Court/State Street) war vor der Revolution Sitz des britischen Gouverneurs, dann Sitz des Gouverneurs von Massachsetts, und ist heute ein brillantes Geschichtsmuseum. Wie auch im *Old South Meeting House* wird die revolutionäre Geschichte dargestellt. Englischkenntnisse erforderlich (täglich 9-17 Uhr, $5). Eine Gedenktafel vor dem Haus erinnert an das *Boston Massacre* (➪ Seite 259).
- Die ***Faneuil Hall*** (1742, Neubau 1806), in Sichtweite des *Old State House*, war Marktplatz und Versammlungsort. Ausgerechnet der Bürger *Faneuil*, der durch Sklavenhandel reich geworden war, vermachte die Halle der Stadt. Sie wurde zum Podium der Freiheitskämpfer und später der Anti-Sklavenbewegung. Heute bildet die *Faneuil Hall* zusammen mit den drei Gebäuden des früheren *Quincy Market* als ***Faneuil Hall Marketplace*** den attraktiven Mittelpunkt der Stadt (Mo-Sa 10-21, So 12-18 Uhr, *Food Court* und Lokale länger). In der Nachbarschaft (20 Clinton St) befindet sich auch das ***Hard Rock Café***.

  In den ehemaligen Markthallen sind jede Menge Shops untergebracht. Die mittlere Halle (*Greek Revival* Stil, 1826) ist hauptsächlich lukullischen Genüssen vorbehalten, und an den Ständen oder in den **Terrassen-Restaurants** kann man sich durch alle Küchen dieser Welt essen. Zwischen den Gebäuden finden Vorführungen von Straßenmusikanten, Jongleuren, Zauberern und anderen Open-air-Künstlern statt.

Government Center

An der Union Street steht das beeindruckende **Holocaust-Denkmal**. Die Nummern der KZ-Häftlinge sind dort auf engstehenden Glaspaneelen eingeritzt. Ihm gegenüber liegt das nostalgische ***Ye Olde Oyster House***-Restaurant von 1826, © (617) 227-2750.

Government Center

So erfolgreich die Renovierung der Markthallen war, so fehl am Platz wirkt in dieser Umgebung das ***Government Center*** mit der *City Hall*, architektonisch eine Mischung aus aztekischer Pyramide und überdimensionalem Taubenschlag mit viel Beton und windigen, ungemütlichen Plätzen.

North End, Charlestown und Harborfront

North End

Der *Faneuil Hall Marketplace* und das älteste Wohngebiet Bostons, das ***North End***, waren jahrelang durch den hochgelegten *Fitzgerald Expressway* voneinander getrennt. Jetzt verläuft die Autobahn unterirdisch, und bald sollen Parks die Bezirke wieder verbinden. Der ***Freedom Trail*** ist auch hier nicht zu verfehlen.

Nachdem zu Geld gekommene Bostoner sich nach *Beacon Hill* und in die *Back Bay* zurückgezogen hatten, siedelten sich dort ab 1850 viele Iren und später Italiener an. Die **Hanover Street** mit ihren Backsteinfassaden ist Hauptstraße des *North End* und quirliger Mittelpunkt von ***Little Italy*** mit **italienischen Restaurants** und Eisdielen. Besonders empfehlenswert ist das ***Mamma Maria*** am North Square; Reservierung unter © (617)-532-0077.

Paul Revere House

Aber tagsüber kommen Touristen vornehmlich wegen des *Freedom Trail:* Da ist zum einen das ***Paul Revere House*** am North Square, ein Holzhaus von 1680 und somit das älteste erhaltene Wohnhaus der Stadt. Unweit davon liegt die *Paul Revere Mall*, wo ein Denkmal an den Helden erinnert: In der Nacht zum 17. April 1775 wurden in der *Old North Church* (Salem Street) zwei Laternen herausgehängt. Dies war das Zeichen dafür, dass die Engländer von See aus anrückten (*One if by land, two if by sea)*.

Old State House, eingekeilt von Hochhäusern, ⇨ *links Seitenmitte*

Revere ritt daraufhin nach Lexington, um *Samuel Adams* und *John Hancock* vor dem Angriff der Briten zu warnen.

Charlestown

Von hier geht's – vorbei am *Copp`s Hill Burying Ground* – Richtung *Charlestown Bridge,* die parallel zur *Leonhard P. Zakim Bunker Hill Bridge* verläuft. Im Stadtteil Charleston befinden sich das *Bunker* ***Hill Monument*** und die ***USS Constitution***.

Wer genug Zeit hat, sollte diesen Teil des *Freedom Trail* getrennt erkunden. Die nächstgelegene T-Station ist die *North Station.* Von der *Long Wharf* geht eine Fähre zur *USS Constitution.*

Bunker Hill und Museum

- Das ***Bunker Hill Monument***, ein 67 m hoher Obelisk auf dem *Breeds Hill* (Monument Square) erinnert an eines der ersten großen Gefechte des Bürgerkriegs, das die Engländer dank zahlenmäßiger Überlegenheit für sich entscheiden konnten. Bevor man die Aussicht über Boston genießen darf, sind 300 Stufen zu erklimmen. Aufstieg täglich 9-16.30 Uhr, frei. Ausstellungen im Foyer bis 17 Uhr. Im neuen Museum gegenüber gibt es unter dem Titel »***The Decisive Day***« eine umfassende und zugleich spannende Darstellung der Ereignisse.

Old Ironsides

- Die zu ihrem 200. Geburtstag 1997 komplett überholte ***USS Constitution*** liegt an Pier #1 des *Charlestown Navy Yard*, Führungen Di-So 10-16 Uhr, Eintritt frei; www.ussconstitution.navy.mil. Das Schlachtschiff, vom Volksmund ***Old Ironsides*** genannt, blieb in 40 Seegefechten ungeschlagen. Seinen Spitznamen verdankt es dem Eichenrumpf, den keine Kanonenkugel je durchschlagen konnte. An Land gehört ein **Museum** zum Komplex, 9-18 Uhr, Frühjahr und Herbst 10-17 Uhr.

In Bostons North End, *➪ Karte Seite 267*

Multimedia Show

- Im ***Bunker Hill Pavilion***, Water St/Constitution Rd, ganz in der Nähe der *USS Constitution* geht es wie beim Monument um die erste große Schlacht des Befreiungskrieges. Die spannend gemachte **Multimedia Show »*Whites of their Eyes*«** führt den Besucher mitten in das Geschehen; 9.30-16.30 Uhr, $4.

Harborfront

Wie viele amerikanische Hafenstädte hat auch Boston seine einst heruntergekommene ***Harborfront*** wiederbelebt. An der Atlantic Ave und ihrer Verlängerung Commercial Street wurden einstige Lagerhäuser in Wohnanlagen umgewandelt. Im ***Columbus Park*** neben dem *Boston Marriots Long Wharf Hotel*, einem roten Backsteinkomplex, lassen sich Geschäftsleute aus dem nahen *Business District* mittags ihre *Sandwiches* schmecken.

Harbor Walk

Der Park liegt am ***Boston Harbor Walk***, einer Fußgänger- und Bikepromenade (www.bostonharborwalk.com), die um die ganze Bucht und den *Fort Point Channe*l (neu 2008) läuft.

Greenway
www.rosekennedygreenway.com

Der ***Rose Kennedy Greenway***, ein breiter Grüngürtel, verbindet seit 2008 über der nun unterirdischen I-93 mehrere Parks vom *North End* über den *Wharf District* und *Dewey Square* bis zur *China Town.* Gleichzeitig erreicht man über diese **Parkmeile** eine ganze Reihe der Sehenswürdigkeiten Bostons.

Bootstouren

Von den zentralen *Wharfs* werden Bootstouren angeboten, z.B. auf den Schonern ***Liberty*** und ***Liberty Clipper***; ab der *Long Wharf* mehrfach täglich ab $30, © (617) 742-0333.

Die ***The Spirit of Boston*** startet vom *Commonwealth Pier* zu *Lunch* und *Dinner Cruises*, $40-$70, © 1-866-211-3807.

Harbor Cruises offeriert Fahrten durch die Boston vorgelagerte Inselwelt (➪ Seite 265 unten). Das ***Water Taxi*** bedient mehrere Ziele, u. a. *USS Constitution* für $17 retour, © (617) 406-8584.

Die ***Voyager III*** des *New England Aquarium* fährt von Mai bis Ende September (*open end*) mit einem *High Speed Catamaran* zur ***Stellwagen Bank***, **Wale garantiert**! Ab Central Wharf Mo-Fr 9.30 und 13.30 Uhr, Sa/So 10 und 14 Uhr, $35, Kinder $29.

Fähren nach Provincetown und Salem

Bay State Cruise, Power-Personenfähe ab *MacMillan Pier/Fishermen's Wharf*; täglich 8, 13, 17.30 Uhr; (90 min, retour $71, Kinder $50); © 1-877-783-3779; www.boston-ptown.com

Die ***Salem Ferry*** (Salem ➪ Seite 287) fährt ab der *Central Wharf* täglich 11, 13, 15, 17, (21.6.-8.9. auch Mo-Fr 9 und Fr/Sa 22) Uhr; retour $22/$16; © (617) 222-6999; www.salemferry.com

Aquarium

Das ***New England Aquarium*** (www.neaq.org) auf der *Central Wharf* lohnt den Besuch vor allem wegen des ***Giant Tank***, eines fast 800.000 l fassenden Behälters. Die Besucher werden 4 Stockwerke um den Tank herum in die Höhe geführt und können dabei das Leben in verschiedenen Tiefen bewundern, außerdem ein Korallenriff und eine Küstenlandschaft für die possierlichen Pinguine. Delphin- und Seelöwen-Shows sowie ein IMAX-Kino fehlen auch nicht; Mo-Fr 9-17, Sa/So 9-18 Uhr, Eintritt $19/$11.

Surreale Szenerie im Boston Aquarium

Bunker Hill und Museum

Südlich des Aquariums entsteht auf einer Insel (zu erreichen über die Northern Ave und die Congress Street (*T-Silver Line, World Trade Center*) der ***South Boston Seaport District*** mit Hotels und (Fisch-) Restaurants. Das *Children`s Museum* und das *Boston Tea Party Ship* wurden integriert; auch das *Institute of Contemporary Art* (früher Boylston Street) fand hier eine architektonisch eindrucksvolle neue Bleibe direkt am Wasser.

Boston Tea Party

Das *Boston Tea Party Ship & Museum* wird restauriert und wird erst Sommer 2009 neu eröffnet; www.bostonteapartyship.com.

Museum für Kinder

Im hervorragenden ***Children's Museum*** (jenseits Congress Bridge) lernen Kinder ihre Umwelt aktiv kennen und verstehen, seien es naturwissenschaftliche Phänomene, soziales Zusammenleben oder die Bedeutung physischer Aktivität; www.bostonkids.org.

Mit dem neuen Anbau gibt das Museum ein hervorragendes Beispiel von umweltverträglicher Architektur und Technologie. Ein Muss für Eltern und Kinder; täglich 10-17 Uhr, Fr bis 21 Uhr, Eintritt $10/$8, Fr 17-21 Uhr nur $1. Vom *World Trade Center* (*T-Silver Line*) verkehren Gratis-Shuttles.

Museum für zeitgenössische Kunst

The Institute of Contemporary Art (100 Northern Avenue, bei Anthony's Pier 4) hat in flexiblen Räumen wechselnde Ausstellungen amerikanischer und internationaler Künstler auf hohem Niveau; schönes Cafè (*Wolfgang Puck*) mit Blick über's Wasser auf Boston; gutes Essen. Di, Mi 10-17, Do, Fr 10-21, Sa/So 10-17 Uhr, $12; Do 17-21 Uhr frei. © (617) 478-3100; www.icaboston.com.

Etwas abgelegen jenseits der *Northern Bridge*, am südlichen Ende der *Harborfront* finden sich auf dem ***Boston Fish Pier*** (Pier 6) Seafood-Restaurants mit Seeblick. Zu empfehlen ist das ***No Name***, ebenfalls gut das ***Anthony's*** am Pier 4 und ***Jimmy's Harborside***, 242 Northern Ave. Das populäre ***The Barking Crab*** liegt am *Fort Point Channel*, Sleeper St/Northern Ave.

Beacon Hill, Back Bay und Fenway

Beacon Hill

Das ***New State House*** an der nordöstlichen Ecke des *Common* mit seiner goldenen Kuppel und den hohen weißen Säulen wurde 1798 von *Charles Bullfinch* entworfen, dem berühmtesten Bostoner Architekten jener Zeit. In dem dahinterliegenden, ruhigen Wohnviertel ***Beacon Hill*** lebten im 19. Jahrhundert die ***Brahmins***, die Geldaristokratie der Stadt.

Elegante Straßen wie z.B. die Mount Vermont und Chestnut Street oder der Louisburg Square zeugen von Wohlstand und erlesenem Geschmack: Rote **Backsteinhäuser** mit klassisch einfachen Fassaden (*Georgian Style*), Kopfsteinpflaster, Gaslaternen, schmiedeeiserne Portale und Blumen vor den Fenstern prägen das Viertel. Am Fuße von *Beacon Hill* läuft die **Charles Street,** deren Cafés, Antiquitätenläden und Restaurants den Ansprüchen der betuchten Kundschaft gerecht werden.

Schwarze in Boston

Beacon Hill besitzt jedoch noch eine andere interessante Seite: im Norden des Viertels siedelten sich ab 1793 **Schwarze** an, die nach dem frühen Verbot der Sklaverei in Massachusetts zahlreich hierher flohen. Das ***Museum of Afro-American History*** (46 Joy Street, täglich 10-16 Uhr, Do bis 20 Uhr, © (617)-742-5415), informiert über die Geschichte der Schwarzen in Neuengland und über den ***Black Heritage Trail***, eine Art alternatives Gegenstück zum eher am Massentourismus ausgerichteten *Freedom Trail*. Der *National Park Service* bietet ***Walking Tours*** an, ➪ Seite 262. Zum Museum gehört das ***African Meeting House***, ältestes Versammlungshaus und Kirche der schwarzen Gemeinde (8 Smith Court), in der *William Lloyd Garrison* um 1830 die ersten Debatten zur Abschaffung der Sklaverei führte.

Eine der ersten Schulen in Boston, in der man Weiße und Schwarze gemeinsam unterrichtete, war die ***Phillips School***(Anderson/ Pinckney Street). Im ***Louis & Harriet Hayden House*** (46 Phillipps St) wurden mit Hilfe der »*Underground Railway*« aus dem Süden geflohene Sklaven vor ihren Verfolgern versteckt (➪ Seite 565).

Back Bay

Westlich der *Public Gardens* entstand Mitte des 19. Jahrhunderts durch Aufschüttung der ***Back Bay*** das neben Beacon Hill immer noch feinste und urbanste Viertel Bostons. Nach den seinerzeit in Europa modernen städtebaulichen Prinzipien wurden breite gerade Boulevards angelegt. Heute bilden die **Newbury Street** und die dazu parallele **Boylston Street** samt **Copley Square** eine der lebendigsten Einkaufs- und **Restaurantgegenden** Bostons. Ein Spaziergang durch die **Newbury Street** (zwischen *Public Gardens* und Massachusetts Ave) ist vor allem im Sommer ein Vergnügen. In den 3- oder 4-stöckigen viktorianischen Häusern mit ihren typisch abgerundeten Erkern sind elegante Geschäfte und Terrassenrestaurants untergekommen. Alles ist schick und teuer, aber auch Studenten aus *Fenway* westlich der Massachusetts Avenue mit *Colleges* und Universitäten gehören zum Straßenbild.

Restaurants

In der Boylston Street findet man auch gute Fischrestaurants, so ***Skipjack's,*** 199 Clarendon (Nebenstraße der Boylston) und die ***Atlantic Fish Company***, 761 Boylston.

Copley Square

Das Zentrum von *Back Bay* ist der **Copley Square** mit vielen alten Gebäuden wie der ***Public Library*** (von 1885), dem ***Copley Plaza Hotel*** und der neo-romanischen ***Trinity Church*** (1877), deren Kirchenschiff überwältigt.

Hancock Tower

In diesem Ensemble war der Ende der 1960er-Jahre von *I.M.Pie* entworfene gläserne ***Hancock Tower*** ein Fremdkörper; heute ist er immer noch der imposanteste ***Highriser*** Neuenglands.

Copley Place

Im Copley Place, einer ***First Class Shopping Mall*** (100 Huntington Ave) sind u.a. Spitzenhotels wie das *Marriott* und *Westin* untergebracht und zahlreiche Restaurants, so u.a. ***Legal Sea Foods*** (auch im *Prudential Center,* Eingang von der 800 Boylston Street).

Prudential Center

Architektonisch nicht ganz so interessant wie *Copley Place* ist das ***Prudential Center*** (www.prudentialcenter.com), ein weiterer *Shopping*-Komplex, nur wenig weiter westlich (auch Boylston Street). Der ***Prudential Tower*** besitzt eine 360°-**Aussichtsplattform (*Skywalk*)** im 50. Stock; Eintritt $10.50/$7, 10-21.30 Uhr.

Shaw's Supermarket

Ganz in der Nähe befindet sich auch der nicht nur durch seine Größe beeindruckende ***Shaw's Supermarket*** (Eingang Ecke Huntington/Essex).

Christian Science Plaza

Unübersehbar ist die ***Christian Science Plaza*** an der Huntington Avenue nahe dem *Prudential Center*. Hier befinden sich die Verwaltungsgebäude und die Hauptkirche der ***Church of Christ Scientist***, gegründet von *Mary Baker Eddy* 1879. In der ***Mary Baker Eddy Library for the Betterment of Humanity*** ist das – auch bei Kindern beliebte – ***Mapparium***, ein begehbarer Globus (die Welt von 1935) mit einer unterhaltsam-lehrreichen ***Lightshow***; Di-So 10-16 Uhr, letzte Show 15.40 Uhr; $6.

Trinity Church und die Glasfassade des John Hancock Tower

Musikanten in der Boylston Street am Boston Common

Charles River Esplanade

Entlang der Commonwealth Ave, der breitesten Allee der *Back Bay*, stehen überwiegend Wohnhäuser und öffentliche Gebäude. Die ***Charles River Esplanade***, ein Grünstreifen am Südufer des Boston von Cambridge trennenden Flusses, lädt zum Spaziergang ein. In der ***Hatch Shell*** finden im Sommer die äußerst beliebten ***Boston Pops*** in Verbindung mit den Feiern zum 4. Juli statt. Sonst spielt das Orchester den Frühsommer über – wie auch das ***Boston Symphony Orchestra*** – in der ***Symphony Hall*** an der Massachusetts Ave am westlichen Ende Boylston St (➪ Seite 339).

Fenway

Fans des ***Red Sox Baseball Team*** zieht es in ***Fenway*** (unterhalb der *Massachusetts Turpike* I-90, östlich begrenzt durch die Massachusetts Ave) zum *Fenway Park Stadion* (Tickets: ✆ 1-877-733-7699). **Studenten** kommen nach Fenway wegen der Kneipen, Clubs und Discos im Bereich Kenmore Square/Landsdowne St. Und **Touristen** besuchen Fenway wegen der **Kunstmuseen**. Der Besuch lohnt sich auf jeden Fall. Die Autoren favorisieren bei knapper Zeit das ***Isabella Stewart Gardner Museum***.

Isabella Stewart Gardner Museum

Um 1900 ließ sich diese exzentrische Dame aus der Bostoner Gesellschaft ein großes Haus im Stil eines venezianischen Palastes aus dem 15. Jahrhundert bauen und zog mit ihren Kostbarkeiten dort ein; vor allem handelte es sich um europäische Kunstschätze, die sie in vielen Jahren gesammelt hatte. Man erkennt in diesem Museum keine nach üblichen Kategorien geordnete Ausstellung, sondern eine sehr persönliche, eher ungewöhnliche Auswahl: *Degas, Giotto, Matisse, Tizian, Botticelli* und *Rembrandt*, ferner Wandteppiche, Mosaiken und Statuen. Aber auch große amerikanische Künstler wie *Whistler* und *Sargent*. Traumhaft der große Innenhof voller Pflanzen und Bäume.

Der *Gardner*-Palast steht nicht weit entfernt von der Huntington Ave in 280 The Fenway; geöffnet Di-So 11-17 Uhr; $12, unter 18 frei, sowie alle, die Isabella heißen; Studenten $5; www.gardnermuseum.org, (*Green T-Line*/E-Branch bis *Museum*).

Kunstmuseum

Im nahegelegenen ***Museum of Fine Arts*** (465 Huntington Ave, www.mfa.org), dem zweitgrößten und einem der besten Kunstmuseen der USA in einem großzügigen Gebäude, geht es akademischer zu: Die Hauptsammlung vermittelt einen umfassenden Überblick über die amerikanische Malerei des 19. und 20. Jahrhunderts: von den Portraits berühmter *Bostonians* von *Gilbert Stewart* und *John Singleton Copley* über Landschaftsmalerei (*Church, Cole, Bierstadt)* zu *Mary Cassatt, Winslow Homer, John Singer Sargent* bis zu *Hopper*. Berühmt die *Monets*, u.a. die »Exekution Maximilians in Mexiko«. Hervorragend sind auch die ägyptische, islamische, japanische und afrikanische Sammlung.

Der **Westflügel** (*I.M. Pei*) bietet Raum für Sonderausstellungen. Mo-Di 10-17, Mi-Fr bis 22 Uhr (Do und Fr nach 17 Uhr nur der *West Wing* geöffnet), Sa/So bis 17 Uhr Eintritt $17, Jugendliche von 7-17 an Wochentagen ab 15 Uhr und Sa/So frei.

Backbay Fens

Die Parkanlage ***Backbay Fens*** ist Teil der ***Emerald Necklace***, eines Grüngürtels um die Stadt, der vom berühmtesten Parkgestalter der USA, ***Frederick L. Olmsted***, geschaffen wurde. Sie zieht sich vom westlichen Ende der Commonwealth Ave (Charlesgate) bis zum wunderbaren ***Arnold Arboretum*** mit mehr als 4000 Baum-und Straucharten im Stadtteil ***Jamaica Plain***.

South End

In den viktorianischen Erkerhäusern im South End leben Yuppies, Künstler, Studenten, Gays und Immigranten wie Griechen, Libanesen, Puertorikaner nebeneinander.

Entlang der **Tremont Street** (zwischen Massachusetts Ave im Westen und Arlington Street im Osten) befinden sich gute Kneipen, Restaurants und *Coffee-Shops.*

Britisch anmutende Wohnstraße im Bereich Backbay

Museum of Science und Kennedy Library

Museum of Science

Das *Science Museum* befindet sich am nördlichen Ende der Parkanlagen am Charles River auf dem Damm (*T-Station Science Park*). Die vielfältigen anschaulichen wissenschaftlichen und technologischen Experimente bzw. Ausstellungen sind für jung und alt gleichermaßen interessant. Zum Komplex gehört außerdem das ***Charles Hayden-Planetarium*** (Laser- und Musik-Vorführungen) und das ***Mugar Omni-Theater*** ($7.50, wissenschaftlich orientierte 180°-Filme). Sehr sehenswert. $21/$14 bis zu 11 Jahren, Planetarium und *Omni* extra $9/$7, preiswertere Kombitickets verfügbar; täglich 9-17, Fr 9-21 Uhr; www.mos.org.

John F. Kennedy Bibliothek

www.jfklibrary.org

Nicht nur für *Kennedy*-Verehrer lohnend ist die ***John F. Kennedy Library and Museum*** am *Columbia Point* im Stadtteil Dorchester. Die faszinierende Architektur des schneeweißen Gebäudes (*I. M. Pei*) und die exponierte Lage am Wasser mit Weitblick über den *Boston Harbor* und City lohnen die Anfahrt fast allein. Im Museum der JFK-Bücherei wird der politische Lebensweg der beiden *Kennedy*-Brüder nachgezeichnet. Zu sehen sind Videos, Fotos und persönliche Gegenstände. Das *Oval Office* mit Kennedys Schreibtisch wurde ebenso nachgebaut wie das Fernsehstudio, in dem die Rededuelle mit *Nixon* stattfanden. Ein hoher, fast leerer Glaspavillon soll zum Nachdenken anregen – er enthält nur eine Flagge, ein Zitat *Kennedys* und eine Sitzbank. Ein Film sorgt für die stimmungsvolle Einführung. **Zufahrt** auf der I-93 nach Süden, *Exit* 15, Morissey Blvd, dann ausgeschildert. Die rote Linie der T fährt bis zur JFK/*UMASS* Station; von dort verkehrt ein Bus. ✆ (617) 514-1573; täglich 9-17 Uhr, $10.

2.4.5 Cambridge (www.cambridge-usa.org)

Anfahrt

Cambridge liegt am Nordufer des *Charles River* und beherbergt die 1636 als erste Universität Amerikas gegründete ***Harvard University***, bis heute eine der herausragenden akademischen Lehranstalten der USA. Mit der *Red Line* der ***T*** sind es nur vier Stationen von der zentralen *Park Station* am *Boston Common* zum *Harvard Square* und damit zum zentralen Bereich der Universität. Autofahrer nehmen die ***Harvard*** oder ***Longfellow Brigde*** über den Charles River und folgen dann der Massachusetts Ave.

Information

Der *Information Kiosk* an der U-Bahnstation Harvard Square hält reichlich Material bereit. Mit einer Karte von Cambridge ($2.50) kann man seine eigene ***Walking Tour*** planen; täglich geöffnet.

Harvard University

Die ***Harvard University Information*** im *Holyoke Center* gegenüber *Harvard Yard* neben dem Café ***Au Bon Pain*** (1350 Mass. Ave) bietet 1-stündige kostenlose **Führungen** über den Campus (Mitte Juni-Mitte Aug., Mo-Sa 10/11.15/14/15.15 Uhr, Mitte Sept.-Mitte Mai nur Mo-Fr 10 und 14, Sa 14 Uhr, ✆ 617-495-1573); dabei erfährt man viel über Universitäts-Geschichte und Honoratioren, die hier lernten und lehrten; www.harvard.edu.

Kennzeichnung

Cambridge, eine selbständige Stadt mit 100.000 Einwohnern, besitzt zwei der weltbesten Universitäten: die ***Harvard University*** und das ***Massachusetts Institute of Technology*** (**MIT**). Ein Viertel der Bevölkerung sind Studenten, und über die Hälfte der erwachsenen Einwohner haben einen *College Degree*. Kein Wunder, dass **24 Buchläden** um den **Harvard Square** ihr Auskommen finden. Da Studiosi aber nicht nur büffeln, findet man neben akademischen Institutionen jede Menge *Coffee-Shops*, ethnische Restaurants, Jazz-Kneipen, Bioläden und ganz normale Einkaufszentren, alles ziemlich auf studentische Belange zugeschnitten.

Zentrale Bereiche

Das studentische Leben zwischen Cafés, Geschäften und Buchläden spielt sich auch auf dem **Inman** (Cambridge/Hampshire St) und **Porter Square** ab (Massachusetts/Somerville Ave). Sie sind keine Plätze im europäischen Sinne, sondern eher Strassenkreuzungen. Der Central Square (Massachusetts Ave zwischen Harvard und Kendall Square beim *MIT*) haben feinere Restaurants und Shopping Center. Hunger stillt man in ***Leo's Place*** mit kräftigen *Sandwiches, French Toast* und gegrilltem Käse (!), 35 JFK Street (ein Block südlich der Metro-Station *Harvard Square*).

Harvard Campus

Der Uni-Hauptcampus ***Harvard Yard*** grenzt an Harvard Square. Ein Bummel über diesen weitläufigen Campus mit altem Baumbestand muss sein. Zwischen efeuberankten Backsteinbauten stößt man u.a. auf die ***WidenerLibrary*** (fast 5 Mio Bände!) mit mächtigen korinthischen Säulen, die ***Holden Chapel*** (1742), die ***Massachusetts Hall*** von 1720 und ***University Hall*** von *Charles Bulfinch*, dem Erbauer des *New State House*. Im weiteren Bereich des Campus gibt es neuere Gebäude, wie das moderne ***Science Center***, die klotzige ***Memorial Hall*** und den einzigen *Corbusier*-Bau in Nordamerika, das ***Carpenter Center for the Visual Arts***.

Museen

Zu den beiden Cambridge-Universitäten gehören insgesamt **sechzehn – z.T. hervorragende – Museen**. Die wichtigsten sind rechts oben genannt. Das ***Harvard Hot Ticket*** ($10, Studenten $8) bezieht sich auf **alle folgenden Museen** plus das ***Peabody Museum of Archaeology & Ethnology*** und das ***Semitic Museum***.

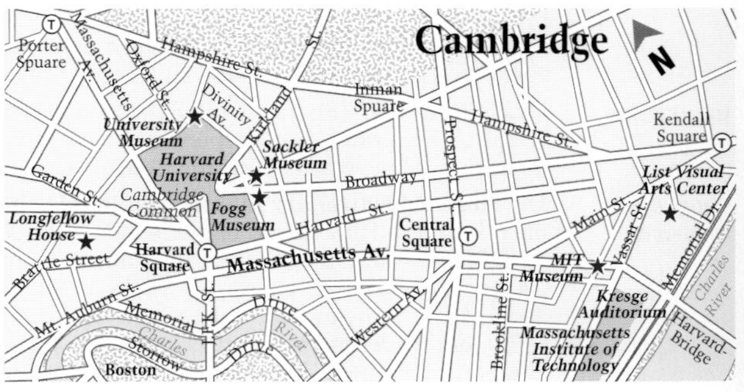

Unbedingt auch mal hineingehen: ehrwürdige Widener Library, Universitätsbibliothek auf dem Harvard Campus

Harvard University Art Museums
(www.artmuseums.harvard.edu)

- ***Fogg Art Museum,*** 32 Quincy Street, mit Gemälden und Skulpturen aus der westlichen Welt bis zur Moderne, *Giotto, Rembrandt, Renoir, van Gogh, Pollock, Rothko, Cézanne, Monet.*
- Das ***Busch-Reisinger Museum*** (im selben Gebäudekomplex) ist auf deutsche Expressionisten spezialisiert, zeigt auch viel Bauhaus-Material und die Wiener Sezessionsmalerei.
- Das ***Arthur M. Sackler Museum***, 485 Broadway/Quincy St., stellt in erster Linie asiatische Kunstwerke aus.

Ticket für diese drei Museen zusammen $9, Studenten $6; unter 18 frei, Mo-Sa 10-17, So 13-17, Sa 10-12 Uhr frei; feiertags zu.

Harvard Museum of Natural History
(ein Gebäudekomplex zwischen Divinty und Oxford St, das drei früher selbständige Museen vereint; www.hmnh.harvard.edu)

- Das ***Botanical Museum*** ist u.a. wegen seiner ***Glasflowers*** bekannt: Unter den 3000 Exponaten aus Glas befinden sich 850 verschiedene Blumen-Modelle und Pflanzenteile.
- Das ***Museum of Comparative Zoology*** bezieht sich auf Gemeinsamkeiten und Unterschiede früh-erdgeschichtlicher Fauna.
- Das ***Geological and Mineralogical Museum*** besitzt eine große Sammlung von Mineralen, Edelsteinen und Meteoriten.

Diese drei kosten $9/$7, täglich 9-17 Uhr.

Brattle Street

Interessant ist die Brattle Street, auch ***Tory Row*** genannt. Die meisten Besitzer der alten hochherrschaftlichen Häuser an dieser Straße waren Loyalisten (➪ Essay Seite 476) und verließen nach der amerikanischen Revolution die Stadt. Dort (Brattle Street/Tory Row) steht u.a. das ***Longfellow House*** *(National Historic Site)*, das im Unabhängigkeitskrieg *George Washington* zeitweise als Hauptquartier diente. Später lebte in diesem Gebäude der Schriftsteller *Henry Wadsworth Longfellow* (➪ Seiten 588+625). Dort steht auch das ***Radcliffe College***, die erste universitäre Bildungsanstalt für Frauen, die jetzt in *Harvard* integriert ist.

MIT

Das ***Massachusetts Institute of Technology*** (http://web.mit.edu; T-Station *Kendall/MIT*), gleich jenseits der *Harvard Bridge*, wird von Touristen weit weniger beachtet als die *Harvard University*, obwohl es auf dessen Campus am *Charles River* – neben rein funktionalen Gebäuden – bemerkenswerte Architektur zu sehen gibt: neoklassizistische Bauwerke neben modernen Entwürfen von *I.M. Pie*. Vom Finnen *Eero Saarinen* stammt das ***Kresge Auditorium*** und die runde ***MIT Chapel***. Ein weiterer Finne, *Alvar Aalto*, konzipierte das ***Baker House***.

Auf dem Campus, der sich über eine Meile am *Charles River* entlangzieht, stehen Skulpturen von *Moore*, *Calder* und *Picasso*.

Ein ***Informationsbüro*** für das ***MIT*** befindet sich im Hauptgebäude; 77 Massachusetts Ave. Dort starten auch Führungen.

MIT-Museen

- Das ***MIT-Museum,*** 265 Massachusetts Ave am Campus-Eingang, erklärt technischen Fortschritt mit Hilfe von Erfindungen und Entwicklungen, die (auch) am *MIT* entstanden. Die *Innovation Gallery* stellt in wechselnden Ausstellungen Computer, Elektronik, Nukleartechnologie und Weltraumforschung auf höchstem Niveau dar. Nebenbei erfährt man eine Menge über die Geschichte des *MIT*. Täglich 10-17 Uhr, Eintritt $7,50, Studenten $3; http://web.mit.edu.museum.

Zum *MIT*-Museum gehören:

- Die ***Hart Nautical Gallery***, 55 Mass Ave, erläutert nautische Technik anhand von zahlreichen Schiffs- und Motoren-Modellen. Bemerkenswert sind detailgenaue Modelle voll ausgerüsteter Kriegsschiffe. Täglich 9-20 Uhr; kein Eintritt.
- Die ***Compton Gallery***, 77 Mass Ave, präsentiert in wechselnden Ausstellungen spezielle Wissenschaftsbereiche; täglich 10-17 Uhr, kein Eintritt.
- Das ***List Visual Arts Center*** im *Wiesner Building*; 20 Ames Street, zeigt avantgardistische Medien-Kunst in wechselnden Ausstellungen; Di-So 12-18, Do bis 20 Uhr, frei.

Blick über den Charles River hinüber nach Cambridge

2.4.6 Old Sturbridge Village (www.osv.org)

Lage/Anfahrt

Das ***Old Sturbridge Village Living Museum*** ist eines der besten »lebenden« Museumsdörfer (⇨ Seite 45) Nordamerikas. Ein Abstecher lohnt, wenn sonst kein vergleichbares Museen anderswo eingeplant ist (*Upper Canada Village, King's Landing*, ⇨ Seiten 488/634). Sturbridge liegt **70 mi westlich Boston** an der #20 im Kreuzungsbereich der **I-90/I-84** unweit Connecticut. Von Boston fährt man rund 90 min (I-90/Exit #9; I-84/Exit #2/ab 19 Uhr #3b).

Ländliche Neuengland-idylle wie Anfang des 19. Jahrhunderts im Old Sturbridge Colonial Village

Besichtigung

Im 80 ha-Waldareal entstand ein **ländliches Städtchen aus der Zeit um 1830** mit 40 aus allen Teilen Neuenglands hierher versetzten Bauten inmitten Wiesen und Feldern. Nur die wasserbetriebene Sägemühle ist eine Replika. Alle Häuser, Werkstätten und Läden liegen um den *Common*, den Versammlungsplatz.

Die Bewohner flechten, schmieden und töpfern in zeitgenössischen Trachten und stehen den Besuchern Rede und Antwort.

Man braucht **gut 3 Stunden**; April-Okt. täglich 9.30-17 Uhr; *Mem Day* (Ende Mai) bis Ende Okt. täglich; $20, Kinder ab 5 Jahren $6; Ticket gilt auch tags darauf; © (508) 347-3362, © 1-800-733-1830

Unterkunft

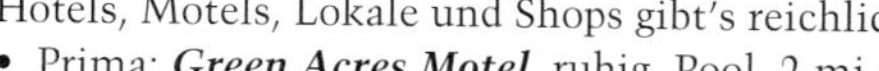

Hotels, Motels, Lokale und Shops gibt's reichlich an der #20:

- Prima: ***Green Acres Motel***, ruhig, Pool, 2 mi südlich der Kreuzung #20/#131 (West Main Street), $55-$139, © (508) 347-3496.
- ***Sturbridge Heritage Motel***, klein und einfach; 499 Main St, $45-$69, © (508) 347-3943, www.heritagemotel.com.
- An der #20 liegen Motels, die in der Sommersaison $100-$120 kosten, z.B. ***Super 8***, 358 Main St, © (508) 347-9000.

Camping

Ein ruhiger öffentlicher ***Campground*** befindet sich im ***Wells State Park,*** rund 3 mi nördlich von Sturbridge an der #49. Weitere Plätze liegen an der #20 westlich Sturbridge, oft an einem See.

2.4.7 Lowell (www.nps.gov/lowe)

Kenn-zeichnung

(siehe auch nächste Seite)

Neuengland besucht man wegen seiner Bedeutung im Unabhängigkeitskampf, seiner Bilderbuchdörfer und -landschaften. Aber in Connecticuts Süden, Massachusetts und Rhode Island gab und gibt es auch viel Industrie. Lowell, etwa 45 Autominuten nordwestlich von Boston, war neben der *Slater Mill* bei Providence die erste geplante Industriestadt auf dem neuen Kontinent (um 1820). Die Strukturen der industriellen Revolution des 19. Jahrhunderts wurden im ***Lowell National Historical Park*** vorbildlich konserviert. Zufahrt: Ab I-495, Exit 35 C den *Lowell Connector* wählen und den Schildern zum ***Lowell National Historic Park*** folgen.

National Historic Park

Überaus beeindruckend wird gezeigt, wie sich die US-Industrialisierung und Produktionsabläufe unter damals sozialutopischen Vorstellungen vollzogen und scheiterten (⇨ Kasten unten).

Das ***Visitor Center*** des *National Park Service* mit Ausstellung (246 Market Street, ✆ (978)-970-5000, informiert täglich 9-17 Uhr, parken gratis. Zu Fuß geht's durch die restaurierte Altstadt oder entlang des produktionsrelevanten Kanalsystems zur Werkhalle.

Museen

- Im ***Boott Cotton Mills Museum*** (115 John St) wird – auch unter sozialen Aspekten – Lowells Aufstieg und Fall als Textilhochburg bis hin zum Wiederaufstieg als *High-Tech Boomtown* gezeigt (Film: *Wheels of Change*). Täglich 9.30-16.30 Uhr; $6.

Die Boott Cotton Mills sind Teil des Lowell National Historic Park

- Die Ausstellung »*Millgirls & Immigrants*« zeichnet im alten ***Boarding House*** Schicksale von Arbeiterinnen nach. Das ***Patrick J. Mogan Cultural Center*** nebenan beschäftigt sich auch mit aktuellen Immigrationsproblemen in Lowell; Eintritt frei.
- Im ***American Textile History Museum*** (491 Dutton St) werden Maschinen und Produkte aus fast 300 Jahren der Textilindustrie gezeigt; auch modische Aspekte kommen nicht zu kurz. Do-Fr 9-16, Sa/So 10-17 Uhr, $8; ✆ (978) 441-5000; www.athm.org; wegen Renovierung seit Juli 2007 geschlossen

Jack Kerouac

Nebenbei: *Jack Kerouac*, frankokanadischer Einwanderer und bekannter Vertreter der *Beat Generation* (*On the Road*) wurde in Lowell geboren.

Francis Cabot Lowell

Der Bostoner Kaufmann *Francis Cabot Lowell* reiste Anfang des 19. Jahrhunderts nach England, um dort bereits mechanisierte Webereien zu besichtigen. Die britischen Fabrikbesitzer zeigten ihm zwar stolz die neue Technik, untersagten *Lowell* jedoch, sich Notizen zu machen. Sie fürchteten zu Recht Konkurrenz aus dem damals noch hauptsächlich Rohstoffe liefernden Amerika. Mit *Lowells* technischem Verstand und gutem Gedächtnis hatten sie nicht gerechnet. Wieder heimgekehrt, gelang es ihm auch ohne Aufzeichnungen, die wasserkraftgetriebenen britischen Webstühle zu rekonstruieren.

Am Zusammenfluß von *Concord* und *Merrimack River* entstand eine nach *Lowell* benannte »Muster-Industriestadt«, in der das in englischen Arbeitersiedlungen herrschende Elend vermieden werden sollte, eine für damalige Verhältnisse revolutionäre Idee. Aber sie wurde tatsächlich realisiert: Man warb für die Arbeit in den Textilmühlen unverheiratete Mädchen aus der Umgebung an, **sog. *Millgirls***. Sie lebten in beaufsichtigten ***Boarding Houses*** und wurden ungewöhnlich gut bezahlt. Familien konnten ihre Töchter unbesorgt in die Fabriken schicken, und der Welt wurde gezeigt: Amerika macht es besser!

Aber als es nach einigen Boomjahren 1840 mit der Branche bergab ging, wurden die wohlbehüteten und -bezahlten *Millgirls* zu teuer. Zunehmend stellte man irische, franko-kanadische, polnische und griechische Immigranten ein, die schlechten Lohn und miese Arbeitsbedingungen akzeptierten. Und bald schon unterschied sich das einstige Musterstädtchen Lowell nicht mehr von anderen Industriezentren der Alten und Neuen Welt.

Millgirls Denkmal

2.4.8 Lexington und Concord

(www.lexingtonchamber.org; www.concordchamberofcommerce.org)

Bedeutung

Jeden Amerikaner zieht es dorthin, wo der Unabhängigkeitskrieg 1775 begann. In Lexington/Concord fiel ***»the shot heard around the world«***. Hier wurden die ersten Kämpfe ausgetragen. Zudem lebten in Concord Mitte des 19. Jahrhunderts bekannte Intellektuelle Amerikas, ➪ unten. Beide Orte sind heute wohlhabende, reizvolle neuenglische Mittelstädte.

Lage

Lexington liegt nordwestlich von Boston noch innerhalb des Autobahnrings I-95 (*Exit* 31; Straße #4/#225 Süd führt direkt zum *Battle Green*), Concord einige Meilen weiter westlich, gut erreichbar über I-95, *Exit* 29, dann #2 West. Alle **historischen** Ziele sind über die #2A, die ***Battle Road***, miteinander verbunden.

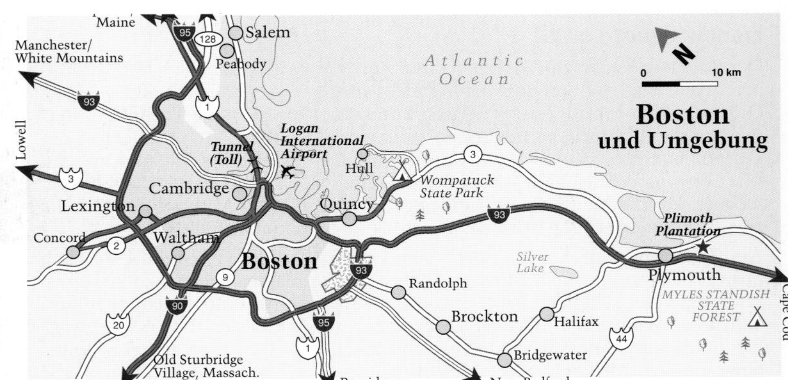

Visitor Center

Europäer können ihre US-Geschichtskenntnisse gut in einem der beiden *Visitor Center* des ***Minuteman National Historic Park*** (✆ 978-369-6993, www.nps.gov/mima) auffrischen: Entweder an der *Battle Road* (#2A, 1 mi westlich der I-95) mit der Multimedia-Show »*The Road to Revolution*« (April-Oktober 9-17 Uhr) oder in Concord im *North Bridge Visitor Center*. Gutes Englisch braucht man für den ***Liberty Ride***, eine 90 min-Bustour zu allen historischen Stationen; Juli-Okt. täglich 10-17 Uhr zur vollen Stunde; $20. Abfahrt am ***National Heritage Museum*** in Lexington, das auch Historisches erklärt (Mo-Sa 10-17, So ab 12 Uhr, frei).

Lexington

Auf dem gepflegten ***Lexington Common*** oder ***Battle Green***, Schauplatz des ersten Gefechtes, vermittelt das **Denkmal des *Minuteman*** (➪ Kasten nächste Seite) und der Sammelpunkt ***Buckman Tavern*** (1709) eine Vorstellung vom Aufstand.

Concord

Vom ***North Bridge Visitor Center in Concord*** (Zufahrt: über die Verlängerung der #2A, die Lowell Road, hinter dem Fluß rechts in die Liberty Street; April-Oktober 9-17, sonst 9-16 Uhr) kann man einen schönen Spaziergang zur ***North Bridge***, einem weiteren Kriegsschauplatz machen. Dort steht das berühmtere der beiden ***Minuteman*-Denkmäler** von *Daniel Chester French* (bekannt durch die Statue *Lincolns* in Washington DC).

Intellektuelle-Dichter

Ein zweiter Besichtigungsschwerpunkt im »**Weimar der USA**« sind die wechselnden Wohnsitze der Mitte des 19. Jahrhunderts gefeierten Dichter- und Denkerfürsten. ***The Old Manse***, ein einfaches graues Schindelhaus, in dem sowohl ***Emerson*** als auch ***Hawthorne*** einst gelebt haben, sieht man von der *Old North Bridge* aus.

Drei der Dichterhäuser liegen an der östlichen Einfahrt zu Concord an der #2A (Lexington Road:). Im ***Orchard. House*** lebte einst ***Louisa May Alcott***, *die* mit dem Roman »*Little Women*« einen der größten Bestseller jener Zeit schrieb.

In »***The Wayside***« wohnte zeitweise sowohl *Hawthorne* als auch Luisas Vater ***Bronson Alcott***, ein Sozialutopist, und an der Ecke zur *Cambridge Turnpike* liegt das ***Emerson House*** neben dem sehr guten ***Concord Museum***, das sich mit beiden Themen (Revolution und eben dieser Dichtergeneration) beschäftigt; Mo-Sa 9-17, Juni-August auch So 12-17 Uhr, $8.

Thoreau

Der in Europa wohl bekannteste Poet aus Concord ist ***Henry D. Thoreau***, dessen Philosophie vom einfachen Leben u.a. die Hippies adaptierten; er lebte ab 1845 als Einsiedler am ***Walden Pond,*** heute ein Ausflugsziel mit Spazierwegen und Badestelle (südlich der #2 an der Straße #126, der Walden Street).

Unterkunft

Besonders Concord ist wegen seiner guten Comuter-Train-Verbindung mit Boston ein bedenkenswerter **Standort für Lexington/Concord- und Boston-Erkundungen**. Wer sich dafür entscheidet, kann in den ersten beiden der folgenden Hotels sogar sein »**Coupon-Glück**« (➪ Seite 148) versuchen:

- ***Best Western at Historic Concord***, 740 Elm St, 3 km westlich vom Zentrum abseits der #2; Zufahrt: I-95, Exit 29B, dann #2 West, mit *Coupon* $60-$80, dafür gute Qualität, sonst $109-$159; ✆ (978) 369-6100
- ***Bedford Motel,*** preiswert, I-95 *Exit* 31B, nach 2,5 mi rechts an der Gabelung, Motel links, 30 North Road, $50-80, mit Coupon schon ab $40; ✆ (781) 275-6300)
- Im Zentrum von Concord am *Village Green* kostet das romantische ***Colonial Inn*** $120-$160 pro Nacht; ✆ (978)-369-9200 und ✆ 1-800-370-9200; www.concordscolonialinn.com

Wie der Unabhängigkeitskrieg begann

Nur einmal in der Geschichte ging es in Lexington und Concord kriegerisch zu. Am 19. April 1775 begann dort der Unabhängigkeitskrieg. Die Führer der Kolonisten, ***John Hancock*** und ***Samuel Adams***, hatten sich nach Lexington zurückgezogen und vorsichtshalber auch Waffen von Boston dorthin gebracht. Das war den Engländern zu Ohren gekommen, und sie planten einen Überraschungsschlag, um die Waffen zu konfiszieren. Dieser Plan wurde aber durchkreuzt: ***Paul Revere***, ein junger Anhänger der Unabhängigkeitsbewegung, ritt von Boston nach Lexington, um zu warnen (➪ Seite 269). Sein Ritt ging in die US-Geschichte ein, *Paul Revere* wurde zum Volkshelden.

Eine Bürgermiliz ***The Minutemen*** – so genannt, weil die Männer von einer Minute zur anderen bereit sein sollten – sammelte sich. Dennoch dachte noch niemand ernsthaft an Krieg.

Aber als erste Schüsse fielen, kam es zunächst in Lexington, danach in Concord zur offenen Schlacht mit den englischen Truppen. Die Briten zogen sich kämpfend in Richtung Boston entlang der heutigen Battle Road zurück. Auf britischer Seite gab es 73, auf amerikanischer 49 Tote. Der Freiheitskampf hatte begonnen. Seither sieht sich Lexington als ***Cradle of American Liberty***, die Wiege der Freiheit Amerikas.

2

De Cordova Museum

Etwas südlich von Lexington/Concord ist **in Lincoln** moderne Kunst zu sehen (von der #2A/Battle Road, etwa auf der Hälfte der Strecke zwischen Lexington und Concord links in die Bedford Road, an der Kreuzung Trapelo und Lincoln Road rechts in die Sandy Pond Road, dort auf der rechten Seite). Dort präsentiert das ***DeCordova Museum and Sculpture Park*** in einem weitläufigen Gelände Werke zeitgenössischer US-Bildhauer. Im Museumsbau findet man experimentelle Kunst aus Neuengland. Museum Di-So 10-17 Uhr, Gelände täglich bis zur Dunkelheit, Eintritt während der Museumszeiten für beides $9, Gelände außerhalb 10-17 Uhr frei. ✆ 781-259-8355, www.decordova.org.

Gropius-Fans besuchen sein Wohnhaus in der 68 Baker Bridge Road (ca. 1 mi), im Sommer Mi-So Touren 11-16 Uhr zur vollen Stunde (aktuelle Info: ✆ (781) 259-8098, www.galinsky.com).

Fruitlands

Auch das ***Fruitlands Museum*** und sein Gelände sind einen Abstecher wert. Es ist von Lincoln bzw. Concord schnell erreicht über die Straße #2 Richtung Westen (zwischen I-495 und I-190 in Harvard; 102 Prospect Hill Road, ✆ (978) 456-3924).

Hier gründete ***Bronson Alcotts*** (⇨ Seite 287 oben) Mitte des 19. Jahrhunderts seine sozialutopische Kommune basierend auf einfachem Leben in und von der Natur, Gemeinschaftseigentum und freier Schule. Die intellektuellen Weltverbesserer hielten es miteinander aber nur sieben Monate aus. Schon vor der ersten (Miss-) Ernte war Schluss.

Das Museum beschäftigt sich generell mit harmonischen Lebensformen zwischen Mensch und Natur; so würdigt es auch die *First Nations*, *Shaker* und *Inuit*. Auch alte und moderne Landschaftsmalerei fand dort Platz.

Auf den Spazierwegen soll der Besucher in Ruhe über sein eigenes Verhältnis zur Natur nachdenken und zugleich einiges lernen (Skulpturen, Pflanzen). Eintritt: $10, nur das Gelände $5, geöffnet Mitte Mai bis Ende Oktober, Mo-Fr 11-16 Uhr, Sa/So 11-17 Uhr; www.fruitlands.org.

Im De Cordova Skulpturenpark

Hexenverfolgung in Salem

Hexenwahn gab es nicht nur bei uns, sondern auch in Amerika. Schon 1647 wurden in Connecticut »Hexen« verfolgt.

In Salem nahm die Sache ihren Lauf, als *Reverend Samuel Parris* 1692 zwei karibische Sklaven mitbrachte, *Tituba* und *John. Tituba* »verwirrte« die puritanisch erzogenen jungen Mädchen aus der Nachbarschaft mit wüsten Erzählungen offenbar so, daß die Tochter des *Reverend* in Trance-Zustände fiel und ihre Cousine unerklärliche Anfälle bekam: Sie warf mit Bibeln und wollte auf den Schornstein klettern. Die ärztliche Diagnose lautete: »das Böse« hat das Mädchen befallen.

Das Ereignis verbreitete sich rasch - mit Folgen. Die zwölfjährige *Anne Putnam* beschuldigte einige Frauen der Hexerei und fand Gehör. Als einige Mädchen im Gerichtssaal angesichts der Angeklagten in Zuckungen verfielen, sich auf dem Boden wälzten, kreischten und stammelten, gab es für die Justiz keine Zweifel: Bis Januar 1693 wurden fast 200 »verdächtige« Personen verhört und großenteils angeklagt, darunter ein 4-jähriges Mädchen und 2 Hunde. Als der Spuk im April 1693 durch Eingreifen des Gouverneurs ein Ende fand, saßen 53 wegen Hexerei Verurteilte im Gefängnis. 19 Frauen waren bereits gehängt worden.

Arthur Millers Stück »Hexenjagd« zieht Parallelen zwischen Salem und der Kommunistenverfolgung in der *McCarthy*-Ära Mitte des vorigen Jahrhunderts.

2.4.10 Salem (www.salem.org)

Anfahrt

Nur 16 mi nordöstlich von Boston liegt Salem (40.000 Einwohner). Von *Downtown Boston* erreicht man die Stadt über die #1 (zunächst I-93) zur #128 *East*. Deren *Exit* 25 führt auf die #114 *East* in Richtung Salem. Man folgt den braun-blau-grünen Schildern »*Salem Visitor Center/Museum & Historic Sites*« und »*Downtown Parking*«. Von der *Boston North Station* fährt der *Commuter Train* in Richtung Newburyport/Rockport über Salem (30 min).

Die Personenfähre ***Salem Ferry*** rauscht in 45 min von der ***Central Wharf*** (*Aquarium Dock*) in Boston zur ***Blaney Street Wharf*** in Salem; täglich mehrere Abfahrten, Retourticket $22/$16; aktueller Fahrplan unter © (671) 222-6999 und www.salemferry.com.

Geschichte

Zwei Dinge machten Salem bekannt:

- Als England nach dem Unabhängigkeitskrieg 1783 seine Häfen für amerikanische Schiffe schloß, mußte man sich nach neuen Märkten umsehen; so wurden Salemer Kaufleute im Ostasienhandel wohlhabend. Sie exportierten Stockfisch, Holz, Fleisch, Tabak und führten »Luxusgüter« wie Tee, Kaffee, Zucker, Pfeffer und indische Textilien ein. Salem war **zeitweise die reichste Hafenstadt Neuenglands**. Davon zeugen bis heute herrschaftliche Bauten am *Common* (beim *Salem Witch Museum*), entlang der Chestnut Street und das prächtige ***Customs House*** (Zollhaus) an der *Derby Wharf*.

- »Salem« ist abgeleitet vom hebräischen *Shalom* (Frieden). Durch fanatische **Hexenverfolgungen** 1692/93 machte die puritanische Stadt aber ihrem Namen nicht gerade Ehre. Der Besucher erfährt nur an wenigen Stellen Historisches (➪ unten) über dieses dunkle Stadtkapitel. Es wird eher als Gruseldrama unter Einsatz der gesamten Medienklaviatur vermarktet. Hexen mit und ohne Besen sind im Stadtbild allgegenwärtig.

Information/ Heritage Trail

Das ***Visitor Center*** (New Liberty/Essex St, täglich 9-17 Uhr, mit Parkhochhaus) im Stadtzentrum sollte man unbedingt besuchen. Der *National Park Service* informiert dort über den *Salem Maritime National Historic Site* (➪ rechts). Aber auch die Stadtgeschichte generell und die Hexen im Besonderen kommen nicht zu kurz. Der rot markierte 2,5 km lange ***Heritage Walking Trail*** beginnt hier. Er verbindet alle Dollpunkte der Hexen- und Seefahrervergangenheit Salems.

Wer nicht zu Fuß gehen möchte, nimmt den ***Hop-on-Hop-off-Trolley*** (Mai-Oktober 10-17 Uhr, Dauer 60 min, $12, Kinder $3), der auch die Strand- und Picknick-Halbinsel *Winter Island* und den ***Amusement Park Salem Willows*** (mit Pier und Strand) bedient.

Seefahrerstadt Salem

Den Kaufleuten des ***East India Trade*** ist der Grundstock der Sammlung des ausgezeichneten ***Peabody Essex Museum*** (www.pem.org) zu verdanken (Essex Street gegenüber dem *Visitor Center*). Es beherbergt eine enorme Vielfalt an Kostbarkeiten aus Indien, China, Korea, Japan, Ozeanien und Afrika und dürfte eines der weltbesten Museen für asiatische Kunst sein.

In der maritimen Abteilung findet man Gallionsfiguren, Navigationsinstrumente, Seekarten und vor allem Schiffsmodelle, darunter der schnellen Klipper, die diesen Handel erst ermöglichten.

Ein Clou des Museums ist das originale (!) ***Yin Yu Tang Chinese House***, ein Kaufmannshaus aus dem 18. Jahrhundert, das einen tiefen Einblick in Chinas damalige Kultur gewährt ($4 extra).

Auch historische Gebäude Salems gehören zum Museumscampus. Auch ein empfehlenswertes Restaurant und ein Shop sind vorhanden! Täglich 10-17 Uhr, $13, unter 17 Jahren frei.

Salem Maritime NHS

Der ***Salem Maritime National Historic Site*** (www.nps.gov/sama) umfasst die ***Waterfront*** an der Derby Street östlich der *Pickering Wharf* und einige prächtige Gebäude aus Salems Blütezeit, wie z.B. das ***Customs House*** (1819) und das ***Derby House*** (1769).

Rundgang an der Waterfront

Im ***West India Goods Store*** sind typische Waren ausgestellt, wie sie zur Blütezeit um 1820 nach Salem importiert wurden. Am Kai liegt der Nachbau der ***Friendship***, eines Handelsseglers von 1797, zugänglich täglich 9-17 Uhr, Führungen $5 (➪ Foto nächste Seite).

Wie es an den Kais seinerzeit aussah, erfährt man im ***Central Wharf Orientation Center*** (Film *»To the Farthest Ports of the Rich East«* auf Wunsch auch auf Deutsch). Noch lebendiger wird diese Zeit während Rangerführungen, die sich aber nur lohnen, wenn man gut Englisch versteht; Teilnahme frei.

Für die Stärkung der Besucher sorgt die ***Pickering Wharf*** mit Terrassen-Restaurants und Cafés; gut ist das »***Finz***«.

House of the Seven Gables

Der in Salem geborene Schriftsteller ***Nathaniel Hawthorne*** verewigte nicht nur das *Customs House* in seinem Roman *Scarlet Letter* (Der scharlachrote Buchstabe), sondern auch eines der ältesten noch erhaltenen Wohnhäuser Neuenglands (1668), das »Haus mit den sieben Giebeln« in seinem gleichnamigen Roman *House of the Seven Gables*. Auf dem Gelände sind heute noch andere Häuser aus verschiedenen Epochen zusammengetragen wie das Geburtshaus von Hawthorne. Ein Leckerbissen nicht nur für Literaturkenner. Schöner Garten und ***open-air-café***. (Turner Street, östlich der *Derby Wharf*, 10 min zu Fuß), Juli-Okt.10-19 Uhr (sonst bis 17 Uhr); Eintritt $12, Kinder $7; www.7gables.org.

Hexenshows/ -museen

Das Angebot an Hexen-Horror-Monster-Shows in Salem ist zahlreich (15!). Hier wird nur auf die eingegangen, die sich korrekt auf die schauerlichen Vorkommnisse von 1692/93 beziehen:

Das unverwüstlich populäre ***Salem Witch Museum*** (Washington Square/*Common* nahe dem *Visitor Center*) ist in einer düsteren ehemaligen Kirche untergebracht. Durch völlige Dunkelheit wird der Besucher in einen Raum geführt, wo nur ein Kreis von unten – wie das Fegefeuer – den Raum knallrot beleuchtet. Eine

Die »Friendship« (18. Jahrhundert-Nachbau) im Maritime Museum

Stimme beschwört die Verführungskraft des Teufels und erzählt das Drama der Hexenverfolgung aus der Sicht der Opfer. Zusätzlich gibt es eine Ausstellung zur Geschichte der Hexenverfolgungen durch die Jahrhunderte. Im Sommer 10-19 Uhr, sonst bis 17 Uhr, $7,50; www.salemwitchmuseum.com.

Dungeon

Im ***Witch Dungeon Museum*** (*Dungeon* = Gefängnis) in der 16 Lynde Street wird der Prozess gegen eine Bettlerin *Sarah Good* von Schauspielern im Originaltext nachgespielt – informativ, aber nicht leicht verständlich. Nach der Show geht's durchs rekonstruierte Verließ in den Folterkeller; 10-17 Uhr, $8.

Ähnlich – unter Beteiligung der Zuschauer als Jury – wird die Verhandlung gegen *Bridget Bishop* in »***Cry Innocent***« in der ***Old Town Hall*** am Derby Square inszeniert. Täglich Mitte Juni bis Ende August und Oktober, Zeiten unter © 978-867-4747; $8.

Witch House

Wer noch mehr Authentisches über Salems Hexenverfolgung wissen möchte, besucht das ***Witch House*** (Essex/North St), wo Richter *Jonathan Corwin* lebte und die Verhöre durchführte, $8.

Für »***Hexen-Fans***« gibt es verschiedene Kombi-Tickets; für drei Veranstaltungen zahlt man ab $15.

Restaurant

Neben den Lokalen der *Pickering Wharf* ist der ***Red's Sandwich Shop*** in einem historischen Haus in der 15 Central Street prima für ein herzhaftes Frühstück und *Lunch*.

Unterkunft

www.hauntedsalem.com/guidelodging.html

- ***Hawthorne Hotel***, Hawthorne Blvd im Zentrum von Salem (am *Common*), © (978) 744-4080 und © 1-800-729-7829; $105-$212; www.hawthornehotel.com
- ***Clipper Ship Inn*** (und Motel), 40 Bridge Street etwas außerhalb von Salem an der Straße #107 Richtung Cape Ann; gepflegtes Haus; © (978) 745-8022; $79-$150; www.clippershipinn.com
- ***Daniels House***, 1 Daniels Street östlich von Salem-Zentrum, fußgängernah zu allen Ortszielen; etwas überdekoriertes historisches Haus, Zimmer mit Kamin; © (978) 744-5709; $115-$135
- ***Stepping Stone Inn***, 19 Washington Sq North am *Salem Common*, historisches Haus mit Komfort; © (978) 741-8900 und © 1-800-338-3022, $95-145; www.thesteppingstoneinn.com

Preiswertere Quartiere findet man im ansonsten wenig attraktiven **Danvers**, 7 mi nördlich von Salem:

- ***Days Inn***, Zufahrt I-95, Exit 45, dann #128 *North*, *Exit* 24; mit Coupon $50-80, sonst bis $120, © (978) 777-1030.
- ***Comfort Inn***, Zufahrt I-95 *North*, *Exit* 44B zur #1, dann weiter in nordliche Richtung bis zur Center Street; mit Coupon $50-$80, sonst bis $159, © (978) 777-1700.

Kleine ***B&Bs*** unter www.visitmarblehead.com; alle über $100.

Camping

Der ***Winter Island Maritime Park*** ist der Salem nächste Platz: ab *Salem Waterfront* die Derby Street/Fort Ave nordöstlich; teuer $25/Zelt, $40/RV; ca. 60 Stellplätze.

nach Marblehead

Über die Lafayette Street (#114) lohnt sich ein Abstecher in das Fischerstädtchen ***Marblehead*** mit Lokalen, Shops Galerien und Quartieren in klassischen Holzhäusern; www.marblehead.org.

2.4.11 Cape Ann und Essex/Ipswich (www.seecapeann.com)

Abstecher

www.capeann vacations.com

Nach soviel Geschichte, Kultur und Urbanem lockt als Ausgleich 30 mi nordöstlich von Boston **Cape Ann**, ein landschaftliches Juwel, das sich mit *Cape Cod* durchaus messen kann. Der Besuch lohnt allemal – ob nun als Tagesausflug von Boston (Pendlerzug ab *North Station* nach Gloucester/Rockport/Essex/ Ipswich) oder als Abstecher auf dem Weg nach Maine.

Anfahrt

Von Boston auf der #1 Nord (zunächst identisch mit I-93) zur #128 Ost bis Gloucester, oder besser ab *Exit* 15 übers hübsche Manchester-by-the-Sea auf der küstennahen #127.

Gloucester

In Gloucester (30.000 Einwohner) steht unübersehbar an der #127 der Steuermann »***Man at the Wheel***«, eine der bekanntesten Statuen der US-Oststaaten; www.cape-ann.com/gloucester. html.

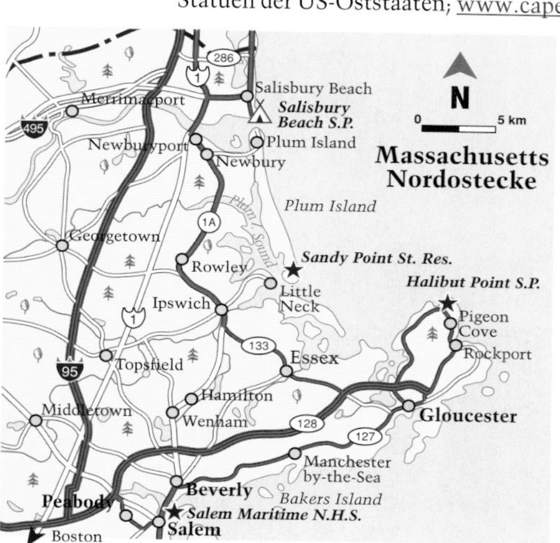

Die Hafenstadt ist u.a. populär wegen ihrer vielen ***Whale Watching Trips*** (entlang der Straße #127 nicht zu übersehen). Kostenpunkt: ca. $40, Kind $26, Mai-Sept.

Die große ***Rocky Neck Art Colony*** (am östlichen Ortsende; von der #127 oder #128 in die #127A, dann ausgeschildert) bietet jede Menge Kunst und Kunsthandwerk in schmucken alten Fischerhütten und ein vielfältiges gastronomisches Angebot.

Rockport

Die #127A schlängelt sich felsküstennah in schönem Verlauf bis zum Städtchen **Rockport,** Standort der meisten Cap Ann Urlauber, www.rockportusa.com.

Auf einer pierartigen kleinen Landzunge (***Bearskin Neck***) hinter dem Hafen bummelt man dort durch eine schnuckelige Ladenund Restaurantstraße mit viel Frischfischangebot.

Ein prima Frühstück bietet »***Helmut's Strudel***«, Meerestiere das urige Fischlokal »***Roy Moore***«; beide haben eine Open-air-Terrasse mit Blick übers Wasser.

Hinweis: Rockport ist (sogar in Lokalen) »**trocken**«, mitgebrachter Alkohol wird dort aber toleriert.

Halibut Point State Park

Verlässt man Rockport auf der #127 in Richtung Norden, passiert man bald ein fast mystisch wirkendes Fleckchen Erde, den ***Halibut Point State Park*** mit einem hohen Picknickplatz mit Blick aufs Meer und Spazierpfaden; im dazu verlockenden See unterhalb der *Picnic Area* (Steinbruch) ist das Baden leider verboten.

Crane Beach

Mit Abstand schönster Strand in Bostons Norden ist ***Crane Beach***, den man von *Cape Ann* kommend über die #128, dann #133 zwischen Essex und Ipswich auf der North Gate Road erreicht. Die 4 mi schneeweißen Strandes (Parken $7-$22 je nach Saison; Bus-Shuttle an den Strand von Essex und Ipswich!) erinnern an Cape Cod oder Sylt: bewachsene Dünen kulminieren im grünen ***Castle Hill***, der zusammen mit dem ***Crane Wildlife Refuge*** inmitten von Sümpfen und meandernden Wasserläufen die ***Crane Estate*** bilden, eine Stiftung der *Crane-Family*.

Eastern Point Lighthouse bei Gloucester

Strandlandschaft zwischen Gloucester und Rockport

Ein »kleines« Nebengebäude des ehemaligen Familienbesitzes dient heute als elegantes B&B: ***The Inn at Castle Hill*** mit 10 Zimmern, herrlichem Blick und schönen Spazierwegen, ab $200!). Wen die »Crane-Magie«fesselt, findet nahebei an der #133 mit dem einfachen ***Essex River House Motel*** ein prima Quartier. Es liegt ruhig am Wasser und vis-a-vis des weithin bekannten *Seafood-Restaurant* ***Woodsman's of Essex***, © 1-800-649-1773, in den Nebensaison nur bis 20 Uhr geöffnet.

Ipswich

Ipswich hat einen reizvollen kleinen historischen Distrikt, den man leicht übersieht. Hat die #133 die #1A erreicht, überquert sie alsbald den Ipswich River. Hinter der Flussbrücke geht es die erste Straße links in die Market Street. Jenseits der Bahngleise findet sich eine bunte Ladenzeile, an deren Ende (9 Hayward Street) der lebendige ***Ipswich Shellfish Fish Market*** echte ***Gourmet Seafood*** zum *take-out* offeriert (Mo zu); www.ipswich.com.

Lange Schlangen bilden sich häufig etliche Kilometer nördlich an der #1A/#133 vor der unübersehbaren ***Clam Box***, dem beliebtesten *Seafood Take-out* Lokal weit und breit.

Newburyport

www.newburyportchamber.org

Nächste Station an der #1A ist Newburyport, gut für ein Bummel im ***Waterfront Park***, über den Market Square und die angrenzenden Straßen (Pleasant Street, Brown Square).

- Gebäck gibt's in ***Greta's Great Grains Bakery*** (24 Pleasant)
- Gut sitzt und isst man im ***Black Cow Tap and Grill*** an der Waterfront, Merrimac Street.

Über die ***Plum Island Turnpike*** (ein *Causeway*) geht es ab Newbury auf die vorgelagerte gleichnamige **Insel** zu Stränden, Natur- und Vogelschutzgebieten mit ruhigen Spazierwegen (Parken $6).

Unterkünfte im Bereich Cape Ann/Essex

- ***Good Harbor Beach Inn***, One Salt Island Road (östlich von Gloucester; von der #127A bei Good Harbor hinter dem Strandparkplatz rechts in die Witham Street) direkt am Strand; $82-$139, © 1-877-327-4355; www.goodharborbeachinn.com

- ***Eagle House Motel***, 8 Cleaves Street, zentral gelegen in Rockport, klassisches weißes Holzhaus mit Sonnendecks, $80-$120, ✆ (978) 546-6292; www.eaglehousemotel.com
- ***Bearskin Neck Motor Lodge***, 64 Bearskin Neck in Rockport, prima Lage am Meer im Fischerviertel; ✆ (978) 546-6677 und ✆ 1-877-507-6272; $109-$159; www.rockportusa.com/bearskin

- ***Motel Peg Leg***, 10 Beach St (#127A), noch zentral in Rockport am Meer, sehr gepflegtes Haus; ✆ (978) 456-6945; $108-$155; www.motelpegleg.net
- ***Essex River House Motel***, 132 Main St, Essex; am Wasser, einfach, ✆ 978-768-6800; $75; www.essexriverhousemotel.com
- ***Whittier Motel***, 120 Country Road (#133), vom Ipswich Center 600 m auf der #133 East, ordentliches Motel; ✆ (978) 356-5205 und ✆ 1-877-418-0622, $105-$125; www.whittiermotel.com

Camping

- Die ***Salisbury Beach State Reservation*** ist weithin der einzige staatliche Campingplatz (riesig, 484 Plätze, Mitte April-Mitte Oktober): Er liegt 6 mi östlich von Salisbury abseits der #1A und dem Billigferienort Salisbury Beach nur wenige Meilen von Maine entfernt. An sich schöne Lage, lange breite Strände, 5 km Dünengebiet an der Mündung des Merrimack River; Zelte ab $20, ✆ (978) 462-4481; Reservierung ➪ Seite 160.

- Ein kleiner feiner Campingplatz ist ***Little River Campground*** mit einigen Plätzen für Zelte ($30) direkt am Wasser, RV-Stellplätze kosten $40, einfache Zimmern (*rustic rooms)* mit Gemeinschaftstoilette auch nicht mehr. Daneben gibt es private *Cottages* an einer stillen Bucht; abseits der Straße #133 bei Gloucester, 4 Stanwood Point, ✆ (978) 283-2616; www.capeannvacations.com

»Motive #1« nennt man die alte Fischmarkthalle, weil sie angeblich das meistfotografierte Motiv von Rockport ist

Breite Strände findet man noch in New Hampshire (hier) und im Süden von Maine, danach überwiegt Felsküste

2.5 Routen durch Maine (www.mainetourism.com)

2.5.1 Die Küstenroute: Anfahrt und Streckenführung

Anfahrt

Im folgenden ist Maines Küste von Kittery bis zum *Acadia National Park* beschrieben. Die knapp 70 mi von Boston (50 mi ab Salem) bis Maine überbrückt man schnell auf der – ab New Hampshire bis Maine gebührenpflichtigen – I-95. Abstecher und Zwischenziele am Wege (Rockport, Cape Ann, Newburyport, Salisbury Beach) wurden auf den vorstehenden Seiten beschrieben.

Die 20 mi lange **Küstenlinie von New Hampshire** (➪ Steckbrief Seite 325) ist – trotz einiger hübscher Abschnitte und weißer Strände – insgesamt nicht besonders sehenswert.

Verlauf I-95/ I-295

Von Kittery bis Augusta wird die I-95 – nun als ***Maine Turnpike*** bezeichnet – wieder zur *Toll Road.* Sie läuft bis Portland parallel zur #1 und zur Küste. Dort wendet sie sich nördlich landeinwärts und führt ab Augusta wieder als gebührenfreie *Interstate* über Bangor durch das nordöstliche Maine Richtung New Brunswick/ Canada. Wer rasch den ***Acadia National Park*** erreichen möchte, hat zur ***Turnpike*** und – im Anschluß daran – zur von Portland bis Brunswick küstennah verlaufenden **I-295** keine Alternative. Denn auf der #1 kommt man nur langsam voran. (**Achtung**: in bis 2004 gedruckten Karten gibt es z.T. abweichende Nummern).

Straße #1/ Kennzeichnung

Diese überwiegend breit ausgebaute Straße verläuft zwar immer küstennah, besitzt aber nur zwischen Rockland und Bucksport Teilstrecken am Wasser. Sie ist absolut **keine romantische Küstenroute**, von der aus man das »Bilderbuch-Maine« der Werbung einfach im Vorbeifahren genießen könnte. Über weite Strecken dominiert vielmehr die typisch amerikanische »Hauptstraßen-Infrastruktur«.

Südküste

Im südlichen Bereich bis Portland gibt es bei relativ gradlinigem Küstenverlauf eine Reihe von – in Maine sonst seltenen – langen **Sandstränden** mit flachem, daher wärmeren Meerwasser und Touristen-Rummel. Von Boston aus besteht eine Bahnverbindung (*Amtraks »Downeaster«*) zu den im folgenden beschriebenen Seebädern und nach Portland.

Zentrale Küste

Erst **ab Brunswick** ist Maine so, wie es auf den Postkarten aussieht: weit ins Land reichende Buchten, graue oder rosa (!), von den Wellen glattgeschliffene Felsen, Kiefern, versteckt liegende Kiesel- oder Sandstrände und glasklares, eiskaltes Wasser. Nur 16 Wochen im Jahr ist diese Küste eisfrei.

Halbinseln

Auf weit in den Atlantik hineinragenden Halbinseln findet man kleine Häfen mit bunten für den Hummerfang ausgerüsteten Booten. Nirgendwo auf der Welt schmecken ***Lobster*** besser als dort, ➪ Essay Seite 306.

Karten

Schon gleich von der Südgrenze an braucht man für das Befahren der #1, deren Nebenstrecken und abzweigende Stichstraßen zu den für Maine so typischen kleinen Halbinseln unbedingt genaueres (regionales) Kartenmaterial. Mit dem *Rand McNally* kommt man dort nicht weit und auch die offizielle, gratis ausgegebene Maine Karte reicht in vielen Ecken bei weitem nicht aus.

Stadt und Land

Die größeren Städte kann man – bis auf Portland – getrost links liegenlassen. Nach Geschichte und Zivilisation satt in Massachussetts sind an Maines Küsten Natur, Strände, idyllische Dörfer und kulinarische Genüsse angesagt.

Unterkunft/ Camping

Neben zahlreichen **Motels** an der Straße #1, die den üblichen amerikanischen Kategorien entsprechen, finden sich vor allem in den kleineren Orten individuelle Unterkünfte: **romantische *Country*** und ***B&B Inns*** ebenso wie **nostalgische Hotels**.

Leider sind im Sommer im Küstenbereich die Übernachtungskosten ziemlich happig; dazu ist oft alles früh ausgebucht.

***State Parks* mit *Campground* unmittelbar an der Küste gibt es kaum**. Von den privat betriebenen Campingplätzen – im Sommer oft überfüllt – liegen nur wenige direkt am Meer.

Fischerboote am Fähranleger von Deer Isle (von dort geht's zur Isle au Haut, einer zum Acadia NP gehörigen Insel; ➪ Karte Seite 315)

Steckbrief Maine/ME (www.visitmaine.com)

1,3 Mio Einwohner, 86.000 km^2, nach Fläche größter Staat Neu-Englands, **Hauptstadt Augusta** (19.000), größte Stadt **Portland** (65.000 Einwohner).

Maine ist geprägt durch eine **Hügellandschaft** mit zahllosen Seen und Flüssen, aus der hier und dort einzelne Erhebungen und Höhenzüge herausragen. 80% der Fläche sind bewaldet. Durch den Nordwesten ziehen sich Ausläufer der **Appalachen** mit dem ***Mount Katahdin*** als höchstem Berg (1.600 m). Die **Küste** ist zerklüftet und ähnelt mit 1.200 vorgelagerten Inseln und ungezählten felsigen Eilanden den Schären in Schweden und Finnland.

Landwirtschaft (Kartoffeln, Blaubeeren, Milcherzeugnisse, Geflügel) und **Fischerei** (besonders Hummer) sind wie der Tourismus wesentliche Erwerbszweige. **Industriebetriebe** in Maine arbeiten überwiegend im Bereich der Holzverwertung bzw. Papierherstellung, außerdem Textil/Leder.

Wichtigste **touristische Ziele** sind die Atlantikküste mit dem ***Acadia National Park***, die Seen und Flüsse im Hinterland sowie der noch von unberührter Wildnis geprägte ***Baxter State Park***. Für wetterfeste *Outdoor-Fans* bietet Maine unendlich viele Möglichkeiten.

Rafting, Kanu, Kayak (⇨ Seiten 305 und 319), Seakayak (⇨ Seite 319), Fahrradrouten (www.exploremaine.org/bike) und mehr, ⇨ ab Seite 727.

2.5.2 Die Südküste von Kittery bis Bath

Kennzeichnung

Wie angedeutet, ist die Infrastruktur an der Südküste voll auf den Tourismus eingestellt; entlang der Straße #1 finden sich zahllose **Motels** und ***Restaurants***, dazwischen aber immer wieder – etwas abseits – bemerkenswerte Sommersitze aus vergangener Zeit.

Outlet Center

www.thekitteryoutlets.com

Von Boston sind es auf der I-95 kaum. 90 min Fahrzeit bis zur Grenze New Hampshire/Maine. Kurz davor befindet sich ein ***State Liquor Outlet*** (preiswert, keine *Sales Tax*, ⇨ Seite 207), das allein schon wegen seiner schieren Größe den Besuch lohnt.

Im »Grenzort« **Kittery** gibt es entlang der #1 jede Menge ***Factory Outlets*** für Markenartikel; beliebt ist der ***Kittery Trading Post*** für *Outdoor*-Bedarf (www.kitterytradingpost.com). Die ehemals exklusiven Yorks – **York Harbor**, **York Village** und **York Beach** – haben sich heute ganz auf den Tourismus eingestellt.

Ogunquit Beach

Populäres Ferienziel vieler Frankokanadier aus Québec ist die ca. 3 mi lange ***Ogunquit Beach*** (www.ogunquit.org) auf einer vorgelagerten Landzunge. Den ruhigeren Teil des Strandes erreicht man von der #1 über die Ocean Street und eine Fußgängerbrücke (Parken frei) etwa 2 mi nördlich des Ortskerns, dessen Restaurants und Coffee Shops sich am Ogunquit Square an der #1 (hier Main Street) drängen. Auch der stärker frequentierte Zugang zum Strand über die Beach Street (Parken $5) befindet sich dort.

Von der einstigen »alten Herrlichkeit« Ogunquits ist um **Perkins Cove** noch am meisten erhalten geblieben (zu erreichen von der #1 über die Shore Road):

Perkins Cove

Das einstige Fischerdorf bzw. die gern erwähnte Künstlerkolonie ist aber kaum noch zu erahnen. Die alten Häuschen sind aufgestylt und überwiegend umfunktioniert zu Souvenir- und *T-Shirt Shops*. Auf den Terrassen der **Restaurants** sitzt man – dank Meerblick – dennoch angenehm, wenn es nicht zu voll ist. Ein schöner Pfad, der ***Marginal Trail***, führt um die Halbinsel Israel's Head bis fast ins Zentrum (ca. 2 km bis Shore Road/Obed's Lane).

Ein ***Trolley*** ($1) verkehrt kontinuierlich zwischen den Stränden, durch **Ogunquit** und **Perkins Cove**.

Unterkunft

In den **Yorks**, **Ogunquit** und **Wells** warten an der #1 viele Motels und Hotels auf Gäste; besonders schön liegt das ***Riverside Motel*** in Perkins Cove, ✆ (207) 646-2741; www.riversidemotel.com.

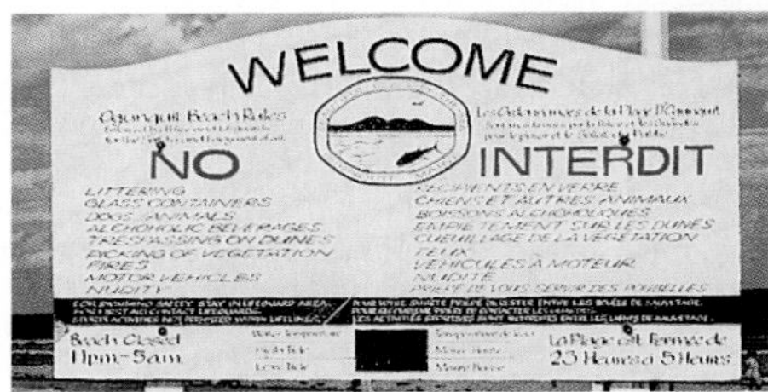

Strandregeln an der Ogunquit Beach: Französisch als zweite »Amtssprache«

Kennebunkport/

Der schönste Ort in diesem Küstenabschnitt ist Kennebunkport an der Straße #9, bekannt als Sommerresidenz der Präsidentenfamilie *Bush*. www.kennebunkport. Der **Docks Square** im Zentrum unweit der Brücke über den *Kennebunk River* mit Läden und Restaurants lohnt einen Bummel. Dort biegt die **Ocean Ave** von der #9 ab und schlägt einen Bogen um das *Cape Arundel*. Auf ihr gewinnt man einen guten Eindruck vom Wohlstand der hier seit Generationen ansässigen wie urlaubenden *High Society*. Auf einer Halbinsel (*Walker's Point*) steht das Anwesen der Präsidentenfamilie ***Bush***. Fotografieren ist nicht möglich, denn auf der Ocean Ave gilt Parkverbot. Eine kommentierte ***Trolleytour*** (ca. 45 min; www.intowntrolley.com) vermittelt 1.000 Einzelheiten zu den Häusern und speziell über die Familie *Bush* ($13/$6).

Hochzeitskuchenhaus

Ein vielfotografiertes Motiv ist auch das ***Wedding Cake House*** (»*gothic revival*«), ein Holzhaus mit reichen Verzierungen. Um 1800 wurde ein frisch getrauter Seemann plötzlich an Bord seines Schiffes gerufen, so dass sich der Hochzeitskuchen nicht mehr gemeinsam anschneiden ließ. Nach seiner Rückkehr baute der junge Ehemann seiner Auserwählten das Hochzeitskuchenhaus an der Straße Kennebunk–Kennebunkport (#35/#9A).

Strände

Die **Beach Ave** trägt ihren Namen zu Recht: Sie zweigt auf dem Westufer des Kennebunk River von der #9 ab und führt zu den Stränden ***Gooch's*** und ***Kennebunk Beach***. Wer auf der #9 Richtung Norden weiterfährt, stößt auf den Fischerhafen bei **Cape Porpoise** und – etwas weiter – auf die tolle ***Goose Rocks Beach***.

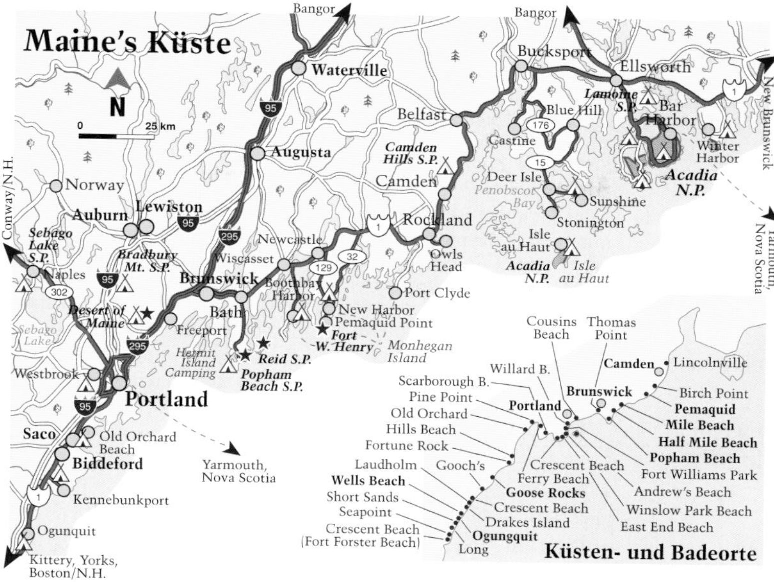

Museum

Straßenbahn-Fans werden das ***Seashore Trolley Museum*** mit über 200 Waggons aus aller Welt nicht auslassen – selbst die ***Streetcar Named Desire*** aus New Orleans fehlt nicht: ab Dock Square über die North Street 5 km landeinwärts zur Log Cabin Road. Im Sommer tägl. 10-17 Uhr; $8, bis 16 J. $5,50; www.trolleymuseum.org.

Unterkunft

In einigen der Villen am **Scenic Drive** der Ocean Ave befinden sich heute elegante Restaurants und teure ***Inns*** wie das ***Captain Lord Mansion*** (ab $149 Nebensaison, ✆ (207) 967-3141; www.captainlord.com). Bis Ende Juni/nach *Labor Day* ist das Preisniveau in vielen Fällen im Verhältnis zur Leistung durchaus moderat, z.B. kostet das mitten im Ort am Wasser gelegene ***The Landing*** $75-$95, (✆ 207-967-4221; www.landingintheport.com).

Einfacher kommt man in Cape Porpoise unter, keine drei Meilen von Kennebunkport entfernt:

- ***Cape Porpoise Motel,*** an der #9 Richtung Norden beim *Fishing Pier* mit Hafenlokalen, $45-$130, ✆ (207) 967-3370, www.capeporpoisemotel.com.
- ***Ocean Woods Resort***, 800 m von der *Goose Rocks Beach* entfernt, $85-$195, ✆ (207) 967-1928; www.oceanwoodresort.com

- Genau so nah ist es vom sehr großzügigen ***Salty Acres Campground*** am Fluß (beste Stellplätze sind 172-186), ✆ (866) 967-2483, ab $25; www.saltyacrescampground.com.

- Ebenfalls dort befindet sich ***The Inn at Goose Rocks*** etwas abseits der #9 an der Zufahrt zum Strand; © (207) 967-1928 und © 1-800-457-7688, $85-$195; www.innatgooserocks.com.

Straße #208/ Biddeford Pool

Die #208 führt von der #9 auf eine Landzunge, an deren Ende man schon mal einen Vorgeschmack auf das »echte« Maine bekommt: ein paar Häuser, ein Lobsterpot, eine *Grocery* und ***The Lodge at Biddeford Pool***, große Zimmer, *shared kitchen*, Frühstücksraum, © (207) 284-7148, $95-$145; www.bplodge.bizland.com.

Old Orchard Beach

Folgt man der #9 nördlich, gerät man in **Old Orchard Beach** (10 km weißer Strand!) wieder in touristischen Trubel mit einem 5 km langen *Boardwalk*, Karussells, Achterbahnen, Spielhöllen, *Hot Dogs* und Zuckerwatte. Den flach abfallenden Strandstreifen nennt man – wegen der vielen Besucher aus Franko-Canada – auch die ***Canadian Riviera***; www.oldorchardbeachmaine.com.

Unterkunft

Entlang der 10 km langen Strandzone warten enorme Bettkapazitäten auf Gäste. Die Tarife orientieren sich an der Strandnähe:

- Selbst im Hochsommer noch halbwegs preiswert ist das kleine ***Atlantic Birches Inn B&B***, 20 Portland Avenue, © (207) 934-5295, ab $96, keine Strandlage; www.atlanticbirches.com
- ***Flagship Motel***, 54W Grand Ave, nur einen Block vom Strand entfernt, $39-$129; © (207) 934-4866; www.flagshipmotel.com
- ***The Gull Motel,*** 89 W Grand Ave, © (207) 934-4321, $60-$160; www.gullmotel.com

Portland/

www.visitportland.com

Die **Hafen-**, **Industrie-** und **Universitätstadt** Portland ist mit 65.000 Einwohnern Maines einzige »*City*«. Das kleine renovierte ***Old Port Exchange***-Viertel zwischen Pearl, Wharf, Exchange und Middle Street verdient Aufmerksamkeit. In bescheidenen roten Backsteingebäuden finden sich **Buchläden, *Coffee Shops*, Restaurants** und **Galerien.** Die Atmosphäre ist entspannt-gemütlich; Zufahrt zum Zentrum: von der I-295, *Exit* 7, bis Congress oder Commercial Street an der *Waterfront*; ***Visitor Center***, in der 245 Commercial St, im Sommer Mo-Fr 8-17, Sa/So 10-17 Uhr.

Downtown

Die Congress Street hat neben Banken und Versicherungen vor allem Restaurants und Boutiquen. Eine junge urbane Bevölkerung hat wieder von der Innenstadt Besitz ergriffen. Hier befindet sich auch das exzellente ***Portland Museum of Art*** (Entwurf: *I. M. Pei)* am Congress Square. Es stellt neben *Picasso, Monet* und *Renoir* auch Werke von US-Künstlern aus (*Wyeth, Homer*), Di-So 10-17 Uhr, Fr bis 21 Uhr, frei ab 17 Uhr. Eintritt $10, $4 bis 17 Jahre; www.portlandmuseum.org.

Moderne Kunst gibt's im ***Institute of Contemporary Art at Meca*** (522 Congress Street, Mi-So 11-17, gratis; www.meca.edu).

Über ***Henry Wadsworth Longfellow*** (➪ Seite 625) erfährt man alles auf einerFührung in der 489 Congress Street; dort verbrachte er die Jugend. Mo-Sa 10-16 Uhr, $8. Ein Denkmal für den berühmten Sohn der Stadt steht am Longfellow Square/Congress Street).

Für die leiblichen Genüße sorgt der ***Public Market***, eine quirlige Markthalle, Cumberland/Pebble St (Mo-Sa 9-19, So 10-18 Uhr).

Commercial Street

Die Kais der Commercial Street reflektieren die typischen Aktivitäten eines Fischerei- und Industriehafens. So 11 Uhr und Mo-Do 12 Uhr finden auf dem ***Portland Fish Pier*** Fischauktionen statt.

Nahebei gibt es **Fischläden** (z.B. *Harbour Fish Market* auf der *Customs Wharf*) und zünftige Kneipen, wie z.B. das ***J's Oyster*** auf dem *Portland Pier*. V

Schiffsausflüge

Vom ***Maine State Pier*** (Commercial/Franklin Street) fahren die Schiffe der ***Casco Lines*** zu zahlreichen vorgelagerten bewohnten Inseln. An Bord bekommt man einen ersten Eindruck von Maines zerklüftFteteter Nordküste. Fahrpläne in der *Visitor Information* und am ***Casco*-Anleger**. Im Sommer finden zusätzlich spezielle Touristenfahrten statt: ab $11,50; www.cascobaylines.com.

Schnellfähre Portland–Yarmouth/Nova Scotia

✆ 1-888-249-7245 www.nfl-bay.com www.catferry.com

Die schnellste Autofähre Nordamerikas (mit Spielkasino!).

The Cat verkehrt Ende Mai bis Mitte Oktober von Portland und Bar Harbor nach Yarmouth; ➪ Seite 321.

Leuchttürme/ Picknick

Der älteste Leuchtturm von Portland (1791) liegt reizvoll beim *Fort Williams* – ein herrliches **Plätzchen zum Picknicken**. Zufahrt:Richtung *Cape Elisabeth*. Auf der 77 (Ocean Avenue) über die Brücke nach Süden, dann links über die Cottage Road, weiter auf der Shore Road. Am südlichen Ende von Cape Elisabeth (Straße #77, dann Two Lights Road) gibt es im ***Two Lights State Park*** zwei weitere Leuchttürme mit einer ausgezeichneten ***Lobster Shack***, Tische direkt am Wasser (11-20 Uhr).

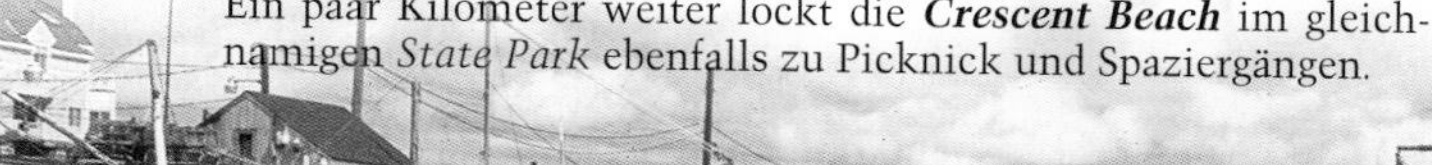

Ein paar Kilometer weiter lockt die ***Crescent Beach*** im gleichnamigen *State Park* ebenfalls zu Picknick und Spaziergängen.

Bootshafen in Portland

2

L.L. Bean: Synonym für Qualität und Kulanz (www.llbean.com)

Die meisten Europäer dürften diesen Namen, den jedes amerikanische Kind kennt wie *Coke* oder *Pepsi,* noch nie gehört haben. Über 100 Mio.Kataloge, in denen sich alles findet, was das Herz von *Outdoor*-Enthusiasten höherschlagen läßt, verschickt die Firma *Bean* pro Jahr. Und rund 4 Mio. Kunden besuchen alljährlich ***L. L. Beans Outdoor*-Kaufhaus** in Freeport. Dort geht es täglich rund um die Uhr hoch her. Es gibt hauptsächlich sportliche Kleidung für jedermann und hochwertige Campingausrüstungen mit allen erdenklichen Zubehör; in einer weiteren Halle können sich Jäger und Angler eindecken.

L.L. Bean wurde um die Jahrhunderwende mit einem Spezialschuh für Fischer und Jäger bekannt. Bis zum Knöchel war er aus Gummi – gegen Feuchtigkeit – und bis zur Wade aus Leder – gegen Kälte. Diese simple Idee wurde zum Renner unter den Flinten- und Blinker-Männern. Das Produkt hielt auf den Hochsitzen und Bootsstegen aber nicht, was es versprach. Die Verbindung zwischen Gummi und Leder war nicht dicht, Feuchtigkeit und Kälte krochen durch die Naht. *L.L. Beans* pfiffige Reaktion auf die Reklamationswelle sorgte damals für Aufsehen und machte ihn bekannt: Er nahm alle Schuhe zurück und ersetzte sie durch ein Paar einer verbesserten Serie.

Seither ist mit dem Namen *L.L. Bean* nicht nur Qualität, sondern auch 100%ige Kulanz verbunden. Einer der »Urschuhe« ist in einem Glaskasten ausgestellt. *Bean* sei Dank können immer mehr Menschen nun immer besser ausgerüstet und komfortabler der Natur zu Leibe rücken. Zum Ausgleich unterstützt die Firma Umweltschutzorganisationen und druckt gar ihre Katalogwälzer nur auf Umweltschutzpapier; weitere Infos ➪ Website oben.

Unterkünfte

Diverse Ketten sind in Portland mit Häusern vertreten, z.B.:

- in Hafen- und Restaurantnähe ist das ***Portland Regency*** in einem viktorianischen Backsteingebäude die beste Wahl; 20 Milk St, © (207) 774- 4200 oder © 1-800-727-3436, ab $190
- Gut besetzt mit **Motels** und ***Shopping Malls*** aller Kategorien ist die **Straße #1 in South Portland**.

Wer in dier Region übernachten möchte, sollte ggf. noch 15 mi weiter bis Freeport fahren, denn dort gibt es im Umfeld der *Outlet-Shopping* Szene zahlreiche preiswerte Motels direkt an der #1, viele davon akzeptieren *Discountcoupons*.

Camping

- Der einfache Platz im kleinen ***Bradbury Mountain State Park*** bei Pownat, 15 mi nördlich von Portland (landeinwärts auf der #9), ab Freeport 6 mi, eignet sich gut für eine Nacht.
- Südlich von Portland liegt bei Scarborough der ***Campground Wassamki Springs***, ein sehr großer Platz, familienfreundlich

mit Badesee, Sportanlagen und Programm für die Kids, jedoch im Sommer teuer ab ca. $43, NS $25-$32; I-95, *Exit* 46, dann #22 ca. 4 mi nach NW, rechts Saco Street, ✆ (207) 839-4276.

- Etwa 25 mi nordwestlich von Portland – Straße #302 zwischen Raymond und Bridgton – liegt die Sebago/Long Lake Region mit dem ***Sebago Lake State Park*** am glasklaren See.

Delorme in Yarmouth

Auf der Fahrt von Portland Richtung Norden auf der I-295 oder der parallel verlaufenden #1 lohnt ein Stop bei Yarmouth (*Exit* 17 von beiden Straßen), Sitz des Kartographie-Riesen ***Delorme***. Sowohl der tolle *Shop* als auch »***Eartha***«, ein enormer Globus, der die Erde detailliert aus dem All zeigt, lohnen den Besuch. *Eartha* ist »***The World's Largest Revolving Globe***«. Täglich 9.30-18 Uhr; www.delorme.com/about/eartha.aspx.

Freeport Factory Outlets

Der nächste – auf keinen Fall auszulassende – Stopp gilt dem Städtchen Freeport bzw. seinen ***Factory Outlets*** entlang der #1. Dort beherrscht der Ausrüster ***L.L. Bean*** die Szene, ➩ Kasten

Ein paar Meilen südöstlich von Freeport kann man im ***Wolfe's Neck Woods State Park*** picknicken und eine schöne 2-stündige Wanderung machen.

Desert of Maine

Die ***Desert of Maine*** liegt nahe Freeport westlich der I-295, *Exit* 20 zur Desert Road. Die kleine »Wüste« mit erstaunlich hohen **Sandverwehungen** ist Überbleibsel eines Gletschers der letzten Eiszeit. Der helle Sand der Grundmoräne war Tausende von Jahren von schwarzer Erde bedeckt. Die landwirtschaftliche Nutzung der letzten Jahrhunderte trug jedoch die dünne Krume ab und förderte mehr und mehr Sand zutage, bis Ackerbau und Viehzucht unmöglich wurden. Heute wird das ca. 25 ha große (in Privatbesitz befindliche) Wüstengelände touristisch vermarktet. Am Eingang begrüßt ein künstliches Kamel die Besucher; Jeep und *Wüsten-Trolley* dienen als Transportmittel bei Führungen, täglich 9-17 Uhr, $9/$6/$5; www.desertofmaine.com.

Camper dürfen am Rand der Wüste übernachten; Reservierung: ✆ (207) 865-6962, geöffnet Mitte Mai bis Mitte Oktober, ab $24.

Brunswick

Nächste Stadt am Wege ist Brunswick, Amerikanern eher geläufig, weil hier *Harriet Beecher-Stowe* wohnte (beim Campus des *Bowdoin College*), während sie ***Onkel Toms Hütte*** schrieb. Von dort bis Bath ist die **Straße #1 autobahnartig** ausgebaut.

In der »Wüste« von Maine

2

Bath

www.visit bath.com

www.maine maritime museum.org

Einen Zwischenstop wert ist das südlich der Stadt *Bath* gelegene ***Maritime Museum***. Dazu verlässt man knapp vor der Brücke über den Fluss die #1, passiert die ***Bath Ironworks*** (Marine-Werft) und fährt noch ca. 1 mi die Washington Street hinunter. Auf einem herrlich am Fluß gelegenen, alten Werftgelände wird gezeigt, wie einst große Segelschiffe gebaut wurden. Einer der letzten aktiven Fischerei-Schooner liegt zur Besichtigung vor Anker. Eine von *L.L. Bean* gesponserte ***Lobstering Exhibition*** informiert umfassend über Hummer und das Leben der Lobsterfischer. Tägl. 9.30-17 Uhr; $10; 7-17 Jahre $7; www.bathmaine.com

Camping

Die Straßen #209/#216 führen (14 mi ab Bath) zum **schönsten Campingplatz an Maines Küste**:

- Die Stellplätze (Zelte, Vans und kleine Pick-ups, keine Motorhomes) auf dem ***Hermit Island Campground*** liegen an sandigen oder felsigen kleinen Buchten am Meer und einem ruhigen Nebenarm des *Kennebec River* unter schattigen Bäumen. Wer dort unterkommt, wird sich garantiert wohlfühlen. Für die Sommersaison möglichst langfristig reservieren: ***Camping Hermit Island***, 42 Front Street, © (207) 443-2101; im Sommer ab $34, sonst $30; www.hermitisland.com.

  Vor Ort gibt es nur einen kleinen Laden, in dem man ***Live Lobster*** kaufen und ggf. gleich kochen lassen kann. Ein paar Meilen nördlich vom Platz (#216, dann links in die #217) weisen Schilder zum ***Water's Edge***, wo es an Picknicktischen am Wasser ebenfalls *Lobster* gibt.

- Ein weiterer *Campground* liegt im Bereich Phippsburg: ***Meadowbrook Camping*** mit ***Cabins*** ebenfalls über die #209; 2,5 mi nach Winngance, dort beim Laden rechts, dann noch ca. 3 mi, © 1-800-370-2267 oder © (207) 443-4967, *Cabins* $75.

Hermit Island

Ein Ausflugsziel auf *Hermit Island* ist der ***Popham Beach State Park*** (ohne Camping, Straße #209). An seinem langen Sandstrand mit vorgelagerten Inselchen kann man vor allem bei Ebbe herrlich spazierengehen. Ca. 2 mi vor der Einfahrt zur *Popham Beach* am Ende der #209 stößt man auf die gleichnamige Siedlung und ein nie vollendetes Fort. Ein erster Siedlungversuch der Engländer war hier im Jahr 1607, 13 Jahre vor der *Mayflower*, gescheitert.

In ***Spinney's Guest House*** (mit Restaurant), auch *Cottages* und *Apartments* mit Küche, kann man (sehr) ruhig am Wasser wohnen. Im *Guest House* mit Gemeinschaftsbad, $50-*$79, Cottages/Apartments* ab $119, Minimum 2 Nächte, © (207) 389-2052.

Reid State Park

Der nächste Abstecher führt zum sehr schönen ***Reid State Park*** (bei Bath), gleich nach der Brücke über den Kennebec River auf die Straße #127. 14 mi sind es noch bis zu zwei meilenlangen Sandstränden und felsigen Abschnitten mit Picknicktischen. In der wärmeren, ruhigen Lagune können Kinder gefahrlos planschen. Von *Todd's Point Parking* hat man Zugang zu beiden Stränden.

Hermit Island Campground: Stellplätze (nur für Zelte) an einer Sandbucht direkt am Meer

Kennebec River Route nach Québec oder Rundfahrt durchs Binnenland von Maine

Ab Brunswick führt eine direkte Strecke durch das Binnenland von Maine nach Québec City: zunächst die **I-295** (die sich bei *Exit* 51 wieder mit der I-95 vereinigt) und dann weiter auf der **I-95** bis *Exit* 133, und von dort die landschaftlich reizvolle **Straße #201** weiter am Kennebec River entlang. Nach Überqueren der Grenze geht es auf der Straße #173/#73 nach Québec City (insgesamt ca. 230 mi). Von Solon bis zur kanadischen Grenze ist die #201 ein sog. ***National Scenic Byway***, eine besonders schöne Nebenroute.

Herrliche Ausblicke in die Täler des Flusses – vor allem zwischen **Solon** und **West Forks** – und im weiteren Verlauf die unzähligen kleinen Seen und Flüsse am Wege bis **Jackman** sind der Lohn für die Wahl dieser Route. Da Mitte der 70er-Jahre das Flößen verboten wurde und seither keine Holzstämme mehr den Kennebec River hinunterschwimmen, haben die *River Rafter* den Fluß entdeckt. Im Bereich West Forks bieten über 20 *Firmen* ***Whitewater-Rafting*** und Kanu-Touren an. Mehr als 30.000 Touristen »bezwingen« heute in jeder Saison mit Schlauchbooten die Stromschnellen des *Kennebec Dead River* (Websites von Anbietern ⇨ Seite 326f im Abschnitt »*Baxter State Park*«).

Auch wer nicht nach Québec möchte, könnte die Straße #201 abfahren, etwa als Teil einer **Rundfahrt** durch das einsame Hinterland von Maine, z.B. über die Straßen #6/#15 und den **Moosehead Lake**, den größten See in Maine mit fast 700 km felsig rauher Küstenlinie. In Rockwood und Greenville kann man Kanus mieten und/oder sich von Wasserflugzeugen in der Einsamkeit absetzen lassen.

Camper finden u.a. im ***Old Mill Campground*** (südlich von Rockwood) und im wunderschönen ***Lily Bay State Park*** (10 mi nördlich von Greenville) Stellplätze direkt am See. **Unterkünfte** jeder Art, von rustikalen *Cabins* bis zu teuren *Resort Hotels*, gibt es in großer Zahl sowohl im Bereich des Kennebec River als auch am Moosehead Lake.

Hummer

Hummer haben nicht nur eine merkwürdige Gestalt. Auch im Körper geht fast alles drunter und drüber: Ihr Herz schlägt unter dem Rücken, ihre Zähne kauen im Magen, ein Ausscheidungsorgan liegt unmittelbar hinter dem Mund, ihr Geschmacksnerv in den Antennenspitzen, und als männliches Begattungsorgan dient das umfunktionierte erste Hinterleibs-Beinpaar. Trotz dieses Organ-Kuddelmuddels überlebt er seit 1 Mio. Jahren, gedeiht in Maine zur Zeit wieder prächtig und findet reichlich Abnehmer.

Hummer sind Glieder- bzw. Zehnfüßer (das erste Beinpaar ist zu Scheren umgestaltet) und gehören zur Familie der Schalen- und Krustentiere, von denen es zigtausend Arten gibt. Über deren korrekte Bezeichnungen herrscht weltweit babylonische Verwirrung. Allein 10.000 Großkrebsarten, 5.000 Krabben- und 3.000 Garnelenarten sind zu unterscheiden. Vor der nordamerikanischen Ostküste, wo der Hummerfang um 1800 begann, lebt der ***Northern Lobster*** (*Homarus americanus*), ein unmittelbarer Verwandter des etwas schlankeren europäischen Hummers (*Homarus gammarus* oder *vulgaris*), wie wir ihn bei Helgoland finden.

Der Hummer liebt Felsspalten und kühles Wasser (5-20 °C). Er ist ein typisches Nachttier und Allesfresser; seine Nahrung bilden Würmer, Muscheln, die er mit der dicken Schere knackt und tote Fische, die er mit der schmalen Schere schneidet. Selbst wehrlose Artgenossen bleiben nicht verschont. Unter anderem werden auch damit die hölzernen Hummerfallen bestückt, die aus zwei Kammern bestehen: Der Eingang führt in den *bedroom*, von dem aus das gefangene Tier zur *kitchen* mit dem Köder gelangt. Mit kunterbunten Korkbojen bis zu 40 m tief vertäut, findet jeder Fischer seine Hummerkörbe wieder. 40.000 t Lobster werden jährlich vor Maine, Neufundland und Labrador gefangen. Um den Bestand zu wahren, ist die Hummersaison in vielen Gegenden auf zwei Monate begrenzt, und Jungtiere, deren Brustpanzer keine 8 cm lang sind (weniger als 500 Gramm), gehen wieder über Bord. 50-jährige Prachtexemplare werden bis zu 80 cm lang und 10 kg schwer.

Bei der Paarung im Spätsommer übernimmt das Weibchen das Samenpaket und bewahrt es über den Winter in einer Samenblase auf. Erst im folgenden Sommer erfolgt die Befruchtung und Eiablage. Die Lobster-Frau legt sich auf

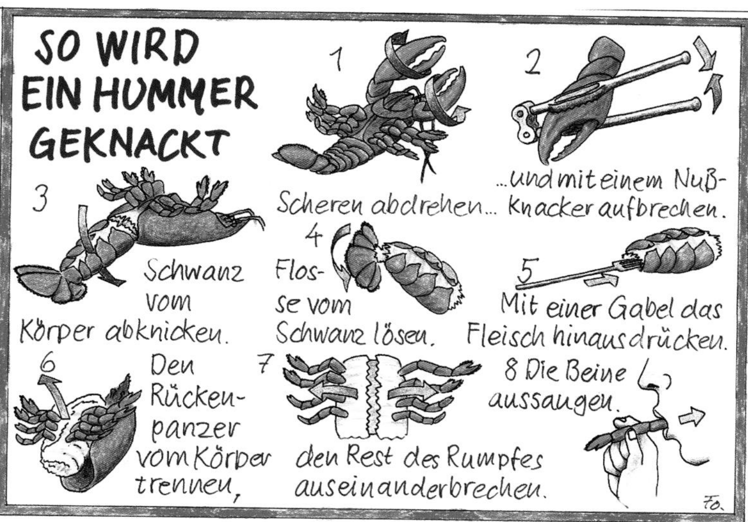

den Rücken und klebt den Laich, 5.000-40.000 Eier, für 10-12 Monate unter ihrem Hinterteil fest. Die 8 mm langen Larven schwimmen die ersten zwei Wochen frei im Wasser und werden erst nach drei Häutungen zu Bodentieren. Solche Häutungen finden auch später alle zwei Jahre statt. Das wachsende Körpervolumen spaltet dabei den Rücken auf, das ungeschützte Tier versteckt sich drei Wochen lang in einer Höhle, wo sich die Haut zu einem neuen Panzer aus Chitin und Kalk verhärtet.

SO WIRD EIN HUMMER GEKNACKT
1
Scheren abdrehen...
2
...und mit einem Nuß-knacker aufbrechen.
3
Schwanz vom Körper abknicken.
4
Flosse vom Schwanz lösen.
5
Mit einer Gabel das Fleisch hinausdrücken.
6
Den Rückenpanzer vom Körper trennen,
7
den Rest des Rumpfes auseinanderbrechen.
8 Die Beine aussaugen.
Fo.

Gourmets lassen derartige *Softshell*-Tiere sowie Weibchen liegen. Das Männchen erkennt man an dem hintersten Paar der Gliederfüße, die zu ca. 2 cm langen, nach vorn unter die Brust geklappten Beinchen rudimentierten. Aus ihnen werden die Samenpakete abgegeben. Beim Weibchen ist dieses Beinpaar noch verkümmerter und ähnelt zwei Stacheln.
Wer eine Geschlechtsbestimmung am lebenden Tier vornimmt, muss behutsam vorgehen, denn das Schlagen mit dem Schwanz kann den Fingern genauso gefährlich werden, wie das Kneifen der Scheren. Mit einem einzigen Schlag, mit dem der Lobster normalerweise seine Flucht nach hinten antritt, schnellt er in einer Sekunde bis zu 7m zurück, das entspricht fast 50 km/h.

Hummer kocht man so: das lebende Tier kopfüber in kochendes Wasser stürzen – es ist trotz der Zuckungen auf der Stelle tot – und bei etwas reduzierter Hitze köcheln lassen. Ein *Lobster* von 500 g ist nach 12 min richtig gar. Das nächste Pfund verlängert die Kochzeit um 10, jedes weitere Pfund das Garen um zusätzliche 5 Minuten. Ein Kilo Hummer braucht also 22 Minuten. Wer für die ersten 500 g nur 8-10 Minuten rechnet, liebt das Schwanzfleisch nicht weiß, sondern glasig. Überall im Nordosten des Kontinents liegen Merkblätter aus: ***How to eat a lobster****!* Noch besser als mit einem Nußknacker geht es mit einer Hummerschere.

2

Lobster Shacks

Niemand sollte sich die *Lobster Shacks* in dieser Gegend entgehen lassen. Der urigste mit tollem Blick aufs Wasser (Maine pur) ist – etwas versteckt – ***Mama Di's***: den Schildern ab der #127 folgen und nicht aufgeben. Leichter zu finden sind die ***Shacks in Five Islands Harbor*** am Ende der #127.

Camping

- Der angenehme ***Campground Sagadahoc Bay*** (© 207-371-2014) befindet sich an der Zufahrt zum *Reid State Park* (2 km)

Zwei schöne Unterkünfte liegen beim *State Park* am Wasser:

- Das ***Grey Haven Inn***, ab $160, © (207) 371-2616 und © 1-800-431-2316), www.greyhavens.com, sowie das
- ***B&B The Mooring***, ab $140, © (207) 371-2790, © 1-866-828-7343; www.themooringb-b.com

2.5.3 Die zentrale Maine-Küste und Acadia N.P.

2 mi östlich Wiscasset zweigt von der #1 die #27 nach **Boothbay Harbor** ab, einem – sehr touristischen – Bilderbuchstädtchen. Ein Abstecher dorthin, ggf. verbunden mit einem Bootstrip nach **Monhegan Island** (⇨ Kasten rechts), kann nur empfohlen werden!

Kurz vor Boothbay passiert man das ***Railway Village***, ein nachgebautes alt-neuenglisches Dorf. Neben nostalgischer Eisenbahn gibt es eine Ausstellung von ***50 Oldtimern*** und ***Trucks***. Juni-Okt., 9.30-17 Uhr; $8, unter 16 Jahre $4; www.railwayvillage.org.

Boothbay Harbor

Boothbay Harbor besitzt einen malerischen Hafen. Windjammerflotte und Ausflugsboote bieten ***Sightseeing***, ***Whale Watching*** und Tiefseefischen. An Land laden **Restaurants** zu ***Seafood*** und zahlreiche **Shops** zu Bummel und Einkauf ein; www.boothbayharbor.com. An der Atlantic Ave (Fußgängerbrücke auf das andere Buchtufer) gibt es diverse Hummerimbisse, urig ist ***Lobsterman Cooperative*** etwa 1 mi vom Zentrum entfernt.

Unterkunft

In Boothbay Harbor findet man die meisten guten Quartiere weit und breit, viele davon in schönen alten Häusern mit Meerblick.

- ***Harbor House Inn*** nahe dem Zentrum, 6 große Zimmer, 80 McKown Street, © (207) 633-2941 und © 1-800-856-1164, $95-$115, mit Frühstück; www.harborhouse-me.com
- In der gleichen Straße #60 hat das ***Topside Inn***, ein klassisches Holzhaus auf günem Rasen, viele unterschiedliche Zimmer, © (207) 633-5404, $135-$165; www.topsideinn.com

Preiswerte Motels am Wasser sind:

- ***Cap'n Fish's Motel und Marina,*** etwas in die Jahre gekommen am Hafen jenseits der Brücke an der Atlantic Ave, © (207) 633-6605, © 1-800-633-0860, $70-$150; www.capnfishmotel.com
- Das ***Ship Ahoy Motel*** in Southport (auf der #27 an Boothbay vorbei, dann nach der Hängebrücke auf die #238, 5 min. von Boothbay Harbor). Ruhig am Wasser. In den neueren Gebäuden auch in der Hochsaison »nur« $89, © (207) 633-5222

Ausflug nach Monhegan Island (www.monheganboat.com)

Diese nur 3 km lange und 1,5 km breite, **autolose** Insel, 20 km vor der Küste, ist einen Ausflug wert. Sie steht für ein unverfälschtes, vom Tourismus kaum berührtes Maine.

Von folgenden Häfen kann man zur Insel übersetzen:

- Die *Balmy Days II* fährt im Hochsommer täglich um 9.30 Uhr ab **Boothbay Harbor**, Rückfahrt 14.45 Uhr, Fahrzeit 90 Min; © (207) 633-2284 und © 1-800-298-2284, $32/$18; http://balmydayscruises.com
- Die *Hardy III* fährt ab **New Harbor**, Nähe *Pemaquid Point*, täglich 9 Uhr, im Sommer auch um 14 Uhr; 50 min., $30/$18, © (207) 677-2026 und © 1-800-278-3346; www.hardyboat.com
- Von **Port Clyde** (südlich Rockland Straße #131) läuft dreimal täglich ein Schiff Mohegan Island an; den Morgentrip um 7.00 Uhr macht das alte Versorgungsschiff *Laura B.* (nur im Juli und August), die beiden anderen um 10.30 Uhr und 15.00 Uhr die modernere und schnellere *Elizabeth Ann* (ca. 50 min). © (207) 372-8848, $30/$16; www.monheganboat.com

Die (wenigen) Bewohner von Monhegan Island lassen sich vom »Einfall« der Tagesausflügler offenbar nicht beirren. Die Infrastruktur für Touristen ist dünn und alt, und die kleinen, grauen Schindelhäuser der Fischer in ***Monhegan Harbor*** sind noch nicht in Boutiquen umgewandelt. Kneipen, kleine Bistros und die Handvoll viktorianischer Gasthöfe sind zum Glück nicht mit den Motels an der #1 zu vergleichen. Schöne **Wanderwege** führen durch eine – für eine derart kleine Insel – vielfältige Landschaft und Vegetation: Felsen, Blumenwiesen und Mischwald. Von überall fällt der Blick über die Küste, wenn nicht dichter Nebel über Monhegan Island hängt (kommt selbst im Sommer vor). Vogelliebhaber kommen auf der Insel aber immer auf ihre Kosten.

Eine **Unterkunft** mit gutem Preis-Leistungs-Verhältnis ist ***Monhegan House***, © (207) 594-7983, $75-$95; www.monheganhouse.com. Das klassische ***Island Inn*** ist schöner und teurer, ab $130 mit Gemeinschaftsbad, © (207) 596-0371; www.islandinnmonhegan.com.

Typischer Hummer-Imbiss in Maine, eine sog. ***Lobster Shack***

Camping

- Ebenfalls auf der Insel Southport nahe der #238 liegt der ***Gray Homestead Campground*** (21 Homestead Road), direkt an der Felsküste, zwei *Cottages* und Apartments, © (207) 633-4612
- Empfehlenswert ist auch der großzügig angelegte ***Little Ponderosa Campground***, u.a. mit Stellplätzen an einem Inlet; an der #27 (etwas laut), ca. 5 mi von der #1 entfernt, © (207) 633-2700
- Nur 3 mi sind es von Boothbay Harbor zum ***Shore Hills Campground*** am Fjord Cross River/Straße #27, © (207) 633-4782.

Pemaquid Point

An Küsten sind immer auch die Leuchttürme ein beliebtes Ausflugsziel. In dramatischer Position steht das ***Lighthouse*** am felsigen ***Pemaquid Point***, den man von der #1 über die Straße #130, ggf #32, erreicht. Auf dem Weg zur äußersten Spitze lockt »***Lobster in the Rough***« am winzigen *Permaquid Harbor* in der *Fisherman's Coop* auf grüner Wiese (von der #130 den Schildern zum *Permaquid Harbor* folgen); www.lighthouse.cc/pemaquid.

Leuchtturmwärterhaus beim Pemaquid Point

Colonial Pemaquid State Historic Site

Zurück auf der #130 geht der nächste Abstecher zum *Colonial Pemaquid State Historic Site* mit dem ***Fort William Henry***. Hobby Archäologen haben hier Reste einer alten ***Fischersiedlung*** aus dem frühen 17. Jahrhundert – aus einer Zeit vor (!) der Landung der *Mayflower* – freigelegt. Dabei stießen sie auch auf präkolumbische Gegenstände und ein Skelett in einer Rüstung. Die Frage, ob es sich dabei möglicherweise um einen Wikinger handelt, ist ungeklärt. In einem kleinen Museum kann man die Funde begutachten, täglich 9-17 Uhr. Der Eintritt von $2 schließt den Zugang zur Rekonstruktion des einst von Engländern und Franzosen umkämpften *Fort William Henry* mit ein.

Ein einfaches **Restaurant** mit Tischen auf dem Anleger sorgt für das leibliche Wohl.

Wer dort wegen Nebels nicht die Hand, geschweige denn den Leuchtum vor Augen sieht, tröstet sich im ***Fisherman's Museum*** im alten Haus des Leuchtturmwärters mit einer Ausstellung zur Geschichte des lokalen Fischfangs und sonstiger maritimer Aspekte. Nur im Sommer 10-17 Uhr täglich, So ab 11 Uhr, $2.

Strand

Der *Pemaquid Trail* führt vom Historic Site zum ***Pemaquid Beach Park***, einem herrlichen weißen Halbmondstrand ($2). Mit Picknicktischen. Autozufahrt etwa 2 mi südlich.

Camping

- Die ***Sherwood Forest Campsite*** ist ein Juwel: prima Stellplätze und zwei *Cabins* im Grünen mit Pool; nur ein paar Minuten zu Fuß zum Strand, © (207) 677-3642 und © 1-800-274-1593; www.sherwoodforestcampsite.com.
- Eine Alternative ist der kleine ***Pemaquid Point Campground*** an der #130 am Ende der Bristol Road, © (207) 677-CAMP.

Unterkunft

An der Bristol Road nahe dem Leuchtturm liegen zwei alte (renovierte) Sommerhotels in Küstennähe:

- Das ***Hotel Pemaquid*** hat Zimmer mit Gemeinschaftsbad ab $70, mit Bad ab $85 an. Klassisch ist die umlaufende Veranda (*porch*) mit Schaukelstühlen, Bristol Rd, © (207) 677- 2312.
- Exklusiver übernachtet man im historischen ***The Bradley Inn***. Das Hotel hat seine besten Räume im 3. Stock. Restaurant und Bar gehören zum Haus; © 1-800-942-5560, $160-$325.

New Harbor

Zur Weiterfahrt bietet sich die küstennahe Straße #32 an, die kurz vor Waldoboro wieder auf die #1 stößt. Im kleinen **New Harbor** (nur wenige Meilen von *Pemaquid Point* entfernt) bietet *Hardy Cruises* Bootstrips an (⇨ Kasten »Ausflug nach Mohegan Island«). Am Kai hat *Shaw's Wharf* in der ***Raw Bar*** frische Austern und *Fish & Chips* - **Hummer** gibt es draußen auf dem Steg.

Rockland

Die Straße #1 umgeht Rockland. Vom Hafen der Stadt läuft der ***Maine State Ferry Service*** die Inseln Vinalhaven, North Haven und die weit draußen im Atlantik liegende Insel Martinicus an. Wer sich für amerikanischer Malerei interessiert, wird den Besuch des ***Farnworth Art Museum*** (16 Museum Street), in dem es speziell Werke von Künstlern aus Maine zu sehen gibt, als lohnenswert empfinden. Der berühmtesten Malerfamilie Maines (*Andrew, James* und *N.C. Wyeth*) widmet sich das angeschlossene ***Wyeth Center*** (in einer ehemaligen Kirche in der Union Street), im Sommer täglich 10-17 Uhr, sonst Mo geschlossen, $10.

www.therealmaine.com

Camden

Zwischen Rockland und Bucksport ergeben sich von der #1 immer wieder schöne Ausblicke über die **Penobscot Bay** mit ihren zahlreichen Inseln. Das elegante **Camden** (www.camdenme.org) ist voll auf Touristen eingestellt. In der Hafenbucht liegt eine ganze **Windjammerflotte** vor Anker, die im Sommer zu Kurztörns, Tagestrips und ***Dinner Cruises*** ausläuft (kurzfristig buchbar). Nebenbei ist Camden ein Edelport für Yachteigner. Bei gutem Wetter findet man dort wunderbare Fotomotive. Einziges Manko ist die mitten durch den Ort führende Hauptstraße #1.

Wer sich zum **Restaurantbesuch** (hübsche **Terrassen)** animieren läßt, muss etwas tiefer als üblich in die Tasche greifen.

- Einen Steinwurf vom *Visitor Center* (mit Parkplatz) entfernt dampfen die *Lobster Pots* im ***Bayview Lobster***.

- Gleich um die Ecke gibt es leichte innovative Bistro-Küche in modernen Räumen im ***Atlantica,*** Bay View Landing. .

Unterkunft

Camden verfügt über eine Reihe attraktiver ***Country*** und ***Bed & Breakfast Inns*** (im Sommer um $140).

- Preiswerter ist das ***Towne Motel*** an der #1 (hier Elm Street), leider etwas laut, im Sommer $106-$130, sonst ab $60, ✆ (207) 236-3377und ✆ 1-800-656-4999; www.camdenmotel.com.

An der #1 Richtung Norden liegen jede Menge weiterer Quartiere, z. T. auch meerseitig etwas unterhalb der Straße:

- Ganz prima ist das ***Beloin's Motel*** (1 mi) mit *Cabins* ($95-$145) straßenabgewandt am Wasser, $56-$80, ✆ (207) 236-3262; www.beloins.com.
- ***Mount Battie Motel*** an der #1 im Bereich Lincolnville; ✆ (207) 236-3870 und ✆ 1-800-224-3870, $59-$120; http://mountbattie.com.
- ***Birchwood Motel***, (2,5 mi), Zimmer mit Meerblick, aber recht einfach, ✆ (207) 236-4204; $70-$110, *Cottages* teurer; www.birchwoodmotel.com.

State Park

Kurz hinter dem Ort in Richtung Norden geht es links ab zum ***Camden Hills State Park*** mit einem guten **Campingplatz** (ruhige Plätze entfernt von der Straße). Auf der Meerseite hat der Park eine Day Use Area mit Picknicktischen an der Penobscot Bay. Ohne Campabsicht lohnt die teure Einfahrt ($3/Person) in den Park mit Ziel ***Mount Battie*** nur bei gutem Wetter! Von der Kuppe des Berges hat man einen fantastischen Blick über die *Penobscot Bay,* die Inselwelt und hinüber nach ***Mount Desert Island***. Vom Picknickplatz des Parks (östlich der Hauptstraße) läuft ein ***Trail*** hinunter zum felsigen Meeresufer.

Searsport Shores Camping

Einige Meilen nördlich von Belfast erreicht man das großzügige *Searsport Shores Camping Resort.* Es liegt meerseitig an der #1 und hat viele Plätze mit Meerblick, *Walk-in*-Zeltplätze am Wasser oder unter Bäumen. Kayakfahrer können direkt vom Platz aus starten; ✆ (207) 548-6059; $36 fürs Zelt, RVs $43-$56.

Glasklarer Atlantik bei Sunshine, ⇨ *Karte rechts*

Castine

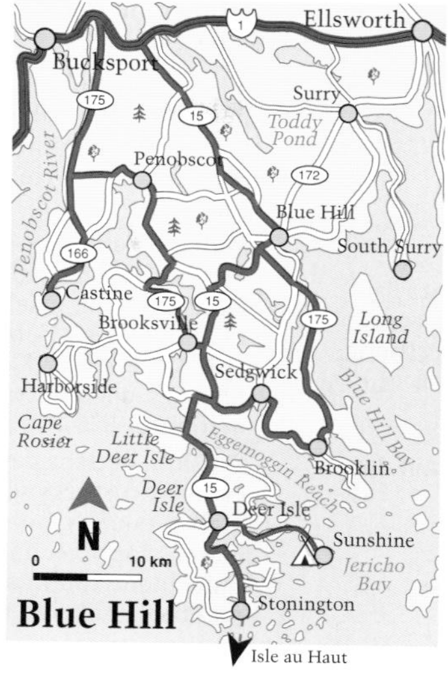

Die # 175 (nördlich Bucksport) führt auf Maines längste und breiteste Halbinsel, die ***Blue Hill Peninsula***. Im einzigen größeren Ort, **Castine**, zeigt sich Maines liebliche Seite. Das alte Städtchen (#175, dann #166A) mit einem Yachthafen an grüner Bucht, ein paar Shops und Restaurants an der Main Street und einem von weißen Schindelhäusern umgebenen *Common* verdient einen Abstecher; www.castineme.com.

Stonington

Weitere ca. 20 mi bis zum kleinen Fischerhafen Stonington auf der abgelegenen **Deer Isle** (www.deerislemaine.com) (Straßenbrücke) führen durch nur wenig besiedeltes, unspektakuläres Gebiet. Der Abstecher lohnt sich vor allem für Kayakfreunde und solche, die einen (fast) ganz normalen schmucklosen Fischerhafen »aufgepeppten« Orten vorziehen. Die vorgelagerten vielen Inselchen und die zum *Acadia National Park* gehörende **Isle au Haut** mit einem kleinem Zeltplatz (ganze 5 Stellplätze) sind einen Schiffsausflug allemal wert.

Unterkunft

- Im ***Inn on the Harbor*** kosten Seeblickzimmer in der HS $139-$155 (andere ab $130), in der Nebensaison $65-$99; © (207) 367-2420; www.innonharbor.com.
- Direkt gegenüber bietet das ***Boyces Motel*** für ca. $70 kleine *Units* mit Küche und Sonnenterrasse, guter Gegenwert. © (207) 367-2421 und © 1-800-224-2421; www.boycesmotel.com.

Camping

Ein kleiner einfacher Campingplatz gehört zu ***Old Quarry Ocean Adventures***, einer Outdoor-Unternehmung, die sportliche Aktivitäten und Ausflüge (Fahrrad, Wandern) organisieren, wobei ***Sea Kayaking*** einen Schwerpunkt bildet; www.oldquarry.com.

Wenige Meilen vor Stonington biegt man in die Oceanville Road ab (an einer Mobil Tankstelle). Nur wenige RV-Plätze und ***Walk-in-Campsites***.

Arts & Crafts

Einige Meilen weiter passiert man die ***Haystack Mountain School of Crafts*** (Kunsthandwerk) mit ihren Studios in einem wunderschönen modernen *Shingle*-Gebäude. Besucher dürfen sich umsehen; www.haystack-mtn.org.

2.5.4 Mount Desert Island und der Acadia National Park

Der ***Acadia National Park*** auf der Insel **Mount Desert** im Osten von Maine ist der einzige Nationalpark im Nordosten der USA und äußerst populär; alljährlich kommen über 2,5 Mio. Besucher. Er nimmt nicht die ganze Inselfläche ein. Man trifft immer wieder auf kleine Orte und privaten Grundbesitz (➪ Seite 318).

Ellsworth

www.acadia-magic.com/ellsworth-maine.html

Kein Weg in Richtung *Mount Desert Island* führt an **Ellsworth** vorbei. Die kleine Stadt lebt im Juli und August von ihrer Position als unvermeidlicher Verkehrsknoten 10 mi nördlich der – Festland und Insel verbindenden – *Trenton*-Brücke über die *Mount Desert Narrows*. In Ellsworth stehen zahlreiche **Hotels und Motels** aller Kategorien an den Straßen #1/#3. Dort kommt man ggf. noch unter, wenn Bar Harbor ausgebucht ist. Aber Zimmer unter $70-$70 gibt's in der Saison selbst in Ellsworth kaum.

Anfahrt

Das Bild entlang der #3 nach Bar Harbor läßt wenig auf die Nähe eines Naturparks schließen. Die Strecke ist weitgehend kommerziell zersiedelt mit Motels, Restaurants, Minigolf-Anlagen und allem, womit sich im Tourismus Dollars verdienen lassen. Doch brodelnde Hummertöpfe (z.B. an der *Trenton Bridge* mit Picknicktischen) belegen, dass die #3 sich wirklich in Maine befindet.

Information

Das ***Acadia Information Center*** in Trenton (ca. 250 m vor der Brücke nach Desert Island) hat gut sortiertes Material nicht nur über die Insel, sondern auch über Nova Scotia (Fährverbindung ab Bar Harbor). Das Personal hilft freundlich bei Planung und Hotelsuche (täglich Mai bis Oktober); © (207) 667-8550 und © 1-800-358-8550; www.acadiainfo.com.

Einen ersten Eindruck von der Schönheit der Natur im Nationalpark erhält man im riesigen ***Hulls Cove Center*** an der Parkeinfahrt, etwa 3 mi vor Erreichen von Bar Harbor. Ein kleiner Film erläutert halbstündlich Geologie und Geschichte des Parks. Die kostenlosen Parkzeitungen ***Acadia Weekly*** und ***Beaver Log*** vermitteln einen Überblick über alle möglichen Aktivitäten. Ein Faltplan mit Wanderrouten ist ebenfalls verfügbar. In den Besucherzentren kann man den **Fahrzeugpass** für den Zutritt kaufen: saisonabhängig $10-$20/Fahrzeug samt (bis zu 6) Passagieren; er ist 7 Tage gültig. Den Pass gibt's auch an der Einfahrt *Loop Road*.

Auch die Fahrpläne der Boote zu den Nationalpark-Inseln und der Exklave auf der Schoodic Peninsula liegen bei der *Visitor Information* aus; täglich 8-16.30 Uhr.

Island Explorer

Am *Village Green* im Zentrum von Bar Harbor befindet sich das Büro der ***Island Explorer***, gasbetriebener Busse, die im Sommer *Campgrounds*, Hotels, Fähr- und Flughafen, Wander-Startpunkte, Southwest Harbour und die Schoodic Peninsula ansteuern. Die acht Buslinien sind vor allem interessant für Wanderer (Pick up-Dienst an anderer Stelle möglich) und Radler (Transport der Räder). Die Nutzung dieses umweltfreunlichen Transports ist für Parkpass-Inhaber kostenlos.

Unterkunft

Im Juli/August kosten schon einfache Motelzimmer $90 und mehr pro Nacht. Dabei sinken die Preise mit der Entfernung zu Bar Harbor. Tatsächlich verfügt der Ort über eine immense Bettenkapazität, wobei bessere Häuser und **B&B Inns** in nostalgischen Villen einen hohen Anteil halten. In Bar Harbor standesgemäß unterzukommen, ist daher kein Problem, aber im Sommer eine Frage der rechtzeitigen Reservierung; am besten im Internet über das Portal www.barharbormaine.com. und von dort weiter.

Motels

Hier einige Beispiele für noch bezahlbares Unterkommen:

- Vom zentral gelegenen ***Villager Motel*** (207 Main Street) kann man gut zu Fuß in den Ort bummeln; ✆ (207) 288-3211; in der Hauptsaison ab $98, sonst ab $69; www.barharborvillager.com. Das damit verbundene ***Kittredge House Motel*** gleich nebenan, aber etwas ruhiger, kostet $69-$98.
- Bar ***Harbor Quality Inn***, ebenfalls in Fußgängernähe des Zentrums an der Ecke #3/Mt. Desert Street, bietet gute Qualität fürs Geld; ✆ (207) 288-5403 und ✆ 1-800-282-5403, $75-$189.
- Einen guten Eindruck machen auch ***The Town Motel*** and das ***Moseley Cottage Inn*** vis-a-vis in der 12 Atlantic Ave. Letzteres ist ein herrschaftlich nostalgisches Sommerhaus und hat große komfortable Zimmer. Aber auch das Motel ist sehr o.k; ✆ (207) 288-5548 und ✆ 1-800-458-8644, *Cottage* inkl. Frühstück $60-$200, Motel $68-$140; www.moseleycottage.net.

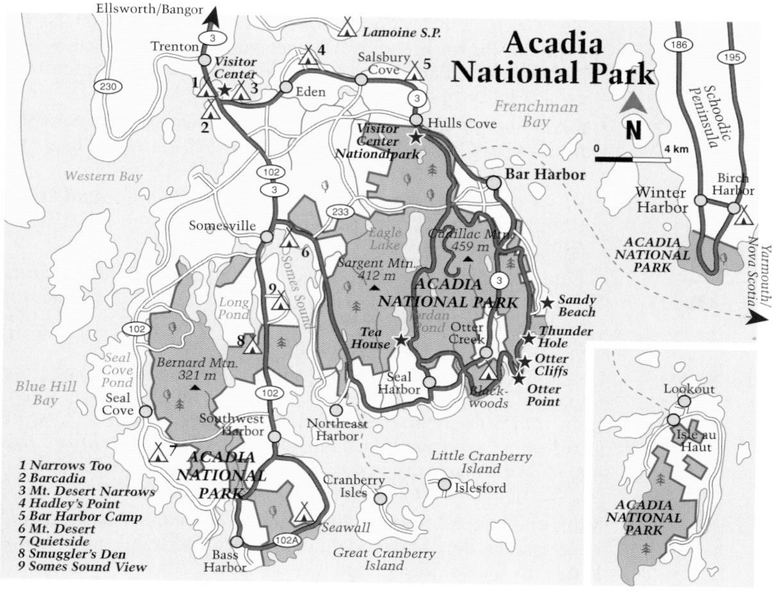

Acadia National Park

1 Narrows Too
2 Barcadia
3 Mt. Desert Narrows
4 Hadley's Point
5 Bar Harbor Camp
6 Mt. Desert
7 Quietside
8 Smuggler's Den
9 Somes Sound View

- Ca. 7 mi nördlich Bar Harbor liegen an einem *Bypass* der #3 (Sandpoint Road) ***Emery's Cottages*** direkt am Wasser, © (207) 288-3432, $78-$128, in der Vor- und Nachsaison $50-$100.

Camping

Der Nationalpark verfügt über zwei Campingplätze:

- ***Blackwoods***, einen Platz im Wald, zu erreichen über die Straße #3 durch den Park, und
- ***Seawall*** an der #102A im Süden der Insel.

Blackwoods kann reserviert werden, © (207) 288-3274, $20, www. recreation.gov, ➪ Seite 160. ***Seawall***-Plätze werden in der Reihenfolge der Ankunft vergeben. Beide *Campgrounds* füllen sich in der Hochsaison schnell.

Durchaus gute Alternativen sind die privaten Plätze **(alle $22-$38)** außerhalb der Parkgrenzen mit Stellplätzen z.T. direkt am Wasser. Mehrere große *Campgrounds* befinden sich gleich hinter der *Trenton Bridge* an der #3. Kleinere ruhigere Plätze gibt es an der #102 nach Southwest Harbor und Tremont:

- ***Hadley's Point Campground***, an einem Küsten-Bypass der #3, großzügige, naturbelassene Plätze, Pool, 5 min zum kleinen Strand. Von der Brücke etwa 3 mi Richtung Bar Harbor, dann links in die Hadley Point Road, © (207) 288-4808.
- ***Mount Desert Campground***; der landschaftlich schönste Platz liegt auf einer felsigen, bewaldeten Halbinsel bei Somesville an der Straße #198 am nördlichen Ende des Somes Sound. Vor allem Zelter finden dort schöne Plätzchen am Wasser (Somes Sound). Nur für kleinere RV's geeignet (bis 20 ft.). Kanu- und Kayakverleih, Badeinseln. In der Hochsaison sind mindestens zwei Nächte zu buchen, © (207) 244-3710.
- Der ***Somes Sound View Campground,*** etwas abseits der #102 in der Hall Quarry Road, hat schöne, aber kleinere Plätzchen oberhalb des Wassers (Kayak, Kanu); © (207) 244-3890.
- Klein und angenehm ist der ***Quietside Campground*** (auch *Cabins*) an der #102 bei Bernard, nicht am Wasser, © (207) 244-5992, *Cabins* $50-$60.

- Eine besondere Empfehlung verdient auch der ***Lamoine State Park*** auf einer Halbinsel nördlich *Mount Desert Island* mit großen Stellplätzen am Wasser. Von dort fährt man auf #184, #204, #3 bis Bar Harbor 30 min (➪ Karte Seite 315).

Bar Harbor

Das außerhalb des Parks gelegene **Bar Harbor** (www.barharbor info.com) ist ein Urlaubsort *par excellence* mit attraktivem Zentrum und hübschem Hafenbereich. An den Piers in Sichtweite pittoresker Felsinseln liegen die Boote für ***Whale Watching Trips*** und ***Island Cruises*** durch die *Frenchman Bay* und um *Mount Desert Island*, darunter auch nostalgische **Windjammer**.

Main und Cottage Street beherbergen das Gros der Geschäfte und viele Lokale; dort findet man auch Fahrradverleiher und ***Rental Shops*** für Kanus, Kajaks und weitere Ausrüstung (➪ Seite 319).

Restaurants

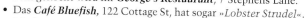

Mit folgenden Restaurants kann man wenig verkehrt machen:

- Fein gekocht wird im ***George's Restaurant***, 7 Stephens Lane.
- Das ***Café Bluefish,*** 122 Cottage St, hat sogar »*Lobster Strudel*«.
- Mit bester Aussicht sitzt man am Hafen auf der Terrasse von ***The Pier Restaurant at Harborside***
- Eine originelle und unterhaltsame Kneipe (*Live Music*) ist ***Lompoc Café and Brew Pub*** Ecke Rodick/Cottage Streets mit frisch vor Ort gebrautem Bier und biologischem Essen.
- Leichte Kost mit frischen Zutaten gibt es im ***Mache Bistro*** in der 135 Cottage St.
- ***Stewman's Lobsterponds*** liegt in *Downtown on the Wharf*, 35 West Street, unmittelbar am Wasser

Acadia National Park

www.nps.gov/acad

Der ***Acadia National Park*** (www.nps.gov/acad) umfasst rund die Hälfte der Fläche von ***Mount Desert Island***, einige umliegende kleinere Inseln, die exponierte ***Isle au Haut*** und die Spitze der ***Schoodic Peninsula*** auf dem Festland, ⇨ Seite 324, Karte Seite 315. Kennzeichnend für *Acadia* sind die zahlreichen **Buchten, Fjorde** und **Klippen**, landeinwärts dichter Wald in den Tälern und glasklare Gewässer. Die ungewöhnlich gerundeten, kahlen Granitkuppen und ihr Nord-Süd-Verlauf gehen auf Gletscherbewegungen während der letzten Eiszeit vor 11.000 Jahren zurück.

Park Loop Road

Das **Minimalprogramm** für *Acadia* ist ein Abfahren der 20 mi langen **Park Loop Road.** Sie beginnt am ***Hulls Cove Visitor Center,*** kann aber ebensogut am ***Cadillac Mountain Entrance*** (Straße #233, ca. 2 mi westlich Bar Harbor) begonnen werden. Hilfreich ist die im *Visitor Center* erhältliche Park-Broschüre ***Motorist's Guide***, in der Geschichte, Flora und Fauna erläutert sind. Zwei Drittel der *Loop Road* sind Einbahnstraße. Nur die Strecke zum ***Tea House*** am ***Jordan Pond*** und die ***Cadillac Mountain Road*** haben Gegenverkehr.

Herbst am Jordan Pond des Acadia Park

Entstehung des Acadia National Park

Mount Desert Island erhielt ihren Namen von *Samuel de Champlain* (➪ Seite 508), der sie wegen ihrer kahlen Bergkuppen *L'Isle des Monts Deserts* nannte. Ende des 19. Jahrhunderts erkoren einige reiche Familien, die es rustikaler liebten als die Dollarkönige von Newport (➪ Seite 232) die Insel als Aufenthaltsort für die Sommerferien und bauten sich in Bar Harbor grandiose Residenzen. Leider vernichtete ein Feuer 1947 fast den gesamten ursprünglichen Waldbestand auf Mount Desert Island und zerstörte viele der Villen. Schon sehr früh begannen die sog. ***Rusticators***, sich um die Zukunft ihrer Insel zu sorgen. Sie befürchteten, dass sie einer Kommerzialisierung zum Opfer fallen könnte.

Um das zu verhindern, wurden einem eigens gegründeten *Trust* per Schenkung Landrechte übertragen, woraus später der Nationalpark entstand. Ein Drittel des heutigen Areals wurde von *John D. Rockefeller Jr.* gestiftet. Er war es auch, der zwischen 1916 und 1933 weitsichtig 120 km *Carriage Roads* anlegen ließ, die Pferdekutschen vorbehalten bleiben sollten. Sie dienen heute überwiegend als Wander-, Rad- und Reitwege.

Nach wie vor befinden sich große Teile der Insel in Privathand. Neben Bar Harbor gibt es eine Reihe weiterer Orte, z.B. Northeast Harbor, wo die ***Rockefellers*** bis heute ein Anwesen besitzen, daneben aber auch Fischerdörfer wie Bass oder Seal Harbor.

Cadillac Mountain

Vom Gipfel des Cadillac Mountain – mit 459 m ist er die höchste Erhebung an der amerikanischen Ostküste – hat man eine tolle **Rundumsicht** über ***Mount Desert Island*** und die Inselwelt der *Frenchman* und *Bluehill Bay*. Zur besseren Orientierung macht es Sinn, den Berg als ersten Besuchspunkt zu wählen und erst danach die *Loop Road* abzufahren.

Rundfahrt

Auf der Rundstraße passiert man zunächst die ***Sieur des Montes Springs*** mit den ***Wild Gardens of Acadia*** (Wildblumen und Arboretum) und einem ***Nature Center***. Das ***Abbe Museum*** dort zeigt indianische Gebrauchsgegenstände aus fünf Jahrtausenden und erinnert daran, dass *Micmac*-Indianer die Ureinwohner der Insel waren (im Sommer täglich 9-16 Uhr; $2, Kombiticket mit Abbe Museum in *Downtown* $6; www.abbemuseum.org).

Sand Beach

Nach diversen Aussichtspunkten erreicht man die ***Sand Beach***. Auch wenn die Wassertemperaturen selten 15°C übersteigen, drängen sich an heißen Sommertagen zahlreiche Badelustige an diesem malerisch von Felsen eingerahmten einzigen Sandstrand im Park. Dort beginnt ein **Uferpfad** (zunächst parallel zur Straße) zum ***Otter Point*** (3 mi hin und zurück). Am Wege liegt das ***Thunder Hole***, wo sich unter steilen Klippen die Wellen brechen und die Gischt aufsteigt.

Kutsche fahren und Reiten kann man ab ***Wildwood Stables***, eine Meile südlich des ***Jordan Pond House***, einem feinen Gartenrestaurant mit Service auf grünem Rasen. Der Jordan Pond lässt

Aktivitäten und Ausflüge im Acadia National Park

Mit dem Seakayak an der rauhen Küste von *Mount Desert* entlangzufahren ist ebenso empfehlenswert, wie eine Radtour auf den *Carriage Roads.*
Alle hier erwähnten Firmen kann man vor Ort kontaktieren.

Sightseeing

- Wer das Auto ruhen lassen möchte, bucht *Oli's Trolley* für eine 2,5stündige Parktour; 10 Uhr & 14 Uhr ab Hafen, Mai-Oktober, $29, bis 12 Jahre $15.
- Ebenso *Acadia National Park Tours*, Abfahrt bei *Testa's Restaurant*, 53 Main Street, $25, bis 12 Jahre $10.

Fahrradverleih/Sea Kayaks/Canoes/Touren

- *Acadia Bike* und *Coastal Kayaking Tours*, 48 Cottage St, haben ein Verleihgeschäft und ein breites Angebot von Touren; © (207) 288-9605, ab $37
- *Bar Harbor Bicycle Shop*, 141 Cottage St, Bikes 4 Stunden $15, $21/Tag; © (207) 288-3886
- *National Park Sea Kayak Tour*, 39 Cottage St, 4-stündige geführte Touren mit erfahrenen Guides, $46 inkl. Ausrüstung; © 1 800-347-0940
- *Island Adventures, Kayak Tours and Rentals*, 137 Cottage Street
- *Aquaterra Adventures*, 1 West St, auch Kayaks und Räder; © 207-288-0007

Mountain Climbing/Klettern/Kurse

- *Atlantic Climbing School*, 67 Main Street; © 207-288-2521
- *Acadia Mountain Guides Climbing School*, 198 Main St, Ausrüstung wird gestellt, mit Instruktion; © 207-288-8186

Bootstouren

Walbeobachtung und andere *Nature Cruises*

- *Bar Harbor Whale Watch Company* (www.barharborwhales.com)
  Abfahrten vom *Town Pier*, unterschiedliche Touren mit Betonung Naturbeobachtung; nicht nur Wale, auch Seehunde, Adler, Robben. Für kleinere Fahrten (Robben, Puffins) die gemütliche *Samantha* ab $23, *Whalewatching* mit dem Superkatamaran $53.

Segeltörns, Bootstouren

- Etwas Besonderes ist der klassische **4-Mast Schooner *Margaret Todd***, 3 mal am Tag 2-stündige Törns, $32, Kinder $22. Abfahrt am *Harbor Inn Pier*
- ***Lulu Lobster Boat Ride***, 12 Passagiere passen auf das klassische Hummerboot; der Kapitän zeigt wie man Lobster fängt und kann außerdem viel über die Geheimnisse und Besonderheiten des Hummerfangs erzählen; ab ***The Harborside Hotel & Marina***, 2 Stunden, $27/$15, Zeiten wechseln, Am Pier gibt es ein Direkt-Telefon zu Captain John.

Passagier-Fähre nach Winter Harbor/Schoodic Peninsula

Vier Abfahrten täglich ab *Bar Harbor Inn Pier*. Retour kostet das $30/$20, mit Fahrrad plus $6. Nicht-Radler nehmen auf der Schoodic Peninsula den kostenlosen ***Island Explorer*** für eine Rundfahrt mit Stopps.

sich **in ca. 2 Stunden umrunden**, besonders schön während der Herbstlaubfärbung. Einige Meilen weiter lohnt ein Stop am ***Bubble Rock***. Zwei leichte je 1 mi langen **Rundwege** starten dort.

Wandern

Wer genügend Zeit mitbringt, genießt Acadias Natur auf zahlreichen, unterschiedlich schwierigen Wanderwegen und gemütlichen ***Carriage Roads*** (Kasten umseitig). Im ***Visitor Center*** gibt es Wanderempfehlungen. Man kann sich auch Wanderungen unter *Ranger*-Leitung anschließen.

Baden

Wasserratten kommen auf *Mount Desert Island* kaum auf ihre Kosten. An der bereits erwähnten **Sand Beach** und einigen kleinen, außerhalb des Parks gelegenen Stränden bleibt das Meer selbst im Hochsommer zu kalt für den rechten Badespaß. Nur am Strand des Echo Lake (Straße #102 auf der Westseite der Insel) ist das Wasser wärmer, und so wird es an der ***Echo Lake Beach*** an Sonnentagen ziemlich voll.

The ***Quiet Side*** (die ruhige Seite) nennen die Einheimischen den Osten von Mount Desert Island. Die Orte sind weniger touristisch. **Northeast Harbor** hat eine große Marina, eine unspektakuläre Hauptstraße und viele im Umfeld versteckte herrschaftliche Villen; www.acadiamagic.com/NortheastHarbor.html.

Southwest Harbor u.a

Im größeren **Southwest Harbor** geht's an den Kais handfester zu. Aber auch winzige Fischerhäfen (Seal Harbor, Brass Harbor und Bernard) haben ihren alten Charme bewahrt. Es hat durchaus seinen Reiz, dort das Standquartier aufzuschlagen.

Kleine **Fähren** verbinden mehrmals täglich **Southwest Harbor** mit **Cranberry Island** (30 min.) und **Bass Harbor** mit **Swans Island** (40 min); die Alternative zum Gedränge auf den Ausflugsbooten ab Bar Harbor. Bus/Fähren: www.acadiachamber.com/shuttle. html.

Die empfehlenswerten ***Campgrounds*** in diesem Teil von Mount Desert Island wurden schon erwähnt:

Auf der felsigen Hochebene des Cadillac Mountain, fast 500 m über dem Meer

Schnellfähre Portland+Bar Harbor–Yarmouth/Nova Scotia

✆ 1-888-249-7245, www.nfl-bay.com oder www.catferry.com

The Cat ist die schnellste Autofähre Nordamerikas (mit Spielkasino!). Sie fährt Juni-Mitte Juli und Sept-Mitte Oktober **Mo 9 Uhr; Di-Do 8 Uhr von Bar Harbor nach Yarmouth** (ca. 3 Std.) und **Fr-So 8 Uhr ab Portland** (ca. 5 Stunden). Mitte Juli bis *Labor Day* ab Bar Harbor nur Mo-Mi: ab Portland Do-So.

Einfache Strecke ab Bar Harbor: $69/Person, Pkw ab $115; RV je nach Länge ab $179. **Ab Portland**: $99 pro Person, Pkw ab $164; RV je nach Länge ab $274.

Mit der Fähre spart man auf einer Neuengland-/Nova Scotia-Rundreise ab Portland bis 800 mi, ab Bar Harbor bis 630 mi Landweg. **Angaben Stand 2008**.

Unterkünfte

- Sympathisch ist das ***Otter Creek Inn*** mit einem winzigen Laden an der #3, die parallel der *Loop Road* durch den Nationalpark führt (auf halber Strecke zwischen Bar Harbor und Northeast Harbor); 6 Zimmer ($85-$105), 2 *Cabins* ($95-$125) und 1 Apartment ($125-$175), ✆ (207) 288-5151 oder ✆ 1-800-845-5852; www.ottercreekme.com.
- Im ***Harbor View Motel*** in Southwest Harbor (auch mit *Cottages* für 6 Personen, nur wochenweise) haben die teureren Zimmer Terrasse mit Blick auf den Hafen. Das Motel liegt an der #102 am südl. Hafenende, ✆ (207) 244-5031 oder ✆ 1-800-538-6463, $75-$115; www.gotravelmaine.com/harbview
- ***Lindenwood Inn***, eine viktorianische Villa in Southwest Harbor, 118 Clark Point Road, an deren Ende die *Town Wharf* liegt; ✆ (207) 244-5335 und ✆ 1-800-307-5335, z.T. mit Hafenblick, $95-$145/$145-$195; www.lindenwoodinn.com.
- Das ***Kimball Terrace Inn*** in Northeast Harbor ist eine moderne großzügige Anlage am Yachthafen; mit Pool, vor allem in der Nebensaison günstig; ✆ (207) 276-3383 und ✆ 1-800-454-6225, $75-$190; www.kimballterraceinn.com.

Restaurants

- ***Beal's Lobster Pier***, 182 Clerk Point Road in Southwestharbour, auf dem *Town Pier* im Fischerhafen, zwar nicht gerade romantisch aber authentisch; im Sommer 9-20 Uhr, sonst 9-17 Uhr.
- ***Thurston's Lobster Pound*** im kleinen Dorf Bernard (gegenüber von Brass Harbor) liegt wunderbar an der Küste; sehr beliebt, lohnt auch als Ausflugsziel im äußersten Südwesten; im Sommer 11-20.30 Uhr.

Ozeanarien

Auf dem Weg nach Bar Harbor passiert man an der #3 in Eden/Thomas Bay das ***Oceanarium Bar Harbor*** mit dem ***Maine Lobster Museum***. und einer *Hatchery*, wo man alles über die Aufzucht von Hummern erfährt; $8, Kinder bis 12 Jahre $6.

In der Dependance, dem ***Mount Desert Oceanarium*** in Southwest Harbor an der #102 (Clark Point Road) finden sich ein kleines **Fischerei-Museum** und ein **Aquarium** ($7). Beides Mo-Sa 9-17 Uhr; verbilligtes Kombi-Ticket $12; www.theoceanarium.com.

2.5.5 Alternative Strecken durch Maine ab Acadia

Nach Nova Scotia oder New Brunswick

Je nach individueller Planung kommen ab dem ***Acadia Park*** unterschiedliche Fortsetzungen der Reiseroute in Frage. Bei Einschluß der maritimen Provinzen Canadas geht es von Bar Harbor entweder mit der Fähre nach **Yarmouth/Nova Scotia** (➪ Seiten 321+581) oder auf dem Landweg nach **New Brunswick**. Wer durchs zentrale *Neu-Braunschweig* im wesentlichen mit **Ziel *Gaspé Peninsula*** fährt, sollte die **I-95** wählen. Die 170 mi von Bar Harbor bis zur kanadischen Grenze und noch ein wenig weiter – etwa **Kings Landing/Fredericton**, ➪ Seite 630 – lassen sich ggf. an einem Tag bewältigen. Ein Abstecher zum ***Baxter State Park*** wäre auf dieser Route zu erwägen, wenn die Zeit für zumindest einen Extratag mit Übernachtung reicht.

Straße #1

Wer von New Brunswick mehr sehen möchte, etwa den ***Fundy National Park*** und **Prince Edward Island**, wählt ab Ellsworth wiederum die Straßen #1 bzw. #1A. Der Grenzort **Lubec** ist nach 100 mi erreicht. Eine Brücke führt hinüber nach Campobello Island mit dem ***Roosevelt Campobello Int'l Park*** (➪ Seite 639; www.nps.gov/roca und www.fdr.net). Von dort geht es weiter per Fähren über **Deer Island** nach Letete (➪ Seite 638f) und über die #172 zum *Trans Canada Highway*, dann aber unter Auslassung des weiter westlichen schmucken St. Andrews (➪ Seite 640).

Abstecher von der I-95 zum Baxter State Park

Kennzeichnung

Der Abstecher zum ***Baxter State Park*** kommt in erster Linie für abenteuerlustige Reisende in Frage. Vom **I-95 Exit 244/Medway** gelangt man über die Straße #157 nach Millinocket und folgt von dort der Ausschilderung zum ***Baxter State Park***. Dieser Park liegt mitten in Maines nördlicher Seenplatte und steht für weitgehend unberührte Wildnis. Innerhalb der Parkgrenzen liegt der bei Wanderern sehr beliebte ***Mount Katahdin***, mit 1.606 m höchster Berg Maines. Der Park verfügt über keine kommerzielle Infrastruktur. Proviant für den Wildnistrip muss man also dabei haben!

Holzpfadkreuzung im Baxter State Park

Allagash Wilderness Waterway

An den *Baxter Park* schließt sich im Nordwesten der ***Allagash Wilderness Waterway*** an. So heißt eine rund 100 mi-Route über Flüsse und 8 miteinander verbundene Seen für ca. 6-tägige Kanutouren. Der Einstieg in *Telos Landing* ist nur über *Dirt Roads* der ***Logging Companies*** zu erreichen, die diese Region mächtig zerrupft haben. Der Wasserweg als solcher aber ist wildromantisch, denn die Baumzone am Ufer blieb erhalten. Teilstrecken sind möglich. Der Trip ist nichts für Anfänger, Regenscheue und Mücken-Allergiker.

Infos: www.allagashadventures.com

Versorgung

Millinocket ist die letzte Versorgungsetappe. Der ***North Woods Trading Post***, 6 mi vor dem Parkeingang, bietet nur noch das Nötigste, wie Tankstelle, Telefon, Eis, *Cold Beer* und Karten.

Outfitter

Vor allen Dingen der Westarm des **Penobscot River** verfügt über ausgezeichnete Rafting- und Kayak-Bedingungen, teilweise mit hohen Schwierigkeitsgraden. Einige Abschnitte sind auch mit Kanus zu befahren.

Diverse Firmen bieten dort Hilfe an: ***Northern Outdoors*** (www.northernoutdoors.com), das ***New England Outdoor Center*** und ***North Country Rivers*** (www.northcountryrivers.com). Sie haben Unterkünfte und Ausrüstung zur Miete, wenn auch zu ziemlich hohen Tarifen. Auf den genannten Portalen finden sich außerdem ***Rafting Trips*** auf Kennebec und Dead River, ⇨ Kasten Seite 305.

Zwischen Millinocket und der Parkeinfahrt gibt es eine Reihe kommerzieller ***Campgrounds***, ***Motels*** und ***Inns***.

Im Park

Eine 50 mi lange ***Dirt Road*** führt durch den Park und wieder zurück in die Zivilisation bei **Patten,** rund 30 mi nördlich von Medway. Besucher werden am Tor registriert; geöffnet täglich von 6-21 Uhr, keine Motorräder. (**Gemietete Campmobile** dürfen laut Mietbedingungen derartige Straßen nicht benutzen).

'Zig Wanderwege erschließen das Hinterland des Parks, u.a. der erste bzw. letzte Abschnitt des von Georgia kommenden ***Appalachian Trail*** (⇨ Seite 31 und www.appalachiantrail.org/maine)

Camping

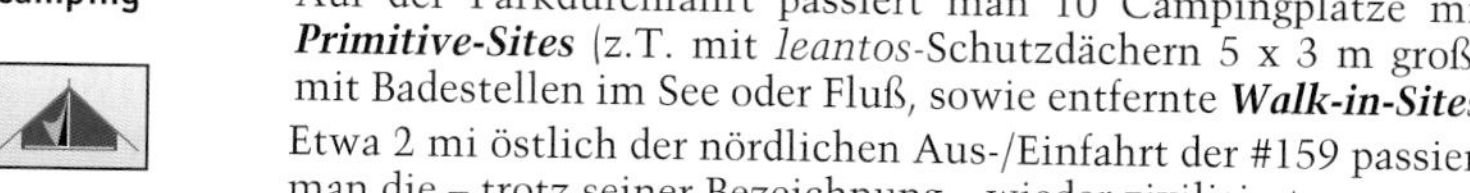

Auf der Parkdurchfahrt passiert man 10 Campingplätze mit ***Primitive-Sites*** (z.T. mit *leantos*-Schutzdächern 5 x 3 m groß), mit Badestellen im See oder Fluß, sowie entfernte ***Walk-in-Sites***.

Etwa 2 mi östlich der nördlichen Aus-/Einfahrt der #159 passiert man die – trotz seiner Bezeichnung – wieder zivilisierten

- ***Matagamon Wilderness Camps*** mit *General Store*, Tankstelle, ***Cabins***, Duschen und Bootsverleih, © (207) 446-4635,

- 10 mi weiter östlich das ***Shin Pond Village*** am gleichnamigen See mit ***Campground*** und großzügigen *Cottages* und *Guest Suites*, ca. $75; © (207) 528-2900.

Vom Acadia Park nach New Brunswick auf der Straße #1

Schoodic Peninsula

www.acadiamagic.com/Schoodic/map.html

Der untere Zipfel der **Schoodic Peninsula** östlich von *Mount Desert Island* gehört zum *Acadia National Park,* Anfahrt auf der Straße #186. Zwar sind keine neuen Naturwunder zu bestaunen, aber der kurze Abstecher lohnt dennoch: Dort ist relativ wenig Betrieb, und die kleinen schmucken Ortschaften, wie z.B. **Winter Harbor** sind kaum kommerzialisiert. Außerdem gibt es dort den ***Ocean Wood Campground*** in Birch Harbor unmittelbar an der Küste (Straße #186; © (207) 963-7194) mit Stellplätzen direkt am Wasser. Als Standort für den Besuch von *Mount Desert Island* ist der Platz zu weit entfernt, aber gerade richtig für eine Reisepause (Fährverbindung nach Bar Harbor und *Island Explorer* (Bus) ⇨ Kasten »Aktivitäten & Ausflüge« auf Seite 319).

Ruggles House

Ein kleines architektonisches Juwel ist das ***Historic Ruggles House*** (1818) in Columbia Falls etwas abseits der Hauptstraße.

Grenze

Statt eines Verbleibs auf der #1 (ggf. auch #191 North), um in Calais/St. Stephen nach Canada einzureisen, empfiehlt sich die viel schönere, wenngleich zeitaufwendigere Route über **Campobello Island** (⇨ Seiten 322/643). Ab **Whiting** fährt man dazu auf der #189 nach **Lubec** und dort über die ***International Bridge***.

State Park

Der wunderbare ***Cobscook Bay State Park*** an felsiger Küste liegt einige Meilen nördlich der Abzweigung nach Lubec an einem Bypass der #1. Viele der **Stellplätze** grenzen direkt ans Wasser, auch die ***Day Use Area*** mit Picknicktischen, wo sich Maine noch einmal von seiner besten Seite zeigt, bevor man über Lubec oder Calais den US-Staat Maine verläßt (ab Seite 640).

Calais

www.downeastheritage.org

In Calais lohnt der Besuch des ***Downeast Heritage Center*** im alten Bahnhof, das lebendig über die Urbevölkerung, die erste französische Siedlung (1604) und den Schiffbau informiert.

Fortsetzung der Neuengland-Route

Zur Route

Wer den *Acadia National Park* als nördlichsten Punkt angepeilt hat und die Neuengland-Rundfahrt – wie im folgenden beschrieben – in Richtung New Hampshire fortsetzen will, gelangt am schnellsten über Bangor (Straße #1A) und zunächst die *Interstate* #95 (schön während der **Herbstlaubfärbung**) zurück in Richtung Süden (auch wenn das auf der Karte wie ein Umweg aussieht). **Bangor** am *Penobscot River,* die mit ca. 30.000 Einwohnern drittgrößte Stadt Maines, hat aus touristischer Sicht wenig zu bieten.

Nördlich von Waterville zweigt die **Straße #201** in Richtung Québec/Canada ab, ⇨ Seite 305.

Augusta

www.augusta-chamber.org

Für **Augusta**, mit kaum 19.000 Einwohnern die zweitkleinste Staatskapitale der USA (nach Montpelier/Vermont), sollte man als Zwischenstopp den Besuch im ***Maine State Museum*** einplanen (südlich des Zentrums – I-95, *Exit* 109, rechts auf die #202, im Kreisverkehr den Schildern *State Offices West* folgen).

State Museum Das Museum ist mit dem weithin sichtbaren Capitolkomplex verbunden. Die Naturkunde-, Industrie- und Geschichtsabteilungen gehören zu den besten ihrer Art in den USA; geöffnet Mo-Fr 9-17 Uhr, Sa 10-16 Uhr, So 13-16 Uhr, Eintritt $2.

Capitol Auch ein Besuch des für so eine kleine Hauptstadt großen und prächtigen ***State House*** ist empfehlenswert. Eine geführte Tour lohnt jedoch eher nicht. Mo-Fr 9-17 Uhr, frei.

nach NH Südlich von Augusta kostet die I-95 als ***Main Turnpike*** Gebühren. Man verläßt sie bei **Gray** und gelangt über die Straße #4 zur **Straße #302**, die in die Region der ***White Mountains*** des Nachbarstaates führt. Diese Route läuft durch das reizvolle ***Sebago/ Long Lake Seengebiet*** mit zahlreichen **Campingplätzen** an hellen Stränden nur wenig abseits der Straße, darunter auch der ***Sebago Lake State Park*** mit Camping- und **Picknickplatz** direkt am Strand (⇨ Seite 302). Der glasklare und angenehm temperierte Lake Sebago ist ideal zum Einlegen einer erholsamen Reiseunterbrechung. Ein sehr schöner Strand befindet sich gegenüber den

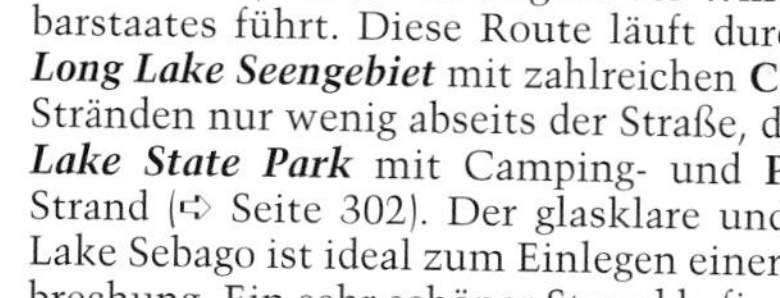

Sebago Lake und Long Lake

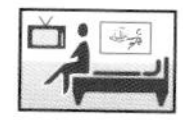

- ***Sebago Lake Cottages*** am nordwestlichen Ende des Sees (an der #114/#11 zwischen North Sebago und Naples), ✆ (207) 787-3211; $80 ohne Küche, bis $169 für ein 3-Zi-*Cottage*.
- In Bridgton noch etwas weiter nördlich an der #302 kann man von ***Grady's West Shore Motel*** (nur 4 Zimmer) direkt vom Bett ins Wasser des **Long Lake** springen. Alle Zimmer mit Küche, ✆ (207) 647-2284 und ✆ 1-888-442-5638; $65-$95.

Steckbrief New Hampshire/NH (www.visitnh.gov)

1,3 Mio Einwohner, 24.000 km², **Hauptstadt Concord** (ca. 42.000). Größte Städte sind **Manchester** mit 110.000 und **Nashua** mit 87.000 Einwohnern.

Das schmale New Hampshire mit nur 20 mi Küstenlinie ist **hügelig und seenreich**; größter See ist der Lake Winnipesaukee mit fast 200 km² Fläche. Die dicht bewaldeten **White Mountains** im Norden des Staates, eine Formation der **Appalachen**, sind das höchste Gebirge Neu-Englands mit dem *Mount Washington* (1.917m) als herausragendem Gipfel. Die Westgrenze mit Vermont wird auf ganzer Länge von Canada/Québec bis Massachusetts (ca. 200 mi) vom **Connecticut River** gebildet.

Im **Tal des Merrimack River**, der einst – wie der Connecticut River – mit seiner Wasserkraft zahllose Webstühle antrieb, ist auch heute noch Industrie angesiedelt. In Manchester, Ende des 19. Jahrhunderts in der Textilproduktion bedeutender als die englische Schwesterstadt, dominieren heute – ähnlich wie in Nashua – Hightech und Maschinenbau.

Überall sonst ist New Hampshire eher ländlich strukturiert: Milchprodukte, Geflügel, Obst und Ahorn-Sirup (*Maple*) sind seine typischen **Agrarprodukte**. In den White Mountains hat der **Tourismus** neben der Sommer- und Herbst- auch noch eine Wintersaison und ist ein wesentlicher Wirtschaftsfaktor.

Wichtigste **touristischen Ziele** – vor allem im Herbst – sind die ***Lake Region*** und die **White Mountains**, weniger die kurze Atlantikküste.

2.6 Durchs zentrale New Hampshire

Die hier empfohlene Route durch New Hampshire konzentriert sich auf das ***Cottage Country*** rund um den **Lake Winnipesaukee** und die **White Mountains Region**, die attraktivsten Gebiete des sog. ***Granite State*** New Hampshire.

2.6.1 Lake Winnipesaukee und das Cottage Country

Das Seengebiet in der Hügellandschaft des zentralen New Hampshire wird als ***Cottage Country*** bezeichnet. Dort kann man stille Tage verbringen, Ruhe und Natur genießen. Nur am **Lake Winnipesaukee** mit 426 km verzweigter Uferlinie und 274 Inseln gibt es stellenweise stärkeren Sommerfrischebetrieb.

North Conway

Wer auf der Straße #302 von Maine nach New Hampshire fährt, erreicht fast automatisch Conway und – 6 mi nördlicher – vor allem North Conway, einen Ort, der hauptsächlich wegen seiner über **200 *Factory Outlets*** (entlang der #16/#302) weit über die Grenzen von New Hampshire hinaus bekannt ist; www.northconwaynh.com. Zugleich sind die beiden Städtchen Versorgungszentrum und Ausgangspunkt für Ausflüge in die White Mountains und das südliche Seengebiet. Zahlreiche **Motels und Hotels** warten dort auf Gäste; in der Nebensaison liegen die Moteltarife dort um $60-$80, im Sommer oft weit höher.

Information

Ein kleines ***Visitor Center*** befindet sich in der Nähe des alten Bahnhofs in North Conway (➪ Seite 331).

Bei Anreise von Süden oder Norden auf der I-93 stößt man an der AusfahrtCanterbury-Northfield bzw. Sanbornton/Boulder auf ***Welcome & Information Center*** .

Camping

Im ***White Lake State Park*** (an der Straße #16 zwischen Chocorua und West Ossipee) finden Camper ein gutes Standquartier für beide Gebiete und zudem einen glasklaren See mit Sandstrand und Kanuverleih. In der Umgebung von Conway gibt es neben zahlreichen privaten Campingplätzen auch drei einfache *National Forest Campgrounds*:

- Der ***Blackberry Crossing Campground*** und der ***Covered Bridge Campground*** liegen 6 mi westlich von Conway am *Kancamagus Highway* nahe dem Swift River.
- Der ***White Ledge Campground*** befindet sich 5 mi südlich von Convey an der #16.

Squam Lake

Die *Lake Region* läßt sich gut an 1-2 Tagen erkunden. Die Straße #113/#113A über North und Center Sandwich zum **Squam Lake** ist besonders zu empfehlen. Ab Holderness fahren täglich 3x (10, 14, 16 Uhr) gemütliche Ausflugsboote u.a. zu den Drehorten des *Henry Fonda/Katerine Hepburn*-Films ***On Golden Pond***.

Lake Winnipesaukee

Auf der Straße #3 geht es weiter zum **Lake Winnipesaukee**, der – von dunklen Tannen umstanden – mit seinen vielen kleinen Inseln an Finnland erinnert.

Meredith
www.meredithcc.org

Das hübsche **Meredith** (www.meredith.cc.org) mit vielen Restaurants und Shops lädt zum Bummeln ein und hat mit ***The Inns & Spa at Mill Falls*** vier toll gelegene Häuser am Wasser, leider in der oberen Preisklasse ($129-$389; www.millfalls.com).

Weirs Beach
www.weirsonline.com

Der bekanntestes Ort am Lake Winnipesaukee ist eine touristische Hochburg. Mehrere **Ausflugsdampfer** tuckern von **Weirs Beach** über den See. Täglich um 10 und 12.30 Uhr (im Juli und August auch nachmittags; www.cruisenh.com) legt die beliebte ***MS Mount Washington*** zu 2,5-stündigen Fahrten ab ($25, Kinder $12). Abends sticht sie nochmals in See – mit Kapelle, Tanz und Büffet.

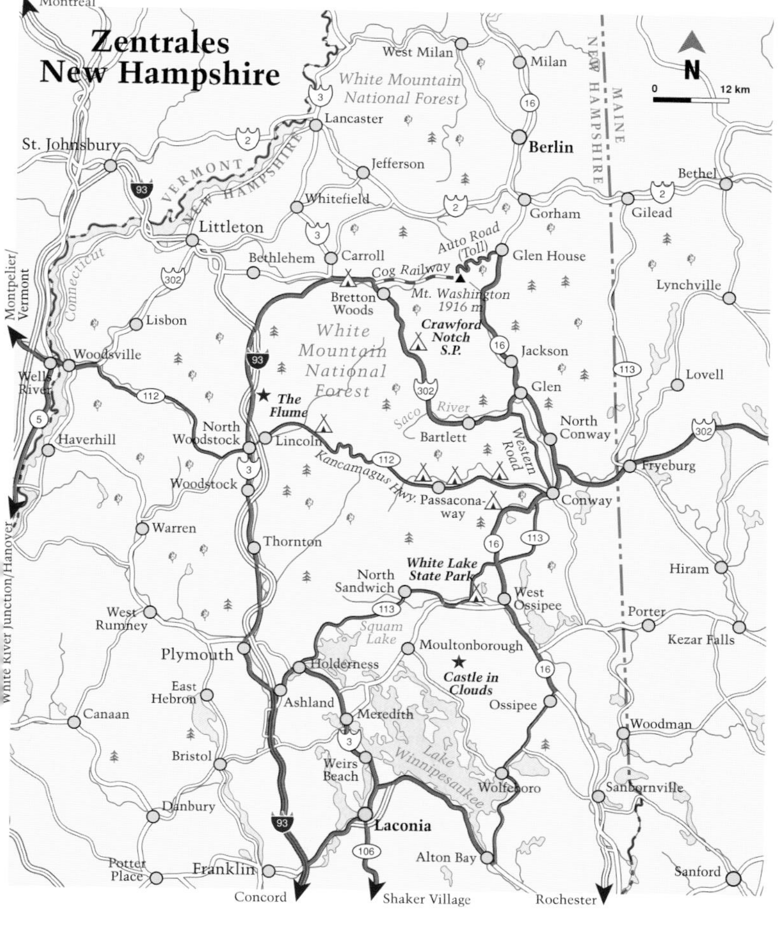

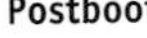

Postboot

Besser ist aber eigentlich die Fahrt mit der kleineren »*Sophie C*«; sie bringt die Post zu den Inseln, Mo-Sa um 11 und 14 Uhr, jeweils 2 Stunden, nur vom 15. Juni bis 8. September, $22/$12.

Einige Meilen weiter südlich kann man im ***Ellacoya State Park*** schwimmen. **Camping** nur für *RVs*.

Wolfeboro
www.wolfeboronh.us

Am östlichen Ufer des Lake Winnipesaukee liegt **Wolfeboro**, auch Haltepunkt der *MS Mount Washington*, ein kleiner, gediegener Sommerort mit hübschen Restaurants und Geschäften.

Das ***The Lake Motel*** hat eine eigene *Waterfront* mit Sandstrand, etwas abseits der #28 nach Süden; © (603) 569-1100 und © 1-888-569-1110; $75-$105.

Von Wolfeboro führt die ruhige Straße #109 am östlichen Ufer des Lake Winnipesaukee entlang. Im Bereich Mirror Lake und Tuftonboro gibt es eine ganze Reihe schön am Wasser gelegener Cottages und Motels, z.B.:

- ***Piping Rock Resort/Motel &Cottages;*** © (603) 569-1915)
- ***Pow-Wow Lodge*** mit Motel, © (603) 569-2198; $99-$129

Castle in the Clouds

Vor allem im *Indian Summer* hat man einen der wunderbarsten Aussichten Neuenglands (nur der Blick vom *Cadillac Mountain* im *Acadia National Park* in Maine hält mit) von der im frühen 20. Jahrhundert erbauten Villa eines Millionärs (nahe Moultonborough, von der #109 auf die #171 nach Süden Richtung Tuftonbury, dann ausgeschildert). Das als »***Castle in the Clouds***« bezeichnete Haus kann von innen besichtigt werden; Eintritt $10, nur Zutritt zum Gelände samt Weitblick kostet $5.

Shaker Village

Wer anderswo – z. B. in Hancock/Massachusetts (⇨ Seite 360f) – keine Gelegenheit hat, ein Dorf der *Shaker* zu sehen, sollte unbedingt das ***Canterbury Shaker Village*** bei Canterbury Center (südlich von Laconia an der Straße #106) besuchen. 25 der alten Gebäude sind restauriert, Künstler und Handwerker erstellen die berühmt-schlichten Alltagsgegenstände; www.shakers.org

Einfachste Zufahrt über die I-93, Ausfahrt 18, dann ausgeschildert. Geführte Touren täglich 10-17 Uhr zur vollen Stunde. Eintritt $15, Kinder $7. Zwar nicht eben billig, aber bei starkem Interesse am Leben der *Shaker* empfehlenswert. Geöffnet nur im Sommer.

Zeitgenössische Abbildung tanzender Shaker

Parken in den White Mountains

Alle in den White Mountains auf *National Forest Land* geparkten Autos (die Gebiete – *Fee Areas* – sind gekennzeichnet, z.B. Parkplätze am Ausgangspunkt von Wanderwegen, *Trailheads*) müssen den ***NF Recreation Pass*** oder den ***America the Beautiful Pass Hangtag*** (➪ Seite 29) im Auto sichtbar auslegen. Der **7 Tage-Pass kostet $5**. Es gibt ihn in *Info Centers* und *Shops*.

An den *Trailheads* gibt es Automaten für den Tagespass zu $3.

2.6.2 Die White Mountains (www.visitwhitemountains.com)

Kennzeichnung

Die **White Mountains**, mit Gipfeln bis fast 2.000 m das höchste Gebirge im Nordosten, erfreuen sich einer fast ganzjährigen Saison: Im Sommer sind sie hauptsächlich Wander-, im Winter Skigebiet und im Herbst eine der farbigsten Regionen für die ***Leaf Peeper***, die zum *Indian Summer* anreisen (➪ Seite 337). Nur während der Schneeschmelze (April/Mai), wenn die Bäume noch kahl sind, herrscht kein Betrieb.

Geschichte

Trotz ihres Namens sind die – nur im Winter weißen – White Mountains ein eher düsteres Gebirge mit grau-schwarzen Granitfelsen, dichten Wäldern, Schluchten und Wasserfällen. Von weitem wirkt der dunkle Granit durch die Glimmeranteile silbrig, was zur Namensgebung führte. Charakteristisch sind die ***Notches*** (*Franconia, Crawford, Pinkham*), durch Gletscher entstandene sanft U-förmige weite Täler. Leider wurden sie als Autobahntrassen genutzt, so dass viel von ihrer einstigen Schönheit verloren ging (reizvoll ist immer noch die *Crawford Notch*, ➪ Seite 332).

Die geheimnisumwobene Wildnis zog erste Reisende bereits Ende des 19. Jahrhunderts an, obwohl damals keineswegs alles schön und romantisch war: ***Logging Companies*** hatten für Kahlschlag-Rodung gesorgt. Indessen erstaunlicherweise mit langfristig positiven Folgen. Anstelle der abgeholzten Nadelbäume wuchsen Birken, Ahorn und Pappeln nach, deren bunte Herbstlaubfärbung heute eine Hauptattraktion ist. Und wo einst holzbeladene Eisenbahnen qualmten, wandern nun naturbegisterte Städter auf den einstigen Bahnrouten. Bereits im Jahre 1913 wurde der ***White Mountain National Forest*** etabliert, in dem man heute über **1.800 km Wanderwege** und **25 Campingplätze** findet.

Family Fun

Die touristische Infrastruktur der White Mountains ist hoch entwickelt. Neben dem Naturerlebnis gibt es jede Menge kommerzielles Vergnügen für die ganze Familie: Mini-Golf, Wasserparks, alte Eisenbahnen, eine Wildweststadt, *Santa's Village*, ein Weihnachtsdorf, *Story Land* (nachgestellte Märchen), *Heritage New Hampshire* (inszenierte Historie) u.a.m. Die meisten dieser »Attraktionen« befinden sich an der #16, einige auch im Bereich der Straßen #3 und #2 nordwestlich der »Weißen Berge« bei Jefferson.

Unterkunft

Vom **Golfplatz-Resort** über teure ***Country Inns*** und ***Motels*** aller Klassen bis zu simplen ***Cabins*** gibt es jede Menge Quartiere:

Quartiere

Die meisten Hotels, Motels und Inns der Region konzentrieren sich auf bestimmte Abschnitte der Durchgangsstraßen: auf die parallel zur I-93 verlaufende #3 (Woodstock, Lincoln und North Woodstock - nicht die erste Adresse, aber riesige Auswahl), auf die #302 im Kreuzungsbereich mit der #3 bei Twin Mountain und besonders auf die #16/ #302 zwischen Conway und Glen. Viele Motels finden sich auch entlang der den *National Forest* nach Norden begrenzenden #2.

Am preiswertesten und zugleich – hinsichtlich der wichtigsten Anlaufpunkte in den White Mountains – zentral ist der Bereich bei Twin Mountain:

- ***Northern Zermatt Inn*** an der #3, ✆ (603) 846-5100 und ✆ 1-800-535-3214; ab $55, Cottages ab $85; www.zermattinn.com
- ***Carlson's Lodge*** an der #302, eine Meile westlich der Kreuzung mit der #3; etwas ruhiger, ✆ 1-800-348-5502, $64-$109; www.carlsonslodge.com.

Am schönsten und ruhigsten (und teurer) wohnt man in Jackson an der #16 B abseits der #16 und in Intervale (tendenziell etwas preiswerter) an der #16A.

- ***Perry's Motel*** an der 16A in Intervale, $49-$89, *Cottages* mit Küche; ✆ (603) 356-2214, $69-$159; www.perrysmotel.com.
- ***Village House*** an der #16B in Jackson hat neun prima Zimmer, ✆ 1-800-972-8343, $95-$125; www.villagehouse.com
- **Tipp**: Sehr schön ist das ***White Mountain Hotel & Resort*** an der West Side Rd (parallel zur #302/#16 von Conway nach Norden), ✆ 1-800-533-6301, $99-$279; www.whitemountainhotel.com.

Camping

Die Campingplätze des *National Forest* sind über das gesamte Gebiet verteilt mit Schwerpunkt auf dem ***Kancamagus Highway***. Die meisten sind sehr rustikal, nur drei (*Jigger Johnson, Russell Pond* und *Campton*) haben Duschen. Große Wohnmobile sind dort nicht zugelassen, sie kommen aber auf den drei ***State Parks*** (*Dry River Crawford Notch, Cannon Mountain Franconia Notch* und *Moose Brook* bei Gorham) und auf den kommerziell

betriebenen *Campgrounds* unter. Die *State Parks* findet man im **Internet** unter www.nhstateparks.com, die Plätze des *National Forest Service* unter www.fs.fed.us/r9/forests/white_mountain.

Information White Mountains

Von wo auch immer man sich den White Mountains nähert, man trifft auf gut ausgestattete ***Visitor Center***. Alle haben im Sommer Kernzeiten von 9-17 Uhr; www.visitwhitemountains.com.

Allgemeine Information, Unterkünfte, Attraktionen:

- ***White Mountains Attractions Visitor Center*** in North Woodstock an der #3 bzw. I-93, *Exit* 32
- ***The Flume Gorge Visitor Center*** bei Lincoln an der #3, von der I-93 *Exit* 34A
- ***Chamber of Commerce*** in North Conway an der #302/#16 nahe der Station der *Scenic Railroad*
- Die ***Saco Ranger Station*** in Conway am östlichen Ende der *Kancamagus Highway* (#112 und #16) hat ein Verzeichnis aller Wanderwege, *Campgrounds* und vieles mehr. Ebenso die
- ***Androscoggin Ranger Station*** an der #16, 3 mi südl. Gorham.

Aktivitäten rund um Conway (www.mtwashimgtonvalley.org)

Wassersport

In Conway kann man **Kanutouren** und ***River-Rafting*** auf dem kristallklaren Saco River buchen (***Saco Bound*** an der #3302 östlich Conway Center, Trips & Verleih, © (603) 447-2177, und ***Northern Extremes*** in N. Conway an der #16/#302 beim *Dunkin Donuts*).

Baden und Klettern

Wer Factory Outlets, Motels und Tankstellen in North Conway umgehen möchte, wählt die zur #16 parallel verlaufende schöne ***West Side Road*** (von Conway aus nach der Kreuzung #113/#3 zunächst in die Washington Road, nahe der *Saco Ranger Station*) und findet dort den ***Echo Lake State Park*** mit einem Badestrand und ***Cathedral Ledge*** (über die North River Road), einen beliebten Kletterfelsen mit herrlichem Blick, vor allem im Herbst (nur ein paar Schritte vom Parkplatz).

Etwas weiter nördlich erreicht man nach 800 m Fußweg die Fluß-Badestelle ***Diana's Bath***.

Alte Eisenbahn

Am viktorianischen Bahnhof in *North Conway* gibt es einen kleinen alten Kern mit Cafés und Geschäften. Besonders im Herbst ist ein Trip mit der nostalgischen ***Conway Scenic Railroad*** durch die *Crawford Notch* zum historischen *Conway Depo*t auf der #302 zu empfehlen; www.conwayscenic.com. Der Trip dauert 5 Stunden retour und kostet \$42-\$49. Ein 100 min-Trip ist ab \$20 zu haben, Kinder \$13,50, 55 min ab \$12,50/\$9.

Straße #16

Ab **Glen** läuft die Straße #16 weiter nach Norden bis Gorham, die #302 über Bretton Woods nach Nordwesten.

Amusement Parks

Zwischen Glen und Jackson warten diverse **Vergnügungsparks**, u.a. ***Banana Village North Conway*** mit Minigolf und Wasserrutsche für größere Kinder und ihre Eltern (ab \$7,50/6,50), ***Storyland*** für kleine Kinder mit Shows und Fahrten, \$24, Kleinkinder frei).

Jackson

Das mondäne *Jackson* am Bypass #16B ist vor allem ein Wintersportort (insbesondere für Langlauf) mit luxuriösen Unterkünften; aber auch im Sommer ziehen Wanderwege, ein Golfplatz, die *Covered Bridge* und die zum Baden einladenden ***Jackson Falls*** viele Besucher an.

Aktivitäten

Im ***Great Glen Trails Outdoor Center*** werden u.a. Mountainbike- und Kanutrips angeboten. Das *Center* befindet sich in der ***Glen View Lodge*** mit dem *Glen View Café*. Eine 3 Stockwerke hohe **Kletterwand** im Gebäude ist hier der Renner.

Für weniger sportliche Besucher gibt es den **Gondellift** auf den Wildcat Mountain ($9/$4.50) mit tollen Blicken auf die *Presidential Range*. In der ***Glen Ellis Falls Scenic Area*** findet man (einfach zu bewältigende) **Wanderwege** u.a. zu einem schönen Wasserfall.

Mount Washington

Zentraler Anlaufpunkt in New Hampshire ist der ***Mount Washington***. Auf dem Weg dorthin ist bereits in Glen, einige Meilen nördlich von North Conway zu entscheiden, ob man mit der ***Mt Washington Cog Railway*** (ab Glen die Straße #302 nehmen) oder auf der ***Auto Road*** den »Berg der Berge« des Nordostens erklimmen will. Letztere erreicht man über die Straße #16.

Auto Road auf den Berg

In Glen House beginnt diese äußerst kurvige und streckenweise steile Autostraße auf den Mount Washington (8 mi). Der Spaß ist arg teuer: $20 für Auto und Fahrer, $7 für jede weitere Person (inkl. Audio-Cassette), eine Strecke dauert ca. 45 min. Wer die Straße nicht im eigenen Wagen fahren möchte, bucht für $26/$11 den Transport **per *Van***; www.mt-washington.com.

Per Pedes auf den Mount Washington

Vom ***Pinkham Notch Visitor Center*** (an der Straße #16) führt der ***Tuckerman Ravine Trail*** auf den *Mount Washington*. Auf- und Abstieg sind kaum unter acht Stunden zu schaffen. Wer den Abstieg nicht auch noch machen möchte, kann von der Bergstation der Straße nach oben einen *Shuttlebus* abwärts buchen.

Über Bretton Woods nach North Woodstock

Straße #302

Die Straße #302 führt von Glen quer durch die White Mountains über den *Crawford Notch Pass* nach Bretton Woods. Im ***Crawford Notch State Park*** (beidseitig der Straße) findet man schöne **Wanderwege** und einen ***Campground***. Hier passiert man auch ein weiteres (bereits erwähntes) ***Visitor Center*** und die Talstation der ***Conway Scenic Railway***.

Ein schöner ***Trail*** hinauf **zum Willard Mountain** beginnt am Bahnhof auf der anderen Seite der Gleise (ca. 2,5 Stunden). Ein – besonders im Herbst – wunderbarer Blick auf die *Crawford Notch* entlohnt für die Mühen des Aufstiegs.

Bretton Woods

Bretton Woods (www.brettonwoods.com) besteht aus dem ***Mount Washington Resort*** zu dem folgende vier Hotels gehören:

- Das riesige weiße Hauptgebäude mit dem rotem Dach – das ***Mount Washington Hotel*** – war Anfang des 20. Jahrhunderts

Hotel Mt. Washington: 1944 fand dort ein Stück Weltgeschichte statt, ➪ *Seite 314f*

Mount Washington Resort

beim Geldadel als Sommerresidenz beliebt. Bis zu 50 private Bahnwaggons kamen täglich an. 1944 wurde dort Geschichte geschrieben, als man die Weltwährungsordnung der Nachkriegszeit bestimmte. Das Gelände mit Golfplatz, die Bar, die Aussichtsterrasse und weitläufige Lobby sind auch für die Gäste der anderen Hotels zugänglich. Ein Shuttle verkehrt zwischen ihnen. Auch die **Restaurant-Kneipe *Fabyan*** in einer alten Bahnstation gehört zum Komplex. Neben dem *Mount Washington Hotel* ($150-$800/Person mit Frühstück + Dinner) gibt es

- das nostalgische ***Bretton Arms Inn*** ($100-$230/Person
- die luxuriösen ***Town Homes at Bretton Woods***; 2 Zi ab $360 bis $699 (dann für 5-Personen) und
- die relativ einfache, jenseits der Straße gelegene ***Lodge at Bretton Woods*** ($99-$199), ein besseres Motel.

Reservierung: ✆ 1-800-314-1752; www.mtwashington.com

Das Beste an Bretton Woods ist die Lage in einem weiten Tal mit im Herbst flammendroten Ahornbäumen, das Schlechteste das *Dinner* im Hauptbau des Resorts.

Zahnradbahn

Zur Talstation der ***Mt Washington Cog Railway*** (www.thecog.com) biegt man kurz hinter dem Best Western-Resort beim Restaurant *Fabyan* von der #302 ab. Eine originellere Bahn gibt es selbst in Amerika nicht. Das Original dieser kohlenbefeuerten Zahnradlok, einer Dreckschleuder ohnegleichen, fuhr erstmals 1869. Man kann ***Old Peppersass*** bis heute bestaunen. Die Nachbildung klettert unermüdlich und schwarz qualmend über Steigungen bis zu 37% im Schneckentempo auf den Gipfel. Damit bei der Schräglage die Kohle nicht vom Ofenrost rutscht, wurde der Kessel im schiefen Winkel aufs Fahrwerk gesetzt.

Auch wer sich die Fahrt auf den kahlen Gipfel nicht gönnt **($59/$39 für 2,5 Stunden plus 30 min Aufenthalt an der Bergstation)**, sollte sich die Bahn ansehen. Am besten am späten Nachmittag, wenn die Sonne optimal fürs Foto steht und die letzten Züge zurückkehren (17 Uhr). Abfahrt im Sommer meist stündlich, genau im Internet. **Reservierung**: ✆ 1-800-922-8825 & ✆ (603) 278-5404.

Auf dem Gipfel

Auf dem 1917 m hohen Gipfel des *Mount Washington* stapft man oft durch dicke Nebelschwaden, die nicht daran denken, den gepriesenen Blick freizugeben – sofern einen der Sturm nicht schon vorher umgepustet hat. Mit 372 km/h wurde dort 1934 die höchste je auf der Welt gemessene Windgeschwindigkeit registriert. Das erfährt man im schützenden ***Sherman Adams Summit Building*** – und auch, warum das so ist.

Die schiefe Lok der Cog Railway unter Dampf

Einige Meilen westlich von Bretton Woods passiert man die ***NF-Campgrounds Zealand*** und ***Sugarloaf*** unweit der Straße (Hinweisschild). Beide sind gut angelegt.

Franconia Notch Parkway

Die Straße #3 – der ***Franconia Notch Parkway*** – nordwestlich von Bretton Woods führt in teils parallelem, teils identischem Verlauf mit der I-93 durch den *Franconia Notch State Park* bis nach North Woodstock/Lincoln; www.franconianotch.org.

Wer nur durchrauscht, bekommt kaum etwas von der Schönheit der Region mit, da an der #3 die Hotels, Motels und kommerziellen Attraktionen den Blick auf die Landschaft verstellen.

Der ***Man of the Mountain***, auch Old Stone Face genannt, eine Felsformation, die wie ein markantes Profil aussah und als Wahrzeichen von New Hampshire galt, wurde 2003 durch einen Erdrutsch zerstört. Es schmückt jedoch weiterhin jedes Autonummernschild in New Hampshire und unzählige T-Shirts. Der Aussichtspunkt auf den *Man of the Mountain* lag am Profil Lake. Gleich nebenan fährt die ***Cannon Aerial Tramway*** auf den Gipfel des Cannon Mountain (1274 m). Dort gibt es einen wunderschönen Rundgang (***Rim Trail*** 30 min) mit prima Aussicht über fünf US-Staaten ($11, Kinder $7, täglich 9-17 Uhr).

Im ***Cannon Mountain RV Park & Lafayette Campground*** des *Franconia Notch State Park* kommen auch große Wohnmobile unter.

The Flume

Weiter südlich passiert man ***The Flume***. Der Zutritt zu diesem an sich sehenswerten *Canyon* mit einer leichten 90-min-Wanderung kostet heftige $10/$7 inkl. White Mountains-Film im ***Visitor Center***. Dort gibt's massig Unterlagen zu den Angeboten der Region, auch zu weiteren Wanderungen. Gute Cafeteria.

Kancamagus Highway

Verlauf

Der ***Kancamagus Highway*** (Straße #112) durch die südlichen *White Mountains* erfreut sich im Herbst wegen der besonders prächtigen Farben des Mischwaldes großer Beliebtheit. Zu anderen Jahreszeiten ist die Strecke nicht so spektakulär, aber man erreicht auf ihr mehrere ***NF-Campgrounds*** und ***Trailheads*** für kürzere Spaziergänge zu Schluchten und Wasserfällen (z.B. *Sabbaday Falls*), im Sommer auch Badestellen. am glasklaren Swift River. Einen weiten Blick genießt man von den Picknickplätzen am *Kancamagus Pass*. Wer noch höher hinaus will, nimmt die **Gondel auf den Loon Mountain** (östlich Lincoln, $13/$8). Oben wartet ein weiter Blick und kommerzielle *Family Fun*.

Unterkünfte

Rund um Lincoln und North Woodstock/Woodstock stößt man auf eine dichte touristische Infrastruktur (www.lincolnwoodstock.com) mit jeder Menge **Hotels** und **Motels**, wie erläutert.

2.6.3 Routen von New Hampshire nach Canada und zurück nach Süden

Nach Canada

Wer von den White Mountains aus nicht – wie im folgenden beschrieben – nach Vermont, sondern nach Montreal oder Québec City fahren möchte, wählt die **I-93** und anschließend die **I-91** Richtung Norden. In Canada geht es dann über die Autobahnen #55 und #10 nach Montreal bzw. die #20 nach Québec City, ggf. via die Landschaft des *Estrie* im Süden Québecs, ➪ Seite 531.

Für eine Fahrt ausschließlich nach Montreal ist die im nächsten Kapitel verfolgte Route über Burlington geeigneter (➪ Seite 347).

Straße #10 nach Süden

Für eine rasche Fahrt von den White Mountains zurück nach Süden, Richtung Connecticut/New York bietet sich die ***Interstate* #91** an. Eine bessere, wenngleich zeitraubendere **Alternative** dazu ist die **#10** am Ostufer des Connecticut River entlang, eine vor allem im Herbst schöne Strecke. Ein guter Startpunkt für diese Route wäre Woodsville (#302/#10).

Hanover

Über die #10 erreicht man automatisch **Hanover**. Das Zentrum wird beherrscht vom großzügigen Campus der ***Dartmouth University*** (www.dartmouth.edu).mit roten Klinkerbauten um das *Village Green*. Zu dieser bereits 1769 gegründeten ***Ivy League University*** gehören das eindrucksvolle ***Hopkins Centre for the Arts*** und das ***Hood Museum of Art*** voller weltweit gesammelter Kunstschätze; Di-Sa 10-17 Uhr, So ab 12 Uhr, Mi bis 21 Uhr; frei; http://hoodmuseum.dartmouth.edu.

Südvermont

Wer noch Zeit hat, könnte sich danach im südöstlichen Vermont umsehen: Lohnenswert ist ggf. ein Abstecher nach **Woodstock** auf der **Straße #4** ab White River Junction. Auf ihr passiert man den ***Quechee Gorge***, eine etwas überlaufene Schlucht. Der gleichnamige ***State Park*** verfügt über einen ***Campground.***

Woodstock

Dieses Woodstock – nicht zu verwechseln mit dem weltbekannten Ort gleichen Namens im Staat New York (⇨ Seite 377) und anderen Woodstocks in der Umgebung – gehört zu den hübschesten Städtchen Vermonts; www.woodstockvt.com. Am zentralen *Village Green* stehen herrschaftliche Häuser, u.a. das bildschöne ***Woodstock Inn*** (saisonabhängig $68-$204), ✆ 1 800-321-3935; www.woodstockinn.com. Eine ***Covered Bridge*** fehlt auch nicht.

Billings Farm

Lohnend ist ein Besuch des ***Marsh-Billings-Rockefeller National Historical Park*** (www.nps.gov/mabi) und in Kombination damit das ***Billings Farm Museum***; www.billingsfarm.org. Der als Anwalt während des Goldrausches in San Francisco reich gewordene Vermonter *Frederick Billings* legte nach seiner Rückkehr in seine Heimat eine ökologisch korrekte Farm an, die von seinen Töchtern und einer mit einem *Rockefeller* verheirateten Enkelin weitergeführt wurde und bewirtschaftet wird.

Im Museum ist die lange **Geschichte des Vermonter Umweltengagements** dokumentiert. Schon der Spaziergang durch das Gelände ist eine Freude. Geöffnet täglich 10-17 Uhr, $11/$8, von Woodstock auf der #12 etwa eine halbe Meile nach Norden.

Dörfer

Von Woodstock geht es durch die grüne Hügellandschaft weiter auf der #106 und – ab Springfield – auf der #11 nach **Chester** und über die Straßen #35 und #30 nach **Windham-Grafton** und **Newfane**, weiteren **Neu-England Bilderbuch-Ortschaften**.

Camping

Die ***State Parks Townshend*** und ***Jamaica*** zwischen Grafton und Newfane besitzen **Flußbadestellen** und ***Campgrounds***.

Brattleboro

Über die #17 und #30 erreicht man bei **Brattleborro** wieder die I-91; am *Exit* 3 ballen sich **preiswerte Motels**. Die #30 führt direkt in das winzige Zentrum. Ganz originelle Läden und *Coffee Shops* spiegeln die junge, etwas ausgeflippte Atmosphäre der Stadt wieder (Main/Elliott Streets zwischen Bridge und High Street); www.brattleborochamber.org.

Zwischenstopps

Stopps entlang der *Interstate* bei Weiterfahrt in Richtung Boston oder New York City könnte man in ***Historic Deerfield*** (⇨ Seite 359) und in **Springfield** mit der ***Basketball Hall of Fame*** einlegen (I-91 *Exit* 7, dann West Columbus Ave nach dritter Ampel, Mo-Fr 10-16 Uhr, Sa+So 10-17 Uhr, $17/$12; www.hoophall.com).

Nach Boston/ New York

Weiterfahrt **nach Boston** über die Massachusetts Turnpike (I-90); **nach New York** am besten in Connecticut südlich von Hartford von der I-91 auf die **#15**, den ***Wilbur Cross Parkway***, wechseln und dann die Lkw-freien ***Merritt*** und ***Hutchinson River Parkways*** bis in die Bronx hinein der I-95 vorziehen. Rückfahrt durch West Massachusetts und Connecticut ⇨ Seiten 358 und 360.

Kürbisverkauf bei Woodstock/Vermont im Oktober. Traditionell werden daraus zum Gespenstertag »Halloween« Fratzen geschnitzt

Indian Summer Fall Foliage

Die farbenprächtige ***Herbstlaubfärbung*** – *Fall Foliage* – ist ein Naturphänomen, das in einer derartigen Intensität nur im Nordosten Nordamerikas auftritt, weil dort die Gebirgszüge – anders als etwa bei uns die Alpen – in Nord-Süd-Richtung verlaufen. Dadurch kann im Herbst polare Kaltluft ungehindert nach Süden vordringen. Gleichzeitig sorgt kräftige Sonneneinstrahlung im September und Oktober noch für viel Wärme mit der Folge extremer Temperaturunterschiede zwischen Tag und Nacht. Diese führen zu gegenläufigen Reaktionen im Baum: Während der Stamm den Winterschlaf vorbereitet, haben die Blätter tagsüber im Altweibersommer schon wieder »Frühlingsgefühle«, ein Durcheinander, das im ***Indian Summer*** (für die weißen Siedler ursprünglich die Wochen der letzten Indianerattacken vor Wintereinbruch) die grüne Lunge bunt färbt.

Im Sommer produzieren Bäume ihre eigenen Lebensmittel im Blatt. Dazu ziehen sie Wasser aus dem Boden, Kohlendioxyd aus der Luft und verarbeiten beides mittels **Chlorophyll** zu Glukose (Zucker). Dieser chemische Prozess, die **Photosynthese**, der uns als »Abfallprodukt« den Sauerstoff beschert, funktioniert aber nur unter Einwirkung von Sonnenstrahlen. Wenn die Tage kürzer und die Nächte kälter werden, stellt der Baum sein Wachstum ein und kappt – um nicht an seinem durstigen Laubkleid zu vertrocknen – die Verbindung zu den Blättern. Als Folge kann die Glukose nicht mehr abgebaut werden, das Chlorophyll zerfällt und die Blätter von Birke, Erle, Buche und vor allem des **Ahorn** (*Maple* – in Nordamerika gibt es davon 10 verschiedene Arten) verfärben sich. Das Rot seiner Blätter ist umso leuchtender, je stärker der Temperatursturz vom Tag zur Nacht ausfällt. Auch Feuchtigkeitsgrad und die bewölkungsabhängige Lichtintensität tragen zum Spektrum des Farbkaleidoskops bei. Erst wenn der Baum wegen stärker werdender Fröste gar keine Nährstoffe mehr produziert, fällt das welke Blatt ab.

Die ***Fall Foliage*** dauert gute 4 Wochen. Sie beginnt in **New England** höhenabhängig Mitte bis Ende September in Vermont und New Hampshire und endet Mitte Oktober im westlichen Massachusetts und Connecticut. Beliebteste Routen durch farbenprächtigen Herbstwald sind in New Hampshire die ***Franconia Notch*** (#3) und ***Kancamagus Highways*** (#112) sowie die weiten Täler um **Bretton Woods**, in Vermont die **#100** durch die **Green Mountains** und der ***Molly Stark Trail*** (#9) sowie in West-Massachusetts der ***Mohawk Trail*** (#2). In **Canada** ist (mit Ausnahme der Regionen um den St. Lorenz und die Grossen Seen) die Färbung nicht ganz so bunt, weil dort die Vielfalt der Baumarten nicht so groß ist.

Allgemein für Neuengland: www.yankeefoliage.com

Vermont: www.vermontvacation.com

New York State: www.nylovesu.de

Maine: mainefoliage.com

In der ***New York Times*** zeigt im Herbst täglich auf der Wetterseite eine Grafik, wo die *Foliage* gerade auf dem *Peak,* dem farblichen Höhepunkt ist.

2.7 Durch Vermont (www.vermontvacation.com)

Hinweis

Speziell in Vermont gibt es selbst im kleinsten Ort noch exzellent mit Infomaterial und Karten versorgte ***Tourist Informations***

2.7.1 Von den White Mountains nach Burlington

Routen und Jahreszeiten

Wer durch Vermont reist, sollte **Nebenstraßen** wählen und sich Zeit lassen, um den Charme dieses Staates zu entdecken. Allerdings besser nicht im Frühjahr, denn der Schnee taut nur langsam. ***Mud Season***, Matsch-Saison, schimpfen die Vermonter, wenn Schnee und Frost endlich gewichen sind. Bis Anfang Juni treiben dann auch noch die unscheinbaren, aber höchst unangenehmen *Black Flies* ihr Unwesen in dieser dann auch anderswo schönen Jahreszeit.

Straße #325

Für eine Weiterfahrt von den White Mountains nach Vermont bietet sich der Westabschnitt des ***Kangamagus Highway*** (#112) an, der 3 mi vor der »Grenze« auf die #302 in Richtung Barre/ Montpelier trifft. Jenseits des Conneticut River erreicht man den **Vorzeigestaat** des amerikanischen Ostens. Für eine Camping-Übernachtung an dieser Route gibt es nichts besseres als den ***Groton State Forest*** an der # 232 (Verbindung zwischen # 2 und #302) **mit vier Zeltplätzen;** eine gute Wahl sind der südlichste, der ***Ricker Pond State Park***, mit kleinem Badesee und der ***Stillwater SP*** am größeren Lake Groton. Die ***Day Use Area*** des nahen ***Boulder Beach State Park*** hat einen prächtigen Badestrand.

Granit

Unweit Barre befindet sich bei Granitville ein riesiger Steinbruch, der ***Rock of Ages*** (Zufahrt von East Barre über Websterville). Eine eindrucksvolle 30-min-*Shuttle Tour* führt durch den ***Granite Quarry***, wo bis zu 100 t schwere Brocken abgetragen und danach bearbeitet werden (man kann 1 mi unterhalb in der *Manufacturing Division zuschauen*). ***Visitor Center*** **& Fabrik** Mai-Oktober 8-15.30, So ab 12 Uhr, © (802) 476-3119; gratis; ***Shuttle*** Ende Mai-Mitte Oktober, Mo-Fr 8-15.30 Uhr, $4; www.rockofages.com.

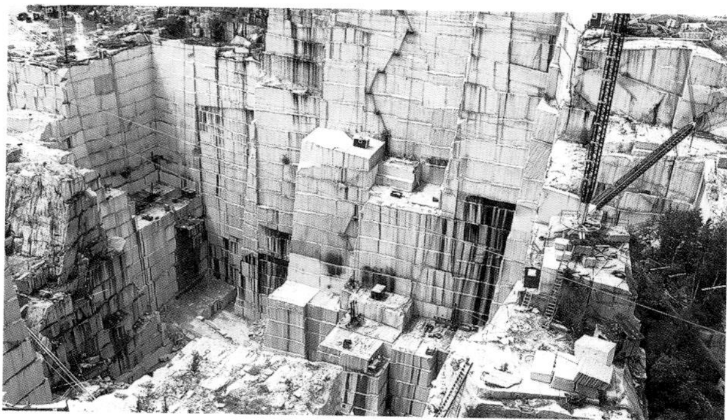

Granitabbau in Vermont

Ben & Jerry's Icecream

(www.benjerry.com/scoop_shops/factory_tour)

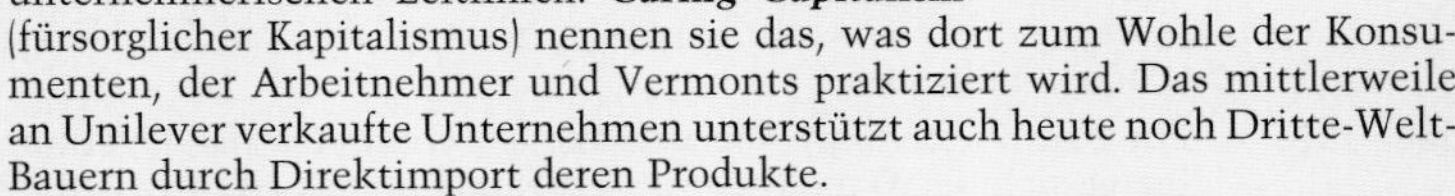

Bei der Vermarktung von *Ben & Jerry's* Speiseeis verbinden sich gute alte Vermonter Geschäftstradition und neuzeitliches Marketing. Im Foyer der Fabrik erklären die beiden Eigentümer, bärtige Alt-Hippies, die einst für ein paar Dollar einen Fernkurs zur Herstellung von Speiseeis absolvierten, auf großen Schautafeln ihre unternehmerischen Leitlinien. ***Caring Capitalism*** (fürsorglicher Kapitalismus) nennen sie das, was dort zum Wohle der Konsumenten, der Arbeitnehmer und Vermonts praktiziert wird. Das mittlerweile an Unilever verkaufte Unternehmen unterstützt auch heute noch Dritte-Welt-Bauern durch Direktimport deren Produkte.

Das Konzept beeindruckt: Naturreine Ingredienzen sind selbstverständlich. Die Erhaltung der ländlichen Gemeinden Vermonts war durch den Ankauf der Rohsubstanzen ausschließlich von Familienbetrieben gesichert. Der Top-Manager darf nicht mehr als das Siebenfache des einfachsten Arbeiters verdienen. Jeder Mitarbeiter ist am Gewinn beteiligt. Die Firma kümmert sich um die Lösung von Umweltproblemen der Region. 7,5% des Profits fließen an gemeinnützige Vereine. Dabei zeigt man keine falsche Bescheidenheit, die Botschaft vom guten Kapitalismus soll jeden Besucher erreichen. Und so wird auch dokumentiert, wie *Ben* und *Jerry* 1991, als zeitweise die Milchpreise sanken, Kleinbetriebe vor dem Ruin bewahrten, wie vorbildlich die Firma recycelt, was zur Rettung des Regenwaldes unternommen wird etc., etc.

Strahlende Angestellte führen humorig durch die Fabrik; und eisschleckend verlässt der Besucher die poppige Anlage mit dem Vorsatz, nunmehr täglich gute Taten zu begehen und **mindestens eine** der teuren Eistüten von *Ben & Jerry's* zu genießen. In der Zwischenzeit sind die Gründer lange ausgestiegen und es fragt sich, ob der einstige Idealismus wirklich noch so existiert.

Montpelier

Montpelier, mit nicht einmal 9.000 Einwohnern kleinste Hauptstadt aller US-Staaten (www.montpelier-vt.org), hat nur um die zentrale **Main Street** Reiz. Auf ihrer Querstraße, der **State Street**, sind es ein paar Schritte zum ***Capitol Building***, einem Bau aus grauem Granitstein mit weithin sichtbarer goldener Kuppel.

- Das einfache ***Economy Inn*** findet man in der 101 Northfield Street (#12 Süd, Zufahrt über I-89: *Exit* 8, 4. Ampel rechts nach 400 m, 800 m ins Zentrum; © (802) 223-5258, $70-$90.
- ***Comfort Inn at Maplewood***, ca. 3 mi bis Zentrum (I-89, *Exit* 7, dann *Paine Turnpike North*), $100-$180; © (802) 229-2222.

Das angesehene ***New England Culinary Institute*** (www.neci.edu) hat seine Lehranstalten in Montpelier und Essex. Im ***Main Street Grill*** (118 Main) und der ***La Brioche Bakery & Café*** (89 Main) zeigen die Studenten, was sie gelernt haben (⇨ auch Seite 348).

Straße #100 nach Stowe

Wer es nicht allzu eilig hat, sollte in Richtung Burlington auf der Straße #2 bleiben; der Zeitgewinn auf der I-89 ist gering.

In Waterbury kreuzt man die Nord-Süd-Straße #100. Dort konzentriert sich ein für Vermont typischer »politisch korrekter« Kommerz, vor allem landwirtschaftliche Öko-Produkte werden angeboten. In der alten *Train Station* im Zentrum von Waterbury zeigen die ***Green Mountains Coffee Roasters*** in einer kleinen Ausstellung den Weg des Kaffees »Vom Baum zur Tasse« samt Kunsthandwerk aus kaffeeeanbauenden Ländern (I-89 *Exit* 10, #100 nach Süden, www.waterburystation.com).

Eisfabrik

Nach Norden führt die #100 nach Stowe zur größten *Outdoor*-Spielwiese Vermonts mit Ganzjahresbetrieb. Zunächst aber passiert man eine Meile nördlich der I-89 die knallbunte Fabrikation des bekanntesten Vermont-Produktes: ***Ben & Jerry's Icecream***. Zur Kurzführung gibt's viel Andrang, Kurzfilm und zwei **Gratis-Kugeln**. Juli/August 9-20 Uhr, sonst bis 18 Uhr; Eintritt $3.

Käse und mehr

Gleich oberhalb von *Ben & Jerry's* folgt ***A Special Place***, in dem es nicht nur die ***Cabot Cheddars*** des bekanntesten Käseproduzenten Vermonts gibt, sondern auch weitere Landesprodukte wie ***Lake Champlain Chocolate*** und **Teddybären** (⇨ Seite 352). Für Käseliebhaber lohnt auch ein Besuch der Fabrik: ***Cabot Creamery*** nordöstlich von Montpelier (Straßen #2 und #215).

Wanderinfo

Wer ohnehin plant, rund um Stowe zu übernachten, sollte kurz danach beim *GMC-Green Mountain Club* links 1 mi in den Wald fahren und checken, ob nicht eventuell in den gemütlichen ***1836 Cabins*** (⇨ Seite 344) Platz ist. Dort gibt's auch Wanderkarten u.a. für dem ***Long Trail***, der in Nord-Süd-Richtung durch die Green Mountains und die ganze Länge des Staates läuft .

Steckbrief Vermont/VT (www.1-800-vermont.com)

609.000 Einwohner, 24.900 km^2, **Hauptstadt Montpelier** mit 9.000, größte Stadt Burlington mit 39.000 Einwohnern.

Die Hügel- und Mittelgebirgslandschaft des Binnenstaates ist zu 70% bewaldet. Die ***Green Mountains*** ziehen sich als *Backbone* (Rückgrat) durch die ganze Länge Vermonts bis hin zur kanadischen Grenze. Der **Lake Champlain** bildet im Nordwesten auf 130 mi die Grenze mit New York State und der **Connecticut River** die gesamte Ostgrenze mit New Hampshire.

Für Vermont spielen Holzeinschlag, Granit-/Marmorabbau und Agrarprodukte – Milch/Käse, Äpfel/Cider und Maple Syrup – die größte wirtschaftliche Rolle.

Wichtigste **touristische Ziele** sind die Ski- und Sommerresorts in den *Green Mountains*, die Laubfärbung (*Indian Summer*) und der Lake Champlain. Die vielen ruhigen Landstraßen eignen sich gut für Radtouren, die Langlauf-Loipen sind im Sommer für Mountainbikes freigegeben; einige Flüsse sowie der Lake Champlain sind beliebt bei Kanuwanderern. Populäre Weitwanderwege wie der ***Long Trail*** (www.longtrailhike.com) und ein Teil des ***Apalachian Trail*** (www.apalachiantrail.org/Vermont) queren Vermont.

Public Campgrounds in Vermont

Von den 50 top Vermonter ***State Parks*** haben 39 Campingplätze (ohne *Hookups*). Zentrale Reservierung: © 1-888-409-7579; Büro Waterbury, 103 S Main Street, © (802) 241-3655; www.vtstateparks.com. Wegen des ***Indian Summer*** bleiben folgende Campingplätze bis in den Herbst hinein (bis 15.10.) geöffnet:

Ascutney, Branbury, Brighton, Button Bay, Camp Plymouth, Coolidge, Emerald Lake, Gifford Woods, Grand Isle, Half Moon Pond, Jamaica, Kettle Pond, Lake St. Catherine, Little River, Molly Stark, Mt. Philo, Quechee, Ricker Pond, Seyon Ranch, Silver Lake, Smuggler's Notch, Stillwater, Townshend, Underhill, Wilgus, Woodford

Sog. ***Primitive Camping Sites*** (viele davon in toller Lage am See oder Flüsschen, einige mit sog. *leantos* = Schutzhütten) dürfen nur maximal 3 Nächte in Folge genutzt werden. Es gibt dort keine Mülleimer, es gilt: ***carry-in-carry-out***.

1 Coolidge SF) – 2 Dorand SF*
3 Mollie Beattie SF – 4 Okemo SF
5 Arthus Davis WMA) – 7 Les Newall WMA*
8 Aitken SF – 9 Coolidge SF
10 West Rutland SF
11 Stamford Meadows WMA
12 Camel's Hump SP & NF
13 Elmore SP – 14 LR Jones SF
15 Mt. Mansfield SF – 16 Roxbury SF
18 Washington SF – 19 Pine Mountain WMA
20 Darling SP – 21 Groton SF
22 Mathewson SF – 23 Victory SF
24 Willoughby SF – 25 Bad Hill WMA
26 Bill Sladyk WMA – 27 Roy Mountain WMA
28 Stream Hill Brook WMA

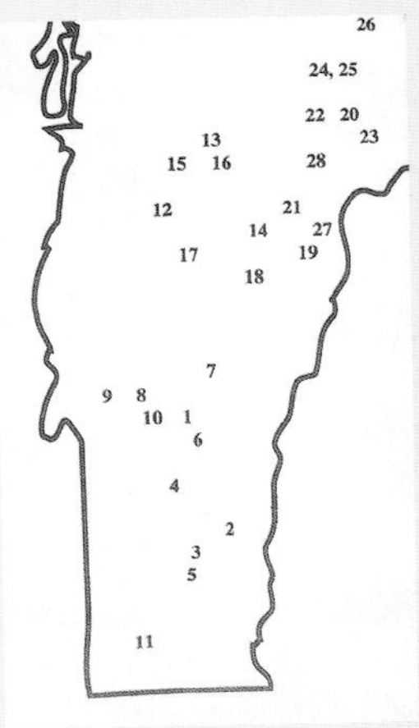

Info: © (802) 747-6700

**) SF = State Forest; WMA = Wildlife Management Area*

Cider Shop

Eine Meile weiter wird in der ***Cold Hollow Cider Mill*** (im Spätsommer; www.coldhollow.com) ein weiterer Verkaufsschlager produziert. Im Riesen*shop* dieser Apfelwein-Abfüllanlage finden sich neben dem Hausprodukt ganzjährig alle möglichen naturreinen Produkte *made in Vermont* (⇨ Kasten Seite 349), Juli-Ende Oktober 8-19, sonst bis 18 Uhr, frei.

Stowe/ Kennzeichnung

Stowes Infrastruktur kann sich mit den bekanntesten Wintersportgebieten in den Rocky Mountains messen. Dabei sind die Berge mit maximal 1340 m (*Mount Mansfield*) entschieden niedriger, jedoch von November bis März so gut wie schneesicher. ***Ski Capital of the East*** nennt sich der kleine 500-Seelen-Ort deswegen nicht ohne Stolz.

Ferienziel Stowe

Stowe ist es gelungen, sich vom reinen Ski-Resort zum **Ferien- und Wochenendziel** *all year round* mit dreifacher Hauptsaison zu entwickeln (Sommer, *Indian Summer* und Winter). **Aktivurlaub** – Wandern, Joggen, Skating, Reiten, Golf, Tennis, *Biking*, Kanufahren und Schwimmen – ist angesagt; www.stowe.com.

Die **Mehrheit der Unterkünfte gehört zur gehobenen bis Luxusklasse**. Das gastronomische Angebot ist so dicht und attraktiv wie nirgendwo weit und breit. Hinzu kommt eine **Kneipenszene** mit lokalen Mini-Brauereien. Kein Wunder also, dass – trotz der hohen Zimmerpreise – Stowe an Wochenenden selbst außerhalb der Kernzeiten oft ausgebucht ist. Beim Abstecher nach Stowe sollte man Anreisen am Freitag/Samstag Abend möglichst vermeiden und Quartier wie Campingplatz unbedingt reservieren.

Stowe Info

Die bei der einzigen Ampel des Ortes von der #100 abzweigende Straße #108 (= Mountain Road) nach Jeffersonville besitzt auf den folgenden 5 mi zum Pass die Rolle des *Strip* für Hotels und Attraktionen. Östlich des Kreuzungsbereichs der Straßen #100/ #108 liegt das Zentrum des alten Stowe mit Kirche, Shops und vielen Restaurants/Cafés (gut das ***Blue Moon Café*** mit leichter Küche) sowie das ***Visitor Welcome Center*** mit Unterkunftsvermittlung. Mo-Fr 9-21 Uhr, Sa/So bis 17 Uhr; © (802) 253-7321 und © 1-877-467-8693; www.gostowe.come.

Skating/ Biking

Neben der #108 (beiderseits mehrere Parkplätze mit Zugang) verbindet der ***Stowe Recreation Path*** entlang des *Little River* die Ferienkomplexe (6 km). Einst nur Wanderweg oder Langlauf-Loipe ist dieser heute asphaltierte Weg eine Attraktion für Skater und Biker mit Picknick-und Badestellen. Wer am oberen Ende (Brook Road beim *Innsbruck Inn*) startet, rauscht mühelos bis zur Ampelkreuzung #100/#108 (Ausrüstungsverleih ⇨ unten).

Straße #108

Während die #100 schon am Ortsausgang touristisch versiegt, legt die #108 (= Mountain Road) dort erst richtig los mit *Inns, Hotels, Lodges* sowie teuren Ladenzeilen, *Rental Shops*, Reitställen und Restaurants. Gut an der Mountain Rd sind:

- ***Red Basil*** (asiatisch); feiner als die einfache Thai Hut (#294).
- ***Olives Bistro***; Bistro mit mediterraner Küche, Garten und Blick
- ***Normas***; ausgefallene, leichte Küche (#4000)

Mount Mansfield

In erster Linie aber geht es in Stowe um den ***Spruce Peak*** und ***Mt. Mansfield*** (1.340 m), um Skilauf und Sommeraktivitäten in den Bergen des gleichnamigen *State Forest*. Nur 2 mi hinter Stowes letzten Häusern erreicht man die Stationen der Skilifte und einer Gondelbahn, die auch im Sommer in Betrieb ist und ihre Passagiere ($12/$7,50) zum ***Cliff House Restaurant*** knapp unter dem Gipfel des Berges befördert (gutes Essen, tolle Aussicht).

Autofahrer können auf der ***Stowe Toll Road*** (Zufahrt ausgeschildert, 5 mi steile Schotterstraße, im Sommer 10-17 Uhr; $16) bis zu einem Parkplatz fahren und von dort auf einem Höhenweg mit nur leichter Steigung die *Gondola Station* (1,5 km) erreichen.

Den schönsten Blick hat man von »***The Chin***« nach ca. 1 km. Man kann natürlich auch zum Gipfel wandern: die 7 km sind steil und anstrengend. Wanderinformation im ***Visitor Center***.

Bobbahn

Auch ein sommerlicher Spaß ist der ***Stowe Alpine Slide***, 700 m die Hänge des ***Spruce Peak*** hinunter. Der Lift zum Ausgangspunkt startet am ***Inline Skate Park*** (*Launch Zone* mit *Skate Park* und Verleih) rechts der #108; $15/$12; Mehrfachtickets billiger.

Quartiersuche

Die Auswahl an (teuren) Unterkünften ist enorm. Wochentags (So-Do) sind die Tarife in Grenzen flexibel; für unter $80 findet man jedoch kaum etwas. Hilfreich ist der Reservierungsdienst der ***Visitor Information*** (➪ oben). Hier preiswertere Optionen:

- die ***1836 Cabins*** liegen, wie bereits erwähnt, etwas unterhalb des *Cider Shop* an der #100 beim *GMC-Green Mountain Club* ca. 1 mi abseits. 10 prima »Waldhäuschen«; Standardtyp: $99-$139/2 Personen, $10 Extraperson; Wochenende ab 2 Nächte buchbar; ✆ (802) 244-7037; www.1836cabins.com
- ***LJ' Lodge***, an der #100 (oberhalb des GMC-Club), etwas zurückliegend , einfaches Motel; $79-$99; ✆ 1-800-989-7768 und ✆ (802) 253-7768; www.ljslodge.com
- ***Commodores Inn***, an der #100 (oberhalb *von LJ's Lodge*), ein Hinterhaus, daher ruhig, $78-$198, ✆ 1-800-447-8693; www.commodoresinn.com
- Zur Not ausweichen kann man auf das große ***Sunset Motor Inn*** in Morrisville an der Kreuzung #15 West/#100, DZ $68-$138; ✆ (802) 888-4956 und ✆ 1-800-544-2347, oder auf das ***Plaza Hotel*** an der #100 südlich der Kreuzung mit der #15, DZ $74-$160, ✆ (802) 888-7761 und ✆ 1-800-334-2879.

- Das ***Mount Mansfield Hostel*** liegt rechts an der #108 kurz vor den Liften, $17/Person, ✆ (802) 253-4010 und die ***Stowe Bound Lodge*** an der 673 Main St, ✆ (802) 253-4515, $15-$30/Bett.

Outdoor/ Outfitter

Die Stowe-Region ist ideal fürs Wandern, Biken, Schwimmen, Skaten und Reiten. An der Mountain Road (#108) gibt es mehrere Mietstationen und Anbieter von Touren; auch Kanutrips:

- ***AJ'S*** vermietet alles vom Rad bis zum Kanu; ✆ (802) 253-4593, ✆ 1800-226-6257; www.ajssports.com.
- Besonders auf Kanutouren spezialisiert sind die ***Umiak Outdoor Outfitters*** an der South Main Street, ✆ (802) 253-2317; www.umiak.com.
- ***The Swimming Hole*** ist ein Fitnesscenter samt Kinderpool mit Rutschen an der #108 (unteres Ende der Mountain Road) in der Weeks Hill Road; täglich 7-21 Uhr, $14/Tag;

- Auf dem Weg zum tollen Granitfelsen-Wasserfall (***Bingham Falls*** mit *Pools*) muss man auf den letzten 200 m gute 10 min lang ein wenig kraxeln. Zugang 400 m oberhalb des *Inn at the Mountain:* links eine asphaltierte Parkbucht, gegenüber führt der unmarkierte Weg in den Wald.

Die Trapp-Familie (www.trappfamily.com)

Die Salzburger Adelsfamilie von Trapp verließ nach dem Einmarsch Hitlers ihre österreichischen Besitzungen und erlangte singend Weltruhm. Hollywood nahm sich der rührenden Familiengeschichte im Film und immer noch häufig gespielten Musical ***Sound of Music*** an: Der verwitwete Baron von Trapp, bereits mit reicher Kinderschar gesegnet, heiratet die Novizin Maria, die Gouvernante der Kinder, was weiteren Nachwuchs zur Folge hat. Im trauten Familienkreis wird fleißig gesungen und musiziert. Und zwar so gut, dass bald öffentliche Konzerte folgen, mit denen die Familie international reüssiert. Schließlich lässt sie sich in Stowe nieder – im Film wie im Leben. Das weltbekannte Musical ***Sound of Music*** ist dort bis heute obligatorischer Programmpunkt im Veranstaltungskalender.

Fast alle Kinder sind in Stowe geblieben. Ein Enkel des Barons führt die ***Family Lodge***. Auch der musikalischen Tradition blieb man treu; im Sommer finden dort jeweils am Sonntagabend (meist klassische) *Open-air*-Konzerte mit Blick über die Berge statt: ***Music in the Meadow Concerts*** und auch während der *Burlington Mozart-Tage* (⇨ unten) werden einige Konzerte auf der *Trapp Meadow* gespielt. Info im Internet: www.stowearts.com und www.vtmozart.com.

Trapp Lodge

Felix Austria pur bietet die ***Trapp Family Lodge***, ein Luxushotel samt Dependancen im Alpenlook in Alleinlage auf einer Anhöhe mit Weitblick, gut 2 mi abseits der #108 (Luce/Trapp Hill Road); Preise fürs DZ im Sommer so etwa ab $200; Reservierung unter ✆ 1-800-826-7000 und ✆ (802) 253-8511, www ⇨ Kasten

Smugglers Notch

Die Straße #108 führt am *Smugglers Notch*-Pass durch ein Gebiet riesiger verstreuter **Granitblöcke**, die bei Kletterern beliebt sind, und passiert *Trailheads* für **Wanderungen** zu Wasserfällen und in die Berge. Die Gegend ist ruhiger als in Stowe und Umgebung.

Camping

Die ***Smugglers Notch*** gab dem ***State Forest Campground*** ihren Namen. Sowohl dort als auch im *Campground* ***Underhill*** (keine Duschen) muss man früh ankommen, um im Sommer noch ein Plätzchen zu ergattern. Alternativen sind die ***State Parks Little River*** bei Waterbury (ab von der #2 westlich von Waterbury *Little River Road* ca. 4 mi) und – etwas entfernter – ***Elmore*** beim gleichnamigen Ort (Straße #12, 14 mi nordöstlich von Stowe), beide mit Strand und Bootsverleih. Der kommerzielle Platz ***Gold Brook*** direkt an der Straße #100, 2 mi südlich von Stowe, bietet den üblichen Komfort auf einer Wiese.

Smugglers Notch

Burlington

www.vermont.org

Burlington am *Lake Champlain* ist mit rund 40.000 Einwohnern die größte Stadt Vermonts. In den alten *Red-Brick*-Häusern im Stadtzentrum, speziell in der ***Pedestrian Mall*** des ***Church Street Marketplace*** zwischen Main und Pearl Street ist viel Leben. Restaurants, Cafés und Bistros mit Open-air-Terrassen säumen die 500 m lange Fußgängerzone und Nebenstraßen.

Beurteilung

Burlington ist ein gutes **Tages-Etappenziel**, wo auch abends in Kneipen und Bars noch was los ist – nicht zuletzt wegen der vielen Studenten der ***University of Vermont*** und mehrerer *Colleges*. Dazu bietet der **Veranstaltungskalender** einiges: Im Juli etwa das ***Vermont Mozart Festival***; ein Teil der Konzerte (nicht nur Mozart, sondern auch Bach und Beethoven) findet bei Burlington statt. Jazz liegt bereits im Juni zum ***Discover Jazz Festival*** an. Beim ***Brewers Fest*** am 3. Juli-wochenende gibt's alle in Vermont gebrauten Biersorten, und beim ***Latino Festival*** im August versucht man, die Stadt mit internationalem Flair zu beleben.

Anfahrt

Bei Anfahrt aus östlicher Richtung gelangt man automatisch mitten ins Zentrum, sei es auf der Main Street(Straße #2/ Williston Road) oder Pearl Street, der Straße #15. Auf der I-89 wählt man Ausfahrten #14 oder #15. Auch auf der Straße #7 von Süden kommend landet man unverfehlbar im Zentrum.

Parken

Zur ***Burlington Square Mall*** zwischen Bank, Cherry und Pine Street, einem *Indoor Shopping Center* gehört auch das Regionalbus-Terminal und ein großes **Parkhaus** (günstige Einfahrt über die Pine Street; die Straßen der Umgebung sind oft vollgeparkt).

Information

Stadtplan und Unterkunftsverzeichnis gibt's an einem **Informationskiosk** in der *Pedestrian Mall*, Ecke Bank Street, oder im Büro der ***Chamber of Commerce*** in der 60 Main Street, einen Block von den Anlagen am Seeufer entfernt.

Food

Die Stadt sich zu einem kleinen Gourmetzentrum entwickelt.

- Für einen Imbiss immer gut ist z.B. der ***Fresh Market*** in der 400 Pine Street (4 Blocks südlich Main St), wo auch europäische Käsesorten im Angebot sind.
- In der Kaffeerösterei und Espresso Bar ***Speeder & Earls*** kann man mal wieder richtigen Kaffee genießen, 412 Pine Street.
- In der ***Lake Champlain Chocolate Factory*** (750 Pine Street) gegenüber kann man zusehen, wie sich die Milch der *Holsteins* (Kühe) in Süßigkeiten verwandelt, Mo-Sa 9-14 Uhr.
- Fürs Picknick am See kauft man »ökologisch korrekt« im ***City Market*** in *Downtown* ein, Winooski/Bank St, tägl. 7-23! Uhr.

- Das *New England Culinary Institute* (www.neci.edu) hat im ***Inn of Essex*** in Essex Junction (70 Essex Way, © (802)-878-1100) feine Restaurants: ***The Butler's*** und ***The Tavern*** mit *Snacks* (➪ auch Montpelier).
- Das lockere ***Five Spice Café*** serviert überwiegend preiswerte asiatische Gerichte; 175 Church Street

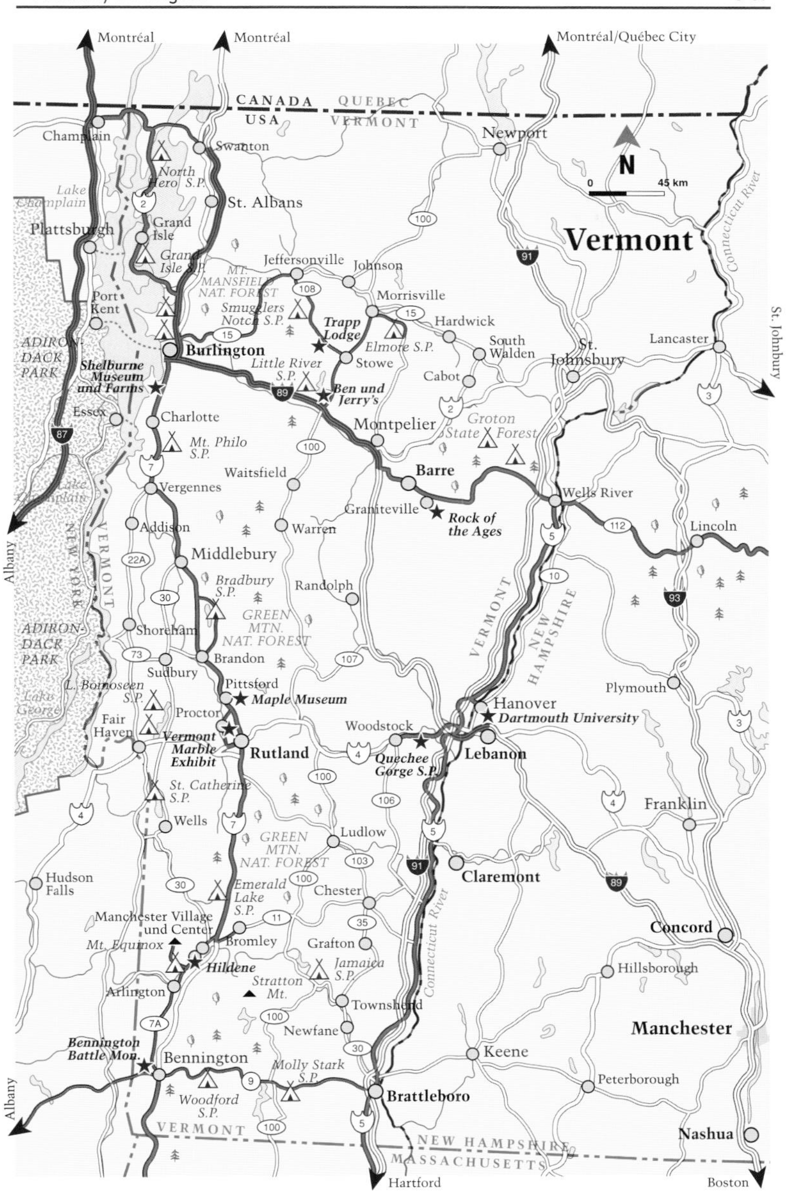
Montréal
Montréal
Montréal/Québec City
CANADA
USA
QUEBEC
VERMONT
Vermont
N
0 45 km
Champlain
Swanton
North Hero S.P.
Lake Champlain
St. Albans
Plattsburgh
Grand Isle
Grand Isle S.P.
Newport
Jeffersonville
Johnson
Mt. Mansfield Nat. Forest
Smugglers Notch S.P.
Morrisville
Trapp Lodge
Hardwick
Port Kent
South Walden
St. Johnsbury
Lancaster
St. Johnbury
Adirondack Park
Burlington
Elmore S.P.
Stowe
Little River S.P.
Shelburne Museum und Farms
Ben und Jerry's
Cabot
Essex
Charlotte
Montpelier
Groton State Forest
Mt. Philo S.P.
Connecticut River
Waitsfield
Barre
Vergennes
Wells River
Graniteville
Rock of the Ages
Lincoln
Addison
Warren
Middlebury
Albany
New York
Vermont
Bradbury S.P.
Randolph
Green Mtn. Nat. Forest
Adirondack Park
Shoreham
New Hampshire
Brandon
Sudbury
Pittsford
Maple Museum
Plymouth
L. Bomoseen S.P.
Lake George
Proctor
Hanover
Dartmouth University
Fair Haven
Vermont Marble Exhibit
Rutland
Woodstock
Lebanon
Quechee Gorge S.P.
St. Catherine S.P.
Franklin
Wells
Ludlow
Green Mtn. Nat. Forest
Hudson Falls
Claremont
Emerald Lake S.P.
Chester
Manchester Village und Center
Concord
Mt. Equinox
Bromley
Grafton
Hildene
Jamaica S.P.
Hillsborough
Stratton Mt.
Arlington
Townshend
Manchester
Newfane
Bennington Battle Mon.
Bennington
Keene
Molly Stark S.P.
Albany
Woodford S.P.
Peterborough
Brattleboro
Vermont
New Hampshire
Massachusetts
Nashua
Hartford
Boston
2

Am Lake Champlain

Am See-Ende der College Street trifft man im *Waterfront/Battery Park* auf einen *Boardwalk*, den 9 mi langen ***Bike Path***, der Parks, Strände und den Fährhafen (⇨ Seite 350; Ende King Street) miteinander verbindet (teilweise läuft er durch altes Industriegebiet); www.enjoyburlington.com.

Am schwimmenden nostalgischen *Boathouse* (mit super ***Café***) werden **Segelboote** auch stundenweise vermietet. Das ***Waterfront Diving Center*** (214 Battery Street; www.waterfrontdiving.com) bietet Tauchausflüge zu Schiffswracks an. Kanus und Kajaks mietet man in der Nähe des Fährhafens, ***Bikes*** und ***Skates*** (*Local Motion*) am Pfad beim alten Bahnhof; © (802)-652-2453.

Am Bootshaus liegt auch das Ausflugsboot ***Spirit of Ethan Allen 3*** (⇨ Seite 208); 90-min-Mini-Trips täglich 10-16 Uhr, alle 2 Std ($12) und das ***ECHO Leahy Center*** (*Ecology-Culture-History-Opportunities*), ein prima **Aquarium** und ***Science Center*** (mit viel Multimedia und *Action* für Kinder), das sich auch mit der Geschichte, Ökologie und Wirtschaft des Lake Champlain beschäftigt; Eintritt $9, Kinder $6; täglich 10-17.

Red Rocks Park

Wer einen **ruhigen Badestrand** am glasklaren See sucht, findet ihn im etwas verwilderten ***Red Rocks Park***. Zufahrt: über die #7 Süd, ca. 2 mi vom Stadtzentrum, beim Hinweis auf die I-189 in der rechten Spur bleiben und hinter der Brücke sofort rechts in die ***Queen City Park Road*** (vormaliger Parkname) abbiegen, dann ausgeschildert. Nur komplett Neidlose werfen einen Blick in die leicht alternative Siedlung (den Parkeingang passieren und weiter geradeaus). Der Gegenentwurf ist ***North Beach***, ⇨ weiter unten.

Unterkunft

Die Mehrheit der Motels der Mittelklasseketten liegt in Burlington entlang der Straße #7 Süd, Richtung Shelburne, sowie am *Strip* entlang der Williston Road (#2 östlich von Burlington). Die Tarife sind mit $70-$100 moderat (noch besser mit *Coupon*, ⇨ Seite 112) außer bei Veranstaltungen und Herbstwochenenden:

- ***Bel Aire Motel,*** sehr angenehm, in South Burlington, 111 Shelburn Road (#7 Nord), Zufahrt: I-89, *Exit* 13, dann I-189 zur #7, etwas nördlich; nach den hinteren Zimmern im oberen Stock fragen; ab $65-$100, © (802) 863-3116.
- ***Sunset B & B House;*** alte Holzvilla, Gemeinschaftsbad, 78 Main Street/Pine Street (*Downtown* Burlington); $99-$149; © (802) 864-3790; www.sunsethousebb.com
- ***Mid-Town Motel,*** 230 Main St, sehr zentral, einfach, wie aus den 1950er-Jahren, © (802) 862-9686, $45-$70
- Sehr fein wohnt man im ***Inn at Essex***, auch ***als Culinary Resort*** bezeichnet ($159-$329, ⇨ Seite 340).

Camping

Lage und Anlage des städtischen ***North Beach Campground*** hinter einem langen Strand am *Lake Champlain* sind Spitze. Der Platz befindet sich gut 2 mi nördlich des Zentrums: Battery St, links North Ave und wieder links Institute Road; $16-$25. An Wochenenden sehr voll; Reservierung unter © 1-800-571-1198.

Das Vermont Phänomen

Vermont ist ganze 240 km lang, im Süden nur 64 km und im Norden maximal 145 km breit. Der einzige Neuengland-Staat ohne Zugang zum Meer besteht aus einer dicht bewaldeten Hügel- und Gebirgslandschaft. ***Les Monts Verts***, grüne Berge, nannte *Samuel de Champlain* (➪ Seite 510) den Landstrich östlich des später nach ihm benannten Sees.

In der frühen US-Geschichte spielt Vermont praktisch keine Rolle. Erst 1759, nach dem französisch-englischen Krieg, kamen mehr Siedler in diese abgelegene Region. Sie rodeten die Wälder, um Ackerland zu gewinnen, so dass um 1850 schon 70% der grünen Lunge vernichtet war. Manch einer suchte daraufhin bessere Jobs in den neuen Industriegebieten an den Küsten der Großen Seen. Mühsam der Natur abgerungene Farmen verfielen, der Wald eroberte sein Terrain zurück, und der Bestand bedrohter Tierarten (Bären, Elche, Kojoten und wilde Truthähne) erholte sich.

Nach den Hippies zogen seit den 1960er-Jahren zivilisationsmüde Städter und betuchte Aussteiger hierher. Sie renovierten alte Höfe stilvoll, versuchten sich in Bio-Landwirtschaft oder lernten Vermonter Handwerke und ließen alte Traditionen wieder aufleben.

Das Landschaftsbild wurde von diesen Neu-Vermontern neu geprägt: Holsteins - wie die schwarz-weißen Kühe hier genannt werden – grasen auf saftigen Weiden im sanften Bergland mit dunkelroten Holzscheunen und makellos weißen Dörfchen. Alles ist etwas altmodisch: der *General Store*, die urige Eckkneipe, hübsche *Country Inns* und *B&B*-Quartiere; überall gibt es *Farmer's Markets*, und *buy local* ist gängige Selbstverpflichtung. Alteingesessene Familienbetriebe fertigen wieder Holzmöbel, handgestopfte Teddybären, *Cider* (Apfelwein), Milchprodukte (feine Pralinen und Speise-Eis), ja sogar Bier und Süßes aus Maple Syrup.

Längst verkaufen sich auch andere Lebensmittel aus Vermont prima: Pasta, Olivenöl sowie pikante Salatsaucen, denn Waren mit dem Siegel ***Seal of Quality Vermont*** kommen selbst in Manhattan gut und gern an. Ebenso das Image von Vermonts ***Fresh Network*** und ***Green Hotels & Inns***, ein ökologisch lupenreiner Verbund von Küchenchefs und Hoteliers.

Konsummeilen mit *Fast Food*-Ketten und (überschaubare) *Shopping Malls* existieren nur in den wenigen Mittelstädten. Montpelier ist die einzige Hauptstadt der USA, die ohne *Big Mac* auskommt, *Billboards* (große Werbetafeln) sind landesweit verboten, und die strikt kontrollierte Wirtschaft fördert den Naturschutz und vermeidet Ballung wie Zersiedlung.

Dennoch unkt mancher, das **US-Musterländle** verkomme zum *Central Park* Neuenglands, es gäbe schon »mehr Kühe auf den T-Shirts als auf den Weiden«.

Zerstören die Liebhaber der Idylle also ihre eigene Idylle? Nein! Auch wenn in Vermonts Green Mountains Ski-Schneisen entstanden, Lifts errichtet und Loipen gespurt werden, Hotels und Apartmentanlagen wuchsen und zum *Indian Summer* Busladungen voller »Bunte-Blätter-Gucker« (*Leaf Peeper*) einfallen! Letztere übernachten zumindest nicht in Bettenburgen. Das kleine Ländchen rudert ohne Aufhebens gegen den *Mainstream*, es sucht und findet seine sympathische Position im Rahmen sanfter Nachhaltigkeit.

Wer dort nicht unterkommt, sollte südlich (➪ Seite 352) oder nördlich von Burlington (➪ weiter unten) sein Glück versuchen.

Von Burlington nach Montréal

Für eine **schnelle Fahrt** von Burlington nach Montréal (ohne Fährbenutzung) empfiehlt sich die I-89 bis zum Exit #21. Von dort aus nimmt man die Straße #78, dann #2 hinüber zur I-87 von New York nach Montréal. Von der (häufig überlasteten) Grenze sind es (auf der kanadischen Autobahn #15) bis ins Zentrum Montréals nur noch ca. 60 mi bzw. mindestens 90 min Fahrzeit, da sich um Montréal der Verkehr meist stark verdichtet. **Reizvoller** ist – nach 10 mi auf der I-89 – die Straße #2 über Grand Isle im Lake Champlain. Die Ortsdurchfahrten vermeidet, wer auf der Insel die **Fähre zum Westufer** nimmt und gleich die I-87 ansteuert.

Die ***State Parks Grand Isle*** und ***North Hero*** an der #2 besitzen **Badestrand** und ***Campground***. *Grand Isle* liegt besonders schön am See mit Badestrand; viele Stellplätze mit Schutzdach am Seeufer mit tollem Blick für $23, *Cabin* $46/Nacht.

Weiter in Upstate New York

Bei **Reiseziel Niagara Falls** fährt man auf der New York State-Seite des *Lake Champlain* (ab Port Kent) am besten quer durch den ***Adirondack Park*** über Lake Placid nach Südwesten, ➪ Seite 385. Man könnte aber auch der *Interstate* #87 durch das Ostareal des Parks folgen und über Saratoga Springs und Albany die I-90 nach Niagara Falls erreichen, ➪ Seite 384. Der Zeitbedarf für die Route durch die *Adirondacks* ist gegenüber der Fahrt über Albany trotz weniger Meilen deutlich höher!

Fähren über den Lake Champlain nach New York State

Vier Fähren verbinden Vermont mit dem Staat New York:

- Die nördlichste und mit 12 min Überfahrt kürzeste verkehrt von der Insel **Grand Isle** (Straße#2, dann #314) **zum Plattsburgh-Anleger**; $9,50 für Auto und Fahrer, $3,75 für jede weitere Person über 12 Jahre. Im Sommer verkehrt sie alle 10-20 min bis 22 Uhr, nachts alle 40 min.*)
- Die längste Überfahrt von **Burlington nach Port Kent** (ca. 60 min), ist bei schönem Wetter besonders zu empfehlen. Man hat auf dem Trip die Adirondacks und Green Mountains im Blick. Tarif $17,50 für Fahrer und Auto, $5 zusätzliche Person. Im Sommer 9 Abfahrten täglich; letzte Fähre 18.30 Uhr.
- Die Fähre vom **Charlotte-Anleger** (südlich Burlington, Straßen #7/#F5) **nach Essex** benötigt 20 min. Fahrer und Wagen $9,50, weitere Person $3,75. Abfahrten im Sommer bis 21.30 Uhr alle 30 min. Herbst & Frühjahr 8-19 Uhr.*)

*) Sonntags weniger Abfahrten.
Information unter © (802) 864-9804; www.ferries.com
Seit 2008 addiert sich zum Ticketpreis ein kleiner Treibstoffzuschlag.

- ***Fort Ticonderoga Ferry***, am Südzipfel des Sees, Straße #73/ #74 bei Shoreham. Die Überfahrt mit dieser Kabelfähre dauert nur 7 min; die Verkehrsfrequenz ist nachfrageabhängig: Nebensaison 8-17.45 Uhr, Juli bis *Labor Day* bis 18.45 Uhr, Auto plus Passagiere $8; www.middlebury.net/tiferry.

Nach und durch Vermont per Eisenbahn

Vermonts perfektes rurales Ambiente reizt die Großstädter zum Ausflug: Von New York ist man in drei, von Boston in zwei Stnden und von Montreal in nur einer Stunde per umweltfreundlicher Zugfahrt mitten in der Natur, vor allem während des *Indian Summer* im bunten Herbstwald. Der ***Vermonter*** verbindet 1x täglich Washington DC mit St. Albans nördlich von Burlington. Er fährt über New York/Penn Station, Brattleboro, Montpelier, Stowe und Burlington. Der ***Ethan Allen Express*** fährt von NYC nach Rutland durch das Hudson Valley mit Stops in Albany, Saratoga Springs und Glen Falls; www.amtrak.com.

Green Mountain Railroad (mehr unter www.rails-vt.com) hat drei Züge, die kurze Fahrten zwischen 25 und 45 min anbieten. Es lockt hier aber eher der Spaß, mit einer notalgischen Eisenbahn zu fahren als das Landschaftserlebnis.

2.7.2 Von Burlington nach Bennington

An der Straße #7 Süd (Richtung Middlebury) liegen eine Reihe sehr lohnenswerter Stopps:

Shelburne Farms

www.shelburnefarms.org

Circa. 10 Meilen südlich von Burlington, auf einer Landnase am Lake Champlain stockt einem der Atem. In der von *Frederick Olmstead* (NYC Central Park) gestalteten Parklandschaft (250 ha) liegen die schlossartigen Herrenhäuser, Stallungen und Gutsbetriebe der ***Shelburne Farms***, herrschaftlicher Besitz der ***Vanderbilt-Webb Family***. Hier entstehen bis heute Milchprodukte, Backwaren und Holzmöbel. Wanderwege, *Farmstore*, *Childrens Farmyard*. Übernachtungen im ***Inn at Shelburne Farms*** ($135-$380; mit **Restaurant**, © 802-985-8686) Eintritt $6, Kinder bis 17 Jahre $4; mit der lohnenden ***Property-Tour*** (9, 11, 13, 15 Uhr) insgesamt $9. Täglich 9-17.30 Uhr; © (802) 985-8442.

Der Parkeingang liegt an einem *Bypass* der #7. Zufahrt **von Norden**: 2,8 mi südlich der #189 (I-89, *Exit* 13) rechts in die Bay Road. **Von Süden:** hinter *Shelburne Museum* links in die Harbor Road.

Shelburne Museum

www.shelburnemuseum.org

Auf dem Gelände des sehenswerten *Shelburne Museum* (direkt an der Straße #7) stehen ***Americana*** im Mittelpunkt. ***Electra Webb***, Tochter eines Zuckermagnaten und Sammlers europäischer Kunst, hortete – angesteckt von der Leidenschaft des Vaters – von Kindesbeinen an bis 1960 alles, was ihr in die Hände fiel, sofern es rein amerikanisch war. Diese Sammlung von Sammlungen, ***Collection of Collections***, zeigt Gegenstände und Gebäude aus allen Bereichen des amerikanischen Lebens. Unter den historischen Bauten des Komplexes befinden sich Eisenbahnstation, *Shaker*-Scheune (➪ Seite 360), eine alte Schule, eine *Covered Bridge* und ein Fährschiff von 1906, die *Ticonderoga*. Die Häuser sind vollgestopft mit tausenderlei Objekten. Kunstwerke aus Europa sind ebenfalls zu sehen (u.a. *Goya, Manet, Monet, Rembrandt*). Interessant ist auch die Nachbildung des New Yorker Wohnsitzes der Gründerin. Täglich 10-17 Uhr; $18; Kinder bis 14 Jahre $9; die Tickets gelten für 2 Tage; © (802) 985-3346.

Teddybären

Als *Theodore* (»*Teddy*«) ***Roosevelt***, US-Präsident (1901-1909) und leidenschaftlicher Jäger, 1902 nach tagelanger Pirsch keinen Bären vor die Flinte bekam, fesselten seine Helfer kurzerhand ein verwaistes Jungtier zum Abschuss an einen Baum. Roosevelt winkte empört ab und fuhr ohne Trophäe nach Hause.

Ein Karikaturist der Washington Post zeichnete diesen Vorfall. Als die Karrikatur landesweit bekannt wurde, liess ein cleverer US-Geschäftsmann seine Frau Bären aus Plüsch nähen und stellte sie als »*Teddy's Bear*« in sein Schaufenster - die Geburtsstunde eines weltweiten Verkaufsschlagers.

Neben Kindern zum Kuscheln lieben Sammler das Kulttier als Wertanlage. Beim Londoner Auktionshaus *Christie's* kam **der erste pechschwarze Teddybär für 153.000 Euro** unter den Hammer. Er war 1912 aus Trauer über den Untergang der *Titanic* genäht worden.

Teddybären

www.vermont teddybear.com

Wer sich für Teddybären interessiert, sollte im weiteren Verlauf der #7 auf die bunte *Shopping Plaza* der ***Vermont Teddy Bear Company*** achten. Dort werden die Bären in jeder Bekleidung gefertigt. Führungen finden im Sommer Mo-Sa 9-17 Uhr alle 30 min statt; $2. Speziell für Kinder (gratis), die abschließend gegen Gebühr ihren eigenen Teddy kreieren können, eine Riesengaudi!

Straße #7

Die Straße #7 führt weiter durch eine zunächst abwechslungsarme Hügellandschaft und kleine, meist schmucke Ortschaften. Sie alle besitzen ihre Besonderheiten, so in **Charlotte** die *Vermont Wild Flower Farm* (Gartenführungen nur im Juli/ August) und in Ferrisburgh die traditionelle ***Dakin Farm*** mit Ökoprodukten (Käse, *Maple*, Marmeladen und Räucherschinken).

In **Vergennes** gibt es gute Restaurants:

- ***Black Sheep Bistro***, 253 Maine St (17-20 Uhr), © (802) 877-9991
- ***Christophe's on the Green***, 5 North Street, hat französische Küche (im Sommer Di-Sa 17.30-21.30 Uhr), © (802) 877-9991
- In **Middlebury**, einer hübschen *College Town* mit dem historischen ***Middlebury Inn*** am *Village Green* (ab $90, © 1-800-842-4666), befindet sich das ***Vermont Craft Center*** hinter den *Otter Creek Falls* (Frog Hollow Alley, gleich jenseits der Brücke).

Camping

- Ein guter Platz ist der ***Mount Philo State Park*** (zwischen Charlotte und North Ferrisburgh) mit Weitblick über den Lake Champlain und die *Adirondacks* (nur 10 Sites).

- ***Button Bay State Park,*** mit Pool am Lake Champlain (abseits der #7 ab Vergennes ausgeschildert) ist super; viel Licht, genug Schatten, etliche *Leantos*, riesiges Picknick-Dach; beste Plätze am See (ohne *Leantos*): 43, 44, 46, 48, 50, 52, 54.

- Am Rande des *Green Mountain National Forest* südlich von Middlebury bietet der ***Branbury State Park*** Straße #53) am ***Lake Dunmore*** **Badestrand** und ***Campground***. Leider nur 17 (für Zelte und leichte Fahrzeuge) der ca. 50 Stellplätze liegen offen in Seeufernähe, am Wochenende viel Trubel!

Maple Museum

www.maple museum.com

Zwar wird im gesamten Nordosten Nordamerikas ***Maple Syrup*** produziert, aber Vermont gilt in den USA als Hochburg der Kunst seiner Herstellung. Da nur wenige Touristen im Februar/März, wenn der Ahornsaft fließt, das Land bereisen, lernen die meisten nur das fertige Produkt kennen. Alle Details der Herstellung des Sirups erfährt man im ***New England Maple Museum*** an der Straße #7, etwa 8 mi nördlich von Rutland bei Pittsford. In diesem liebevoll gestalteten Haus werden in Wandmalereien und anhand traditioneller wie moderner Geräte die Technik und die Geschichte der Sirup-Gewinnung erläutert. Man darf kosten und kaufen. Im Sommerhalbjahr 8.30-17.30 Uhr, sonst 10-16 Uhr; $5.

Maple Syrup

Im Herbst erfreuen sich *Leaf Peeper* vor allem an der rosa-gelb-orangen Färbung der Blätter des *Sugar Maple*. Andere Ahorn-Arten entwickeln eher leuchend rote Blätter. Am Ende des Winters, etwa 6 Wochen lang von Ende Februar bis April, wenn die Nächte noch frostig-kalt sind, längerer Sonnenschein aber tagsüber bereits für Wärme sorgt, steigt der Saft in den Bäumen. Dann werden die Zucker-Ahorns zu Vorboten des Frühlings.

Die Süße des Ahornsafts wurde zufällig entdeckt. Man erzählt von einer *Squaw*, die Regenwasser aus einem ausgehöhlten Stamm unter einem Ahornbaum zum Kochen verwendete. Als das Gericht süß schmeckte, suchte man nach der Ursache und wurde fündig. Die Irokesen hackten fortan im Frühjahr ihre Tomahawks in die Rinde der *Maple Trees* und fingen den herausquellenden Saft auf. Mit Hilfe erhitzter Steine, die sie in den Saft legten, erzeugten sie daraus dickflüssigen Sirup. Immer noch lebendig ist das romantische Bild von Bauern, die in Schneeschuhen von Baum zu Baum gehen oder mit Pferdeschlitten durch ihr Gelände fahren, um Zapfhähne in die Baumrinde zu schlagen und Eimerchen darunter zu hängen. Die vollen Behälter wurden zu *Sugar Houses* transportiert und der Saft in einem großen Kessel über offenem Feuer eingekocht. Diese Prozedur wurde – und wird von den Hobby-Sirupkochern bis heute – gerne mit einer ***Sugaring-off-Party*** gefeiert. Kinder freuen sich dabei über die »Bonbons«, die entstehen, wenn der Sirup – auf Schnee gegossen – rasch abkühlt und sich verhärtet.

Die moderne Sirup-Produktion ist erheblich rationeller: Die Bäume sind heute über Plastik-Pipelines mit Containern verbunden, von denen der Saft automatisch in Tankwagen gepumpt und in zentralen Sammelstellen zu Sirup eingekocht wird. Für einen Liter Sirup benötigt man 30-50 Liter Ahornsaft, etwa die Menge, die ein einzelner Baum hervorbringt. Dabei eignen sich nur mindestens 40 Jahre alte Bäume zum Abzapfen.

Maple Syrup enthält alle **Vitamine** und zahlreiche **Mineralien** und gilt daher als gesund. Europäern, die selten von Kindesbeinen an *Maple Syrup* genossen haben, schmeckt das süße Zeug aber meist nicht besonders. Indessen gibt es enorme Qualitäts- und Geschmacksunterschiede, die in einer fein abgestuften Klassifizierung dem Kenner verraten, was er von einer Sorte zu halten hat.

Maple-Produkte werden in ***Sugar Houses*** vermarktet, z.B. bei East Montpelier, ***Bragg Farm*** (an der I-89-Exit 8, dann #2E/#14E) und im ***Maple Museum***.

Eingangstor aus rohen Marmorblöcken vorm Marble Museum in Proctor

Proctor

www.vermontmarble.com

Wegen des Wortspiels zwischen *Maple* und *Marble* heißt es, Vermonter seien »innen süß wie *Maple Sirup* und außen hart wie Marmor«. Denn nicht nur in der Herstellung von *Maple*-Produkten ist Vermont führend, sondern auch bei Abbau und Verarbeitung von Marmor. Größte Abbauregion ist Rutlands Umgebung. In der ***Vermont Marble Exhibit*** in **Proctor**, einem hübschen Städtchen an der Straße #3 unweit der #7, warten Ausstellung, Film und *Sculpting Studio*. Am Ende weiß man, woher der Marmor kommt und was alles passieren musste, bevor der Aschenbecher ansehnlich genug fürs Wohnzimmer war; mit Shop. Mitte Mai bis Oktober 9-17.30 Uhr geöffnet; Eintritt $7.

Rutland

Der Verkehrsknoten Rutland ist die größte Stadt im südlichen Vermont mit der üblichen Infrastruktur an den Ausfallstraßen. Die **Moteltarife** sind günstig. Im Sommer gibt es günstige Angebote (*Discountcoupons*, ➪ Seite 112) im Skigebiet Killington.

- Dort offeriert das ***Red Roof Inn*** an Wochenenden Zimmer ab $49, sonst $70-$140 (Suites), Killington Road (zweigt von der Straß0e #4 ab; ✆ (802) 773-5600 und ✆ 1-877-775-5601
- Das ***Best Western Inn & Suites*** 3 mi östlich Rutlands an der #4, ✆ (802) 773-3200, mit Coupon schon ab $50, sonst $120-$200, im *Indian Summer* bis $230 für komfortable Suites.

Gleich gegenüber dem *Best Western Inn* liegt das empfehlenswerte ***Countryman's Pleasure Restaurant***, ✆ 802-773-7141.

Ethan Allen Highway

Die Fahrt durchs südwestliche Vermont, speziell auf der #7A (*Ethan Allen Highway*), führt durch das besonders attraktive Gebiet im Tal des *Batten Kill River*. Vor allem auf den Besuch des exklusiven Manchester sollte man nicht verzichten.

Manchester

www.manchestervermont.net

Die Stadt ist zweigeteilt in *Center* und ***Village***; beide sind über die #7A und einen 3,5 km langen Marmorbürgersteig verbunden, an dem herrschaftliche Villen liegen (heute teure Hotels mit Gastronomie). Ein ***Information Booth*** steht an der #7A (nördliches Ende von Manchester Center) auf einer begrünten Verkehrsinsel gegenüber *Candeleros Cantina & Grill* (9.30 -17 Uhr).

Zentrum

Manchester Center hat entlang der #7A (Main Street) und #30/ #11 (Depot Street) etliche feine Läden (*Gucci & Co*), aber auch kleinere *Labels*, die stilvoll in den alten *Clapboard*-Gebäuden als ***Factory Outlets*** untergebracht sind. Ein Konzept (»*Fifth Avenue in the Mountains*«), das aufging, lockt es doch Reiche und den konsumfreudigen gehobenen Mittelstand gleichermaßen.

The Equinox

Das eigentliche Besuchsziel ist jedoch Manchester Village, das vom riesigen ***Hotel Equinox*** und *Spa* (von 1796) dominiert wird. Es bildet mit der Kirche gegenüber und einer kleinen, aber feinen Ladenzeile das Zentrum vom *Village*. Natürlich gibt es einen Golfplatz und außergewöhnliche Kurse wie fürs *Fly-Fishing* und *Hunting*. Die Tarife beginnen bei $220 bis fast unendlich; ✆ (802) 362-4700 und ✆ 1-800-362-4747; www.equinoxresort.com.

Art Center

Am Nordhang des Equinox zweigt 250 m nördlich die Ways Lane von der #7A ab; sie stößt auf die West Road (dort rechts), von der die 1. links zum ***Southern Vermont Art Center*** (www.svac.org) bergauf führt. Vorbei an Skulpturen erreicht man oben auf dem Hügel einen Komplex aus 3 schlohweißen Gebäuden:

- das ***Elisabeth C. Wilson Museum***, eine faszinierende moderne Version der klassischen *Clapboard*-Bauten; auch innen bestechen die klaren Linien. Wechselnde Ausstellungen und ein *Gift Shop*; Di-Sa 10-17, So 12-17 Uhr; $8, unter 13 Jahren frei
- Gegenüber das ***Yester House***, ein *Greek Revival* Herrenhaus mit 10 Galerien und einem Café (nur *Lunch*, 11.30-14 Uhr)
- Im ***Louise Arkell Pavilion*** finden Konzerte (meist Jazz) statt: ✆ (802) 362-1405

ORVIS

ORVIS (www.orvis.com) ist quasi der ***L.L.Bean*** (⇨ Seite 302) Vermonts und damit eine uramerikanische Institution. Wer beim (Forellen-) Fischen oder Jagen nur *high end*-Produkten vertraut, ist bereit, dort tief in die Tasche zu greifen. Auch sportlich-elegante Kleidung, Literatur und weltweite *outdoor*-Reisepakete füllen Tische und Regale. An der Straße #7A nördlich vom *Hotel Equinox*, täglich 9-18 Uhr.

Fensterbild im – für den ambitionierten Outdoor Fan – phänomenalen ORVIS-Shop in Manchester

Fly Fishing Museum

Der ORVIS-Besuch macht Appetit auf Wissenswertes über das *Fly Fishing* – und das gibt es dezidiert im Museum nebenan: Wie fertige ich für welchen Monat bei welchem Wetter in welcher Region für welche Forelle die richtige Fliege? Täglich 10-16 Uhr, $5; www.amff.com.

Sommerkonzerte

Im ***Riley Rink at Hunter Park*** tut das *Vermont Symphony Orchester* es Tanglewood gleich (➪ Seite 362). Wenn bei gutem Wetter der Platz für 3.000 Personen nicht reicht, öffnen sich die Wände zu den Rasenflächen. Im Winter wird er zur Eisbahn. Zufahrt: nach dem nördlichen Abzweig der #7A von der #7 noch 2 mi auf #7A, dann rechts in die Hunter Road einbiegen.

Restaurants

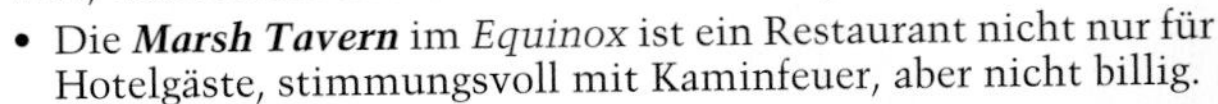

- Die ***Marsh Tavern*** im *Equinox* ist ein Restaurant nicht nur für Hotelgäste, stimmungsvoll mit Kaminfeuer, aber nicht billig.

- Etwas nördlich des Hotel ***Equinox*** gilt das ***Mulligans*** als die beste Adresse – mit *Live Music* am Wochenende.
- In Manchester Center (Kreuzung #30/11 und #7A) ist für ein Steak der ***Sirloin Saloon*** die richtige Wahl.

- Das ***Spiral Press Café*** im *Northshire Bookstore* serviert Di-Sa von 8-21 Uhr (Mo & So bis 19 Uhr) leichte Kost, Internetzugang, angenehme Atmosphäre (Bonnet Street, Manchester Center in der Nähe des *Sirloin Saloon*).

Unterkunft

Das große Angebot an schönen Quartieren eignet sich wie *The Equinox* überwiegend für gut gefüllte Brieftaschen (ab $200):

- Das altmodisch elegante ***1811 House*** (B&B) mit *British Pub* und Zimmern mit Kamin gehört zum ***Equinox*** (schräg gegenüber, Nutzung aller Einrichtungen); ✆ 1-800-432-1811 und ✆ (802) 362-1811, $230; www.1811house.com
- Das ***Inn at Manchester*** steht an der #7A zwischen Manchester Center und Village, ✆ (802) 362-1793 und ✆ 1-800-273-1793, ab $165; www.innatmanchester.com.
- Preiswerter sind die Motels nördlich; gut das ***Aspen Motel*** an der #7A, ✆ (802) 362-2450, $80-130, Wochenende teurer.

- Unweit vom **Aspen** liegt das ***Casablanca Motel***, nette Bungalows mit Kühlschrank; $67-$98, Suites $89-$138; ✆ (802) 362-2145 und ✆1-800-254-2145; www.casablancamotel.com

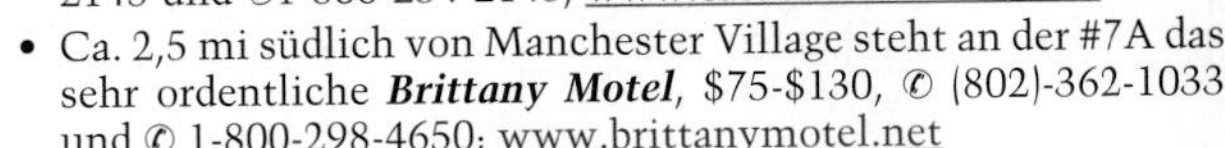

- Ca. 2,5 mi südlich von Manchester Village steht an der #7A das sehr ordentliche ***Brittany Motel***, $75-$130, ✆ (802)-362-1033 und ✆ 1-800-298-4650; www.brittanymotel.net
- Im Sommer kommt man preiswert im Skigebiet Bromley unter, z. B. in der ***Bromley Sun Lodge***; ✆ (802) 824-6941 und ✆ 1-800-722-2159; www.bromleysunlodge.com

Camping

Über einen schönen, aber etwas lauten (#7!) *Campground* und *Swimming Beach* verfügt der ***State Park Emerald Lake*** bei East Dorset. Ein privater Platz »***Camping on the Battenkill***« befindet sich 500 m nördlich von Arlington (# 7A) direkt am Battenkill River (Kanutrips), ✆ (802) 375-6663.

Park

In Manchester Center kann man sich vom kommerziellen Edelrummel rasch absetzen: An der Straße #30 Nord liegt eine gute Meile außerhalb des Ortes der ausgedehnte ***Dana Thompson Memorial Park*** mit Picknicktischen, kostenlosen Tennisplätzen, Kinderspielplatz und einem ***Public Pool***.

Umgebung

Die Green Mountains sind nicht weit. Eine lange Sommerrutschbahn (*Alpine Slide*) über gut 1000 m und »Seifenkisten« auf Vollgummireifen findet man beim ***Ski Center Bromley*** an der Straße #11, 6 mi östlich von Manchester. In der *Bromley Mountain Thrill Zone* ist auch im Sommer allerhand los.

Hildene

Vier Präsidenten besuchten Manchester, und *Abraham Lincoln* war schon für den Sommerurlaub 1865 im Hotel *Equinox* angemeldet, bevor er ermordet wurde. Seine Nachkommen ließen sich Anfang des 20. Jahrhunderts 2 mi südlich von Manchester Village das **Herrenhaus *Hildene*** errichten. Heute wird es gerne für offizielle Funktionen genutzt. Führungen im Sommer halbstündlich 9.30-16.30 Uhr, $10: ohnedem Eintritt auf das Gelände $4; täglich 9.30-17 Uhr; www.hildene.org.

Equinox Mountain

Auf halber Strecke zwischen Manchester Village und Arlington zweigt die Straße auf den ***Big Equinox Mountain*** ab. Der ***Skyline Drive*** ist 5 mi lang und kostet $8/Auto und Fahrer plus $2/Pers.

Top Leafpeeper-Route

Für Reisende im ***Indian Summer*** ist es empfehlenswert (je nach Laubfärbung), die im Tal verlaufende #7/#7A in Manchester zu verlassen und die durch die Berge und idyllische Dörfer führende **Straße #30**, dann **#100 nach Wilmington** zu nehmen.

Arlington

Im hübschen Arlington, der Heimat des in Amerika immer noch bekannten Illustrators *Norman Rockwell* (⇨ Seite 365) kann man fast so gut wie in Manchester übernachten.

- Das ***Arlington Inn*** an der Ecke #7A/#313; ✆ (802) 375-6532 und ✆ 1-800-443-9442, $110-$250; www.arlingtoninn.com
- Preiswerter ist das ***Cut Leaf Maples Motel*** an der #7A, ab $75; ✆ (802) 375-2725; www.virtualvermont.com/lodging.

Bennington

Mit 10.000 Einwohnern ist Bennington eine der größten, aber touristisch weniger interessanten Städte Vermonts. Nostalgischen Pepp hat das ***Sonny's Blue Benn Diner*** an der #7 ca. 500 m nördlich der Kreuzung #7 und #9 (Main Street), ein Original aus den 1940er-Jahren mit Wahltasten für die *Musicbox* an jedem Tisch; täglich Mo/Di 6-17, Mi-Fr 6-20, Sa 6-16 und So 7-16 Uhr.

Ein wenig weiter auf der rechten Seite befindet sich das ***Visitor Center***, Mo-Fr 9-17, Sa und So 10-16 Uhr; www.bennington.com.

Museum

www.benningtonmuseum.com

Bilder von ***Grandma Moses*** (1861-1962), die mit 80 Jahren begann, naive Szenen zu malen und damit weltberühmt wurde, sind die besten Stücke unter den *Americana* im ***Bennington Museum***. Eine andere Abteilung erinnert an die ***Bennington Battle***, eine der wichtigen Schlachten im Revolutionskrieg. Main St (#9) westlich des Zentrums; täglich 9-17 Uhr (Mi zu); $8, Kinder unter 12 frei.

Obelisk

Der Schlacht von 1777 ist auch das ***Battle Monument*** gewidmet, ein fast 100 m hoher, weithin sichtbarer Obelisk an der Monument Ave ebenfalls im Westen der Stadt unweit des Museums. Zutritt zum Fahrstuhl auf das Aussichtssdeck und zum Diorama des Schlachtverlaufs 9-17 Uhr; $2.

Covered Bridges

Bei Bennington gibt es gleich drei ***Covered Bridges*** nahe beieinander entlang der Straße #67A westlich der Stadt. Ihre Standorte sind auf einer ***Tour Map*** eingezeichnet, ➪ *Visitor Center*.

Unterkunft

In und um Bennington findet man viele unabhängige Motels und *Lodges*. Eine gute Wahl in der Mittelklasse ist sind

- ***Fife'n Drum Motel***, 1,5 mi südlich an der #7; ab $75 (in der Zeit des *Indian Summer* ab $120); ✆ (802) 442-4074
- ***Paradise Inn***, gepflegt, nach hinten ruhig, mit Balkon zum Garten mit Pool; $85-$125; 141 West Main Street (#9); ✆ (802)-442-8351 und ✆ 1-800-575-5784, www.vermontparadiseinn.com
- Gleich nebenan, 143 West Main Street im alten ***Bennington Motor Inn,*** ist es billiger (hintere Räume ruhiger); $69-100; ✆ (802)-442-5479 und ✆ 1-800-359-9900; www.coolcruisers.net

Von Bennington führt der ***Molly Stark Trail*** (#9), eine besonders beliebte ***Leafpeeper Route***, nach Brattleboro (➪ Seite 336).

Bei **Woodford** gibt es zwei gute **Campingplätze** und ein ***Hostel***.

Etwa 8 mi östlich von Bennington beim ***Prospect Ski Mountain*** liegt die ***Greenwood Lodge*** (*Hostel* für $25/Bett, auch 2 DZ) plus einem kleinen *Campground*, ✆ (802) 442-2547, www.hiusa.org.

Etwa 3 mi weiter auf der #9 passiert man die Einfahrt zum ***Woodford State Park*** an einem kleinen Stausee; ✆ (802) 447-7169; Camping $16-$23.

Östlich von Wilmington zieht der »***100 mi Viewpoint***« im *Indian Summer* Tausende an.

Anschluß an die Route I-91 nach Süden ➪ Seite 336.

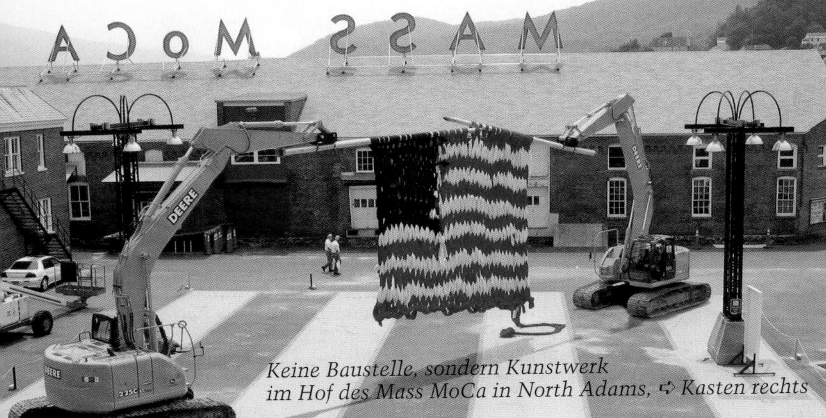

Keine Baustelle, sondern Kunstwerk im Hof des Mass MoCa in North Adams, ➪ Kasten rechts

Auf dem Mohawk Trail nach North Adams & Greenfield

In Williamstown beginnt im 3-Staaten-Eck (New York, Vermont, Massachusetts) der 63 mi lange ***Mohawk Trail*** (#2), benannt nach einem alten Indianerpfad; www.mohawktrail.com. Auf dieser im Herbst beliebten Route hat man auf Teilstrecken weite **Blicke** über das Land, besonders beeindruckend vom **Gipfel des *Mount Greylock***, dem mit 1.064 m höchsten Berg von Massachusetts. Er liegt ca. 6 mi südwestlich von **North Adams**. Bei guter Sicht überschaut man von dort bei guter Sicht sechs Bundesstaaten (Auffahrt ist zur Zeit bis Mitte 2009 geschlossen).

Dieser ehemaligen Industriestadt in der Nordwestecke von Massachusetts sieht man die Vergangenheit noch an. Jetzt wird in riesigen Fabrikhallen Supermodernes ausgestellt. Das ***Mass MoCA*** gilt neben dem ***Dia Beacon*** im Staat New York (⇨ Seite 374) als der größte Komplex für avantgardistische Kunst im Osten der USA und hat seit seiner Eröffnung im Jahr 1999 Besucher in Scharen angezogen, auch wegen der Konzerte, Filme und anderer Veranstaltungen. Anfahrt: von der #2 dem Schild *Downtown Business District* (#8) folgen, dann links in die Marshall Street; www.massmoca.org.

Gutes Café und Restaurant; im Sommer täglich 10-16, sonst Mi-Mo 11-17 Uhr, geführte Touren 10-16 Uhr; \$12.50/\$9, \$ 20 kostet das Kombiticket mit *The Clark Institute* in Williamstown (⇨ Seite 360), © (413)-662-2111.

Das ***Mass MoCA*** hat der grauen Stadt neue Impulse gegeben, sowohl durch kontroverse Diskussionen über die Exponate, als auch durch neu entstandene Galerien und Restaurants in der Umgebung.

Weiter auf der Straße #2 erinnert in Charlemont die Statue ***Hail to the Sunrise*** an die indianischen Ureinwohner der Region. Einen Stop ist die ***Bridge of Flowers*** bei Shelburne wert.

Bei **Greenfield** erreicht man das Hauptziel des Abstechers: ***Historic Deerfield*** (von Greenfield Straße #5, ca. 3 mi nach Süden), ein für das koloniale Neuengland typisches Dorf. Dieser bereits 1679 besiedelte Außenposten wurde bei Angriffen im indianisch-französischen Krieg zweimal zerstört, aber wieder aufgebaut. Vierzehn der alten ***Clapboard-* und *Shingle*-Häuser** (⇨ Seite 40) sind auf Führungen zu besichtigen. Sie befinden sich alle an der breiten Hauptstraße ***The Street***. Die restaurierten und mit originalen Möbeln, Gemälden und Haushaltsgegenständen ausgestatteten musealen Gebäude stehen zwischen Dutzenden noch in Privatbesitz befindlichen und bis heute bewohnten Häusern, in denen zwei der teuersten Privatschulen der USA untergebracht sind; www.historic-deerfield.org; www.old-deerfield.org.

Auf dem Weg von Greenfield nach Deerfield passiert man mit ***Yankee Candle*** die weltgrößte Kerzenfabrik (mit Museum-Shop).

Stilvoll wohnt man im ***Deerfield Inn*** (ca. \$200, © 413-774-5587 und © 1-800-926-3865) mit Restaurant und guter Terrassen-Cafeteria; Führungen (mit Besuch der Häuser \$14/\$7). Das ***Visitor Center*** (9.30-16.30 Uhr) liegt gegenüber dem Inn. Ein Bummel durch das Dorf lohnt aber auch ohne Führung.

Campen in dieser Region kann man gut im *Mohawk Trail State Forest*.

2.8 Scenic Route #7 durch Massachusetts und Connecticut nach New York

Straße #7

Wer auf seiner Neuengland-Rundreise zum Ausgangspunkt New York City zurückkehren muss, erreicht von einer Route durch Vermonts Westen rasch die I-87 und damit in wenigen Stunden New York. Ohne Zeitdruck folgt man besser der **Straße #7**; sie ist auch für das westliche Massachusetts und Connecticut **die *Scenic Route***. Der Übergang auf die (südöstlich von Albany) nächstgelegene Schnellstraße nach New York, den sehr schönen ***Taconic State Parkway*** (keine Campmobile!), ist von dort kein Problem.

The Berkshires (➪ Foto Seite 365)

www.berkshires.com

Der ***Mount Greylock*** ist mit 1.064 m der höchste Berg der Berkshire Hills gleich südlich der Grenze zu Vermont bei Williamstown. In die sanfte, lichte Hügellandschaft zog es schon im 19. Jahrhundert viele Künstler und Schriftsteller, z.B. *Hermann Melville, Nathaniel Hawthorne* und *Edith Wharton*. Ihnen folgten wohlhabende Bürger aus New York und Boston, die sich prächtige Sommerhäuser bauten. Heute sind die »feinen« Ortschaften ***Williamstown, Stockbridge, Lennox*** (Tanglewood) und ***Barrington*** im Sommer Schauplatz vieler **Musik-, Ballett- und Theaterfestivals**, quasi Neuenglands Sommer-Kulturzentrum.

Dazu bieten erstklassige Museen alte und innovative neue Kunst. Das Angebot erschlägt den Besucher. Es empfiehlt sich bei hochrangigen Produktionen (➪ unten), schon vor dem Besuch das Angebot zu sichten oder die Info-Kioske und *Visitor Center* aufzusuchen. Das Umfeld bietet Unterkünfte für jeden Geschmack und Geldbeutel. Genaueres im ***Berkshires Visitors Bureau*** (www.berkshires.org) in 3 Hoosac St Adams, ab von der #8, beim nördlichen Eingang zum *Ashuwillticook Trail*. Gut informiert ist auch das ***Berkshire Visitor Bureau*** am *Common* in **Pittsfield**.

Williamstown

www.wtfestival.org

Gleich südlich von Vermont liegt die winzige, feine **Universitätsstadt Williamstown** mit dem Campus als Mittelpunkt. Nur während des jährlichen *Theatre Festival* ist dort einiges los.

Williamstown besitzt zwei ausgezeichnete Museen:

- ***The Clark***, mehrere Gebäude in parkähnlicher Landschaft, beherbergt eine Sammlung hauptsächlich französischer Impressionisten, darunter allein über 30 Bilder von ***Renoir***; auch *Toulouse Lautrecs* Portrait ***Jane Avril*** ist zu bewundern, sowie *Gainsborough, Constable* und *Turner*, aber auch alte Meister; wechselnde Ausstellungen, sehr empfehlenswert! (South Street, 0,5 mi südlich der Kreuzung #7/#2, im Sommer täglich 10-17, sonst Mo zu; © (413)-458-2303, $10, www.clarkart.edu.
- Das ***Williams College Museum of Art*** an der Main Street (#2) auf dem Uni-Campus zeigt vor allem zeitgenössische amerikanische Kunst; Di-Sa 10-17, So ab 13 Uhr, frei.

Restaurants

Im ruhigen Williamstown gibt es eine Reihe guter **Restaurants**, vor allem in der **Spring Street**.

Die Shaker (www.shakers.org)

Die *Shaker* waren bis Mitte des 19. Jahrhunderts eine der größten religiösen Gemeinschaften Nordamerikas. Um 1840 lebten etwa 6.000 Mitglieder in 18 Shaker-Kommunen von Maine bis Kentucky und Ohio. Die Gründerin, eine *Mother Anne Lee*, war 1774 aus England gekommen. Visionär hatte sie Adam und Eva beim Geschlechtsverkehr gesehen und damit die Einsicht gewonnen, Lust sei die Ursache aller Sünde. Eines der Prinzipien der *Shaker* war daher die strikte Geschlechtertrennung – wiewohl bei absoluter Gleichstellung. *Shaker* praktizierten die Loslösung von allem Weltlichen (u.a. kein Privateigentum), bekannten sich zum Pazifismus und – öffentlich – zu ihren Sünden. Ihre ungewöhnlichen »Gottesdienste« ohne Prediger, in denen die Gläubigen in eine Art Trance verfielen, zitterten (das *Shaking*), ungewöhnliche Bewegungen ausführten und merkwürdige Laute ausstießen, führten zur Bezeichnung *Shaker*; ⇨ auch Foto Seite 328.

Mangels Nachwuchs und Zulauf lösten sich aber bereits 1875 erste *Shaker*-Gemeinden auf. Heute gibt es praktisch keine *Shaker* mehr, aber ihr handwerkliches Erbe wird fortgeführt.

Schon zu ihrer Blütezeit wurden die *Shaker* wegen ihrer effektiven Landwirtschaft, ihrer aus Kräutern gewonnenen Medizin und vor allem wegen ihrer Architektur und zweckmäßigen Erfindungen bewundert. Die Einrichtung ihrer Wohnhäuser besticht durch schlichte Eleganz. Schränke, Stühle und Gerätschaften sind einfach, praktisch und schön. Funktional und arbeitserleichternd ist ***The Round Barn***, die runde Scheune. Ein Arbeiter konnte – in der Mitte des Gebäudes stehend – ohne lange Wege eine ganze Herde Kühe füttern.

Das später von der berühmten Chicagoer Architekturschule proklamierte Motto ***»form follows function«*** hatten die *Shaker* schon lange realisiert.

Typische Shaker Rundscheune. Diese hier steht auf dem Gelände der Shelburne Farms bei Burlington, ⇨ Seite 351

2

Tanglewood Konzerte genießt man im offenen Saal oder picknickend auf der Wiese.

Unterkunft

Empfehlenswerte Quartiere sind

- ***Willows Motel***, 480 Main Street (#2), © (413) 458-5768, $65-$99; www.willowsmotel.com
- ***Maple Terrace Motel***, gleich gegenüber, ist teurer, aber top; © (413) 458-9677, $56-$148; wie das ***Willows*** mit schönem Pool; www.mapleterrace.com
- ***Cozy Corner Motel*** ist einfacher; es liegt an der Straße #7 nahe der Kreuzung mit der #2, © (413)-458-8006, $65-125
- Im ***The Guest House at Field Farm*** schläft man in einer Bauhausvilla mit antikem Mobilar. Sie steht in einem Skulpturenpark am Fuße des *Mount Greylock*. Ab der Kreuzung #7/#43 noch etwa 1 mi, dann rechts in die Sloane Road, © (413)-458-3135, *B&B* $150-$295, www.guesthouseatfieldfarm.org

Shaker Village

Interessant ist ein Besuch des ***Hancock Shaker Village***, etwa 4 mi westlich von Pittsfield an der Straße #20.

Wie andere *Shaker*-Gemeinden schon vorher (➪ z.B. Seite 328) wurde Hancock 1961 in ein Museumsdorf umgewandelt. Es vermittelt einen umfassenden Einblick in die Geschichte, das Leben und die Arbeit der *Shaker*. Täglich 10-16 Uhr, $15, Jugend 13-17 Jahre $4, sonst frei; www.hancockshakervillage.org.

Lenox

Als Kulturzentren der *Berkshires* gelten Lenox und Stockbridge. In Lenox (www.lenox.org) reiht sich ein riesiges weißes Holzhaus auf grünem Rasen an das andere. Manche von ihnen wurden in superteure ***First Class Inns*** umgewandelt, die in der Saison allesamt ausgebucht sind. Für »Saison« steht dort als Synonym ***Tanglewood***, ein auf den ersten Blick unscheinbarer Platz, etwa 2 mi südwestlich von Lenox an der Straße #183:

Tanglewood

Seit 1939 nimmt dort das ***Boston Symphony Orchestra*** sein Sommerquartier und wurde dank ***Leonard Bernstein*** weltberühmt. Auf den *Tanglewood Grounds* lauschen Musikliebhaber von Ende Juni bis September klassischer Musik im zum Park offenen

Auditorium und auf dem Rasen. Das Angebot expandierte; auch ein Jazzfestival gehört nun zum Programm. Dazu wird auf Decken gepicknickt: Wein und Sekt trinkt man stilvoll aus Gläsern. Selbst Kerzenleuchter gehören zur standesgemäßen Ausrüstung. Luxus kann man dort auch bestellen: das ***Tanglewood Café*** und der ***Tanglewood Grill*** erfüllen jeden Wunsch, auch ein Gourmet-Menü in einem privaten Zelt (ab Mitte Juni).

Info/ Reservierung

Tanglewood, 297 West Street in Lenox; www.tanglewood.org. **Telefon Konzerte**: © 1-888-266-1200, **Essen**: (413)-637-5240.

Die Kasse (***Box Office***) für Tanglewood-Konzerte öffnet am 15. Juni Mo-Fr 10-18 Uhr. Die Preise variieren je nach Veranstaltung und Platz: ab $17 (*Lawn*/Wiese) bis $99.

Festivals in-Stockbridge

Auch Theaterfreunden wird etwas geboten. Das ***Berkshire Theatre Festival***, läuft parallel zu den *Tanglewood*-Konzerten; Hauptspieltort ist eine alte Villa in Sockbridge an der Kreuzung #7/#102 (Main Street); © vor Mai (413) 298-5536, danach (413) 298-5576; www.berkshiretheatre.org.

Die ***Shakespeare Company*** spielt unweit in Lennox, 71 Kemble Street, www.shakespeare.org, © (413) 637-3353 und das **Tanztheater *Jacob's Pillow Dance*** tritt beim *Becket Center* auf (#8 *North* ab I-90), © (413) 243-0745, www.jacobspillow.org.

Stockbridge

Stockbridge ist lebendiger als Lenox, es lädt mehr zum Bummel rund um die Main Street ein. Den ***Afternoon Tea*** gönnt man sich in gediegener Atmosphäre auf der überdachten Terrasse des traditionellen ***Red Lion Inn***, © (413) 298-5545.

Im ***Elm Street Market*** gibt's alles zum Picknick und in den ***Holsten Galleries*** moderne Glasarbeiten zu sehen.

www.stockbridgechamber.org

Heute ist kaum vorstellbar, dass sich in Stockbridge in den 1970 er-Jahren ***Hippies*** zu Hause fühlten. Frage: wer erinnert sich noch an *Arlo Guthrie's* Song und Film ***Alice's Restaurant***?

Souvenirshopartikel in Stockbridge

Norman Rockwell

Norman Rockwell lebte von 1953 bis zu seinem Tod 1978 in Stockbridge. Wie in seinem früheren Wohnsitz Arlington/Vermont sind auch dort noch viele ältere Einwohner stolz darauf, für seine Zeichnungen Modell gewesen zu sein.

Manche empfinden die von *Rockwell* gemalten realistischen Szenen aus dem Kleinstadtalltag zwar als kitschig und provinziell, für viele aber hat *Rockwell* in seinen Darstellungen das positive Amerika liebevoll festgehalten. Wer mit den USA alte *Chevys, Drugstores* und Frisuren und Kleidung wie zu *Elvis Presleys* Zeiten verbindet, kurz »*Good old America*«, den überkommt Nostalgie.

Kunst oder nicht: Die Bilder trafen und treffen immer noch den Geschmack der meisten Amerikaner. Von *Rockwell* selbst stammt der Ausspruch: ***I just painted life the way I would like it to be***.

Chesterwood

In Stockbridge befinden sich – gut 1 mi entfernt vom ***Rockwell-Museum***, ➪ unten – der luxuriöse Sommersitz ***Chesterwood*** samt eindrucksvollem Studio von ***Daniel Chester French***, dem berühmtesten Bildhauer der USA; u.a. sind von ihm der überdimensionale »*Lincoln*« in Washington DC und der *Minuteman* in Concord, ➪ Seite 280; www.chesterwood.org.

Rockwell Museum

Die anspruchsvolle Kunstszene der *Berkshires* ist sich über das Werk von ***Norman Rockwell*** nicht einig. In den 1940er- und 1950er-Jahren erschienen seine Zeichnungen auf den Titelseiten der *Sunday Evening Post* und waren überaus populär. Die Originale sind in einem **Museum** zu sehen (an der Straße #183, zunächst etwa 2 mi auf der Straße #102 westlich von Stockbridge, geöffnet Mai-Oktober täglich 10-17 Uhr, sonst 10-16 Uhr, Eintritt $12,50, Jugendliche unter 18 Jahren frei; www.nrm.org.

Unterkunft

Die *Inns* und *B&Bs* in Lenox und Stockbridge haben ihren Preis:

- das ***Red Lion Inn*** ist noch vergleichsweise moderat, ab $100 (mit Etagenbad) bis $440; www.redlioninn.com

Motels aller Preislagen finden sich in Pittsfield im Kreuzungsbereich der #7 und #20. Hier zwei der preiswerteren ($65-$150):

- ***Heart of the Berkshires***, 970 West Housatonic Street (#20 West, 2 mi zum *Shaker Village*), ✆ (413) 443-1255
- ***Sunset Motel,*** 140 Housatonic Street (#20), noch in Lee nahe Stockbridge, ✆ (413)-243-0302, www.sunset-motel.com

Camping

Abseits des Weges liegen diverse Campingplätze des ***State Forest Service*** (*Mt. Greylock, Pittsfield, October Mountain* und *Beartown*). Der hübscheste an einem Bade- und Paddelsee ist der kleine *Campground* im ***Beartown State Forest*** östlich von Great Barrington bei Monterey abseits der #23 (✆1-877-4226762). Ein gut gehütetes Geheimnis ist der ***Pittsfield State Forest*** noch im Stadtgebiet, aber die Zufahrt ist schwer zu finden: Cascade Street, ggf. erfragen unter ✆ (413)-442-8992). Reservierung für alle Parks: www.mass.gov/dcr und www.reserveamerica.com

Straße #7 durch Connecticut

Auch in Connecticut läuft die #7 weiter durch idyllische Hügellandschaften. In West Cornwall befindet sich noch eine der wenigen ***Covered Bridges***, über die man mit dem Auto fahren darf. Ab Cornwall Bridge führt sie westlich – im Tal des *Housatonic River* – an den ***Litchfield Hills*** vorbei.

Litchfield

Man könnte aber auch einen letzten Abstecher einplanen, und zwar über die Straßen #4/#63 nach **Litchfield**, dem Geburtsort von ***Harriett Beecher-Stowe***.

Das *Village Green* dieses Städtchens wird umstanden von prächtigen weißen Holzvillen und roten Backsteinhäusern, den letzten Zeugen der industriellen Vergangenheit dieses jetzt eleganten Städtchens. Der schlanke Turm der ***Congregational Church*** ist ein beliebtes Postkartenmotiv.

Camping

Der ***Lake Wampamaug State Park*** (abseits der #202 bei New Preston) und der ***Housatonic Meadows State Park*** (#7 nördlich von Cornwall Bridge) sind gut für eine letzte Übernachtung etwa zwei Stunden vor New York City.

Country Motel Hitching Post, Cornwall Bridge, nahe den *Kent Falls* an der Straße #7 Richtung Kent, $65-$100, © (860) 672-6219, www.cthitchingpostmotel.com.

Nach New York

Auf geradem Weg über die #7 oder von Litchfield über die #202 erreicht man östlich von Danbury die I-84, die westlich – bereits im Staat New York – auf die I-684 trifft. Auf ihr erreicht man bei White Plains den *Hutchinson River Parkway*, ➪ Seite 336 unten.

Die Region Berkshires mit dem Mount Greylock im Hintergrund im Herbst

2.9 Durch New York State nach Niagara Falls

2.9.1 Zu den Routen

Von Neuengland nach Niagara Falls

Die folgenden Abschnitte für Fahrten durch New York State sind so aufeinander abgestimmt, dass sie auch an die Routen durch die Neuengland-Staaten »angehängt« werden können. Denn ab Burlington/Vermont oder auch weiter südlich – sei es auf direkter Strecke von Boston/Old Sturbridge oder auf anderen Wegen (⇨ vorstehendes Kapitel) – wird mancher Leser seine Reise durch Neuengland mit einer Weiterfahrt in **Richtung *Niagara Falls*** verbinden wollen. Dabei stellt sich die Frage **»Über Albany oder den *Adirondack Park*?«** Die Beschreibung dieser Zielgebiete in den Abschnitten 2.9.3 und 2.9.4, die von der Anfahrt ab New York (2.9.2) getrennt sind, wird beiden Möglichkeiten gerecht.

Alternativen ab New York

Wer **in New York City startet** und zunächst die Niagarafälle/Toronto/Ontario besuchen möchte, fragt sich ebenfalls: »Über Albany und ggf. noch die Adirondacks«?

Denn auf der Karte erkennt man leicht zwei prinzipielle Alternativen: Der meilenmäßig **kürzeste Weg** entspricht im wesentlichen dem Verlauf der zum *Freeway* ausgebauten **Straße #17**, die westlich von Elmira in die I-86/dann I-390 in Richtung Rochester übergeht. Über die Straße #20 erreicht man Buffalo/Niagara Falls schließlich nach 380-400 mi, einer strammen Tagesetappe.

Auf dem gebührenpflichtigen ***New York State Thruwa*y** (I-90) über Albany und Syracuse sind es gut 50 mi mehr, aber man benötigt bei zügiger Fahrt weniger Zeit.

Die **#17** ist die insgesamt schönere Strecke, auf ihr umgeht man jedoch interessante Ziele und Regionen wie das *Hudson Valley* und den *Adirondack Park*.

Einige Ziele im *Finger Lakes*-Bereich lassen sich von beiden Routen gleich gut erreichen.

Empfehlung

Wer **nur einen Tag Zeit** für die Fahrt nach Niagara Falls hat, sollte sich die von *Trucks* stark befahrene I-90 meiden.

Die **#17** zu fahren, macht mehr Freude, auch wenn man vielleicht 2 Stunden länger unterwegs ist. Wer zumindest **eine Übernachtung** einlegen kann und es nicht auf eines der Ziele im Einzugsbereich der I-90 abgesehen hat, ist ebenfalls mit der **#17** gut bedient. Als Zwischenstopp kämen z.B. Cayuga oder Seneca Lake in Frage, ⇨ Seite 386.

Erst **ab zwei vollen, eventuell sogar drei oder mehr Tagen** mit Umwegen durchs *Hudson Valley*, nach Albany hinein und/oder nach Saratoga Springs, mit Abstechern in die *Catskills,* zu den *Finger Lakes* oder nach Rochester geht kein Weg an der *Interstate*-Kombination **I-87/I-90** vorbei.

Die folgenden Ausführungen beziehen sich auf Ziele entlang dieser Hauptverkehrsroute.

Nach New York

Wer von einer Rundreise durch Neuengland **von Norden nach New York City** fährt/zurückkehrt, könnte statt der vorgeschlagenen #7 durch Vermont/Massachusetts ab Saratoga Springs oder Albany auch durch das *Hudson Valley* fahren.

Der unter 2.9.2 in Süd-Nord-Richtung beschriebenen Fahrt entlang des Hudson River (mit Abstecher in den *Catskill Park)* kann man auch in umgekehrter Richtung leicht folgen.

Von New York nach Montreal

Eine **weitere Alternative der individuellen Routengestaltung** wäre, ab New York zunächst nach Montréal zu fahren. Bis Saratoga Springs gelten dann die beiden folgenden Abschnitte, danach das Kapitel 2.7 bis Burlington/Vermont in umgekehrter Richtung.

Wer auf dem Weg nach Canada auch nördlich von Saratoga Springs auf der I-87 bleiben möchte, erhält Anregungen für einen Abstecher in die *Adirondacks* im Abschnitt 2.9.4.

Steckbrief New York State/NY (www.iloveny.com)

19,3 Mio. Einwohner, 141.300 km^2, **Hauptstadt Albany** mit 93.000 Einwohnern, größte Städte New York City mit 8,3 Mio. und Buffalo am Lake Erie mit 280.000 Einwohnern. Auch Rochester am Lake Ontario mit 211.000 und Syracuse auf halbem Weg zwischen Albany und Niagara Falls mit 142.000 Einwohnern sind größer als die Hauptstadt.

Die **Geographie** von New York State ist uneinheitlich. Im südöstlichen Zipfel liegen die teils flachen, teils hügeligen **Inseln** Staten Island, Long Island und Manhattan. Nördlich der Mündung des Hudson River erweitert sich das Staatsgebiet trichterförmig nach Nordwesten. Westlich des *Hudson River/Lake Champlain Valley* besetzt das *Adirondack Plateau* mit mehreren Höhenzügen über die Hälfte des Territoriums von ***Upstate New York***. Vor allem der riesige ***Adirondack*** und der ***Catskill Park*** mit einem Teil der gleichnamigen *Mountains* sind dicht bewaldet. Die Westhälfte des Staates zwischen Lake Ontario und dem Staat Pennsylvania ist – bis auf breite Tiefebenen an und zwischen den beiden Großen Seen (Lake Ontario und Lake Erie) – hügelig, unterbrochen vom Seengebiet der langgestreckten **Finger Lakes**.

In New York State finden sich um die größeren Städte herum **Produktionsbetriebe vieler Branchen**, wobei die früher dominierende, heute im Niedergang befindliche Eisen- und Stahlindustrie in einigen Städten große Strukturprobleme verursachte. Die **Landwirtschaft** ist ein relativ bedeutender Wirtschaftsfaktor; namentlich Milchprodukte, Fisch, Obst und Gemüse sowie Wein (Region Finger Lakes) spielen eine Rolle.

Wichtigste **touristische Ziele** sind neben New York City und den *Niagara Falls* das *Hudson River-Valley*, der *Adirondack* und *Catskill Park* sowie die Finger Lakes.

2.9.2 Von New York City durch das Hudson Valley und die Catskills nach Albany

New York

Bezüglich New York, dem Anfangspunkt dieser Route, sei auf die beigelegte Broschüre **New York City Extra** verwiesen. Wegen der besonderen verkehrs-/hoteltechnischen Problematik im Großraum New York (wenn man nicht gleich ab *JFK Airport* auf der *Interstate* #495 in Richtung Long Island fährt, ➪ Seite 209) sind im folgenden ausführliche Empfehlungen zum Start/Ziel New York City gegeben.

Start ab JFK oder Manhattan

Für die Fahrt von New York nach Nordwesten gibt es mehrere Möglichkeiten. Bei **Start etwa ab JF *Kennedy Airport*** empfiehlt sich zunächst die I-678 (*van-Wyk-Expressway*), die im Stadtteil Bronx auf die I-95 (*Cross Bronx Expressway)* stößt, der man über die ***Washington Bridge*** folgt. Am Westufer des Hudson River bei Fort Lee erreicht man den Beginn des hier favorisierten ***Palisades Interstate Parkway*** (keine Campmobile!).

I-687

Eine weitere Möglichkeit wäre, zunächst weiter auf der I-678 (nun *Hutchinson River Parkway*) zu bleiben und sich ab Mount Vernon (***Exit #13***) mit Ziel I-87 westlich zu halten. Auf der ***Tappan Zee Bridge*** überquert man den dort sehr breiten Hudson River, passiert am Westufer das historische Städtchen **Nyack** und erreicht den *Palisades Interstate Parkway* bei Spring Valley. Bei Start in **Manhattan** macht es Sinn, den ***Harlem River Drive*** zur *Washington Bridge* bzw. als Zufahrt zur I-87 (*Major Deegan Expressway*) zu wählen. Die **I-87** ist gleichzeitig die nach **Albany/Montréal** bzw. nach **Niagara Falls** durchgehende *Interstate*. Auch den ***Freeway #17*** (➪ Karte und die Ausführungen auf Seite 371f) erreicht man über die I-87.

Imposante Washington Bridge über den Hudson River; Blick von Fort Lee

Start ab Newark Airport

Bei Start ab *Newark Airport* geht – um zunächst dem dort verwirrenden Netz der *Freeways* zu entkommen – nichts über die ***I-95 North*** (***New Jersey Turnpike***), auf der man

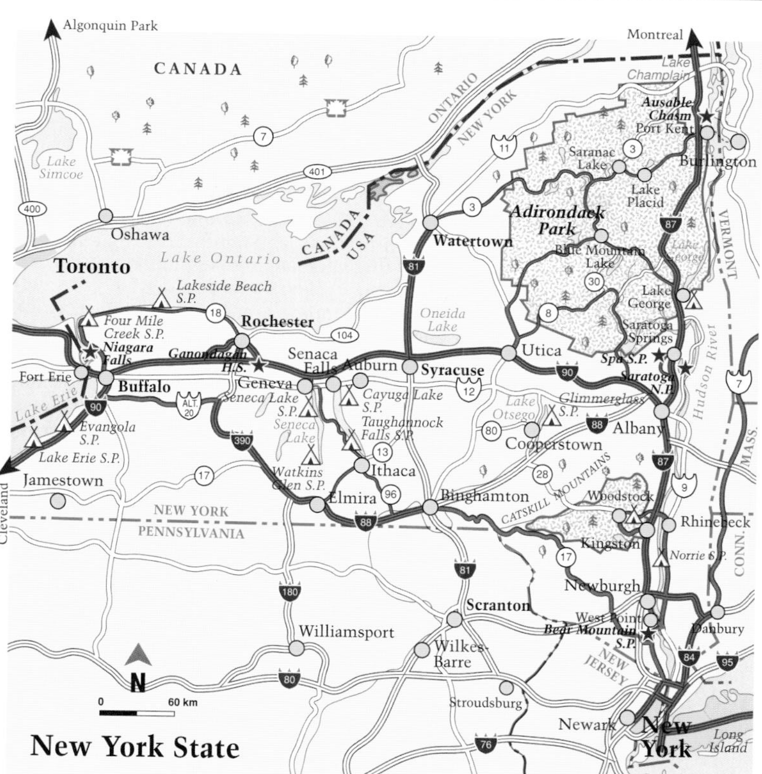

I-95 North

sich am besten stur in der Mitte hält, um nicht auf irgendeine ungewollte Abfahrt gedrängt zu werden. Nach der letzten *Toll*-Station muss man aufpassen und rechts auf den Spuren für den ***Local Trafic*** bleiben, wenn man auf den ***Palisades Interstate Parkway*** will. Sonst wird es schwer, vor der *Washington Bridge* den *Freeway* zu verlassen.

I-87

Die **I-95 N** nimmt auch, wer **auf direkter Route Niagara Falls** ansteuern möchte, d.h. ohne Abstecher ins Hudson Valley. In diesem Fall geht es nach der letzten *Toll*-Station auf die I-80 *West* und dann (*Exit #62* – dort ein *Factory Outlet Center*) auf den ***Garden State Parkway North***, der weiter nördlich auf die I-87 nach Albany stößt.

Nach Albany

Wer auf schnellstem Weg nach Norden/Albany will, sollte im übrigen – speziell ab JFK – statt der I-87 den ***Taconic State Parkway*** (**keine *Campmobile*!**) östlich des Hudson River wählen.

Ziel New York

Letzte Nacht im Hotel

Für den Fall, dass am Ende der Reise der **Mietwagen** am *JFK-* oder *Newark Airport* bzw. ein **Campmobil** im Umfeld von Newark zurückgegeben werden muss, stellt sich die Frage einer optimalen letzten Übernachtung. Die **Hotels** beim *JFK* und *Newark Airport* sind sehr teuer und in isolierter Lage am *Freeway*. Da alle Transatlantik-Flüge nachmittags starten, macht es Sinn, die letzte Nacht noch außerhalb von *Metropolitan* New York zu verbringen. Aber ebenfalls noch recht hochpreisig sind die Motels/Hotels im Einzugsbereich der I-95/I-87 nördlich der Bronx (Yonkers/White Plains etc.) einschließlich Stamford/Fairfield in Connecticut. Wer **halbwegs flughafennah** und **bezahlbar** unterkommen möchte, ist mit **Spring Valley/Nanuet** an der I-87/287 zwischen *Garden State* und *Palisades Interstate Pkwy* oder Nyack (➪ nebenstehend) gut bedient. Bei normaler Verkehrslage sind dann *JFK* und *Newark-Airport* in einer guten Stunde erreicht.

- In Spring Valley ist das ***Fairfield Inn*** erste Wahl (*Exit* #14, dann die #59 West und gleich an der Ampel rechts zum *Marketplace Shopping Center*; das Hotel liegt etwas versteckt dahinter, © (845) 426-2000) und © 1-800-228-9290; ab $139.
- Das ***Comfort Inn*** (*Exits* #13/14) in Nanuet liegt erhöht an der Ecke #59/*Palisades Parkway*; © (845) 623-6000 und © 1-877-424-6423; ab $149.

Wer noch eine halbe Stunde den ***Palisades Parkway*** weiterfährt, erreicht an dessen Ende (Kreisverkehr), dann rechts 300 m, das

- nostalgische ***Bear Mountain Inn***, einen Natursteinkomplex zwischen See und Berg am *Bear Mountain SP*; © (845) 786-2731, ab $110. So-Do problemlos; www.bearmountaininn.com.
- Ruhiger ist die oberhalb gelegene Dependance ***Overlook Lodge*** mit schönem Blick auf den See; ebenfalls $110 (© wie oben).

Entlang der #59 zwischen I-87 und *Parkway* ballen sich Einkaufszentren mit **Kaufhäusern** und ***Factory Stores*** (z. B. I-87, *Exit* 16) – gerade richtig für die letzten Einkäufe vor dem Abflug.

Rustikal nostalgisches Bear Mountain Inn vor dem gleichnamigen Berg; von oben schaut man weit über das Hudson River Valley

Camping NY

Fürs **Camping** in der ersten/letzten Nacht und ggf. zum New York Besuch ist der

- ***Beaver Pond Campground*** im ***Harriman State Park*** eine erwägenswerte Wahl, ➪ unten (keine *Hook-ups*).
- Bei Newburgh nördlich von West Point liegt ein großzügiger ***KOA-Campground***, von dem Tagesausflüge nach NYC angeboten werden (von der I-84 *Exit* 7, von I-87 *Exit* 17, 3 mi auf #300 nach Norden, 6 mi #32 zum *Freetown Hwy*); ✆ (845) 564-2836 und ✆ 1-800-562-7220; www.newburghkoa.com.
- Der Manhattan nächste Platz ist der ***Liberty Harbor Marina RV-Park*** in Jersey City, 11 Luis Munoz Marin Blvd; Asphaltplatz im Neubau-/Gewerbegebiet für RV's und 30 Zelte; *New Jersey Turnpike*, *Exit* 14C (*Toll*), dann *Exit* Grand Street, dreimal links in die Grand Street und 8 Blocks geradeaus; ✆ 1-800-646-2066 und ✆ (201) 386-7500; ab $52! Für die NYC-Besichtigung kann man dort das Auto stehen lassen; prima Fähr-und U-Bahn-Anschluss; www.libertyharborrv.com.

Palisades Interstate Parkway

Der *Palisades Interstate Parkway* ist eine für kommerzielle Fahrzeuge, speziell *Trucks*, aber auch **für *RVs* nicht zugelassene autobahnähnliche Straße** im Grünen zwischen Fort Lee (unweit der *Washington Bridge*) und der *Bear Mountain Bridge* bei Peekskill. Sie läuft die ersten Meilen in New Jersey durch einen schönen **Uferparkgürtel** mit einer Reihe von Zufahrten zu Picknickplätzen und Marinas am Hudson River (Englewood, Undercliff, Alpine). In New York State entfernt sich die Straße vom Fluß und führt im Nordabschnitt durch den ***Bear Mountain State Park***.

Motorhomes

Campmobilfahrer können die überwiegend parallel laufende Straße #9W benutzen; an ihr befinden sich oberhalb Nyack ebenfalls ***Day-use Parks***. Für schnelleres Vorankommen empfiehlt sich eher der *Garden State Parkway* weiter westlich, dann die I-87. Die im folgenden beschriebene **Auffahrt auf den *Bear Mountain* ist für RVs nicht möglich**.

Nyack

Unterhalb der *Tappan Zee Bridge* (I-87/287,Exit 10) liegt das reizvolle historische Städtchen Nyack am Hudsonufer. In ***Edward Hoppers*** Geburtshaus (geb. 1882, 82 North Broadway) hängen ein paar seiner Originale; www.nyackny.com/tourism

- Noch New York-nah übernachtet man im ***Best Western*** (#59); ✆ (845) 358-8100 und ✆ 1-877-358-8181, ab $120.
- Billiger ist das ***Super 8 Motel*** (ebenfalls an der #59, #47), ab $90, ✆ (845) 353-3880, ➪ auch Seite 150.

Harriman & Bear Mountain State Parks

Kurz vor dem Ende des *Palisades Parkway* passiert man ein kleines ***Visitor Center*** der zusammenhängenden ***State Parks Harriman*** *und* ***Bear Mountain***. Wer campen möchte, muss den *Parkway* beim *Exit* 14 verlassen, erste Straße rechts, die #98 nach Westen, dann ausgeschildert. Zum ***Beaver Pond Campground*** sind es von dort ca. 2 mi; ✆ 1-800-456-2267, ➪ auch Seite 160.

2

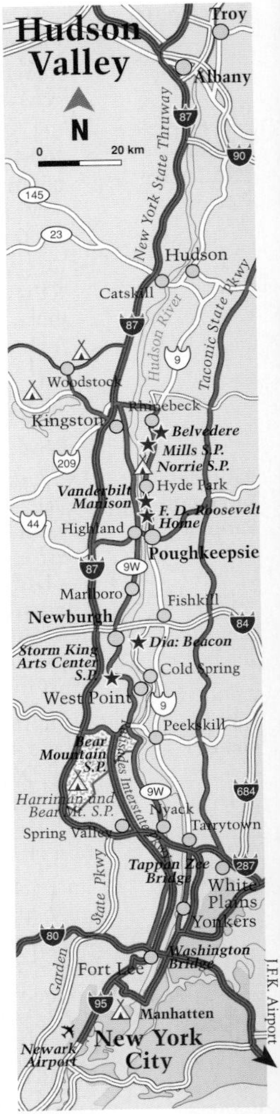

Bear Mountain

Die kurze Auffahrt zum ***Bear Mountain*** sollte man bei guter Sicht nicht auslassen: *Exit* 19 vom *Parkway*, Seven Lakes Drive, dann links Perkins Drive. Von oben blickt man über den Hudson River, eine grüne Hügellandschaft und – an guten Tagen – bis nach Manhattan. Man kann bei Fortsetzung der Fahrt dem Seven Lakes Drive weiter nach Norden folgen und gelangt dann auf die #9W in Richtung West Point. Dabei passiert man das ***Bear Mountain Inn***, eine prima Übernachtungsalternative in Noch-New-York-Nähe, ➪ vorletzte Seite.

Hudson River Valley

Bis hierher hat den Hudson River aus der Nähe nur gesehen, wer entweder den Fluß bereits überquerte oder einen Abstecher vom *Parkway* nach Nyack/ oder zu Uferparks machte. Nördlich **Peekskill,** das man nicht besuchen muss, beginnt **der romantisch-historische Teil des *Hudson River Valley***.

Geschichte

Henry Hudson segelte schon 1609 im Auftrag der Holländer bis Albany und nahm die Flußufer in Besitz. Das fruchtbare Land lockte bald die ersten Siedler, neben Engländern viele Holländer. Die Ortsnamen mit der Endsilbe »*kill*«, ein altes niederländisches Wort für »Fluß«, weisen darauf hin. Nach dem **Unabhängigkeitskrieg**, dessen Schlachten auch im Hudsontal geschlagen wurden, baute sich die *High Society* schon im 19. Jahrhundert schloßähnliche **Herrenhäuser** in der sanften grünen Parklandschaft vor allem des Ostufers. Eine ganze Reihe davon sind heute Museen. Auch die alten *Battlefields* und anderes mit historischem Bezug sind populäre Ausflugs- und Wochenendziele. Zahlreiche Hudson-Villen sind ***Historical Country Inns***; als Kneipen und Restaurants bieten sie einen Hauch ***good old America***.

Route

In Touristen-Broschüren erscheint die **Zahl reizvoller Sehenswürdigkeiten im *Hudson Valley*** sehr **groß**. In Wahrheit aber ist vieles, was lokal durchaus bedeutsam sein mag, oft so aufregend nicht. Auch manche echte Sehenswürdigkeit ist eine Wiederholung dessen, was einige Meilen zuvor schon ähnlich zu sehen war. Kurz: Für einen Touristen aus Europa mit begrenzter Zeit kommt es darauf an, zu wissen, welches die wirklich herausragenden ***Highlights*** sind. Diese sind im Folgenden für die Route von Peekskill über **West Point, Newburgh** und **Poughkeepsie** nach **Staatsburg** und **Rhinebeck** und in die ***Catskills*** beschrieben.

West Point

Die **Elite-Militärakademie** der USA, ***West Point***, liegt auf historischem Boden. 1200 Kadetten werden dort jährlich für Einsätze im Ausland (Anti-Terroreinheiten) trainiert. Besuche des ***Visitors Center*** (im Foyer ein Stück Berliner Mauer) und des ***West Point Museum*** sind lohnenswert. Beide befinden sich etwas abseits der #9W (Anfahrt durch das vorgelagerte, schmucke **Highland Falls** an der #218). Das Besucherzentrum (April-Okt. täglich 9-16.45, sonst 11.15-13.15 Uhr) informiert mit über die Geschichte von *West Point* sowie die Ausbildung zu *Bachelors of Science* (z.B. *MacArthur, Eisenhower* und *Norman Schwarzkopf).* Aber nur militärgeschichtlich Interessierte sollten die stündliche ***Bus-Tour*** (1 Stunde $7) buchen; www.usma.edu.

Kriegsmuseum

Das Museum nebenan brilliert u.a. mit einer Darstellung historischer Kriege durch detailgetreue Schlachtaufstellungen und einer Waffensammlung. **Kein Eintritt**, täglich 10.30-16.15 Uhr.

Thayer Hotel

www.thethayerhotel.com

Seit dem 11. September 2001 kann man das Gelände von West Point nicht mehr mit Privatfahrzeugen durchfahren. Nur die Zufahrt zum *Thayer Hotel* ist (nach *Security Check)* möglich.

- Das ***Thayer Hotel*** befindet sich gleich hinter dem ***Main Gate*** hoch über dem Fluß. Dort übernachten gern Eltern und Freundinnen, die Söhne und Partner fürs Kadettendasein abliefern oder besuchen. Der schlossähnliche Bau besitzt Flair und kostet ein wenig mehr, ✆ 1-800-247-5047 und ✆ (845) 446-4731, ab $209 inkl. Frühstück; Zimmer mit Hudsonblick teurer.

- In Highland Falls und an der #218 & #9W zwischen Newburgh und New Windsor gibt es preiswerte Motels, so z.B. ***Windsor Motel***, ✆ (845) 562-7777, ab $65; www.windsormotelon9w.com

Kadettenunterbringung in West Point: immer noch an Festtagen genutzte alte Paradeuniformen, aber auch Computer

Zum Storm King Park

Für das im folgenden beschriebene Ziel *Storm King Art Center* folgt man am besten der Ausschilderung ab Highland Falls zur Straße #32, dann unverfehlbar ***Orrs Mill Road***, dort 0,5 mi bis zur Old Pleasant Hill Road, dort links, 0,5 mi bis zum Eingang.

Storm King Art Center

Im *Storm King Art Center* begeistert die Kombination von Kunst und Natur. Dieser größte **Skulpturenpark** der USA überbietet noch den hochgelobten *Laumeier Sculpture Garden* in St. Louis. In einer wunderschönen, golfplatzartig gepflegten Hügellandschaft stehen 120 Skulpturen – z.T. enormer Ausmaße – bekannter Künstler, wie *Alexander Calder, Isamu Noguchi, Mark di Suvero, David Smith* und *Richard Serra*. Wer sie alle sehen möchte, benötigt leicht **2 Stunden**. Auch ein kleiner *Trolley* (*Tram*) fährt alle 30 min an fast allen Skulpturen vorbei. Auf dem zentralen Hügel steht ein altes Herrenhaus mit einer ***Indoor Sculpture Gallery*** und *Shop*. April bis Mitte November Mi-So 11-17.30 Uhr. Nur Juli/August Sa bis 20 Uhr, $10/$7; www.stormking.org.

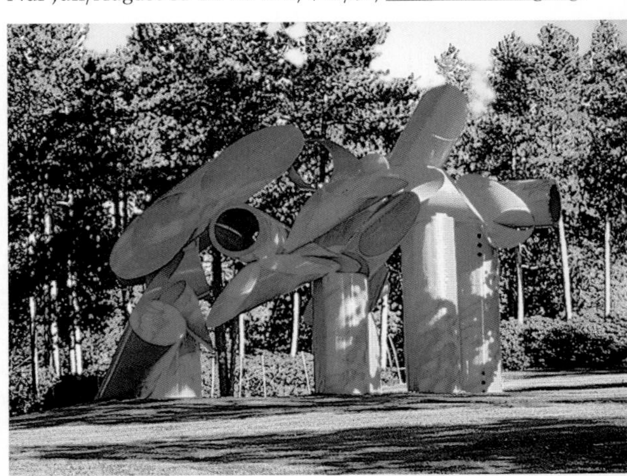

Riesenskulptur im Park des Storm King Art Center

Abstecher zum Dia: Beacon

Am östlichen Hudsonufer, einige Meilen südlich der Newburgh Brücke (I-84, *Exit* 11), dürfen Liebhaber moderner Kunst das »***Dia: Beacon***« (faktisch eine Erweiterung des *Dia: Chelsea*, ➪ Beileger New York City Extra) nicht auslassen (an der Straße #9D in Beacon, Bahnhofsnähe). Auf mehr als 100.000 m^2 wird hier in einer ehemaligen Fabrik moderne und avangardistische Kunst in wechselnden Ausstellungen gezeigt; zum Bestand gehören unter anderem Werke von *Beuys, Heizer, Hanne Darboven, Andy Warhol, Richard Serra, Bruce Naumann, Gerhard Richter*. Mitte April bis Mitte Okt. Do-Mo 11-18; Rest desJahres Fr-Mo 11-16 Uhr; Cafe und Buchladen, © (845) 440-0100; $10/$7; www.diabeacon.org. **Anfahrt mit dem Zug** von NYC, ➪ NYC Extra, Seite 48.

Straße #9W

In Newburgh den Hudson zu überqueren (I-84) macht außer zum Besuch des *Dia: Beacon* wenig Sinn. Die **Straßen #9D/#9** am Ostufer des Flusses bis und durch Poughkeepsie haben keine Höhepunkte. Die #9W auf dem Westufer führt dagegen durch Weinanbaugebiete; um **Marlboro** gibt es Weingüter mit **Weinproben**.

Mit schönem Blick über den Hudson liegt 1 mi südlich Marlboro die ***Benmarl Winery*** in der Highland Ave., die man über die Conway Road (westlich ab #9W) erreicht; täglich 12-17 Uhr.

Straße #9

Der beste Abschnitt der Straße #9 verläuft nördlich von Poughkeepsie (sprich: Pekípsie) auf dem hohen Ostufer des Hudson, wenngleich auch dort der Blick nur selten frei über den Fluß fällt. Die Ortschaften **Hyde Park**, **Staatsburg** und **Rhinebeck** besitzen zahlreiche ***B&B Inns***, Kneipen, Restaurants und Touristen-Shops in den typischen weißen, manchmal uralten *Clapboard Houses*.

Zwei ***National Historic Sites*** und zwei ***State Parks*** liegen an der #9 mit Zufahrten direkt von dieser Straße:

National Historic Sites

Das Geburtshaus und einstige Heim von ***Franklin D. Roosevelt***, US-Präsident 1933-45 in Hyde Park (ca. 6 mi nördlich von Poughkeepsie) ist nur mit Führung (bis16 Uhr) zu besichtigen; das angeschlossene Museum detailliert die Jahre der Präsidentschaft Roosevelts (tägl. 9-17 Uhr, $14; der Park ist frei zugänglich). Weniger interessant ist das bescheidenere Haus von ***Eleanor Roosevelt*** (an der #9G, $8), immerhin aber einziger *National Historic Site,* der Leben & Werk einer *First Lady* würdigt (täglich 9-17Uhr, $6, Park frei); www.nps.gov/hofr und www.nps.gov/elro.

Nur ca. 2 mi weiter am nördlichen Ortsende von Hyde Park befindet sich die Einfahrt zum ***Vanderbilt Mansion***. Ein ***Trail*** hoch über dem Hudson verbindet diese Anlage mit dem *FDR-Park*. Das Herrenhaus steht weitab der Straße inmitten eines riesigen Parks, geführte Touren täglich 10-17 Uhr, $8; www.nps.gov/vama.

Der **Park** ist – bis Sonnenuntergang – ohne Gebühr zugänglich. Auch wen das Innenleben des Geldadelpalastes weniger anzieht, sollte auf die Fahrt durch den Park nicht verzichten. Reizvoll ist der **Picknickplatz** am Fluss (Einbahnstraße am Haus vorbei, kurz vor der Ausfahrt nach links); einige Tische stehen dort am Wasser; schön am späten Nachmittag und in der Abendsonne.

US-Army Rekruten-Werbung mit Waffenschau im Park des Roosevelt Mansion National Historic Site

2

Culinary Institute of America

Gourmets bietet Hyde Park eine besondere Überraschung: Das *Culinary Institute of America*, ein *College* für angehende Köche (1946 Campus Drive/Straße #9) betreibt dort **fünf Restaurants**. Dort kann man nach Voranmeldung die von Studenten bereiteten Köstlichkeiten genießen (© 845-471-6608 oder unter www.ciachef. edu/restaurants/default.asp; Mitte Juni bis Mitte Juli zu).

Mills-Norrie State Park

Ein großartiges Gelände sind die zusammenhängenden ***State Parks Ogden Mills*** & ***Ruth Livingston*** *und* ***Mary Lewis Norrie***. Ersterer hat einige **Wanderwege**, einen Golfplatz und den ***Staatsburgh State Historic Site***, die Residenz der Namensgeber (zu besichtigen). Der *M. L. Norrie Park* verfügt außerdem über eine Marina, einen kleinen ***Campground*** (© 845-889-4646) und 10 ***Cabins*** sowie ein **Picknickplätzchen** hinterm Yachthafen (durchs Tor der Marina nach links und wieder links durch eine Pforte).

Rhinebeck

Der größte Ort an diesem Abschnitt der Straße #9 ist zugleich der attraktivst: Rhinebeck verfügt über einen reizvollen Zentralbereich – www.rhinebeckchamber.com – rund um das ***Beekman Arms Hotel*** mit einigen Kneipen und Restaurants, vor allem aber über gemütliche ***B&B Places*** der gehobenen Kategorie

- wie das ***Hideaway***, 36 Lake Drive. Alle Zimmer haben *Jacuzzi*, einige einen Kamin, © (845) 266-5673
- Ordentlich kommt man im ***Village Inn*** unter, etwa 1 mi südlich des Ortes an der #9; © (845) 340-0936; ab $125

Kingston

Nördlich von Rhinebeck geht es auf der #199 zurück ans Westufer des Hudson und weiter in die *Catskill Mountains*.

Wer auf der #9W nach Kingston hineinfährt, gelangt ins alte Zentrum und an die ***Waterfront*** an einem Nebenarm des Hudson. Dort gibt es eine **Handvoll Restaurants**, Open-air-Terrassen, einen kleinen Picknick-Park und eine ***Visitor Information***, die viel Material zur Catskill Region hat; www.ci.kingston.ny.us.

Diner im Stil der 1950er-Jahre im Ort Hyde Park, einer (trotzdem) kulinarischen Hochburg der US-Kochkunst

Catskill Mountains

www.catskillguide.com

Bei Kingston reichen die Ostausläufer der *Catskill Mountains* bis an den *Hudson River*. Ein Teil dieses Mittelgebirges gehört zum ***Catskill Park***, einem Forstschutzgebiet mit fischreichen Flüssen und Seen. Allerdings gibt es in seinen Grenzen viel Privatbesitz.

Die #28 führt von Kingston in Ost-West-Richtung durch die Catskills. Viele Nebenstraßen (*County Route*) verlaufen durchs Hinterland, vorbei an liebevoll angelegten staatlichen Campingplätzen – fast immer mit Badestrand am See, aber auch zahlreichen kommerziell geführten *Campgrounds*. Hier einige von der I-87 oder der #9W gut zu erreichende Plätze:

- ***Kenneth L. Wilson*** nahe der #28 bei Mount Tremper
- ***North- South Lake*** bei Haines Falls an der County Route 18, weiter nördlich, über die #32 und #23A
- ***Beaver Kill*** im südwestlichen Teil des Parks (auf dem Weg in den Westen des Staates New York). Zu erreichen ist der Platz über die #17, dann 7 mi auf der #151 (mit einer *Covered Bridge* und Flußbaden bei Roscoe/Livingston Manor).
- ***Little Pond*** an derselben Straße weitere 7 mi nördlich

Woodstock

Ein Städtchen am Rande des *Catskill Park*, 12 mi von Kingston entfernt (Straße #28, dann #375) weckt bei Lesern (weit?) über 50 sicher nostalgische Gefühle; www.woodstockchamber.com:

Woodstock, **das Woodstock** und auch wieder nicht. Dort haben immer schon Künstler und Musiker gelebt, und so kam man in den *Flower Power*-Jahren auf Woodstock als angemessenen Ort für ein Mammut *Open-air*-Konzert. Nach allerhand organisatorischem und juristischem Hin und Her fand die Veranstaltung aber letztlich gar nicht dort statt. Nur der Name blieb erhalten.

Der **Schauplatz von *Woodstock 1969*** war tatsächlich Bethel, ca. 60 mi entfernt von Woodstock, ein paar Meilen westlich von Monticello (am *Freeway* #17); www.woodstock69.com.

Sein altes Flair hat sich Woodstock trotz all der Jahre seither und der schicken, aber immer noch alternativ angehauchten Boutiquen, Restaurants und Kunstgalerien bewahren können. Das *Hippie*-Zeitalter ist im freundlichsten Ort der *Catskills* noch nicht ganz vorüber, wie man an manchen Gästen in den *Capuccino Bars* und *Coffee Shops* unschwer feststellen wird. Dennoch lebt der Ort schon lange auch vom bürgerlichen Tourismus, der ihn vor allem an Wochenenden belebt. Wer nicht in einem der ***B&B Inns*** absteigt, kann kaum mehr tun, als die bunt belebte 500 m Hauptstraße abzulaufen, sich in den ***Bakeries*** mit *100% Natural Bread* zu versorgen, starken, richtigen Kaffee zu genießen und in esoterischen Läden zu stöbern; www.woodstockny.org.

Ein ***KOA-Platz*** mit *Cabins* und *Pool* befindet sich 2 mi östlich von Woodstock an der #212. Der ***Rip van Winkle Campground*** in Saugerties liegt ebenfalls an der #212 ca. 2 mi westlich der I-87 (*Exit* 20), dort eine halbe Meile auf der Straße #32 North.

2

2.9.3 Albany und Saratoga Springs

Albany

Für einen Besuch von Albany, der Hauptstadt von New York State, reichen ein paar Stunden; www.albany.org. Hauptattraktion sind das *Capitol* und die *Rockefeller Plaza*, ein bombastisches, nur wochentags belebtes Regierungs- und Kulturzentrum.

Rockefeller Plaza

Die vollständige Bezeichnung ist ***Nelson A. Rockefeller Empire State Plaza***. Der Komplex hat schon Anfang der 80er-Jahre fast $2 Mrd. gekostet und wurde zum großen Teil vom Finanzmagnaten und ehemaligen Gouverneur des Staates selbst finanziert. Die mit den älteren Teilen des Regierungsviertels verbundene hochgelegene *Plaza* lässt sich nicht verfehlen: Von der I-87, *Exit* 23, zur I-787, von dort führt eine Stadtautobahn unverfehlber zur Parkebene unter dem Komplex (Parken nicht für Campmobile).

Das einst als futuristisch geltende Rockefeller Center von der Zufahrtsautobahn I-87/I-787 aus gesehen

Wer die hohen Parkgebühren dort sparen möchte, fährt einfach weiter und biegt nach der Durchfahrt nach rechts zur State Street ab, wo sich oft noch ein freies Parkuhrplätzchen findet. Von der Parkebene gelangt man zunächst in die unterirdische ***Government Mall***, in der sich auch Shops und Restaurants befinden. Die Besichtigung der eindrucksvollen Gesamtanlage lässt sich gut mit einem Besuch des ***New York State Museum*** am Südende des Komplexes (täglich 9.30-17 Uhr, Spende erbeten) und einem Blick von der Aussichtsplattform (*Observation Deck)* des ***Corning Tower*** (10-14.30 Uhr, gratis) abrunden. Im Sommer finden auf dem Platz vorm Museum und rund um die großen Pools häufig ***Open-air*-Veranstaltungen** statt.

Capitol

Den **Kontrapunkt** zum kalten Beton der *Empire Plaza* setzen das ***State Capitol***, das ***State Office Building*** und das ***Educationial Building***. Diese Bauten rund um den alten Regierungspalast vereinen Stilelemente europäischer Vorbilder aus verschiedensten Epochen, ➪ Foto. Durch das überaus prunkvolle Innenleben des sehenswerten ***Capitol*** finden ca. einstündige Führungen statt; Mo-Fr 9-15 Uhr, gratis.

Zentrum/ Information

Von dort sind es zum Geschäftszentrum Albanys in der unteren **State Street** nur wenige Schritte. Das Info-Büro des ***New York State Tourism Office*** befindet sich zwischen *Capitol* und Broadway in der South Pearl St (Ecke Beaver St), schräg gegenüber des Glaspalastes der *PEPSI Arena* (mit Park-Hochhaus).

Das ***Albany Heritage Visitors Center*** liegt im kleinen *History Museum* ein wenig abseits am 25 Quackenbush Square (Ecke Clinton Ave/Broadway), täglich bis 16 Uhr, © 1-800-258-3582. Dort starten auch ***Trolley Tours*** zur Stadtbesichtigung.

Unterkunft

Albanys **Motel-Strip** mit den gängigen Ketten (aber auch Billig-Motels) befinden sich an der spitz auf das Capitol zulaufenden Central Ave (#5) im Kreuzungsbereich mit der *I-87/Exit* 2.

- Ein preiswertes Motel in Zentrumsnähe ist das ***Red Carpet Inn***, 500 Northern Blvd, © (518) 462-5562 und © 1-800-251-1962, $55, mit Coupon $45, I-90/Exit 6, dann #9N bis Northern Blvd; www.redcarpetinnalbany.com

Teurer sind die Häuser der bekannten Mittelklasseketten in der **Wolf Road** (dort auch *Shopping Mall*) quer zur Central Ave bzw. parallel zur I-87, die *Exit* 2 und *Exit* 4 verbindet).

Ein gutes ***B & B***-Quartier ist ***Pine Haven X***, 531 Western Ave; © (518) 482-1574, $69-$109, www.pinehavenbedandbreakfast.com

Camping

Der ***Thompson's Lake State Park*** liegt 20 mi westlich Albany; Zufahrt über #443 West bis East Berne, dann #157A North.

Saratoga Springs

www.saratoganow.com

Ca. 40 mi nördlich Albany liegt Saratoga Springs (von der I-87, *Exit* 13N/S, dann Broadway/#9 ins Zentrum oder *Exit* 14 über die Union Ave zu den Rennbahnen am Ostrand des Zentrums. Anfahrt statt über I-87 auch sinnvoll über die ausgebaute #9.

Von außen und innen prunkvolles New York State Capitol in Albany, ein »Besichtigungs-Muss«

2

Schon die Irokesen schätzten die Heilwasser der Region. Bis vor 60 Jahren war Saratoga so etwas wie das **Baden-Baden der USA**. Neben den nach wie vor genutzten Mineralquellen im ***Saratoga Spa State Park*** (SPAC) gab es damals noch **Spielkasinos**. Nach dem Glückspielverbot blieben aber Pferderennen samt Wetten erlaubt. In der **Rennsaison im August** kommen Tausende in die 25.000-Einwohner-Stadt; www.saratoganow.com.

Kultur

Publikumsmagnet im Juli sind die Vorstellungen des ***NYC Ballet*** und die ***Lake George Opera at Saratoga*** im *Saratoga Centre of Performing Art* bzw. im *Spa Little Theatre* (beide im SPAC). Auch Open-Air Vorstellungen finden statt, dann sitzt das Publikum mit Picknickkörben auf dem Rasen. Im August beherrscht das ***Philadelphia Orchestra*** die Szene.

Saratoga Spa State Park

Der ***Spa State Park*** (SPAC) mit dem weitläufigen ***Saratoga State Park*** liegt eine gute Meile südlich der Stadt an der Kreuzung Broadway/Ave of the Pines (dort der Eingang zu den Theatern). Zwar wird im ***Spa State Park*** noch etwas gekurt, aber viele der 150 Quellen versiegten nach rigoroser Ausbeutung. Das Parkgelände hat **Wanderwege**, Golf-, Tennis- und Picknickplätze. Der ***Peerless Pool***, ein großes Schwimmbad, befindet sich mitten im Grünen, der kleinere *Victoria Pool* innerhalb eines zentralen Gebäudekomplexes mit (sehr teuren) Heilbädern und Massagen. Eine beeindruckende Anlage, aber nicht unbedingt das, was Europäer anzieht: http://nyparks.state.ny.us/parks.

Museum of Dance

Ein ehemaliges Badehaus nördlich des ***Saratoga State Park*** am Broadway beherbergt das ungewöhnliche ***National Museum of Dance*** zu allen Aspekten des rituellen, professionellen und Gesellschaftstanzes (Di-So 10-17 Uhr, $9).

Stadtbild

Der **Broadway** (#9) bildet die Längsachse von Saratoga Springs. Bei der Orientierung hilft das *Visitor Center* Ecke Congress St/Broadway gegenüber dem Congress Park. Zur Einstimmung ist der **Videofilm** (15 min) über die Stadtgeschichte zu empfehlen. Alte Fotos zeigen den gigantischen Kasinokomplex, der nach dem Glückspielverbot kurzerhand abgerissen wurde. Am Broadway warten Cafés, Boutiquen und bemerkenswerte Fassaden.

Originell ist die des viktorianischen ***Adelphi Hotel***, $105-$200, in den Rennwochen $200-$480, © 1-800-695-8284; www.adelphihotel.com. Wer sich für **Verzierungen viktorianischer Häuser** interessiert, sollte auch einen Blick in die Seitenstraßen werfen. **Wunderbare alte Villen** stehen u.a. am North Broadway und in der Woodlawn Avenue.

Museen

Auch die Architektur des ***Canfield Kasino*** im ***Congress Park*** verdient Aufmerksamkeit. Das Gebäude ist heute ein Museum zur Lokalhistorie mit Betonung der guten alten Zeit, in der noch um Geld gespielt wurde; Mo-Sa 10-16 Uhr, So 12-16 Uhr, $5.

Im ***National Museum of Racing***, 191 Union Ave, geht`s um Pferde und Jockeys; in der dortigen ***Hall of Fame*** kann man *Highlights* früherer Rennen und Zielspurts per Video verfolgen; im August täglich 9-17 Uhr, sonst Mo-Sa 10-16.30 Uhr; $7.

Unterkunft

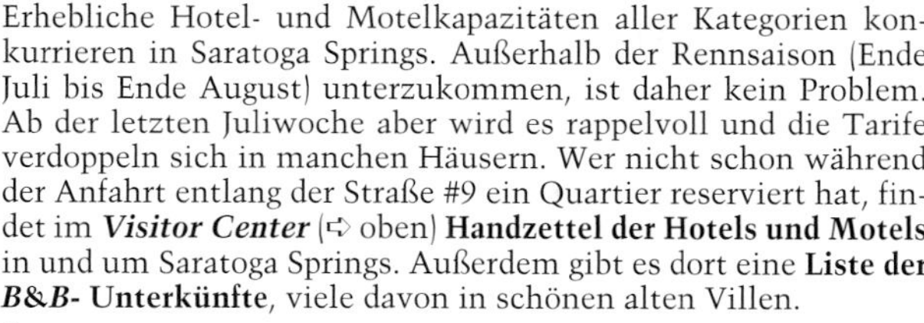

Erhebliche Hotel- und Motelkapazitäten aller Kategorien konkurrieren in Saratoga Springs. Außerhalb der Rennsaison (Ende Juli bis Ende August) unterzukommen, ist daher kein Problem. Ab der letzten Juliwoche aber wird es rappelvoll und die Tarife verdoppeln sich in manchen Häusern. Wer nicht schon während der Anfahrt entlang der Straße #9 ein Quartier reserviert hat, findet im ***Visitor Center*** (➪ oben) **Handzettel der Hotels und Motels** in und um Saratoga Springs. Außerdem gibt es dort eine **Liste der *B&B*- Unterkünfte**, viele davon in schönen alten Villen.

Saratoga National Historical Park

www.nps.gov/sara

Über die Lake Ave (#29) gelangt man vom Zentrum Saratogas auf die #4, dann auf die Straße #32 und erreicht den ***Saratoga Nat'l Historical Park***, wo im Jahr 1777 entscheidende Schlachten zwischen Engländern und amerikanischen Separatisten stattfanden.

Die einstigen ***Battlefields*** am Hudson River erstrecken sich über mehrere Quadratkilometer Hügellandschaft zwischen den Straßen #32 und #4. Vom ***Visitor Center*** und Museum (in dem die Details des gloriosen Sieges über das von Canada nach Süden gesandte britische Expeditionskorps – darunter über 4000 deutsche Söldner – erläutert werden) führt eine Parkstraße an den alten Stellungen vorbei. Besuch lohnenswert nur bei Interesse an amerikanischer Geschichte und gutem Wetter: www.nps.gov/sara.

Die I-87 läuft von Glens Falls durch den Ostteil der *Adirondacks* und bietet einige lohneswerte Stopps nicht weit von der Autobahn (➪ folgendes Kapitel). In Québec wird die I-87 zur #15.

2.9.4 Durch den Adirondack Park (www.adirondacks.org)

Kennzeichnung

Karte Seite 384

Die ***Adirondacks***, ein dichtbewaldetes **Mittelgebirge** zwischen kanadischer Grenze/St. Lorenz Strom und dem Hudson River/ Lake Champlain, sind das größte Naturreservat der USA außerhalb Alaskas – gute 5 Autostunden von Manhattan entfernt. Auf ca. 15.000 km^2 liegen über 2.000 Seen. Die höchsten Erhebungen (diverse um 1.500 m, ***Mount Marcy*** **1.629 m**) finden sich im – deshalb auch als Skigebiet – relativ gut erschlossenen Nordosten. Außerhalb dieser Region und des von der *Interstate* #87/Straße #9 gebildeten Verkehrskorridors ist das durch den ***Adirondack Park*** führende Straßennetz relativ dünn. In den einsamen Gebieten zwischen den Straßen existiert dafür ein ausgedehntes System von Wander- und insbesondere Wasserwegen.

Nennenswerte Ortschaften gibt es nur wenige. Der größte Ort ist **Saranac Lake** (5.400 E), der bekannteste **Lake Placid** (Winterspiele 1932 und 1980), hat nur 2.800 Dauerbewohner. Die schönsten Abschnitte des Parks liegen (zu Wasser und zu Land) entlang der Straßen #3 und #30 zwischen Saranac Lake und Raquette Lake sowie entlang der #28 Richtung Westen (Old Forge). Der westliche Abschnitt der #30 lohnt sich ab dem schönen ***Cranberry***

State Park nicht mehr. Viele der in den Karten markierten »Orte« sind nur kleinste Streusiedlungen.

Der Park ist im Sommer zwar – vor allem an Wochenenden – stark frequentiert, **Einsamkeit und Wildnis** warten aber auch dann auf Nebenstrecken. Informationen im Internet zu den typischen Aktivitäten Wandern, Kanutouren, Radfahren und Reiten findet man unter anderen bei:

- www.adk.com (alle Aktivitäten) und www.adk.org (Wandern)
- www.saranaclake.com (alle) und www.tupperlake.net

Geschichte

Das Gebiet der *Adirondacks* gehört geologisch zum ***Canadian Shield***, ⇨ Seite 18. Felsige Böden und bitterkalte Winter hielten Siedler davon ab, sich in dieser Gegend niederzulassen. Ende des 19. Jahrhunderts zog es aber Philosophen und Dichter hierher. Zeitweise galt es bei den Reichen als chic, sich von ihren Villen in Newport oder anderswo abzusetzen und in rauhen Landstrichen als ***Rusticators*** die Sommer zu verbringen (⇨ *Acadia Nat'l Park*, Seite 318). Schon Ende des 19. Jahrhunderts wurde ein Sechstel des Gebietes als ***forever wild*** erklärt, 1892 der Park ins Leben gerufen. Die nicht zu Wildnis deklarierten restlichen fünf Sechstel der Fläche unterstehen dem *New York State Department of Environmental Conservation* oder befinden sich in Privateigentum, das – anders als etwa in den Nationalparks des Westens – aus den Parks nicht herausgedrängt werden konnte.

In den *Adirondacks* entstand eine eigenwillige Architektur. Knorrige Stämme waren die Grundpfeiler der ***Great Camps***, wie hier die Sommerhäuser genannt wurden. Auch die immer und überall präsenten *Vanderbilts* lebten in ihrem *Great Camp Sagamore* (⇨ Seite 387), nicht in *Louis-XV*-Mobiliar. Der bequeme ***Adirondack Chair***, Amerikas Urgartenstuhl, und das typische

Die typischen Adirondack Chairs

Guide Boat, ein Kanu aus dunklem Holz, mit dem sich die Herrschaften einst von Landeskundigen zum Jagen und Angeln in die Wildnis paddeln ließen, sind immer noch beliebt.

Outfitter

Heutige Besucher haben keine *Guides* mehr; sie buchen die Dienste von ***Outfitters***, die Kanutrips, Jagd- und Angelabenteuer, Wildbeobachtung und *Whitewater-Rafting* anbieten. Bären, Ottern, Biber, Elche und sogar der *Common Loon* mit seinem unverkennbaren Ruf (➪ Seite 458) sind im *Adirondack* keine Seltenheit. Im Park residieren u.a. folgende *Outfitter*:

- ***St. Regis Canoe Outfitters***: *Saranac River Base*, Saranac Lake, 73 Dorsey Street, ✆ (518) 891-1838, und *Floodwood Base*, Floodwood Road, Lake Clear, 9 mi vom Saranac Lake, ✆ (518) 891-8040; www.canoeoutfitters.com
- ***Adirondack Outfitters***, Saranac Lake, 541 Lake Flower Ave. Paddelsport-Spezialisten; ✆ 1-800-491-0414 oder ✆ (518) 891-7450; www.adirondackoutfitters.com
- ***Mountainman – Canoe/Kajak/Hiking***; an der #28 (Inlet & Old Forge), ✆ (315) 369-6672; www.mountainmanoutdoors.com
- Weitere *Outfitter* unter www.adirondacklakes.com

Information

Unterlagen/Karten gibt es in den *Tourist Infos* der größeren Orte im und um den Park. Weitergehende Details haben die ***Visitor Center*** der Parkbehörde (✆ 518-327-3000) mitten in den *Adirondacks.* Eines befindet sich bei Paul Smiths ein wenig nördlich der **Kreuzung #30/#86** (12 mi NW Saranac Lake), das zweite **in Newcomb** an der #28N, ca. 15 mi östlich von Long Lake. Auch das Museum in Blue Mountain Lake fungiert als eine Art *Information Center* (➪ folgende Seite).

Unterkunft

Hotels/Motels sind außer im Skigebiet um Lake Placid (#86 Ost) und an den Kreuzungen der Routen (Long Lake, Tupper Lake) und in den weiteren Randzonen rar (einschließlich der kommerziell besetzten Region um Old Forge), dafür aber die Tarife moderat (jedoch nicht in Lake Placid und Umgebung im Juli/August). Ab $80 kommt man wochentags auch im Sommer unter.

- Angenehm das ***Motel Long Lake***, alle Zimmer mit Terrasse, Kühlschrank und Mikrowelle; Duck Rd, Long Lake, ✆ (518) 624-2613; DZ oder *Cottage* ab $85; www.motellonglake.com.
- ***Meadam Lake Inn,*** nördlich von Paul Smith (*Visitor Center*) ca. 1 mi vor der Kreuzung mit der #458, ✆ (518) 327-2502

- ***Park Hotel and Cabins,*** Tupper Lake, nahe Kreuzung #30/#3, ✆ (518) 359-3600; $49-$120; www.parkmotelandcabins. com.

Camping

Aber eigentlich ist in den *Adirondacks* Camping angesagt. Zahlreiche schöne einfache ***Campgrounds*** finden sich bereits an den oder in der Nähe größerer Straßen, manche sind über Schotterpisten, rund 50 (!) nur per Boot erreichbar. In vielen Karten ist die Lage straßennaher Plätze eingetragen; **Reservierung**: ✆ 1-800-456-2267; zur Information ➪ auch www.nysparks.com.

Anfahrt von Süden/ Lake George

Auf der Schiene verbindet der »***Adirondack***« täglich New York (*Penn Station)* mit Montréal via Albany, Saratoga Springs und Westport am Lake Champlain (von dort geht ein Bus nach Lake Placid); ✆ 1-800-872-7245; www.amtrak.com.

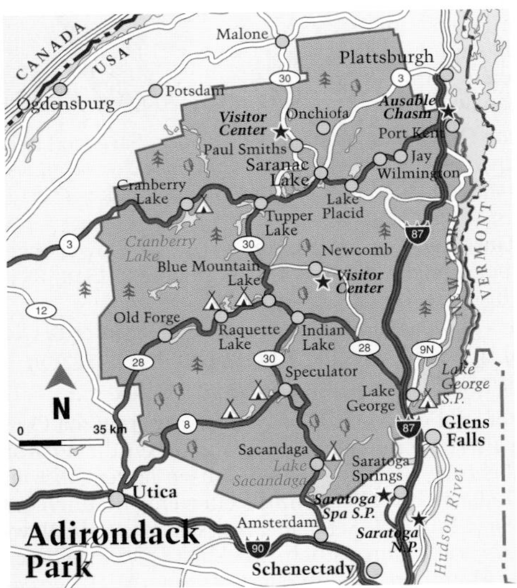

Von **Saratoga Springs** über die I-87 mit dem Auto aus Süden kommend, erreicht man zunächst **Lake George**, die Stadt am 32 mi langen gleichnamigen See. Dort herrscht entlang der Straße #9N Urlaubstrubel mit ***Motels/Cabins*** am See.

Bolton Landing (I-87, *Exit* 24) ist da angenehmer; Unterkunft z. B. im ***Northward Ho***, Lake Shore Drive, einfach, ✆ (518) 644-2158, $65-$85, *Cottages* etwas teurer; www. northwardho.com.

Luxus in einem alten Bootshaus bietet ***Lake George Boathouse B&B***, 44 Sagamore Rd, ✆ (518) 644 2554, ab $150; .

Gut für einen Abstecher mitten in die *Adirondacks* eignet sich der ***Moreau Lake State Park***, 10 mi nördlich von Saratoga Springs, I-87, *Exit* 17S. Naturfreunde genießen dort das **Inselcamping**. Auf 90 der 365 Inseln des Sees ist Zelten erlaubt – ein Königreich für ein Boot!

Adirondack Museum; Sagamore Camp

Von Lake George aus führt die **Straße #28** ins Herz der *Adirondacks,* nach **Blue Mountain Lake** mit dem ***Adirondack Museum***, in dem alles über Geologie, Holzwirtschaft, Fischen und Jagen, Trapper, Tourismus und Umwelt in den *Adirondacks* zu erfahren ist. Interessant ist die Ausstellung rustikaler Möbel, Bahn-Luxuswaggons und alter *Guide Boats*. Ende Mai bis Mitte Oktober täglich 10-17 Uhr, $16/$8; ✆ (518) 352-7311; www.adk.museum.org.

Der Besuch des rustikalen ***Great Camp Sagamore*** der *Vanderbilts* am Raquette Lake (#28 durch den Ort gleichen Namens, nach 4 mi in die Sagamore Road) ist vor allem für alle interessant, die schon in Newport oder im Hudson Valley andere dieser ***Summer Cottages*** der Familie gesehen haben; geführte Touren im Sommer 10, 13.30 Uhr, sonst 13.30 Uhr, $12/$6.

Straße #28

Auf dem letzten Teilstück der #28 im Park passiert man schöne Badeseen und unterschiedlich komfortabel ausgestattete Campingplätze und trifft in Old Forge auf eine ausgebaute touristische Infastruktur mit Unterkünften, Restaurants, vielen Sportangeboten und sogar einem *Water Park* (*Water Safari*). Die #28 trifft in Utica (als #12) auf die I-90 Richtung Buffalo.

Kurzabstecher

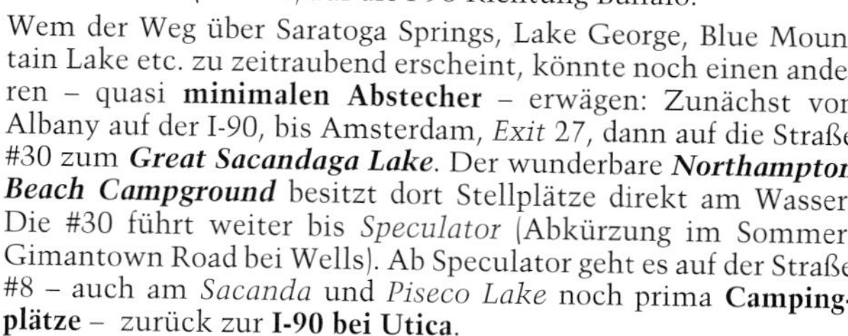

Wem der Weg über Saratoga Springs, Lake George, Blue Mountain Lake etc. zu zeitraubend erscheint, könnte noch einen anderen – quasi **minimalen Abstecher** – erwägen: Zunächst von Albany auf der I-90, bis Amsterdam, *Exit* 27, dann auf die Straße #30 zum ***Great Sacandaga Lake***. Der wunderbare ***Northampton Beach Campground*** besitzt dort Stellplätze direkt am Wasser. Die #30 führt weiter bis *Speculator* (Abkürzung im Sommer: Gimantown Road bei Wells). Ab Speculator geht es auf der Straße #8 – auch am *Sacanda* und *Piseco Lake* noch prima **Campingplätze** – zurück zur **I-90 bei Utica**.

Ab Lake Champlain durch die Adirondacks

Für eine Durchquerung des *Adirondack Park* auf der Strecke von **Port Kent** (Westufer des Lake Champlain, Fähranleger von **Burlington**, ⇨ Seite 350) über Lake Placid sollte man die schön geführte #9N entlang des *Ausable River* und dann die #86 wählen.

Unweit Port Kent überquert die Straße #9 ein kommerzialisiertes Naturschauspiel, den ***Ausable Chasm***: Kurz bevor er in den Lake Champlain mündet, hat der Fluß durch den Sandstein **eine tiefe Schlucht** gegraben. Ohne *Rafting Tour* oder *Tubing* durch den Engpassbereich (+$5) kostet der Spaziergang am Grunde des *Canyon* $16/$9 Eintritt; wwwausablechasm.com. Der kostenlose Blick von der Straßenbrücke tut es zur Not auch.

Mount Whiteface

Die #9N läuft bis Jay weiter am Fluss entlang. Auf der #86 geht es dann vorbei am *Mount Whiteface* (1483 m), einem Skigebiet mit Gondellift (auch im Sommer); daneben führt eine *Toll Road* hinauf. Zwischen Skihängen und Lake Placid lockt der Ausable River Touristen abermals an seine Stromschnellen. ***High Falls Gorge*** heißt die Kette von Wasserfällen durch eine malerische Schlucht; $10/$7 Eintritt (Mai-Oktober täglich 9-17 Uhr, sonst bis 16 Uhr; www.highfallsgorge.com.

Lake Placid

Lake Placid war Austragungsort der **Winterspiele** von 1932 und 1980; www.lakeplacid.com. Das im Sommer wie ein Kurort wirkende Städtchen mit dichter touristischer Infrastruktur liegt zwischen den Wilmington und Sentinel Mountains am gleichnamigen und Mirror Lake (schöner Spaziergang um den See, 4 km). An Unterkünften und Restaurants herrscht kein Mangel.

Zur I-81/I-90

Ab **Saranac Lake** führt die #3 durch eine Wald- und Seenlandschaft. Ab Abzweig #3/#30 sollte man die reizvollere #30 wählen.

2.9.5 Von Albany nach Niagara Falls

Finger Lakes

Von Albany führt der ***New York Thruway*** (I-90, gebührenpflichtig) quer durch den Staat New York nach Buffalo und weiter nach Westen. Zwischen der Industriestadt Syracus und *Kodak Town* Rochester liegen südlich der Autobahn die ***Finger Lakes*** (www.fingerlakes.org), passsend für einen kleinen **Abstecher**: Von Seneca Falls zunächst an die Südspitze des Cayuga Lake und – ggf. nach einem Abstecher nach Corning, ➪ Seite 389 – auf der Straße #14 am Westufer des Seneca Lake über Geneva zurück zur I-90. Eine schöne Schleife für Camper, Biker und Weinfreunde.

Die Namen der Seen wie ***Seneca***, ***Cayuga*** u.a. gehen auf die Irokesen zurück. Nach der Legende legte der Schöpfer seine Hand auf dieses Stück Erde und hinterließ den Abdruck seiner 11 (!) Finger. Geologisch entstanden die 100 km langen, bis zu 180 m tiefen beiden Haupt-Seen und die Schluchten (mit zahlreichen Wasserfällen an deren südlichen Enden) in den letzten beiden Eiszeiten. Die fruchtbaren Böden der leicht hügeligen Landschaft eignen sich vor allem für Wein- und Obstanbau. Viele **Weingüter** liegen vor allem entlang der #89 und Nebenstraßen.

Seneca Falls

Wer sich für die Frauenbewegung interessiert, sollte in **Seneca Falls** den ***Women's Rights National Historic Park*** besuchen. Hier, in tiefster Provinz, nahm sie ihren Anfang: *Elisabeth Cady Stanton* und *Amelia Bloomers* organisierten 1848 den ersten *Women's Rights Congress*. ***Visitor Center*** in der136 Fall Street, 9-17 Uhr, $3; www.nps.gov/wori & www.senecafalls.com.

Ergänzend könnte man einen Besuch in der ***National Women's Hall of Fame*** anschließen (76 Fall Street=#5/#20), die Frauen vorstellt, die in Geschichte, Wirtschaft oder Kultur der USA eine Rolle spielten; Mai-Ende Sept. Mo-Sa 10-17, So 12-17, sonst Mi-Sa 11-16 Uhr, $3; www.greatwomen.org.

Am ***Cayuga Wine Trail*** am Westufer des Lake Cayuga (#89N/96N) hat man reichlich Gelegenheit, US-Rebensaft zu probieren: www.cayugawinetrail.com (auf dieser Website finden sich auch B&Bs und andere Quartiere) und www.newworldtour.com.

Ithaca

Dieses kleine Städtchen mit der berühmten ***Cornell University*** ist ein Verkehrsnadelöhr, bietet aber im Zentrum über wenige Blocks alles, was man (als Student) braucht. Neben *Shops* sind das Buchläden, Kinos, Restaurants, Kneipen & Cafés.

Museum

Das ***Museum of the Earth*** ist ein ausgezeichnetes Wissenschaftsmuseum, Mo-Sa 10-17, So 11-17 Uhr, Di zu; $8/$3; 3 mi nördlich an der Trumansburg Road (#96); www.museumoftheearth.org.

Information & Aktivitäten

Das ***Visitor Center*** liegt am 904 East Lakeshore Drive (nördlicher Kreuzungsbereich der #34 mit der #13); www.visitithaca.com.

Die Umgebung von Ithaca eignet sich bestens zum Radeln; es gibt markierte **Rundrouten** und Bikevermieter, z.B. ***Bike Rack***, 409 College Ave, © (607) 272-1010, www.thebikerackonline.com.

Abstecher nach Cooperstown (www.cooperstown.net)

Cooperstown, eine **Bilderbuch-Kleinstadt** im besten Neuengland-Look ohne den üblichen *Fast Food* und *Business*-Wildwuchs rund um den Ort liegt 80 mi westlich von Albany am Südufer des glasklaren **Otsego Lake** (südlich der I-90 und nördlich der I-88/Straßen #28 und #80).

Cooperstown gehört zu den bestbesuchten Zielen in New York State. Abgesehen davon, dass es seinen Namen von ***James Fenimore Cooper*** ableitet, Autor des Welterfolgs »Der letzte Mohikaner«, besitzt es mit der ***Baseball Hall of Fame*** und ***Glimmerglass Opera*** zwei bekannte Publikumsmagneten.

Oft ist es schwierig, im Ortskern einen Parkplatz zu finden (mit Glück parkt man zentral und gratis bis zu 2 Std. hinter dem ***Visitor Center*** an der Chestnut Street/#80). Busse ($2) pendeln von drei ausgeschilderten Parkplätzen (gelb, rot, blau) zu den populären Anlaufpunkten:

- ***Doubleday Field***, auf dem ein *Abner Doubleday* 1839 das Baseballspiel erträumt haben soll. Auf diesem *Field of Dreams* – eine uramerikanische Metapher und so auch der Titel eines Films mit *Kevin Costner* – werden bis heute Spiele ausgetragen; freier Zugang über die Ecke Chestnut/Main Street.
- An der Main Street (#13326) beherbergt ein roter Backsteinbau die ***Baseball Hall of Fame***. Computer und interaktive Videos wissen dort auf jede Fanfrage Antwort. Wem das Baseballspiel ein Rätsel ist, kann sich schon vorab im Internet informieren: www.baseballbuch.de.

  Die ***Hall of Fame Gallery*** im Erdgeschoß fungiert als Walhalla, wo Hunderter Helden gedacht wird. In ***The Great American Home Run Chase*** sieht man die sportlichen Reliquien von »Göttern« wie *Roger Maris* und des unsterblichen *Babe Ruth* (seit 1930 der Baseballer schlechthin). Nebenbei werden die Besucher über die Geschichte des *Baseball*, die technische Entwicklung der Ausrüstung und die heutigen Stars und Mannschaften informiert.

  Im **Museumshop** gibt es in überbordender Auswahl alles rund um Amerikas populärste Sportart. Aber nicht nur dort, sondern auch im Zentrum der Stadt werden Fanartikel en masse angeboten. Mai bis Anfang Sept, tgl. 9-21 Uhr, sonst bis 17 Uhr, bis 12 Jahre $5, **Kombitickets** für 3 Attraktionen $29/$12.

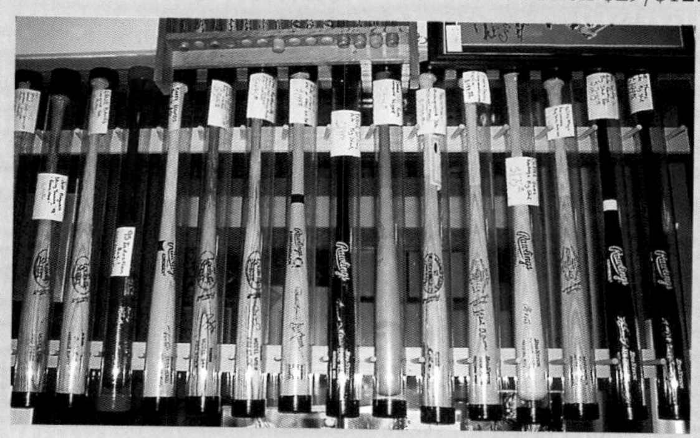

Baseballschläger im Shop der Baseball Hall of Fame in Cooperstown

- Das ***Farmer`s Museum*** an der Lake Street (#80) ist ein *Living Museum* mit 15 hierher versetzten Gebäuden, mit und in denen das Dorfleben um 1850 und alte handwerkliche Fertigkeiten demonstriert werden. Neben *General Store*, Druckerei, Schmiede, Molkerei, Schule und Irokesen-Blockhaus fehlen auch Taverne und Shop nicht. Mitte Mai-Mitte Oktober 10-17 Uhr, sonst 10-16 Uhr, Ende Okt-Anfang April geschlossen. Eintritt $11/$5. Kombitickets; www.farmersmuseum.org
- Das ***Fenimore Art Museum*** liegt vis-a-vis dem *Farmer`s Museum* direkt am Seeufer. Neben regionalem Kunsthandwerk und Gemälden zeigt es im *Indian Wing* eine schöne Sammlung indianischer Textilien, Keramiken und Körben aus ganz Nordamerika. Passend zur wunderbaren Lage verfügt das Museum über eine Café-Terrasse mit Blick über den See. Mitte Mai-Mitte Oktober täglich 10-17, sonst 10-16 Uhr, Eintritt $11/$5. Kombitickets; www.fenimoreartmuseum.org.

Die bereits erwähnte ***Glimmerglass Opera*** liegt gute 10 mi nördlich von-Cooperstown (#80) auf dem hohen Ufer am Nordende des Otsego Lake. Von außen ein enormer Komplex im traditionellen *Clapboard-Look,* ist es innen ein modernes Opernhaus mit allen Schikanen. Dank eines seit Jahren anspruchsvollen und doch populären Sommerprogramms (Juli+August) erfreut es sich eines – bei der abseitigen Lage – beachtlichen Zuspruchs und internationaler Anerkennung dank oft echter Starbesetzung; Mo-Fr 10-17 Uhr, ✆ (607) 547-2255 und ✆ (607) 547-5704, www.glimmerglass.org.

Cooperstown-Info: ✆ 1-800-843-3394, www.cooperstownchamber.org

Zentrale Reservierung von **Unterkünften**: ✆ 1-888-698-2228.

Einzelempfehlungen:

- Eindrucksvolles Nostalgiehotel ***The Otesaga Resort*** am Seeufer, 60 Lake Street, ✆ 1-800-348-6222 und (607) 547-9931, ab $260; www.otesaga.com
- ***The Inn at Cooperstown***, 16 Chestnut St, schöne 17-Zimmer-Villa in zentraler Lage; ✆ (607) 547-5756, ab $206; www.innatcooperstown.com
- ***Lake View Motel & Marina***, an der #80 nördlich von Cooperstown direkt an Otsego Lake; ✆ (607) 547-9511; im Sommer $135-$190
- ***Oak Ridge Lodge*** an der #165 bei Cherry Valley, ✆ (607) 264-9355, $75, www.cooperstown.net/oakridgelodge

Weitere Seeblick-Motels und ein privater **Campingplatz** liegen entlang der #80 am Otsego Lake auf dem Weg zur *Glimmerglass Opera*. Über den besten ***Campground*** und einen **Badestrand** verfügt der ***Glimmerglass State Park*** am Nordostufer des Sees.

Mehrere relativ teure **Restaurants** befindet sich in wunderschönen alten Neuengland-Villen. Das Spitzenrestaurant ist das ***Hawkeye*** im ***Otesaga***. Mitten im Ort sitzt man gut im ***Doubleday Café*** in der 93 Main Street, ✆ 607-547-5468, mit amerikanisch-italienischen *Items* bei zivilen Preisen.

Belgisches Bier gibt`s auf einer Tour durch die ***Ommegang Brewery*** 5 mi südlich von Cooperstown (Straße #28, dann 2 mi #11 und #33). Touren täglich 11-18 Uhr im Sommer, sonst 12-17 Uhr, ✆ 1-800-544-1809.

Unterkunft

- An der #13 südlich von Ithaca (Elmira Road) finden sich zahlreiche Motels aller Kategorien und zwei Campingplätze:
- ***Grayhaven Motel***, 657 Elmira Road; © (607) 272-6434; (nach Raum #21 fragen!); $75-$165; www.grayhavenmotel.com
- ***Budget Inn***, 654 Elmira Rd, © (607) 272-5252, $60-$150
- ***Economy Inn***, 658 Elmira RD, Tel: (607) 277-0370; $75-$135
- ***Seneca Lodge*** am Südeingang zum *Watkins Glen SP* (➪ unten) rustikal, © (607) 535-2014, ab $80; www.senecalodge.com

Camping

- Auf dem ***Robert H. Treman State Park*** bei **Ithaca** kann man gut campen und unterm Wasserfall baden (5 mi südwestlich Ithaca: Straße #13, dann #327); © 1-800-456-2267.
- Auch der ***Buttermilk Falls State Park*** (mit *Cabins*) an der #13 nach Süden hat ein *Swimming Hole* und Wasserfälle.
- An der Südspitze des Seneca Lakes liegt der weitläufige ***Watkins Glen State Park***. Durch eine 2 mi lange Schlucht führt ein Weg ober- und unterhalb von 19 Wasserfällen entlang. Großer Pool. Anfahrt über die #14, ab Watkins Glen ausgeschildert.
- Der ***Seneca Lake State Park*** am Nordende des Sees ist gut für eine Übernachtung für Eilige auf der I-90, *Exit* 43 (bei Geneva).

Corning

Vom ***Watkins Glen Park*** sind es noch ca. 20 mi auf der #414 in südwestliche Richtung nach Corning. Dort wartet das ***Glass Center*** mit dem ***Corning Museum of Glass***. In drei Galerien wird dort – im wahrsten Sinne des Wortes – alles transparent: die 3500-jährige Geschichte, die Produktion und die Verarbeitung des zerbrechlichen Minerals, seien es Gegenstände des Alltags, Riesenteleskope oder optische Instrumente. Juli/August täglich 9-20 Uhr, Eintritt $14; bis 17 Jahre frei; Zufahrt ausgeschildert, © 1-800-732-6845; www.cmog.org.

Im ***Historic Market Street District*** hat Corning auch einen hübschen Kern mit Restaurants, Galerien und Glasbläser-Studios.

Seneca Indianer

In Victor, südlich der I-90, *Exit* #44, an der #444 (abseits der #96), erinnert die ***Ganondagan State Historic Site*** an das Schicksal der *Seneca*-Indianer. Dort lebten vor über 300 Jahren mehrere tausend Indianer. Ihre auf Hügeln gelegene Stadt wurde 1687 von den Franzosen zerstört. Schautafeln informieren über die Lebensweise der *Seneca* – nicht spektakulär, aber durchaus interessant (Mai-Oktober, Di-So 9-17 Uhr, $3); www.ganondagan.org.

Rochester

Auf der Weiterfahrt ist Rochester am Lake Ontario für Fotofans einen Abstecher wert; www.visitrochester.com. Im ***International Museum of Photography*** lässt sich in wechselnden Ausstellungen alles bestaunen, was mit Fotografie, Film und optischer Technik zu tun hat(te). Das Museum gewinnt im Zeitalter der Digitalkameras langsam an nostalgischer Attraktivität. Es befindet sich im auch sonst sehenswerten ***George Eastman House***, der Villa des Kodak Gründers, 900 East Ave (I-90, *Exit* 45, dann I-490, Exit 19/Culver Road, dann links in die East Ave). Di-Sa 10-17 (Do -20), So 13-17 Uhr, $8/$5; www.eastmanhouse.org.

Lake Ontario

Statt der Autobahn zu folgen, könnte man ab Rochester die Küstenstraße am Lake Ontario nehmen. Aber weder die Seeufer und Strände noch die nur teilweise direkt am Wasser verlaufende Straße sind sonderlich reizvoll. Lediglich diverse ***State Parks*** mit ihren Campingplätzen in regelmäßigen Abständen bilden ggf. ein gutes Motiv, für die letzten Meilen nach Niagara Falls den ***Lake Ontario Parkway*** zu wählen, gut ist der **Lakeside Beach SP**.

Aber bester und zugleich Niagara Falls nächster (17 mi) ***State Park*** ist ***Four Mile Creek*** mit einem ausgedehnten ***Campground*** unweit der Mündung des Niagara River in den Lake Ontario. Reservierung unter © 1-800-456-2267, ➪ Seite 160.

Old Fort Niagara

www.oldfort niagara.org

Das alte ***Fort Niagara***, ein ***National Historic Site*** im gleichnamigen *State Park*, wurde zwar aufwendig restauriert, wirkt aber nicht so attraktiv wie das kanadische Gegenüber *Fort George* im Palisadenlook. Im Sommer finden Paraden in alten Uniformen statt; täglich 9-17 Uhr, im Sommer bis 19.30 Uhr; $10, Kinder $6.

Zufahrt Niagara Falls

Zu den Fällen sollte man vom *Lake Ontario* aus den wunderbar grünen ***Robert Moses Parkway*** wählen, der ufernah dem Lauf des Flusses folgt. Bei Lewiston liegt der ***Art Park***. Er gehört zum *Niagara State Park*-System. In den Sommermonaten laufen dort zahlreiche Aktivitäten, Information unter © 1-800-659-7275; www.artpark.net. Schöne ***Trails*** entlang des Niagara Steilufer.

Anfahrt über Buffalo

Reist man auf der **I-90** an, erreicht man rund 20 mi vor **Niagara Falls** zunächst den äußeren Autobahnring #290 um **Buffalo**, von dem man über die ***Toll Bridges*** der I-190 nach Niagara Falls geleitet wird. Auf der Straße #62 (Exit #3, *Niagara Falls Blvd*) vermeidet man *Toll* und gelangt auf direktem Weg zu den Fällen.

An der #62 liegen zahlreiche **Motels**, eine preiswerte Alternative zu den Unterkünften in Niagara Falls, ➪ Seite 395.

2.9.6 Buffalo und Niagara Falls (www.visitbuffaloniagara.com)

Anfahrt Buffalo

An der Ostspitze des Lake Erie und dessen 56 km langem Abfluß Niagara River in den Lake Ontario liegt Buffalo (330.000 Einwohner/Großraum über 1 Mio), das seinen industriellen Niedergang im späten 20. Jahrhundert nur langsam überwindet.

Wer Buffalo auf der **I-90** von Osten erreicht, folgt ihr für eine Fahrt ins Zentrum zunächst weiter nach Süden (Ringautobahn um Buffalo herum) und nimmt dann den ***Kensington Expressway*** **#33** (*Exit* #51). Fürs Super-Shopping-Erlebnis fährt man noch eine Ausfahrt weiter (#52) zur Walden Ave East mit der ***Walden Galleria Shopping Mall***.

Die eingangs dieses Kapitels beschriebene **Alternativstrecke** über Elmira führt über den *Aurora Expressway* #400 nach **West Seneca** und auf der I-90/I-290/I-190 nach Niagara Falls. **Nach *Downtown* Buffalo** folgt man bis Abfahrt #53 auch der I-90, dann aber I-190 nach Westen bis zur Ausfahrt #7.

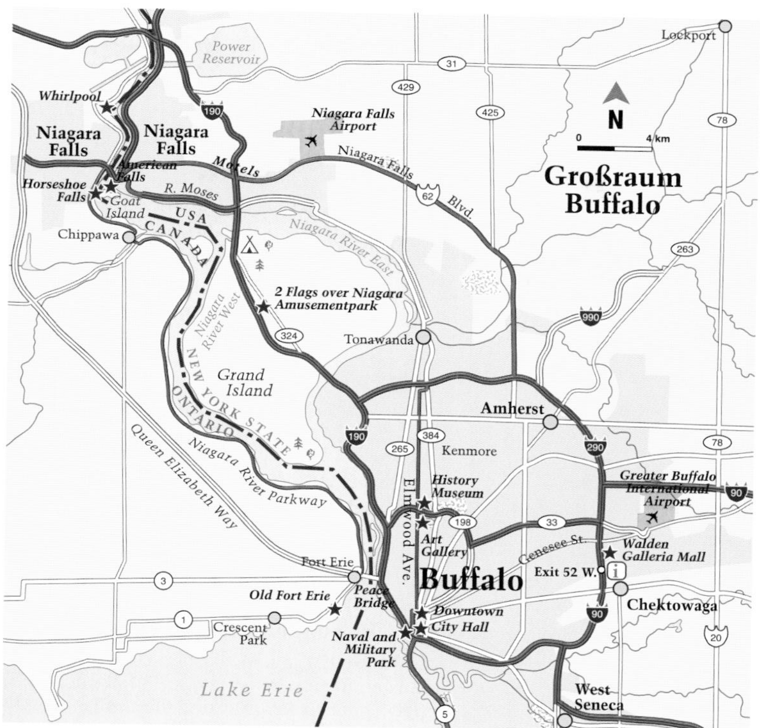

Lakefront An der ***Lakefront***, quasi unter den Pylonen der I-190 und der Brücke über den Buffalo River (*Skyway* #5) befindet sich der ***Naval & Military Park*** mit dem **Lenkwaffenkreuzer *Little Rock***, einem Zerstörer und einem **Weltkrieg-II U-Boot** als Kernstücken; Besichtigung im Sommer 10-17 Uhr, Eintritt $8, Kinder $5. Ein Park rund um die künstliche Bucht ***Erie Basin*** mit einem ausgedehnten **Yachthafen** schließt sich nach Norden an.

Downtown Nur wenig östlich davon liegt das **Stadtzentrum** mit seiner autolosen (aber Straßenbahn) Geschäftszone in der **Main Street**, der ***Buffalo Place Pedestrian Mall*** zwischen Seneca und dem ***Theatre District***/Cippewa Street. Einen Besuch verdient die ***City Hall*** am Niagara Square, ein ***Art Deco*-Bau** aus dem Jahre 1901. Vom *Observation Deck* überblickt man Buffalo, Lake Erie und die Niagara Fälle in der Ferne; Mo-Fr 9-15 Uhr, frei.

Art Gallery Herausragende Sehenswürdigkeit Buffalos ist die ***Albright Knox Art Gallery*** an der Elmwood Ave. nördlich von Downtown (Zufahrt I-190/Freeway #198). Man könnte die Elmwood Ave, besser

Einem altgriechischen Tempel nachempfundene Art Gallery in Buffalo

noch die parallele Delaware Ave, wegen vieler architektonischer Juwele auch direkt hochfahren. Dieses Kunstmuseum kann sich durchaus messen mit der »Konkurrenz« in Washington, Cleveland oder Boston, sowohl, was die bombastische *Greek Revival*-Architektur als auch die Qualität der Sammlung betrifft. Kaum ein wichtiger Vertreter des Im- und Expressionismus, der europäischen und amerikanischen Moderne, der nicht vertreten wäre; Mi/Do und Sa/So 11-17, Fr 10-22 Uhr; $10/8, Parken $5, unter 13 frei; www.albrightknox.org.

Geschichtsmuseum

Das der *Art Gallery* benachbarte, nur durch die I-198 getrennte Museum der ***Buffalo & Erie County Historical Society*** kann sich ebenfalls sehen lassen. Di-Sa 10-17 Uhr, So 12-17 Uhr; $6/$2,50; www.bechs.org. Hinter dem Museum erstreckt sich der *Delaware Park* mit prachtvollen Villen rundherum.

Niagara Falls

Drei Wege verbinden Buffalo und Niagara Falls:

- der ***Niagara River Parkway*** am kanadischen Ufer ist reizvoll, aber etwas weiter: Man überquert bereits in Buffalo den Fluss auf der ***Peace Bridge*** nach Fort Erie (⇨ Seite 412), muss aber die Einreiseformalitäten nach Kanada erledigen.
- auf der I-190 (*toll*) sind die 20 mi schnell geschafft
- auf der **Straße #62** (Niagara Falls Boulevard) spart man den *Toll* und passiert **jede Menge M/Hotels** aller Kategorien.

Niagara Falls

Details zu den Niagarafällen wie Geschichte etc. finden sich im Abschnitt Niagara Falls/Canada ab Seite 402.

USA-Visitor Center

www.niagarafallslive.com

Anlaufpunkt für die US-Seite der Fälle ist der allseitig ausgeschilderte ***Prospect Park*** mit **Besucherzentrum** (bis 22 Uhr, großer Parkplatz) unterhalb des ***Observation Tower***. Ein Modell der Fälle und ***Niagara Wonders***, ein 22-min-Film in Großprojektion nebenan im ***Festival Theater*** ($2, jede Stunde im Sommer 10-20 Uhr, sonst 10-18 Uhr), vermitteln einen guten Überblick.

Master Pass

www.niagarafallsstatepark.com/masterpass.html

Der ***Passport to the Falls*** lohnt für alle Attraktionen auf der US-Seite der Fälle. Er ist im ***Visitor Center*** erhältlich, kostet $**30**, Kinder $23, und bietet *Tickets* für das *Festival Theater*, die *Maid of the Mist*-Bootstour, *Cave of the Winds-Trip*, Aquarium und *Discovery Center*; ferner Fahrten mit dem *Scenic Trolley*.

American Falls – Maid of the Mist

www.maidofthemist.com

Knapp 100 m sind es von dort zum ***Observation Tower*** am *Prospect Point* mit einer über die ***American Falls*** ragenden Aussichtsplattform ($1). Zu seinen Füssen befindet sich die Ablegestelle für die ***Maid of the Mist*-Boote**, die Mai-Okt. 10-17 Uhr (Sa/So bis 18 Uhr) alle 30 min in den Gischtschleier der Fälle fahren. Inklusive Ölzeug $11,50; ➪ auch Seite 408f.

Parkanlagen

Das Grün des ***Prospect Park*** setzt sich nach zwei Seiten fort:

- Im Süden ***Goat Island***, das die ***American*** und die ***Horseshoe Falls*** trennt. Auf diese von drei Eilanden umgebene Hauptinsel fährt auch der ***Scenic Trolley*** (täglich 9-20 Uhr, ca. 3 mi Strecke, *hop-on-hop-off*, Einzelpreis $3, Kinder $1).
- Nach Osten (weg von den *Falls*) gelangt man durch den ***Great Lakes Garden*** (Rasenflächen in Form der 5 Großen Seen) über die Fußgänger-Allee Old Falls Road zum ***Wintergarden***, einer Glas-Stahlbau-Oase voller tropischer Planzen.

Ballonfahrt Kasino

Auf dem Weg dorthin sieht man wie alle 15 min ein **Fesselballon (*Flight of Angels*)** 130 m hochsteigt (9-24 Uhr, $20/$10) und am Allee-Ende blickt man auf das gewölbte Dach von ***Seneca Niagara*** – als Kongresshalle geplant, heute als **Spielkasino** genutzt.

Per Hubschrauber über die Fälle

Wem 130 m Höhe per Ballon nicht reichen, bucht etwas nördlich davon (über die Niagara Street) in der 454 Main Street bei *Rainbow Helicopter Tours* **12 min-Flüge über die Fälle**; täglich ab 9 Uhr bis zur Dämmerung, © (716) 284-2800; $75.

Goat Island

Zur »Ziegeninsel« kann man gut **zu Fuß** gehen (für Autofahrer: der hintere **Parkplatz auf *Goat Island*** liegt zwar weit weg von den Dollpunkten, ist aber selten knallvoll); der Parkschein vom Prospect Park gilt weiter und umgekehrt).

American Falls; rechts die Bridalveil Falls mit Treppen und Beobachtungsplattformen unterhalb

American Falls

Neben den ***American Falls*** stürzt Wasser auch noch über die schmalen ***Bridal Veil Falls*** zwischen Goat und Luna Island. Eine tolle Sache ist der ***Cave of the Winds Trip***: Per Fahrstuhl geht es 50 m tiefer und dann mitten hinein in Nässe und Gischt am Fuße der Brautschleierfälle; Mai-Oktober 9-19 Uhr; $10/$7 inklusive Ölzeug. Ein paar hundert Meter weiter liegt ***Terrapin Point*** in der Westecke der Insel. Aus etwas ungünstiger Position überschaut man von dort dennoch ganz gut die kanadischen ***Horseshoe Falls***, die »eigentlichen« Niagarafälle.

Terrapin Point

Nördlich der Fälle

Fährt man in Richtung Lake Ontario den ***Robert Moses Parkway*** am Niagara River entlang, passiert man zunächst

Niagara Gorge Discovery Center

- das ***Niagara Gorge Discovery Center*** (etwa 800 m nördlich der *Rainbow Bridge); es* informiert über die Geologie der Fälle; interaktive Monitore, Multimedia-Show, Kletterwand und geführte 1-, 2- oder 3-stündige Wanderungen ($2 bis $7); Juni und Juli 9-19 Uhr, sonst 9-17 Uhr, $5, Kinder $3.

Aquarium

- Das ***Aquarium of Niagara***, 701 Whirlpool Street (Parallelstraße zum Robert Moses Pkwy), bietet u.a. Delphin- und Seelöwenvorführungen; täglich 9-19 Uhr; $8/$5.50.

Kunstmuseum

- Das ***Castellani Art Museum*** ist ein bombastischer Marmorbau, der in erster Linie moderne ***Americana*** ab 20. Jahrhundert beherbergt plus wechselnde Ausstellungen. Di-Sa 11-17 Uhr; frei.

Whirlpool

- Vom ***Whirlpool State Park*** blickt man auf **Whirlpool** und die ***Spanish Aero Car***, ➪ Seite 410 und Foto Seite 412.

Kraftwerk

www.nypa.gov/vc/niagara.htm

- An der Straße #104 befindet sich ***Power Vista*** (ausgeschildert) der Wasserkraftwerke ***Niagara Power Project***, das 14% des Stroms für New York State produziert. Erläuterungen und Modelle zur Frage, wie das alles funktioniert, sind hochinteressant und gratis. Mitgeliefert wird der Blick über den Niagara River und – für Angler – eine ***Fishing Platform***. Täglich 9-17 Uhr (➪ Seite 412 *Sir Adam Beck Power Station*).
- Das ***Whirlpool Jet Boat*** legt auch in Lewiston an, ➪ Seite 410.

Niagara Falls kanadische Seite

Die kanadische Seite der Fälle ist mit folgenden Top-Punkten abwechslungsreicher als die US-Seite, ➪ Seiten 402ff. Für den **Grenzübertritt** den **Reisepass** nicht vergessen!

1) *Maid of the Mist*

2) *Table Rock Center* inkl. *Journey behind the Falls*

3) *Niagara Jet Boat*

4) *Minolta Tower*

5) *Dare Devil Museum mit IMAX-Kino*

6) *White Water Walk*

Unterkunft

In Niagara Falls unterzukommen ist im allgemeinen kein Problem. Hotels und Motels gibt es in Hülle und Fülle, und wegen der Konkurrenz zu moderaten, im Sommer zu (nachfragebedingt) schwankenden Tarifen, im Winter zu Spottpreisen ab $50.

In Fallnähe überwiegen die **Hotels der Mittelklasse** (*Comfort Inn, Howard Johnson, Holiday Inn, Ramada* etc.). Dort sollte man in der Saison an Wochenenden reservieren.

Preiswerte **Quartiere** ($50, Fr/Sa teurer) ballen sich **entlang dem Niagara Falls Blvd** (Straße #62) bzw. deren Verlängerung Walnut Ave (Einbahn stadteinwärts) und #62A (Pine Ave, Einbahn stadtauswärts Richtung Buffalo) im Bereich des *Exit* 22 der I-190, z.B.:

- ***Niagara Rainbow Motel*** (#7900), © (716) 283-1760,
- ***Caravan*** (#6730), © (716) 236-0752, www.elodging.us
- ***Holiday Inn***, © (716) 283-8974,
- ***Moonlight***, © (716) 283-6519 und
- ***Swiss Cottage Inns***, © (716) 283-8142 und © 1-866-794-7722
- Etwas teurer: ***Super 8 Motel*** (#7680), ab $70, © ➪ Seite 150

Alternative-Quartiere

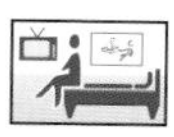

- Das ***Niagara Falls International Hostel (HI)***, 1101 Ferry Ave/ Memorial Pkwy (11th Street), © (716) 282-3700, ist 14 Blocks vom Niagara River entfernt (Vorortbus in der Nähe), Reservierung auch außerhalb der Hochsaison angezeigt; nur 45 Betten, ab $18; www.niagarafalls youthhostel.com.
- Das **YMCA**, 1317 Portage Road, liegt noch weiter weg von den Fällen (Busverbindung 1x stündlich), ab $25/Person DZ; EZ ab $30, © (716) 285-8491, nur Männer; www.hostelworld.com

B & B

Darüber hinaus gibt es in und um Niagara Falls zahlreiche ***Bed & Breakfast***-Unterkünfte. Adressen sind im überall frei verteilten ***County Visitor's Guide*** enthalten.

Außerhalb

Man kann auch in Orten der näheren Umgebung wie **Lewiston** und **Youngstown** nach einem Motel oder *Bed & Breakfast* Ausschau halten. Eine gute Adresse **in Lewiston** ist das ***Portage House Motel***, 280 Portage Road (ca. 500 m westlich des *Robert Moses Parkway* gegenüber dem Eingang zum *Art Park*), © (716) 754-8295, $67-$75; www.portagehousemotel.com.

Auf kanadischer Seite gibt es sogar noch einigermaßen bezahlbare Hotels, von deren Zimmern man tatsächlich die Wasserfälle überblicken kann, ➪ Empfehlung auf Seite 407.

Camping

Camping im ***Four Mile Creek State Park*** am Lake Ontario ist trotz der 17 mi Entfernung die beste Option. Dort findet man über 200 offene Stellplätze, von denen einige direkt am Seeufer liegen.

Die privaten Plätze bei Niagara Falls (ebenfalls am Niagara Falls Blvd) sind teurer und bei weitem nicht so attraktiv. Ein ausgedehnter ***KOA-Campground*** befindet sich unweit der I-190 nach Buffalo auf Grand Island; © (716) 773-7583.

3. ONTARIO zwischen Toronto, Sault Ste. Marie und Ottawa

3.1 Reiseziel Ontario

(www.ontariotravel.net; www.ontariotravelinformation.ca)

3.1.1 Zur Routenführung

Richtung

Das Ontario-Kapitel schließt nahtlos an das vorige Kapitel durch Neuengland und/oder New York State an. Wer aus dieser Richtung anreist, findet die unmittelbare Weiterführung der Route von Niagara Falls nach Toronto ab ➪ Seite 414 und darüber hinaus ab ➪ Seite 442.

Auch bei Reiseplänen ab Toronto nach Westen oder nach Osten über Ottawa/Montréal paßt die gewählte Richtung der Beschreibung, sieht man ab von einem eventuellen Abstecher nach Niagara Falls in Gegenrichtung. Das gilt auch für einen Start in Michigan (Chicago/Detroit) oder nach einer zunächst südlichen Route von Buffalo über Cleveland nach Detroit.

Gegenrichtung

Nur bei anderen Einreisen auf dem Landweg von New York State über den *St. Lawrence River* oberhalb des *Adirondack Park*, von Québec oder ab Sault Ste. Marie (bei Start in Michigan) muss man gegen die hier verfolgte Richtung lesen.

Abgrenzung

Nicht behandelt im Rahmen dieses Reiseführers sind Routen, die weiter nach Westen als Sault Ste. Marie oder auf dem nördlichen Arm des *Trans Canada Highway* durch den Norden der Provinz führen. Bei Reiseplänen dieser Art sei verwiesen auf den ebenfalls bei *Reise Know-How* erschienenen Führer ***Canadas Westen***, dessen Routen in Toronto beginnen.

3.1.2 Touristische Kennzeichnung

Glasklare Gewässer

Die Bezeichnung *Ontario* für Canadas – nach Québec – zweitgrößte Provinz geht auf die Ureinwohner (Irokesen und Huronen) der Region zurück und steht in deren Sprache für ***Land of Shining Waters***. Die 250.000 glasklaren Seen und tausende Kilometer Uferlinie an den *Great Lakes* und am Oberlauf des St. Lorenz-Stroms sind heute populäre Feriengebiete.

Bootsreviere

Der ***Algonquin Provincial Park*** gilt neben dem *Quetico Park* (im fernen Westen) als **das Kanurevier** Ontarios. Kanurouten von über 2.000 km Länge führen dort weit ins einsame Hinterland.

Daneben besitzt die Provinz mit den ***Muskoka Lakes***, dem ***Trent-Severn-Waterway*** (einer ehemaligen Pelzhändlerroute durch die ***Kawartha Lakes Region***) und dem ***Rideau Canal*** von Ottawa nach Kingston – um nur die wichtigsten zu nennen – auch in seinem Ostteil weitere beliebte Freizeitreviere für Kanusportler, Motor- und Hausboote. An den Küsten der Großen Seen und in den Erweiterungen des St. Lawrence wird auch viel gesegelt.

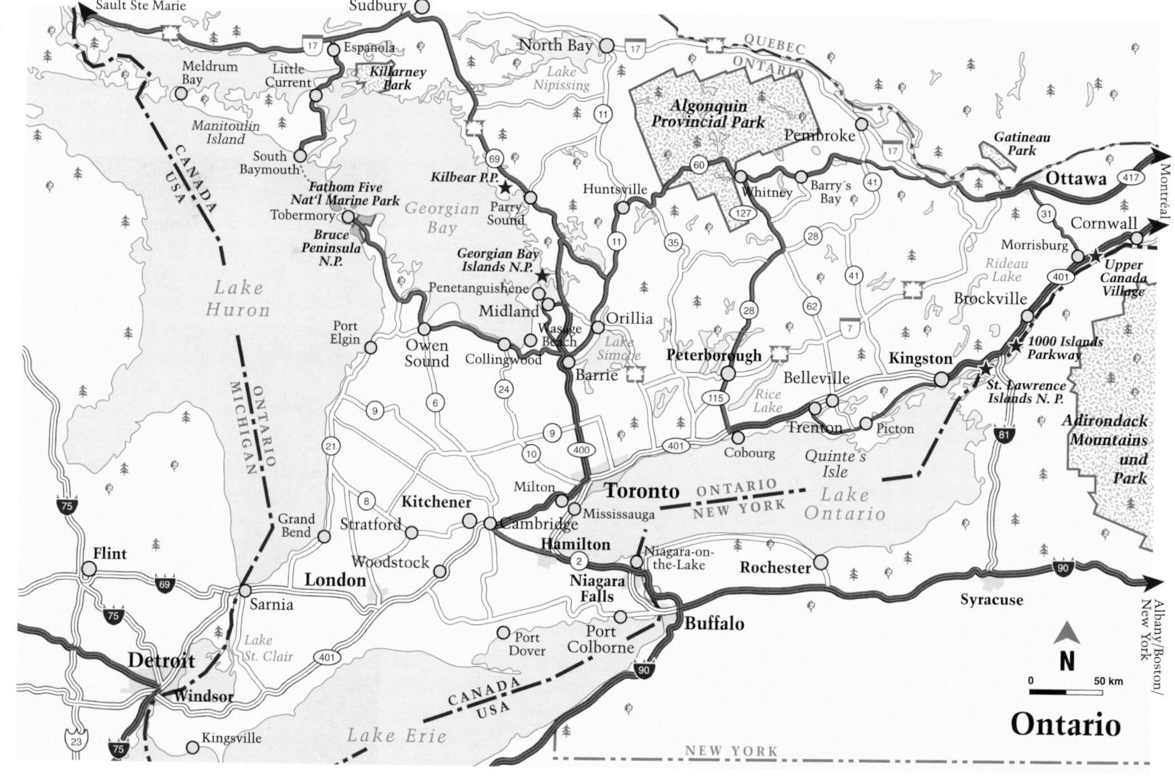
Ontario
N
0
50 km
Sault Ste Marie
Sudbury
North Bay
Espanola
Little Current
South Baymouth
Tobermory
Meldrum Bay
Manitoulin Island
Lake Huron
Georgian Bay
Killarney Park
Kilbear P.P.
Parry Sound
Fathom Five Nat'l Marine Park
Bruce Peninsula N.P.
Port Elgin
Owen Sound
Collingwood
Midland
Penetanguishene
Georgian Bay Islands N.P.
Wasage Beach
Barrie
Orillia
Lake Simcoe
Huntsville
Lake Nipissing
Algonquin Provincial Park
Whitney
Pembroke
Barry's Bay
Peterborough
Rice Lake
Cobourg
Belleville
Trenton
Quinte's Isle
Picton
Kingston
Brockville
Rideau Lake
Ottawa
Gatineau Park
Morrisburg
Cornwall
Upper Canada Village
1000 Islands Parkway
St. Lawrence Islands N. P.
Adirondack Mountains und Park
Montréal
Albany/Boston/New York
Syracuse
Rochester
Buffalo
Niagara Falls
Niagara-on-the-Lake
Port Colborne
Port Dover
Hamilton
Toronto
Mississauga
Milton
Cambridge
Kitchener
Stratford
Woodstock
London
Grand Bend
Sarnia
Lake St. Clair
Windsor
Detroit
Flint
Kingsville
Lake Erie
Lake Ontario
CANADA USA
ONTARIO MICHIGAN
ONTARIO NEW YORK
NEW YORK
QUEBEC ONTARIO

3

Kanutrips *(hier bei Massey auf dem Spanish River) gehören zu Ontario:* ➪ www.paddlingOntario.com

Seeufer

Die meisten Gewässer liegen innerhalb des ***Canadian Shield*** (➪ Seite 18). Blankgeschliffener Granit vieler Schattierungen und dazwischen kleine Sandstrände sorgen für den besonderen Reiz von Buchten und vorgelagerten Insel(che)n. Dieses Bild findet man sowohl an zahlreichen Binnenseen und am St. Lawrence als auch an den Ufern der *Great Lakes.* Malerisch wirken vor allem die Küsten der *Georgian Bay* des Lake Huron im Bereich des *Georgian Bay Islands National Park* und entlang der *Bruce Peninsula* im gleichnamigen Nationalpark. Leider sind die Ufer der Großen Seen teilweise und vieler kleinerer Seen sogar überwiegend von Privatgrundstücken derart besetzt, dass der Zugang oft stark eingeschränkt, sogar kaum ein Blick auf den See möglich ist.

Wasserspiegel

Forcierte Wasserentnahme und Klimawandel ließ und lässt den Wasserspiegel der Great Lakes derart sinken, dass an flach auslaufenden Ufern die Wasserlinie weit zurücktritt und trockener Seegrund den Badeeinstieg unerfreulicher macht.

City-Life

Abwechslung von soviel Natur bieten in erster Linie Canadas größte *City* **Toronto**, wo man sich ins großstädtische Treiben stürzen, Kultur, Konsum und die Küchen aller Herren Länder genießen kann, sowie die Hauptstadt **Ottawa**. Dort wartet *Good Old England* in kanadischer, modernisierter Modifizierung. Zwar nicht als Großstadt, jedoch total kommerzialisiert präsentiert sich **Niagara Falls**, denn die Fälle sorgen nach wie vor für höchste Besucherzahlen.

Historie

Neben Naturerlebnis, Freizeitaktivitäten rund ums Wasser und *City Life* zählen viele historische Stätten zu den touristischen Attraktion, so das ***Fort York*** in Toronto, das Palisadenfort ***Fort George*** in Niagara-on-the-Lake und ***Old Fort Henry*** in Kingston. Mit der Besiedelungsgeschichte Ontarios eng verbunden sind die »lebenden Museen« ***Black Creek Pioneer Village*** bei Toronto, das ***Upper Canada Village*** am St. Lorenz Strom und die Befestigung ***Sainte Marie among the Hurons*** an der Georgian Bay.

Unterwegs in Ontario

Alle im folgenden beschriebenen Routen beziehen sich auf gut ausgebaute **Straßen.** Für die Versorgung und Übernachtung unterwegs ergeben sich auch auf Nebenstrecken keine Probleme. **Motels** sind zahlreich vorhanden und entsprechen in ihrer Ausstattung dem üblichen nordamerikanischen Standard. Aber abweichend von anderen Regionen im Nordosten der USA bzw. Osten Canadas findet man in Ontarios Kleinstädten und Dörfern – mit Ausnahme der Niagara-Region und Kingston/King Edward County – seltener hübsche ***Guest Houses, B&B*** oder ***Country Inns***. Ontario verfügt über sehr viele schön gelegene und gut ausgestattete ***Campgrounds*** vor allem in seinen ***National*** und ***Provincial Parks (PP)***. Kein Wunder, dass viele dieser Plätze in den Sommermonaten – namentlich an Wochenenden – häufig voll belegt sind und Spätankommer dann wenig Chancen haben.

Camping

Wer das bedenkt und während der Reise ein bißchen vorausplant, kann insbesondere mit Wohnmobil oder Zelt unterwegs in Ontario eine wunderbare Zeit verleben. Zumal von Juni bis Mitte September auch das Wetter meistens mitspielt. In Ontario weisen auffällige blaue **Campingschilder** regional mit Kilometerangaben auf die jeweils nächstgelegenen *Campgrounds* hin.

Steckbrief Ontario/ON (en.wikipedia.org/wiki/ontario)

Knapp 13 Mio. Einwohner (ca. 39% der Gesamtbevölkerung Canadas), 1,08 Mio km^2, davon 159.000 km^2 Binnengewässer. Größte Stadt und **Provinzkapitale ist Toronto** mit 2,5 Mio. Einwohnern, Großraum 5,8 Mio. Weitere große Städte sind **Ottawa**, Canadas Hauptstadt, mit 812.000 (inkl. Gatineau 1,1 Mio), Hamilton mit 500.000 und London mit 350.000 Einwohnern. 90% der Provinzbevölkerung leben auf 10% der Gesamtfläche, 85% in der Südostregion. Riesige Gebiete im Westen sind so gut wie menschenleer.

Die Landschaft Ontarios ist überwiegend **flach oder leicht hügelig**, nur hier und dort gibt es Erhebungen (bis 700 m Höhe). In den Zweidritteln der vom ***Canadian Shield*** (⇨ Seite 18) geprägten felsigen, dicht bewaldeten Fläche finden sich **zahllose Gewässer**. Vier der fünf ***Great Lakes*** (Ontario, Erie, Huron und Superior), St. Lawrence und Rainy River im Westen bilden die natürliche Grenze zu den USA.

Ontario ist **im Süden** um Toronto, Windsor, Kitchener und Hamilton sehr **stark industrialisiert**: High-Tech-, Elektro- und Metallindustrie, speziell Kfz-Bau und Zulieferer. Eine große, wenngleich abnehmende Rolle spielt die **Landwirtschaft**: Obst, Gemüse, Milchprodukte, Tabak und Wein. In den **Nordregionen** sind Holzverwertung und Bergbau (Uran, Kupfer, Zink, Nickel) bedeutende Wirtschaftsfaktoren.

Alle wichtigen **touristischen Ziele** sind im Rahmen dieses Kapitels vorweg genannt und beschrieben.

3.1.3 Klima

Sommer

Südliche wie nördliche Luftströmungen in Richtung Ontario werden nicht von Bergen aufgehalten. Im Winter dringt daher arktische Kaltluft ebenso wie **im Sommer feuchte Warmluft** aus dem Süden des Kontinents ungehindert ein. Ab Mitte Juni bis Ende August steigen die Tagestemperaturen oft auf **30° C** und darüber. Die Nächte kühlen auch bei Hitze tagsüber – unter dem Einfluss der enormen Wassermassen der Großen Seen – oft erstaunlich stark ab. Mehrere **Regentage** hintereinander sind in den Sommermonaten eher selten.

Wasser

Im südlichen Ontario wird das Wasser der meisten kleineren und größeren Seen zumindest im Uferbereich im Juli/August auch für ausgiebiges **Schwimmen** warm genug. Für die *Great Lakes* gilt das nur bedingt: Der extrem tiefe *Lake Superior* bleibt auch sommers eisig. Aber die geschützten Buchten der ***Georgian Bay*** mit ihren 30.000 Insel(che)n erreichen Badetemperaturen; und wo am Lake Ontario oder am Lake Huron weite Sandstrände flach ins Wasser reichen, können Kinder den ganzen Tag lang planschen. Das Badevergnügen wird jedoch bisweilen gestört, wenn der von West nach Ost ziehende *Jetstream* über Nordamerika seine Lage ändert, und kühle Luft aus Nordwesten ins Land strömt.

Andere Jahreszeiten

Mai und September können sommerlich warm sein, kühle bedeckte und regnerische Tage sind aber keine Seltenheit. Das gilt naturgemäß erst recht für den ungemütlichen April und manchen Tag im Spätherbst. Im Mai kämpft man vielerorts zusätzlich mit dem ***Black Fly***-Problem: Millionen von kleinen Stechfliegen machen die *Outdoors* dann oft unerträglich. Die Winter in Südontario sind unter dem Einfluss der Großen Seen zwar meist nicht sehr kalt, aber oft schneereich – im Gegensatz etwa zum Norden der Provinz.

Indianische Teepees an der Strecke zum Algonquin Park

3.1.4 Geschichte

Indianer

Zur irokesischen Sprachgruppe gehörende Indianerstämme siedelten im Gebiet zwischen den Großen Seen bereits mehrere tausend Jahre vor Ankunft der Europäer. Mildes Klima und fruchtbare Böden im Dreieck zwischen den Seen Huron, Erie und Ontario boten – im Gegensatz zur dünnen Erdschicht auf den Felsen des *Canadian Shield* weiter nördlich – gute Bedingungen für eine ertragreiche Landwirtschaft.

Kolonisierung

Der Franzose ***Samuel de Champlain*** gelangte 1615 als erster Europäer an den Lake Huron. Bis 1639 gründeten die Jesuiten im Siedlungsgebiet der Huronen mehrere Missionsstationen. Trotz der Zerstörung (⇨ Seite 443) einiger Missionen erklärte Frankreich 1669 das kaum besiedelte Gebiet zwischen Ottawa River, Huron und Lake Superior zur französischen Kolonie. Die Franzosen folgten zwar – auf der Jagd nach Bibern – den Indianerpfaden durch Ontario, ließen sich aber kaum nieder. Etwa gleichzeitig erhielt die ***Hudson's Bay Company*** von der britischen Krone das »Recht« zur Ausbeutung des kanadischen Nordens und gründete in Ontario Handelsposten. Im Frieden von Paris (1763, Endes des 7-jährigen Krieges in Europ, ⇨ Seite 511) fiel das von Frankreich beanspruchte Territorium an England.

Lower and Upper Canada

Die eigentliche Siedlungsgeschichte Ontarios beginnt erst mit der amerikanischen Unabhängigkeit 1776. Englands Krone stellte königstreuen Siedlern aus den südlicheren Kolonien (den Loyalisten, die den Aufstand gegen die Krone ablehnten, ⇨ Seite 476) Land zur Verfügung. Dies führte 1791 zu einer **Zweiteilung** der kanadischen **Kolonie** in das französischsprachige ***Lower Canada*** (Québec) und das britisch orientierte ***Upper Canada*** (Ontario). **Niagara-on-the-Lake** wurde **Hauptstadt**, verlor diese Funktion aber später an York, das heutige Toronto (⇨ Seite 491).

Krieg 1812/14

Im englisch-amerikanischen Krieg (1812–14) festigten die Engländer dauerhaft ihre Position im Norden Amerikas mit Forts entlang der Grenze zu den USA und schickten massenhaft Siedler – Iren, Schotten und Waliser – in die immer noch dünn besiedelte Region. Damit wurde auch ein Gegengewicht zum katholischen, französisch-sprechenden Québec geschaffen, das **1841** wieder mit Ontario zu einem britisch dominierten **Territorium Canada** vereinigt wurde (⇨ Seite 512).

Dominion

Nach dem ***British North America Act***, der 1867 zum bereits von der Kolonialmacht England relativ unabhängigen ***Dominion of Canada*** führte, entwickelte sich Ontario zur bevölkerungsreichsten und wohlhabendsten Provinz des *Dominion* und danach des Staates Canada. Zunächst eine florierende Landwirtschaft und später die im *Canadian Shield* verborgenen, erst nach und nach entdeckten Bodenschätze (Uran, Nickel, Kupfer, Gold, Zink und Eisen) waren die Säulen, auf die sich das stetig prosperierende Ontario im Laufe der Jahre stützen konnte.

3.2 Niagara Falls Canada (www.niagarafallstourism.com; www.infoniagara.com; www.niagarapark.com; www.falls.net)

3.2.1 Geologie und Geschichte

Entstehung

Nach der letzten Eiszeit entstanden vor über 12.000 Jahren die ***Great Lakes***, deren Überlaufwasser sich u.a. durch den Niagara River Richtung Meer ergießt; ➪ Graphik Seite 418. Er ist ganze 56 km lang und fließt vom Lake Erie nach Norden in den Lake Ontario, der das Wasser an den St. Lawrence River weitergibt. Auf seinem kurzem Weg mit insgesamt 99 m Gefälle durchschneidet der Fluss das ***Niagara Escarpment*** (➪ Seite 20). Die Kraft seiner Strömung wusch den weichen Sandstein unter harten, aber porösen, wasserdurchlässigen Kalksteinschichten solange aus, bis der Stein einbrach. Die stetige **Erosion** bewirkte eine Verlagerung der ursprünglichen Abbruchkante um etwa 1 m pro Jahr, im Laufe der Jahrtausende um insgesamt 11 km.

Gemälde »Pater Louis Hennepin an den Niagara Fällen«

Daten und Fakten

Für die Indianer waren die Niagarafälle ein mystischer Ort und auch Pater ***Louis Hennepin,*** der als erster Weißer 1678 die Fälle sah, sank überwältigt auf die Knie. Damals lieferten die Fälle und ihre Umgebung allerdings noch ein unverfälschtes Naturschauspiel. Mit dem Bau mehrerer **Kraftwerke** wurde die **Wassermenge** der *Niagara Falls* seit den 50er-Jahren um bis zu 75% reduziert. Unterirdische Kanäle entnehmen dem Fluss einige Meilen oberhalb der Fälle bis zu 4.500 m³/sec(!). Aus großen Auffangbecken beidseitig des *Niagara* schießt das Wasser flussabwärts durch die Turbinen der Kraftwerke (insgesamt 2,5 Megawatt) zurück in das 107 m tiefer liegende Flussbett. Tagsüber verbleibt von April bis Oktober ein Minimum von rund 2.800 m³/sec für die Fälle, nachts und im Winterhalbjahr nur 1.400 m³/sec, davon über 90% für die *Horseshoe Falls* der kanadischen Seite. Ein Nebeneffekt des Kraftwerks ist die Verringerung der Erosion. Der Abrieb des Felsens an der Abbruchkante ging auf unter 4 cm pro Jahr zurück.

Zahlen

Die kanadischen ***Horseshoe Falls*** sind zur Zeit 54 m hoch und 675 m breit, die ***American Falls*** 328 m breit, aber ca. 2 m höher.

Das Wasser fällt dort aber nur 21-34 m tief, da sich unten erodierte Felsbrocken aufgetürmt haben. Diese Zahlen für sich sind keine Superlative; ihre Attraktion verdanken die Fälle den – trotz der Entnahmen immer noch – den enormen Wassermassen.

Tourismus

Schon zu Beginn des 19. Jahrhunderts wurden Touristen vom großen Naturspektakel angezogen. Speziell **Hochzeitsreisende** entwickelten ein Faible für die *Niagara Falls*, nachdem ein Bruder Napoleons dort seine Flitterwochen verbracht hatte. ***Oscar Wilde*** meinte bissig, die Niagarafälle seien – nach einer Hochzeitsnacht – die zweite große Enttäuschung, »... ein Wunder wären sie nur, wenn sie aufwärts stürzten«.

Niagara Falls heute

»Niagara« gilt heute weltweit als Top-Reiseziel. Die jährlich 14(!) Mio. Touristen erwartet dort nicht nur das Naturschauspiel, sondern auch ein auf beiden Ufern überbordendes Kommerz-Angebot. Dabei hat man auf kanadischer Seite bei den *Horseshoe Falls* das eindrucksvollere Niagaraerlebnis. Auch wer aus den USA anreist, sollte daher unbedingt über die Grenze gehen (➪ Seite 394, ***Niagara River Parkway*** ab Buffalo und Kasten).

Niagara Falls - Städte beidseitig der Grenze

Beide Niagaras Falls sind größere Städte (Kanada 82.000, USA 56.000 Einwohner) voller *Motel Strips*, *Family Restaurants* und jeder Menge *Amusement*. Daneben gibt es (vor allem in Kanada) die verschiedensten Möglichkeiten, die Fälle aus allen Perspektiven zu sehen, aber auch Spazierwege, botanische Gärten, Spielkasinos, Badelandschaften, Marine Parks etc.

Über die Fälle: Tot oder lebendig! (niagarafallslive.com/daredevils)

Maid of the Mist heißen die Boote, die bis dicht unter die Sturzfluten der Fälle fahren. Echte ***Maids of the Mist***, Jungfrauen der Gischt, waren einst irokesische Mädchen, die regelmäßig geopfert wurden. Man setzte sie in ein mit Früchten und Blüten gefülltes Kanu und übergab sie der Gewalt des *Niagara River*. Einer Legende nach stürzte sich einst der Irokesenhäuptling *Eagle Eye* mit über die Klippen, als seine Tochter auf diese Todesfahrt gehen musste.

Nachdem der Weiße Mann von den *Niagara Falls* Besitz ergriffen hatte, stand erst **1827** wieder ein Opfer an. Hotelbesitzer ließen einen ausrangierten **Schoner mit wilden Tieren** die Fälle hinuntertreiben – als Touristenattraktion! Über 10.000 Schaulustige sollen das Spektakel mitangesehen haben. Soviel Publikum ließ einen ***Sam Patch*** nicht ruhen. Er bastelte sich oberhalb der *Bridal Veil Falls* ein Sprungbrett, sprang in die Tiefe, überlebte und wiederholte **1829** den Sprung erfolgreich.

Der unübertroffene Zirkusakrobat ***Blondin*** trat **1859** an und überwand die Schlucht unterhalb der Fälle auf einem Drahtseil, zog auf halbem Weg von einem Boot noch eine Flasche herauf und leerte sie unterwegs.

Tollkühn steigerte er in den folgenden Jahren mehrfach die Übung: Mal balancierte er per Fahrrad über den Abgrund, mal in Ketten, mal mit Schubkarre oder Faß, das er vor sich her rollte. Höhepunkt seiner Künste jedoch war der Akt mit befeuertem Eisenofen, auf dem er sich Spiegeleier briet und sie in aller

Ruhe hoch über dem Niagara aufaß. Auch sein Manager musste herhalten; vor 100.000 Zuschauern trug er ihn auf den Schultern heil auf die andere Seite. Niagara-Seiltanzen wurde danach zu einem nationalen Sport. Alle, die es wagten, kamen heil auf der anderen Seite an. Erst ein ***Steve Peer*** stürzte **1882** betrunken zu Tode und sorgte für ein Verbot. Ersatz boten vorübergehend die Katarakte im Fluss, speziell der ***Whirlpool***, ein Riesenstrudel. Zunächst versuchten Schwimmer mit und ohne Erfolg, die Stromschnellen lebend zu überwinden.

1886 begann die »Tonnen-Ära«. Nachdem diverse Fässer samt Insassen den *Whirlpool* unbeschadet überstanden hatten, rückten die ***Horseshoe Falls*** wieder ins Blickfeld.

1901 stieg *Annie Taylor*, eine Lehrerin, mit ihrer Katze in eine Holztonne, überlebt den Sturz und wurde damit zur ersten Bezwingerin der Niagara Falls. Die Nachahmer waren nun nicht mehr zu halten, die Sache drohte auszuufern. **1912** kam es daher zu einem Verbot der »Provokation«. Das Auge des Gesetzes wachte streng, dass sich niemand mit verdächtigem Gerät dem Fluss näherte. Also musste man bei Nacht und Nebel ran. Dem Kanadier ***Dave Munday*** gelang das sogar wiederholt. Beim letzten Mal nahm er die Kamera mit und filmte den Sturz. Im Foyer des IMAX-Kinos wird das Video gerne gezeigt: nur schäumendes Wasser. Andere waren weniger erfolgreich. Letztes Opfer war ***Robert Overacker*** aus Kalifornien, der **1995** per *Jet Ski* über die Kante jagte. Er starb, weil sich sein Fallschirm nicht öffnete. Der jüngste Versuch passt zu Niagara Falls als *Honeymoon Capital*: Ein Pärchen überstand **1996** den Sturz in einer Doppelkapsel nur leicht verletzt. Die komplette Liste aller Erfolge und Versuche steht im Internet: www.niagarafallslive.com.

Die Fälle sorgten auch für unbeabsichtigte Sensationen:

An einem Wintermorgen des Jahres **1848** trauten die Anwohner erst ihren Ohren, dann ihren Augen nicht: Der Aufpralldonner der Fälle war verhallt, der Fluss versiegt. Erst Stunden später kam das Wasser zurück. Eine riesige Eisbarriere hatte sich im Lake Erie wie eine Mauer vor den Abfluss des Niagara River geschoben.

1918 riß das Halteseil eines stählernen Arbeitsfloßes. Die an Bord befindlichen Arbeiter fluteten geistesgegenwärtig die Luftkammern und liefen kurz vor den Fällen auf Grund. Da man befürchtete, das Boot würde wieder losgerissen, startete man eine dramatische Rettungsaktion. Aber das Wrack hält sich bis heute und ist beliebtes Fotomotiv.

Im Jahr **1960** stürzte der 7jährige *Roger Woodward* in die Tiefe, nachdem sein Boot, dessen Außenbordmotor ausgesetzt hatte, gekentert war. Er blieb wie durch ein Wunder unversehrt und konnte von einer *Maid of the Mist* gerettet werden, während sein Freund nicht wieder auftauchte.

Im Gebäude des IMAX-Kinos beim *Skylon Tower* befindet sich ***The Daredevil Adventure Collection***, in der sämtliche Kamikaze-Aktionen und andere Geschichten rund um die Niagarafälle ausführlich in Wort, Bild und Ton dokumentiert werden und Originalgeräte ausgestellt sind.

3.2.2 Parken, Transport und Information

Parken

Bleibt man nicht nur einen Tag, sollte man sich ein Motel/Hotel mit Gratisparkplatz in der Nähe der Attraktionen suchen, am besten im Bereich der ***Fallsview Tourist Area*** gleich oberhalb der Horseshoe Falls, ➪ Abschnitt 3.2.3.

Tagesbesucher müssen erst einmal ihr Auto loswerden. Beim ***Skylon Tower*** bzw.IMAX-Kino befindet sich ein Parkplatz zu akzeptablen Kosten ($8-$12/Tag). Eine Treppe führt von dort hinunter zum Uferpark. Im ***Welcome Center*** (Murray Street/Queen Victoria Place) gibt's Ortspläne und jede Menge Infomaterial.

Eine gute Alternative (speziell für Wohnmobile) ist ***Rapids View Parking Lot*** ($10/Tag), 3 km südlich der Fälle am Niagara Parkway. Ein Gratis-Shuttle fährt von dort zum ***Welcome Center*** im *Table Rock*. Weitere Plätze befinden sich am Niagara Parkway nördlich der ***Rainbow Bridge***, z.B. am ***Casino Niagara*** (Bender Street), bei den ***Botanical Gardens*** und den Touristenattraktionen ***Niagara Glen*** und ***Spanish Aero Car***. An allen Plätzen kann man in den *People Mover* umsteigen.

Transport

www.niagaraparks.com/planavisit/

Der ***People Mover*** pendelt vom 01. 04. bis 31.10. täglich alle 20 min entlang des Niagara Parkway vom ***Table Rock Center*** an den Horseshoe Falls zum ***Queenston Heights Park*** mit vielen Stopps entlang seiner 30-km-Route. Tageskarte $7,50, Kinder bis 12 $4,50, unter 6 frei. In diesem Preis ist auch die Benutzung der ***Incline Railway***, eines Fahrstuhls auf Schienen, enthalten, der vom *Table Rock Center* für $2 je Trip das *Niagara Escarpment* erklimmt und beim *Minolta Tower* endet.

Blick von der Plattform an den Horseshoe Falls auf die American Falls und die Rainbow Bridge über den Niagara Canyon, die hier USA und Canada verbindet. Das Foto zeigt, warum sie Regenbogenbrücke heißt.

Shuttle Busse

Niagara Transit hat neben den City Bussen von Ende Juni bis Mitte Oktober auch **drei Shuttle Linien** (*Downtown*, *Lundy's Lane* und *Fallsview*), die Besucher aus den weniger touristischen Bereichen zu den Attraktionen fahren; Einzelfahrt $3,50; ganzer Tag $6. Die regulären **Citybusse** kosten $2,25 pro Fahrt.

Tourist Info

Neben den erwähnten *Welcome Centers* von Niagara Parks gibt es die ***Official Tourist Info***, 5400 Robinson Street beim Skylon Tower, © 1-800-563-2557; www.niagara fallstourism.com.

Das ***Ontario Travel Information Center*** befindet sich in der 5355 Stanley Ave; © (905) 358-3221.

Kombiticket

In den *Welcome Centers* kann man den ***Niagara Falls & Great Gorge Adventure Pass*** kaufen: Er beinhaltet **vier Attraktionen** (*Maid of the Mist*, *Journey Behind the Falls*, *Niagara Parks Butterfly Conservatory* und *White Water Walk*) samt Transport mit dem *People Mover* und *Incline Railway*; für $38, bis 12 Jahre $24 ein fairer *Deal*.

Discounts

Nützlich ist das ***Coupon Book »Attractions Niagara«*** mit jeder Menge Discounts für kommerzielle Angebote jeder Art.

Das *USA-Hotel-Coupon-Book* ***»Room Saver«*** (➪ Seite 148) hat auch *Discount Coupons* für Quartiere auf der kanadischen Seite.

Discount-Coupons für ermäßigten Eintritt zu den Kommerz-Attraktionen von Niagara Falls

3.2.3 Unterkunft und Camping (www.infoniagara.com)

Situation

Übernachten ist insbesondere in der Nebensaison (bis Juni, ab *Labour Day*) wegen der enormen Konkurrenz oft **preiswert**. Für die Nächte So-Do sind die Tarife niedriger als Fr+Sa. Die Hotels und Motels ballen sich vor allem in folgenden drei Bereichen:

Fallsview Bereich

In der ***Fallsview Tourist Area*** (oberhalb der Horseshoe Falls) stehen überwiegend neuere Luxushotels. Fast alle bieten Zimmer mit Blick auf die Fälle. Ein weiterer Anreiz zur Buchung dieser Häuser sind *Spas*, *Indoor-Waterparks*, Shops und Restaurantauswahl im Hause und die Nähe zum Spielkasino.

Hotels mit Blick auf die Fälle

$ im Canada-Teil meint immer: CAD = Canada $

- ***Sheraton Fallsview Hotel & Conference Center*** mit *Indoor* und *Outdoor Waterpark*, $149-$399, 6755 Fallsview Blvd; © (905)-374-1077 und © 1-800-493-5188; www.fallsview.com/ca
- ***The Oakes Hotel***, 6546 Fallsview Blvd, $49-$729 (!); © 1-877-843-6253; www.niagarahospitalityhotels.com
- **Tipp**: ***Ramada Plaza Hotel Fallsview***, 6732 Fallsview Blvd im ***Konica Minolta Tower***; nur 42 Zimmer; © (905) 356-1501 und © 1-866-325-5784; www.niagaratower.com

Mittelklasse

Im **mittleren Preisbereich**, zentral gelegen im Kreuzungsbereich Clifton Hill/Victoria Ave am Ende des Vergnügungsdistrikts ist man gut untergebracht

- in der ***Travelodge Clifton Hill***, $79-$349, © 905-357-4330 und © 1-866-656-0308; www.falls.com
- im ***Comfort Inn Clifton Hill***, $99-279; © 905-358-3293, und
- im ***Quality Inn Clifton Hill***, $89-$269; © 905-358-3601, beide mit großer *Outdoor*- und *Indoor Pool*-Anlage. Letztere auch © 1-800-263-2557; www.cliftonhillresorts.com

Preiswert

Die preisgünstigeren Angebote findet man in der von Motels und Hotels zugepflasterten **Lundy's Lane** (Straße #20, westlich des *Queen Elizabeth Way*/QEW = Autobahn nach Toronto), darunter auch altmodisch nostalgische aus den 1960iger-Jahren:

- ***Travelodge Bonaventure*** , 7737 Lundy's Lane, *Honeymoon Suite*s mit herzförmigem Whirlpool; © (905) 374-7171 und © 1-800-578-7878, $69-$209.
- ***Cadillac Motel***, 5342 Ferry Street (Verlängerung der Lundy's Lane Richtung Niagara River), einfaches altes Motel, mittendrin, in Fußgängerdistanz zu den Fällen; $60-$150; © (905)-356-0830 und © 1-800-650-0049; www.cadillacmotelniagara.com
- ***Blue Moon Motel***, 8445 Lundy's Lane, familiäres kleineres Motel, Pool, Picknickplatz; © (905) 356-0652, © 1-877-789-8700, schon ab $60; www.bluemoonniagara.com
- ***Candlelight Inn***, 7600 Lundy's Lane; © (905) 374-7010 und © 1-800-572-0308; $70-$144; www.candlelightniagara.com

Am Parkway

Am Niagara River Parkway zwischen Rainbow Bridge und Whirlpool (in diesem Abschnitt als River Road) ist es deutlich ruhiger. Man findet gute Häuser der gängigen **Motelketten** wie *Best Western* etc. und viele ***Bed & Breakfast-Inns***, z.B.

- ***Best Western Fireside Hotel***, 4067 River Rd, © (905) 374-2027 und 1-800-661-7032, $79-$250; www.niagarabestwestern.com
- ***Days Inn*** 4029 River Road, © (905)-356-6666 und © 1-800-263-2543; ab $99; www.niagaradaysinn.com

An der River Road lässt es sich auch in *Bed & Breakfast Places* (alten Landhäusern) gut übernachten. Die *Visitor Centers* haben einen ***B&B Guide***; www.niagarabb.com.

- ***The Eastwood Lodge***, 5359 River Road, erweitertes altes Haus, geräumige Zimmer, z.T. mit Blick auf den Niagara, gutes Frühstück; © (905)-354-8686; $85-$169; www.theeastwood.com
- ***Chestnut Inn***, 4983 River Road, nur vier Zimmer, stilvoll eingerichtet; © (905) 374-7623, $95-$110; www.bbcanada.com

Hostel

- Nur einen Block entfernt von der River Road steht das ***Niagara Falls International Hostel (HI)***, 4549 Cataract Ave, © (905) 357-0770 und © 1-888-749-0058, ab $22, EZ/DZ ab $58; www.hostellingniagara.com; www.hihostel.ca
- Auch nicht teuer sind das ***Vineyard B&B***, 4255 Mountainview Road in Beamsville, © (905) 563-1052, $30/Bett, und ***Backpackers Int'l Hostel***, 4219 Huron Street bei der Whirlpool Bridge, © (905) 357-4266 und © 1-800-891-7022, $20/Bett.
- ***Lyons House Hostel***, 5741 McGrail Ave; zu Fuß zu den Falls, oberhalb der Victoria Ave; auch private Zimmer; © (905) 354-6425; Dorm. $20, *private bed* $25; www.lyonshousehostel.com

Camping

- Der ***Yogi Bear Jellystone Park***, Oakwood Drive (unweit QEW ein paar Kilometer westlich der Fälle im Grünen); © 1-800-558-2954, www.jellystoneniagara.ca; Zelt ab $38; Cabin/Yurte für 4 Pers. $55-$64 (an Feiertags-Wochenenden Minimum 3 Tage).
- **Weitere *Campgrounds*** liegen außerhalb an der Verlängerung der Lundy`s Lane (u.a. KOA) und in Queenston ***Shalamar Lake Park*** (1.Wahl!), © (905) 262-4895 und © 1-888-968-6067; $30.

USA

Zu Unterkunft und Camping auf der USA-Seite ⇨ Seite 395.

3.2.4 Rund um die Horseshoe Falls

Table Rock Center

Direkt an und über die Abbruchkante der kanadischen **Horseshoe Falls** hat man die gischtbesprühte **Aussichtsterrasse *Table Rock*** gesetzt, ein »*must see*« für alle Touristen. Von dort sieht man (bei Sonnenschein) im Sprühnebel auch am besten den berühmten **Regenbogen** bei der Rainbow Bridge, ⇨ Foto Seite 405.

Bridge of Flowers

Über die ***Bridge of Flowers*** mit einem Uhrenturm gelangt man zu Fuß in die ***Fallsview Tourist Area*** mit ihren großen Hotels, dem Kasino und den Aussichtstürmen. Die verglaste 2-stöckige *Grand Hall* (mit *Welcome-* und *Shopping Center*) gewährt auch bei schlechtem Wetter einen guten Blick auf die Fälle.

Im Tunnel hinter die Fälle

Im ***Table Rock Center*** befindet sich der Eingang zu den *Scenic Tunnels* hinter hinter dem donnernden Wasservorhang, die man sich nicht entgehen lassen sollte. Die Besucher werden in Plastik-Capes verpackt und so auf die ***Journey behind the Falls*** geschickt. Der Haupttunnel führt zu einer nassen Plattform seitlich der Fälle, 38 m unter der Abbruchkante. Ein weiterer Tunnel läuft durch den Felsen zu zwei **Aussichtsöffnungen**. Täglich ab 9 Uhr, die wetterbedingten Schlusszeiten (ca. 19-23 Uhr) kann man telefonisch erfragen: © 1-877-642-727-5905); $12, Kinder bis 12 J. $7.

Ähnlich eindrucksvoll ist auf der USA-Seite der Besuch der *Cave of the Winds*, ➪ Seite 393f.

Maid of the Mist

Das **absolute Niagara-Erlebnis** ist die Fahrt (hier wie auch von der US-Seite aus) mit einem der Boote, die seit 1846 (!) alle die Bezeichnung *Maid of the Mist* tragen (➪ Essay Seite 403). Die von weitem beängstigend klein wirkenden, in Wirklichkeit sehr stabilen und starken Barkassen fahren bis dicht an die Fälle und mitten in die Gischt hinein. Die Anlegestelle auf kanadischer Seite befindet sich etwa 400 m südlich der *Rainbow Bridge* auf Höhe der Abzweigung Clifton Hill Street vom Niagara Parkway.

Saisoneröffnung ist im April, Ende der Saison Ende Oktober (genaue Daten sind wetterabhängig); in der Hochsaison Mitte Juni bis Anfang September (*Labour Day*) täglich alle 15 min ab 9 Uhr, sonst ab 9.45 Uhr; die Schlusszeiten (ca. 17-19 Uhr) kann man telefonisch erfragen: ✆ (905) 358-5781. Es bilden sich oft lange Schlangen (auf amerikanischer Seite kürzer). Ein **Platz im Vorschiff** sichert den größten (nassen) Spaß. Inkl. Regenzeug kostet der $14,50/Person, Kinder $9; www.maidofthemist.com.

Horseshoe Falls mit Maid of the Mist

Die **Aussichtstürme *Skylon-*** und ***Minolta Tower*** bieten den Blick auf die Fälle aus der Vogelperspektive:

Konica Minolta Tower

- Der ***Konica Minolta Tower*** (99 m bzw. 203 m über dem Fluss unterhalb der Fälle) hat die beste Lage, um die *Niagara Falls* von oben zu sehen. Als er 1962 gebaut wurde, stand er allein auf der Anhöhe; heute umgeben ihn Hotels und das Spielkasino. Das ändert nichts am tollen Panoramablick, den man dank eines reflexionsfreien Spezialglases auch gut fotografisch festhalten kann; www.niagaratower.com.

  Das Restaurant ***The Pinnacle*** bietet gepflegtes Ambiente wie auch das in den oberen Stockwerken untergebrachte ***Ramada Plaza Hotel Fallsview*** mit nur 42 Zimmern. **Tickets für den Turm** gibt es an der Rezeption des *Ramada*, $7/$5, 7-22 Uhr. *High Tech*-Spiele (*Darkzone Laser, Cybermind* etc.) und eine Ausstellung zur Geschichte der Fotografie, speziell natürlich was (*Minolta*-)Kameras angeht, *Shops* und weitere Restaurants warten außerdem auf Besucher.

3

Skylon Tower

- Der ***Skylon Tower***, 5200 Robinson Street (Zufahrt über Buchanan Ave oder Murray Street) liegt etwas weiter entfernt von den Fällen, ist aber mit 160 m erheblich höher als der *Minolta Tower*. Der Clou sind die außen am Turm liegenden Fahrstühle und das Drehrestaurant (236 m über dem Niagara River, was speziell am Abend bezahlt werden will. Halbwegs erschwinglich sind nur die *Lunch-* und *Early-Dinner*-Preise). Das gilt auch für den *Summit Suite Dining Room* mit einem Lunch- und Dinner-Buffet. Reservierung © (905) 356-2651 und © 1-866-538-5980. Auffahrt zum ***Observation Deck*** $11, Kinder bis 12 Jahre $6,50, für Restaurantbesucher frei. Mai bis Mitte Oktober täglich 8-24, sonst 9-22 Uhr, www.skylon.com.

  Für Kurzweil sorgt ein ***Family Fun Center*** samt 3D/4D Film »***Legends of Niagara Falls***«.

IMAX-Kino

Ein Besuch des **IMAX-Kino** und der damit verbundenen Ausstellung ***Daredevils Gallery*** (gleich neben dem *Skylon Tower*) ist – verglichen mit manch anderem Kommerz rund um die Niagara-Fälle – uneingeschränkt empfehlenswert. Der Großbildfilm ***Niagara - Miracle, Myths and Magic*** ist etwas kitschig, aber eindrucksvoll; www.imaxniagara.com.

Daredevils

In der ***Daredevils*-Ausstellung** (➪ Essay Seite 403) sieht man nebst Fotos und Dokumenten viele Gerätschaften, mit denen die Fälle »bezwungen« wurden; $15/$11, auch Kombitickets mit dem *Skylon Tower* $22/$14. Von Mai bis Oktober gibt es den Film zur vollen Stunde 9-21 Uhr (Sept.+Oktober bis 20 Uhr).

Auch vom ***Skywheel*** (53 m), fällt der Blick aus klimatiesierten, abends illuminierten Glasgondeln auf die herabstürzenden Wassermassen. Die Öffnungszeiten sind saison- und wetterbedingt; Clifton Hill unterhalb der Victoria Ave, $10/$6.

Great Gorge

4 km nördlich der Fälle (*Niagara Parkway*) warten zwei weitere Attraktionen. Ein Fahrstuhl bringt die Besucher 70 m tiefer an die ***Great Gorge***, eine Verengung des Flussbetts voller Stromschnellen. Der 300 m lange ***White Water Walk***, ein Holzpromenade mit Infotafeln über (Todes-) Kajakfahrten durch die einst (vor Zähmung des Flusses und der Fälle; ➪ Seite 402) ungleich gefährlicheren Katarakte führt an ihnen entlang; Eintritt $8.50/$5, 9-21 Uhr von Juni bis September, sonst kürzer 17/20 Uhr.

Whirlpool

Am Ende der Schlucht (ca. 500 m nördlich) hat die starke Strömung einen großen Whirlpool geschaffen, über den die Seilbahn ***Whirlpool Aero Car*** mit toller Sicht auf den Hexenkessel verläuft. Aber kein Muss! $11/$6.50.

Whirlpool Jet

Von Niagara-on-the-Lake (61 Melville Street) jagt ein ***Jetboat*** in 60 min 22 km bis über die *Whirlpool Rapids* hinaus und zurück. Auf amerikanischer Seite fahren die Schiffe ab Lewiston; von dort dauert der Trip nur 45 min. Unerschrockene nehmen die offenen ***Wet Jets***, denn die geschlossen ***Jet Domes*** sind nur der halbe Spaß. Reservierung: © (905) 468-4800 und © 1-888-438-4444; $56/$47.

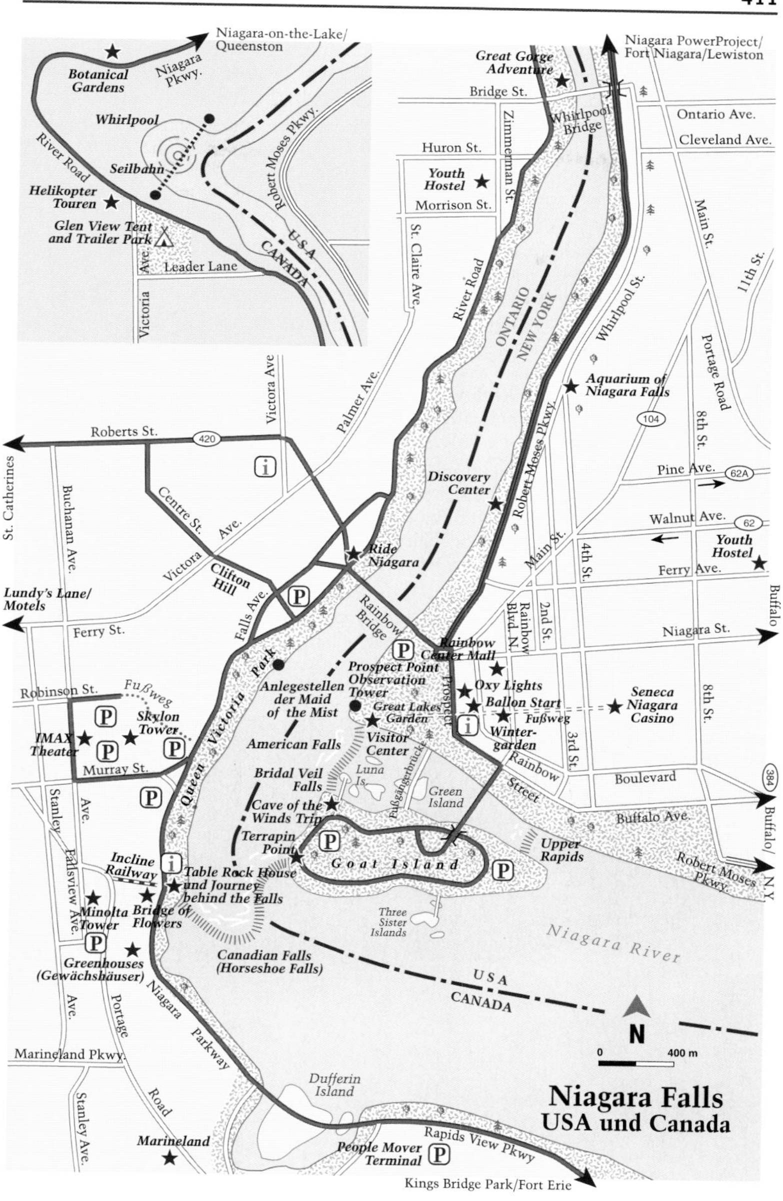
Niagara-on-the-Lake/
Queenston
Botanical
Gardens
Niagara
Pkwy.
Whirlpool
River Road
Seilbahn
Helikopter
Touren
Glen View Tent
and Trailer Park
Robert Moses Pkwy.
USA
CANADA
Leader Lane
Victoria Ave.
Niagara PowerProject/
Fort Niagara/Lewiston
Great Gorge
Adventure
Bridge St.
Ontario Ave.
Whirlpool
Bridge
Cleveland Ave.
Huron St.
Zimmerman St.
Youth
Hostel
Morrison St.
St. Clair Ave.
Main St.
11th St.
River Road
ONTARIO
NEW YORK
Whirlpool St.
Portage Road
Victora Ave
Palmer Ave.
Aquarium of
Niagara Falls
104
8th St.
Roberts St.
420
St. Catherines
Buchanan Ave.
Centre St.
Victora
Ave.
Discovery
Center
Robert Moses Pkwy.
Pine Ave.
62A
Walnut Ave.
62
Main St.
4th St.
Youth
Hostel
Ferry Ave.
Ride
Niagara
Clifton
Hill
Lundy's Lane/
Motels
Falls Ave.
Rainbow
Bridge
Rainbow
Blvd. N.
2nd St.
Buffalo
Ferry St.
Niagara St.
Rainbow
Center Mall
Queen Victoria Park
Prospect Point
Observation
Tower
Prospect
Robinson St.
Fußweg
Anlegestellen
der Maid
of the Mist
Oxy Lights
Seneca
Niagara
Casino
Ballon Start
Great Lakes
Garden
Fußweg
8th St.
Skylon
Tower
IMAX
Theater
Visitor
Center
Winter-
garden
3rd St.
American Falls
Murray St.
Rainbow
Street
Boulevard
384
Bridal Veil
Falls
Luna
Is.
Fußgängerbrücke
Green
Island
Stanley
Ave.
Cave of the
Winds Trip
Buffalo Ave.
Buffalo/
N.Y.
Terrapin
Point
Goat Island
Upper
Rapids
Robert Moses
Pkwy.
Incline
Railway
Fallsview Ave.
Table Rock House
und Journey
behind the Falls
Minolta
Tower
Bridge of
Flowers
Three
Sister
Islands
Niagara River
Greenhouses
(Gewächshäuser)
Canadian Falls
(Horseshoe Falls)
USA
CANADA
Niagara
Parkway
Portage
Ave.
N
0
400 m
Marineland Pkwy.
Dufferin
Island
Road
Stanley Ave.
Niagara Falls
USA und Canada
Rapids View Pkwy
Marineland
People Mover
Terminal
Kings Bridge Park/Fort Erie
3

Hubschrauber Wenig nördlich vom Whirlpool starten Helikopter zu Rundflügen, 3731 Victoria Ave/Niagara Parkway; © (905) 357-5672, $210 für knapp 10 min; www.niagarahelicopters.com.

Kraftwerk Wer sich für die Niagara Kraftwerke interessiert, erfährt alles über deren Geschichte und Technologie in der ***Sir Adam Beck Generating Plant Nr. 2***; Niagara Parkway bei der Queenstown/Lewiston Bridge. Hochsaison 10-17, sonst 11-16 Uhr, $8.50/$5. Die *Guided Tours* dauern 40 min; www.niagaraparks.com.

Kasino Das ältere ***Casino Niagara*** an der River Road zwischen Clifton Hill und *Rainbow Bridge* hat mit dem ***New Niagara Fallsview Casino*** luxuriösere Konkurrenz bekommen (➪ Seite 403/408).

Kommerzbereich Clifton Hill In den Straßen **Clifton Hill** und **Victoria Ave** ballen sich »Touristenfallen« en masse: ***Louis Tussaud's Waxworks***, eine Wachsfigurengalerie von Filmstars und Kriminellen, die Kuriositätensammlung ***Ripley's Believe it or Not!***, ***The Haunted House***, ein Horrorkabinett, die ***Guinness World of Records*** und jede Menge *Shops*, *Fast Food*-Restaurants, Discos u.a.m.

Marineland ***Marineland*** (südlich der Fälle; 7657 Portage Road) lockt mit Delphin- und Killerwal-Show, Zoo mit Bären und Büffeln und einem Vergnügungspark für Kinder. Aquarium und Park werden z. Zt. (2008) weiter ausgebaut. Im Sommer tägl. 9-18, sonst 10-17 Uhr; $40, über 60 und 5-9 Jahre $32; www.marinelandcanada.com.

Botanischer Garten Neben all dem Trubel findet man auch Ruhe und Atmosphäre, vorzugsweise entlang des – vorbildlich angelegten – Uferparks. Gleich südlich der Horseshoe Falls befinden sich Gärten und Gewächshäuser der Parkverwaltung. Sie sind ebenso wie der große ***Botanical Garden*** nördlich des *Whirlpool* eintrittsfrei.

Die Aerocar, eine Seilbahn über die Niagara River Erweiterung »Whirlpool« wird als »Attraktion« beworben, ist aber in Wahrheit eher nebensächlich

Die Niagara Top Attraktionen liegen auf der kanadischen Seite:

1. ***Maid of the Mist***, anschließend zu Fuß durch den Park am Niagara River entlang zum *Table Rock Center* an den Horseshoe Falls, dort
2. die ***Journey behind the Falls*** buchen
3. Vom *Skylon* oder *Minolta Tower* den **Blick auf die Fälle von oben** genießen
4. **IMAX-Film** und ***Daredevils Gallery*** besuchen
5. Den ***White Water Walk*** an der Great Gorge des Niagara River ablaufen
6. Den ***Niagara Parkway*** bis Niagara-on-the-Lake fahren; dort das Jet Boat gegen den Strom und die Schnellen buchen

Amerikanische Seite: Vom *Prospect Park* hinüber zur *Goat Island gehen/fahren* und die amerikanischen Fälle besichtigen, auch die Horseshoe Falls vom *Terrapin Point* aus genießen. Ggf. *Cave of the Winds Trip* buchen.

Anmerkung: Über die *Rainbow Bridge* geht es zur anderen Seite der Fälle. Zu Fuß ist die Grenzkontrolle problemloser. Mit Auto gibt es oft Wartezeiten. **Auch für Kurzaufenthalte muss man den Pass dabei haben, ➪ Seite 71f!**

Die blauen Regencoats sind im Ticketpreis für die »Maid of the Mist« inbegriffen.

Butterfly Conservatory

In der riesigen Glashalle des ***Butterfly Conservatory*** (1000 m²) flattern einem Hunderte von Schmetterlingen um die Ohren – bei gutem Wetter im Sommer auch schon in den Gärten davor; 2405 Niagara River Pkwy; täglich 9-17/21 Uhr je nach Saison; Eintritt $11, Kinder $6,50; mit *Adventure Pass* frei (➪ Seite 406); www.niagaraparks.com/garden/butterflys.php.

Radtour

Wer sich ein Fahrrad leiht (*Cupolo's Sports*, 5510 Ferry St; *Pedlar Shop*, 4547 Queen Street), kann eine prima **Radtour** machen. Parallel zum *Niagara Parkway* nach Niagara-on-the-Lake existiert ein Radweg (***Nature Walk & Bike Trail***). Entlang der Strecke gibt es zahlreiche **Picknickplätze** mit Tischen unmittelbar am/über dem Flussufer.

Fort Erie

Der ***Niagara Falls Parkway*** beginnt/endet in **Fort Erie**. Die Buffalo gegenüberliegende Stadt erhielt ihren Namen von der gleichnamigen **Befestigungsanlage**, die im Jahr 1814 von den Amerikanern erobert und bis zum Ende des letzten amerikanisch-englischen Krieges gehalten wurde. Heute beherbergen die grauen Mauern des ***Historic Fort Erie*** ein Museum (südlich der *Peace Bridge*, Straße #1 ausgeschildert). Im Sommer finden Exerziervorführungen in alten Uniformen statt, die von Kanonenböllern begleitet werden. Am jeweils 2. Wochenende im August wird die Schlacht um das Fort nachgespielt.

Im Sommer 10-18 Uhr; Frühsommer und Herbst bis 16 Uhr; Eintritt $9/$5; www.niagaraparks.com/heritage/forterie.php.

3

3.2.5 Von Niagara Falls nach Toronto

Über Niagara-on-the-Lake

Der schnelle Weg nach Toronto (ca. 140 km) führt über die Autobahn ***Queen Elizabeth Way*** (= QEW). Wenn die Zeit nicht allzu knapp ist, sollte man aber unbedingt den kleinen Umweg über Niagara-on-the-Lake einplanen und dazu dem ***Niagara Parkway*** am Fluss entlang nach Norden folgen.

Nach dem Whirlpool passiert man etwas südlich der *Queenston-Lewiston Bridge* das bewaldete Naturschutzgebiet ***Niagara Glen*** mit schönen Spazierwegen durch ein felsiges Hügelgelände , danach die ***Botanical Gardens*** mit dem ***Butterfly Conservatory*** (⇨ oben) und der ***Floral Clock***, einer Uhr von 12 m Durchmesser aus 20 000 Blumen, einem beliebten Fotomotiv.

Queenston Heights

Nur wenig weiter befindet sich der Umkehrpunkt des *People Mover, der* ***Queenston Heights Park*** (mit Snackbar, Tennis und überdachten Picknickplätzen, Eintritt frei). Auf den Höhen von Queenston schlug 1812 eine kleine Truppe britischer Soldaten samt verbündeter Indianer die zahlenmäßig weit überlegenen amerikanischen Angreifer. Eine monumentale Säule – das ***Brock Monument***, gleichzeitig schöner **Aussichtspunkt** für einen weiten Blick über Fluss und Landschaft – erinnert an den Sieger der Schlacht, *General Isaac Brock*.

Eine gute Aussicht hat man ebenfalls von den Fenstertischen des feinen ***Queenston Heights Restaurant***.

Bruce Trail

Im Park beginnt der ***Bruce Trail***, ein Wanderweg (fast 800 km), der den Klippen und Höhenzügen des ***Niagara Escarpment*** folgt und zur Spitze der *Bruce Peninsula* führt (⇨ Seiten 31, 449). Anschauungsunterricht zum Thema erhält man auf der Weiterfahrt: Die Straße verlässt hinter dem Park die Höhe, und man erkennt von unten deutlich den Verlauf der urplötzlich aus der Tiefebene ansteigenden Erhebung in Richtung Westen.

Queenston

Etwas abseits des *Parkway* liegt das Dorf Queenston über dem Ufer des Niagara River. Das ***South Landing Inn*** an der Zufahrt bietet ruhige Übernachtung mit Mittelklasse-Komfort im (Sommer) Preisbereich \$95-\$125, ✆ (905) 262-4634; Ecke Kent Street/ Front Street; www.southlandinginn.com.

Ein privates Plätzchen für ein **Picknick am Fluss** findet, wer dem Schild *Boat Ramp* folgt. Nördlich von Queenston passiert man große Obstplantagen; unverfehlbare ***Farmers Markets*** entlang der Straße offerieren landwirtschaftliche Produkte.

Fort George

www.friendsoffortgeorge.ca

Noch vor Niagara-on-the-Lake erreicht man das restaurierte ***Fort George***, einen *National Historic Site.* Das Fort war im Krieg 1812-1814 heiß umkämpft. Zeitgenössisch kostümierte Soldaten und Dienstpersonal beleben heute den als *Living Museum* hergerichteten Komplex und sorgen im Sommer für Kanonen- und Musketenböller mit Exerziereinlagen. 1. Mai-31. Okt. täglich 10-17 Uhr, ✆ (905) 468-6614; Eintritt \$11, Kinder \$5,50.

Niagara-on-the-Lake

Niagara-on-the-Lake liegt – der Name sagt es – an der Mündung des Niagara River in den Lake Ontario. In den Jahren nach der amerikanischen Unabhängigkeit besaß der Ort dank dieser strategisch wichtigen Lage ein gewisse Bedeutung und war von 1791 bis 1796 sogar **Hauptstadt von *Upper Canada*** (➪ Seite 401). Das ist manchen Prachtbauten noch heute anzusehen. Nach dem Frieden mit den USA – und mehr noch mit der Fertigstellung des *Welland Canal* (➪ unten) – geriet Niagara-on-the-Lake jedoch ins Abseits. Wohl nicht zuletzt deshalb blieb das aufgelockerte, parkartige Ortsbild weitgehend erhalten und entwickelte sich zu einer – unabhängig von den Niagarafällen – eigenen Touristenattraktion, die vor einigen Jahren zu Recht den Titel der *Prettiest Town of Ontario* errang; www.niagaraonthelake.com.

Queen Street

Die das *Fort George* passierende Straße Queens Parade führt geradewegs ins kleine Zentrum zwischen Wellington und Mississauga Street entlang der alleeartigen Picton Street, die an der Ecke King Street in den **Shopping-/Restaurantbereich** der Queen Street übergeht. Dort ist ein Spaziergang ein absolutes muss, auch wenn gelegentlich mehr Touristen die Queen Street bevölkern, als manchem gefallen wird. Einige Schritte weiter in den Nebenstraßen ist es ruhiger, der ganze Ort einschließlich der Uferparks leicht zu Fuß abzulaufen. Architektonisch-nostalgische Kleinode entdeckt man überall.

Elaborierte Schriftzüge in Gold sind in Niagara-on-the-Lake für alle besseren Hotels, Restaurants und Shops Pflicht.

Information

Ortsplan, Unterkunftsverzeichnis und das **Programm des *Shaw Festival*** erhält man im ***Info Center*** der *Chamber of Commerce*, 26 Queen Street, im *Court House*; ✆ (905) 468-1950, 10-19 Uhr (April-Oktober). Ein **Infokiosk** steht auch an der ***Fort George***-Einfahrt. **Parkplätze** gibt's in Wellington und King Street (rechts und links der Picton Street). Falschparken wird happig geahndet.

3

Shaw Festival

Der Spielplan der drei Theater ist von **April bis Ende November** voll gespickt. Dabei werden nicht nur Stücke von *George Bernhard Shaw* aufgeführt, sondern klassisches ebenso wie Boulevard-Theater in einer Besetzung, die z.T. bei großen Bühnen »ausgeliehen« wird. Die Ticket-Preise liegen mit $45-$105 durchaus im Rahmen, wobei das Gros der Plätze (Sonntagabend bis Freitagnachmittag) $45-$65 kostet. Außerdem gibt es verbilligte Matinees und Aktionen wie »*Under 30 pay $30 only*« o.ä.

Info: © 1-800-511-7429 oder © (905) 468-2172; www.shawfest.com

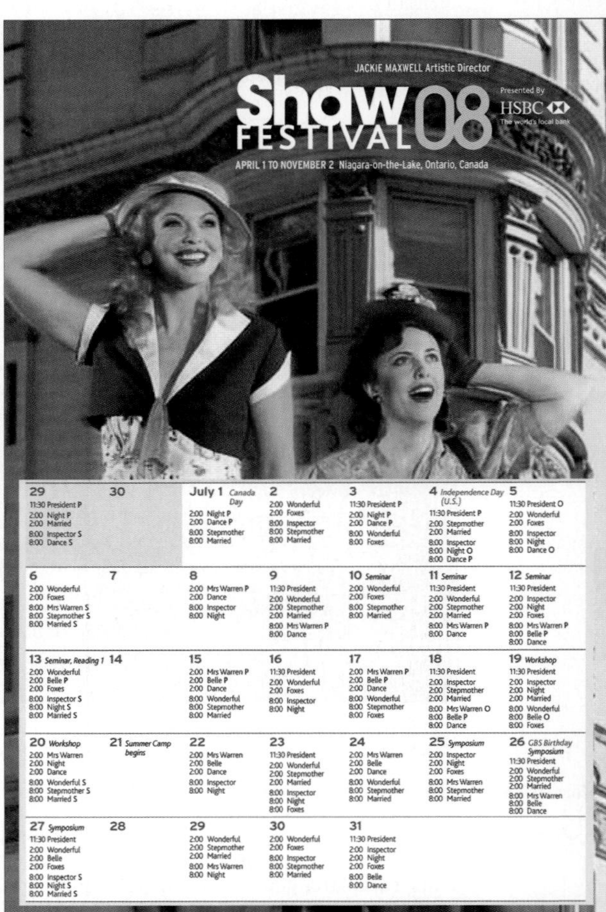

29 11:30 President P 2:00 Night P 2:00 Married 8:00 Inspector S 8:00 Dance S	30	July 1 *Canada Day* 2:00 Night P 2:00 Dance P 8:00 Stepmother 8:00 Married	2 2:00 Wonderful 2:00 Foxes 8:00 Inspector 8:00 Stepmother 8:00 Married	3 11:30 President P 2:00 Night P 2:00 Dance P 8:00 Wonderful 8:00 Foxes	4 *Independence Day (U.S.)* 11:30 President P 2:00 Stepmother 2:00 Married 8:00 Inspector 8:00 Night O 8:00 Dance P	5 11:30 President O 2:00 Wonderful 2:00 Foxes 8:00 Inspector 8:00 Night 8:00 Dance O
6 2:00 Wonderful 2:00 Foxes 8:00 Mrs Warren S 8:00 Stepmother S 8:00 Married S	7	8 2:00 Mrs Warren P 2:00 Dance 8:00 Inspector 8:00 Night	9 11:30 President 2:00 Wonderful 2:00 Stepmother 2:00 Married 8:00 Mrs Warren P 8:00 Dance	10 *Seminar* 2:00 Wonderful 2:00 Foxes 8:00 Stepmother 8:00 Married	11 *Seminar* 11:30 President 2:00 Wonderful 2:00 Stepmother 2:00 Married 8:00 Mrs Warren P 8:00 Dance	12 *Seminar* 11:30 President 2:00 Inspector 2:00 Night 2:00 Foxes 8:00 Mrs Warren P 8:00 Belle P 8:00 Dance
13 *Seminar, Reading 1* 2:00 Wonderful 2:00 Belle P 2:00 Foxes 8:00 Inspector S 8:00 Night S 8:00 Married S	14	15 2:00 Mrs Warren P 2:00 Belle P 2:00 Dance 8:00 Wonderful 8:00 Stepmother 8:00 Married	16 11:30 President 2:00 Wonderful 2:00 Foxes 8:00 Inspector 8:00 Night	17 2:00 Mrs Warren P 2:00 Belle P 2:00 Dance 8:00 Wonderful 8:00 Stepmother 8:00 Foxes	18 11:30 President 2:00 Inspector 2:00 Stepmother 2:00 Married 8:00 Mrs Warren O 8:00 Belle P 8:00 Dance	19 *Workshop* 11:30 President 2:00 Inspector 2:00 Night 2:00 Married 8:00 Wonderful 8:00 Belle O 8:00 Foxes
20 *Workshop* 2:00 Mrs Warren 2:00 Night 2:00 Dance 8:00 Wonderful S 8:00 Stepmother S 8:00 Married S	21 *Summer Camp begins*	22 2:00 Mrs Warren 2:00 Belle 2:00 Dance 8:00 Inspector 8:00 Night	23 11:30 President 2:00 Wonderful 2:00 Stepmother 2:00 Married 8:00 Inspector 8:00 Night 8:00 Foxes	24 2:00 Mrs Warren 2:00 Belle 2:00 Dance 8:00 Wonderful 8:00 Stepmother 8:00 Married	25 *Symposium* 2:00 Inspector 2:00 Night 2:00 Foxes 8:00 Mrs Warren 8:00 Stepmother 8:00 Married	26 *GBS Birthday Symposium* 11:30 President 2:00 Wonderful 2:00 Stepmother 2:00 Married 8:00 Mrs Warren 8:00 Belle 8:00 Dance
27 *Symposium* 11:30 President 2:00 Wonderful 2:00 Belle 2:00 Foxes 8:00 Inspector S 8:00 Night S 8:00 Married S	28	29 2:00 Wonderful 2:00 Stepmother 2:00 Married 8:00 Mrs Warren 8:00 Night	30 2:00 Wonderful 2:00 Foxes 8:00 Inspector 8:00 Stepmother 8:00 Married	31 11:30 President 2:00 Inspector 2:00 Night 2:00 Foxes 8:00 Belle 8:00 Dance		

Der Spielplan für den Monat Juli 2008 vermittelt einen Eindruck von der großen Zahl an Vorstellungen (bis zu 6 täglich).

Unterkunft

Niagara-on-the-Lake verfügt über eine Reihe guter und bester Hotels in stilvoll-nostalgischen Gebäuden, nicht zu teuer für ihren Charme, wenn man die Wochenenden meidet.

- Das ***Prince of Wales*** im Zentrum (6 Picton Street) ist der Platzhirsch mit Spa, Kneipe, Restaurant und High Tea; ab $250; ✆ (905) 468-3246 und ✆ 1-888-669-5566; www.vintage-hotels.com
- Nebenan das ***Moffat Inn*** hat etwas weniger Komfort, ist aber preiswerter; ✆ (905) 468-4116, $119-$199; www.moffatinn.com.
- Eine gute Wahl etwas abseits des Trubels ist das ***Motel The Anchorage*** bei der Marina, 186 Ricardo Street; ✆ (905) 468-2141, $65-$105; www.theanchorage.ca

Zudem gibt es weit über 100 ***Bed&Breakfast Inns*** mit Preisen ab ca. $95 fürs DZ im Sommer, darunter viele in alten Villen; www.niagaraonthelake.com, Schaltfläche »accommodations«.

Restaurants

In Niagara-on-the-Lake kann man wie sonst nur in Europa durch die Straßen bummeln und das Restaurant/die geeignete Kneipe für den Abend ausgucken; zu empfehlen sind:

- ***Angel Inn*** (Restaurant & *English Pub*) in der Regent Street;
- ***Queen Victoria Lounge*** (mit Bar) des *Prince of Wales Hotel.*
- Auch das Restaurant (mit Bar) des ***Anchorage Inn*** am Hafen (⇨ oben) bietet ein schönes Ambiente

Nach Toronto

Auf schnellstem Weg von Niagara-on-the-Lake nach Toronto geht es auf der Straße #55, die östlich von St. Catharines auf den ***Queen Elizabeth Way (QEW)*** trifft. Mit einer Extrastunde Zeit bleibt man auf der Lakeshore Road #87 und fährt über Port Dalhousie (dort früher End-/Anfangspunkt des später verlegten *Welland Canal)* in Ufernähe des Lake Ontario, bis man westlich von St. Catherines auf den *QEW* stößt. Wer die Schleusen des Kanals besichtigen möchte, gelangt auch von der #87 (über die Government Road am westlichen Kanalufer) dorthin.

Welland Canal

Der ***Welland Canal*** verbindet *Erie* und *Ontario Lake* bereits seit 1829 als Umgehung des nicht schiffbaren Niagara River. Er ist ein wichtiges Teilstück des 1957 fertiggestellten ***Great Lakes St. Lawrence Seaway***, einer 3.700 km langen, für Hochseeschiffe befahrbaren Wasserstraße vom Atlantik bis Thunder Bay am Westende des Lake Superior; www.greatlakesseaway.

Anfangs 40, heute nur noch **8 Schleusen** sorgen für die Überwindung des Höhenunterschiedes von ca. 100 m zwischen den beiden Seen. Unweit des *QEW, Exit #38* Glendale Ave, befindet sich an ***Lock #3*** eine **Besucherplattform**, von der man im Sommer 9 bis 21 Uhr das Ein- und Ausschleusen der hier bis 220 m langen Schiffe beobachten kann (⇨ Abbildung Seite 418).

Museum

Picknickplatz und ***Visitor Center*** fehlen auch nicht, und das ***St. Catherines Museum*** informiert über Geschichte, Bedeutung und Funktion des Kanals. Geöffnet Mo-Fr 9-17 Uhr, Sa+So 11-16 Uhr, Eintritt $4,25, Kinder $2,50; www.stcatherineslock3museum.ca.

3

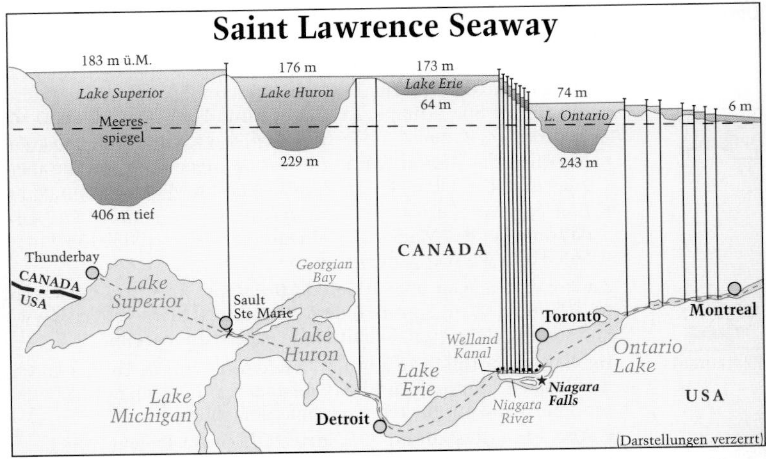

Weingüter

www.winesofontario.org

Die sonnenreiche Niagara-Region ist (neben dem *Napa Valley* in British Columbia) Kanadas wichtigstes Weingebiet. Wer sich für *Wines grown in Canada* interessiert, findet nicht nur in der Umgebung von Niagara-on-the-Lake Weingüter entlang der #55, sondern auch an der ***Niagara Wine Route***, die zunächst der Straße #87, dann der #100 und im weiteren Verlauf der #81 bis Grimsby am Lake Ontario entspricht. In den Besucherzentren ist die Werbung der ***Vineyards*** mit ***Tasting Rooms*** nicht zu übersehen.

Hamilton

Die Industriestadt Hamilton bietet dem Besucher wenig. Man passiert sie auf dem Weg zwischen Niagara und Toronto; www.tourismhamilton.com. Wer den im folgenden beschriebenen Abstecher nach Kitchener/Waterloo bzw. St. Jacobs unternimmt, verlässt nördlich von Hamilton den *Queen Elizabeth Way*, fährt zunächst auf der #403 nach Süden und gelangt dann über die Autobahn #6 in Richtung Guelph, später #7 nach Kitchener.

Safari Park

Wer Kitchener nicht auf der #6, sondern (von der #403 eine Ausfahrt südlicher) über die #8 ansteuert, passiert zwischen Hamilton und Cambridge den riesigen ***Drive-Through Park*** (10 km, Bus oder eigener PKW) ***African Lion Safari***; www.lionsafari.com. Neben Löwen, Zebras und Elefanten gibt's auch einheimische Tiere (z.B. Bisons) und 1000 exotische Vögel, Dschungel-Spielplatz, *Shows* und *Boatride* mit der ***African Queen***. Juni-*Labour Day* täglich 10-17.30 Uhr. Mai/Juni und September/Mitte Oktober bis 16 Uhr, *All-inclusive*-Ticket $27; Jugendliche $22; Bus $5.

Kitchener

Gut 80 km westlich von Toronto liegt die – ebenso wie Hamilton – von Industrie geprägte Doppelstadt **K**itchener/**W**aterloo (sprich: Kay-Dubbelju), gleichzeitig Ontarios Kapitale der ***Factory Outlets*** (➪ Seite 48): www.kw-visitor.on.ca.

Von der lokalen Touristenwerbung wird **Kitchener** mit seinem 25% Anteil Deutschstämmiger zu Recht als *Germany*-Hochburg, insbesondere der **Mennoniten** herausgestellt (⇨ Kasten Seite 420 und www.oktoberfest.ca).

St. Jacobs

Das einst ***Jacobstettl*** genannte Städtchen **St. Jacobs**, ein hübsch herausgeputzer Ort im Mennonitenland voller Kunsthandwerksläden, *Antique Shops* und Cafés liegt gut 10 km nördlich von Kitchener/Waterloo; www.stjacobs.com. Bei Anfahrt über die Straße #86 passiert man zunächst das Gelände der ***St. Jacobs Markets***. Der Gemüse- und Flohmarkt findet ganzjährig draußen und drinnen mit fast 100 Ständen (viele von Mennoniten) statt: Do (im Sommer auch Di) und Sa 7-15.30 Uhr (**Sa** mit Viehmarkt). Die ***Outlet Mall*** im Scheunen-*Look* gleich daneben ist immer gut für Schnäppchen; täglich Mo-Fr 9-21, Sa bis 18 Uhr, So 12-17 Uhr.

Wegen des Ansturms an schönen Wochenenden, gibt es ferner den ***Outdoor Sunday Market*** (März-Dez 10-16 Uhr). Ganz nah dran liegt das ***Best Western St. Jacobs Country Inn*** (Weber Street, $180-$200, ✆ (519) 8849-295 und ✆ 1-800-780-7234). Ruhiger schläft man in **St. Jacobs Village**, 3 km auf der King's Street nach Norden mit hübschen Restaurants entlang der Hauptstraße.

Das ***Visitor Center*** (1406 King Street, im Ort) vermittelt *Bed & Breakfast* und informiert über die Mennoniten (⇨ nächste Seite).

Unterkunft

Eine stilvolle Unterkunft ist das ***Jakobstettel Inn***, 16 Isabella Street, ✆ 519-664-2208, ab $150; www.jakobstettel.com.

Preiswerter, dafür weniger romantisch ist das ***Benjamin's Inn***, 1430 King Street North, ✆ (519) 664-3731, $100-$145.

Das ***Olde Heidelberg Restaurant Tavern & Motel*** liegt 8 km westlich von St. Jacobs an der Straße #15, einfach mit zünftig-urdeutschem Restaurant, $60, ✆ (519) 699-4413; www.oldhh.com.

Im Marktgebäude in St. Jacobs

3

Deutsche, Mennoniten und Amish in Ontario

Kitchener/Waterloo ist bekannt als Canadas ***German Capital;*** es hieß früher sogar **Berlin**, wurde aber im 1. Weltkrieg von seinen deutschstämmigen Bewohnern aus Solidarität mit der kanadischen Regierung nach einem britischen General umbenannt. Die Nachkommen der deutschen Siedler halten nichtsdestoweniger die heimischen Traditionen hoch. Auf dem zweitgrößten **Oktoberfest** (immer ab Freitag vor *Thanksgiving*) etwa gibt's waschechte Dirndl- und Lederhosen-Atmosphäre. Auf das Kommando: »**O'zapft ist's!**« nehmen die Canada-Deutschen neun Tage lang Maßkrüge in die Hand.

Von Bierseligkeit weit entfernt waren immer schon andere deutsche Immigranten, die **Mennoniten** und die Mitglieder der verwandten Glaubensgemeinde der ***Amish***. Ihre religiösen Prinzipien, zu denen u.a. strikter Pazifismus zählt, trieben sie im 18. Jahrhundert von Europa nach Amerika. Ursprünglich hatten sie sich bei Lancaster im US-Staat Pennsylvania niedergelassen, wo auch heute noch die größte Gemeinde existiert. Dort nennt man die *Amish* auch ***Pennsylvania Dutch***, was nichts mit Holländern zu tun hat, sondern – auf amerikanisch – »Deutsch« heißt. Während des Unabhängigkeitskrieges der USA fürchteten viele, den Dienst an der Waffe nicht verweigern zu können, und flohen deshalb nach Ontario.

In Kitchener und mehr noch in Pennsylvania wurden die Mennoniten bzw. *Amish* wegen ihrer traditionellen Lebensweise und ihrer hochwertigen landwirtschaftlichen Produkte zu einer Art Touristenattraktion. Ihre schwarzen Pferdekutschen wirken heute auf den Straßen wie aus einer anderen Welt. Immer noch leben viele von ihnen wie vor der industriellen Revolution. Zivilisatorische Errungenschaften wie etwa Elektrizität lehnen manche *Hardliner,* die Altmennoniten, immer noch ab. Sie betreiben Landwirtschaft wie vor über hundert Jahren. Moderne Maschinen finden nur langsam Eingang. Gerichte und staatliche Schulpflicht erkennen sie nicht an, das Wahlrecht nehmen sie nicht wahr. Die Männer der konservativen Gruppierungen tragen Kinnbärte und schwarze Hosen mit Hosenträgern, einfarbige Hemden und einen breitkrempigen schwarzen oder Stroh-Hut, die Frauen knöchellange Bauerntracht und ein weißes Häubchen. Die Kinder werden fein herausgeputzt und sehen aus wie die Eltern *en miniature.*

Im ***Visitor Centre »Telling the Mennonite Story«*** in St. Jacobs, 1406 King Street, genannt ***The Meeting Place***, erfährt man alles über die Geschichte der Mennoniten, ihren Glauben und ihre Lebensweise (mit dem 15-minütigem Dokumentarvideo ***Mennonites of Ontario***, Dia-Schau und Fotoausstellung). Geöffnet April-Dezember Mo-Sa 11-17 Uhr, So erst ab 13.30 Uhr; im Winter Sa 11-16.30 Uhr, So ab 14 Uhr. Spende erbeten $4, ✆ (519) 664-3518.

3.3 Toronto und Umgebung

(www.torontotourism.com & www.toronto.ca)

(Einwohner 2,5 Mio, Metrobereich 5,8 Mio)

3.3.1 Kennzeichnung

Schmelztiegel Toronto

Ontarios Hauptstadt hat viel mit New York City gemein. Manche Filmszene, die angeblich in Manhattan spielt, wurde (aus Kostengründen) tatsächlich in Toronto gedreht. Neben der vergleichsweise kleinen *Downtown* sind Torontos zahlreiche ethnische Viertel interessant. Sie liegen wie Mosaiksteine nebeneinander und geben der Stadt Farbe und Flair. In Toronto scheint die **Idee der mulitikulturellen Gesellschaft weitgehend verwirklicht** zu sein: Seit der Jahrtausendwende sind die Mehrheitsverhältnisse in der Stadt gekippt: Alle ***Visible Minorities*** (»augenfällige« Minderheiten, also besonders Asiaten und Schwarze) bilden erstmals die Mehrheit vor allen europastämmigen Einwanderern.

Insgesamt leben in Toronto 180 Kulturen, und Englisch ist nicht die meistgesprochene Sprache daheim in den Familien. Und alle – so scheint es – leben recht einträchtig nebeneinander. Abends kann man angstfrei ausgehen und nachts ohne Sorge vor Überfällen mit der U-Bahn nach Hause fahren. Doch *Peter Ustinovs* Bemerkung *»Toronto is a kind of New York operated by the Swiss«* (»... eine Art New York unter Schweizer Verwaltung«) ist seit der *Zero-Tolerance*-Politik in Manhattan Historie.

Toronto Skyline

Kultur und Sport

Diese vitale, bunte Metropole verfügt auch über architektonisch attraktive **Prestigebauten** und ein reiches **Kulturleben**. Mit mehr als hundert Galerien und Museen rangiert Toronto gleich hinter New York. Zahlreiche kulinarische, Musik- und Theaterfestivals haben ihren festen Platz im Jahresprogramm. Und das ***Festival of the Festivals*** (im September) wie sich die **Filmtage** dort nennen, kann sich ohne weiteres neben Cannes, Berlin und Venedig sehen lassen. Hochklassig ist auch das ***Beaches International Jazz Festival*** Ende Juli. Ferner bieten der karibische Karneval (***Caribiana***, im August) und das ***Chinese Lantern Festival*** (August-Mitte Oktober) viel Augenschmaus (www.chineselanternfestival.ca).

Auch **Sport** spielt eine wesentliche Rolle. Die ***Toronto Blue Jays*** (*Baseball*), ***Argonauts*** (*American Football*) und die ***Maple Leafs*** (Eishockey) gehören seit Jahren zu den *Top Teams* Nordamerikas.

3.3.2 Geschichte

Entstehung

Ursprünglich lebten ***Mississauga*** und ***Huronen*** am nördlichen Ufer des Lake Ontario. ***Toronto*** (Treffpunkt, Sammelplatz) nannten sie die Gegend, weil von dort aus eine *Route* für Frachtkanus die Seen Huron und Ontario verband. Sie wurde später auch von den französischen Pelzhändlern genutzt. Aber erst nach der amerikanischen Revolution und nachdem das fruchtbare Marschenland zwischen den Seen zu einem Spottpreis den Indianern abgeluchst worden war, ließ der britische Gouverneur von *Upper Canada*, ***Lord Simcoe***, an der *Humber Bay* des Lake Ontario 1793 das ***Fort York*** errichten. Um das Fort enstand der Ort York.

York

Loyalisten (➪ Seite 476), die aus den neuentstandenen USA hierher geflohen waren, kultivierten das Land und bauten erste Straßen wie etwa die heutige ***Yonge*** oder die ***Dundas Street***, auf denen sie ihre Produkte in die Stadt karrten. »***Muddy***« **York**, wie die Stadt wegen ihrer verschlammten Straßen oft genannt wurde, entwickelte sich trotz dieses Spitznamens gut und zählte **1834**, dem Jahr der Stadtrechtsverleihung und **Umbennenung in Toronto**, bereits 9.000 Einwohner.

Toronto

Toronto wurde rasch zur Großstadt, stand jedoch lange Zeit im Schatten von Montréal. Die Fertigstellung des *St. Lawrence Seaway* (➪ Seite 418) brachte 1957 einen wichtigen wirtschaftlichen Impuls; weitere Schübe erhielt Toronto in den 1970er- und 1990er-Jahren dank vieler Angelsachsen, die Québec wegen seiner wachsenden separatistischen Bestrebungen mitsamt ihrem Kapital den Rücken kehrten, ➪ Seite 512.

Toronto heute

Während lange Jahre in erster Linie Europäer nach Toronto kamen, zogen – nach einer Lockerung der Immigrations-Bestimmungen für Nicht-Europäer – vor allem Asiaten und Karibik-Bewohner nach. Die Region Toronto ist heute der am dichtesten besiedelte Ballungsraum des Landes, Toronto City die bei weitem größte Stadt und das Finanzzentrum Canadas.

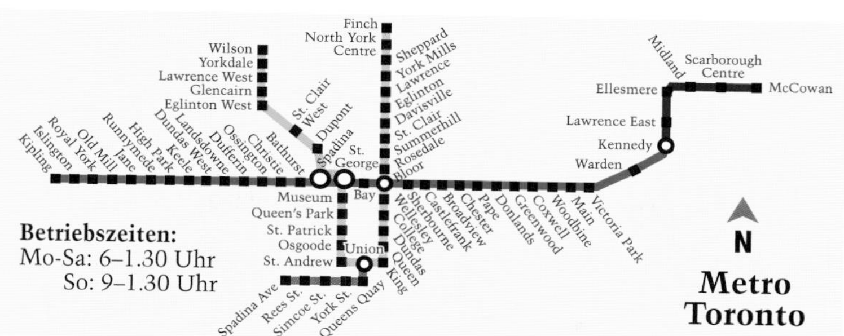

3.3.3 Transport, Verkehr und Information

Flughafen

Der ***Pearson International Airport*** (www.gtaa.com) liegt 32 km nordwestlich von *Downtown*. Man erreicht ihn je nach Verkehrslage in 40-90 min über drei ***Freeways***:

#401 (*Macdonald-Cartier Freeway*)

#409 (*Airport Expressway*) oder #427 nach Süden zum

Gardiner Expressway, der Richtung Osten ins Zentrum führt.

In die City
www.transit.toronto.on.ca

Alle 20 min. verbindet der ***Airport Express*** Flughafen und Busbahnhof, sowie große *Downtown*-Hotels. Ein günstiger Ein-/Ausstieg, auch bei anderen Zielen im Zentrum, ist das ***Holiday Inn*** in der Nähe des *Bus Terminal*. Fahrtzeit 60 min, einfache Fahrt $16,50. Preiswerter ($2,75) ist es per **Linienbus #58A** zur U-Bahn *Lawrence West*, dann die **gelbe U-Bahn-Linie** ins Zentrum.

Bus #300A fährt täglich 24 Stunden entlang der Bloor/Danforth Street mit Zugängen zu ***Subway***-Stationen (grüne Linie); am günstigsten fürs Zentrum sind die Stopps *Museum*, *Bay* und *Bloor*.

Bus #307 fährt entlang der Eglinton Ave, *Subway*-Station Eglinton, dann die gelbe Linie.

Bus #192, der ***Airport Rocket***, erreicht die westliche Endstation (Kipling) der grünen Linie; weiter ➪ oben.

Für alle diese Verbindungen (Bus+U-Bahn) gelten die normalen Tarife der **TTC** inklusive der anschließenden Subway; man muss aber beim Busfahrer nach einem ***Transfer Ticket*** fragen (frei).

Das **Taxi** vom Airport in die City kostet $50.

Bahnhöfe Bahn+Bus

Union Station südlich der City in der Front Street W (alle Züge)

Metro Toronto Coach Terminal, nördlich der *City Hall* in der 610 Bay Street/Dundas Street West.

U-Bahn/Bus

Das öffentliche Verkehrssystem Torontos gehört zu den besten Nordamerikas. Alle touristisch wichtigen Anlaufpunkte, die nicht in kurzer Fußgängerdistanz in und um *Downtown* liegen, lassen sich per **U-Bahn**, **Straßenbahn** oder **Bus** gut erreichen.

Tickets

Eine Einzelfahrt im Stadtnetz der ***Toronto Transit Commission*** (✆ 416-393-4636; www.ttc.ca) kostet $2,75 (10 Token $22.50) Kinder $0,70 (Verkauf an den Stationen). Umsteigen ist mit einem ***Transferticket*** frei. Bei **Einzelfahrten** in Bus/Straßenbahn (*Street Car*) das **Fahrgeld abgezählt** bereit halten bzw. den ***Token*** in einen Behälter werfen.

Day Pass

Speziell für Touristen attraktiv ist der ***Day Pass*** für $9, die Tagesnetzkarte für alle Verkehrsmittel. Sa+So und feiertags ist der Day Pass gültig für 2 Erwachsene plus bis zu 4 Kindern.

Sightseeing

Gray Line Toronto City Tour bietet geführte Busrundfahrten für $34/$18 ab *Coach Terminal*, Ecke Bay/Dundas Street oder ab Hotel (✆ 416-594-3310 und ✆1-800-594-3310;

Eine Alternative ist die ***Shop'n-Dine-Tour*** (✆ 416-463-7467) mit etwas anderen Schwerpunkten, aber Preisen wie *Gray Line Tours*, Start am Kiosk Kreuzung Yonge/Dundas.

Es gibt auch ***Hop-On-Hop-Off*** in offenen Doppeldeckerbussen.

Ggf. lohnend ist der ***City Pass*** **für $60/$40** für den Besuch von sechs – einzeln weit teureren – Zielen: *CN-Tower, Science Center, Zoo, Royal Ontario Museum, Casa Loma und Hockey Hall of Fame*. Erhältlich an eben diesen Punkten.

Carlton Streetcar

Wer sich eine **Übersicht über Torontos *Neighbourhoods*** verschaffen möchte, steigt am besten in die **Linie #506, die *Carlton Streetcar***. Sie pendelt in Höhe der Straßen College/Carlton/Gerrard zwischen *High Park* im Westen und *The Beaches* im Osten und passiert dabei fast alle ethnischen Viertel: *Chinatown, Little Italy, Indian Basar* und *Cabbage Town*; bester Einstieg nahe der U-Bahn-Station *College* (gelbe Linie), Ecke Yonge/Carlton.

Zufahrt/ Orientierung per Auto

Von Süden (Buffalo, Niagara) kommend ist der ***Queen Elizabeth Way*** (*QEW*), anschließend der ***Gardiner Expressway*** schnellster Zubringer für *Downtown Toronto*.

Von Westen (Windsor/Detroit) führt der ***Mac Donald-Cartier Freeway #401*** am Flughafen vorbei durch Torontos Norden. Nach *Downtown* wechselt man beim Flughafen auf die #427, dann weiter ebenfalls *Gardiner Expressway*.

Von **Nordwesten** (*Muskokas, Algonquin*, Georgian Bay) nimmt man die Autobahn #400 bis zum Black Creek Drive, dann *Gardiner Expressway*. **Von Osten** (Kingston, #404) ist der ***Don Valley Parkway*** die beste Route Richtung Zentrum.

Verkehrssituation

Wie in anderen Metropolen auch ist die Verkehrssituation oft unerfreulich. Trotz breit ausgebauter Stadt-Autobahnen mit separaten Express- und Durchgangs-Fahrspuren herrscht zur *Rush Hour* vielfach *Stop-and-Go*-Verkehr. Auch das gut ausgebaute Nahverkehrsnetz (www.gotransit.com) scheint dem nicht abzuhelfen.

Downtown

***Downtown* Toronto** erstreckt sich südlich der Bloor Street bis zur *Waterfront* am Ontario Lake zwischen **Spadina Ave** und **Jarvis Street**, ➪ Karte Seite 433.

Den **Kernbereich der City** »oberhalb« des *Gardiner Expressway* begrenzen die **Yonge St** im Osten, die **University Ave** im Westen und die **Bloor St** im Norden. Die ***Harbourfront*** besetzt das Ufer des Lake Ontario »unterhalb« der City. Vorgelagert sind die Toronto Islands. Die ***Skyline*** wird vom ***CN Tower*** beherrscht, aber auch andere Wolkenkratzer sind beeindruckend. In Toronto stehen die **7 höchsten Gebäude Canadas**, darunter auch der ***First Canadian Place*** (290 m, 72 Stockwerke) südlich der *City Hall*.

Im City-Bereich westlich des ***CN Tower*** entsteht auf stillgelegten Bahngelände- und Hafengrundstücken nach dem Vorbild Vancouvers eine großzügige Hochhaus-Wohnstadt aus Glas und Stahl mit Freizeitanbindung an die *Harbourfront*. Sie gibt der bisher reizlosen Skyline neuen Schwung. Die *Neighbourhoods* grenzen im Norden, Westen und Osten an den City-Kern.

Parken

Parken auf Torontos Straßen ist Mo-Sa bis 18 Uhr nur für **maximal 120 min** erlaubt. Die Parkplatzsuche in der Innenstadt kann daher an Wochentagen ein schwieriges Unterfangen sein. **Parkstress** vermeidet, wer seinen Wagen an einer Vorortstation stehen lässt und mit der U-Bahn in die City fährt. Grüne Schilder weisen in *Downtown* den Weg zu elf ***Municipal Parkings***, öffentlichen Parkgaragen mit noch halbwegs moderaten Tarifen von $1,50/30 min bis $12/Tag (So nur bis $5).; www.greenp.com. **Private Parkplätze** und Garagen sind teurer.

Für Touristen praktisch ist die Garage am ***St Lawrence Market***, Einfahrt Church Street, sowie Bay St/Lakeshore Blvd, aber auch die ***Dundas Square*** und ***Nathan Phillips Square Garage*** bei der City Hall bzw. am *Eaton Center*. Weitere Parkplätze liegen an den Übergängen der *Neighbourhoods*.

Blick von den Brunnen am Nathan Phillips Square auf die Hochhäuser der City Hall

Information

Das ***Ontario Travel Center*** im ***Atrium at the Bay***, 20 Dundas Street/Bay Street, verteilt neben Unterlagen für die ganze Provinz auch Material zu Toronto (Mo-Fr 8-20, So 9-18 Uhr).

Ein ***Call Center*** gibt multilingual Auskunft; Mo-Fr 8.30-18 (im Sommer auch Sa 9.30-18), So 10-16 Uhr; Juli/Aug Mo-Do -20 Uhr, ✆ (416) 203-2600 und ✆ 1-800-499-2514.

Internet: www.wheretoronto.com, www.torontotourism.com

3.3.4 Unterkunft und Camping

Situation

Toronto hat sich in den letzten Jahren zu einem Touristenmagneten entwickelt. Die vielen Festivals, Events und Sportveranstaltungen sorgen vor allem an Wochenenden im Sommer für Engpässe bei (unteren) Mittelklasse-Hotels. Während der Woche gibt's dagegen auch schon mal »www-Schnäppchen«.

Motels/Hotels

Viele gute Hotels mit günstigem Preis-/Leistungsverhältnis fin det man um den ***Int'l Airport*** herum im Einzugsbereich der *Freeways* #401, #409 und #427, jedoch in nüchterner Umgebung.

Airport

- ***Belaire Hotel*** ist ein Mittelklasse *Business Hotel* mit Gäste-*Shuttle* und *Public Transit* in die Stadt: Bus #45A bis *Kipling Station* (Endstation der grünen Linie); von dort in das Zentrum ca. 50 min; DZ $ 99-$140. Per Auto vom Flughafen: *Freeway* 409 *East, Exit* Martin Grove Road, dann Martin Grove North bis Belfield Road; ✆ (416) 241-8513 und ✆ 1-866-823-5247; www.belairehotel.ca.
- ***Days Inn,*** 1677 Wilson Ave im nordöstlichen Kreuzungsbereich der *Freeways* #400/#401 *East*; *Airport Shuttle, Public Transport* in die Stadt; ✆ 1-800-329-7466; ab $89
- ***Radisson Suites***, 640 Dixon Road, Airport Shuttle, Wochenendangebote, Standard ab $129; ✆ (416) 242-7400 und ✆ 1-800-333-3333, www.radisson.com/toronto.ca_airport.

City

An der *Waterfront* haben ihren Preis das ***Westin Harbour Castle***, ✆ (416) 869-1600 ($149-$200) und das ***Radison Plaza Hotel Admiral,*** ✆ (416) 203-3333, (ab $230). Etwas Besonderes ist das ***Renaissance Hotel Downtown*** im Rogers Center (➪ Seite 431), wo man von einigen Zimmern top Musik- und Sportereignisse (*Blue Jays, Baseball*) erleben kann; $180-$300; ✆ (416) 341-7100 und 1-800-237-1512; www.renaissancehotels.com/yyzbr.

Auch zentral gelegen, aber erschwinglicher sind:

- ***Best Western Primrose Hotel,*** 111 Carlton Street, ✆ (416) 977-9000 und & 1-800-780-7234, im Sommer ab $149
- ***Bond Place***, 65 Dundas St E, $ 139-$159; ✆ (416) 362-6061 und ✆ 1-800-268-9390; www.bondplace.ca
- Tipp 1: ***Hotel Victoria,*** restauriertes Boutiquehotel, 56 Yonge Street nahe *Union Station,* ✆ (416) 363-1666 oder ✆ 1-800-363-8228, $135-$159

- Tipp 2: ***Travel Lodge Downtown West***, 621 King St. W, ✆ (416) 504-7441 und ✆ 1-800-578-7878; ab $139; Straßenbahn vor der Tür; www.travelodgetorontodowntown.com
- Ein Tipp in Seenähe ist das ***Days Inn Beaches***, ➪ Seite 437

Preiswert

Tipp: preiswerte, ältere Motels liegen nebeneinander am ***Lake Shore Blvd West*** (= LSBW), auf Höhe *Humber Bay Park*, westlich **Ontario Place**. Das Areal ist umkreist von gläsernen Apartmenthäusern die wohl demnächst die Motels (Superlage mit Blick, keine Parkkosten, Straßenbahn) verdrängen dürften. Die #501/*Long Branch* fährt entlang Queen Street bis vor die Motels; die #501/*Humber Bay* verkehrt häufiger, endet aber eine Station vorher; die fehlenden 800 m geht's durch einen Tunnel zu Fuß.

- ***Beach Motel***, 2183 LSBW, ✆ (416) 259-3296 und ✆ 1-800-830-8508, ab $80-95. Zi# 41-48 und 51-58 liegen hinten ruhig am Seegrundstück; www.beachmotel.ca
- ***Hillcrest Motel***, 2143 LSBW, wie *Beach Motel*, aber mit Picknick-Pavillon auf Wiese und RV-Parkraum; x-fach als Filmset erprobt; ✆ (416) 255-7711 und ✆ 1-877-445-5273, $78-$108; www.hillcrest-motel.com
- ***Shore Breeze Motel***, 2175 LSBW, ✆ (416) 251-9613 und ✆ 1-877-502-4990; $80.

B & B

Toronto hat viele ***B & B* Quartiere**; Vermittlung durch

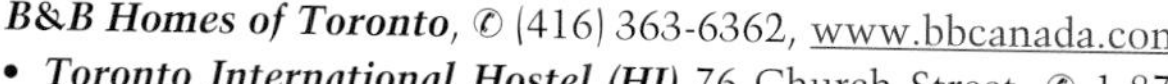

B&B Homes of Toronto, ✆ (416) 363-6362, www.bbcanada.com

Hostels

- ***Toronto International Hostel (HI)*** 76 Church Street, ✆ 1-877-848-8737; ab $29/Bett, DZ $89; www.hos tellingtoronto.ca
- ***Global Village Backpackers***, zentral in 460 King Street West, ✆ 1-888-844-7875; ab $27, DZ $73, www.globalbackpackers.com
- ***Canadiana Backpackers Inn***, 42 Widmer Street, im alten *Townhouse*, Superlage, ruhig; ✆ (416) 598-9090 und ✆ 1-877-215-1225; ab $27; DZ $75; www.canadianalodging.com
- ***College Hostel***, 280 Augusta Ave beim *Kensington Market*; ab $ 25; DZ $65; ✆ 1-866-663-2093; www.collegehostel.com.
- ***The Planet Traveler's Hostel***, 175 Augusta Ave, gute Lage wie oben; ✆ (416) 599-6789, ab $25; www.theplanettraveler.com.

Colleges

Preiswert sind auch College/Uni-Unterkünfte (nur ca. Mitte Mai bis Ende August); Preise jeweils mit Frühstück:

- ***Neill-Wycik College Hotel***, 96 Gerrard St East, ✆ (416) 977-2320 und ✆ 1-800-268-4358; $35-$85; www.neill-wycik.com
- ***University of Toronto – New College Residence***, 40 Willcocks Street, DZ ab $85; ✆ (416) 946-0529; www.torontores.com✎
- ***Victoria University***, 140 Charles St, ✆ (416) 585-4524, $42-$72 (2007); www.vicu.utoronto.ca.

Letztere zwei in Toplage auf dem ***University of Toronto*-Campus**.

Camping

Am besten ist – bis auf den Autobahnlärm – in Lage und Anlage der ***Glen Rouge Park*** im Vorort Scarborough (➪ Zoo, Seite 440).

Von Toronto #401 (*Express-Lane!*), *Exit* 390 (Port Union Road); von Osten kommend *Exit* 392; von der nahen »*Rouge Hill*« ***Go-Transit*-Bahnstation** (5 Autominuten) geht's schnell in die City. ab $24; Reservierung unter © (416) 338-2267; www.toronto.ca/parks/recreation_facilities/camping/index.htm.

Ebenfalls noch relativ citynah und auch in (ziemlich lauter) Autobahnnähe liegt der komfortable ***Indian Line Campground*** oberhalb (nördlich) des ***International Airport***: Autobahn #427, *Exit* Finch Ave, dann 1 km nach Westen, ausgeschildert; ab $27, Reservierung: © (905) 678-1233 und © 1-800-304-9728; www.trcacamping.ca. Gute Anbindung an öffentliche Verkehrsmittel.

Zwei weitere Campingplätze liegen westlicher unweit der Autobahn #401: Ein ***KOA*-Platz** (*Exit* #312) und der ***Milton Heights Campground*** (*Exit* #320B) am *Ontario Agricultural Museum* in ruhiger Lage; www.miltonhgtscampgrd.com.

Noch weiter außerhalb, bei **Kleinburg** (⇨ Seite 441), bietet der ***Albion Hills Campground*** viel Natur mit Badestrand; die Straße #427 North endet an der #7, dann West auf die #50 Richtung Norden. 8 km nördlich von **Bolton** liegt der Platz auf der linken Seite im Bereich **Caledon**. In Bolton und Kleinburg (dort ***Park &Ride***) fahren ***GO Transit*-Busse** zu den ***GO-Transit*-Zügen** in die Stadt. © 1-800-838-9921; www.thehillsofheadwaters.com/albionhill.

3.3.5 Stadtbesichtigung und Sehenswürdigkeiten

Downtown und die Waterfront

Orientierung

Ein Blick auf den Stadtplan zeigt die typische Gitterstruktur moderner US-Städte. Alle 10-20 Häuserblocks kreuzen sich größere Durchgangs- oder Geschäftsstraßen in Nord/Süd- bzw. Ost/West-Richtung. Dies erleichtert die Orientierung, obwohl die Straßen keine Nummern, sondern Namen tragen. Ferner sind die ***Neighbourhoods*** gekennzeichnet: viele Straßenschilder haben einen Zusatz wie ***Little Italy*** oder ***Chinatown***. Im Innenbereich der großen Quadrate liegen grüne Wohnviertel. Wer in solch einem Karree wohnt, hat pulsierendes Großstadtleben in der Nähe, zugleich aber eine für Großstädte ungewohnte Verkehrsruhe in den baumbestandenen Straßen. Dort genießt man urbanes Wohnen zwischen Kleinstadt und Metropole. Entlang der Hauptstraße dieser Viertel finden sich viele **kleine ethnische Restaurants** (koreanisch, italienisch, indisch, griechisch) und jede Menge Geschäfte.

Da die *Downtown* (Karte Seite 435) zusammen mit den *Neighbourhoods* recht ausgedehnt ist, braucht man für eine intensive Stadtentdeckung Auto, Taxi oder öffentliche Verkehrsmittel.

City Hall

Fokus des Zentrums ist die ***City Hall*** (Queen Street West/Bay Street) mit dem **Nathan Phillips Square**. Dieser Bau des finnischen Architekten *Viljo Revell* galt Anfang der 1960er Jahre mit seinem eigenwilligen Grundriß – zwei Halbmonde, die über einen unteren, muschelförmigen Trakt miteinander verbunden sind – als avantgardistisch. Gegenüber steht auf der Ostseite des Rathausplatzes die ***Old City Hall***, ein bombastischer Natursteinbau, der jetzt als Gerichtsgebäude dient. Der *Phillips Square* verwandelt sich bei gutem Wetter gegen Mittag in einen Picknickplatz für Angestellte aus den umliegenden Büros. Oft finden dort Theatervorführungen und Musikveranstaltungen statt, aber ein urbanes Zentrum ist er nie geworden.

Yonge Street

Hauptachse der City ist die quirlige Yonge Street; sie hat viele Gesichter: Im Kreuzungsbereich mit der Bloor Street liegen elegante Warenhäuser, Geschäfte und Restaurants, aber Richtung Süden verändert sie ihr Gesicht mit Billigläden, *Fast Food*, aber auch restaurierten Theatern, bevor sie kurz vor der *Waterfront* im *Financial District* endet; www.downtownyonge.com.

Ein guter **Food Court** befindet sich im ***Delta Chelsea Inn*** bei der Elm Street, in der es auch schöne Restaurants in alten Villen gibt. In der Edward Street zwischen Yonge und Bay Street residiert der angeblich weltgrößte **Buchdiscounter** (*World's Biggest Bookstore*) mit einer tatsächlich enormen Auswahl an Büchern und Zeitschriften aller Art, darunter auch deutsche Magazine.

Eaton Centre

Das vom deutschstämmigen Architekten *E. Zeidler* entworfene ***Eaton Centre*** an der Yonge St (zwischen Queen und Dundas St) ist seit seiner Eröffnung vor über 20 Jahren eine Touristenattraktion. Seine Ausmaße und Großzügigkeit setzen trotz neuer, noch größerer *Shopping Malls* anderswo nach wie vor Maßstäbe: Eine **450 m lange Glaskuppel** sorgt tagsüber für relativ natürliche Lichtverhältnisse. Auf 4 Etagen warten **340 Shops, 65 Restaurants** und ein ***Food Court*** auf Kunden. *Michael Snows* »Schwarm fliegender Gänse«, die durchs Atrium schweben, sind ein beliebtes Fotomotiv.

Angenehm sitzt man auf der Terrasse des ***City Grill*** bei der *Trinity Church*; Zugang durch das *Eaton Centre*, Eingang Dundas Street. Das Center bietet auch einen günstigen Einstieg zu ***The Path***, eine insgesamt 27 km lange unterirdische Shoppingzone, die Bürogebäude, U-Bahn Stationen, Theater, Warenhäuser und Sehenswürdigkeiten verbindet.

3

Financial District

Der Finanzdistrikt am südöstlichen Rand von *Downtown* (Yonge/ Bay/King Street) hat durch den sehenswerten ***Brookfield Place*** (früher ***BCE Place***, dort auch die *Hockey Hall of Fame*, ⇨ Kasten) mit einem lichten Atrium unter einer Glaskuppel und die goldenen Türme der ***Royal Bank Plaza*** (beide zwischen Bay und Yonge Street) gewonnen;.

Eine Oase der Ruhe bietet in der Wellington Street (westlich der Bay Street) die **Skulpturengruppe *Pasture***, wiederkäuende Kühe auf Rasen, eingerahmt von schwarzen Hochhausfassaden (Mies van-der-Rohe). Ganz gewiß aber bleibt der Blick auch an der prächtigen ***Union Station*** (1907) und am klassischen ***Fairmont Royal York Hotel*** haften (beide Front West/Bay Street).

Flatiron Building

Östlich der Yonge St liegt der ***St. Lawrence Market*** (Lebensmittel), Front/Jarvis St; Di-Fr 8-18 Uhr, Sa 5-17 Uhr. Sa ferner ein ***Farmer's Market*** und So ein ***Antique Market*** (beide 5-17 Uhr). Dasbügeleisenförmige Backsteinhaus im Vordergrund ist das ***Flatiron Building*** vor hoch aufragenden Wolkenkratzern.

Südlich des *Financial District* bildet die ***Harbourfront*** – zwischen Bathurst und Yonge Street – einen Anziehungspunkt für Touristen wie *Torontonians*. Man erreicht sie ab der *Union Station* mit der Straßenbahn #510. Autofahrer finden dort große Parkplätze; www.torontoharbour.com.

Harbourfront

1980 wurden alte Kaianlagen zu einem Freizeitpark mit Marinas, Läden, Restaurants und Kulturzentren ausgebaut. Daneben entstanden Büros und schicke Blocks für wassernahes, urbanes Wohnen. Im Sommer finden dort zahlreiche *Open-Air*-Veranstaltungen statt. Informationen im Internet unter www.harbourfrontcentre.com/WhatsOn/index.cfm oder telefonisch unter © (416) 973-4000. Das ***Info-Center*** im *Queen's Quay Terminal* hat das aktuelle Monats-Programm in Heftform.

Eishockey in Toronto (www.theaircanadacentre.com)

In Kanada bedeutet Sport vor allem *Hockey*, sprich Eishockey. Nicht nur im Winter ist Toronto der rechte Ort, um diese Sportkultur zu erleben – garantiert bei einem Match im ***Air Canada Centre***, 40 Bay Street. Als Toronto noch *Muddy York* hieß (➪ Seite 422), waren die heimischen *Leafs* schon Spitze. Wenn heute die gepufferten blauen Ahornblätter zum Heim-spiel auf's Eis laufen, ist der Teufel los und das Ergebnis tags darauf Stadtgespräch. **Ticket-Info** unter ✆ (416) 360-7765 und ✆ 1-888-842-5833.

Wer die *Leafs* nicht in Aktion erleben kann, tröstet sich in der ***Hockey Hall of Fame*** im *Brookfield Place, Concourse Level 1* (Ecke Yonge/Front St). Die Gedächtnishalle zeigt die Entwicklung des Puck-Spiels mit Filmen und Trophäen und würdigt berühmte Stars. Mit viel Multimedia nebst einer Art Reporter-Karaoke. Seit Kanada bei den Olympischen Winterspielen in Salt Lake City 2002 die Goldmedaille gewann, ist die *Hockey Hall of Fame* für Fans eine der Hauptattraktionen Torontos. Mitte Juli bis *Labour Day*, Mo-Sa 9.30-18 Uhr, sonst 10-17, So 10-18 Uhr; Eintritt $13, Kinder (4-18 Jahre) $9; www.hhof.com.

Harbourfront Centre und das ***Queen's Quay Terminal***, ein *Art Deco Bau* (Architekte *Eberhard Zeidler)* mit lichtem Atrium sind der Mittelpunkt des Komplexes. Im ***Terminal*** *luncht* man köstlich *Dim-Sum* im ***Pearl Harbourfront***, italienisch im ***Fornello*** und einfach im kleinen ***Food Court***- alle mit Seeblick. Schön sitzt man auch im ***Pier 4 Storehouse*** und im ***Boathouse*** außerhalb des *Queen's Quay Terminal.*

Kanuverleih und künstlicher **Stadtstrand** sind auch vorhanden.

Museen

Im *Queens Quay* sind zwei Galerien erwähnenswert:

- Das ***Museum of Inuit Art & Gallery*** zeigt und verkauft alte und neue *Inuit*-Kunst; Südwestecke des Komplexes #207; täglich 10-18 Uhr; Eintritt $6; ✆ (416) 640-1571; www.miamuseum.ca
- Die ***Power Plant Contemporary Art Gallery*** hat in wechselnden Ausstellungen innovative Kunstwerke auf hohem Niveau; #231 *Harbourfront Centre*, Di-So 12-18 Uhr, Mi bis 20 Uhr; variabler Eintritt, ✆ (416) 973-4949; www.powerplant.org

Music Garden

Weiter westlich zwischen Spadina und Bathurst hat ***Yo-Yo Ma***, ein berühmter Cellist, zusammen mit Landschaftsarchitekten eine der Bach-Suiten für Cello im ***Toronto Music Garden*** quasi gärtnerisch nachempfunden. Im ***Marina Quay Office*** gibt es eine Audio-Tour für $5, die die Details dieses originellen Parks erläutert. Im Sommer finden Do 19 Uhr und So 16 Uhr Konzerte statt, frei; www.toronto.ca/parks/music_index.htm.

Bootstouren

Von der *Harbourfront* (145 und 249 Queens Quay West) starten zwar etliche **Boattrips**, aber schöner und preiswerter erlebt man Torontos *Skyline* beim Ausflug zu den *Toronto Islands.*

3

Toronto Islands

Die *Toronto Islands* sind ein beliebtes Naherholungsgebiet. Früher waren die Inseln eine mit dem Festland verbundene Landzunge und bildeten so eine schützende Barriere für den Hafen. Die Landzunge wurde 1828 durch eine Sturmflut zerschnitten. Später entwickelten sich die Inseln zu einem Ausflugsziel.

Fähre

www.torontoharbour.com/toronto-island-ferry/index.php

Hinter dem ***Westin Harbour Castle Hotel*** befindet sich das ***Bay Street Ferry Dock*** für die **Inselfähren**. Ihre Frequenz hängt von Saison und Tageszeit ab. Im Sommer verkehren die Boote alle 30-45 min; Fahrpreis $6/$2.50; Dauer 15 min. Auskunft unter © (416) 392-8193. Einige der Boote steuern neben ***Centre Island*** auch noch die westlichste (Hanlan) und östlichste (Ward) der miteinander verbundenen Inseln an. Die Entfernung zwischen beiden Anlegestellen entspricht rund 60 min Fußweg (ca. 5,5 km).

Auf den Inseln

Unweit der Bootsanleger werden Fahrräder zur Insel-Erkundung verliehen. Das ***Centre Island*** hat Stadtpark-und Jahrmarktcharakter zugleich: Beliebt sind Schwanenboot-Rudern und bei Kindern der altmodische ***Centreville Amusementpark*** mit 30 *Rides*; Tagespass $27.50, Kinder bis 12 Jahre $19; *All Day Family Pass* $85; täglich 10.30 Uhr bis Dämmerung. Von Mai bis Oktober geöffnet, aber nur Juni-August täglich; www.centreisland.ca.

Auf einem ***Boardwalk*** geht es auf der Seeseite Richtung Osten an Marinas, Badestränden und Picknickplätzen vorbei zum Anleger auf Ward. Am Ende liegt eine kleine Wohnsiedlung aus Holzhäuschen; von dort hat man einen guten Blick auf Torontos Skyline.

CN Tower

Der ***CN Tower*** steht gleich hinter der *Harbourfront* zwischen Lake Shore Blvd. und Front Street. Er ist mit 553 m der höchste freistehende Turm der Welt – doppelt so hoch wie der Eiffelturm. Binnen 58 Sekunden geht es in gläsernen Liften außen an der schlanken Nadel zum unteren ***Observation Deck*** in 346 m Höhe.

Ein weiter Blick über Torontos Wolkenkratzer, die grünen Wohnviertel und den Lake Ontario sind der Lohn. Schwindelfreie können auf einem Stück durchsichtigen Fußboden 350 m tief durchs Glas hinunterschauen – bis auf die Straße – oder bei geöffnetem Dach des ***Roger Center*** (früher *Sky Dome*) *Baseball* aus der Vogelperspektive erleben; www.cntower.ca.

Dreh-restaurant

Wer zusätzliche Dollar anlegt, darf nochmals 100 m höher zum ***Sky Pod*** auf 447 m Höhe düsen. Bei gutem Wetter sind sogar die Sprühnebel der Niagarafälle zu sehen. Für Gäste des Drehrestaurants »***360***« ist der Aufzug gratis; Reservierung © (416) 362-5411. Snacks und Cocktails gibt's im ***Horizont's Café***.

Tower Basement

Das Erdgeschoss des Turms bietet neben *Shops* und einem großen Cafe interaktive Multimedia, Kioske und einen ***Motion Simulator*** mit Action-Filmen, sowie das Video ***The Height of Exellence*** über den Bau des Turmes.

Der Tower ist täglich 9-22 Uhr (Fr/Sa bis 22.30 Uhr) geöffnet.

Tickets

Es gib etliche **Kombitickets**. Das billigste ist die ***Observation Platform*** plus Glasboden für $23/$16. Das teuerste ($36, auch für Kinder bis 12 Jahre) umfasst das volle beschriebene Angebot. Info unter © (416) 868-6937. Ein ***Online-Ticket*** spart Wartezeiten an den Kassen, aber auch vor den Aufzügen staut es sich oft.

Rogers Centre

Gleich neben dem CN-Turm befindet sich das ***Rogers Centre***, Heimstadion der berühmten ***Blue Jays*** (*Baseball*), der ***Argonauts*** (*Football*) und ***Raptors*** (Basketball). Mit 67.000 Plätzen ist der Bau gleichzeitig die weltgrößte Veranstaltungshalle.

Einmalig ist das zu öffnende abgestufte Kuppeldach. Es verwandelt das *Centre* in 20 Minuten in eine offene Arena; **interessante Führungen** täglich 10-16 Uhr, $12,50/ $8,50, soweit der Veranstaltungsplan das zulässt; © (461) 341-2770; $13.50/$9.50 (bis 12 Jahre); www.rogers.centre.

Zum Komplex gehört das ***Hard Rock Café Skydome*** und das ***Downtown Renaissance Hotel***. Beide bieten ihren Gästen bei Sportveranstaltungen »Logenplätze«.

Fort York

Historic Fort York, www.fortyork.ca (westlich des *Sky Dome* an der Garrison Rd zwischen Bathurst St und Stracham Ave, Zufahrt über Fleet Street, besteht aus 8 rekonstruierten Gebäuden des von den Engländern 1793 errichteten und im amerikanisch-englischen Krieg 1812 zerstörten Forts. Im Sommer tägl. 10-17 Uhr, $7/$4.

Ontario Place

Anziehungspunkt »für die ganze Familie« ist der ***Ontario Place*-Komplex** auf vorgelagerten durch Brückenn verbundenen künstlichen Inseln (ca. 2 km westlich des *CN Tower* am Lake Shore Blvd, Ende Dufferin Street). Dort gibt es Wasserrutschen und Tretboote, Mini-Golf, *Parasailing, Bungy Jumping*, den *Wilderness Adventure Ride*, das *Childrens Village and Waterplay* mit LEGO Kreativ-Center, *Cinesphere-Theatre* mit IMAX-Filmen auf überdimensionaler Leinwand. ***Fun* total** Mitte Mai-Sept täglich 10-19 Uhr, sonst bis 20 Uhr; 6-64 Jahre $18, 4+5 Jahre $12;

Familien-Tagespass mit fast allen *Attractions* $104, mit Pass ist Parken gratis; www.ontarioplace.com.

Mitte Juli bis Anfang Oktober findet hier das ***Chinese Lantern Festival*** statt. Chinesische Kultur leuchtet in Form von riesigen Laternen, seien es Paläste, Tempel oder Farmhäuser; dazu gibt es Musik- und Theatervorstellungen, sowie chinesische Küche. Imposant! Kernzeit 19-22 Uhr, $25, bis 12 Jahre $20.

Ontario Place erreicht man von *Union Station* per Streetcar #509 bis *Exhibition Place* oder mit ***GO-Transit:*** 1 Station bis Bathurst.

Neighbourhoods rund um Downtown

Downtown ist von *Neighbourhoods* umringt. Nur dort erlebt man die Vielfältigkeit dieser Stadt.

Die westlich an *Downtown* angrenzenden *Neighbourhoods* (Yorkville, Annex, Kensington Market, Queen Street West, *Entertainment District* mit der King Street West) sind per pedes erreichbar, ebenso wie das Gay-Viertel ***The Village*** entlang der Church Street im Kreuzungsbereich mit der Wellesley Street (südöstlich der Kreuzung Bloor/Yonge); für die anderen braucht man Auto, Bahn oder Bus (#506, ➪ Seite 423).

Yorkville

Die **Bloor Street** zwischen Spadina und Yonge St ist die eleganteste Einkaufsmeile der City. Hier befinden sich einige der besten Hotels (***Four Seasons, Mariott***) und neben Filialen aller Markenfirmen auch Zweigstellen der **Kaufhäuser *Sears*** (vormals *Eaton*) und der ***Hudson Bay Company***. In den viktorianischen Häusern nördlich dieses Abschnittes der Bloor Street werden auch Edelprodukte und feine Speisen angeboten. Etwas versteckt liegt ***Hazelton Lane*** (Hazelton/Yorkville Ave), ein *Shopping Center* mit dem ausgezeichneten **Bio-Supermarkt *Whole Foods*** (Eingang auch von der Avenue Road #87).

Annex

Ein vor langer Zeit von Toronto »annektierter« Vorort nennt sich bis heute ***Annex*** (entlang Bloor Street westlich Spadina Ave). Er ist ein gutes Beispiel für urbanes Wohnen. *Annex* ist ethnisch durchmischt, die Nähe der großen Uni mit ca. 56.000 Studenten (lohnende Campus-Rundfahrt) sorgt hier aber für eine Dominanz der Angelsachsen. Die vielen Straßen-Cafés, Restaurants und Geschäfte laden zum Bummel ein. Unübersehbar ist ***Honest Ed***, das **Billigwarenhaus** von *Ed Mirvish*, Ecke Bloor/Bathurst Street. Seine blinkenden Lichterketten stellen manche Rummelplatzbude in den Schatten, und auch das Interieur erinnert an Irrgarten und Jahrmarkt. Derselbe *Ed* hat sich in der Markham Street durch die stilvolle Restaurierung viktorianischer Wohnhäuser mit Lokalen und Läden selbst ein Denkmal gesetzt: ***Mirvish Village***, ein Bereich mit Gaslaternen.

Kensington Market

Der ***Kensington Market*** (täglich, ganztägig, Samstagvormittag) war früher ausgeprägt multikulturell. Die überbordenden Läden dieser noch in den 1920er-Jahren rein jüdischen Marktgassen

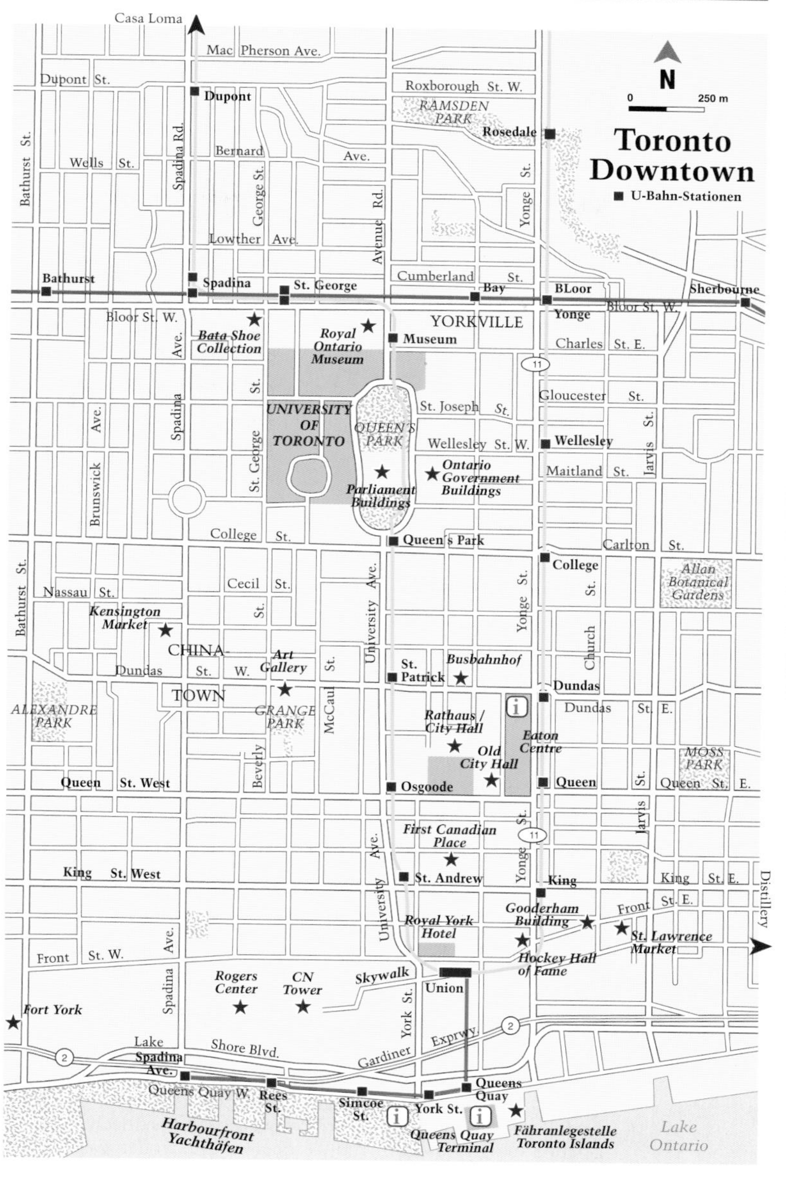
Toronto
Downtown
U-Bahn-Stationen
N
0 250 m
Casa Loma
Mac Pherson Ave.
Dupont St.
Roxborough St. W.
RAMSDEN PARK
Rosedale
Dupont
Bathurst St.
Wells St.
Spadina Rd.
Bernard Ave.
George St.
Avenue Rd.
Yonge St.
Lowther Ave.
Cumberland St.
Bathurst
Spadina
St. George
Bay
BLoor
Yonge
Sherbourne
Bloor St. W.
Bloor St. W.
YORKVILLE
Bata Shoe Collection
Royal Ontario Museum
Museum
Charles St. E.
Gloucester St.
St. Joseph St.
UNIVERSITY OF TORONTO
QUEEN'S PARK
Wellesley St. W.
Wellesley
Jarvis St.
Maitland St.
Brunswick Ave.
Spadina Ave.
St. George St.
Ontario Government Buildings
Parliament Buildings
College St.
Queen's Park
Carlton St.
College
Allan Botanical Gardens
Cecil St.
Nassau St.
Kensington Market
CHINA-TOWN
Art Gallery
University Ave.
Church St.
St. Patrick
Busbahnhof
Dundas St. W.
Dundas
Dundas St. E.
ALEXANDRE PARK
GRANGE PARK
McCaul St.
Beverly St.
Rathaus / City Hall
Eaton Centre
Old City Hall
MOSS PARK
Queen St. West
Osgoode
Queen
Queen St. E.
First Canadian Place
King St. West
St. Andrew
King
King St. E.
Distillery
Gooderham Building
Front St. E.
Royal York Hotel
St. Lawrence Market
Front St. W.
Hockey Hall of Fame
Rogers Center
CN Tower
Skywalk
Union
York St.
Fort York
Lake Shore Blvd.
Gardiner Exprwy.
Spadina Ave.
Queens Quay W.
Rees St.
Simcoe St.
York St.
Queens Quay
Harbourfront Yachthäfen
Queens Quay Terminal
Fähranlegestelle Toronto Islands
Lake Ontario
11
2
3

nordwestlich der Ecke Dundas/Spadina führen Waren vor allem aus Asien und der Karibik, darunter viel Nepp. Zugang über St. Andrews oder Baldwin Street. Vis-a-vis stößt man auf der anderen Seite der Spadina Ave in der Baldwin Street auf einen kurzen **Kneipen- und Café-Strip**.

China Town

Torontos ***Chinatown*** ist selbst für San Francisco- und Manhattan-Kenner ein ***Highlight***. Sie liegt entlang der Spadina Avenue, nördlich der Dundas Street sowie entlang der Dundas Street in östliche Richtung und beeindruckt vor allem durch ihre pulsierende Lebendigkeit ohne Folklore-China für Touristen. Angefangen beim typischen Höker an der Ecke über moderne Einkaufspassagen und Banken findet sich alles, was eine Großstadt ausmacht – nur eben auf chinesisch. In manchen Restaurants gibt es nicht einmal eine Speisekarte in lateinischer Schrift.

Die **Queen St West** zwischen University Ave und Spadina südlich *Chinatown* ist eine Mischung aus Mainstream-Geschäften und Restaurants, hat aber auch noch etwas vom früheren *Avantgarde-Feeling*, das sich mit Artshops, Galerien und Musikkneipen sowie vor allem innovativer Mode und Design unter dem Namen ***West Queen Street West*** über die Spadina hinweg bis Euklid Ave verlagert hat.

Im ***Entertainment District*** der **Kings Street** (parallel zur Queens St West) und in den Nebenstraßen findet man Theater, Kinos, Restaurants, Cafes und Pubs, auch hier hat sich die Szene weiter nach Westen ausgedehnt.

Portugal/ Little Italy

Eine große **portugiesische Gemeinde** hat sich an der Dundas Street, westlich der Spadina Ave zwischen Bathurst und Grace St angesiedelt. Nur wenig weiter westlich befindet sich ***Little Italy*** an der College Street zwischen Euclide und Shaw Street, ein Viertel, das auch von Chinesen, Spaniern, Portugiesen und Vietnamesen bewohnt wird und heute eine der beliebtesten **Restaurantgegenden** der Stadt ist. Ein ganzes Stück weiter nördlich erreicht man den ***Corso Italia*** an der breiten Saint Clair Street. Die Geschäfte und Restaurants in diesem Viertel strahlen jedoch kein Flair aus, das dem der College Street vergleichbar wäre.

Osteuropa

Viel weiter westlich in der Roncesvalles Ave, 2 Blocks östlich des ***High Park***, kann man sich mit osteuropäischen Produkten versorgen – bis hin zur polnischen Mastgans. Westlich des *High Park* (Bloor Street/Runnymeede) überwiegen **kyrillische Schriftzeichen** in den Auslagen von Geschäften und an den Fassaden.

Rosedale; nördliche Neighbourhoods

Betuchtere Angelsachen wohnen in großen Villen in **Rosedale**, nordöstlich von Yonge und Bloor Street, mit dem *Rosedale Park* als geographischer Mitte. Dazu passen die edlen Läden, Cafés und Restaurants an der ***Mount Pleasant Road*** zwischen Eglinton und Millwood. Moderner und hipper, aber auf gleichem Niveau, geht es auf der Yonge Street zwischen **Eglinton** und **Lawrence** zu.

Östliche Neighbourhoods

Iren, die arm immigrierten und vor ihren Häuschen im Vorgarten **Kohl** anbauten, gaben der Region östlich Sherbourne Street, Höhe Wellesley bis Gerrard Street den Namen: ***Cabbagetown***. Parliament Street zwischen Gerrard und Bloor Street East reflektiert irische Nachfrage; www.oldcabbagetown.com.

Auf gleicher Höhe schließt sich östlich des *Don Valley Parkway* entlang der Gerrard St East ein ***zweites Chinatown*** an.

Griechen leben entlang der Danforth Street zwischen Chester and Jones Ave; www.greektowntoronto.com.

Echte **Saris** gibt es auf dem bunten ***Indian Bazar*** nahe *Greenwood Park*, Ecke Gerrard/Greenwood Ave.

The Distillery

The Distillery Historic District ist die gelungene Transformation einer riesigen Fabrikanlage (44 Gebäude) in einen Fußgängerbereich mit schicken Bars, Restaurants, Cafes, Galerien, Boutiquen, Biergärten und Kunsthandwerk. Musik, Theater und Tanzveranstaltungen locken Tausende an. Die Anlage hatte schon zuvor als **Film-Drehort** (»*Chicago*«, »*The Hurricane*«, »*Cinderella Man*«) Karriere gemacht; www.thedistillerydistrict.com.

The Distillery liegt östlich des *St Lawrence Marke*t an der Mill/Trinity Streets. Zu Fuß etwa 25 min durch eine unschöne Gegend. Öffentliche Verkehrsmittel: **Tram #504** entlang King Street und Bus #172 ab *Union Station* (Ecke Front/Bay Street). Shops geöffnet Mo, Di, Mi 11-19 Uhr, Do, Fr 11-21, Sa 10-21, So 11-18 Uhr, Restaurants haben abweichende Zeiten; © (416) 364-1177.

Alte Fabrikgebäude im Distillery Historic District

3

The Beaches

Für die junge weiße ***Upper Middle Class*** sind die ***Beaches*** am *Lake Ontario* zwischen Woodbine und Victoria Park Ave das Wohnviertel schlechthin. Zufahrt: einfach der Queen Street folgen oder *Gardiner Expressway* bis zu dessen Ostende (Lakeshore Blvd East bis Woodbine) bzw. aus dem Zentrum die *Tram* auf der Queen Street Richtung Osten fahren (Tram #501, 20 min).

Queen St East

Die Queen Street East ist die bunte, quirlige Versorgungsader des Bereichs, während links und rechts davon schöne, ruhige Wohnstraßen liegen. Dort lässt es sich zwischen Hauptstraße und Seeufer gut leben. Bis an den Strand des Lake Ontario sind es von der Queen Street – auf einer beliebigen Querstraße – nur ein paar hundert Meter. Ein meilenlanger ***Boardwalk*** zwischen Strand und Uferpark dient als Promenade für Spaziergang und *Jogging*. Im Sommer kann man dort auch gut schwimmen.

Wer in diesem Stadtteil wohnen will, wird sich im ***Days Inn***, 1684 Queen St East, © (416) 694-1177, $120-$150, wohl fühlen.

Das ***Beaches B&B hat*** vier Zimmer nahe der Queen Street, ist aber recht ruhig; $100-$125; 174 Waverley Rd; © (416)-699-0818; www.thebeachesbedandbreakfast.org

Priorität

Neben ***Chinatown/Kensington Market*** und ***Yorkville*** wäre bei knapper Zeit zunächst ein Besuch im ***Beaches*-Bereich**, aber auch im ***Indian Bazar*** (Greenwood Ave) und in einem **Restaurant in der College Street** (***Little Italy***) zu empfehlen.

Museen und andere Attraktionen

Zwei traditionelle Museen haben ein neues Gesicht bekommen:

Kunstmuseum

Die ***Art Gallery of Toronto*** (*AGO*) wird bis Herbst 2008 architektonisch (*Frank Gehry*) und inhaltlich neu gestaltet. Die Skulpturen-Abteilung mit *Henry Moore*, der *Group of the Seven* sowie *Emily Carr* (➪ *McMichael Gallery*, Seite 441) wird erweitert.

Mo, Di geschlossen, Mi, Do, Fr 12-21, Sa, So 10-17.30 Uhr, $8/$5 (für Sonderaustellungen Mi 18-21 Uhr, $18/$12); www.ago.net.

Ontario Museum

Das ***Royal Ontario Museum*** (*ROM*), Ecke University Ave und Bloor Street oberhalb des Queen's Park erhielt 2007 einen neuen Flügel (das ***Michael Lee-Chin Crystal*** von *Daniel Liebeskind*), der wechselnden Ausstellungen vorbehalten ist. Durch die Erweiterung können kostbare Kunstschätze aus Ägypten, Asien (Ming-Grab) und von den *First Nations* großzügiger präsentiert werden. Ebenso die naturkundliche Abteilung mit Dinosauriern, Mineralien und Edelsteinen. Täglich Sa-Do 10.30-17.30 Uhr (45 min vor Schluss frei); Fr 10-21.30 Uhr, $20/$14, Fr 16.30-21.30 Uhr, $10/ $7; © (416) 586-8000; www.rom.on.ca.

Ontario Science Centre

Das ***Ontario Science Centre*** liegt nordöstlich von *Downtown* (770 Don Mills Road, Ecke Eglinton Ave, Anfahrt über den *Don Valley Parkway*, *Exits* Don Mills Road oder Eglinton Ave; mit der U-Bahn bis zur **Station Eglinton**, weiter mit dem Bus #34 bis Don Mills Road). Es wurde 1969 Vorbild für ähnliche Museen in ganz

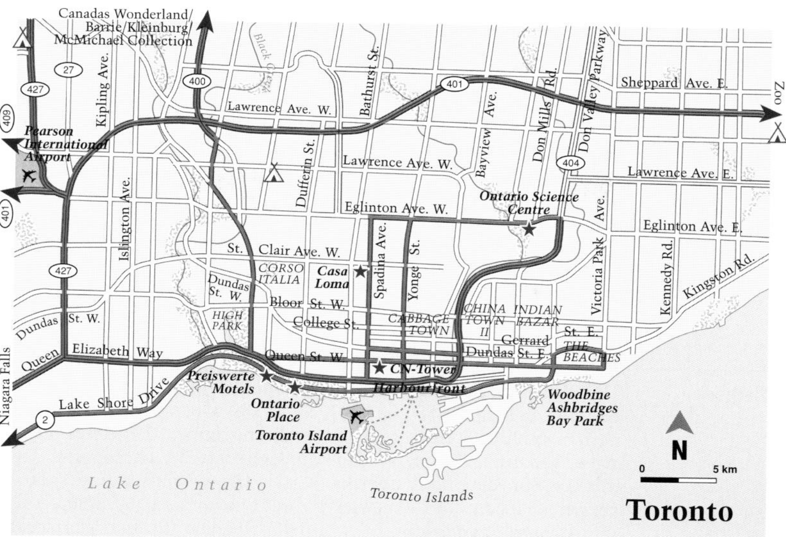

Nordamerika - für Jung und Alt besuchenswert. An ***Hands-on*** oder ***Minds-on Exhibits*** werden mit Hilfe einleuchtender Experimente naturwissenschaftliche Gesetze, biologische Zusammenhänge und psychosoziale Mechanismen dargestellt. Ein äußerst vielseitiges Angebot an Experimenten. Kinder bis 9 Jahre können im **KidSpark** lernen; mit ***Omnimax*** **Kino**. Geöffnet 364 Tage im Jahr 10-17 Uhr, $17/$12.50, *Omnimax* $12/9; Kombitickets für beides billiger; © (416) 696-1000; www.ontariosciencecentre.ca.

Schuh-museum

Bata Shoe Museum, ein Supermuseum Ecke Bloor Street/St. George Street, zeigt bis zu 2000 Jahre altes Schuhwerk vom Fußlappen bis zur Latexflosse und gibt einen amüsanten Überblick über das sich wandelnde Tretwerk in allen Kontinenten und Jahrhunderten: der Schuh als Ausdruck des soziokulturellen Lebens. Da fehlen natürlich auch Raritäten nicht, wie z.B. ***Elton John's Plattform-Boots*** von 1973. Sehr unterhaltsam. Geöffnet Mo-Sa 10-17 Uhr, Do bis 20 Uhr, So 12-17 Uhr; $12/$4, Do 17-20 Uhr frei; © (416) 979-7799; www.batashoemuseum.

Casa Loma

Die ***Casa Loma***, nordwestlich von *Downtown* (Spadina, Ecke Davenport Rd), wird jeden hell erfreuen, der Skurriles mag. Das Privatschloß des Industriellen *Sir Henry Pellatt* entstand 1911 bis 1914 nach der Phantasie des Bauherrn. Normannische, romanische und gotische Stilelemente wurden vermischt zu einem nostalgischen Gemäuer mit zahlreichen Erkern, Türmchen und Zinnen. In den 98 Zimmern findet man luxuriöse Möbelstücke aus aller Welt, ebenso wie eine damals modernste Haustechnik.

Im Billiardroom wird halbstündlich der **Film »*Pelatt Newsreel, the Man who built Casa Loma*«** gezeigt. Eine digitale selfguided Tour (auch auf Deutsch) informiert zusätzlich über Einzelheiten des Gebäudes. Täglich 9.30 bis 17 Uhr; $16, Jugendliche $10, Kinder $8, ✆ (416) 923-1171; www.casaloma.org.

Ceramic Art

Das ***Gardiner Museum of Ceramic Art***, 111 Queens Park (Yorkville, gegenüber dem *Royal Ontario Museum*, hat durch die eine Erweiterung enorm gewonnen. Ausgestellt wird Keramik aus allen Ländern und Zeiten. Attraktiv ist auch der *Museumsshop* sowie das lichte **Restaurant**; Freitagabends Probe-Menü zu einem fixen Preis, Reservierung ✆ (416) 362-1957. Museumzeiten: Mo-Do 10-18 Uhr, Fr 10-21 Uhr (16-21 Uhr frei), So/So 10-17 Uhr; $12/$6; ✆ (416) 586-8080; www.gardinermuseum.on.ca.

Sehenswürdigkeiten außerhalb des Zentrums

Tierpark

Der ***Toronto Zoo*** liegt gut ausgeschildert im östlichen Vorort **Scarborough** an der Straße #401, *Exit* #389. Über 5.000 Tiere werden in großen Freigehegen im leicht hügeligen Tal des *Rouge River* gehalten. In geographisch aufgegliederten Gehegen und Pavillons (Eurasien, Nordamerika, Afrika, Indo-Malaysia und Polarregionen) leben die Tiere wie in ihrem gewohnten Umfeld. Toll die ***African Savanna*** und der ***Gorilla Regenwald***. Gut gemacht sind die farbmarkierten Themenwege wie der ***Lion-***, ***Camel-***, ***Savanna-Bush*** oder ***Grizzly Bear Trail***. Natürlich gibt es auch einheimische Tiere in kanadischer Landschaft zu bewundern: u.a. Grizzlybären, Bisons, den arktischen Wolf und viele mehr. Ein *Zoomobile* ($5) verbindet die Bereiche; www.torontozoo.com.

Wer kein *Fast Food Fan* ist, sollte Proviant für einen der tollen **Picknickplätze** mitnehmen. Ende Mai bis Anfang Sept. 9-19.30, sonst kürzer; $20; bis 12 Jahre $14. Parken zusätzlich $8!

Mit öffentlichen Verkehrsmitteln: ***Go Transit*** *Station Rouge Hill*, dann Bus #85, oder *Subway Station Kennedy/Green Line* und Bus #86A (nur Sommer) oder *Subway Don Mills Station*; Bus #85 oder #85A und #85B fahren im Sommer direkt zum Zoo.

Living Museum

Das ***Black Creek Pioneer Village*** ist ein Museumsdorf mit über 30 originalen hierher versetzten oder rekonstruierten Häusern, das die Lebensbedingungen in Canada um 1860 zeigt. Das *Pioneer Village* liegt 25 km nördlich der City, Autobahn #400, *Exit* Steeles Ave; Juli-Anfang September Mo-Fr 10-17 Uhr, Sa/So ab 11 Uhr; sonst bis 16 Uhr; $13/$7; www.blackcreek.ca. Nur wer im Verlauf der Reise keine Gelegenheit hat, ein anderes *Living Museum* dieser Art zu besuchen, sollte für *Black Creek* Zeit einplanen.

3.3.6 Torontos Umgebung

Wie für nordamerikanische Großstädte typisch, gibt es auch an der Peripherie Torontos diverse kommerzielle Besucherattraktionen: Am citynächsten liegt in **Vaughan** der ***Paramounts Canada's Wonderland;*** www.canadaswonderland.com.

Canada's Wonderland

Die kanadische Variante des Vergnügungsparks unterscheidet sich nicht von den US-Vorbildern: Neben Fahrten in Achterbahnen und 60 weiteren *Rides* gibt's Showbühnenglamour, eine Portion *Disneyland* und *Fantasy*, künstliche Berge, Auto-Scooter, Loopings, Kletterwände und Wasserfälle, Planschspaß, lebende Comic-Figuren und Seelöwen. Gut ist ***Kidzville*** für die Kleinen. Die Großen können sich bei Hollywood-Spezialeffekten amüsieren und bei Mitmach-Shows wie *Action Stars* fühlen.

Anfahrt über die Autobahn #400 nach Norden, *Exit* Rutherford. Ende Mai bis Anfang September täglich 10 Uhr bis ca. 22 Uhr; bis Ende Mai und bis Mitte Oktober nur Sa/So bis 20 Uhr; Eintritt $30 (ohne *Rides*), ***Pay-one-Price-Ticket*** **$55** (alle *Rides* inklusive), Kinder 3 bis 6 Jahren $30. Parken $10. Anfahrt auch mit ***Go-Transit***: Stationen *York Dale* oder *York Mills*, ab dort *Bus Shuttle*.

McMichael Canadian Art Gallery

In **Kleinburg** (30 km nördlich von *Downtown Toronto*, Autobahn #427, dann Straße #27, oder #400, *Exit* #35/Straße #25, dann Islington Ave (8 km von *Canada's Wonderland*) befindet sich – eingebettet in einen Landschaftspark über dem *Humber River Valley* – ein ganz besonderes Kunstmuseum: die ***McMichael Canadian Art Gallery*** mit der größten Sammlung von Werken der kanadischen ***Group of the Seven***. Die Mitglieder der Gruppe (u.a. *Tom Thomson, Franklin H. Carmichael, Lawren Harris* und *Frank Johnston*) bereisten Anfang letzten Jahrhunderts den *Algonquin Park*, die Georgian Bay und die Rocky Mountains und fingen in sehr persönlichen Stimmungsbildern Canadas Natur in ausdrucksvollen Farben ein. Ihre Bilder, welche mit der traditionellen britischen Landschaftsmalerei brachen, galten seinerzeit als revolutionär; www.mcmichael.com.

Die Eheleute *McMichael* hatten Bilder der *Group of the Seven* in ihrer Kleinburger Villa gesammelt. Daraus entstand das Museum, das heute auch *First Nation-* und *Inuit*-Kunstwerke beherbergt und sich in wechselnden Ausstellungen mit Themen beschäftigt wie dem Kanu oder den Festen der Inuit. Kleines **Café** mit schöner Außenterrasse, täglich 10-16 Uhr; Eintritt: $15/$12.

Unabhängig vom Museum ist der hübsche **Ort Kleinburg** (eine blumengeschmückte Idylle mit winzigem Zentrum und Läden im Bilderbuch-*Look)* schon allein einen Abstecher wert.

- An der Straße #27 südlich der Stadt liegt das ***Kleinburg Inn*** $65-$95; © (905) 893-1403
- Eine Villa im Dorf beherbergt das ***Humber House B&B***, 10555 Islington Ave, © (905) 893-9108, $60-$80

Weitere Ziele westlich von Toronto ➪ Seite 417ff.

3.4 Routen durch Ontario

3.4.1 Überlegungen zur Streckenplanung

Im zentralen Osten Ontarios warten viel Natur und Einsamkeit, aber auch ganz normale Ferien-Sommerfrische und historische Sehenswürdigkeiten. Die möglichen Routen und Kombination reizvoller Gebiete und Einzelziele sind in diesem Teil Ontarios zahlreich. **Eine** ideale Strecke gibt es nicht. Zur Bestimmung der optimalen Reise durch Ontario kommt es stark auf persönliche Präferenzen, die zur Verfügung stehende Zeit und die weiteren Pläne an. **Folgende Überlegungen** haben zur hier gewählten Routenaufteilung in drei »Stränge« (ab Toronto) geführt:

1. Für viele Urlauber dürften die Großstädte **Toronto** (mit Niagara Falls) und **Ottawa** wichtige **Eckpunkte ihrer Routenplanung** sein, gleichgültig, ob die Reise sich auf Ontario beschränkt oder darüber hinausgeht.
2. Ein **Sonderfall** ist der populäre ***Algonquin Park***. Dank seiner zentralen Nordlage im Ostteil der Provinz kann er sowohl gut in einen **Ontario-Rundkurs** als auch – mit Umwegen – in eine **Ost-West** oder **West-Ost-Route** einbezogen werden, wiewohl meist unter Verzicht auf andere Ziele. Wer auf den Besuch von Kingston, des *1.000 Islands Parkway* und des *Upper Canada Village* verzichten mag, kann Ottawa über den *Algonquin* auch gut direkt ansteuern bzw. über den Park von Ottawa aus nach Süden und Westen fahren. Mit ein wenig Extrazeit wären dabei die genannten Ziele am St. Lawrence River über eine Rundfahrt oder »Schleife« durchaus noch einzubauen.
3. Eine Beschränkung auf die direkte Route zwischen Toronto und Ottawa über Kingston lässt auch mit Abstechern und Umwegen die besten Naturziele Ontarios aus. Mehrere davon liegen an einer **Rundstrecke um die Georgian Bay** herum, die geografisch leicht mit einer Ost-West-Route verbunden werden kann (z.B. über Peterborough/Kawartha Lakes, die ***TCH* #17** oder die **#60** über die Muskoka Lakes und den *Algonquin Park*). Wer von Toronto aus nach Westen fährt bzw. von dort kommt, findet auf diesem Rundkurs zwei Alternativen für die Routenwahl.

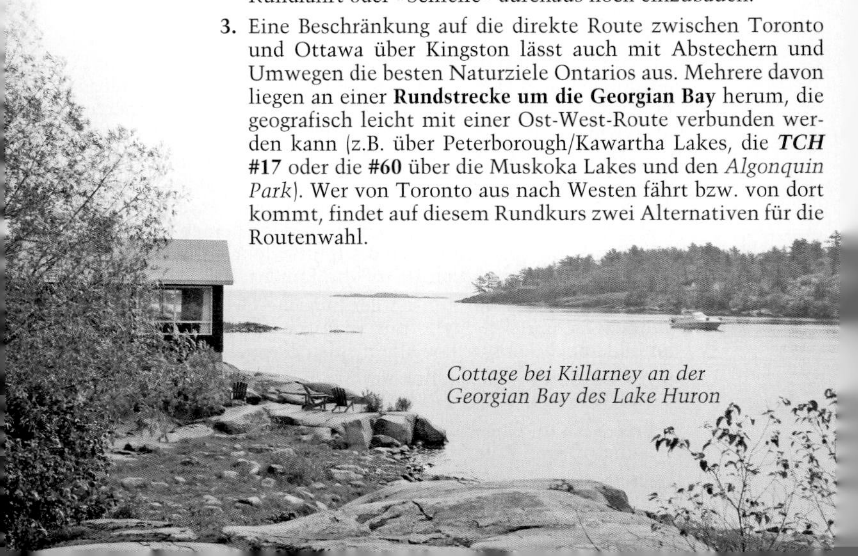

Cottage bei Killarney an der Georgian Bay des Lake Huron

Sowohl mit den Zwischenzielen *Bruce Peninsula* als auch Sudbury (3.) und *Algonquin Park* (2.) macht es Sinn, ab Toronto zunächst der **Autobahn #400** nach **Barrie** am **Simcoe Lake** zu folgen. Dieser große See wird von seinen Anwohnern zwar intensiv als Wassersportrevier genutzt, stellt aber kein besonderes Ziel für Canada-Touristen dar. Nördlich von Barrie zweigt die Schnellstraße #11 nach North Bay bzw. zum *Algonquin Park* ab.

3.4.2 Rund um die Georgian Bay (www.georgianbaytourism.on.ca)

Zu dieser Route

Landschaftlich einmalig schön ist das Ostufer der Georgian Bay bei Parry Sound (***30.000 Islands/Killbear PP***), keine 90 Autominuten nördlich Toronto. Auch wer keine *Georgian Bay*-Rundtour plant, sondern nach Osten (*Algonquin Park* etc.) oder nach Westen (Sault Sainte Marie) strebt, sollte diese Region (➪ Seiten 457f) auf keinen Fall auslassen.

Daher wird hier der Weg nach Westen bzw. des Rundkurses nicht in gerader Linie bzw. im strengen Uhrzeigersinn verfolgt, sondern zuerst ein kleiner »Haken« nach Norden geschlagen. Wer aus dem Gebiet Wasaga Beach/Port Severn (ggf. bis *Killbear Park*) weiter zum *Algonquin* möchte, setzt die Reise mit **Abschnitt 3.4.3** fort. Die Weiterfahrt auf dem *Trans Canada Highway* über Parry Sound nach Westen ist – in Gegenrichtung – beschrieben, ➪ Seite 457.

Georgian Bay und 30.000 Islands

Kennzeichnung

Als *Georgian Bay* wird ein durch die *Bruce Peninsula* und Manitoulin Island weitgehend abgetrennter Teil des Lake Huron bezeichnet. Zusammen mit dem North Channel im Westen ist diese »Bucht« fast so groß wie der ganze Lake Ontario und damit eigentlich ein **sechster Großer See**. Bei Seglern und Surfern ist er wegen seiner günstigen Winde beliebt. In Ufernähe erreicht das Wasser im Juli/August **Badetemperatur**. In der Südostecke der *Georgian Bay* liegt die Region der – wahrscheinlich sogar noch zahlreicheren – ***30.000 Islands***. Die Inseln und Inselchen sind mal glatt wie Walbuckel, mal mit nur drei Kiefern bedeckt und wirken im tiefblauen, klaren Wasser immer malerisch, mitunter mediterran. Nur die Schräglage der Bäume verrät, wie rauh der Nordwestwind sein kann. Weiter südwestlich überwiegen eher skandinavische Impressionen. Die Felsfarbe wechselt auf der Bruce Peninsula vom Rosa des *Canadian Shield* zum *Limestone*-Weiß des *Niagara Escarpment* (➪ Seiten 18 und 20).

Geschichte

Wie bereits eingangs des Ontario-Kapitels erwähnt, gründeten **1639** französische **Jesuiten** an einer Kanuroute der Pelzhändler mitten in der Wildnis eine Missionsstation (in der Nähe des heutigen Midland). Die in der Umgebung lebenden Huronen ließen sich zwar zum Christentum bekehren, wurden aber gleichzeitig Opfer von damals dort unbekannten Infektionskrankheiten. Eine

Scharlach- und Masernepidemie hatte bereits die Hälfte der Huronen dahingerafft, als 1648 auch noch die Irokesen, ihre Erzfeinde, die Station angriffen. Acht der Missionare wurden getötet, einige endeten am Marterpfahl. Die Jesuiten gingen ein Jahr später mit den wenigen Huronen, die Krankheit und Krieg überlebt hatten, nach Québec-City. Die Nachkommen der *Georgian Bay Hurons* leben noch heute im Vorort Wendake (➪ Seiten 17 und 544).

Sainte-Marie among the Hurons

Von **Barrie** sind es noch gute 40 km zur 1964 rekonstruierten Mission ***Sainte-Marie among the Hurons*** östlich von **Midland** (Autobahn #400 bis zum Ende, dann Straße #12). Hohe Holzpalisaden unterteilen die kleine Anlage in zwei Befestigungsringe. Im äußeren Ring lebten die noch nicht getauften, im inneren die bereits christianisierten Huronen. Das einstige Leben in der Station ist detailgenau nachgestellt; typisch sind die *Longhouses*, große Häuser aus Baumrinde ohne Fenster und innere Unterteilungen für mehrere Indianerfamilien. Zeitgenössisch gekleidete »Bewohner« geben Auskunft auf alle Fragen. Im angeschlossenen Museum werden indianische Traditionen und die französische Lebensweise gegenübergestellt. Mitte Mai-Mitte Oktober täglich 10-17 Uhr; $11/$8; www.saintemarieamongthehurons.on.ca.

Matyr's Shrine

Nur einen Steinwurf entfernt vom *Sainte-Marie* Komplex stehen auf einem Hügel die hellen Zwillingstürme des ***Martyrs' Shrine***. Der Schrein gilt den später heiliggesprochenen Märtyrern, die hier im 17. Jahrhundert als Missionare ihr Leben ließen. Er ist Ziel zahlreicher Pilger und Touristen gleichermaßen. Im Sommer täglich 8.30-21 Uhr; Eintritt $3, unter 10 Jahren frei; Parken $3; www.martyrsshrine.com.

Große Bedeutung wird einer Visite von Papst Johannes Paul II. 1984 zugemessen; sie ist ausführlich dokumentiert. Unterhalb der Kirche befindet sich ein **Aussichtspunk**t, von dem der Blick über den *Severn Sound* der Georgian Bay und die Umgebung fällt.

Rekonstruiertes Dorf der ersten Siedler in der Region: Sainte Marie among the Hurons

Indianer Museum

Bau eines Huronen-Longhouse

Im ***Huronia Museum*** von Midland und einem ***Huron Indian Village*** mit bohnenstangenartigen Palisaden (King St/Little Lake Park) wird das Leben der Indianer vor der Ankunft der Europäer dargestellt. Die Sammlung archäologischer Funde wirkt etwas chaotisch Geöffnet April-Mitte Okt. täglich 9-17 Uhr, sonst Mo-Fr 9-17 Uhr. Kombiniertes Ticket $8, bis 17 Jahre $5; Kinder bis 6 Jahre frei; www.huronia museum.com.

Unterkunft

Wegen des starken Tourismus in diesem Bereich ist **Midland** mit **Motels** gut bestückt. Sie sind entlang der Hauptstraße King Street (***Best Western*** und ***Comfort Inn***) und in der Yonge Street (mehrere unabhängige preiswerte Motels) nicht zu übersehen, beide parallel zur #12. Z.B. ***Shamrock Motel***, 955 Yonge St W, $65-$95; ✆ 1-888-575-7879; www.shopmidland.com/shamrockmotel; oder ***Chalet Motel*** (einfach); 748 Yonge W, $45-$75; ✆ (705) 526-6571.

Penetanguishene

Wenige Kilometer westlich von Midland liegt **Penetanguishene.** Das Städtchen war seit dem späten 18. Jahrhundert ein englischer **Marine-Stützpunkt** und **Werfthafen**. Im englisch-amerikanischen Krieg (1812-14) wurden hier Kriegsschiffe versorgt. Auf diese Zeit bezieht sich das kleine ***Living Museum Discovery Harbour***, einige – für Europäer nicht sonderlich interessante rekonstruierte Gebäude an der Hafenbucht. Davor liegt ein schöner Picknickplatz. Juli bis *Labour Day* täglich 10-17 Uhr; Eintritt $6.50, Kinder $4.50; Führung $6; www.penetanguishene.ca.

Die *MS Georgian Queen* wirft Juli bis Sept. um 14 Uhr die Leinen los für 3-Stunden-Kurztrips durch die tief ins Land eingeschnittene *Penetanguishene Bay*; $25, Jugendliche $10; ✆ 1-800-363-7447 und ✆ (705) 549-7795.

Awenda Provincial Park

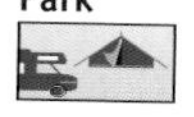

Der ***Awenda Provincial Park***, zu dem auch ***Giants Tomb Island*** gehört, liegt inmitten eines großen Waldgebietes mit Wanderwegen. Er umfasst mehrere Sandstrände und eignet sich gut für einen Ruhetag. Von den ***Campgrounds*** ist es aber relativ weit zu den ***Beaches***. Anfahrt ab Penetanguishene ausgeschildert.

Beaches

Ein Hinüberfahren zu den nahen Stränden am Ostufer der **Nottawasaga Bay** lohnt sich eigentlich nur, wenn man die Reise in Richtung Westen fortsetzt, ➪ Seite 447. Es gibt nördlich kaum öffentliche Strandzugänge zwischen den zahllosen Ferienhäusern (Jackson Park gleich südlich von Balm Beach), erst nahe **Wasaga Beach** kommt man wieder leichter ans Wasser (*Woodland Beach Park, Allenwood Beach Park*). Der einzig nennenswerte Ort des Bereichs, Balm Beach, hat wenig Anziehendes.

Georgian Bay Islands National Park

Der ***Georgian Bay Islands National Park*** wurde 1929 gegründet, um die Region nicht völlig privaten Häuslebauern zu überlassen. Aber nicht per Auto, sondern **nur per Boot** gelangt man in die Nationalpark-Inselwelt. Anfahrt über die Autobahn #400, *Exit* 156. Dort befindet sich auch das ***Parks Canada Welcome Center*** (✆ 705-538-0559) am ***Lock* 45** des *Trent-Severn Waterway*.

Vom kleinen Hafen **Honey Harbour**, ca. 10 km nordwestlich von **Port Severn** (Straße #5) verkehrt der ***Daytripper*** zur größten der 59 Parkinseln, *Beausoleil Island*. Juli bis Anfang September 3 x täglich, $16/$12, Dauer der Überfahrt 20 min. Es gibt auch **Wassertaxis**, die aber ein paar Dollar mehr kosten, ✆ (705) 756-2151 und ✆ (705) 756-2411; www.pc.gc.ca/georgianbay.

Ein ***Visitor Center***, der ***Cedar Spring Campground*** (einer von 11 auf verschiedenen Inseln angelegten Campingplätzen) und eine Reihe schöner *Hiking Trails* warten auf Besucher. Da es auf *Beausoleil Island* keine Einkaufsmöglichkeit gibt, muss man einen Besuch gut vorbereiten oder sich mit einer Stippvisite begnügen. Nur für eine Nacht lohnen sich Überfahrt und der damit verbundene Umstand kaum. **Unterkünfte sind nicht vorhanden**.

Quartiere

Motels/Hotels sind in dieser Region rar, die Unterkünfte in und bei **Honey Harbour** begrenzt:

- ***Delawana Inn***, hochpreisiges *B&B*, Tarife ab ca. $170; Hochsaison $275, ✆ 1-888-335-2926; www.delawana.com.
- in **Port Severn**: ***The Inn at Christie's Mill***, Autobahn #400, *Exit* 153; am Stoppschild rechts, 1 km auf der Port Severn Road; $175-$205; ✆ 1-800-465-9966; www.christiesmill.com.

Six Mile Lake Park

Über einen sehr schönen ***Campground*** verfügt der nahe ***Six Mile Lake Provincial Park*** 10 km nördlich Port Severn am *Trans Canada Highway* (#69). Sein Landschaftscharakter wird noch vom abgeschliffenen Granit des *Canadian Shields* bestimmt, dessen südliche Grenze hier verläuft. Während der Hauptreisezeit ist der Campingplatz am See allerdings rasch besetzt; **Reservierung** ➪ Seite 160; www.ontarioparks.com.

Nach Tobermory auf der Bruce Peninsula

Straße #26 ab Barrie

Wie erläutert, wurde der vorstehende Abschnitt als möglicher Abstecher oder »Schlenker« formuliert. Die hier verfolgte Hauptroute läuft nördlich von Barrie zunächst auf der Straße #26 über Wasaga Beach/Collingwood nach Westen bis Owen Sound und dann weiter nach Tobermory an der Nordspitze der *Bruce Peninsula,* von wo es per Fähre nach Manitoulin Island geht.

Wasaga Beach

10 km östlich von Collingwood zweigt die **Straße #92** nach **Wasaga Beach** ab. So nennt sich gleichzeitig der rund 14 km lange **Strandstreifen** bis über den Ort hinaus nach Norden. Er ist auf ganzer Länge über mehrere Blocks landeinwärts dicht mit Sommerhäusern und einer voll auf Badeferien und -wochenenden ausgerichteten Infrastruktur besetzt. Die #92 ist die kommerzielle

Hauptachse des Bereichs mit **Wasaga Beach Town** (www.wasagabeach.com) als wichtiger Ferienhochburg. Denn die Großstädter aus dem nahen Toronto finden am Lake Ontario keine vergleichbaren Strände.

Provinzpark

Der größte Teil dieses weltlängsten Süßwasserstrandes und eines schmalen Dünenstreifens steht unter Provinzpark-Verwaltung. Er ist im Stadtbereich in sechs ***Beach Areas*** unterteilt (mit Parkplätzen, wobei Parkgebühren=Strandeintrittsgeld). Dazu gehören auch Grünanlagen, in denen man unter Bäumen picknicken kann. Nirgendwo sonst zeigt sich der Rückgang des Wasserspiegels der *Georgian Bay* so deutlich wie hier (➪ Seite 19).

Zur Orientierung in diesem etwas unübersichtlichem Geflecht von Kommerz und *Provincial Park* benötigt man eine gute Karte, erhältlich im ***Visitor Centre*** von Wasaga Beach Town, 550 River Road West/#92 und im ***Provincial Park Visitor Centre*** für Nancy Island, auch an der River Road im zentralen Bereich (*Beach* 2). Der Rutschenpark (beim *Visitor Centre* Wasaga Town) dürfte nur für kleinere Kinder interessant sein; Juli/Aug. $24, Familie $76.

Nancy Island

Eine interessante Attraktion ist der ***Nancy Island Historic Site***. Im Krieg von 1812-14 wurde vor der Mündung des *Nottawasaga River* (beim Ort Wasaga Beach) die britische *HMS Nancy* von amerikanischen Kriegsschiffen versenkt. Sand und Gestein, die sich um das Wrack sammelten, sollen die Bildung von Nancy Island verursacht haben; www.wasagabeachpark.com.

Big Tub Lighthouse am Ende der Bruce Peninsula bei Tobermory

Collingwood

Um **Collingwood** (www.towncollingwood.on.ca) und **Craigleith** entwickelte sich – dank des nahen *Blue Mountain* (mit 300 m eine der höchsten Erhebungen des *Niagara Escarpment*, ➪ Seite 20) – das größte Wintersportgebiet Ontarios ***Town of the Blue Mountains*** (www.bluemountain.ca), eine »*fashionable*« Retortenregion voller teurer Hotels, Apartments und Chalets. In den **Sommermonaten** (außer Sa/So) gibt es im ***Blue Mountain Inn***, der ***Weider Lodge*** und ***The Grand Georgian*** Sonderangebote um die $100-$150 (alle ✆ (705) 445-0231). Zum ***Blue Mountain Resort*** & ***Village*** fährt man ab **Wasaga Beach** auf der #26 nach Westen

durch Collingwood bis fast nach Craigleith. Dort geht die #26 über in die Blue Mountain Road (#19) und wird dann zur Grey Road. Im *Village* führt der Entrance #2 zu den Hotels.

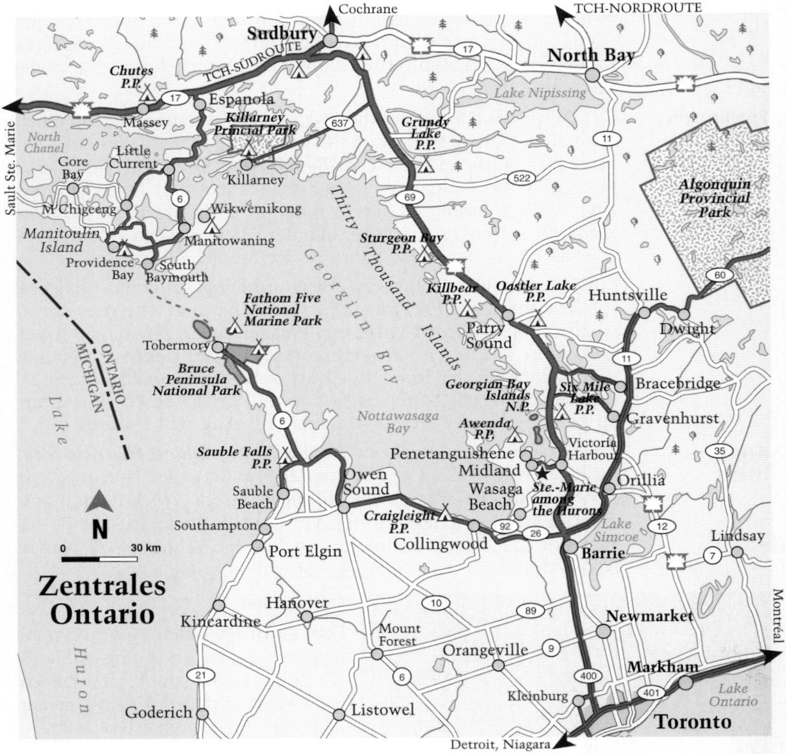

Scenic Caves

Spannend ist ein Ausflug zu den ***Collingwood Scenic Caves*** (ausgeschildert); per ***Guided Tour*** geht es durch einen Urwald von *Maples* (Ahorn), Eichen und Farnen über eine spektakuläre Hängebrücke zu Höhlen und Spalten im ***Niagara Escarpment***. Für Schwindelfreie ein tolles Erlebnis ist der ***Treetop Walk***, ein »Spaziergang« durch Baumkronen. Die *Tour* dauert 3 Stunden. Mai bis Ende Oktober,10-19 Uhr, Juli und August ab 9 Uhr; letzte Tour jeweils 2 Stunden vor Schluss. *Treetop Walk* länger und nur mit Voranmeldung. $75-$95, © (705) 446-0256.

Craigleith

Der ***Craigleith Provincial Park*** direkt an der Straße besitzt einen komfortablen **Campingplatz**. Leider kann man an der felsigen Küste dort nicht (mehr, ➪ Seite 398) gut baden; www.ontarioparks.com/english/crai.html

Bruce Peninsula
www.brucepeninsula.org

Die Bruce Peninsula ist eines der beliebtesten Ziele in Ontario, hauptsächlich wegen der beiden Nationalparks in ihrer Spitze. Von Owen Sound, einem unattraktiven Ort mit vielen Motels (*Econolodge, Comfort Inn, Best Western, Super 8* etc.), sollte man die Straße #21 und dann die Straße #6 nehmen, um auf dem Weg zu den attraktivsten Zielen der Halbinsel keine Zeit zu verlieren.

Geologisch ist die ***Bruce Peninsula*** (wie auch die Flowerpot Islands und Manitoulin Island) Teil des ***Niagara Escarpment*** (➪ Seite 20), welches das südliche Ontario bis zu den Niagarafällen diagonal durchquert. Ein 782 km langer alter **Indianerpfad** von Queenston am Niagara River bis Tobermory folgt dem Verlauf des Höhenzuges. Der schönste Abschnitt dieses heute ***Bruce Trail*** genannten Weges (➪ Seite 414) sind die letzten Kilometer auf den weißen Kalkfelsen über der Ostküste der Bruce Peninsula. Die **Westufer** der Halbinsel am Lake Huron sind flach und streckenweise sumpfig. Aber auch **Badestrände** findet man, z.B. im leicht erreichbaren Bereich ***Sauble Beach***. Dort warten Dünen, flaches, relativ warmes Wasser, viele **Ferienquartiere** und der ***Sauble Falls Provincial Park*** mit **Campingplatz** am Fluss (an der Straße #21).

Sauble Beach

Die Sauble Beach ist zudem der einzige erlaubterweise **mit Auto befahrbare Strand Canadas** ($10). Der gleichnamige Ort hat Cafès und Restaurants, Geschäfte und viele Ferienquartiere, z.B.

- ***Sauble Lodge Motor Inn*** an ruhiger Strasse, mit Pool, 1 min zum Strand; ab $110; Suites mit Küche $150, *Cottages* $560/Woche. ✆ (519) 422-1040; www.saublebeachlodge.com

Der schöne ***Sauble Falls Provincial Park*** (mit **Camping** am Fluss) liegt einige Kilometer nördlich am *Sauble Falls Parkway*; bei der Ampel im Ort nach Norden (Straße #21).

Ostküste/Straße #9

Die #9 (später die #29) führt zu schönen Punkten der Ostküste. **Hope Bay** ist ein ruhiger winziger Sommerort mit geschütztem Strand. Ein gutes einem ***B&B*** direkt am Strand ist

- ***Cedarholme Cottages Bed & Breakfast***, $80-$90, einfache Cottages ab $90 für bis zu 6 Personen; ✆ (519) 534-3705 und ✆ 1-877-225-2242; www.cedarholme.bb-bruce.com

- Günstig liegt der ***Hopebay Campground***, ✆ (519) 534-1208; www.hopebaycampground.com

Bei Borrow Bay und Lion's Head finden sich Kalksandstein-Klippen, Grotten und kleine Buchten. Der Meeresboden aus weißem Kiesel gibt dem Wasser die türkis-blaue Färbung. Ein Teilstück des *Bruce Trail* führt zum Aussichtspunkt ***Lion's Head Point***.

Lion's Head

Die geschützte Bucht hat einen Sandstrand mit Picknicktischen. Dort liegt auch das attraktive ***Lion's Head Beach Motel & Cottages*** mit Blick auf Strand und Hafen, Zimmer mit Küche $99; ✆ (519) 793-3155; www.lionsheadbeachmotelandcottages.com.

Bruce Peninsula National Park

Südlich Tobermory erstreckt sich quer über die Halbinsel der ***Bruce Peninsula National Park*** (270 km²). In seinem **Ostteil** liegen **Badeseen** unweit der Küste. Die Ufer der Georgian Bay sind

mit überhängenden Felsen, Höhlen, stillen Buchten und ihrer Wassertransparenz spektakulär, aber im Park nur zu Fuß zugänglich. Mehrere ***Trails*** sind nur kurze Rundwege oder führen vom zentralen Cyprus Lake zum *Bruce Trail*: Bis Tobermory sind es etwa 16 km; www.pc.gc.ca/on-np/on/bruce.

Am **Cyprus Lake** befinden sich **drei Campingplätze** dicht beieinander. Im **Westteil**, jenseits der Straße #6, erstrecken sich am Lake Huron Sümpfe, sandige Buchten und Dünen. Mehr als 40 verschiedene Orchideenarten, Wildblumen und Farne wachsen hier. Gut zugänglich ist der (heute wegen Wasserpedelreduktion sehr flache) Badestrand ***Singing Sands*** an der Dorcas Bay.

Tobermory

Das hübsche Tobermory an der Nordspitze der Halbinsel beherbergt den Fährhafen nach Manitoulin Island und ist Ausgangspunkt für Ausflüge zu den Inseln des ***Fathom Five Nat`l Marine Park***. Ein ***Visitor Center* für beide Nationalparks** liegt im Süden des Ortes (von der #6 kommend gegenüber der *Royal Bank* in die **Codrington Street**). Neben Film und Ausstellung über Natur und Geschichte der Gegend informiert es über mögliche Aktivitäten. Vom Aussichtsturm blickt man weit über die Landschaft. Ein 10-min-Pfad verbindet das ***Visitor Center*** mit der ***Tobermory Tourist Information***; www.tobermory.org.

Wartezeit

Wartezeiten auf die Fähre (➪ Kasten) lassen sich durch einen Ausflug zum Fotomotiv ***Big Tub Lighthouse*** (➪ Foto Seite 447) am Ende der Landzunge 2 mi nordwestlich von Tobermory überbrücken (Front Street, am Fährterminal links ab).

Unterkunft

Auf Manitoulin Island gibt's nur wenige Motels; ohne Reservierung sollte man – statt die Abendfähre zu nehmen – besser in Tobermory bleiben, z.B. im

- ***Peacock Villa Motel & Cabins***, 5 min zu Fuß vom *Little Tub Harbour*; 29 Legion Street; im Sommer \$80-\$90, sonst bis \$55, Cabins \$45-\$110; ✆ (519) 596-2242; www.peacockvilla.com
- ***Blue Bay Motel***, Bay Street, moderner lichter Bau, Blick auf den Hafen, ruhig; im Sommer \$120, sonst \$72; ✆ (519) 596-2392; www.bluebay-motel.com
- ***Grandview***, Bay Street, etwas außerhalb; mit Restaurant und prima Aussichtsterrasse; \$65-\$130, ✆ (519) 596-2220, www.grandview-tobermory.com
- ***Cedar Grove Cottages***, Tipp für längeren Aufenthalt; ruhig an einem Badesee, Kanuverleih, individuelle *Cottages*; für zwei Personen \$84-\$220. Südlich Tobermory, ab #6 in die Cameron Lake Road; ✆ (519) 596-2267; www.cedargrovecottages.com

Camping

Neben den oft ausgebuchten Plätzen im Nationalpark gibt es weitere gute, kaum teurere Campingmöglichkeiten:

- ***Lands End Park***, Hay Bay Road 2 km von der #6, großzügig angelegt, Privatstrand (über die Straße), *Cabins*, Kanu/-Fahradverleih; ✆ (519) 596-2523; www.landsendpark.com

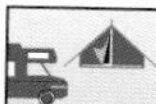

- ***Happy Hearts Park***, Cape Hurd Road, sehr großer Platz im Wald, © (519) 596-2455; www.happyheartspark.com
- ***Harmony Acres***, Straße #6 nahe der Einfahrt zum *Cyprus Lake* (kleines Schild), naturbelassenes Gelände, einfache *Cabins*, große Stellplätze; kein © und kein Internet

Fathom Five National Marine Park

Der ***Fathom Five National Marine Park*** ist ein **Unterwasserpark,** der neben einem Areal auf dem Meeresgrund 19 Inseln vor der Spitze der Bruce Peninsula umfasst; www.pc.gc.ca/amnc-nmca/on/fathomfive/ index_e.asp.

Seit 1850 verfehlten viele Schiffe bei Sturm die enge Seepassage um die Spitze der Halbinsel herum und gerieten vor Tobermory in Untiefen. Wegen des glasklaren Wassers und **über 20 Wracks** auf dem Grund des Sees gilt er als Taucherparadies (***GS-Tauchshop***, 8 Bay Street, © (519) 596-2200; www.gswatersports.com.

Besucher ohne Tauchambition buchen am **Little Tub Harbour** eine der **Bootstouren** der *Blue Heron Company*, sehen dabei die Schiffswracks vom Glasbodenschiff aus und lassen sich ggf. auf **Flowerpot Island** zum **Spaziergang** und Picknick absetzen. Die Insel – so benannt nach zwei 7 m und 12 m hohen, Blumenvasen ähnlich Felssäulen – ist Heimat zahlreicher **Orchideenarten**. Mehrere Touren täglich; je nach Programm $20-$30; © (519) 596-2304; www.blueheronco.com.

Flowerpot Island

Auf Flowerpot Island befindet sich ein ***Campground*** für 6 Zelte (hölzerne Plattformen) – Vergabe nach *first-come-first-served* im *NP Visitor Center* (Transport per Glasbodenboot mit *drop-off*).

Von South Baymouth nach Sault Ste. Marie

Manitoulin Island

Die 140 km lange und 40 km breite Manitoulin Island ist die weltgrößte Insel in einem Süßwassersee. Sie hat 1.600 km Küstenlinie, mehr als 100 Seen, ist grün und leicht hügelig. Sie bietet bei einer ausgewogenen touristischen Infrastruktur wenig Luxus aber viel Ruhe. Es gibt genügend *Cottages*, kleine Motels und einfache Zeltplätze; www.manitoulinisland.com.

Hafen in Tobermory

Tobermory–Manitoulin Island Ferry (www.ontarioferries.com)

Die Fähre verkehrt nur **Anfang Mai bis Mitte Oktober** – Fahrtzeit **105 Min**

Im Sommer (2008: 20. Juni bis 01.Sept.) 4x täglich, vor- und nachher nur 2x täglich plus freitags 3. Abfahrt am Abend.

ab Tobermory: 7, 11.20*), 15.40*), 18.10 Uhr;
ab South Baymouth: 9.10, 13.30*), 17.50*), 22 Uhr.

Frühjahr/Herbst:

ab Tobermory: 8.50, 13.30 (**nur Fr** auch 18.10 Uhr);
ab Manitoulin: 11.10, 15.50 (**nur Fr** 20.15 Uhr).

Tarife: Einfach $14.50, Kinder bis 11 Jahren 50%; Fahrzeuge bis 2,60 m Höhe $32, höhere Fahrzeuge $68 (RVs). Ab 6,10 m (20 Fuß) Länge pro zusätzlichem Fuß (= 30 cm) Länge $2,40 extra, bei höheren Fahrzeugen plus $4,70/Fuß.

*) mit begrenzter Reservierungs-Möglichkeit (Überfahrt in der Reihenfolge der Ankunft; Check-in: 60 min vor Abfahrt) Reservierung beim ***Ontario Northland Marine Service*** (bei Anruf Kreditkarte bereithalten):

Reservierung: © 1-800-265-3163, Fax (519) 371-2354, online ⇨ oben
Terminal Tobermory: © (519) 596-2510
Terminal South Baymouth: © (705) 859-3161
Fähreninfo auch unter www.tobermory.org/ferryservice.html

Route

Hier geht es um die Strecke vom Fährhafen **South Baymouth** nach Norden **bis Espanola** am TCH (#17) im Rahmen einer Fortsetzung der Reise in den Westen oder einer Rundtour zurück in den Osten Ontarios. Ein Abstecher auf die Insel (ab Espanola) ohne Nutzung der Fährroute lohnt sich eher nicht.

Information/ Unterkunft

Schon in South Baymouth gibt es Infomaterial über Quartiere auf der Insel. Ein größeres ***Information Center*** befindet sich in **Little Current** an der #6, rechts das erste Gebäude nach der Drehbrücke:

- ***Huron Motor Lodge***, das beste Motel am Hafen von South Baymouth, $79-$87; © (705) 859-3131; www.manitoulin.com
- 1500 m weiter ***Buck Horn Motel***, © (705) 859-3635, ab $69

- Der ***Campground South Bay Resort***, 1 km außerhalb von South Baymouth hat Stellplätze für RVs und Zelte und **8 *Cabins*** an der Bucht; © (705) 859-3106

Manitowaning

Die Straße #6 von South Baymouth nach Espanola zum *Trans Canada Highway* bietet anfangs wenig fürs Auge. Etwa auf halber Strecke liegt **Manitowaning** und in seinem Hafen ***SS Norisle***, das letzte Dampfschiff auf dem Lake Huron. Nicht weit davon befindet sich das ***Assiginack Museum*** mit Gegenständen aus der Pionierzeit. Schiff und Museum sind Juni-September zu besichtigen: 10-17 Uhr, Eintritt $4.

Indianer und Kirche

Die ***Wikwemikong Indian Reserve*** rund um den Ort gleichen Namens nordöstlich von Manitowaning ist eines von fünf Reservaten auf Manitoulin Island. Schon im 17. Jahrhundert hatten sich die *Wikwemikong*-Indianer zum katholischen Glauben bekehren lassen. Die Ruine der ersten ***Holy Cross Mission*** der Jesuiten ist ein bis heute sichtbarer Zeuge der Missionsgeschichte, ⇨ Seite 444 und Kasten unten; www.wiky.net. Interessant ist auch das gegenwärtige soziale Gefüge, das sich in einer großen *High School* und der Krankenversorgung manifestiert.

M'Chigeeng

Im zweitgrößten Insel-Reservat M'chigeeng (an der #551) erfährt man mehr über ***Ojibwe***- und ***Anishnabe*-Indianer**: In der ***Ojibwe Cultural Foundation*** werden Kunsthandwerk und moderne indianische Maler gezeigt und die erwähnten ***Great Spirit Circle Trail*** Touren organisiert, die Zugang zu Geschichte und Lebensweise der Indianer vermitteln sollen; © (705) 377-4404 und © 1-877-710-3211; www.circletrail.com.

- Das ***Manitoulin Inn***, ein Motel auf großem Gelände abseits des Sees liegt an der #551 ca. 13 km südlich von **Mindemoya;** $89/$99, © 1-877-270-0551; www.manitoulin.com/inn
- Der einfache **Campingplatz** dort – nur eine grüne Wiese am Wasser – eignet sich für eine Übernachtung.

Indianer auf Manitoulin-Island (www.manitoulin.ca)

Seit Jahrhunderten ist die Insel Indianergebiet und noch heute gehört ein Drittel der Inselbewohner zu den Ojibwe- und *Ottawa*-Stämmen; die Unterzeile *First Nation* auf den Ortsschildern weist darauf hin.

1836 wurde ganz Manitoulin-Island zu einem Indianerreservat erklärt. Als aber Mitte des 19. Jahrhunderts immer mehr Siedler nach Ontario strömten, begannen langwierige Auseinandersetzungen zwischen den Indianern und der kanadischen Regierung, die den Indianern ein Landabtretungs-Abkommen anbot. Im Gegenzug für den Verzicht sollte jede Familie Geld und ein fest zugeteiltes Grundstück erhalten. Während die Indianer im westlichen Inselteil einwilligten, lehnten die Bewohner der Region um Wikwemikong (Ostküste) das Angebot ab. Das Gebiet gilt seitdem als *unceded*, als »nicht abgetreten«.

Alljährlich am ersten Augustwochenende findet in Wikwemikong das größte und bunteste ***Pow Wow*** Ontarios statt, zu dem Indianer aus dem ganzen Land anreisen: Bei Musik, Tanz und *Hot Dogs* sind auch Touristen willkommen. Auskunft dazu unter © (705) 859-2385; www.wikwemikongheritage.org.

3

Südküste

Wer Zeit mitbringt, findet an der Südküste in **Providence Bay** einen Sandstrand mit ***Beach Boardwalk***, an dem auch der

- ***Providence Bay Tent & Trailerpark*** liegt (mit *Cabins*); ✆ (705)-377-4650 und ✆ 1-877-269-2018
- Das ältere ***Huron Sands Motel*** liegt im Ortszentrum; $100 in der Saison; ✆ 1-866-427-5426; www.huronsandsmotel.com

Straße #6

Nördlich von Manitowaning passiert die Straße #6 bei Sheguiandah (mit kleinem Muaeum) den ***Ten Mile Point***. Am ***Trading Post*** genießt man einen weiten Blick über die Inselwelt.

Little Current

www.manitoulin-island.com/little-current

Little Current ist größte Siedlung und wichtigster Touristenort der Insel. Eine Meerenge, der *North Channel*, trennt Manitoulin Island von der Nachbarinsel Great La Cloche Island.

- Das gepflegte ***Paradise Motel*** liegt etwas abseits der #6 an der Ortsausfahrt von **Sheguiandah** (Richtung gleichnamiger Bay); $65-$85; ✆ (705) 368-2008.

Unterkunft

- ***The Shaftesbury Inn*** liegt zentral, aber dennoch ruhig, mit Restaurant; 19 Robinson Street, $120-$195; ✆ (705) 368-1945, www.rockgardenresort.on.ca

- Empfehlenswerte **Lodges** sind ***Birch Island*** mit Inselzubringer nach ***La Cloche***; schöne Cottages, ab $120, auch B&B, ✆ 1-888-228-1823, www.birchislandlodge.com, und ***Widgawa*** in **Whitefish Fall**, *Cottages* ab $95; ✆ (705) 285-4966 oder ✆ 1-800-562-9992; auch **Zeltplätze**; www.widgawa.ca

Die Strecke bis **Espanola** verläuft abwechslungsreich durch eine attraktive Seen- und Insellandschaft und erreicht bei Whitefish Falls wieder das Festland. Bei Espanola mit seiner Zellulose-Fabrik, die man häufig früher riecht als sieht, trifft man auf die Straße #17, den ***Trans-Canada-Highway (TCH)***.

Umkehrpunkt Espanola

Wer keine Weiterfahrt über Sault Ste. Marie hinaus plant, sollte Espanola (oder äußerstenfalls Massey und/oder den *Chutes Park)* als Umkehrpunkt einer Rundfahrt um die Georgian Bay wählen. Weder die Strecke bis Sault Ste. Marie noch die Stadt sind so aufregend, dass ein Abstecher von fast 250 km und zurück lohnend wäre. Bei Umkehr ➪ Seite 457.

An einem Knotenpunkt wie Espanola gibt's wieder eine bessere Unterkunftsauswahl, u.a.:

- ***Pinewood Motor Inn***, ✆ 1-800-361-3460, ab $75, und
- ***Lake Apsey Resort***, ✆ 1-800-559-6583, $95-$125

Chutes Park

Bei **Massey** am TCH, 24 km westlich Espanola, lädt der sehr schöne ***Chutes Provincial Park*** zum Picknicken und Baden, ggf. zum Camping ein; www.ontarioparks.com/english/chut.htm:

Der Park wird auf ganzer Länge vom verzweigten **Aux Sables River** durchflossen. Am Nordende noch voller Stromschnellen und Wirbel, beruhigt er sich im weiteren Verlauf. Im Süden gibt es eine ***Sandy Beach***. Von einer Plattform überblickt man den

Strand und den Standort eines früheren *Log Chute*. Auf solchen Rutschen wurden Baumstämme um die Katarakte herumgeflößt. Der ***Campground*** des Parks liegt am Westufer des Flusses.

Nach Sault Ste. Marie

Der TCH von Espanola nach Sault Ste. Marie wird Tag und Nacht von zahlreichen Lastwagen befahren. Wer ein ruhiges Plätzchen zu Schlafen sucht, hat es dort schwer. Es gibt zwar immer wieder (eher einfache) Motels, aber sie liegen meist direkt an der verkehrsreichen Straße. Das ***Old Mill Motel*** in Blind River hat auch seeseitig Zimmer (mit schönem Blick) ab $60; ✆ (705) 356-2274 und ✆ 1-800-871-0842; www.oldmillmotel.ca

Sault Ste. Marie

Eine enorme Brückenkonstruktion verbindet die gleichnamigen Zwillingsstädte beidseitig der – durch den St. Mary's River zwischen Lake Superior und Lake Huron gebildeten – amerikanisch-kanadischen Grenze. Die ***International Bridge*** überspannt eine der einst strategisch wichtigsten Wasserstraßen des nordamerikanischen Kontinents; www.saulttourism.com/tourism.

Schleusen

Von der **Brücke (*Toll* $3)** blickt man hinunter auf das Schleusensystem, das die Stromschnellen des Flusses umgeht. Bereits 1855 wurde – auf US-Seite – die erste Schleuse gebaut und damit der Seeweg von Europa bis Fort William frei, das heute Thunder Bay heißt. Heute können Schiffe bis zu 300 m Länge und 30 m Breite durch die ***Soo Locks*** geschleust werden.

Lock Tours (2 Stunden) kann man auf kanadischer (und US-) Seite buchen. Jenseits der Grenze ist die Besichtigung der Schleusen lohnender. Alles weitere zu **Sault Ste. Marie auf der USA-Seite** im Michigan-Kapital, ➪ Seite 666; www.saultstemarie.com.

Museum

Ganz interessant ist das ***Bushplane Museum*** im Osten der Stadt, 50 Pim/Bay Street. Eine Halle voll alter Flugmaschinen: ihre Entwicklung und Rolle für Besiedlung und Brandschutz. Eintritt $10,50/$5, im Sommer täglich 9-18 Uhr; www.bushplane.com

Das Bushplane Museum in Sault Ste. Marie hat jede Menge Kleinflugzeuge und Helikopter

Paper/ Pulp Mills

> **Kleiner Tip** für Reisen Ende September und im Oktober: Der **Indian Summer** ist oberhalb der Großen Seen ähnlich gut wie weiter östlich. Fahren Sie z.B. ab Iron Bridge auf die #554, dann #129 zum TCH

Unübersehbar wie die *International Bridge* sind die Schlote der holzverarbeitenden Industrie. Mitunter legt sich der beißende Geruch der *Pulp Mills* tagelang über die Stadt. Nicht ohne Grund also wurde Sault Ste. Marie vor einigen Jahren mit dem schönen Titel ***Forestry Capital of Canada*** geehrt.

Agawa Canyon via Algoma Railway

Der *Algoma Central Railway Terminal* in der Bay Street ist Ausgangspunkt für einen Tagestrip mit der Eisenbahn (täglich 8-17 Uhr, davon 7 Stunden Fahrt), der sich vielversprechend »***Agawa Canyon - Wilderness by Rail***« nennt. Ziel ist der *Agawa Canyon* (ca. 115 km) am Ostrand des ***Lake Superior Provincial Park***. Im lieblich-grünen Tal des *Agawa River* (keine rauhe Felsschlucht, aber per Auto unerreichbar) wird zwei Stunden pausiert für Mittagsnack und Spaziergang durch den Park am dort ruhigen Agawa River. Für Leute mit Extrazeit empfehlenswert. Der Trip kostet $65; Kinder bis 18 Jahre $25; unter 5 Jahren $20, September+Oktober teurer; ✆ 1-800-242-9287 oder ✆ (705) 946-7300.

Hearst

Eine 2-Tages-Algoma-Bahnfahrt führt durch absolute Einsamkeit weiter nach **Hearst** (500 km nördlich, ein Elchjagd-Zentrum). Man kann dabei sogar einen Privatwaggon buchen (bis 8 Personen); außerdem gibt es auf der Strecke rustikal-komfortable *Lodges*, ➪ bei Interesse im Detail www.agawacanyontourtrain.com.

In die USA

Zur Weiterfahrt über Sault Ste. Marie/USA nach Michigan (Chicago und Detroit) ➪ ab Seite 666. Für eine Weiterreise in Richtung Prärieprovinzen und weiter ist der Reise Know-How Titel »***Kanada, der ganze Westen***« ein unverzichtbarer Ratgeber.

Unterkunft

Beide Sault Ste. Maries verfügen über eine große Zahl von Motels und Hotels sowohl entlang der Hauptrouten (#17B in Sault Canada) wie auch im engeren Ortsbereich.

- ***Sleep Inn***, 727 Bay Street, angenehmes Motel am Wasser; $90-$140; ✆ 1-877-953-7533; www.sleepinn.on.ca
- ***Algoma Cabins Motel*** am St Mary's River, 1713 Queen Street East/Boundary Road, alle Zimmer mit Küche $65-$75, *Cabins* $85; ✆ 1-800-253-4351; www.algomacabins.com

Je nach aktuellem Kurs US$ zu CAD (Mitte 2008 ca. 1:1), rechnet es sich ggf., das Quartier auf US-Seite zu suchen. Hotel- und Motel-Broschüren liegen beidseitig der Grenze aus.

Camping

Die privaten Campingplätze im Umfeld befinden sich nördlich am TCH, darunter auch ein guter *KOA-Campground*.

USA

Wer sich auf den Campingplätzen von *State Parks* wohler fühlt, findet bei Weiterfahrt nach Michigan im ***Brimley State Park*** an der *Whitefish Bay* des Lake Superior südwestlich von Sault Ste. Marie (USA) eine gute Alternative. Der ***Campground*** dort ist groß und verfügt über allen Komfort.

Über Sudbury und Parry Sound zurück nach Toronto

TCH

Wer den Rundkurs um die Georgian Bay verfolgt, fährt ab Espanola oder Massey auf dem *Trans Canada Highway* zurück in Richtung Osten. Bis Sudbury tut sich nicht viel.

Sudbury

Nickel- und Kupfervorkommen machten **Sudbury** zu einer von Industrieanlagen geprägten Stadt. Riesige bei der Nickelproduktion enstandene Schlackehalden umgeben die 160.000-Einwohner-Stadt. Der Grund für den Erzreichtum dieser Region, aus der 85% der Weltnickelproduktion stammen, ist nicht genau geklärt. Die Stadt liegt in einer kraterartigen Senke von 24 km Durchmesser, dem ***Sudbury Basin***, über dessen Entstehung die Wissenschaft streitet: Die Erzkonzentration ist entweder vulkanischen Ursprungs oder geht auf Meteoriteneinschlag zurück.

Ein ***Visitor Center*** liegt an der #69 am Richard Lake, ca. 8 km vor der Stadt; www.mysudbury.ca/tourism.

Science North/ Dynamic Earth

Die Attraktionen Sudburys sind ***Science North*** und ***Dynamic Earth***. Ersteres ist ein Wissenschaftsmuseum in zwei schneeflockenförmigen Gebäuden mit IMAX-Kino und einem – für Kinder aufregenden – ***Virtual Voyage Adventure Ride***. Auch ***Dynamic Earth*** bietet eine Abteilung über Geologie und dazu ein hochmodernes Filmerlebnis über Naturphänomene (wechselnd). Beliebt ist die ***Untertage Tour***, eine Fahrt surch die Entwicklung des Nickelabbaus. Beliebtes Fotomotiv vor dem Gebäude von *Dynamic Earth* ist ***The Nickel***, eine riesige Nachbildung der (bis 1963) zwölfeckigen 5-Cent-Münze.

Zufahrt zu *Science North* von Westen: von der #17 auf die #80 (Paris Street), hinter dem *Travelway Inn* rechts in die Ramsey Lake Street. **Zufahrt von Osten**: von der #69 auf die #46 (Regent Street), dann rechts in die Paris Street, ➪ oben. Wie man **vom *Science Center* zur *Dynamic Earth*** (und umgekehrt) kommt, erfährt man dort; www-sciencenorth.on.ca; www.dynamicearth.ca.

Tickets: $18/$15; Kombi für beide Institutionen: $31/$25; ✆ 1-800-461-4898; Juli/August 9-18, sonst 9-17 Uhr.

Unterkunft

Sudbury am Hauptstrang des ***TCH*** #17 von Ottawa und dem Ende der Alternativroute #69 verfügt über zahlreiche Motelbetten. Das Gros der Häuser liegt entlang dieser beiden Straßen.

3

Camping

Zwei Campingplätze (***Mine Mill*** und ***Carol Campsite***) liegen am Richard Lake, ca. 8 km südlich der Stadt am TCH #69, ein weiterer (***Holiday Beach***) am McCharles Lake an der Straße #55, die parallel zur #17 verläuft, ca. 20 km westlich.

TCH #17/#69

Von/über North Bay führt eine direkte Strecke sehr schön und einsam am Ottawa River entlang direkt nach Ottawa. Ein Abstecher in den *Algonquin* ist zwar auf der #630 nach Kiosk (⇨ Karte Seite 464) möglich, aber es gibt dort keine Service-Einrichtungen.

Georgian Bay Region

Die Georgian Bay zwischen ***Killarney Provincial Park*** und **Parry Sound** ist eine der schönsten Gegenden Ontarios und von der **UNESCO** auf der hier genannten Strecke zur ***Biosphere Reserve*** erklärt worden. Vom TCH #69 aus ist das kaum nachzuvollziehen. Die Faszination der Region erschließt sich dem Besucher nur vom Wasser aus. Aber es gibt nur wenige Tourangebote zwischen den Inseln. Das Beste wäre ein eigenes (oder gemietetes) Schiff, auf dem man auch schlafen kann, samt Aufenthalt in einer einsamen *Lodge*. Auch Zelten in einem der wunderbar gelegenen und angelegten ***Provincial Parks*** an einem der kleineren Seen ist eine schöne Möglichkeit. Kanus sind meist vor Ort zu mieten.

Killarney Park

Der ***Killarney Provincial Park*** an der Georgian Bay südwestlich von Sudbury ist ein echter **Wildnispark**. Zufahrt von Sudbury zunächst 18 km auf dem TCH, dann 60 km auf der Straße #637. Dieses Gebiet bietet in erster Linie Kanuten und Wanderern viel Natur und wenig Komfort; www.friendsofkillarneypark.ca.

Killarney Outfitters organisiert Touren und vermietet Kanus und Kajaks vor Ort. Eine Filiale befindet sich 2 km vorm Parkeingang: \$80-\$95/Tag kosten geführte Touren inkl. Ausrüstung; Kanus/Kayaks \$18-\$31/Person und Tag. Auch Kajak-Training kann gebucht werden. ✆ 1-800-461-1117; www.killarneyoutfitters.com.

Es gibt nur einen mit Auto erreichbaren Campingplatz im Park, den ***Lake George Campground*** bei den *Headquarters*.

- Das ***Visitor Center*** am ***Lake George Campground*** hat Karten für Wanderer und Kanuten. Die besten Plätze (#87/#88!, aber auch die 90iger Nummern und #101/#102) befinden sich im abgelegereren Bereich bei der *Second Beach*.

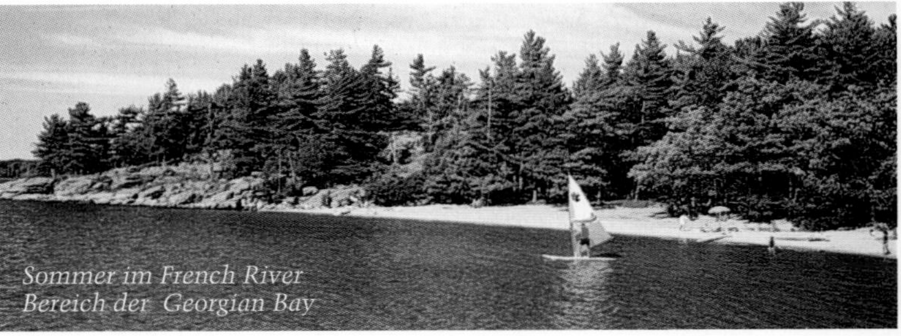

Sommer im French River Bereich der Georgian Bay

- Der ***Roche Rouge Campground*** (✆ 705-287-2332) am Ortseingang des 12 km vom Park entfernten Killarney hat ebenfalls traumhafte Plätze (#39 & #40) an den glattgeschliffenen Felsen.
- Im Ort **Killarney** bietet ***Roques Marina*** (✆ 705-287-9900) Stellplätze auf einer großen Wiese

Wer die wilde Landschaft des *Canadian Shield* vom Hotelbett aus erleben möchte, ist gut aufgehoben in der

- ***Killarney Mountain Lodge*** mit komfortablen *Cottages. B&B* in der Saison kostet $76-$87, sonst $63-$74; *Cottages* mit *Dinner* pro Person ab $121; ✆ (705) 287-2242 und ✆ 1-800-461-1117
- Die ***Avalon Eco Lodge*** mit *Cabins* und B&B-Zimmern liegt oberhalb des Tyson Lake an der #637 bei Kilometer 29. Motorisierter Ponton für kleine Ausflüge auf den See, Sauna. *B&B* $140, *Cabins* kosten belegungsabhängig ab $150. ✆ (705) 688-3453; www.avalonecoresort.com

French River

Ein weiteres *Highlight* auf dieser Route ist der **French River**. Er fließt vom Lake Nippiseng 125 km bis zur Georgian Bay durch den *Canadian Shield*, hier einem Geflecht von felsigen Inseln im zu Seen erweiterten Fluss voller Stromschnellen (20 m Gefälle vom Lake Nissipeng), und endet in einem weiten Delta. Ein Paradies für Kayak- und Kanufahrer und Angler. Das Gebiet ist über die kleinen Straßen #64/#528 zu erreichen. Es gibt keine Auto-Campingplätze, aber einige *Lodges* mit *Cottages*. Kleine Motorboote können zum Trip in die Wildnis gemietet werden.

Im ***Visitor Center*** an der #69 (bei der Flussbrücke) erfährt man alles zu Geschichte, Geologie und Natur der French River Region plus praktische Tipps. ✆ (705) 857-1630, Juli & August 9-19 Uhr.

Folgende French-River-Unterkünfte bzw. Campingplätze sind per Auto erreichbar:

- ***Great Escape***; *Cabins* und Zeltplatz, an der Straße #607, nicht weit vom *Visitor Center* entfernt $80-$120; Camping $20-$25; ✆ (705) 857-0620; www.frenchriverresorts.com/gec.shtml
- ***Flat Rapids Camp***, Hartley Bay Road, *Cottages*, Marina und Zeltplätze, Motorboot-Verleih; nicht weit vom *Visitor Center*; *Cottage* für 2-4 Pers $475/Woche, auch Tagesraten; ✆ (705) 857-2439 und ✆ 1-866-577-3528; www.flatrapidscamp.com.

- Das komfortable ***Yesterday Resort*** an der #607A ca. 3 km vom TCH entfernt unweit des *Visitor Center*; *Chalets* ab $125, Zimmer nur mit Halbpension; Bootsverleih, Restaurant, Whirlpool, Sauna, ✆ 1-800-663-3383; www.yesterdaysresort.com

Weitere Parks und Quartiere im Bereich TCH #69

Mit ***Grundy Lake***, ***Sturgeon Bay***, ***Killbear*** und ***Ostler Lake*** säumen weitere herrliche Provinzparks die Strecke am TCH in einer typischen *Canadian Shield*-Landschaft. Sie liegen mit Ausnahme des *Killbear PP* entweder an kleineren Seen oder tiefeingeschnittenen Inlets mit Badestellen inmitten herrlicher Kanureviere.

Reservierungen wie für alle Ontario-Provinzparks unter: © 1-888-668-7275; www.ontarioparks.com/english/reservations.html.

- Kurz vor der Abfahrt (#529A) zum ***Sturgeon Bay PP*** liegt links an der #69 (nördlich von Pointe au Baril) die ***Moose Lake Lodge*** mit Café und ***Cottages*** am See. Strand und Gratis-Ruderboote. $90-$105; © (705) 366-2367; www.mooselakecottages.com.
- Am Ende einer Landzunge ca. 4 km westlich des TCH #69 auf Straße #644 liegt sehr schön das ***Rock Pine Resort***. *Cottages* für $116-$178 in Vor-und Nachsaison, Hochsaison nur wöchentlich. Mietboote. © 1-866-877-9677; www.rockpineresort.com
- Nördlich von **Nobel** zweigt die #559 zum ***Killbear PP*** ab (in Nobel steht das *Visitor Center* des Parks), ein Ast dieser Straße führt nach **Dillon** mit dem ***Winnetou Resort***: 12 geräumige *Cottages* (2-6 Personen), Blick über Strände und Bucht, Kayaks/Kanus, Sauna inkl. $113-$208; Woche $630-$1500; © 1-800-567-4550; www.holidayjunction.com/winnetou

Killbear Park

Unbedingt einen Abstecher mit Zwischenstop, am besten ein bis zwei Tage Aufenthalt, sollte man für den ***Killbear Provincial Park*** einplanen. Er liegt westlich des TCH #69 (ca. 20 km Zufahrt über die Straße #559) auf einer Landzunge, die wie ein Finger in den geschützten *Parry Sound* hineinragt; © (705) 342-5492.

Camping

Gleich 6 der 7 Campingplätze dieses wunderbaren Parks haben ihren eigenen Strand:

- Ganz prima ist ***Harold Point*** mit Strand und glatten Felsen
- ***Beaver Dams*** hat den besten Strand mit Plätzen am Wasser
- Auch der kleine Strand des ruhigen ***Granite Saddle Campground*** wird von runden Felsen eingerahmt

Parry Sound

Der Hafen im Ort Parry Sound ist Ausgangspunkt für Bootsausflüge in das Gebiet der 30.000 Inseln. Von Anfang Juni bis Ende Oktober startet die dreistündige ***Island Queen Cruise*** täglich um 10 Uhr; auch eine zweistündige; $30/$15 und $24/$12, © 1-800-506-2628; www.islandqueencruise.com.

30.000 Islands Cruise täglich um 14 Uhr, im Juli/August zusätzlich um 10 Uhr. Auch eine 2-Stunden-Tour ist zu haben, u.a. zum *Killbear Park*. Im Juli und August um 13.45 und 17 Uhr als ***Dinner Cruise*** *und* um 19.30 Uhr als ***Sunset Cruise***. Toll ist auch ein Helikopterflug über die Inselwelt der *Georgian Bay* mit ***Georgian Bay Airways***, © (705) 774-9884 und © 1-800-786-1704; www.georgianbayairways.com: $110/$85.

Einen weiten Blick über die Inseln hat man vom ***Scenic Lookout Tower*** (mit Museum) in Hafennähe; ein kurzer Spazierweg führt in wenigen Minuten dorthin; www.parrysound.com.

Unterkunft

- ***Travelodge***, zentral an der Ecke James/Mary Street, um $100; © (705) 746-7666 und © 1-800-578-7878
- An der #69 liegt das ***Comfort Inn***, ab $85 im Sommer

Am Ostler Park Drive (parallel zur #69 ab *Exit* 214) gibt es mehrere kleine Motels und *Cottage Resorts*:

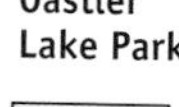

- ***The Whitfield Oastler Lake Resort***, 312 Oastler Park Drive, einfach mit beliebtem Restaurant, ruhige seeseitige Zimmer, $80-$90; © (705) 378-2277
- Preiswert sind das ***El Mar Motor Inn***, 242 Oastler Park Drive, das ***Lake Side*** und das ***Maples Motel***, ab $65, © (705) 378-2342.

Oastler Lake Park

Campingplätze sind in der Umgebung von Parry Sound ebenfalls nicht knapp; einige davon liegen an kleinen Seen. Die besten Stellplätze bietet der ***Oastler Lake Provincial Park***, etwa 15 km südlich am Oastler Park Drive. Zelter nutzen die ruhigen ***Walk-in Campsites*** auf der Halbinsel nördlich des Flusses.

Im Südwesten, linkerhand hinter der Einfahrt, befindet sich der beste **Sandstrand** des Parks.

Ende des Rundkurses

Über die Straße #141 oder – noch besser – ab Foots Bay über die #169, dann #118 durch die ***Muskoka Lakes*** Region kann leicht der ***Algonquin Park*** erreicht werden. Damit wäre der **Anschluss zum folgenden Abschnitt** unmittelbar hergestellt.

Bleibt man auf dem TCH, passiert man einige Kilometer weiter südlich den ***Six Mile Lake Park*** – der bereits am Ende des letzten Abschnitts 3.4.2 beschrieben wurde, ⇨ Seite 446 – und **schließt damit den Kreis der Rundfahrt**.

Der Loon

Der Loon, ein Wildenten ähnlicher Riesentaucher (70-100 cm), lebt in Canada, vereinzelt auch im Norden der USA. Zwei Arten dieser *Gaviae*-Vögel, *Red Throated Loon* und *Common Loon*, nisten im Sommer an den *Great Lakes* und in einsamen Seengebieten wie dem *Algonquin Park*. Der *Common Loon* ist die prächtigere und durch ihre typischen, klagenden Schreie, die zu einem Sommer-Lagerfeuerabend in Canada einfach dazugehören, die bekanntere Art. Sie besitzt einen kräftigen geraden, schwarzen Schnabel. Der Erpel hat einen dunkel, grün-schillernden Kopf, der in den schwarzen Hals übergeht, unterbrochen von einem gestreiften Kragen. Die Oberseite ist schwarz mit kleinen, weißen Punkten, die sich zu den Flügeln hin zu einem schwarz-weißen Maschennetz-Muster vergrößern.

Common Loon

Loons sind sehr gute (migrierende) Flieger und ausgezeichnete Schwimmer. Nur das Watscheln macht ihnen Schwierigkeiten, denn – einmalig in der Vogelwelt – ihre Beine bewegen sich im Rumpf: Nur die Knöchel und Füße sind sichtbar.

3.4.3 Über den Algonquin Park nach Ottawa

Die folgende Streckenbeschreibung schließt mit den Muskoka-Seen an die Rundtour um die Georgian Bay an. Wer sich jedoch bei knapper Zeit **von Toronto aus** für den Weg über den *Algonquin Park* nach Ottawa entscheidet, nimmt am besten die Autobahn #400, dann die breit ausgebaute Straße #11. Die viel attraktivere Straße #35 zum *Algonquin Park* (ab Toronto über die #401 nach Osten, dann hinter Oshawa auf die #115/#35) dauert länger, tangiert aber eine andere empfohlene Region, die Karwatha-Seenplatte (➪ Seite 470f).

Die Muskoka Lakes

Kennzeichnung

Als Muskoka-Seenplatte bezeichnet man die Seen westlich der #11 zwischen Gravenhurst und Huntsville. Seit Ende des 19. Jahrhunderts sind sie **das** Sommerfrische-Gebiet wohlhabender Bürger aus Toronto. Zwischen Granitfelsen des *Canadian Shield* und waldigen Abhängen stehen tolle Villen an den Seeufern, und nostalgisch-schnittige Mahagoni-Motoryachten aus den 1940er-Jahren schippern über die verbundenen Hauptseen **Muskoka**, **Rosseau** und **Joseph**. Auch für ihre **Herbstlaubfärbung** und Golfplätze sind die Muskokas bekannt; www.discovermuskoka.com.

Schiffs-Oldies

Die Muskoka-Ufer sind kaum zugänglich; aber ein Bootsausflug ist möglich und unverzichtbar. Im attraktiv-lebendigen **Gravenhurst** (www.gravenhurst.com) kann man an Bord der nostalgischen ***RMS Segwun***, des ältesten Post-Dampfschiffes Nordamerikas (1887), und zweier weiterer nostalgischer Schiffe verschiedenste Touren buchen (Zufahrt zum Anleger ***Muskokawharf*** ausgeschildert: Straße #169). Beliebt ist der ***Millionaires Row Lunch*** genannte Trip entlang der eindrucksvollsten Ufervillen für \$70/\$39 inkl. Imbiss; ein 4 Stunden-Trip ohne Verpflegung kostet \$43/\$33; auch kürzere und billigere Touren sind zu haben; ✆ 1-866-687-6667. Gleich neben dem Anleger gibt es im *Grace & Speed Heritage Center* eine **Ausstellung wunderbarer alter Boote**. Im Sommer täglich 10-17 Uhr, Rest des Jahres nur Di-Sa; der Eintritt von \$6,50 ist gut angelegt; www.realmuskoka.com.

Nostalgie-Dampfer RMS Segwun legt ab zur Evening Cruise

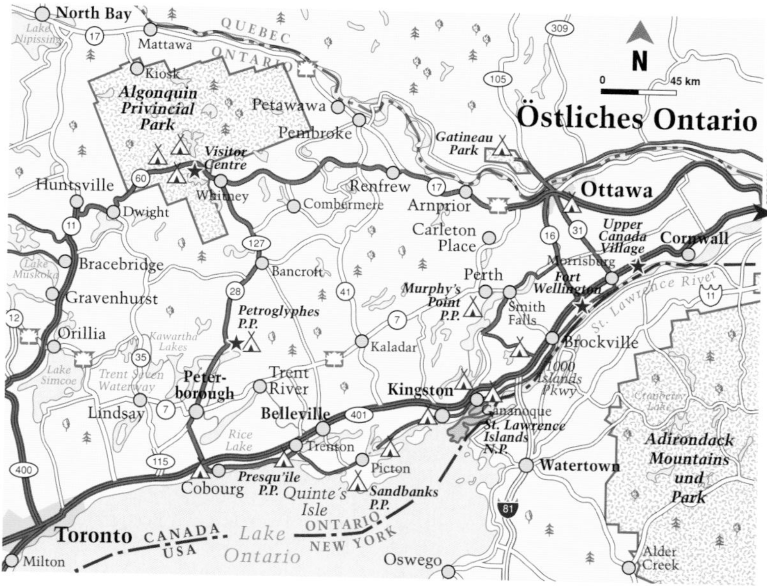

Östliches Ontario

Bootsmiete

Sowohl in Gravenhurst als auch in **Port Carling** (➪ unten) gibt es ähnlich elegante Motorboote für den eigenen Trip über Muskoka und Rousseau Lake (miteinander verbunden) zu mieten. Nicht billig, aber ggf. statt *Millionaires Cruise* empfehlenswert.

Rundfahrt

Eine kleine Rundfahrt per Auto um den Muskoka Lake (Straße #169/#118) ist trotz des weitgehend villenbebauten Ufers landschaftlich reizvoll. In **Port Carling**, – hübscher Ort an der #118 etwas abseits der Hauptstraße – laden Marinas, Bistros und Boutiquen zum Bummel ein. Einen Extra-Abstecher ist das kleine **Windermere** am Lake Rousseau wert (Strassen #25/#24):

- Das viktorianische Sommerhotel ***Windermere House Resort Hotel*** (Tennis- und Golfplatz, eigener Strand) bietet eine exquisite Atmosphäre für betuchte Genießer; \$250-\$420; © (705) 769-3611 oder © 1-888-946-3376; www.windermerehouse.com
- ***Crestwood Inn*** am Ortsrand von Port Carling, Motel und *Cabins*. \$129-\$220; © 1-888-573-0239; www.crestwoodinn.com

Schöne *Cottages* findet man unter: www.portcarlingboats.com

- In der Nähe des *Algonquin Provincial Park* liegt die ***luxuriöse Port Cunnington Lodge*** abgeschieden am Lake of Bays, eigener Strand; *Cottages/Chalets* für 2-11 Personen (ab Dwight an der #60 in die #35 Richtung Dorset, dann Muskoka Road #21, weiter #22). \$185-\$230; © 1-800-894-1105; www.pc-lodge.com

- Nahe Huntsville liegt der große ***Arrowhead Provincial Park*** mit Strand (ausgeschildert von der #11 North).

Huntsville

Von Port Carling/Windermere geht es über die #4 und #11 zum gemütlich-hübschen **Huntsville** (viele Motels) und von dort über die #60 zum Algonquin Park.

- ***Sunset Inn Motel***, 69 Main Street West, Exit 219 von der #11; Blick auf die *Hunters Bay*, zu Fuß nach Downtown, Hochsaison ab $85; ✆ 1-866-847-5360; www.sunsetinnmotel.com

Unterkünfte kurz vor dem West-und Osteingang des Algonquin Parks, ➪ Seite 468.

Geschichte des Algonquin Park

Der Algonquin Park wurde nicht geschaffen, um eine intakte Landschaft zu erhalten, sondern um zerstörte Wälder wieder aufzuforsten. *Logging Companies* hatten im 19. Jahrhundert in 60 Jahren die Wälder fast ganz abgeholzt, Feuersbrünste erledigten den Rest. Seit 1893 ist er geschützt – allerdings nicht aus ökologischen, sondern ökonomischen Gründen: Die Holzindustrie erkannte den Wert der Region für ihre Profitinteressen. An Freizeitreviere dachte damals noch keiner. Allerdings sprachen sich die Parkqualitäten – damals primär Wild- und Fischreichtum – langsam herum. 1936 wurde die Straße #60 durch den Südteil des Parks fertiggestellt, was zu einem erheblichen Besucheranstieg führte. Ab den 1950er-Jahren kam es zu Konflikten zwischen Wirtschaftsinteressen und Freizeitbedürfnis der Städter. Die Holzverwerter wurden schrittweise zurückgedrängt und eine Diskussion zwischen Naturschützern, Jägern, Holzindustrie und Politik über die Verwendung des Parks begann. 1974 einigte man sich auf einen Kompromiss, den sog. ***Master Plan***, der – mehrfach modifiziert – u.a. folgende Punkte beinhaltet:

- Nur entlang und südlich der Straße #60, wurde ein Gebiet touristisch erschlossen. Dort liegen Campingplätze, *Lodges*, *Visitor Centres* sowie die meisten Seen des Parks, die mit Motorbooten befahren werden dürfen.
- Im Norden bleibt der Park ausser wenigen kurzen Stichstraßen unberührt.
- In Teilen des Parks darf man kontrolliert roden, nicht aber an Uferzonen.
- Das Parkinnere bleibt nur per Kanu und – auf drei Übernacht-Wanderrouten – zu Fuß erreichbar. Dafür gilt ein restriktives Quotensystem.

Der Algonquin Provincial Park

Einführung

Der ***Algonquin Provincial Park*** ist der älteste Park Canadas und mit 7.653 qkm größer als die kleinste kanadische Provinz, Prince Edward Island. Er umfasst riesige Wälder, Hunderte von Seen sowie unzählige Flüsse und Bäche in einer meist hügeligen, felsigen Landschaft. Vor allem wegen seiner **Kanurouten** (über 2.100 km), die sich großenteils auch für Ungeübte eignen, ist der *Park* sehr populär. Gleichzeitig bietet er in jeweils nur rund 3 Autostunden Entfernung von Ottawa und Toronto bereits **echte Wildnis**; www.algonquinpark.on.ca.

Information und Day-Use

An beiden Parkeinfahrten an der #60 gibt es ***Visitor Centres*** mit Karten und Material, allen Hinweisen und Regeln fürs Camping und Kanuwandern, mit Werbung kommerzieller Anbieter innerhalb und außerhalb der Parkgrenzen und die unverzichtbare Zeitung »***Algonquin***«. Daten spezieller Events werden dort täglich oder auch wöchentlich herausgegeben. Das ***West Visitor Center*** ist im Sommer 8-20 Uhr geöffnet, sonst bis 18 Uhr. Das größere ***East Visitor Center*** (bei km 43, im Sommer bis 21 Uhr) hat Ausstellungen zu Flora und Fauna, Film/Diaschau zur Parkhistorie, Buchladen, Restaurant und Aussichtsplattform.

***Day-Use Pass* $13** je Auto inkl. Insassen; Campern wird der Betrag mit der Campinggebühr verrechnet.

Praktisches

Auf den 56 km des sog. **Korridors** (Straße #60) durch den Park gibt es nur am ***Portage Store*** (bei km 14) eine Tankstelle. Außer in den *Lodges* (➪ unten) existieren nur drei einfache Restaurants im *Portage Store, Two Rivers Store* (bei km 31,5) und im *East Gate Visitor Center* (bei km 43), Lebensmittel nur im ***Two Rivers Store***. Die Kanu-*Outfitter* führen vorwiegend *Outdoor*-Proviant.

Kanumiete

Alles dreht sich im Algonquin um das Kanu: Jeder dritte Besucher des *Algonquin* hat sein eigenes Boot auf dem Autodach. »Obenohne-Touristen« finden im Park zwei ***Outfitter***, die komplette Ausrüstungen vom Kanu über Kocher und Zelt bis zum Regenponcho vermieten. Die Vollausrüstung (inkl. Verpflegungsration) kostet ca. $60/Person, ein Kanu allein ab $30/Tag einschließlich Schwimmwesten. Auch für Kurztripps darf die Broschüre ***Canoe Routes*** nicht fehlen. Der Tagespreis verringert sich mit der Mietdauer. Luxus ist das **Wassertaxi**, das Paddler samt Boot zu einem entlegeneren Ausgangspunkt bringt und wieder abholt. **Noch nicht Wildniserprobte** sollten aber erst einmal eine Tour mit Führer machen. Der europäische Städter unterschätzt leicht Entfernungen, Wetterumschwünge und den »Alltag« in der Wildnis.

Vor beiden Parkeinfahrten bieten **weitere Verleiher** Boote und Ausrüstung oft günstiger an und bringen alles meist gratis zum gewünschten Startpunkt (➪ auch folgende Seite).

Typische Seeuferszenerie im Algonquin Park

3

Kanuregeln

Wer zum Paddel greift, muss folgendes beachten:

- Für Übernachttouren ist ein ***Camping Permit*** Pflicht, das pro Person/Nacht $10 kostet, für Kinder $4. An den See- und Flussufern entlang der Kanurouten sind zahlreiche fürs Zelten geeignete Plätze (je maximal 9 Personen) markiert, an die sich Übernachter halten müssen. Für die beliebtesten Gebiete (***Controlled Camping Zones***) existiert ein kompliziertes Reservierungs- system. Bei starker Nachfrage im Sommer sind ganze Bereiche bereits früh am Morgen vergeben. Die immer wieder leicht modifizierten Einzelheiten entnimmt man der Parkzeitung oder dem Internet, ➪ oben..
- Für die Benutzung der ***Wilderness Campgrounds*** gelten eine Reihe strenger Regeln; besonderer Wert wird auf Abfallvermeidung bzw. -beseitigung und Brandverhütung gelegt.
- Das Wasser der Seen und Bäche im *Algonquin* besitzt durchweg Trinkwasser-Qualität, sollte aber trotzdem besser 5 min gekocht werden, um dem ***beaver fever***, einer speziellen Viruskrankheit, vorzubeugen (➪ Seite 185).

Verleiher; weitere Adresssen unter

www.paddlingontario.com

Boots-Reservierungen u.a. möglich bei:

- ***Portage Store***, 14 km vom Westgate am straßennahen Lake Canoe, ✆ (705) 633 5622; www.portagestore.com. Geführte Trips mit Einweisung täglich 9.30-16.30 Uhr. Komplette Tagesausrüstung inkl. Lunchpaket ab $60, Kinder $30.
- ***Algonquin Outfitters***, Dwight, ✆ (705) 635-2243, (etwa 8 km westlich des Parks an der Straße #60); www.algonquinoutfitters.com. Die Firma betreibt auch die Station im Park am **Opeongo Lake**, ✆ (613) 637-2075; Zufahrt Straße #60 bei km 45, dann 6 km die Opeongo Road. Sie hat auch in **Huntsville** eine große Vertretung: 86 Main Street.
- ***Opeongo Outfitters*** in Whitney an der #60 östlich des Parks, ✆ (613) 637-5470 (preiswert); www.opeongooutfitters.com

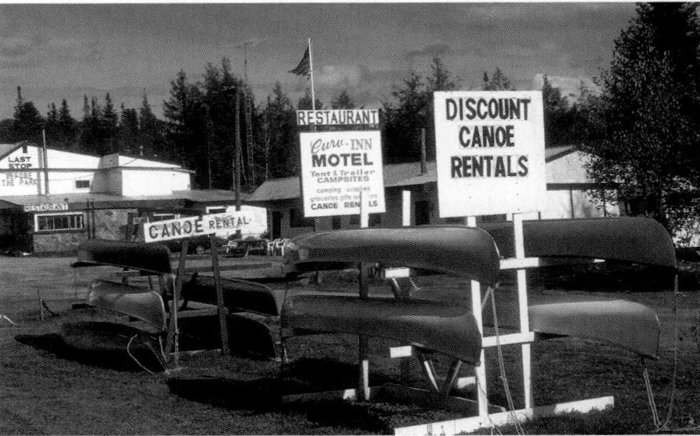

Kanuverleih, Camping, Motel und Restaurant – alles zusammen kurz vor der Westeinfahrt des Parks

Wölfe im Algonquin Park

Im *Algonquin Park* gibt es nicht nur Elche (2000!), Bären, Biber und den *Common Loon* (eine Wildenten-Art mit klagenden, weithin tragenden Lauten, ➪ Seite 461), sondern auch Wölfe. Deren Lebensweise wurde in den 1950er-Jahren untersucht, und man fand heraus, dass sie zwar gern heulen, noch lieber jedoch zurückheulen. Als ein *Park Ranger* dieses Phänomen 1963 Touristen vorführen wollte, kamen statt der erwarteten zwei Dutzend Personen 700! Heute warten an manchen Tagen über 1.000 Menschen geduldig und mucksmäuschenstill darauf, dass die Wölfe dem speziell geschulten »Vorheuler« antworten. Termine (nur 2. Hälfte August und September) und Treffpunkte dafür gibt's im Besucherzentrum und in den *Information Centres*.

Wandern

Entlang der Durchgangsstraße passiert man die meisten Startpunkte der **15 *Trails*** für Kurzwanderungen. Drei davon sind besonders empfehlenswert: ***Whiskey Rapids, Lookout*** und ***Beaver Pond***, je etwa 2 km. Von längeren *Trails* ist ***Booth's Rock*** attraktiv (8 km); er führt zu einem Aussichtspunkt und über eine stillgelegte *Railroad*. Der Start liegt jedoch 8 km abseits der #60 am Rock Lake (Zufahrt ab km 40).

Für **Übernacht-Wanderungen** gibt es drei Wege: den ***Western Upland Backpacking Trail*** (je nach Routenwahl 32 km/88 km Länge), den ***Highland Backpacking Trail*** (19 km/35 km) und den ***Eastern Pines Trail*** (6 km/19 km) im entlegenen Ostareal des Parks. Kartenmaterial und das nötige ***Permit*** erhält man im ***Visitor Center***. Ein 10 km langer **Radweg** auf einer ehemaligen Eisenbahntrasse verbindet die beiden *Campgrounds* ***Mew Lake*** und ***Rock Lake***.

Camping

Im Park von der Straße #60 mit Auto zugänglich sind **insgesamt acht** unterschiedlich große und komfortable **Campingplätze**. Die meisten verfügen über WC und Duschen. *Full Hook-ups* für Campmobile gibt es nicht, wohl aber auf zwei von ihnen Elektrizität (*Mew Lake* und *Rock Lake*). Alle Plätze liegen bis auf den ***Rock Lake Campground*** (Schotterzufahrt 8 km) straßennah (Verkehrslärm!) und sind gut gekennzeichnet.

- ***Canisbay Lake*** hat großzügige Stellplätze (200er-Nummern liegen nahe am See!)
- ***Mew Lake*** ist gut, aber hat Plätze nahe der Straße (70erNummern!), #83-#111 liegen nahe am See, #51-#63 beim Strand. Hier kann man auch Yurten mit Holzfußboden, Öfchen und Herd mieten (bis zu 6 Pers. $75), bei schlechtem Wetter prima.
- ***Lake of the two Rivers*** hat einen großen Strand; meist zu voll
- Am kleinen ***Pog Lake*** sind die hohen Nummern auf der Halbinsel die besten (#418-#451)
- ***Rock Lake*** ist riesig und liegt abseits der Straße, intim dagegen der kleine ***Coon Lake*** mit individuellen kleinen Stränden

Reservierung aller Plätze nur zentral: ✆ 1-888-668-7275, www.camis.com/op, ➪ Seite 160; ansonsten *first-come-first-served*.

Unterkünfte im Park

Wer statt Kanu per Auto fernab der #60 Ruhe sucht, findet sie in drei edlen Lodges, allen voran die

- ***Arowhon Pines Lodge*** am *Little Joe Lake* auf herrlichem Gelände (Kanu, Tennis, Sauna, *Cabins*); bei km 15,5 der #60 nach Norden; gutes Restaurant mit Lunchbuffet auf dem Rasen. ✆ 1-866-633-5661; HP ab $190; www.arowhonpines.ca
- ***Bartlett Lodge***, rustikaler, bei km 23,5 im *Cache Lake* auf einer Insel; mit Wassertaxi übersetzen; auch *Cabins*; nur Frühstück und Dinner, ab $157; Tipp: voll eingerichtete Zelte $90-$115/Pers B&B; ✆ 1-866-614-5355, www.bartlettlodge.com
- ***Killarney Lodge*** bei km 33 nahe der Straße #60 auf einer Landzunge am Lake of Two Rivers. Kanu, *Trails*; 28 Blockhäuser am See mit je einem DZ, *Cottages* mit ein oder zwei DZ, ✆ 1-866-473-5551. Vollpension ab $219/Person im DZ in der Hochsaison; www.killarneylodge.com

Ausstellungen

Die professionelle 30-minütige audiovisuelle Show im ***Algonquin Logging Exhibit*** unweit des Osteingangs (km 54,5) vermittelt einen sehenswerten Überblick über die Geschichte der Holzwirtschaft; nach der Show wird die Leinwand hochgezogen und gibt dem Besucher einen Spazierweg frei. An mehreren Haltepunkten erfährt man dort alles über das Leben der Holzfäller, die Holzfällerei (*Logging)*, das Flößen, spezielle Transportmittel (wie den *Alligator,* ein Schiff, das sich mit einer eigenen Winsch über Land zum nächsten See ziehen konnte) und die Entwicklung der Maschinen bis heute. Mitte Mai bis Mitte Oktober täglich 10-18 Uhr, gratis.

Das ***Algonquin Art Center*** (km 20 der #60) macht den Besucher in wechselnden Ausstellungen mit Künstlern bekannt, die die Faszination des Parks in Bildern, Fotos und Skulpturen zum Ausdruck bringen. Die meisten Werke sind käuflich. Ende Juni bis Mitte Oktober 10-17.30 Uhr.

Dwight

Von Westen kommend geht die Oxtongue Lake Road kurz hinter Dwight rechts ab, eine ruhige Straße mit vielen Übernachtungsmöglichkeiten, z.B. das

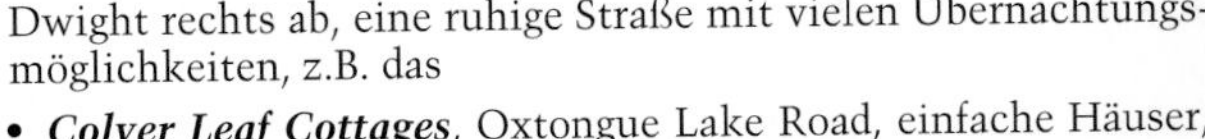

- ***Colver Leaf Cottages***, Oxtongue Lake Road, einfache Häuser, ab $100, im Sommer nur Woche ab $500; ✆ (705) 635-2049.
- Eine Art ***Hostel*** ist ***Wolf Den Bunkhouse 'n Cabins*** an der #60, ca. 7 km westlich des *Algonquin Park* am Oxtongue River; *Cabins* für 4 Pers., Sauna, Küche, Gemeinschaftsraum mit Kamin; ✆ 1-866-271-9336; $22-$3/Person; auch DZ und Cabins für $65-$85; www.wolfdenbunkhouse.com
- Das ***Colonial Bay Cottage Resort***, liegt etwas abseits der #60 auf einem weitem Gelände am Peninsula Lake noch westlich von **Dwight**; im Motel $115 und $125 (mit *Kitchenette*); *Cottages* Juli/August nur wochenweise ab $920. ✆ (705) 635-9340 und ✆ 1-800 -916-2008; www.colonialbay.com.

Elchkuh am Ufer des Rock Lake im Algonquin Park

- Der einfache ***Parkway Cottage Resort***, liegt an der Straße #60 (#4412) etwas zurück hinter dem *Trading Post* an der Brücke, ruhig, schöner Strand am Lake Oxtongue; $88-$125; © (705) 635-2763; www.parkwayresort.ca

- Lesertipp: ***Blue Spruce Inn***, 7 km westlich des Parkeingangs (West), abseits der #60 (an der RR #1); sauber, vollausgestattete *Cabins*, prima Lage am See, © 705-635-2330, Hochsaison ab $120, sonst ab $102; www.bluespruce.ca

Osteingang/ Whitney

- Gleich östlich des *Algonquin Park,* im Dorf **Whitney** (dort Restaurants, Supermarkt (*Freshmart*) und Tankstelle, liegt ***Algonquin Eastgate Motel & Outfitters***, einfach, $58-$80, *Cabins* $80; © (613) 637-2652; www.algonquineastgatemotel.com.
- ***Algonquin Parkway Inn***, einfach und nett an der #60; $ 65, für die Zimmer 11-15 am Fluss $85, Picknicktische und Badestelle, *BBQ* (Grill); © (613) 637-2760.

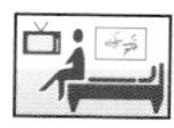

- Sehr gut sind ***Riverview Cottages & Chalet Motel*** am Fluss in Ortsnähe, gute Ausstattung. Das gilt auch für das kleine Motel; deutsche Besitzer. Zimmer im Motel $98-$115, *Cottages* $130-$155; © 1-888-387-9440, www.riverviewcottages.com

Nach Ottawa

Vom *Algonquin Park* nach Ottawa führt die #60 durch seenreiche Landschaft. In den Orten **Madawasga** (mit dem gleichnamigen, bei Kanuten beliebten Fluss) und Barry's Bay (gutes ***Visitor Center***) gibt es *Outfitters* und Unterkünfte.

- ***Spectacle Lake Lodge*** mit *Cabins* am See und einem etwas kitschigen Ausflugslokal mit rustikaler Küche; ab von der #60, 35 km östlich des *Algonquin* zwischen Madawasga und Barry's Bay. *Lodge* $100-$200, *Cabins* $160-$260; © (613) 756-2324 und © 1-800 -567-4044; www.spectaclelakelodge.com
- Weiter östlich liegt ***Golden Sands Vacationland*** an der #60 bei **Golden Lake**, ein wenig altmodisch, Motelzimmer und *Cottages* direkt am Strand; $79/$89, *Cabins* ab $100; © (613) 652-2525 oder © 1-800 -565-2520, www.goldensandsvacacion.com

Bei Renfrew erreicht man den ***Trans Canada Highway* #17**.

3.4.4 Von Toronto über Kingston nach Ottawa

Zur Route

Die schnellste Route von Toronto nach Ottawa entspricht weitgehend der Autobahn #401 (*MacDonald Cartier Freeway*), die am Lake Ontario und am Nordufer des St. Lawrence River entlang läuft. Die letzten 90 km geht es auf der Straße Highway #416 zum Ziel. Insgesamt beträgt die Entfernung rund 430 km. An der Strecke liegt eine Reihe von interessanten Besuchspunkten, die nicht einmal nennenswerte Umwege, sondern lediglich ein zeitweises Verlassen des *Freeway* erfordern. Aber auch weitergehende **Abstecher** oder **Abweichungen** sind möglich, etwa Fahrten durch die **Kawartha Seenplatte** in Anlehnung an den ***Trent-Severn-Waterway*** oder von Kingston über Smith Falls am *Rideau Canal* entlang, ➪ Karte Seite 464.

Trans Canada Highway (TCH)

Ein Blick auf die Karte zeigt, dass eine Fahrt auf dem ***Trans Canada Highway***/Straße #7 ab **Peterborough** (bis dahin #401/#115) auf dem Weg nach Ottawa einige Kilometer sparen würde (ca. 30 km). Der TCH ist jedoch unter touristischem Blickwinkel die am wenigsten empfehlenswerte Alternative.

Umweg

Der folgende Abschnitt bezieht sich auf einen **Abstecher zum *Trent-Severn-Waterway* und die Kawartha Lakes**, der gut in eine West-Ost/Ost-West-Reise eingebaut werden könnte. Einer (mit Zwischenstopps) Tagesrundfahrt entspräche z. B. die Straßenkombination #35 bis Fenelon Falls, dann #8/#36 und auf der #507 und/oder #28 über Peterborough zurück auf den *Freeway* #401. Ohne einen solchen Umweg beginnt die Routenbeschreibung dieses Kapitels erst mit dem übernächsten Abschnitt »Von Cobourg nach Kingston«.

Trent-Severn-Waterway und Kawartha Lakes

Kennzeichnung

Der ***Trent-Severn-Waterway*** verbindet Trenton am Lake Ontario (etwa auf halber Strecke zwischen Kingston und Toronto) und Port Severn an der Georgian Bay. Er kam zustande über den Bau von Kanälen zwischen zahlreichen nahe beieinander liegenden Flüssen und Seen. Baubeginn war – wie beim *Rideau Canal* (➪ Seite 489) – bereits das Jahr 1830. Da aber die Holznachfrage (und damit verbunden die Flößerei das hauptsächliche Motiv für die Schaffung dieser Wasserstraße) in der Folgezeit stark zurückging, dauerte ihre Fertigstellung 50 Jahre.

Ausflugsdampfer konnten die Route erst 1920 passieren, als die ursprüngliche Bestimmung endgültig keine Rolle mehr spielte. Über 380 km folgt dieser Wasserweg einer alten Indianer-, Entdecker- und Pelzhändler-Route. Die Kanäle und 40 Schleusen verbinden nicht nur natürliche Gewässer, sie umgehen auch Stromschnellen und Wasserfälle. Zwischen Lake Huron und Ontario besteht immerhin ein Höhenunterschied von 102 m. Um die ganze Strecke per Boot zu durchfahren, braucht man etwa eine Woche – und ein Faible für Schleusen; sie sind aber auch für Autofahrer gute Anlaufpunkte, denn mit Blick aufs Wasser und den Bootsverkehr kann man fast überall picknicken; für kleine Uferparks mit Tischbänken hat der *Canadian Parks Service* gesorgt; www.trent.severn-waterway.com.

Kawartha Lakes

Die ***Kawartha Lakes*** – www.kawarthalakes.net – bilden das touristische Zentrum des *Trent-Severn-Waterway*. Wie die gespreizten Finger einer Hand, die nach Toronto »greift«, liegen sie etwa in der Mitte der Linie Trenton–Port Severn. Während – um beim Bild zu bleiben – die »Handfläche« dieser Seenplatte geologisch noch zur Felslandschaft des *Canadian Shield* (➪ Seite 18) gehört, ragen die fingerförmigen Seen schon ins flache Farmland des Südens. Der nördliche Bereich der *Kawarthas* ist daher landschaftlich reizvoller als der südliche.

Die ganze Schönheit der *Kawartha Lakes Region* erfährt man so richtig nur auf dem Wasser, zumal die Straßen hinter den privaten Ufergrundstücken verlaufen. Das gilt auch für den attraktivsten See, den Stony Lake.

Badestellen

Außer an den *Day Use Areas* der *Provincial Parks* finden sich auch zwischen ansonsten privaten bebauten Ufern immer wieder schöne öffentliche Badestellen:

- Ideal zum Baden ist der **Sandy Lake** (von Buckhorn/#37 aus Straße #16) mit türkisblauem Wasser, das so intensiv leuchtet, dass der See auf Satellitenfotos ins Auge fällt.
- Ein weiterer Tip ist ***Quarry Bay*** am **Stony Lake** direkt an der #56 (1,8 km östlich der Eisenbrücke das Schild beachten); Zufahrt über die #28, Richtung *Petroglyphs PP*.
- **Bobcaygon**: *Beach Park* (an der #24) und der *Little Bob Park*,
- **Burnt River**: *Four Mile Lake*,
- **Fenelon Falls**: *Garnet Graham Park* und östlich von Fenelon Falls der *Verulam Beach Falls* (Straße #30),
- **Lindsay**: *Ken Reid Conservation Area*,
- **Norland**: *Norland Beach* (Shadow Lake Road 3),
- **Valentia**: *Sand Bar Beach* und
- westlich **Coboconk**: *Sandy Beach* (Straße #48)

Bobcaygeon

Das Inselstädtchen **Bobcaygeon** (im Nordwesten der Kawarthas an der Kreuzung #8/#17/#36; www.bobcaygeon.org) ist der zentrale Versorgungsort für alle Wassersportler am *Waterway*: Mietstationen, Marinas, Motels am Wasser, Läden und Lokale. Andere Schleusen-Stationen am Wasserweg wie Buckhorn, Fenelon Falls und vor allem Burleigh Falls bestehen nur aus einer Handvoll Häuser mit dem Allernötigsten zum Wohnen und Einkaufen.

Bootstrips

Während die Kanadier diese Region auch zum Golf, Tennis und Fischen nutzen, kommen für Durchreisende eher folgende Aktivitäten auf dem Wasser in Frage:

3

- Reiz hat ein **2-Stunden-Trip** (tägl. 13 Uhr, $14/$7,50) auf dem **Stony Lake** mit 1128 (!) Inselchen. Solche Trips starten 7 km östlich von Burleigh Falls abseits der Straße #56 in der **Mount Julian Bucht**; © (705) 654-5253, www.stonylakecruises.on.ca
- ***Fenelon Boat Cruises*** bietet ebenfalls einen 2-Stunden-Ausflug auf der *Kawartha Spirit* ab *Lock* 34 in Fenelon Fall (#8 östlich von Bobcaygeon) Juli/August 14 Uhr, $18/$9,50; 11 Uhr nur mit *Lunch*), © (705) 887-9313; www.fenelonboatcruises.com

Boote/ Hausboote

Wer selbst als Hausboot-Kapitän in See stechen will, braucht in Canada für Haus- und kleinere Motorboote keinen Führerschein; es reicht ein kostenloser Crash-Kurs des Vermieters. Preise: Juli/ August für 4 Pers. ca. $1.700, Nebensaison $600-$900/Woche.

- ***Happy Days Houseboats***, Bobcaygeon, 3-4 Tage $875-$1300 im Sommer; © (705) 738-2201; www.happydayshouseboats.com
- ***Egan Marine Houseboat Rentals***, Omemee (ausgeschildert beim *Emily PP*). Omemee ist ein guter Startpunkt für 3-7tägige Trips mitten im Kawartha-Distrikt; 4 Tage $400-$1200 für 4-6 Personen abhängig vom Buchungstermin; © (705) 799-5745 oder © 1-800 -720-3426; www.houseboat.on.ca
- Für Motorboote wendet man sich am besten vor Ort an größere Resorts oder Marinas, z.B. ***Buckeye Marine***, Straße #36 South, Bobcaygeon, © (705) 738-5151; www.buckeyemarine.com
- Jede Art Boote (auch Angel-, Motor- und Ponton- Badeboote) verleiht ***Fenelon Falls Marina*** an der #8 bei Fenelon Falls; © (705) 887-4022; www.fenelonmarina.com

Curve Lake

Das Dorf **Curve Lake** (südlich Buckhorn) ist Reservat der ***Missi-sauga*-Indianer**, die zum *Ojibwe*-Stamm gehören. Sie vermieten auch *Cottages* und laden Besucher zu ihrem ***Pow-Wow*** und zu *Workshops* ein; wwwcurvelakefn.com. Im ***Whetung Crafts Centre & Art Gallery*** werden Objekte alter und neuer indianischer Handwerkskunst verkauft – ihre Qualität unterscheidet sich wohltuend von vielen anderswo; täglich 9-7 Uhr, im Sommer bis 21 Uhr, frei; www.whetung.com.

Indianische Petroglyphen

Abstrakte wie realistische Tierfiguren im *Petroglyphs Provincial Park* lassen sich zum großen Teil aus der indianischen Mythologie erklären. Die symmetrischen, gelegentlich witzigen Zeichen bestechen durch einfache und klare Linienführung. Sie stehen für Fruchtbarkeit, Geduld oder Ewigkeit und sind oft Bestandteil von Legenden.

Häufig wiederkehrende Elemente sind z.B. die Schildkröte – nach indianischer Vorstellung bot sie ihren Panzer für die Erschaffung der Welt an – oder magische Boote, die gen Himmel aufzusteigen scheinen. Eine wichtige Zentralfigur ist *Nanabush*, der jede beliebige Gestalt annehmen konnte. Meist wird er als freches und zu Streichen aufgelegtes Kaninchen dargestellt. Er lehrte die Indianer, die Heilkraft der Pflanzen zu nutzen, und brachte ihnen das Feuer.

Petroglyphs Park

Wer sich für vorkolumbische Indianer interessiert, findet im – recht abseits gelegenen – ***Petroglyphs Provincial Park*** ein ungewöhnliches Ziel. Der Park (nur Picknick, kein Camping) liegt am östlichen Ende des **Stony Lake** östlich von Burleigh Falls; Zufahrt zunächst über die #28, ab **Woodview**, dann die #56/Northey's Bay Road (dort auch das ***Viamede Resort***, ⇨ rechts, sowie der ***Stony Lake Boottrip***). Der Park liegt 11 km entfernt von der #6. Unter einer Stahl-Glas-Konstruktion befinden sich auf einem 100 m^2 großen Kalksteinbuckel eingeritzte Symbole, die man auf 500-1.000 Jahre schätzt. Der 20-min-Weg dorthin stimmt auf die heilige Stätte ein; täglich 10-17 Uhr; $8; www.ontarioparks.com/english/petr.html. Lohnend nur bei großem Interesse.

Unterkunft

- ***The Irwin Inn***, sehr feines, teures Resort (mit Cottages, Golf und Tennis, Boote, Reiten) am Südufer des Stony Lake, abseits der #6 (Petersborough Road); ab $250/Person Halbpension; ✆ (705) 877-2240 und ✆ 1-800 -461-6490; www.irwininn.com
- ***Viamede Resort***, exklusive Lage östlich von Burleigh Falls in Mount Julian am Wasser (⇨ Seite 471, Bootstrips); #56/Northey's Bay Road; ✆ 1-800 -461-1946; www.viamede.com
- ***Fee's Landing*** nahe dem ***Emily PP*** auf dem Gelände der *Egan-Houseboat-Rental* (⇨ links) rustikale *Cottages* mit Badestrand; Woche $800-1200, für 2-6 Personen, 2 oder 3 Nächte möglich; ✆ (705) 799-6497; www3.sympatico.ca/feeslanding
- ***Riverside Lodge*** und ***Southwinds Resort & Marina*** liegen nebeneinander in einer Sackgasse direkt am *Pigeon Lake* zentral in Bobcaygeon (Front Street East) mit Bootsvermietung; beide haben *Cottages*; *Riverside:* ✆ 1-888-889-6507; *Southwinds* ✆ 1-800 -472-5441; www.bobcaygeon.org/cottages.html
- ***Scotsman Point Resort***, absolut super! Südwestlich von Buckhorn abseits der #37 am Buckhorn Lake, ✆ (705) 657-8630, $85-$185; www.scotsmanpoint.com
- ***New Rockland Motel*** in Bobcaygeon am Kanal, ✆ 1-800 -900-4248; $110-$135; www.bobcaygeon.org/motels.html
- ***Water's Edge,*** Bobcaygeon, Strand-*Cottages*, ab $140; ✆ (705) 738-1834 und ✆ 1-877-692-2128; www.watersedgecottages.ca

Camping

Neben etlichen privaten *Campgrounds* gibt es an den Kawartha Lakes zwei große Familien-Provinzparks: im Norden, abseits der #48 (Zufahrt über #35) den ***Balsam Lake PP*** und am südlichen Ende des Pigeon Lake den empfehlenswerten ***Emily PP*** (an der Straße #10, nahe *Egan Houseboot Rentals*). Beide Provinzparks verfügen über große Stellplätze und Kanu-Verleih.

Als Ausweichplatz kommt ***Warsaw Caves Conservation Area and Campground*** (Flussbaden!) an der #4 beim Ort **Warsaw** (ausgeschildert) in Frage.

Peterborough Lift Lock

Einzige größere Stadt des Bereichs ist Peterborough mit zwei Attraktionen, dem ***Lift Lock*** (20 m hoch) und dem ***Canadian Canoe Museum***. Beide sind gut ausgeschildert. Die Wirkungsweise dieses »Fahrstuhls für Schiffe« wird im ***Visitor Center*** am Modell verdeutlicht, außerdem gibt es eine **Dia-Schau** zum *Trent Severn Waterway*. Während einer Bootsfahrt wird man selbst »geliftet« (Kostenpunkt $19; Juli und August täglich 11 Uhr und 13.30 Uhr); www.citypeterborough.on.ca.

Kanu Museum

Das ***Canadian Canoe Museum*** ist ein »Muss«, denn ohne Biberfelle, Kabeljau und diese schlanken Boote aus Birkenrinde wäre für die *First Nation People* sowie die ersten Europäer ein (Über-) Leben in der Neuen Welt undenkbar gewesen. Gezeigt wird die Entwicklung des Kanus seit vorkolumbischer Zeit bis über die Pelzhandels-Ära; 910 Monaghan Road, Peterborough; Mo-Sa 10-17, So 12-17 Uhr; $7, ✆ (705) 748-9153; www.canoemuseum.net.

Unterkunft

Mit dem ***Best Western Otonabee Inn*** an der (Autobahnausfahrt Otonabee), 84 Lansdowne St East/#7B findet man unweit des *Lift Lock* ein kombiniertes Motel/Hotel mit vielen ruhigen, zum Meade Creek hin gelegenen Zimmern und einem großen *Indoor Pool;* ab ca. $130 im Sommer, ✆ (705) 742-3454 oder ⇨ Seite 150.

Camping

Mit dem gleichnamigen Stadtpark (ausgeschildert) verbunden ist der ***Beavermead Campground 2000***, eine gute Wahl im Stadtbereich Peterborough, Ashburnham Drive (unweit *Lift Lock*). Reservierung: ✆ (705) 742-9712; www.beavermead.com.

Serpent Mounds

Südlich von Peterborough liegt der Rice Lake, der seinen Namen dem wilden Reis verdankt, der früher in seinem seichten Wasser wuchs. Über die Straße #7 (TCH) und dann #134 erreicht man die Zufahrt zum ***Serpent Mounds Provincial Park*** und die gleichnamige indianische Grabstätte; www.serpentmoundspark.com.

Die neun flachen **Grabhügel** in Schlangenform der *Hiawatha First Nation* gehören (⇨ Seite 15), sind über 2.000 Jahre alt und zählen zu den besterhaltenen ihrer Art in Canada. In den Gräbern wurden u.a. Muscheln, Tierknochen, Kupferspeere und Skelett-Teile entdeckt, aus denen man schließt, dass der Stamm ein weitverzweigtes Netz von Handelsverbindungen unterhielt.

Die Bestattungsrituale und das Alltagsleben der Indianer sind auf Schautafeln erläutert. Der **Campingplatz** dieses Provinzparks verfügt über besonders großzügige Stellplätze. Kinderspielplatz und Badebeach sind ebenfalls vorhanden und super Öko-***Cabins*** für $60; ✆ (705) 295-6879 und ✆ 1-866-223-3332.

Peterborough Liftlock, heute vom National Park Service betriebenes Hebewerk nur noch für Freizeitboote

Von Cobourg nach Kingston

Start

Bei knapper Zeit könnte man ab Toronto die #401 bis Kingston durchfahren (250 km). Besser wäre aber eine erste Pause in **Cobourg** und Weiterfahrt von dort über das Prince Edward County, eine Halbinsel im Lake Ontario. Sie ist durch eine breite Landbrücke bei Trenton mit dem Festland verbunden.

Cobourg

Das hübsche Städtchen Cobourg mit viktorianischem Zentrum ist einen Stopp wert. Quasi an der Hauptstraße, liegt am Lake Ontario hinter einem schönen Strand der ***Victoria Park*** mit Picknickbänken, daneben ein Yachthafen mit Pier; www.towncobourg.on.ca. Der städtische ***Victoria Park Campground*** liegt direkt am ***Beach Boardwalk*** in Nachbarschaft zur Marina. Schattig und mit allen Schikanen, aber eng; ✆ (905) 373-7321.

Ausgezeichnet ist das ***Breakers Motel*** im Villenviertel direkt am See, nur ein paar 100 m östlich des *Victoria Park*; 24 Green Street. Im Sommer $105-$140, 2-Zimmer mit Küche $150-$180, *Cottage* (6 Pers.) $180; ✆ (905) 372-9231; www.nexicom.net/~breakers.

Straße #2 nach Trenton

Für die Weiterfahrt von Cobourg nach **Trenton** verpaßt der eilige Reisende auf der #401 gegenüber der Straße #2 nicht viel. Wer sich jedoch für Architektur und Einrichtung der Herrenhäuser des 19. Jahrhunderts interessiert, findet so etwas in Grafton (***Barnum House***) und Brighton (***Proctor House***). Gut aufgehoben ist man im ***Grafton Village Inn*** an der #2, ✆ (905) 349-3024, ab $105.

Camping

An der Strecke bestehen erfreuliche Campmöglichkeiten am Lake Ontario. Der private ***Campground Jubalee Beach*** liegt ca. 4 km östlich Wicklow, dann ca. 1 km südlich zum Seeufer.

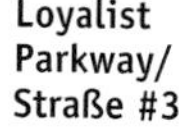

Der ***Presqu'ile Provincial Park*** besitzt eine weit in den Lake Ontario reichende Landzunge, die seeseitig aus Dünen und Strand besteht und sich auf der anderen Seite breit als Sumpfgebiet in die Presqu'ile Bay ausdehnt. Auf der Stichstraße erreicht man zunächst den *Day-use*-Bereich mit langen **Stränden** und passiert dann den ***Trail Head*** *für* einen Lehrpfad durch Schilf und Sumpf. Ganz am Ende befindet sich der große **Campingplatz** mit mehreren getrennten Arealen. Die besten Plätze am Wasser gibt's in der hinteren Zone, Nummern 1-100; www.friendsofpresquile.on.ca.

Loyalist Parkway/ Straße #33

Die 94 km lange Straße #33 durch das *Prince Edward County* von Trenton nach Kingston durchquert ein Gebiet, das nach der amerikanischen Unabhängigkeit zunächst von den Gegnern einer Lossagung der Kolonien von Großbritannien besiedelt wurde, den sog. Loyalisten, ➪ folgende Seite. Daher ihre Bezeichnung ***Loyalist Parkway***; www.loyalistparkway.org.

Die Straße läuft auf der Insel meist uferfern durch Flach- und Hügelland zur Fähre in Glenora. Alte Loyalisten-Orte (**Wellington, Picton**) liegen zum Übernachten am Wege:

Picton Harbour Inn, 33 Bridge Street, ✆ (613) 476-2186, ✆ 1-800-678-7906, $90-$250; www.pec.on.ca/pictonharbourinn.

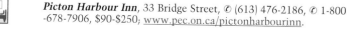

Loyalisten

Die kanadischen Provinzen Ontario und New Brunswick verdanken ihre Gründung letztlich dem amerikanischen Unabhängigkeitskrieg. In die bis dahin nur von Pelzhändlern und Voyageuren (➪ Seite 510) durchstreiften Landstriche der kanadischen Kolonien Großbritanniens flohen Zehntausende dem englischen Königshaus und dem Gedanken der Monarchie treu ergebene »Loyalisten«vor den Amerikanern.

Sie stammten aus sämtlichen Bevölkerungsschichten: kleine Händler, reiche Kaufleute, Kleriker der *Church of England*, Bauern, Soldaten und entlaufene Sklaven. Grund zur Flucht war nicht immer nur die Treue zu den britischen Kolonialherren: Denn jedem, der mit der Waffe der Krone beistand, war Land versprochen worden. Schwarzen Sklaven winkte darüber hinaus die Freiheit (➪ Seite 565).

Einige dieser ***Loyalists*** flohen schon während der Kriegswirren. Mit dem Friedensvertrag von Paris (1783), der alle Gebiete der siegreichen 13 Kolonien den USA zuschlug, starb für sie die Hoffnung, in ihre Heimat zurückkehren zu können. Die Sieger ließen es auch nicht an Drohungen und Übergriffen auf den Besitz der im Land gebliebenen Feinde fehlen. So machten sich nach dem Krieg an die 80.000 Menschen ins Exil auf. Nur wer genug Geld hatte, konnte sich die Überfahrt zurück ins Mutterland leisten, andere gingen über die neuen Grenzen in die noch verbliebenen britischen Gebiete, heute Nova Scotia, New Brunswick und Ontario.

Das Staatsmotto Ontarios ***Loyal it began and loyal it remains*** (»Wir waren und bleiben loyal«) stammt noch aus jener Zeit.

Auch das Land der mit England verbündeten **Mohikaner** fiel im Friedensvertrag an die USA. Der Mohikaner-Häuptling *Joseph Brant* zog sich mit 2.000 roten Loyalisten ins südliche Ontario zurück. Es gab sogar **schwarze Loyalisten**, die nach der Niederlage aus dem feindlichen Territorium herausgebracht und belohnt werden mussten. Damit taten sich die Briten allerdings ziemlich schwer. Fast alle wurden nach Nova Scotia gebracht (➪ Seite 573), wo sie – getrennt von den weißen Loyalisten – als »freie Schwarze«am Rand neu entstehender Siedlungen den spärlichsten Boden und die kärglichsten Essensrationen zugewiesen bekamen.

Auch für viele der aus einfachen Bevölkerungsschichten stammenden Flüchtlinge war der Neubeginn in der Wildnis nicht leicht. Sie bekamen ein Stück Land, Schaufel und Axt und wurden dann ihrem Schicksal überlassen. Soldaten, die für England gekämpft hatten, erhielten Grundbesitz gemäß Rang und Ehre. Damit wurden manche schnell reich, handelte es sich doch oft um Waldgebiete mit zum Schiffbau geeignetem Holz – und Schiffe brauchten die Engländer für ihre Kriege.

Mit puritanischer Arbeitsmoral gingen die Loyalisten daran, ihr Leben in der Wildnis neu zu organisieren. Das Ergebnis konnte sich sehen lassen. So stellt sich das loyalistische Erbe dem Touristen jetzt auch hauptsächlich in stattlichen Gebäuden dar. Fredericton und St. John in New Brunswick z.B. sind großzügig angelegte Städte, die den Ehrgeiz bezeugen, mit dem sich besonders der Geldadel der verlorenen Kolonien ein Ambiente nach altem Muster aufbaute. *By heaven, we shall be the envy of the American States* (»ich schwöre, die USA werden uns beneiden«), konstatierte ***William Winslow***, einer der Führer der Loyalisten in New Brunswick. So vermitteln entlang des ***Loyalist Parkway*** im (➪ vorstehende Routenbeschreibung) und anderswo die gregorianischen und viktorianischen Häuser mit elegantem Mobiliar auch durchaus nicht den Eindruck einer armen, vertriebenen Minderheit.

Sandbanks Provincial Park

In der Südwestecke der Halbinsel befindet sich der populäre ***Sandbanks Provincial Park*** mit den besten und größten Stränden der Region. Der Park besteht aus zwei Teilen:

- Der ***East Lake Sector*** besitzt einen riesigen ***Campingplatz*** mit allem Komfort und mehrere *Day-use Area*s. An schönen Sommertagen und Wochenenden wird es rappelvoll.
- Ruhiger geht es am ***West Lake Sector*** zu: Hinter dem Schild *Overflow Area* (kurz vor der Einfahrt zur *East Area*) biegt man rechts ab und erreicht bis 25 m hohe Dünen und einen noch längeren Strand. Der ***Campground*** dort ist kleiner und besitzt nur einfache Stellplätze ohne *Hook-up*; ✆ & 1-888-668-7275.

Lake on the Mountain

Ca. 2 km südöstlich von Glenora liegt der Lake-on-the-Mountain (Zufahrt unmittelbar westlich Glenora ausgeschildert), ein tiefer, dunkler See auf einer Anhöhe ohne erkennbare Zuflüsse. Seine Ufer befinden sich weitgehend in Privatbesitz, nur ein kleines Areal ist Provinzpark mit **Picknickplatz**. Von einem Aussichtspunkt jenseits der Straße schaut man weit über den Meeresarm *Adolphus Reach* und die Anleger der Fähre zwischen Glenora und Adolphustown.

Nach Kingston

Die **Glenora-Fähre** verkehrt kostenlos Tag und Nacht, je nach Tages- und Jahreszeit, alle 15-30 min. Gleich hinter der Anlegestelle auf der anderen Seite liegen ***Beach*** und ***Campground Adolphustown***. Die winzige Ortschaft mitten in einem ausgedehnten Obstanbaugebiet passiert man erst 3 km weiter. Bis kurz vor Kingston führt der ***Loyalist Parkway*** **auf seinem besten Abschnitt** nun oft dicht am Wasser entlang.

Kingston

www.kingstoncanada.com

Kingston, eine der attraktivsten Mittelstädte Ontarios, wurde 1673 von *Count Frontenac* gegründet, dem Gouverneur der Kolonie *Nouveau France* (später Québec ➪ Seite 508). Bekanntere Bürger der Neuzeit sind der in Kingston geborene und aufgewachsene Popstar ***Bryan Adams*** und ***Paul Anka***, der in Kingston studierte und dort seinen ersten Hit *Diana* komponierte.

Anfahrt/ Parken

Der alte Stadtkern liegt an der Mündung des *Cataraqui River* in den Lake Ontario bzw. den hier beginnenden *St. Lawrence*. Dorthin gelangt man aus jeder Richtung automatisch. Von Westen (Toronto/Cobourg) kommend konzentriert sich aller Verkehr in

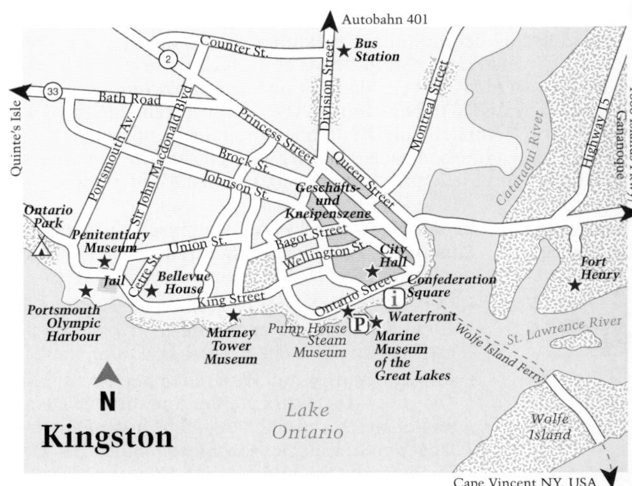

die Stadt auf die #2/Princess Street, an deren Ende geht es nach links auf die Brücke über den Cataraqui River (zum *Fort Henry*) und nach rechts zum zentralen ***Confederation Square*** und ***Park*** an der ***Waterfront***.

Information

Auf dem Grün des kleinen Parks befindet sich der Pavillon der ***Kingston Tourist Information***, wo eine Fülle Material auf die Besucher wartet. Von dort starten stündliche Rundfahrten (***Confederation Tour Trolley***, 50 min), $13.50, Kinder $11.50.

Parken

Auf dem Parkplatz des Marinemuseums (➪ unten, Seite 482) parkt man **citynah und frei**. Im Zentrum sind Parkplätze rar und teuer; ➪ auch rechts unter »Camping im *Lake Ontario Park*«.

Unterkunft

Am Wasser die gehobene Klasse ***Holiday Inn***, ***Radisson Inn*** und das neuere ***Four Points by Sheraton***, eingepasst in eine alte Häuserfront (285 King Street East); alle ab und über $150, ➪ Seite 150.

Die Mehrheit der Motels liegt weit verstreut an der #2 East:

- ***Best Western Fireside***, 1217 Princess St/#2, 5 km von *Downtown*; viele Zimmer mit Kamin, einige ***Fantasy Suites*** mit thematischer Einrichtung; gutes Restaurant, ✆ (613) 549-2211 und ✆ 1-800 -567-8800, Saison ab $170
- ***Welcome Traveller Motel***, mit Pool, 3100 Princess St, ✆ (613) 389-2928, ✆ 1-800 -663-9077; $80-$140
- ***Travelodge Hotel***, 2360 Princess Street, gute Zimmer. noch akzeptable Tarife, Pool, Cafeteria, ✆ (613) 546-4233 und ✆ 1-800 -567-0751; $130-$189; www.welcometravellermotel.com.
- Das kleine ***Fort Henry Mote***l an der #2 East (jenseits der Brücke) hat Zimmer für $60-$85, ✆ (613) 542-7651.

- Originell übernachtet man (nur von *Victoria* bis *Labour Day*) auf dem Eisbrecher ***Alexander Henry***, der zum *Marine Museum* gehört und dort am Kai liegt. In den einstigen Offiziersquartieren stehen schlichte Zimmer zur Verfügung; Doppelkabine ab $75, mit Bad $125, jeweils inklusive Frühstück; © (613) 542-2261; $55/Bett; www.marmuseum.ca.

B & B

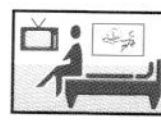

B & B-Angebote sind zahlreich; DZ $70-$150:

- ***A Stone's Throw***, 21 East Street, © (613) 544-6089, $130-$150; www.astonesthrow.ca
- ***The Secret Garden***, 73 Sydenham St, © (613) 531-9884, ab $169
- ***Hochelaga Inn & Spa***, 24 Sydenham Street, altes elegantes Haus, © 1-877-933-9433; ab $140; www.hochelagainn.com
- ***Jean's Guest House***, 367 College Street, nicht weit vom Zentrum, einfacher Standard mit *Shared Bath*, $80, © (613)-546-5247; www.pnworks.com/guesthouse

Hostel

- ***Queen's University Residences***, 75 Bader Lane, Victoria Hall, © (613) 533-2223, $20/Bett.
- ***Sweek's House*** , 15 Wellington St, © (613) 548-1225, $20/Bett.

Camping

Im ***Lake Ontario Park***, 3,5 km westlich der Stadt an der Front Road (verlängerte King Street) befindet sich der gute, wenn auch bei voller Besetzung etwas enge städtische ***Campground*** (*Hookups)* oberhalb eines grünen *Beach Park* mit Strand; Reservierung: © (613) 542-6574. Parkprobleme in der Stadt vermeidet, wer sein Fahrzeug am Campingplatz lässt und *Downtown* von dort bequem per Bus ansteuert.

Weitere Campingplätze befinden sich landeinwärts oberhalb von Kingston, z. B. der große Platz ***Rideau Acres*** am Ufer des *Cataraqui River* einige Kilometer nördlich der Autobahn #401 (Abfahrt #623) an der Straße #15; © (613) 546-2711.

Blick auf Kingston vom jenseitigen Ufer des hier in den St. Lawrence mündenden Kataraqui River

Stadt besichtigung

City Hall

Gegenüber dem ***Visitor Centre*** am **Confederation Square** beeindruckt das mächtige Rathaus. Die für diese Kleinstadt bemerkenswerte ***City Hall*** erinnert daran, dass 1841 Kingston nur drei Jahre lang die Hauptstadt von *Upper* and *Lower Canada* war, aber bei der endgültigen Standort-Entscheidung für die Kapitale des neuen *Dominion of Canada* Ottawa den Vortritt lassen musste, ➪ Seite 491. Der Bau war damals im Vorgriff der als sicher angesehenen Wahl Kingstons als Regierungskapitol konzipiert worden; Mo-Fr 8.30-16.30 Uhr, frei.

Enorme, einst als Regierungssitz für Canada konzipierte Kingston City Hall

Bootstouren ab Waterfront Park

Die Boote der ***1000 Islands Cruises-Kingston*** legen an der *Crawford Wharf* zwischen Park und *Holiday Inn* ab. Erheblich näher an der Inselwelt liegen die Häfen von Gananoque, Ivy Lea und Rockport, ➪ 481. Eine ***Island Queen***, einen Raddampfer (*Paddlewheeler)* wie einst auf dem Mississippi, gibt es aber nur in Kingston. Außer für die *1000 Island Trips* kann man das nostalgische Schiff auch für ***Lunch Cruises*** buchen. Eine Tour per Schiff halb über den St. Lawrence lässt sich (einschließlich Auto) auf der ***Wolfe Island Ferry*** auch gratis machen, ➪ Ende des Abschnitts.

Altstadt

Haupteinkaufstraßen sind ***Princess*** und ***Brock Street***, die von der ***Waterfront*** in Ost-West-Richtung verlaufen. In beiden und einigen Querstraßen (King bis Barrie Street) konzentrieren sich Geschäfte, Restaurants, Kneipen und Discos. Dank getäfelter viktorianischer Läden wie *Cooks Fine Foods* in der 61 Brock Street mit vielen Kaffee- und Teesorten, *Ginger-* und *Shortbread*-Keksen findet man in Kingston noch einen Hauch koloniales England.

Nahezu authentische »Alte-Welt«-Atmosphäre verbreiten auch eine Reihe von ***British & Irish Pubs*** (wie ***The Toucan/Kirkpatrick's Irish Pub***, 76 Princess Street). Einige haben ***Live Entertainment*** wie *Country* oder *Jazz Music* und/oder besitzen **Mini-Brauereien**, z. B ***Kingston Brewing Co*** (34 Clarence Street) oder ***Chez Piggy*** (68 Princess Street) in einem renovierten 19. Jahrhundert-Komplex mit fantasievoller Dekoration und guter Küche.

Einkauf

Für *Shopping* und Versorgung ist der ***Farmers Market*** (Di, Do, Sa bis 14.30 Uhr; So Flohmarkt) mit Ständen für Käse, Obst und Gemüse eine gute Adresse – unverfehlbar hinter der *City Hall.*

Marine-museum

Wer sich für Schiffe interessiert, sollte das ***Marine Museum of the Great Lakes*** besuchen, das in einem alten Trockendock 5 Blocks westlich der *City Hall* (55 Ontario St) untergebracht wurde (viel Parkraum). Viele Schiffsmodelle, Maschinen und Wrackteile.

Am Museumskai liegt der 3.000 t-Eisbrecher ***Alexander Henry***, der in den Kajüten *Bed & Breakfast* bietet, ➪ oben. Geöffnet Mai-Okt. täglich 10-17 Uhr, im Winter bis 16 Uhr; Eintritt $7.

Das ***Pump House Steam Museum*** nebenan mit Dampfmaschinen aus viktorianischer Zeit eignet sich gut für Kinder, tägl. 10-17 Uhr.

King Street

Vor und in den kurzen Hauptstadt-Jahren Kingstons entstanden eindrucksvolle Gebäude nicht nur im Zentralbereich, sondern speziell entlang der King Street East, die einige Blocks östlich des Zentrums zur Uferstraße wird, sowie in den Nebenstraßen besonders in der Umgebung der Universität. Viele ihrer Fassaden und auch die späteren Bauten sind aus hellgrauem Kalkstein - sie brachten Kingston den Beinamen ***Limestone City*** ein.

Bellevue

Eine für Kanadier wichtige Sehenswürdigkeit ist das ***Bellevue House***, eine ***National Historic Site***, 35 Centre Street. Diese *Italian Villa* war einst Wohnhaus des ersten kanadischen Premierministers *Sir John MacDonald*, der sich wegen seiner Trinkfestigkeit besonderer Wertschätzung erfreute. Für Touristen aus Europa ist *Bellevue* kein prioritärer Anlaufpunkt; 9-17 Uhr, $2.

Penitentiary Museum

Interessanter ist da schon das **Museum** zu Methoden des Strafvollzugs, Ausbruchversuchen und Kalfakter-Systemen, 555 King St West; nur 1. Mai bis 31. Okt., Mo-Fr 9-16, Sa/So ab 10 Uhr; gratis. Die Delinquenten heute sitzen gegenüber im *Kingston Penitentiary*, einer bombastischen fortartigen Festungsanlage am Wasser (nicht zu besichtigen). Gleich nebenan befindet sich – wohl als Kontrastprogramm zum geballten Freiheitsentzug – der ***Portsmouth Olympic Harbour*** mit zahlreichen schönen Yachten und einer schnuckeligen Shopping- und Restaurantzone.

Fort Henry

Jenseits des *Cataraqui River* steht auf einer Landzunge das ***Fort Henry National Historic Site*** (www.forthenry.com) verschanzt in einem Grashügel. Der Blick auf die Karte zeigt bei Kingston eine Engpassstelle zwischen Lake Ontario und St. Lawrence, die einst große strategische Bedeutung besaß. Die Pelz- und Holztransporte von den *Great Lakes* zum Atlantik und nach Europa mussten dort vor Irokesen, zu französicher Zeit auch vor den Briten und später vor Übergriffen der Amerikaner geschützt werden. So entstand 1812 anstelle früherer Palisadenbefestigungen *Fort Henry* in seiner heutigen Form und blieb bis Mitte des 19. Jahrhunderts ein wichtiger Militärposten am *St. Lawrence Seaway*.

3

Fort Henry heute

1870 wurde das Fort deaktiviert und verkam. In den 1930er-Jahren restauriert ist es heute eine unter dem Slogan »*Fort Henry-Hard Rock & Heavy Metal*« eine Touristenattraktion. Vormittags Paraden, Wachablösung und Artilleriefeuer, vorgeführt von Studenten. Nachmittags und abends Märsche, Klassik oder Rock, taktvoll untermalt von Böllerschüssen. Jeden Mittwoch in der Saison um 19.30 Uhr spielt die Militärkapelle bis Sonnenuntergang mit abschließendem Feuerwerk. Vor dem Event kann man in der Festung auch im Restaurant essen (bedient von Studentenrekruten) oder das ***BBQ*** buchen.

In den Räumlichkeiten des als **Museum** hergerichteten Fort ist der Alltag der Besatzung nachgestellt: Schlafsäle der Rekruten, Wohnzimmer für Offiziere, luxuriöser Salon des Befehlshabers, dazu Backstube, Kantine, Asservatenkammer usw.

Während des 2. Weltkrieges waren im *Fort Henry* (*POW Camp #31*) **deutsche Kriegsgefangene** untergebracht, die an eine Wand des »Heldenzimmers« mittelalterliche, bis heute sichtbare Szenen gemalt haben. Drill täglich 11.30, 13.30, 16 Uhr.

Mitte Mai bis Ende Sept. täglich 10-17 Uhr; $12; 13-18 Jahre $9.

Fähre in die USA

Zwischen *Holiday Inn* und *Lasalle Causeway* über den Cataraqui River befindet sich der Anleger der Fähre nach Marysville auf ***Wolfe Island*** (kanadisch). Von dort sind es ca. 11 km zum Anleger der **Cape Vincent-Fähre in die USA** (Gebühr). Sie verkehrt nur Anfang Mai bis Ende Oktober 8-19 Uhr etwa stündlich. Die ***Wolfe Island Ferry*** (frei) pendelt ganzjährig ungefähr im Stundentakt von 6 bis 2 Uhr; Fahrzeit ca. 20 min. Sie hält sich im Winter selbst die Fahrrinne eisfrei, indem sie während der Fahrt laufend wärmeres Tiefenwasser nach oben pumpt.

Wolfe Island

Das ***General Wolfe Hotel*** auf der Insel direkt am Wasser ist nicht zuletzt auch wegen des damit verbundenen **Gourmet-Restaurants** eine bedenkenswerte Unterkunftsalternative und nicht teuer; © (613) 385-2611 und © 1-800 -353-1098, Hotel $65-$125; *Special Lunch* $24, www.generalwolfehotel.com.

Am Ufer des St. Lorenz bei Gananoque

Thousand Islands

Garden of the Great Spirit nannten die Indianer die Region der 1.000 Inseln und überlieferten uns zu ihrer Entstehung eine Sage, die an den biblischen Sündenfall erinnert: Als die Menschen – trotz göttlichen Verbots – Streit und Krieg auch in diese Region trugen, wickelte Gott den Landstrich in eine große Decke. Sie zerriß jedoch auf dem Weg zum Himmel und ihr Inhalt fiel – in 1.000 Stücke zerbrochen – in den Strom. Zu Flora und Fauna, die nur in dieser Inselwelt vorkommt, gehört merkwürdigerweise auch die *Black Red Snake*, eine ungiftige bis zu 2,40 m lange Schlange ...
Da fehlt nur noch der Apfelbaum.

Von Kingston nach Ottawa

1000 Islands Parkway

Von Kingston sind es auf der Straße #2 nur noch gut 30 km bis ins Gebiet der *1000 Islands* (im St. Lawrence River). Eine Uferstraße, der ***1000 Islands Parkway*** ab Gananoque bis 10 km westlich von Brockville (die #2 läuft derweil noch weiter landeinwärts als die Autobahn #401), führt über rund 40 km weitgehend in Ufernähe am Fluss entlang. Sie gehört zu den besonders schönen Strecken Ontarios. Parallel dazu existiert ein populärer ***Recreational Corridor***, ein breiter Weg für *Biker, Jogger* und *Hiker*. Einschließlich des *Fort Henry, des Upper Canada Village* (⇨ Seite 488) und vieler schön angelegter Picknick- und Campingplätze am Fluss (und auf einigen Inseln) heißt dieser Uferabschnitt ***Parks of the St. Lawrence***. Er steht unter Verwaltung der *St. Lawrence Park Commission*, www.stlawrenceparks.com.

St. Lawrence Islands NP

Nicht zu verwechseln damit ist der ***St. Lawrence Islands National Park***, der kleinste Nationalpark Canadas, zu dem 21 der *1000 Islands* gehören. Sie liegen weit verstreut im Strom, einige kleinere bei Gananoque, die größeren in der Nähe des Hauptquartiers in Mallorytown Landing, ⇨ unten.

St. Lawrence River und 1.000 Islands

Der St. Lawrence River wechselt in seinem Oberlauf im Bereich der Inseln seine Farbe von tiefgrün zu marineblau mit enormer Wassertransparenz. An seinen Ufern gibt es viele Buchten mit kleinen Sandstränden. Die berühmten 1.000 sind in Wahrheit nahezu 2.000 Inseln – Sandbänke und aus dem Wasser ragende Felsbuckel mitgezählt – verteilt im breiten Bett des Stroms. Von den bewaldeten Inseln bieten viele gerade genug, manche aber auch reichlich Platz für romantische wie luxuriöse *Cottages* und Villen beneidenswerter Inseleigner. Im sind bilden die *1000 Islands* ein kaum kontrolliertes und wohl auch nicht kontrollierbares Niemandsland. Zur unübersichtlichen Grenzsituation erzählt man an Bord der Ausflugsdampfer allerhand Anekdoten.

Fehlt die Zeit für einen der Bootstrips, bietet auch das per Auto erreichbare **Hill Island** tolle *1000 Island*-Eindrücke.

Gananoque

Die touristische Zentrale der *1000 Islands*-Region, **Gananoque**, ist gleichzeitig der einzige Ort am *Parkway* mit einer größeren Auswahl an Quartieren und einer nennenswerten Gastronomie:

Die Mehrzahl der **Motels** und ***B&B Inns*** liegt an der langen Ortseinfahrt der #401 (King Street East). Häuser der Mittelklasse wie ***Best Western, Econolodge*** und ***Days Inn*** kosten alle im Sommer deutlich über $100 (✆ ⇨ Seite 150).

Schöner und ruhiger ist die King Street West (Straße #2 Richtung Kingston) mit viktorianischen Inns und günstigen Motels:

- ***Victoria Rose Inn***, 279 Kings Street West, ✆ (613) 382-3368; ab $145-$255, www.victoriaroseinn.com
- ***Sleepy Hollow B&B***, 95 King Street West; $100-$170; ✆ (613) 382-4377 und ✆ 1-866-426-7422; www.sleepyhollowbb.com
- ***Gateway Motel***, 819 Kings Street West, ✆ (613) 382-4868 und ✆ 1-800 -427-0296, $70-$100; www.gananoque.com/gateway

Bootstrips

Die wichtigste Attraktion ist ***Heart Island*** mit ***Boldt Castle***, einem Märchenschloß à la *Germany*, das auch vom *Parkway* aus zu sehen ist (⇨ Kasten). Diese herzförmige Insel liegt bereits in US-Gewässern (für's Aussteigen Pass mitnehmen!) etwa auf Höhe von **Rockport, dem günstigsten Hafen für Bootstrips**.

Bei Rockport übernachtet man gut & preiswert im

- ***The Guest Quarters Motel*** am Parkway: ✆ 613-659-4412, $65
- oder im ***Headlands Inn***, 816 Parkway; ✆ 613-659-4545; www.headlandsmotel.com (mit online-*links* zu Boottrips).

Empfehlenswerte ***1000 Island Cruises*** (mit Ca.-Preisen):

- Ab ***Gananoque***: 60-min-Trip ohne *Boldt Castle*; in der Saison täglich ab 10.30-19 Uhr alle 90 min, $16,50, Kinder $8. Ein 2,5-Stunden-Trip **mit Stop** auf Heart Island/*Boldt Castle;* 9-16.30 Uhr alle 90 min; $25, Kinder $9. Besichtigung des *Boldt Castle* kostet extra; ✆ 1-888-717-4837; www.ganboatline.com
- Ab ***Rockport***, 3 km östlich der *International Bridge*, bietet ***Rockport Boat Line*** unterschiedliche Touren an; am beliebtesten sind die Touren, auf denen man *Boldt* oder *Singer Castle* zumindest sieht, wenn dort schon kein Stop in FRage kommt. ✆ 1-800 -563-8687; www.rockportcruises.com
- ***Heritage Islands Cruises*** macht von Rockport und Brockville mit kleineren Booten 1- und 2-stündige Fahrten zum *Boldt Castle* (dort *hop-off* und *hop-on* auf nachfolgende Boote), $16-$22; (⇨ Kasten folgende Seite); www.1000islandscruises.com

Hausboote

Sehr beliebt sind auch **Hausboot-Trips**, zu buchen z.B. bei ***Houseboat Holidays***, ✆ (613) 382-2842; www.gananoque.com/hhl.

Hill Island

Als einzige Insel ist *Hill Island* per Brücke mit dem Festland verbunden. Dort befindet sich die **Grenzstation**. Auch wer nicht in die USA möchte, sollte die Brücke (***Toll***) bis zum *1000 Island Skydeck* fahren, um aus 130 m Höhe von einem der drei ***Observation* Decks** auf die Inselwelt zu blicken, am schönsten bei Sonnenuntergang und im ***Indian Summer***; geöffnet von 9 Uhr bis Sonnenuntergang, Eintritt $9/$5. Auf der US-Seite geht es direkt auf die *Interstate* #81.

Boldt Castle – ein Märchenschloß (www.boldtcastle.com)

Die Geschichte des *Boldt Castle* klingt wie aus 1001 Nacht: Es war einmal ein armer Bursche namens *Boldt* aus Deutschland, der Ende des 19. Jahrhunderts in die USA emigrierte, als Tellerwäscher begann und alsbald so reich wurde, dass er am Ende Besitzer des berühmten Waldorf-Astoria Hotels in Manhattan war. Er verliebte sich in eine wunderschöne Frau, heiratete sie und schenkte ihr eine der 1.000 Inseln, die er in Herzform umgestalten und darauf für sie ein zauberhaftes Schloß mit 120 Zimmern errichten ließ. Selbst ein Haus für die Schwiegermutter fehlte nicht (vorsichtshalber auf der Nachbarinsel). Aber noch vor Vollendung des Schlosses starb die geliebte Gattin. Voller Gram stoppte er 1904 den Bau und betrat Heart Island nie wieder.

Die Insel wurde 1977 von der *Thousand Island Bridge Authority*, Betreibergesellschaft der Brücke in den USA, gekauft, restauriert und als Touristenattraktion (mit Restaurant und Picknickplatz) hergerichtet.

Geöffnet Juli bis *Labour Day* täglich 10-19.30 Uhr, sonst bis 18.30 Uhr; Eintritt $7, Kinder $4; © (315) 482-9724. **Pass nicht vergessen!**

Übernachten kann man auf der Insel preiswert in der ***Hill Island Lodge***, 37 Skydeck Road Lansdowne © (613) 659-2286 und © 1-866-659-4459, $79-$119, www.hillislandlodge.com.

Camping

Ein schöner ***Campground*** ist ***Ivy Lea*** der *Parks of St. Lawrence* gleich westlich der *International Bridge*. Der weitläufige Platz verfügt über unterschiedliche Areale. In der hintersten Ecke des Geländes zwischen Felsen am Wasser gibt es 2 tolle Stellplätze mit einem eigenen Mini-Strand (leider unterhalb der recht lauten Brücke); www.stlawrenceparks.com.

Der ***St. Lawrence Islands National Park*** verfügt über keinen *Campground* auf dem Festland (früher bei Mallorytown Landing), aber Zeltplätze auf insgesamt 12 der 21 Inseln (*first-come-first-served*); www.pc.gc.ca/pn-np/on/lawren/index_E.asp.

National Park

In ***Mallorytown Landing*** befindet sich das ***Visitor Center*** des Parks, ein Naturlehrpfad und das Wrack eines 1817 gesunkenen britischen Kanonenboots. Die Nationalpark-Inseln sind nur per Boot (*Boat Rental* in der Marina) oder per Wassertaxi zu erreichen. Die einzige Ausnahme ist ***Grenadier Island***: Zwischen Mallorytown Landing und dieser größten Insel im Nationalpark verkehrt in kurzen Abständen eine **Fähre**.

Unterkunft

Über ein gutes Mini-Motel mit nur 5 Zimmern plus Terrasse verfügt die ***Pecks Marina*** in Ivy Lea, mit Restaurant und Bootsverleih; © (613) 659-3185 & © 1-800 -951-7325; ab $69-$95; www.pecks marina.on.ca.

Wer in diesem Bereich nicht unterkommt, findet weitere Motels entlang des *Parkway*, insbesondere in Brockville. Zur Not muss man nach **Alexandria Bay** (USA-Ufer) ausweichen. Dort wartet eine enorme Motelkapazität auf Gäste.

3

Camping

Gegen volle Campingplätze am *Parkway* hilft nur ein Ausweichen ins Hinterland, z.B. zum großen ***Charleston Lake PP***, (Pkwy Exit 659, dann 22 km nördlich auf der #3). Ein guter privater Platz 17 km nördlich von Mallorytown Landing (Straße #5, dann Graham Lake Road) ist der ***Graham Lake Campground*** am See mit Badestrand, Kinderspielplatz; ab ca. $20.

Zur Route

Ab Mallorytown könnte man unter Verzicht auf den Besuch von Brockville und des *Upper Canada Village* die St. Lawrence River-Route verlassen und auf der #5 über **Athens** (dort macht man mit originellen riesigen Wandbildern/*Murals* auf sich aufmerksam; www.athensontario.com) zur Straße #15 (Otter Lake, schöner Badesee) und weiter nach Smith Falls fahren (⇨ Kasten Seite 489).

Brockville

Etwa 10 km westlich Brockville endet der *1000 Islands Parkway* an der Autobahn #401, Auffahrt #685. Nach nur 2 km kann man sie wieder verlassen und auf der #2 durch Brockville fahren (www.brockville.com), eine alte, ansehnliche 20.000-Seelen-Stadt über dem St. Lawrence River, die nach dem Sieger der Schlacht von *Queenston Heights* benannt wurde (⇨ Seite 404).

Abendstimmung am 1000 Islands Parkway

Information

Das örtliche ***Information Centre*** befindet sich an der *Waterfront* auf der mit dem Land verbundenen, parkartig angelegten (*Boardwalk*, Picknicktische) *Block House Island*. Dort liegen auch Ausflugsboote für Trips in die – von Brockville ziemlich ferne – *1000 Islands*-Region. Zufahrt über West Market Street.

Villenviertel

Ins Auge fallen im europäisch wirkenden Brockville die – wie in Kingston – vielen ***Limestone Buildings*** und wunderbare Villen an den Straßen am Hang zwischen Hauptstraße/King Street und Fluss. Ein grandioses Gebäude ist ***Fulford Place***, die Villa eines Industriellen um 1900 auf einem Parkgrundstück, etwa 2,5 km östlich des Zentrums. Juni-August, Führungen Di-So 11-16, sonst nur Sa/So 11-16 und Di, Do 13.30 Uhr; Eintritt $5.

Railway Tunnel

Eine ungewöhnliche Sehenswürdigkeit ist ein 500 m langer, 1954 stillgelegter **Eisenbahntunnel**, der unter der Stadt hindurchführt und rund 100 Jahre in Betrieb war. Zugang im ***A.S. Price Park*** Juni bis *Labour Day*.

Unterkunft

Motels der Ketten ***Days Inn, Comfort Inn, Super 8*** konzentrieren sich im Bereich der Autobahnabfahrt #696 (➪ Seite 150). Ein ***Best Western*** befindet im Stadtosten an der #2.

Noch weiter östlich an der #2 passiert man die

- ***Seaway Lodge***, ein Motel auf der Stromseite der Straße mit Pool, ✆ (613) 342-1357; ab $95, und die
- ***Chalet Cabins***, ✆ (613) 342-6010, $58-$85

Straße #2/ Heritage Highway

Brockville markiert fürs erste das Ende der attraktiveren Uferzonen des St. Lawrence River. Der Strom fließt bald durch ein überwiegend marschig-flaches, teils sumpfiges Gebiet. Die Uferstraße #2, der ***Heritage Highway***, hat daher nicht viel zu bieten. Wer es eilig hat, verpaßt auf der schnelleren Autobahn wenig.

Fort Wellington

Wichtigste Ausnahme wäre das ***Fort Wellington*** mit pittoresker Palisadenumzäunung, ein ***National Historic Site*** bei **Prescott**. Wie im *Fort Henry* in Kingston wird auch dort in zeitgenössischen Uniformen gedrillt, marschiert und alles erläutert. Das Fort wurde zu Beginn des Krieges von 1812-1814 errichtet und bald nach dessen Ende deaktiviert.

Ein Besuch lohnt besonders während der ***Loyalist Days*** (um das 3. Juli-Wochenende). Dann findet ein militärhistorisches Böller-Spektakel statt. Juli bis Ende September täglich 10-16.30 Uhr; Eintritt $4; www.pc.gc.ca/wellington.

Ein großer Komfort-***Campground*** am St. Lawrence River ist ***Grenville Park*** etwas östlich der Brücke hinüber in die USA. Neben den üblichen Einrichtungen existiert dort auch ein Bootsverleih. Reservierung: ✆ (613) 925-2000; www.grenvillepark.com.

Straße #416

Von Prescott sind es auf der Straße #416 noch 90 km bis Ottawa bzw. gut 60 min Fahrzeit. Wer bis hierher gekommen ist, sollte den **Abstecher** zum *Upper Canada Village* (ab Prescott 43 km) nicht auslassen. Bei Fahrtziel Montreal liegt es am Wege.

Upper Canada Village

Das ***Upper Canada Village***, etwa 10 km östlich Morrisburg, ist neben *Fort Louisbourg* in Nova Scotia **das in vieler Beziehung eindrucksvollste *Living Museum* in Canadas Osten**. Für den Besuch sollte man 2-3 Stunden einplanen. Wer sich intensiver auf die Details des Dorfes einlässt, braucht mehr Zeit.

Entstehung

Die Idee für dieses Projekt entstand 1959 beim Ausbau des St. Lawrence River zum *St. Lawrence Seaway* (➪ Seite 418), der den Fluss auch für große Frachter schiffbar machte. Auf einer Länge von 35 mi mussten Uferzonen und mehrere Dörfer geflutet werden. Erhaltenswerte und anderweitig bedeutsame Häuser wurden demontiert und am heutigen Standort wieder aufgebaut. Weitere

3

Spinnrad-vorführung in zeitgenössischer Tracht im Upper Canada Village

restaurierte/nachgebaute Gebäude kamen hinzu und bilden – in idyllischer Lage am Strom – das ***Upper Canada Village***.

Charakter

Dieses Dorf entspricht in Zusammensetzung und Einrichtungen einer typischen ländlichen Kleinstadt im Ontario des 19. Jahrhunderts. Neben der Dorfkirche findet man u.a. Bäcker, Schumacher, *Hardware Store* und *Willard's Hotel*, wo Speisen nach alten Rezepten zubereitet und serviert werden. Außerdem gibt es ein wasserbetriebenes Sägewerk, eine Getreidemühle und viele alte Gerätschaften, etwa für die Textil- und Wollverarbeitung, und vieles andere mehr aus dem Leben vor 150 Jahren. Dazu informieren kostümierte Dorfbewohner sachkundig über die Verhältnisse zu »ihrer« Zeit im kolonialen Canada und ziehen die Besucher auch gerne ins Gespräch. So fühlt man sich im *Upper Canada Village* wie in einer Filmkulisse. Täglich 9.30-17 Uhr von Mitte Mai bis Anfang Oktober; $18, Kinder $8, Familien-Discount; www.uppercanadavillage.com.

Crysler Beach

Direkt an das Gelände des *Upper Canada Village* schließt sich der ausgedehnte ***Crysler Beach Park*** mit Picknick- und Kinderspielplatz, Badestrand und einer riesigen Marina an. Wer campen möchte, findet nur wenig weiter westlich den großen ***Riverside Cedar Park Campsite*** am *St. Lawrence*.

Wunderschön verläuft der ***Long Sault Parkway***, ein 10-km-*Bypass* der #2, östlich von Ingleside; er führt über Inseln im Strom mit drei ***Campgrounds McLaren, Woodlands*** und ***Mille Rock*** (alle 3: *Parks of St. Lawrence*). Sie eignen sich ggf. als Ausgangspunkt für Tagesbesuche in Montreal und/oder Ottawa)

Unterkunft

Ab Prescott bis übers *Upper Canada Village* hinaus gibt es nur noch relativ wenige Motels, wobei einfacher bis knapp mittlerer Standard überwiegt. Eine bessere Auswahl an Unterkünften findet man erst wieder in Cornwall bzw. in Ottawa.

Straße #31

Vom *Upper Canada Village* bzw. Morrisburg führt die Straße #31 direkt **nach Ottawa**. Wer noch eine Unterkunft sucht, findet in Williamsburg, 10 km nördlich von Morrisburg, ein ländliches ***Bed & Breakfast Inn***:

- ***The Village Antiques***, © (613) 535-2463, $105 inkl. Frühstück; © 1-877-264-3281

Kanal und Seenplatte

Auf dieser Strecke lässt man die durch den *Rideau Canal* verbundenen Seen links liegen, während man bei Wahl der Autobahn #416 zumindest noch dessen nördlichsten Abschnitt und einige der handbetriebenen Schleusen kurz vor Ottawa »mitnehmen« kann. Wer sich für die Route am *Rideau Canal* entlang interessiert, wird den Um- bzw. Rückweg vom *Upper Canada Village* über (mindestens) Smith Falls nicht bereuen.

Der Rideau Canal (www.rideau-info.com & www.rideau175.org)

Die als *Rideau Canal* bezeichnete Wasserstraße zwischen Ottawa und Kingston erinnert mit ihrem nostalgischen Charme an alte europäische Kanäle. Sie besteht aus einer Vielzahl von Teilstücken, die eine lange Kette großer und kleiner Seen miteinander verbinden. Sechs Jahre (1826-32) dauerte die Fertigstellung der 202 km langen Route zwischen Ottawa und St. Lawrence River. Für damalige Verhältnisse war der Bau ein gewaltiges Unternehmen. Dabei kamen Hunderte von Arbeitern – hauptsächlich irische und schottische Immigranten – ums Leben.

Aus heutiger Sicht ist der Sinn des Kanals kaum mehr einleuchtend. Die Engländer waren seit dem britisch-amerikanischen Krieg jedoch lange in großer Sorge um die Sicherheit ihrer Transporte auf dem Oberlauf des St. Lawrence River. Daher kamen sie auf diesen »Wasserschleichweg«, um ggf. via Ottawa River das kritische Stück der Route nach Toronto (zwischen Montreal und Kingston) außerhalb der Reichweite amerikanischer Kanonen jenseits des St. Lawrence River umgehen zu können.

Schon seit Jahrzehnten ist der *Rideau Canal* aber nur noch ein – überaus beliebtes – Freizeitgewässer. Rund 90.000 Boote passieren jährlich die fast 50 überwiegend noch handbetriebenen **Schleusen** (allesamt *National Historic Sites*), die sukzessive die 84 m Höhenunterschied zwischen Ottawa River und dem Lake Ontario ausgleichen.

Wer statt der gängigen Route entlang des St. Lawrence ab Kingston auf kleinen, hügeligen Straßen durch die östliche **Kawartha-Seenplatte** nach Ottawa fährt, erlebt das ländliche Südontario noch sehr ursprünglich und mit dem ***Frontenac Provincial Park*** eine Art *Semi-Wilderness*. Für die Orientierung auf der hier empfohlenen Strecke benötigt man eine genaue Karte. Man verlässt die Straße #401 westlich von Kingston am *Exit* 613 Richtung Sydenham und folgt dann den Schildern zum *Frontenac PP* über die Straßen #5, #38 und #19.

- Der ***Frontenac PP*** ist autofrei (nur *walk-in* und *paddle-in Campsites*). Wer mit Pkw (höchstens Van) und Zelt unterwegs ist, findet auf dem Gelände der ***Frontenac-Outfitter*** acht prima Plätze (top #7 und #8 am Ufer!).

Weiter geht es auf der #19 und #38 North, #8 und #12 zum »Schnuckelort« **Westport**. Sehr gut ist dort das ***Cove Country Inn*** am See, ab $165, © 613-273-3636 und © 1-888-268-3466, www.coveinn.com, mit Fischladen und Schweizer Bäcker nebenan (Uferstraße).

Ab Westport nimmt man die #42 Ost und #14 (**Rideau Narrows** mit lebhaftem Schleusenaktivitäten), danach die #21 zum ***Murphy's Point PP*** (sehr schöner Campingplatz mit Bootsverleih südlich von Perth). Weiter geht es über Smith Falls (dort **Museum** mit dem Thema »Kanalbau«; täglich 10-16.30 Uhr, Eintritt $4, sowie ***Hershey Canada***, größte Schokoladenfabrik des Landes; Besichtigung Mo-Do bis 14.30 Uhr, frei) zum ansehnlichen Künstler- und Schleusenstädtchen **Merrickville** (Straßen #21, #1, #18, #43, immer Richtung Osten).

Beste **Campingplätze** der Region sind:

- ***Rideau River PP*** mit Bootsverleih unweit der Autobahn #416 bei Kemptville. Dieser Platz ist auch eine gute Option für alle, die auf der Autobahn #416 unterwegs sind und vor Ottawa noch einmal übernachten wollen bzw. den Park gleich als Standquartier wählen (bis Ottawa sind es ca. 40 km).
- Außerhalb der eben beschriebenen Route liegt weiter westlich der vielleicht schönste Platz weit und breit im ***Bon Echo PP*** an der #41 (nördlich TCH #7).

Boots- und Hausbootverleih:

- ***National Canoeing Headquarters-Canadian Recreational***, Main Street West, Merrickville, © 1-888-252-6292, www.rideaufriends.com
- ***Frontenac Outfitters***; 3 km vorm gleichnamigen PP an der #19 (➪ oben), Kanus und Kajaks ab $35/Tag), Kurse; © (613) 376-6220 und © 1-800-250-3174; www.frontenac-outfitters.com
- ***Waterway Get-a-way;*** große Hausboote $1.400-$1.900/Woche; © (705) 747-0069 und © 1-800-280-9390; www.waterwaygetaway.com

Gleich acht Schleusen hintereinander sind zwischen Ottawa River und Kanalbeginn im Zentrum von Ottawa zu überwinden. Die Prozedur des Auf- bzw. Abschleusens dauert mindestens zwei Stunden (links unten im Bild das Bytown Museum)

3.5 Ottawa/Gatineau (vormals Hull) (www.ottawa.ca und .com)
(Einwohner Ottawa 800.000, Metro mit Gatineau 1,3 Mio)

3.5.1 Geschichte

Gründung

Schon 1613 errichtete *Samuel de Champlain* (⇨ Seite 509) sein Lager am Zusammenfluss von Ottawa und Rideau River, aber es vergingen noch fast 200 weitere Jahre, bis die ersten Siedler sich dort niederließen. Ab 1826 – mit Beginn der Bauarbeiten zum *Rideau Canal* – wurde aus dem Dorf vorübergehend das rasch wachsende ***Bytown***, benannt nach *Colonel John By*, der für den Kanalbau verantwortlich war. Die offizielle Bezeichnung **Ottawa** verdankt die Stadt den früher dort lebenden *Outaouac*-Indianern.

Hauptstadt

Der Spitzname ***Westminster of the Wilderness*** bringt Historisches auf den Punkt. Als *Queen Victoria* 1857 auf der Suche nach einem geeigneten endgültigen Regierungssitz für Canada war, ließ sie ihren königlichen Finger über der Landkarte kreisen. Er traf – zum Entsetzen der anderen Hauptstadt-Aspiranten Montréal, Kingston und Toronto – das damals unbekannte Holzfällerstädtchen Ottawa, wo ein Haufen ungehobelter Rauhbeine lebte. Aber die Entscheidung für den Außenseiter-Bewerber war kein Zufall. Die Königin ging damit auf sichere geographische Distanz zu den seinerzeit noch feindlich gesinnten Amerikanern und legte mit politischer Weisheit die kanadische Kapitale genau auf die Nahtstelle zwischen Ontario und das frankophone Québec.

Da es in Ottawa keinerlei für eine Hauptstadt geeignete Infrastruktur gab, musste alles neu geschaffen werden. Und so setzte man ein neues *Westminster* samt einer Imitation von *Big Ben*, hier *Peace Tower* genannt, mitten »in die Wildnis«. Selbst die typisch britischen Wachen mit den knallroten Uniformen und Bärenfellmützen übernahm man. Dabei blieb es auch, nachdem sich Canada 1867 von der Bevormundung durch die Kolonialmacht befreit hatte. Passenderweise wurden im selben Jahr die noch von den Briten begonnenen Regierungsgebäude fertiggestellt und gleich übernommen.

Noch Ende des 20. Jahrhunderts klagten Diplomaten über die provinzielle Schläfrigkeit der Stadt. Doch dann siedelten sich binnen 15 Jahren zahlreiche globale (ca. 2000!) High-Tech-Firmen an, was zu einer allgemeinen Job-Explosion führte.

Colonel John By, Erbauer des Rideau Canal

3.5.2 Transport, Verkehr und Information

Flughafen

Ottawas Flughafen liegt im Süden der Stadt. Über den *Airport Parkway* und seine Verlängerung Bronson Ave ist man in 25 min in *Downtown*. Der ***YOW Airporter*** ($11) fährt halbstündlich (Sa/So seltener) zu den wichtigsten Hotels. Das **Taxi** kostet ca. $25. Billiger ($6) ist der **Stadtbus**: Linie **#97** fährt ab/bis *Confederation Park*; www.ottawaairport.ca.

Bahn & Bus

Die **VIA-*Railway Station*** liegt östlich des Zentrums in der Tremblay Road (beim *Vanier Parkway*); ein Bus verbindet den Bahnhof mit *Downtown* (etwa 10 min),Tageskarte $7,25. Das **Bus-Terminal** befindet sich in der 265 Catherine/Kent Street südlich *Downtown*, nahe Queensway #417.

Lokaler Transport

Das lokale **Bussystem** (von 6 bis 02 Uhr) ist vorbildlich. Routenplan, *Time Table* und City-Einzeltickets gibt's beim ***Capital Infocentre*** (⇨ unten) und beim Büro von ***OC-Transport*** im ***Rideau Shopping Center***. Ohne Ticket zahlt man im Bus $3 (abgezählt bereitzuhalten); ***Day Pass*** $7,25 im Bus (im ***OC-Centre*** $6,50).

Sightseeing

Stadtrundfahrten im oben offenen **Doppeldeckerbus** oder im **Nostalgie-Trolley** starten im Sommer alle 20 min. Die 100-min-***Full City Tour*** (*hop-on-hop-off*) kostet $30/$20 und gilt für drei Tage. ***Sunset Tour*** $20 (Juli/August täglich 17, 18, 19, 20 Uhr). Zentrale Abfahrt, Info und Tickets im ***Info Ottawa Kiosk***, Sparks/Elgin Street.

- ***Lady Dive Tours***: Ein gläserner Amphibus taucht 1 Stunde ab ins Nass; Tickets $22 ebenfalls beim Kiosk Sparks/Elgin Street; Juli/August 11-21 Uhr, sonst bis 17 Uhr; www.amphibus.com
- ***Paul's Boat Lines*** bietet eine ruhige Fahrt auf dem *Rideau Kanal* und dem Ottawa River ab *Conference Center*. ***Ottawa River Cruise*** auch ab **Gatineau** beim *Museum of Civilization*; Alle dauern ca. 90 min, 6x täglich, $17/$10.

per Rad

Bike Rental an der Rideau Street hinter dem Hotel *Chateau Laurier*; April-Oktober $9/Stunde, $28/Tag.

Lage des Zentrums

Das touristisch interessante **Kerngebiet** der Stadt liegt südlich des hohen Ottawa River Ufers – beidseitig des Rideau Canal – im Westen begrenzt durch die Preston Street, im Osten durch den Rideau River. Die französischsprachige Schwesterstadt **Gatineau** am Nordufer liegt bereits in der Provinz Québec.

Zufahrt

Von Westen und Osten erreicht man Ottawa auf der *Downtown* tangierenden **Autobahn #417** (*Queensway*, gleichzeitig Straße #17/*TCH*). Über die Abfahrten Metcalfe/Elgin Street, Kent Street und Bronson Ave gelangt man rasch in die Innenstadt. Sowohl auf der Straße #16 (Prescott Street) als auch auf der #31 (Bank Street) von Süden fährt man auf direktem Weg in die City.

Der Hauptverkehr von Norden und Osten nördlich des Ottawa River (#5, #50 und #148) vereinigt sich vor der ***McDonald Cartier Bridge*** und fließt über den Sussex Drive nach *Downtown*.

Fast ebenso rasch kommt ins Zentrum, wer auf der *Rue Maisonneuve* (Straße #148) zunächst Gatineau durchquert, und dann auf der ***Pont Alexandra*** über den Fluss fährt.

Parken

Die Orientierung im zentralen Bereich der Hauptstadt fällt im Prinzip leicht. Autofahrer sehen sich jedoch einer Vielzahl von Einbahnstraßen und Linksabbiegeverboten gegenüber, die es mitunter schwermachen, ein angepeiltes Ziel zügig zu erreichen. Die Parkplätze sind knapp und teuer. Da sich *Downtown* Ottawa am besten zu Fuß oder mit demRad erkunden lässt, ist es sinnvoll, zunächst einen zentralen Parkplatz anzusteuern. Relativ gute Chancen unterzukommen, bieten die Plätze rund um den *Byward Market:* Sussex Drive, dann York oder Clarence Street. Günstig liegen die **Parkhäuser** im ***Rideau Centre*** (Rideau Street, dann Dalhousie nach Süden und Besserer rechts ab) und des ***National Arts Centre*** (nur über Elgin Street von Süden anzusteuern). Motorhomes sind auf City-Parkplätzen nicht zugelassen, ➪ Seite 494 »Motels mit Parkmöglichkeit«.

Orientierung

Unterhalb des unübersehbaren *Parliament Hill* und der zentralen Hauptstraße **Wellington Street** befindet sich das Finanz- und Geschäftsviertel zwischen Kent, Elgin und Somerset Street. Die Straßen zwischen Somerset und dem *Queensway* markieren urbane **Wohnviertel** mit der Bank Street als Hauptachse. Östlich davon begrenzt der ***Rideau Canal*** die Innenstadt, zu der man aber auch noch das Gebiet um den ***Byward Market*** östlich des Kanals bzw. des Sussex Drive zählen muss. Beidseitig des Ottawa River, des *Rideau Canal* auf ganzer Länge durch die Stadt und ebenso entlang des Rideau River liegen weitläufige **Grünanlagen** – der *Greenbelt* – und begrenzen die Stadt nach Süden. Er wurde in den 1950er-Jahren angelegt, um die Zersiedlung aufzuhalten. .

Information

Die Besucherinformation heißt ***Capital Infocenter*** und befindet sich gegenüber dem *Parliament Hill* in der Wellington/Metcalfe Street (Parken schwierig). Neben Stadtplan etc. gibt es dort u.a. den ***Ottawa Visitors Guide*** mit aktuellen Daten und Informationen. Man ist auch behilflich bei der Hotelreservierung. Auch der Museumspass ist dort erhältlich: 10 Museen (eigener Wahl) kosten dann $30, für Familien (bis 5 Pers. $75). Ende Mai bis Anfang September täglich 8.30-21 Uhr, sonst 9-17 Uhr; © (613) 239-5000 und © 1-800 -465-1867; www.ottawatourism.ca.

Blick über den hier breiten Ottawa River hinüber nach Gatineau mit dem Komplex des Museum of Civilization

3

3.5.3 Unterkunft und Camping

Situation

Die kanadische Hauptstadt ist mit Hotelkapazität reich gesegnet. Die Tarifgestaltung unterliegt starker Konkurrenz. Da im Sommer Parlamentsferien sind, fallen die Preise der sonst teuren von Geschäftsleuten und Politikern frequentierten Häuser auf ein durchweg günstigeres Niveau als unten angegeben. Man kann dann im Zentrum relativ billig in sehr guten Hotels unterkommen. Es lohnt sich, auf **Sonderofferten** (***Packages*** – auch im Internet) zu achten. Der in solchen Fällen oft nur geringe Unterschied zur Vorstadt-Mittelklasse steht in keinem Verhältnis zum möglichen Qualitätssprung.

Downtown Hotels/Motels

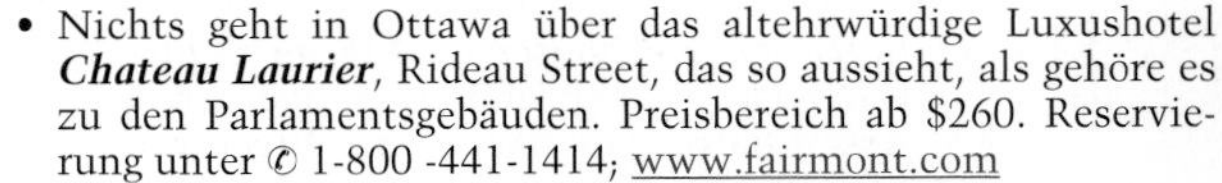

- Nichts geht in Ottawa über das altehrwürdige Luxushotel ***Chateau Laurier***, Rideau Street, das so aussieht, als gehöre es zu den Parlamentsgebäuden. Preisbereich ab $260. Reservierung unter ✆ 1-800 -441-1414; www.fairmont.com

- Ebenfalls sehr zentral gelegen und stilistisch nicht unähnlich ist das ***Lord Elgin Hotel*** unweit des *Chateau Laurier*, 100 Elgin Street, ✆ 1-800 -267-4298; DZ ab $200; www.lordelginhotel.ca
- ***Courtyard by Marriott***, sehr gut am Byward Market, 350 Dalhousie Street, ✆ 1-800 -341-2210, ab $160 (➪ Seite 150)
- ***Capital Hill Hotel and Suites***, 88 Albert Street; zentral beim *Art Center*, Parken extra; Angebote ab $99, sonst ab $150 im Sommer; ✆ 1-800 -463-7705; www.capitalhill.com
- ***Days Inn***, 319 Rideau Street, Parken: Pkw frei, Camper gegen Gebühr; ✆ 1-800 -263-0649 (➪ Seite 150) ab $125,
- ***Econolodge Parkway***, 475 Rideau Street, Parken frei; ✆ (613) 789-3781 ab $93
- ***Inn on Sumerset***, 282 Somerset Street West; B&B in Wohngegend, unweit der Attraktionen, Restaurants, 12 Zi, 6 Parkplätze; ✆ (613) 236-9309; ab $115; www.innonsomerset.com

Motels

Günstige Motels (unter $100, frei Parken und Busanbindung) finden sich im Osten an der **Montreal Road** (über die Aviation Rd) und im Westen an der **Carling Ave** (parallel *Queensway* #417):

- ***Miranda Inn***, 545, Montreal Road; ✆ (613) 741-1102 und ✆ 1-800 -267-1666; $89; www.mirandainn.com
- ***Pari's Motel***, 665 Montreal Road; ✆ (613) 745-6891 und ✆ 1-877-247-2747; www.paris-motel.com
- ***Webb's Motel***, 1705 Carling (Bus #84), ✆ (613) 728-1881 und ✆ 1-800 -263-4264; ab $79; www.webbsmotel.com

Airport-Nähe

An der Nord-Süd-Strecke, noch vor den City-Toren, liegt ***Southway Inn*** (mit Pool), 2431 Bank Street (#31) ab $175, Angebote ab $100); ✆ 1-877-688-4929; www.southway.com

Gatineau

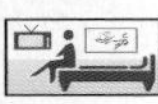

In unmittelbarer Nähe des *Canadian Museum of Civilization* in Gatineau steht das ***Four Points by Sheraton***, 35 Laurier St, ✆ (819) 778-6111 und ✆ 1-800 -567-9607; ab $129

B & B

In Ottawa gibt es etliche ***Bed & Breakfast***-Angebote. Eine aktuelle Liste hat die ***Tourist Information*** – www.ottawatourism.ca, www.bbottawa.com und www.ottawacenterbnb.com.

Hostel

- ***Ottawa International Hostel***, 75 Nicholas Street hinter dem *Rideau Centre*, erstklassige Herberge im ehemaligen Gefängnis, © (613) 235-2595; \$27-\$32/Bett; EZ/DZ \$67/\$77

Camping

- Der nächstgelegene private Platz ist ***Rideau Heights***, ca. 12 km außerhalb an der Straße #16, © (613) 546-2711; gute Busverbindung in die City
- ***Camp Hither Hills***, © (613) 822-0509, und das ***Poplar Grove Tourist Camp***, © (613) 821-2973, liegen beide an der Straße #31 etwa 10 km bzw. 14 km außerhalb der Stadt. *Poplar* hat einen großen *Pool* mit Wasserrutsche.

Weitere Hinweise unter ***Gatineau Park***, Seite 503.

3.5.4 Stadtbesichtigung

Downtown Ottawa

Eindruck

Ottawa, insbesondere die kleine *Downtown,* ist überschaubar. Der Ottawa River mit den Uferparks und der *Rideau Canal* (➪ Seite 489) mit dem Schleusenpark zwischen *Parliament Hill* und *Chateau Laurier* und die vielen Grünanlagen sorgen für ein aufgelockertes Stadtbild. Im Mai erfreut am *Rideau Canal* Tulpenpracht das Auge. Königin Juliana von Holland dankt damit Ottawa, dass Canada ihr und anderen holländischen Bürgern im 2. Weltkrieg Zuflucht gewährte.

Pensionierte »Mounties« als Touristenattraktion

Ottawa Locks

Die Ecke Elgin/Wellington (Brücke über den *Rideau Canal/ Rideau Centre*) eignet sich gut als **Ausgangspunkt** für eine Stadtbesichtigung. Man könnte von dort zunächst zum Kanal hinuntergehen; ein Zugang für Fußgänger befindet sich unübersehbar an der Brücke. Über acht handbetätigte **Schleusen** werden dort Sport- und Hausboote auf kürzester Distanz über 24 m Höhenunterschied hinauf- oder hinuntergehievt.

Wer die richtigen Zeiten abpaßt, kann bei dieser recht aufwendigen 2-Stunden-Prozedur zusehen (nur im Sommer). Die Betriebszeiten für Auf- und Abwärtsschleusung werden von der – heute die *Locks* verwaltenden – Nationalparkbehörde auf einer Tafel angekündigt.

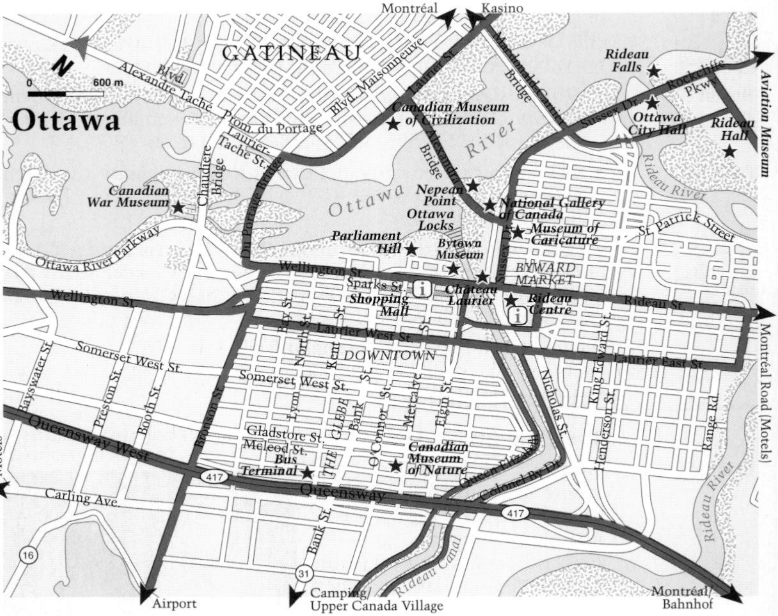

Am Ufer des Ottawa River angekommen, lässt sich der Spaziergang wunderbar durch den *Major's Hill Park* fortsetzen bis hinüber zur *National Gallery* am Sussex Drive und zum Aussichtspunkt ***Nepean Point***.

ByTown Museum

An der dritten Schleuse von oben steht das älteste Steingebäude der Stadt, das vom Kanalerbauer *John By* als Hauptquartier errichtet wurde und heute als **Museum** dient. Dort erfährt man allesüber den Bau des *Rideau Canal*; geöffnet Mai-Oktober täglich 10-17 Uhr, Sa/So bis16 Uhr; $5; www.bytownmuseum.com.

Chateau Laurier

Neben dem Kanal befindet sich das bereits oben empfohlene ***First Class Hotel Chateau Laurier***; es wurde nach dem kanadischen Ministerpräsidenten *Wilfried Laurier* (1896-1911) benannt.

Unter dem Hotel, Eingang am Kanal, wartet das ***Canadian Museum of Contemporary Photography*** (http://cmcp.gallery.ca) auf Besucher; geöffnet Mai-Sept. täglich 10-17 Uhr, Do bis 20 Uhr, sonst nur Mi-So; $4/3; Juli 2008 bis auf weiteres geschlossen.

Parliament Hill

Wie ein mittelalterlicher Burgenkomplex thronen die neugotischen Regierungsgebäude Canadas auf dem ***Parliament Hill*** hoch über dem Ottawa River; www.parlia menthill.gc.ca. Kupfer und Sandstrahlarbeiten verhelfen ihnen zu neuem Glanz. Vom Aussichtspunkt ***Nepean Point*** oberhalb der Auffahrt zur *Alexandra*

Bridge (hinter der *National Gallery*) und vom *Canadian Museum of Civilisation* auf der gegenüberliegenden Seite des Flusses präsentiert sich der Komplex besonders gut für die Kamera.

Regierungsgebäude

Führungen durch die Regierungsgebäude von 1867 finden das ganze Jahr über statt. Im Sommer ist der Andrang groß. Zwischen Mitte Mai und *Labour Day* steht ein spezielles **Info-Zelt** zwischen Centre- und Westblock, in dem Anmeldung und Zeitzuteilung geregelt werden (Eintritt frei). Die Führungen durch den ***Centre Block***, das ***Parliament Building*** mit dem ***House of Commons***, den ***Senate*** (der 2. Kammer) und die ***Library of Parliament*** beginnen alle 15 min und dauern 45 min; täglich 9-19.50 Uhr, Sa/So bis16.50 Uhr. Nach *Labour Day* bis Ende Mai (sitzungsabhängig) Mo-Do nur 9-9.50 und 15.20-19.20, Fr 12.30-19.20, Sa/So 9-19.20 Uhr. Schlußzeiten jeweils für letzten Tourbeginn.

Beeindruckend ist die von einem Brand 1916 weitgehend verschont gebliebene Bibliothek. Vom ***Peace Tower*** hat man einen schönen Rundblick, in der ***Memorial Chamber*** erinnern u.a. in Stein gemeißelte Gedichte von *Rudyard Kipling* und *Victor Hugo* an die 67.000 kanadischen Gefallenen des 1. Weltkriegs.

Im Sommer wird die Fassade des Parlamentsgebäudes nach Sonnenuntergang zur großen Leinwand, auf der Canadas Geschichte in einer gewaltigen ***Sound- und Light-Show*** präsentiert wird. 2x am Abend, einmal englisch, einmal französisch, kein Eintritt.

Wachablösung

Ein populäres Spektakel bildet das ***Changing the Guard***; jeden Morgen um 9.45 Uhr formiert sich die Parade der bärenfellbemützten Rotröcke bei der *Cartier Square Drill Hall*, marschiert dann die Elgin Street entlang und exerziert schliesslich um 10 Uhr auf dem *Parliament Hill*. Wer dann noch mittags (Juli und August 14 Uhr, ansonsten 12 Uhr) das **Glockenspiel** vom *Peace Tower* ganz wie vom *Big Ben* gehört hat, kann sich endgültig eine Reise nach London sparen.

Der Rideau Canal mitten durch die City; links das Parliament Building, rechts das bombastische Hotel Chateau Laurier

3

Einkauf

Die Blocks südlich der Wellington Street zwischen Elgin und Kent Street bilden das Herz der – insgesamt nicht sehr aufregenden – ***Downtown*** von Ottawa. Neben der ***Royal Bank*** besticht die ***Bank of Canada*** (beide Sparks Street) durch den raffiniert integrierten Altbau, der das ***Museum of Currency*** beherbergt. Die ***Spark Street Mall*** (parallel zur Wellington) ist eine Fußgängerzone mit vielen Shops und Straßencafés. Kleinere ***Indoor Shopping Malls*** sind die ***World Exchange Plaza*** (Ecke Metcalfe/Albert Street), das ***Sparks Shopping Centre*** an der Ecke Bank Street mit einem ***Food Court*** im Untergeschoß und die ***L'Esplanade Laurier***, Bank Street/Laurier Ave. Zahlreiche Restaurants finden sich in der – sonst ab 17 Uhr wie ausgestorbenen – City an der Elgin Street südlich des ***Hotels Lord Elgin***.

Rideau Centre

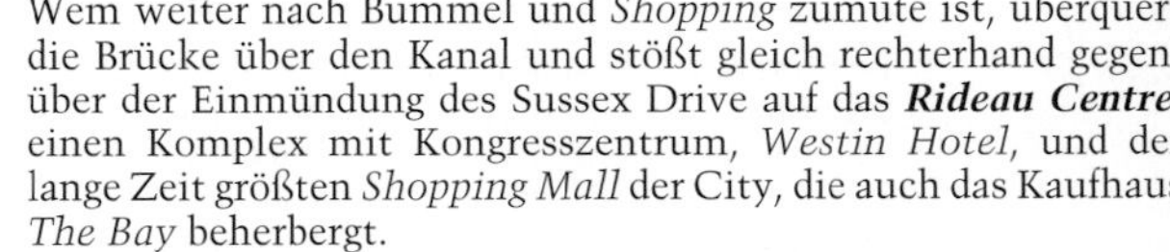

Wem weiter nach Bummel und *Shopping* zumute ist, überquert die Brücke über den Kanal und stößt gleich rechterhand gegenüber der Einmündung des Sussex Drive auf das ***Rideau Centre***, einen Komplex mit Kongresszentrum, *Westin Hotel*, und der lange Zeit größten *Shopping Mall* der City, die auch das Kaufhaus *The Bay* beherbergt.

Byward Market

www.byward-market.com

Der **Sussex Drive** führt von der Rideau St zunächst nach Norden, folgt aber bald dem Verlauf des Ottawa River in Richtung Osten zum Nobelvorort Rockcliffe. Gleich zu Beginn links (hinter dem etwas furchterregenden neogotischen Finanzministerium) liegt der massive Neubau der amerikanischen Botschaft wie eine Festung in der Stadt. Gegenüber gelangt man über die George oder York Street zum ***Byward Market***, heute weit mehr als Obst- und Gemüsemarkt in der zentralen Markthalle in der George Street.

Das Karree zwischen Sussex Drive, Dalhousie, Rideau und St. Patrick Streets hat sich zu einer quirligen Gegend mit Verkaufsständen, Boutiquen, Kneipen und **Restaurants** verwandelt. Dort findet auch Ottawas Nachtleben statt. Der Clou des *Byward Market* sind kulinarische Köstlichkeiten aus aller Herren Länder und nicht zuletzt eine Ottawa-Spezialität, ***Beaver Tails***. Aber diese

Knoblauch-Spezialist auf dem Byward Market

Biberschwänze sehen nur so aus, wie sie heißen; es handelt sich um warmes mit Marmelade oder Käse und Schinken gefülltes Gebäck – eine Kreuzung zwischen *Crêpes* und *Donuts*.

Bei allen Spaziergängen durch die Stadt sollte man auf die vielfältigen Statuen und Monumente achten. Einen speziellen Führer dazu gibt es im Besucherzentrum.

Szene

30 min zu Fuß ist es zu zwei kleinen Szene-Vierteln: ***The Glebe*** liegt südlich des Queensway entlang Bank Street (zwischen 1st und 5th Ave) und westlich *Downtown* eine Art ***Little Italy*** (entlang Preston, südlich Somerset Street). Beide sind überbewertet.

Rund um das Zentrum

Sussex Drive

Zu einer Ottawa-Besichtigung gehört eine Fahrt stadtauswärts Richtung Nordosten entlang des Ottawa River-Südufers, denn dort liegen diverse Attraktionen: Am Sussex Drive passiert man das ***National Peacekeeping Monument*** zu Ehren der kanadischen Blauhelme, die ***Notre Dame* Basilika**, die ***National Gallery of Canada*** und ***Canadian Mint***, ➪ Seite 502.

Rideau Hall

Auf Green Island – in der Mündung des Rideau River – liegt rechts die ***Ottawa City Hall*** mit einem modernen Anbau von *Moshe Safdie*. Linkerhand folgen die heute regulierten *Rideau Falls.*

Gegenüber der Residenz des kanadischen Premiers (24 Sussex Drive) liegt die ***Rideau Hall*** in einem (öffentlichen) Park. Sie ist Sitz des *General Goverheur,* Vertreterin der Königin von England, von rot uniformierten *Guards* bewacht. Schon zum zweiten Male in Folge ist der Posten mit einer Frau aus einem Einwandererland besetzt. Bis 2005 von *Adrienne Clarkson*, mit chinesischem Hintergrund, und jetzt von *Michaelle Jean* aus Haiti.

Rockcliffe

Der Sussex Drive wird ab McKay St zum **Rockcliffe Parkway**, der am Rand des Nobelviertels, wo sich auch Botschaften und Ministerien befinden, am Ufer des Flusses entlangläuft. Vom Aussichtspunkt ***Belvédère Rockcliffe Lookout*** sieht man eine Marina am Fluss mit dem ***Rockcliffe Boathouse Restaurant*** auf einem Ponton (1/2 Meile östlich der Residenz des Premiers am Sussex Drive, © 613-744-5253). Ein ruhiger Platz fürs *Lunch* ist dessen Terrasse über dem Wasser (nur Pkw).

Der *Parkway* führt weiter zum ***Rockcliffe Airport*** mit dem *Canada Aviation Museum,* ➪ Seite 501.

Museen

Die Hauptstadt besitzt zahlreiche Museen; herausragend sind die ***National Gallery of Canada,*** das ***Canadian Museum of Civilization*** (in Gatineau) und das **neue *War Museum*.** Alle drei Komplexe bestechen durch ihre **Architektur** und Ausstellungen von internationalem Rang. Für Museums-Liebhaber gibt es einen Passport für 10 Museen für nur $30 und ein Familienpass bis zu 5 Personen (aber max. 2 Erwachsene, 7 Tage gültig) für $75. Nicht darin sind enthalten sind einige der kleinen Top-Museen.

Nationalgalerie

www.national.gallery.ca

Mit der ***National Gallery of Canada,*** einem Glastempel der Kunst am Sussex Drive, setzte der Architekt *Moshe Safdie* 1988 einen Kontrast zur massiven Phalanx der Regierungsbauten am anderen Ufer. In der 1. Ebene (***Level 1***) hängen Werke kanadischer Künstler, speziell der ***Group of Seven*** (➪ Seite 441).

Die zweite Ebene (***Level 2***) ist amerikanischen und europäischen Malern vorbehalten. Von den großen Vertretern wichtiger Epochen und Stilrichtungen, darunter *Canaletto, Lukas Cranach, Franz Hals, Rubens, Rembrandt, van Gogh, Degas, Monet, Chagall, Klimt, Picasso, Pollock,* findet man jeweils mehrere Werke.

Ein Schmuckstück ist die rekonstruierte historische ***Rideau Street Chapel*** mit einer Ausstellung sakraler Kunst. Eine Präsentation kanadischer ***Inuit Art*** (seit 1960) rundet die Sammlung ab.

Zwei helle Innenhöfe mit Springbrunnen laden ein zum Verweilen. In der Saison täglich geöffnet 10-17, Do bis 20 Uhr, 1. Oktober-30. April Di-So 10-17, Do bis 20 Uhr; Eintritt $9. Do ab 17 Uhr frei; bei Sonderausstellungen variabler Eintritt.

Teilansicht der National Gallery: Architektur aus Licht und Glas

Historisches Museum

www.civilization.ca

Das ***Canadian Museum of Civilization***, Rue Laurier am Ottawa River in **Gatineau**, lässt sich von *Downtown* Ottawa am einfachsten über die ***Alexandra Bridge*** erreichen. Die Gestaltung dieses phänomenalen Gebäudekomplexes symbolisiert den aus Gletscher-Formationen entstandenen *Canadian Shield* (➪ Seite 18).

Der Eingangsbereich ist wechselnden Ausstellungen über ethnische Minderheiten in Canada vorbehalten. Außerdem befindet sich dort die ***Indian & Inuit Art Gallery***, die sich mit der Kultur der Ureinwohner und anderer Völker beschäftigt. Ferner ist dort ein ***Children`s Museum*** und das ***Postal Museum***, sowie das ***Cine Plus*** mit *IMAX* und *OMNIMAX* untergebracht.

Einige Stufen tiefer liegt die ***Grand Hall*** mit einer beeindruckenden permanenten Ausstellung über die Indianer der kanadischen Westküste. In der ***History Hall*** (*Level* 2) geht es um die weiße Besiedelung Canadas, die Anfänge der Fischerei, das Dorf- und Farmleben, die Geschichte des Pelz- und Holzhandels und die indianisch-französischen Mischlinge (*Metis*).

Guter Buchladen und ***Cafeteria*** im *Grand Hall*-Bereich sowie Panoramablick auf den *Parliament Hill.* Eintritt $10; unter 18 Jahren $6. Familien- und Kombitickets mit 4 Wahlmöglichkeiten bis zu $25; dies schließt das ***Canadian War Museum*** mit ein. Öffnungszeiten ➪ *War Museum,* das man von hier zu Fuß in 30 min erreicht (auf der anderen Seite des Ottawa River, erst über einen Spazierweg durch Grünanlagen, dann über die *Pont du Portage* und die *Île Victoria.* Beide Museen haben eine Skizze).

Kriegsmuseum

Das ***Canadian War Museum***, Vimy Place (westlich Chaudiere-Brücke), beherbergt eine riesige militärhistorische Ausstellung und dokumentiert die Beteiligung Canadas an Weltkriegen und Friedensmissionen der UNO. Hervorragend gemachte, emotionale Ausstellung gegen jede Art Krieg. Geöffnet täglich 9-18 Uhr, Do bis 21 Uhr. Oktober bis Mai Mo zu. Eintritt ➪ oben; www.warmuseum.ca. OC-Busse dorthin #95, #97, #86, #87.

Weitere Spezialmuseen

- ***Diefenbunker – Canada's Cold War Museum***, 3911 Carp Rd (Hwy #417, *Exit* 144, dann 13 km nördlich). Politiker und Generäle sollten hier in Zeiten des Kalten Krieges bei Gefahr vier Stockwerke tief komfortabel abtauchen können: Der atombombensichere Bunker besaß *Premier-Suite,* Wohn- und Schlafzimmer, Restauration und Radiostudio. »***Diefenbunker***« ist eine hier passende Persiflierung des Namens des damaligen Premiers *John Diefenbaker.* Täglich 10-15 Uhr (Führungen im Juli/August 11, 12, 13, 14 und 15 Uhr; sonst nur Mo-Fr 14, Sa/So 11, 13, 14 Uhr); $14, bis 17 Jahre $6; www.diefenbunker.ca.
- Das ***Canada Aviation Museum***, Aviation Pkwy am Rockcliffe Airport, zeigt über 100 Flugzeuge. Auf dem ***Walkway of Time*** geht es durch die Ausstellung zur Luftfahrtgeschichte. Faszinierend ist *Pushing the Envelope* mit modernsten Flugzeugen. Mai-*Labour Day* täglich 9-17 Uhr, sonst Mi-So 10-17 Uhr; Eintritt $7.50/$5; www.aviation.technomuses.ca. OC-Bus #129
- Das ***Canada Science and Technology Museum*** in der Lancaster Road im Südosten der City (*Queensway, Exit* St. Laurent Blvd. South) zeigt die Funktionsweise von Maschinen und Instrumenten. *Hands-on Exhibits* erklären wissenschaftliche Phänomene. Mai-Labour-Day tägl. 9-17 Uhr, sonst Mo zu, $7.50/$5; www.sciencetech.technomuses.ca. OC-Busse #85 und #86.
- Das ***Canada Agricultural Museum*** mit der *Central Experimental Farm,* Zufahrt über den Prince of Wales Drive/ Straße #16 (von *Downtown* zunächst Prescott Street), ist ein 500 ha großer Bauernhof südwestlich des Dows Lake. Im Museum und auf Lehrpfaden erfährt man viel Wissenswertes über Hightech-Ackerbau und -Viehzucht; 1. März bis 31. Okt. tägl. 9-17 Uhr, $7,50/$5; www.agriculture.technomuses.ca. Bus #3.
- Das ***Canadian Museum of Nature*** besitzt eine Dinosaurierausstellung und erläutert Umweltprobleme. Ecke Metcalfe/McLeod Streets, Anfahrt über Elgin St; Mai-Sept. täglich 9-18, Mi, Do bis 20 Uhr; Eintritt $8, Familien $13; www.nature.ca.

3

So viele Museen bei dem schönen Wetter? Wir warten lieber draußen!

- Das ***Currency Museum,*** 245 Sparks Street (in der *Bank of Canada*), ist der Geschichte des Geldes in Canada und weltweit gewidmet. Mai-Labour Day Mo-Sa 10.30-17 Uhr, So 13-17 Uhr; sonst Mo zu; Eintritt frei; www.currencymuseum.ca.
- ***Royal Canadian Mint,*** 320 Sussex Drive, entwirft und prägt Münzen und Edelmetallbarren. *Victoria-Labour Day* Mo-Fr 9-19, Sa/So 9-17 Uhr, sonst täglich 9-17 Uhr, $4; www.mint.ca.
- Die ***Aboriginal Experiences*** sind vor allem interessant **für Kinder**. In einem nachgebauten Dorf der *Ottawa First Nations* werden neben Tanz-Trommel-Aufführungen alle möglichen Aktivitäten geboten: Wie stelle ich *Mocassins* her, Schneeschuhe oder einen *Dreamcatcher?* Im **Café** gibt es *Buffalo-* und *Cariboo Burger*. Prima Blick auf die Stadt. Täglich geöffnet 11-17 Uhr, $7, Kinder $4, spezielle Aktivitäten extra; mit Essen bis $34; www.aboriginalexperiences.com. Das Dorf liegt auf der östlichen Seite von Victoria Island und wird von den *Sightseeing Trolleys* angelaufen (zu Fuß vom Parlament 30 min).

Abkühlung im Sommer

In Ottawa sind **Badestellen** nur ein paar Kilometer entfernt. Am ***Dows Lake*** – Anfahrt über Bronson Ave (Richtung *Airport*), dann Carling Ave nach Westen, oder *Queen Elizabeth Driveway* am *Rideau Canal* entlang – gibt es schattige ***Picnic Areas*** und **Kanuverleih**. Besonders bei Hitze reizvoll sind die ***Hog's Back Falls*** im Stadtsüden. Man folge *Colonel By Drive* am Ostufer des Kanals und gelangt automatisch auf die *Hog Backs Bridge* über die Fälle. In breit über Felsen laufenden Stromschnellen kann man gut baden. Gute Badestellen gibt's auch im ***Gatineau Park,*** ⇨ rechts.

Rideau Canal

Die Uferstraßen beidseitig des Kanals werden am Sonntagvormittag für ***Jogger*** und ***Biker*** autofrei gehalten. Im Winter tummelt sich die Bevölkerung Ottawas auf dem monatelang zugefrorenen Kanal oder läuft per Schlittschuh ins Büro.

Kasino

Wer Lust aufs Zocken verspürt, braucht nur über den Fluss zu fahren. Das ***Casino de Lac Leamy***, ein bemerkenswerter Palast, steht am Lac Leamy unweit der Autobahnkreuzung #5/#50 (Ausfahrt Blvd du Casino). **Hinweis**: Shorts, Sandalen oder Jeans sind nicht erlaubt; www.casino-du-lac-leamy.com.

Gatineau Park (www.canadascapital.gc.ca/gatineau)

Nordöstlich von Gatineau liegt der 36.000 ha große *Gatineau Park*, **das** Naherholungsgebiet Ottawas, eine hügelige Waldlandschaft unter Verwaltung der *National Capital Commission*, Entfernung ab Ottawa-Zentrum ca. 35 km. Im Norden des Parks befinden sich schöne **Campingplätze** mit Badestellen am See (© 613-456-3016). Der **Lac Philippe** ist der größte, aber oft voll; der **Lac Taylor** hat prima Plätze direkt am See; campen am **Lac Peche** nur per Kanu.

Nach **Wakefield** fährt der ***HCW Steam Train***, eine Dampfeisenbahn am Gatineau River entlang. Empfehlenswert eher bei Laubfärbung. Der Bahnhof in Gatineau liegt in der Rue Deveault, Zufahrt über die #5, *Exit* St. Raymond, dann Carrière Blvd. Fahrplan und Tarife auch am Transport-Kiosk in Ottawa, Ecke Sparks/Elgin Street. **Wakefield** ist ein hübscher Ort am Gatineau River mit Restaurants und Cafés. Elegant wohnt man im ***Inn & Spa Le Moulin*** (37 Chemin Mill, © 819-459-3939, special ab $210) mit gutem Restaurant; www.wakefieldmill.com. Einfach und nostalgisch im Alpenstil im ***Hotel Wunderbar***, 911 Chemin Riverside, © (819) 459-2471, $ 65). Im ***Hotel Alpengruss*** gibt es ein urdeutsches Restaurant.

Wer noch Zeit für einen Abstecher hat, könnte ab Old Chelsea (von der #5 *Exit* #12) den Hinweisen ***MacKenzie King Estate*** folgen. Der ehemalige kanadische Premier *MacKenzie* hat auf diesem Gelände sein schrulliges Hobby gepflegt: Er sammelte echte und rekonstruierte Ruinen wie griechische Säulen und Teile des von den Deutschen im 2. Weltkrieg zerstörten englischen *House of Common*. Im Sommer täglich 9-17 Uhr, nur Parkgebühren.

3.5.5 Weiterfahrt nach Montreal

Alternative Routen

Die Fahrt von Ottawa nach Montreal hat wenig Reize. Es empfiehlt sich, die Autobahn #417 zu nehmen, in Québec die #40. An der Grenze nach Quebec gibt es für Ontario und Quebec Info Centres mit jeweils viel Material. Die Straße #17 am Südufer des Ottawa-River verläuft kaum abwechslungsreicher, erfordert aber deutlich mehr Fahrzeit. Die kleineren Straßen am Nordufer (#148 und später #344) lohnen den Zeitaufwand ebenfalls kaum; wer sich dennoch für das Nordufer entscheidet, findet unmittelbar hinter **Plaisance** die Einfahrt zum ***Parc National de Plaisance*** mit ***Campground*** auf einer flachen Landzunge im Ottawa River; große Stellplätze am Wasser, perfekt für 1 Nacht.

Eine Sehenswürdigkeit für sich auf dieser Strecke – in Montebello, etwa 65 km westlich von Gatineau – ist indessen das ***Chateau Montebello***, ein riesiges **Blockhaus-Hotel** der absoluten Luxusklasse mit Golf, Tennis, Reiten usw., in dem 1981 sogar ein Weltwirtschaftsgipfel der (damals noch) G7 stattfand.

Die Übernachtung in einem derart edlen Ambiente kostet natürlich »ein paar Dollar mehr«: Ab $229 im Sommer; © 613-562-7030 und © 1-800 -441-1414; www.fairmont.com/montebello.

4. QUÉBEC (www.bonjourquebec.ca oder www.bonjourquebec.de)

4.1 Reiseziel Québec, die andere Provinz

4.1.1 Zur Routenführung

Anfahrt

Die meisten Besucher Québecs – sofern sie ihre Reise nicht ohnehin in Montréal beginnen – erreichen die Provinz entweder von New York State (➪ Seite 367) oder Vermont (➪ Karte Seite 347) oder von Ontario aus. Für alle drei Fälle sind die entsprechenden Anfahrten in den vorstehenden Kapiteln beschrieben. Ebenso für einen Grenzübertritt von New Hampshire (➪ Seite 335) und Maine aus (➪ Seite 305).

Montréal und Québec City

Montréal ist für den überwiegenden Teil der Touristen das erste Ziel in Québec und liefert damit den sinnvollen Einstieg in dieses Kapitel, gleichzeitig auch den logischen Anschluß an die bislang verfolgten Routen. Am St. Lawrence River entlang geht es auf der Autobahn #40 oder der Straße #138 nach Québec City, dem 2. Provinzschwerpunkt.

Unterlauf St. Lawrence

Wer mehr von dieser riesigen Provinz (über 4x größer als Deutschland) sehen möchte, sollte von Quebéc City stromabwärts auf dem Nordufer des St. Lawrence bis Tadoussac fahren. Der Strom zeigt sich dort – neben dem Gebiet der *1000 Islands* (➪ Seite 483) – von seiner schönsten Seite. Dabei sind Abstecher in die Parks am Rand der ***Reserves Faunique*** (Wildnisschutzgebiete) möglich.

Die Gaspé

Das Québec-Kapitel endet zunächst nördlich von Tadoussac bei Escoumins. Dort oder bereits in St. Simeon kann man mit der Fähre auf das Südufer des Stroms übersetzen. Es gehört zwar weiter bis zur Mündung zu Québec, ist aber als Teil der *Gaspé*-Halbinsel geographisch und touristisch eng verbunden mit den maritimen Provinzen. Aus diesem Grund wird die ***Gaspé*** erst im Rahmen des folgenden Kapitels »Maritime Provinzen« behandelt, ➪ Seite 641.

Typisch Québec: Das blaue Lilienbanner und silbergraue Kirchendächer und -türme

4.1.2 Touristische Kennzeichnung

Sprachsituation

Wer aus anderen kanadischen Provinzen oder den USA nach Québec kommt, merkt schnell: Québec ist anders. 1974 wurde **Französisch Amtssprache** und ist Muttersprache von 80% der Bevölkerung. Im Gegensatz zum »Rest« Canadas sind Verkehrs- und Firmenschilder, sowie Texte in Museen und bei Sehenswürdigkeiten oft nur einsprachig Französisch. Die für ganz Canada geltende Vereinbarung zur Zweisprachigkeit wird überwiegend ignoriert. Nur selten findet man darüber hinaus außerhalb der Cities englischsprachige Zeitungen. Je weiter man sich von Montréal entfernt, desto weniger wird **Englisch** auch nur verstanden. Auf der abgelegenen Gaspé-Halbinsel hält sich ein Alt-Französisch, das selbst für Franzosen aus Europa kaum verständlich ist.

Auffällige Unterschiede

Speziell abseits der Städte und auf Nebenstraßen fallen die feinen Unterschiede zum Rest des Kontinents ins Auge: Auffällig viele Kirchen mit weithin sichtbaren silbrig-glänzenden Spitztürmen signalisieren: Die Provinz ist katholisch. Die Wohnhäuser sind aus grauem Naturstein wie in der Normandie, nur vereinzelt *McDonalds* und *Burger Kings*, dafür aber typisch französische *Cassecroutes* (Imbissbuden). Es werden weniger *Pick-ups* gefahren und kaum Baseball-Mützen getragen. Es wird (immer noch) viel mehr geraucht und weniger amerikanisch-freundlich gelächelt, dafür mehr europäisch gedrängelt.

Auch das Warenangebot reflektiert **französische Lebensart**: *Baguettes*, zahlreiche Käsesorten und – sogar im Supermarkt – eine reiche Auswahl an Wein und Bier wie nirgendwo sonst in Canada. Auffallig ist, dass fast nur französische Weine angeboten werden, während im Rest des Landes Weine aus eigener Herstellung neben dem Angebot aus aller Welt (Australien, Chile) in den Regalen stehen. Die Restaurants offerieren die klassische französische Menüfolge. Essengehen ist in Québec keine Minutensache.

Die Cities

Hauptanziehungspunkte sind die beiden großen Städte. Das zweisprachige, kosmopolitische **Montréal** ist eine moderne Industrie- und Finanzmetropole mit französischem Flair. **Québec City** bietet auf jeder Ebene – historisch, architektonisch, kulturell und gastronomisch – alles, was auch eine rein französische Stadt auszeichnet. Amerikaner sind entzückt über dieses Stück Alt-Frankreich vor ihrer Haustür. Und selbst mit nostalgischen Stadtbildern vertrauten Europäern scheint Québec City zu gefallen.

Parks

Von beiden Städten aus sind **Nationalparks** und riesige ***Reserves Faunique*** sowie touristisch (oft zu) stark entwickelte Naherholungsgebiete leicht zu erreichen. Beim Wandern, Kanufahren und Schwimmen kann man sich dort vom Sightseeing- und Kulturprogramm der Städte erholen.

Hervorhebenswert ist in dieser Beziehung in erster Linie der ***Parc National de Mauricie*** zwischen Montréal und Québec am Rivière Saint Maurice.

Fleuve Saint Laurent

Die Fahrt am St. Lorenz Strom ist besonders schön zwischen Québec City und Tadoussac. Die Höhen der *Laurentides* reichen dort bis ans Ufer des kurz hinter Québec City bereits 20 km breiten ***Fleuve Saint Laurent***. Bei Tadoussac gilt der Strom als eines der weltbesten Gebiete für **Walbeobachtung**.

Wildnis

Für Angler, Jäger und Wildnis-Enthusiasten bietet Québec unzählige Möglichkeiten. Viele Gebiete allerdings sind nur auf endlosen Fahrten auf *Gravel Roads* oder per Flugzeug zu erreichen. Vogelliebhaber haben es leichter. An den Ufern des St. Lawrence und der Gaspé-Halbinsel gibt es eine ganze Reihe von Vogelschutzgebieten, in denen sich von *Boardwalks* oder Ausflugsschiffen aus Wasservögel beobachten lassen.

Die Outdoors in Québec

Parcs National du Canada (PNC) (www.pc.gc.ca)

Parks in Kanada, die von den Provinzen verwaltet werden, heißen *Provincial Parks* (PP) - in Québec jedoch *Parc Nacional* (*PNQ*). Um diese (22) von den drei Nationalparks zu unterscheiden, die von Ottawa betrieben werden, nennen sich die nationalen –nur in Québec- ***Parc National du Canada*** (*PNC*). Es sind:

- ***Parc National de la Mauricie*** (bei Montreal)
- ***Reserve de Parc National de l'Archipel-de-Mingan*** (Lorenzstrom-Mündung)
- ***Parc National Forillon*** (in der Spitze der Gaspé-Halbinsel)

Die 22 *Parcs National du Québec* (Québec Parks, PNQ) sind kleiner und haben nur die auch auf den Provincial Parks (PP) übliche Camping-Ausstattung.

Reserves Fauniques (RF) (www.sepaq.com/rf/fr)

Neben den *Parcs National du Quebec* gibt es **16 *Reserves Fauniques***, riesige Naturschutzgebiete (*semi-wilderness*) mit ökotouristischer Infrastruktur, in denen (im Gegensatz zu *PNs*) Holzwirtschaft betrieben wird, und in denen gejagt (Bären, Elche, Fische) und gecampt werden darf. Die Straßen sind nicht asphaltiert, und nur an zentralen Punkten gibt es kleine Versorgungsläden und eventuell einen Bootsverleih.

Die **Campingplätze** sind einfach, verfügen aber aber über Duschen, Licht (auf Gas-Basis) und Trinkwasser. In deren Umfeld liegen oft einfachste **Hütten** (*refuges*) oder neuere, sehr rustikale **Blockhäuser** – fast immer an einem See.

Für *RFs* benötigt man ein ***Permit***, das man am Eingang kauft ($4/Person, Campsite $20, *Refuges* $15/Person, *Cottages* $25-$35/Person).

Sepaq-Management (www.sepaq.com)

Die **22 *Parcs Nacional du Québec*** sowie die ***Reserve Fauniques*** gehören seit Mitte der 1990iger Jahre der staalichen ***Sepaq*** (*Societe des etablissements de plein air du Québec*), die ferner neun rustikal-komfortable ökotouristische Resorts (z.T. mit Camping) in Québec betreibt. Z.B. nordwestlich von Québec City die Station *Ecotouristique Duchesnay* (*Freeway* #40, *Exit* 295, dann #365 Richtung Sainte-Catherine) am Lac- Saint-Joseph (mit *Villen*, Kanuverleih etc).

Himalaya-Erprobte schlafen dort im Eishotel bei -7°C für $269 Vollpension (nur Jan-April); www.icehotel-canada.com. Ferner den ***Parc Aquarium du Quebec*** und ***Ile Anticosti***. Auf der Insel in der St Lawrence-Mündung kann man Wandertouren, aber vor allem Jagd-und Angelausflüge buchen.

Alle *Sepaq*-Unterkünfte und -Campplätze bucht man unter © 1-800-665-6527 (8.30-21 Uhr) oder online unter www.sepaq.com. In Quebec City (2640 Blvd Laurier, Suite 250) und in Montreal (1255 Peel Street, Suite 100); Öffnungszeiten differieren leicht, Kernzeiten: Mo-Fr 10-18, Sa 10-17 Uhr. So in Québec City 10-18 Uhr, in Montreal geschlossen

- kurzfristig: 1-Nacht-Buchungen nur wochentags (So-Do), nicht aber in der Hochsaison/Ferienzeit, es sei denn binnen 24 Stunden im voraus.
- langfristig: ab 1. Mai, © 1-800-665-6527 oder online max. 4 Monate voraus.

ZEC-Gebiete (***Zones d'Exploitation Controlees***) (www.zecquebec.com)

Noch tiefer ein in die Wildnis steigt (oder fliegt) man beim Besuch sog. ZEC-Gebiete. Dabei handelt es sich um private Jagdgebiete, deren Club-Mitglieder gegen ca. $200 im Jahr die nichtkommerzielle Nutzung und Pflege pachten; Nichtmitglieder wenden sich vor Ort an ein *Visitor Center* bzw. an *Outfitter*.

Steckbrief Québec/QB (deutschsprachige Seite: www.bonjourquebec.de)

Etwa 7,6 Mio Einwohner (23% der kanadischen Gesamtbevölkerung); Fläche 1,67 Mio km², davon 184.000 km² Binnengewässer.

Provinzhauptstadt ist **Québec City** mit 169.000, Großraum 717.000, größte Stadt **Montréal** mit 1,6 Mio, im Großraum 3,6 Mio. Einwohnern. Auch alle weiteren nennenswerten Städte liegen am St. Lawrence River. Einzige Ausnahme ist Sherbrooke (77.000 Einwohner) im *Estrie*. Etwa 74% der Bevölkerung, **Frankokanadier**, sind französischer, 4,2% britischer Abstammung. 20,4% machen alle anderen Nationen aus. 90% davon leben im Bereich des St. Lorenz Stroms. Unendliche Gebiete im Norden sind praktisch menschenleer.

Fast 90% der Fläche Québecs gehören zum ***Laurentian Plateau***, einer Landschaft des *Canadian Shield*, ⇨ Seite 18, nördlich des St. Lorenz mit Höhen bis zu 800 m und zahllosen Gewässern. Südlich des Stroms liegen die ***Saint Lawrence Lowlands***. Die ***Uplands***, Ausläufer der Appalachen bis zu 1.270 m Höhe, bestimmen das Aussehen der Landschaft im Südosten (*Estrie*) und auf der Halbinsel Gaspé. »Nur« 50% der Provinzfläche sind bewaldet, ein jedoch wegen der ausgedehnten baumlosen Tundra im hohen Norden verzerrter Wert.

Québecs Industrien konzentrieren sich auf das Tal des St. Lorenz Stroms (Aluminium, Chemie, Textil, Maschinenbau). Die wirtschaftliche Basis der Provinz bilden indessen **Bodenschätze** (Eisen, Kupfer, Zink, Titan, Gold) aus dem Norden, die **Holzvorkommen** und -verarbeitung sowie **Wasserkraft** (Stromverkauf in die USA). Die Landwirtschaft spielt nur eine untergeordnete Rolle; ganze 2,4% der Gesamtfläche werden agrarisch genutzt.

Die wichtigsten **touristischen Ziele** sind Montreal, Québec City, Abschnitte des St. Lawrence River und die Gaspé-Halbinsel mit dem ***Forillon National Park***.

4.1.3 Klima

Klirrende Winterkälte beherrscht die Provinz bis zu sieben Monate im Jahr; Temperaturen um –35° Celsius sind keine Seltenheit. Noch bis in den April hinein schwimmen große Eisschollen auf dem St. Lawrence. Im Sommer muss man dennoch nicht auf leichte Kleidung und das Bad im See verzichten. Den Klimabedingungen des Nordostens entsprechend (➪ Seite 61f), wird es in der weiteren Umgebung der *St. Lawrence River*-Region von Juni bis September oft sehr warm, dabei nicht selten auch schwül. Es muss jedoch immer mit plötzlichen Wetterumstürzen und starken Temperaturschwankungen gerechnet werden, so dass Pullover und Regenbekleidung kein überflüssiger Ballast sind.

Die maritime Gaspé-Peninsula ist generell frischer. Nur abgehärtete Naturen stürzen sich in die Fluten des *Gulf of St. Lawrence*, auch wenn Strand und Wasser einladend wirken.

4.1.4 Geschichte

Besiedelung

Es waren die **Franzosen**, die ab 1608 – wenn auch sehr zögerlich – an den Ufern des St. Lawrence Siedlungen anlegten (➪ Essay rechts). Noch 60 Jahre nachdem *Samuel de Champlain* seinen **Handelsposten** beim heutigen Québec City errichtet hatte, gab es dort erst 7.600 Weiße. Die harten Winter und Indianerkämpfe (➪ Essay Seite 15f) wirkten nicht gerade verlockend für auswanderungswillige Franzosen. 1663 machte Ludwig XIV. *New France* offiziell zur **französischen Provinz**, was u.a. bedeutete, dass Soldaten – unter ihnen viele Kriminelle – zur Bekämpfung der feindlichen Irokesen nach Canada geschickt werden konnten. Man ermunterte sie, im Lande zu bleiben und sich im streng autokratischen Lehnsystem Québecs als Landarbeiter für Großgrundbesitzer, die *Seigneurs*, zu verdingen, ➪ Kasten Seite 548.

Frieden zu Utrecht

Nachdem Frankreich schon im Frieden von Utrecht (1713) viele seiner amerikanischen Besitzungen an die Engländer abgeben musste, wurde 1763 (Frieden zu Paris) auch Québec zu einer **britischen Kolonie**. Die Franzosen hatten nun zwar jede Macht in Nordamerika verloren, im amerikanischen Unabhängigkeitskrieg waren sie den Engländern jedoch willkommene Bundesgenossen; als Gegenleistung wurde es der Bevölkerung Québecs – inzwischen 70.000 – erlaubt, ihre Sprache und Religion beizubehalten. Es kam den neuen Herren dabei zugute, dass die katholische Kirche – die weite Teile des öffentlichen Lebens in Québec fest im Griff hatte – strikt gegen die erstens protestantische und zweitens demokratische Revolution der Amerikaner war.

Entdecker und Erforscher

Cabot, Cartier und Champlain

Cabot, Champlain und Cartier -- nach diesen Entdeckern und Erforschern des kanadischen Nordostens wurden Berge, Seen und Meeresengen, Straßen, Motels und Campingplätze benannt. Ihre Namen sind in Europa weitgehend verblaßt. Bei uns kennt jedes Kind nur *Kolumbus*, der nie einen Fuß auf den nordamerikanischen Kontinent gesetzt hat, während *Cabot, Champlain* und *Cartier* auf der Suche nach der Nordwestpassage nach China die Neue Welt bis tief ins Innere erforschten.

Sie waren es, die den Europäern – mit Hilfe der Indianer – ungeheure Reichtümer erschlossen. Von ihren Auftraggebern, den französischen und englischen Herrschern, wurde dies zunächst verkannt. Sie blickten neidisch auf die Spanier, die in den goldenen Städten der Mayas sagenhafte Schätze erbeuteten, während ihre eigenen Segelschiffe nur mit Kabeljau, Holz und Biberfellen aus Amerika zurückkehrten.

Tatsächlich war ***John Cabot***, ein Italiener in englischen Diensten, nach den Wikingern (➪ Seite 662) der erste Europäer, der den Boden der Neuen Welt betrat (1497). Er berichtete, der ungeheure Reichtum an Fischen vor der neufundländischen Küste erschwere die Navigation seiner Schiffe. Für den englischen König, Henry VII. war dies zwar kein Anlaß, weitere teure Expeditionen zu finanzieren, die Botschaft blieb jedoch nicht ungehört. Jahr für Jahr machten sich daraufhin englische, schottische, baskische und portugiesische Fischer zum Kabeljaufang auf den weiten Weg über den Atlantik.

Mit dem Hissen der englischen Fahne auf Cape Breton/Nova Scotia hatte *John Cabot* diesen Teil Nordamerikas für die britische Krone in Besitz genommen. Einige Jahrzehnte später (1535) fand der Franzose ***Jaques Cartier*** mit dem St. Lawrence River den Schlüssel zum Inneren des Kontinents und legte damit den Grundstein für ***New France***. Von seinen drei Reisen brachte aber auch er im wesentlichen nur Enttäuschendes mit: Biberfelle, falsches Gold und Indianer, die den französischen König mit Geschichten über ein sagenhaft reiches Land zu weiteren Investitionen ermuntern sollten. Obwohl er nur mit Hilfe der Indianer einen Winter überlebt hatte, zeigte er im weiteren Umgang mit ihnen wenig Skrupel. Er brach Abmachungen und erzählte – später ohne indianische Begleiter zurückgekehrt nach Amerika – Lügen über deren Verbleib.

Wie wir wissen, wurde damals weder der Seeweg nach China gefunden noch ein Land voller Gold und Edelsteine. Die Segler der Europäer kamen beim heutigen Montréal, der Irokesensiedlung *Hochalaga*, an den Stromschnellen des St Lawrence zum Stehen.

Die von *Cartier* mit »*Lachine*« bezeichneten Schnellen – denn dahinter mußte wohl endgültig China liegen – werden heute gefahrlos und vollbeladen mit Touristen auf schnellen *Jet-Boats* überwunden (➪ Seite 526).

Die Indianer wußten bereits vor Ankunft ihrer »Entdecker«, wie man die Stromschnellen meistert. Sie überwanden sie mit ihren leichten, wendigen Kanus aus Birkenrinde aber keinesfalls zum Vergnügen – für sie war es eine Frage des Überlebens.

4

Der Franzose ***Samuel de Champlain***, der 1603 seine erste Reise zum neuen Kontinent machte, und ein anderer wagemutiger junger Franzose, ***Étienne Brûlé***, waren die ersten Europäer, die sich auf dieses Abenteuer einließen, um nicht als Feiglinge dazustehen.

Samuel de Champlain (1570-1635) ist der bedeutendste Erforscher der Region. Er baute den Pelzhandel erfolgreich aus und ging als Politiker und geschickter Taktiker daran, seinen Traum von einer großen, reichen französischen Kolonie zu verwirklichen. Er wußte, dass dies nicht ohne Hilfe der Indianer funktionieren konnte. Seine Begleiter und er wären kaum so weit ins Innere des Landes vorgedrungen, hätten sie nicht von ihnen gelernt, aus welchen Pflanzen sie Medizin gewinnen konnten, wie man sich mit Schneeschuhen fortbewegt, Nahrungsmittel konserviert und Tierfelle für den Bau von Hütten oder die Anfertigung von Kleidung nutzt. Die wichtigste Entdeckung waren jedoch – nicht nur zur Überwindung von Stromschnellen – die Kanus! Die Europäer lernten zu paddeln, und so gelangte *Champlain* bis an die Georgian Bay, an das »große Wasser«, von dem die Indianer ihm erzählt hatten und von dem er glaubte, es sei der Pazifik.

In **Port Royal**/Nova Scotia, der ersten dauerhaften Siedlung (1605-1607) betrieb *Champlain* freundschaftlichen Handel mit den *Micmac*. Nach der Gründung der Stadt Québec (1608) stieß er auf eine weniger friedliche Situation. Seine Verbündeten und Handelspartner, die *Hurons* und *Montagnais*, mussten ungestört die westlichen Flüsse und Seen befahren können, um den Nachschub an Pelzen und somit den Wohlstand der neuen Siedlung zu sichern. Das bedeutete Partei zu ergreifen, sich auf die Seite der Huronen zu schlagen und sich an deren Feindseligkeiten gegen die Irokesen zu beteiligen.

Coureurs de Bois und Voyageure

Champlains Traum von der prosperierenden Kolonie erfüllte sich nur langsam. Viele der mit Landbesitz angelockten Franzosen zeigten wenig Neigung, sich in der Landwirtschaft abzurackern, wenn durch Pelzhandel viel mehr Geld zu machen war, weil sich betuchte Europäer Pelzmäntel und -jacken wie auch die breitkrempigen Biberfellmützen einiges kosten ließen. So gingen viele abenteuerlustige, junge Männer in die Wälder, um auf eigene Faust mit den Indianern zu handeln oder selbst zu jagen. Als ***Coureurs de Bois*** (Waldläufer) machten sie den inzwischen etablierten Handelskompanien Konkurrenz.

Auch auf den Wasserstraßen wurden die Indianer von jungen, kräftigen Europäern abgelöst. Von den Handelsgesellschaften bezahlt, paddelten die sogenannten ***Voyageurs*** ungeheure Entfernungen, bevor sie in Montréal ihre kostbare Fracht den Segelschiffen nach Europa anvertrauen konnten.

Jesuiten

Eine andere Gruppe von Paddlern hatte hehrere Gedanken, als reich zu werden und Abenteuer zu erleben: die Jesuiten. Sie gingen eifrig daran, die Huronen von Moral und Glauben ihrer Verbündeten zu überzeugen, was durchaus schon mal am Marterpfahl enden konnte. Denn vor den feindlichen Irokesen waren sie nie sicher. Den Huronen bekam der Kontakt zu ihren Bekehrern ebenfalls nicht gut, wurden doch viele von ihnen durch neue, bis dato in Amerika unbekannte Krankheiten dahingerafft.

Nicht nur die Glaubensverbreitung ließ die Jesuiten paddeln. Der eine oder andere wurde auch von Forscherdrang gepackt. So gebührt der Verdienst, den Missisippi vom Norden her erforscht zu haben, einem Father *Marquette*.

Wie bekannt ging die Entdeckung und Erforschung des Kontinents für die Indianer übel aus, während sich für die zunächst zögerlichen Machthaber in Europa Kabeljau und Biberfelle, später auch Holz, als durchaus dauerhafte und lukrative Grundlage für die neugefundenen Kolonien erwiesen.

Je me souviens

Das hieß nicht, dass Friede im Lande herrschte. Die Ressentiments gegen die englische Vorherrschaft liest man bis heute auf jedem Québecer Auto-Nummernschild: ***Je me souviens*** (ich erinnere mich). Obwohl sich die französische Landbevölkerung kräftig vermehrte (die sog. Rache der Wiege – *Revenge of the Cradle*), gab es Zeiten, in denen die große Zahl der englischsprachigen Einwanderer die Franzosen um ihre sprachliche und kulturelle Identität fürchten ließ.

Teilung

Administrative Maßnahmen, wie die **Teilung Québecs** (1791) in 2 Kolonien – das englischsprachige ***Upper Canada*** (heute Ontario) und das französische ***Lower Canada*** (heute Québec) – brachten nicht unbedingt Entspannung. Am industriellen Aufschwung Anfang des 19. Jahrhunderts hatte die französische Bevölkerung kaum Anteil. Die katholische Kirche und die Großgrundbesitzer fürchteten einen Autoritätsverlust und warnten vor den Gefahren der schnell wachsenden Städte. So blieb die Industrie und der damit verbundene politische Einfluss Engländern vorbehalten. Die resultierenden sozialen Spannungen führten 1837 zu einem ersten patriotischen **Aufstand**, den die Engländer jedoch schnell niederschlugen. Um weiteren Schwierigkeiten vorzubeugen, wurden *Upper* und *Lower Canada* **1841** wieder zu einem **Kolonialgebiet** mit dem Namen ***Canada*** zusammengefaßt, in dem die Franzosen in der Minderheit waren, d. h. von den Engländern per Abstimmung majorisiert werden konnten.

Québec

Mit der Gründung des ***Dominion of Canada*** (1867) erhielt Québec abermals den Status einer eigenen Provinz und das Recht, die französiche Sprache und Kultur zu bewahren. In der Folge isolierte sich Québec aber immer stärker vom Rest Canadas, insbesondere während der 20-jährigen Regierungszeit des – von der Kirche getragenen – korrupten Premiers ***Duplessis*** (1940-59).

Jüngere Entwicklung

Erst in den 1960er-Jahren gab es mit der Übernahme der Regierung durch die Liberale Partei eine Wende, die sogenannte ***Quiet Revolution***. Die Partei besaß keine vornehmlich separatistische Ausrichtung, wenn auch ihr Motto ***Masters in our own House*** darauf hindeuten könnte. Im wesentlichen ging es ihr um soziale Veränderungen: So verlor damals die Kirche die Kontrolle über Erziehung und soziale Einrichtungen. **Französisch** wurde als **offizielle Sprache** etabliert; französische Firmengründungen und Frankokanadier bei der Arbeitsplatzvergabe wurden bevorzugt. Der Separatismus fand aber seinen radikalsten Ausdruck in der ***Front de Liberation du Québec***, die in den 1970er-Jahren selbst vor Kidnapping und Mord nicht zurückschreckte.

Separation Québecs von Canada

Bei einem ersten, 1980 von der separatistischen ***Parti Québecois*** abgehaltenen **Referendum** stimmte die Mehrheit der Bevölkerung (60:40) gegen eine Loslösung von Canada. Da Quebec die kanadische Verfassung nicht unterschrieben hatten, war die Regierung in Ottawa unter Handlungsdruck. Bei einem bundesweiten Referendum zu einer Verfassungsänderung (1992), in dem unter anderem der Sonderstatus Québecs neu geregelt werden sollte, stimmte die Provinz mit NEIN: Den Québecern gingen die Regelungen nicht weit genug. Im September 1994 kam die Partei wieder an die Macht und verlor 1995 abermals – wenn auch nur knapp – ein Referendum zu dieser Frage. Damit ist der Separatismus in Québec aber noch lange nicht vom Tisch.

Die Jahre bis 2002 waren von hitzigen Auseinandersetzungen geprägt, u.a. was die Vormachtmachtstellung der französichen Sprache anbelangt. Alle englischen Begriffe z.B. beim Golfspiel sollten ersetzt werden, und es wurde Anzeige gegen Geschäftsinhaber erstattet, die in Sonderfällen bei zweisprachiger Beschilderung das Englische größer als das Französiche gehalten hatten.

Bis 2003 die Liberale Partei wieder an die Regierung kam (wiedergewählt 2007, wenn auch nicht mit einer eigenen Mehrheit im Parlament) blieb die Drohung eines neuen Referendums. Heute ist Quebec als »Nation« innerhalb Canadas anerkannt, was allerdings eher symbolische Bedeutung hat.

Die letzten Jahre waren sehr friedlich, im Moment (2008)sieht es so aus, als ob der militante Seperatismus auf dem Rückzug sei.

Economuseum/Économusée (www.economusees.com)

Über 30 Öko(no)museen liegen in Québec insbesondere entlang des St. Lorenz-Stroms und und verstreut in den maritimen Provinzen. Das Netzwerk verkauft seit 1992 in den dazugehörigen Läden nach traditioneller Art hergestellte Produkte. Der Museeumsaspekt im europäischen Sinne tritt dabei in den Hintergrund. Nichtsdestoweniger finden Führungen und *Workshops* statt. Das Warenangebot reicht von Lebensmitteln über Puppen und Seifen bis zu Sandskulpturen. Wer sich dafür interessiert, erfährt vor der Reise (oder unterwegs im Internet-Cafe) alles auf der obigen Webseite.

4.2 Montréal (www.tourisme-montreal.org & www.ville.montreal.qc.ca)

(1,6 Mio Einwohner; Metrobereich 3,6 Mio)

4.2.1 Kennzeichnung

Bevölkerung

Montréal ist die nach Paris **zweitgrößte französischsprachige Stadt** der Welt. Nur jeder 10. Bewohner ist englischer, irischer oder schottischer Abstammung. Angelsachsen und andere Immigrantengruppen stellen zwar eine große Minderheit (30%), die Zweisprachigkeit der Stadt steht dennoch nur auf dem Papier.

Wohnviertel

Die Franzosen wohnen vornehmlich im Osten der Metropole nordöstlich des Boulevard Saint Laurent, einer auch *The Main* genannten Straße. In der Rue Saint-Denis, der Ost-West-Stadtachse (Straße #335) samtNebenstraßen herrscht eine Atmosphäre fast wie in Paris. In den Bistros, Cafés und Restaurants lässt man sich Zeit und genießt das Leben bei gutem Essen und Rotwein.

Kulturelles

www.montreal.com/tourism/fests.html

Nicht nur Ballett, Theater oder Konzerte, sondern auch zahlreiche **Festivals** machen Montréal zu einem internationalen Treffpunkt: im Juli ein **Jazz-Festival**, im Juli/August ein ***Fireworks Contest***, Ende August/Anfang September **Film-Festival** und Ende Juli ***Just for Laughs***, ein **Festival des Humors** mit Gauklern und Komödianten (für alles jährlich leicht wechselnde Termine).

Historischer Umzug in der Old Town von Montréal

Die Stadt bietet so viel Attraktionen und Sehenswürdigkeiten, dass man – auch bei Beschränkung auf die ***Highlights*** – für Montréal zwei Tage leicht füllen kann.

4.2.2 Geschichte

Gründung

Die *Île Montréal* liegt am Zusammenfluss von Ottawa und St. Lawrence River. Gewaltige Stromschnellen beendeten **1535** an dieser Stelle *Jaques Cartiers* Expedition. Erst *Champlain* errichtete **1611** einen ***Trading Post*** (➪ Seite 510) und erforschte dann über den Ottawa River das Innere des Kontinents.

1642 gilt als **Gründungsjahr**. *Sieur de Maisonneuve* und Mönche vom Orden *Saint-Sulpice* gründeten eine Mission. Die günstige Lage an zwei Wasserstraßen machte ***Ville Marie***, wie sich Montréal zunächst nannte, zu einem Zentrum für Pelz- und später auch Holzhandel. Vor allem schottische Immigranten, die nach dem **Sieg Englands** über Frankreich (1763) zuwanderten, verwandelten Montréal endgültig in eine florierende **Handelsstadt**.

Wirtschaft

Einen erneuten wirtschaftlichen Schub brachte 1826 der Bau des ***Lachine Canal***, der die Stromschnellen umging. Die Fertigstellung des ***St. Lawrence Seaway*** (1959), der es ozeangängigen Frachtern seither ermöglicht, vom Atlantik bis zum Lake Superior zu fahren, machte Montréal – 1.600 km vom Meer entfernt – zu einem der größten Binnenhäfen der Welt.

Prohibition

Die Stadt wurde zwischen 1920 und 1930 ***Sin City***, die Stadt der Sünde, genannt, da in Québec als einziger Region des Kontinents kein Alkoholverbot galt.

Neuere Entwicklung

In den 1960er-Jahren avancierte Montréal zur Metropole, was maßgeblich das Verdienst von ***Jean Drapeau*** war, ab 1954 – mit einer fünfjährigen Unterbrechung – für drei Jahrzehnte Montréals Bürgermeister. Er holte 1967 die Weltausstellung ***Expo***, 1976 die **Olympischen Spiele** in die Stadt, schuf *Underground Montréal*, den *Place Ville Marie* und die (damals) hypermoderne U-Bahn. Das rivalisierende Toronto tat er ab: *Let Toronto become Milan. Montréal will always be Rome.*

1970er-Jahre

Vor allem die britische Minderheit in wirtschaftlichen Schlüsselpositionen profitierte vom Boom Montréals. Mit der sog. ***Quiet Revolution*** ab ca. 1970 mussten englische Geschäftsleute jedoch unliebsame Veränderungen hinnehmen. Unter Québecs Premier *René Lévesque* wurden Sprachregelen und Arbeitsbeschaffungsprogramme zugunsten der Frankokanadier beschlossen. Rund 20% der englischsprachigen Bevölkerung zogen daraufhin fort und damit Kapital und Firmen ab – vornehmlich nach Toronto.

1990er-Jahre bis heute

Einen ähnlichen Exodus gab es zu Referendumszeiten (1995). Die darauffolgende Wirtschaftskrise war an auffällig vielen Ladenschließungen zu erkennen. Erst neuerdings (seit dem Millenium) kommt wieder etwas frischer Glanz ins Zentrum der Stadt. Montreal präsentiert sich heute als chic, intellektuell kosmopolitisch und tolerant. Seperatismus ist zur Zeit kein Thema mehr.

Park zwischen Vieux Montreal und der Waterfront am St. Lorenz Strom

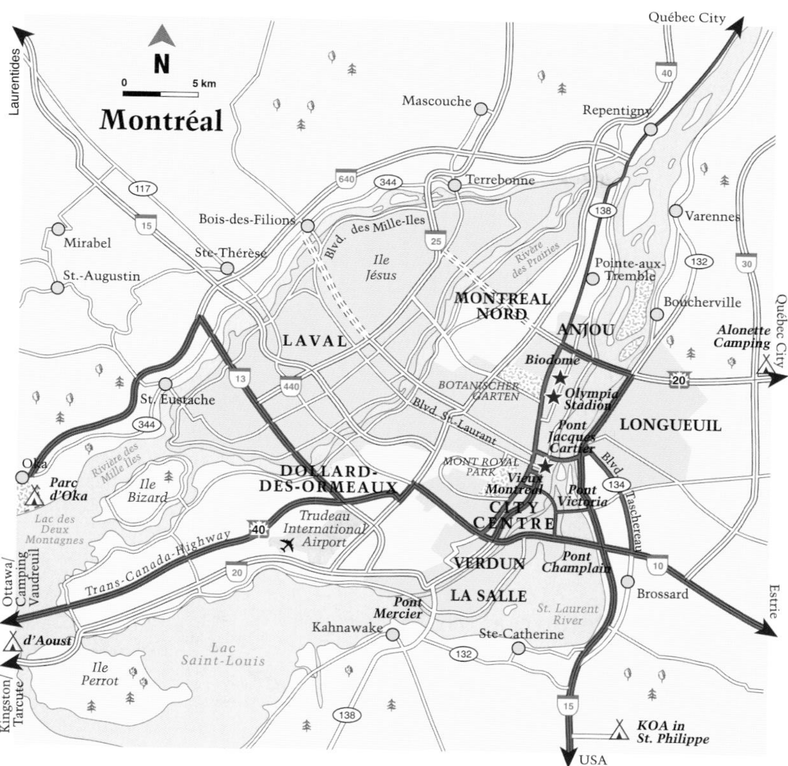

4.2.3 Transport, Verkehr und Information

Flughäfen
Der ***Montreal Pierre Elliott Trudeau Int'l Airport*** (www.admtl.com) liegt 22 km westlich des Zentrums zwischen den Autobahnen #13, #20 und #520. Der ***Mirabel Airport*** 55 km nordwestlich *Downtown* ist nur für Charterflüge von Interesse.

In die City
Der ***L'Aérobus*** verbindet den *Trudeau International Airport* mit dem Zentrum, dem zentralen Busbahnhof (Metrostation *Berri-UQAM*) und den großen Innenstadthotels wie *Sheraton, Fairmont* und *Chateau Champlain*. Stadtauswärts 4-23 Uhr, stadteinwärts 7-2.40 Uhr alle 30 min, Dauer 40 min; Retourticket: $24 (Einzel $14), Kinder $18/$11; Auskunft unter ✆ (514) 631-1856.

Taxi
Taxitarif ab Trudeau Airport nach *Downtown* kostet pauschal $35, Limousine $50 plus *tip*; ✆ (514) 633-3019.

Bahn
VIA Rail Gare Centrale, 895 Rue de la Gauchetière/West, auch die Züge aus den USA (Amtrak), Metro *Bonaventure/Mc Gill*.

Bus ***Terminus d'Autobus/Voyageur Station***, zentraler Busbahnhof, Boulevard de Maisonneuve Est/Rue Berri, Metro *Berri UQAM*.

Zufahrt/ Orientierung Montréal liegt auf einer knapp 50 km langen und bis zu 15 km breiten Insel im St. Lawrence River und ist durch zahlreiche Brücken mit den Ufern verbunden. Die touristisch interessanten Punkte – ***Downtown, Quartier Latin, Vieux Montréal, Parc Olympique*** – befinden sich alle in der Nähe des östlichen Inselufers. Wer aus den USA (über die Autobahn #15) kommt, erreicht *Downtown* und *Vieux Montréal* am besten über die ***Pont Champlain***. Für das *Quartier Latin* und den *Parc Olympique* empfiehlt sich eher die ***Pont Jaques Cartier***. Aus Südwesten (von Ontario führen die parallel verlaufenden Autobahnen #20 (aus Toronto) und #40 (aus Ottawa) in Richtung Zentrum. ***Downtown Montréal*** erreicht man auf dieser Anfahrt am besten über die #20, die im Innenbereich zur ***Autoroute Ville Marie #720*** wird.

Transport Montréal verfügt über ein **sehr gutes Bus- und U-Bahnsystem**, die ***Métro***. U-Bahnen und Busse verkehren 5.30-0.15 Uhr (Sa bis 1.00 Uhr). **Der Einheitstarif beträgt $2.75**; www.stcum.qc.ca.

Umsteiger vom Bus auf die U-Bahn und vice versa lösen bei Fahrtbeginn ein ***Transfer Ticket*** (auch $2,75) am Schalter oder Automaten. Günstig ist der ***Tourist Pass*: 1 Tag $9**, **3 Tage $17** (erhältlich in Tourist-Infos und U-Bahnhöfen).

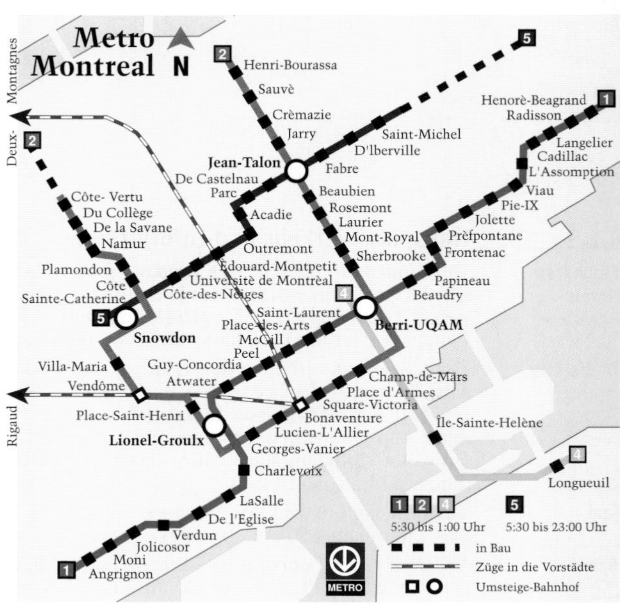

Parken

Parken ist ein Problem. Parkuhren lassen für eine Stadtbesichtigung nicht genug Zeit (30 min bis 2 Stunden) und sind schwer frei zu finden. **Öffentliche Parkplätze** kosten $10 für 24 Stunden, z. B. im Zentrum **McCay Street** zwischen Sainte-Catherine und Maisonneuve oder **Berri Street** zwischen Maisonneuve und Ontario. Für RVs empfehlen sich die Parkplätze am ***Vieux Port*** (Old Montréal) und am **Botanischen Garten**; in beiden Fällen bestehen gute Métro-Verbindungen in die Innenstadt.

Information

www.tourisme-montreal.org

Das *Montréal Convention and Tourism Bureau* unterhält ein ***Centre Infotouriste*** in ***Downtown*** (Dorchester Square zwischen Peel/ Metcalfe St täglich 8.30-19.30, im Sommer, sonst 9-18 Uhr; hier gibt es jede Menge Material über ganz Quebec und gute Beratung. Von dort starten **Stadtrundfahrten**. Ein weiteres Büro befindet sich in ***Vieux Montréal*** am oberen Ende des Place Jacques Cartier, Rue Notre Dame East, täglich im Sommer 9-19, sonst bis 17 Uhr, © (514) 873-2015 und © 1-877-266-5687.

4.2.4 Unterkunft und Camping

Tipp

Sandman und ***Dauphin Hotel*** liegen beide nahe der Metrostation Longueuil; dort parkt man frei, kauft einen 1- oder 3-Tage-Metro-/Bus-Pass und ist in 10 min. im *Quartier Latin* (*Berri-UQAM*):

Hotels außerhalb Downtown

- ***Hotel Dauphin*** in Longueuil (südliches Flussufer) 5 min zu Fuß zur Metro; modernes Haus mit allem Komfort, wifi, *Continental Breakfast*, freies Parken; 1055 Blvd St Laurent Ouest/Rue Cartier. Zufahrt von Westen über Pont Jacques-Cartier, dann #132, *Exit* 8, Richtung Metro; von Süden *Exit* 7 der #132. © 1-888-646-0110; $99-$129; www.hoteldauphin.ca

- Quasi über der Metrostation liegt das ***Sandman Hotel***, Zufahrt über die #132, Richtung Metro Longueuil; mit allem Komfort, freies Parken; $125-$250 (AAA-Rabatt); © (450) 670-3030 und © 1-800-493-7303. www.sandmanhotels.com
- ***Hotel Saint-Denis***; 1254 Rue St-Denis; einfaches Haus, gute Lage im *Quartier Latin*, Jacuzzi im Zimmer, nach hinten ruhig; © 1-800-291-5927; $75-$105; www.hotel-st-denis.com

Hotels Downtown

Ordentliche Mittelklasse-Hotels in Downtown sind:

- ***Hotel Travelodge Montréal Centre***, 50 René Lévesque Blvd an der Metro, Parken $15/Tag; © (514) 874-9090 und © 1-800-363-6535, $109-$139; www.travelodgemontreal.ca

- ***Days Inn Downtown***, 50 René Levesque Blvd/Ave L'Hotel-de-Ville an der Metro *Champ de Mars, Berri UQAM*, Parken $12-$16/Tag; © (514) 393-3388 und © 1-800-668-3872; $99-$175; www.daysinnmontreal.com

Preiswerte Motels

Preiswerte Motels gibt es an der **#138** nördlich des Olympiastadions und auf dem Südufer des St. Lorenz in **Longueuil** (➪ auch die teureren Empfehlungen oben) am Blvd Tascherau (#134):

- ***Motel Siesta***, #3179 Taschereau, Busse zur Metro vor dem Haus, AAA-Rabatt, Frühstück, © 1-800-463-4118; $80-$100.

4

- ***Motel Canada***, #4869, nostalgische Las Vegas-Atmosphäre (Nähe Casino); © (450) 676-0285; $60; $72 für Deko-Zimmer; Suite ab $155 Suites; www.motelcanada.com

Billige Quartiere liegen in der Nähe des ***Terminus d'Autobus***, z.B.

- ***Hotel Elégant***, 1683 Rue St-Hubert, © (514) 521-9797 und © 1-866-552-9797; $ 80-$110; www.hotelelegant.ca
- ***Hotel Europeenne***, 1620 Rue St. Hubert; © 1-888-560-8749; ab $50, meist aber $68-$75; www.hotel-europenne.com

Bed & Breakfast

Montréal ist eine ***Bed & Breakfast*-Stadt**, speziell im *Quartier Latin*. Von dort lässt sich alles gut zu Fuß/per U-Bahn erreichen:

- ***B&B Downtown Network***, 3458 Ave Laval, © 1-800-267-5180, vermietet selbst und vermittelt hauptsächlich Zimmer im *Quartier Latin*; ab $60 für 2 Personen; www.bbmontreal.qc.ca
- ***Relais Montréal Hospitalité***, 3977 Ave Laval, vermietet und vermittelt im *Quartier Latin*, © 1-800-363 9635; $65-$150; www.martha-pearson.com und www.canadianbandbguide.ca

Hostels

Eine ganze Reihe von Hostels hat preiswerte Betten:

- ***Auberge de Jeunesse de Montréal (AYH)***, 1030 Rue Mackay; © (515) 843-3317 und © 1-866-843-3317; $30, DZ ab $80; www.hostellingmontreal.com
- ***Auberge* de *l'Hotel de Paris***, 901 Sherbrooke East in Altbau mit Türmchen, zeitweise gab's Leserkritik, © (514) 522-6861, und © 1-800-567-7217; Betten $20/Person; DZ $69-$89: www.aubergemontreal.com
- ***Vacances Canada MD Inc***, 5155 Avenue de Gaspé (U-Bahnstation Laurier); © (514) 270-4459; Schlafsaalbett $17, DZ $40, 4-Personen-Zimmer $54, Extra Person $8, Etagenbäder
- ***Alternative Hostel of Old Montréal***, 358 Rue Saint Pierre; © (514) 282-8069; $20, DZ $55; www.auberge-alternative.qc.ca
- ***Le Gite du Plateau Mont Royale***, 185 Sherbrooke Est/Ave L'Hotel-de-Ville; © 1-877-350-4483; Bett $27, DZ $60-85. Dependence: 1250 Sherebrook; www.hostelmontreal.com

Gesamtübersichten unter www.hostelworld.com und www.bakpakguide.com.

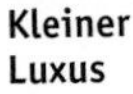

Kleiner Luxus

Elegant-modern, aber teuer, sind Boutique-Hotels in der Altstadt:

- ***Auberge Bonsecours***, 353 Rue Saint-Paul, super!, © (514) 396-2662, $195-$285; www.aubergebonsecours.com
- ***Hotel Gault***, 449 Rue Ste-Hélène, © (514)-904-1616 und © 1-866-904-1616, $200-$750, www.hotelgault.com

Camping

- ***Camping d'Aoust*** in Vaudreuil. Man verlässt die Insel Montréal über die #40 (*TCH*) nach Westen. Bei Abfahrt #26 (kurz hinter der Brücke) dann auf die Straße #342
- **KOA-Camping** in St. Philippe. Der Platz liegt unweit der #15 in Richtung Süden, Ausfahrt #38, ab $30

- ***Camping Alouette*** in St-Mathieu-de-Barbeoil unweit TCH #20 (laut!) Richtung Osten, *Exit* 105, 20 min zur City. Großplatz, auch für Zelte. ✆ 1-888-464-7829; www.campingalouette.com

An der #640/#344 Richtung Westen liegt der

- ***Parc d'Oka*** (Provinzpark) am Strom (Strand/Kanuverleih) beim Ort Oka; 45min. von Montreal; über die #640, dann #344. Bester Platz bei Montreal; Karte ➪ Seite 515.

4.2.5 Stadtbesichtigung

Downtown Montréal

Lage

Begrenzt wird die auch abends lebendige *Downtown* im Osten vom Blvd St. Laurent, im Westen von der Rue Guy, im Westen vom *Mont Royal* – dem Stadtpark Montréals – und im Südwesten vom Blvd René Lévesque. Der Fokus der Innenstadt erstreckt sich beidseitig der **Haupteinkaufsstraße** Rue Ste. Catherine um die Rue University und die Ave McGill College, an deren südlichem Ende der Place Ville Marie liegt.

Ave. McGill College

Einen Block weiter westlich kreuzt die Rue Ste. Catherine die Ave McGill College, www.mcgill.ca. An dieser breiten Avenue stehen viele der in den 1980er-Jahren entstandenen Glaspaläste

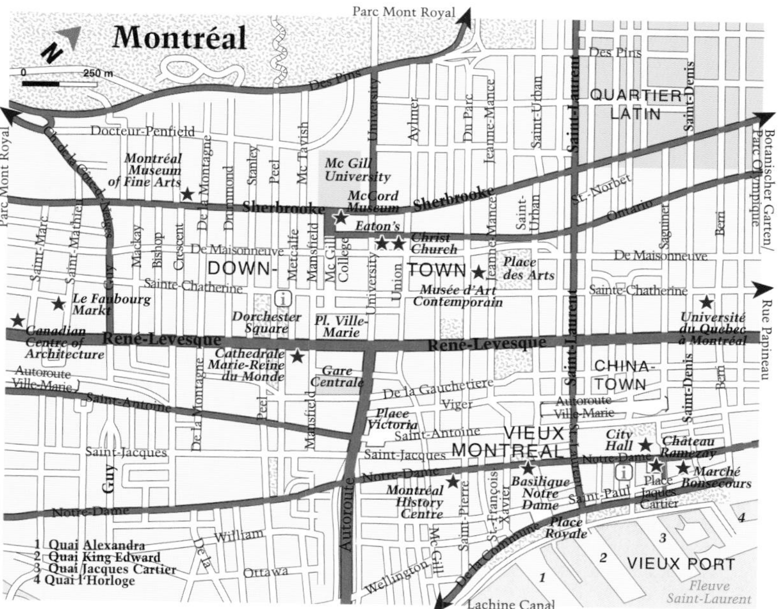

wie z.B. das ***Bank Laurentian Building*** und davor die Plastik *The Illuminated Crowd* davor. Am westlichen Ende der Ave McGill College liegt die ***McGill University***. Die verwinkelt-nostalgischen Gebäude dieser Universität wirken typisch britisch und in der modernen City fast wie ein Fremdkörper.

Rue Sherbrooke

Die **Rue Sherbrooke**, eine der Hauptverkehrsadern Montréals, wird zwischen Universität und Rue Guy wegen ihrer Luxusläden die ***5th Avenue*** von Montréal genannt. Dort steht auch das ***Hotel Ritz Carlton*** (Ecke Rue Drummond), bekannt als Prominentenabsteige, zwei Blocks weiter das ***Museum of Fine Arts***; ⇨ unten.

Einkauf/ Bummel

Die Parallelstraßen westlich der Avenue McGill College (*Stanley, Drummond, de la Montagne, Crescent, Bishop*) eignen sich besonders zwischen Rue Ste. Catherine und Sherbrooke gut für einen Bummel: Vor allem in der Rue Crescent findet man viele Galerien, Antiquitätenläden, Restaurants und Cafés.

Underground City/Ville Souterraine - eine Stadt taucht ab

Ein Hochhausbau am Place Ville Marie war 1960 Startschuß für Montreals Facelifting und die Grundsteinlegung für die ***Underground City***. Links und rechts Kioske in einer kurzen unterirdischen Passage, das kennen wir aus jeder größeren Stadt, aber Montreal hat davon 30 (dreissig!) Kilometer. Nicht enge Röhren, sondern ein ganzes Geflecht mit Plätzen und Kreuzungen, 1800 Läden und Boutiquen, 200 Restaurants, Rolltreppen zu Bürotürmen, Kinos, Theatern, Hotels, Universität und Shopping Malls (Rue Ste. Catherine mit ***Eaton Center***, ***Place Montreal Trust*** und ***The Bay***).

Über mehr als 150 Eingänge taucht man ein in diesen konsum-paradiesischen Hades, eine vollklimatisierte Glitzerwelt nicht nur in Montreals langen Wintermonaten mit minus 25°C, sondern alltäglich auf dem Weg zur/von der Arbeit. Der Clou ist die Verbindung der ***Ville Souterraine*** mit etlichen Metrostationen (z.B. *Bonaventura*, *McGill*, *Peel*). Ein Drittel der 750.000 Pendler wuselt im Untertagenetz, braucht selbst im Winter nur T-Shirt oder Pulli. Pfiffige Touristen tauchen dort bei Regenschauern unter.

Eingang der Christ Church

Um den Kingelbeutel aufzufüllen verkaufte die *Cathédrale Christ Church* ihren Kirchgarten, auf dem rückwärtig ein rosa Büro-Glaspalast entstand; in dessen postmodern-gotischen Fenstern spiegeln sich die neugotischen Spitzbögen der Kathedrale von 1859. Diesen sehenswerten Gag erreicht man nur über die beiden *Underground*-Eingänge neben der Kirche (Rue Sainte-Catherine, Ecke Rue University bzw. Ave Union einen Block südlich der Station *McGill*.

Dorchester Square & Place du Canada

Am zentralen **Dorchester Square** befindet sich (zwischen Rue Peel und Metcalfe unterhalb Rue Ste. Catherine) das ***Centre Infotouriste***. Unübersehbar ist das ***Sun Life Building*** aus dem Jahr 1918, über 25 Jahre das größte Gebäude des britischen Empire. Um den unterhalb angrenzenden ***Place du Canada*** herum wurde in den letzten Jahren die *Downtown* erweitert mit postmodernen Hochhäusern (z.B. 1000 de La Gauchetière Street West das ***L'Amphithéatre Bell*** mit ganzjähriger Eisbahn), der restaurierten ***Windsor Station*** von 1889 und dem ***Molson Center*** (Heimat des Eishockeyteams ***Montréal Canadiens*** und Kongresszentrum).

Gare Central

An den Place Ville Marie schließt südlich der ***Gare Centrale*** an, der Hauptbahnhof, mit den ***Halles de la Gare***, einem ungewohnt stimmungsvollen ***Food Court*** mit Leckereien aus aller Welt.

»Petersdom«

Unweit des *Gare Centrale* steht an der Ecke René Lévesque/ Mansfield die vertraut erscheinende ***Cathedrale Marie-Reine du Monde*** – eine Petersdom-Kopie, nur ein Drittel so groß .

Mont Royal

Auf und um den namensgebenden *Mont Royal*, einem erloschenen Vulkan (225 m), der *Downtown* nach Norden begrenzt, liegt **Montréals größter Park**, der (wie Manhattans *Central Park*) vom Landschaftsdesigner ***Olmsted*** angelegt wurde. Auf der Höhe befinden sich Spazierwege (Parkplätze vorhanden), die man von der Innenstadt aus am besten über den zunächst weit nach Südwesten ausholenden *Chemin de la Cote des Neiges* (an ausgedehnten, sehenswerten Friedhöfen vorbei) oder die nordwestliche Avenue du Parc ansteuert (ab Rue Sherbrooke oder Ave de Pins, dann der Ausschilderung folgen).

Wer gut zu Fuß ist, nimmt den **Treppenzug** hinauf zum *Grand Chalet* und wandert weiter zum nachts illuminierten Gipfelkreuz. Der Fußweg beginnt an der Ave de Pins auf Höhe der Rue Peel. Von der **Aussichtsplattform** vor dem *Chalet* (mit **Snackbar** und einer Ausstellung über die Stadtgeschichte), genießt man einen weiten Blick über Montréals *Downtown*, den St. Lorenz-Strom und hinüber bis zu den *Adirondack Mountains*/USA.

L'Oratoire Saint-Joseph

Mit einer südwestlichen Anfahrt (Chemin de la Cote des Neiges) auf den *Mont Royal* lässt sich der Besuch des riesigen ***L'Oratoire Saint-Joseph*** am Chemin de la Reine Marie verbinden (Metro *Cote-de-Neiges*). Diese Wallfahrtskirche (1967) wurde auf Anregung eines Mönchs errichtet, dem Wunderheilkräfte zugesprochen wurden. Populär ist wegen seiner Skulpturen der hinter dem Oratorium gelegene Kreuzweg; www.saint-joseph.org.

Boulevard St. Laurent

Der Boulevard St. Laurent (*The Main*) gilt als Trennlinie zwischen *Downtown* und dem *Quartier Latin* bzw. zwischen dem englischen Westen und dem französischen Osten der Stadt. Die Straße hat viele Gesichter; sie war und ist die Zeile der Einwanderer, wiewohl viele von ihnen, wie die Italiener, längst etabliert sind. Es dominieren mal Billigläden, mal hippe neue Geschäfte.

- Im Süden, in Nachbarschaft zur *Autoroute Ville Marie* (#720) liegt ***Chinatown*** mit der Fußgängerstraße Rue Gauchetière als Lebensader (zwischen der St. Urbain und Rue Clark).

Wein selbst mitbringen

- Westlich der Rue Sherbrooke stößt man auf die **Rue Prince Arthur**, eine Fußgängerstraße in einer griechisch geprägten Gegend. Im Sommer treten dort Straßenmusikanten auf. In einigen Lokalen findet man ***B.Y.O.B*** Schilder (*Bring your own Bottle/Aportez votre Vin*, ➪ Seite 179).
- Von der Metro Station Saint-Laurent nach Norden geben moderne Bars und feine Bistros den Ton an.
- Noch weiter nördlich reihen sich Geschäfte und Restaurants unterschiedlichster Provenienz aneinander. Von den ersten Immigranten – jüdischen Kaufleuten, die sich zwischen 1900 und 1930 dort ansiedelten – ist wenig geblieben. Gehalten haben sich ein paar **jüdische Restaurants**, wie z.B. das ***Moishe's*** (#3961 Saint-Laurent, zwischen Rue Napoleon und Duluth) und einige koschere Delis und Schlachter, u.a. *Schwartz'-Delikatessen* (3895 Saint-Laurent), dessen Rauchfleisch-Sandwiches (*Montréal Smoked Meat*) sich besonderer Beliebtheit erfreuen.

- An der **Avenue Laurier** (ein gutes Stück weiter nördlich, von der Saint-Laurent Richtung Westen Metro *Laurier*), gibt es Bistros, Cafés, Boutiquen und Delis wie in Paris – alles auf die lockeren aber feineren Bewohner des frankophonen Viertels **Outremont** zugeschnitten.

- Nach einigen Kilometern Langeweile wird der Blvd St. Laurent erst im Kreuzungsbereich mit der **Rue Jean Talon** wieder lebendiger. Dort lebten früher vor allem Italiener, aber der (unbedingt besuchenswerte) Markt verrät, dass sich dort inzwischen auch Algerier, Griechen und Portugiesen niedergelassen haben.; täglich 7-18 Uhr, *Metro Jean Talon.*

Quartier Latin

Die zum Boulevard St. Laurent (im Norden) parallel verlaufende Rue St. Denis (zwischen der Metro-Station Berri-UQAM und der Rue Rachel) ist **die** Geschäfts- und Restaurantstraße des französischen Montréal. Die ***Université du Québec à Montréal***, kurz ***UQAM*** (www.uquam.ca) an der Kreuzung Rue Ste. Catherine/St. Denis bestimmt weitgehend das Leben in den angrenzenden Straßen Entlang der Rue Ste. Catherine bis zur Rue Papineau hat sich ein ***Gay District*** (***The Village***) entwickelt.

Nördlich der Rue Sherbrooke findet man **an der Rue St. Denis** und in den Seitenstraßen französisches Ambiente pur. Dort dominieren kleine Läden, **Straßencafés und teure Restaurants**. Die ruhigen Wohnstraßen beidseitig der Rue St. Denis voller typisch Montréaler Häuser mit geschwungenen gusseisernen Treppen und der **Square Saint Louis** sind beliebt bei frankophonen Intellektuellen und Künstlern. Am Abend geht's vorzugsweise in die Rue Duluth zum Vietnamesen, Thai oder Griechen (*B.Y.O.B*).

Typischer Straßenzug im Quartier Latin; auch typisch ist dort und anderswo das Schild »Aportéz votre vin« vor vielen Lokalen, oder B.Y.O.B., ➪ *links*

Vieux Montréal und Vieux Port

Geschichte

Durch die schmalen Gassen von ***Vieux Montréal*** und ***Vieux Port*** nordöstlich von *Downtown* am St-Lorenz-Strom schieben sich jährlich Hunderttausende von Touristen. Dieser 350 Jahre alte **Gründungsdistrikt** war früher von einer Stadtmauer umgeben.

Als jedoch nach der Eroberung der Stadt durch die Engländer der beschriebene wirtschaftliche Aufschwung einsetzte, platzte *Vieux Montréal* aus allen Nähten, und die Mauer musste der Expansion weichen. Die repräsentativen Gebäude um die Plätze Jacques Cartier, d'Armes und Royale reflektieren die Prosperität Montréals im 19. und zu Beginn des 20. Jahrhunderts.

Nach dem 2. Weltkrieg verlagerte sich das Stadtzentrum und neue Hafenanlagen entstanden. Als dann noch die *Autoroute Ville Marie* durch die Stadt geschlagen wurde und als hässliche Betonbarriere den alten vom neuen Stadtkern trennte, verfiel *Vieux Montréal* zunächst. Aber in den 1960er-Jahren wurde das Gebiet zum ***Historic District*** erklärt. In den mittlerweile restaurierten Gebäuden entwickelte sich das »neue« *Vieux Montréal.* Museen, Designer- und Souvenirshops, Architekturbüros, Anwalts-Kanzleien und ***Nouvelle-Cuisine-Restaurants*** und ***Boutique-Hotels*** prägen heute das Bild des Viertels. Die alten Piers wurden zu Freizeitanlagen umgestaltet; da dürfen auch (Rue Saint-Paul) T-Shirt- und Klunker-Läden nicht fehlen.

Information

Vor einem Bummel durch *Vieux Montréal* besucht am besten erst einmal das ***Centre Infotouriste*** am westlichen Ende des Place Jacques Cartier, wenn man sich nicht schon in *Downtown* eingedeckt hat (➪ Seite 516); www.vieux.montreal.qc.ca und www.vieuxportdemontreal.com

Place Jacques Cartier

Auf dem langen Platz drängeln sich Portraitmaler, Jongleure und Pantomime vor zahlreichen Straßenrestaurants. Mitten im munteren Treiben überlebte – eine Schmach für frankophone

4

Montréaler – die Statue des britischen Admirals ***Lord Nelson***, Bezwinger der spanisch-französischen Flotte bei Trafalgar 1805.

Bonsecours

Auf der Rue Saint Paul nach Osten passiert man den zur 350-Jahr-Feier Montréals (1992) renovierten ***Marché Bonsecours***, www.marchebonsecours.qc.ca. Dieser um 1850 entstandene Bau hat schon als Rathaus, Konzertsaal oder Markthalle gedient; heute sind dort Kunstgalerien und Verkaufsstände von Kunsthandwerkern, u.a. der *First Nations* untergebracht (➪ Seite 17). Neben dem Marché steht die ***Chapelle de Notre-Dame-de-Bonsecours*** (1773), eine Seefahrer-Kirche mit vielen von Schiffbrüchigen gestiftete Schiffsmodellen.

Rue Notre Dame

An der Rue Notre Dame steht das heutige Rathaus, die **City Hall** (1878) im *Beaux-Arts*-Stil. Von ihrem Balkon aus hatte einst 1967 Charles de Gaulle den Separatismus der Quebecer mit seinem Kampfruf: ***Vive le Québec libre!*** neu entzündet.

Museum

Dem Rathaus gegenüber liegt das ***Château Ramezay***. Der kleine **Stadtpalast** in klassischer Form wurde 1705 errichtet und diente den Gouverneuren von Montréal, zuerst einem *Claude de Ramezay*, als Regierungssitz. Im heute darin untergebrachten **Museum** sind Ausstellungsstücke aus den Tagen von *New France*, bis zum Jahrhundert zu sehen. Juni bis Mitte Oktober täglich 10-18 Uhr, sonst Di-So 10-16.30 Uhr; $8.

Basilika

Folgt man der Rue Notre Dame in westliche Richtung, stößt man auf die neugotische ***Basilique Notre Dame*** am Place d`Armes. 1829 war sie der größte Kirchenbau Nordamerikas. Vor allem ihre pompöse Innengestaltung zieht Besucher an. Täglich 8-16.30 Uhr; ✆ (514)842-2925, Eintritt $4; www.basiliquenddm.org.

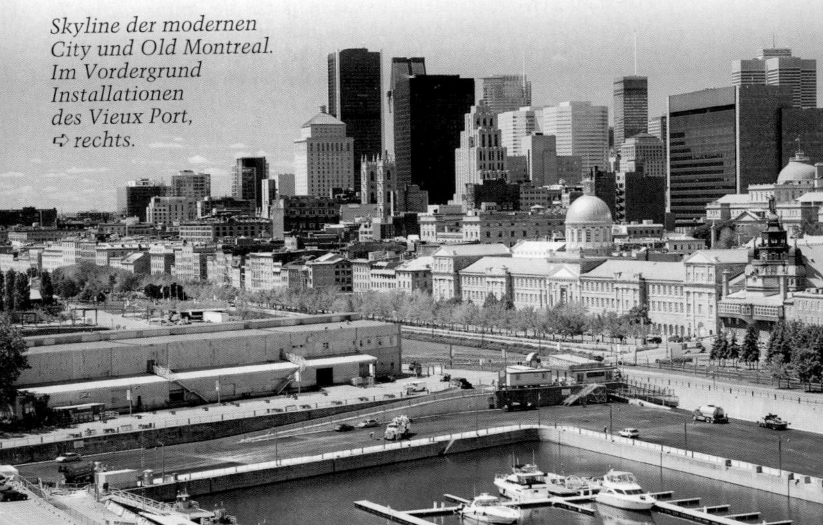

Skyline der modernen City und Old Montreal. Im Vordergrund Installationen des Vieux Port, *➪ rechts.*

Ein Basilika-Event ist die etwas kitschige High-Tech-Musik- und Licht-Show »***And then there was Light***«, die sakrale und künstlerisch-architektonische Elemente der Kirche zur Geltung bringt; 2-3mal täglich, wechselnde Zeiten, $10, bis 17 Jahre $5.

Vieux Seminaire

Daneben befindet sich Montréals ältestes Haus, das ***Vieux Séminaire de Saint Sulpice***, ein Priesterseminar von 1687, und gegenüber der Kirche auf dem Place d'Armes das neoklassizistische Gebäude der ***Banque de Montréal***. Sie war die Gründung schottischer Emigranten, den *Cesars of the Wilderness*, wie man sie damals nannte. In der Platzmitte steht die **Statue** des Stadtgründers ***Sieur de Maisonneuve***. Die Rue Saint-Jacques mit der *Royal Bank* und *der Molson Bank* (bei der *Banque de Montréal* Richtung Westen) galt bis zum 2. Weltkrieg als ***Wall Street* Canadas**.

Place d'Youville

Durch die Rue St. Francois Xavier oder St. Pierre (Richtung Hafen) gelangt man auf den Place d'Youville. Dort stößt man auf das attraktive ***Centre d'Histoire de Montréal***, Di-So 10-17 Uhr, $5.

Noch mehr über Montréals Geschichte erfährt man multimedial im exzellenten ***Pointe-à-Callierère*** (*Musée d'Archéologie et d'Histoire de Montréal)*, einem beeindruckenden Komplex an der Ecke Place Royale; Juli+August Mo-Fr 10-18 Uhr, Sa/So 11-18 Uhr, sonst Di-Fr 10-17, Sa/So 11-17 Uhr; Eintritt $13, Kinder $5.

Rue St. Paul

Über die lebhafte Rue Saint Paul erreicht man wieder den Startpunkt des Rundgangs, den Place Jacques Cartier.

Vieux Port

Die alten **Kaianlagen** wurden zu einem parkartigen Freizeitbereich für Ausstellungen und Festivals umgestaltet. Man kann Räder und *Roller Skates* mieten, den *Clock Tower* besteigen oder eine der ***Dinner Cruises*** und Hafenrundfahrten buchen (*Jetboat* zu den Stromschnellen, ➪ unten).

Fun für Jugendliche gibt es im ***Labyrinth 16***, einem Wirrwarr mit vielen Überraschungen; Kinder $10, Jugend $12, Eltern $13; Juli und August täglich 11-21 Uhr, Mai, Juni, September Sa, So und Feiertage 11.30-17.30 Uhr.

Wissenschafts-museum

Am King Edward Pier liegt das interaktiv-multimediale ***Montréal Science Center*** mit viel High Tech, Robotern und Kommunikation; Mitte Mai bis Ende August, Mo 10-15.30, Di-So 10-20, sonst 10-17 Uhr; $12/$9, ebenso IMAX-Kino. Kombitickets $20/$15.

Die Quays des alten Hafens sind gut über die Metro-Stationen *Place-d'Armes*, *Square Victoria* und *Champ-de-Mars* zu erreichen. **Parkplätze** gibt es auf dem *Quai l'Horloge* (*Clock Tower*), dem *Alexander Quai* und beim *Montreal Science Center*.

Lachine Canal

Die Rue de la Commune - mit vielen Restaurants - führt entlang des ***Vieux Port*** zum ***Lachine Canal***, auf dem früher die Schiffe die Lachine-Stomschnellen (*Rapids*) umgingen. Heute ist der Bereich am Kanal auf 14 km Länge ein *National Historic Site*, wo Spaziergänger, Radfahrer, *Skateboarder* und *Roller Blader* die Grünanlagen genießen und beobachten, wie Jetboats und – noch spannender – Wildwasserkanus mit der Srömung kämpfen.

- Ab ***Quai l'Horloge*** (südliches Ende der Rue Berri) bezwingen die Power-Boote von *Saute Moutons Jetboating* die ***Lachine-*** **Stromschnellen**, die einst *Jacques Cartier* den Weg versperrten (➪ Seite 509). 90-min-Trips, 10-18 Uhr alle 2 Stunden; $60, Kinder $40, ab 13 Jahre $50. ✆ (514)-284-9607; Metrostation *Champ-de-Mar*).
- **Bike- und Skate-Verleih**: ***Montreal on Wheels***, 27 Rue de la Commune Est, ✆ (514)-866-0633).

Wer nicht weit laufen oder biken will oder die Kosten der Boottouren denn doch ein bisschen zu happig findet, nimmt die *Metro* bis ***de l'Eglise***, dann den Bus #58 zum ***Rapides Park***.

Île Sainte-Hélène und Île Notre-Dame

Zufahrt

Die beiden Inseln **Île Sainte Hélène** und **Île Notre Dame** liegen mitten im St. Lorenz Strom. Sainte Hélène ist am besten über die *Pont Jacques Cartier* (Straße #134/Ave Papineau) und mit der Metro (Jean Drapeau) zu erreichen, die Île Notre Dame über die Pont de la Concorde (Ave Pierre du Puy/*Autoroute Bonaventure* #10) oder über die *Pont Victoria*. Die *Pont de la Concorde* führt über die Südspitze von Sainte Hélène und verbindet beide Inseln. Im Sommer gibt es einen Bootsservice ab *Vieux Port*.

Île Sainte Hélène

Auf der Île Sainte Hélène befinden sich neben Parkanlagen mit Picknickplätzen, ***La Biosphère*** (der ehemalige USA-Pavillon der Weltausstellung von 1967), ***The Old Fort*** mit dem *David M. Stewart Museum* (für Militaria) – beide zusammen Eintritt $8 – und der größte ***Amusementpark*** der Provinz, ***La Ronde***. Mitte Juni bis Anfang September täglich ab 10 Uhr bis 22.30 Uhr. Parken $10, Eintritt mit *Rides* $30, Kinder bis 12 Jahren $24.

La Biosphere

In ***La Biosphère***, einer runden Stahlkonstruktion, wird das Ökosystem des St. Lorenz und der Great Lakes sowie die Bedeutung des Wassers für unser Leben mittels Computertechnik demonstriert; das Gebäude ist interessanter als die Ausstellung. Info unter ✆ (514) 283-5000; Ende Juni-Anfang September täglich 10-18 Uhr, sonst 12-17 Uhr, Di geschlossen; Eintritt $10, bis 17 Jahre $5; www.biosphere.ec.gc.ca.

Île Notre Dame

Auf der Île Notre-Dame liegt der ***Parc Floral***, eine von Kanälen durchzogene Gartenanlage mit **Bootsverleih** auf der olympischen Ruder-Rennstrecke (*Basin Olympique*) von 1976.

Casino de Montréal

Im französischen Pavillon der *Expo 1967* befindet sich heute ein **Spielkasino**. Die Lage auf einer Freizeitinsel für die ganze Familie ist Programm, Glücksspiel keine Sünde mehr. Die Glaskonstruktion erlaubt Blicke hinein und hinaus auf die *Skyline* der Stadt. Der *Dress Code* schreibt vor: keine Jeans, keine T-Shirts, keine Turnschuhe. Täglich durchgehend geöffnet, kein Eintritt; *Shuttleservice* vom Parkplatz.

Jardin Botanique und Parc Olympique

»Dreifachziel« Im Osten der Stadt liegen an der Rue Sherbrooke der **Botanische Garten** mit **Insektarium** (Metro *Pie IX*) und der ***Park Olympique*** mit dem *Observation Tower* sowie dem ***Biodôme*** (zwischen Rue Sherbrooke und Rue Hochalaga, Metro *Viau*). Beide Bereiche sind im Sommer per *Shuttle* verbunden.

Botanischer Garten Die Attraktionen des riesigen ***Jardin Botanique*** sind chinesische und japanischen Gärten, der ***Zen Garden*** und die ***Bonsai Exhibition***. Etwas Besonderes sind ***The First Nation Garden*** (indianischer Umgang mit der Natur) und das ***Tree House***, in dem es um die Wälder Kanadas geht. Im ***Arboretum*** sieht man u.a. die Vielfalt der Ahornarten – nicht nur in Kanada. Das ***Maison de l'Arbre*** (*Tree House*) demonstriert die Bedeutung der Bäume für Ökosystem und Wirtschaft. Die perfekte Präsentation zur Welt der Insekten im ***Insectarium*** lohnt besonders. Täglich 9-18 Uhr; $16, Kinder $8; www2.ville.montreal.qc.ca/jardin.

Biodome Unter dem Begriff ***Biodome*** verbirgt sich ein ***Museum of Nature and Environment*** im Gebäudekomplex der ehemaligen olympischen Radrennbahn, dem *Velodrôme*. Dort wurden vier Ökosysteme angelegt: tropischer Regenwald, Antarktis, *St. Lawrence River Region* und *Laurentian Forest*. Im letzteren sind die Jahreszeiten simuliert, der Winter etwas verkürzt. **Sehenswert!** Im Sommer täglich 9-18 Uhr, sonst 9-17 Uhr; $16, Kinder $8.

Olympiastadion (Montreal Tower) Weil der Turm nicht fertig geworden war, liess sich das Stadiondach nicht wie geplant (zu den Spielen 1976) über Seilzüge wie an einem Kran öffnen. Erst Jahre später wurde der Komplex fertig und der schiefe Turm eine lukrative Attraktion. Das ***Funiculaire*** fährt außen am nun 168 m hohen *Montreal Tower* zum ***Observatorium*** hinauf. Von dort genießt man einen weiten Blick über Montreal und den St. Lawrence River. Im Stadion finden neben Sportveranstaltungen auch Konzerte statt. Geöffnet im Sommer 9-19, sonst 9-17 Uhr; $14, Kinder $7; www.rio.gouv.qc.ca.

Olympiastadion 1976 mit Montreal Tower, und »Treppchen« für Touristen

Museen

Carte Musees Montreal

Die Stadt hat neben den bereits erwähnten großen mehrer kleinere Themenmuseen. Bleibt man länger, lohnt der 3-Tage-Museums-Pass (*Carte Musees Montreal*) inkl. 3-Tageskarte für den Nahverkehr ($45, ohne *Public Transport* $35). In diesem Pass ist u.a. auch der Besuch des ***Biodome***, des ***Jardin Botanique*** mit Insektarium, der ***Biosphere*** und des ***Science Center*** enthalten.

Kunstmuseum

Das ***Musée des Beaux Arts*** *(Museum of Fine Arts)* liegt in *Downtown* Montréal an der Sherbrooke, Ecke Rue Crescent. 1860 eröffnet, ist es Canadas ältestes Kunstmuseum mit einem 1991 von *Moshe Safdie* errichteten Erweiterungsbau. Vor allem kanadische Kunst, Werke bekannter Europäer wie *Rembrandt, Greco, Picasso u.a.* und wechselnde Ausstellungen. Eintritt: $15/7,50/4. Geöffnet Di 11-17, Mi-Fr 11-21, Sa/So 10-17; Mi nach 17 Uhr für Sonderausstellungen halber Preis, www.mmfa.qc.ca.

McCord Museum

Das ***McCord Museum of Canadian History*** in einer alten Villa in der 690 Rue Sherbrooke West (gegenüber *McGill University)* präsentiert Geschichte aus vielen Blickwinkeln. Gut ist die ***First Nations Gallery*** mit einer Sammlung indianischer Gegenstände u.a.m. Di-Fr 10-18 Uhr (im Sommer auch Mo), Sa/So 10-17 Uhr, Eintritt $12/$7/$4; www.mccordmuseum.qc.ca. **Vorsicht**: die Ausstellung »*Simply Montréal*« macht Montréal-süchtig!

Place des Arts

Das ***Musée d'Art Contemporain de Montréal***, 185 Rue Ste. Catherine West/Rue Jeanne Mance, ist integriert in den aufwendigen ***Place des Arts***, ein großes **Kulturzentrum**. Es beherbergt ca. 5.000 moderne Werke kanadischer (hauptsächlich aus Québec stammender) und internationaler Künstler, wie Richard Serra, Bruce Naumann und Louise Bourgeois. Di-So 11-18, Mi bis 21 Uhr; Eintritt $8/$4; www.macm.org.

Architekturmuseum

Für das ***Canadian Centre for Architecture*** in der 1920 Rue Baile dienten klassizistische Fassaden von *Vieux Montréal* als Vorbild. Seine Bibliothek und der Buchladen sind eine Fundgrube für Architekturfans. Wechselnde Ausstellungen. In Sommer Mi-So 11-17 Uhr, Do bis 21 Uhr; Eintritt $10/$15; www.cca.qc.ca.

La Biosphere auf der Île Sainte-Hélène, *➪ Seite 526*

4.2.6 Montréals Umgebung

Unweit Montréal liegen 2 ganzjährige Naherholungsgebiete, das populäre ***Estrie*** und die mondäneren ***Laurentides***:

Die Laurentides

Kenn-zeichnung

Der Begriff *Laurentides* steht eigentlich für den gesamten Gebirgszug, der sich über Hunderte von Kilometern nördlich des *St. Lawrence River* erstreckt. Die Montréaler aber bezeichnen damit in erster Linie ihre ganzjährige **Freizeitregion zwischen St. Saveur und Mont Tremblant**, die man in einer guten Stunde auf der Autobahn #15 oder auf der parallel verlaufenden Straße #117 erreicht; Karte ➪ Seite 533; www.laurentides.com.

Im Sommer kommt man zum Reiten, Golfen und Baden sowie in den ***Parc National du Mont Tremblant*** zum **Wandern, Campen und Kanufahren**; www.sepaq.ca/pq/mot/en. Im Winter zählt das Skigebiet am Mont Tremblant zu den besten Canadas; die Berge sind zwar nur bis 950 m hoch, aber steil und schneesicher.

Ortschaften

www.tremblant.ca

Kleine Ortschaften bieten in jeder Saison das passende Ambiente für jeden *Lifestyle:* schick-urbanes (**St.-Sauveur des Monts**), alternatives (**Val David**) oder modern-»hippes« (**Station Tremblant**). Das **Village de Mont Tremblant** hat reizvoll traditionelles Flair.

Parc National du Mont Tremblant

Von **Sainte-Agathe** erreicht man den Park über die Straße #117 (St. Faustin-Lac-Carré, *Secteur de la Diable*) oder über die # 329 (Saint-Donat, *Secteur de la Pimbina*). Auch von Ville Mont Tremblant oder Station Tremblant kommt man zur letztgenannten Parkeinfahrt. Beide verbindet eine 50 km lange Parkstraße (nur zur Hälfte asphaltiert); von ihr findet man Zugang zu Wanderwegen, Kanurouten (jeweils mit *Wilderness Campsites*); aber auch für Autos und Campmobile gibt es ***Campgrounds*** am **Lac Monroe** (westlicher Eingang), **Lac Escalier** (sehr schön!) und **Lac de Sables**. Nur am Lac Monroe gibt es einen kleinen Laden.

Bike-Route auf alter Bahntrasse

»***P'Tit train du Nord***«, die Trasse einer stillgelegten Bahnlinie (zwischen St-Jerome und Mont-Laurier, 200 km mit insgesamt ca. 450 m Höhenunterschied) eignet sich beschauliche Radtouren (und im Winter *Cross Country Ski*) in bis zu 21 Etappen. An den alten Bahnhöfen gibt es Quartiere und Verpflegung; auch Gepäckservice. ***Infocenter*** *La Porte du Nord, Exit* 51 der #15, ✆ 1-800-561-6673; www.out-there.com und www.laurentides.com.

Unterkunft

Motels/Hotels aller Preisklassen sind in den Laurentides reichlich vorhanden, nicht selten im alpinen Stil und meist nur mit Halbpension; abseits des Hochbetriebs liegen

- in **Val David** das rustikale, sehr gute ***Int'l Hostel (HI) Le Chalet Beaumont***, ganzjährig. Sehr populär, daher reservieren: ✆ (819) 322-1972; $24, DZ$75, www.chaletbeaumont.com, und
- ferner in **Village Mont Tremblant** ein weiteres großes ***Int'l Hostel (HI)*** mitten im Ort; Bettpreis ab $24, DZ $55; ✆ (819) 425-6008; www.hostellingtremblant.com

4

Seilbahn in Mont Tremblant, vor allem konstruiert für den winterlichen Skibetrieb, aber auch im Sommer populär

- ***Le prestigieux Village Suisse*** in **Val David** vermietet Chalets für $89-$189; © (819) 322-2205
- ***Hotel Mont Tremblant*** im gleichnamigen Village nahe dem **Lac Mercier-Badestrand**; $90-$120; © (819) 425-3232, © 1-888-887-1111; www.hotelmonttremblant.com
- ***Auberge Le Lupin B&B***, ein Blockhaus nahe dem Lac Tremblant **zwischen Village und Station Tremblant** (127 Rue Pinoteau); ab ca. $130; © 819-425-5474; www.lelupin.com
- ***Motel l'Escapade*** in Val-Morin, 6933 Straße #117 (von der Autobahn #15 *Exit* 76), einfaches Haus am See mit ruhigeren Zimmern nach hinten; Zimmer ab $67, Chalet ab $112; © (819) 322-2502 und © 1-888-422-2324; www.motel-escapade.com

Camping

- ***Camping Saint-Adolphe-de-Howard***; nur 25 Plätze, Sites 1-12 zu laut an der Straße #329 (Chemin du Village #1972).

Das Estrie

Geschichte

Über die Autobahn #10 ist das ***Estrie***, 80 km südöstlich von Montréal, schnell erreicht. Hier siedelten um 1780 Loyalisten (➪ Seite 476) und nannten diese Region *Eastern Township*. Für die Frankokanadier blieb dieser Grenzbereich das ***Canton***. Erst 1981 einigte man sich auf den Namen ***Estrie***, was soviel heißt wie »Königreich des Ostens«; www.estrie.gouv.qc.ca.

Charakter

Das *Estrie* wirkt neuenglisch: eine weite, offene Hügel- und Seenlandschaft und hübsche Orte mit weißen Holzhäusern, besonderen Rundscheunen und *Covered Bridges*. Gäste kommen zum Wassersport, Radeln Golfen und Wintersport an die Seen. Ein Netz wenig befahrener Nebenstraßen verbindet Dörfer mit Kleintouristik-Infrastruktur (B&B, Motels/Hotels).

Ziele

Hier ein paar Hinweise für **Routenstopps** zwischen Québec City/ Montréal und Vermont abseits der #91/#55:

Touristisches Zentrum mit einer lebhaften Hauptstraße ist **Magog-Orford** beim nahen *Parc Mont Orford* (Straßen #108/#112).

Unterkunft

- ***Motel de la Pente Douce*** an der #141 am nördlichen Stadtrand von Magog; \$95-\$110; © (819) 843-1234 & © 1-800-567-3530
- ***Grand Central***, 290 Rue Principal; einfach; nach den hinteren Zimmern zum Fluss fragen; \$65-\$80; © (819) 843-2711

Parc Mont Orford

Der gepflegte ***Parc Mont Orford*** (viele Seen und Radwege) hat über die #10 (*Sortie* #118, dann #141 Nord) zwei Eingänge. Gut zum **Campen** eignet sich der vor allem der Platz am ***Lac Stukely*** (10 km vom Parkeingang, seenahe Stellplätze sind #264-#334). Am Südeingang des Parks befindet sich das ***Orford Art Centre*** (im Sommer klassische Konzerte). Dazu gehört das Hostel ***Auberge du Centre d'Arts* (HI)**, das allerdings im Sommer für junge Künstler reserviert ist; © 819-843-3981, www.arts-Orford.org.

Camping

Ausweich-Camping auf dem *Campground* Magog-Orford am Weg zum Südeingang des Parks (#141) ausgeschildert; die Stellplätze ohne *Hook-up* sind die besten.

Abstecher

Empfehlenswert sind zwei **Abstecher**:

- ans westliche Seeufer des *Lac Memphrémagog* zum Benediktinerkloster ***Abbaye St. Benoit du Lac*** (täglich gregorianische Messe 11 Uhr) mit – nach Geschlechtern getrennten – Quartieren für besinnliche Tage. Ein Deli-Laden ist auch vorhanden, Mo-Sa 9-10.45 Uhr und 12-18 Uhr; www.st-benoit-du-lac.com
- ans östliche Seeufer nach **North Hatley** (#108) am *Lac Massawippi* mit etlichen edlen Hotels (weniger kostpielige drei Sterne hat ***La Rose des Vents*** mitten im Dorf am See; ab \$120, © 819-842-4530, www.rosedesvents.qc.ca)

Provinzpark Frontenac

Nicht mehr zur klassischen *Estrie*-Region gehört der ***Parc National Fronténac***, Straßen #112/#267; dennoch lohnt ein kleiner Umweg/Abstecher zum Nordteil dieses herrlichen Parks (***Secteur St. Daniel*** am Lac Ste. Francoise mit einem **super Campingplatz**, Strand und Kanuverleih); im ***Secteur Sud*** (Zufahrt über die #108) kann man auch ***Chalets*** am Seeufer mieten; www.sepaq.com.

Leihkanus stehen überall auch an den Gewässern der Parcs in Québec zur Verfügung

4

4.3 Von Montréal nach Québec City

Routenwahl

Für die Strecke von Montréal nach Québec City (300 km) kann man entweder den Uferstraßen oder den Autobahnen folgen. Insgesamt bietet die Norduferroute mehr. Stromabwärts sollte man jedoch zunächst getrost die Autobahn #40 wählen.

Trois-Rivières

Nach ca. 150 km erreicht man die nach Québec City zweite französische Siedlung Trois-Rivières. Sie entwickelte sich nach ihrer Gründung 1634 rasch zum Pelzhandelszentrum und später zur ersten Industriestadt Québecs. Heute plagen zwar Strukturprobleme die 125.000-Seelen-Stadt, aber Trois-Rivières ist immer noch ein Zentrum der Holzverarbeitung; www.v3r.net.

Vom *Exit* 199 der Autobahn #40 geht's Richtung Fluss bergab und links (!) auf die #138 (Rue de Notre Dame mit dem *Visitor Centre* in Haus #1457) und weiter zum ***Parc Portuaire*** (dort Parkplätze). Ein ***Boardwalk*** am Strom mit Blick auf die ***Pont Laviolette*** (einzige Strombrücke zwischen Montréal und Québec City) führt zum kleinen ***Centre d'Exposition sur l'Industrie des Pâtes et Papiers*** (*Pulp and Paper Industry Exhibition Centre*). Dort wird die Papierherstellung erläutert (Juni-Ende September täglich 10-18 Uhr, Eintritt $4/Kinder frei). Vom östlichen Parkbereich sieht man die silbrige Kuppel des **Ursulinenklosters** mit Museum (734 Rue Ursulines; Di-So 10-17 Uhr, $3,50.

Jenseits der Mündung des Saint Maurice liegt die Schwesterstadt von Trois-Rivières, der Wallfahrtsort Cap de la Madeleine mit dem ***Sanctuaire de Notre-Dame-du-Cap***. Seit 1883 ist ein Marienschrein in einer kleinen Steinkapelle (1714) in der Uferstraße Rue Notre Dame ein Pilgerziel.

Unterkunft

Trois Rivières hat viele Quartiere zu moderaten Tarifen, so z.B. ein ***Comfort Inn***, © 819-371-3566, am Dreieck der Straßen #55/#40 und ein ***Delta Inn***, © 819-376-1991, zentral an der (#138).

Abstecher

Ein Abstecher von Trois-Rivieres könnte dem ***Parc National du Canada de la Mauricie*** gelten (➪ rechts). Auf dem Weg dorthin (*Freeway* #55, *Exit* 191) liegt der sehenswerte ***Parc Historique National des Forges du St.-Maurice***, wo die lokale Industriegeschichte (1739-1880) nachgezeichnet ist. Täglich 9.30-17 Uhr, $4.

La Cité de l'Energie (in Shawainigan bei Grand Mere, unübersehbar durch Québecs zweithöchsten Ausichtsturm (130 m, $8) ist ein Erlebnispark mit ***River Cruise***, synergetischem Inselgarten sowie unterhaltsamer Belehrung zum Thema »Holz und Wasserkraft als wesentliche Elemente der Produktion von Aluminium, Papier und Chemikalien. ***Shawainigan Place*** ($15/$8), die Halle der alten Aluschmelze, bietet viel Platz für moderne Kunst und Events. ***Eclyps*** ist eine pyrotechnische Abendshow (auf franz.) über Mythen des Mondes, vermittelt durch Musik, Tanz und Akrobatik. Die Bühne rotiert unter einem zu schweben scheinendem Dach; 10. Juli-25. August, Di-Sa, Beginn 30 min vor Dämmerung © 1-866-900-2483); $49,50/$20; www.ctedelenergie.com.

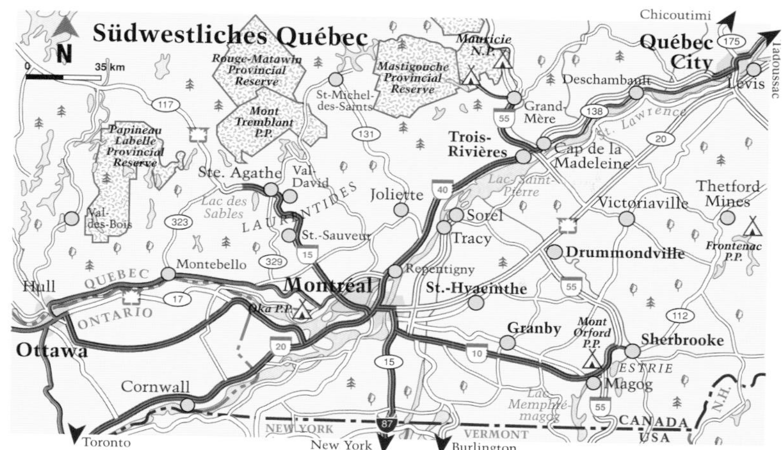

Parc National de la Mauricie

www.pc.gc.ca/mauricie

Der ***Parc National Mauricie*** ist wegen seiner vielen See-Badestrände, *Walk-in*-Zeltplätze und Kanurouten auf langgesteckten, Flussartigen Seen attraktiv. Zum westlichen Parkeingang und seinem schönsten mit Auto erreichbaren **Campingplatz** am ***Lac Wapizagonke*** gelangt man ab Shawinigan über *Exit* 217 der #55. Die beiden anderen *Campgrounds* haben keinen Seezugang. An der kurvenreiche Parkstraße (60 km) zur östlichen Einfahrt (*Exit* 226) liegen Aussichtspunkte, Picknick- und Badeplätz. **Campingreservierung**: © 1-877-737-3783.

Bei genügend Zeit könnte man die Weiterfahrt auf der Straße #155 nach Norden entlang des **faszinierend schönen** Tals des Saint-Maurice River erwägen. Dort stößt man auf die ***Reserve Faunique du Saint Maurice***: 2 km vor der Parkeinfahrt kauft man im *Acceuil*-Büro (*Matawin Registration Centre*) ein Ticket für $4/Person; hinter der Brücke werden dann noch zusätzlich $12 Gebühren fürs Fahrzeug fällig. Diese *Reserve Faunique* (⇨ Kasten *Outdoor in Quebec*, Seite 506) hat mit dem *Lac Normand* (37 km nicht-asphaltierte Zufahrt) einen besonders schönen, großen See mit Badestrand, *Cottages* und Camping. Weitere Seen sind Lake Dunbar und Lake Brown. Wer mehrtägige Paddeltouren unternimmt, findet unterwegs an den Seeufern *Wilderness Sites*.

Auch die ***Reserve Faunique Mastigouche*** (#40, *Exit* 144, dann Straßen #347 und #349) verfügt über Camping, *Cabins*, Badeseen und Kanurouten (Juni, Juli, August).

Straße #138

Ab Trois-Rivières sollte man die historische Straße #138 der Autobahn vorziehen, die als ***Le Chemin du Roy*** bereits 1737 Québec mit Trois-Rivières auf dem Landweg verband. Sie führt durch viele kleine Orte und verläuft häufig in Ufernähe. Am Wege passiert man zahlreiche Picknickplätze.

4.4. Québec City www.ville.quebec.qc.ca; www.quebecregion.com

(170.000 Einwohner; Metrobereich 750.000)

4.4.1 Kennzeichnung

Québec City, Hauptstadt der Provinz Québec, ist die älteste Stadt des Kontinents, hat eine **vollständig erhaltene Altstadt aus dem 17. und 18. Jahrhundert** und die einzige unzerstörte Stadtmauer. 1985 wurde Alt-Québec als Wiege der französischen Kultur in Nordamerika zur UNO-***World Heritage Site***. Damit würdigte man die Wiege französischer Kultur in Nordamerika. Im Sommer 2008 beging Québec City ihre 400-Jahr-Feier (Gründung 1608).

Original Frankreich

So lupenrein französisch wie dort geht es nicht einmal in *Vieux Montréal* und schon gar nicht im *French Quarter* in New Orleans zu. In Québec wird nicht »auf französisch gemacht«, dort **ist** Frankreich: in den Kneipen und Restaurants, in den Kinos und Konzertsälen und in der *Boulangerie* um die Ecke. Der typische *Québecois* gibt sich französisch, intellektuell, kulturinteressiert und – heute gemäßigt – separatistisch. Nur im Juli/August und zum Karneval, wenn in größerer Zahl amerikanische Touristen kommen, wird das französische Original durch fremde Elemente ein wenig verfälscht.

Ober- und Unterstadt

Aber Québec ist kein vom Tourismus abhängiges Museumsdorf, sondern in erster Linie Hafenstadt und Verwaltungszentrale. Nur 170.000 der insgesamt 750.000 Einwohner leben im alten Stadtkern zwischen Fleuve Saint Laurent und Rivière Saint Charles, der Rest in den ausgedehnten Vororten. Oben im ***Hauteville*** auf der Anhöhe über dem Strom stehen die Villen, Kirchen und Regierungsgebäude, während ***Basseville*** am Fluss von Arbeit, Handel und Transport geprägt ist.

4.4.2 Geschichte

Québec City liegt am Nordufer des *Fleuve Saint Laurent;* das indianische *Kebec* bedeutet »wo der Fluss sich verengt«, denn die Stadt liegt an einer nur 100 m breiten Flussverjüngung südlich der Insel **Île d'Orleans**.

1608-1690

Der französische Entdecker ***Jacques Cartier*** (➪ Seite 509) stieß dort 1535 auf die Indianersiedlung *Stadacona*. Schwierigkeiten mit den Indianern, der bitterkalte Winter und die Enttäuschung, den Seeweg nach China nicht gefunden zu haben, veranlaßten ihn, der Region bald wieder den Rücken zu kehren. 73 Jahre später errichtete ***Samuel de Champlain*** – die *Stadaconas* waren aus mysteriösen Gründen verschwunden – eine ***Habitation***, eine kleine Ansiedlung, wo heute der Place Royale liegt. Daraus entwickelte sich dank der strategisch günstigen Lage und des Pelzhandels die Stadt Québec. Sie wurde 1690 – nun bereits Hauptstadt von *New France* – erstmals von den Briten angegriffen.

Historisches Spektakel in der Zitadelle von Québec City

Ab 1759 britisch

Dank ihrer Lage auf den Klippen des *Cap Diamant* und der 1720 errichteten Mauern widerstand die Stadt diesem und späteren Angriffen erfolgreich. Erst 1759 fiel sie nach der Schlacht auf den *Plaines d'Abraham* (heute *Parc des Champs de Bataille*) an Großbritannien. Die Engländer unter *General Wolfe* hatten damals nach langer Belagerung überaschend angegriffen und in einer Nacht-und-Nebel-Aktion die Höhe erklommen. Dieser entscheidende Kampf, in dem auf beiden Seiten die Befehlshaber fielen, dauerte nur 20 min. Québec City blieb bzw. wurde Hauptstadt der von da an britischen Provinz.

1779-1776

Der ***Québec Act*** von 1774 garantierte den Franzosen Religionsfreiheit, eine überraschende Großzügigkeit zu einer Zeit, als der Katholizismus im englischen Mutterland nicht eben gern gesehen war. Als Gegenleistung sicherten sich die neuen Herren die Unterstützung Québecs im Kampf gegen die aufbegehrenden amerikanischen Kolonien. Zum Jahreswechsel **1775/76** war Québec zum letzten Mal Kriegsschauplatz – die Attacke der Amerikaner wurde abgewiesen.

1776 bis heute

Trotz der britischen Herrschaft blieb Québec-City durch und durch französisch. Nur während einer kurzen Massenimmigration aus Irland und England im 19. Jahrhundert gab es vorübergehend eine englischsprachige Mehrheit. Nach der Kolonialzeit blieb Québec City auch im *Dominion of Canada* Hauptstadt (nun der Provinz Québec) und blieb es bis heute, obwohl Montréal längst die mit Abstand bedeutendere Stadt ist.

4.4.3 Transport, Verkehr und Information

Flughafen

Québecs ***Aéroport*** liegt 15 km westlich der Stadt in Sainte-Foy/Ancienne-Lorette. Das **Taxi** nach *Downtown* kostet ca. $35; kein öffentliches Verkehrsmittel; www.aeroportdequebec.com.

Bahn/Bus

Der ***Gare du Palais*** (Hauptbahnhof) befindet sich in der gleichnamigen Straße in der Unterstadt. Der ***Gare Central d'Autobus*** liegt in der 320 Rue Abraham-Martin neben dem Bahnhof.

Zufahrt/ Orientierung

Wie einleitend beschrieben, liegt das alte, zentrale Québec City auf der Landzunge *Cap Diamant* zwischen St. Lorenz und der Mündung des *Rivière Saint Charles.* Dort unterscheidet man zwischen der hochgelegenen Oberstadt, ***Hauteville***, und Unterstadt am alten Hafen, ***Basseville***. Aus Südwesten (Nordufer des St. Lorenz) kommend, ist die Straße #40/#540 (*Autoroute Duplessis*), dann #175 (Blvd Laurier, später dann Grande Allée Est) die schönere Zufahrt nach *Hauteville* von Vieux Québec. Schneller geht es über die #40/#440. Letztere ist auch bei Anfahrt aus Nordosten (aus Richtung Tadoussac) bester Zentrums-Zubringer.

Wer **von Süden** bzw. **vom Südufer** des St. Lorenz anfährt, gelangt unweigerlich auf die ***Pont Pierre Laporte*** über den Strom. Gleich hinter der Brücke kann man den Blvd Champlain nehmen, der am Fluss entlang nach *Basseville* und zum *Vieux Port* führt. Die **Hauptstraße** (#175) in die Stadt ist der **Blvd Laurier**, der in *Hauteville* in die Grande Allée übergeht.

Parken

In der Oberstadt ist es fast unmöglich, einen Parkplatz zu finden. Mit Glück kommt man in einer der **Tiefgaragen** unter, z.B. am *Hôtel de Ville/City Hall* (keine Camper).

Mehr Parkraum bietet ***Basseville*** am *Vieux Port*, z.B. gegenüber dem *Musée de la Civilisation* in der Rue Dalhousie und links und rechts vom *Marche-du-Vieux-Port* (Rue Saint-André).

Information

Wer über die Autobahn #40/#540 oder über Autobahn #73/#573 in die Stadt fährt, findet nahe der Brücken in der 3300 Ave des Hoteles ein ***Tourist Information Bureau*** mit viel Material; Ende Juni bis Labour Day täglich 8.30-19.30 Uhr, sonst Mo-Sa 9-17 Uhr; ✆ 1-877-783-1608. Wer von Westen über den Stadtteil Ste.-Foy und die Grande Allée (Oberstadt) anfährt, findet ein ***Centre d'Information*** (geöffnet und ✆ wie oben) kurz vor der Stadtmauer rechts in der 835 Ave Laurier (parallel zur Grande Allée) neben der großen Exerzierhalle (*Drill Hall*, ➪ Seite 544).

Das ***Maison du Tourism*** der Provence de Québec im Zentrum von *Hauteville* in der 12 Rue Sainte Anne (am Place d'Armes/ *Chateau Frontenac)* hat neben Stadt-Infos auch Unterlagen und Karten für die ganze Provinz; gleiche Öffnungszeiten.

4.4.4 Unterkunft und Camping

Hotels

In Québec-City gibt es besonders im ***Hauteville*** zahlreiche Unterkünfte aller Kategorien, von der kleinen, europäisch anmutenden Pension bis hin zur Luxusherberge wie dem *Chateau Frontenac*. In ***Basseville*** findet man weniger, dafür aber einige sehr edle Quartiere.

Motels

Motels aller Preisklassen liegen insbesondere an der Straße #138/Blvd Wilfried Hamel westlich des Zentrums sowie am Chemin Saint-Louis und dem Boulevard Laurier, der Haupteinfallsroute #175 nach Québec-City.

Hotel Chateau Frontenac
www.fairmont.com/frontenac

Hotel Chateau Frontenac von der Terrasse Dufferin aus gesehen

Zum hundertjährigen Jubiläum (1993) stand das Schicksal des *Hotel Frontenac* auf der Kippe, da die notwendige Renovierung zu kostspielig erschien. Der Eigentümer, die Hotelkette *Canadian Pacific*, investierte dann doch in das altehrwürdige Gebäude und rettete damit ein Haus, dessen Liste illustrer Gäste historische Dimension besitzt: *Queen Elizabeth, General de Gaulle*, sogar *Helmut Kohl* und Weltstars wie *Grace Kelly* und *Frank Sinatra* stiegen dort schon ab.

Berühmt und geschichtsträchtig wurde *Frontenac* durch zwei Konferenzen, die den 2. Weltkrieg maßgeblich beeinflussten: Im Mai 1943 trafen sich *Winston Churchill* und *Franklin D. Roosevelt* dort, um die Invasion in der Normandie vorzubereiten. 800 Hotelgäste wurden kurzerhand ausquartiert, und die beiden Politiker zogen ein – samt einem Heer von Mitarbeitern. Im September 1945 wiederholte sich die Prozedur anlässlich der Kapitulation Japans.

Oberstadt

- Das Spitzenhotel ist ***Fairmont Chateau Frontenac***, Place d'Armes, ✆ (418) 692-3861 und ✆ 1-800-441-3313; $250-$550
- Die ***Auberge La Caravelle***, 68 Rue Saint-Louis, ✆ 1-800-267-0656, ab $109-$189; www.quebecweb.com/lacaravelle
- ***Au Petit Hôtel***, 3 Rue des Ursulines, preiswert, freies Parken, ✆ (418) 694-0965; $65-$125; www3.sympatico.ca/aupetithotel
- ***La Maison Ste. Ursule***, 40 Rue Ste. Ursule, ✆ (418) 694-9794; klein, gemütlich, hübscher Innenhof; mit Privatbad $89-$109, sonst $59-79; www.quebecweb.com/maisonste-ursule
- ***Au Chateau Fleur de Lys***, 15 Ave Ste.-Geneviève, historisches ***B&B***, ✆ (418) 694-1884, $90-$140; www.quebecweb.com/cfl
- ***Hotel Terrasse Dufferin***, 6 Place de Terrasse-Dufferin, 30 Zimmer, viele mit Blick auf den St Lawrence Strom, $99-$149; auch kleine Apt mit Kitchenettes; $115-$169, ✆ (418) 694-9472, ab $94; www.quebecweb.com/terrassedufferin
- ***Hotel Champlain*** (vormals *Fleur de Lys*), 115 Rue Ste-Anne, Altstadt, jetzt mit modernem Look, $169-$280 (für Suite mit Küche), ✆ 1-800-567-2106; www.hotelfleurdelys.com
- ***Relais Charles Alexandre***, 91 Grande Allè Est, ausserhalb Stadtmauer, ✆ (418) 523-1220, $124-$134; www.quebecweb.com/rca

Unterstadt

Die Hotels in ***Basseville*** sind deutlich teurer als in der Altstadt:

- ***Le Priori***, 15 Rue Sault-au-Matelot, ✆ 1-800-351-3992; ruhig in der Unterstadt, alte Fassade; modernstes Intérieur, $169-$269 inkl. Frühstück, Suites ab $319; www.hotellepriori.com

4

- Supermodern ist auch ***Hotel 71*** in einer früheren Bank, 17 Rue Saint-Pierre (*Old Port*); $270-$370 (Suite); ✆ (418) 692-1171 und ✆ 1-888-692-1171; www.hotel71.ca

Oberstadt Ausserhalb der Altstadt

- ***Chateau Bonne Entente***, 3400 Chemin Ste-Foy (#40, *Exit* #305 auf die #540, dann *Exit* #5), ✆ (418) 653-5221 und ✆ 1-800-463-4390, ruhig mit schönem Park und Pool, gute Küche, individuelle Zimmer, $170-$500; www.chateaubonneentente.com

- ***Maison Roy*** in Sillery, 1365 Blvd René-Levesque, 15 Zimmer, ✆ (418) 527-3907, $105-$150
- ***Hotel Sepia***, an der Stadteinfahrt, nahe Autobahnen #40/#540 und #73, modern, gepflegt, kostenloser Shuttle (im Sommer) in die Stadt; mit Frühstück; 3135 Chemin Saint-Louis; $119-$179; ✆ 1-888-301-6837, $89-$159; www.hotelsepia.ca.
- ***Comfort Inn Airport St-Foy***, 7320 Blvd Wilfried-Hamel/Blvd Duplessis, ✆ (418) 872-5038 und ✆ 1-800-465-6116, ab $109
- ***Motel Oncle Sam***, 7025 Blvd Wilfried Hamel/Duplessis, ✆ (418) 872-1488 und ✆ 1-800-414-1488, $59-$99

B & B

Québec hat wie Montreal viele ***Bed & Breakfast***-Angebote, meist im Bereich $85-$135, zu finden im offiziellen ***Accommodation Guide Québec City*** (bei jedem ***Centre d'Information***).

Hostel

- Das ***Int`l Hostel Centre de Sejour (HI)*** liegt in Hauteville in der 15 Rue Saint-Ursule, sehr großes beliebtes Haus, ✆ (418) 694-0755, ✆ 1-800-461-8585, Bett ab $26
- Die einfache ***Auberge de la Paix*** befindet sich ebenfalls in der Altstadt in der 31 Rue Couillard, ✆ (418) 694-0735, ab $22

Camping

Folgende Campingplätze liegen 30 Autominuten von *Hauteville*:

- ***Camping Municipal de Beauport*** liegt westlich vonQuébec City kurz vor den *Montmorency*-Wasserfällen (obere Absturzkante!) am Fluss. Kanuverleih, Pool, große Stellplätze; Zufahrt Freway #40, *Exit* 321, dann Rue Labelle nach Norden und Ave Larue Richtung Osten und Rue St-Jean-Baptiste nach Norden; ✆ (418) 641-6112; www.campingquebec.com/beauport

- ***Camping de la Joie*** liegt 14 km nördlich Québec City auf dem Weg zum *PN de la Jaques-Cartier*; 1 km vom *Exit 155* (ausgeschildert) der #73 Nord, Richtung Chicoutimi. Mit Pool; unten nur Dauerbewohner; im oberen Bereich am ruhigen Waldrand schöne Stellplätze; gut auch für Camper mit Auto und Zelt.
- Falls ***la Joie*** belegt ist, gibt es viele Campingplätze um Stoneham-et-Tewkesbury im und beim *Parque National de la Jacques Cartier* (weitere 18 km auf der #73 Nord)

- Westlich von Québec City liegt ***Camping Juneau et Chalets*** in Saint-Augustin-de-Desmaures (#40, *Exit* 300), dann 1 km südlich auf dem Chemin du Lac, Kanuverleih), ✆ (418) 871-9090; www.campingjuneau.com
- Ein paar Kilometer weiter westlich unterhalb der #138 in Neuville am Strom liegt ***Camping l'Egare***. Pool, viele Dauercamper, ✆ (418) 876-3359; www.camplegare.com

4.4.5 Stadtbesichtigung

Ober- und Unterstadt (*Hauteville/Basseville*) lassen sich am besten **zu Fuß** oder Kutsche erkunden; die ***Calèches*** kann man wie ein Taxi stoppen oder an den Sammelstellen am Parc de la Esplanade und am Place d'Armes/Rue Ste. Anne einsteigen.

Information

Da die Sehenswürdigkeiten in der Altstadt – mit Ausnahme der Zitadelle und des *Parc des Camps-de-Bataille* – durchweg sehr nahe beieinander liegen, sind unterschiedlichste Rundgänge und Reihenfolgen der Besichtigung möglich. Ein guter Ausgangspunkt ist der **Place d'Armes**, zumal man sich dort im ***Maison du Tourisme*** noch Unterlagen und Karten besorgen kann, um die hier gegebenen Informationen zu ergänzen. In allen Besucherzentren bzw. Museen werden historische Begebenheiten dargestellt, oft beschränkt auf militärische Aspekte. Im Folgenden sind auch andere Punkte genannt.

Hauteville

Zur Situation

Vieux Québecs Hauteville ist von einer Stadtmauer umgeben. Haupteingänge sind die **Stadttore** *Porte Saint Louis* und *Porte Saint Jean* auf der Südwestseite. Von *Basseville* gelangt man über steile Kopfsteinpflasterstraßen und Treppenzüge auf die Höhe, oder nimmt für $1,75 das ***Funiculaire*** (Juli/August bis 24 Uhr, sonst bis 23.30 Uhr), eine Art Fahrstuhl, der die Rue du Petit Champlain mit der 55 m höheren (Aussichts-) ***Terrasse Dufferin*** beim Place d'Armes verbindet. **Hauptachsen** der Altstadt sind die Rue Saint Louis und die Rue Saint Jean, Straßen voller Geschäfte, Lokale und Cafés.

Château Frontenac

Das markanteste Gebäude der Stadt ist das ***Hotel Château Frontenac***. 1893 errichtet, erinnert es an mittelalterliche englische Schlösser und passt mit seinen Zinnen und Türmchen bestens zur trutzigen Stadtsilhouette (➪ Foto und Kasten Seite 537).

Blick auf Hauteville mit dem Chateau Frontenac und gleichzeitig auf Basseville rechts unten

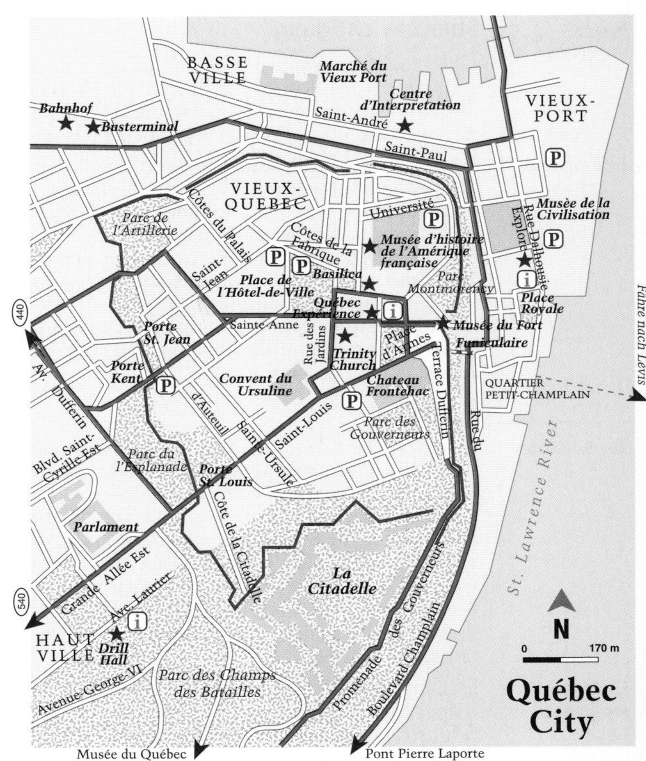

Militär-museum

Im ***Musée du Fort*** am Place d'Armes sind die verschiedenen Belagerungen Québecs und die Entscheidungsschlacht von 1759 (➪ Seite 535) nachgestellt. Im Sommer täglich geöffnet 10-17 Uhr; Eintritt $8/$5; www.museedufort.com.

Geschichts-show

The Québec Experience, 8 Rue de Trésor, zeigt die Geschichte Québecs auf unkonventionellere Weise mit einer 30-minütigen *Multimedia Sound and Light Show* in 3D und Dolby. Mitte Mai-Mitte Oktober täglich 10-22 Uhr, sonst bis 17 Uhr abwechselnd in Englisch und Französisch, $10.

Kathedrale

Die ***Basilique-Cathèdrale Notre Dame***, Rue Buade gegenüber dem Rathaus (*Hotel de Ville)*, war die älteste katholische Kirche des Kontinents nördlich von Mexiko. Sie ist überaus prächtig in Gold- und Blautönen ausgestattet. 1922 brannte die Kathedrale vollständig nieder und wurde nach den Originalpänen von 1647 rekonstruiert; täglich 8-16 Uhr; www.museocapitale.qc.ca.

Musée du Seminaire

Das wuchtige ***Seminaire*** mit dem Palast des Erzbischofs – 1663 als Lehranstalt für Priester gegründet – besteht aus mehreren Gebäuden aus verschiedenen Epochen. Der riesige Komplex nimmt den Block zwischen der Rue Porte-Dauphin, Rue Universite und Rue Sainte-Famille ein. Aus dem *Seminaire* entwickelte sich die größte französische Universität Canadas, die *Université du Québec* – benannt nach Bischof *Laval*, dem mächtigen Gegenspieler *Frontenacs* –, die heute indessen ihren Campus im Westteil der Stadt hat. In den Wohngebäuden des Seminars ist das ***Musée de l'Amérique française*** untergebracht (Eingang von der Cote de la Fabrique neben der Basilika). Es beschäftigt sich mit der Etablierung der französischen Kultur in der Neuen Welt. Neben weltlichen auch viele religiöse Gegenstände. Wechselnde Ausstellungen. Ende Juni bis *Labor Day* täglich 9.30-17 Uhr, Rest des Jahres Di-So 10-17 Uhr; $6, Studenten $3,50; www.mcq.org.

Ursulinenkloster

Das ***Convent du Ursulines***, ein großer Komplex mit Museum und Kapelle – heute ein Neubau aus dem Jahre 1910 – in der Rue Donnacona, geht auf das Jahr 1639 zurück. Damals kamen Ursuliner-Nonnen nach Québec, um die Töchter der Siedler zu unterrichten. Die von ihnen gegründete erste Mädchenschule auf dem amerikanischen Kontinent blieb bis heute als Privatschule erhalten. Nicht ohne Pikanterie ist, dass sog. *Filles du Roi*, verwaiste Mädchen oder Bauerntöchter aus Frankreich, zwecks späterer Heirat – Québec litt unter Frauenmangel – ebenfalls zunächst bei den Nonnen unterkamen. Interessierte Männer durften nicht zögern. Nach der Brautschau mussten sie sich binnen kurzem für eine Auserwählte entscheiden, sonst kamen sie nicht zum Zug.

Das **Museum** zeigt hauptsächlich Gegenstände, welche die Ursulinerinnen in den harten Monaten des Québecer Winters hergestellt haben, wie Stickereien, Spitzen, Möbel und Gemälde. Ihr Mut, sich auf eine unbekannte Wildnis einzulassen und ihr Engagement bei der Erziehung und Betreuung junger Mädchen, werden gewürdigt. Di-Sa 10-12 Uhr und 13-17 Uhr, So nur 13-17 Uhr; $6. Nahe der Kapelle erinnert ein Denkmal an die Lehrtätigkeit der Ursulinen; www.museocapitale.qc.ca.

Anglican Church

Auch die erste anglikanische Kirche außerhalb Britanniens, die kleine ***Holy Trinity Anglican Church,*** wurde in Québec errichtet: Rue des Jardins beim *Convent du Ursulines*; 10-17 Uhr.

Inuitkunst

Lohnend ist ein Besuch der ***Galerie Art Inuit Brousseau*** (35, Rue Saint-Louis nahe dem *Chateau Frontenac*). Sie zeigt traditionelle und moderne Inuitkunst, Werkzeuge und Materialien. Guter, wiewohl teurer Shop. Tägl. 9.30-17 Uhr, $6/$4; www.inuitart.ca.

Parc de l'Artillerie

Die 4,6 km lange **Stadtmauer** ist voll begehbar, die Aufgänge befinden sich u.a. bei den Toren. Schautafeln informieren über geschichtliche bzw. militärische Ereignisse. Im ***Parc de l'Artillerie***, einem ***National Historic Site*** in der nördlichen Ecke der Befestigung (ehemalige Eisenschmelze), wird an einem beachtlichen

Modell das Verteidigungssystem von Quebec City von 1808 demonstriert. Dort errichteten die Franzosen schon im frühen 18. Jahrhundert Befestigungen, um zu Recht befürchtete britische Angriffe abzuwehren. Später wurde das Gelände für Kasernen und danach bis zum Ende des 2. Weltkriegs für eine Munitionsfabrik genutzt; April-Okt täglich 10-17 Uhr, $4/$2, bei Veranstaltungen teurer; www.pc.gc.ca/artillerie.

La Citadelle

Der Eingang zur sternförmigen Zitadelle ist nahe der *Porte Saint Louis* (Côte de la Citadelle). Sie wurde ab 1820 von den Engländern errichtet, die den Amerikanern misstrauten. Wie wir wissen, blieben weitere militärische Zusammenstöße jedoch aus und die Zitadelle damit ohne Feindberührung. Heute ist dort das 22. Regiment der Armee stationiert. Und wie in vielen alten Forts finden in den Sommermonaten Vorführungen wie das *Changing of the Guards* (10 Uhr) und *Ceremonial Retreat* (19 Uhr) statt. Führungen im Sommer 9-18 Uhr, Frühjahr/Herbst 10-16 Uhr; Eintritt $10/$5,50. Einer der schönsten **Stadtspaziergänge** führt treppab von der Zitadelle über die Promenade des Gouverneurs, die Verlängerung der Terrasse Dufferin zum Place d'Armes.

Parc des Champs des Batailles

Die Zitadelle begrenzt den langgestreckten ***Parc des Champs de Bataille***, der auf den *Plaines d'Abraham*, dem Schlachtfeld von 1759, angelegt wurde. Dort kann man nicht nur bummeln, joggen oder picknicken, sondern neben einer Reihe militärischer Gebäude und Monumente auch das ***Musée du Québec*** besuchen. Die *Tourist Information*, 835 Ave Wilfrid Laurier, in der Exerzierhalle kurz vor der Stadtmauer (➪ Seite 536) zeigt im ***Discovery Pavillon*** die **Multimedia-Show** »*Odyssee: A Journey through History of the Plains of Abraham*«; www.ccbn-nbc.gc.ca.

Hier ist auch der Startpunkt von ***Abraham's Bus,*** der eine unterhaltsame Entdeckungsreise (sieben Abfahrten am Tag), durch den Park macht; **$10/$8 für Bus, *Odyssee* und *Martello Tower*.**

Kunstmuseum
www.mna.gc.ca

Das ***Musée National des Beaux-Arts du Québec*** im westlichen Teil des ***Parc des Champs-de-Bataille,*** Ave Wolf-Montcalm, beherbergt eine bemerkenswerte Sammlung Québecer Kunst aus allen Jahrhunderten, inklusive **Inuit Art**; auch wechselnde internationale Ausstellungen. Schöne Restaurant-Terrasse mit Blick über den Fluss. Juni-1.Sept. täglich 10-18 Uhr, Mi bis 21 Uhr, Di-So 10-17 Uhr; $15/$8; www.mna.gc.ca.

Basseville

Zugang

Die Unterstadt ist von *Hauteville* (ab Place d'Armes) zu Fuß am besten über Côte de la Montagne (Verlängerung der Rue Buade) und über die (gar nicht so halsbrecherischen) *Break Neck-(escaliers de Casse-Cou-)* Treppen zu erreichen. Wer es bequemer mag, entscheidet sich für die kurze Fahrt mit dem ***Funiculaire*** von der *Terrasse Dufferin* hinunter zur Rue du Petit Champlain. Die Talstation des *Funiculaire* befindet sich im ***Maison Louis Jolliet***. Der Priester *Jolliet* gilt als einer der Entdecker des Mississippi.

Kennzeichnung

In der vorbildlich restaurierten Unterstadt schmiegen sich zahlreiche kleine Spitzgiebel-Häuser an den Hang. In den Sommermonaten herrscht dort ebenso wie in *Hauteville* allerhand touristisches Gedränge, besonders in der ***Rue du Petit Champlain*** mit ihren **Cafés**, **Boutiquen** und Souvenirshops. Am Ende der Straße stellt ein *Mural*, das Petit Champlain Fresco, Leben und historische Begebenheiten in diesem Teil der Stadt dar. Ruhiger ist es in der Rue Saint Paul, wo Antiquitätenläden, Kneipen und **Restaurants** der etwas teureren Art warten.

Die Unterstadt von Québec City: Frankreich in Canada

Place Royal

Die beeindruckende *Place Royale,* wo 1608 *Champlain* und seine Mannen ihre ersten Palisaden errichteten, ist mit der ***Église Notre Dame des Victoires*** das Zentrum von *Basseville.* In der Kirche sieht man Reproduktionen alter Meister, ein Schiffsmodell (1664) und einen schloßähnlichen Altar.

Im spitzgiebligen ***Maison Chevalier*** (1680) sieht man rekonstruierte Räume aus dem 18.und 19. Jahrhundert und in den Gewölben Handwerker beim traditionellen Werkeln; Ecke Place Royale/Rue du Marche-Champlain, 9.30-17 Uhr, frei.

Erheblich mehr über den Platz erfährt man im ***Maison Fornel***, einer gelungenen Modernisierung mit dem attraktiv gestalteten ***Centre d'Interpretacion de Place Royal*** (täglich 9.30-17 Uhr, $5). Von dort geht's auch über Treppen nach *Hauteville.*

Fähre

Etwas südlich des Place Royale (Rue de Traversier) befindet sich der Fähranleger zum Städtchen Lévis vis-á-vis (10 min, alle 30 min). Von dort erkennt man gut die strategisch günstige Lage der Festung ***Hauteville***. Die Fähre ist **der** Punkt fürs **Québec-Foto**.

Musée de la Civilisation

Herausragendes Museum der Stadt ist das ***Musée de la Civilisation*** in der 85 Rue Dalhousie. Der Neubau (1988) von *Moshe Safdie* fügt sich harmonisch ins Stadtbild ein. Als fast einziges Museum geht es über den Lokalbezug von Québec City hinaus und greift national und international relevante Themen auf. Die Präsentation besitzt höchstes Niveau. Juli/August täglich 9-19 Uhr, sonst Di-So 10-17 Uhr, $10/$4; www.mcq.org.

Vieux Port

Wie Montréal hat auch Québec City seinen ***Vieux Port***. Im ***Centre d'Interpretation du Vieux-Port de Québec*** in der 100, Rue St. André am *Bassin Louise* wird man über das Leben am Hafen in vergangener Zeit informiert. Die umfangreiche Ausstellung legt den Akzent auf Holzhandel und Schiffbau im 19. Jahrhundert.

Mai-*Labour Day* täglich 10-17 Uhr. Gelände, Bühne und Ausstellung sind Teil der ***Espace 400*** für Québec's 400-Jahr-Feier. Das Zentrum wird erst 2009 wiedereröffnet; www.pc.qc.ca/vieuxport.

Markthallen

In den Markthallen des ***Marché du Vieux Port*** (Rue St. André, nördlich des *Vieux Port*) werden vor allem Produkte aus Québecs Obst- und Gemüsegarten, der Île d'Orléans, angeboten. Dort kann man gut für die Weiterreise einkaufen.

Wendake (www.huron-wendat.qc.ca)

Das Reservat ***Village de Hurons*** in Wendake, nordwestlich Québec City an der #369 zeigt Historie (⇨ Seite 443), und indianische Kultur (Anfahrt über Straße #73, *Exit* 154, de la Faune/St-Émile, Ampel links nach St-Émile, 4. Ampel rechts in die Straße Chef Max Gros-Louis).

Im ***Maison Aroüanne***, 10, Rue Alexandre Duchesneau, dem *Infocenter*, sind Gebrauchsgegenstände der Huronen ausgestellt wie kunstvoll verzierte Kleidungsstücke, Jagdutensilien und Kanus. Im Sommer täglich 9-16 Uhr, frei.

Das ***Traditional Huron Wendat Ancestral Village Onhoüa Chetek8e***, 575, Rue Stanislas Kosca, sorgt für die Vermarktung indianischer Errungenschaften und Produkte. Es vermittelt einen guten Einblick in das Leben im *Longhouse* (Schneeschuhflechten). Souvenirs gibt es reichlich, ebenso wie Lederbekleidung, Textilien und Mokassins. Wer Lust hat kann Indianergerichte aus Bison- oder Cariboufleisch probierenund sich im Indianerkostüm und vollen Federschmuck fotografieren lassen – speziell für Kinder eine Mordsgaudi. Im Sommer täglich 8-open end; $6, geführte Touren, © (418) 842-4308.

Sillery

Parlament

Der neuere Teil der Oberstadt ***Sillery*** beginnt gleich vor der Port Saint Louis. In Sichtweite der Stadtmauer steht das dem *Louvre* in Paris nachempfundene neoklassizistische Parlamentsgebäude, die ***l'Assemblée Nationale*** (erbaut 1877). Der überdimensioniert wirkende Bau weist auf die unterschiedlichen Hauptstadtfunktionen hin, die Québec City im Laufe der Jahrhunderte innehatte. 30-min geführte Tour Mo-Fr 9-16.30, Sa/So10-16.30 Uhr, frei. Besuchenswert ist auch das *Beaux-Arts Restaurant* ***Le Parlementaire***. Öffentlich zugänglich von 8–14.30 Uhr, © (418) 643-6640.

Grande Allée

Vom Parlament läuft die Grande Allée geradlinig nach Westen und geht dann in den Chemin de Saint Louis über. Der von der Altstadt abweichende Baustil fällt sofort ins Auge; zwei- bis dreistöckige viktorianische Häuser dominieren das Bild. Das Angebot an **Restaurants** ist an der Grande Allée enorm. Schon beim Bummel am Nachmittag kann man dort Speisekarten und Preise studieren, um etwas Passendes für den Abend auszugucken. Französische Küche überwiegt.

Die Québecer genießen in Straßencafés und auf Restaurantterrassen der Grande Allée – nach langen Wintermonaten – ihre 12 Wochen Sommer. Die Lokalpatrioten vergleichen diese Straße gern mit den Pariser Champs Elysées. Das ist zwar etwas übertrieben, aber nach der geballten Kultur in der Altstadt reizt auch viele Touristen das *Savoir Vivre.*

Restaurants und Lokale

Überall in der Stadt sind unendlich viele Lokale; wie auf der Grand Allee bieten sie überwiegend französische Küche und ein auf den ersten Blick überzeugendes Ambiente.

In den Strassen Grand Allee, Saint- Louis, Saint Jean u.a. locken freundliche Damen in die Restaurants, die auf US-Besucher eingestellt sind. Die hohe Lebensqualität von Quebec City erlebt man nur ausserhalb der touristischen Zentren.

Avenue Cartier

Fast ganz touristenfrei geht es weiter stadtauswärts zu an der **Avenue Cartier**, einer mittelständischen Einkaufsstraße mit Bistros und Restaurants. Ein jüngeres Publikum findet sich in der **Rue Saint Jean** außerhalb der Stadtmauer westlich der Avenue Dufferin. Auch an der schon erwähnten Rue Saint Paul in *Basseville* finden sich moderne Bistros ohne künstliches Ambiente.

Ausflug zum Parc National de la Jacques Cartier

Der ***Parc National de la Jacques Cartier*** liegt im südlichen Bereich der ***RF des Laurentides*** und ist auf der Autobahn #73, bzw. Schnellstraße #175 Richtung Chicoutimi in 45 min erreicht. Es gibt ab der #175 mehrere Einfahrten; vom Verlauf her am attraktivsten ist der südliche (Schild: *Secteur de la Vallée*).

Der fjordartig ins Land eingeschnittene Fluss *La Cartier* ist ein ausgezeichnetes Paddelrevier, auch für Anfänger geeignet. Wer Kanu, Kajak oder Bike und Ausrüstung leiht (ab $36/Tag), wird ab Parkbüro (*Accueil,* nach 10 km) zum Ausgangspunkt 29 km weiter gebracht und kann dann in Etappen (Ufer-Campplätzchen) flussabwärts zurück paddeln oder radeln.

Auch für eine Auto-Spazierfahrt ist die Flussuferstraße reizvoll. Am Parkeingang liegen 2 kleine **Campingplätze** (*Cabins* ca. $50, Camping $25). Wer es abgeschiedener haben möchte, findet in der riesigen ***RF des Laurentides*** nördlich des *PN Cartier* abseits der #175 viel ***Semi-Wilderness*** (200 km Schotterpiste). Weitere Infos im *Accueil Mercier* (km 93 der#175, im Sommer tägl. 8-22 Uhr; Buchungen über www.sepaq.com/JacquesCartier, ➪ Kasten Seite 506).

Am Rivière La Cartier

4

Île d'Orléans (www.iledorleans.com)

Die Île d'Orléans markiert den Bereich, wo das Flusswasser noch gegen den Druck der Flut kämpft bzw. mit dem Sog der Ebbe beschleunigt wird. Ab hier entwickelte sich im Brackwasser ein spezieller Lebensraum.

Die 30 km lange bis zu 8 km breite Insel im Strom ist von Québec City aus schnell erreicht: Autobahn #440, dann #368/*Pont de l'Île*. Ihr Entdecker *Jaques Cartier* nannte sie 1535 *Île de Bacchus*, weil er dort wilden Wein fand. Heute ist die Insel Obst- und Gemüsegarten von Québec City. Die landwirtschaftliche Struktur blieb weitgehend erhalten. Die Insel ist immer noch ein beschauliches Plätzchen.

Die Rundstraße ***Chemin Royal*** #368 läuft durch kleine Orte, vorbei an vielen Souvenir-, Gemüse- und Obstständen, an *Auberges* und Restaurants. Eine volle Inselrundfahrt (ca. 70 km) lohnt sich nur bei viel Zeit. Für einen Eindruck genügt ein Abstecher nach **Ste. Pétronille** an der Südspitze. Wohlhabende Bürger Québecs besaßen dort schon früh ein Sommerhaus.

Einladend ist die ***Chocolaterie/Bistro-Café*** mit schattigem Garten und die alte ***Auberge La Goéliche*** (1895) mit Restaurant, Unterkunft $208 inkl. Frühstück, © (418) 828-2248 und © 1-888-511-2248; www.goeliche.ca.

Tipp: Auberge Le Vieux Presbytere
(mit Ausblick und gutem Restaurant); hinter der Brücke an der 1. Ampel links, noch 2,5 km. Zimmer mit Etagenbad ab $65 inkl. Frühstück, mit eigenem Bad ab $95, © 1-888-828-9723; www.presbytere.com.

Hübsche Auberge Le Vieux Presbytere auf der Île d'Orleans

4.5 Von Québec City nach Tadoussac

Zur Route

Die **Straße #138** von Québec City bis Tadoussac (203 km, viele gute Auberges, Motels, Restaurants) zählt zu den schönsten Strecken am St. Lorenz-Strom. Mitsamt der **Île d'Orléans** ist diese Region eine ***UNESCO-Biosphere of Cultural Heritage and Environmental Region***.

Die *Laurentides* rücken nördlich von Québec City dichter an den Strom, das Landschaftbild wird nordischer. Gleichzeitig verleiht die Flora diesem Bereich einen lieblichen, voralpinen Charakter. Dabei verläuft die Straße meist über Hochebenen zwischen dem Fluss und den Gebirgshängen. Von oben gewährt sie weite Blicke über den Saint Laurent, durchquert aber auch breite Mündungstäler der Nebenflüsse.

Montmorency Falls nördlich von Québec City

Montmorency Fälle

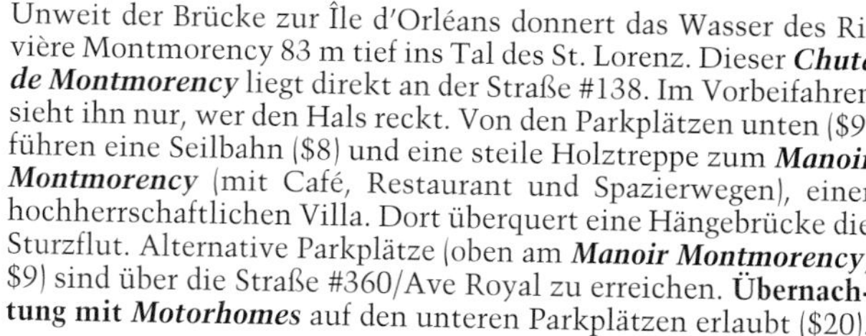

Unweit der Brücke zur Île d'Orléans donnert das Wasser des Rivière Montmorency 83 m tief ins Tal des St. Lorenz. Dieser ***Chute de Montmorency*** liegt direkt an der Straße #138. Im Vorbeifahren sieht ihn nur, wer den Hals reckt. Von den Parkplätzen unten ($9) führen eine Seilbahn ($8) und eine steile Holztreppe zum ***Manoir Montmorency*** (mit Café, Restaurant und Spazierwegen), einer hochherrschaftlichen Villa. Dort überquert eine Hängebrücke die Sturzflut. Alternative Parkplätze (oben am ***Manoir Montmorency***, $9) sind über die Straße #360/Ave Royal zu erreichen. **Übernachtung mit *Motorhomes*** auf den unteren Parkplätzen erlaubt ($20).

Ste. Anne de Beaupré

Der Wallfahrtsort des katholischen Canada und eines der ältesten Pilgerzentren Nordamerikas ist **Ste. Anne de Beaupré**. Die neoromanische Kathedrale (Neubau nach Brand 1923) wurde der heiligen Anna (Mutter Marias) gewidmet. Eine erste Kapelle gab es bereits 1658; täglich Messen; www.ssadb.qc.ca.

360°-Gemälde Das ***Cyclorama*** neben der Kathedrale ähnelt einer Moschee. Der kreisrunde Innenraum ist umgeben von einem dramatischen 360°-Panorama-Gemälde, das Jerusalem am Tag der Kreuzigung darstellt. Der Künstler benötigte mit fünf Assistenten vier Jahre für das 14 m hohe, 110 m lange Werk. Mai-Okt. täglich 9-18 Uhr; $8, Jugend $4,50, unter 6 frei; www.cyclorama.com.

Camping

Das **Skigebiet *Mont-Sainte-Anne*** liegt nordöstlich von Ste. Anne an der Straße #360. Seinen schönen, aber etwas teuren ***Campground*** erreicht man über Saint Ferréol-les-Neiges, © 1-800-463-1568; ab $25; www.mont-sainte-anne.com.

Grand Canyon Etwa 5 km östlich von Ste.-Anne-de-Beaupré passiert man (an der #138) den ***Grand Canyon de Chutes Ste. Anne***, eine malerische Schlucht mit Wasserfällen. Vom Parkplatz abseits der Straße (ausgeschildert) geht es auf Pfaden und Brücken durch und über den Canyon; täglich 9-17.45 Uhr, teurer Spass: $9,50.

Bird Watching Die ***Cap Tourmente National Wildlife Area*** liegt 10 km östlich von Ste.-Anne-de-Beaupré am St. Lorenz. Im Frühjahr und im Herbst rasten hier bis zu 100.000 Schneegänse über Wochen auf ihrer Route zwischen Virginia/North Carolina und Baffin Island. 250 Vogelarten, 15 km *Trails*, Führungen; wechselnde Öffnungszeiten, © (418) 827-3776, $6.

Charlevoix Die rurale Region **Charlevoix** (zwischen La Baie und dem Fjord Saguenay) ist ein Zentrum Québec-Tourismus und hat ganzjährig Saison (www.tourisme-charlevoix.com):

- an den bergigen Ufern des *St. Lawrence* mit weiten Nebenflusstälern **(Lachsfischen)** tauchen schon Wale auf
- im Hinterland im ***Parque National des Grands-Jardins*** und ***PN Hautes-Geroges-de-la-Riviere-Malbaie***

- in hübschen Ortschaften mit viel Landwirtschaft (Käse, Milch, Fleisch), *Auberges* und **Restaurants**

Seigneuries

Vom Nordufer der Île d'Orléans hat man einen sehr schönen Blick auf die *Laurentides.* Dabei kann man die bis ins Flusstal reichenden langen Felderstreifen kaum übersehen, die sich wie schmale Handtücher über die Hänge ziehen. Adlige, Offiziere und Kaufleute, die *Seigneurs*, erhielten im 17. Jahrhundert von der französichen Krone Landparzellen von etwa 25 km², sog. *Seigneuries*, die sie ihrerseits, in Streifen aufgeteilt, an Neusiedler vergaben, die *Habitants*.

Damit wurden Auswanderungswillige aus Europa nach *Nouveau France* gelockt. Durch eine klare, im voraus vereinbarte Aufteilung von Pflichten und Rechten zwischen *Habitants* und *Seigneurs* sollte keiner den anderen übervorteilen können. Ziel dieser bis 1854 beibehaltenen Regelung war die rasche Besiedelung und Steigerung der landwirtschaftlichen Produktion, was auch gelang. Die Landaufteilung (175 m x 1755 m) garantierte dabei jedem Farmer den Zugang zum Transportweg, dem Fleuve Saint Laurent/St. Lorenz-Strom.

Meteorit

Das weite Tal zwischen Baie-St.-Paul und La Malbaie entstand durch einen der weltgrößten Meteoriten-Einschläge (56 km Durchmesser); Infos im *Centre d'Historie Naturelle de Charlevoix* im ***Maison du Tourisme*** de Baie-St.-Paul an der #138, westlicher Ortsrand (frei; Juli/August 10-18 Uhr, sonst bis 16.30 Uhr).

Baie St. Paul

Die malerische Lage des 7.000-Seelen-Städtchens im weiten Flusstal mit Blick auf die *Laurentides* zieht seit langem Künstler an. In ihren Galerien und dem ***Centre d'Exposition des Baie-St.-Paul*** brachten regionale Maler ihre Heimat auf die Leinwand. Der neuenglisch wirkende Stadtkern reizt zum Bummel durch die Hauptstraße (Rue Saint-Jean-Baptiste); www.baiestpaul.com.

Wer auf der Rue Sainte Anne bis zur Pier am Strom fährt, passiert viele Quartiere, z.B:

- ***Auberge BellePlage*** und ***Cormoran*** an der Pier, größere Villen mit Stromblick in ruhiger Lage; B&B mit Gemeinschaftbad $90, Motelzimmer bis 6 Personen $154; © (418) 435-3321; www.belleplage.ca
- ***Motel Chez Georges*** direkt an der #138 am westlichen Ortsrand; Zimmer #11-20 sind ruhig mit Traumblick; $85-$135; © (418) 435-3230; http://charlevoix.qc.ca/chezgeorges
- Im übrigen gibt es in Baie-St.-Paul viele ***Bed&Breakfast*-Häuser** mit Tarifen ab $70/Zimmer inkl. Frühstück.

Camping

- ***Camping du Gouffre,*** 4 km abseits der # 362 am östlichen Ortsrand von Baie-St.-Paul (ausgeschildert); Pool, Tennis, ***Chalets***, lichte und schattige Stellplätze, $24.
- Der beliebte ***Le Balcon de Vert*** liegt einige Kilometer weiter östlich an der Straße #362 oben am Steilhang (ausgeschildert).

Nur Zelte, Autos bleiben auf dem Parkplatz; auch ***Chalets*** ($51 für 2 Personen), © (418) 435-5587; www.balconvert.com.

Restaurants

- ***Mouton Noir*** mit Gartenterrasse über einem Bach, Rue Sainte-Anne, wenige Meter von der zentralen Dorfkreuzung entfernt (Nähe *Visitor Center*); © (418) 240-3030; Mi-So 17.30-20.30 Uhr
- ***Al Dente*** an der Straße #362, westlicher Ortsrand; frische Pasta; © (418) 435-6695, So-Mi 10-17 Uhr, Do-Sa bis 18 Uhr
- Neben der ***Chocolaterie Cynthia*** (in der Hauptstraße Rue Saint-Jean-Baptiste) findet man super Lebensmittel im Käsemuseum ***Laterie Charlevoix*** an der #138 am östlichen Ortsrand.

St. Joseph de la Rive

Zur Weiterfahrt empfiehlt sich die #362 (eine Umgehung der #138) mit Abzweig über die steile Abfahrt (18%) nach ***Saint Joseph de la Rive*** (zwei kleine Hotels) mit der **Autofähre** zur Île aux Coudres (Juli/August 7-23 Uhr, alle 30 min, gratis)

Île aux Coudres

Die sympathische Insel Ile aux Coudres hinkt weit hinter dem Charlevoix-Tourismus hinterher und hat dadurch ihren ländlichen Charme bewahrt. Dort gibt es nur 1 Ampel, 2 Museen sowie eine alte Windmühle – als Erinnerung an Neufrankreich; wwwtourismeisleauccoudres.com.

Coudres ist bei Radlern beliebt, in einer Autostunde umrundet und bietet prächtige Ausblicke auf das Charlevoix-Ufer. Zahlreiche preiswerte – aber auch edlere – **Unterkünfte** in angenehm ruhiger Lage machen den Inselabstecher zusätzlich schmackhaft:

- ***Motel La Baleine***, toller Blick; Kitchenette, Tischbänke, auch Chalets; quer über die Insel, dann links an oberer Uferstraße; $70, © (418) 438-2453; www.motellabaleine.com
- Das ***Motel l'Islet*** liegt attraktiv auf der felsig-grünen Landnase im äußersten Westen; $58, © (418) 438-2423
- Auf einem Hügel im Nordosten stehen mehrere bessere Häuser, z.B. die ***Auberge La Coudriere*** mit Pool und Tennis; HP ab $89/Person; © (418) 438-2838; www.aubergelacoudriere.com

- Von den 3 Campingplätzen hat ***Sylvie*** (mit ***Chalets***) die Nase vorn. An der Ampel rechts nach ca. 4 km, © (418) 438-2420

Radvermietung: Velo-Coudres, an der Ampel links nach 5 km; auch *Scooter*, © 418-438-2118.

NP Grands Jardins

Wer Einsamkeit sucht, könnte einen Abstecher in den ***NP Grands-Jardins*** (Teil der *Reserve Faunique Laurentides*) erwägen. Dort im Bergland warten Seen und Flüsse zum Paddeln, 13 km Radrouten und **30 km Wanderwege**, dazu ***Campgrounds*** und ***Cabins***. Ein **2,6-km-Weg** führt zum Gipfel des *Mont du Lac des Cygnes* (1000 m) mit herrlichem Blick über vier Vegetationszonen (neben Taiga & Tundra auch Laub- und Nadelwald) und den Charlevoix-Meteoriten-Krater bei St. Paul (➪ oben). Anfahrt: Ab Baie St.-Paul auf der Straße #138 erst 11 km nördlich, dann 20 km auf der #381 (über St. Urbain); © 1-866-702-9202; www.sepaq.com/pq/grj/en.

Zurück auf der #362 passiert man das auf einem Plateau gelegene, auf Ökotourismus spezialisierte Straßendorf **Les Eboulements** mit vielen ***B&Bs***. Etwas weiter, wieder unten am Strom, finden auf der ***Domaine Forget*** (ausgeschildert) Konzerte (Klassik, Jazz, Tanz; im Juli/August ein internationales Festival) im Saalbau statt; sonntags im Sommer Musik-Brunch auf der Picknick-Terrasse. ✆ 1-888-336-7438; www.domaineforget.com.

Pointe au Pic

Um 1900 ließen sich die Reichen in Pointe au Pic Sommerresidenzen bauen (heute meist Hotels). Dort steht auch das Haus des ehemaligen US-Präsidenten ***William Taft***, der das Klima dieser Region so beschrieb: »Die Luft ist wie Champagner, aber ohne dessen Folgen am nächsten Tag«.

Malbaie

Der Ort **La Malbaie** hat drei Gesichter: Ein **Nobelziel** ist **Pointe au Pic** um das Hotel *Manoir Richelieu*, **unattraktiv** das **Zentrum am Wasser** und **neuenglisch-verspielt** das Villenviertel ***Cap-a-l'Aige*** (am Bypass zur Straße #138 als lohnende Alternativroute mit gleichzeitig manchen hübschen *Auberges*).

Hotel Manoir Richelieu in La Malbaie

Manoir Richelieu

Unübersehbar am Hang liegt das erwähnte ***Manoir Richelieu***, ein bombastisches Casinohotel im Stil französischer Schlösser (➪ Architektur, Seite 39). Unterhalb davon, direkt an der Straße #362, informiert das ***Musée de Charlevoix*** (täglich 10-18 Uhr, $4) anschaulich über regionale Geschichte und Kultur; www.museedecharlevoix.qc.ca.

Camping/ Unterkünfte

In La Malbaie trifft die Straße #362 wieder auf die #138. Dort befinden sich die einzigen **Supermärkte** weit und breit sowie zahlreiche (laute) **Motels**:

- Ca. 3 km nördlich von La Malbaie (Straße #138) liegt der attraktive ***Campground Chutes Fraser***, 500 Chemin de la Vallé.

Sommeridylle an der Saguenay Mündung

- Schön, aber teuer, wohnt man in Pic au Point, z.B. in der ***Auberge des 3 Canards*** an der #138, Weitblick, bekannt gute Küche; DZ ab $230; © (418) 665-3761 & © 1-800-461-3761; www.auberge3canards.com
- Unterhalb des ***Richelieu*** am Strom (Zufahrt am *Musée de Charlevoix*) liegen wie die Perlen an einer Kette zwei Dutzend Postkarten-Häuschen: Das große Los zieht man mit dem ruhigen ***B&B Le Relais du Havre***; $67-$79; © (418) 665-8085; nur Email: lerelaisduhavre@sympatico.ca; unbedigt reservieren!

Individuelles Wohnen auf **Cap-a-l'Aigle** (am *Bypass* zur #138):

- ***Fleurs de Lune***; Panoramablick, DZ ab $130 mit Frühstück; © (418) 665-1090; www.fleursdelune.com
- ***Auberge des Eaux Vives*** mit Aussichtsterrasse ruhig am Yachthafen, Route du Quai; $155 mit Frühstück; © (418) 665-4808; www.eauxvives.wordpress.com
- Gleich östlich des Hotel-Golfplatzes befindet sich der individuelle **Campingplatz *Des Erables*** direkt an der #362; erst ab #20 werden die Stellplätze ruhiger und »aussichtsreicher«; © (418) 665-4212 (auch englisch); www.campingdeserables.qc.ca

Rafting

Zum ***Rafting*** etc. lädt der Riviere Malbaie ein: ***Rafting de Plaisance*** in Saint-Aime-des-Lacs (Richtung *Parc National Haute Gorge*), 316 Rue Principal; ab $49/Person; © (418) 439-2265; www.descentemalbaie.com.

Nationalpark-Abstecher

Den ***Parc National des Hautes Gorges de la Rivière de la Malbaie*** erreicht man in 60 min von La Malbaie über den Abzweig von der #138 West nach St. Aime-des-Lacs. Dort trifft man auf die fünf Québecer Vegetations- und Klimazonen (vom Mischwald der Laurentides bis zur Taiga) und einen steilen *Canyon* (*Gorge*), den der Fluss Malbaie in die Felsen geschnitten hat. Entlang des Flusses wird viel gewandert, geradelt und vor allem gepaddelt (leicht) oder nur einfach gecampt; www.sepaq.com.

Vom Parkeingang ($4/Tag und Person; mit *Centre Interprétive*) bringt ein *Shuttle* die Besucher bis zum Staudamm (dort **Fahrrad- und Kanu-Verleih**; ***Trailheads*** und 90-min-**Bootstour, $28/21**).

Neben einer mittelschweren Zielwanderung auf den ***L'Acropol*** (ca. 3 Stunden Hinweg nur bergauf!) beginnen hier auch kurze leichtere Wanderungen (20-60 min).

Zeltcamper finden 20 *Campsites* 8 km oberhalb der Parkeinfahrt ($20, mit Service $25/Tag) und weitere 25 *primitive sites*; ferner einen großen Campground (Le Cran) für RV's. Aber Achtung: »*You are in bear-country!*«

Port-au-Persil

Kurz vor Saint Siméon verläuft die Straße ***#138 Bypass*** über Port au Persil entlang einer idyllischen Felsbucht. Zum Relaxen mit Stromblick empfiehlt sich das rustikal-elegante

- ***B&B L'Oasis du Port***; DZ $65-$180/Pers. inkl. Frühstück; © (418) 638-5101 (Reservieren!); www.oasisduport.com.

Ein paar hundert Meter westlich (Rue Alain Mailloux) liegt unterhalb der #138 eine einsame blaue

- **Ferien-Hütte**, genau richtig für verliebte Naturfans; © (514) 385 -0438; www.eredelestuaire.com/page9.html

Autofähren

In **Saint Siméon** besteht die erste Möglichkeit, per Fähre über den hier bereits 20 km breiten St. Lorenz überzusetzen (nach Rivière du Loup; ⇨ Übersicht Fährverbindungen, Seite 648). Die nächste Autofährverbindung gibt es in Escoumins (80 km weiter, ⇨ Seite 559). Auf dem Weg dorthin überquert man die Rivière Saguenay-Mündung mit einer kostenlosen Fähre, die rund um die Uhr zwischen Baie-Sainte-Cathérine/Tadoussac pendelt (Dauer 15 min).

Unterkünfte

- Preiswert übernachtet man am Fähranleger im Motel ***Vue Belvedere***, mit Stromblick; ab $69, © 418-638-2227 und © 1-800-463-2263, www.quebecweb.com/motelbelvedere oder im
- Motel ***Bo-Fleuve***, toller Blick aus den flusseitigen Zimmern! (Zimmer 11-24 liegen zur Straße hin), $95, gute ***Chalets*** ab $130; © 418-638-2421, © 1-800-463-4489; www.bofleuve.com.

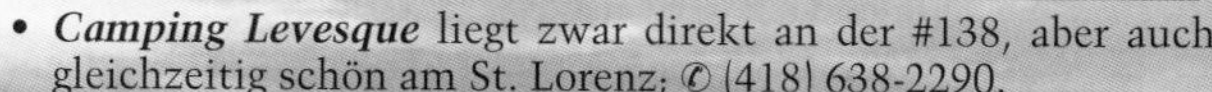

- ***Camping Levesque*** liegt zwar direkt an der #138, aber auch gleichzeitig schön am St. Lorenz; © (418) 638-2290.

Exponierte Felsen am Ufer des St. Lorenz; ideal zur Walbeobachtung von Land aus

Im Hafen von Tadoussac warten zahlreiche Boote auf Gäste für die Whale Watching Trips

4.6 Die Saguenay-Tadoussac-Region (www.tadoussac.com)

Kennzeichnung der Region

Der kleine Ort **Tadoussac** ist im Sommer eine touristischeHochburg für Wanderer und (See-)Kajakfahrer sowie weltberühmt für ***Whale Watching*-Touren** in den Gewässern eines ca. 30 km langen Abschnitts des St. Lorenz-Stroms sowie seines Nebenflusses, dem fjordartigen *Saguenay River* (reicht hinauf bis zur Stadt La Baie). Zum Schutz der speziellen Biologie und Geologie wurde diese Region 1990 zum ***Saguenay-St. Lawrence Marine Parc*** (*Parc du Parc Marine Saguenay- St-Laurent*) erklärt.

Bei **St. Cathérine** und am Cap du Bon Désir kann man **Wale mit bloßem Auge** vom Ufer aus beobachten.

Wer Ruhe sucht, findet sie in kleinen Ortschaften im steilen Ufergebiet des Fjords. Der an beide Fjordufer grenzende ***Parque National de Saguenay*** hat ***Campgrounds*** und **Wanderwege**.

Baie Sainte Cathérine

Kurz vor dem westlichen Fjord-Fähranleger nach Tadoussac kann man erstmals (weiße Beluga-) Wale im Strom vom hohen **Aussichtspunkt** *Pointe Noir* (ein Leuchtturmgelände mit Picknicktischen) ohne Fernglas ausmachen. Im Info-Zentrum (9-17 Uhr) erfährt man, warum so viele Wale so weit den St. Lorenz-Strom hinaufziehen (➪ Kasten *Mekka der Wale,* Seite 556).

Parken

Übergesetzt, stellt man seinen Wagen gleich oberhalb des Fähranlegers ab (rechts, kostenlos) und geht von dort den ***Sentier de la Coupe*** in 10 min zum Hafen von Tadoussac.

Information

Neben dem ***Hotel Beluga*** an der oberen Hauptstraße (Rue de Pionniers) befindet sich ein ***Centre d'Information*** für die Region. Jungvolk trifft sich im ***Café Bohème*** (Kuchen, Salate, Suppen und @-Café) gegenüber der Hauptkirche (ebenfalls Rue de Pionniers).

Geschichte

Am Nordufer der Saguenaymündung entstand aus einer der ersten Siedlungen baskischer Walfänger das heutige Tadoussac. Und schon bevor Champlain 1603 vor Anker ging, existierte hier der älteste *Fur Trading Post* – vor einigen Jahren nach dem Original rekonstruiert und heute ein kleines Museum (***Maison Chauvin***, links unterhalb des ***Hotel Tadoussac***, im Sommer 9-20.30 Uhr, $3). Auch die älteste Jesuitenmission des Landes befand sich in Tadoussac. Die heutige ***Vieille Chapelle*** (rechts unterhalb des *Hotel Tadoussac*, Eintritt $2) stammt aus dem Jahr 1747; die ursprüngliche Kirche war 1665 abgebrannt.

Schon Mitte des 19. Jahrhunderts war Tadoussac ein beliebtes Ausflugs- und Urlaubsziel wohlhabender Bürger, deren *White Ships* sogar von Montréal bis an den Unterlauf des Stroms schipperten. So entstand das luxuriöse Hotel Tadoussac bereits 1864. Der weithin sichtbare weiße Bau mit ausladendem roten Dach, seinen großzügigen Veranden und Rasenflächen ist nach wie vor Mittelpunkt des Städtchens, ➪ Foto Seite 557.

Wal-Boottrips

Seit Jahrzehnten sind ***Whale Watching Trips*** *die* Attraktion. Das **Angebot** an Bootstypen, Exkursionszeit und -dauer ist groß. Am besten beobachtet man vor Ort das Treiben am Kai, bevor man sich für **Barkasse oder Schlauchboot** (= *Zodiac*) entscheidet. Alle Tourbetreiber erfüllen zwar die strikten Tierschutzauflagen (Motor abstellen bei »Wal in Sicht« etc.), aber die wendigen *Power-Zodiacs* haben Vorteile gegenüber langsameren Booten.

Größte Anbieter sind ***Dufour*** und ***AML*** mit ihren Touren; ***OTIS*** ist Schlauchboot-Spezialist.

Lesertipp: ***Croisieres 2001*** läuft mit kleinem Power-Katamaran und Biologin aus: 9.15 Uhr und 12.30 Uhr, Juli/August auch 15.45 Uhr; $57/$22, Familie $136; www.croisieres2001.com.

Etwas preiswertere Trips findet man in **Grand Bergeronnes**,15 km weiter nördlich (Straße #138).

Beluga-Wale (➪ auch Seite 234f)

Vor allem vier Walarten tummeln sich vor Tadoussac: der Blau-, Finn- und Mink-Wal sowie der weiße Beluga. Letzterer, eindeutig der Publikumsliebling, ist in vielerlei Hinsicht eine Besonderheit. Als kleinster der Wale wird er nur bis zu 6 m lang. Wegen der vogelähnlichen Laute, die er ausstößt, trägt er den Spitznamen *Sea Canary* (See-Kanarienvogel). Kontaminierte Gewässer machen ihm extrem zu schaffen, weshalb sich die Zahl der Belugas im St. Lorenz, seinem südlichsten Lebensraum, von 5.000 auf 500 reduziert hat. Die meisten Belugas leben in arktischen Gewässern vor Baffin Island.

Im Gegensatz zu anderen Walarten, die im Winter (Oktober bis Mai) nach Süden ziehen, wandert der Beluga nicht. Weiß ist er nicht von Geburt an; als Baby ist er braun, später grau. Seine ersten beiden Jahre verbringt der Beluga-Wal am liebsten auf dem Rücken seiner Mutter.

Tadoussac, das lukullische Mekka der Wale (www.whalesonline.net)

Der 1990 gegründete maritime Park vor Tadoussac (***Parc Marine de Saguenay***) ist für Wale ein Gourmet-Tempel, denn hier finden kleinste Krillkrebse, die die großen Meeressäuger mit ihren Barten tonnenweise aus dem Naß filtern, ideale Lebensbedingungen vor.

Der Grund für den Reichtum von Krill-Plankton ist geologischer Natur, denn glazial bedingte Tiefen bis zu 280 m bewirken im Mündungsbereich des fjordartigen Saguenay-River in den St. Lorenz-Strom (weithin sichtbare) heftige Strudel und Verwirbelungen. Das bei Ebbe ablaufende Wasser wird in diesem Abschnitt beschleunigt und das auflaufende Wasser wie an einer Mauer rückgestaut. Im steten Gezeitenwechsel wird dabei das kalte Salzwasser des Atlantik mit dem wärmeren, sauerstoffreichen Süsswasser des St. Lorenz wie in einem Mixer gemischt. Solche Wechselbäder lieben viele der hier heimischen 300 Spezies, die sonst nur in sehr viel nördlicheren Gefilden vorkommen.

Doch richtig gehaltvoll wird der Wal-Cocktail erst durch die besonders mineralreichen Zutaten des Saguenay-Fjordwassers. Da die sich im Dauer-Mixer nicht als Sedimente absetzen können, recken Wasserpflanzen ihre Milliarden Halme nach ihnen, was wiederum die Krillkrebse als Vegetarier millionenfach freut – aber nicht lange, denn die buckligen Endverbraucher schlucken vor Tadoussac wa(h)llos drauf zu.

Museum

Vor einem *Whale Watching Trip* ist der Besuch des ***CIMM***, des ***Centre d'interpretation des Mammifères Marins***, am Hafen (Rue du Bord-de-l'Eau; Parken $5) zu empfehlen. Filme und Präsentationen (deutsche Texte an der Kasse!) beziehen sich auf Themen rund um die Wale. Mitte Juni-Mitte September täglich 9-20 Uhr, sonst 12-17 Uhr, Eintritt $8/$4; www.gremm.org.

Spazierwege

In und um Tadoussac gibt es eine Reihe schöner Spazier- und Wanderwege. Der ***Sentier Colline de l'Anse a l'Eau*** (1,2 km) beginnt am kostenlosen Parkplatz beim Fähranleger. Auf ihm – wie auch vom ***Sentier Pointe de l'Islet*** (0,8 km) auf der vorgelagerten felsigen Landzunge – genießt man schöne Ausblicke über den Saguenay-Fjord, den St. Lorenz und die Stadt.

Sanddünen

Der ***Sentier de la Plage*** führt am Strand der Baie de Tadoussac entlang zum 5 km entfernten ***Maison des Dunes*** (9-17 Uhr, frei, Zufahrt über die Rue des Pionniers). Der Weg passiert bis 112 m hohe Dünen. Im Museum wird die Entstehung dieser aus der Eiszeit verbliebenen Sandterrasse erläutert (Parken $5).

Quartiere

Tadoussac verfügt über zahlreiche Quartiere, z.B.:

- ***Hotel Tadoussac***, 165 Rue Bord-de-l'Eau, ➪ Vorseite, ✆ 1-800-561-0718, ab $154; www.hoteltadoussac.com
- ***Maison Clauphi***, *B&B* und Motel, 188 Rue des Pionniers, ✆ (418) 235-4303, $90-$149; www.clauphi.com, und gegenüber
- ***Hotel & Motel Le Béluga***, 191 Rue des Pionniers, ✆ (418) 235-4784, ab $95; www.le-beluga.qc.ca

- ***Hotel Pionnier***, ruhiger, etwas oberhalb der Rue Pionniers, \$92-\$144, ✆ 1-877-235-4666; www.hotellepionnier.ca
- ***International Hostel Maison Alexis***, 389 des Pionniers, ✆ (418) 235-4372, \$18/Bett
- ***International Hostel Maison Majorique (HI)***, 154 Rue de Bateau-Passeur (#138), ✆ (418) 235-4372, \$18/Bett;
- ***Hérbergement Gagnon***, 1395 Straße #172, 12 km nördlich von Tadoussac; sauber, aber WC/Dusche auf dem Flur; ✆ (418) 235-4220, ab \$55 inkl. Frühstück.

Camping

- Sehr empfehlenswert ist ***Camping Domaine de Dunes*** (an der Verlängerung der Hauptstraße Rue des Pionnier, ca. 2,5 km außerhalb), mit 6-Personen-Chalets (\$140/2 Pers., \$15 zus. Person) und 10 *Hook-up*-Plätzen (\$30); sonst nur *Walk-in-Sites* für Zeltcamper; ✆ (418) 235-4843; www.domainedesdunes.com
- Ausweichplatz gleich oberhalb von Tadoussac an der #138 und schönster *Campground* der Region (Teiche, Licht und Schatten, herrliche Aussicht) ist ohne Frage der große ***Camping Bon Désir*** bei Petit Bergeronnes (ca. 30 km auf der #138 Nord)
- **Tipp**: ***Le Bleuvet*** am Fjord (11 km an der #172 bei Sacré Coeur, 3 km abseits), ✆ (418) 272-1556; auch www.parcsquebec.com

Weiterfahrt ab Tadoussac

Routenüberlegung **ab Tadoussac:**

- Eine Weiterfahrt am Lorenzstrom über Escoumins hinaus lohnt nur für Einsamkeitsfans (ggf. Rundfahrt über Labrador/Neufundland, ➪ Seite 649ff). Ab **Baie-Comeau** führt eine Straße über 600 km nach Labrador City. Ab Sept-Îles geht eine Autofähre nach Blanc Sablon an der »Grenze« zu Labrador; www.relais nordik.com (nur französisch).
- Unabhängig davon ist bei genügend Zeit auch eine etwa 250 km lange **Rundfahrt um den Saguenay-Fjord** (bis La Baie/Chicoutimi) erwägenswert. Die Straßen (#170/#172) gewähren aber nur an wenigen Stichstraßen Ausblicke auf den Saguenay. Während am touristischeren Südufer ruhige Dörfer locken, ist das Nordufer ein Tip für einsame Wanderungen.

Nostalgiehotel Tadoussac

4

- Wer von Tadoussac Richtung Québec City strebt, kann statt der Straße entlang des St. Lorenz Stroms auch einen Abstecher ins Inland machen (Straße #170 oder #172, ➪ Vorschlag »Rundfahrt«) und anschließend auf kleinen, aber gut ausgebauten Straßen (#381/#175 oder #155) zurück an den St. Lawrence River fahren. Von allen diesen Straßen gibt es Zufahrten zu jeweils einem der schon oben beschriebenen »Nationalparks« (➪ Seiten 550ff) bzw. den angrenzenden ***Réserve Fauniques Laurentides***. Eine Rundfahrt um den weiter nordöstlich liegenden Lac Saint Jac (200 km) lohnt sich nicht.

Saguenay-Fjord

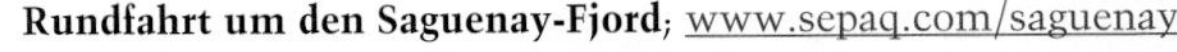

Rundfahrt um den Saguenay-Fjord; www.sepaq.com/saguenay:

Quasi als Fortsetzung des ***Marine Park*** umsäumt der ***Parc National de Saguenac*** die bis zu 300 m hohen Ufer des Saguenay Fjord.

Von der #170 erreicht man erstmalig das Wasser über eine 13 km lange Stichstraße zum ***Village Vacances Petit-Saguenay*** (Radeln, Paddeln, Camping, Cabins, Sandstrand), anschließend Petit Saguenay (Tankstelle, Supermarkt) und danach bei L'Anse-Saint-Jean (hübsches Dorf) nach 5 km Zufahrt über eine *Covered Bridge* einen Aussichtspunkt und Ausgangspunkt für **Wanderungen**.

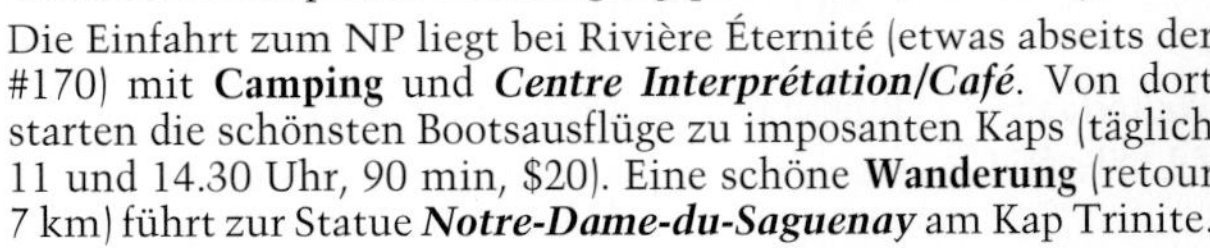

Die Einfahrt zum NP liegt bei Rivière Éternité (etwas abseits der #170) mit **Camping** und ***Centre Interprétation/Café***. Von dort starten die schönsten Bootsausflüge zu imposanten Kaps (täglich 11 und 14.30 Uhr, 90 min, $20). Eine schöne **Wanderung** (retour 7 km) führt zur Statue ***Notre-Dame-du-Saguenay*** am Kap Trinite.

Zur idyllisch gelegenen ***Site de la Nouvelle-France*** führt eine Umgehung der #170 kurz vor Saint-Félix-D'Otis. Dort steht ein rekonstruiertes altes Québec-Dorf am Fjordufer (1990 für Szenen eines historischen Films errichtet, täglich 9.15-4.30 Uhr; $12)

Ab **La Baie v**erbindetdie Straße #372 bis Chicoutimi die #170 mit der am Nordufer bis Tadoussac zurückführenden #172. Beide Städte kann man getrost ohne Stopp durchfahren, es sei denn, man interessiert sich ausführlich für die Zellulose-Verarbeitung und Papier-Gewinnung (stillgelegte ***Pulp Mill of Chicoutimi*** als Museum, 1 km südwestlich der *Pont Dubuc*, Touren täglich 10-17 Uhr, $10); www.pulperie.com.

Das Nordufer (#172) ist nicht so abwechslungsreich wie das Südufer. Unbedingt einen Stopp sollte man aber einlegen in

- **Sainte-Rose-du-Nord** (fantastisch gelegener **Campingplatz** mit weitem Fjord-Blick) und in
- ***Le Bleuvet*** (bei Sacre Coeur, 3 km abseits der #172, 11 km nordwestlich Tadoussac, ➪ oben.

Quartiere

Unterkünfte für die Fjord-Rundfahrt:

- ***Auberge du Jardin,*** Petit Saguenay, 71 Blvd Dumas, ✆ 1-888-272-3444, ab $94 inkl. Frühstück; www.aubergedujardin.com
- ***Auberge les 2 Pignons,*** Petit Saguenay, 117 Blvd Dumas, ✆ (418) 272-3091 und ✆ 1-877-272-3091, ab $100; www.pignons.ca

- ***Motel Auberge du Mont-Edouard***, in L'Anse-Saint-Jean an der nachts ruhigen #170 (hintere Zimmer vorziehen!), © (418) 272-3359, ab $60 inkl. Frühstück, über www.montedouard.com
- ***Auberge La Nichouette*** in Saint Rose du Nord, romantisch gelegen, 2 B&B-Zimmer $60-$80, © (418) 675-1171

Camping

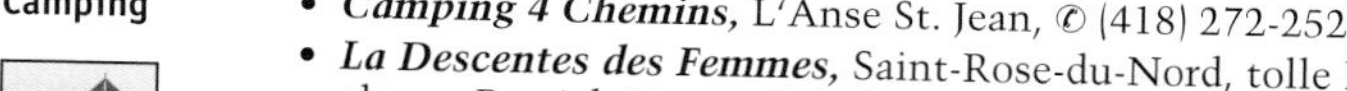

- ***Camping 4 Chemins***, L'Anse St. Jean, © (418) 272-2525
- ***La Descentes des Femmes***, Saint-Rose-du-Nord, tolle Lage, im oberen Bereich Traum-Zeltplätze; $17-$22; © (418) 675-2581
- Baie-Saint-Marguerite, ⇨ oben
- Nationalpark-Camping ⇨ im Abschnitt Fjord-Rundfahrt

Cap de Bon-Désir

Etwas weiter liegt das ***Cap de Bon-Désir***, Felsklippen (abseits der #138), ein grandioser und beliebter ***Whale Watching Point***, von dem aus man fast immer Blauwale mit bloßem Auge beobachten kann. Täglich passieren Minkwale das Cap, oft zum Greifen nah (5 m), manchmal auch Blauwale. Ein ***Centre Interpretation de la Nature*** (Juli/August 9-19 Uhr, sonst bis 17 Uhr) liefert Infos; Parkgebühr $5; www.bergeronnes.net/touristique.

Les Escoumins

Ein **touristischer Leckerbissen** steht beim **Fährort Escoumins:** Die ***L'Odyssee inédite*** entführt den Besucher virtuell in die faszinierende Unterwasserwelt des St. Lorenz; www.escoumins.com

Fähre Escoumins

Mit Les Escoumins erreicht man die zweite **Fährverbindung** (⇨ Übersicht, Seite 648; www.traversiercnb.ca) über den St. Lorenz, hier nach Trois Pistoles (⇨ Kapitel 5.7, ab Seite 641, das sich auf die Gaspé-Halbinsel bezieht). Dort findet sich auch die Streckenbeschreibung für die Weiterfahrt auf der anderen Uferseite).

Fähre Forestville-Rimouski

In **Forestville** (+ 50 km) besteht die nächste Möglichkeit, per Fähre ans andere Ufer des St. Lorenz zu gelangen (**nach Rimouski**, ⇨ Seite 648; www.traversier.com).

Wer die Fahrt auf der *Gaspé Peninsula* fortsetzen möchte, kann ebensogut die Fähre nach Rimouski nehmen (aber Reservierung!) wie das Schiff ab Les Escoumins. Zwischen Trois Pistoles und Rimouski verpasst man nur den Bereich **Bic**, ca. 10 km südlich Rimouski, ⇨ Seite 648.

Der letzte Mohikaner

4

5. DIE MARITIMEN PROVINZEN NOVA SCOTIA, PRINCE EDWARD ISLAND, NEW BRUNSWICK UND QUÉBECS GASPÉ-HALBINSEL

5.1 Zu den Routen

Regionale Zuordnung

Nova Scotia (NS), **Prince Edward Island** (PEI) und **New Brunswick** (NB) sind die kleinsten Provinzen Kanadas. Man nennt sie auch ***The Maritimes***, da sie ganz oder überwiegend vom Meer begrenzt werden: vom offenen **Atlantik**, vom ***Gulf of St. Lawrence*** und der ***Bay of Fundy***.

Die **Gaspé Peninsula**, kurz *Gaspésie,* gehört zwar politisch zu Québec, wird hier aber aus geographischen und streckentechnischen Gründen mit den *Maritimes* beschrieben.

Reiseziel Maritimes

Die *Maritimes* können ein Reiseziel für sich sein oder im Rahmen einer Rundreise besucht werden, die Québec und/oder die Neuengland-Staaten mit einschließt .

Richtung

Der Verlauf der hier vorgestellten Routen versucht, beiden Möglichkeiten gerecht zu werden und schließt deshalb – ab Seiten 627/635/636 – nahtlos an die Neuengland-Route an, sofern der **Grenzübertritt** zwischen Maine und New Brunswick erfolgen soll, oder die **Fähre** von Portland/Bar Harbor nach Yarmouth (Nova Scotia) genommen wird, ➪ Seite 581.

Rundfahrt ab Halifax

Für eine Rundfahrt mit **Start in den *Maritimes*** kommt wegen des einzig wirklich internationalen Flughafens der Region (Direktflüge ab Europa) eigentlich nur Halifax in Frage. Halifax ist auch die einzige Stadt der *Maritimes,* in der man über heimatliche Veranstalter **Campmobile** buchen kann. Deshalb beginnen die Routenbeschreibungen für die *Maritimes* in **Halifax/Nova Scotia**.

Die **Strecken durch New Brunswick** sind ab Nova Scotia bzw. auf den Grenzübertritt von NB nach Maine zugeschnitten. Die Erläuterung erfolgt daher in Nord- bzw. Westrichtung. Da auf den genannten Routen die touristischen *Highlights* eher punktuellen Charakter tragen, ergibt sich daraus für Fahrten in Gegenrichtung überwiegend keine Leseschwierigkeit.

Gaspesie

Das gilt ebenso für einen Trip entlang der Küste der ***Gaspé Peninsula***. Er wird hier als Fortsetzung der Route von Prince Edward Island via Moncton nach Campbellton (Straße #11, ➪ Seite 626) beschrieben und läuft gegen den Uhrzeiger »von unten« um die Halbinsel herum.

Anreise aus Québec

Auch der »**Einstieg**« in die maritimen Provinzen **von Norden** (Québec) fällt mit den gewählten Routen leicht. Bei Fahrt über den *Trans Canada Highway (TCH)* und die *Gaspésie* erreicht man spätestens auf Prince Edward Island eine Route in der eigenen Fahrtrichtung. Zuvor überwiegen die Punktziele, so daß die Richtung der Routenführung nicht sonderlich bedeutend ist.

5.2 Reiseziel Maritimes und Gaspésie

5.2.1 Touristische Kennzeichnung

Die maritimen Provinzen Canadas werden bei uns als Reiseziele gerade stärker entdeckt, aber von Kanadiern und Amerikanern schon immer gern besucht. Wirtschaftlich spielt der Tourismus dort eine wachsende Rolle.

Attraktion

Den Urlauber erwartet eine kaum zerstörte Idylle: unverbaute Küsten, kleine intakte Orte und glasklare Seen und Flüsse. Überall präsent sind Spuren der jahrhundertealten Siedlungsgeschichte und Seefahrertradition. Ein Besuch in den maritimen Provinzen ist ein ***Step back in time***, eine »Reise in die Vergangenheit«.

Infrastruktur

Die touristische Infrastruktur wirkt – in angenehmer Weise – altmodischer und weniger perfektioniert als anderswo. Die großen Motelketten haben sich noch nicht durchgesetzt, und man findet überall ***Bed & Breakfast*-Pensionen** in – oft wunderbar verzierten – viktorianischen Holzhäusern. Dem Camper bietet besonders Nova Scotia weitläufige ***Provincial Parks*** mit Stellplätzen in meist herrlicher Lage (aber nur Mitte Juni bis Anfang September geöffnet!). Feine **Restaurants** sind eher selten, aber mancher **Imbiss** kann zum Erlebnis werden: Frische Hummer, Austern und Muscheln, gleich auf der Holzbank vor der Fisch-Verkaufsbude verzehrt, bringen jeden *Gourmet* ins Schwärmen.

Maritimes/ Aktivurlaub

Mehr und mehr Bedeutung gewinnen die verschiedenen Möglichkeiten zum Aktivurlaub auch in den *Maritimes*. Im Vordergrund stehen dabei Kajak & Kanu, Biken, Wandern und Tauchen. Die folgenden Adressen haben dafür gute Angebote:

- ***North River Kayak Tours***, North River, © (902) 929-2628, www. northriverkayak.com; **Kajakvermietung** und **Kajakunterricht** für Anfänger; ein- und mehrtägige **Touren** in der St. Ann's Bay im Norden von Nova Scotia.
- ***Sea Spray Cycle Center***, Dingwall; © (902) 383-2732, **Radvermietung** für Touren auf dem ***Cabot Trail*** und geführte **Wildnistrips** für Fortgeschrittene; www.cabot-trail-outdoors.com.

- ***Splash Water Sports***, 6189 Young St, Halifax, © (902) 455-3483; ein und mehrtägige **Tauchtouren zu Wracks**; www.explore novascotia.com/adventures/index.cfm?id=249

Die maritimen Provinzen Canadas im Überblick

Nova Scotia

Der Name Nova Scotia steht für eine zerklüftete, mal felsige, mal lieblich grüne Atlantik-Küste (7400 km!) mit unzähligen romantischen **Fischerhäfchen**. Sie bestehen oft nur aus einer Handvoll Hütten, einem Anleger mit drei, vier bunten Booten und Hummerverkauf direkt vom Kutter. Diverse **Bilderbuchstädte** laden zum Bummeln und Verweilen ein, und kleine lokale Museen und *Historic Sites* erzählen die spannenden Begebenheiten einer langen maritimen Vergangenheit.

Nationalparks

Für den kalten Atlantik entschädigen viele – nie weit vom Meer entfernte – Seen. Im Sommer wird ihr Wasser warm genug für Badepausen. Auf den Gewässern des ***Kejimkujik National Park*** im Landesinneren kann man Kanutouren machen und in hügeliger Landschaft schöne Wanderungen unternehmen. Gelegenheit zu anspruchsvolleren Fußmärschen hat man im wilden Bergland des ***Cape Breton Highlands National Park***. Von dort ist es nicht weit zur ***Fortress Louisburg***, einem ***Living Museum*** der Extraklasse.

Prince Edward Island

www.gov.pe.ca/visitorsguide

Der ***Prince Edward Island National Park*** mit seinen rosafarbenen Stränden und Dünen bietet beste Voraussetzungen für Ferientage am Meer: vorbei an cremefarbenen Holzhäusern, leuchtend roter Erde und sattgrünen Wiesen.

Touristisch entwickelt sind auf PEI vor allem die Hauptstadt **Charlottetown** mit Umgebung und der zentrale Norden um den Nationalpark. Dort finden ***Lobster Suppers*** statt, eine Tradition der *Maritimes*, die nur noch in der Inselprovinz gepflegt wird: Sie waren einst dörfliche Gemeinschaftsessen im Kirchenkeller. Heute werden sie in Ausflugsrestaurants mit viel Hummer und überquellenden Salatbüffets für große Besuchergruppen veranstaltet.

New Brunswick

www.tourismnewbrunswick.ca

Der bereits erwähnte ***Step back in time*** ist nirgends intensiver zu spüren als in New Brunswick und dort besonders im **Tal des St. John River**, an dem auch die Hauptstadt Fredericton liegt. Dieser längste Wasserlauf der *Maritimes* erweitert sich südlich von Fredericton zu einer verzweigten Flußlandschaft. Dort befindet sich ***Kings Landing***, ein *Living Museum*, das seine Besucher in das New Brunswick des 19. Jahrhunderts zurückversetzt. Das ***Acadian Village*** an der Ostküste zeigt das Leben der Acadier in etwa derselben Epoche, ➪ Seite 624f.

Kouchibouguac NP

Neben dem *Acadian Village* und attraktiven Uferabschnitten, die teilweise als Provinzparks einer privaten Nutzung entzogen wurden, ist der ***Kouchibouguac National Park*** mit seiner Marschlandschaft, Stränden und Lagunen als Kanurevier Hauptanziehungspunkt am Golf von St. Lawrence.

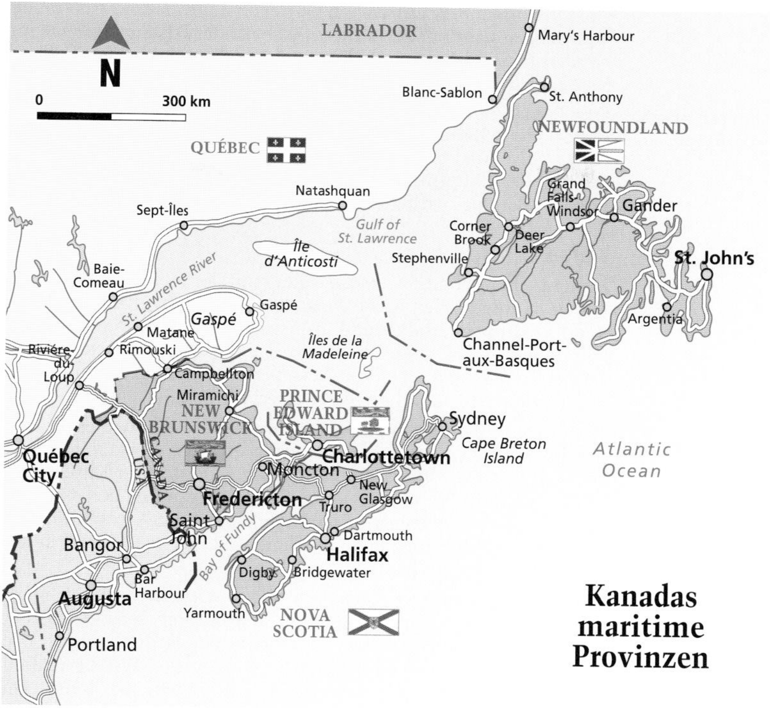

Kanadas maritime Provinzen

Fundy NP

Der gewaltige **Tidenhub** (bis 16 m, ⇨ Seite 618/619) in der ***Bay of Fundy*** verleiht der Küstenlinie ein unverwechselbares Aussehen. In kürzester Zeit tauchen bei Ebbe bizarre Felsformationen und roter Meeresboden auf, um bei einsetzender Flut ebenso rasch wieder zu verschwinden.

Mt. Carleton

Das Waldland zwischen Ostküste und US-Grenze ist fast menschenleer. Eine Stichstraße führt zum ***Mount Carleton***, dem höchsten Berg der Provinz (811 m).

Gaspésie

www.gaspesie.com

Die ***Gaspésie*** gilt als touristische Attraktion der Provinz Québec und ist etwas für Liebhaber nordisch-rauher Landschaften. Im Mittelpunkt des Interesses stehen dort vor allem der ***Forillon National Park***, der rote ***Percé Rock*** in der äußersten Halbinselspitze und die enormen **Seevögelkolonien**.

Die meisten Touristen bevorzugen neben diesen Anziehungspunkten die reizvoll felsgebirgige **Nordküste** am St. Lorenz. Denn die flache und weitgehend monotone **Südküste** der ***Baie des Chaleurs*** bietet nur einige historische Sehenswürdigkeiten.

Die Einwohner der zahlreichen Dörfer an der Küstenroute – meist Nachfahren baskischer, normannischer oder irischer Fischer im Norden bzw. britischer Siedler und *Acadians* im Süden – leben bis heute überwiegend vom Fischfang.

Routen über die Gaspé

Drei Straßen überqueren in großen Abständen das praktisch unbesiedelte Bergland im Inneren der Halbinsel, die *Monts Chic-Chocs*, ein Ausläufer der Appalachen. Im ***Gaspésie Provincial Parc*** erhebt sich mit dem ***Mont Jacques Cartier***, der mit 1268 m höchste Berg des östlichen Canada.

5.2.2 Klima

Halifax – man glaubt es kaum – liegt auf der Höhe von Mailand. Die beständigen Westwinde bescheren den *Maritimes* trotz ihrer Randlage **Kontinentalklima-Einflüsse** mit warmen Sommern und kalten Wintern. Dabei werden die Temperaturen durch die Allgegenwart des Meeres gemildert. Die Sommer sind kühler und kürzer als weiter westlich, die Winter wärmer.

Außer im Binnenland von New Brunswick, das bedeutend mehr Landmasse als die anderen maritimen Provinzen und die *Gaspésie* besitzt, steigt das Thermometer im Sommer nur selten über 24°C und fällt im Winter meist nur wenig unter den Gefrierpunkt. Viele hitzegeplagte Touristen aus den USA kommen deswegen u.a. nach Prince Edward Island und machen Urlaub in der nordischen Sommerfrische.

Gleichzeitig kann das Wetter ähnlich wechselhaft wie in Norddeutschland sein; kühle, regnerische Sommertage und Küstennebel sind keine Seltenheit. Besonders der Frühsommer (Ende Mai bis Ende Juni) ist klimatisch recht launisch. Wie hierzulande braucht man als Urlauber ein bißchen Glück; aber Reisen im **Juli und August** bis spätestens Mitte September sind insgesamt risikoloser als davor oder danach.

5.2.3 Geschichte

Indianer

Die *Maritimes* waren ursprünglich Siedlungsgebiet der ***Mi`kmaq*-Indianer**, die heute in Nova Scotia und New Brunswick gerade 1% der Bevölkerung ausmachen. Auf Prince Edward Island leben nur noch ein paar hundert *Mi`kmaqs*.

Nova Scotia

Die Entdecker nannten das Gebiet der heutigen *Maritimes* ***Acadia***. Von Franzosen und Engländern im 17. Jahrhundert in Besitz genommen, spielte die Halbinsel **Nova Scotia** in den Kämpfen der beiden Mächte um die Vormachtstellung auf dem neuen Kontinent eine bedeutende Rolle. **1713** erkannte Frankreich die Dominanz Englands in Nova Scotia an, behielt aber Cape Breton Island. Die französischstämmige Bevölkerung (***Acadians***, ⇨ Essay Seite 625) wurde im Lauf erneuter Streitigkeiten mit Frankreich **1755** brutal vertrieben. Mit ganz *New France* ging **1763** auch Cape Breton Island endgültig an Großbritannien.

PEI/New Brunswick

Prince Edward Island wurde bereits **1769** ein eigenes, von Nova Scotia getrenntes Verwaltungsgebiet, **New Brunswick 1784** – nach dem Zustrom königstreuer Engländer (Loyalisten, ➪ Essay Seite 476) aus den jungen USA – von Nova Scotia separiert.

Heute nimmt die Provinz eine Sonderstellung ein: Sie ist als einzige offiziell und faktisch zweisprachig. Denn gut 30% ihrer Bevölkerung – sie stammen von Rückkehrern der einst vertriebenen Acadier ab – sprechen Französisch. Vor dem Regierungsgebäude in Fredericton wehen einträchtig acadische (Trikolore mit Stern), britische und kanadische Flagge neben dem Provinzbanner.

Neuzeit

Die meisten Bewohner der *Maritimes* aber sind Nachkommen britischer Einwanderer. Sie betrachten ihre Heimat gern als Geburtsstätte des heutigen Canada: **1864** fand auf Initiative ihrer Vorfahren eine erste Konferenz in Charlottetown/ Prince Edward Island statt, die zum Zusammenschluß der damals verbliebenen britischen Kolonien auf dem nordamerikanischen Territorium und damit im Jahre **1867** zur Gründung des ***Dominion of Canada*** führte.

Inzwischen ist aus der einst reichen Wiege des Kontinents eine benachteiligte Randregion geworden.

Schwarze im Osten Canadas

Wer durch das östliche Canada reist, sieht insbesondere in ländlichen Gebieten ausschließlich Weiße. Schwarzen und anderen ethnischen Gruppen begegnet man nur in großen Städten und Industriegebieten. Allein in Toronto lebt mehr als die Hälfte aller Kanadier karibischen Ursprungs. Meist sind sie noch nicht lange in Canada, da erst in den 1960er-Jahren die engen Restriktionen gegen die Einwanderung Farbiger gelockert wurden.

Aber es gibt in Canada auch Schwarze, deren Ursprünge bis auf die Anfänge der Besiedelung zurückgehen. Schon *Samuel de Champlain* brachte 1605 den ersten Schwarzen mit nach Port Royal, und die feineren Kaufleute und höheren militärischen Ränge in New France hielten sich später ebenfalls gern farbige Dienstboten.

Entlaufene Sklaven, die während des amerikanischen Revolutionskrieges auf englischer Seite gekämpft hatten, waren mit dem Versprechen von Freiheit und Landbesitz nach Nova Scotia gelockt worden, ➪ Seite 473. Abgespeist mit den schlechtesten Böden, nützte es ihnen oft wenig, formal frei zu sein. Da sie sich von ihrem Besitz nicht ernähren konnten, waren sie gezwungen, die niedrigsten und schlechtbezahltesten Arbeiten anzunehmen.

Ihre Siedlungen an der Peripherie der weißen Städte hießen auch in diesem Teil Amerikas *Niggertown;* und die britische Verwaltung tat alles, um die Verbriefung der Landrechte der Schwarzen zu verzögern. Bis heute gibt es Regionen, in denen die schwarzen Familien immer noch nicht als rechtmäßige Eigentümer für Land eingetragen sind, das ihren Vorfahren schon vor über 200 Jahren überlassen worden war.

weiter auf der nächsten Seite

1792 entschloß sich eine Gruppe von 2.000 enttäuschten schwarzen Loyalisten, dem ungastlichen, kalten Land den Rücken zu kehren und nach Sierra Leone auszuwandern. Die Zurückgebliebenen konnten ihrer Ghettosituation nicht entkommen. Vor allen Dingen in Halifax, einer auf den ersten Blick vornehmlich weißen Stadt, machte sich der Unmut über 200 Jahre Diskriminierung immer wieder in gewalttätigen Auseinandersetzungen Luft.

In den 1960er-Jahren erlangte das schwarze *Northend* traurige Berühmtheit, als Teile der Bevölkerung einen Polizeistreik nutzten, um Schaufenster einzuschlagen und Läden zu plündern. Anfang der 1990er-Jahre kam es in derselben Gegend wieder zu wütenden Ausschreitungen, nachdem einem Farbigen im weißen *Downtown* der Zugang zu einer Bar verwehrt worden war; ➪ Seite 573 (*»Black Cultural Center«*).

Ein positives Kapitel in der Geschichte der Schwarzen in Canada hat sich zwischen 1840 und 1860 vor allem in Ontario abgespielt. Schon 1793 erließ man dort ein Gesetz gegen die Sklaverei; als sie 1834 im gesamten britischen Empire abgeschafft wurde – während sie in den USA noch bis zum Ende des Sezessionskrieges bestehen blieb – flohen 30.000 Sklaven in die englisch gebliebenen Kolonien.

Weiße und schwarze Helfer schleusten Flüchtlinge über die geheime Organisation ***Underground Railway*** in abenteuerlichen, nächtlichen Fluchten durch ganz Amerika.

Es gibt viele Geschichten von mutigen Schwarzen, welche die neugewonne Freiheit immer wieder aufs Spiel setzten, um ihren noch in Sklaverei lebenden Leidensgenossen zu helfen.

Im Fischereihafen von Yarmouth

5.3 Nova Scotia/Neuschottland

5.3.1 Zu den Routen (www.destination-ns.com)

Karte Seite 577

Aus den oben (➪ Seite 560f) erläuterten Gründen beginnt die Routenführung durch die maritimen Provinzen in Neuschottland – wie der lateinische Name der Provinz auf deutsch heißt. **Ausgangspunkt ist die Hauptstadt Halifax**. Von dort geht es in Richtung Süden (***Lighthouse Route***) nach Yarmouth, dem Fährhafen von/nach Bar Harbor und Portland/Maine, dann an der Bay of Fundy entlang (***Evangeline Trail***). Wieder in Halifax folgt die Route der Küstenlinie nach Nordosten. Diesem ***Marine Drive*** sollte man nicht bis in die äußerste Ostspitze folgen, sondern vorher nach Antigonish abbiegen, um zur ***Strait of Canso***/**Cape Breton** zu gelangen. In Antigonish knüpft die Streckenbeschreibung an die Routen durch PEI bzw. New Brunswick an.

Cape Breton Island

Die Rundfahrt auf Cape Breton verläuft im wesentlichen an den Küsten entlang in die Nordwestecke zum *Cape Breton Highlands NP* und zur *Fortress Louisbourg* im äußersten Osten.

Steckbrief Nova Scotia/NS (www.novascotia.com)

936.000 Einwohner, 55.300 km^2; größte und Hauptstadt ist **Halifax**. Dort leben 115.000, im Großraum mit der Schwesterstadt **Dartmouth** 370.000 Einwohner. Die Besiedelung konzentriert sich entlang der Küsten. Das Gros der Fläche liegt auf der inselartigen über eine schmale Landbrücke (Isthmus) mit New Brunswick verbundenen **Halbinsel Nova Scotia**. Zur Provinz gehört außerdem die im Nordosten an das Festland anschließende **Insel Cape Breton**. Damm und Brücke über die ***Strait of Canso*** stellen die Verbindung mit Nova Scotia her.

Die zu 80% gemischt-bewaldete Fläche ist geprägt von niedrigen Ausläufern der Appalachen, die auf Nova Scotia und Cape Breton Island für eine hügelige **Felslandschaft** (maximale Höhen um die 400 m) mit über 3.000 großen und kleinen Binnenseen sorgen. Die Küsten sind überwiegend rauh und auf der Atlantikseite voller Klippen und tief ins Land reichender Buchten. Das **Phänomen des Tidenhubs** der Bay of Fundy ist auch auf der Neuschottland-Seite zu beobachten.

Holz- und Papierindustrie, Fischerei – Hummer, Austern und Venusmuscheln – sowie Landwirtschaft und Viehzucht bilden **ökonomische Standbeine** der Provinz. Hinzu kommt immer stärker der Tourismus als wichtige Einnahmequelle.

Touristische Ziele sind neben den bereits erwähnten (➪ Seite 5628): die ***Lighthouse Route*** und der ***Evangeline Trail***, zwei aneinander anschließende Küstenstraßen im Süden, ***Port Royal*** und ***Grand Pre National Historical Parc***, sowie ***Peggy's Cove***, ein Fischerdorf par excellence südlich von Halifax.

5

5.3.2 Halifax (City 115.000 Einwohner, Region 370.000)

www.halifaxinfo.com; www.halifax.ca

Lage und Geschichte

Halifax liegt auf einer schiffsförmigen Halbinsel in einer tief ins Land (26 km) reichenden Bucht der Atlantikküste, dem ***Halifax Harbor***, einem ganzjährig eisfreien Gewässer. Aus militärstrategischer Sicht waren das ideale Bedingungen für eine wehrhafte Siedlung und eine geschützte Hafenanlage.

Kein Wunder also, daß die Engländer als Gegengewicht zum französischen *Fort Louisbourg* auf Cape Breton 1749 ebenda ein erstes Fort errichteten, wo heute die Zitadelle die Stadt überragt. Bald darauf verlegten sie auch die Verwaltung ihrer Besitzungen im nordöstlichen Amerika von Annapolis Royal (➪ Seite 586f.) nach Halifax. Nach der Entmachtung der Franzosen in Canada 1763 wurde die Stadt Hauptquartier der britischen Atlantikflotte. Die Präsenz der *Navy* sowie Handel und Schiffbau sorgten rasch für Wohlstand. Um die Mitte des 19. Jahrhunderts – dem ***Golden Age of Sail*** – verfügte das maritime Canada über die viertgrößte Handelsflotte der Welt, ein Großteil davon mit Heimathafen Halifax und Lunenburg.

Beim Standort für die englische (später die kanadische) Kriegsmarine sollte es bleiben. In beiden Weltkriegen spielte Halifax eine wichtige Rolle. Im 2. Weltkrieg wurden hier die Konvois nach Murmansk zur Unterstützung der Sowjets zusammengestellt. Daß die Hauptstadt neue Industrien anzieht, ist an ihrem Stadtbild und Hafenbetrieb unübersehbar.

Die Halifax Explosion (www.cbc.ca/halifaxexplosion)

Das Ereignis der *Halifax Explosion* im Jahre 1917 ist bei uns so gut wie unbekannt. Diese größte je von Menschen verursachte einzelne Explosion vor Zündung der Atombomben kostete über 2.000 Menschen das Leben, 9.000 weitere wurden großenteils schwer verletzt. 1.200 Gebäude – fast das gesamte *North End* – wurden zerstört; noch bis zu 50 Meilen entfernt zerbrachen Fensterscheiben.

Halifax war während des 1. Weltkrieges ein Kriegshafen, von dem Truppentransporte, Versorgungs- und Munitionsschiffe nach Europa ausliefen. So auch der belgische Versorger *Imo* und die französische *Montblanc* mit tonnenweise Munition an Bord. Leichtsinn und menschliches Versagen – die *Montblanc* hatte nicht einmal die obligatorische rote Flagge zur Kennzeichnung ihrer gefährlichen Fracht gehisst, die *Imo* manövrierte unseemännisch – führten am 6. Dezember 1917 zu einer überaus folgenschweren Kollision. Die Besatzung der *Montblanc,* eingeweiht in die gefährliche Fracht, konnte das

Schiff gerade noch verlassen, bevor es 20 Minuten nach dem Zusammenstoß explodierte.

Diese kurze Zeit hatte aber auch ausgereicht, scharenweise Schaulustige, vor allem Kinder, an die Hafenkais ringsum zu locken, die sich das interessante Schauspiel der brennenden Schiffe nicht entgehen lassen wollten und dann Opfer der Detonation wurden.

Lange Zeit hielten sich Gerüchte über einen feindlichen Angriff und die Beteiligung deutscher Spione. Aber nach jahrelangen Prozessen wurde offiziell festgestellt, daß wohl keine Sabotage im Spiel war.

Im *Maritime Museum of the Atlantic* erläutern Film und eine Fotoausstellung die Details zu diesem tragischen Ereignis.

Anreise, Information und Unterkunft

Flughafen

Der ***Halifax International Airport*** (www.hiaa.ca) liegt 40 km nordöstlich von *Downtown* Halifax an der Autobahn #102. Der *Airbus* pendelt in 70 min täglich 20 x in die City (zum ***Hotel Lord Nelson;*** 7-23 Uhr); einfache Fahrt $18, Taxi ca. $55; Taxi-Fahrgemeinschaften (*Share-a-Cab*) sind billiger und üblich. Eine ***Visitor Information*** im *Terminal* hilft bei Hotelreservierungen und versorgt Besucher mit Material.

Information

Visitor Centers (www.halifaxinfo.com) befinden sich im *Red Store* an der ***Waterfront*** (in den *Historic Properties*) und Ecke Sackville/Barrington Street; ➪ Karte Seite 572.

Orientierung

Die Orientierung in Halifax fällt leicht. Das Stadtzentrum befindet sich im Süden der Halbinsel. Die Straße #102 führt von Nordosten kommend (Flughafen) im großen Bogen von Westen in die City (vereinigt mit den aus Südwesten kommenden Straßen #103 und #3/Lighthouse Route). Auf den Straßen #111 und #7 (Marine Drive) erreicht man die *Downtown* von Halifax aus östlicher Richtung per Brücke über die nördliche Buchterweiterung, das *Bedford Basin*.

Parken

Parkplätze im Shopping Centre ***Scotia Square (Delta Hotel)*** und an der ***Waterfront*** bei den *Historic Properties*:

Motels/ Hotels

www.halifaxhotels.net

- ***Garden Inn***, 1263 South Park St, © 902-492-8577 und © 1-877-414-8577; $89-$159; www.gardeninn.ns.ca
- ***Four Points/Sheraton***, 1496 Hollig Street; © 902-423-4444 und © 1-866-444-9494; $100-$350; www.fourpointshalifax.com
- ***Delta Barrington*** und Schwesterhaus ***Delta Halifax*** nebenan, 1875 Barrington St.; © (902) 429-7410 oder © 1-800-268-1133, Fax (902) 420-6524; DZ $129-$289; www.deltahotels.com

In Fußgängerdistanz zum Stadtzentrum befinden sich ebenfalls in der Barrington Street (südlich der Spring Garden *Shopping Road*) das ***Int`l Hostel*** und **einige kleinere Hotels:**

- ***Heritage House Int`l Hostel***, 1253 Barrington St, älterer Bau, © (902) 422-3863; $18-$50 pP; www.hostellingintl.ns.ca
- ***Waverley Inn***, 1266 Barrington St, schönes viktorianisches, stilvoll möbliertes Haus, © (902) 423-9346 oder © 1-800 565-9346, DZ $89-$279; www.waverleyinn.com
- ***The Halliburton***, 5184 Morris St (Nebenstraße der Barrington), nostalgisches Hotel gehobene Kategorie mit gutem Restaurant, © (902) 420-0658, DZ ab $139; www.thehalliburton.com

Mittelklasse

Motels ($60-$130) findet man am Bedford Hwy (#2) – ***Comfort Inn*** (ab $80), ***Stardust Motel***, © 902-835-3316 (ab $70), ***Travelers Motel***, © 902-835-3394 (ab $55); Maritime Motel, Bedford #102, *Exit* 4A; $65-$85; © 902-835-8307 – und gegenüber in Dartmouth an der Windmill Rd, z.B. das ***Burnside***, © (902) 468-7117, ab $69.

Preiswert

- ***Queenstreet Inn***, einfach, preiswert, teilweise Gemeinschaftsbad, 1266 Queen St, © (902) 422-9828, DZ $55-$60
- ***Dalhousie University***, zentral, (Mai-Ende August), 6136 University Ave, © (902) 494-8840, Fax 3410, ab $40/Bett, DZ $64, 3-Bett-Apartment $80; www.housing.dal.ca.
- ***University of King's College*** (nur Anfang Mai-Ende August), zentrale Lage, 6350 Coburg Road, 94 Studentenbuden, © (902) 422-1271, $19-$37; www.ukings.ns.ca

Camping

www.woodhavenrvpark.com

- 12 km vom Zentrum liegt der ***Woodhaven Park***: Autobahn #102, *Exit* 5, dann 9 km die #213 nach Osten, © (902) 835-2271.
- Attraktiver, wenn auch sanitär nicht so gut, ist der ***Porter's Lake Provincial Park***, 25 km östlich der Stadt, Autobahn #107, *Exit* 19, dann 5 km zur West Porter's Lake Rd und 5 km nach Süden. Der Park läuft über 2 Halbinseln am See (➪ Seite 589).
- 40 km sind es zum ***Laurie Provincial Park*** am Grand Lake (in Flughafennähe); Straße #102, zwischen *Exit* 5 und 7 an der #2.

Stadtbesichtigung

Sehr übersichtlich: www.mikecampbell.net/itinerary.htm

Halifax ist die größte und lebendigste der maritimen Städte Canadas; zwei Besuchstage lassen sich dort leicht ausfüllen.

Das Stadtzentrum wird begrenzt durch das Sheraton Hotel und Kasino im Norden, die **Einkaufsstraße Spring Garden Road** im Süden, den ***Citadel Historic Park*** und die ***Waterfront*** (1,5 km).

Waterfront

Sie verbindet die ***Historic Properties*** (mit ***Tourist Information***; www.historicproperties.ca) und ***Pier 21*** mit einem populären ***Boardwalk***; im Juli/August ist hier auf dem **weltgrößten Strassenkünstler-Fest** 11 Tage lang der Teufel los (www.buskers.ca).

Die ***Historic Properties*** wurden schon 1963 – vom Abriss bedroht – zum *National Historic Site* erklärt. Die bunten Lagerhäuser auf der ***Privateers' Wharf*** beherbergen heute den ***Harbourside Market*** mit *Food Court*, Buch- und Souvenirläden, Kneipen, **Terrassenrestaurants** (schön am Wasser liegen ***Murphy's Restaurant*** und ***Salty's)*** und das ***Gray Line***-Buchungsbüro für Busausflüge.

Boottrips

www.harbourhopper.com

Bootsausflüge (www.murphysonthewater.com) bucht man hinter dem *Ferry Terminal* auf der ***Cable Wharf***: Hafenrundfahrten ($22), *Whale/Bird-Watching* ($34), den Amphibien-Bus ***Harbour Hopper*** ($25) oder per Barkasse nach **Peggy's Cove** ($70).

Bluenose II

www.bluenose2.ns.ca

Auf dem Weg zum ***Maritime Museum of the Atlantic*** (1675 Lower Water St) passiert man den Liegeplatz der ***Bluenose II*** (➪ Seite 577). Sofern dieses berühmte Segelschiff nicht auf großer Fahrt ist, bietet es um 9.30 und 13 Uhr Hafenrundtouren ($25).

Am Nachbarkai liegt das Museumsschiff ***HMCS Sackville***, ein Weltkrieg-II-Zerstörer, der Konvois nach Rußland Begleitschutz gewährte (Film im dazugehörigen *Interpretation Centre*, $3; www.hmcssackville-cnmt.ns.ca).

Seefahrtsmuseum

www.museum.gov.ns.ca/mma

Das ***Maritime Museum of the Atlantic*** zeigt die Entwicklung der Segel- und Dampfschiffahrt (*Age of Sail, Age of Steam*), vor allem der *Cunard*-Linie, deren Gründer ein Halifax-Bürger (*Haligonian*) war. Besonderes Augenmerk gilt der ***Halifax-Explosion*** von 1917 (➪ Essay Seite 568). Sehenswert ist auch die *Ships Chandlery*, ein alter Schiffsausrüster-Shop und eine Sammlung von Gallionsfiguren. Seit dem Filmwelterfolg ist die ***Titanic***-Abteilung eine Attraktion, denn das Schiff riß 1912 auch viele *Haligonians* mit in die Tiefe. Ein 3D-Film informiert über die Tauchexpeditionen hinunter zum Wrack (20 min). Geöffnet Eintritt Mai-Okt. Mo-Sa 9.30-17.30, Di bis 20, So ab 13 Uhr; Eintritt im Sommer $8.

Pier 21

www.pier21.ca

Auf dem Weg von dort zum ***Pier 21*** liegen der kleine ***Summit Park*** (G7-Gipfel 1995) und ***Keiths Brewery*** (Lower Water Street), in der samstags ein ***Farmer's Market*** stattfindet.

Dort begann für Millionen Immigranten, Flüchtlinge und Kriegsbräute ein neues Leben in Canada. Im 2. Weltkrieg gingen am Pier 21 an die 500.000 Soldaten an Bord von Truppentransportern. Ihrer wird mit Filmen und Fotos gedacht. Wem der *Boardwalk* zum *Pier 21* zu weit ist, nimmt die 1031 Marginal Road.

Downtown

Zu den *Historic Properties* gehören auch die viktorianischen Geschäftshäuser (um 1860) der ***Granville Mall***, einer Fußgängerpassage mit Restaurants 2 Blocks oberhalb des Kasinos; daran anschließend die beiden *Shopping Center* ***Barrington Plaza*** und der große, aber unschöne ***Scotia Square***.

www.stpauls halifax.org

Alte und neue Gebäude liegen an der ***Grande Parade***, einer Grünanlage auf dem ehemaligen Exerzierplatz zwischen Barrington und Argyle Streets, in der u.a. das beliebte Restaurant ***Five Fishermen*** zu finden ist. Die ***St. Pauls Anglican Church*** (1750) am südlichen Ende der *Grande Parade* ist das älteste Gebäude der Stadt. Am entgegengesetzten Ende befindet sich die – wiederum viktorianische – ***City Hall*** (1890), jetzt verbunden mit dem ***World Trade and Convention Centre***. In den umliegenden Straßen (Grafton, Argyle und Market) findet man gute **Restaurants**.

Town Clock

Von der *Grande Parade* aus kann man die ***Old Town Clock*** vor dem grünen Hügel der Zitadelle (George Street) nicht übersehen. Der Pünktlichkeitsfanatiker *Prince Edward* – Vater von *Queen Victoria*, der über Jahre das gesellschaftliche Leben von Halifax mit seiner französischen Geliebten dominierte – schenkte diesen Turm 1803 der Stadt; hier beginnt der Aufstieg zur Zitadelle (George Street).

Province House

Vom ***Province House*** (1819), dem Regierungssitz von Nova Scotia in der Hollis Street, meinte *Charles Dickens*, es sei ein Juwel der georgianischen Architektur.

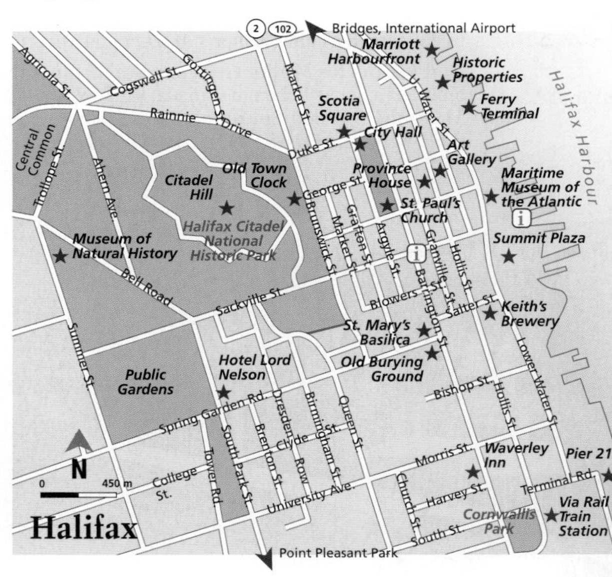

Kunstmuseum

Mit Ausnahme weniger Werke (*Cornelius Krieghoff*) und der *Group of the Seven* (➪ Seite 441) ist die ***Art Gallery of Nova Scotia*** (Hollis, Ecke George Street) eher von lokaler Bedeutung; täglich 10-17 Uhr, Do bis 21 Uhr; $12; www.agns.gov.ns.ca.

Spring Garden Road

Von der Barrington St (zwischen der *St. Mary's Basilica* und dem *Old Burying Ground)* zweigt die Spring Garden Road ab, eine lebendige **Einkaufsstraße mit Restaurants** und Kneipen (Musik). Ein Blick lohnt in ihre Nebenstraßen (Queen, Birmingham, Dresden Row). Nett und einfach: ***Joe's Fish Smack***, in der 1520 Queen Street. Die Spring Garden Road endet an den ***Public Gardens***, kunstvoll angelegten viktorianischen Parkanlagen.

Zitadelle

Mitten in der Stadt unter einem weithin sichtbaren grünen Hügel verstecken sich die Wallanlagen der ***Halifax Citadel Nat'l Historic Site***. Die Kanonen dieser strategisch überflüssigen Festung von 1856 dienten seither lediglich zu Salutschüssen. An der gleichen Stelle war 1749 das erste Palisadenfort errichtet worden.

Die Anlage ist heute ein Museum: Die Quartiere der Besatzung, Waffenarsenale und Pulvermagazine sind zu besichtigen. Kontinuierlich läuft ***The Tides of History***, ein netter Film (50 min) über Halifax und die *Maritimes*. Im Sommer zeigen Studenten in Uniformen der *Royal Artillerie* und der *78th Highlanders* um 12 Uhr militärischen Drill. Autozufahrt über Sackville Street (kein Linksabbieger!). Im Sommer täglich 9-18 Uhr; Eintritt $11.

Museum

www.museum.gov.ns.ca/mnh

Halifax lohnendstes Museum, das ***Museum of Natural History*** (1747 Summer Street, westlich der Zitadelle) beleuchtet neben Geologie, Flora und Fauna Aspekte der regionalen Geschichte, speziell der *Acadians* und *Mi`kmaq* (➪ Seite 15). Mo-Sa 9.30-17.30 Uhr, Mi bis 20 Uhr, So 13-17 Uhr; $6, *Family Pass* $11-$16.

Park

Einen schönen Spaziergang mit Atlantikblick und Picknickplätzen zwischen alten Festungsanlagen (als Rundweg etwa 50 min) bietet der ***Point Pleasant Park*** auf der bewaldeten Südspitze der Halbinsel.Von der City dorthin (zu Fuß ca. 30 min) South Park und Young Street wählen; dort stehen Holzvillen, die den bereits im 19. Jahrhundert erreichten Wohlstand demonstrieren (Bus #9).

»Schwarzes« Kulturzentrum

Spezielles Interesse setzt das ***Black Cultural Centre for Nova Scotia*** (www.bccns.com) im Osten der Schwesterstadt **Dartmouth** voraus (1149 Main Street/Straße #7, dann Cherrybrook Road). Es widmet sich dem Schicksal der Farbigen in Nova Scotia, ➪ Seite 565, die um 1780 mit den Loyalisten aus den USA kamen.

Ihre Nachfahren lebten später im **Vorort *Africville***. Gewürdigt werden schwarze *Nova Scotians* aus dem öffentlichen Leben. Mo-Fr 9-17, Juni-September auch Sa 10-15 Uhr; Eintritt $6.

Fisherman's Cove

www.fishermanscove.ns.ca

Einen Vorgeschmack auf Fischerdorf-Romantik bietet südlich von Dartmouth/Eastern Passage (Pleasant Street, #322) die ***Fisherman`s Cove*** mit einem *Boardwalk*; ✆ (902)-465-6093. Dort gibt's Fischer- und Ausflugsboote, Restaurants, Kneipen und u.a. Shops für Kunsthandwerk. **Wassertaxi** ab *Waterfront*/Halifax.

Leuchtturm von Peggy's Cove, das bekannteste Nova Scotia-Fotomotiv, aber nicht selten in Seenebel verborgen

5.3.3 Von Halifax nach Yarmouth

Lighthouse Route

Der maritimen Vergangenheit Nova Scotias und den Geschichten um Schmuggler, Wracks und Schätze begegnet man auf der ***Lighthouse Route***, der Küstenstraße zwischen Halifax und Yarmouth: fast verschlafen auf seinem südlichen und touristisch entwickelter dem nördlichen Abschnitt (zwischen Halifax und Liverpool); www.nvascotia.com/deutsch/howtogetaround/lighthouse.

Dort gibt es viele hübsche Motels, *Bed & Breakfast Inns*, Restaurants und Kneipen und in Abständen wunderbar gelegene Provinzparks mit erfreulichen Campingplätzen.

Verlauf und Kennzeichnung

Die Entfernung zwischen Halifax und Yarmouth beträgt auf der Straße #103 ca. 300 km. Auf der kurvigen ***Lighthouse Route*** sind es **525 km**. Sie entspricht zunächst der **Straße #333**, die von der #3 westlich Halifax abzweigt, und später kleinen Straßen wechselnder Numerierung. Die **ausgeschilderte Route** führt an zahlreichen tief eingeschnittenen, bewaldeten oder felsigen, manchmal sandigen Buchten entlang. In ihrem Verlauf passiert sie unzählige Inselchen und Seen. Kleine Fischkutter-Anleger mit hoch aufgetürmten Hummerfallen, einige Städtchen aus Nova Scotias Blütezeit und viele kleine Spezialmuseen liegen am Wege.

Peggy's Cove

Etwa 45 km südwestlich von Halifax liegt Peggy's Cove (120 E.), **d a s Vorzeige-Fischerdorf der Maritimes**. Zwar sind andere Orte an der *Lighthouse Route*, wie East und West Dover, ähnlich idyllisch-rauh, aber nur Peggy's Cove besitzt den speziellen Charme inmitten einer massiven, glatten Felslandschaft, der es zum wohl meistbesuchten Fischerhafen Canadas machte. Die Kutter dort landen seit 200 Jahren täglich – je nach Saison – Hummer, Kabeljau, Makrelen und Heilbutt an. Neben dem Hafen und in Felsen gehauenem Fischer-Relief ist ein malerisches ***Lighthouse*** (seit 1972 Postamt) Hauptanziehungspunkt; www.peggyscove.ca.

Ein Denkmal erinnert an die nahe **Absturzstelle einer DC-10** der *Swiss Air* im Jahr 1998. Der Unfall führte letztlich zum Konkurs der Airline und Übernahme des Nachfolgers durch die Lufthansa.

Unterkunft

Trotz der mittlerweile beachtlichen touristischen Infrastruktur hat sich Peggy's Cove seinen Charakter als Fischerdorf bewahrt. **Gut** übernachten kann man in

- ***Peggy's Cove B&B***, nur 3 Zi mit Balkon/Terrasse, toller Blick! © (902) 634-4543 und © 1-888-634-8973, $95-$165, www.ninns.com/Peggy'sCoveB&B.htm; und
- ***Oceanstone Inn & Cottages***, Indian Harbour, 8650 Peggy's Cove Road; großes Gelände am Wasser, © (902) 823-2160 und © 1-866-823-2160; $95-185; www.oceanstone.ns.ca
- ***Clifty Cove Motel*** in India Harbour 2,5 km nordwestlich von Peggy's Cove, einfaches Motel, Meerblick, © (902) 823-3178 und © 1-888-254-3892, DZ $55-$75

Chester/ Mahone

Die alten Städtchen Chester und Mahone mit hübschen Holzhäusern in blühenden Gärten und zahlreichen Antik- und Kunstgewerbeläden sind einen Besuch wert. **Chester**, der schönste Ort an der Mahone Bay, ist eher ein Sommerfrische- als ein Fischerdorf. In **Mahone** fallen schon von weitem die hohen Türme der Holzkirchen auf. Das »Willkommen« am kleinen ***Settlers' Museum*** erinnert daran, daß hier Deutsche seit 1754 siedelten (statt »*Hello*« oder »*Hi*« hört man oft auch: »*How goes it you?*«), Di-Sa 10-17, So 13-17 Uhr, frei; www.mahonebay.com.

Aktivitäten

Chester/Mahone ist mit den vielen Inseln und Buchten ideal für Wassersport; © 1-888-624-6151 und © (902) 624-6151.

Felsküste bei Peggy's Cove mit Denkmal für abgestürzte Swiss Air DC-10

Piraterie und Privateers (www.privateerdays.com)

Die Mahone Bay war wegen ihrer endlosen Winkel als Beuteversteck beliebt; nicht nur bei Piraten, sondern auch bei Freibeutern (*Privateers*), also »Piraten mit staatlichem Kaperauftrag« (*Letter of Marque*), denen Engländer, Franzosen und später auch Amerikaner erlaubten, im Kriegsfall feindliche Schiffe aufzubringen. Mancher ***Privateer*** blieb auch in Friedenszeiten bei diesem lukrativen, aber nicht ungefährlichen Gewerbe. So hatte der amerikanische Privateer *Young Teaser* während des englisch-amerikanischen Krieges einen Deserteur an Bord gefangen, weswegen er von einer britischen Fregatte verfolgt wurde. Um der Festnahme zu entgehen, sprengte der Fahnenflüchtige sein ganzes Schiff in die Luft – ein frühes Selbstmord-Attentat. Noch heute erscheint die lichterloh brennende *Young Teaser* am Jahrestag ihres Untergangs am Horizont ... so erzählen es die hiesigen Fischer zumindest.

Camping

Der ***Graves Island Provincial Park*** liegt 3 km östlich von Chester an der *Lighthouse Route* mitten in einer Parklandschaft mit weitem Blick auf Inselchen und Buchten. Die Stellplätze auf dem *Campground* sind besonders großzügig.

Ross Farm
www.museum.gov.ns.ca/rfm

Für Familien ist ein Abstecher zur *Ross Farm* lohnend (ab Chester von der #103, *Exit* 9, 20 km auf der #12 nach New Ross), ein landwirtschaftliches ***Living Museum***. Dort wird alte Handwerkskunst, Ackerbau und Viehzucht wie einst betrieben. Die Farmprodukte sind käuflich. Täglich 9.30-17.30 Uhr; $6, Kinder $2.

Lunenburg
www.town.lunenburg.ns.ca

1753 gründeten *Foreign Protestants* aus Deutschland und der Schweiz diesen Ort und lösten damit die von der englischen Kolonialregierung als unzuverlässig angesehenen Iren ab. Im ***Age of Sail*** Mitte des 19. Jahrhunderts war die reiche und damals viel größere Stadt Zentrum der Kabeljaufischerei und des Schiffbaus.

Lunenburg wurde 1995 wegen seiner 250-jährigen Holzarchitektur »als besterhaltenes Beispiel für britische Siedlungen in Nordamerika« zum UNESCO-Weltkulturerbe erklärt. Eindrucksvoll – und im überschaubaren Zentrum unverfehlbar – sind u.a. die ***St. John's Anglican Church***, die ***Lunenburg Academy***, das ***McLachlan House*** und das ***Boscawen Inn***, ein stilvolles **Restaurant** und Hotel. Im ***Visitor Center*** (9-20Uhr) in einem Blockhaus auf dem sog. *Blockhouse Hill* (etwas außerhalb mit »Wiesen-Camping«, #103, *Exit* 11) hat man Faltblätter zu den historischen Häusern der Stadt, Karten und weiteres Material.

Fischerei-museum
www.museum.gov.ns.ca/fma

In einer früheren Fischfabrik an der Waterfront ist das ***Fisheries Museum of the Atlantic*** untergebracht. Dort geht es um Wale und Walfang, Fischerei, Schiffstypen, Bootsbau, das Berühren lebender Fische im ***Fish Tank*** und das ***Rumrunning***, den Alkoholschmuggel während der Prohibitionszeit. Am Kai liegen der Grand Banks-Trawler ***Theresa E. Connor*** und die ***Bluenose II***, wenn sie nicht in Halifax oder auf großer Fahrt ist (➪ Seite 571). Täglich 9.30-17.30 Uhr, Juli-Aug. Di-Sa bis 19 Uhr; $10/$3.

Bootstrips

Den ***Bluenose*-Fahrplan** gibt es im ***Visitor Center***, ferner im Angebot: **Hafenrundfahrt** ($9), ***Glasbottom-Boat*** ($20), 4x täglich eine 90-min-**Segeltour** ($18), eine 3-Stunden-***Whale & Bird Tour*** ($30) und ***Lobster Dinner Cruises*** (2x täglich).

Tauchpark

Vor Lunenburg liegt ein *Marinepark*, man taucht u.a. nach dem versenkten Zerstörer ***Saguenay***; © (902) 634-9333 bzw. 640-2012.

Am Bluenose Drive und in der parallelen Montague Road liegen viele Restaurants, u.a. die traditionsreiche ***Old Fish Factory***.

Unterkunft

- ***Boscawen Inn***, 150 Cumberland Street, 20 Zi, Hafenblick, © 1-800-354-5009, $90-$195; www.boscawen.ca

- Gut untergebracht ist man im ***Rum Runner´s Inn***, 66 Montague (*Waterfront*) © (902) 634-9200; © 1-888-778-6786, $59-$159.
- ***Smuggler's Cove Inn***, 139 Montague Road (*Check-in* #84); © (902) 634-7500, © 1-888-777-8606; $98-$169
- 1,5 km vom Zentrum in schöner Wasser/Strand-Lage findet sich das preiswerte ***Atlantic View Motel&Cottages*** mit Pool, 230 Maisons Beach Rd, © (902) 634-4545, $65-$120
- Fast im Zentrum liegt der kleine ***Arbor View Inn***, 216 Dufferin Street, $75-$175, © (902) 634-3658; gute Küche

Der ***Risser's Beach Provincial Park*** zwischen Bridgewater und Liverpool mit einem Gelände beidseitig der *Lighthouse Route* ist besonders wegen des breiten Sandstrandes attraktiv; www.parks.gov.ns.ca/parks/rissers.htm.

Der Stolz Nova Scotias: Die Bluenose

Blaugefrorene Matrosennasen gaben der ***Bluenose I*** ihren Namen. Canadas bekanntestes Segelschiff lief 1921 in Lunenburg vom Stapel und schmückt den *Dime*, die 10-Cent-Münze. Sie wurde zum Symbol der maritimen Stärke Canadas, als sie bis 1938 fast ununterbrochen gegen die US-Konkurrenz die ***Fishermen's Trophy*** gewann. Nach ihrem Verkauf in die Karibik (1942), lief sie 1946 vor Haiti auf ein Riff und sank.

Die 1963 nachgebaute identische ***Bluenose II***, (⇨ oben Halifax, Seite 571), macht Segeltörns mit Touristen (Info im Internet unter www. bluenose2.ns.ca). Ebenfalls in Lunenburg wurde das berühmte Filmschiff »***HMS Bounty***«, auf der einst *Marlon Brando* unwiderstehlich liebte und kämpfte, nachkonstruiert.

Routenalternative

Wer Nova Scotias Südspitze umrundet, fährt bis Yarmouth auf einem herrlichen Küstenabschnitt mit weißen Stränden; dagegen führt die Straße #8 ab Liverpool landeinwärts, wo sie bei Annapolis Royal Anschluß an die Route entlang der *Bay of Fundy*-Küste findet (⇨ *Evangeline Trail*, Seite 582); auf halber Strecke passiert die #8 den ***Kejimkujik National Park***.

Südliche Küste

Von Liverpool, einer alten Hafenstadt, die für ihre *Privateers* (⇨ Kasten Seite 576) bekannt war, folgt die *Lighthouse Route* weitgehend der sehr zerklüfteten Küste. Die kleinen Buchten sind hier nicht so felsig wie weiter nördlich, besitzen dafür aber oft stille Lagunen mit vorgelagerten weißen Sandstränden.

White Point

Ab **Liverpool** folgt die *Lighthouse Route* vorübergehend der küstennahen #3; an ihr finden sich vereinzelt liegende Hotel-/Apartment-Anlagen an sandigen Buchten:

- Exklusiv ist der ***White Point Beach Resort***, auf einer Nehrung (mit Golf, Tennis, *Cottages*), © (902) 354-7278, $105-$165; www.whitepoint.com.
- Bescheidener, aber ähnlich schön gelegen sind die Hotels und *Cottages* in Hunts Point, z.B. ***Captain's Quarters Cottages***, © (902) 683-2491, $90-$110, www.captainsquarters-ns.ca;

- ***Ocean View Cottages***, © (902) 683-2012, $110-$135; www.oceanviewcottages.netfirms.com
- Im **Meerblick-Restaurant** ***Quarterdeck Beachside Villas & Grill*** wohnt man prima am Strand für $119-$155; alle Zimmer mit Kamin und Mikrowelle, © (902) 683-2998 und © 1-800-565-1119, $130-$320; wwwquarterdeck.ns.ca.

Kejimkujik National Park (www.pc.gc.ca/kejimkujik)

Im Binnenland Süd-Nova Scotias liegt an der #8 der ***Kejimkujik National Park***. Sein Name geht auf die früher hier nomadisierenden *Mi'kmaq*-Indianer zurück, wie in Stein geritzte Jagdszenen im *Visitor Center* belegen.

Die hügelige Seenlandschaft des Parks erinnert an Finnland. Auf 381 km² unberührter Natur kann man in recht warmen Seen **baden** und auf **Kanu-, Wander- und Radtouren** durch Mischwald seltene Tiere wie Stachelschweine, Schildkröten und fliegende (!) Eichhörnchen beobachten.

Im ***Visitor Center*** direkt an der #8 unweit Maitland Bridge erhält man Parkkarten. Rad/Kanuverleih bei ***Jakes Landing*** (Kanu $20/Tag). Außer dem **Campingplatz** existieren kostenlose *Backcountry Campgrounds,* die nur per pedes/Kanu erreichbar sind. © (902) 682-2772. **Unterkünfte**:

- ***Mersey River Chalets***, am Fluß/See bei Caledonia (5 km nördlich an #8), © (902) 682-2443, Fax 2332, *Chalets* ab $150, *Teepee* (= Wigwam bis 5 Personen) ab $70; www.merseyriverchalets.com.
- ***Whitman Inn***, Kempt (8 km NW von Caledonia); bester Ausgangspunkt für Kanutouren auf der großen Seenplatte des *Kemjikuujik NP*; stilvolle Zimmer, Bootvermietung; © (902) 682-2226; $59-$119; www.whitmaninn.com.

Die Carters Beach – Strand und Wasser fast wie in der Karibik

Picknick

Zum Spazierengehen und Picknicken ist der strandnahe ***Summerville Beach Provincial Park*** ideal (»um die Ecke«).

Strand & Tauchen

Drei ineinander übergehende Strände (***Carters Beach!***) bei **Port Mouton** wecken karibische Assoziationen – nur Palmen fehlen. Vorgelagert ist das Tauchrevier ***Spectacle Marine Park Area*** mit Wracks und künstlichen Riffs, © 902-683-2188.

Kejimkujik NP Seaside Adjunct

Zu diesem geschützten Küstenstreifen, einer Exklave des **Kejimkujik Nationalpark** (siehe links), führt ein herrlicher 6-km-Spazierweg, den man zwischen Port Joli und Port Mouton abseits der #3 nach 5,5 km über die St. Catherine's Road erreicht; durch Wald- und Sumpflandschaft gelangt man zur 4 km langen ***St. Catherine's River Beach***, wo im Sommer auf den Felsen *Harbor Seals* leben. **Kein Camping**.

Ein **Juwel** ist der große ***Thomas Raddall PP***; nur zu Fuß oder per Rad erreicht man von *Campground* (48 Plätze) oder *Picnic Area* die sandigen Buchten. Zufahrt (4 km) über Port Joli (# 103).

Lockeport

Bei Sable River zweigt die ***Lighthouse Route*** abermals als küstennaher *Bypass* von der #103 ab und führt auf eine Halbinsel mit dem reizvollen Fischerdorf Lockeport: Hafenbuchten und schöner, weitläufiger Strand ***Crescent Beach***.

Shelburne

www.shelburnenovascotia.com

Ein **Schmuckstück** unter den Orten im Süden ist Shelburne. Das erkannte auch Hollywood und wählte das vollständig aus ***Shingle-*** und ***Clapboard-Houses*** bestehende Städtchen als Drehort für den eigentlich in Neuengland spielenden Film *The Scarlet Letter* (Der scharlachrote Buchstabe). Das ***Visitor Centre*** Ecke Dock/King Street hält informatives Material über die Dorfumgestaltung während der Dreharbeiten bereit.

Geschichte Shelburne

Nach der amerikanischen Revolution (1783) hatten Tausende von Loyalisten aus den nördlichen US-Staaten Shelburne wegen seines großen Hafens als neue Heimat gewählt (⇨ Seite 476). Die

www.historicshelburne.com

Bevölkerung wuchs rasch auf 16.000 Einwohner und damit zu einer der damals größten Städte Nordamerikas. Nachdem die Engländer ihre Unterstützung für die Loyalisten eingestellt hatten, zogen viele der neuen Bürger wieder fort.

Museum

Shelburne County Museum und ***Ross-Thompson House*** zeigen, wie die Menschen dort um 1785 gelebt haben. Im ***Dory Shop***, einer früheren Bootswerft (dem ***Museum*** gegenüber), ist die Entstehung, Entwicklung und handwerkliche Fertigung der *Dories* erläutert. Diese Boote wurden beimHochseefischen von größeren Schiffen aus eingesetzt. Alle drei Häuser sind im Sommer täglich 9.30-17.30 Uhr zu besichtigen; je $3, Kombiticket $8.

Unterkunft/ Restaurants

- Eines der besten Restaurants der Region befindet sich im ***Coopers Inn***, Dock Street, © (902) 875-4656 und © 1-800-688-2011; Übernachtung $100-$150; www.thecoopersinn.com.

- Auch das ***Loyalist Inn*** in der 160 Water Street (© 902-875-2343, ab $64), hat ein (preiswerteres) Restaurant.

- Ein Tip ist ebenfalls das kleine ***Charlotte Lane Café*** in der gleichnamigen Straße mit guten Salaten, *Seafood* und tollen Desserts; Di-Sa 11.30-20.00 Uhr; © (902) 875-3314.

An der Ortszufahrt Water Street, *Exit* 26 der #103, gibt es einige preisgünstige Motels, u.a.

- das ***Cape Cod Colony Motel***, 234 Water Street, © (902) 875-3411, ab $60-$85, www.capecodmotel.ns.ca, und

- das ***Wildwood Motel***, Minto St (ab Water), © 1800-565-5001 und © (902) 875-2964, $65-$90; www.novascotiamotel. info.

Prächtig campt man im ***Islands Provincial Park***, ca. 5 km westlich vis-à-vis Shelburne auf einer bewaldeten Halbinsel auf der anderen Bayseite, $18; www. parks.gov.ns.ca/parks/islands.htm

Südspitze

Die wunderschöne Südspitze von Nova Scotia sollte man nicht auslassen: **Barrington** besitzt einen weißen Strand, ansonsten überwiegen kleine Fischerdörfer, wie **Shag Harbour** und **Clark's Harbour** auf Cape Sable. Hier werden nicht nur Fische aus dem Wasser geholt, sondern auch ***Irish Moss***, eine Wasserpflanze, welche die Nahrungsmittelindustrie als Bindemittel verwendet, sowie Seegräser, die zu Düngemittel verarbeitet werden.

Pubnicos

Die ***Pubnicos*** – je nach Lage East-, West-, Lower-, Middle-Pubnico an der #3/#35 – sind die an der *Lighthouse Route* einzigen **akadischen Siedlungsgebiete** (➪ Essay Seite 625; www.pubnico ca). Außer der hier und dort auf schlichten weißen Holzhäusern wehenden **acadischen Flagge** (Trikolore mit goldenem Stern) und der ***Râpure*** (*Rappie Pie*, ➪ Seite 171) sieht man als Durchreisender wenig von der alten Kultur Acadias – es sei denn, man erwischt gerade eines der sommerlichen Festivals; oder man besucht ***Le Village Historique Acadien*** in Lower West Pubnico, in dem alte acadische Häuser aus verschiedenen Regionen wiederaufgebaut wurden; Juni-Mitte Okt. täglich 9-17 Uhr; $4.

Fähren ab Yarmouth nach Maine (Preise 2008 in US$)

Nach Bar Harbor bzw. Portland (➪ auch Seite 321):
Die schnellste Autofähre Nordamerikas (mit Spielkasino!), ***The Cat***, fährt in ca. **3 Std. nach Bar Harbor** und in ca. **5 Std. nach Portland**.
Info und Reservierung ✆ 1-877-359-3760, www.catferry.com

Abfahrtstage und -zeiten:

Yarmouth-Portland: Ende Mai bis Mitte Oktober Do-So 16 Uhr,
14. Juli-31. August zusätzlich Mi 16 Uhr

Yarmouth-Bar Harbor:
Ende Mai bis 13. Juli und 01.09. bis Mitte Oktober Mo 17, Di, Mi 16 Uhr
14. Juli bis 31. Aug.: Mo 17, Di 16 Uhr

Tarife Portland: Einfache Strecke Passagiere $99 einheitlich,
Kinder bis 13 Jahren $65; Senioren ab 60 Jahren $94.
Fahrzeuge: Kfz bis 1,95 m Höhe bis 6 m Länge $164
Kfz ab 2,30 m Höhe (=RVs) bis 9 m Länge $313

Tarife Bar Harbor: Einfache Strecke Passagiere $69
Kinder bis 13 Jahren $47; Senioren ab 60 Jahren $64.
Fahrzeuge: Kfz bis 1,95 m Höhe bis 6 m Länge $115
Kfz ab 2,30 m Höhe (=RVs) bis 9 m Länge $196

+ $10 Sicherheitsgebühr/Pers. + $25 Treibstoffzuschlag/Auto: 15% Discount auf Personentarife ab 5 Personen im Fahrzeug. Frühbucher-Kfz: minus $15.
Mehr zu den aktuellen Tarifen: www.catferry.com

Yarmouth

Mitten in acadischem Siedlungsgebiet hielt das anglophone **Yarmouth** seit dem 18. Jahrhundert enge Handelsbeziehungen zu Neuengland und blickt damit auf eine Shelburne und Lunenburg ähnliche Geschichte zurück. Mit 8.000 Einwohnern ist es für Nova Scotia eine größere Stadt; www.yarmouthonline.com.

Dafür sorgen auch der für die *Maritimes* bedeutende Fischereihafen entlang der Water Street (beliebter Treff ***Rudder's Seafood Restaurant & Brew Pub***), die Geschäftsstraße Main Street und die **Fährverbindung nach Maine/USA**. Die Ankommenden werden von dudelsackpfeifenden »Schotten« und einem ***Visitor Center*** direkt am Fährhafen begrüßt. Ein Muss in Yarmouth sind ***fish and chips*** auf der ***Public Wharf***. Feiner wird *Seafood* im ***Prince Arthur's Steak & Seafood House*** zubereitet (Starrs/Pleasant Rd).

Feuerwehrmuseum
www.museum.gov.ns.ca/fm

Zum Verbund von 25 Nova Scotia Museen gehört das ***Firefighters Museum of Nova Scotia***, dessen großer Bestand Pyromanen verschrecken dürfte. Juli/August Mo-Sa 9-21, So 10-17 Uhr; Juni+Sept. Mo-Sa 9-17 Uhr, Okt+Mai Fr 9-16, Sa 13-16 Uhr; $3.

Yarmouth County Museum, 22 Collins Street; Kanadas größte Sammlung von Schiffsportraits und regionale Antiquitäten; Juni-Mitte Oktober, Mo-Sa 9-17, So 14-17; sonst Di-Sa 14-17 Uhr, $3; http://yarmouthcountymuseum.ednet.ns.ca.

Internet

I. W. Killam Memorial Library, 405 Main Street

Cape Forchu

Ein schönes Ziel ist der **Leuchtturm** von Cape Forchu mit Minimuseum, **Picknickplatz** und **Spazierpfad** rund ums Kap (Straße #304 vorbei an idyllischen Fischerhäfen).

Diverse Motels ($60-$100) stehen an der #1 in Richtung Norden:

- Angenehm ist das ***Lakelawn Motel***, 641 Main Street (#1); © 1-877-664-0664; $60-$100; www.lakelawnmotel.com.
- Direkt am Fährhafen liegt das ***Rodd Colony Harbor Inn***, mit Restaurant, © (902) 742-9194 oder © 1-800-565-7633, $98-$15

Camping

Der ***Ellenwood Lake Provincial Park***, 20 km nordöstlich Yarmouth, besitzt einen warmen Badesee und Campingplatz; Zufahrt auf der Straße #101, *Exit* 34; dann #340 und östlich Ohio über Saunders/Mood Road 9 km den Schildern folgen, $19.

5.3.4 Von Yarmouth zum Grand Pré Nat`l Historic Site

Evangeline Trail

In Yarmouth beginnt die Straße #1, die parallel zur #101 als ***Evangeline Trail*** bis Halifax läuft. Namensgeberin ist die Heldenfigur der Vertreibung französischer Siedler durch die Briten (⇨ Essay Seite 625 und unter *Grand Pré NHS*, Seite 588). Die Westküste bis Digby an der *Bay of Fundy* heißt auch ***French Shore*** oder ***La Côte d'Acadienne***; überall weht dort die acadische Fahne.

Der südliche Abschnitt des *Evangeline Trail* zwischen Yarmouth und Digby ist bei weitem nicht so reizvoll wie die *Lighthouse Route*; der geradlinige Küstenverlauf und die Aneinanderreihung von Straßendörfern sind sogar enttäuschend. Die werbeträchtige Charakterisierung als »längste französische Hauptstraße der Welt« hat mit der Realität wenig gemein. Die Häuser sind schlicht und weniger verspielt als an der Ostküste, die Fischerhäfen nicht sonderlich attraktiv – mit Ausnahme von **Port Maitland** (mit *Maitland Beach PP*), **Mavillette** (mit schönem Strand im gleichnamigen *Provincial Park*) und **Cape St. Mary**.

Church Point

Wie überall im französisch-katholisch besiedelten Canada sind die Kirchen auffällig groß. Eine der größten Holzkirchen des Kontinents, die ***St. Mary's Church*** (1905), steht in Church Point (*Point de l'Église*), wo sich auch die einzige französisch-sprachige Universität Nova Scotias befindet.

Fähre Digby – Saint John/New Brunswick (2008)

Die Fähre verkehrt Ende Juni-Labour Day täglich 13 Uhr und 20.45 Uhr, sonst seltener.

Tarife Neben-/Hochsaison: Erwachsene $30/$40, Kinder bis 12 J. $20/$25, Autos bis 6 m $75/$80, Wohnmobile bis 9 m $145. Gegenrichtung ➪ Seite 630. Überfahrt ca. 3 Stunden.

Reservierung bei ***Bay Ferries*** © (902) 245-2116 oder *toll-free* © 1-888-249-7245 und © 1-877-762-7245; www.bayferries.com.

Digby

www.townofdigby.ns.ca

Ab Digby dominiert wieder der anglophone Baustil, und es finden sich einige historische und landschaftliche Attraktionen entlang des *Trail*. Das Städtchen liegt an der geschützten Mündungsbucht des *Annapolis River*, wo eine der größten **Venusmuschel (*Scallop*)-Fangflotten** der Welt beheimatet ist. Die Schiffe können dort unabhängig vom enormen Tidenhub der Bay of Fundy (➪ Seite 618) aus- bzw. einlaufen. Von diesem Umstand profitiert auch die **Fähre** über die Bay nach Saint John in New Brunswick (➪ Kasten Fähre). Der Ort lädt zum Bummel ein; in den Restaurants an der Water Street (empfehlenswert sind die Hafenterrassen des ***Fundy Restaurant***) kann man ***Scallop Snacks*** oder ***Digby Chicks*** probieren, auf spezielle Art geräucherte Heringe.

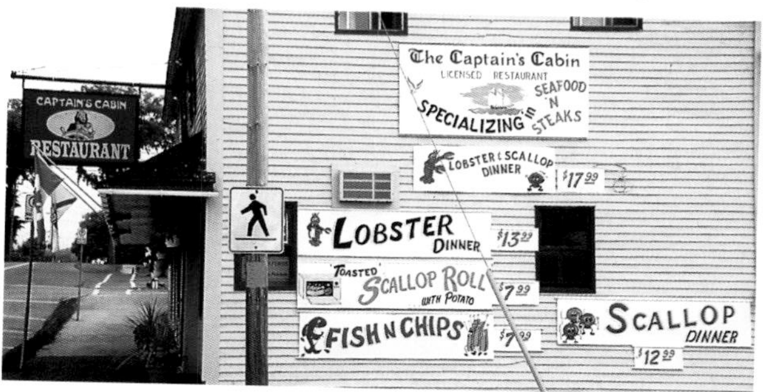

Seafood allerorten in Digby

Unterkunft

Neben dem höchst eleganten ***Digby Golf Resort***, © (902) 245-2511 oder © 1-800-667-4637; DZ $160-$325; www.digbypines.ca, findet man preiswertere Alternativen am Wasser in der Montague Row, der südlichen Verlängerung der Water Street, z.B.:

- ***Seawinds Motel***, 90 Montague Row, © (902) 245-2573, ab $99; www.seawinds.ns.ca
- ***Thistle Down Country Inn***, 6 *waterside*-Zimmer, Garten, © 1-800-565-8081, $95-$130; www.thistledowns.ns.ca

Camping

Der ***Digby Campground*** an der #303, ca. 4 km vor der Fähre, ist für eine Nacht okay, $18-$25.

Digby Neck

www.geocities.com/TheTropics/6253/NECK.html

www.oceanretreats.com/region.htm

Südwestlich von Digby schiebt sich die ***Landzunge Digby Neck*** in die *Bay of Fundy*, verlängert um Long und Brier Island. Zu beiden geht`s Tag und Nacht per Fähre ab East Ferry:

- Fähre nach **Tiverton** stündlich zur halben Stunde, $5
- Fähre nach **Brier Island** stündlich zur vollen Stunde, $5

Digby Neck ist die Verlängerung der Bergkette, die das *Annapolis Valley* vor den kühlen Nebeln der Fundy Bay schützt. Dieser Landfinger ist ein **abgelegenes Kleinod**: Fischerdörfer (Sandy Cove mit Strand); bizarre Basaltsäulen und *Whale-/Bird Watching*-Möglichkeiten sowie wilde Orchideen an Sümpfen und Seen lohnen die 70 km (**#217: *Digby Neck Scenic Drive***) zur Brier Island.

Auf Digby Neck ist die Zeit stehengeblieben: kaum Restaurants (aber köstliche ***Chowder*** und ***Scallop Roll*** am 1. Fähranleger), nur drei private Campingplätze (prima: ***Whale Cove***, 45 km westlich von Digby, 15 km vor der ersten Fähre), ein paar winzige Tankstellen und freundliche Menschen.

Aktivitäten

Erstaunlich: Balancing Rock

- Kleine **Wanderungen**, z.B. zum ***Balancing Rock***: Ein schöner *Boardwalk* führt – am Ende über Treppen – zur freistehenden Basaltsäule (⇨ Foto) an der St. Marys Bay (Straße #217 hinter Tiverton).
- Brier Island hat viele Spazierwege (*Trails*), z.B. zum **Green Head** am südlichen Ende des Digby Neck Drive.
- **Radeln** auf der sanft-hügeligen Straße #217 (Bikeverleih bei *Backstreet Bicycles* in Digby, © (902) 245-1989).
- ***Bird Watchers*** fahren ab Westport Western Light Road und gehen ab Picknickplatz Richtung Leuchturm, wo große Seevögel-Kolonien leben.

- **Whale/Bird Watching** bieten *Petit Passage* (in East Ferry), *Mariner Cruises* (in Westport) und *Ocean Explorations* (in Tiverton); Juni–Oktober täglich 3-5 Std-Touren, ca. $50.

Unterkunft Digby Neck

- ***Old Village Inn***, schöne Landvilla in **Sandy Cove**, © 1-800-834-2206 und © (902) 834-2202, $80-$120 (mindestens 2 Nächte).
- In **Westport** sind die schlichte ***Brier Island Lodge***, (Blick!) © 1-800-662-8355 und © (902) 839-2300, $60-$138, www.brierisland.com, und das ***Dock and Doze Motel***, 363 Water Street am Fähranleger, © (902) 839-2601, $50-$100, www.brierisland.org/doze.html, zu empfehlen.

Bear River

www.annapoliscounty.ns.ca

Etwa 15 km südöstlich Digby liegt das **Künstlerdorf Bear River** (#101, *Exit 24*) am breiten Fluß. Die ***Bear River Solar Aquatics Wastewater Facility*** ist Canadas erste (in einem Gewächshaus) solarbetriebene, biologische Abwasseraufbereitungsanlage.Keine Führungen; Infos in der Windmühle nebenan, © (902) 584-2188.

Upper Clements ThemePark

www.upperclementspark.com

Zwischen Digby und Annapolis Royal an der Straße #1 passiert man den *Upper Clements Theme Park.* Dieser sympathische ***Amusement Park*** besitzt noch hölzerne Achterbahnen ohne *High Tech,* Wasserrutschen, Bump-Boats, Shops, Werkstätten und Lokale im Nostalgie-Look. Gut für Kinder. Im Sommer täglich 11-19 Uhr, Eintritt ohne *Rides* $8; jeder *Ride* $3, Pass für unbegrenzte Fahrten $19-$22,50; vis-à-vis der angeschlossene ***Wildlife Park*** mit 200 heimischen Tieren, $4,50 extra.

Annapolis Royal

Knapp 30 km östlich von Digby liegt Annapolis Royal am Ostende der Mündung des gleichnamigen Flusses. Schon 1605 hatten sich Franzosen dort niedergelassen (➪ Seite 508f).

In den folgenden Jahrzehnten war diese Gegend immer wieder Schauplatz von Auseinandersetzungen zwischen Engländern und Franzosen. Davon zeugen heute zwei der bedeutendsten historischen Stätten Nova Scotias, das ***Fort Anne*** in Annapolis und die ***Habitation*** in Port Royal; www.annapolisroyal.com.

Zum Canada Day am 1. Juli festlich dekoriertes Haus in Bridgetown im Annapolis Valley

Annapolis Royal als Gemälde: Im Vordergrund Fort Anne

Fort Anne

1643–49 erbauten die Franzosen ***Fort Anne***, heute ein ***National Historic Site***. Es fiel 1710 nach harten Kämpfen endgültig an die Engländer. Die bis dahin *Port Royal* genannte Siedlung wurde zu *Annapolis Royal* und bis zur Gründung von Halifax Sitz der britischen Verwaltung der maritimen Provinzen.

Obwohl von der einstigen Anlage nur noch die Offiziersquartiere, die Wälle und das Munitionslager zu besichtigen sind, ist das Fort beeindruckend – nicht zuletzt wegen seiner Lage am Fluß (Kreuzung der Straßen #1 und #8). Der Park ist immer geöffnet, das dazugehörige **Museum** im Sommer täglich 9-18 Uhr, sonst kürzer; Eintritt $4; www.pc.gc.ca/fortanne.

Port Royal

www.pc.gc.ca/portroyal

Historisch interessanter und attraktiver ist der ***Port Royal National Historic Site*** auf dem anderen Flußufer, etwas abseits der Straße #1A. Es handelt sich um einen Nachbau der Siedlung, die ***Samuel de Champlain*** und ***Sieur de Montes*** 1605 gegründet hatten. Port Royal war keine militärische Anlage, sondern ein auf engstem Raum befestigter Handelsposten.

Trotz aller Widrigkeiten versuchten die Siedler in der kalten kanadischen Wildnis stilvoll zu überleben. Einige Pelzhändler gründeten den *Order of the Good Cheer,* der große, mehrgängige Menüs zelebrierte. Heute vermitteln zeitgenössisch kostümierte »Franzosen« in der ***Habitation***, einer Art *Living Museum,* einen Eindruck vom Leben in dieser ersten permanenten europäischen Siedlung Nordamerikas nördlich von Florida. Im Sommer täglich geöffnet 9-17.30 Uhr, Eintritt $4.

Ortsbild

Der Ort **Annapolis Royal** wirkt wie eine Filmkulisse. Entlang der St. George Street und in den Seitenstraßen stehen gut erhaltene Wohnhäuser aus dem 18. und 19. Jahrhundert inmitten blühender Gärten. Schön ist ein Spaziergang auf dem *Boardwalk* am Fluß entlang wie auch in den ***Royal Historic Gardens*** (an der #8), Mai-Okt. 9 Uhr bis Dämmerung; Juli/Aug. ab 8 Uhr; $8,50.

www.historicgardens.com

Kraftwerk

Neben der Flußbrücke an der #1 liegt das ***Tidal Power Project***, das einzige Meerwasser-Gezeitenkraftwerk Nordamerikas, das den enormen Tidenhub der Bay of Fundy (➪ Seite 618) zur Energiegewinnung nutzt. Im *Interpretive Centre* erfährt man Details über diese Form der Stromerzeugung. Juli/August täglich 8-20 Uhr, in der Nebensaison 9-17.30 Uhr, gratis.

Annapolis Valley

Östlich von Annapolis Royal läuft der *Evangeline Trail* am Nordufer des Annapolis Rive entlang. Das ***Annapolis Valley*** wurde wegen seines relativ milden Klimas zum Obst- und Gemüsegarten Nova Scotias und brachte Kleinstädten wie Bridgetown, Middleton (mit **Uhrenmuseum**, Mo-Sa 9-17, So 13-17 Uhr), Kingston und insbesondere **Wolfville** sichtbaren Wohlstand.

Vor allem letztere ist einen Stopp wert. Die baumbestandene Main Street wird beherrscht vom Universitätscampus und herrschaftlichen viktorianischen Häusern.

Unterkunft

Westlich vor Annapolis an der #1 liegt das ***Champlain Motel*** (toller Blick), © (902) 532-5473, $69-$105; www.port royalinn.com

In **Annapolis Royal** und **Wolfville** gibt es wunderbare zu *Inns* **umgebaute alte Villen**, die ihren Preis haben:

- ***Queen Ann Inn***, große Zi, © (902) 532-7850, ab $89; www.queenanninn.ns.ca, und ***Hillsdale House***, große Gärten, © (902) 532-2345, $90-$140; www.hillsdalehouseinn.ca; **beide stehen in Annapolis** an der St. George Street
- ***Blomidon Inn*** mit Tennisplatz, © (902) 542-2291, ab $99, www.blomidon.ns.ca, und ***Victoria's Historic Inn & Carriage House***, edel, © (902) 542-5744, ab $108,www.victoriashistoricinn.com, **beide in Wolfville** in der Main Street.

Preiswertere Motels findet man entlang der Straße #1 bzw. an der Autobahn #101.

Minas Basin

www.bayoffundytourism.com

Das *Minas Basin* ist eine tief nach Süden reichende Erweiterung des Ostarms ***Minas Channel*** der Bay of Fundy. Bedingt durch den enormen Sog des Ebbstroms im Engpaßbereich Cape Split kommt es dort zu maximalen Werten des Tidenhubs von 16 m. Die Uferzonen bestehen aus roter Erde und roten Felsklippen und bilden bei gutem Wetter einen großartigen Kontrast zu blauem Himmel, weißen Wolken und lieblich-grüner Landschaft.

Um das Minas-Becken ranken sich viele **indianische Legenden**, in deren Mittelpunkt der *Mi`kmaq*-Gott *Glooscap*, das Wunder der Gezeiten oder die Edelstein-Vorkommen an der Bay stehen.

Cape Split

Herrliche Ausblicke auf das *Minas Basin* hat man von den bis zu 231 m hohen Steilufern des ***Cape Blomidon*** und ***Cape Split***, zu erreichen über die Straße #358.

Am Straßenende – ca. 16 km westlich des *Blomidon Park* – beginnt ein **Wanderweg** (7 km) über rote Felsen zu einem kleinen Strand an der äußersten Spitze des Cape Split.

Camping

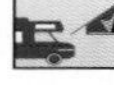

Der sehr schöne ***Blomidon Provincial Park*** am Minas Basin besitzt einen parkartigen *Campground* mit großzügogen Stellplätzen; Zufahrt über die #358 (14 km nördlich Canning); www.novascotiaparks.ca/parks/blomidon.asp.

Grand Pré

www.pc.gc.ca/grandpre

Im ***Grand Pré National Historic Site*** nordöstlich von Wolfville an der Straße #1 erfährt man alles über die *Acadier* und ihre Heldin *Evangeline.* Dichtung und Wahrheit liegen dort eng beisammen. Im Sommer täglich 9-18 Uhr, $8.

Acadia

www.grand-pre.com

Bereits seit 1680 hatten französische Bauern an der Bay of Fundy Deichbau und Landgewinnung betrieben, als sie am 5. September 1755 von den Briten in der Kirche von Grand Pré zusammengerufen wurden, um dort zu erfahren, daß sie samt Familien die Region unverzüglich zu verlassen hätten. Die Geschichte ihrer in der Folge gnadenlos durchgesetzten Vertreibung wird auf Glasmalereien in den Fenstern der nachgebauten Kirche erzählt.

Evangeline

Die Dichtung dazu ist das Versepos des Amerikaners ***Henry Wadsworth Longfellow***, das 1847 erschien und *Evangelines* lebenslange Suche quer durch den Kontinent nach ihrem vertriebenen Geliebten *Gabriel* in epischer Breite darstellt. Alt, gebrochen und krank findet sie ihn kurz vor seinem – und ihrem – Tod in Louisiana wieder. Eine **Bronzestatue** der *Evangeline* steht im *Grand Pré Park*, ➪ Essay auf Seite 625.

Route ab Wolfville

Unabhängig von der weiteren Reiseroute sollte man ab Wolfville/ Grand Pré zunächst der **Autobahn #101** in Richtung Halifax folgen. Für alle nun anliegenden Reiseziele ist die Kombination #101/#102 die einfachste und schnellste Verbindung. Sich auf kleinen Straßen von Wolfville nach Truro durchzuschlagen, bringt außer ein paar ersparten Kilometern nur Zeitverlust. Man versäumt nichts, was man gesehen haben muß.

Erst in Truro trennen sich die **Wege nach Prince Edward Island, New Brunswick oder nach Cape Breton Island** für Reisende, welche die Insel möglichst rasch auf dem TCH #104 erreichen wollen. Die Streckenbeschreibung dazu findet sich auf Seite 601 als Rückweg eines Abstechers nach Cape Breton Island.

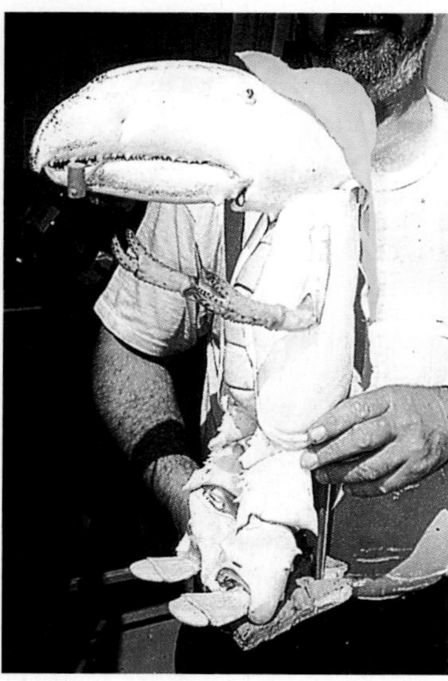

Lobster Man, ungewöhnliches Souvenir von der Westküste Nova Scotias

5.3.5 Von Halifax nach Cape Breton Island

Routen

www.canso causeway.ca

Zwei Routen führen von Halifax zum ***Canso Causeway***, dem Straßendamm zwischen der Halbinsel Nova Scotia und Cape Breton Island: die Autobahn (#2/#104) über Truro sowie der küstennahe *Marine Drive* (#7/#16). Gut beraten ist, wer den halben *Drive* bis Sherbrooke (195 km) fährt und dann über die #7 bei Antigonish auf die #104 nach Cape Breton stößt.

Sherbrooke

So schlägt man zwei Fliegen mit einer Klappe: Das sehenswerte **Museumsdorf Sherbrooke** liegt an der Strecke, und man meidet den – bis auf die ***Tor Bay***-Strände und den super ***Boylston PP*** (an der #16, 7 km nördlich von Guysborough) – eher eintönigen östlichen Teil des *Marine Drive.*

Marine Drive

Nichts verpaßt, wer ab Halifax/Dartmouth über die #107 East erst bei Musquodoboit auf den *Marine Drive* (#7) stößt; zum Picknicken, Schwimmen oder Campen sollte man *Exit* 19 nehmen, um über die West Porters Lake Road (#207, ca. 5 km) den ***Porter`s Lake Provincial Park*** am Wasser zu erreichen (➪ unter Halifax, Seite 570, Landschaft toll, sanitär schwach) oder wenige Kilometer weiter die ***Lawrencetown Beach*** (nur Schwimmen). www.novascotiaparks.ca/parks/porters.asp.

Zwischen Musquodoboit (winziges ***Railway Museum*** mit *Info Center*) und Sherbrooke konzentriert sich die touristische Infrastruktur um **Oyster Pond/Ship Harbour** mit (einfachen) Lokalen, Motels und *B&B Places.*

Zu Stopps entlang des Marine Drive laden ein:

Beaches

- drei weiße **Sandstrände**: ***Martinique Beach***, ***Clam Harbour Beach*** und vor allem ***Taylor Head PP Beach*** (kein Camping)

Museum

- Mini-Museum ***Fisherman's Life*** in Jeddore Oyster Pond: das Fischerleben an Land; 13 Töchter teilten sich hier einst den knappen Raum (Mo-Sa 9.30-17.30, So ab 13 Uhr, $3).

Tangier

- Die Firma ***W. J. Krauch & Sons*** in Tangier ist berühmt für köstlichen **Räucherfisch**. Selbst die *Queen of England* ließ sich von dort schon *Smoked Salmon* in den *Buckingham Palace* schicken; Mo-Fr 8-18 Uhr, Sa+So ab 10 Uhr. © 1-800-299-9414

Unterkunft

- ***Elephant`s Nest B&B***, 127 Pleasant Drive in Gaetz Brook unweit der #7/#107 am See, ✆ (902) 827-3891, DZ $100-$130; www.elephantsnestbnb.ca
- Vom ***Camelot Inn*** bei ***Musquodoboit Harbour*** blickt man auf den gleichnamigen Fluß; ✆ (902) 889-2198, $45-$65
- In **Salmon River Bridge** bietet das ***Salmon River House Country Inn*** (mit Restaurant) viel fürs Geld; 9931 Straße #7, ✆ 1-800-565-3353, $80-$150; www.salmonriverhouse.com
- *First Class* ist die ***Liscombe Lodge*** in Liscomb Mills an der #7; ✆ (902) 779-2307 oder ✆ 1-800-665-6343, $130-$350
- Wer in ***Sheet Harbour*** im ***Fairwinds Motel & Restaurant*** (an der #7) Zimmer 3, 4, 7 oder 8 erwischt, erhält für $64-$89 den Meerblick gratis dazu, ✆ (902) 885-2502, Fax 2158

Camping

- Der schönste private Campingplatz mit allem Drum und Dran liegt in **Murphy Cove**, 1,5 km südlich der #7; Stellplätze 31+32 haben Superblick, $20; www.murphyscampingontheocean.ca
- Zwei kleine (private) Campingplätze finden sich auch an der Ortsein-/ausfahrt von **Sherbrooke** direkt am Fluß.

Sherbrooke

www.museum.gov.ns.ca/sv

Das Mitte des 19. Jahrhunderts durch Holz, Schiffbau und Goldfunde wohlhabend gewordene Sherbrooke liegt etwas landeinwärts malerisch am breiten St. Mary`s River. Ein Teil des Ortszentrums wurde als ***Sherbrooke Village*** zum *Living Museum* umfunktioniert. Um 30 restaurierte Häuser herum spielt sich kleinstädtisches Leben der Zeit um 1870 ab. Geöffnet Anfang Juni bis Mitte Oktober täglich 9.30-17.30 Uhr; Eintritt $9, Kinder $4, ab Sonnenuntergang frei.

Wer vorm *Canso Causeway* einen ruhigen *Campground* sucht, findet den ***Boylston Provincial Park*** (etwas abseits der #16 gute 7 km nördlich Guysborough) auf einem Hügel; $12; www.novascotiaparks.ca/parks/boylston.asp

Abendstimmung am Boylston Lake im gleichnamigen Provinzpark

5.3.6 Cape Breton Island (www.capebretonisland.com)

Landschaft Cape Breton ist landschaftlich abwechslungsreicher als das Festland von Nova Scotia: Im ***Cape Breton National Park*** an der nördlichen Spitze findet man wildromantisches Bergland und felsige Küsten, im Inland liebliche Flußtäler und einen langgestreckten, weitverzweigten Salzwassersee, den **Bras d'Or Lake**, der die Insel in zwei Hälften teilt. Folkloristisch bilden die Schotten – neben Briten und Acadiern – das prägende Element. Mit ***Ciad Mile Failte*** (100.000 mal willkommen!) wird man immer wieder auf der Cape Breton begrüßt.

Aktivitäten Zu Recht wirbt Cape Breton Island mit den dort zahlreich möglichen Urlaubsaktivitäten: *Whale-Watching*, Lachsfischen und Hochseeangeln, Wandern, Segeln, Schwimmen, Golf.

Geschichte Nachdem *John Cabot* 1497 die Insel für die Briten eingenommen hatte, folgten englische und französische Fischer und bald die Kämpfe beider Nationen um ihren Besitz, ➪ Seite 564. Die Eroberung der französischen ***Fortress Louisbourg*** – heute das bedeutendste *Living Museum* Ostkanadas – brachte Cape Breton 1745 endgültig unter britische Herrschaft.

Auch in jüngerer Zeit schrieb man Geschichte: ***National Historic Sites*** würdigen zwei Pioniere der Telekommunikation: ***Marconi*** und ***Bell*** – letzterer lebte in Baddeck.

Auf dem Cabot Trail zum Cape Breton Highlands National Park

Zur Route Die Küstenstraßen rund um den Westteil der Insel sind in den Karten als zusammenhängende ***Scenic Route*** und – nach dem Entdecker von Cape Breton Island – als *Cabot Trail* gekennzeichnet.

Da der südwestliche Abschnitt der *Scenic Route* (*Ceilidh Trail*, Straße #19) wenig »bringt«, folgt die Beschreibung zunächst dem TCH #105 und dann im Uhrzeigersinn dem *Cabot Trail* um den *Cape Breton National Park*; www.cabottrail.com.

Information Gleich östlich des 1800 m langen *Causeway* über die *Strait of Canso*, in Port Hastings, befindet sich ein bestens ausgestattetes ***Nova Scotia Tourist Information Center***.

Unterkunft Dort und an der Strecke nach/in Port Hawkesbury findet man eine ganze Reihe von Motels und Hotels, z.B. das:

- ***Cape Breton Causeway Inn***, mittelgroßes Haus direkt an der #104/#105; preiswert & gut; ✆ (902) 625-0460 oder ✆ 1-888-525-4777; DZ $84-$114; www.capebretoncausewayinn.com.
- das ***Cove Motel*** mit Restaurant, zurückgesetzt von der #104 am Wasser; Strand, Baden, Boote; ✆ (902) 747-2700, $98-$118

Camping

Gute 30 km vor Baddeck, beim ***Mi'kmaq*-Reservat *Whycocomagh*** (Korbwaren!) findet sich der weitläufige ***Whycocomagh Provincial Park*** am *St. Patrick's Channel* des Bras d'Or Lake.

Nova Scotia Highland Village

www.museum.gov.ns.ca/hv

Kaum bekannt ist das ***Nova Scotia Highland Village*** auf einer Halbinsel im Bras d'Or Lake, zu der man – von der #105, Exit 5 – per Kabelfähre über den ***St. Patrick's Channel*** gelangt. Rekonstruktionen erster schottischer Behausungen erinnern an die Besiedelung durch Einwanderer aus Schottland. Vom Fährhafen Little Narrows sind es noch ein paar Kilometer auf der #223 bis zum Dorf. Mitte Juli bis Ende August täglich 9-20, sonst bis 17.30 Uhr; $9; ein Abstecher für schönes Wetter.

Baddeck

In **Baddeck** (1.000 Einwohner) geben sich viele Segler und Sommerfrischler ein Stelldichein. Dementsprechend lebendig ist die Hauptstraße mit Restaurants, Cafés und etlichen Hotels. Von der *Government Wharf* setzt eine **Gratisfähre** zur **Badeinsel Kidstone Island** über; www.visitbaddeck.com; www.baddeck.com

Alexander Graham Bell NHS

Der dem Lebenswerk von *Alexander Graham Bell* (1847–1922) gewidmete *National Historic Site* (Ortsausgang Straße #205) ist einen Besuch wert. Das Hauptinteresse des Erfinders des Telefons

A.G. Bell, (telefonieren heißt auf holländisch »bellen«) der 37 Jahre in Baddeck verbrachte, galt eigentlich der Arbeit für Gehörlose. Darüberhinaus machte *Bell* im Flugzeug- und Bootsbau Geschichte. Im **Museum** stehen ein Nachbau des ***Silver Dart*** (1909), der ersten in Canada konstruierten Flugmaschine, und des sog. ***HD-4-Hydrofoil***, eines Wasserfahrzeugs, das den Geschwindigkeitsweltrekord seinerzeit auf 112 km/h brachte. Der rastlose Genius hatte auch kuriose Ideen: So züchtete er Schafe, die durch regelmäßige Doppelwürfe den Bestand der Lämmer erhöhen sollten, und er versuchte Atemluft zur Frischwasser-Gewinnung zu nutzen. Juli/August täglich 9-18 Uhr; $7,50.

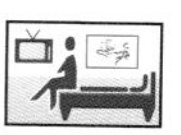

Unterkunft

Wer in Baddeck übernachten möchte, ist gut aufgehoben im

- ***Inverary Resort***, Pool, Sauna, Räder, ✆ (902) 295-3500 oder ✆ 1-800-565-5660, DZ $99-$139 sowie der
- ***Silver Dart Lodge***, Ufergelände, Pool, Räder; ✆ (902) 295-2340 & ✆ 1-888-662-7484; DZ $85-$165. Teurer die *Dependance*-Zimmer im *Mac Neil House*; ab $149; www.silverdart.com.
- Preiswerter ist das ***Telegraph House-Motel*** in der Chebucto Street; unterschiedliche Preise fürs Motel und das *Inn* in einem viktorianischen Haus, ✆ (902) 295-1100, $75-$120.

Südwestlich von Baddeck befinden sich am TCH #105 einige Campingplätze: ***Bras d'Or Lakes Campground*** (www.brasdorlakescampground.com), ***Cabot Trail KOA Campground*** und ***Silver Spruce Vacation Park***. Bis zum ***Whycocomagh PP*** sind es 33 km.

Cabot Trail

Der ***Cabot Trail*** beginnt 10 km südlich von Baddeck. Er führt zunächst durch Wiesen und Felder im Tal des weitläufigen *Margaree River*, eines der lachsreichsten Flüsse Ostkanadas. Im ***Salmon Museum*** von North East Margaree erfährt man alles über das Leben der Lachse und die Kunst des Lachsfangs. Im Sommer täglich geöffnet 9-17 Uhr; $2.

Alexander Graham Bell Museum bei Baddeck

5

Cheticamp

www.museeacadien.ca

Zwischen Margeree Harbour und Cheticamp erinnert der geradlinige Küstenabschnitt mit seiner Hügellandschaft und bis ans Meer reichenden Wiesen an Irland. Das langgestreckte Fischerdorf **Cheticamp** ist die bedeutendste akadische Siedlung auf Cape Breton: Überall sieht man den gelben Stern Akadiens auf der Trikolore, und man spricht Französisch; www.cheticampns.com.

Museum

Gegenüber der Steinkirche liegt das kleine ***Acadian Museum*** (Mitte Juni bis Ende September täglich 8-21 Uhr, Nebensaison 9-18 Uhr, gratis); hier kann man das historische Erbe besichtigen und akadisch essen. Anschließend lohnt ein Bummel auf dem *Boardwalk* am Wasser (dort befinden sich auch die ***Tourist-Info*** und der Anleger der ***Whale Watching Tours***). Auch seinen Picknick-Korb sollte man hier auffüllen, denn Chetikamp ist der letzte größere Versorgungsort vor dem Nationalpark.

An der nördlichen Ortsausfahrt fällt das blau-weiß-rote kulturelle Zentrum ***Les Trois Pignons*** ins Auge. In der dortigen ***Elisabeth LeFort Gallery*** – dürften für Touristen nur die Gobelins und gehäkelten Teppiche (*Hooked Rugs*) interessant sein (Juli/August täglich 9-19, sonst bis 17 Uhr, kleiner Eintritt, Internetzugang).

Walbeobachtung

In Cheticamp starten ca. dreistündige ***Whale-Watching-Trips***. Mit hoher Wahrscheinlichkeit sieht man Mink- und Finnwale sowie zahlreiche Wasservogelarten, u. a. Weißkopfadler. Mai+Juni 18 Uhr, Juli-Mitte August 9, 13, 18 Uhr, dann bis Mitte September 9, 13, 17 Uhr; $30, Kinder $15.

Unterkunft

- ***Acadian Motel*** am Hafen, ✆ (902) 224-2460, Fax -1431,$70-$85
- ***Laurie's Motor Inn***, Main Street, ✆ (902) 224-2400, $95-$155; www.lauries.com
- ***L'Auberge Doucet Inn*** mit Restaurant;etwas abseits der #19; ✆ 1-800-646-8668, $65-$150; www.aubergedoucetinn.com
- ***Ocean View Motel*** am Meer, ✆ (902) 224-2313, $90-$220; www.oceanviewchalets.com

Camping

Zwischen Grand Étang und Cheticamp befindet sich auf einer Landzunge der schattige ***Plage St. Pierre Campground*** (vom südlichen Ortsende per Damm erreichbar). Dort steht man direkt am Golf; Strand, Schwimmen, Laundromat; $25-$30.

Wanderweg Skyline Trail im Nationalpark; im Hintergrund gut erkennbar ist die im Auf und Ab den Park umrundende Straße

Cape Breton Highlands National Park

Der ***Cape Breton Highlands National Park*** (www.pc.gc.ca/capebreton) ist mit seiner Fläche von fast 1000 km² der größte und im Inneren unberührteste Nationalpark der *Maritimes*. Dort stehen die höchsten Berge Nova Scotias (bis zu 500 m). Das Hochplateau im Parkzentrum – die Landschaft mit Wäldern, Wasserfällen und Feuchtgebieten erinnert an schottische *Highlands* – ist nur über Wanderungen zugänglich.

Den ***Cabot Trail*** fährt man am besten im Uhrzeigersinn; er folgt über 106 km der Parkgrenze, verläuft also nur im Westen und Osten als Küstenstraße, von deren Höhen sich immer wieder grandiose Ausblicke über felsige Steilküsten auf den Gulf of St. Lawrence und den Atlantik bieten; www.cabottrail.com.

Information

Visitor Centers am westlichen und östlichen Eingang haben Unterlagen/Karten zu Geologie, Flora, Fauna und **26 Wanderwegen** (500 m bis 28 km). Der Eintritt beträgt $6,80 pro Tag und Person, Kinder & Jugendliche $3,40, Familienpass $17,10.

Drei große **Campingplätze** ab $20, mit Hookup $25-$35, liegen an den Ein-/Ausfahrten, drei kleinere an der Strecke.

Die nördlichste Kapspitze gehört nicht zum Nationalpark; dort befinden sich mehrere Fischerdörfer mit Läden und Lokalen, Motels, Tankstellen und kommerziellen Campingplätzen.

Westküste

Bei oder nahe den drei Aussichtspunkten mit Schautafeln zu Geologie, Siedlungsgeschichte und Meeresfauna (*Cap Rouge Fishing Cove* und *MacKenzie*) beginnen küstennahe Wanderwege, z.B. der ***Skyline Trail*** (7 km Rundwanderung), der kürzeste ***The Bog*** (ca. 600 m *Boardwalk* durch ein Feuchtgebiet, wie es sich viel im Parkinneren findet) und der 2-km-*Loop* ***Le Buttereau*** (mit *Bird Watching*). Anstrengender ist der 16 km lange **Rundwanderweg** zur *Fishing Cove* am Meer, mit dem einzigen Primitiv-Campingplatz im Park.

Nordspitze

Nach einem wunderbaren Blick auf die weite, jetzt flache Bucht erreicht man den reizvollen Ort **Pleasant Bay** (außerhalb des Parks) mit kleinem Fischerhafen (auch dort *Whale Watching Trips*), ***Internet-Café*** und zwei sehr ordentlichen Motels:

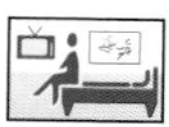

- ***Salty Mariner's Motel & Inn*** (mit Restaurant, Badeufer und Blick), © (902) 224-1400 oder © 1-800-292-3222, ab $79
- ***Mountain View Motel&Restaurant***, © (902) 224-2368, $70-$125; http://themountainview.com

Der ***Cabot Trail*** knickt hinter Pleasant Bay nach Osten ab und verläuft landeinwärts bis zum geologisch interessanten **Aspen Valley** durch Wälder. Auf dem Weg dorthin passiert man zwei kleine **Campingplätze** (mit Regenhütte), zugleich Ausgangspunkt für weitere Rundwanderwege zu einem Wasserfall bzw. durch ein 300 Jahre altes Ahorn-Wäldchen.

Abstecher

Bei **Cape North** (mit Tankstelle) zweigen zwei Stichstraßen vom *Cabot Trail* nach Norden zum Kap ab. Beide Abstecher sind nicht nur wegen der schönen Strände empfehlenswert:

Fischreusen bei Neil's Harbour

- 16 km sind es bis Bay St. Lawrence (***Whale-Watching***, im Sommer täglich 6, 10.30, 13.30, 16.30, 20 Uhr, ab $25) und über einen Feldweg weiter bis Meat Cove (mit **Campingplatz**).
- Nach 2 km erreicht man Dingwall (ebenfalls mit ***Whale-Watching Trips***); kurz vor Dingwall passiert man rechterhand den Picknickplatz *Cabots Landing*, wo der Entdecker 1497 am langen Sandstrand an Land ging (⇨ Seite 509).

Auch bei **South Harbour** sollte man den *Cabot Trail* Richtung Küste verlassen, um ihn später wieder zu erreichen. Dieser *Bypass* führt über White Point nach **Neil's Harbour**, einem Fischernest mit geschütztem Sandstrand und dem schlichten ***Chowder House*** auf den Klippen; dort gibt es köstliche **Fischsuppen** und kurz vor der *Cabot Trail*-Kreuzung am Ortsausgang den tollen **Picknickplatz *Neil Brook*** direkt am Wasser.

Unterkunft

- ***Markland Coastal Resort***, Bungalows am langen Sandstrand, © 1-800-872-6084, $129-$299; www.marklandresort.com
- ***Four Mile Beach Inn***/Aspen Bay im alten *General Store*, © 1-888-503-5551, $79-$169; www.fourmilebeachinn.com

Camping

- der ***Jumping Mouse Campground*** (mit *Cabins*) liegt in Bay St. Lawrence hoch über dem Meer auf einer Wiese
- der ***Hide Away Campground & Oyster Market*** in Dingwall ist besonders schön (toll Stellplatz #14); mit Kanu/Kajak-Verleih und Austernverkauf; www.campingcapebreton.com

Ostküste

Südlich von **Neil's Harbour** läuft der *Cabot Trail* wieder als Küstenstraße durch den Nationalpark. Dessen östlicher Bereich ist – geschützt vor den Westwinden – weniger rauh, und es finden sich kleine, von rosa Granitfelsen eingerahmte Sandbuchten. Als Naherholungsgebiete von Sidney/Glace Bay sind sie nicht so einsam wie die Parkstrände im Westen.

Auch hier nehmen **Wanderwege** ans Wasser ihren Ausgang direkt am *Cabot Trail*. Insbesondere die an der Straße als #15-#18 ausgeschilderten *Trails* führen durch abwechslungsreiches Terrain mit Bade- und Picknickplätzen.

Camping

Der ***Broad Cove Campground*** gewinnt durch den romantischen **Warren Lake** auf der landseitigen Straßenseite mit Grill, Badestrand und Rundweg. 20 km südlich und noch schöner liegt der ***Ingonish Campground*** (*Freshwater Lagoon*).

Ingonish

www.ingonish.com

Die Siedlungsenklaven **Ingonish** bzw. **Ingonish Beach** gehören nicht zum Park, dessen Ende man erst mit der *Middle Head Peninsula* erreicht. Auf ihr liegt die ***Keltic Lodge***, ein Luxus-Sommerhotel (Golf/Tennis/Pool) auf Rasen über der Steilküste; auch 10 Cottages; ✆ 1-800-565-0444, $139-$442; www.celticlodge.ca

Gleich hinter der *Lodge* führt der ***Middle Head Trail*** über Wiesen zum 4 km entfernten kliffreichen Kap.

Das kleine ***Visitor Center*** am östlichen Ein-/Ausgang des Nationalparks hält nur das wichtigste Park-Material bereit

Die Übernachtungsalternativen sind trotz des relativ starken Tourismus hier nicht sehr zahlreich; in Frage kommen außer der erwähnten, teuren *Keltic Lodge* z.B.:

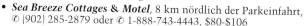

- ***Sea Breeze Cottages & Motel***, 8 km nördlich der Parkeinfahrt, ✆ (902) 285-2879 oder ✆ 1-888-743-4443, $80-$106
- ***Glenghorm Beach Resort***, 5 km nördlich der Parkeinfahrt, ✆ (902) 285-2049, $89-$123, prima *Cottages* $130-$190
- ***Cape Breton Highlands Bungalows*** am Parkeingang, super gelegen am See, 25 Cottages, ✆ (902) 285-2000, $62-$85

Cape Smokey

Der ***Cabot Trail*** schneidet danach das hochgelegene ***Cape Smokey*** ab (Picknickplatz mit tollem Küstenblick) und folgt dann nach einem Inlandsschlenker bis St. Ann`s dem Küstenverlauf, um schließlich auf den TCH #105 zu stoßen.

St. Ann`s

In St. Ann`s (#101, *Exit* 11) befindet sich das ***Gaelic College of Arts and Culture***, ein Institut, das als einziges in Nova Scotia noch die einst von den schottischen Einwanderern mitgebrachte gälische Kultur pflegt. Im Sommer werden Kurse für gälische Sprache, Dudelsackpfeifen und Tartanweben abgehalten. Das dazugehörige ***Great Hall of the Clans Museum*** zeigt u.a. die Geschichte der schottischen Immigration; Mitte Juni–Ende Sept. täglich 9-17 Uhr (Laden bis 20, Sa/So bis 18.30 Uhr), Eintritt $5, Kinder frei; www.gaeliccollege.edu.

In stetem Wechsel windet sich der Cabot Trail durch die Cape Breton Highlands und hat immer wieder auch Abschnitte direkt an der Küste

Über Sydney nach Louisbourg

Industrie-revier Sydney

www.sydney.capebretonisland.com

Wer vom *Cape Breton Park* den zweiten Nationalpark der Insel, ***Fortress Louisbourg***, ansteuert, verläßt südlich von Indian Brook den *Cabot Trail* und folgt der Straße #312 zur Fähre nach Englishtown (über St. Ann`s zusätzliche 30 km). Von dort geht es auf den Straßen #105 bzw. #125 über North Sydney nach **Sydney** und **Glace Bay,** den einzigen Städten auf Cape Breton Island (ca. 30.000 bzw. 20.000 Einwohner). Beide verdanken ihre Existenz großen Kohle-Vorkommen, die bis weit unter den Atlantik reichen und schon von den Franzosen entdeckt wurden. Die Kohle wird nach wie vor gefördert und überwiegend exportiert, aber die auf der Kohle gegründete Eisen- und Stahlerzeugung ging in den letzten Jahrzehnten deutlich zurück, was – unvermeidlich und unübersehbar – erhebliche strukturelle und sozio-ökonomische Probleme mit sich brachte.

North Sydney

North Sydney ist ausschließlich als Hafen für die **Fähren nach Neufundland** von Interesse – nach Channel-Port-aux-Basques bzw. Argentia, ➪ Seite 655. Beim ***Ferry Terminal*** befindet sich das ***North Sydney Tourist Bureau*** in einem Häuschen mit groß aufgemalten Fragezeichen.

Sydney

Sydney verdient keine besondere touristische Aufmerksamkeit; man findet dort aber viele Hotels und Motels. Die meisten, darunter Häuser der Ketten ***Best Western***, ***Holiday Inn***, ***Comfort Inn***, ***Delta*** und ***Keddy's Inn*** stehen an der Straße #4, die von der Autobahn #125 durch Sydney nach Glace Bay führt. Reservierung über die jeweilige 800-Nummer, ➪ Seite 150.

Glace Bay

Ein Abstecher könnte dem ***Miners' Museum*** und dem ***Marconi National Historic Site*** (www.pc.gc.ca/marconi) in Glace Bay gelten. Beides lohnt sich nur bei starkem Interesse an der Thematik.

Der ***Marconi Site*** (Timmerman Street, im Stadtteil Table Head am Meer) zeigt u.a. die Rekonstruktion der Funkstation, von der 1902 die ersten drahtlosen Nachrichten über den Atlantik tickerten. Juni bis Mitte Sepember. täglich 10-18 Uhr, gratis.

Bergbau-Museum

Im ***Miners' Museum*** (Birkley Street, Quarry Point, ebenfalls am Meer, abseits der South Street; www.minersmuseum.com) wird u.a. ein Film über Bergarbeiter-Aufstände in den frühen 1920er-Jahren gezeigt; in ***The Miners Village*** stehen Modelle zu Zechenbau und Kohleförderung sowie von Wohnquartieren der Kumpel. Führung durch die Stollen einer alten Kohlenmine und simulierte Grubenfahrt. Geöffnet Juni bis Anfang September täglich 10-18 Uhr, Rest des Jahres Mo-Fr 9-16 Uhr; Eintritt inklusive Minentour $10, Kinder $8. Ohne Mine $5 bzw. $4.

Camping

Auf dem Weg von Glace Bay bzw. Sydney nach Louisbourg auf der Straße #22 passiert man nur ein paar Kilometer nördlich der Straße #22 die Zufahrt zum schön am Fluß gelegenen ***Mira River Provincial Park*** mit Badestrand & Duschen, $18.

Louisbourg

Das im Hafenbereich ganz ansehnliche **Louisbourg** (heute ca. 1.500 Einwohner, www.louisbourg.com) liegt nur wenige Autominuten östlich des ***National Historic Park*** und besitzt eine voll auf die Gäste ausgerichtete touristische Infrastruktur. Den **drei Museen** des Ortes (*Railway Museum mit Info Center, Atlantic Statiquarium Marine Museum, House of Dolls*) bringen die meisten Besucher kein besonderes Interesse entgegen, die Mehrheit zieht es nur und zu Recht direkt zur ***Fortress of Louisbourg***.

www.fortress.uccb.ns.ca

Fortress de Louisbourg

Die **Rekonstruktion** der einstigen französischen Festungs- und Handelsstadt Louisbourg (www.pc.gc.ca/louisbourg) gilt als eines der aufwendigsten Projekte dieser Art. Rund 50 Gebäude wurden seit 1961 wiederaufgebaut. Beeindruckend ist nicht nur die Größe der Anlage, sondern auch deren städtische Struktur. Im Gegensatz zu fast allen anderen *Living Museums*, die überwiegend ländliche Siedlungen »wiederbelebten«, ist hier alles äußerst massiv, einschließlich der 10 m hohen Befestigungen; .

Geschichte

Damals wie heute war die Festung ein Prestigeobjekt. Das durch den Frieden von Utrecht 1713 geschwächte Frankreich wollte auf dem neuen Kontinent Stärke demonstrieren. Also wurde nicht gespart, obwohl der militärische Nutzen der Anlage von Anfang an fraglich erschien. Und tatsächlich konnten die Engländer das Fort gleich zweimal relativ mühelos erobern (zunächst 1745 und noch einmal 1759), brauchten hingegen 1768 über 5 Monate, um es dem Erdboden gleich zu machen.

Rekonstruktion

Heute ist die ***Fortress de Louisbourg*** **ein Vorzeigeobjekt** des maritimen Canada. Der Wiederaufbau sollte der Region nach dem Niedergang der Kohle- und Stahlindustrie neue Impulse geben. Das gelang: Trotz der abseitigen Lage zieht der Nationalpark Jahr für Jahr Hunderttausende von Touristen an, die sich unter die »Bevölkerung« dieser Stadt aus der Zeit um 1740 mischen. So konsequent wie dort gehen die kostümierten Soldaten, Kaufleute, Hausfrauen, Kneipenwirte, Priester und Gesindel in keinem anderen *Living Museum* ihren zeitgenössischen Aufgaben nach.

In der Anlage

Vom ***Reception Center***, das über Geschichte und Wiederaufbau von Louisbourg informiert, geht es per Bus »zurück in die Vergangenheit«: An der Zugbrücke stellt sich ein Soldat in den Weg,

fordert auf Französisch: »*die Parole!*« und macht so den – meist nur englisch sprechenden – Touristen klar, daß sie »feindliches Gebiet« betreten. Innerhalb der Stadtmauern kann es passieren, daß Besucher in Streitereien verwickelt oder in einer Kneipe Zeugen inszenierter Schlägereien werden.

Küche samt Personal, alles wie im 18. Jahrhundert

Abrunden läßt sich der historische Spaziergang durch eine Mahlzeit nach alten Rezepten in einem der beiden stilgerecht eingerichteten **Restaurants**. Wem das zu kostspielig ist, kauft sich fürs Picknick einen Laib deftiges ***Soldier's Bread*** oder andere Backwaren in der *Military Bakery*.

Zeiten und Information

Geöffnet im Juli/August täglich 9-17.30 Uhr; Juni und September 9.30-17 Uhr; Eintritt $16,50, Kinder bis 16 Jahre $6,75; Mai und Oktober stark ermäßigte Preise, da dann vieles geschlossen und das Programm eingeschränkt ist.

Unterkunft

Quartiere findet man in und vor Louisbourg ebenso wie an der Zufahrtstraße zur *Fortress*, z.B.:

- ***Fortress Inn Louisbourg***, Main Street, © (902) 733-2844, $66-$120; www.louisbourg.ca
- ***Cranberry Cove Inn***, 12 Wolfe Street zwischen *Fortress* und der Stadt in einer alten Villa, © (902) 733-2171; $105-$160
- ***Stacey House B&B***, Main Street, *Fortress*- und Hafenblick, © (902) 733-2317 und © 1-866-924-2242, $55-$85

Camping

- ***Lakeview Treasures Campground & RV*** am See, 10 km nördlich von Louisbourg an der #22, © (902) 733-2058, $22-$33; www.louisbourgcampground.com.

Straße #4

Für den Weg zurück zum *Canso Causeway* wählt man am besten die Straße #4 am Ostufers des Bras d'Or Lake entlang. Ein Abfahren der kleinen Uferstraßen am Atlantik bringt wenig und führt teilweise über *Gravel Roads*.

St. Peters
www.pc.gc.ca/stpeterscanal

Nur eine schmale Landbrücke trennt bei St. Peters den Bras d'Or Lake vom offenen Meer. Schon 1650 baute der französische Abenteurer *Nikolas Deny* einen Bohlenweg über den Isthmus, auf dem Boote vom Atlantik in den See und umgekehrt gezogen wurden. Der heutige ***St. Peters Canal*** und die Schleusen stammen aus der Mitte des 19. Jahrhunderts und sind ein ***National Historic Site***.

Der ***Battery Provincial Park*** auf der Ostseite des Kanals verfügt über große *Campsites* in einem hügeligen Waldgebiet.

5.3.7 Von Cape Breton nach Prince Edward Island (PEI)

Routenplanung

Hinter dem ***Canso Causeway*** wieder auf dem TCH #104 Richtung Westen, sollte man spätestens hier den **Besuch von Prince Edward Island** erwägen. Zwei alternative Routen bieten sich an:

»Bogen«

- Man könnte in **Caribou** (bei Pictou) **mit der Fähre** übersetzen, um nach einem **Bogen** durch die südöstliche und mittlere PEI die Insel über die *Confederation Bridge* zu verlassen oder

»Schleife«

- die ***Confederation Bridge*** für die Hin- und Rückfahrt nutzen und nach einer **Schleife** durch Zentral-PEI (ohne den Osten) wieder über die Brücke aufs Festland gelangen. In diesem Fall stellt sich die Frage der Anfahrt zur *Confederation Bridge*: Entweder fährt man ganz auf dem TCH (#104) über Truro und Amherst oder über Pictou entlang der Nordküste Nova Scotias auf dem reizvollen 150 km langen Westteil des ***Sunrise Trail***.

Empfehlung

Wenn die Zeit es zulässt, empfiehlt sich die letztgenannte Variante: ***Sunrise Trail*-Brücke-PEI-Besuch-Brücke**.

Auf PEI schließen beide Strecken – Bogen wie Schleife – einen Besuch der Hauptstadt Charlottetown und des Nationalparks ein. Dabei wird die Schleife im Uhrzeigersinn, der Bogen entgegengesetzt beschrieben, so dass die »Bogen-Route« ab Charlottetown über die Nordküste zur Brücke gegen die »Fahrtrichtung« dieses Buches läuft.

Antigonish/ New Glasgow

Die Städte **Antigonish** (Universität) und **New Glasgow** (5.000 bzw. 10.000 Einwohner) lohnen einen Stopp nur, wenn gerade in New Glasgow das ***Scottish Festival of the Tartans*** oder in Antigonish die ***Highland Games*** (beide im Juli) stattfinden; www.antigonishhighlandgames.com.

Stellartown
http://museum.gov.ns.ca/moi

Direkt am TCH #104 (*Exit* 24) liegt in **Stellartown** – weithin sichtbar – das bemerkenswerte ***Nova Scotia Museum of Industry*** mit kostümierten Interpreten in den z.T. interaktiven Abteilungen zur Industriegeschichte der Provinz. Von Dampfloks über E-Energie zum Computer. Auch für Kinder prima. Mo-Sa 9-17, So 13-17 Uhr; Eintritt $7, Kinder (6-17 Jahre) $7,50/$3,25.

Pictou

Für Schotten ist Pictou die **Geburtsstätte** von **Nova Scotia**, weil hier 1773 ihr Segelschiff ***Hector*** mit 33 Familien und 25 alleinstehenden Männern an Bord landete. Damit hat die *Hector* eine

Hotelzimmer in alten Eisenbahnwaggons in Tatamagouche, ⇨ *rechts*

ähnliche Bedeutung für Schotten, wie die *Mayflower* in Neuengland (⇨ Seite 254) für die Engländer.

Hector Heritage Quay

www.townofpictou.com/hhq

Augenfällig sind die typisch-schottischen Steinbauten in Pictous Zentrum; unterhalb davon wurde – trotz der monströsen *Paper Mill* gegenüber – die begrünte *Waterfront* als ***Hector Heritage Quay*** historisch gestaltet. Neben einem Ausflug in Nova Scotias Geschichte (*Interpretation Centre*) sieht man eine **Replika der *Hector***. Kostümierte Führer erklären die Arbeit in Bootsbauer-/Schmiedewerkstätten; www.townofpictou/hhq.

Mitte Mai bis Mitte Oktober Mo-Sa 9-17 Uhr, Juli/Aug. Di-Do bis 19 Uhr, So 10-17 Uhr; Eintritt $7, Jugendl. $5, Kinder bis 12 $2.

Empfehlenswert ist das *Seafood*-Restaurant ***Fougerere`s***.

Unterkunft

- ***Consulate Inn***, 157 Water St; mit Hafenblick und Restaurant, ✆ 1-800-424-8283, $95-$160; www.consulateinn.com
- ***Brenda's Place to Stay*** (B&B), 160 Haliburton Road, ✆ 902-485-8653, $80 mit Frühstück ($70 ohne eigenes Bad)
- ***Braeside Inn***, 126 Front Street gleich nebenan, etwas gehobener, ✆ 1-800-613-7701, $65-$175; www.braesideinn.com

Nach PEI

Von Pictou aus sind es nur noch wenige Kilometer nach **Caribou**, dem Anleger für die Prince Edward Island-Fähre; **Fahrplan und Tarife** ⇨ Seite 606.

Camping

Der ***Caribou Provincial Park*** liegt beim Fähranleger (kurz vorher rechts ab) in einem Wäldchen am Wasser.

Sunrise Trail

Hier wird nur der westliche Teil dieser insgesamt 450 km langen Route beschrieben, um – als **Alternative zum TCH** – von Caribou bzw. Pictou zur Brücke nach PEI zu gelangen. Der *Sunrise Trail* ist kaum touristisch, die Küste hier flach und feucht-grün mit einigen tief eingeschnittenen Landfingern; www.sunrisetrail.ca.

An die rosafarbenen Sandstrände spült das relativ warme Wasser des Northumberland Strait. Viele ***Beach Parks*** zum Picknicken und Baden liegen an der Strecke.

Tatamagouche

Einzig wesentlicher Versorgungsort ist Tatamagouche mit einem Hotel zum Verlieben, dem ***Train Station Inn***: Der alte Bahnhof am Fluß (Radeln/Wandern) wurde zum Foyer und **Restaurant**, die Waggons davor liebevoll zu Zimmern und Suiten im Grünen umgebaut. © (902) 657-3222 oder © 1-888-724-5233, \$100-\$170; Waggon ab \$98; www.tata.ns.ca; www.trainstation.ns.ca.

Einfach und klassisch dagegen ist das ***Balmoral Motel and Mill Dining Room***, Main Sreet (bei der Mall), Wasserblick, © (902) 657-2000 oder © 1-888-383-9357, ab \$90; www.balmoralmotel.ca.

Abstecher

Bei etwas Zeit lohnen die folgenden beiden Abstecher vom *Sunrise Trail* (#6) nach Malagash und Wallace am Wasser:

- In **Malagash** gibt`s eine (deutschstämmige) Winzerei zu besichtigen: Die ***Jost Vineyards*** sind ausgeschildert. Große Verkaufsausstellung mit Deli-Patio; Spielplatz; Führung um 12 und 15 Uhr; im Sommer täglich 9-18; www.jostwine.com

- Vom Fischerdorf **Wallace Bay** geht es über Fox Harbour zur umwerfend schönen ***Gulf Shore Beach*** sowie zum privaten ***Gulf Shore Camping Park*** am Meer; Baden, Duschen, Spielplatz; nur Ende Juni bis Anfang September, \$20.

Vor der Brücke kann man auch noch auf dem ***Amherst Shore Provincial Park***, 6 km östlich Lorneville an der #366 campen; ein Pfad führt ans Wasser. Baden, Duschen, Spielplatz, \$16.

Confederation Bridge

In **Tidnish Bridge** verläßt man den *Sunrise Trail,* um Richtung Westen auf den TCH (#16) zu stoßen. Er führt einen entweder auf die #2 Richtung Moncton/NB oder zum Cape Jourimain zur ***Confederation Bridge*** nach PEI; www.confederationbridge.com.

Die Confederation Bridge verbindet Prince Edward Island mit New Brunswick

5.4 Prince Edward Island (www.peiplay.com)

5.4.1 Charakteristik der Insel

Geographie

Ein Blick auf die fast fledermausförmige, kleinste Provinz Canadas lässt erkennen: Die **Malpeque Bay** im Westen und der fjordartige, die Insel fast durchtrennende **Hillsborough River** im Osten teilen Prince Edward Island (PEI) in drei Regionen: Im mittleren, dem zentralen ***Queens County***, liegen die Hauptstadt Charlottetown, etliche schöne Städtchen und der beliebte ***Prince Edward Island National Park***.

Eindruck

Die beiden äußeren »Flügel« – im Osten ***Kings County***, im Westen ***Prince County*** – muss man nicht vollständig bereisen. Denn die **Inselidylle** ist überall ähnlich: ebenes oder nur leicht welliges Acker- und Weideland und immer wieder Wasser im Blickfeld. Kein Punkt der Insel ist weiter als 16 km vom Meer entfernt. Rötliche Erde, grüne Wiesen und Felder und *Clapboard*-Häuser, dazwischen Holzkirchen, bestimmen das Bild.

Straßen

Das dichte Straßennetz verbindet zahlreiche Dörfer und Farmen; viele auf der Karte verzeichnete Orte sind winzig und bestehen oft nur aus Tankstelle, Laden und einer Handvoll verstreuter Anwesen. Das Dünen- und Strandgebiet des Nationalparks erinnert an die dänische Nordseeküste.

Quartiere

Auf PEI gibt es **keine Häuser der Hotelketten**, aber viele ***Cottages*** und ***Bed & Breakfast Places***: www.canadacottageguide.com/province/PEI.cfm. Die standardisierte Ausschilderung am Straßenrand – Straßenwerbung ist verboten – erleichtert die Suche.

5.4.2 Die beiden Routen über die Insel

Start

Gemäß den beiden unter Kapitel 5.3.7 auf Seite 601 erläuterten Strecken beginnen die folgenden Hinweise mit der Ankunft auf PEI. Entweder per Fähre in ***Wood Island*** oder jenseits der Brücke in ***Gateway/Borden***. In beiden Fällen läuft die Routenbeschreibung gegen den Uhrzeiger (zurück) zur ***Confederation Bridge***.

Illegal to transport
Honey Bees to PEI
without a permit.
PRINCE EDWARD ISLAND DEPARTMENT OF AGRICULTURE

Auf keinen Fall dürfen Sie Ihre Honigbienen nach Prince Edward Island mitnehmen.

Steckbrief Prince Edward Island/PEI (www.gentleisland.ca)

138.000 Einwohner; 5.680 km^2: 224 km lang, zwischen 6 km und 64 km breit; **Hauptstadt** ist **Charlottetown** mit 32.000 Einwohnern; größere Orte sind **Summerside** mit 7.500 und **Montague** mit 2.000 Einwohnern.

Prince Edward Island ist gekennzeichnet durch eine überwiegend sanfte grüne, kaum (noch) bewaldete Hügellandschaft – die höchste Erhebung 142 m – und zahllose Buchten, Lagunen und Strände. Die kürzeste Distanz zum Festland beträgt an der *Northumberland Strait*, die erst seit 1997 von der *Confederation Bridge* überspannt wird, 14 km.

Prince Edward Island hat praktisch keine Industrie und lebt überwiegend von der **Landwirtschaft**, speziell von Viehzucht und dem Anbau von Kartoffeln. Wichtige Wirtschaftsfaktoren danach sind **Fischfang** (vor allem Hummer, Austern, Muscheln, Thunfisch) und im Sommer der wachsende **Tourismus**.

Touristische Ziele sind in erster Linie die langen Strände des ***Prince Edward Island National Park***, die Hauptstadt Charlottetown und die Provinzparks an den Küsten. Viele Besucher kommen eigens zum **Hummerschmaus** auf die Insel.

TCH #1

Wer über die Brücke kommt, steuert **auf dem TCH (#1) zunächst Charlottetown** an; das gilt auch für Fährenbenutzer, die zügig von *Wood Island* über Charlottetown (61 km) zum Nationalpark fahren möchten (weitere 18 km).

Alternativroute ab Wood Island

Für Fährenbenutzer aus Nova Scotia ist – bei ca. doppelter Kilometerzahl – der Umweg auf einem Teilstück des ***Points East Coastal Drive*** über Murray Harbour und Georgetown durch den lieblichen Südosten der Insel interessanter als die direkte Route.

Über Charlottetown zum Nationalpark

Die Hauptstadt ist zugleich natürlicher **Kreuzungspunkt aller PEI-Routen**. Von dort geht es dann auf der Straße #15 zur zentralen Nationalpark-Einfahrt bei Brackley Beach und über Malpeque bzw. entlang der Malpeque Bay zurück zur *Confederation Bridge* für die Weiterfahrt nach New Brunswick.

Scenic Drives

Ein Abfahren der drei auf den offiziellen Provinzkarten markierten ***Scenic Drives*** (***Points East Coastal Drive*** im Osten, ***Blue Heron Drive*** im Zentrum und ***North Cape Coastal Drive*** im Westen) macht für Besucher mit begrenzter Zeit nur wenig Sinn. Diese Strecken sind nur abschnittsweise attraktiv.

Brücke und Fährverbindung

Die ***Confederation Bridge*** Prince Edward Island (bei Borden) mit dem Festland (Cape Tormentine). Sie gehört zu den längsten der Welt (13 km). Der **Brückenzoll** wird erst bei der Rückfahrt kassiert: $41.50 für 2 Achsen, jede weitere Achse $6,75, Motorräder $16,50, jeweils inklusive aller Insassen. © 1-888-437-6565; www.confederationbridge.com

Fährtarife Hin-und Rückfahrt: Pkw/Vans inklusive aller Insassen $59, Campmobile bis 40 Fuß $80, Passagiere ohne Fahrzeug $14, Kinder frei. Im Sommer bis 9-mal täglich, 75 min, © 1-888-249-7245; www.peiferry.com.

Kassiert wird für Brücke/Fähre jeweils nur auf der Route PEI–Festland. Wer beides benutzt, zahlt also bei Hinfahrt per Fähre und Rückfahrt über die Brücke etwas weniger.

5.4.3 Über die Confederation Bridge nach Charlottetown

Nach 13 km Fahrt auf der neuen Brücke erreicht man PEI in dem **Retortenort Getaway**, der den alten Fährort Borden so gut wie verdrängt hat. Im ***Visitor Center*** führt eine kleine Ausstellung in die Insel ein. Viele Shops, Outlets und Restaurants, aber kein Motel. Auf dem TCH #1 sind es noch 56 km bis Charlottetown. Auf dem Weg dorthin lohnt ein Stopp im beschaulichen Fischer- und **Künstlerdorf Victoria** – mit Mini-Wharf und zwei netten ***Seafood Restaurants*** – an einem verschlafenen Küstenstreifen.

Victoria

- ***Orient Hotel***, modernisiertes Landhotel, © 1-800-565-6743, DZ $80-$100, Suite $150; www.theorienthotel.com
- ***North River Motel***, Cornwall TCH #1, © (902) 566-2645, ab $79

Fort Amherst

Einen Abstecher wert ist der ***Fort Amherst Nat'l Historic Site*** auf einer Halbinsel am Hillsborough River. Die Reste einer alten britischen Festungsanlage sind dort gut erhalten. Besichtigung frei. Am jenseitigen Ufer des Flusses sieht man Charlottetown.

Charlottetown
www.city.charlottetown.pe.ca

Die kleinste **Provinzhauptstadt** Canadas liegt auf einer Landzunge in der Hillsborough Bay. Der TCH durchquert Charlottetown in West-Ost-Richtung in der Form eines langgezogenen »Z«, in dessen oberem Winkel ein großer *Shopping District* und in dessen unterem Winkel das Stadtzentrum liegen, dort, wo die University Ave auf die Grafton Street trifft. Wer die Grafton über eine ihrer Querstraßen (Weymouth, Hillsborough oder Prince Street) nach Süden verlässt, findet leicht einen **Parkplatz** im Bereich des ***Peake`s Quay*** mit einer ***Tourist Information*** (178 Water Street); www.visitcharlottetown.com.

Rundgang

Wer von dort westlich die Great George Street hochgeht, erreicht ***Province House*** und das ***Arts Centre***. Dahinter liegt das Geschäftszentrum mit der ***Confederation Mall*** im Häuserblock der University Ave/Grafton und Kent Street. Doch zunächst fällt der

Blick links vor dem *Province House* in die **Victoria Row**, eine Fußgängerstraße mit vielen Bistros und – an der hinteren Ecke – einem ***Anne of the Green Gables-Shop*** (www.annestore.ca, ➪ Seite 613). Wer nun im Uhrzeigersinn um das Straßenkaree des *Province House* geht bzw. noch den darüberliegenden Block dazunimmt, ist einmal um den Stadtkern herumgelaufen und gelangt über die Prince Street bergab zurück zur ***Waterfront***.

Arts Centre

Anläßlich des hundertjährigen Jubiläums der ersten Konferenz wurde 1964 neben dem *Province House* das ***Confederation Centre of the Arts*** errichtet, ein nicht so recht ins Stadtbild passender Betonbau. Jeden Sommer wird dort das nationale Kultstück ***Anne of Green Gables*** aufgeführt (➪ Seite 613; www.confederationcentre.com). Die **Gemäldegalerie** des *Art Centre* (im Sommer täglich 9-17 Uhr, sonst Mi-Sa 11-17 Uhr, So 13-17 Uhr; kleiner Eintritt) zeigt hauptsächlich kanadische Maler.

Historische Gebäude

Unübersehbar sind in Charlottetown die vielen Verwaltungsgebäude. Erwähnung verdienen die ***City Hall*** (Kent/Queen Street), die auch das ***Tourist Center*** beherbergt, und vor allem das schon genannte ***Province House*** von 1847, ein ***National Historic Site*** (Grafton/Prince Street). Im zweiten Stock dieses massiven Steinbaus befindet sich der ***Confederation Room***, der als **Geburtsstätte der Nation** gilt. 1864 fand dort die erste der Konferenzen statt, die zur Staatsgründung Canadas führten.

Obwohl zunächst nur ein Zusammenschluß der maritimen Provinzen betrieben worden war, schlossen sich Québec und Ontario und damit alle britischen Besitzungen im Osten Nordamerikas an (➪ Seite 512). 1867 erfolgte die Bildung des ***Dominion of Canada***. Die Furcht vor Ausweitung des Bürgerkriegs von den

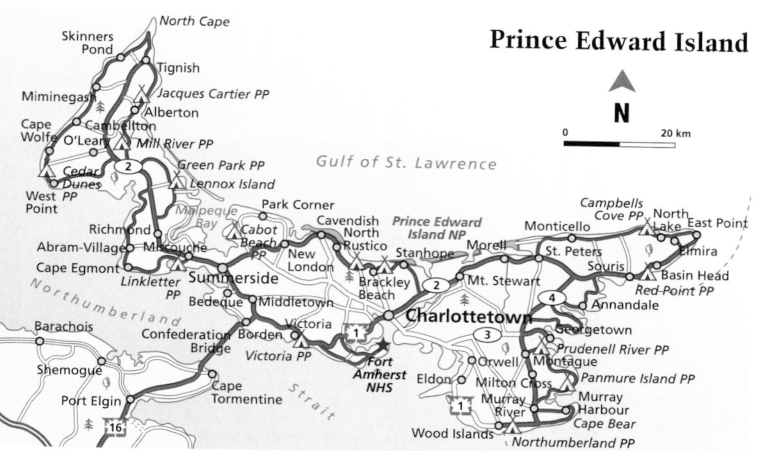

USA nach Norden beschleunigte die Fusion. Besichtigung der historischen Räume Juni bis *Thanksgiving* täglich 8.30-17 Uhr, in anderen Monaten gleiche Zeit, aber nur Mo-Fr.

Lokale

Charlottetown besitzt einige, sehr britisch wirkende Kneipen und Lokale:

- Bekannt ist das ***Off Broadway Café*** (125 Sidney Street) mit guter Küche,
- beliebt auch ***Pat and Willy's Bar & Grill***, 119 Kent Street, mit *Live Music* und *TexMex-Food*.

Peakes Wharf

Zurück an der ***Peake's Wharf*** findet man viele **Restaurants** und Souvenirläden. Gleich östlich davon liegt der ***Confederation Landing Park*** (Sommerkonzerte).

Unterkunft

Die meisten ***Motels*** auch der preiswerteren Kategorie befinden sich westlich der Stadt am TCH hinter dem erwähnten *Shopping Centre*. Zentrale Häuser **gehobenen Niveaus** sind

- ***Rodd Charlottetown*** ein Backsteingebäude mit weißen Säulen, Ecke Kent/Pownal Street, © (902) 894-7371 und © 1-800-565-7633; $109-$250, Kinder unter 16 frei; www.rodd-hotels.ca
- ***The Inns on Great George***, bildschönes, nostalgisch gehaltenes Haus in der 58 Great George St; © (902)-892-0606 Fax 628-2079 oder © 1-800-361-1118, $155-$400; www.thegreatgeorge.com
- ***Islander Motor Lodge***, in der 146 Pownal St, © (902) 892-1217 und © 1-800 268-6261; $89-$129, Kinder unter 16 frei.

Preiswerter sind

- die Wohnheime der ***University of PEI***, 550 University Ave. ***Marian Hall***, im Sommer Schnäppchen: EZ/DZ/4-Bett-App. ab $50; © (902) 566-0568; www.upei.ca/housing
- ***HI-Charlottetown Backpackers Inn***, 60 Hillsborough Street, © (902) 367-5749, $27/Bett, auch DZ $65.

Campmobile kommen östlich Charlottetown im ***Southport Trailer Park*** unter, jenseits des Hillsborough River/Stratford Road, nur einige hundert Meter vom TCH, © (902) 569-2287, ab $26.

Selbst auf dem Nummernschild: Prince Edward Island, Geburtsstätte der kanadischen Nation

5.4.4 Durch den Südosten der Insel nach Charlottetown

Unterkunft

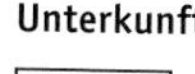

Wer spät mit der Fähre in Wood Islands ankommt, findet 2 km westlich des Anlegers an der TCH das ***Meadow Lodge Motel***, © (902) 962-2022 & © 1-800-461-2022, $61-$107 (für 2-4 Pers.); www.peisland.com/meadowlodge.

Camping

Im ***Northumberland Provincial Park*** kann man ca. 4 km östlich des Anlegers, wie auch im ***Lord Selkirk PP***, 15 km westlich der Fähre bei Eldon campen (2 km abseits der #1). Beide Parks besitzen einen Strand, $20-$25.

Ostküste

Die hier favorisierte Route entlang der Ostküste (Straße #18A) führt über die Trichtermündungen der Flüsse Murray, Montague und Brudenell River und an den jeweils beiden Ufern entlang. Reizvoll ist die Umgebung der Fischerdörfer **Murray Harbour** und **Murray River**, knappe 20 km östlich des Fähranlegers.

Murray River

In Murray River kann man an fachkundigen ***Seal & Bird Watching Trips*** teilnehmen. Auch Kormorane und Fischreiher leben dort zu Tausenden, sowie Weißkopfadler.

Eine gute Adresse dafür ist ***Marine Adventures***, täglich 10, 13, 15.30 Uhr, 2 Stunden $19, Kinder $12; www.sealwatching.com.

Das ***Ocean Acres Resort*** mit ***Cottages*** + ***Campground*** liegt 5 km östlich Murray River an der Straße #18 an einem Flusslauf © (902) 962-3913, Camping ab $17, *Cottages ab* $99; www.oceanacres.ca.

20 km nördlich vor Panmure Island befindet sich an der #347auf einer Nehrung der ***Panmure Island Provincial Park*** mit Cabins, Laundry, *Kitchen-Shelter* und herrlichem Sandstrand, $21-$25.

Montague

Nächste Station ist Montague, Versorgungsort der Südostregion mit kompletter Infrastruktur; www.townofmontaguepei.com.

Einfach Klasse ist das ***Lobster Shanty Motel & Restaurant*** an der Main Street; es hat Zimmer mit Balkon und Blick auf den Fluss. Radeln, Wandern, Golf, außerdem eine ausgezeichnete Küche für *Seafood* (**Lobster**), Steak und chinesische Gerichte; © (902) 838-2463 oder © 1-800-418-9430; $69-$89.

Ab Montague gibt's Seehund-Beobachtung: ***Manada Seal Watching Trips***, im Sommer 3x täglich; $22, Kinder $11.50.

Brudenell PP

Der ***Brudenell River Provincial Park*** beim Hafenstädtchen Georgetown an der #4 ist einer der »**Superparks**« der Insel mit Golfgelände, Tennisplätzen, Wanderwegen und Badestrand. Zu mieten sind Pferde, Boote und Angelausrüstung; © (902) 652-8966, $21-$28; www.gov.pe.ca/visitorsguide/explore/parks.

Auf dem Parkgelände befindet sich das ***Rodd Brudenell River Resort***, das bei Golfern beliebt ist; © 1-800 565-7633, $188-$232, *Cabins* $120-$169; www.roddhotelsandresorts.com.

Nach Charlottetown sind es von Brudenell noch 52 km – zunächst auf der Straße #3, die letzten Kilometer auf der Straße #1.

5.4.5 Prince Edward Island National Park und die Nordküste

Kennzeichnung des PEI Park

www.pc.gc.ca/pei

Der *Prince Edward Island National Park* im zentralen Bereich der Nordküste ist 40 km lang und stellenweise nur wenige hundert Meter breit. Die Gesamtfläche beträgt daher ganze 26 km^2. Die Attraktion dieses Küstenabschnitts ist die Farbkomposition bei Sonnenschein: kilometerlange rosarote Sandstrände und Dünen, Steilküsten aus rotem Sandstein, blaues Meer, hellgrüne Wiesen und dunkelgrüne Tannenwälder. Obwohl auch Salzwassermarschen mit einem reichen Bestand an Seevögeln (***Field Check List of Birds*** sowie ***Boardwalk***-Übersichten gratis in den Besucherzentren) und edukative Programme existieren, gilt das Hauptinteresse der Besucher neben Golf, Radeln, Kajak und *Deep Sea Fishing* in erster Linie **Strand- und Wasseraktivitäten**, denn der Atlantik ist hier an der Nordküste relativ warm.

Information

Vorm Park gibt es drei ***Visitor Information Centers:*** eins an der mittleren Zufahrt **Brackley Beach**, das größte im Westteil bei **Cavendish** und ein weiteres im Osten bei **Stanhope**. Der Park kostet nur im Sommer Eintritt: $7, Kinder $3,50.

Straßen

Der ***Gulf Shore Parkway*** durch den Park läuft überwiegend gleich hinter dem Strand und lässt nur die beiden äußersten Bereiche im Osten und Westen aus (*Tracadie Bay* und *New London Bay*). Allerdings besteht keine Verbindung zwischen North Rustico Harbour und Rustico Island. Um von der zentralen Insel in die westliche Parkregion zu gelangen und umgekehrt, muss man die Rustico Bay außerhalb des Parks umrunden. Die teilweise als ***Blue Heron Trail*** ausgezeichnete **Straße #6** folgt in ihrem Verlauf in etwa den Parkgrenzen. An ihr befindet sich das Gros der auf den Parktourismus eingestellten Infrastruktur.

Camping

Der Park verfügt über zwei strandnahe Campingplätze:

- den ***Stanhope Campground*** (Stellplätze #102, #104, #106 mit Meerblick) im Osten, $25-$33; www.pccamping.ca

Auf dem Gulf Shore Parkway durch die Dünen des PEI NP

Prince Edward Island National Park

Gulf Shore Parkway

- ganz im Westen den ***Cavendish Campground*** am schönsten Strand und mit den höchsten Klippen. Letzterer ist oft überfüllt und bei Hochbetrieb laut, $25-$33; www.pccamping.ca.

Strand

Top Strand ist die ***Cavendish Beach East***.

Unterkunft

Etliche Privatgrundstücke reichen im Westen des Parks von der #6 bis an die Strandstraße. Dadurch scheinen viele der Hotels/Motels/*Cottages* im Park zu liegen. Ob nun im oder am Park, die Preise sind moderat, das Meer zwar nicht bei allen sichtbar, aber gut zu Fuß erreichbar..

Park-Westen

©-Vorwahl jeweils 902-963:

- ***Shining Waters***, © 2251 oder © 1-877-963-2251, DZ $60-$185; www.shiningwaterresort.com
- ***White Eagle by the Sea***, © 2361, Zi bis 5 Personen $50-$135
- ***Cavendish Beach Cottages***, © 2025, Zi bis 6 Pers. $150-$200
- ***Andy's Surfside Inn***, © 2405, B&B-DZ $45-$75, super!
- ***St Lawerence Motel***, © 2053, © 1-800-387-2053, DZ $49-$69
- ***North Rustico Motel, Cottages&Inn***, nahe Läden, Pool, Bikes, © 2253 und © 1-800 285-8966; Zi bis 4 Personen $55-$140

Park-Osten

©-Vorwahl jeweils 902-672:

- ***Sea Breeze Cottages&Suites***, © 2437, Cottage/Motel, $43-$120
- ***Del-Mar Cottages***, © 2582 oder © 1-800-699-2582, $80-$115
- ***Pine Cottages***, © 2247, $85, 3.Person $10; $550/Woche
- ***Surf Cottages***, © 651-3300, Zimmer bis 6 Personen $85-$110
- ***Windermere Cottages***, © 2234, © 1-800-688-2234, $85-$150

Etwas Besonderes sind die nostalgischen **Sommerhotels**:

- ***Dalvay***, Haus in viktorianischem Stil, liegt am *Parkway* an einem der Seen, Tennis, Boot, Bike; © 2048; DZ HP $190-$390; www.dalvaybythesea.com
- ***Stanhope*** etwas weiter westlich mit unterschiedlichen Quartieren *(Motel, Inn, Cottages)*; Tennis, Pool, Spielplatz, Golfnähe; © 2047 und © 1-877-672-2047; DZ $65-$200; www.stanhopebeachresort.com

Lobster

Folgt man der #6 nach Westen, erreicht man **North Rustico**, ein Hafenstädtchen an der Bay. In der Saison kommt dort ***Lobster*** frisch von Bord in den Kochtopf. ***Seafood*** aller Art sowie traditionelle große **Hummeressen** gibt's im ***Fisherman's Wharf Restaurant*** (⇨ Kasten). Über einen schönen *Boardwalk* gelangt man zum Leuchtturm, einem Terrassen-Café und – beim braunen Biber-Schild – zur langen ***Rustico Beach*** des Nationalparks. Ein lohnenswerter Spaziergang!

Lobster-Supper (⇨ dazu Essay Seite 306 »Hummer«)

Die *Lobster Supper* waren ursprünglich dörfliche Gemeinschaftsverköstigungen im Kirchenkeller; heute werden sie in eigens dafür hergerichteten Ausflugs-Restaurants für Hunderte von Besuchern veranstaltet. Dabei gibt es reichlich Hummer und ein überquellendes Salatbuffet. Aber Vorsicht: ***as much as you can eat*** gilt meist nur für das Gemüse. *Lobster-Supper-* und *Seafood*-Restaurants befinden sich auch in **New Glasgow** und in **St. Ann** (jeweils an der Straße #224) sowie in **New London** an der #20 bei der *Wharf*, North Rustico, Cove Head Bay *im* Park und am ***Heron Drive Dunes Café*** nahe Parkeinfahrt **Brackley Beach**.

Fischer beim Verladen von Hummerfangreusen

Cavendish

www.town.cavendish.pe.ca

Gut 10 km westlich von North Rustico liegt Cavendish, touristischer **Zentralort** der Nationalpark-Region mit dem wichtigsten ***Visitor Center*** (täglich 9-19 Uhr), den meisten Quartieren, *Shopping Malls* und viel **kommerzieller Unterhaltung**.

Ausgesprochen beliebt ist das ***Fiddles'n Vittles***, ein riesiges, aber dennoch gemütliches *Seafood*-Restaurant. An der Bude ***Fisherman's Catch*** auf der gegenüberliegenden Flussseite sind Meeresfrüchte indessen zünftiger und preiswerter zu haben.

Anne of Green Gables

Nicht wegzudenken aus dieser Region ist ***Anne***, Heldin der *Anne*-Buchserie, erschaffen 1908 und ständig 15 Jahre alt mit Sommersprossen und Strohhut, aus dem knallrote Zöpfe baumeln – eine frühe, aber etwas ältere Pippi Langstrumpf. Bei uns ist *Anne*, obwohl in 20 Sprachen übersetzt und vor allem in Japan erfolgreich, nur indirekt durch »Anne Franks Tagebuch« bekannt (*Anne Frank* liest in ihrem Versteck *Anne of Green Gables*), in Canada jedoch eine nationale Berühmtheit, ebenso wie die Verfasserin der *Anne*-Serie, ***Lucy Maud Montgomery***. Bei Cavendish wird *Anne* gnadenlos vermarktet.

- Im ***Green Gables House*** an der #6 am *Visitor Centre* ließ die Autorin ihre Heldin aufwachsen. Auf einer Tour kann man *Annes* Abenteuer in der *Lover's Lane* und in den *Haunted Woods* nachvollziehen. Im Sommer täglich 9-18 Uhr, sonst bis 16 bzw. 17 Uhr; Eintritt $7, Familienticket $18.

www.annesociety.org/anne

- In Park Corner befindet sich ***Anne of Green Gables Museum***, eingerichtet wie Ende des 19. Jahrhunderts. Geöffnet Juli und August 9-17, sonst bis 16 Uhr; Eintritt $7. Schräg gegenüber liegt das Haus der Großeltern am *Lake of Shining Waters*, in dem die Autorin einen Teil ihrer Jugend verbrachte, ihr Geburtshaus an der Kreuzung #6/#20.

www.avonleavillage.com

- In ***Avonlea*** (mitten in Cavendish) wird Annes heile Welt kräftig in Szene gesetzt: Pferdekutschen, Kühemelken, Puppenshow, Ponyreiten, Spiele, Theater, Musik und überall Strohhüte mit bunten Bändern. Mitte Juni bis 1. September täglich 9-17, danach 10-16 Uhr; $19, Jugendliche $15.

Austern in Malpeque

www.malpeque.ca

Westlich führt der ***Blue Heron Drive*** an die ruhige Malpeque Bay, ein ideales Gewässer für Austern; wer sie schlürfen möchte (Portion $12) geht gut 20 km vorher zu ***Carr's Oyster Bar*** (#238, *Bypass* der #6) mit Hafenblick auf die *Stanley Bridge*.

Das vielbesuchte, erstaunlich schlichte »Haus der grünen Giebel«

5

Camping

An Malpeque`s Hafen liegt auch der weitläufige ***Cabot Beach Provincial Park*** mit Dünen, rotem Strand und einem sehr schönen ***Campground***, nicht nur eine gute Alternative, wenn die Plätze im Nationalpark ausgebucht sind.

Nach Borden

Von Malpeque führt der *Heron Drive* zur PEI-Brücke. Wer dabei hinter Kensington/Clermont links in die #110 einbiegt, stößt schneller auf den TCH #1A, den Zubringer zur ***Confederation Bridge***. Auf dem Weg sind zwei Abstecher erwägenswert:

www.kata.pe.ca/attract/wood/wood.htm

- In **Woodleigh** (bei Burlington) an der Straße #234 können Englandkenner ihr Wissen prüfen: In einem großen Garten stehen verkleinerte Nachbauten von Gebäuden in Großbritannien, die aus Literatur und Geschichte bekannt sind. Im Sommer täglich geöffnet 9-17 Uhr; Eintritt $9.

www.citysummersidepe.ca

- **Summerside**, die zweitgrößte Inselstadt, ein paar Kilometer westlich der touristischen »Rennstrecke« zum PEI Nat'l Park hat sich einen *Boardwalk* um die halbe Bucht und an der *Harbourfront* ***Spinnaker's Landing***, eine Shopping- und Restaurantarkade zugelegt (dort auch ***Visitor Information***). An freien Fassaden prangen außerdem 10 riesige **Wandgemälde** (*Murals*).

Unterkunft

Das ***Red Road Country Inn*** etwas im Inland an der Straße #6 zwischen New London und Kensington ist ein schön gelegenes Haus in **Clinton** mit weitem Blick ins Land, ✆ (902) 886-3154 und ✆ 1-800-249-1344; *B&B* $95-$139; www.redroadcountryinn.com.

Nach New Brunswick

Zur Fortsetzung der Fahrt ab Cape Tormentine auf der Südseite der Strait of Northumberland ➪ Seite 607 und 617.

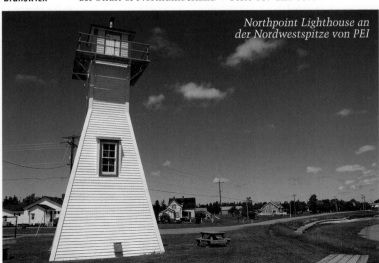

Northpoint Lighthouse an der Nordwestspitze von PEI

Steckbrief New Brunswick/NB (www.gnb.ca)

750.000 Einwohner, davon 50% britischer, 33% französischer Abstammung. Fläche 73.400 km², überwiegend kaum besiedeltes Kernland. Die Bevölkerung konzentriert sich auf das Flusstal des St. John River und die Küsten. **Provinzhauptstadt ist Fredericton** mit 50.000 Einwohnern, größte Städte sind **Saint John** mit 68.000 und **Moncton** mit 64.000 Einwohnern. Amtssprachen sind Englisch und Französisch.

Fast **90% des Hügellands** zwischen Gulf of St. Lawrence und Bay of Fundy sind **bewaldet**. Höchste Erhebung ist der Mount Carleton im zentralen Norden mit 820 m. Weitgehend **ebene Gebiete** erstrecken sich entlang der Ostküste und im Gebiet zwischen Fredericton und der Bay of Fundy.

Wichtigste **Wirtschaftszweige** sind Holzeinschlag und -verarbeitung (Papier, Zellstoff), Fischfang und Landwirtschaft (Kartoffeln, Viehzucht, Milchprodukte). Eine zunehmende Rolle spielen Einnahmen aus dem Tourismus. Industrie hat in New Brunswick eine eher untergeordnete Bedeutung, sieht man von Saint John ab.

Wichtigste **touristische Ziele** sind die *Reversing Falls* in Saint John, der *Tidal Bore Park* und der *Magnetic Hill* in Moncton, der *Fundy National Park*, *Kings Landing* bei Fredericton; ferner das *Acadian Village* und der *Kouchibouguac National Park* an der Ostküste.

5.5 Durch New Brunswick/Neu-Braunschweig

(www.tourismnewbrunswick.ca)

5.5.1 Geographisch-touristische Charakteristik

Lage

Das Gebiet der Provinz Neu Braunschweig, wie sie auf deutsch heißt, entspricht ungefähr einem Rechteck. Ost- und Südseite werden durch die Küsten des Gulf of St. Lawrence und der Bay of Fundy gebildet. Im Norden grenzt New Brunswick an Québec, im Westen an Maine/USA und hat damit den riesigen nordamerikanischen Kontinent quasi im Rücken. Wirtschaftlich und klimatisch ist Neu-Braunschweig weniger vom Meer geprägt als die anderen maritimen Provinzen.

NB als Reiseziel

Für viele Touristen ist New Brunswick für einige Tage Durchreisegebiet. Man ist auf dem Weg von Nova Scotia nach Maine oder Québec bzw umgekehrt; selten ist diese kanadische Provinz ein bevorzugtes Ferienziel.

New Brunswicks Handicap ist die landschaftliche Ähnlichkeit mit seinen amerikanischen und kanadischen Nachbarregionen, so dass sich hier kaum Neues entdecken lässt. Das ist kein Votum gegen seine Küsten, Land und Leute; aber es fehlt ein unverwechselbares Profil. In der schönen Passamoquoddy Bay etwa sieht es aus wie im benachbarten Maine, die Küsten an der Bay of Fundy weisen große Ähnlichkeit mit dem Gegenüber in Nova Scotia auf, und die Strände der Ostküste unterscheiden sich kaum von denen auf Prince Edward Island, sind aber insgesamt nicht so reizvoll. Kurzum, New Brunswick hat alle maritimen Landschaftsbilder, nur über viele Kilometer verstreut und weniger ausgeprägt.

Image

Daraus resultieren trotz einiger unbestreitbarer Attraktionen gewisse Imageprobleme, die man jedoch in letzter Zeit mehr oder minder erfolgreich behoben hat.

In den offiziellen Tourismusbroschüren wird indessen nach wie vor nur unzureichend auf zwei Besonderheiten hingewiesen: auf das untere **Urstromtal des St. John River** und die Salzmarschen und Nehrungen des ***Kouchibouguac National Park***.

Zu den Routen

Weitere Einzelheiten zur Provinz New Brunswick finden sich im Einleitungskapitel zu den *Maritimes*, ➪ Seite 562. Auch die Einbindung der weiter unten beschriebenen Routen in das Netz der Rundstrecken durch Neuengland und die östlichen Provinzen Canadas ist dort erläutert, ➪ Karte Seite 563.

Von PEI

Das folgende Kapitel ist so konzipiert, dass es an das Vorkapitel »Prince Edward Island« anschließt, d.h., nach Ankunft von dort in *Cape Tormentine*, dem Brückenkopf nach PEI, beginnt.

Von Nova Scotia

Wer von Nova Scotia über Amherst nach New Brunswick reist, folgt einfach dem Verlauf des TCH auf dem Festland und erreicht damit automatisch Moncton.

Trockengefallene Boote im Hafen von Alma/Fundy National Park, *➪ Seiten 618f*

5.5.2 Von PEI und Nova Scotia nach Moncton und zum Fundy National Park

Auch wer von Prince Edward Island oder Nova Scotia aus nach New Brunswick kommt und beabsichtigt, auf schnellstem Wege an der Ostküste entlang zur *Gaspé Peninsula* zu fahren, sollte den Abstecher nach Moncton und ggf. noch weiter zum ***Fundy National Park*** erwägen. Für alle anderen Fahrtrichtungen liegt Moncton an der Strecke und dieser Nationalpark so nah, dass man ihn auf keinen Fall auslassen sollte.

Nördlicher Bogen

Von Cape Tormentine gibt es zwei sinnvolle Routen in Richtung Moncton. In einem nördlichen Bogen könnte man erst der #955, später der zur Autobahn ausgebauten #15 über Shediac folgen.

Shediac

www.shediac.org

Das bis vor einem guten Jahrzehnt noch ruhige und charmante Shediac expandierte zu einer Art Hummer-Metropole: ***Lobster Capital of the World*** (www.lobsterfestival.nb.ca) lautet der selbst verliehene Superlativ, der durch ein überdimensionales **Lobster-Denkmal** im Zentrum mit Fischermännchen unterstrichen wird. Zahlreiche **Restaurants** warten auf Kundschaft.

www.gnb.ca/0354

In Shediac und Umgebung findet man wunderbar helle Strände, darunter die populäre ***Parlee Beach*** am östlichen Ortsende. Das Meerwasser gilt dort (wie so oft auch auf PEI) als das angeblich »wärmste nördlich der *Carolinas* (USA)«, was sogar stimmen könnte, wurden doch schon Wassertemperaturen bis zu 24°C gemessen. Hausmiete am Strand: www.parleebeach.com

In Shediac gibt es einige preiswerte kleine Hotels, z.B.:

- ***Auberge Belcourt Inn***, 310 Main St (# 133), sehr zentral, Meernähe, chinesische Küche, © (506) 532-6098, DZ $86-$126; www.sn2000nb.ca/comp/auberge-belcourt
- ***Alouette Motel & Cabins***, 5 km östlich in Robichaud (abseits der #15, *Exit* 43) am Meer, © (506) 532-5378, DZ $59-$109; www.alouettevillage.com

Der zentrale ***Parlee Beach Camping*** kann am Wochenende voll werden. Ruhiger campt man dann im ***Murray Beach PP***, etwas abseits der #955 (nördlich von Murray Corner), ca. 15 km westlich von Cape Tormentine ebenfalls am Meer, $25.

Südlicher Bogen/TCH

Die alternative Route von Cape Tormentine nach Moncton entspricht dem Verlauf der TCH (zunächst Straße #16) über Sackville und (etwas südlich davon) das alte ***Fort Beauséjour***.

Fort Beauséjour

www.pc.gc.ca/beausejour

Vom einst französischen ***Fort*** bei Aulac (heute ein ***National Historic Site***), das 1755 nach heftiger Gegenwehr an die Engländer fiel, ist außer einigen Mauerresten und grasbewachsenen Erdhügeln nicht mehr viel zu sehen. Die sternförmig angelegte Festung ist wegen ihrer schönen Lage mit Blick über das *Cumberland Basin* der Bay of Fundy und des Picknickplatzes dennoch einen Zwischenstop wert. Außerdem existiert ein Museum im ***Visitor Center***. Geöffnet Anfang Juni bis Mitte Oktober täglich 9-17 Uhr.

Sackville

Um das Universitätsstädtchen Sackville breiten sich die ***Tantramar Marshes*** aus, ausgedehnte Salzwassermarschen. Die gesamte Region, ursprünglich von den Acadiern eingedeicht und zu Farmland gemacht, wurde 1988 geflutet und als Marschland renaturalisiert. Der ***Sackville Waterfowl Park*** ist ein Teil dieser Landschaft und in erster Linie für Vogelfreunde interessant. Am *Boardwalk* durch Sumpfgelände informieren Tafeln über die dortige Vogelwelt. Der Park liegt südlich des Ortes an der #106 (April bis November). Ein Besucherzentrum, das ***Tantramar Wetlands Centre*** in der 223 Main Street hinter der *Highschool*, ist im Juli & August Mo-Fr 8-16 Uhr geöffnet; www. sackville.com.

Moncton

Moncton beherbergt die einzige französichsprachige Universität der *Maritimes* und ist zugleich Zentrum der akadischen Minderheit von New Brunswick. Die zweitgrößte Stadt der Provinz wirbt daher gern mit ihrem französischen Flair, das sich aber bestenfalls in einigen fußgängerfreundlich gestalteten Karrees links und rechts der **Main Street** entdecken lässt. In derselben Straße befindet sich auch das ***Tourist Information Center*** (✆ 506-853-3590), wo man einen Stadtplan bereithält und weiß, um welche Uhrzeit das nächste Hochwasser kommt; www.moncton.org.

Tidal Bore
www. gomoncton.com

Eine der beiden Hauptattraktionen Monctons ist die ***Tidal Bore*** im gleichnamigen Park im Zentrum der Stadt, Main/ Ecke King Street. Mit *Tidal Bore* wird die Flutwelle aus der Bay of Fundy bezeichnet, die zweimal täglich das schlammig-braune Flussbett des Petitcodiac Rivers füllt. Das Ungewöhnliche ist dabei weniger die Höhe des Tidenhubs so weit im Inland (bis 6 m), als vielmehr das enorm schnelle Auflaufen des Wassers. Da die Stärke der *Tidal Bore* von Mondphase, Jahreszeiten und Seewetterlage abhängt, ist sie mal stärker, mal schwächer. Wer die *Tidal Bore* erleben will, kann auf einer eigens dafür vorgesehenen Beobachtungstribüne Platz nehmen. Eine **Gezeitentafel** (Tidentabelle auch im Internet; www.waterlevels. gc.ca) zeigt auch dort an, wann das Wasser wieder anrauscht. So sensationell, dass man dafür längere Wartezeit in Kauf nehmen sollte, ist die Angelegenheit jedoch nicht.

Bild: *Flowerpots mit Kajaks,* ➪ *Seite 620 und Kasten rechts*

Fundy Tides – Tidenhub in der Bay of Fundy

Ein mächtiger Gezeitenstrom pulsiert in der trichterförmigen Bay of Fundy und sorgt an ihren Küsten für mehrere Attraktionen: So dreht die Flut den Wasserfall an der Mündung des *Saint John River* um (***Reversing Falls*** ➪ Seite 629) und schiebt im *Peticodiac River* oft eine 6 m hohe Riesenwelle vor sich her (***Tidal Bore***). Auf deren flacherem Rücken kann man im ***Shubenacadie River*** (westlich von Truro/NS) sogar **in Schlauchbooten surfen** (*Tidal Bore Rafting Park*; http://centralnovascotia.com/members/riverrunners). An den Ufern der Bay of Fundy haben Ebbstrom und Flutwasser Felsformationen derart erodiert, dass die berühmten ***Flowerpots*** entstanden, ➪ Foto links und Text Seite 620.

Hundert Billionen Liter Wasser drücken zweimal täglich vom offenen Atlantik in die Bay of Fundy. An bestimmten Punkten der Bucht erreicht der Tidenhub unter extremen Bedingungen Werte bis zu 16 m, die Höhe eines vierstöckigen Hauses. Verursacht wird das Phänomen durch ein Zusammenwirken mehrerer Faktoren, vor allem durch die Trichterform und den ansteigenden Boden der Bucht. Je mehr sich die Bucht verengt, desto größer ist die Wucht, mit der die bei Flut einlaufende Wassermasse gegen die Ufer gepreßt wird. Da die Bay of Fundy gleichzeitig immer flacher wird, weiß das Wasser buchstäblich nicht mehr wohin, klettert die Ufer hoch und dringt mit enormer Kraft in die Flussbetten. Ein weiterer Faktor ist die Länge der Bucht. Während das Ebbwasser noch abläuft, setzt die nächste Flut bereits ein. Dadurch entsteht zwischen Atlantik und Ende der Bucht ein aus der Badewanne bekannter Pendeleffekt, der sich bei entsprechenden Wind- und Strömungsverhältnissen (Wasserdruck und Wind genau in die Richtung des östlichen oder nördlichen Arms des *Minas Channel* bzw. der *Chignecto Bay*) zu Rekordwerten aufbauen kann. Aber auch ohne diese Sonderfaktoren beträgt der Gezeitenunterschied etwa an der Küste des *Fundy National Park* mindestens 7-8 m, oft mehr.

Das Leben der Küstenbewohner wird bestimmt durch den Rhythmus des Meeres. Stundenlang liegen die Boote bei Ebbe auf dem rötlichen Boden der Bucht, und die Fischer müssen warten, bis das Wasser wieder die Stege erreicht. Dafür werden sie mit guten Fängen belohnt, denn viele Fischarten gedeihen bei hohem Wasseraustausch und 2x täglich aufgewirbeltem Meeresboden bestens.

Optische Gezeiten-Höhepunkte

Deer Island/Old Sow:
3 Stunden vor der Flut
(➪ Seite 629)

Moncton:
100 min vor der Flut

Flowerpots:
3 Stunden vor und nach der Ebbe

Reversing Falls:
145 min vor der Flut

Gezeitenuhr mit Wasserständen: Flutansicht oben, Ebbe unten

Magnetic Hill

Verblüffung wird am ***Magnetic Hill*** garantiert – etwas abseits der TCH (# 2, *Exit* 488 A und B, unverfehlbar ausgeschildert; www.magnetichill.com). Auf dem »magnetischen Hügel« rollen die Autos – wie es scheint – nicht bergab, sondern bergauf.

Wer es selbst ausprobieren möchte, zahlt $5 fürs Mitmachen (Mitte Mai bis *Labour Day* täglich 8-20, sonst 10-18 Uhr) und fährt zunächst einige hundert Meter bis zu einer Markierung bergab. Dort muss man anhalten, den Leerlauf einlegen und den Wagen einfach rollen lassen, und zwar rückwärts und bergauf!

Newton hin, Schwerkraft her – ein Blick aus dem linken Seitenfenster beweist: Das Wasser des Bachs neben dem Fahrweg fließt einem entgegen.

Phänomen

Ist hier die Gravitation scheinbar oder wirklich außer Kraft gesetzt? Liegt es an starken magnetischen Kräften der nahen Erzvorkommen, oder ist alles nur eine optische Täuschung? Die Antwort liefert der gesunde Menschenverstand.

Kommerz

Dem »Naturwunder« hat man im Lauf der Jahrzehnte ordentlich Kommerz beigemischt. Im ***Magnetic Hill Park*** gibt's einen Zoo, eine *Fisherman's Wharf*, Karrusells, Souvenirshops und Restaurants. Und im ***Magic Mountain Waterpark*** fließt das Wasser auf den Rutschen zum Glück ganz normal nach unten. Juli/August täglich 10-22 Uhr, sonst bis 18 Uhr; Eintritt $21, Kinder $16, Familien $68, nach 15.30 Uhr billiger.

Unterkunft

Viele Hotels/Motels Monctons stehen unübersehbar im Umfeld des *Magnetic Hill* an der stadteinwärts führenden Mountain Road (#126), oder entlang der Main Street (#106); darunter auch ***Best Western, Comfort Inn, Keddy's, Rodd*** und das ***Delta Hotel Beausejour***, das beste am Platz; Reservierung über die 800-Nummern, ⇨ Seite 150.

Camping

Der private Campingplatz ***Camper's City*** liegt an der TCH bei Moncton (*Exit* 492, ab $25); eine bessere Alternative sind die *Campgrounds* im – allerdings rund 70 km entfernten – *Fundy National Park*, ⇨ nebenstehend.

Flowerpot Rocks

> Kurz vor den Rocks passiert man an der #114 in Stoney Creek das originelle **Johnson`s Museum;** unbedingt mal 'reingucken!

Zum *Fundy Park* geht es auf schöner Strecke (Straße #114) am Petitcodiac River entlang. Bei Hopewell Cape im ***Rocks Provincial Park*** an der Mündung des Flusses in die Bay of Fundy ragen die ***Flowerpot Rocks*** (auch ***Hopewell Rocks*** genannt), dunkelrote, pilzartig geformte Felssäulen aus dem Watt. Sie schmücken New Brunswick-Fotobände und -Postkarten. Bei Hochwasser wirken die »Blumentöpfe« wie Inseln, bei Ebbe kann man über eine steile Treppe zu ihnen hinuntersteigen (⇨ Seite 618).

Die ungewöhnliche, namensgebende Form der »Pötte« entstand durch die Gezeitenströmung, die unten am Felsen länger bzw. intensiver als oben wirkt und so die tieferen Bereiche stärker erodiert. Beim Watt-Spaziergang zur Besichtigung der Flowerpots aus nächster Nähe ist Umsicht geboten: Die Flut kommt schnell und mit großer Gewalt. www.thehopewellrocks.ca

Fundy National Park

Der 260 km² große *Fundy National Park* lässt sich von Moncton auf der #114 in gut einer Stunde erreichen. Am südöstlichen Parkeingang liegt das Dorf **Alma** mit kleinem Hafen, einigen Restaurants, Shops, Hotels/Motels und Tankstelle.

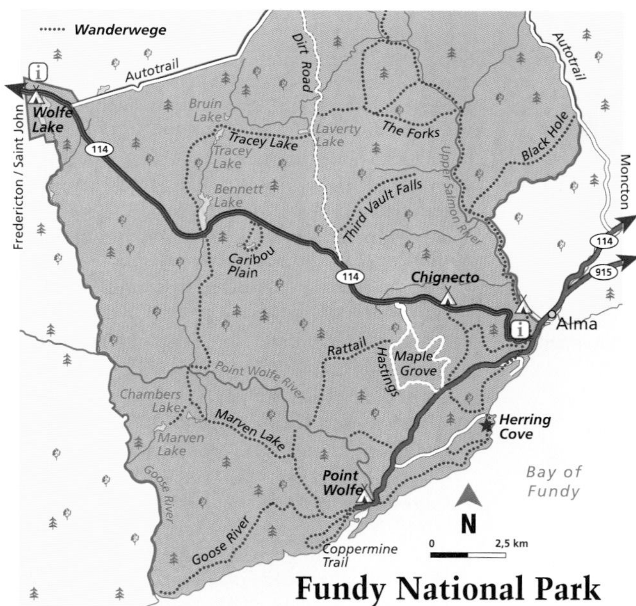

Information

Im östlichen Eingangsbereich des Parks befindet sich das ***Visitors Reception Center***. Ein weiteres ***Information Center*** ist während der Sommermonate an der **Nordwesteinfahrt** am Wolfe Lake geöffnet. In den *Centers* gibt es die Parkzeitung ***Salt and Fir***, die alle aktuellen Details zu *Campgrounds, Trails*, Tidezeiten und Parkaktivitäten enthält; www.fundyweb.com/fundy.

Der Park ist ganzjährig geöffnet; **Eintritt** von Mitte Juni bis September (*Labour Day*) $6,80 pro Tag/Person, 4 Kinder bis 16 Jahre $3,40, Familien: $17,10 pro Tag; www.pc.gc.ca/fundy.

Kennzeichnung

Die Küste im Park hat bizarre Steilufer, Buchten und kleine Sandstrände. Das riesige Hinterland besteht aus hügeliger Waldlandschaft mit kleinen (Bade-)Seen, Flüßchen und Wasserfällen. Das Parkinnere erschließt sich dem autofahrenden Nicht-Wanderer/Biker über die Straße #114. Hier kann es sommerlich heiß sein, selbst wenn sich die Küste kühl und nebelverhangen zeigt. Bei gutem Wetter und Ebbe ist das Wandern auf dem roten Meeresboden sehr populär; www.nbtrail.com.

Aktivitäten

Den Kontrapunkt zur reinen Natur setzt der komfortable **Besucherkomplex** am südöstlichen Parkeingang. Dort gibt es Hotel und *Chalets*, Golfplatz, Tennis, Kanu (Bennett Lake), See-Kajaks, *Lawn Bowling* und einen beheizten *Swimming Pool*.

Der *Fundy NP* ist als reiner Landschaftspark ideal für Wanderungen und Biking. Gut erreichbare *Trails* sind zwar nur maximal 8 km lang, kommen aber in Kombination auf eine Gesamtlänge von 120 km. So ist der *Fundy-Circuit* ein 50 km langer **Park-Rundwanderweg** von sieben verbundenen *Trails*, an denen diverse *Back Country* ***Campgrounds*** liegen (3-5 Tage).

Gute Kurzwanderungen auch unter www.nbtrail.com, sind:

- vom Ende der *Autoroute Laverty* zu den gleichnamigen Wasserfällen am ***Moosehorn Trail***
- der 7-km-Küstenwanderweg vom ***Point Wolfe*** **nach** ***Herring Cove*** oder umgekehrt mit herrlichen Ausblicken
- die *Trails* zu den ***Wilderness Campgrounds*** **Goose River** und **Lake Marven** (jeweils 8 km) ab Wolfe Lake

Unterkunft

- ***Fundy Park Chalets***, © (506) 887-2808, bis zu 4 Pers. $69-$99; www.fundyparkchalets.com

In **Alma** a der Küste stehen

- ***Alpine Motor Inn***, © (506) 887-2052, DZ $69-$89
- ***Fundy Highlands Inn & Chalets***, Bayblick, © (506) 887-2930, DZ $75-$105 – Reservierung: www.fundyhighlandchalets.com
- ***Captain's Inn***, Bayblick, © (506) 887-2017, $72-$82; www.captainsinn.ca

Camping

- Von den 3 komfortablen ***Campgrounds*** im Park (teilweise mit *Hook-up*) liegen der ***Headquarters*** und der sehr schöne ***Point Wolfe*** an der Küste (keine Wohnmobile über 7,50 m). Auf beiden ist es spürbar kühler als auf dem weiter landeinwärts gelegenen ***Chignecto***. Kosten: $15 (primitiv), $32 (*full hook-up*).
- Der Campingplatz am ***Wolfe Lake*** ist nur eine Campingwiese (ohne *Hook-ups*) und generell weniger empfehlenswert, $15.

Weiterfahrt

Die Straße #114 trifft 17 km östlich von Sussex auf den TCH #2. Von dort sind es noch ca. 110 km nach **Fredericton und** – ab Sussex auf der Straße #1 – noch 73 km bis **Saint John**. Beschreibungen zu diesen Zielen ➪ Seiten 621 bzw. 627.

Wer **Richtung Norden** über Campbellton weiter zur Gaspé- Halbinsel/Québec will, kann entweder auf der TCH über Fredericton, Kings Landing und ab Saint-Léonard auf der #17 fahren oder auf der 100 km kürzeren Küstenroute #11. Beide Routen haben landschaftliche und touristische *Highlights*: der westliche Bogen das ***Saint John River Valley*** und das *Living Museum* ***Kings Landing***, der östliche Bogen den ***Kouchibouguac National Park*** und das ***Acadian Village***. Eine Empfehlung fällt schwer. Die folgenden Ausführungen helfen, die »richtige« Entscheidung zu treffen.

5.6.3 An New Brunswicks Ostküste zur Gaspé Peninsula

Zur Route

Die 330 km von Moncton nach Campbellton/Gaspé-Halbinsel fährt man am besten auf der Straße #11 (nicht #126), kürzt dabei die Strecke Mirimachi-Bathurst auf der #8 ab und pickt sich vorzugsweise folgende Rosinen am Wegesrand heraus:

www.sagouine.com

- bei Bouctuche den der Akadierin *Antonine Maillet* gewidmeten Park ***Pays de la Sagouine***, deren Romanfiguren hier von Schauspielern zu Leben erweckt werden (8.30-16.30 Uhr, $14)
- das ***Irving Eco-Centre*** (10 km nördlich an der #475), eine 12 km lange Dünennehrung, deren Flora- und Faunawelt man auf einem 2 km *Boardwalk* erlebt (mit Picknickplätzen); Mitte Juni-Ende August 10-20 Uhr, gratis
- sowie den ***Kouchibouguac National Park*** und das ***Acadian Village*** (50 km östlich Bathurst bei Caraquet)

Kouchibouguac NP

River of the long Tides – Kouchibouguac (koo-shi-boo-gwack) – nannten die *Mi'kmaq*-Indianer die Region des heutigen Nationalparks, eine Marschlandschaft von beeindruckender Schönheit, voller Ruhe und Frieden. Zwischen kilometerlangen vorgelagerten **Sandstränden** und der eigentlichen unregelmäßigen Küstenlinie erstrecken sich **Lagunen**, dahinter Tümpel, Feuchtgebiete und Sümpfe – ein Paradies für Wasservögel.

Das ***Visitor Center*** liegt an der Straße #117, die den Nordteil des Parks durchquert. Dort gibt es eine Diashow über Flora und Fauna im *Kouchibouguac* und alles zu *Campgrounds,* Wanderwegen, Kanurouten und das Programmangebot der *Ranger.*

Baden, Kajak- und Kanufahren, Wandern, Radfahren und *Bird Watching* sind die Hauptaktivitäten. **Eintritt/Campingtarife** wie *Fundy Park* (➪ Seite 621); www.pc.gc.ca/kouchibouguac.

Der Hauptstrand ist ***Kelly's Beach***. Dort beginnt die schönste Wanderung 14 km am *Kouchibouguac River* entlang. In ***Ryan's Rental Center*** (zwischen South Kouchibouguac und *Kelly's Beach)* kann man **Kanus** und **Fahrräder** mieten.

Die beiden **Campingplätze** liegen am Fluss, der kleine, ***Côte-à-Fabien***, am Nordufer, der größere und komfortablere, ***South Kouchibouguac***, auf der gegenüberliegenden Seite.

Unterkunft

Beim Parkeingang ***Kouchibouguac Motel*** an der #134, *Cottages,* Golf, Restaurant; © (506) 876-4316, $60-$145; www.kouch.com

Acadian Peninsula

Zwischen Mirimachi und Bathurst schneidet die Straße #8 (z.T. Autobahn) die ***Acadian Peninsula*** ab, während die #11 weiter der Küste folgt. Viele Acadier, die 1755 aus Nova Scotia vertrieben worden waren (➪ Seite 588), flohen in diese Region. Die Randlage trug dazu bei, dass sie dort ihre Tradition und Kultur besser als anderswo bewahren konnten – die vielen akadischen Flaggen zeigen es noch heute. Für Touristen lohnt sich aber der lange Weg um die ganze Halbinsel herum kaum. Die Strecke ist mit Ausnahme der Fischerhäfen in Tracadie und Shippagan eher eintönig.

Acadian Village

www.villagehistoriqueacadien.com

www.festivalacadien.ca

Erwägenswert wäre aber ein Abstecher zum ***Acadian Historical Village*** zwischen Grande Anse und Caraquet, ca. 50 km östlich von Bathurst. Nirgendwo wird das Leben der Acadier unter den armseligen Bedingungen Anfang des 19. Jahrhunderts, Kultur und Geschichte besser geschildert als in diesem *Living Museum,* einem Dorf aus 42 Schindelbauten. Das ***Visitor Center*** informiert samt Diashow über die Situation der Acadier heute; Juni-*Labour Day* täglich 10-18 Uhr, sonst bis 17 Uhr; Eintritt $15, Kinder $10.

Caraquet

www.ville.caraquet.nb.ca

Das kleine ***Acadian Museum*** (*Musée Acadien)* in Caraquet am Blvd. St. Pierre bietet für Besucher des *Acadian Village* nicht viel Neues. Juni-Mitte Sept. Mo-Sa 9-17 Uhr, So 12.30-16.30 Uhr, $3.

Unterkunft

Preiswerte und ordentliche Unterkunft in der Nähe des *Acadian Village*: ***Motel Bel Air*** in Caraquet: 655 Blvd. St. Pierre West, © (506) 727-3488; DZ ab $56-$96.

Die Acadier (www.acadiancultural.org/history.htm)

Der italienische Entdecker ***Verrazona*** bezeichnete 1650 die ganze Nordostküste Amerikas als ***Acadia***. Die grün bewaldeten Hügel, lieblichen Flüsse und stillen Seen erinnerten ihn an ***Arkadien***, das fiktive pastorale und friedliche Land des römischen Poeten *Vergil*. Später wurde nur noch das heutige Nova Scotia *so* genannt. Gelegentlich erklärt man die Bezeichnung auch mit dem Wort *cadie* aus der Sprache der *Mi`kmaq*-Indianer. Es bedeutet »Ort« oder auch »sicherer Hafen«. Bis heute ist die Silbe in Ortsnamen wiederzufinden, z. B. in *Shenacadie*, dem Ort der Preiselbeeren, oder *Bernacadie*. Da es keine Verbindungen zwischen europäischen und indianischen Sprachen gibt, dürfte diese Ähnlichkeit aber reiner Zufall sein. Die Unsicherheit, die Entstehung des Namens zu erklären, wird auch in der Schreibweise deutlich, denn *Acadia* schreibt man ohne »r« – im Gegensatz zum Traumland *Arkadien*.

Franzosen waren die ersten weißen Siedler in *Acadia*, ⇨ Seite 588. Sie ließen sich zunächst auf Nova Scotia in den Salzwassermarschen an der Bay of Fundy nieder. Dort gewannen sie durch Eindeichung fruchtbares Ackerland und führten ein arbeitsames Landleben.

Soweit so friedlich. Wie es dazu kam, dass die *Acadians* später in alle Winde zerstreut wurden und ein Teil von ihnen dabei – unter der amerikanisch verballhornten Bezeichnung ***Cajuns*** – bis Louisiana geriet, macht den tragischen Teil der Geschichte aus:

Während der Auseinandersetzungen zwischen Franzosen und Engländern hatten die Acadier sich daran gewöhnt, mal unter der Hoheit des einen, mal des anderen zu stehen. Bis in die Mitte des 18. Jahrhunderts ließen die Engländer, seit 1713 offizielle Herren der Region, ihre Acadier weitgehend in Ruhe. Als 1755 wieder Krieg zwischen England und Frankreich ausbrach, genügte den Briten deren erklärte Neutralität aber nicht mehr. Sie sollten – wie die britischen Staatsbürger – ebenfalls den Fahneneid (*Oath of Allegiance)* schwören, was heißen konnte, die Waffen gegen die Franzosen erheben zu müssen. Mutig verweigerten die Acadier geschlossen den Treueschwur – mit bösen Folgen:

Die Engländer brannten ihre Häuser nieder, steckten sie mit brutaler Gewalt in Schiffe und verfrachteten sie ohne Rücksicht auf Familienzusammengehörigkeit in alle Richtungen. Die meisten der 13.000 Acadier landeten in südlicheren britischen Kolonien, andere in Louisiana und in Frankreich. Nur wenige entkamen der Deportation.

Willkommen waren die mittellosen Flüchtlinge nirgendwo. Für die meisten begann eine Zeit der Suche nach Angehörigen und einer neuen Heimat. Eine von ihnen war ***Evangeline***, ⇨ Seite 588, eine hierzulande weitgehend unbekannte, vom amerikanischen Schriftsteller ***Henry W. Longfellow*** geschaffene acadische Heldin. Sie begegnet einem vor allem in Nova Scotia auf Schritt und Tritt, als Namensgeberin für Hotels, Restaurants und den – natürlich – den *Evangeline Trail*.

Vogelfelsen Pokeshaw vor der Küste der Acadian Peninsula

Camping

Über einen schönen Campingplatz zwischen Tracadie River und und Meeresstrand verfügt der ***Val Comeau Provincial Park*** 4 km südlich von Tracadie-Sheila; © (506) 393-7150, $17-$27.

Bird Watching

Östlich von Grande Anse liegt der ***Pokeshaw Rock***, eine 16 m hohe, massive Felsinsel, ganze 60 m vor der Küste. Tausende von Seevögeln nisten auf seinem Plateau von gerade 1000 m^2.

Weiter in Richtung Gaspésie/ Straße #134

Parallel zur Autobahn #11 läuft zwischen Bathurst und Campbellton die Straße #134 an der sich verengenden Chaleur Bay entlang. Nur für das letzte Teilstück ab Dalhousie lohnt es sich, auf die küstennahe #134 zu wechseln; sie trifft sich später wieder mit der #11; nach Überqueren der Flussbrücke befindet man sich auf kanadischem Boden und folgt der #132 Richtung Westen/Percé (➪ Kapitel 5.7, Seite 641).

Strand und Camping

Auf dem Abschnitt bis Dalhousie bietet lediglich der ***Jacquet River Park*** (bei Belldune Strand unter der Steilküste, © 506-237-3239 mit ***Campground***) ein gutes Motiv für eine Fahrtunterbrechung. In Dalhousie lohnt der ***Inch Arran Park*** (125 Inch Arran Ave, ebenfalls mit ***Campground***, © 1-800-576-4455) vor dem Felsbogen ***Arch Rock*** vor der Küste in der Chaleur Bay einen Besuch. In Campbelltown fällt der ***Sugarloaf Mountain*** ins Auge, dessen Form entfernt dem Zuckerhut von Rio de Janeiro e ähnelt. Der große gleichnamige Provinzpark am Fuße des Berges ist besonders beliebt als Wintersportrevier, verfügt aber auch über einen **Campingplatz**; © 1-800-561-0123.

Sex and Crime in New France

Im Jahre 1640 gründete ein gewisser *Charles de la Tour* an der Mündung des Saint John River einen befestigten Handelsposten. Fünf Jahre später nahm sein Gegner, *Charles d`Aulnay,* in La Tours Abwesenheit und trotz heftiger Gegenwehr von dessen Gattin und ihrer Gefolgschaft das Fort ein. *D'Aulnay* brach sein Versprechen, Madame de la Tours Truppe vom Tod zu verschonen. Mit einem Strick um den Hals musste sie zusehen, wie ihre Getreuen exekutiert wurden. Das brach ihr das Herz und nur drei Wochen später starb sie. Als fünf Jahre später auch der wortbrüchige *D'Aulnay* starb, nahm der Witwer *Charles de la Tour* posthum Rache und heiratete die Witwe des toten Rivalen.

5.6.4 Über Saint John nach Fredericton und Québec

Saint John

Die Industrie- und Hafenstadt Saint John ist mit 75.000 und im Großraum 125.000 Einwohnern New Brunswicks einziges Ballungszentrum; www.saintjohn.ca

Geschichte

www.tourismsaintjohn.com

Samuel de Champlain stand bereits 1604 an der Mündung des St. John River; die gleichnamige Stadt wurde erst 1783 gegründet (eine bereits 1640 angelegte Siedlung war längst wieder aufgegeben worden): Über 10.000 Loyalisten (➪ Essay Seite 476) wählten auf der Flucht vor den Amerikanern die kleine Halbinsel zwischen Flussmündung und Courtenay Bay als neue Heimat. Um 1840 kamen 30.000 Iren, die sich in Saint John und an den Ufern des Saint John River niederließen. Holz, das den Fluss hinabgeflößt wurde, ließ die Stadt florieren.

Bis zur Mitte des 19. Jahrhunderts waren Saint Johns Werften die drittgrößten der Welt. Nach einem Großbrand, der 1877 über 1.600 Holzhäuser zerstörte, entstanden imposante viktorianische Backsteingebäude, die man heute noch im Zentrum bewundern kann. Damals hatte die Ära der Dampfschiffahrt bereits begonnen, und der Bau von Segelschiffen ging in der Folge stark zurück. Die Blütezeit der Stadt war damit beendet.

Downtown

Von der Autobahn #1 gelangt man über die Ausfahrten #111 oder #113 geradewegs in die kleine alte Innenstadt. Wer den Schildern *Market Place* folgt, findet ausreichend Parkraum am Market Square, der auch das ***Visitor Center*** beherbergt. Neben den üblichen Karten und Unterlagen gibt es dort (und auch im ***Tourist Center*** an den *Reversing Falls*) Beschreibungen für ***Walking Trails*** durch Saint John; alle drei (***Prince William Walk***, ***Loyalist Trail***

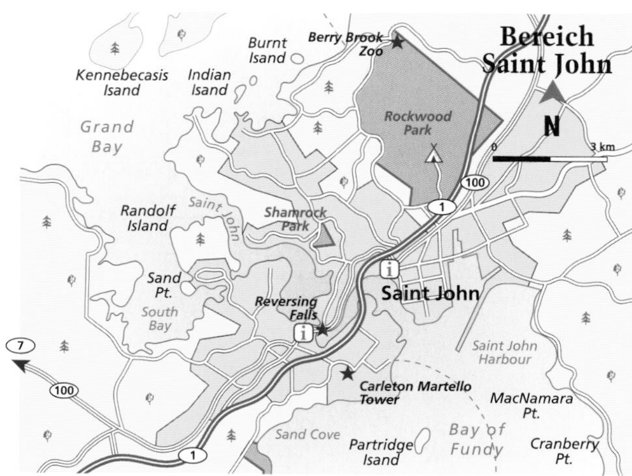

5

und ***Victorian Stroll*** je 90-120 min) gehen sehr in die historisch-architektonischen Details. Für einen Stadtbummel auf eigene Faust genügen folgende Hinweise:

Market Square

Der ***Market Square*** ist eine Mall, in die alte viktorianische Backsteinhäuser integriert wurden; davor finden sich eine Handvoll Straßen-Restaurants (gut das ***Grannan`s***) und eine Beachvolleyball-Anlage. Etwas weiter steht neben dem *Little Red Schoolhouse* der sehenswerte museale *Barbour's General Store* (täglich im Sommer 10-18 Uhr, gratis; wer mag, probiert dort mal ***Dulse***, getrocknetes, violettes Seegras; ➪ Seite 637).

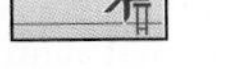

Loyalist Days

Am ***Market Slip***, wo jetzt das *Hilton* steht, landeten 1783 die ersten Loyalisten (➪ Essay Seite 474). Deswegen werden hier jeden Juli die ***Loyalist Days*** gefeiert. Dann ist die ganze Stadt kostümiert auf den Beinen, um mit großem Spektakel die Ankunft der ersten 3.000 Loyalisten nachzuspielen.

Museum

Im *Market Square* befindet sich auch der Eingang zum ***New Brunswick Museum*** (www.nbm-mnb.ca) mit einer ausgezeichneten Ausstellung über die (Industrie-)Geschichte und Geologie dieser Provinz; mit TV-Studio und Galerie lokaler Maler. Mo-Fr 9-17, Do bis 21 Uhr, Sa 10-17, So 12-17 Uhr, $6, Familien $13. Vom 1.Stock des Market Square bis in den ***Old City Marke***t führt eine gläserne Fußgängerbrücke (***Sky Walk***) durch die ***City Hall***, das *Delta Brunswick Hotel* und den *Brunswick Square.*

Loyalist House

Ein paar Schritte abseits vom *Sky Walk* (Ecke Union/Germain St) sind im ***Loyalist House*** (1810), das die Feuersbrunst von 1877 heil überstand, Einrichtungsgegenstände aus dem 19. Jahrhundert ausgestellt; Juli/August Mo-Sa 10-17, So 12-17 Uhr, Eintritt $3.

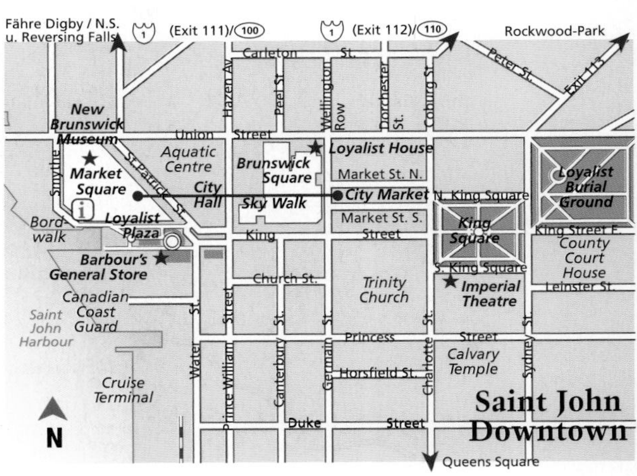

City Market

Ein Gebäude, das ebenfalls 1877 vom Brand verschont blieb, ist der überaus bunte und lebendige ***Old City Market***. Ein Teil der Verkaufsstände stammt noch aus dem 19. Jahrhundert. Dort gibt es als Spezialität der Provinz die ***Fiddleheads***, eine Art Spargel.

Der seitliche ***Food Court*** ist geöffnet Mo-Do 7.30-18 Uhr, Fr bis 19 Uhr, Sa bis 17 Uhr, feiertags geschlossen.

Feiner sitzt man in der ***Fish Market and Oysterbar*** im imposanten oberen Eingangstor an der Charlotte Street.

Friedhof

Nur durch die Sidney Street vom kleinen Park ***King's Square*** getrennt, liegt der ***Loyalist Burial Ground***, ein alter städtischer Friedhof für die Jahre 1784–1848 mit vielen aufschlußreichen loyalistischen Grabinschriften.

Wer von dort über die Princess Street zurück zum *Market Square* geht, findet im Straßenkarree King/Duke und King/Prince William viele ***Pubs*** (das ***D'Arcy Farrows*** in der Princess Street hat Live-Musik), Restaurants und Geschäfte zum Stöbern in alten viktorianischen Backsteinbauten.

Reversing Falls

www.new-brunswick.net/saint_john/reversingfalls/reversing.html

Als Saint Johns größte Attraktion gelten die ***Reversing Falls***, die ein kleines Schauspiel aus der Trickkiste der Natur liefern (⇨ Seite 618ff). Zwischen der Brücke und der Papierfabrik besteht das Flussbett (12 m tief bei Flut) aus abschüssigen Felsen, über die der Strom bei Ebbe – wie über eine Rutsche beschleunigt – zwei Stunden lang in ein 60 m tiefes Becken hinter der Brücke rast und aufwirbelt. Bei auflaufender Flut drängt das Bay- gegen das Flusswasser, gebietet ihm für wenige Minuten Stillstand (***slack tide*** – nur dann können normale Boote passieren), um es anschließend zu überfluten, so dass der Saint John River stromaufwärts zu fließen scheint. In den nächsten Stunden dreht sich der Spieß wieder um: Das Baywasser fließt bei Ebbe ab, so dass der Fluss wieder über die felsigen Stromschnellen stürzt.

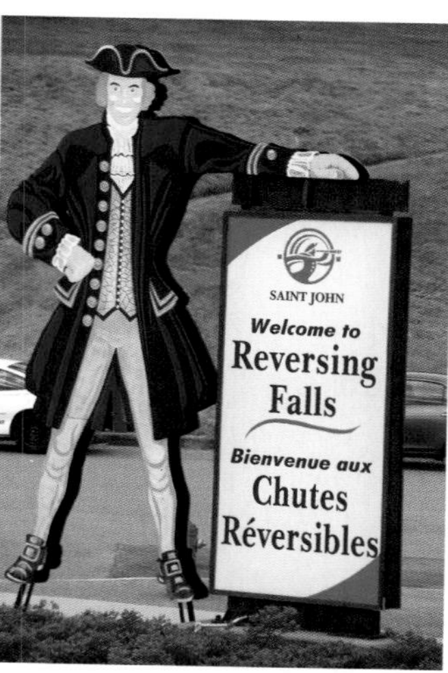

Besichtigung der Fälle

www.waterlevels.gc.ca

Bei den *Reversing Falls*, ca. 3 km westlich der Stadt an der #100 befindet sich ein ***Tourist Center*** (Mitte Mai-Ende Oktober 8-20 Uhr, sonst bis 18 Uhr). Dort wird das Phänomen detailliert erläutert, u. a. durch einen Film, der den Gezeitenfluss im Zeitraffer auf 20 min reduziert ($2,50). Wer das lieber in natura erleben

Fallsview Park (⇨ Karte Seite 629)

will, muss eigentlich 2-mal, nämlich zu den ***Slack Tides*** kommen. Eine Gezeitentafel (*Tide Table*) liegt bei allen Touristeninformationen der Region aus. Lohnt stundenlanges Warten? Nein, denn Adrenalin-Schocks bleiben aus und die Umgebung ist alles andere als attraktiv. Die **Aussichtsplattform** des *Tourist Center* bietet übrigens nicht den besten Blick; den hat man direkt gegenüber der Papierfabrik vom ***Fallsview Park*** am Nordufer ein wenig landeinwärts: auf der #100 vom Stadtzentrum kommend biegt man noch vor dem *Tourist Center* unmittelbar vor der Flussbrücke nach rechts in die Douglas Avenue ab. Von dort starten auch ***Jet Boats***, die bei Ebbe über die Stromschnellen düsen; $50; www.jetboatrides.com. **Vorsicht: Es kann nass werden!**

Rockwood Park
http://new-brunswick.net/SaintJohn/rockwood/rockwood.html

Der ***Rockwood Park*** mit Badesee und Golfplatz ist nur 5 min vom Zentrum entfernt. Von der Höhe (*Mount Pleasant*) überschaut man die Bucht und Industrieanlagen der Stadt. In der Südecke des Parks befindet sich auch der in Teilbereichen – wegen Auto- und Eisenbahnnähe – laute ***Campground Crystal Beach***. Die Plätze für Zelte liegen etwas abseits und ruhiger. Für eine Übernachtung zwischendurch ist der Platz o.k. Zufahrt von Osten über die Autobahn #1, *Exit* 113 Richtung Mount Pleasant Ave. Als Alternative dazu siehe unter Oak Point, ⇨ Seite 631.

Unterkunft

Angenehme und preiswerte Unterkünfte findet man einige Kilometer südwestlich der *Reversing Falls* in der Manawagonish Rd, einem gut ausgeschilderten *Bypass* der #100. (Zufahrt über die #1: von Osten Exit #99, dann Richtung Manawagonish Road, von Westen *Exit* 104, dann links und nach etwa 1 km rechts in die Manawagonish Road):

- ***Hillcrest Motel***, ✆ (506) 672-5310, DZ $50-$60
- ***King's Motel***, ✆ (506) 672-1375, DZ ab $50
- ***Hillside Motel***, ✆ (506) 672-1273/✆ 1-888-625-7070, $45-$75
- ***Island View Motel***, ✆ (506) 672-1381/✆ 1-888-674-6717, $50-$85

In der Stadt günstig gelegen im *Sky Walk* sind:

- ***Delta Brunswick Hotel***, 39 King Street, ✆ (506) 648-1981 und ✆ 1-800-268-1133, DZ $109-$239

- ***The Parkerhouse Inn & Restaurant***, historische Villa, zentral, mit Restaurant;71 Sydney St, ✆ (506) 652-5054, DZ $109-$129

Fähre Saint John–Digby/NS www.bayferries.com

Ende Juni-Labour Day täglich 9 + 16.45 Uhr, sonst seltener; Dauer der Überfahrt ca. 3 Stunden.

Tarife Neben-/Hochsaison: Erwachsene $30/$40, Jugendliche bis 13 Jahre $20/$25, Kinder bis 5 Jahre $5, Autos bis zu einer Länge von 6 m $75/$80, Wohnmobile bis 9 m $145/$265. Gegenrichtung ⇨ Seite 583.

Reservierung der Bay of Fundy-Fähren unter ✆ (506) 649-7777 oder ✆ 1-887-762-7245 bzw. im Internet, ⇨ oben.

Fähre

Der Anleger der **Nova Scotia-Fähre** befindet sich 5 km westlich von *Downtown* in West Saint John (Straße #1, *Exit* 109).

Saint John River

www.greatcanadianrivers.com/rivers/john/john-home.html

Der Saint John River, in regionalen Werbebroschüren gerne als der »Rhein« Canadas bezeichnet, entspringt im Hochland von Maine und ist mit 724 km der längste Fluss in den *Maritimes*. Besonders sein Unterlauf im »**Urstromtal**« zwischen Saint John und Fredericton ist reizvoll. Die mal felsigen, mal verschilften Ufer bieten immer wieder weite Ausblicke über die Flusslandschaft. Viele kleine Inseln und Buchten, malerische Landzungen mit Leuchttürmen, dazu vereinzelt oder in kleinen Ansiedelungen graue Schindelhäuser, liefern ein perfektes Bild ländlicher Idylle wie vor über hundert Jahren. Besonders in diesem Bereich wird New Brunswick seinem selbstgepflegten Image als ***Picture Book Province*** gerecht. Für die Weiterfahrt nach Fredericton ist daher die **Straße #102** der direkten Route #7 unbedingt vorzuziehen.

Bei ***Oak Point*** passiert man den hübsch gelegenen gleichnamigen *Provincial Park* mit Badestrand. Obwohl sein *Campground* nicht zu den besten gehört, ist er ruhig und eine gute Alternative zum Camping im *Rockwood Park* in Saint John.

Gagetown

www.villageofgagetown.ca

Der einzige Ort mit touristischer Infrastruktur ist auf dieser Route Gagetown. Dort findet man Restaurants und Unterkünfte, z.B. das ***Steamers Stop Inn*** in der 74 Front St direkt am Fluss, ✆ (506) 488-2903, DZ $65-$95, und preiswertere *B&Bs*.

Grand Lake

Oberhalb Gagetown ist der Saint John River mit dem **Grand Lake** verbunden. Das jenseitige Flussufer ist per Fähre schnell erreicht, aber der größte See in New Brunswick lohnt eher keinen Abstecher. Seine Ufer sind mit bescheidenen *Cottages* und fest stationierten *Mobilhomes* gespickt. Die beiden Provinzparks am See (*Lakeside* und *Grand Lake*) besitzen zwar eine *Swimming Beach* und ***Campground***, rechtfertigen aber keine größeren Umwege.

Fredericton

www.city.fredericton.ca

Mit 47.000 Einwohnern ist Fredericton – die ***City of Stately Elms***, der stattlichen Ulmen – eine angenehme Mittelstadt. Sie liegt an einer Biegung des Saint John River gegenüber der Mündung des Nashwaak River.

Geschichte

Ursprünglich lebten in der Region *Mi`kmaq*- und *Maliseet*-Indianer, die sich gegen die weiße Besiedelung heftig zur Wehr setzten. Ein bereits 1692 von den Franzosen errichtetes Fort konnte nicht gehalten werden. 1732 kamen aus Nova Scotia geflohene *Acadier*, die 1759 abermals von Briten vertrieben wurden. Wegen der Feindseligkeit der Indianer blieben aber nur wenige der Familien in der Region. Die eigentliche Geschichte von Fredericton begann deshalb – wie in Saint John – erst 1783 mit der Ankunft von 2.000 Loyalisten (➪ Seite 476).

Auf deren Betreiben wurde New Brunswick, das damals noch zu Nova Scotia gehörte, 1784 zu einer selbständigen Provinz und *Frederik's Town* 1785 zur Hauptstadt. Sie war für die neugegründeten USA schwerer anzugreifen als das bedeutendere, aber ungeschützt am Meer liegende Saint John. Danach ging es mit der bald Fredericton genannten Stadt schnell bergauf.

Orientierung/ Information

Wer nicht gerade von Norden die Stadt erreicht (Straße #8), fährt entweder auf der TCH #2 oder auf der Straße #7 bis zur Regent St (*Exit* 292 von der TCH) und auf dieser geradewegs bis ins Stadtzentrum am Saint John River. Von Moncton auf der #2 nimmt man den *Exit* #295/Waterloo Row. Die Hauptstraßen (Queen, King und Brunswick Street parallel zum Fluss und Regent und York Street) sind charakterisiert durch viele pastellfarbene Holzhäuser. Die repräsentativste Straße ist die Queen Street. In der ***City Hall*** an der Ecke Queen/York befindet sich das ***Visitor Information Center*** (im Sommer 8-20 Uhr). Der dort gratis erhältliche ***Visitor's Guide*** (mit Unterkunftsverzeichnis) empfiehlt eine ***Walking Tour*** durch die Stadt. In 45 min lässt sich Frederictons kleines Zentrum gut ablaufen.

Besichtigung

www.nbccd.ca

Gegenüber der City Hall steht das ***Justice-Building*** und – etwas zurückgesetzt – das ***New Brunswick College of Craft and Design***. Die beiden Blocks zwischen der York und Regent Street (begrenzt von Queen St und Saint John River) nennt man den ***Military Compound***. Dort befinden sich alle militärischen Gebäude, die einst gebaut wurden, um die Hauptstadt vor den Amerikanern zu schützen. Heute dienen sie unterschiedlichen Zwecken.

In den ehemaligen *Officers' Quarters*, einem durch Arkaden auffälligen Haus (von 1825), ist das ***York-Sunbury Historical Society Museum*** untergebracht mit einem Sammelsurium von Gegenständen aus der Geschichte New Brunswicks. Zu besichtigen sind

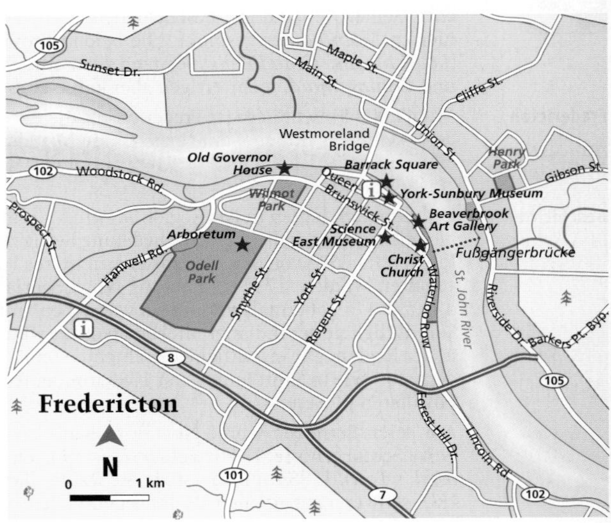

auch die alten ***Soldiers' Barracks*** und das ***Guard House***, Ecke Carleton/Queen. Das ***National Exhibition Centre*** nebenan in einem neoklassizistischen Bau zeigt wechselnde Ausstellungen.

Parlament

www.gnb.ca/legis

Vor dem ***Provincial Legislative Assembly Building***, dem Parlamentsgebäude (Queen/St. John) wehen in schöner Eintracht fünf Fahnen. Wie selbstverständlich gebührt der britischen Flagge die mittlere Position. Links bzw. rechts wird sie flankiert von den Farben Acadias und New Brunswicks, beidseitig eingerahmt von Canadas Ahornblatt. Die tiefe emotionale Bindung zur britischen Krone symbolisiert auch eine Birke, die am 29.7.1981, dem Hochzeitstag von *Lady Di* (†) und *Prinz Charles* gepflanzt wurde.

Lord Beaverbrook

Dem Namen *Beaverbrook* begegnet man in Fredericton auf Schritt und Tritt. Es gibt eine *Beaverbrook Street*, das *Beaverbrook Playhouse*, das *Beaverbrook Hotel* und *The Lady Beaverbrook Residence*. Unter dem bürgerlichen Namen *William Maxwell Aitken* wurde der spätere *Lord Beaverbrook* 1879 in Ontario geboren. Er wuchs in Newcastle/NB auf, war mit 28 Jahren Millionär, ging 1910 mit 31 nach England und brachte es fertig, ein paar Jahre später – 1916 – geadelt zu werden.

Als konservativer »Medienbaron« (*Daily Express*) avancierte er zum Vertrauten von *Winston Churchill*. Ab 1940 war er als *Airforce*-Minister Görings erfolgreicher Gegenspieler. Churchill urteilte über ihn als ein Genie, *who is at his very best when things are at their very worst* (»der zu Hochform aufläuft, wenn die Karre richtig im Dreck steckt«).

Zeitlebens unterstützte *Beaverbrook* sein Heimatland und steckte einen Großteil seines Vermögens in alle möglichen Stiftungen in New Brunswick.

Kunstmuseum

www.beaverbrookartgallery.org

In der ***Beaverbrook Art Gallery*** gegenüber dem Parlament sind hauptsächlich die Werke englischer Maler ausgestellt (*Gainsborough, Turner, Constable*), außerdem Bilder von *Cornelius Krieghoff* (1815-72). Dieser gebürtige Holländer verbrachte die meiste Zeit seines Lebens in Québec und wurde Canadas erster auch im Ausland bekannter Maler. Seine volkstümlichen Bilder zeigen oft Pelzhändler oder Holzfäller und – stark romantisiert – Indianer.

Als Stolz der Galerie hängt im Foyer das Gemälde ***Santiago el Grande*** von ***Salvador Dalì***. Im Sommer täglich 9-17.30 Uhr, Do bis 21 Uhr, So ab 12 Uhr; Eintritt $8, Kinder bis 16 $2.

Architektur

Ein Spaziergang durch die Uferanlagen am Saint John River vermittelt einen guten Einblick in die amerikanische Architekturgeschichte. In der Waterloo Row (Verlängerung der Queen St) stehen (bis zur Hausnummer 252) repräsentative Wohnhäuser aller möglichen Baustile und Epochen, *Georgian Style, Queen Anne, Gothic* und *Victorian Style*.

Unterkunft

In Fredericton unterzukommen, ist selten ein besonderes Problem und relativ preiswert:

- Stilvoll ist ***Lord Beaverbrook Hotel*** mit Flussblick, 659 Queen Street, © (506) 455-3371 oder © 1-866-444-1946; DZ $110-$525; www.lordbeaverbrookhotel.com

- Gemütlich ist das alte ***Carriage House Inn***, 230 University Ave, © (506) 452-9924 und © 1-800 267-6068; DZ $95-$125.
- Preiswerter ist das ***Fort Nashwaak Motel***, 15 Riverside Drive (Kreuzung #105/#110, © (506) 472-4411, DZ $50-$60.

Weitere, auch **preiswerte Motels** und Hotels findet man südlich des Zentrums an der Prospect Street, die parallel zur Autobahn TCH #2 läuft, von dort *Exits* #289-#292.

- ***Fredericton International Hostel***, Rosary Hall, 621 Churchhill Row, © (506) 450-4417, $20-$30; www.hihostels.ca

Camping

Auf dem Gelände des *Bucket Club Amusement Park* liegt der ***Hartt Island Campground*** ca. 6 km westlich der Stadt (TCH), $25-$39; www.harttisland.com.

Der ***Mactaquac Park***, größter *Provincial Park* New Brunswicks, liegt an einem gestauten Arm des Saint John River ca. 25 km westlich von Fredericton; Zufahrt auf der Straße #105 am nördlichen Flussufer entlang, *Exit* 232. Mit Marina, Stränden, Golfplatz und ***Lodge*** handelt es sich mehr um einen Freizeit- als Naturpark. Der ***Campground*** ist dort fast Nebensache.

Kings Landing

Neben der *Fortress Louisbourg* auf Cape Breton Island vielleicht das beste ***Living Museum*** im Osten Canadas ist ***Kings Landing Historical Settlement***, ca. 40 km westlich von Fredericton unweit der TCH, *Exit* 259; www.kingslanding.com.

Kennzeichnung

Die Entstehungsgeschichte von *Kings Landing* ähnelt der des *Upper Canada Village* in Ontario (➪ Seite 487). Hier wie dort wurden die im Tal liegenden Häuser vor der Überflutung durch eine Flussaufstauung demontiert und als **Museumsdorf** weiter oberhalb originalgetreu wiederaufgebaut. Auf dem großen 120-ha-Gelände steht heute eine Ortschaft, wie sie – von Loyalisten errichtet – in der Mitte des 19. Jahrhunderts ausgesehen haben könnte. Zeitgenössisch gekleidete Bewohner demonstrieren alte Arbeitstechniken und Traditionen.

Bei einem Spaziergang durch das Dorf gewinnt man den Eindruck, die Zeit sei stehengeblieben. Dabei ist der – dank des Holzreichtums der Region bemerkenswerte – Wohlstand in *Kings Landing* nicht zu übersehen. Die Häuser sind größer, die vorindustriellen Betriebe, wie etwa das Sägewerk, entwickelter als im ländlich-einfachen *Acadian Village*, ➪ Seite 624.

Zeitbedarf

Man sollte mindestens einen guten halben Tag einplanen, um dieses Juwel unter den lebenden Museen auf sich wirken zu lassen. Geöffnet Juni-Ende Oktober täglich 10-17 Uhr; Eintritt $15, bis zu 16 Jahren $12, Familienticket $40.

Von Fredericton nach Québec – ggf. mit Umweg über die Gaspésie

Von Fredericton aus sind es noch 380 km bis zur Grenze der Provinz Québec und weitere gut 100 km bis Rivière-du-Loup am St. Lawrence River. Auf der Autobahn TCH #20 erreicht man von dort Québec City – wenn es sein muss – in guten 2 Stunden. Besser wäre, in **Rivière-du-Loup** oder **Trois-Pistoles** mit der Fähre über den Strom zu setzen und sich zwei Tage oder mehr Zeit für eine Fahrt auf dem reizvolleren Nordufer zu nehmen, ➪ Seiten 553+647. Auskunft Fähren: ✆ (418) 862-5094 bzw. ✆ (418) 851-4676. **Internet**: www.travrdlstsim.com oder www.info-basques.com/traverse.

Eine andere Variante, die bereits angesprochen wurde, ist die Einbeziehung der Gaspé-Halbinsel als Abstecher von der Reiseroute auf dem TCH. Für diesen Fall verlässt man die #2 nördlich von Grand Falls und nimmt die Straße #17 nach Campbellton. Eine einsame Alternative dieser Route ist die Straße #385 zum ***Mount Carleton*** (*Provincial Park;* www.gnb.ca/0078/carleton) und von dort nach St. Quentin an der #17. Dabei führen im Bereich des höchsten Berges der Provinz etwa 25 km über Schotterstraße.

Wer sich ab Fredericton für die Fahrt auf dem TCH nach Norden entscheidet, könnte statt der #2 die **Straße #105** wählen. Bis **Hartland** mit einer fast 400 m langen ***Covered Bridge*** ist ihr Verlauf am Nord- bzw. Ostufer des Saint John River abwechslungsreicher; www.bridges.nblighthouses.com

Nördlich von Hartland bleibt es sich ziemlich gleich, auf welcher Flussseite man sich bewegt. Beide Straßen führen durch eine eher monotone Landschaft. In **Grand Falls** ist ein Zwischenstopp angebracht. Dort hat der Fluss (im Sommer wenig Wasser) einen 1,5 km langen und 70 m tiefen Canyon in den Fels geschnitten. Im ***Grand Falls & Gorge Park*** führt ein *Trail* über Treppen hinunter; Eintritt $4, Kinder $1; www.grandfalls.com/english/fallsgorge.html

Fast 400 m lange Covered Bridge bei Hartland über den Saint John River, ➪ Kasten

Camping

Südwestlich von *Kings Landing* liegt der ***Lake George Campground*** (früher ein Provincial Park) am gleichnamigen Badesee mit Strand. Man erreicht ihn in 10 Autominuten über die #635, dann 2 km auf der #636 in südlicher Richtung.

Nach Maine

Kings Landing/Fredericton sind mögliche Anschlußpunkte für eine Weiterfahrt nach Maine über Woodstock/Houlton und dann – auf USA-Seite – auf der *Interstate* #95 nach Bangor und zum ***Acadia National Park***, ➪ Seite 314/324. **Schönere Alternative**: über die kanadische **#3 nach St. Andrews** und dann **USA-Küstenstraße #1** zum *Acadia NP*; ➪ Seite 639/324.

5.6.5 Von Saint John nach Maine/USA

Zur Route

Zwischen Saint John und St. Stephen an der Grenze (mit dem Grenzort Calais auf der US-Seite des St. Croix River) liegen noch gute 100 km. In dieser Ecke berühren sich die Routen durch die Neuengland-Staaten (➪ Seite 323f.) und die *Maritimes.* Wer beide auf dem Landweg (Seeweg über die Fähre Portland/Bar Harbor nach Yarmouth/NS, ➪ Seiten 581 und 321) miteinander verbinden möchte, kommt entweder von Maine oder aus Fredericton/ Saint John. Da auch die anderen Teilstrecken durch New Brunswick – ausgehend vom Verlauf der TCH – in Nord- bzw. Westrichtung beschrieben wurden, wird hier an dieser Richtung festgehalten. Bei Fahrt in Gegenrichtung entstehen daraus kaum Probleme, da die im Verlauf wichtigen Ziele punktueller Natur sind.

Verlauf

Die Straße #1 von Saint John nach St. Stephen verläuft abseits der Küste und bietet mit Ausnahme kurzer Teilstücke (z.B. ***New River Beach Provincial Park***) keine besonderen Reize. Auch Abstecher an die Küste bringen zunächst nur wenig. Das unattraktive **Blacks Harbour** etwa braucht nur anzusteuern, wer nach *Grand Manan Island* übersetzen möchte.

St. George

www.town.stgeorge.nb.ca

Für einen **Zwischenstop** gut ist die ***Fishladder*** in St. George. Man findet sie etwas versteckt unweit der Hauptstraße bei den *Magaguadavic Falls*. Im August und September kann man dort mit ein wenig Glück Lachse springen sehen.

Etwa 10 km westlich St. George passiert man fast an der #1 das Restaurant ***Dominion Hill Country Dining*** gleich hinter der *Didgeguash Bridge* (exakte Adresse:17 Reardon Road): gut und preisgünstig, so schrieben uns Leser, © (506) 755-3722.

Lake Utopia

Mit einem weißen Sandstrand und klarem, tiefen Wasser verspricht der Lake Utopia **Badefreuden**. Aber Vorsicht, es soll darin ein Loch-Ness-Ungeheuer gesichtet worden sein. An die Ufer des Sees gelangt man auf den Straßen #785 und #781; www.folkstory.com/postcards/novascotia00.html

In die USA über Deer Island

Noch östlich von Sant George führt die Straße #772 an die Passamaquoday Bay nach Back Bay/Letete, wo man die Fähre nach **Deer Island** und weiter nach **Campobello Island** nehmen kann.

Grand Manan Island (www.gnb.ca/cnb/grand; www.grandmanannb.com)

Die Insel **Grand Manan** ist ein bevorzugtes Ziel für ***Bird Watcher***, denn sie liegt an der Migrationsroute zahlreicher Vogelarten und steht – wie auch die vorgelagerten kleinen Inseln – überwiegend unter Naturschutz. Der Ornithologe ***James Audubon*** trieb dort schon vor über 150 Jahren seine Studien. Viele seiner berühmten Skizzen entstanden auf Grand Manan. Wanderfreunden bietet die Insel ein Netz markierter Routen. An der Küste tummeln sich viele Seehunde; Wale in kurzer Distanz zum Ufer sind keine Seltenheit. Leider aber liegt oft Nebel über Grand Manan.

Die Fähre legt in **North Head** im Nordosten der Insel an. Von dort starten täglich ***Bird- & Whalewatching Tours***; $48. Eine Straße führt an der flachen Ostküste entlang duch die Fischerdörfer Grand Harbour und Seal Cove bis zur Südspitze (ca. 25 km). Die Steilküste auf der Westseite mit bis zu 90 m hohen Kliffs erreicht man mit dem Auto nur über eine Stichstraße nach Dark Harbour. Dort hat man sich auf die Produktion von ***Dulse*** spezialisiert, eine dunkelrot-violette Alge, die am Strand gesammelt, getrocknet und in Plastiktüten abgepackt wird. Ähnlich wie Popcorn ist *Dulse* als Snack zwischendurch beliebt, der Geschmack allerdings ziemlich gewöhnungsbedürftig (➪ Seite 628).

Fähre ab **Blacks Harbour** (90-120 min), Ende Juni-Mitte Sept. täglich 7.30, 9.30 (nicht So), 11.30, 13.30, 15.30, 17.30, 19 Uhr; Pkw retour $32, Person $11; www.coastaltransport.ca.

Visitor Information Centre an der 1141 Straße #776 auf dem Festland.

Campingplätze findet man im schönen ***Anchorage Provincial Park*** bei Seal Cove und im ***Castalia Park*** am Rande von Vogel-Schutzzonen.

Unterkünfte gibt es reichlich:

- Beliebt ist in North Head ***The Compass Rose***, ein *Provincial Heritage Inn*, © (506) 662-8570, $89-$135; www.compassroseinn.com
- ***Surfside Motel***, 123 Straße #776 in North Head, © 1-877-662-8156, $85-$110; www.gmsurfsidemotel.com.

Route in die USA

Von Campobello Island geht es auf der ***International Bridge*** nach Lubec in Maine, ➪ Seite 324. Wenn die Zeit es zulässt, ist diese **Route optimal**. Der zeitliche Mehraufwand (bei weniger Kilometern) sollte inklusive Pausen bei schönem Wetter und ggf. Übernachtung auf einer der Inseln vorsichtshalber mit einem vollen Tag kalkuliert werden. Wer auf Übernachtung und längere Stopps verzichtet, kommt auch mit einigen zusätzlichen Stunden aus.

Deer Island

Die **Fähre** ab Letete nach Deer Island, einer vom Tourismus völlig unberührten Insel, verkehrt alle 30 min. und ist gratis.

Im Hauptort **Fairhaven** gibt es einen Laden, das ***45th Parallel Motel***, © (506) 747-2231; $48-$65, und die inselweit einzige Tankstelle. Vor Deer Islands Küste liegen die größten ***Lobster Ponds*** (Hummerbecken) der Welt und zahlreiche der für New Brunswick so typischen ***Weirs***, im Kreis gesteckte Stangen und Netze zum Heringsfang.

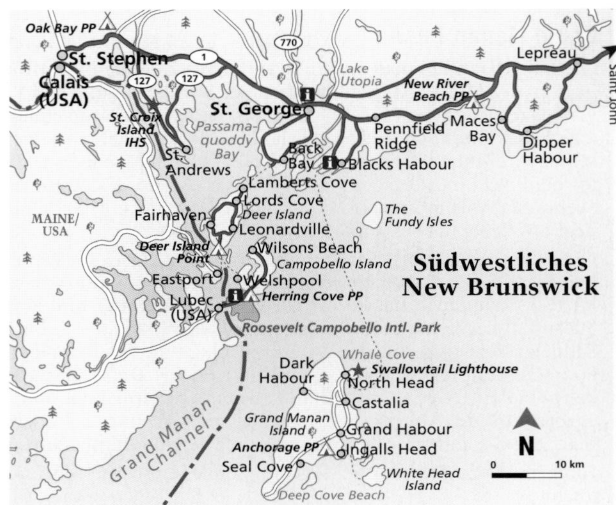

Camping

- Im ***Deer Island Point Park*** (an der Südspitze der Insel) befindet sich ein einfacher Campingplatz, der eine wunderbare Sicht in Richtung Maine und Campobello Island bietet. Dort sprudelt der ***Old Sow***, der angeblich zweitgrößte tidenabhängige Wasserstrudel der Welt; www.deerislandpointpark.com.
- Ferner: ***Cobscook Bay State Park***, ⇨ Seite 324 (Maine/USA).

Nach Campobello Island

Von Deer Island nach Eastport/Maine überzusetzen (Fähre stündlich von 9-19 Uhr, $12 für Pkw plus Fahrer, jede weitere Person $3), macht nur für lokalen Verkehr Sinn. Vom selben Anleger neben dem *Campground* geht es auch nach Campobello Island. Die **Fähre** verkehrt **nur Ende Juni bis Anfang September 11x täglich**, Auto+Fahrer $13, Person $3; www.eastcoastferries.nb.ca.

Fährhafen Welshpool

Man kommt per Fähre von Norden in **Welshpool** an im zentralen Bereich der Insel. **Wilsons Beach** im Norden ist Campobellos größte Ortschaft. Von dort führt eine Schotterstraße (Abzweigung beim *Post Office*, nicht ausgeschildert) an der Ostküste entlang. Wegen ihrer tief eingeschnittenen, seichten Buchten sind die Wassertemperaturen dort besonders badefreundlich.

International Park

Der südliche Teil der 16 km langen Insel besteht überwiegend aus dem **Herring Cove Provincial Park** und dem ***Roosevelt Campobello International Park*** (www.nps.gov/roca), in dem sich die Ferienvilla des ehemaligen US-Präsidenten ***Franklin D. Roosevelt*** (1882-1945) befindet. Hier verbrachte *Roosevelt* viele Sommer, bevor er Präsident wurde. Es kann täglich 10-18 Uhr besichtigt werden, kein Eintritt; www.fdr.net.

Der Park verfügt des weiteren über schöne **Wanderwege** entlang der Küste und ***Scenic Drives*** für Autofahrer, die aber nur von Ende Mai bis Mitte Oktober zugänglich sind.

Unterkunft

- In Wilsons Beach kommt man relativ preiswert in den ***Pollock Cove Cottages*** unter, © (506) 752-2300, $85-$200.

- In Welshpool in der Nähe der Fähre befindet sich die ***Friar's Bay Motor Lodge***: einfach & o.k., © (506) 752-2056, $40-$103.

www.lupinelodge.com

- Etwas anspruchsvoller und gemütlich ist die ***Lupine Lodge***, in einer alten Villa am Wasser in Welshpool mit Restaurant, © 1-888-912-8880, $85-$150 inkl. Frühstück.

Camping

- Sehr schön ist der ***Herring Cove Provincial Park*** mit Sandstrand und Lagune, © (506) 752-7012, $22-$25.

Einreise USA

Man verlässt Canada über die ***International Bridge***. Die Grenzformalitäten verlaufen an der kleinen Station relativ entspannt.

Zur Weiterfahrt in Maine ➪ Seite 324.

In die USA via Calais

Wer auf das Inselhüpfen verzichtet, fährt weiter auf der #1 zur Grenzstation St. Stephen/Calais. Dabei ist der folgende **Abstecher** von der Hauptstraße **unverzichtbar**:

St. Andrews

www.townofstandrews.ca

Das Städtchen **St. Andrews** auf einer schmalen Landzunge in der Passamaquoday Bay gilt als Schatzkästchen amerikanischer **Holzhausarchitektur**; www.standrewsnb.ca. Einige der pastellfarbenen Häuser in der Hauptstraße Water Street waren die ersten ***Prefabricated Houses*** (Fertighäuser) der Geschichte: Als nach dem Unabhängigkeitskrieg die Grenze in dieser Region ein wenig nach Norden korrigiert wurde, setzten sich die dadurch unfreiwillig wieder zu Amerikanern gewordenen Loyalisten von den USA ab, indem sie ihre Häuser zerlegten, auf Flöße packten und einige Meilen weiter in St. Andrews wieder aufbauten.

Von der Furcht vor den Nachbarn zeugt noch das ***Blockhouse*** am östlichen Ende der Water Street, ein ***National Historic Site***. Im schönen ***Centennial Park*** (auf dem Bummel dorthin) lässt es sich – mit Meerblick – herrlich picknicken.

Campobello Island-Wirt zeigt, was gleich in den Topf kommt.

5

Schulunterricht ganz wie anno 1850 im Kings Landing Village, ➪ *Seite 634*

Seebad

Schon Ende des 19. Jahrhunderts war St. Andrews Sommer-Treffpunkt für New Yorker und *Bostonians*, deren luxuriöse nostalgische Villen sich nicht übersehen lassen. In der Hochsaison ist in St. Andrews nach wie vor einiges los:

www.fairmont.com/algonquin

- Das ***Kennedy House*** (✆ 506-529-8844, $50-$140), 218 Water St. gehört zu Canadas ältesten Ferienhotels.
- Keine 1000 Schritte bergauf, im ***The Fairmont Algonquin*** (Adolphus Street, ✆ 506-529-8823; $130-$460), einem *Canadian Pacific*-Hotel, geht es besonders edel zu. Montags bis samstags wird ein ***Lunch Buffet***, sonntags ein *Brunch Buffet* für jedermann aufgebaut: $28 sind fürs Ambiente dieses Hauses nicht zu viel. Im zweiten Stock auf der Dachterrasse genießt man beim ***Afternoon Tea*** einen weiten Blick.
- In den *Cottages* (mit Küche) des zentral am Wasser gelegenen ***Seaside Beach Resort*** wohnt man gut und günstig; 339 Water Street, ✆ (506) 529-3846; DZ $85-$140; www.seaside.nb.ca.
- Preiswerter ist das ***Blue Moon Motel***, 310 Mowatt Drive (Ende der #127), ✆ (506) 529-3245, DZ $45-$55.

Bootstrips

An der *Market Wharf* starten ***Whale Watching Tours*** (ca. $50, Kinder $25) und geführte **Kajak-Touren** (halber Tag $50).

www.asf.ca

In Chamcook (5 km auf der #127) erfährt man im ***Atlantic Salmon Center*** alles über das wundersame Leben der Lachse. Im Sommer täglich geöffnet 10-17 Uhr, Eintritt $6.

Camping

Auf dem Cap (*Indian Point)* liegt ***Kiwanis Oceanfront Camping***, nur 10 min. zu Fuß am Meer ins Dorf, $20-$34; www.kok.ca.

Kathy's Cove

Der Atlantik ist bei St. Andrews zum Baden zu kalt, aber *Kathy's Cove*, eine 5 Autominuten entfernte flache Bucht an der Ostseite der Landzunge, hat wärmeres Wasser. Zufahrt über **Acadia Drive**, der beim Hotel ***Fairmont Algonquin*** (➪ Seite oben) beginnt.

5.7 Québecs*) Gaspé Peninsula

(www.infogaspesie.com; www.gogaspe.com; www.gaspesie.com)

5.7.1 Touristische Kennzeichnung

Zur Route

Die Gaspé-Halbinsel ragt wie ein großer Daumen von 300 km Länge und bis zu 180 km Breite in den Golf von St. Lawrence. Rundherum folgt die **Straße #132** eng der Küstenlinie. Von Campbellton bis Mont-Joli am St. Lorenz-Strom sind es auf dieser Route ca. 700 reine Streckenkilometer (quer über die Halbinsel, ebenfalls #132, nur 170 km auf der direkten Straße). Mit kleinen Abstechern (etwa in den ***Forillon National*** und den ***Gaspésie Provincial Park***) kommen leicht 600-700 km zusätzlich heraus, ⇨ Karte folgende Seite.

Zwar ist die #132 gut ausgebaut, führt aber durch viele kleine Ortschaften bei – im Sommer – hohem Verkehrsaufkommen. Man kommt daher bisweilen nur langsam voran. Einschließlich einiger – nicht einmal längerer – Aufenthalte in Percé, im Nationalpark etc. sollte man mindestens 3 Reisetage für die Gaspésie ansetzen (bis Mont-Jolie), weniger läßt sich nur unter Inkaufnahme erheblicher Fahrzeiten/Tag realisieren.

Lohnt sich die Gaspésie?

Die naheliegende Frage, ob es sich lohnt, den großen und zeitraubenden Umweg über die – auch *Gaspésie* genannte – Halbinsel zu machen, läßt sich nicht leicht beantworten. Wer nur die Rosinen der Gaspé an der Nordküste (Percé, *Parc Forillon*) besuchen möchte, kann in einer Nachtfahrt mit dem Schlafwagen von Montréal aus sein Ziel erreichen (Info: www.viarail.ca, ⇨ Seite 108). Was den Reisenden auf der Strecke erwartet, geht aus der folgenden Routenbeschreibung hervor (⇨ auch Seite 563). Darüberhinaus zeigt sich die **Schönheit der *Gaspé Peninsula* nur auf einigen Teilstrecken** – vor allem im Bereich ***Land's End*** (Percé, Gaspé) sowie der Nordküste bis **Ste-Anne-des-Monts** mit dem ***Parc de la Gaspésie***. Natur und Landschaft der Gaspésie verlieren enorm bei schlechtem Wetter.

Dieses Kapitel schließt an die in den Abschnitten 5.6.3 und 5.6.4 beschriebenen Routen an, die in Campbellton enden.

---

*) Informationen zur Provinz Québec, ⇨ Seite 504ff.

5.7.2 Von Campbellton/NB zum Forrillon-National Park

Wer auf der #11 von New Brunswick kommt und die Gaspé-Halbinsel umrunden will, fährt ab Dalhousie weiter auf der #11 (bzw. der schöneren Parallelstraße #134) bis Campbellton, um hinter der Brücke zwei historische Sehenswürdigkeiten zu besichtigen (➪ unten). In Québec muß man die Uhren eine Stunde zurückstellen (***Eastern Time***) – außer in Pointe-à-la-Croix (auf der anderen Seite der Campbellton-Brücke), dort gilt noch ***Atlantic Time***.

Point à-la-Croix

www.pc.gc.ca/ristigouche

Etwas westlich von Point-à-la-Croix an der #132 gedenkt die ***Lieu Historique National de la Bataille de la Ristigouche*** (*Battle of the Ristigouche NHS)* einer Seeschlacht, in der England Frankreich besiegte (1760 während des 7-jährigen Krieges 1756-63). Man sieht Originalteile einer damaligen Fregatte und einen Film über das Gefecht. Juni-Oktober täglich 9-17 Uhr, Eintritt $4.

Listuguj

Das palisadenbefestigte **Fort Listuguj** (vormals Ristigouche) im Zentrum des gleichnamigen ***Mi`kmaq*-Reservats** erinnert an den eben genannten Krieg, in dem *Mi`kmaqs*, Acadier und Franzosen gegen die Engländer kämpften. *Guided Tours* zeigen, wie *Mi`kmaqs* und Acadier damals miteinander lebten. **Wigwam-Übernachtung** möglich ($23). Im Sommer täglich 10-19 Uhr, $5. Ein weiteres *Mi'kmaq*-Reservat, **Gesgapegiag** in Maria (westlich von New Richmond), hat eine Kirche in Form eines Teepee.

Parc National de Miguasha

www.sepaq.com/miguasha

Der ***Parc National de Miguasha*** (UNESCO-Weltkulturerbe), 6 km abseits der #132 ist für Paläontologie-Interessierte einen Besuch wert. Hier fand man bis 370 Mio. Jahre alte Fossilien, hauptsächlich versteinerte Fische aus dem Devon, die den Übergang von Lebewesen vom Wasser aufs Land dokumentieren.

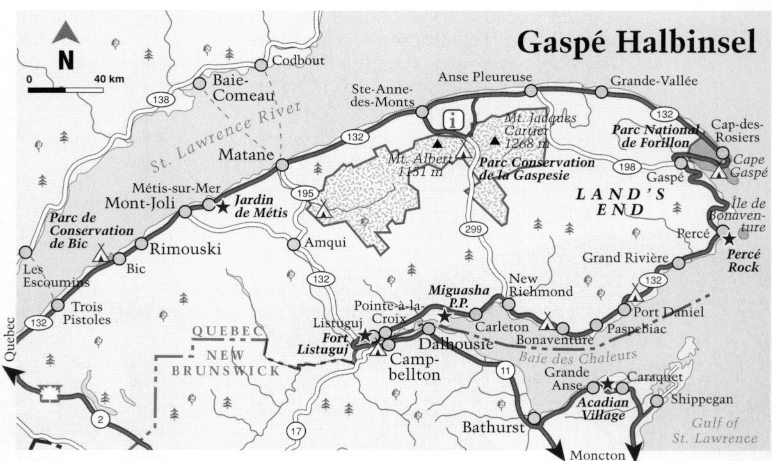

Die Funde zeigen auch, daß weite Teile Nordamerikas von tropischem Meerwasser überspült waren. Führungen durch das ***Musée d'Histoire Naturelle,*** verbunden mit einem Spaziergang auf den Kliffs, bringen dem Besucher diese erdgeschichtliche Epoche näher. Ein schöner 2 km langer Spazierweg rundet den Besuch ab. Juni-Mitte Oktober täglich 9-18 Uhr, $12.

Carleton

Zwei Landzungen ragen vom Ferienort Carleton in die Chaleur Bay. Die eine ist großenteils Naturschutzgebiet und **Seevogelkolonie** (mit Beobachtungsturm), auf der anderen findet man einen **prima Campingplatz** und Sandstrände. Die meisten **Motels** in und um Carleton (wie auch anderswo in der Gaspésie moderate Tarife $60-$90) liegen unverfehlbar an der #132. An der flachen Küste der ***Baie de Cascapédia*** östlich von Carleton passiert man weitere Strände und Orte mit bescheidenem Seebadbetrieb.

Cascapédia

www.gaspesalmon.com

Der Cascapédia wie auch der Bonaventure sind als **Lachsflüsse** bekannt und ziehen Angler aus aller Welt an. Die *ZEC's* (➪ Seite 506) in diesem Gebiet helfen beim Erwerb von Lizenzen, bei Ausrüstung (auch für Kanus) und Unterkunft (vor Ort erfragen).

New Richmond

www.villenewrichmond.com

New Richmond ist eine der wenigen britischen Enklaven der Gaspésie. Die Region wurde Ende des 18. Jahrhunderts von Loyalisten, Schotten und Iren besiedelt, was sich auch in der Architektur des hübschen Zentrums manifestiert. Das Gelände des ***Centre de l'Héritage Britannique de la Gaspésie*** mit einem rekonstruierten Loyalisten-Dorf und weiteren Gebäuden lädt zur Besichtigung ein. Am seewärtigen *Bypass* der #132, nur im Sommer täglich 9-18 Uhr, $10 inkl. *Shuttle*.

Bonaventure

www.bioparc.ca

Einer der Haupt-Tourismusorte der *Chaleur Bay* ist Bonaventure. Im ***Bioparc de la Gaspésie*** wird der Besucher mit den **Ökosystemen** der Halbinsel vertraut gemacht: den *Barachois* (Salzmarschen), Lagunen und Flüssen, der Tundra und ihren »Bewohnern«. Vor allem Vogelliebhaber kommen dort auf ihre Kosten. Ein sympatischer Park. Täglich 9-18 Uhr, $12.50, Kinder $6.

www.museeacadien.com

In Bonaventure fand ein Teil der 1755 von den Engländern aus Nova Scotia vertriebenen acadischen Bevölkerung eine neue Heimat (➪ Seite 625). Im beachtlichen ***Musée Acadien du Québec*** (an der #132) dokumentiert man die Geschichte der Acadier und informiert über die Situation der acadischen Bevölkerung heute. Im Sommer täglich 9-18 Uhr, sonst 9-12 Uhr und 13-16.30 Uhr, $7.

Camping

An der Gaspé-Südküste gibt es außer in der ***Réserve Faunique de Port Daniel*** (einige Kilometer landeinwärts) keine weiteren ***Provincial Parks*** mit Campingplatz; www.sepaq.com/portdaniel

- Der einfache ***Plage Beaubassin Campground*** befindet sich auf der **Bonaventure** vorgelagerten Landzunge (Strand), $20-$30.

Unterkunft

- Das schönste Hotel ist das ***Riotel Chareau Blanc,*** $90-$190, © (418) 534-3336 oder © 1-888-427-7374,
- preiswerter sind einige B&Bs, z. B. ***L'Auberge du Cafe Acadien,*** 168 rue Beaubassin, © (418) 534 4276; ab $95.

Fischfang in der Gaspésie

Im ***Site Historique du Banc-de-Pêche-de Paspébiac*** geht es um den Kabeljaufang nach Art der Fischer aus *Jersey*- und *Guernsey*, der für fast zwei Jahrhunderte das ökonomische Standbein der *Gaspésie* war. Bereits 1766 war ein *Charles Robin* von der Ärmelkanal-Insel *Jersey* hierher gekommen und hatte optimale Bedingungen für den Kabeljaufang entdeckt. Getrocknet wurde der *Cod* unter der Bezeichnung ***Bacalao*** in alle Welt exportiert. In 11 Gebäuden Führungen, Demonstrationen, Probierstube, Restaurant, Kinderspielplatz, Shop; im Sommer täglich 9-17 Uhr. $7.

Fischerorte

Von der einst bedeutenden Fischfang-Region blieb nur wenig, z.B. in **Ste. Thérese de Gaspé** Holzgestell-Reihen, auf denen der filetierte Kabeljau zum Trocknen ausgebreitet wird. **Chandler** und **Grande-Rivière** sind eher reizlose fisch- und holzverarbeitende Städtchen. Ganz nett ist der schon zu Percé gehörende kleine Hafen **L'Anse-à-Beaufils** mit Sommertheater, Galerie, Töpferwerkstatt, Terrassencafé mit Blick aufs Wasser und der Möglichkeit, Hummer frisch vom Boot zu kaufen.

Küstenlinie

Bis kurz vor Percé ist die Küste flach; an der Südostspitze ändert sich das Bild: Rötlicher Fels und Sandstein formen eine von Stränden unterbrochene Steilküste.

Percé

www.rocherperce.ca

www.rocherperce.com

Auf einem kleinen Landvorsprung liegt das reizvolle Percé. Einst nur Heimathafen vieler Fischtrawler ist der Ort heute Wohnsitz von Künstlern und ein Touristenzentrum. Dafür sorgte – neben Lage und Strand – vor allem der riesige ***Percé Rock*** (*Rocher Percé*), ein 88 m hoher, 90 m breiter und 475 m langer Felsmonolith mit Torbogen, der wie ein gigantisches Tortenstück vor der Küste liegt. Bei Flut wasserumspült, bei Ebbe zu Fuß erreichbar, leuchtet er je nach Wetter und Tageslicht mal gelb, mal rot.

Monolithischer »Lochfelsen« Rocher Percé

Parc National, ➪ Seite 504

Der *Rocher Percé* bildet zusammen mit der 5 km vor Percé liegenden Ile Bonaventure den ***Parc National de l'Ile-Bonaventure-et-du-Rocher-Percé***, ✆ (418) 782-2240.

Ile de Bonaventure

www.sepaq.com/ilebonaventure

Der Park ist in mehrere Sektionen aufgeteilt. Der ***Secteur Charles Robin*** mit den klassischen Percé-Gebäuden ***La Neigère*** und ***La Chafaud*** an der Rue de Quai. Im ersteren ist das **Reception Office** des Parks untergebracht. **Parkpass** für $3,50, Kinder $1,50.

In **Le Chafaud** gibt es ein hervorragendes ***Centre d'Interprétation***, in dem Flora, Fauna und Geologie der Gaspésie vorgestellt werden. Der Hauptattraktion von Percé, den 120.000 ***Gannets***, ist ein informativer Film gewidmet. Oben im Gebäude zeigt ein kleines Museum u.a. Gemälde und Fotografien (10-20 Uhr, $5).

Gannets

Etwa 250.000 Seevögel, hauptsächlich die hübschen ***Gannets*** (➪ Fauna, Seite 22), nisten in langen, fast horizontalen Felsspalten und sorgen bis Oktober, wenn sie sich ins warme South-Carolina absetzen, für ein ohrenbetäubendes Konzert.

Bootstouren

Von der ***Wharf*** im Zentrum von Percé fahren Boote zur Insel. Entweder kann man sich absetzen lassen und – nach einem 20-minütigen Marsch über das grüne Inselplateau – die Vögel aus nächster Nähe bestaunen (täglich 9 Uhr, $20, Kinder $8).

Von Juli bis Mitte September legt halbstündlich ein Schiff zur Rundfahrt um die Insel ab. Von Bord hat man einen tollen Blick auf die Nistplätze (8-17 Uhr), vor Juli und nach September nur alle zwei Stunden; $15, Kinder $7.

Ein ***Boardwalk*** führt am Wasser entlang, ein **Rundwanderweg** (Start hinter der Kirche) auf den **Mont Ste. Anne** (3 km). Herrliche Ausblicke auf Meer, Stadt und die vorgelagerten Inseln sind von dort oben garantiert, aber ebenso von der Passhöhe der Hauptstraße nordwestlich von Percé.

Unterkunft

Percé ist touristisch voll erschlossen und speziell an Sommer-Wochenenden oft ziemlich überlaufen. Für die Nacht ist man gut aufgehoben z.B. im

www.normandieperce.com

- ***Hotel La Normandie,*** am Meer, 221 Route #132; ✆ (418) 782-2112, Fax 2337 und ✆ 1-800-463-0820, DZ $89-$504

- ***Le Mirage***, 288 Route #132, Pool, Meeresblick, ✆ (418) 782-5151, Fax 5536 und ✆ 1-800-463-9011, DZ ab $79-$172
- ***Motel Le Repos et Chalets***, günstig, 46-B Route #132, ✆ (418) 782-2811 und ✆ 1-866-782-2811; DZ ab $80

www.gaspesie.com/fleurdelys

- Motel ***Fleur de Lys***, 248 #132, ✆ 1-800-399-5380; DZ $65-$129

Camping

Mehrere privat betriebene **Campingplätze** liegen in/bei Percé und Gaspé unverfehlbar an der Straße #132. Am besten campt man aber auf einem der ***Campgrounds im Forillon National Park***. Im Sommer füllen sie sich rasch; frühe Ankunft ist angeraten.

Gaspé, Bucht und Stadt

Ab Percé in Richtung Norden zeigt sich die Straße #132 von ihrer besten Seite. Sie läuft dicht an der ***Baie de Gaspé*** entlang und bietet immer wieder schöne Blicke über die Bucht. Hier und dort

www.tourismegaspe.org

verstecken sich Zufahrten zu ruhigen Plätzen am Wasser. Die einzige größere, aber touristisch wenig ergiebige Stadt ist **Gaspé** (17.000 Einwohner) fast am Ende der tief eingeschnittenen Bay.

(Musik-) **Kneipenempfehlung**: ***Brise-bise***; www.brisebise.ca

Museum

Jaques Cartier ging dort 1534 an Land und nahm das Gebiet für Frankreich in Besitz. Ein bronzenes Monument, das den Steinen des englischen *Land's End* nachempfunden wurde, steht ihm zu Ehren am nördlichen Ortsende (Straße #132). Im benachbarten ***Musée de la Gaspésie*** erfährt man in der Ausstellung »*Jacques Cartier, the Discovery of a New World*« alles über seine Reise, ferner werden Geschichte und Bevölkerung der Region vorgestellt. Im Sommer täglich 9-17 Uhr; Eintritt $7, Kinder frei.

Mi'kmaq

Landschaftlich sehr schön liegt die Rekonstruktion eines traditionellen *Mi`kmaq*-Dorfes (*Gespeg*), deren »Bewohner« sich mit den handwerklichen Techniken dieser *First Nation* beschäftigen und Auskunft geben über ihr Leben im 17. Jahrhundert, also nach der ersten Begegnung mit Europäern. Gute Führungen, aber nur auf Englisch oder Französich; Juni- Sept. 9-17 Uhr, $8, Kinder $4.

Parc National (du Canada) de Forillon

www.pc.gc.ca/forillon

Der ***Parc National de Forillon du Canada*** ragt wie ein Delphinkopf in den Golf von St. Lorenz. Die #132 umrundet die Halbinsel und läuft streckenweise durch den Park, während die Straße #197 am Westrand des Parks direkt auf die Gaspé-Nordküste stößt.

Dieser Park lohnt auch einen längeren Aufenhalt. Bei gutem Wetter ist er in seiner herben Schönheit kaum zu überbieten. Es mischen sich Kiesel- und Sandstrand, rauhe Felsküsten, Blumenwiesen und bewaldetes Hügelland. Trotz Morgenfrische ist das Klima mild mit angenehm warmen Sommertagen

Der größere westliche, von den Straßen eingegrenzte Teil des Parks wird von **Wander-/Radwegen** durchzogen. Schwarzbären (!) und Elche sind keine Seltenheit, ➪ Seite 24. Bei einer Tour im Kajak die Küste entlang sind die unterschiedlichsten Wasservögel zu sehen, ebenso mit etwas Glück Wale und Robben.

An der **Südseite** der äußersten Spitze des Parkes, der ***Penouille-*****Halbinsel**, befinden sich nahe den Resten des *Fort Penouille* ein geschützter **Sandstrand** und Picknickplatz. Östlich davon liegt die ***Grand Grave Historic Site***, die Rekonstruktion einer Fischersiedlung. Wo es mit dem Auto auf der grünen Steilküste nicht mehr weitergeht, beginnt ein ***Trail*** zum ***Cap de Gaspé*** (4 km).

Information

Eine erste Einfahrt und ein ***Reception Center*** befinden sich bei Penouille, ein weiteres in **L' Anse-au-Griffon**. Im ***Interpretation Centre*** an der Straße #132 nahe Cap-des-Rosiers (dort höchster Leuchtturm Canadas) erfährt man alles über Flora, Fauna und Geologie des Parks. **Eintritt** $7 pP, Kinder $3,50, tägl. 10-17 Uhr.

Camping

Die beiden strandnahen Campingplätze ***Des-Rosiers*** und ***Cap-Bon-Ami*** im Secteur Nord des Parkes ebenso wie der Platz ***Petit Gaspé*** sind in den Sommermonaten nur mit einer Reservierung zu bekommen, ✆ (418) 368-6050, ➪ auch Seite 161; ab $25.

Motels

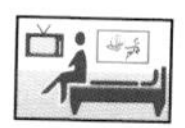

Im Bereich des Nationalparks überwiegen die einfacheren Unterkünfte in der **Preiskategorie $50-$90**:

- ***Motel Haut Phare***, Cap-des-Rosiers, © (418) 892-5533, $70-$80
- ***Le Pharillon***, 1293 Route #132 in Cap-des-Rosiers, © 1-877-909-5200 und © (418) 892-5200, auch mit Küche, $55-$90
- ***Motel Le Noroît*** in L´Anse-au-Griffon, © (418) 892-5531, ab $55
- ***Int'l Hostel*** in Cap-aux-Os, © (418) 892-5153, $21-$25

5.7.3 Die Nordküste der Gaspésie bis Trois Pistoles

Charakter/ Orte

www.festival enchanson.com

Landschaftlich besonders reizvoll ist die Nordküste der *Gaspésie* zwischen dem Nationalpark und Ste-Anne-de-Monts/Cap-Chat. Die Straße verläuft hier mit spektakulären Ausblicken auf den St.-Lorenz-Strom, mal direkt am Wasser unterhalb steil aufragender Felswände, mal in Serpentinen durch die Höhenzüge der *Monts Chic-Choc*, die hier bis ans Ufer reichen. Am Weg liegen kleine Fischerdörfer, wie **Petite-Vallée**, das sich durch ein **Chansonfestival** einen Namen gemacht hat, aber auch größere Häfen wie **Rivière-au-Renard** und **Grand Vallée**. Die meisten Fischerorte leben heute nicht mehr vom Kabeljaufang (➪ Seite 655). Einige haben auf Shrimps umgestellt oder im Bereich der Flußmündungen auf Lachse bzw. auf Sportfischerei. In Rivière-au-Renard gibt es an einfachen Ständen Fisch.

Parc National de la Gaspésie

www.sepaq.com/gaspesie

Ein schöner Abstecher (Straße #299) führt von Ste-Anne-des-Monts (Zufahrt auch von Marsoui möglich auf kleiner Paßstraße über den höchsten Berg der Gaspésie, den *Mont Jaques Cartier* (1268 m) zum ***Parc National de la Gaspésie*** (➪ Seite 506), einem Gebirgspark ca. 40 km entfernt vom St. Lorenz. Die *Chic-Choc Mountains* sind ein Teilgebirge der Appalachen und erreichen in Küstennähe Höhen über 1.200 m. Einige **Wanderwege** des Parks führen durch totale Wildnis, teilweise durch mehrere Vegetationszonen. In der höchsten, subarktisch-alpinen Zone leben die in diesen Breiten sonst nicht anzutreffenden ***Caribous***. Zwei großzügig angelegte **Campingplätze mit Chalets** befinden sich in den unteren Höhenlagen unweit der Straßen.

Chic-Chocs

www.chicchocs.com

www.sepaq.com/matane

www.sepaq.com/portdaniel

Noch näher an die Natur kommt man in den einfachen *Chalets* (ab $40) der ***Réserve Faunique des Chic-Chocs*** unter – wie alle Québec Nationalparks – auch von der *Sepaq* verwaltet, ➪ Seite 506f). Die Sepaq unterhält auf der Gaspésie zudem die ***Réserve Faunique de Matane*** und die ***Reserve Faunique de Port-Daniel***.

Lesertipp für den Bereich Matane: ***B & B Chez Nicole***, 3371 Rte #132 Ouest in St. Ulrich (westlich von Matane) gleich hinter einer großen Ranch. Liebevoll eingerichtete DZ, Stromblick, Garten und super Frühstück; © (418) 737-4896, $60.

In der Nähe der Parkeinfahrt und des ***Centre d`Interprétation*** liegt an der Straße #299 die ***Gîte du Mont-Albert*** mit Unterkünften in verschiedenen Preisklassen und guter Küche; © (418) 763-2288 und © 1-866-727-2427; DZ $117-$220, Chalet $190-$320.

Jardin de Métis (Reford Gardens)

www.jardinsmetis.com

Westlich Cap-Chat wird die Strecke durch eine flache Uferlandschaft zunächst eintöniger. Die Orte am Wege laden nicht zum Verweilen ein. Aber in den ***Jardins de Métis*** direkt am Fluß (bei Grand Métis, ausgeschildert) könnte man einen Stop einlegen. Dank des milden Mikroklimas wachsen dort viele südliche Pflanzen und Gewürze. (Im Sommer täglich 8.30-18 Uhr, Eintritt $14, Kinder frei.) Im alten Herrenhaus der Gründerin, der *Villa Reford,* ist zu erfahren, was modernes Garten Design ausmacht.

Parc du Bic

www.lebic.net

www.parcdubic.com

Ein letzter hübscher Abschnitt mit Buchten und vorgelagerten Inseln im Strom liegt zwischen Rimouski und Trois Pistoles. Da die Hauptstraße in diesem Bereich oft landeinwärts verläuft, erkennt man das kaum. Bei **Bic**, im ***Parc du Bic*** (an der #132), gibt es eine bemerkenswerte Mischung von nördlicher und südlicher Flora.

Der Park ist jedoch vor allem bekannt als **Vogelschutzgebiet** und für seine Seehunde, die sich vor dem felsigen Ufer des St. Lorenz tummeln. Am östlichen Parkeingang (an der #132) liegt ein guter **Campingplatz**, am westlichen die **Besucherinformation**. Herrliche Spaziergänge kann man zum ***Cap-à-l'Orignal*** machen.

Sehr schön am Ufer des großen Stroms einige Kilometer östlich von Trois-Pistoles campt es sich auf dem Platz ***Camping Plage de Trois-Pistoles*** an der #132, © (418) 851-2403.

Zum Nordufer

In Trois-Pistoles, spätestens jedoch in Rivière-du-Loupe sollte man zum attraktiven Nordufer des Stroms übersetzen. Eine Weiterfahrt auf dem Südufer nach Québec City hat keine vergleichbaren Reize und ist nur bei knapper Zeit zu empfehlen. Zur Fortsetzung der Fahrt ab Tadoussac ⇨ Seite 559.

Fähren über den St. Lawrence River ab Gaspésie-Nordufer 2008

Matane – Godbout oder **Baie Comeau** (ganzjährig)

Frequenz: 1-2x täglich, letzte Fähre ab Baie täglich 20 Uhr; ab Matane nach Baie täglich 17 Uhr, nach Godbout 11 Uhr. **Dauer:** 130-140 min, **Tarife**: Pkw $32, Person $14, Kinder bis 11 Jahre $10; © (418) 562-2500, Reservierung unter © 1-877-562-6560 und www.traversiers.gouv.qc.ca

Trois Pistoles – Les Escoumins (Ende Mai bis Mitte Oktober)

Frequenz: 2-3x täglich, Zeiten jeden Tag anders. **Dauer:** 90 min. **Tarife**: Pkw $38, Person $17, bis 11 Jahre $12; © 1-877-851-4677;www.traversiercnb.ca

Rivière-du-Loup – St. Siméon (Ende März bis Januar)

Frequenz: 1-5x täglich, **Dauer:** 65 min, **Tarife**: Pkw $38, Passagier $18, bis 11 Jahre $10; © (418) 862-5094; www.travrdlstsim.com

Rimouski – Forestville (Katamaran Schnellfähre – Mai bis Oktober)

Frequenz: 2-4x täglich; letzte Fähre ab Forestville: 17.30 Uhr (Juli/August 19.30 Uhr), ab Rimouski 15.45 Uhr (J/A 17.45 Uhr), **Dauer:** 55 min, © 1-800-973-2725; **Tarife**: Pkw $39, Pass. $19, bis 11 Jahre $14; www.traversier.com

6. NEWFOUNDLAND

Touristische Kennzeichnung

Neufundland fällt aus dem Rahmen. Die abseitige Insellage, das rauhe Klima, die Konkurrenz bekannterer Reiseziele in Neuengland und des kontinentalen Ostkanada ließen Neufundland bisher kaum in Reisekatalogen erscheinen. Tatsächlich ist die Insel kein geeignetes Ziel für Massentourismus. Angesichts der Größe – Neufundlands Küstenlinie beträgt 8000 km – sind nur Regionen beschrieben, die eine weite Anreise lohnen. Kenner von *Annie Proulx'* Roman »Schiffsmeldungen« wissen aber, dass selbst Verzweifelte in dieser Einsamkeit ihre Mitte finden können.

Neufundlands Saison ist kurz: **Juli-August-September**.

Steckbrief Newfoundland (NF) (www.gov.nf.ca/tourism)
(Karte Seite 661)

Rund 510.000 Einwohner, 406.000 km^2. Größte und zugleich **Hauptstadt** ist **St. John's** mit 102.000 Einwohnern.

Die **Provinz Neufundland** besteht aus der Felsinsel **Neufundland**, 111.000 km^2, und 295.000 km^2 Festland an Canadas Nordostküste, der Wildnis ***Labrador***.

Wichtigste **Wirtschaftszweige** sind Fischfang und Holzverarbeitung, Energiegewinnung (Wasserkraft in Churchill Falls/Labrador), neuerdings auch Erdöl und Software-Entwicklung.

Touristische Ziele auf Neufundland sind in erster Linie der ***Gros Morne National Park*** und ***Anse aux Meadows.***

6.1 Reisen in Neufundland

6.1.1 Routen und Fähren

Hauptziele

Neufundland-Urlauber mit begrenzter Zeit sollten sich aus den Möglichkeiten der Insel gezielt die »Rosinen« herauspicken. Dabei können sie sich getrost auf den Westen der Insel beschränken, denn dort liegt der ***Gros Morne National Park***, die Hauptattraktion Neufundlands. Eine Weiterfahrt zum ***L'Anse aux Meadows National Historic Park***, eine rekonstruierte Wikinger-Siedlung an der Nordwestspitze und/oder ein Abstecher in die **Inselwelt** bei ***Twillingate*** nördlich von Gander sind erwägenswert.

Weiter nach Labrador

Von Newfoundland gelangt man per **Fähre ab St. Barbe** nach Blanc Sablon/Labrador, dann per Straße (überwiegend Schotter-) nach Cartwright und wieder per Fähre, oder ganz per Fähre **ab Lewisporte** bis Goose Bay. **Ohne Umweg über Newfoundland** geht es vom Nordufer des St. Lawrence/Sept-Iles per Fähre bis Blanc Sablon (3 Tage! www.relaisnordik.com) und weiter nach Cartwright/Goose Bay. Die **Straßen** #389 (Québec ab Baie-Comeau) und #500 (ab Labrador City) führen bis Goose Bay. Ein **Schienenstrang** mit Personenzugverkehr läuft ab Sept-Iles bis zur Doppelstadt Wabush/Labrador City.

Rundfahrt per Schiff und Bus

Die Fährkosten fürs Auto spart, wer folgende **Rundtour per Schiff und Bus** macht: Fähre bis Port-aux-Basques, dann per Bus nach Rose Blanche (#470), dort Umsteigen auf ein Küstenboot (keine Autos), das die ***Outports*** an der Südküste bis Burgeo (# 480), Gaultois/Hermitage (#364) verbindet; von dort mit dem Bus auf dem TCH zurück nach Channel-Port-aux-Basques; www.tw.gov.nl.ca/ferryservices/schedules.stm.

Fährrouten

Da zwischen Nova Scotia und Neufundland zwei Autofähren verkehren – von North Sydney nach Channel-Port-aux-Basques (3-5x täglich) und nach Argentia im Südosten (3x wöchentlich) – ist bei Nutzung beider Routen auch eine Rundfahrt möglich.

Schwerpunkte in diesem Buch

Dieses Buch skizziert lediglich die Möglichkeit eines Abstechers nach Neufundland und beschränkt sich auf **eine Kurzbeschreibung der Insel** mit den wichtigsten Sehenswürdigleiten der Westseite und des Nordens um Twillingate. Der Inselosten bietet zwar ein paar durchaus reizvolle Ziele (z.B. Trinity und Conception Bay im Norden der Halbinsel Avalon, aber man sieht dort nichts Neues und spart viele Kilometer Fahrt und Zeit für den attraktiven Westen. Auch Neufundlands **Hauptstadt St. John's** (www.stjohns.ca) wird in diesem Kapitel nicht behandelt. Die Fahrt dorthin lohnt sich nur im Rahmen einer längeren Reise.

Wer sich für Neufundland (und Labrador) intensiver interessiert, sollte zum bei Reise Know-How erschienenen Titel »Kanada - Maritime Provinzen« greifen (1. Auflage März 2008).

Fähren

Die folgende Tabellen zeigt die **Abfahrtszeiten und Tarife 2008**, (kleine Preiserhöhungen einkalkulieren). Die Angaben beziehen sich auf die **Hauptsaison** Ende Juni bis Anfang September.

Reservierung

Die Fährüberfahrt dauert knapp 6 bzw. 14 Stunden; man kann – abhängig vom Schiff – Schlafsessel oder Kabinen reservieren:
www.marineatlantic.ca oder © 1-800-341-7981, Reservierungsgebühr bei Buchungen für mehr als 48 Stunden im voraus 25$.

Strecke	Dauer	Taktzeiten	$-Tarife one-way (Hochsaison)	
North Sydney nach Port-aux-Basques	6 Std.	3-4 mal täglich	RV PKW Passagier	ab 118 78 28
North Sydney nach Argentia	14 Std.	3 mal wöchentlich	RV PKW Passagier	ab 242 160 77

Fähren nach Labrador

Labrador ist u.a. mit der Fähre St. Barbe/Newfoundland nach **Blanc Sablon**/Québec zu erreichen; von dort liegt die Provinzgrenze Québec/Labrador nur 3 km entfernt. Die Fähre verkehrt je nach Eisgang meist Mai-Januar. Reservierung www.gov.nl.ca/ferryservices/schedules/J-apollo.stm oder © 1-866-535-2567.

Strecke	Dauer	Taktzeiten	$-Tarife one-way (Hochsaison)
St. Barbe-nach Blanc Sablon	80 min	2-3 mal täglich	RV ab 49 PKW 23 Passagier 8

Nach Labrador

Reservierungen für die Strecke **St. Barbe–Blanc Sablon** sind nur für Wohnmobile angezeigt, da 50% der Plätze an PKW ohne Reservierung (*first-come-first-served*) vergeben werden. Ein Bus zwischen Blanc Sablon und Red Bay in Labrador (täglich außer So, $30, bis dorthin asphaltierte Straße) orientiert sich an der ersten bzw. letzten Fähre des Tages. Ein kleiner Labrador-Abstecher ist also sogar ohne Auto möglich.

Es gilt generell: Gegenrichtung gleiche Taktzeiten und Tarife.

6.1.3 Flüge, Eisenbahn, Busse und Straßen

Flüge nach Newfoundland

Von Europa aus wird **St. John's** ab London mit ***Air Canada*** und ***British Midland Airways*** (*BMI*) direkt angeflogen. ***Astraeus*** (www.flyastraeus.com) fliegt einmal wöchentlich von London Gatwick nach Deer Lake in Neufundlands Westen. Umsteigeverbindungen gibt es über Montréal oder Toronto. Linienflüge nach St. John's gibt's mit ***Air Canada Jazz*** und ***Air Canada Tango*** sowie bei ***SunWing*** und ***WestJet***.

Flüge innerhalb Newfoundland und Labrador

Innerhalb der Provinz fliegen ***Air Canada Jazz***, ***Provincial Airlines*** und ***Air Labrador***: Auf Newfoundland sind per Linienflug neben St. John's Stephenville, Deer Lake, St. Anthony und Gander zu erreichen, in Labrador Wabush, Churchill Falls und Happy Valley-Goose Bay.

Eisenbahn

Auf Neufundland wurde der Bahnverkehr eingestellt. **Labrador** kann man aber mit der Eisenbahn erreichen: Von **Sept-Îles** (Québec) fährt 2 x wöchtlich die ***North Shore & Labrador Railway*** nach **Emeril Junction** bei Labrador City (10 Stunden) und weiter bis **Schefferville** noch weiter nördlich; © 709-944-8205 und © 1-866-960-0988; www.billwood.com/trains/qnsl.

North Sidney: Fährhafen der Neufundlandfähre auf Cape Breton Island

Busverkehr Newfoundland

Ein Linienbus verkehrt täglich zwischen **St. John's** und **Port-aux-Basques *via* Corner Brook**: (***DRL Coach Lines*** – www.drlgroup.com/schedulesearch.asp, ✆ 1-709-263-2171, ✆ 1-888-263-1854, Fahrtzeit: ca. 14 Stunden, Kosten ca. 110$). Zwischen Port-aux-Basques und Corner Brook gibt es eine täglichen Abfahrt des ***Gateway Bus Service***, (✆ 709-695-3332. Zwischen Corner Brook und St. Anthony verkehrt dreimal wöchentlich der ***Viking Express***, ✆ 709-634-4710.

Fahrrad

Wer Lust auf lange Trips hat, kann auf der ehemaligen **Eisenbahntrasse** (*T'Railway*) von Channel Port-aux-Basques bis St. John's radeln: www.trailway.ca.

Straßen Newfoundland

Der ***Trans-Canada Highway*** (TCH #1) beginnt/endet in St. John's. Bis **Channel-Port-aux-Basques** sind es 905 km. Zu allen interessanten Zielen und Regionen führen **gut ausgebaute Straßen**, zu vielen abgelegenen Dörfern und Fischerhäfen aber nur *Gravel Roa*ds; ➪ Karte auf Seite 661.

Straßen Labrador

In Labrador ist nur der südliche Teil des ***Labrador Coastal Drive*** von Blanc Sablon bis Cartwright (#510) bis **Red Bay** asphaltiert; der Rest ist Piste. Der ***Trans Labrador Highway*** (#500) verbindet **Happy Valley-Goose Bay** mit **Labrador City** und **Wabush** (525 km) und ist ebenfalls nicht befestigt. Man muss dafür mindestens 8 Stunden reine Fahrzeit veranschlagen. Bei ungünstigem Wetter ist diese *Gravel Road* wie auch die Strecke von Red Bay nach Cartwright abschnittsweise nur für Allradfahrzeuge passierbar.

Straßen-zustand

Straßenzustände auf Newfoundland und in Labrador findet man im Internet unter www.roads.gov.nf.ca.

Westküste Neufundlands im Gros Morne National Park:

6.2 Geschichte

Frühzeit

Die ältesten Bewohner im Nordosten des Kontinents waren *Paleo-Eskimos*, die vor 9.000 Jahren bis ca. 1.000 v.Chr. in der kanadischen Arktis lebten. Deren Nachfahren, die ***Groswater*** und später ***Dorset*** dehnten seit 1.000 v.Chr. ihren Lebensraum nach Neufundland aus, wie Ausgrabungen bei Port aux Choix an der *Strait of Belle Isle* bewiesen. Als sie sich einige hundert Jahre nach Christi wieder zurückzogen, blieben nur noch *Beothuk*-Indianer, später von den Weißen restlos ausgerottete Ureinwohner.

Entdecker

Schon vor der offiziellen Entdeckung Neufundlands durch ***John Cabot*** **1497** (➪ Seite 509) hatten die Wikinger um die Jahrtausendwende den Weg in die Neue Welt gefunden. Sie brauchten Holz für ihre Siedlungen in Grönland. Auf ihrer Suche nach einem Seeweg nach Indien kamen die Engländer und Franzosen erst 500 Jahre später als Siedler und Eroberer nach Neufundland.

Weiße Besiedelung

Während sich die Franzosen mit den *Beothuk* mancherorts friedlich einigten – bis hin zur Heirat, wie bis dato die ***Jakitar*** genannten Mischlings-Nachfahren belegen – setzten die Engländer ihren Herrschaftsanspruch rigoros und konsequent durch. Die 1662 gegründete und schnell florierende französische Siedlung Placentia auf der Halbinsel Avalon war ihnen schon längst ein Dorn im Auge, und nach dem Frieden von Utrecht (1713) reklamierten die Briten die gesamte Insel für sich allein.

Die unterlegenen Franzosen durften nur noch die Westküste, die ***French Shore*** zum Fischtrocknen nutzen. Von dort wurden sie 50 Jahre später, während des 7-jährigen Krieges (in Europa), auch noch vertrieben, eroberten dafür aber die nach *Cabot* benannte Hauptstadt St. John's. Doch das Kriegsglück währte nur wenige Wochen. Im Pariser Frieden von 1763 musste Frankreich alle kanadischen Besitzungen an Großbritannien abtreten. Als Trostpflaster behielt es die beiden Inselchen **St. Pierre** und **Miquelon** – bis heute ein Stück Frankreich vor der Küste Neufundlands – sowie erneut die Nutzungsrechte der *French Shore*, die Paris aber 1904 aufgab.

Fischerei

Die ständig wachsenden englischen Fischereiflotten rekrutierten ihre Matrosen entweder aus der Halbwelt oder durch Kidnapping: Wenn die Segel schon gehißt waren, schnappten sich brutale Greiftrupps angetrunkene Männer und verschleppten sie an Bord. Da die derart »Shanghaiten« dort nichts zu lachen hatten, verschwanden viele beim ersten Landgang und versteckten sich.

Auf Neufundland verunsicherten Gruppen solcher Deserteure die Küsten als Seeräuber. England versuchte bereits ab 1634, »Fahnenflucht« und Piraterie durch die Einsetzung von ***Fishing Admirals*** zu unterbinden: Der jeweils erste Kapitän, der im neuen Jahr in einem neufundländischen Hafen ankerte, musste dort die nächsten 12 Monate für ***Law and Order*** sorgen. In erster Linie war er dafür verantwortlich, dass kein Schiff ohne vollständige

Besatzung nach Europa zurücksegelte. Der Erfolg der Maßnahme hielt sich in Grenzen. Auch nach 1813, als die *Fishing Admirals* durch eine eigene lokale Verwaltung ersetzt wurden, verkroch sich in den *Outports* noch manches Rauhbein (⇨ Hintergrund dazu im Kasten Seite 576).

Vom Kabeljau zu Erdöl und Software

Vor 500 Jahren entdeckten Basken die Fischgründe vor Neufundlands Nordostküste, die ***Grand Banks***, und ***Cabot*** verkündete 1497, zum *Cod*-Fischen brauche man nur einen Korb über die Reling zu halten – der Startschuß für den »Kabeljau-Rausch« (»*in God we trust*«). Lange vor dem Gold wurde der *Cod* zur kapitalistischen Beute in der Neuen Welt. Mitte des 16. Jahrhunderts wurde luftgetrockneter Kabeljau (*Bakkalar*) zum meistverzehrten Fisch Europas und blieb es vier Jahrhunderte, bis immer aggressivere Fangmethoden und Flotten aus aller Herren Länder die *Grand Banks* leergefischt hatten.

Nach dem Kabeljau-Kollaps in den 1970er-Jahren vor Island und in den 1980ern vor Norwegen zog Ottawa endlich die Notbremse und verhängte 1992 Fangverbote: Rund 30.000 Fischer wurden gegen $400/Woche arbeitslos.

Auf Druck der heimischen Fischer drängte Canada dann die UNO, die internationalen Fischereirechte zu verschärfen – zu spät: Trotz der Fruchtbarkeit des *Cod* – ein Weibchen laicht 3 Mio. Eier – dürften sich die Bestände so schnell nicht erholen. Grund dafür ist auch eine Verlagerung der Fischwanderungsströme und eine Robbenschwemme nach einem von *Greenpeace* durchgesetzten Robbenschutz (wurde zwischenzeitlich teilweise ausgesetzt).

Probleme gab es auch mit EU-Fischern, die das Fangverbot nicht beachteten. 1996 wurden die Restriktionen gelockert; die **NAFO** (Nordwest-Altantische Fischerei-Organisation) setzte Fangquoten fest (EU und Canada jeweils 41%). Den Rest teilt sich der Rest der Welt. Inspekteure kontrollieren die Maschengröße der Netze (13 cm).

Nach dem ***Royal Commission*-Bericht von 2003** hat Neufundland Kanadas höchste Arbeitslosenquote, geringste pro-Kopf-Einkommen, größte pro-Kopf-Verschuldung und die meisten Emigranten. In der Kabeljau-Politik fühlt sich die Provinz von Ottawas Bürokraten schlecht vertreten, in Labradors Wasserkraftnutzung von Quebec übervorteilt und bei der lukrativen *offshore*-Ausbeutung der Hibernia-Erdöl/Erdgasfelder (300 km östlich von St. John's) von der Hauptstadt benachteiligt. Neue Hoffnungsträger sind Software-Technologien und Tourismus.

Die Grand Banks erstrecken sich von Neufundland (Bildmitte) bis zur kontinentalen Abbruchkante (rechts unten und oben)

6.3 Land und Leute

Newfies

»Drink a Screech, kiss a fish on the Rock and you'll be a Newfie«, wie sich die Neufundländer gern selbst bekosenamen. Heute stimmt der flotte Spruch weder vorn noch hinten. ***Screech,*** einen ursprünglich aus dem Sud von Rumfässern zusammengekratzten Edelfusel, bekommt man nicht nur auf dem ***Rock***, wie die *Newfies* kurz und treffend ihre Insel nennen, sondern längst in jedem kanadischen *Liquor Store*. Ganz im Gegensatz zu *Fish*, dem *Newfie*-Synonym für den ***Cod*** (Kabeljau), siehe Kasten oben.

Die Assoziationen, welche der Spruch auslöst, gelten aber immer noch: Neufundland ist von unten bis oben naß und kalt wie ein Fischmaul, beinhart im Geben und Nehmen. Dass in solch einem Landstrich ein Menschenschlag besonderer Art aufblüht, weiß man von anderen Randvölkern, wie den Iren.

Die ***Newfies*** sind kontaktfreudig, haben viel Witz (ihr gefürchteter Dialekt ist nichts für Oxford-Ohren) und gelten als belächelte Trottel der Nation.

Autobahnschilder *»Clean Toilets ahead!«*, so spottete man in den Metropolen gern, verstünden sie nicht als freundlichen Hinweis für Allzu-Menschliches, sondern als bitterernst genommene Aufforderung zum Putzen.

St. John's
www.stjohns.ca

Die Hauptstadt St. John's liegt Irland fast näher als Toronto. Ein *Newfie* hat es zur Geburtstagsfeier seiner in Vancouver, also im eigenen Land lebenden Tochter doppelt so weit wie zur goldenen Hochzeit seiner britischen Eltern in Liverpool.

Die Nabelschnüre nach Europa sind unverkennbar: In Neufundland endete 1866 das erste Transatlantik-Kabel, empfing *Marconi* 1901 die ersten Funksignale aus Europa, hier starteten 1919 *Alcock* und *Brown* den ersten Transatlantikflug. Und nicht zu vergessen: Bei Argentia legten *Roosevelt* und *Churchill* 1941 den Grundstein für die ***Atlantic-Charta***, aus der sich dann später die **NATO** entwickelte.

Bewohner

Die zehnte kanadische Provinz (seit 1949) besteht politisch aus zwei Teilen und heißt korrekt ***Newfoundland and Labrador***. Labrador, nach dem Entdecker *Jacques Cartier* »das Land, das Gott Kain gab«, liegt auf dem Festland und ist geologisch Teil des *Canadian Shield* (⇨ Seite 18). Dort wohnen 30.000 Menschen – mehrheitlich *Inuit* – auf einer Fläche von 295.000 km^2. Das ist ein gutes Stück größer als die alte Bundesrepublik. Jeder Labradorianer hat damit im Schnitt also fast 10 km^2 Platz.

Die Insel Neufundland, geologisch Teil der sich von hier bis Alabama erstreckenden Appalachen, ist mit 111.000 km^2 fast so groß wie die ehemalige DDR mit ihren damals 17 Mio. Einwohnern. Aber auf ihr leben nur rund 480.000 Menschen, und zwar überwiegend im Osten auf der Nordhälfte der Halbinsel Avalon, wo sich auch die Hauptstadt St. John's befindet.

Neufundlands Flagge

Die Flagge Neufundlands soll viel erzählen: Der weiße Grund steht für Schnee und Eis, blau ist das Meer, rot-gold ein nach vorn gerichteter Pfeil; er symbolisiert neufundländisches Selbstvertrauen. Das Muster des Blaus erinnert an den *Union Jack*. Die Zukunft aber gehört dem größeren rechten, dem rot-goldenen Bereich. Die beiden mit rotem Strich gezogenen weißen Dreiecke stehen für Labrador und die Insel Neufundland.

Christopher Pratt, Schöpfer der Fahne, sieht auch noch das christliche Kreuz, indianische Ornamente und insbesondere die Adern des *Maple Leaf* in ihrem Zentrum.

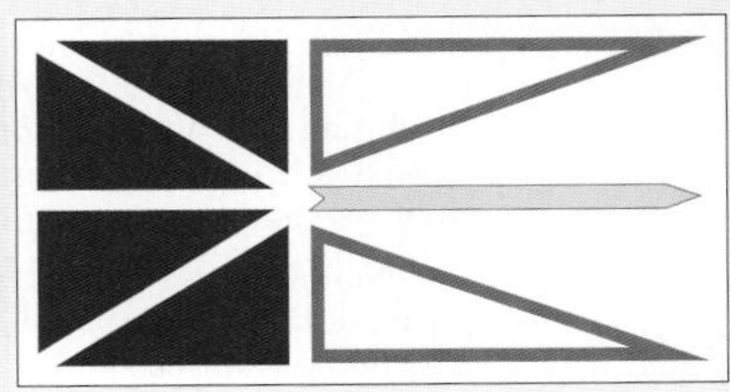

Vegetation

In der Provinz *Newfoundland* sind vier **Vegetationszonen** erkennbar: **Arktische Tundra** im nördlichen und **Taiga** im südlichen Labrador. Das zentrale Neufundland besitzt zahlreiche Sumpfgebiete und morastige ***Bogs,*** aber auch dicht bewaldete Täler und Höhen. Dort wachsen überwiegend weiße und schwarze ***Spruce Trees***, schlanke Kiefern, sowie Birken, Lerchen und Pinien. Im Küstenbereich kennt die **maritime Vegetation** über 350 Seegras-Arten, die – vom Sturm losgerissen – den *Newfies* als Gartendünger dienen.

Fauna

Das Verhältnis von Einwohnern zu Elchen, die erst Anfang des vorigen Jahrhunderts in Neufundland ausgesetzt wurden, steht derzeit noch 5:1; die Elchpopulation wächst jedoch. Außerdem gibt es Schwarzbären und Rotfüchse, Biber und arktische Hasen, Falken, Eulen und Spechte, in Labrador bereits Polarbären. Hinzu kommen die nur nach Hundertschaften gezählten Rentier-Herden (*Cariboos*), Millionen von Seevögeln – unter ihnen die beliebten ***Puffins,*** die aussehen, als gehörten sie eigentlich zu den Aras oder Papageien in den tropischen Regenwald. Vor der gesamten Ostküste leben Robben, große und kleine Wale, ganz zu schweigen von den Kabeljau-Schwärmen in den einst reichsten Fischgründen der Welt, den ***Grand Banks***. Selbst wenn man die unzähligen Mückenviecher außer acht läßt, lebt eine milliardenfache Tier-Armada auf, in, über und um Neufundland, gegen die sich die 570.000 *Newfies* ausnehmen wie eine kleine Minderheit.

Puffin

6.4 Neufundland als Reiseziel

Kennzeichnung

Wie ein Korken, hat Churchill einmal gesagt, liegt Neufundland auf dem Flaschenhals des St. Lorenz-Stroms. Diese zehntgrößte Insel der sieben Weltmeere ist über 500 km breit und genauso lang. Sie ist überaus zerklüftet mit vielen Zacken und langgestreckten Kaps. Die sorgen für **10.000 km Küstenlinie** und erfordern ein noch längeres Straßennetz. Allein der ***Trans-Canada Highway (TCH)***, der im Osten in St. John's beginnt/endet und in einem großen konvexen Bogen zum Fährhafen Channel-Port aux Basques läuft, misst **auf der Insel 905 km**. Von vielen Punkten muss man eine über 100 km lange »Sackgasse« fahren, um vom *TCH* einen Hafen zu erreichen.

New York City verzeichnet an einem Wochenende mehr Besucher als Neufundland übers ganze Jahr. Eine unzureichende touristische Infrastruktur ist dafür sicher nicht der Grund: **Gut ausgebaute Straßen**, überall Tankstellen und Einkaufsmöglichkeiten, viele (einfache) Lokale, genügend **Unterkünfte für $60-$80** und höchstens mal **halbvolle Campingplätze** für $10-$20 machen das Reisen auf der Insel problemlos. »**Wildes**« **Zelten** ist ebenfalls erlaubt und üblich. Wer sich nicht tief in die Wildnis begibt, findet die wichtigsten zivilisatorischen Einrichtungen meist in maximal einer halben Autostunde Entfernung. Wenn der zuständige Minister dennoch den zu geringen Tourismus beklagt, muss daran das Wetter schuld sein – aber nur böse Zungen behaupten, es regne auf Neufundland 14 Monate im Jahr.

Klima

Die Hauptstadt St. John's liegt mit dem ungarischen Plattensee auf einem Breitengrad, doch die Klimata sind grundverschieden. Badefreuden schrumpfen in den zahlreichen Binnengewässern und erst recht im Atlantik zur Sekundensache.

Labrador- und Golfstrom

Vor Neufundland mischt sich zwar der Labrador- mit dem Golfstrom aus der Karibik, doch der »Kühle aus dem hohen Norden« dominiert. Auch in der Luft stößt kalt und warm aus Nord und Süd zusammen. Das beschert der Insel eine ganz spezielle Wetterküche – das Wetter ändert sich stündlich.

Regen

Im Winter fallen die Temperaturen locker auf –20°C, und der Hochsommer ist mit 15°C Durchschnitts-Temperatur selten besonders warm. Die Küstenvegetation zeigt sich sturmverblasen, die Luft ständig neblig-feucht, und nur im Juli fällt weniger Regen als nötig. Aber wenn dann mal der Himmel für Stunden oder gar Tage aufreißt, bietet sich vor stahlblauem Himmel ein grandioses und faszinierendes Wolkenspiel.

Fazit

Neufundland ist nichts für zaghafte Zweifler, die zögern, ob oder ob lieber doch nicht. Neufundland muss man wollen und sich erobern. Neufundland heißt Wind und Wetter, Fische und Vögel, Wale und Wracks, Eisberge und Wikinger, Elche und Cariboos, Alte und Neue Welt zugleich.

Neufundlands Küche

Rezepte der Ureinwohner und Einwanderer verlängern die Speisekarten um die sogenannte ***Scoff*-Küche:**

Jigg's Dinner with Figgy Duff beispielsweise ist ein Gemüse-Eintopf mit Pökelfleisch und Erbsenbrei (*peas pudding*), zu *Toutons* (Erdbeer-Marmelade auf Butter-Toast) mit *Figgy Duff* (gedämpfte Rosinenknödel und Schlagsahne), sowie heißem Tee mit Zironencreme-Keksen. Danach geht's ab wie nach einem Joint.

Colcannon nennt sich ein würzig-cremig schmeckender Kartoffelbrei irischen Ursprungs. Als ***Cod Tongues*** und ***Brewies*** kommen Kabeljau-Zungen auf den Teller, meist mit Orangen- und Zitronen-Juice und frischem Oregano.

Cod Cakes dagegen sind die Antwort des kühlen Nordens auf die italienische Frittata, aber auf Fischbasis. Spezialitäten, wie ***Salmon Ravioli***, ***Caribou Bourguignon*** und ***Braised Rabbit Pie***, verraten sich namentlich oder sind eine Überraschung wert, wie ***Pea Soup*** and ***Doughboys***.

Traditionelle Küche wird u.a. im ***Seaside Restaurant*** in Trout River serviert; © (709) 451-3461; $20 ohne Alkohol.

6.5 Die Westküste

Ankunft

Der erste Weg nach Ankunft in Channel-Port-aux-Basques sollte in das große ***Visitor Center führen*** (3 km nördlich am THC). Es hat Mai-Oktober 6-23 Uhr geöffnet und bietet alle Informationen für den ersten Einstieg (© 709-695-2262, www.gatewaytonewfoundland.com). Touristen **mit Zelt/Wohnmobil** sollten eine Liste der ***Provincial Parks*** einstecken; 39 von ihnen besitzen einen Campingplatz. Die jeweiligen Zufahrten zu den Parks sind durch braune Holzschilder mit der ***Pitcher Plant*** gut gekennzeichnet. Die *Pitcher Plant* ist eine Insektenfalle wie unser Sonnentau und das Emblem der Insel.

Channel-Port aux-Basques liegt an einem felsigen, zerklüfteten Küsteneinschnitt, um den sich an die 2.000 Holzhäuser schmiegen. Das kleine ***Gulf Museum*** in der 118 Main Street zeigt u.a. eins der ältesten Navigationsinstrumente Kanadas (1628) und erinnert an den Untergang der *SS Caribou*, die nach deutschem Torpedo-Beschuss 1942 sank. Täglich 9-21 Uhr, $5.

Pitcher Plant, die Nationalblume Neufundlands

Unterkunft

Wer im Hotel/Motel übernachten will, findet bei jeder ***Visitor Information*** reichlich Auswahl; Tarife ab $60.

- ***St. Christopher's Hotel***, 146 Caribou Road, © 1-709-695-3500 und © 1800-563-4779, 76-110$; www.stchrishotel.com
- ***Hotel Port aux Basques***, Grand Bay Rd., zentral;ab $80;© 709-695-2171 und 1877-695-2171; www.hotelpab.com
- ***St. Christopher's Hotel***, 146 Caribou Road, © 1-709-695-3500 und © 1800-563-4779, 76-110$; www.stchrishotel.com
- Preiswertere Motels gibt es am ***Trans Canada Highway***, rund 20 Autominuten nördlich der Stadt.

Camping

- Camper sind im ***J.T. Cheeseman Provincial Park***, 12 km nördlich von Channel-Port-aux-Basques, gut aufgehoben (Strand!); #408 in Cape Ray, 102 Plätze, Ende Mai-Mitte September, © 709-695-7222, 14$, Duschen, toller Strand; www.env.gov.nl.ca/parks/parks/p_jtc/index.html.

TCH

Während der ersten **200 km bis Corner Brook** zeigt sich das Inland gleich von seiner typischen Seite: endlose, leicht hügelige Waldlandschaft mit halbhohen Birken und Nadelbäumen.

Corner Brook

Corner Brook, mit 30.000 Einwohnern zweitgrößte Stadt Neufundlands, liegt an der Trichtermündung des **Humber River**, den schon *James Cook* 1762 und 1767 bis Deer Lake hochsegelte. Wie Sitzreihen und Ränge in einem Amphitheater ziehen sich Straßen und Häuser in Corner Brook die Flußufer empor. Unten, quasi auf der Bühne, liegen der Hafen und eine der weltgrößten Papierfabriken, deren Schlotfahne den schönen Ausblick oft genug auch noch nasal vermiest; www.cornerbrook.com.

Oben am Ortseingang, unmittelbar am TCH, befindet sich ein ***Shopping Center***. Ein vergleichbares Warenangebot gibt es so bald nicht wieder.

Abstecher

Von Corner Brook zur Einfahrt des ***Gros Morne National Park*** sind es noch 121 km. Nach 48 km zweigt dorthin der ***Viking Trail*** (Straße #430) in Deer Lake ab, in dessen *Visitor Information* man erfährt, ob in den ***Big Falls*** im Upper Humber River hinter dem ***Sir Richard Squires Memorial Park*** (mit gutem Campingplatz) gerade die **Lachse** springen. Wer dieses sehenswerte Schauspiel erleben möchte, muss nach kurzer Weiterfahrt auf der #430 einen 50-km-Abstecher auf schlechter Straße in Kauf nehmen.

Gros Morne National Park

Der ***Gros Morne National Park*** wurde 1987 zur UNESCO-***World Heritage Site*** erklärt, denn Neufundland ist kein Felsbrocken aus einem Guß, sondern ein erdgeschichtliches Puzzle. »Was Galapagos für die Biologie«, erklärte Prinz *Edward* bei der Parkeröffnung, »ist *Gros Morne* für die Geologie«. Als vor Mio. von Jahren die amerikanische mit der eurasischen Kontinentalplatte kollidierte, wurde ein Stück des Erdmantels aus 20 km Tiefe emporgepreßt, das sich nun als 650 m hohe, glazial glattgehobelte Felsberge (*tablelands*) im Süden des Parks über12 km hinzieht.

Gros Morne National Park

Gros Morne (franz.: »finstere Hügel«) hat viele Vegetationszonen und Gesteine: neben Sandstränden, Dünen und Watt finden sich Tundra, Küstenwälder und Seen, Torfland, Salzmarschen, Kliffs, schwarze Kissenlavafelder, Kalkstein und fossilhaltiger Tonschiefer aus dem Übergang vom Kambrium zum Ordovizium – Geburtsstunde der Evolution; www.pc.gc.ca/grosmorne.

Bonn Bay

Die tief ins Land reichende ***Bonn Bay*** teilt den Park in zwei Teile: den kleineren Süd- und den touristischeren Nordteil mit flacheren Küsten. Unmittelbar vor der Einfahrt in Wilondale erwägt man an der Tankstelle, ob die nächste ***Bonn Bay (Car-)Ferry*** von *Woody Point* (an der #431) nach *Norris Point,* zwischen Süd- und Nordseite des Parks, in Frage kommt.

Falls nicht, sollte die ***Visitor Information*** (32 km nördlich der Parkeinfahrt an der #430, im Sommer 9-21 Uhr, Parkeintritt $9) erster Anlaufpunkt sein. Dort werden Video-Filme zu Geologie und Küsten von *Gros Morne* gezeigt.

Auch bei Woody Point an der #431 informiert das *Discovery Center* eindrucksvoll über *Gros Morne*: Geologie, Biologie und Ökologie; Juli/Aug 9-21 Uhr, sonst 9-17 Uhr.

Rocky Harbor

Das Parkzentrum ist Rocky Harbor mit kleinen Läden, Motels und vielen *Cabins* – alle mit Meerblick. Nicht-Camper können von hier Ausflüge in den Nationalpark planen: Küstenwanderungen, Bergtouren u.a.m.

Beliebt sind **Bootstouren** in den kristallklaren **Fjord *Western Brook Pond*** (im Sommer täglich 10, 13 und 16 Uhr; Dauer rund 2 Stunden; $40, Kinder $10), www.bontours.ca. Buchung auch im ***Ocean View Hotel*** (⇨ unten). Bei Regen kommt ein Besuch ***Fun Park*** (in Broom Point) mit viel Wasserspaß (9-23 Uhr) in Frage .

Trails

In allen Parkregionen gibt es sehr schöne Wanderwege

Unterkunft

In **Rocky Harbour** gibt es komfortable ***Cabins*** (2-4 Betten, Küche, Dusche; $60-$120; mehr unter www.grosmorne.com/accomm.htm. Erstes Haus am Platze ist das ***Ocean View Motel***, Main Street, © 1-800-563-9887, $90-$175; www.oceanviewmotel.com.

Camping

Im Südteil des Parks gibt es zwei *Campgrounds*, ***Lomond*** und ***Etang Trout River Pond***, im Nordteil 3 weitere: ***Shallow Bay*** mit Sandstrand, ***Berry Hill***, schön & gepflegt mit Duschen und *Cabins,* sowie den einfach wunderbaren ***Green Point*** mit weitem Meerblick vom Steilufer; Reservierung unter © 1-800-563-6353.

Camping am Green Point

6.6 L'Anse aux Meadows

Viking Trail

Fast 400 km sind es von Rocky Harbour bis Neufundlands Nordspitze, nach ***L'Anse aux Meadows***, der ersten Wikinger-Siedlung in Nordamerika – und ebensoweit zurück.

Der lange ***Viking Trail*** (Straße #430) nach Norden ist nichts für Familien mit Kindern und Erholungsreisende; er lohnt sich nur für archäogolisch Interessierte und alle, die sich gern an die Abenteuergeschichten von *Erich dem Roten,* Eisbergen und Walfängern erinnern lassen. Entlang der Strecke bietet sich Gelegenheit zu Zwischenstopps. Kurz hinter Parsons Pond steht ***The Arches***,

4 Mio. Jahre alte Kalkstein-Felsbögen direkt am Meer. Ca. 50 km nördlich, am Eingang des ***River of Ponds Provincial Park***, beweisen Walknochenfunde, dass einst weite Gebiete der Insel unter dem Meeresspiegel lagen. Wer sich die Beine vertreten möchte, kann das gut 10 km weiter auf dem ***John Hogan Trail***, einem *Boardwalk* zu einer **Lachstreppe** (vor Hawke's Bay hinter der *Visitor Information*).

Port au Choix Historic Site

Noch ein paar Kilometer weiter geht es vom *Viking Trail* nach **Port au Choix**. 1967 wurden dort 3.000-4.000 Jahre alte Grabstätten der Ureinwohner Neufundlands gefunden. Waffen und andere Relikte sind in der kleinen ***Visitor Information*** ausgestellt; im Sommer täglich 9-19 Uhr; www.pc.gc.ca/portauchoix.

Ab St. Barbe könnte man, wie bereits ausgeführt (➪ Seite 649 unten), einen Abstecher zur Südküste Labradors einlegen.

L'Anse aux Meadows

www.pc.gc.ca/meadows

Der ***National Historic Site L'Anse aux Meadows*** liegt in der flachen, tundraähnlichen Nordspitze Neufundlands. Auf den Spuren der Edda-Saga entdeckten 1960 der Norweger *Helge Instad* und seine Frau *Anne Stine* hier Reste einer Wikinger-Siedlung, die etwa auf das Jahr 1.000 datiert wurde und damit zeigt, dass die Wikinger lange vor Columbus Amerika erreichten. Drei von sechs »Langhäusern« wurden rekonstruiert und von der Unesco zum **Weltkultur-Denkmal** erklärt.

Die Siedlung der Wikinger liegt auf einer große Wiese am Meer. Die Straße #436 führt unmittelbar vors ***Visitor Centre*** der historischen Stätte; geöffnet Juni-Mitte Oktober, 9-18 Uhr, Eintritt $11. Dort zeigt man Filme, Nachbauten von Wikingerbooten und archäologische Funde, darunter eine eiserne Gewand-Nadel, wie sie nur von den Wikingern in Süd-Norwegen getragen wurde.

Wikinger auf Neufundland

Nordöstliche Winde hatten schon vor der Jahrtausendwende auf Grönland lebende Vikinger an die bewaldeten Küsten im Westen getrieben, denn Holz für Hütten- und Schiffsbau war daheim begehrt. Unter ihnen war *Leif Erikson*, Sohn des legendären »Erik des Roten«, der wegen Mordverdachts aus Norwegen verbannt worden war. In *Leifbudir*, dem heutigen *L'Anse aux Meadows*, überwinterte *Leif* mit seinen Gefährten in Erdhütten, hatte Kontakte mit den *Beothuk*-Indianern und verkündete zu Hause, er sei in *Vinland* gewesen. Beerenbeduselt war nämlich einer seiner Kumpanen aus dem Wald getorkelt. Und das konnten nur jene Beeren gewesen sein, von denen man als »Weinbeeren« schon aus Deutschland gehört hatte.

Auf *Leif Ericssons* Spuren gelangte auch *Thorfinn Karlsefni* mit 150 Mann und 15 Frauen an Neufundlands Küsten, wo seine Frau *Snorri Thorfinnsson* zur Welt brachte, den ersten auf dem nordamerikanischen Kontinent geborenen Europäer. *Snorris* Geburtsjahr datiert zwischen 1005 und 1013, also gute 500 Jahre vor Ankunft der »offiziellen« Entdecker dieser Region, *Cabot, Cartier und Champlain.*

Motel/Hotel

- ***Viking Motel*** (mit *Trailer Park*) an der Pistolet Bay ca. 40 km vor St. Anthony an einem *Bypass* des *Viking Trail* (Abzweigung nach Cook`s Harbour), ✆ (709) 454-3541; ab ca. $59.
- Komfortabel ist das **Vinland Motel** – auch mit *Housekeeping Units*, Restaurant und *Trailer Sites* – im Zentrum von St. Anthony, ✆ (709) 454-8843 und ✆ 1-800-563-7578; ab $90.

Camping

- ***Pistolet Bay Provincial Park***, 35 km vor *L'Anse aux Meadows*, 12 km abseits des *Viking Trail* an der Straße #437; $14.

Zentraler Norden um Twillingate

6.7 Der Zentrale Norden

Windsor/ Grand Falls

www.nfmuseum.com

www.grandfalls-windsor.com

Von Deer Lake, wo die Straße #430 vom TCH abzweigt, bis nach Lewisporte/Twillingate sind es rund 300 km. Am Wege liegt die Doppelstadt Grand Falls/Windsor mit dem ***Mary March Museum*** unweit des TCH (gut ausgeschildert). Es bietet auf knappem Raum viele Informationen über Geschichte, Wirtschaft und Kultur Neufundlands. Vergleichbares gibt es nur noch im Neufundland-Museum in St. John's. Videofilme berichten über Pelzhandel, Dinosaurierfunde, das alte Flugkreuz Gander, wo die PanAm-Clipper früher zum Auftanken zwischenlandeten, und natürlich über die ***Beothuk*-Indianer**. Das Wissen über die ausgerotteten Ureinwohner geht auf die beiden letzten Stammesangehörigen, die 1819 und 1823 gefundenen ***Shanawdithit*** und ***Demasduit*** (***Mary March***) zurück; Mitte Juni-Anfang September 10-17 Uhr, $3.

Inselwelt

Die Insel- und Buchtenwelt der **Notre Dame Bay** gehört zu den touristischen Höhepunkten Neufundlands. Die Straße #340 führt vom TCH hinauf bis zu den Twillingate Islands; man nennt sie auch ***Road to the Isles***, da sie mehrere Inseln über Dämme und Brücken mit dem Festland verbindet.

Lewisporte

Lewisporte am Wege ist mit 3.700 Einwohnern vor allem Fischhandels- und Transportzentrum und bietet Eisenbahnfans einen ***Train Park*** mit ein paar alten Wagons.

Boyd's Cove

Noch vor dem ersten Inselsprung der #340 hinüber nach Chapel Island liegt der Ort **Boyd's Cove** mit dem ***Beothuk Interpretation Centre***. Es thematisiert die Kultur und Geschichte der ausgerotteten *Beothuk*-Indianer, die über Jahrhunderte in dieser Region siedelten; Mitte Mai-September 10-17.30 Uhr, Eintritt 3$.

Twillingate Islands

Je weiter man in die Inselgruppe bei **Twillingate** hineinfährt (#340), umso »finnischer« wird es: kleine Buchten und Schären mit rotvioletten Felsen in sanft-hügeliger Landschaft bilden eine reizvoll-verwinkelte Küstenregion; www.twillingate.com.

Eisberge

Twillingate, die ***Iceberg Capital of the World***, ist in Zeiten des Klimawandels zwar nicht mehr das, was sie mal war, nämlich eine ***Iceberg Alley*** mit Mengen von Eisbergen in Sichtweite der Küste. Aber auch jetzt gelangen immer noch einzelne Eisberge bis hierher, wenn auch in kleinerer Größe. Im Spätsommer ist die Eisberg-Saison aber defintiv vorüber. Am ***Long Point*** im Norden der Stadt bietet sich beim ***Twillingate Lighthouse*** mit und ohne Eisberge ein grandioses Panorama.

Walbeobachtung

Die Ausflugsbooteigner haben sich denn auch aufs ***Whale Watching*** verlegt. Die Schilder für die ***Twillingate Island Boat Tours*** sind nicht zu übersehen; © 1-800-611-2374.

Camping

Ganz in der Nähe des oft in Nebelschwaden gehüllten Leuchtturm liegt ein traumhafter *Campground*, der ***Sea Breeze Municipal Park***. Für ganze $8 campt man dort (ohne Sanitäranlagen) wie auf einer Hochalm in der Senke einer Wiese mit weitem Blick von schroffer Steilküste – mit Glück fehlt auch der Eisberg nicht. Knickkiefern und Gemeinschaftshütte trotzen steifen Seebrisen.

Hotel/Motel

Zimmer gibt's in einem Dutzend Motels/*B&Bs*:

- ***Cabins by the Sea*** mit *Kitchenette* direkt in Twillingate an einer kleinen Hafenbucht; ab $79, © (709) 884-2158 und
- das ***Hillside B&B***; ab $80, © (709) 884-5761.

Durrell

Ein Ausflug könnte Durrell gelten. Der Weg führt an einer Kirche vorbei, deren Glockenabguß an den ***Great Haul of Swiles*** erinnert: 1862 trieben Eisberge mit 30.000 Seehunden an Land; die *Swiles* wurden von den Twillingatern alle erschlagen. Durrell setzt Fischerdorf-Romantik-Maßstäbe.

Wer hier war, weiß ein für allemal, wie (neufundländische) Fischerdörfer aussehen, vor 100 Jahren ausgesehen haben und wohl auch noch in 100 Jahren aussehen werden.

7. DURCH MICHIGAN NACH CHICAGO UND DETROIT

7.1 Touristische Kennzeichnung Michigan

Im Rahmen der hier beschriebenen Routen macht eine Fahrt bis Sault Ste. Marie/Kanada nur Sinn, wenn man dort die Grenze überqueren will, um die Rundfahrt über Michigan (oder Wisconsin, ➪ Kasten Seite 706) nach Chicago und/oder Detroit fortzusetzen bzw. dort eine ***One-way*-Route** abzuschließen.

Geographie

Karte auf Seite 677

Der Reiz einer Reise durch diesen fast ganz von Großen Seen eingeschlossenen Staat liegt u.a. im starken landschaftlichen Kontrast zu den kanadischen Provinzen, hier speziell Ontario. Wie unten noch genauer erläutert wird, gliedert sich das Staatsgebiet Michigans in die obere und untere Halbinsel. Auf der Upper Peninsula warten die *Pictured Rock National Lakeshore* und fast unberührte Natur, rund um die Meerenge zwischen Lake Michigan und Huron Historisches aus der Zeit der Kämpfe zwischen Engländern, Franzosen und Indianern, später zwischen den britischen Kolonialherren Kanadas und den Amerikanern.

Klima am Lake Michigan

Sowohl die Nordküste am Lake Superior auf der **Upper Peninsula** als auch und vor allem das **Ostufer des Lake Michigan** sind (insbesondere für Europäer) ein **touristischer Geheimtipp**: Unendliche herrliche Sandstrände und Dünen, dazu angenehme Wassertemperaturen (August bis 25°C) und nicht zuletzt beständiges warmes Wetter machen das nordwestliche Michigan zu einem top Sommer-Ferienziel.

Unterkommen

Dabei wird es zwar stellenweise auch schon mal ein bisschen voll, aber es ist kein Problem, sich abseits zu halten und die Vorzüge dieses Landstrichs in Ruhe zu genießen. Unterkünfte gibt es genug, auf der Upper Peninsula eher einfacher Art und preiswerter, auf der Lower Peninsula für alle, auch höhere Ansprüche, aber im Schnitt auch teurer.

Camping

Besonders verwöhnt Michigan Camping-Urlauber mit wunderbaren Plätzen am Lake und an seinen zahlreichen Seen im Inland.

Strand und Dünen an der Ostküste des Lake Michigan

7.2 Von Sault Ste. Marie nach Chicago

7.2.1 Die Upper Michigan Peninsula

Sault Ste. Marie (www.saultstemarie.org)

Int'l Bridge

Jenseits der rund 4 km langen *International Bridge* (*Toll*) über den mit Schleusen- und Kraftwerkskanälen ausgebauten Engpaß St. Mary's River zwischen Superior und Huron Lake liegt das amerikanische Sault Ste. Marie (16.500 Einwohner).

Brücke

Von der Brücke aus sieht man gut das ***Soo Locks*** **Schleusensystem** (von 1855, insgesamt 5 parallele Kammern, davon nur eine kleinere auf kanadischer Seite), mit dessen Hilfe die ***Falls of St. Mary*** umgangen und 7 m Höhenunterschied zwischen dem Lake Michgan und Lake Huron überbrückt werden, ➪ Seite 454 und Grafik Seite 418. 11.000 Schiffe mit 90 Mio. Tonnen Fracht werden hier jährlich geschleust; www.soolocks.com.

Die von Parkanlagen eingerahmten Schleusen sind unbedingt einen Zwischenstopp wert: Nach Passieren der US-Grenzkontrolle verläßt man die in die I-75 übergehende Brückentrasse beim ***Exit #394*** und orientiert sich nördlich (West Portage Ave) in Richtung *Locks*. Von ***Observation Platforms*** aus kann man die Schleusenmanöver der – soweit im Binnenland – erstaunlich großen »Pötte« (bis 300 m) sehr gut beobachten (gratis).

Das ***Soo Lock Visitor Center*** im Park (West Portage Ave/Water Street) informiert über Geschichte und technische Daten sowie Ankunftszeiten von Schiffen; Mai bis November 8-20 Uhr. Park und Plattformen bleiben bis 24 Uhr geöffnet.

Die Barkassen der ***Soo Lock Boat Tours*** (515 und 1157 East Portage Ave) befördern ihre Gäste nach ein bißchen *Sightseeing* vom Wasser aus in 2 Stunden durch eine der Schleusen (ab $21, Kiner bis 12 Jahren $10.50, Abfahrten: im Juli & August 8 x täglich, sonst ab Mitte Mai bis Dezember (wetterabhängig) 3 x täglich. Außerdem gibt es *Sunset Dinner Cruises*.

Museums-schiff

Interessant ist ein Besuch des 90 Jahre alten typischen *Great Lake* Frachters ***Valley Camp***, der östlich der *Locks* an der Ecke Water/Johnston St in einem eigenen Bett liegt. Das über 150 m lange Schiff beherbergt ein **Aquarium** zur Unterwasserwelt der Großen Seen und ein **maritimes Museum**. Juli/August 9-19 Uhr, sonst 10-17 Uhr; $10; Kinder $4; www.thevalleycamp.com.

Aussichtsturm

www.towerofhistory.com

Gleich gegenüber steht der ***Tower of History***, von dem man einen weiten Blick über die Schleusen, die Whitefisch Bay und das gesamte Gebiet zwischen Lake Superior und Huron hat. Täglich 9-19 Uhr; Mitte Mai bis Mitte Okt.; Eintritt $6, Kinder $3.

Ganz in der Nähe berichtet das ***River of History Museum*** (209 East Portage Ave) über die Geschichte des St. Mary River; nur interessant mit der Walkman-Führung. Juli-August 9-18, sonst 10-17 Uhr, $5,50/$2,75; Kombitickets mit anderen Attraktionen.

Kasinos
www.kewadin sault.com

Das indianische Kasino-Fieber hat auch auf Michigan übergegriffen (➪ Seite 221f). Gleich fünf ***Kewadin Casinos*** warten auf der *Upper Michigan Peninsula* auf Spieler. Eins steht in Sault St. Marie und hat dafür gesorgt, dass sich die Hotel- und Motellandschaft erheblich erweiterte und zugleich die Tarife stiegen.

Unterkunft

Die Mehrheit der Unterkünfte in Sault Ste. Marie findet man an der Portage Ave (ältere Motels und das nostalgische ***Ramada Plaza Ojibway Hotel***, 240 West Portage Ave; ✆ (906) 632-4100 und ✆ 1-800-654-2929; $125; www.waterviewhotels.com). An der Parallelstraße (*Business Spur*) der I-75 dominieren die gängigen Ketten (ab $100 im Sommer). **Preiswertere Motels** gibt es in der **Ashmun Street**, der citynäheren Verlängerung der *Business Spur*:

- Direkt an den Locks/West Portage Road liegen zwei Motels: ***Askwith Lockview Motel*** (#327, ✆ 906-632-2491; www.lockview.com) und das ***Long Ships Motel*** (#427; ✆ 906-632-2422; www.longshipsmotel.net); beide um $75
- ***La France Terrace*** (1608 Ashmun Street, ✆ 906-632-7823; www.lafranceterracemotel.com) und ***Seaway Motel*** (1800 Ashmun Street, ✆ 906-632-8201); beide ab $70

Übernachtungen auf der kanadischen Seite, ➪ Seite 455.

Steckbrief Michigan/MI (www.michigan.gov und www.michigan.org/travel)

10 Mio. Einwohner, davon 83% Weiße, 254.000 km^2, **Hauptstadt Lansing** 120.000, größte Stadt **Detroit**, 900.00 (Großraum 4,5 Mio.) Einwohner.

Michigan besteht aus zwei Gebieten: Die ***Upper Peninsula***, gehört geologisch teilweise (*Pictured Rocks NLS)* zum kanadischen Schild (➪ Seite 18), ist flach bis hügelig und überwiegend bewaldet. Im äußersten Nordwesten erreichen einige Kuppen Höhen um 500 m. Eine ausgedehnte **Seenplatte** zieht sich dort über die Grenze nach Wisconsin. Das Gros der **11.000 Seen** Michigans findet man jedoch auf der ***Lower Peninsula***, die durch die rund **7 km breite *Strait of Mackinac*** vom oberen Teil getrennt ist. Die untere Halbinsel gehört noch zum zentralen nordamerikanischen Tiefland und zeigt sich als sanfte Hügellandschaft mit ebenfalls viel Wald (50% der Gesamtfläche). An den Ufern der Seen Michigan und Huron gibt es endlose **Strände**, bis zu 180 m hohe **Dünen** im Westen und **Steilküsten** im Nordosten. Die flachen Ufer des Lake Erie sind weniger einladend, zum Teil versumpft.

Die **bekannteste Industrieregion** der USA ist der Großraum **Detroit** mit seinen (im Jahr 2008 notleidenden) Autofabriken und deren Zulieferern. Auch **Landwirtschaft**, speziell Obstanbau und Käseproduktion, spielt eine bedeutende wirtschaftliche Rolle. Auf der *Upper Peninsula* gibt es erhebliche Eisenerz- und Kupfervorkommen, auf der *Lower Peninsula* Erdöl- und Erdgasfelder.

Wichtige touristische Ziele sind die *Pictured Rock National Lakeshore*, Mackinac Island und die Dünenstrände der Ostküste, speziell die *Sleeping Bear Dunes National Lakeshore*. Die Ufer des Lake Huron haben Steilküsten und weniger Strände, dafür ist es dort ruhiger, teilweise fast einsam.

Camping

Direkt am St. Mary's River liegen zwei eher unattraktive Campingplätze: Stadtnäher ist der ***Soo Locks Campground***, Portage Ave, weiter entfernt der ***Aune-Osborn RV Park***, Riverside Drive.

Wer sich auf ***State Park Campgrounds*** wohler fühlt, ist mit dem ***Brimley Park*** an der *Whitefish Bay* des Lake Superior südwestlich der Stadt, einem großen Platz mit allem Komfort, besser bedient. Geschützte große Plätze direkt am Wasser hat der ***Bayview National Forest Park*** nur wenige Kilometer weiter westlich.

Zur Pictured Rocks National Lakeshore

Die Upper Peninsula

www.fs.fed.us/r9/forests/hiawatha

Umspült von den Wellen dreier Seen wird die *Upper Michigan Peninsula*: Lake Superior im Norden, Lake Michigan im Süden und Lake Huron bzw. der – Lake Superior und Huron verbindende – Engpass ***St. Mary's River*** mit seeartigen Erweiterungen im Osten und Südosten. Die attraktivsten Gebiete dieser flachen und sehr grünen, von Touristen nicht übermäßig frequentierten Halbinsel sind die beiden Areale des ***Hiawatha National Forest***. Sie belegen zwischen **St. Ignace** und dem Lake Superior und im äußersten Westen der Halbinsel dessen ganze Breite. Herausragende Sehenswürdigkeit in diesem Gebiet ist die ***Pictured Rocks National Lakeshore*** an der Nordküste. Mancher Leser kennt vielleicht die **Kurzgeschichte *Two Hearted River* von *Hemingway***, die etwas weiter östlich im Bereich zwischen den beiden Waldgebieten am Ufer des Lake Superior spielt.

Die Halbinsel ist durchzogen von klaren Flüssen und übersät mit Seen. An ihnen und an den *Lake*-Küsten befinden sich zahlreiche **Campingplätze** in *State Parks* und in den beiden Nationalforsten. Während man die *State Parks* in allen Karten findet, sind die Hinweise auf ***National Forests*** unvollständig, viele ***State Forests*** gar nicht verzeichnet. Für die Upper Peninsula in dieser Hinsicht hilfreich ist die Website www.michigan dnr.com/parksandtrails. Vor Ort in den ***National Forests*** sind *Campgrounds* aber überwiegend gut ausgeschildert und nur selten voll belegt.

Wer bis hierher gekommen ist, sollte sich nicht mit einer raschen Fahrt über die Halbinsel auf der I-75 nach Süden begnügen, sondern zumindest auch die ***Pictured Rocks Lakeshore*** besuchen.

Route zur National Lakeshore

Die schnelle Route von Sault Ste. Marie an die Nationalküste entspricht dem Verlauf der Straße #28 bis Shingleton und dann weiter auf den Zufahrten H15/H58/H13: Bei einer Entfernung von rund 140 mi ist das Ziel in 3 Stunden erreicht. Empfehlenswerter wäre – bei einem Tag Zeit bis zum Nationalpark – ein Umweg über den ***Tahquamenon Falls State Park*** samt einem eventuellen **Abstecher nach Whitefish Point**. Dafür verläßt man die #28 bei **Eckermann** und folgt der Straße #123 in nördliche Richtung. Im Dorf Paradise biegt die #123 nach Westen ab und trifft bei Newberry wieder auf die #28. Whitefish Point erreicht man auf einer Stichstraße entlang Whitefish Bay (ca. 10 mi).

Whitefish Point
www.exploringthenorth.com/whitefish/whitefish.html

Dieses spitze Kap ist vielen Seeleuten zum Verhängnis geworden. Unmittelbar hinter dem breiten Strand steht ein **Leuchtturm**, der bereits seit 1849 in Betrieb und stummer Zeuge von 550 Schiffsuntergängen ist. Gleich nebenan hat man mit viel Liebe zum Detail das ***Great Lakes Shipwreck Historical Museum*** eingerichtet, das die grausam-spannenden Geschichten des *Graveyard of the Great Lakes,* des Schiffsfriedhofs vor seiner Küste, erzählt.

Museum

Meist waren nicht Nebel oder Stürme, sondern menschliches Versagen Ursache von Kollisionen und Untergängen. Mai bis Oktober täglich 10-18 Uhr; Eintritt $8,50, Kinder $5,50.

Historie

Nicht nur auf dem Wasser ging es oft tragisch zu. An dieser Stelle – einst Kanu-Rastplatz der Voyageure – wurde 1610 einer der ersten in die Wildnis vorgestoßenen Weißen, der Franzose ***Etienne Brûlé***, von Indianern getötet und – so heißt es – verspeist.

Tahquamenon Falls State Park
www.exploringthenorth.com/tahqua/tahqua.html

Wieder auf der Straße #123 geht es über den *Tahquamenon Falls State Park* zurück auf die #28. Die ***Lower*** und ***Upper Falls*** sind hübsche, aber keineswegs sensationelle Stromschnellen bzw. Wasserfälle. Sie liegen einige Kilometer auseinander; beide sind mit dem Auto zu erreichen aber auch durch Wanderwege verbunden. Der *State Park* verfügt über vier Campingplätze, die *River Unit* des Parks ist auch Ausgangspunkt für Kanutouren.

- Am Whitefish Point schläft man komfortabel im restaurierten **Haus der ehemaligen *Coast Guard***; © 1-888-492-3747, $150; www.shipwreckmuseum.com/overnight
- ***Birchwood Resort***, 8442 North Whitefish Point Rd; recht gemütliche Cabins am See, $60-$85; © (906) 492-3320; www.exploringthenorth.com/birchwood/cabins
- ***Bears Den Motel***, Whitefish Point Rd (#123); © (906) 492-3364

Blick auf »Miners Castle« im Pictured Rock Park

7

Die #28 auf direktem Weg zu den *Pictured Rocks* bietet außer *Fast Food* und Tankstellen wenig. Neben einfachen Motels gibt es in Newberry (wegen des *Kewadin* Spielkasinos im Ort) etwa auf halber Strecke auch einige Kettenmotels/-hotels der Mittelklasse wie das ***Best Western*** und ***Comfort Inn*** (ca. $80-$110).

Der kleine Ort **Seney** hat einen ruhigen Campingplatz im ***Township Park*** etwas abseits der Straße, ausgeschildert.

Pictured Rocks National Lakeshore

Die ***Pictured Rocks National Lakeshore*** bezieht sich auf einen 60 km langen Uferstreifen am Lake Superior. Hauptattraktion der bis zu 10 km landeinwärts reichenden *Lakeshore* sind die namensgebenden ***Pictured Rocks*** der stellenweise bis 50 m hohen Steilküste im westlichen Abschnitt des Parks. Der Fels leuchtet dort gelb, rot, grün und braun. Unterschiedliche Mineralien im – durch Erosion und Verwerfungen freigelegten – Sandstein verursachen diese Farbvielfalt; www.nps.gov.piro.

Mit dem Auto sind die bunten Felswände nur bei ***Miner's Castle*** zu erreichen (Straße #H58 bis zur Miner's Castle Road).

Miners Castle

Von den Plattformen hoch über dem See erhält man dort aber nicht mehr als einen Eindruck von den farbenprächtigen Klippen und dem glasklar-grünen Wasser. Bei schönem Wetter sollte man deshalb in Munising einen der **Bootstrips** buchen, am besten am farbintensiven Nachmittag: ***Pictured Rocks Cruises*** ab *Municipal Pier*, Dauer 3 Stunden. Im Juli+ August bis zu 9x täglich 9-17 Uhr; früher/später 3x täglich; $31, Kinder $13; © 1-800-650-2378; www.picturedrocks.com. Außerdem gibt's in Glasboden-Booten ***Shipwreck Tours*** zu Wracks; www.shipwrecktours.com.

Information

Das ***Visitor Center*** des Nationalparks befindet sich im Ortsbereich an der #28. Es hat neben Material über Flora, Fauna und Geologie der Region auch Wanderkarten.

Strand

Der Clou bei *Miner's Castle* ist neben dem Ausblick auf die Felsen der wunderbare Strand ***Miner's Beach*** an der Mündung des gleichnamigen Flusses. Ein 20 min-***Trail*** und eine Stichstraße führen hinunter in eine herrliche Urlandschaft am Lake Superior mit schöner (kalter!) Badestelle.

Parkgebiet/ Camping

Die #H58 läuft 40 mi an der Südgrenze des Parks entlang bis zum östlichen Parkeingang bei Grand Marais. Auf kleinen Zufahrten gelangt man nahe an die beiden anderen den Park bestimmenden Landschaften heran: die ***Twelvemile Beach***, einen endlosen Sandstrand, und ganz im Osten des Parks die bis 100 m hohen ***Grand Sable Dunes***. Die mit Auto zugänglichen **Campingplätze *Little Beaver Lake*, *Twelvemile Beach*** und ***Hurricane River*** liegen im zentralen Parkgebiet. Alle drei sind im Sommer oft voll. Aber es gibt auf ca. Mitte der Strecke dorthin schöne *State Forest Campgrounds* an Seen: *Kingston, Ross, Cusino* und *Canoe Lake*.

Ein guter ***NF-Campground*** (*Bay Furnace*) liegt eine gute Meile westlich von Christmas am Lake Superior.

Wandern

Eine Vielzahl von *Trails* durchziehen den Park. Besonders beliebt ist der ***Lakeshore Trail*** (von Munising bis zu den *Great Dunes*) als Teil des ***North Country Trail*** (www.northcountrytrail.org). Alle paar Meilen befinden sich an ihm ***Wilderness Campsites***.

Unterkunft

In **Munising** (www.munising.org) konzentrieren sich die Motels an der Straße #28 östlich des Ortes; günstig und o.k. sind:

- ***Sunset Motel on the Bay*** (!), 1315 Bay Street am Ufer des Lake Superior, alle Zimmer Seeblick, Picknicktische am Wasser; © (906) 387-4574, $60-$114; www.sunsetonthebay.com
- ***Terrace Motel***, 420 Prospect Street, abseits der #28 auf Hügel; © (906) 387-2735; $45-$55; www.terracemotel.net
- ***Star Light Motel***, © (906) 387-2291, ab $65
- ***Scotty's Motel***, © (906) 387-2449, ab $63

Einige Kilometer westlich der Stadt stehen mehrere Kettenmotels der Mittelklasse entlang der Straße #28.

Am Ostende der *Nat'l Lakeshore* liegt **Grand Marais**. Dort bietet die ***North Shore Lodge*** (auf einer Landzunge) einfaches preiswertes Unterkommen im Motel; © (906)-494-2361, $80; www. northshorelodgemi.com/grandmarais/lodging.

Fayette State Park
www.exploringthenorth.com/fayette/town.html

Industriehistorisch interessant ist die *Historic Fayette Townsite,* eine ehemalige Stahlkocherstadt, im ***Fayette State Park*** auf der *Garden Peninsula* des Lake Michigan (Zufahrt: Von Munising auf der H13 bis Nahma Junction, von Garden Corners auf der **Stichstraße #183** noch weitere 16 mi bis zum *Fayette State Park*).

Ein 30 Jahre währender Stahlboom in der zweiten Hälfte des 19. Jahrhunderts hinterließ eine **Geisterstadt** mit Resten von Hochöfen, alten Arbeiterunterkünften und Verwaltungsgebäuden, Hotel und sogar einer Oper. Das ***Visitor Center*** informiert über die Hintergründe und bietet eine Ranger geführte *Walking Tour* über das Gelände. Ein kleiner Yachthafen, Badestrand und ein einfacher **Campingplatz** laden zum Bleiben ein. Der Park ist von Mai bis Oktober täglich von 9-17 Uhr geöffnet, von Juni bis Anfang September darüberhinaus bis zur Dämmerung.

Der schöne ***Portage Bay Campground*** liegt in bewaldeten Dünen unmittelbar hinter dem Strand der Portage Bay auf der Ostseite der Halbinsel: nach Garden ca. 3 mi vor dem *Fayette State Park* in die Portage Bay Road, dann 6 mi auf auf einer Schotterstraße.

Die Weiterfahrt von hier durch Wisconsin statt durch Michigan wird im Kasten auf Seite 706 beschrieben. Zurück nach Osten führt die Straße #2 über Manistique nach St. Ignace.

Manistique
www.manistique.com

Manistique ist im Winter ein *Snowmobile*-Zentrum. Deshalb gibt es dort für die Ortsgröße (5.000 Einwohner) erstaunlich viele **Hotels** und **Motels**, die im Sommer So-Do selten ausgebucht sind, die meisten an der Durchgangsstraße #2 – darunter auch preisgünstige Quartiere ab $60 – und am Lake Shore Drive.

Fürs **Campen** geht nichts über den ausgezeichneten Platz des ***Indian Lake State Park*** am herrlichen Südoststrand des Sees. Der *Campground* in der *West Unit* des Parks an der Zufahrt zum *Palms Book Park* ist dagegen nicht so attraktiv.

Palms Book State Park
www.michigandnr.com/parksandtrails

Einmal dort, darf man den Abstecher zum ***Palms Book State Park*** (kein Camping) nicht auslassen. Etwa 6 mi vor Manistique zweigt bei Thompson die #149 nach Norden ab, nach 11 mi die **County Road #455** an der *West Unit* des *Indian Lake SP* vorbei.

Der ***Big Springs Palms Book Park*** wurde um einen ovalen, glasklaren **Quellsee** (*Big Spring*: 90 m lang, 60 m breit) angelegt, aus dessen Grund in jeder Minute über 40.000 l Wasser sprudeln. Der Clou dieses über 100 ha großen Parks am Nordwestufer des Indian Lake ist die Überquerung des ***Kitch-iti-kipi*** – (von den Weißen erfundene!) indianische Bezeichnung des Teichs – auf einem per Seilzug mit Muskelkraft bewegten **Floß**. In dessen Mitte befindet sich eine Öffnung mit einem nach unten und oben offenen Kasten. Wie durch ein Kaleidoskop blickt man in eine transparente, türkis gefärbte Unterwasserwelt bis hinunter auf den sandigen, vom Quelldruck etwas aufgewühlten Boden in 12 m Tiefe. Die immer vorhandenen riesigen **Forellen** lassen sich durch die minimale Bewegung des Floßes nicht stören. Der Park ist bis zur Dämmerung geöffnet, $8; die Floßfahrt ist frei.

Nach St. Ignace

Von Manistique bis nach St. Ignace und die Brücke über die ***Mackinac Strait*** sind es ca. 90 mi. Der Abschnitt bis **Naubinway** verläuft zunächst ohne Besonderheiten landeinwärts. Von da ab jedoch bleibt die Straße in Ufernähe und passiert weiter östlich **Dünengebiete und Strände**.

NF-Camping

Direkt an der #2 oder am Ende kurzer Stichstraßen liegen diverse ***Roadside Parks*** und ***Campgrounds***. Sehr schön sind ***Hog Island Point State Forest***, 7 mi östlich von Naubinway, und ***Big Knob***, ca. 8 mi westlich des Ortes, dann staubige 6 mi auf der *Big Knob Road* ans Seeufer. Des weiteren gibt's noch den ***National Forest Campground Lake Michigan*** (nicht so schön an der Straße) 3 mi östlich Brevoort und einen Platz am Nordufer des **Brevoort Lake**.

Big Spring: Ein »Guckkasten« in der Mitte des Floßes erlaubt den Blick in die glasklare Tiefe voller Riesenforellen.

7.2.2 St. Ignace, Mackinaw City und Mackinac Island

Mackinac Strait/ Lower Peninsula

Die mächtige, gut 5 mi lange ***Mackinac Bridge*** (*Big Mack*; www.mightymac.com) überspannt seit 1957 die Mackinac Strait, Wasserstraße zwischen den Seen Huron und Michigan, und stellt die Verbindung zwischen der Upper und Lower Peninsula des Staates Michigan her. Die untere Halbinsel besitzt außer den Ufern am Lake Michigan und Huron im äußersten Südosten unterhalb Detroit auch noch einen Abschnitt am Lake Erie. Im Süden stößt Michigan mit fast gradlinigem Grenzverlauf zwischen Michigan City und Toledo an Ohio und Indiana.

St. Ignace

Die Städtchen St. Ignace und Mackinaw City an den Brückenköpfen der ***Mackinac Bridge*** wurden bisher wegen ihrer historischen Seheswürdigkeiten, der Fähren nach Mackinac Island und der Strände am Lake Huron besucht. Die bereits mehrfach erwähnten *Kewadin Casinos* sorgten für eine veränderte Infrastruktur (Ausbau von Straßen, zusätzliche Hotels).

In St. Ignace (www.stignace.com) liegen zahlreiche Quartiere an der North State Street (später *Business Loop*, parallel zur I-75). Je näher man dem ***Kewadin Shores Casino*** kommt, um so größer und teurer die Hotels. Im Bereich des Fährhafens nach *Mackinac Island* stehen noch ältere, preiswertere Motels.

- ***San Bar Motel***, 625 North State St; © 1-800-294-8882; $56-$85
- ***Colonial House Inn*** B&B, 90 North State Street, $89-$155 inkl. Frühstück, und **Motel**, $59-$89; © (906) 643-6900
- ***Best Western Harbour Pointe***, 797 North State; neue Motel-Generation, am See in Hafennähe. Sept. schon ab $72, Hochsaison ab $115; © 1-800-642-3318; www.harbourpointe.com

Camping: ***Tiki RV Park*** und ***Campground***, 200 South Airport Rd, noch stadtnah; auch Plätze für Zelte, beim kleinen Flughafen.

Museum

Ein Besuch im ***Museum of Ojibwa Culture*** beim Fährhafen ist nicht zwingend, wenn man schon in anderen *First Nation*-Museen war oder ***Colonial Michilimackinac*** (➪ unten) besucht. Die Ausstellung über die Unterschiede zwischen indianischer und französischer Kultur ist liebevoll gemacht. Juli/August Mo-Sa 10-20 Uhr, So 12-20 Uhr, sonst 11-17 Uhr, $2.

Father Marquette Memorial

Der Name ***Father Marquette*** begegnet dem Besucher Michigans überall. Er brach als einer der Ersten – von Québec aus – in die damals unwirtlichen Gebiete weiter westlich auf, um *Ottawa*- und *Ojibwa*-Indianer zu missionieren. Er wurde jedoch in erster Linie als Entdecker bekannt: Zusammen mit *Louis Jolliet* erforschte er 1673 per Kanu den Mississippi. Das ***Father Marquette Memorial*** im westlichen Teil des ***Straits State Park*** (Straße #2 in den Boulevard Drive) würdigt dessen Verdienste. Es lohnt aber nicht, extra dorthin zu fahren, denn in *Colonial Michilimackinac* erfährt man mehr. Im östlichen Teil des *State Park* befindet sich ein **Campingplatz** am See und Picknickplätze mit tollem Blick auf die Brücke (Zugang westlich der I-75 in der Church Street).

Mackinac Island

Von St. Ignace und Mackinaw City verkehren diverse **Fährlinien** nach Mackinac Island, einer populären Ferieninsel im Huron Lake, ca. 3 mi östlich von St. Ignace; www.mackinacisland.org.

Fähren

Die Fahrt ab St. Ignace dauert ca. 15 min, ab Mackinaw City 20 min, mit Katamaran noch kürzer. Abfahrten im Sommer tagsüber im Halbstundentakt 8.30-22.30 Uhr, teilweise alle 15 min, alle 60 min am Abend. Retourticket mit geringen Variationen $22/$11; Parken frei. Gratis-Abholservice von Hotels und *Campgrounds*.

Information

Auf der Insel liegt rechts der Docks das ***State Park Visitor Center*** mit Informationen über alle Sehenswürdigkeiten, Flora, Fauna, Unterkunft u.a. Juli/August 9-18 Uhr, sonst bis 16 Uhr. Unübersehbar sind in der Nachbarschaft die **Fahrradverleiher**.

Mackinac Island

www.mackinacparks.com/parks/mackinac-island-state-park_9

www.mackinac.com

www.4mackinac.com

Mackinac Island – 5 km lang und maximal 3 km breit – ist mit 80% der Fläche ein ***State Park***. Ein Großteil seiner Ufer besteht aus *Limestone*-Steilküste. Ungewöhnliche Gesteinsformationen und Höhlen gehören zu den Inselattraktionen. Die Engländer legten 1780 zum Schutz der *Strait of Mackinac* auf der Insel ein Fort an, das heute eine populäre Sehenswürdigkeit darstellt. Es gibt (seit 1898!) keine Autos, jeglicher Transport läuft per Fahrrad oder Pferdewagen. Die Besucher sind überwiegend auf Leihrädern unterwegs; auch Tandems und Fahrräder mit Kinderanhänger lassen sich gleich am Hafen mieten. Man kann auch eine **Kutschfahrt** (*Carriage Tour*; ca. 100 min) über die Insel buchen, während der man alles über Mackinac Island erfährt. Mitte Juni-Anfang September; $23, Kinder $9. Für Selbstkutschierer $54/Stunde für 2 Personen. Auch ohne Autoverkehr herrscht im Zentrum viel Betrieb. In der Nebensaison lohnt ein 2-Tage-Inselaufenthalt. Es gibt es auch Wanderwege, aber keine Strände.

Grand Hotel

Prachtvolle viktorianische Villen bestimmen das Inselbild. Übermächtig wirkt das weiß-grüne ***Grand Hotel*** (1887) mit der angeblich längsten Terrasse (*Porch*) der Welt und klassischen weißen Schaukelstühlen und Säulen. Das Haus hält auf Tradition: Die Angestellten sind wie in alten Zeiten überwiegend Schwarze und für Gäste gilt ein *Dress Code*. Swimming Pool, Tennis und Golfplatz gehören dazu. Von Hotelbesuchern werden $15/$7,50 Eintritt kassiert; sie können für $70 mitdinieren, die grandiose Aussicht von der ***Copula Bar*** (5. Stock) genießen und in den Pool springen. Wer übernachten möchte, muss tief in die Tasche greifen: ab $225 pro Person im DZ mit HP, Abendgarderobe obligatorisch; ✆ 1-800-334-7263; www.grandhotel.com.

Old Fort Mackinac

www.mackinacparks.com/parks/fort-mackinac-facts_14

Das ***Fort Mackinac*** paßt sich bestens in die weißen Hotel- und Villenfassaden ein. Vom Originalfort des 18. Jahrhunderts ist aber kaum etwas übrig. Der heutige Komplex geht auf Befestigungen aus dem Jahr 1880 zurück. Sehr schön ist die ***Tea Room*-Terrasse** auf der alten Schutzmauer mit Blick über den Yachthafen hinüber zu den Brücken. Mitte Juni-Ende August täglich 9.30-20 Uhr, sonst bis 16.30 Uhr; Eintritt $10, bis 17 Jahre $6; auch Kombitickets mit weiteren ***State Historic Park***s (⇨ rechts) verfügbar.

Quartiere

Unterkünfte sind zahlreich und nicht nur teuer::

- Das historische ***Murray Hotel*** liegt in der Main Street beim Fähranleger; wenig weiter hat das ***Inn on Mackinac*** identische Preise; \$94-\$330; ✆ 1-800-462-2546; www.4mackinac.com

Preiswerter sind die B&B's in den ruhigen Nebenstraßen:

- ***Hart's***, Market Street, ein Block hinter den Fähranlegern; 8 Zi, ruhig; \$75-\$175; ✆ (906) 847-3854; www.hartsmackinac.com
- ***Bogan Lane Inn***, nahe dem *Visitor Center*; schöne helle Zimmer; \$85-\$125; ✆ 906)847-3439; www.boganlaneinn.com

Colonial Michilimackinac

www.mackinacparks.com/parks/colonial-michilimackinac_7

Südwestlich der *Big Mack*-Brücke befindet sich ein Nachbau der 1715 von Franzosen gegründeten ersten befestigten Siedlung. Das originale ***Colonial Michilimackinac*** war 1760 von den Engländern erobert und aus Furcht vor einem amerikanischen Angriff 20 Jahre später nach Mackinac Island verlegt worden, ➪ Foto unten. Die attraktive *Michilimackinac*-Rekonstruktion besteht aus einer Palisadenumzäunung und 20 Gebäuden. Anfang Juni bis Ende August täglich 9-18, sonst bis 16 Uhr. \$10, Kinder \$6.

Mill Creek State Historic Park

Die über 200 Jahre alte Wasser-Sägemühle ***Mill Creek*** (3 mi südöstlich von Mackinaw City an der #23) gehörte zu einem der ersten industriellen Komplexe in Michigan und ist heute ein *Living Museum*; 9-17 Uhr Anfang Juni bis Ende August, sonst 9-16 Uhr. Trotz der hübschen Parkanlage können »mühlengewöhnte« Europäer auf den Besuch durchaus verzichten; \$7,50/\$4,50.

Mackinaw City: Unterkunft

Mackinaw City-Quartiere liegen an der Straße #23, meist direkt am Lake Huron. Neben vielen Häusern der Ketten, gibt es noch einige ältere unabhängige Motels:

- ***Riviera Motel***, 520 North Huron Ave am Wasser; \$70-\$100; ✆ (231) 436-5577; www.shadowofthebridge.com
- ***Beach House***, 1035 South Huron (#23), schöner Strand; ✆ 1-800-262-5353; \$70-\$160, www.mackinawcitybeachhouse.com

Camping

Ein ***KOA-Campground*** liegt südwestlich der Brücke, Trails End Road, an der ausgeschilderten Route zum ***Wilderness State Park*** an der *Sturgeon Bay* des Lake Michigan. Eine gute Alternative ist der ***Mackinaw Mill Creek Campground*** mit *Cabins* auf großem Gelände, auch Wifi (WLAN); Straße #23 auf dem Weg zum *Mill Creek State Park*; ✆ (231) 436-5584.

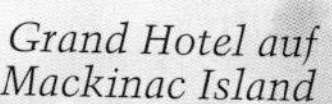

Grand Hotel auf Mackinac Island

7.2.3 Die Seeuferroute bis Chicago

Nord-westliche Peninsula

Die nordwestliche Ecke der *Lower Peninsula* ist ein beliebtes Sommerurlaubsgebiet. An den Ufern des Lake Michigan warten hohe Dünen und Strände mit gelbem Pulversand, im hügeligen Hinterland Mischwälder mit einer Baumartenvielfalt, wie wir sie in Mitteleuropa schon lange nicht mehr kennen, Obstplantagen, grüne Weiden, tiefblaue Seen und viele hübsche Ortschaften. Der Individualtourismus überwiegt.

Straße #31

www.petoskey.com

www.charlevoix.org

Die beste Route nach Süden ist die **#31**, die man für kleine Abstecher hier und dort verlassen kann, z. B. für **Harbor Springs** und den ***Petoskey State Park*** bei **Bay View**. Der Nordwesten ist – neben dem Tourismus – geprägt durch Obstkulturen. An der Straße passiert man immer wieder Verkaufsstände, besonders für Kirschen und Pfirsiche. **Petoskey** und **Charlevoix** locken mit guten Restaurants, Golfplätzen, Häfen und Marinas.

Torch Lake

Der glasklare, türkisfarbene **Torch Lake** (Straße #31) zeigt ein fast karibisches Flair. Man sollte der Verführung widerstehen, die kleine Straße am Ostufer entlangzufahren, da es fast nirgendwo einen Zugang zum See gibt und der Wald den Blick auf den See nicht freigibt. Seine wunderbare Farbe haben hier fast alle Seen.

Camping

Am Elk Lake nahe der #72 bei Williamsburg liegt der sehr schöne ***Whitewater Township Park***, 9500 Park Road; 40 Plätze, einige mit Blick aufs blaue Wasser. Ausgeschildert; © (231)-267-5091.

Traverse City

Traverse City am *West Arm* der *Grand Traverse Bay* ist eine vom Tourismus geprägte Stadt mit entsprechendem Trubel. Viele Motels liegen dort zwischen dem Strand und der vierspurigen #31; Baden, Segeln und Windsurfen sind die vorherrschenden Aktivitäten der Urlauber. Motels und Hotels konzentrieren sich östlich der Stadt. Die Häuser in Strandlage kosten im Sommer um die $150 und mehr; www.mytraversecity.com.

- Ein gutes Haus ist ***Best Western Four Seasons Motel***, Munson Ave, ca. 3 km östlich ohne Strand, © (231) 946-8424, ab $130.

Camping

Der ***Traverse City State Park*** in Strandlage ist meist voll und ohnehin nicht sonderlich attraktiv. Alternativen (außer des oben genannten Platzes am Elk Lake) sind einige ruhige ***State Forests*** in 10-18 mi Entfernung von Traverse City, z.B. der ***Arbutus Nr. 4 State Forest***, 10 mi südöstlich Richtung *Arbutus Lake* über *Garfield*, *Potter*, *4 Miles*- und *North Arbutus Lake Road*; www.michigandnr.com/parksandtrails.

Eine weitere nahe, wenn auch ebenfalls sehr populäre Alternative fürs Campen ist der ***Interlochen State Park*** in Seelage beim gleichnamigen Ort zwischen Green und Duck Lake.

Interlochen

www.interlochen.org/arts_festival

Kulturelle Erbauung bietet jedes Jahr in den Sommermonaten das international bekannte ***Interlochen Arts Festival*** mit zahlreichen Konzerten, Theater, Kunstausstellungen und viel Programm drumherum. In den *Tourist Information*-Büros in Michigan gibt es die aktuellen Interlochen-Programmhefte.

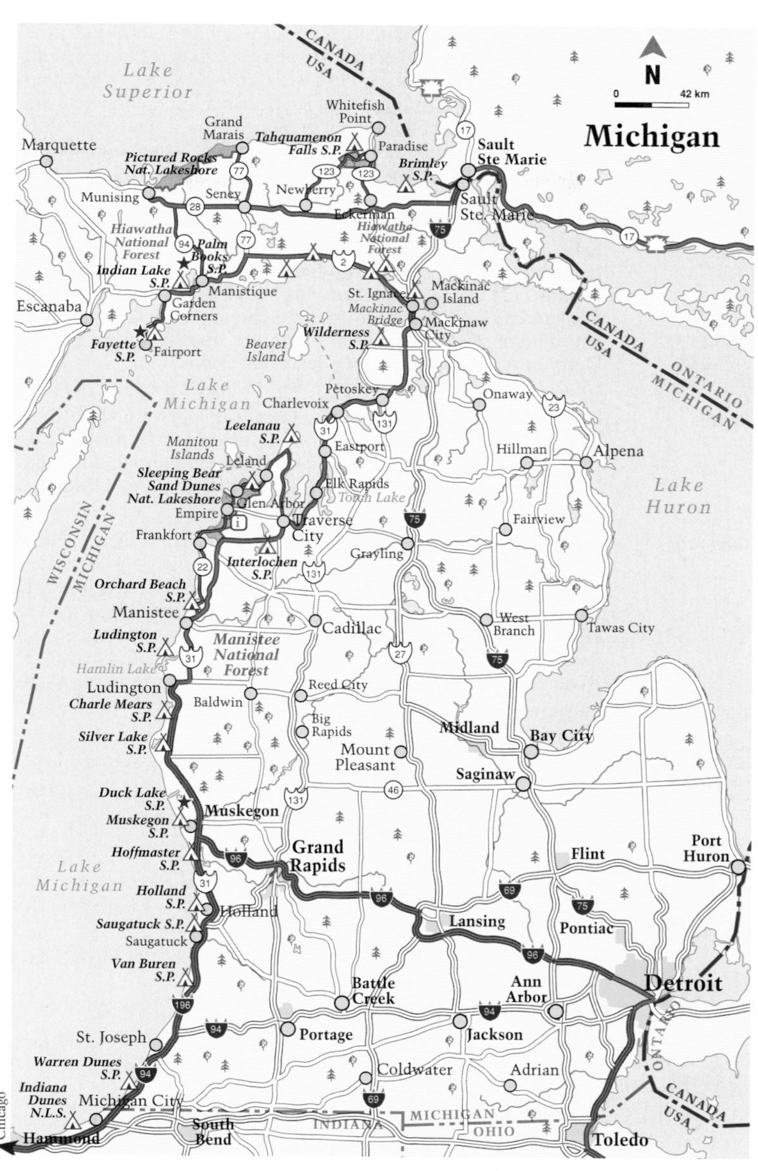
Michigan
N
0 42 km
CANADA
USA
Lake Superior
Marquette
Grand Marais
Whitefish Point
Tahquamenon Falls S.P.
Paradise
Pictured Rocks Nat. Lakeshore
Brimley S.P.
Sault Ste Marie
Sault Ste. Marie
Munising
Seney
Newberry
Eckerman
Hiawatha National Forest
Palm Books S.P.
Indian Lake S.P.
Manistique
Garden Corners
Escanaba
Fayette S.P.
Fairport
St. Ignace
Mackinac Island
Mackinac Bridge
Mackinaw City
Wilderness S.P.
Beaver Island
Lake Michigan
Petoskey
Charlevoix
Onaway
ONTARIO
MICHIGAN
Leelanau S.P.
Manitou Islands
Eastport
Hillman
Alpena
Leland
Sleeping Bear Sand Dunes Nat. Lakeshore
Elk Rapids
Torch Lake
Glen Arbor
Empire
Lake Huron
Fairview
Frankfort
Traverse City
Grayling
Interlochen S.P.
WISCONSIN
MICHIGAN
Orchard Beach S.P.
Manistee
Cadillac
West Branch
Tawas City
Ludington S.P.
Manistee National Forest
Hamlin Lake
Ludington
Reed City
Baldwin
Charle Mears S.P.
Big Rapids
Silver Lake S.P.
Midland
Bay City
Mount Pleasant
Saginaw
Duck Lake S.P.
Muskegon
Muskegon S.P.
Grand Rapids
Port Huron
Hoffmaster S.P.
Flint
Lake Michigan
Holland S.P.
Holland
Lansing
Pontiac
Saugatuck S.P.
Saugatuck
Van Buren S.P.
Battle Creek
Ann Arbor
Detroit
St. Joseph
Portage
Jackson
Warren Dunes S.P.
Coldwater
Adrian
Indiana Dunes N.L.S.
Michigan City
Chicago
Hammond
South Bend
INDIANA
MICHIGAN
OHIO
Toledo
ONTARIO
CANADA
USA

7

Leelanau

Entspannend ist es, auf dem Weg zur *Sleeping Bear Dunes National Lakeshore* von Traverse City aus die Straße #22 nach Norden über die ruhige Leelanau Peninsula zu nehmen; www.leelanauchamber.com/visitor.php. Früher wurden hier Kirschen angebaut; jetzt – mit zunehmendem Tourismus – setzt man erfolgreich auf Weinanbau. Die Orte **Sutton Bay**, **Lake Leelanau** und vor allem **Leland** sind recht hübsch, haben nette Restaurants und gemütliche Quartiere. Der ***Leelanau SP Campground*** gehört nicht zu attraktivsten seiner Art.

Leland

Leland besitzt einen großen Yachthafen und einen – im Sommer täglichen (bis zu 3x) – **Fährdienst** zu den einsamen **Manitou Islands**, auf denen auch **Camping** möglich ist (retour $29/$15). Einige alte Fischerhütten an der Schleuse zum Lake Leelanau wurden zur ***Fishtown*** *mit* Restaurants und Shops umgestaltet. Dort kann man auch frischen Fisch kaufen oder auf einer *Fishing Charter Tour* selbst die Angel auswerfen; www.lelandmi.com.

Routen

Der **Umweg** über Lake Leelanau lohnt sich auch im Hinblick auf den Besuch der fantastischen *Sleeping Bear Dunes National Lakeshore*. Auf der Straße #22 fährt man von Norden durch diese Dünenlandschaft. Die Anfahrt über die #72 ist für den Besuch des Küstenparks weniger geeignet.

Glen Arbor

Das winzige, aber feine **Glen Arbor** liegt am Rande des nördlichen Drittels des Nationalparks am blauen Glen Lake und am Lake Michgan, es hat einen Supermarkt und einige Unterkünfte. Der Ort ist ideal als Ausgangspunkt für kleine **Kanutouren**. Am kristallklaren Verbindungsflüsschen **Crystal River** zwischen Glen Lake und Lake Michigan kann man Boote mieten und lospaddeln; River Road, © (231) 334-4420; www.crystalriveroutfitters.com.

Unterkünfte

Gut kommt man in **Sutton Bay** unter:

- ***The Guest House***, an der #22 im Ort; © (231) 271-3776; $100 - $125 (mit Glück auch $80); www.leelanau.com/guesthouse
- ***Korner B&B***; an der #22, Privatstrand, großes Frühstück, Wifi; © (231) 271-2711; $150-$170; www.kornerkottage.com

Leland hat das beste Angebot an Quartieren:

- ***Lake Leland Lodge and Resort***, 565 Pearl Street; populärstes Haus am Platze, Restaurant, *Cottages*; © (231) 256-9848; Zimmer $80-$200; www.lelandlodgeresort.com
- ***The Riverside Inn***, 302 River Road, © 1-888-257-0102, $100-$150;; www.theriverside-inn.com

Glen Arbor überzeugt durch die zentrale Lage am Park:

- ***Glen Arbor Lakeshore Inn***, prima gelegen für alle Aktivitäten, älteres gemütliches Haus; © (231) 334-3773, Saison $130-$170, sonst $70-$100; www.lakeshoreinnmotel.com
- ***Glen Arbor B & B***, 6548 Western Ave, $90-$190; auch *Cottages* ab $135; © 1-877-253-4200, www.glenarborbnb.com

Sleeping Bear Dunes National Lakeshore

Die ***Sleeping Bear Dunes National Lakeshore*** schützt einen Uferstreifen von 50 km Länge und ist einer der landschaftlichen Höhepunkte am Lake Michigan. Enorme, überwiegend dicht bewaldete Dünenformationen bilden dort mit sagenhaften Höhen von über 100 m eine Art Steilküste aus Sand; www.nps.gov.slbe.

Entstehung

Die Dünen enstanden am Ende der letzten Eiszeit vor 12.000 Jahren. Damals wurden die Sandberge durch ständige über breite Strände wehende Westwinde aufgetürmt. Wanderdünen hinterließen *Ghost Forests,* von den Sandmassen erstickte abgestorbene Bäume. Hohe Dünen – wie die *Sleeping Bear Dune* – bildeten sich auf dem Fundament zugewehter Felsen.

Sleeping Bear Dune

Die Bezeichnung dieser Dünenlandschaft geht auf eine indianische Legende zurück. Sie erzählt, daß eine Bärenmutter auf der Flucht vor einem Waldbrand am Westufer des Lake Michigan mit ihren beiden Jungen ins Wasser sprang und über den See schwamm. Ihre Kinder erreichten das rettende Ufer aber nicht und ertranken.

www.leelanau.com/manitou

Die einsame Düne, wo einst die Bärin auf ihre Kinder wartete, ist die *Sleeping Bear Dune.* Die Körper der Jungen ragen als ***Manitou Islands*** aus dem See.

Information

Der Mini-Ort **Empire** mit der ***Visitor Information*** der *National Lakeshore* liegt genau zwischen **Nord- und Südareal** des Nationalparks (✆ 231-326-5134). Dort gibt es auch eine gute ***Badebeach* mit Picknickplatz** zwischen Michigan und dem South Bar Lake gleich hinter der Küstendüne. Während der südliche, noch waldreichere Teil der Dünenlandschaft nur über ***Hiking Trails*** erkundet werden kann, läuft im Norden von Glen Arbor bis Empire die **Straße #109** unmittelbar hinter den Dünen entlang und teilweise durch sie hindurch. Ihr Abfahren ist ein Muss!

Straße #109

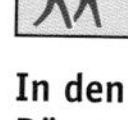

Auch nicht auslassen sollte man dabei die kurze **Stichstraße** zum ***Sleeping Bear Point***, an der sich ein kleines maritimes **Museum** mit Einzelheiten zum Wirken der *Coast Guard* in der Vor-Radarzeit befindet. Ein schöner **5 km-Rundwanderweg** führt von dort zum *Ghost Forest* (➪ unten).

In den Dünen

An der Straße #109 und – weiter südlich – auch an der #22 gelangt man über weitere Stichstraßen zu Parkplätzen bzw. ***Trailheads*** mitten in den Dünen. Wer sich beim **Dünenerklimmen und -abrollen** austoben möchte, findet auf Höhe des Glen Lake mit dem ***Dune Climb*** eine eigens dafür zugelassene und entsprechend frequentierte Hochdüne. Zum Seeufer ist es von dort aus weit. Eine **4 mi-Rundwanderung** zum Lake Michgan startet hier.

www.nps.gov/slbe/pssd.htm

Der ***Pierce Stocking Scenic Drive***, eine 7-mi-Straße mit einigen Haltepunkten und *Trailheads,* schlängelt sich mitten durch das Gebiet der höchsten Dünen mit schönen Picknickplätzen.

Vom ***Dune Overlook*** überschaut man große Teile der Dünenlandschaft. Eine empfehlenswerte Kurzwanderung ist der ***Cottonwood Trail,*** ein wenig weiter. Den Höhepunkt des Rundkurses bildet der ***Lake Michigan Overlook*** 150 m über dem See.

Camping
www.nps.gov/slbe/PRCG.htm

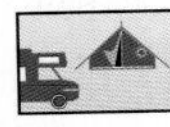

Die *National Lakeshore* bietet zwei per Auto zugängliche Campingplätze. Empfehlenswert, aber oft voll belegt, ist der ***D.H. Day Campground*** unweit Glen Arbor mit Zugang zum Sandstrand. Der größere ***Platte River Campground*** am gleichnamigen Flüschen im südlichen Bereich des Parks an der #22 hat nicht so schöne Stellplätze, und der Strand ist 2 mi entfernt (Asphaltweg). Längere Wanderwege (bis zu 15 mi) führen durch diesen südlichen Teil. **Campalternativen** gibt es auf mehreren *State Forest* und privaten Plätzen außerhalb des Parks. Das ***Visitor Center*** in **Empire** hat ein Info-Blatt mit Gesamtübersicht der Region.

Kanutrips

Wie am Crystal River ab Glen Arbor lassen sich schöne Kanutouren auch auf dem **Platte River z**wischen dem gleichnamigen See, dem Loon Lake und Lake Michigan und auf dem **Otter Creek**, etwas weiter nördlich, unternehmen. Vom Eingang zum *Campground* an der *Platte River Bridge* (Straße #22, guter Platz) geht es auf dem glasklaren Platte River durch die Dünenlandschft bis zu seinem weiten Delta am Lake Michgan; auch längere Touren sind möglich. Man kann sich auf Schwimmringen und Schlauchbooten auch nur einfach treiben lassen (*Inner Tubing*); Verleih ebenfalls vor Ort: © (231)-325-5622; www.canoemichigan.com.

Straße #22

Auf dem Weg von der *Sleeping Bear Dune National Lakeshore* nach Süden bleibt man am besten auf der Straße #22. Weitere kleine Hafenorte liegen am See, Strände und Dünen setzen sich fort, wenn auch nicht immer im Sichtbereich der Straße.

Frankfort

Ein besonders attraktiver Ort ist **Frankfort** mit schönem Strand, Parkanlagen und Hafen sowie öffentlichem Zugang zum **Crystal Lake** etwas nördlich des Städtchens; www.frankfortmich.com. Dieser See ist von ungewöhnlicher Farbintensität. Man kann ihn auf South- und North Shore Road (ab Straße #22) umrunden. Leider befindet sich das Ufer überwiegend in Privatbesitz.

Manistee
www.manistee-cvb.com

In Manistee an der Mündung des gleichnamigen Flusses, kann man gut einen Abend/eine Nacht verbringen. Der ***Riverwalk***, eine Promenade beidseitig des Flusses vom Ortszentrum zum Strand des Lake Michigan lädt zum Spaziergang ein.

Crystal Lake

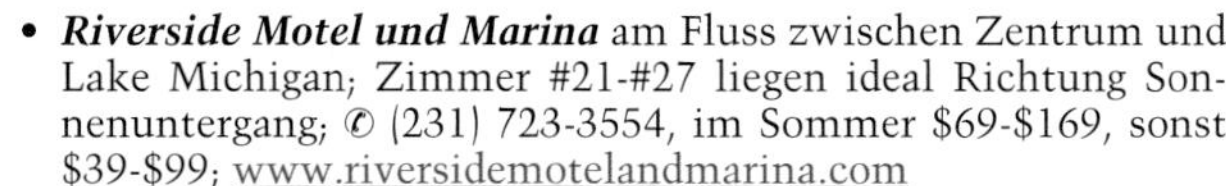

- ***Riverside Motel und Marina*** am Fluss zwischen Zentrum und Lake Michigan; Zimmer #21-#27 liegen ideal Richtung Sonnenuntergang; ✆ (231) 723-3554, im Sommer $69-$169, sonst $39-$99; www.riversidemotelandmarina.com
- An der Flussmündung mit Strand und Picknickplatz liegt ruhig das ältere ***Lake Shore Motel***, South Lakeshore Drive, ✆ (231) 723-2667, $60-$115; www.manistee.com/lakeshore

Der ***Orchard Beach SP***, 2 mi nördlich Manistee, hat den besten ***Campground*** der Umgebung auf der Steilküste über dem Strand.

Ludington

www.ludingtoncvb.com

Eine breite blumengesäumte Allee (Ludington Ave/#10) führt in Ludington zu Yachthafen und breitem Strand. Die Stadt wirkt im Zentrum und in Ufernähe wie ein Kurort, ist aber touristisch nicht besonders stark frequentiert. Die meisten Hotels/Motels befinden sich unverfehlbar an der Straße #10 stadteinwärts. Die ***Chamber of Commerce and Visitor Center*** an der Ludington Ave (#10 vorm Ortseingang) hat ein Faltblatt mit allen Unterkünften, Restaurants etc. Auch gleich hinterm Strand gibt es Quartiere:

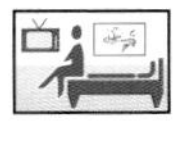

- ***Snyders Shoreline Inn***, 903 W Ludington Ave, bestes Haus im Ort; ✆ (231) 845-1261; $69-$309; www.snydersshoreinn.com.
- ***Ventura Motel***, 604 West Ludington Ave, 3 Blocks vom Strand; ✆ (231) 845-5124, $48-$95; www.ventura-motel.com.

Ludington State Park

www.visitludington.com/statepark.html

Weitere gute Quartiere liegen nördlich der Stadt am Ostufer des **Hamlin Lake**. Die Straße #116 dorthin führt zwischen Hamlin und Michigan Lake weiter zum ***Ludington State Park***. Er verfügt in dieser Region über die mit Abstand schönsten **Campingplätze** (3), zudem über imposante Dünen und schöne Wanderwege.

- Auch nicht schlecht und komfortabler ist der ortsnahe ***Cartier Lake Park Campground*** am kleinen Lincoln Lake; Anfahrt wie zum *Ludington SP* Straße #116; www.cp campground.com.
- Auf der Landzunge südlich der Stadt zwischen Lake Michigan und Père Marquette Lake liegt in einem Wäldchen mit Strandzugang der einfache ***Campground Buttersville Park*** am Lakeshore Drive South (ruhig und top!).

Fähre über den Lake Michigan

Täglich 2x (morgens und abends) legt im Sommer die **nostalgische Autofähre *SS Badger* nach Manitowoc in Wisconsin** ab; Fahrtzeit 4 Stunden. Mitte Mai-Mitte Juni. und Sept-Mitte Okt. nur eine Abfahrt täglich um 9 Uhr. Die Überfahrt mit dem originell bulligen Schiff kostet $62/Person einfache Fahrt, Kinder 5-15 Jahre $27, Pkw/Minivans $65, *Motorhomes* $4,95/Fuß Länge.

Im Herbst darf man in den Kabinen nach der Überfahrt bis zum Morgen weiterschlafen, inkl. Frühstück kostet das $72. Zufahrt zum Anleger in Ludington ausgeschildert. Info & Reservierung unter ✆ 1-800-841-4243; www.ssbadger.com.

Küste südlich Ludington

Südlich von Ludington ist der Küstenstreifen mit wenigen Unterbrechungen durch ***State Parks*** bis hinunter nach Illinois in Privathand. **Kleine Küstenstraßen** laufen mehr oder weniger dicht hinter der Uferlinie entlang. Man kommt auf ihnen nur

Personenfähre mit Muskelkraft betriebenem Kettenantrieb in Saugatuck

langsam voran und sieht wenig vom See: Sommervillen, Baumbestand und Dünen liegen zwischen Straße und Küste. *State Parks* werden in einem Kasten (➪ Seite 684/685) bewertet.

Unterkünfte

Die nun zur Autobahn ausgebaute #31 führt über eine entsprechende **Ausschilderung/Werbung** zu den Motels und Hotels an der Strecke. An den Einfahrten in die größeren Orte sind die – im Vergleich zu den Touristenzentren weiter nördlich wieder preiswerteren – Angebote nicht zu verfehlen. Quartierhinweise erfolgen bis Chicago deshalb nur noch vereinzelt.

Muskegon

www.miadventure.com

Mit Muskegon, einer 40.000 Einwohner-Stadt, erreicht man endgültig wieder dichter besiedelte Regionen. Da lohnen sich auch **Amusementparks**, wie das landschaftlich toll eingebettete ***Michigan's Adventure* & *Wild Water Adventure*** mit einer nostalgischen Achterbahn, Wasserrutschen u.a.m. (8 mi nördlich Muskegon unweit der Autobahn #31, *Exit* White Lake Drive), $25.

U-Boot

www.silversides.org

Im sonst wenig attraktiven Muskegon ist das U-Boot ***USS-Silversides*** im *Great Lakes Naval Memorial* ein lohnendes Ziel. Es liegt an der Südseite des Kanals in See- und Strandnähe (Bluff Street, Zufahrt über Lakeshore Drive, Sommer 10-17 Uhr).

Schnellfähre

Der ***Lake Express*** schafft es in 2,5 Stunden über den Lake Michigan **von Muskegon nach Milwaukee** und spart 286 mi Autofahrt um das dicht besiedelte Südufer mit Chicago. Mitte Juni-Labour Day 3x, sonst 2x täglich, Kapazität nur ca. 50 Fahrzeuge; ✆ 1-866-914-1010; einfach $70/$40, Auto $80; www.lake-express.com.

Holland

www.hollandchamber.org/visitor

Etwa 30 mi weiter südlich liegt die Stadt **Holland**. Sie bietet – der Name läßt es vermuten – niederländische Folklore in Tulpengärten, eine Holzschuhfertigung und sogar eine Kachelfabrik. Das ***Dutch Village*** (an der Ostseite der Straße #31, *Exit* James Street), ein Mini-Grachtenstädtchen aus der Kitschschublade, zieht selbst amerikanische Touristen wohl weit weniger an als die

www.holland.org

benachbarte stilistisch angelehnte ***Factory Outlet Mall***. Nett ist der **Windmill Island Park** (#31, *Exit* Chicago Dr), $7/$4.

Saugatuck

Reizvoll und einen Umweg wert ist **Saugatuck**, ein populäres Künstlerdorf ca. 10 mi südlich von Holland; www.saugatuck.com. Der 1000-Einwohner-Ort liegt am Nordostufer des malerischen Kalamazoo Lake und River. Fluss und See kann man per ***Sternwheeler*** (Raddampfer) befahren oder mit einer handbetriebenen **Holzfähre** (*Chain Ferry*) überqueren. Ein *Boardwalk* verbindet die Marina mit *Shops* und Terrassen-Restaurants.

Oval Beach heißt der öffentliche Strand (unter einer Steilküste) von Saugatuck, erreichbar über Park St und Perryman Beach Rd.

Saugatuck hat eine Reihe guter Restaurants im Zentrum und (wie das benachbarte ***Douglas)*** viele ,meist teurere Unterkünfte:

- ***Timberline Motel***, am Ortseingang, 3353 Blue Star Highway; ✆ 1-800-257-2147; $79-$229, www.timberlinemotel.com
- ***Ship-N-Shore Motel/Boatel***, im Zentrum am Fluss Nähe *Chain Ferry*; ✆ (269) 857-2194, $89-$165; www.shipnshoremotel.com
- Nebenan ***Bayside Inn B & B*** gemütliche Zimmer zum Fluß ; ✆ (269) 857-4321, ab $ 160, sonst $120; www.baysideinn.net
- Auf der anderen Seite am Fluss liegt das ***Beachway Resort & Motel***; 600 m zur *Oval Beach*; ✆ (269) 857-3331, Suites $60-$199; Juli/August $90-$275; www.beachwayresort.com

Indiana Dunes National Lakeshore

Die Dünenlandschaft der ***Indiana Dunes National Lakeshore*** am kurzen Indiana-Ufer des Lake Michigan (eine Autostunde von Chicago entfernt) ist durch privates Grundeigentum etwas zerstückelt und reizloser als die Küste im Norden Michigans. Zur Entstehung der Dünen und zur Flora der Region informiert ein ***Visitor Center*** nahe der Kreuzung #49/#20; www.nps.gov/indu.

In dessen Nähe liegt auch der ***Campground*** des Parks (gut angelegt, aber seefern, ➪ Seite 693). Zum Baden ist der mit der *Lakeshore* verbundene ***Indiana Dunes State Park*** am südwestlichen Ende besser geeignet. Er verfügt über einen schattigen ***Campground*** hinter Küstendünen; $6-$38; www.in.gov/dnr/parklake.

Ausrangierter Passagierdampfer S.S. Keewatin auf dem Kalamazoo Lake bei Saugatuck als Restaurant- und Museumsschiff; 10.30-16.30 Uhr; $12/$6

Michigan State Parks, Dünen und Strand am Ostufer des Lake Michigan (www.michgandnr.com/parksandtrails)

Kenn-zeichnung

Das Ostufer des Lake Michigan ist durch hellsandige Strände unter Steilküsten oder vor mehr oder weniger ausgedehnten Dünengebieten gekennzeichnet. Wenn auch die Dünen weiter südlich nicht mehr die Höhen der *Sleeping Bear Dunes* erreichen, tut das ihrer Attraktivität kaum Abbruch. Sie sind überwiegend durch ***State Parks*** geschützt, die sich wie **Perlen an einer Schnur** von Manistee (in Fahrtrichtung entsprechend dem Reiseteil) bis an die Südgrenze des Staates ziehen. Fast alle verfügen neben Dünen und Strand über Wanderwege und Campingplätze, auch für Wohnmobile mit *Hook-Up*, Wasser und *Dumping Station*. Sowohl die Einrichtungen für den ***Day-use*** als auch die ***Campgrounds*** sind im Sommer sehr populär. Alle Campingplätze sind unter **© 1-800-447-2757** oder www.midnr reservations.com/campgrounds zu reservieren.

Kurzbeschreibungen sollen bei der Auswahl helfen, denn alle Parks wird man nicht besuchen können/wollen. Sie sind leicht zu finden, die Zufahrten von der Hauptküstenroute #31 bzw. von den Autobahnen #196 und #94 gut ausgeschildert.

Orchard Beach/ Ludington

Diese beiden *State Parks* unmittelbar nördlich von Manistee bzw. **Ludington** wurden bereits bei den Campingempfehlungen genannt. *Ludington* zeichnet sich durch ein ausgedehntes Gebiet mit vielen *Hiking Trails* zwischen einem Binnensee und Lake Michigan aus mit rund 10 km Strandlänge. Kanuverleih am Hamlin Lake. Dort befindet sich auch das ***Visitor Center*** mit Programm. Gleich drei *Campgrounds*.

Charles Mears

Toller, **reiner Strandpark** unmittelbar hinter der hübschen, ein wenig landeinwärts liegenden Ortschaft **Pentwater**. Der ***Campground*** befindet sich dort direkt am Strand,offene, enge Plätze.

Silver Lake

www.silver lakesand dunes.net

Der *Silver Lake Park* bietet zwischen dem Silver Lake und dem Lake Michigan ein Riesengebiet kaum bewachsener Sanddünen, in dessen ***Vehicle Scramble Area*** man sich mit ***4WD-Fahrzeugen*** (ATVs/ORVs) gegen Eintritt nach Herzenslust austoben darf. **Verleihstationen** für Buggies gibt's im Ort **Maers**, ebenso Angebote für Dünen und Strandtouren in offenen Vehikeln (*Mac Woods Dune Rides*). Auch ohne *Off-Road-Action* sind diese Dünen zwischen den Gewässern herrlich. Sie stehen überwiegend unter Naturschutz und dürfen in weiten Bereichen nur zu Fuß betreten werden. Am Ostufer des Silver Lake befindet sich der nicht so erfreuliche Park-**Campingplatz** mit Dünenblick. Waldplätze jenseits der Strasse sind intimer. Private Konkurrenz bietet gute Alternativen, vor allem den prima ***Yogi Bear's Jellystone Park*** mit geschützten *Stellplätzen* und Komfort (bei Maers), © (231) 873-4502. Ein guter **Strand** des Lake Michigan liegt am Littele Sable Point Lighthouse.

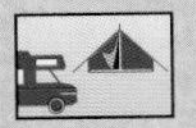

www.silver lakejelly stone.com

Duck Lake Ein sehr schöner **Bade- und Kanupark** am kleinen Binnensee mit Zugang zum Lake Michigan; kein Camping.

Muskegon Das Hauptareal befindet sich zwischen Muskegon Lake und Lake Michigan am Verbindungskanal mit meilenlangen Stränden sowohl flach auslaufend mit niedrigen Dünen als auch unter der Steilküste. Zwei gute ***Campgrounds***: einer am Muskegon Lake, der andere einige Meilen nördlich davon auf hohem Steilufer mit Holztreppen hinunter zum Strand.

Hoffmaster Südlich der Stadt an einem *Bypass* der **Straße #31** mit hohen Küstendünen und langem Strand. Ab *Visitor Center* (Museum zum Thema »Dünen«) noch 500 m nur zu Fuß. Der Campingplatz auf der Landseite der Dünen im Wald ist eher mäßig; von dort sind es 400 m zum Strand.

Grand Haven An der Mündung des *Grand River* nahe der gleichnamigen Stadt, schöner Strand, Wanderwege, Picknick.

Holland Zwei große ***Campgrounds*** an Lake Michigan und Abfluss des Lake Macatawa. Ausgedehnte *Beach*. Davor steht der dunkelrote Leuchtturm mit *Beachhouse*, ein beliebtes Motiv vieler Tourismus-Prospekte und Postkarten.

Saugatuck Dunes Nur **Landschaftspark** mit einer dicht bewaldeten Dünenzone zwischen Parkplätzen und *Beach*. Dorthin sind es max. 2,5 mi zu Fuß, vom Picknickplatz nur 0,6 mi; weitere längere Trails sind streckenwqeise anstrengend (tiefer Sand!); **kein Camping**.

Van Buren Großer Park in einer Senke zwischen bewachsenen Dünen. Enorm viel Parkraum für Hochsommer- und Wochenend-Besucher. Der **Campingplatz** liegt etwas abseits relativ weit entfernt vom Strand.

Warren Dunes Tolles **Strand- und Hochdünengelände**, Parkplatz unmittelbar hinter dem Strand. Ein **Campingplatz** ist vorhanden, aber er liegt ebenfalls abseits.

Hohe Sanddüne im Warren Dunes Park

7

7.3 Chicago (www.choosechicago.com; www.chicagotraveler.com) (Einwohner 3 Mio, Großraum 9,5 Mio)

7.3.1 Kennzeichnung

Bei Chicago denken wir unwillkürlich an ***Al Capone*** und aus schwarzen Limousinen ballernde Mafia-Killer mit dicken Hutkrempen und dunklen Sonnenbrillen. Oder neuerdings an Mega-Sportstars wie ***Michael Jordan*** und berühmte Clubs, wie die ***Chicago Bulls***, die ***White Socks*** und ***Cubs***.

Auch sonst wird in dieser drittgrößten US-Metropole mehr geklotzt als gekleckert: wichtigste internationale Warenterminbörse, größter Flughafen der Welt und endlose in *Spaghetti-Junctions* verflochtene Stadtautobahnen. Chicago ist berühmt für seine Musik-Szene (*Chicago Blues*) und ein absolutes Muss für jeden Architektur-Studenten. Denn neben den Werken von Altmeister *Frank Lloyd Wright* prägen eine neue Stadtparkvision (***Millenium Park***) und modernste Wolkenkratzer aus Stahl, Marmor und Glas Chicagos ***Skyline*** ebenso eindrucksvoll wie die von Manhattan (➪ Seite 37).

Windy City heißt die Hauptstadt von Illinois im Volksmund dank der häufigen steifen Brisen. Die Lage an der Südspitze des Lake Michigan beschert Bewohnern und Besuchern aber auch ein Juwel: goldene Badestrände mit türkisfarbenem sauberen Wasser in der City, nur einen Katzensprung vom *Business District* entfernt.

Wer nur zwei, drei Tage bleibt, sollte sich auf Chicagos überschaubare *Downtown* und den Norden der Stadt beschränken, zu Fuß gehen und statt Auto mit der Metro fahren. Parkplätze sind rar. Es sei denn, man wohnt in einem der Motels an der North La Salle Street, Near North (➪ Seiten 37 und 692).

Blick auf die City vom Buckingham Fountain aus, einem bombastischen Spring- und Speibrunnen im Grant Park

7.3.2 Geschichte und Klima

Gründung

Seine Gründung und das enorme Wachstum während der Industrialisierung verdankt Chicago seiner günstigen Lage als kontinentaler Binnenhafen. Schon früh siedelten hier, wo der Illinois- und Charles River in den Lake Michigan münden, die ***Illinois* Indianer**. Sie nannten diesen Ort ***Chechagou***, was soviel heißt wie »Kohl« oder »weiße Zwiebeln«.

Priester ***Jacques Marquette*** und der Abenteurer ***Louis Jolliet*** waren 1674 die ersten Weißen vor Ort. Sie blieben aber nur Durchreisende, als sie hörten, dass über den Illinois River eine Verbindung zum Mississippi und damit zum Golf von Mexiko bestünde. 1681 folgte ihnen der französische Abenteurer ***La Salle*** auf der gleichen Route.

Hundert Jahre später gründete ***Jean Baptist du Sable***, ein französisch sprechender Schwarzer aus Santo Domingo, die erste kleine Handelsniederlassung.

19. Jahrhundert

Ende des 18. Jahrhunderts kaufte die US-Regierung Land an der Mündung des Chicago River in den Lake Michigan und ließ dort 1804 ein Fort errichten, das jedoch nur wenige Jahre Bestand hatte. Mit dem Bau eines neuen Forts entstand ab 1816 eine permanente Siedlung, die 1830 gerade 100 Einwohner zählte. Innerhalb von nur 40 Jahren wurde daraus eine Großstadt mit 300.000 Menschen. Eisenbahn- und Kanalbau (Anbindung des Lake Michigan an den Illinois/Mississippi River) und der Bürgerkrieg 1861–65 mit Chicago als Nachschubplatz waren die wichtigsten Faktoren für diesen Boom. Danach war es die Erschließung des Westens und Chicagos Funktion als Schlachthof für die Ballungszentren des Ostens. Trotz eines Feuers, das im Jahr 1871 die halbe Stadt vernichtete und 90.000 Menschen obdachlos machte, zählte Chicago nur 20 Jahre später bereits 1 Mio. Einwohner.

Immigranten

Die Industrialisierung hatte Scharen von Immigranten angezogen. Die erste Generation der Einwanderer waren hauptsächlich Deutsche, Schweden, Polen, Ukrainer, Griechen, russische Juden und vor allem Italiener, die den Ruf der Stadt als Mafiosi-Hochburg begründeten. Die Schwarzen (heute mit einem Bevölkerungsanteil von 40%) kamen nach dem Bürgerkrieg Ende des 19. Jahrhunderts nach Chicago, um dem Rassismus, der Arbeitslosigkeit, und dem harten Leben auf den Baumwollplantagen der Südstaaten zu entfliehen. Sie brachten ihren *Blues* mit, der – angereichert mit neuen Elementen – bald zum *Chicago Blues* wurde. In den letzten Jahrzehnten kamen vor allem Asiaten, Araber und Inder nach Chicago.

Prohibition

Das Verbot von Produktion und Konsum alkoholischer Getränke (*Prohibition*) in den Jahren 1920-33, als Verbrechersyndikate um die Kontrolle illegaler Destillen und Vertriebswege kämpften, bescherte Chicago weltweite Aufmerksamkeit als **Gangster-City**.

Field Museum of Natural History,
➪ Seite 696

Dabei behielt der kriminelle Superstar ***Al Capone*** die Oberhand, wie man aus zahlreichen Filmen weiß. Trotz ungezählter Morde und Verbrechen auf seinem Konto konnte man *Al Capone* nichts nachweisen. Er wurde dennoch 1932 eingekerkert – wegen Steuerhinterziehung. Mit der Aufhebung der Prohibitionsgesetze endete auch das damit verbundene Bandenunwesen.

Schwarze in Chicago

Die Schwarzen in Chicago eroberten sich ihren Platz in der Musikszene, partizipieren aber nur in kleiner Zahl am Wohlstand des US-Mittelstandes, wiewohl sie mit ***Harold Washington*** schon einmal einen farbigen **Bürgermeister** stellten. Die meisten zählen zu den Armen, die in den Slums im Süden der Stadt leben.

Skyscraper

In der letzten Dekade des 20. Jahrhunderts erlebte Chicago eine **Renaissance der Wolkenkratzer** (*Skyscraper*), die Ende des 19. Jahrhunderts in Chicago erfunden worden waren. Eine erkleckliche Zahl von Hochhäusern aus jenen Tagen kündet immer noch davon. In jüngerer Zeit entstanden nirgendwo mehr architektonisch ehrgeizige Glaspaläste der neuen, postmodernen Generation als in Chicago, ➪ Karte Seite 697.

Klima

In Chicago herrschen kontinentale Klimabedingungen. Aus der ungeschützten Lage am Lake Michigan resultieren aber extreme Wetterwechsel. Die Sommer sind sehr heiß mit Tagesdurchschnittstemperaturen um 30°C und mehr bei häufig hoher Luftfeuchte. Brisen von der Seeseite mildern die Hitze nur wenig. Im von Canada beeinflußten, schneereichen Winter fegt oft eisiger Wind durch die Häuserschluchten. Kalter Wind kann Chicago aber auch zu anderen Jahreszeiten recht ungemütlich werden lassen. Für einen Besuch eignen sich am besten die Monate Mai und Juni sowie September und Oktober mit bereits bzw. noch sommerlichen Tagestemperaturen.

7.3.3 Transport, Orientierung und Information

Flughafen

Der **Flughafen *O'Hare***, www.ohare.com, dessen internationaler Terminal (#5) mit den nationalen (#1-#3) per Airportbahn (ATS) verbunden ist, liegt 18 mi nordwestlich der Innenstadt zwischen der I-90 und I-294 an der Zubringerautobahn I-190. Der kleinere ***Midway Airport*** befindet sich 10 mi südwestlich der Innenstadt.

Verbindung Airport-City

www.transitchicago.com

Von beiden Flughäfen gelangt man per ***Metro* (*CTA*)** schnell und billig ($1,75) nach *Downtown* (➪ Seite 695, *The Loop*). Ab O'Hare fährt die ***Blue Line Rapid Train*** in 45 min und ab Midway die ***Orange Line*** in 30 min ins Zentrum. Die Züge verkehren rund um die Uhr ab Terminal 3. Wer einen Anschlussflug am jeweils anderen Flughafen hat, kann gut beide Linien nutzen (Umsteigen in der ***Loop Station*** Clark/Lake). Diese CTA-Verbindung über den *Loop* (*blue/orange Line*) ist günstiger als die direkte, stark staugefährdete Busverbindung ($18, stündlich, Dauer 60 min plus).

Der ***GO Airport Express***-Kleinbus (*Van*) bedient in kurzen Abständen nach Verkehrsaufkommen Vororte und alle größeren Downtown-Hotels von/nach beiden Flughäfen; ***O'Hare*** (*Midway* in Klammern): $27 ($22), Rückfahrticket $49 ($37), Paarticket 40% Rabatt, Dauer ca. 45-60 (30-45) min. Man kann »seinen« Van mit Abholung bzw. Hotelanfahrt auch im Internet reservieren: www.airportexpress.com.

Taxis: ab $50 (ab $40), Dauer ca. 45+ (30+) min je nach Verkehr.

Öffentliche Verkehrsmittel

Die **CTA** betreibt ein weites Schnellbahnnetz, deren Gleise und Brücken noch bis 2015 grundsaniert werden. Verspätungen sind daher an der Tagesordnung. Über eine Schleife (den bereits erwähnten *Loop*) umrundet die Metro als Hochbahn (***EL*** für *elevated train*) das Herz der Südcity.

CTA-Buslinien ergänzen das Bahnnetz. **CTA-**Einheitspreis **$2,75** (Zuschlag in Stoßzeiten und für Expressbusse). Mit einem *Transfer Ticket* ($0,25) kann man binnen 2 Stunden bis zu 2x umsteigen. In *Visitor Centers*, Flughäfen, Museen, am Navy Pier und in der Union Station gibt es **Tages- ($7) und 2-3-5-Tage- ($11-15-23) Tickets,** © 1-888-978-7282; www.transitchicago.com.

Orientierung/ Kfz-Anfahrt

Auf der #90 (*Indiana East-West*, später ***Chicago Skyway***; nicht auf der immer vollen I-94 bleiben!) von Osten kommend wechselt man auf den ***Lakeshore Drive*** (#41, *Exit* 0). Er führt an vielen Lake Michigan Uferparks entlang, die sich gut für erste Stopps und Blicke auf die Chicago-*Skyline* eignen.

Parken

www.chicagoparkingmap.com

Das City-Südende ist mit dem kolossalen Stadion ***Soldier Field***, dem sich anschließenden ***Field Museum of National History*** und ***Shedd Aquarium*** erreicht. In diesem Bereich könnte man schon parken und dann mit den Buslinien **#6, #10** oder **#146** in die City fahren. Alle drei Linien bedienen die Michigan Ave und – im *Loop*-Bereich – die State Street. Die Haltestellen liegen allesamt in der Nähe der oder direkt bei vielen Sehenswürdigkeiten.

Wer in die City fährt, hofft auf freie Plätze in – exorbitant teuren – **Parkgaragen** oder an **Parkuhren** (jeweils bis 120 min, auch nicht billig, aber erträglich), die man von Zeit zu Zeit wechselt. Am **Columbus Drive** östlich des ***Art Institute*** und des ***Millenium Park*** stehen **Parkautomaten**, die auch mit Kreditkarten gefüttert werden können, wenn das Kleingeld ausgeht.

Grant Park/ Michigan Ave/ The Loop

Nördlich des *Field Museum* erstreckt sich über rund 2 km Länge der 500 m breite ***Grant Park*** mit dem Teilbereich ***Millenium Park*** oben an der Randolp Street und dem ***Hutchinson Field*** zwischen dem See und **Michigan Ave**. Diese Straße bildet gleichzeitig die östliche Grenze des sog. ***Loop***. Die Bezeichnung bezieht sich eigentlich auf einen inneren, von den Schienen der *CTA*-Hochbahn umrundeten Bereich, wird aber für die gesamte Südcity zwischen Chicago River und *Grant Park* benutzt.

Magnificent Mile

Die Michigan Ave führt vom *Loop*-Bereicht weiter über den Chicago River, wo sie zwischen Ontario und Oak Street – dank zahlloser Shops der Luxusklasse – zur sog. ***Magnificent Mile*** wird. Die Gegend oberhalb des Flusses und östlich der State Street wird als ***Near North*** bezeichnet. Westlich State Street liegt ***River North***.

Wohnviertel

Nördlich davon, entlang State/Clark Streets schließt sich das Viertel ***Gold Coast*** an (bis zum ***Lincoln Park***, wobei der **Stadtteil** westlich davon ebenso heißt). Beide Bereiche sind urbane Szene-Wohnlagen in City-Nähe. Reizvoll, aber zur Zeit nicht hipp ist die restaurierte kleine ***Old Town***, das Viertel über der North Ave westlich des *Lincoln Park* und östlich der Halstead Street.

Information

www.choosechicago.com

Info-Stände von ***Illinois Tourism*** findet man in den ***Terminals* der beiden Flughäfen** und im ***Illinois Market Place*** auf dem ***Navy Pier*** (So-Do 10-21, Fr/Sa 10-12 Uhr).

Zwei ***Visitor Center*** befinden sich an der Michigan Ave:

cityofchicago.org/tourism

- Das ***Chicago Office of Tourism*** im *Chicago Cultural Center*, 77 East Randolph St/Michigan Ave (Mo-Do 8-18, Fr 9-18, Sa 9-18, So 10-18 Uhr) gegenüber dem ***Millenium Park***
- Das ***Water Works Visitor Center*** gegenüber dem *Chicago Water Tower* an der Ecke Michigan Ave/Pearson, 7.30-17 Uhr

Kombitickets

In allen Infozentren und großen Hotels ist der (9 Tage gültige) ***City Pass*** ($49,50) erhältlich; für 6 der wichtigsten Attraktionen (so man sie alle besuchen möchte) spart man fast $50 und obendrein ggf. Anstehen vor Ticketschaltern; www.citypass.com.

Ähnlich mit der ***Chicago Card***, einem ***All-inclusive Ticket*** zu fast allem, was für Touristen anzuschauen und zu unternehmen ist inkl. *free ride* mit einem Touristen Trolley. Die *ChiCard* ist aber nur für die Anzahl der gekauften Tage gültig (1 Tag $49 bis 7 Tage für $149); www.GoChicagoCard.com.

Einige **Museen** sind **Sa/So gratis**, ferner der ***Navy Pier*-Komplex**, der ***Lincoln Park Zoo*** (aber $11 Parken!) sowie das ***Jazz-Festival*** im **Grant Park** (Ende August/Anfang September) und das ***World Music-Festival*** (letzte Septemberwoche).

Offener Doubledecker Tour Bus auf der Landzunge zwischen Adler Planetarium und Shedd Aquarium am Lake Michigan

Kombitickets

www.hottix.org

www.ticketmaster.com

Theater-/Konzertkarten zum halben Preis (nur am selben Abend) gibt es bei ***Hot Tix Chicago*** im *Visitor Center Water Works* und bei ***Tower Records***, 214 S Wabush. Tickets für die ***Chicago Cubs*** und ***Chicago White Sox*** nur über ***Ticketmaster***: Cubs © (312) 831-CUBS und © (312) 813-1SOX.

Free Trolleys

Wie gesagt sind für eine erste Übersicht die Buslinien #6, #10 und #146 gut geeignet. Noch besser und außerdem **kostenlos** ist ***Chicago's free Trolley System***, das auf **vier Rundstrecken** (rot/grün/gelb und blau) zwischen *Soldier Field* und *Water Tower* die Michigan Ave, *The Loop* und *Near North* mit *Navy Pier* alle 20-30 min abfährt. Zu-/Ausstieg *hop-on-hop-off*. Ideal für *Sightseeing* und Shopping in Kern-Chicago. Juni-August täglich 10-18 Uhr, So ab 12 Uhr; September-Dezember nur Sa/So; www.cityofchicago.org/transportation/trolleys.

Sightseeing

Gute kommerzielle Tourangebote sind

- ***Double Decker***; *hop-on-hop-off*, 90 min auf einer festen Route, alle 15-20 min ab *Water Tower*, $25; 3 Tage $40
- ***Metro Duck Tours***, www.metroducks.com, fahren per *Amphicar* auch durchs Wasser. Start bei ***Rock'n & Roll McDonalds*** Ecke Ontario/Clark Street. Tägl 10-16 Uhr, $20/$10

Spezialtouren

In Chicago gibt es Spezialtouren für verschiedenste Interessen. Zu den besten zählen die *Walking-*, *Bus-* und *Boat Tours* der ***Chicago Architecture Foundation (CAF)***. Info im ***CAF-Shop***, 224 S Michigan Ave (*Santa Fe Bldg*); © (312) 922-3432; Mo-Sa 9-18.30, So 9-18 Uhr; www.architecture.org (➪ auch unten, *Wendella*).

Bike/Inline

Die Uferparks am Lakeshore Drive – mit Blick auf Wasser und Skyline – machen Chicago ideal für *Biker* und *Inline Skater*; **Miete & Touren**: Wacker Drive/Columbus, treppab zum Fluss; © (312) 595-9600; täglich 9-17Uhr; Rad oder Rollerblades: $6/Stunde, $8-$30/Tag; online billiger; www.bikechicago.com.

Bootstouren

Stadtbesichtigungs-Bootstouren auf dem *Chicago River* und Lake Michigan starten unterhalb der Flußbrücke beim *Wrigley-Building*; z.B. ***Wendella Sightseeing Boats*** (bis zu 10 Abfahrten täglich 10-20 Uhr; ab $20; www.wendellaboats.com.

17.3.4 Unterkunft und Camping

Hotels/Motels bei den Flughäfen

Übernachten in oder im Umfeld von ***Downtown Chicago*** ist mit wenigen Ausnahmen ein teures Vergnügen. Dagegen sind die Kosten im Bereich der beiden Flughäfen ***Midway*** und ***O'Hare*** noch erträglich. In vielen Häusern der City gelten aber attraktive ***Weekend Rates***, ⇨ Seite 106. Östlich von ***O'Hare*** ballen sich die Hotels und Motels aller Klassen rund um den Kreuzungsbereich der I-90/I-194 und den Flughafenzubringer #190 (Mannheim/Irving Park/Higgins/River Road). Die Angebote für diese Häuser sind bei Online-Buchung in vielen Fällen günstiger als die vor Ort erzielbaren Tarife. **Tipp**: ***Country Inn & Suites***, ein ordentliches ***Haus, 8 mi nordwestlich des Airport; €75 im deutschen Portal www.usareisen.de/hotels/search.php.

Im Bereich ***Midway*** liegen zahlreiche Motels an der **Cicero Ave** zwischen Airport und I-294 (ca. 8 mi südlich). Die Preise sinken mit der Entfernung zum Flughafen.

Vororte

In den Vororten entlang der *Interstate*-Autobahnen und an der Stadtumgehung I-294 (***Tri State Tollway***) sind die meisten der nationalen **Motelketten** unübersehbar vertreten.

Downtown

www.chicago-hotel-guide.com

Bei der ***Visitor Information*** ist ein ***Hotel Guide Metro Chicago*** erhältlich, der die *Downtown*-Hotels beschreibt und Wochenend- und andere Sondertarife nennt. Reizvoll sind nostalgische Luxushotels wie auch kleinere Häuser, die für den tieferen Griff ins Portemonnaie auch einen schönen Gegenwert bieten:

- ***The Palmer House Hilton***, 17 East Monroe, © (312) 726-7599, ab €164 im deutschen Portal www.usareisen.de/hotels/search.php. Tolle Prachtarchitektur drinnen; dafür top.
- ***Hotel Indigo***; 1244 Dearborn Pkwy; (I-90/94, *Exit* 49A, W Division Street, nach 1,6 mi links; ab $260, © (312) 787-4980 und © 1-866-521-6950; www.goldcoastchicagohotel.com
- ***The Cass Hotel*** (ein *Holiday Inn Express*); 1 Block westlich der *Magnificent Mile*; 640 N Wabash Ave; © (312) 787-4030 und © 1-888-465-4329; ab $199 inkl. Frühstück; www.casshotel.com

Gut gelegen in *Downtown/Lincoln Park*, aber preiswerter sind:

- ***Ohio House Motel*** im Loop: 600 N La Salle/W Wacker Dr; © 1-800-695-8284, ab $85; www.ohiohousemotel.com
- ***Travellodge Hotel Downtown***, super Lage beim Grant Park: nur 1 Block zur CTA-Station Harrison; 65 East Harrison/Ecke Wabash Street. Ab $162 (Parken $27/Tag, Wifi), © (312) 427-8000; www.travelodgehoteldowntown.com.
- ***Days Inn Lincoln Park North***, ein Tipp im alternativen Distrikt an Chicagos »Broadway« (Clark Street) mit vielen Läden und Restaurants. Gute Bus-Anbindung (#22 und #36) in den Loop-Bereich; © (773) 525-7010 und © 1-888-576-3297; ab $116; www.lpndaysinn.com

- ***Comfort Inn***; 601 W Diversey Pkwy, (gegenüber Days Inn); ✆ (773) 348-2810, $68-$250, über www.max.de/cityguide

Hyde Park

- ***The Amber Inn***; 2stöckiger Motel-Komplex mit 2 Restaurants in reizlosem Umfeld, aber *Free Parking*; 5 min zu Fuß zur *Metro Station Garfield* (*Green Line*, 7 Stationen zum Loop); südl. Downtown, 3901 South Michigan Ave (zwischen South Lake Shore Drive und I-90/94, *Exit* 55th Street = Garfield Blvd); ✆ (773) 285-1000, ab $74; www.4amberinn.com
- ***Ramada Lake Shore Drive***, Wifi, Pool, *Free Parking*; Haltestelle Bus #6 zum *Loop*; 4900 S Lake Shore Drive; Zufahrt über I-94 (*Local Lane*), *Exit* 51 (Hyde Park Blvd) East bis zum Ende; ✆ (773) 288-5800; $119-149, www.ramada-chicago.com

Billig-quartiere

- ***Chicago HI Hostel*** in renovierter Fabrik (8-10 Betten-Zimmer) mitten im *Loop*, sauber, Privatsafe, Wifi, ab $31/Bett; 24 E Congress Pkwy/Ecke S State Street; 3 Blocks von *Metro Station Jackson*; ✆ (312) 360-0300; www.hichicago.org
- ***Arlington International Hous***; gute Gegend, aber renovierungsbedürftig; 616 W Arlington Place; ✆ (773) 929-5380 und ✆ 1-800-467-8357, ab $30, DZ $60; www.arlingtonhouse.com
- ***International House*** (University of Chicago), 1414 E 59th St ✆ (773) 753-2270, EZ/DZ ab $60; http://ihouse.uchicago.edu/residency/residency_short.shtm

Bed & Breakfast

Chicago ist keine typische *Bed & Breakfast*-Stadt, auch wenn es eine ***B&B-Zentrale*** gibt: ***Bed and Breakfast Chicago Association***, ✆ (312) 951-0085; ✆ 1-800-462-2632; ab $95 aufwärts; www.bedandbreak fast.com/chicago

Camping

In Chicago liegen die nächsten Campingplätze sehr weit außerhalb, etwa ein KOA im Bereich der I-90 nordwestlich kurz vor Rockford. Eine gute und für Chicago-Verhältnisse auch noch stadtnahe Wahl sind die bereits erwähnten ***Campingplätze*** in den ***Indiana Dunes***, ➪ Seite 683. Von dort fährt man eine gute Stunde mit Auto oder Bahn. Eine Bahnstation befindet sich in Fußgängerdistanz zum Campingplatz; www.nps.gov/indu.

»Dampfer« an der Oak Street Beach als Strandcafé

7.3.5 Stadtbesichtigung

Rundfahrt und Trolleynutzung

Start

Ein guter Startpunkt ist das ***Office of Tourism*** im *Chicago Cultural Center*, Ecke East Randolph Street/Michigan Ave. Dort kann man sich auch gleich aktuelles Infomaterial und Karten besorgen (darunter den Flyer »***Take a free ride***« für die kostenlosen ***Trolleys***). Folgende Reihenfolge der Stadtbesichtigung erscheint bei diesem Ausgangspunkt sinnvoll:

- Zunächst der ***Millenium Park***
- danach ***Loop*-Bummel** mit ***Sears Tower***, ➪ Seite 698ff
- und drei ***Trolley Trips***

Trolley Trips

Gleich südlich des ***Office of Tourism*** starten (in der Washington Street) alle 20-30 min drei der vier praktischen Gratisbus-Linien (*hop-on-hop-off Trolleys*). An den gemeinsamen Haltestellen kann man beliebig von einer in die andere Linie umsteigen:

- die grüne Line bedient ***Art Institut, Adler Planetarium, Field Museum*** und ***Shedd Aquarium***
- die gelbe Linie fährt zum Amüsierbereich ***Navy Pier***
- die rote Linie dreht eine »*Shopping*-Runde« über den Chicago River zur ***Magnificent Mile*** bis zum ***Water Tower***.

Alle drei Linien fahren über eine weitgehend identische *Loop*-Runde, bevor sie unterschiedliche Zielrichtungen einschlagen. Die vierte (blaue) fährt eine davon separate Runde zwischen Navy Pier und State Street im Bereich Near North.

Jay Pritzker Pavilion im Millenium Park

Bereich Downtown

Millennium Park

Mit dem ***Millennium Park*** liegt gleich am Start an der Michigan Ave oberhalb des *Art Institute*-Komplexes eine neuere Stadtattraktion. Findet nicht gerade ein open-air-Konzert auf *Frank Gehrys* Titan-verschwungener Bühne (***Jay Pritzker Pavilion)*** statt, drängelt sich alles vor dem ***High Tech Crown Fountain*** (Foto) von *Jaume Plensa* oder läßt sich von *Anish Kapoor's* blankgeputzer ***Cloud Gate*** faszinieren, einer verbogenen Riesenbohne, in dem sich alles verzerrt spiegelt. Blicke wie Schritte gebühren auch der fast 300 m langen ***BP Bridge*** (*F. Gehry*), die sich elegant über den Lakeshore Drive schlängelt. Im **Grillrestaurant** unterhalb des *Cloud Gate* sitzt man wunderbar draußen im Grünen vor der Hochhauskulisse des *Loop*, auch der **Imbiss** nebenan hat eine paar Tische und Stühle auf dem Vorplatz; www.milleniumpark.org.

Crown Fountain in Aktion

Loop

Wie erläutert, zählen zu *Downtown Near North*, *River North* und der *Loop*, eine Quadratmeile, die von der Hochbahn, der ***EL*** (***Elevated** Train*, zur Weltausstellung 1893 gebaut), umrundet wird. Eine 3/4-Runde (und gleich wieder zurück!) mit der ratternden Bahn ist ein relativ preiswerter Spaß ($2,75).

Im ***Loop*** stehen Bürohäuser aller Stile und Epochen aus Vor-Wolkenkratzer-Zeiten (1890) neben *Skyscrapern* von Star-Architekten wie *Sullivan, van der Rohe, Philip Johnson* und *Helmut Jahn*.

Sears Tower

Von der Michigan Av e führt die Adams Street direkt (1 km) zum absoluten »Chicago-Muss«, dem ***Sears Tower*** (1974), mit 443 m Höhe lange Zeit **höchstes Bauwerk der Erde**. Der Lift zum ***Skydeck Observatory*** im 103. Stock in 406 m Höhe kostet samt einem Multimedia Chicago-Vorprogramm $13, Kinder $10. Der Blick über und auf die Wolkenkratzer der *Downtown* und den Lake Michigan ist sagenhaft. Um lange Wartezeiten zu vermeiden, empfiehlt sich der Besuch gleich morgens um 9 Uhr oder kurz vor Einbruch der Dämmerung. Auch abends lohnt die **Auffahrt**: im Sommer 10-22 Uhr, Okt.-April bis 20 Uhr. Strenge Sicherheitskontrollen á la Airport; www.theskydeck.com.

Erscheinen die Warteschlangen vor den Fahrstühlen des ***Sears Tower*** zu lang, tut es auch der Blick vom *Observation Deck* auf dem ***John Hancock Tower***, ➪ Seite 702.

Hochhäuser/ Architektur

Vom *Sears Tower* kann man die wichtigsten Hochhäuser leicht im **Chicago Stadtplan** ausmachen, ➪ ab Seite 697.

Museen (mit Planetarium und Aquarium)

Chicago Art Instiute

Die Sammlung von Kunstwerken, Gemälden und Skulpturen des ***Art Institute of Chicago*** (gleich unterhalb des *Millenium Park*) kann sich mit New Yorks *Metropolitan Museum* messen. Kaum ein großer Name fehlt. Allein die Abteilung europäischer Impressionisten (*Renoir, Monet*) füllt Räume. Eindrucksvoll sind auch die Amerikaner mit Hopper's *Nighthawks* und *American Gothic* von *Grant Wood.* Auch Chicagos Architekturgeschichte wird fokusiert; die bunten Lobbyfenster stammen von *Frank Lloyd Wright*, die Fassadenteile von *Sullivan*-Bauten, dessen 1972 vom vom Abriss bedrohter *Trading Room* in der *Chicago Stock Exchange* hierher gerettet wurde. Täglich 10.30-17 Uhr, Sa/So ab 10 Uhr, Do bis 20 Uhr. $12, Kinder $7; www.artic.edu/aic.

Moderne Kunst

Museum of Contemporary Art ⇨ Seite 702.

Field Museum

Das bombastische ***Field Museum of Natural History*** am Lakeshore Drive ca. 2 km südlich des Kunstmuseums markiert die südöstliche Ecke des *Grant Park*. Es ist in erster Linie der **Flora und Fauna** und den **Indianerkulturen Nordamerikas** gewidmet. Ferner gibt's ***Sue***, einen riesigen **Tyrannus Rex** und ***Underground Adventure***, den 100fachen Zoom in ein Erdbodenstück voller Leben. Sonderabteilungen beziehen sich auf Afrika und pazifische Räume; **Zeitbedarf** minimal 3 Stunden; Buslinie #146; täglich 9-17 Uhr; $12; bis 11 Jahre $7; www.fieldmuseum.org.

Aquarium

Die Attraktion des ***Shedd Aquarium*** ist das ***Oceanarium***. Dort finden Vorführungen mit Walen, Delfinen und Robben statt. Die Zuschauer blicken nicht nur auf das Tauchbecken, sondern durchs große Panoramafenster auf den Lake Michigan. Das Aquarium beherbergt 6.000 Wassertiere aus aller Welt und ein lebendes Korallenriff. Auch die artenreiche Unterwasserwelt des Amazonas wird vorgestellt. Juni-August täglich 9-18 Uhr, Do bis 22 Uhr, sonst 9-17 Uhr; Kombi für *Oceanarium/Aquarium* $27/Kinder $20; nur Aquarium $8/$6; www.sheddaquarium.org.

Planetarium

Das ***Adler Planetarium & Astronomy Museum*** mit wechselnden Ausstellungen liegt ebenfalls beim *Field Museum*. Im ***Star Rider*** Theater gibt's einen Universums-Trip. Für Wetterfrösche lohnt das ***Space Weather Center*** mit NASA-Daten, und im Planetarium liegt man zu klassischer Musik oder Jazz unter dem Himmelszelt. Täglich 9.30-16.30 Uhr; Eintritt: Museum plus 1 Show $19 (weiter Shows je $5), Kinder $15; www.adlerplanetarium.org.

Museum of Science & Industry

Rund 7 mi südlich des Zentrums (Anfahrt über den Lake Shore Drive oder Bus #10 ab *Loop*) liegt der Komplex des ***Chicago Museum of Science and Industry*** im *Jackson Park*/57th Street.

Die Thematik wird ausgiebig behandelt, aber altmodisch präsentiert. Den Eintritt lohnt ein **Kohlebergwerk** und das im Weltkrieg von den USA im erbeutete deutsche **U-Boot 505**. Mo-Sa 9.30-16, So 11-16 Uhr; $11, Kinder $7. ***Space Center*** und ***Omnimax*-Kino** kosten extra; www.msichicago.org.

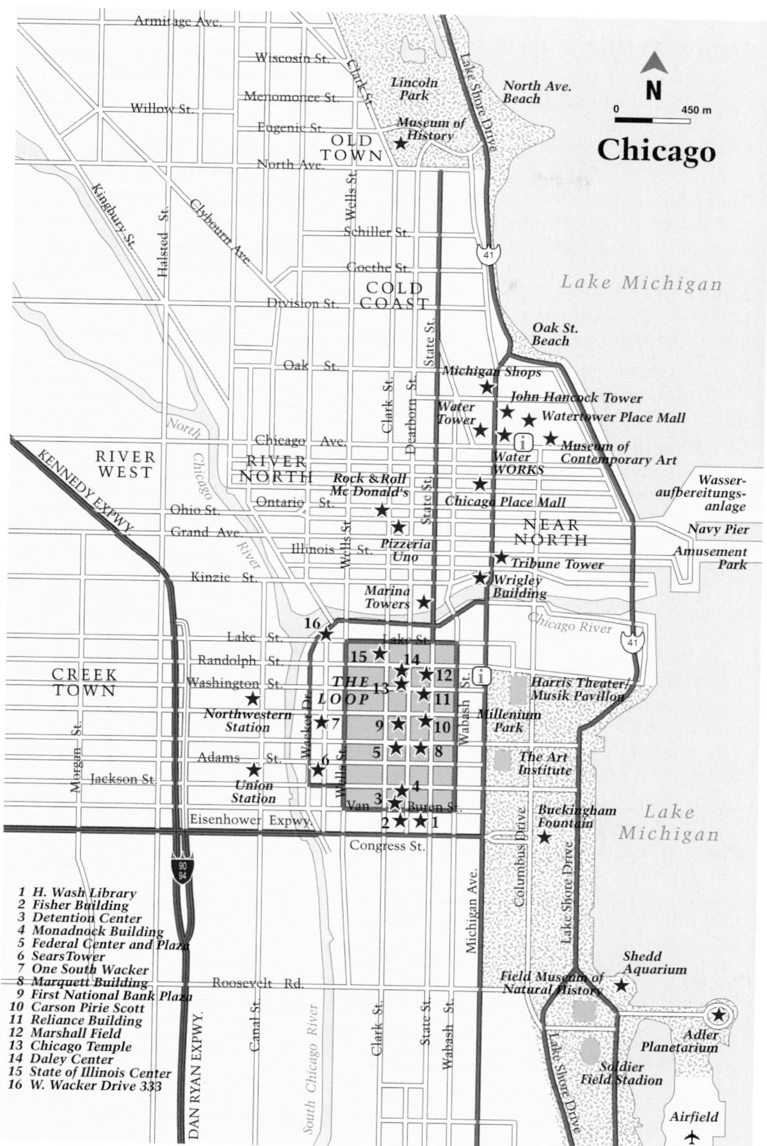
Chicago
N
0 450 m
Armitage Ave.
Wiscosin St.
Clark St.
Lincoln Park
North Ave. Beach
Menomonee St.
Willow St.
Museum of History
Eugenie St.
OLD TOWN
North Ave.
Lake Shore Drive
Wells St.
Kingsbury St.
Halsted St.
Clybourn Ave.
Schiller St.
Goethe St.
COLD COAST
Division St.
Lake Michigan
Oak St. Beach
Oak St.
State St.
Michigan Shops
John Hancock Tower
Clark St.
Dearborn St.
Water Tower
Watertower Place Mall
Museum of Contemporary Art
North Chicago River
Chicago Ave.
RIVER WEST
RIVER NORTH
Water WORKS
KENNEDY EXPWY.
Rock & Roll Mc Donald's
Chicago Place Mall
Wasser-aufbereitungs-anlage
Ohio St.
Ontario St.
Grand Ave.
NEAR NORTH
Navy Pier
Illinois St.
Pizzeria Uno
Amusement Park
Tribune Tower
Kinzie St.
Wrigley Building
Marina Towers
Chicago River
16
Lake St.
Randolph St.
CREEK TOWN
Washington St.
THE LOOP
Harris Theater/ Musik Pavillon
Wabash St.
Northwestern Station
Wacker Dr.
Millenium Park
Morgan St.
Adams St.
The Art Institute
Jackson St.
Union Station
Van Buren St.
Eisenhower Expwy.
Buckingham Fountain
Lake Michigan
Congress St.
Columbus Drive
Michigan Ave.
Lake Shore Drive
1 H. Wash Library
2 Fisher Building
3 Detention Center
4 Monadnock Building
5 Federal Center and Plaza
6 SearsTower
7 One South Wacker
8 Marquett Building
9 First National Bank Plaza
10 Carson Pirie Scott
11 Reliance Building
12 Marshall Field
13 Chicago Temple
14 Daley Center
15 State of Illinois Center
16 W. Wacker Drive 333
Roosevelt Rd.
Shedd Aquarium
Field Museum of Natural History
DAN RYAN EXPWY.
Canal St.
South Chicago River
Clark St.
State St.
Wabash St.
Adler Planetarium
Soldier Field Stadion
Airfield

Architekturspaziergang im Loop/Near North

Wer sich für Architektur interessiert, kann – wie vorstehend vermerkt – Führungen buchen, aber die architektonischen Meisterwerke Chicagos auch leicht individuell ablaufen. Ein sinnvoller **Spaziergang** dieser Art könnte im Südosten des *Loop* an der Ecke Michigan Ave/Van Buren Street (1 Block unterhalb des *Art Institute*) beginnen, Laufrichtung Van Buren.

Man passiert zunächst die vor einigen Jahren einer umfangreichen Restauration unterzogene ***Orchestra Hall***, in der *Daniel Barenboims Chicago Symphony Orchestra* zu Hause ist und das ***Santa Fe Building*** (1904, Sitz der *Architectural Foundation*) mit schöner zweistöckiger Halle. An der Kreuzung Van Buren/State Streets steht die ***Harold Washington Library* (1991)**, ein etwas klotziges, eklektisches, im architekturbewußten Chicago sehr umstrittenes Gebäude.

Das ***Metropolitan Correctional Center*** von 1975 (Van Buren/Dearborn), ein Untersuchungsgefängnis in eigenartiger Dreiecksform, hat statt vergitterter Fenster nur hohe schmale »Schießscharten«.

Das ***Monadnock Building*** von 1891 (Jackson Blvd/Dearborn), das höchste ganz aus Stein gemauerte Gebäude der Welt, ist ein recht klobiger Klotz. Die Backsteinbauweise stieß hier an ihre Grenzen, denn um die 16 Stockwerke tragen zu können, wurden 1,80 m starke Grundmauern benötigt. Um noch höher hinaus zu gelangen, mußte nach anderen Materialen und statischen Konstruktionen gesucht werden. Bahnbrechend dafür war 1883 die Erfindung des Chicagoer Ingenieurs ***William LeBaron Jenney***: Er entwickelte die im Prinzip bis heute verwandte Bauweise, bei der nicht mehr die äußeren Mauern die tragenden Teile waren, sondern Stahlgerüste, die nur noch mit Fassaden und Verkleidungen geschlossen werden mußten. Erst auf diese Weise wurden moderne Wolkenkratzer bautechnisch möglich.

Etwas weiter nördlich an der Dearborn St liegt das ***Federal Center & Plaza*** (1964-74). Das einstöckige Postgebäude wird flankiert von Zwillingstürmen aus schwarzem Glas, die zu den Hauptbauwerken *Mies van der Rohes* in Chicago zählen. ***Van der Rohe*** war 1937 vor den Nazis geflohen und gehörte dem Dresdner Bauhaus an, wo im Prinzip die gleiche funktionale Bauweise vertreten wurde wie in Chicago: *Form follows Function*, wie es *Louis Sullivan*, einer der führenden Architekten, formuliert hatte.

Van der Rohes Bauten sind streng in der äußeren Form, kennen keinen Hauch von Auflockerung oder Dekoration und wirken sehr nüchtern. Vor dem Gebäude steht der **Flamingo** von ***Calder***. Sein leuchtendes Rot steht in starkem Kontrast zu den schwarzen Türmen.

Etwas östlich des *Federal Center & Plaza* an der Adams St liegt das traditionelle **Berghoff Restaurant**, das von einer *Cast Iron*-Konstruktion umfaßt wird. Solche gußeisernen, reich verzierten Fassaden wurden Ende des 19. Jahrhunderts oft vor das Mauerwerk gesetzt.

Auf dem Jackson Blvd steht etwas weiter westlich das ***Chicago Board of Trade Building*** von 1930 (Ecke La Salle), eine der wenigen *Art Deco*-Bauten Chicagos mit einem gläsernen Anbau von *Helmut Jahn*. Das alte Gebäude wird gekrönt von *Ceres*, der Göttin der Fruchtbarkeit; ein Blick in die reich-dekorierte Lobby lohnt. In dieser größten und ältesten Warenterminbörse Amerikas werden die Preise für Weizen, Sojabohnen, Getreide, Metalle usw. gehandelt.

Folgt man dem Jackson Blvd weiter westlich, vorbei an den klassischen Bauten der ***Bank of America*** und ***Federal Reserve*** (beide Fassaden zur La Salle Street), gelangt man am S Wacker Drive zum ***Sears Tower***, dem mit 110 Stockwerken und 443 m Höhe nur noch vierthöchsten Gebäude der Welt. Der Turm besteht aus neun versetzt aufeinandergestellten Rechtecken, die ihm die nötige Stabilität verleihen. Auch bei Sturm schwankt er nie über 15 cm. Am Eingang befindet sich eine weitere **Statue** von *Calder:* ***The Universe***.

Der Jackson Blvd führt über den Chicago River zur ***Union Station*** (1917), dem größtem Bahnhof der Stadt. Die im europäischen Stil um 1900 gebaute Halle mit großer Kuppel, vergoldeten Statuen und pompösen Ornamenten wirkt leider heruntergekommen.

Wer von der *Union Station* die Adams St entlang wieder nach Osten geht, passiert das Hochhaus ***190 La Salle*** mit weiß-roter Marmorlobby (1987 durch den New Yorker Architekten *Philip Jones*). Gleich links um die Ecke an der La Salle steht ***The Rookery*** (1888), ein elegantes Gebäude von *Burnham & Root*. Sehenswert ist der Lichthof, der 1906 von *Frank Lloyd Wright* noch einmal umgestaltet wurde.

Das ***Marquette Building*** (1895) an der Dearborn St/Adams St von *Hollabird & Roche* ist ein Beispiel für den damals noch nicht ganz vollzogenen Übergang zur neuen Stahlgerüstbauweise. Typisch sind die *Chicago Windows*, die das Haus kühlen und lüften sollten – noch gab es keine *Air Condition*. Eine breite, feststehende horizontale Scheibe ist an beiden Seiten von Drehfenstern flankiert, so daß ein permanentes Lüftchen den Stockwerken die Wärme entziehen kann.

Das Gebäude ***55 Monroe Street*** nebenan – erbaut 1980 von den Architekten Murphy und Jahn – wirkt wie ein zierlicher Zauberspiegel.

Gleich gegenüber steht vor dem ***First National Bank Building*** (*Dearborn & Monroe*) die weltberühmte **Mosaik-Skulptur *The Four Seasons*** von ***Marc Chagall*** (1974).

7

Geht man einen Block weiter auf der Madison Street in Richtung Osten, gelangt man (Ecke State St) zum Kaufhaus ***Carson Pirie Scott***, das von *Louis Sullivan* entworfen wurde. Hier ausnahmsweise nicht nach der Devise *Form follows function*: Der Architekt bewies an diesem Objekt, daß er auch einer der größten Ornamentkünstler seiner Zeit war. Die Motive stammen nicht mehr aus Europa, dem alten Rom oder Griechenland, sondern sind an der Pflanzen- und Tierwelt Nordamerikas orientiert.

Etwas nördlich, an der State Street/ Washington Street, liegt das ***Reliance Building*** von 1895. Erstmalig wurden hier alle Möglichkeiten der Stahlskelett-Bauweise angewandt, so daß die – nicht tragende – Fassade fast ganz verglast werden konnte.

Etwas weiter nördlich, noch an der State Street, befindet sich das größte Warenhaus Chicagos, ***Marshall Field***. Der alte, im neoklassischen Stil gehaltene Gebäudeteil besitzt einen schönen Tiffany-Lichtdom.

Wer nicht schon beim Aufsuchen der *Tourist Information* hineingeschaut hat, sollte die Washington St bis zur Michigan Ave hinunterlaufen und sich das ***Chicago Cultural Center***, einen neoklassischen Palast von 1897, unbedingt von innen ansehen (Eingang Washington St). Eine beeindruckende Marmortreppe führt hinauf zur ***Preston Badley Hall*** mit einem weiteren *Tiffany Dome*.

Wieder zurück auf der Washington St erreicht man (an der Ecke Dearborn) das ***Civic*** bzw. ***Daley Center*** (1965), eine Stahl-Konstruktion, die nach *Richard Daley* benannt wurde, der über viele Jahre Chicagos Bürgermeister war. Eine namenlose Skulptur *Picassos*, die schlicht ***the Picasso*** genannt wird, ist – aus dem gleichen Material wie das Gebäude – zu einem rostigen Ton verwittert.

Nordwestlich davon, an der Randolph St, befindet sich das ***James R. Thompson Center***. Es wurde 1985 von *Helmut Jahn* realisiert, der sich in den vergangenen Jahrzehnten Ruhm als Architekt des modernen Chicago erwarb. Das *Thompson Center* ist ein multifunktionales, um einen gewaltigen Lichtdom angeordnetes Gebäude. Alles ist – mit viel Glas und Spiegeln – in Rosa und Hellblau gehalten. Auf den Blick von oben in die Halle sollte man nicht verzichten. Auf dem Vorplatz steht *Jean Dubuffets* Skulptur ***Monument of the Standing Beast***.

Das Chicago ***Title and Trust Center*** gegenüber dem *Thompson Center* ist ein Beispiel für die leichte und luftige Bauweise vieler Hochhäuser der

1990er-Jahre. Ähnliche Bauwerke stehen am Wacker Drive, wobei das Hochhaus ***333 West Wacker*** besondere Aufmerksamkeit verdient. Die graugrüne geschwungene Marmor- und Glasfassade reflektiert den grünen *Chicago River.*

Am anderen Ufers des Flusses sieht man das riesige ***Merchandise Building*** (1928) mit einem *Shopping Center* im unteren *Level*, das größte ***Commercial Building*** der Welt – es gehört dem *Kennedy Clan.*

Die Apartmentgebäude ***Marina Towers*** (auch auf der anderen Flußseite, aber unweit der *New Michigan Avenue Bridge*), zwei runde Türme mit schmalen Fenstern, waren in den 1960er-Jahren eine Sensation.

Den *Chicago River* überquert man auf der ***New Michigan Avenue Bridge*** und befindet sich damit in Near North. Auf der linken Seite der Avenue befindet sich der Hauptsitz einer Firma, die in »aller Munde« ist: *Wrigley`s Chewing Gum.* Das ***Wrigley Building*** aus den 1920er-Jahren mit einem der Kathedrale von Sevilla nachgebauten Turm, klassischer Fassade und einem nachts hell erleuchteten Uhrenturm ist eines der Wahrzeichen der Stadt.

Etwas weiter nördlich, auf der rechten Seite, befindet sich der ***Chicago Tribune Tower***, in den 1920er-Jahren mit Türmchen und Verzierungen gebaut (*Gothic Style*). Eine Besonderheit sind die vielen in die Fassade eingelassenen Originalteile, z.B. vom Petersdom und von der *Westminster Abbey*, sogar von der Berliner Mauer etc.

Noch weiter oben stehen das ***Hotel Intercontinental Chicago*** (1929) mit einer vor allem im Lobbybereich aus den Kulturen der Welt zusammengetragenen Ornamentik.

Blick auf die City und Lake Michigan vom Sears Tower aus

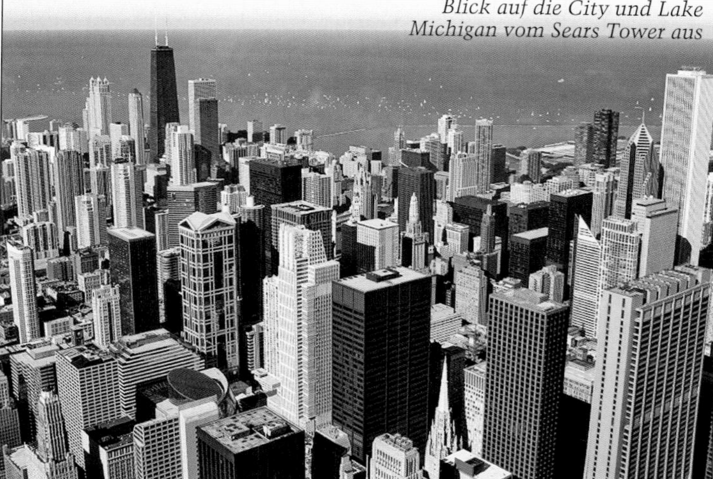

Bereich River North/Near North - Restaurants

River North

www.themagnificentmile.com

Nördlich des Chicago River wird die Michigan Ave zur ***Magnificent Mile***. Dort stehen neben den klassischen Hochhäusern (*Wrigley* und *Chicago Tribune*) vor allem multifunktionale Komplexe (Büros, Apartments, Restaurants und Shops unter einem Dach), wie die ***Shopping Malls Chicago Place*** und – extravagant – ***Water Tower Place*** (700 bzw. 845 Michigan Ave). Ferner säumen moderne *Entertainment Shops* (*Nike, Viacom, Sony, Levis)* und Filialen bekannter Warenhäuser diese Konsummeile.

Einen Block weiter westlich ist die **Rush Street** ein *Party Strip* mit Boutiquen, Bistros und *Nightlife* für Porschefahrer, während sich PS-schwächere im Bereich **State/Ohio Street** amüsieren.

Water Works/ Pumphouse

An der Michigan Ave gehören ***Water Tower*** und das ***Pumphouse*** an der Ecke Pearson St zu den wenigen Gebäuden, die das Feuer von 1871 überstanden. Sie gelten als Sehenswürdigkeit, verdienen aber nur wegen ihres Kontrastes zum Hochhausumfeld Aufmerksamkeit. »Eine verbürgte Monströsität...mit Pfefferstreuern bepappt«, beschimpfte 1882 *Oskar Wilde* den Wasserturm.

Moderne Kunst

Das ***Museum of Contemporary Art*** (220 E Chicago Ave; vom Berliner Architekten *Josef Paul Kleihues)* zeigt in seiner permanenten Ausstellung u.a. Werke von *Miró, Magritte* und *Max Ernst*. Der Schwerpunkt des Museums liegt auf Wechselausstellungen avantgardistischer Kunst. Di 10-20 Uhr, Mi-So 10-17 Uhr; $10, *Seniors* $6, bis 12 Jahre und Di frei; www.mcachicago.org.

Hancock Tower

www.hancock-observatory.com

Ein paar Schritte weiter steht der bereits erwähnte ***John Hancock Tower***, zu erkennen an seinen Kreuzverstrebungen. Er ist 338 m hoch und besitzt 98 Etagen. Der Blick vom *Observation Deck* ist kaum minder atemberaubend als die Aussicht vom *Sears Tower* und wegen einer anderen Perspektive in der Nähe des Sees außerhalb der dichtesten Ansammlung von Wolkenkratzern auch zusätzlich zum Besuch des *Sears Tower* lohnenswert. Schöne Bilder gelingen dort bei einbrechender Dämmerung. Täglich 9-23 Uhr; Eintritt $10, Seniors $7,50, Kinder $6. Die Wartezeiten sind dort im allgemeinen kürzer als beim *Sears Tower*; ebenfalls *Security*.

Strand

Die Michigan Ave endet drei Blocks nördlich. Links locken dort *Armani* & Co in der **Oak Street**, rechts der gleichnamige Park mit dem ***Beach-Café***, einem gestrandeten Dampfer auf Sand.

Restaurants

Chicago steht traditionell für deftige Steaks, ganz unitalienische (dicke) Pizzas und neuerdings auch für **Erlebnis-** und ***Fun-Food:***

Chicago Steaks

- Westlich der Michigan Ave zwischen Illinois St und Chicago Ave gibt es mehrere typische Chicago Steakhäuser, z.B. das volkstümliche ***Carson's - The Place for Ribs*** (612 N Wells Street), das **Chicago Chop Hous**e (60 W Ontario Street) oder ***Eli's - The Place for Steaks*** (215 E Chicago Ave).

Pizza

- Berühmt ist die ***Pizzeria Uno*** (29 E Ohio St), Geburtsort der *Chicago Style-* oder *Deep Dish*-Pfannen-Pizza. Der Ableger, ***Pizzeria Due***, befindet sich um die Ecke in der 245 La Salle St.

Chicago Jazz & Blues (in den Clubs ab 22 Uhr!)

Schwarze, die durch die Mechanisierung der Baumwollernte arbeitslos wurden, brachten den *Jazz* um 1900 aus den Südstaaten ins florierende Chicago. Ihr Heimweh stillten sie mit wehmütigen Klängen auf *Rent Parties*, die sie zur Finanzierung ihrer Mieten veranstalteten. Daraus entwickelte sich eine eigenständige Form des *Jazz,* der *Chicago Blues (*z.B. *Sweet Home Chicago)*. Neben traditionellen *Blues*-Lokalen wurden andere wiederbelebt oder neu eröffnet. Seit einiger Zeit wird in der ersten Juni-Woche im *Grant Park* ein ***Blues Festival*** veranstaltet, gefolgt vom ***Chicago Gospel Festival***. Am *Labor Day Weekend* Anfang September findet ein ***Jazz Festival*** statt.

- Zentral liegen ***Blue Chicago*** und ***Blue Chicago On Clark***, beide in River North in der N Clark Street (#736 bzw. #536)
- Bekannt ist das **B.L.U.E.S.**, 2519 N Halstead, nahe der *de Paul University*
- Im eleganten ***Cotton Club***, 1710 S Michigan Ave, kommen auch Jazz-Freunde auf ihre Kosten
- Südlich Congress Plaza ist ***Buddy Guy's Legends*** »in«: 754 S Wabush Ave
- ***Kingston Mines***, 2548 N Halsted Street ist eine beliebte *Blues Bar*, vor allem im Juni, www.kingstonmines.com. Das gilt auch fürs
- ***House of Blues***, 329 N Dearborn Street; www.hob.com/chicago

So richtig los geht`s in den meisten Clubs nicht vor 22 Uhr.

Auch die ***Stuffed Pizza*** in den zahlreichen ***Giordano's* Filialen** ist sehr beliebt (z.B. 730 N Rush St/Superior Street).

Beliebte Ketten

Das ***Rainforest Café*** (605 N Clark Street) bietet Fun-Essen für die ganze Familie in tropischem Ambiente mit Gorilla, Wasserfall und Aquarium. Gleich um die Ecke liegt ein ***Hard Rock Café*** (63 W Ontario) im bekannten *Outfit* und gegenüber, blockfüllend, das komfortabelste ***McDonalds*** der USA, ➪ Foto.

Fast Food & Picknick

Chicago ist reich an *Fast-Food*-Alternativen: ***Food Court*** der ***Chicago Place Shopping Mall*** (im 8. Stock), 700 N Michigan Ave, und im bombastischen ***Water Tower Place***. Für ein Picknick am See kauft man am besten im ***Kinzie Market*** (230 W Kinzie Street) oder bei ***Fox und Obel*** ein (401 Illinois St).

Navy Pier

Auf dem ***Navy Pier*** jenseits des Lake Shore Drive findet man neben jahrmarktähnlichen Einrichtungen und IMAX-Kino auch **Open-air Restaurants** am Wasser. **Geöffnet** täglich 10-17, Do 10-20 Uhr; $7; Do 17-20 Uhr frei. Einen schönen Blick auf die *Skyline* Chicagos hat man vom **Panorama-Restaurant *Riva*** aus.

Weitere Neighbourhoods

Chicagos ethnische Viertel liegen weit außerhalb. Nur die an den *Lincoln Park* grenzenden *Neighbourhoods* und traditionelle Viertel im Süden der Stadt werden deswegen kurz beschrieben.

Gold Coast

Nördlich der Division Street beginnt die sogenannte ***Gold Coast*** mit modernen Apartmentblocks, Villen an grünen Alleen (z.B. Astor Street), vielen Clubs, Bars und Restaurants (**Rush Street**).

Old Town

Gleich westlich davon liegt historisch **Old Town**, ein restaurierter Stadtteil mit Villen und Holzhäusern. Zentren sind die Wells Street und Lincoln Ave auf Höhe der Fullerton Ave

Lincoln Park

Gold Coast endet am ***Lincoln Park*** am Lake Michigan mit Teichen, einer Uferpromenade und kleinem Zoo (s.u.), dem ***Café Bauer*** am *South Pond* und der schönen ***North Avenue Beach***.

Geschichtsmuseum

In der Südwestecke des Parks (Ecke North Clark/North Ave) präsentiert die ***Chicago Historical Society*** das Thema »Gründerjahre der USA und Chicagos« (1765-1820). U.a. geht es um den großen Brand von 1871, den Bügerkrieg, Al Capone, das initiale »P« vom Playboy und die ertse CTA-Bahn und -Lokomotive. Sehenswert sind die thematischen Diaramen. Mo, Mi, Fr, Sa 9.30-16.30 Uhr; Do bis 20 Uhr; So 12-17Uhr; $12, unter 12 frei; Mo frei; www.chicagohs.com.

Kinderzoo

Mitten im Park gibt's einen »Streichelzoo« mit großen und kleinen Tieren, Bimmelbahn, Tretbooten und Karussel; tägl. 10-17 Uhr, Sa/So bis 18.30Uhr (nur im Sommer), Eintritt frei. Anfahrt: Lake Shore Drive, *Exit* Fullerton Parkway, Parken: bis 30 min frei, bis 180 Min $14; Bus #151 & #156.

Oak Park/ Frank L. Wright

Ein weiterer Besuch könnte dem ***Frank Lloyd Wright Home & Studio*** im Stadtteil **Oak Park** gelten, 951 Chicago Ave; Mo-Fr 10-17 Uhr, Führungen 11, 13,15 Uhr, Sa/So 11 und 15.30 Uhr; Eintritt $12; Senioren und unter 18 Jahren $10; www.wrightplus.org.

Per Auto erreicht man Oak Park über den *Eisenhower Expressway* (I-290), *Exit* Harlem Ave North, dann rechts Lake Street zur ***Oak Park Visitor Information*** (158 Forest Ave, © 1-888-625-7275) oder mit der ***Blue-Line*** bis Oak Park, dann 5 min zu Fuß.

Touren

Folgende Besichtigungen werden dort angeboten:

- ***Home+Studio*** (nur englisch) Mo-Fr 11, 13, 15 Uhr, Sa+So 11-15.30 Uhr alle 20 min, Dauer 45-60 min; $12.
- ***Historical District***, ein *self-guided walk* zu 25 FLW-Bauten (auch mit deutscher Hörkassette) täglich 10-15.30 Uhr, $12.
- ***Guided Tour*** (nur englisch) Sa+So 10.30, 11, 12, 13, 14, 15.30, 16 Uhr, $12. **Kombiticket** (*Museum* & *Walk*, $20).

Die *Frank Lloyd Wright*-Häuser haben jeweils eigene Besichtigungszeiten. Man kann bereits vor der Fahrt nach Oak Park bei der oben genannten *Chicago Architectural Foundation*, Michigan Ave, und auch im *Hancock Center* © (708-848-9518 und © 1-877-848-359) sowie online am Vortag buchen.

Chicagos Süden

Brecht-Fans und an Sozialgeschichte Interessierte zieht es vielleicht in Bereiche südlich der City zu den historischen **Schlachthöfen**, auch wenn diese nach über hundertjährigem Betrieb bereits 1971 nach außerhalb verlegt wurden.

Schlachthöfe

Bis heute wirkt dieser zwar abgewrackte, aber immer noch vorhandene Komplex (südlich der I-55 zwischen 35th und Garfield Street) trostlos, erdrückend und beängstigend: durchsetzt von klotzigen Lagerhallen, durchschnitten von Schienensträngen, Kaianlagen und Kanälen. Allein 1871, im Jahr des großen Feuers, wurden 500.000 Rinder und 2,5 Mio Schweine zu den Schlachtbänken – an denen in erster Linie böhmische und deutsche Einwanderer standen – geführt.

Pilsen

Pilsen liegt zwischen dem Südarm des Chicago River und der I-90/ 94 auf Höhe der 18th Street beidseitig der Halsted Street. Die Bezeichnung verrät, dass dieser Stadtteil früher einmal in böhmischer Hand war – heute wohnen dort hauptsächlich Südamerikaner und Mexikaner. Bunte *Murals* und etliche Restaurants sorgen für mexikanisches Flair. Hier steht das beachtliche ***Mexican Fine Arts Center Museum***, die größte lateinamerikanische Kultureinrichtung der USA (1852 W 19th Street), Di-So 10-17 Uhr, frei; www.mfacmchicago.org.

7

Oak Park und Frank Lloyd Wright

Beim oben vorgeschlagenen Architektur-Spaziergang fehlte der Name des bekannntesten Chicagoer Architekten, *Frank Lloyd Wright*. Er arbeitete zunächst zusammen mit *Louis Sullivan*, machte sich dann aber selbständig und revolutionierte vor den Toren der Stadt mit seinen »Präriehäusern« die urbane Wohnkultur. Diese langgestreckten Villen mit weit überstehenden, sehr flachen Walmdächern betonen die Horizontale und reflektieren auch innen die Weite der Steppe: Große lichtdurchflutete Räume liegen auf verschiedenen Ebenen und gehen oft ineinander über. Auch seine bunten Glasfenster wurden berühmt. Gern gab *Wright* auch die Innenarchitektur vor – meist zum Ärger seiner Auftraggeber. Zwischen 1898 und 1909 zeichnete er allein in Oak Park für 25 Gebäude verantwortlich.

Das *Visitor Center* hat zu allen Sehenswürdigkeiten des Viertels Unterlagen (auch zum *Hemingway Museum* und *Hemingways* Geburtshaus).

Mehr Material zu *Frank Lloyd Wright* führt der Buchladen hinter dem *Wright Home & Studio*, ➪ Text links.

Nach Buffalo über Detroit

Um den Kreis der hier verfolgten Rundfahrt zu schließen, fährt man entweder von Chicago über **Detroit** nach Toronto/ Niagara Falls oder wählt die südlichere Route am Lake Erie entlang über **Cleveland** nach Buffalo, ➪ Seite 713.

Nach Detroit sind es auf der I-94 ca. 280 mi, nach Buffalo auf direktem Weg auf der I-90 über Toledo – also ohne Umweg über Detroit – rund 550 mi.

Durch Wisconsin nach Chicago

Zur Route

Als Alternative zu der im Kapitel 7.2.3 (⇨ Seite 676) beschriebenen Route nach Chicago am Ostufer des Lake Michigan entlang, besteht auch die Möglichkeit, um das Westufer des Sees herum durch Wisconsin zu fahren. Man setzt dazu ab der *Pictured Rocks National Seashore* bzw. ab *Fayette State Park* (⇨ Seite 671) die Fahrt in Richtung Süden fort (Straße #41, dann #35). Das Westufer ist im Sommer nicht so überlaufen wie die Dünen und Strände der *Michigan Lower Peninsula*; allerdings ist es mit wenigen Ausnahmen auch nicht ganz so attraktiv.

Door Peninsula

Zu den Ausnahmen zählt vor allem die ***Door Peninsula***. Dieses »*Cape Cod* des Binnenlands« hat – insbesondere oberhalb von **Sturgeon Bay** – herrliche Strände, verschlafene kleine Orte und gute *State Parks*. Passende Hotels/ Motels findet man eher auf der Westseite der Halbinsel, z.B.

- das traditionelle ***White Gull Inn*** in Fish Creek, Main St, mit Restaurant, © (920) 868-3517, $260 mit Frühstück oder
- das ***Cherrywood Inn*** in Sister Bay, 321 Country Walk Lane, © (920) 854-9590, und
- das ***Snug Harbour Inn*** in Sturgeon Bay, 1627 Memorial Drive, © (920) 743-2337 und © 1-800-231-5767; Jun/Jul/Aug: Motel ab $85, sonst $60-110; www.snugharborinn.com

Richtige **Campingparadiese** sind der ***Peninsula State Park*** (bayseitig) und – fast in der Spitze – der ***Newport State Park***. Vormittags locken lange Strände zum Baden und Wandern, nachmittags/abends wartet, z.B. im *White Gull Inn*, ein zünftiger ***fish boil*** (Gemüse/*Whitefish* über offenem Feuer gegart).

State Parks

Auch im weiteren Verlauf der Küstenstraßen (#42, dann ggf. auch I-43, südlich Milwaukee wieder Straße #41) in Richtung Chicago sind die ***State Parks*** einen Abstecher wert. Interessant ist der ***Kohler-Andrea State Park*** auf einem Gelände, das der österreichische Sanitärfabrikant Kohler zu Beginn des 20. Jahrhunderts für (damals) vorbildliche Industrieanlagen und Arbeitersiedlungen genutzt hat.

Milwaukee

Die Stadt ist wegen ihrer starken Wurzeln in Deutschland (*German Restaurants*, Usinger Würste, Brauereien) bekannt und für Motorradfans (***Harley Davidson***) ein Muss.

Madison

Architekturinteressierte werden den Umweg (I-94) über die reizvolle Universitätsstadt **Madison** nicht scheuen, um bei **Spring Green** die Architekturschule ***Taliesin*** *(East)* von *F.L. Wright* zu besuchen (Kasten vorstehende Seite).

Bahai Tempel

Südlich der Illinois-Grenze wechselt man in **Highland Park** oder **Evanston** zur Uferstraße durch wohlhabende Vorstädte Chicagos. Am Weg passiert man in **Wilmette** das ***Bahá'i House of Worship***, einen bombastischen Tempel der *Bahai*-Religion.

7.4 Detroit (www.visitdetroit.com)

(Einwohner ca. 900.000, Großraum ca. 4,5 Mio.)

Situation 2008

Detroit war über Jahrzehnte Symbol der amerikanischen Automobilindustrie schlechthin. Bereits die Erdölkrise der 1970er-Jahre führte zu einem dramatischen Abstieg. Zigtausende von Arbeitsplätzen gingen damals verloren. Ehemals mittelständische Wohngebiete verkamen zu Slums, ganze Viertel verfielen. Eine danach eingetretene Konsolidierung der Autoproduzenten wurde später durch japanische Konkurrenz und den Ölpreisanstieg seit 2007 wieder zunichte gemacht. 2008 kam es zu weiteren Werksstilllegungen. Riesige Flächen im Süden der Stadt mit seit Jahrzehnten aufgegebenen Fabrikanlagen liegen nach wie vor brach, neue Industrieruinen kamen nun hinzu. Dabei verlor der Raum Detroit schon in den Jahren 2004 bis 2007 ca. 10% seiner Bevölkerung.

Attraktionen

Das Zentrum wirkt stellenweise ersichtlich heruntergekommen, auch wenn das ***RenCen*** (⇨ Foto) und das neue Spielkasino ***MGM Grand*** noch Prosperität vortäuschen. Sie sind die einzigen echten touristischen Attraktionen in *Downtown* Detroit. Daneben üben der ***Henry Ford*-Museumskomplex** und ein erstklassiges **Kunstmuseum** noch erhebliche Anziehungskraft aus.

7.4.1 Geschichte und Klima

Geschichte

Detroit war Anfang des 19. Jahrhunderts ein aus einem Militärstützpunkt hervorgegangenes Städtchen mit 2.000 Einwohnern. Als der Bau des *Welland Canal* zur Umgehung der Niagara Fälle und die etwa gleichzeitige Fertigstellung des *Erie Canal* (Verbindung des Lake Ontario mit dem Hudson River) 1830 die Anbindung der Goßen Seen an den St. Lorenz-Strom und an New York/die Ostküstenstaaten brachte, verzehnfachte sich die Einwohnerschaft binnen 20 Jahren. Anfang des 20. Jahrhunderts lebten fast 300.000 Menschen in Detroit.

Glasfassaden rundum, das sog. RenCen (Renaissance Center), heute General Motors Hauptquartier am Ufer des Detroit River am Rand der Innenstadt

Das Auto

Die Erfindung des Automobils und die Ansiedlung der Fordwerke, der bald weitere Hersteller und eine Zuliefererindustrie folgten, brachten der Stadt Wohlstand. Trotz aller zwischenzeitlichen Rückschläge gehört Detroit immer noch zu den größten industriellen Ballungsgebieten der USA und blieb Amerikas Automobilstadt #1 – wiewohl mit absteigender Tendenz.

Klima

Das Gebiet um Detroit hat sehr warme Sommer. Im Juli und August überwiegen Tage mit Temperaturen von 25°C bis 30°C und gelegentlich mehr, die oft von Schwüle begleitet sind. Kräftige Regenschauer, bisweilen mehrere Regentage hintereinander, kennzeichnen das Frühjahrswetter, das insgesamt dem unserer Breiten ähnelt. Der Herbst ist angenehm, der Winter für nordostamerikanische Verhältnisse eher mild mit viel Schnee.

7.4.2 Orientierung, Transport und Information

Orientierung

Detroit ist mit einem dichten, auf das Zentrum ausgerichteten Autobahnnetz überzogen. Aus welcher Richtung auch immer man sich *Downtown* Detroit nähert, man gelangt fast unverfehlbar dorthin. Einmal im Kernbereich, der von Detroit River und der Trasse der Hochbahn umgrenzt wird, fällt auch die weitere Orientierung nicht schwer. Für Anlaufpunkte außerhalb *Downtown* folgt man einfach einer »passenden« Hauptstraße, die vom Zentrum aus sternförmig in alle Richtungen laufen. Stimmt die Richtung, kann man in Detroit nicht mehr ganz falsch fahren.

Öffentliche Verkehrsmittel

Das ***Detroit Department of Transportation*** **DOT** (www.detroitmi.gov/ddot) versorgt vor allem den Bereich der engeren City, Ticketpreis $2. Die ***Suburban Mobility Authority for Regional Transit*** (*SMART*: www.smartbus.org/smart/home; ✆ 1-866-962-5515) kümmert sich sich um den Transport zu den Vorstädten.

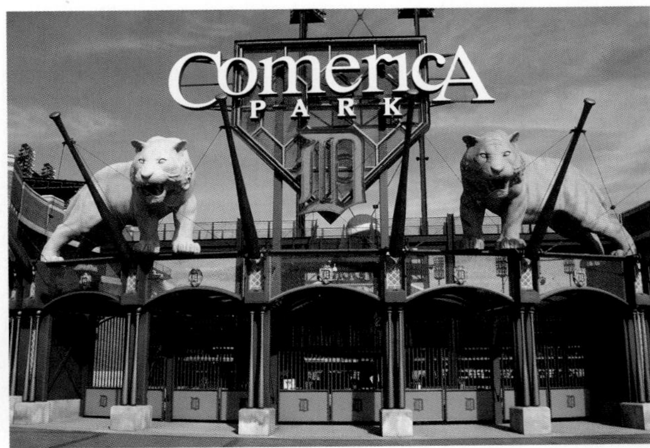

Eingang zum Stadion der Detroit Tigers (American Football)

People Mover

Der ***People Mover***, eine **Magnetbahn**, umrundet den *Central Business District* und fährt durch mehrere Gebäudekomplexe hindurch. Eine komplette Runde über 13 mit »**Kunst am Bahnhof**« gestaltete Stationen dauert ca. 15 min und eignet sich gut für einen ersten Überblick. Zudem ist die Bahn sauber und – dank grimmiger Bewachung – auch noch sicher. Die Fahrt kostet $0,50.

Information

Ein ***Visitor Information Center*** befindet sich im 10. Stock des Gebäudes 211 West Fort Street; ✆ 1-800-338-7648. Ein Stand der Tourist-Info befindet sich im Airport.

7.4.3 Unterkunft und Camping

Hotels/ Motels

Häuser der bekannten Motelketten finden sich in großer Konzentration in **Airportnähe** an der I-94 (Stadtteil Romulus), in **Dearborn** (*Ford Museum*) und entlang der äußeren **Ringautobahn I-275** im gemeinsamen Streckenabschnitt mit der I-96 im Stadtwesten.

Unweit *Downtown* logiert man relativ preiswert im

- ***Shorecrest Motor Inn***, 1316 E Jefferson Ave, ✆ (313) 568-3000 bzw. ✆ 1-800-992-9616, DZ ab $80; www.schorecrestmi.com

Die teure, aber außerordentlich reizvolle Alternative bietet das

- ***Marriott*** im *Renaissance Center*, ✆ (313) 568-8000 und ✆ 1-800-228-9290, *Weekend* ab $149; www.detroitmarriott.com

Bei **Dearborn** ist das ***Courtyard Inn*** eine gute Wahl:

- ***Courtyard by Marriott***, 5200 Mercury Drive, ✆ (313) 271-1400 und ✆ 1-800-321-2211, ab ca. $120, Wifi. Zufahrt ebenfalls über den Freeway #39, *Exit* Ford. Nähe Ford Museumskomplex
- ***Holiday Inn Express***, 3600 Enterprise Drive in Allen Park, ✆ (313) 323-3500 und ✆ 1-800-181-6068, ab ca. $100, Wifi, inkl. Frühstück. Nähe Ford Museum; www.ichotelsgroup.com

Eine preiswertere Alternative in diesem Bereich ist das

- ***Red Roof Inn Dearborn***, 24130 Michigan Ave, ✆ (313) 278-9732 und ✆ 1-800-THE ROOF, ab $80, Wifi; www.redroof.com

Hostels sind in und um Detroit nicht zu finden.

Camping

Citynah kann man in/bei Detroit nicht campen. Eine gute Stunde Fahrt ab *Downtown* ist einzukalkulieren, gleich, wo man unterkommt. Der ***Algonac State Park*** liegt nordöstlich der Stadt schön am Detroit River, der ***Sterling State Park*** südlich am Lake Erie.

Die **beste Alternative** in hügeliger Waldlandschaft ist der *Campground* (mit *Hook-up*) in der ***Pontiac Lake State Recreation Area***. Zufahrt ab Pontiac Straße #59, dann Williams Lake Road westlich des *Oakland Pontiac Airport* an der ***Beach*** vorbei und weiter zum etwas abseitigen ***Campground*** auf der Gale Road noch 4 mi, dann rechts und noch einmal rechts. Oder weiter westlich von der #59 auf Teggerdine Road ca. 3 mi nach Norden, dann rechts; ✆ 1-800-447-2757, $18; www.michigandnr.com/parksandtrails, auf der Karte die Fläche »**Wayne County**« (unten) anklicken.

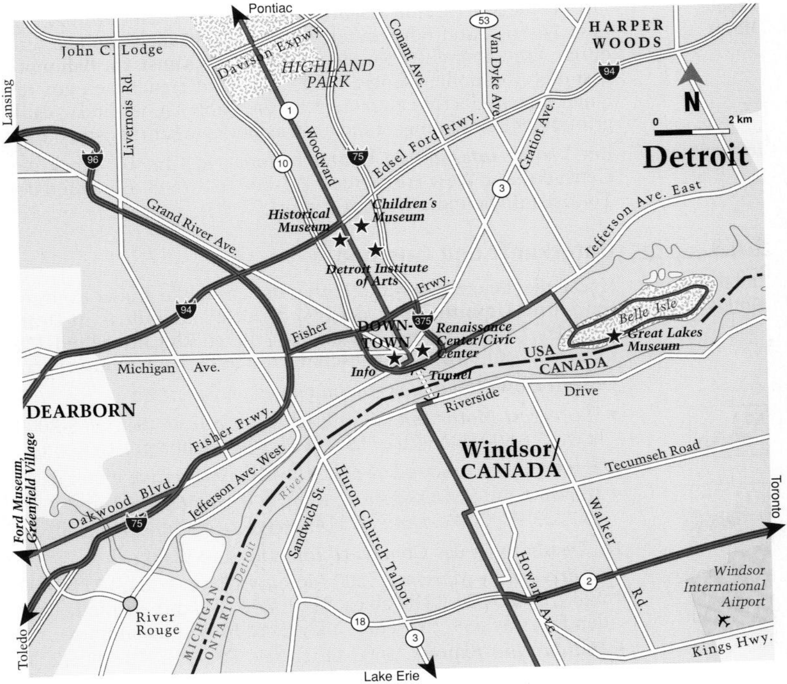

7.4.4 Stadtbesichtigung

Riverfront

Detroits bestes Stück ist die ***Riverfront*** mit Kongresszentrum (*Cobo Conference Center*), *Civic Center Plaza* und dem **Aushängeschild Detroits**, dem ***Renaissance Center***. Rund um diesen Bereich stößt man auf – noch erschwingliche – Parkhäuser und -plätze. Er ist idealer Startpunkt für einen Besuch der Innenstadt.

RenCen

Auf jeden Fall ein wenig intensiver umsehen sollte man sich im ***Renaissance Center***. Es besteht aus fünf vieleckigen Glastürmen unterschiedlicher Höhe. In ihnen befindet sich das Hauptquartier von *General Motors*. Ein mehrstöckiges, alle Türme offen verbindendes Foyer dient als Ausstellungsbereich für GM-Modelle (***GM World***), Shopping- und Restaurantzone. Ein riesiger neuerer Wintergarten mit ***Food Court*** bildet den Haupteingangsbereich am Detroit River.

Downtown

Ansehenswert und zu Fuß/per ***People Mover*** gut erreichbar sind:

- der ***Civic Center* Bereich** über dem *Detroit River* mit Platz für *Open-Air* Konzerte und allerlei *Festivals*.

- der mit viel Grün und Ruhezonen verschönte **Fußgängerbereich *Grand Circus*** zwischen Kennedy Square und Washington Blvd. Von der *Hart Plaza* verkehrt ein Touristen-***Trolley*** auf historischer Schienentrasse dorthin.

- ggf. noch ein ***Greektown*** genannter kurzer Abschnitt der Monroe Street (ab Randolph Street) mit griechisch geprägten **Restaurants** und Boutiquen, dazwischen die ***Trappers Alley***, eine *Shopping Mall* mit **Kasino** im Gebäude einer alten Lederfabrik.
- Apropos Kasino: An der 1777 3rd St steht mit dem ***MGM Grand*** ein riesiges **Spielkasino-Hotel**; www.mgmgranddetroit.com.

Zustand Downtown

Unverkennbar ist, dass es seit Jahren in *Downtown* Detroit kaum Entwicklung gab, Randzonen entlang der Trasse des *People Mover* eher Zeichen von Verfall aufweisen. Nur ein kleiner Bereich ab Riverfront die Woodward Ave hinauf blieb attraktiv.

Belle Isle

Nur wenige Kilometer sind es von der Innenstadt zur **Belle Isle**, einer als *City Park* ausgewiesenen Insel im Detroit River. Der zwar nicht übermäßig gepflegte und ab Dämmerung problematische Park bietet alle Möglichkeiten zu sportlicher Betätigung und verfügt über Badestrände (gute Wasserqualität), das ***Detroit Aquarium***, das schiffahrtsorientierte ***Dossin Great Lakes Museum***, einen Zoo, Picknick- und Kinderspielplätze; www.fobi.org.

Henry Ford Komplex

Die mit Abstand meistbesuchte Sehenswürdigkeit Detroits ist der Komplex ***Ford Museum/Greenfield Village*** im westlichen Vorort **Dearborn** zwischen Oakwood Blvd und Michigan Ave (Straße #12) unmittelbar westlich der Stadtautobahn #39.

www.thehenryford.org

Zufahrt auch über I-94, Abfahrt Oakwood Blvd. Oder Anfahrt mit Buslinie #200/#250. **Geöffnet** täglich 9.30-17 Uhr. Eintritt für Ford $14, Kinder $10; fürs Village $20, Kinder $14. Kombinationsticket bis zwei Tage Gültigkeit $30/$22; © (313) 271-1620.

Ford Museum

Die übergeordnete Thematik des ***Ford Museum*** ist die Technisierung des (amerikanischen) Lebens seit der Pionierzeit bis heute. Eine enorme Sammlung aller erdenklichen Geräte, die in 200 Jahren den ***American Way of Life*** ermöglicht oder erleichtert haben, erwartet den Besucher. Im Mittelpunkt steht die Mobilisierung Amerikas durch das Auto, nebenbei durch Eisenbahn und Flugzeug. Man findet viele Fahrzeuge, die Geschichte machten, darunter Flugmaschinen aus den Anfängen der Luftfahrt. Prunkstück ist die ***Allegheny Locomotive***, eine der größten jemals gebauten Dampfloks. Da sich über Jahre nichts verändert hat, wirkt das Museum in der Art der Präsentation heute etwas antiquiert.

Ford Rouge Factory Tour

Interessant ist die Besichtigung der alten **Autofabrik *Ford Rouge***, deren Truckproduktion (Pick-up F-150) hier zwar aufrecht gehalten wird, aber nicht immer aktiv ist. Bus dorthin ab Parkplatz beim Haupteingang alle 20 min 9.20-15 Uhr. Kosten $14/$10.

Greenfield Village

Beim ***Greenfield Village*** handelt es sich um ein *Living Museum* mit ca. 80 Gebäuden aus verschiedenen Zeitabschnitten (überwiegend 2. Hälfte 19. Jahrhundert), die entweder hierher versetzt oder originalgetreu nachgebaut wurden. Es fehlt zwar an Idylle, aber dafür gibt es in Form einiger alter Produktionsanlagen zusätzlich die industrielle Komponente und ein paar historisch bedeutsame Anwesen wie *Edisons* Labor, den Fahrrad-Shop der Gebrüder *Wright* und das Geburtshaus *Henry Fords,* außerdem eine alte Dampfeisenbahn von 1843.

Cultural Center/ Museen

Neben *Downtown* und dem Ford Komplex bildet das ***University Cultural Center*** mit einer Reihe von Museen den dritten wichtigen Anlaufbereich in Detroit. Von der *Riverfront* sind es dorthin (auf der Woodward Ave) nur ca. 2,5 mi:

Detroit Institute of Arts

- Das ***Detroit Institute of Arts*** (*DIA*) ist das sehenswerteste der Museen. Ähnlich wie in Boston, Buffalo, Chicago und Cleveland beeindruckt der pompöse Museumsbau. Beachtlich ist hier die Sammlung europäischer Im- und Expressionisten, darunter viele Künstler aus dem deutschsprachigen Raum (*Kirchner, Klee, Pechstein, Marc, Kokoschka, Kandinsky*). *Americana* des 20. Jahrhunderts sind eine weitere Stärke des *DIA*. Mi-Do 10-17 Uhr, Fr bis 22 Uhr, Sa/So bis 18 Uhr, Eintritt $8, Kinder $4; © (313) 833-7900; www.dia.org.

Geschichts museum

- Nur mäßig interessant ist das schräg gegenüber dem *DIA* angesiedelte ***Historical Museum*** mit Hauptgewicht auf »Geschichte des Autos«. Nachgebaute Straßenzüge *Old Detroits* bilden einen zweiten Schwerpunkt. **Geöffnet** Mi-Fr 9.30-15 Uhr, Sa 10-18 Uhr, So 12-17 Uhr. Eintritt $8/$4; www.detroithistorical.org.

Afrika-Amerika

- Das ***Museum of African American History*** (315 E Warren Ave) steht schräg hinter dem Kunstmuseum. Die eindrucksvolle Präsentation der Geschichte der Versklavung afrikanischer Menschen, der des Sklavenhandels und der Lebensumstände der Schwarzen in Amerika istgeöffnet Di-Sa 10-17 Uhr, So ab 13 Uhr. Exotischer Laden. Eintritt $8/$5; www.maahdetroit.org.

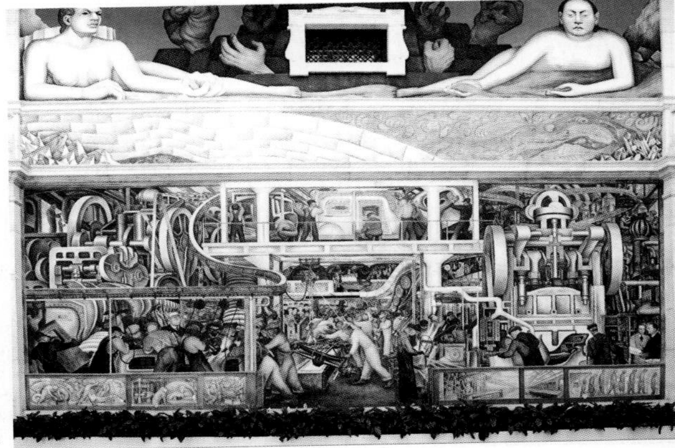

Wandgemälde der Arbeit in einer Autofabrik im Detroit Art Institute

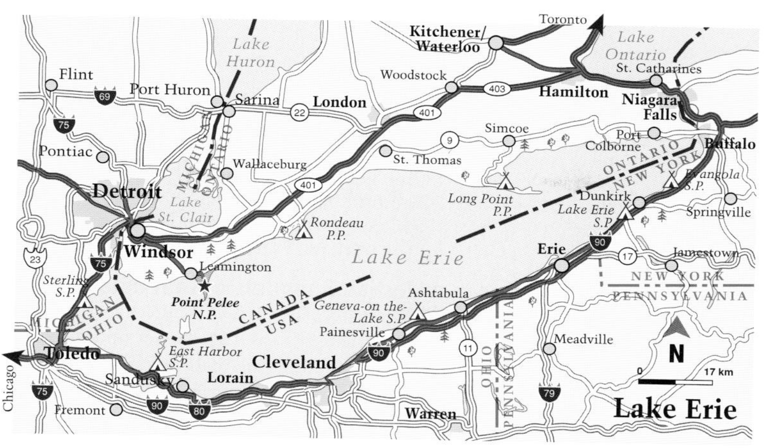

Von Chicago/Detroit nach Toronto/Niagara Falls

Nach Toronto und Niagara Falls durch Ontario

Von Detroit kann der Kreis einer Rundfahrt durch Ontario und Michigan rasch geschlossen werden: Von **Windsor** (auf der anderen Flussseite) oder über **Port Huron/Sarnia** (am Abfluss des Lake Huron) sind es nach **Toronto** noch 250 Autobahnmeilen durch landwirtschaftlich genutztes, touristisch aber reizloses Gebiet. Bei **Kitchener** erreicht man die Rundstrecken durch Ontario, ➪ ab Seite 419. Die Route bis Kitchener ist auch für das Ziel **Niagara Falls** geeignet: Ab London geht es dabei über Hamilton und die Autobahn ***Queen Elizabeth Way*** dorthin und ggf. weiter in die USA. Bei mehr Zeit lohnt ein Abstecher zum ***Point Pelee National Park***, einem Sumpf- und Vogelschutzgebiet an der Nordküste des Lake Erie, auch wenn diese Seeuferstrecke unattraktiv ist.

Die Südroute über Cleveland nach Buffalo

Eine weitere Alternative bietet die **I-90** durch Ohio und Pennsylvania nach **Buffalo**. Sie kommt auch und besonders dann in Frage, wenn man ab Chicago auf Detroit verzichtet. An ihr liegt **Cleveland** (www.travelcleveland.com) mit einem **Top-Kunstmuseum**, dem weltberühmten ***Cleveland Orchestra*** und der enormen ***Rock'n & Roll Hall of Fame*** am Ufer des Lake Erie.

Rock'n Roll Hall of Fame

www.rockhall.com

Nicht nur Altrocker kommen dort auf Touren. Der Vorplatz ist gespickt mit knalligen E-Gitarren, und in fünf Etagen sieht und hört man alles, was Oldie-Fans neidisch macht: Autogramme, Fotos, Clips, Charts, T-Shirts und Hosenknöpfe von allen Rockhelden vergangener Dekaden. Anfahrt über die I-90 East zur Straße #2 West/*Exit* 174B, dann rechts zur 9th Street East (751 Erieside Ave). Täglich 10-17.30 Uhr, Mi bis 21 Uhr, $22/$13.

8. ANHANG

8.1. Routenvorschläge

Die folgenden 7 Routenvorschläge wurden mit unterschiedlichen Schwerpunkten für abweichende Jahres- und Reisezeiten konzipiert und lassen sich leicht modifizieren. Legt man der eigenen Planung eine der Routen zugrunde, ist auf dieser Basis eine optimale individuelle Reiseroute rasch gefunden. Die Streckenübersicht in der Umschlagklappe vorne erleichtert den Zugriff auf die als Entscheidungshilfe geeigneten Seiten.

Route 1: Herbstroute zum Indian Summer in Neuengland

Reisezeit etwa Mitte September bis Mitte Oktober

Dauer: In 10 Tagen knapp machbar, 14 Tage besser und ruhiger

Distanz einschließlich Extrameilen für Abstecher, Umwege und Stadt: rund 1.500 mi bzw. 2.400 km.

Start: Boston, aber ebensogut New York mit Hudson Valley

Bemerkungen: Die Route führt durch Regionen mit der schönsten Herbstlaubfärbung und berührt viele touristische *Highlights*.

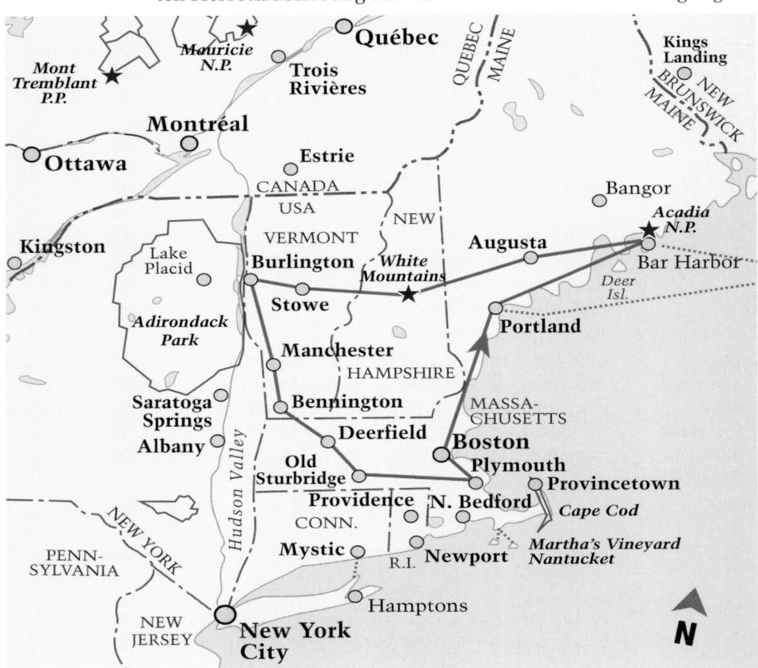

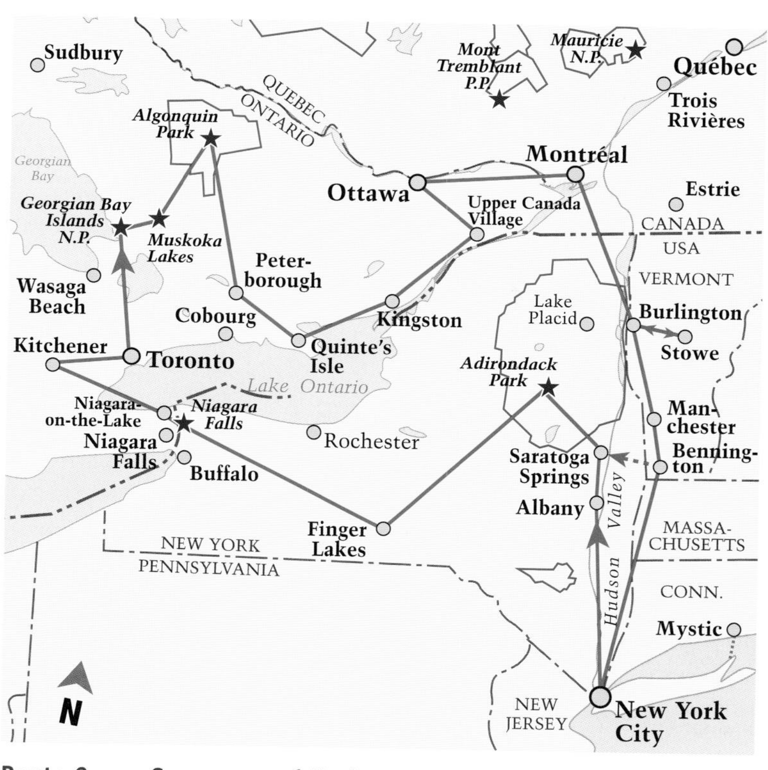

Route 2: Sommer- und Herbstroute USA/Canada I

Reisezeit/-beginn Anfang Juni bis Ende September

Dauer: In der vollen hier dargestellten Form, d.h., ohne in diesem Fall leicht mögliche Kürzungen in 14 Tagen machbar, konzipiert jedoch für 3 Wochen Reisezeit plus ggf. Extratage für New York City. Für Toronto, Ottawa und Montréal wären bei 20 Tagen unterwegs insgesamt 4-5 Tage »drin«.

Distanz inkl. Extrameilen für Abstecher, Umwege und Stadt: kaum unter 2.500 mi bzw. 4.000 km.

Start: Toronto, aber ebensogut New York möglich, wobei die Fahrt auch in Gegenrichtung gemacht werden kann. Ebenfalls als Startpunkt kommt Montréal in Frage.

Bemerkungen: Diese Reiseroute verbindet die touristischen Höhepunkte von New York State, Ontario und Vermont und bietet viel Abwechslung: Cities, Kultur, Natur und Landschaft.

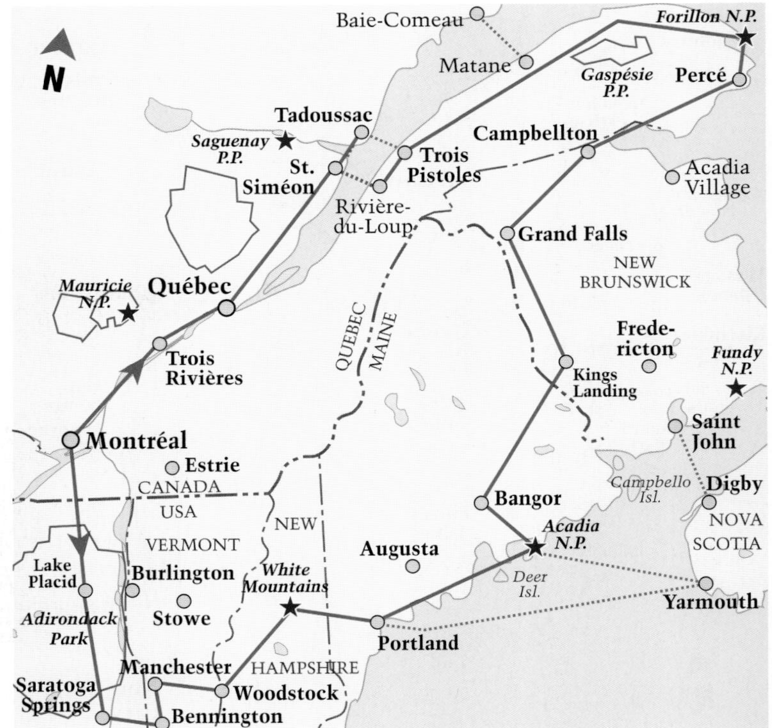

Route 3: Sommer- und Herbstroute USA/Canada II

Reisezeit/-beginn Mitte Juni bis Anfang September

Dauer: In der vollen hier dargestellten Form, d.h. ohne auch hier leicht mögliche Kürzungen (z.B. Gaspésie) in ca. 18 Tagen machbar, konzipiert jedoch für rund 3-4 Wochen. Bei 4 Wochen wären auch noch weitere Abstecher, etwa nach Boston/Cape Cod oder zum Fundy Park, reizvoll.

Distanz inkl. Extrameilen für Abstecher, Umwege und Stadt: kaum unter 3.500 mi bzw. 5.600 km

Start: Montréal, ggf. auch New York oder Boston bei 4 Wochen

Bemerkungen: Diese Route legt einen ersten Schwerpunkt auf Québec, den zweiten auf Natur plus eine Menge Historie. Mit Montréal liegt nur eine »Big CityE an Anfang und Ende der Reise. Für Abwechslung ist bestens gesorgt: Neuengland und Québec, St. Lorenz-Strom, Gaspésie, Atlantik und Inlandgebirge.

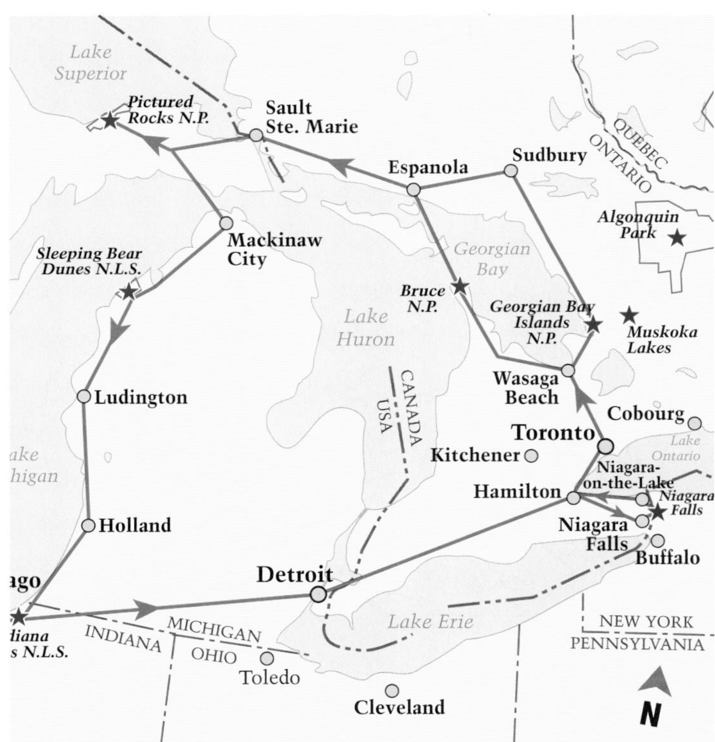

Route 4: Sommerroute USA/Canada durch Ontario und Michigan = Große Seen-Rundfahrt (mit Kindern ideal)

Reisezeit/-beginn Mitte Juni bis Ende August

Dauer: Mit Besuch aller drei auf der Strecke liegenden Cities ist die Tour unter 20 Tagen nicht gut zu machen, zumal Kürzungen bis auf den Abstecher zur Pictured Rock NLS am Lake Superior schwer möglich sind. Mit Badetagen und Abstechern lassen sich locker 4 Wochen abwechslungsreich füllen.

Distanz: auch ohne viele Extrameilen für Abstecher, Umwege und Stadt kaum unter 2.500 mi bzw. 4.000 km.

Start: Toronto, aber ebensogut Chicago, »zur Not« auch Detroit

Bemerkungen: Diese Strecke verbindet Canada pur (Georgian Bay/Lake Huron mit den Sommerurlaubsgebieten Michigans. Gleichzeitig kommen weder Big City-Erlebnis noch die Historie der Great Lakes zu kurz, und Niagara Falls passt auch noch `rein.

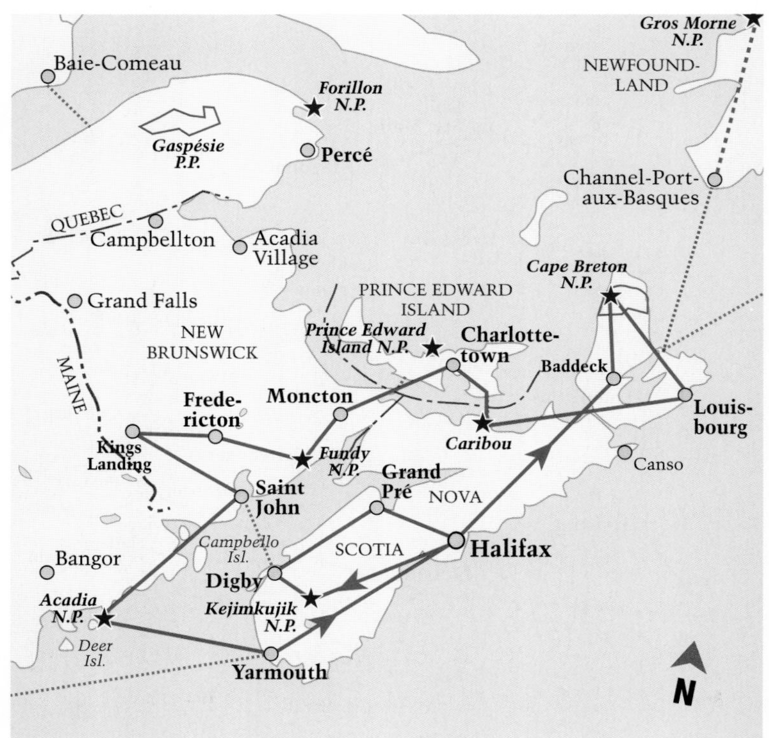

Route 5: Sommerroute Canada durch die maritimen Provinzen

Reisezeit/-beginn Anfang Juli bis Mitte August

Dauer: konzipiert für 3 Wochen, mit Neufundland-Abstecher aber sicher nicht unter 4 Wochen. Bei Verzicht auf Neufundland, die erste kleine Runde Halifax-Kejimkujik-Park und/oder den Schlenker über Fredericton auch in 14 Tagen machbar.

Distanz: einschließlich einiger Extrameilen für kleinere Abstecher und Umwege kaum unter 2.000 mi bzw. 3.200 km

Start: Hier kommt nur Halifax in Frage.

Bemerkungen: Die rauhe Schönheit Nova Scotias steht hier im Vordergrund, Fischerdörfer, Felsküsten, lange Strände, die Geschichte der Acadier und der englisch-französischen Kämpfe mit dem Highlight Fortress Louisburg. Dazu wunderbare Landschaften und mehrere Nationalparks, kulinarische Genüsse (Hummer!) und eine Seefahrt. Bei gutem Wetter ein toller Trip!

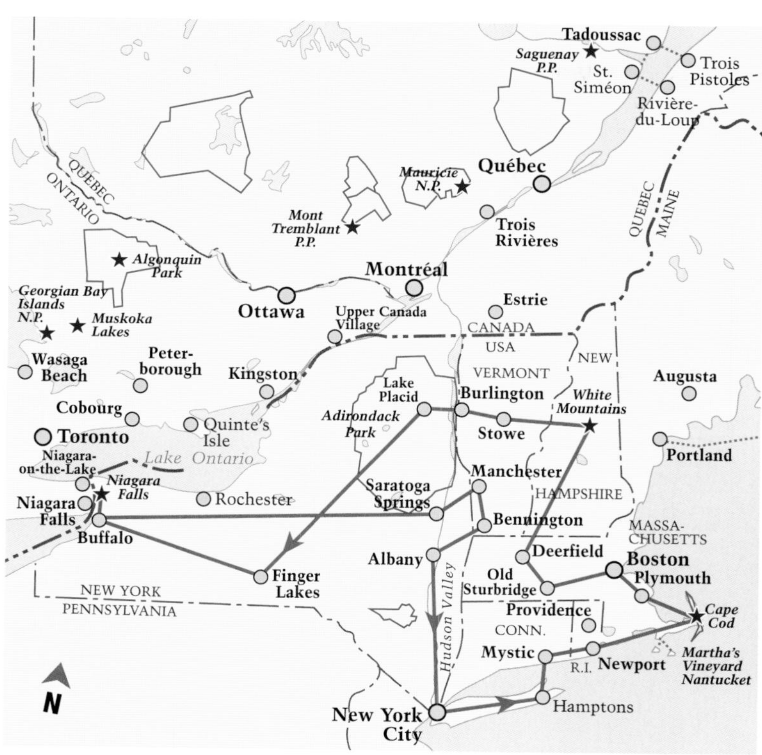

Route 6: Sommer- und Herbstroute USA (gut mit Kindern)

Reisezeit/-beginn Juni bis Ende September

Dauer: 3 Wochen sind auf diesem Zickzackkurs durch alle *Highlights* im westlichen Neuengland bis Niagara Falls rasch verbraucht, sowohl Kürzungen als auch Erweiterungen auf vier Wochen und mehr Reisezeit aber kein Problem.

Distanz inkl. Extrameilen für Abstecher, Umwege und Stadt: kaum unter 2.500 mi bzw. 4.000 km

Start: New York City oder Boston, ggf. auch Toronto

Bemerkungen: Die Sommerziele an der Atlantikküste sind wichtiger Bestandteil dieser Tour. Dort ist viel los und viel zu sehen, u.a. Wale. Das Binnenland bietet attraktive historische Ziele und Landschaften, bevor es nach Niagara Falls geht. Auf dem Rückweg liegen noch einmal schöne Vermont-Ziele, davor vielleicht noch Cooperstown (Seite 387) und das Hudson Valley an.

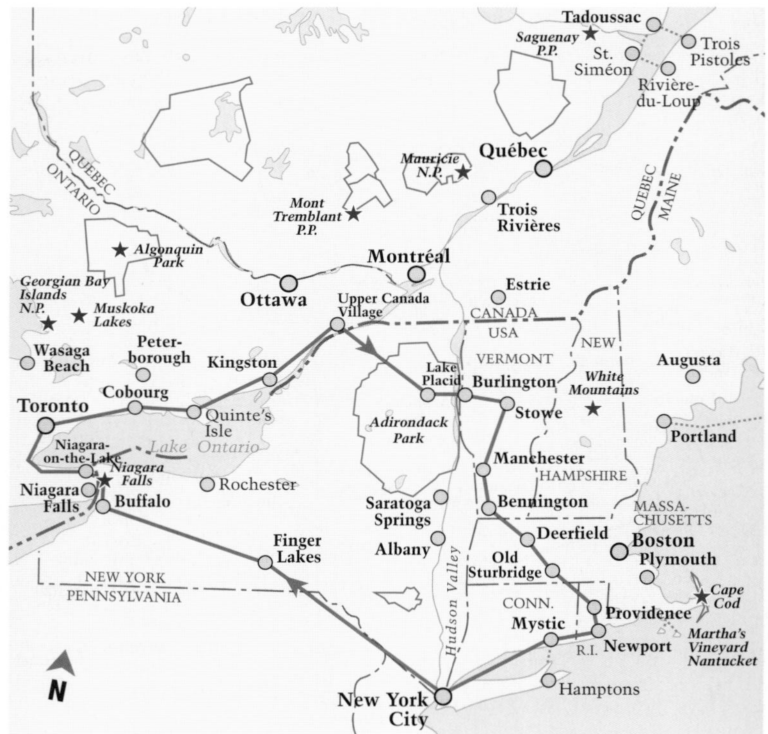

Route 7: Frühsommer- (bis Herbst-) Route USA/Canada

Reisezeit/-beginn Mai bis Mitte September

Dauer: Die eingezeichnete Route läßt sich recht gut in 14 Tagen »machen«. Man könnte sich aber auch (besser!) um drei Wochen Zeit nehmen. Erscheint dieser Zeitrahmen reichlich, ist die Einbeziehung weiterer Ziele unterwegs kein Problem.

Distanz inkl. Extrameilen für Abstecher, Umwege und Stadt: nicht unter 2.200 mi bzw. ca. 3.500 km.

Start: New York oder ggf. auch Toronto

Bemerkungen: Hier handelt es sich um eine Modifizierung der Route 2 – im Nordabschnitt ohne den *Algonquin Park*, Ottawa und Montréal. Dafür werden das Old Sturbridge Village, Newport, etwas Küste inklusive Mystic und u.U. das Foxwood-Kasino einbezogen. Auch das Hudson Valley oder Cape Cod könnten hier noch leicht eingeplant werden.

8.2 Touristische Informationsstellen

Die *Tourism Offices* der US-Staaten schicken ebenso wie die Canadas Unterlagen (Karten, Hotelverzeichnisse, *State/Provincial Park*-Broschüren, Veranstaltungskalender etc. pp.) auch an Interessenten im Ausland. Vorwahl für Anrufe: 001. *Toll-free* 800-Nummern sind ebenfalls vom Ausland aus anwählbar, aber dann nicht gebührenfrei. Die zusätzliche »1« vor der *toll-free number* darf vom Ausland aus nicht mitgewählt werden. In vielen Fällen lassen sich Unterlagen auch über die Internetadressen online bestellen.

Nordöstliche US-Staaten

Es existiert zwar auch ein Fremdenverkehrsamt für die USA insgesamt, es erteilt jedoch keine Auskünfte an Privatpersonen und versendet keine Prospekte. Die Staaten im Nordosten der USA und kanadische Provinzen versenden ihr Material mehrheitlich über deutsche Kooperationspartner, deren jeweilige Telefonnummern in früheren Auflagen genannt waren. Die Entwicklung zeigte aber so rasche Veränderungen, dass die Angaben oft schon kurz nach Veröffentlichung als Fehlauskunft interpretiert werden mussten. Mittlerweile ist das **Internet** ohnehin die bessere Informationsquelle. Nach anfänglichen Wechseln haben sich diese Adressen im Zeitablauf »stabilisiert«. Sie waren zum Zeitpunkt unten korrekt.

Connecticut Culture & Tourism
One Constitution Plaza
Hartford, CT 06103
✆ (860) 256-2800, ✆ 1-888-288-4748
www.ctvisit.com

Maine Publicity Bureau
325B Water Street
Hallowell, ME 04347
✆ (207) 623-0363, ✆ 1-888-624-6345
www.mainetourism.com

Massachusetts Office of Travel
10 Park Plaza, Suite 4510
Boston, MA 02202
✆ (617) 973-8500, ✆ 1-800-227-6277
www.mass-vacation.com

Michigan Travel Bureau
PO Box 30226
333 South Capitol Suite F
Lansing, MI 48909
✆ (517) 335-1876, ✆ 1-800-644-2489
www.michigan.org
www.enjoymichigan.com

New Hampshire Office of Travel
PO Box 1856
Concord, NH 03302
✆ (603) 271-2665, ✆ 1-800-386-4664
www.visitnh.gov

New York State Div. of Tourism
1 Commerce Plaza
Albany, NY 12245
✆ (518) 474-4116, ✆ 1-800-225-5697
www.iloveny.com

Rhode Island Tourism Division
1 West Exchange Street
Providence, RI 02903
✆ (401) 222-2601, ✆ 1-800-556-2484
www.visitrhodeisland.com

Vermont Department of Tourism
134 State Street
Montpelier, VT 05602
✆ 1-800-837-6668
www.travel-vermont.com

Die aufgeführten Webadressen und Telefonnummern entsprechen dem überprüften Stand Juli 2008

Canadas östliche Provinzen

Canada Tourism Commission
(*Canada Hotline* und Versandservice)
Postfach 200247
63469 Maintal
✆ 01805/526232 Fax 06181/497558
in der Schweiz:
Solothurnstr. 81
4702 Oensingen
✆ 062 3964151, Fax 3880819
www.canadainfo.de
www.dfait-maeci.gc.ca
de.canada.travel

Tourism New Brunswick
PO Box 12345
Campbellton NB
Canada E3N 3T6
✆ 1-800-561-0123
www.tourismnbcanada.com
www.new-brunswick.net

Check-in Nova Scotia
PO Box 456
Halifax B3J 2M7
✆ (902) 425-5781, ✆ 1-800-565-0000
www.novascotia.com

Ontario Travel
900 Bay Street, 9th Floor
Toronto M7A 2E1
✆ 1-800-668-2746
www.ontariotravel.net

Prince Edward Island Visitor Services
PO Box 940
Charlottetown PEI C1A 7M5
✆ 1-888-734-7529, ✆ (902) 368-4444
www.gov.pe.ca/visitorsguide

Tourisme Québec
CP 979
Montréal/Québec H3C 2W3
✆ (514) 873-2015, ✆ 1-877-266-5687
www.bonjourquebec.de

Tourism Newfoundland & Labrador
PO Box 8700
St. John's A1B 4J6
✆ 1-800-563-6353
wwwnewfoundlandlabrador.com

Fotonachweis

Burghard Bock, Bremen: Seiten 77, 405, 409, 410, 488, 529, 641, 644
Christel Durst, Waldbreitbach: Seite 447
fotolia.com: Seiten 61 und 192
Andrea & Dirk Franke, Halstenbek:
Seiten 561, 571, 574, 575, 589, 594, 596, 597, 599, 600, 613, 614, 618, 629
istockfoto.com:
254, 258, 265, 266, 269, 270, 276, 280, 281, 292, 294, 296, 310, 317, 322, 333, 365, 379, 421, 425, 432, 437, 465, 474, 479, 480, 493, 497, 524, 530, 539, 547, 603, 701
Edith Kölzer, Bielefeld: Seiten 11, 38, 44, 216, 263, 306, 320, 330, 361, 394, 497, 498, 537
Heiko Lanio, Krefeld: Seiten 53, 95, 176, 202, 208, 514
Ludwig E. Müller, Weilrod: Seiten 168, 227, 233, 242, 274, 303
Mechthild&Wolfgang Opel, Kubschütz: Seiten 651 und 652
Jörg Vaas, Steinheim: Seite 619
Alfred Vollmer, München: Seiten 27, 34, 62, 235, 256, 260, 338, 362, 469
Bernd Wagner, Mülheim:
Seiten 24, 36, 103, 337, 387, 392, 458, 457, 500, 513, 525, 529, 535, 608, 611, 626
Alle weiteren Fotos von Ursula Schulz-Favero (Rom) und den Autoren

Die Websites der Touristeninformation für Städte und Regionen

finden sich im Reiseteil unter den jeweiligen Ortsnamen, außerdem auf der Website des Verlages zum direkten Durchklicken

Alle Internetadressen zum Durchklicken auch unter http://reisebuch.de

Die Websites der State und Provincial Parks

In beiden Ländern spielen die von den einzelnen Staaten bzw. Provinzen betriebenen Parks, die teilweise von enormer Ausdehnung sind, eine wichtige Rolle für Freizeit, Sport und Tourismus. Alle attraktiven Parks werden in diesem Buch an der regional entsprechenden Stelle beschrieben. Für sie gibt es Internetseiten mit großenteils umfassenden Informationen. Da die Adressen zahlreich und teilweise sehr lang bei sich wiederholendem »Vorspann« sind, wurde auf die Nennung im Text aus Platzgründen überwiegend verzichtet. Über die folgenden Portale gelangt man leicht zu allen *State* und *Provincial Parks*:

USA

US-*State Parks* generell: www.stateparks.com (tolle Adresse!)
hier geht's von einer Adresse zu allen Staaten und ihren Parks, indem man einfach ein Zweibuchstabenkürzel an die Adresse hängt, also für Nordost-USA:

www.stateparks.com/ct.html für Connecticut; .../me.html für Maine. .../ma.html für Massachusetts; ..../nh.html für New Hampshire; .../ny.html für New York State; .../ri.html für Rhode Island; .../vt.html für Vermont

Connecticut www.friendsctstateparks.org

Maine www.state.me.us/doc/parks

Massachussetts www.masshome.com/parks.html

Michigan www.michigandnr.com/parksandtrails

New Hampshire www.nhstateparks.com

New York State www.nysparks.state.ny.us

Rhode Island www.riparks.com

Vermont www.vtstateparks.com

Canada

Ontario www.ontarioparks.com; www.parks.on.ca

Quebec www.sepaq.com

New Brunswick www.tourismnewbrunswick.ca

Newfoundland www.env.gov.nl.ca/parks/parks

Nova Scotia www.parks.gov.ns.ca

Prince Edward Isl. www.gov.pe.ca/visitorsguide/explore/parks

8.3 Allgemein nützliche Websites

Neben den zahlreichen im Text an geeigneter Stelle bereits eingefügten Internet-Adressen und den vorstehenden Websites der Touristenbüros der Einzelstaaten gibt es in den USA und in Canada viele weitere Internetinformationen im touristischen Bereich.

Hier sind – großenteils in thematisch zusammengestellter Form noch einmal – *Websites* gelistet, die im Rahmen der in diesem Buch behandelten Themen besonders interessant sind.

Wer auf die Website des Verlages – www.reisebuch.de – geht, findet dort einen besonderen Service. Die hier und überhaupt im ganzen Buch aufgeführten Adressen sind von reisebuch.de verlinkt, so daß man sich das Eintippen (und »Vertippen«) der jeweils gewünschten Adressse sparen kann - ein Klick genügt. Außerdem gibt es dort relevante Reiseinformationen und Hinweise auf aktuelle Veränderungen:

Alle Internetadressen zum Durchklicken auch unter www.reisebuch.de

Transport nach Amerika

Airlines	Übersicht auf Seite 86
Flugbuchung Last Minute	Nennungen auf Seite 85
Fahrzeugverschiffung	www.sea-bridge.de

Transport in Amerika

Automiete Neufahrzeuge	Übersichten Seiten 88 und 126
Automiete ältere Pkw	www.rentawreck.com
Autotransport (fast kostenlos)	www.autodriveaway.com www.driveaway.com
Campermiete Neufahrzeuge	www.usareisen.com www.moturis.com www.elmonterv.com www.cruiseamerica.com
Auto-/Campermiete ältere . Fahrzeuge	www.wheels9.com www.transatlantic-rv.com www.world-wide-wheels.com
Busreisen Greyhound (USA und Canada)	www.greyhound.com www.discoverypass.com
Busreisen, alternative Linien	www.greentortoise.com www.gotobus.com/bus
Eisenbahn Amtrak USA	www.amtrak.com
ViaRail Canada	www.viarail.com
Fähren	Fährroutenübersicht auf Seite 752, von dort auf die Textseite oder gleich in die Sonderliste aller wichtigen Fährverbindungen auf Seite 726 gehen.

Unterkunft

Hotel-/Motelketten	Liste auf Seite 114;
weitere Ketten fast ausnahmslos:	www.*Name der Kette*.com
Hotels/Motels (alle überall!)	www.hotels.com
Hotelreservierung	www.hrs.com
Preiswerte Hotels/Motels	www.budgethotels.com
Bed & Breakfast	www.ibbp.com www.bbcanada.com www.fobba.com (nur Ontario)
Cabins/Cottages (super!)	www.canadascottageguide.com
Hostels	www.hiusa.org (Jugendherbergen) www.hihostels.ca www.hostels.com (alle Hostels) www.hostelhandbook.com
YMCA/YWCA	www.ymca.net/www.ywca.com

Outdoors/Camping

National Park Information USA	www.nps.gov
Canada National und andere Parks	www.pc.gc.ca
Reservierung von Campingplätzen in US-Nationalparks	www.recreation.gov
Nationalparks USA Service-Seiten	www.ohranger.com
Reservierung Camping in kanadischen Nationalparks	www.pccamping.ca
National Forest Camping USA	www.rerecreation.gov
State Parks USA Nordosten	www.reserveamerica.com

(Connecticut, Massachusetts, New York State ➪ Seite 160)

Camping in Ontario Provinzparks	www.camis.com/op
Camping in Québec Staatl. Parks	www.sepaq.com
Andere State/Provincial Parks	alle Details & Websites Seite 160f
Alle Naturparks (Beschreibungen)	www.llbean.com/parksearch
Kampgrounds of America/KOA	www.koakampgrounds.com
Campingplätze generell	www.campgrounds.com www.rvparks.com
Woodalls (Campingplatzverzeichnis)	www.woodalls.com

Sonstiges

AAA/CAA (Automobilclubs)	www.aaa.com/www.caa.ca
Karten, Routenplanung (toll!)	www.mapquest.com; www.multimap.com
Telefonkarten (➪ Seite 197)	www.americancallingcard.com
Museen in den USA	www.artcom.com
Wetter	www.weatheroffice.ec.gc.ca

8.4 Alle wichtigen Fährverbindungen im Internet

(➪ auch Seite 752 und Umschlagklappe)

Fähren an der Atlantikküste (von Süd nach Nord):

- New York State/Long Island: Orient Point-New London, www.longislandferry.com
- Port Jefferson-Bridgeport: www.pagelinx.com/bpjferry
- New York State/Fire Island: www.sayvilleferry.com
- Rhode Island/Providence-Newport http://web3.steamshipauthority.com
- Rhode Island/New Bedford-Vineyard: http://web3.steamshipauthority.com
- Massachusetts/Cape Cod-Nantucket & Martha's Vineyard: http://web3.steamshipauthority.com www.islandqueen.com
- Massachusetts/Plymouth-Provincetown: www.provincetownferry.com
- Massachusetts/Boston-Provincetown: www.boston-ptown.com
- Maine-Nova Scotia/Bar Harbor-Yarmouth/NS: www.catferry.com
- Maine-Nova Scotia/Portland-Yarmouth/NS: www.catferry.com
- Maine/New Harbor-Monhegan Island: www.monheganboat.com
- Maine-New Brunswick/Deer Island-Campobello Island: www.eastcoastferries.nb.ca
- New Brunswick/Saint John-Digby: www.nfl-bay.com
- South New Brunswick: http://new-brunswick.net/new-brunswick/ferry.html
- Nova Scotia/Neufundland: www.marine-atlantic.ca

»Zwischen« St. Lorenz und Atlantik:

- Nova Scotia-Prince Edward Island/Caribou-Wood Island: www.nfl-bay.com

Über den St. Lorenz-St.-Lorenz-Strom flussabwärts)

- Ontario-NY State/Kingston-Wolfe Island-Cape Vincent/USA: www.wolfeisland.com/ferry.php
- Ouébec/St. Simeon-Riviere du Loup: www.travrdlstsim.com
- Ouébec/Les Escoumins-Trois-Pistoles: www.traversiercnb.ca
- Québec/Forestville-Rimouski: www.traversier.com
- Ouébec/Baie Comeau-Matane: www.traversiers.gouv.qc.ca

Über den Lake Champlain

- Vermont-New York State: www.ferries.com & www.middlebury.net/tiferry

Über den Lake Huron

- Ontario/Manitoulin-Bruce Peninsula: www.chicheemaun.com

Über den Lake Michigan

- Michigan/Ludington-Manitowoc/Wisconsin: www.ssbadger.com
- Michigan/Muskegon-Milwaukee/Wisconsin: www.lake-express.com

Ausgewählte Adressen/Websites für ein- bis mehrtägige sportliche Unternehmungen unterwegs

Die Liste berücksichtigt die in diesem Buch beschriebenen Routen und Empfehlungen sowie die landschaftlichen und infrastrukturellen Bedingungen der jeweiligen Region, ➪ auch Seite 30ff und die offiziellen touristischen Websites der einzelnen Staaten und Provinzen.

Allgemeine Outdoor-Fundgruben Canada/USA im Netz:

- www.canadajournal.ca, www.kanada-tipps.de, www.llbean.com
- Speziell **Newfoundland:** www.explorenewfoundland.com
- Speziell **Ontario**: www.ontarioparks.com; www.muskoka-tourism.on.ca; www.ontariotravel.net und weiter unter »Outdoors«
- Speziell **Nova Scotia**: www.sportnovascotia.com; www.novascotia.com; www.aberdeen-itw.com

Radfahren

www.abtrails.de: Kartenmaterial für Radwege und Fahrradrouten in den USA für viele Staaten, interessante Regionen und Städte

Maine

- www.visitmaine.com
- www.bikemaine.org

Massachusetts

Cape Cod Rail Trail (im zentralen Cape Cod von Dennis nach Wellfleet); 38 km auf asphaltiertem alten Bahndamm; © (508) 896-8556

New York State

- www.nyscanals.gov: 350 km Radwege entlang eines alten Kanalsystems in 4 Segmenten (105 km *Erie Canal Heritage Trail* im Westen; 55 km *Old Erie Canal SP Trail*; 40 km *Mohawk Hudson Bikeway* im Osten und 12 km *Glen Falls Feeder Canal Trail* beim Lake Champlain. Info und Karten bei der *New York State Canal Corporation*, © 1800-422-6254
- www.dot.state.ny.us: *Bicyle & Pedestrian* über 30 Routen und Karten für Wanderer und Biker (Nebenstraßen und reine Radwege) im Hudson Valley mit Verweisen auf kooperierende Bike-Clubs und Transportmöglichkeiten für die An- und Abreise

Nova Scotia

- www.canadatrails.ca/biking/bike_ns.html: Per Rad auf Küstenpfaden und kreuz und quer durch Nova Scotia - gemütlich oder mit Mountain Bike.
- www.cabot.trail-outdoors.com: *Cycling*, aber auch *Birdwatching* im Kajak und und geführte Wildnistrips bietet das *Sea Spray Cycle and Outdoor Adventure Center* in Dingwall beim *Cape Breton National Park*

New Hampshire

- www.bikethewhites.com: White Mountain-Bike-Kurztouren (So-Mi, 30 km/ Tag) mit 3 Hotel-Übernachtungen, Gepäcktransport; Juni-September
- www.bicyclebobs.com: *Bob's Bicycle Outlet*, 990 Lafayette Road, Portsmouth; Fahrradvermietung; © (603) 436-2453

Ontario

www.niagaraonthelake.com: Tages-Radtouren zu 5 Weinkellereien mit Proben und Mittagessen; auch Halbtagestrips. *Niagara Wine Tours International*, PO Box 1205, 92 Picton St, Niagara-on-the-Lake; © 1-800-680-7006

Prince Edward Island

www.gov.pe.ca/visitorsguide/explore/trail.php3: Die Insel hat ihren Teil zum *Trans Canada Trail*, den gut 300 km langen *Confederation Trail* fertiggestellt. Er ist leicht zu beradeln, da überwiegend auf einer alten Eisenbahnstrecke.

Quebec

www.canadatrails.ca/biking/bike_qc.html: Per Rad an den Ufern des St. Lawrence River entlang und durchs gebirgige Hinterland, vor allem die Laurentides, auch durchs Estrie gemütlich oder per Mountainbike.

Vermont

- www.explorevt.com: Radeln und Wandern mit Massage, Yoga und gesundem Essen, geführte Wochenend-Pakete für Frauen, © 1-802-645-1938
- www.bikevt.com: 3-7 tägige geführte Radtouren mit Gepäcktransport in Gruppen von 12-20 Personen.

Alternative Kreuzfahrten

Quebec

www.ecomertours.com: 3-8tägige Kreuzfahrten auf einem kleinen Küstenwachtschiff (44 Personen) zur Wal- und Vogelbeobachtungen (***Puffins***) im St. Lorenz-Strom und Anticosti-Inseln mit *Ecomertours*; © 1-888-724-8687

Jede Woche läuft der Frachter *»Nordik Express«* 12 kleine Häfen in der Mündung des Lorenzstromes (Rimouski, Blanc-Sablon etc.) an und nimmt auch Passagiere mit. Rückfahrt mit 6 Übernachtungen und Bordverpflegung; Relais Nordik Inc. © 418-723-8787; www.relaisnordik.com

Segeln

Maine

- www.mainesailingcharter.com:
  Mehrtägige Trips mit Verpflegung (ab Brunswick)
- www.linekinbayresort.com:
  Segeln, Kanufahren, Schwimmen, Angeln (Boothbay Harbor)
- www.sailme.com: Segelschule und Yacht-Charter
- www.midcoast.com: 2-Tagestrips mit dem Schooner Wendameen
- www.amorninginmaine.com: Charter, Übernacht-Segeltrip
- www.maineclassicschooners.com: 3, 4 & 6-Tage auf Nostalgieschiff

(letzte drei Adressen alle Rockland)

Fotosafari

Quebec

www.greatnorthadventures.com: Quebecs Tundrafläche bei Labrador ist fast doppelt so groß wie Deutschland. Hier leben 1 Mio Caribous (Rentiere), denen man sich zur Foto-Safari im Hubschrauber nähert; danach geht es im Motorkanu auf den George-River zu Schwarzbären, Füchsen, arktischen Wölfen und Seeadlern. Man wohnt in Komfort-Blockhütten in der totalen Wildnis. 1 Woche nur im Juli/August ab Montreal, teuer; © 514-578-6000

Wandern

Appalachian Trail: www.fdr.net (nur Maine: www.matc.org)

New Brunswick

www.nbtrail.com

Nova Scotia

- www.trails.gov.ns.ca
- www.scottwalking.com: 6 oder 7 tägige geführte Wanderungen (6-16 km/ Tag durch Cape Breton NP und an der Fundy-Bay, © (902) 423-9751

New Hampshire

www.nehikingholidays.com:
2-8tägige geführte Wanderungen mit Hotelübernachtungen (North Conway)

Newfoundland

- www.grosmorneadventures.com: Norris Point; ein- und mehrtägige geführte Wanderungen im *Nat'l Park*; © & Fax (709) 458-2722 und © 1-800-685-4624
- www.mynewfoundland.ca: Wanderungen und mehr

New York State

www.nysparks.com: Zwischen den Adirondacks und Long Island existiert ein 1200 km langes Wanderwege-Netz. Info: *New York State Parks*, Empire State Plaza, Albany, NY 12238; © (318) 474-045

Ontario

- www.city.owen-sound.on.ca: Mit 782 km ist der *Bruce Trail* Canadas längster Pfad; von Queenston (Niagara) nach Tobermory entlang des Niagara Escarpment, besonders reizvoll um Owen Sound (➪ Seite 394 und 427); Info: Owen Sound Tourism, 1155 1st Avenue West, Owen Sound, © 1-888-675-5555 und © (519) 371-9833, Fax -8628
- www.ontarioparks.com und Seite 439 für *Algonquin Provincial Park*

Vermont

- www.alohafoundation.org: Wandern, Klettern, Kanu, Kajak; *Hulbert Outdoor Center*, © (802) 333-3405, Fax -3404
- www.explorevt.com: Wandern und Radeln mit Maassage, Yoga und gesundem Essen; geführte Wochenend-Pakete für Frauen; © 1-802-645-1938

Kajak, Kanu und Rafting

Maine

- www.raftmaine.com: gute Übersicht, © 1-800 723 8633
- www.northernoutdoors.com: Maines großer *Outdoor-Outfitter*
- www.wild-rivers.com: familiengerechte Kanu-Touren, Übernachttrips

8

New Hampshire

www.sacobound.com: Kajak-Kurse, Kanu, *River Rafting* (Center Conway)

New York State

www.dec.ny.gov/outdoor/camping.html: Die ***Adirondack Canoe Route*** ist beliebt und begehrt. Sie beginnt in Old Forge und verläuft über eine 210 km lange Kette von Seen, Flüssen und Portagen bis Tupper/Saranac Lakes; Info und Camping-Permits bei DEC Public Lands, © (518) 457-7433

Newfoundland

- www.easternoutdoors.com: ein- und mehrtägige Kajak-Touren an der Südküste, Vermietung, Einführungskurse, Unterkünfte, *Eastern Outdoors*; © (709)625-2708 und © 1-800-565-2925, Fax (506) 634-8253
- www.tuckamorelodge.com: mit dem See-Kajak zu Eisbergen, *Whale Watching* und Wildbeobachtung, etwas Erlesenes für Abenteurer, *Tuckamore Wilderness Lodge* bei Main Brook im hohen Norden südlich von St. Antony; © (709) 865-6361, Fax -2112 und © 1-888-865-6361

Nova Scotia: www.explorenovascotia.com

- www.coastaladventures.com: Mit *Coastal Adventures* paddelt man im Kajak zur Walbeobachtung; ein- und mehrtägige Touren auch in Neufundland und PEI; Tangier, © 1877-404-2774
- www.novascotia.com: feuchtfröhliche 2- oder 4-stündige Fluß-Fahrten in 6-8 Mann-Schlauchbooten auf der Flutwelle im *Shubenacadie Tidal Bore Rafting Park*, Shubenacadie (westlich von Truro), © 1-800-565-7238

New Brunswick: http://new-brunswick.net

Prince Edward Island

- www.getoutside.com: *Outside Expeditions* in North Rustico organisiert/vermietet alles für eine Kanu-/Seekajak-Tour (auch Biking und Wandern), © 1-800-207-3899

Ontario: www.paddlingontario.com

- www.ontarioparks.com und Seite 439 für den *Algonquin Provincial Park*
- www.killarneyoutfitters.com: Kanu- und Kajak-Vermietung, Paddelkurse und geführte Trips in der Georgian Bay; *Killarney Outfitters* bei Killarney an der Straße #637, © 1-800-461-1117

Quebec

www.sepaq.com: das offizielle Quebecer Parkmanagement bietet in den Naturparks ein breites Programm für Kanu-Fahrer, Kanu-Camping und See-Kajak für Anfänger und Fortgeschrittene

Vermont

www.alohafoundation.org: Kanu, Kajak, Wandern, Klettern; *Hulbert Outdoor Center*, © (802) 333-3405, Fax -3404

Alle Internetadressen zum Durchklicken auch unter www.

Tauchen

Nova Scotia

www.explorenovascotia.com/adventures; Tauchtouren zu Wracks (auch Ausrüstungen): *Diversion Dive Tours*, © 902-455.3482,

Golf

Maine

www.golfme.com: gute Übersicht über alle Golfplätze in Maine

Massachusetts

www.aceofgolf.com: Insgesamt 300 Plätze - hier zwei populäre:

- *Waverly Oaks Golf Club*, Plymouth, © (508) 224-6700
- *Franklin Park* in Dorchester; © (617) 265-4084

New Hampshire

www.nhgreatgolf.com:
Von über 80 *Golf Courses* sind besonders empfehlenswert die Plätze in Dixville Notch mit *Balsams Grand Resort Hotel*, www.thebalsams.com, und in Bretton Woods beim gleichnamigen Resort, www.mtwashington.com

Nova Scotia

- www.golfnovascotia.com: die 70 Golfplätze der Provinz, © 1-800-565-0001

Zu den populärsten – überwiegend auf Cape Breton Island – zählen:

- *Dundee Resort* am Ostufer des Bras d'Or Lake, © (902) 345-0420,
- *The Pines Resort Golf Course*, bei Digby, www.signatureresorts.com; © (902) 245-7709 und © 1-800-375-6343

Ontario

www.ontgolf.ca/reviews: Mit 600 Plätzen stellt Ontario selbst NY-State (400) in den Schatten. Die Highlights sind

- *Glen Abbey Golf Club*, Oakville südlich von Toronto am Ontario Lake, Canadas Nr.1, www.glenabbey.com, © (905) 844-1811, Fax -637-4120
- *Niagara Parks Whirlpool Golf Course*; Niagara Pkwy, Niagara Falls, www.niagaraparks.com, © 1-877-642-7275 & © (905) 356-1140, Fax 7273

Prince Edward Island

www.golfpei.ca:
Gut 2 Dutzend Plätze liegen auf der kleinen Insel; hier die 3 bekanntesten:

- *Brudenell River Golf Course*, © (902) 652-8965 & © 1-800-377-8336
- *Green Gables Golf Course* im Nationalpark; © (902) 963-2488
- *The Links at Crowbush Cove*, ein 5-Sterne-Platz in den Dünen der Nordküste, 20 Autominuten von Charlottetown; © 1-800-377-8337

Literaturhinweise für Outdooraktivitäten auf Seite 736

Alle Internetadressen zum Durchklicken auch unter www.reisebuch.de

Einige besondere Adressen für Canada

www.travelcanada.ca
Interaktiver Reiseratgeber für Reiseinfos mit Diashow, Newsletter und Eventkalender. Außerdem mit Reisenotizbuch: Darin stellt man während der virtuellen Reise alles zusammen, was besonders interessiert: Touren, Aktivitäten, Sport, Abenteuer Nationalparks, Städte-Sightseeing – auch zum Versand an Freunde und Reisepartner.

www.canada.travel/splash.de.html
Suchmaschine mit vielen Canada-Links

www.bonjourquebec.com
Die Provinz Quebec mit übersichtlicher Benutzerführung: Fotos, Videos, Adressen zu Highlights, Aktivitäten. Straßenzustandsberichte, Flußwasserstände. Unterkunftssuche mit Buchung im Umkreis der jeweiligen Sehenswürdigkeiten. Routen, jahreszeitbezogene Urlaubsanregungen mit Karten und Bildergalerien.

www.canadaselect.com
3500 kanadische Hotels nach Anzahl der Sterne (1–5) sortiert

www.ontariotravel.net
Reich bebilderte Routen- und Reisetipps; Links zu Spezialveranstaltern

www.canadajournal.ca
Deutschsprachiges Branchenverzeichnis nach Provinzen: Hotels, Lodges, Highlights, Reiseveranstalter, Aktivitäten – gute Adresse

www.atlas.nran.gc.ca
Kanada-Atlas zu Geologie, Klimakarten, Geschichte, Bevölkerungsdichte, Sprachgrenzen

www.festivalseeker.ca
Kalender für Events: Kunst, Kultur, Sport, Musik und Film – mit Suchmaschine

www.ticketmaster.ca
Damit bucht man gleich die obigen Events; mit »com« für die USA.

Alle Internetadressen zum Durchklicken auch unter www.reisebuch.de

On the Road und doch am Netz von Burghard Bock/Bremen

Unterwegs mal im Internet zu surfen und Emails oder Bilder zu empfangen oder zu versenden, ist auf Reisen in Nordamerika relativ einfach.

Und so geht's

Am besten legt man sich erst einmal ***ein kostenloses Email-Account*** *im Web an. Dorthin kann man (vielleicht schon vorsortierte) Mails von anderen Adressen weiterleiten und weltweit von jedem Internet-Computer aus bearbeiten. Am besten schreibt man sich gleich bei mehreren Anbietern ein, die können nämlich unterschiedliche Dinge gut: www.arcor.de ist der beste Allrounder, mit dem man pro Monat auch ein paar Gratis-SMS und -Faxe in der Heimat verschicken kann. Man bekommt auch eine Telefonnummer mit Frankfurter Vorwahl, die einem Anrufe und Faxe in Dateien wandelt, die dann zugeschickt werden. www.gmx.de hat die ausgefeilteste Verwaltung, bei der das MediaCenter als Online-Festplatte dient. Nicht dumm: Hier kann man gescannte Reiseunterlagen ablegen, falls die Originale mal abhanden kommen. Fotos könnte man auch bei de.yahoo.com ablegen – angeblich mit unbegrenztem Speicherplatz. Klar, Bildbearbeitungswerkzeuge haben die meisten Online-Fotoalben auch. Darüber hinaus sind Kalender und Adressbuch überwiegend Standard, und mit www.arcor.de und www.office.freenet.de kann man sogar seinen* ***Personal Digital Assistant (PDA)*** *synchronisieren. Für Geld können diese Gratisdienste noch einiges mehr, z.B. Werbung weglassen.*

Wer sich statt zeitversetzt per Mail lieber direkt verständigen möchte, könnte z.B. die Chat-Software von icq.de nutzen. Wenn ein Headset zur Hand ist, ist dank der eBay-Tochter skype.com ein gratis Internet-Telefonat kein Hexenwerk mehr. Für all diese Möglichkeiten muss der Gesprächspartner natürlich gleichzeitig online sein, aber man kann beim Einloggen immer in einer »Buddy-Liste« sehen, wer trotz anderer Zeitzone gerade im Netz hängt.

Zugang ohne eigenes Gerät

Abrufen und schreiben kann man Post unterwegs für meist $5-$8/Stunde aus ***Internet-Cafés*** *(Adressen über* ***die Suchmaschinen*** *world66.com/netcafeguide, worldofinternetcafes.de und netcafes.com am besten vor der Reise für die geplante Route ausgucken und notieren), in großstädtischen* ***Hostels, Copy Centers*** *wie* ***FedEx Kinko's****, auf den Campussen von* ***Colleges*** *und* ***Universities*** *und oft genug auch* ***umsonst*** *in öffentlichen* ***Bibliotheken****.*

Hinweis: ***Vorsicht mit Passworten****, am besten die Autovervollständigen-Funktion abschalten! An öffentlichen Zugängen außerdem die Liste der besuchten Internet-Seiten besser löschen, ebenso ggf. genutzte Speicher. Wer getrennte Systeme schätzt und gerne leicht reist, könnte auch mit einem Gratis-Mailprogramm namens Popcorn kommunizieren: www.tucows.com/preview/333653.*

Mit etwas Glück findet man einen Rechner mit Schnittstellen, über die man die ***Digitalkamera »entladen«*** *und die Bilder an die eigene Mailbox oder das Web-Fotoalbum zum Archivieren oder auch gleich an Freunde und Bekannte schicken kann. Oder Sie nutzen www.pixelnet.de mit angeblich ebenfalls unbegrenztem Speicherplatz, Bildbearbeitung, Diashow für die Leute daheim und* *natürlich der Hoffnung, Ihnen einige Ausdrucke Ihrer Bilder liefern zu dürfen. Die amerikanischsten Aufdruck-Optionen wären da wohl Elch, Grillschürze, Magic Cup oder die unvermeidliche Baseball-Kappe.*

Mit Laptop auf Reisen

Elektronisch Post aus der Heimat abzuholen ist in Nordamerika auch ohne Internetcafé etc. technisch an sich kein Problem, wenn man seinen Laptop dabei hat, und ideal, um in Ruhe die eigenen Mails zu schreiben oder Fotos zu bearbeiten und aufzubewahren. Allerdings benötigt man dafür ein für den Gebrauch in den USA/Canada konfiguriertes analoges Modem (ISDN-Karten sind in Nordamerika höchstens in Hotels zu gebrauchen) und ggf. ein Kabel, das in amerikanische Telefondosen passt. Mitunter kann auch ein Netzwerk-Kabel nützen. Ein Muss außerdem: Stromkabel samt Adapter für die Steckdose, den man auf jeden Fall mitnehmen sollte. Üblicherweise weiß der Laptop von selbst mit der niedrigeren Spannung von 125 V umzugehen.

*Immer mehr Hotels und Motels sind mittlerweile auf die Wünsche ihrer Kunden eingestellt. Ritz-Carlton, Interconti u.a. gönnen der Kundschaft sogar einen Cyber-Butler. Bestimmte öffentliche Telefone, speziell an Flughäfen, habe eine Buchse (**data-jack**) für den Datenverkehr.*

Ohne Kabelsalat

*Steckerprobleme ersparen inzwischen unzählige **Hot Spots** für den kabellosen Datenaustausch (**wireless LAN, WLAN oder Wifi*** für **wi**reless free **i**nternet*). Diesen Service bietet neben **Hotels, Motels** und sogar zunehmend **Campingplätzen** prominent **T-Mobile** u.a. bei der Kaffeekette **Starbucks** (jedoch fast immer mit Gebühr) und bei **Borders Books**. Auch Fast Food Places (Burger King, McDonalds) werben mittlerweile mit Wifi oder zumindest Zugang à la Starbucks. Was der Laptop dafür braucht und wo der nächste Shop ist, lässt sich unter www.locations.hotspot.t-mobile.com herausfinden. Weitere Surfgelegenheiten zeigen www.wifihotspotlist.com, www.jiwire.com und www.nodedb.com.*

***Gratis** geht's außer bei wifi-Anbietern auch bei drahtlosen Gemeinschaften, die Mitsurfen lassen als soziale Aufgabe verstehen (http://wiki.personaltelco.net/index.cgi/WirelessCommunities). Oder man guckt einfach mal auf dem Laptop, ob man sich nicht gerade in einem offenen Zugang befindet (»**Hotspot-Finder**«, wie sie Radio Shack für ca. $15 hat, sind fast überflüssig). Sowas passiert einem am ehesten in Studenten- oder Szene-Vierteln. **Onlinebanking** ist über WLAN übrigens nicht zu empfehlen.*

*Ohne WLAN müsste man sich per **Handy** einloggen, wenn kein Zugang zum Festnetz verfügbar ist. Oder noch schicker: statt per Laptop mit **PDA**, **Smart Phone, iPhone** oder **Blackberry** online gehen. Der Wunsch nach ständiger Erreichbarkeit macht das elektronische Nomadentum aber nicht einfacher. Wegen der besonderen US-Mobilfunk-Frequenzen von 850 oder 1900 MHz sind nur **3-**, besser **4-Band-Handys** geeignet. Auch europäische UMTS-Handys werden jenseits des Atlantik ihren Nutzen nur entfalten, wenn sie mindestens 3-Band können (übrigens ist »Handy« ein deutsches Wort, die Amerikaner sagen **cell(ular)** oder **mobile phone**). Prima wäre eine amerikanische Prepaid-SIM-Karte für das Handy (kann man sich nur von amerikanischen Freunden oder Bekannten kaufen lassen – wäre am günstigsten. Soll in T-Mobile-Shops angeblich aber auch* *ohne diesen Umweg funktionieren; oder man kauft bei www.globilo.de oder mietet eine bei www.hirefone.com): gute Kostenkontrolle und keine internationalen Roaming-Gebühren.*

Wenn Sie damit allerdings mal **international telefonieren** *wollen, sollten Sie die (ungefähr)* **$1/min** *sparen, indem Sie zuhause nur klingeln oder eine SMS schicken und sich mit Call-by-Call-Vorwahl für nicht mehr als 0,03 zurückrufen lassen. Außerdem nicht vergessen, die neue Handynummer auf den Anrufbeantworter Ihres üblichen Anschlusses zu sprechen.*

In den einsamen Regionen der Great Plains oder der Rocky Mountains bringt das alles jedoch nichts: fürs **ubiquitous computing** *muss ein Satellitengerät von www.hirefone.com her. Dann kann man auch schnell noch ein paar Überlebenstricks herunterladen, wenn der Bär am Baum kratzt.*

Kosten

Leider hat sich das neue **Handy** *für Skype noch nicht durchgesetzt: Nur für lokale Internetgebühren und ohne Mobilfunknetz telefonieren, vielleicht auch Daten verschicken! Bis dahin bleibt das Thema komplex: Die Gesamtkosten hängen von Ihrer Mobilfunkfirma, der Unterbringung (im Hotel vorher fragen!) und natürlich vom Internet-Provider ab und sind in Nordamerika oft happig. AOL- und T-Online-Kunden steht in Nordamerika ein dichtes Einwahlnetz zu erträglichen Konditionen zur Verfügung.* **Prepaid-Internet** *z.B. mit www.maglobe.com oder www.tempestcom.com könnte aber noch günstiger sein.*

Generell gilt, dass man sich vor der Reise ausführlich über Einwahlknoten, die Prozedur des Verbindungsaufbaus und anfallende Kosten informieren sollte, um unliebsame Überraschungen zu vermeiden: Ihr Handy könnte sich in Grenznähe automatisch im Netz des Nachbarlandes eingeloggt haben (ist abstellbar), so dass Sie unwissentlich über Canada/Mexiko telefoniert haben. Kann günstiger sein, muss aber nicht. Oder es hätte preiswerter gewesen sein können, Mails per Handy zu verschicken statt im Café über WLAN.

Sicher ist nur soviel:

Die Amerikareise wird bei Nutzung der neuen Technologien nicht billiger.

Kinko`s *Copy Shops mit Internetzugang sind weit verbreitet, aber nicht ganz billig*

8

Literatur zum Thema Outdoors

Kanu-Handbuch, Rainer Höh, Reise Know-How-Verlag, ISBN 978-3-8317-1224-3, eine ausgezeichnete Einführung und mehr für Kanufahrer.

Weitere Bände der RKH-Kompaktreihe »Praxis-Ratgeber« (jeder Band €8,90), die für Urlauber im Osten Canadas und im Nordosten der USA von Interesse sein können, beziehen sich auch auf Themen wie,

Wildnis Backpacking, **Mountain Biking**, **Tauchen u.a.m.**

Guide du plein air au Quebec - 450 Ziele für Wanderer, Paddler, Biker; ISBN 2-299-728-01-03, Montreal, c$24

Ontario Provincal Parks Trail Guide, Allen MacPherson, Boston 2000, ISBN 1-55046-290-3, 168 Seiten $20

Best Canoe Routes (*all Canada* 2003), Th. Amster, ISBN 1-55046-390-X, $20

Further up the Creek (Ontario/Quebec), Kevin Callan, *Shortstories*, ISBN 1-55046-275-X, $20

Gone canoeing (*Weekend Wild* - Southern Ontario), Kevin Callan, ISBN 1-55046-3268, $14

Kayaking the Maine Coast, Dorcas Miller, ISBN 0-88150-440-8, $19

Hinweis: Amerikanische/kanadische Titel sind bei uns großenteils nicht erhältlich (teilweise über www.amazon.de), sondern nur in (Outdoor-) Bookshops in den USA bzw. Canada bzw. über www.amazon.com.

Von den Autoren dieses Buches gibt es mit

Teneriffa

einen vergleichbar umfassenden und kenntnisreich geschriebenen Führer wie Canadas Osten/USA Nordosten.

Er ist der richtige Begleiter für alle, die ihre Reise auf die Kanareninsel individuell gestalten und Teneriffa auf eigene Faust erleben wollen:

- Ausführlichste Ortsbeschreibungen & Ausflugsrouten mit jeder Menge Restauranthinweisen
- 80 Themenkästen und Essays zu allen Wissensbereichen
- die schönsten Wanderungen, Picknick- & Zeltplätze
- alles zu Vulkanismus und Vegetation mit Fachglossaren
- Vokabular »Essen&Trinken« und »Kanarisches Spanisch«
- zahlreiche Unterkunftsempfehlungen für Pauschalreisende (mit Veranstalterangabe) und Privatbucher in allen wichtigen Orten; zusätzlich Landhotels abseits des Massentourismus und Casas Rurales, Apartments und Fincas zum Mieten
- über 300 geprüfte Internetadressen, Literatur- und Kartenverzeichnis, Register

4. Auflage 2008; 620 Seiten 4-farbig, 320 Fotos, 47 Karten und Grafiken. Am Buchtext orientierte aktuelle Inselkarte und ein 48 Seiten Taschenführer »Wandern auf Teneriffa« als Beileger; ISBN 978-3-89662-237-2 €23,50

8.5 Alphabetisches Register- Index

Im Register finden sich alle Ortsnamen, Sehenswürdigkeiten und geographischen Bezeichnungen ebenso wie alle wichtigen Sachbegriffe. Egal, wonach man hier sucht, alles ist unterschiedslos alphabetisch eingeordnet.

Abkürzungen

NP=National Park; **NHS**=National Historical Park; **NLS**=National Lake Shore (NHS und NLS nur in den USA) **SP**=State Park (USA); **PP**=Provincial Park (Canada)

8

8

8

Alle Reiseführer von Reise

Reisehandbücher
Urlaubshandbücher
Reisesachbücher
Rad & Bike

Afrika, Bike-Abenteuer
Afrika, Durch, 2 Bde.
Agadir, Marrak./Südmarok.
Ägypten individuell
Alaska ⇗ Canada
Algarve
Algerische Sahara
Amrum
Amsterdam
Andalusien
Äqua-Tour
Argentinien, Urug./Parag.
Athen
Äthiopien
Auf nach Asien!

Bahrain
Bali und Lombok
Bali, die Trauminsel
Bali: Ein Paradies ...
Bangkok
Barbados
Barcelona
Berlin
Borkum
Botswana
Bretagne
Budapest
Bulgarien
Burgund

Cabo Verde
Canada West, Alaska
Canada Ost, USA NO
Chile, Osterinseln
China Manual
Chinas Norden
Chinas Osten
Cornwall
Costa Blanca
Costa Brava
Costa de la Luz
Costa del Sol
Costa Dorada
Costa Rica
Cuba

Dalmatien
Dänemarks Nordseek.
Dominik. Republik
Dubai, Emirat

Ecuador, Galapagos
El Hierro
Elsass, Vogesen
England – Süden
Erste Hilfe unterwegs
Europa BikeBuch

Fahrrad-Weltführer
Fehmarn
Florida
Föhr
Fuerteventura

Gardasee
Golf v. Neapel, Kampanien
Gomera
Gran Canaria
Großbritannien
Guatemala

Hamburg
Hawaii
Hollands Nordseeins.
Honduras
Hongkong, Macau, Kanton

Ibiza, Formentera
Indien – Norden
Indien – Süden
Iran
Irland
Island
Israel, palästinens. Gebiete, Ostsinai
Istrien, Velebit

Jemen
Jordanien
Juist

Kairo, Luxor, Assuan
Kalabrien, Basilikata
Kalifornien, USA SW
Kambodscha
Kamerun
Kanada ⇗ Canada
Kap-Provinz (Südafr.)
Kapverdische Inseln
Kenia
Kerala
Korfu, Ionische Inseln
Krakau, Warschau
Kreta
Kreuzfahrtführer

Ladakh, Zanskar
Langeoog
Lanzarote
La Palma
Laos
Lateinamerika BikeB.
Libyen
Ligurien
Litauen
Loire, Das Tal der
London

Madagaskar
Madeira
Madrid
Malaysia, Singap., Brunei
Mallorca
Mallorca, Leben/Arbeiten
Mallorca, Wandern auf
Malta
Marokko
Mecklenb./Brandenb.: Wasserwandern
Mecklenburg-Vorp. Binnenland
Mexiko
Mongolei
Motorradreisen
München
Myanmar

Namibia
Nepal
Neuseeland BikeBuch
New Orleans
New York City
Norderney
Nordfriesische Inseln
Nordseeküste NDS
Nordseeküste SLH
Nordseeinseln, Deutsche
Nordspanien
Normandie

Oman
Ostfriesische Inseln
Ostseeküste MVP
Ostseeküste SLH
Outdoor-Praxis

Panama
Panamericana, Rad-Abenteuer
Paris
Peru, Bolivien
Phuket
Polens Norden
Prag
Provence
Pyrenäen

Qatar

Rajasthan
Rhodos
Rom
Rügen, Hiddensee

Sächsische Schweiz
Salzburg
San Francisco
Sansibar
Sardinien
Schottland
Schwarzwald – Nord
Schwarzwald – Süd
Schweiz, Liechtenstein
Senegal, Gambia
Singapur
Sizilien
Skandinavien – Norden
Slowenien, Triest
Spaniens Mittelmeerküste
Spiekeroog
Sporaden, Nördliche
Sri Lanka
St. Lucia, St. Vincent, Grenada
Südafrika
Südnorwegen, Lofoten
Sydney

Know-How auf einen Blick

Sylt
Syrien

Taiwan
Tansania, Sansibar
Teneriffa
Thailand
Thailand – Tauch- und Strandführer
Thailands Süden
Thüringer Wald
Tokyo
Toscana
Transsib
Trinidad und Tobago
Tschechien
Tunesien
Tunesiens Küste

Uganda, Ruanda
Umbrien
USA/Canada
USA, Gastschüler
USA, Nordosten
USA – der Westen
USA – der Süden
USA – Südwesten, Natur u. Wandern
USA SW, Kalifornien, Baja California
Usedom

Venedig
Venezuela
Vereinigte Arabische Emirate
Vietnam

Westafrika – Sahel
Westafrika – Küste
Wien
Wo es keinen Arzt gibt

Edition RKH

Abenteuer Anden
Burma – Land der Pagoden
Durchgedreht
Finca auf Mallorca
Geschichten/Mallorca
Goldene Insel
Mallorca, Leib u. Seele
Mallorquinische Reise
Please wait to be seated!
Salzkarawane, Die
Schönen Urlaub!
Südwärts Lateinamerika
Traumstr. Panamerikana
Unlimited Mileage

Praxis

Aktiv Algarve
Aktiv frz. Atlantikküste
Aktiv Gran Canaria
Aktiv Marokko
Aktiv Polen
All Inclusive?
Als Frau allein unterwegs
Bordbuch Südeuropa
Canyoning
Clever buchen/fliegen
Clever kuren
Daoismus erleben
Drogen in Reiseländern
Dschungelwandern
Essbare Früchte Asiens
Fernreisen a. eigene Faust
Fernreisen, Fahrzeug
Fliegen ohne Angst
Fun u. Sport im Schnee
Geolog. Erscheinungen
GPS f. Auto, Motorrad
GPS Outdoor
Heilige Stätten Indiens
Hinduismus erleben
Höhlen erkunden
Inline-Skaten Bodensee
Inline Skating
Internet für die Reise
Islam erleben
Kanu-Handbuch
Kommunikation unterw.
Konfuzianismus erleben
Kreuzfahrt-Handbuch
Küstensegeln
Maya-Kultur erleben
Mountain Biking
Mushing/Hundeschlitten
Orientierung mit Kompass und GPS
Paragliding-Handbuch
Pferdetrekking
Reisefotografie
Reisefotografie digital
Reisen und Schreiben
Respektvoll reisen
Richtig Kartenlesen
Safari-Handbuch Afrika
Schutz v. Gewalt/Kriminalität
Schwanger reisen
Selbstdiagnose unterwegs
Sicherheit/Bärengeb.
Sicherheit/Meer
Sonne/Reisewetter
Sprachen lernen
Survival/Naturkatastrophen
Tauchen kalte Gewässer
Tauchen warme Gewässer
Transsib – Moskau-Peking
Trekking-Handbuch
Trekking/Amerika
Trekking/Asien Afrika
Tropenreisen
Unterkunft/Mietwagen
Verreisen mit Hund
Vulkane besteigen
Wandern im Watt
Wann wohin reisen?
Was kriecht u. krabbelt in den Tropen

Wein-Reiseführer Dtschl.
Wein-Reiseführer Italien
Wildnis-Ausrüstung
Wildnis-Backpacking
Wildnis-Küche
Winterwandern
Wohnmobil-Ausrüstung
Wohnmobil/Indien
Wohnmobil-Reisen
Wracktauchen weltweit

KulturSchock

Afghanistan
Ägypten
Brasilien
China, VR/Taiwan
Golf-Emirate, Oman
Indien
Iran
Islam
Japan
Jemen
Leben in fremden Kulturen
Marokko
Mexiko
Pakistan
Russland
Spanien
Thailand
Türkei
Vietnam

Wo man unsere Reiseliteratur bekommt:

Jede Buchhandlung der BRD, der Schweiz, Österreichs und der Benelux-Staaten kann unsere Bücher beziehen.
Wer sie dort nicht findet, kann alle Bücher über unsere Internet-Shops unter **www.reise-know-how.de** oder **www.reisebuch.de** bestellen.

Isabel und Steffen Synnatschke

Wonderland of Rocks
USA Südwesten

Naturwunder in Stein in Nationalparks und abseits touristischer Pfade

144 Farbseiten, 18 x 18 cm, Hardcover mit Fadenheftung, mehr als 150 erstklassige Fotografien auf Kunstdruckpapier.

ISBN 978-3-89662-242-6 €14,90 (D)
Neuerscheinung Juni 2008

»Wonderland of Rocks« entführt den Leser auf einer fotografischen Reise in einige der spektakulärsten Nationalparks, vor allem aber in wilde, einsame Gegenden weit abseits ausgetretener Pfade des Tourismus.

Es geht mitten hinein in faszinierende Felslandschaften im Bereich des Colorado Plateau, einem der schönsten Naturräume unserer Erde.

Wind, Wasser und Eis schufen dort eine skurrile, farbenprächtige Welt aus Sandstein, die ihresgleichen sucht: pittoreske Slot Canyons und tiefe dunkle Schluchten, zu Stein erstarrte Meereswellen, bunt gestreifte Badlands, steinerne Pilze, lustige Gnomen, schlanke Felsnadeln und immer wieder imposante Steinbögen. Diese Meisterwerke der Natur – großenteils kaum bekannt – wurden von den Autoren nicht weniger meisterhaft fotografisch festgehalten, außerdem indianische Felsmalereien und Relikte aus der Zeit der Dinosaurier. Kleine Exkurse erläutern den geologischen Hintergrund der Felsformationen, -skulpturen und -bögen.

Im Anhang befindet sich eine kompakte Beschreibung der hier gewählten Route durchs »Wunderland der Felsen« mit Karte und Tipps für die eigene Reiseplanung.

Dieser Bildband ist sowohl ein »Appetitanreger« für den nächsten USA-Urlaub als auch ein Erinnerungsstück oder Geschenk für alle, die bereits den US-Südwesten bereist haben und das eine oder andere Motiv aus eigenem Erleben kennen.

Rund 400 Movie Locations aus 250 ausgewählten Filmen mit allen wichtigen Details und Angaben zu Lage, Kontakt und ggf. Öffnungszeiten.

- 15 Stadtpläne mit exakten Einträgen aller genannten Drehorte
- Über 650 Fotos und Abbildungen
- Griffmarken, Seiten- und Kartenverweise zur einfachen Handhabung
- Umfangreiches Register mit Originaltitel und Hauptdarsteller
- Jede Menge Anschriften und www-Adressen

Hendrik Sachs

New York im Film

Kaum etwas weckt die Neugier auf New York mehr als die unzähligen Filme, die ganz oder teilweise dort gedreht wurden. Die meisten Drehorte, neben bekannten Sehenswürdigkeiten zahlreiche Hotels, Bars, Cafés und Restaurants, Shops, Parks, Kirchen, Theater und mancher überraschende Kulisse, können von jedermann besucht, besichtigt und fotografiert werden. Nur, welches und wo sind diese Plätze? Dieses Buch zeigt sie Ihnen.

- Entdecken Sie fast 400 Drehorte aus rund 250 Spielfilmen der letzten 60 Jahre Filmgeschichte in den Häuserschluchten Manhattans. Die Fülle von Informationen und Abbildungen wird allen Filmfans das Herz höher schlagen lassen.
- Mit Hilfe dieses Buches kann man über Filmtitel Drehorte systematisch ausfindig machen und ansteuern oder an vielen Orten herausfinden, welche Filme dort oder in der Nähe gedreht wurden.
- Thematische Querschnitte führen Sie gezielt zu Hotels, Discos, Restaurants und Shops, in Theater und Museen, die Sie aus Filmen kennen.
- Außerdem geht es auf drei Routen auf den Spuren von Stars und Sternchen durch den Central Park, den Broadway entlang und zum Shopping.

1. Auflage 2008
Reise Know-How Verlag
ISBN 978-3-89662-229-7
348 Seiten | € 17,50 [D]

8

Neuauflage
Mai 2008

Abbildung Auflage 2007

Hans-R. Grundmann

Mallorca

Handbuch für den optimalen Urlaub

bestens beurteilt von der Stiftung Warentest

19. Auflage 5/2008

ISBN 978-3-89662-245-7 · € 19,90

488 + 48 + 60 Seiten mit 63 eigens für dieses Buch angefertigten Farbkarten, davon 8 Wanderkarten, und über 250 Fotos. Unterkunftsempfehlungen für 48 Ferienorte mit aktuellen Kostenbeispielen 2007.

Separate Straßenkarte mit Stadtplan Palma und kulinarischem Lexikon. Mit 2 Beilegern - 48+60 Seiten:

- **Wandern und Natur**
- **Optimal unterkommen auf Mallorca**
- **Jedes Jahr neu**

Marc Schichor, Kirsten Elsner

Wandern auf Mallorca

Tramuntana Gebirge – Gipfel, Schluchten und Täler

- 50 Tourenvorschläge in der Tramuntana
- die meisten Wege auch in Gegenrichtung
- alle Routen in Kurzfassung und en Detail
- **Neu**: Mehrtageswanderung »Ruta de Pedra en Sec«
- Genaue Karten von alle Orten in der Wanderregion
- Kleines Pflanzenlexikon mit zahlreichen Fotos
- Unterkunftsverzeichnis von der Berghütte bis ****Hotel

Der Clou des Buches ist die von den Autoren **für speziell diese Routen angefertigte separate Karte** mit Höhenlinien und -schichten im **Maßstab 1:35.000**, die keine Zweifel mehr über den richtigen Weg aufkommen lassen360 Seiten vierfarbig mit zahlreichen exakten Karten, Skizzen und über 400 Fotos,

3. Auflage 5/2008 · ISBN 978-3-89662-239-6 · € 22,50

Hans-R. Grundmann, Hartmut Ihnenfeldt

Auf Mallorca leben und arbeiten

Ein Ratgeber für alle, die sich auf Mallorca zu Hause fühlen wollen

Wer spielte nicht gelegentlich mit dem Gedanken, auszusteigen, Routine und allzu Bekanntes hinter sich zu lassen? Um zum Beispiel auf Mallorca ein neues, anderes Leben zu beginnen?

Viele erfüllen sich diesen Traum, stellen aber fest, daß auch auf einer Ferieninsel der ganz normale Alltag gemeistert sein will. Dieses Buch liefert Know-How zur Bewältigung von Fragen und Problemen, mit denen Mallorca-Einsteiger unweigerlich konfrontiert werden. **288 Seiten, über 140 Abbildungen**, **43 Themenkästen, zahlreiche Internetadressen.**

2. Auflage 2006 · ISBN 3-89662-193-9 · € 17,50

Daniel Krasa, Hans-R. Grundmann

Ibiza

Der richtige Begleiter für alle, die ihre Reise individuell gestalten und Ibiza auf eigene Faust erleben wollen:

- High Life und Altstadtnostalgie in Ibiza-Stadt
- Lange Sandstrände und verschwiegene Buchten
- Wanderwege durch romantische Berglandschaft
- Geschichte und Kultur, Mandelblüte und Rotwein
- Alles zu Aktivurlaub und Sport, zu Nightlife und Ibiza Sound
- Die besten Quartiere, Restaurants, Kneipen und Discos
- Ausflugsrouten und viele echte »Geheimtipps«

1. Auflage 3/2007; 336 Seiten 4-farbig, 230 Fotos, 27 Karten und Ortspläne + separate Karte Ibiza/Formentera/Eivissa-Stadt

ISBN 978-3-89662-185-6 · €17,50

Niklaus Schmid

Formentera,
der etwas andere Reiseführer

- Alle Infos zu Ibizas kleiner Schwesterinsel
- Landschaft, Flora und Fauna, Geschichte und Kultur in unterhaltsamen, kurzweilig geschriebenen Essays
- Anekdoten und wundersame Geschichten über die Insel und ihre Bewohner; Klatsch und Tratsch; Promis auf Formentera
- Folklore und Formentera Sound
- Endlose Strände, urige Strandbars und karibische Wasserqualität
- Auf nicht einmal 100 km² mobil ohne Auto: Wanderwege und Routen für Radfahrer

2. Auflage 7/2007, 312 Seiten vierfarbig mit Formentera-Karte und Ortsplänen in der Umschlagklappe. **ISBN 978-3-89662-236-5 · € 14,90**

Frank Ostermair, Sandra Roters

Menorca, die unentdeckte Baleareninsel

Mallorcas kleine Schwester Menorca führt als Reiseziel deutschsprachiger Urlauber ein erstaunliches Schattendasein. Dabei verfügt Menorca über viele wunderbare und selten volle Strände unterschiedlichster Charakteristik bei glasklarer Wasserqualität, über zwei veritable Hafenstädte, Fischerdörfer und Orte im Inselinneren mit eigenem mit Mallorca nicht vergleichbaren Gepräge, landschaftliche und kulturelle Kleinode. Menorcas touristische Infrastruktur ist ausgezeichnet, ebenso die kulinarische Qualität wie Ambiente vieler Restaurants.

1. Auflage 9/2006; 284 Seiten, ca. 180 Farbfotos, 30 Karten und Ortspläne + separate Karte Menorca/Maó/Ciutadella

ISBN 3-89662-206-4 · € 17,50

Hans-R. Grundmann

USA, der ganze Westen

Seit Erscheinen hat sich dieses Buch zu einem Standardwerk für alle entwickelt, die den US-Westen auf eigene Faust kennenlernen wollen. Die Kapitel zu Reiseplanung und -vorbereitung und zum »touristischen Alltag« unterwegs lassen keine Frage offen.

Der Reiseteil führt über ein dichtes Routennetz zu allen populären Zielen und unzähligen, auch weniger bekannten Kleinoden in allen elf Weststaaten.

Reise Know-How Bestseller

740 Seiten, 77 Karten, ca. 300 Farbfotos
Separate Straßenkarte Weststaaten der USA
mit 18 Detailkarten der wichtigsten Nationalparks
16. Aufl. 20087 ISBN 978-3-89662-232-7 €25,00

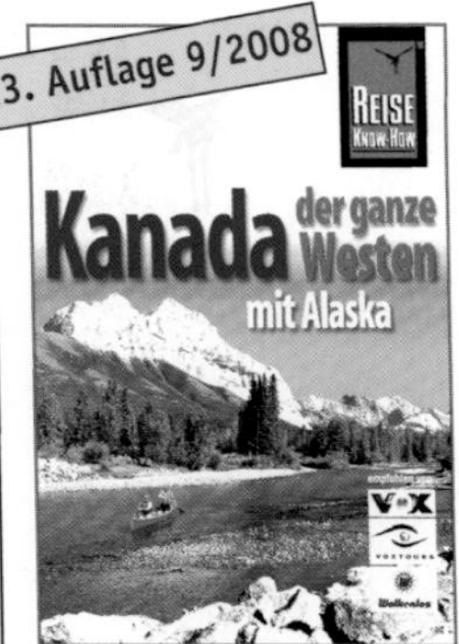

Bernd Wagner, Hans-R. Grundmann

Kanadas großer Westen mit Alaska

Detaillierter und praxisnaher Reiseführer für Reisen im Campmobil oder Pkw (Übernachtung im Zelt oder Motel) durch den Westen Canadas und den hohen Norden samt Alaska. Zusätzlich auf Trans Canada Highway durch Ontario, Manitoba, Saskatchewan und Alberta. Alle Aspekte und Informationen zu Reisevorbereitung, -planung und -durchführung.

620 Seiten, 59 Karten, 230 Farbfotos
Mit Unterkunfts- und Campingführer für Alberta & BC (96 Seiten, rund 1000 Einträge) und eine **Straßenkarte** für Canadas Westprovinzen und Alaska.

13. Auflage 2008; ISBN 978-3-89662-247-1 €25,00

Hans-R. Grundmann

Florida

Von Key West bis New Orleans

Florida aktuell: Nicht nur Strände, High-Life, Disney- und Amusementparks, sondern auch Natur satt mit exotischer Flora und Fauna in Mangrovensümpfen, an glasklaren Quellflüssen und am sagenumwobenen Suwanee River. Dazu alte Historie, Multikulti, Architektur und Musentempel. Als Kontrapunkt Weltraum- und Militärtechnik hautnah.

Landeskunde und ausführlicher Serviceteil mit jeder Menge Unterkunfts- und Restauranttipps.

416 Seiten, 37 Karten, über 200 Farbfotos
3. Auflage 2008 ISBN 978-3-89662-238-9 € 19,90

Heinz Staffelbach, Magda Rüegg

USA Südwesten Natur und Wandern

Ein Reiseführer für die schönsten Nationalparks zwischen Pazifik und Rocky Mountains (Arches, Bryce Canyon, Canyonlands, Grand Canyon, Grand Staircase-Escalante, Great Basin, Joshua Tree, Point Reyes, Redwoods, Rocky Mountain, Saguaro, die Weminuche Wilderness, Yosemite, Zion)

Intensivabhandlungen zu Geologie, Vegetation und Tierwelt, Ökologie, Biodiversität

Neu bearbeitet und vierfarbig in zweiter Auflage mit über 200 brillanten Fotos.

528 Seiten, über 50 Karten und Höhenprofile

3. Auflage 2009 ISBN 3-89662-249-5 € 23,50

Hans.-R. Grundmann, M. Brinke, P. Kränzle

USA, der große Süden

Von der Ostküste bis zum Mississippi: die »alten« Südstaaten mit Washington DC

Die schönsten Routen durch Virginia, die Carolinas, Tennessee, Georgia, Mississippi, Louisiana, Alabama – und darüberhinaus durch Florida. Zusätzlich großes City-Kapitel Washington DC mit populären Zielen in Maryland und Pennsylvania. Geschichte, Kultur, Landschaften.

In diesem Buch erfährt der Leser auch alles zu Planung und Vorbereitung einer Reise auf eigene Faust durch den Süden mit Mietwagen & Motel/Hotel/Zelt oder per Campmobil. Ausgewählte Unterkunftstipps und Campingempfehlungen.

696 Seiten, 70 Karten, über 300 Farbfotos, separate Karte USA-Südstaaten.

Auflage 2007 ISBN 978-3-89662-175-7 €23,50

KARTENVERZEICHNIS

Fährverbindungen

Seite

(Internetzugriff ➪ Seite 726)